检察巡讲课堂

2013-2015年全国检察机关
教育培训讲师团巡讲讲义选编

【上册】

最高人民检察院政治部 / 编

中国检察出版社

图书在版编目（CIP）数据

检察巡讲课堂：2013～2015年全国检察机关教育培训讲师团巡讲讲义选编/最高人民检察院政治部编．—北京：中国检察出版社，2016.3
ISBN 978－7－5102－1559－9

Ⅰ．①检…　Ⅱ．①最…　Ⅲ．①检察机关－工作－中国　Ⅳ．①D926.3

中国版本图书馆 CIP 数据核字（2015）第 322426 号

检察巡讲课堂（上下册）

2013－2015年全国检察机关教育培训讲师团巡讲讲义选编

最高人民检察院政治部　编

出版发行：中国检察出版社
社　　址：北京市石景山区香山南路 111 号（100144）
网　　址：中国检察出版社（www.zgjccbs.com）
编辑电话：（010）88960622
发行电话：（010）68650015　68650016　68650029
经　　销：新华书店
印　　刷：保定市中画美凯印刷有限公司
开　　本：720 mm×960 mm　16 开
印　　张：58.25 印张
字　　数：1031 千字
版　　次：2016年3月第一版　2016年9月第二次印刷
书　　号：ISBN 978－7－5102－1559－9
定　　价：99.00 元（上下册）

前言

在检察机关，活跃着这样一支特别的队伍：他们或为检察业务骨干，或为检察专职教师，平时都在各自岗位默默奉献，但每年，他们中都有一部分人前往西部检察机关，花上半个月左右的时间巡讲支教，把课堂搬到西部检察干警的身边，把先进的工作理念带给西部检察。他们就是全国检察机关教育培训讲师团教师。

全国检察机关教育培训讲师团，是一支由高检院于2009年成立的特殊检察教师队伍，成员包括全国检察业务专家、全国检察教育名师、省级检察院业务专家等149名业务骨干。高检院开展巡讲支教活动已有16年历史，高检院每年都会抽调部分教师成员，赴西部地区开展巡讲支教工作。讲师团的成立，使得巡讲支教更加规范，更具针对性和实效性。

2013年8月24日至9月7日，讲师团赴贵州、云南、西藏开展巡讲支教，先后在3个省级院、9个分州市院、13个基层院现场授课20多场，行程8000多公里，培训西部干警6700多人；2014年7月30日至8月14日，讲师团在内蒙古、宁夏、新疆、江西赣南开展巡讲支教，先后在3个省级院、27个分州市院、20个基层院现场授课83场，网络授课9场，行程1.3万公里，培训干警1.6万余人；2015年7月20日至8月5日，巡讲教师在西藏、甘肃、新疆三级检察机关30多个院培训授课，行程1.5万多公里，累计授课424学时……

巡讲教师在检察理论研究方面具有较高的造诣，对检察业务疑难问题抓得准、讲得透。他们坚持“结合案例讲法律，结合实务讲理论，结合问题讲规定”的授课方式，选取贴近基层工作实际，针对性强、关注度高的授课内容，深入细致地进行分析和解答，受到了学员的普遍欢迎。然而，受到时空条件的限制，这种“检察官教检察官”的精彩面授难以满足更多检察官对先进理念和经验交流的需求，为此，最高人民检察院政治部对2013－2015年巡讲讲义进行梳理、编选，2016年年初，《检察巡讲课堂——2013－2015年全国检察机关教育培训讲师团巡讲讲义选编》一书付梓出版。

与其他讲义相比，《检察巡讲课堂》所编选的讲义具有以下鲜明特色：

一是体现精品性。本书的作者均为具有丰富教学经验的资深检察官，他们中有检察业务专家，有一线业务骨干，秉持“以需求为导向、以问题为中心、以学员为主体”的现代培训理念，所巡讲的课程以精品课程为主。

二是强调专业性。《检察巡讲课堂》涵盖职务犯罪侦查业务、公诉业务、侦查监督业务、刑事执行检察业务、刑事证据实务、其他检察业务等六大专题45堂课程讲义，围绕初查、侦查谋略方法、庭审实务技巧、羁押必要性审查问题、刑事证据体系构建等业务工作重点环节，针对检察人员急需提高的实务办案能力展开专项训练和详细指导，帮助检察人员清晰理解和准确把握业务重点问题，迅速提高检察人员的实务工作能力和水平。

三是凸显实用性。巡讲运用讲授式、研究式、模拟式、互动式等现代培训方法，强调学员的参与、互动，启发学员反思，因此，讲义突出培训内容方式的实战性。巡讲教师在深入基层和一线，与西部检察人员面对面座谈，为其答疑解惑后，又将相关问题和解答充实到讲义中，以此加强业务指导，帮助其解决工作中遇到的实际问题，切实提高巡讲支教的针对性和实用性。

四是重视适时性。讲义的内容与新法的贯彻实施和新的形势任务紧密结合，专题课程适时结合修改后的刑事诉讼法、民事诉讼法等重要办案依据，重点阐释讲解新法实施有关难点重点问题的应对措施，及时为检察人员解决法律适用中的困惑。

《检察巡讲课堂》的出版既是对三年来巡讲成果的及时总结，又是精品巡讲内容的集中展示。本书在编撰出版过程中，得到了中国检察出版社的大力支持，在此表示衷心的谢意！

受时间所限，书中疏漏在所难免，敬请读者提出宝贵意见，以便修订再版时及时完善。

编　者

2016 年 1 月

目　录

第一专题　职务犯罪侦查业务

第 1 堂课　从公诉实践看侦查 …………………………………… 刘冬根/ 3

第 2 堂课　反贪初查：谋略与技巧 ……………………………… 张　亮/ 16

第 3 堂课　职务犯罪侦查谋略：设计与运用 …………………… 张　亮/ 65

第 4 堂课　电子数据在职务犯罪侦查中的应用 ………………… 秦志超/ 109

第 5 堂课　细节决定成败
　　——职务犯罪侦查细节纵横 ………………………………… 肖　洁/ 120

第 6 堂课　职务犯罪讯问：基础与要点 ………………………… 张　亮/ 135

第 7 堂课　谎言抗审：何以破解 ………………………………… 吴克利/ 167

第 8 堂课　《刑事诉讼法》修改对职务犯罪侦查工作的影响 …… 刘冬根/ 198

第二专题　公诉业务

第 9 堂课　公诉工作中亟待加强的证据观念、审查方法以及
　　出庭技巧 ……………………………………………………… 范仲瑾/ 209

第 10 堂课　庭审询问证人技巧 ………………………………… 李迅华/ 235

第 11 堂课　公诉人庭审讯问、询问方法与技巧 ……………… 卢岩修/ 257

第 12 堂课　法庭辩论实务 ……………………………………… 马　凯/ 276

第 13 堂课　公诉人法庭辩论技巧 ……………………………… 王新环/ 301

第 14 堂课　检察官出庭公诉的三种基本能力与庭辩技巧
　　——以审判为中心的诉讼制度改革为背景 …… 范仲瑾/ 314

第 15 堂课　法庭询问和法庭辩论的方法与技巧 ……………… 朱克非/ 329

第 16 堂课　庭审质证若干问题 ………………………………… 陈荣鹏/ 339

第 17 堂课　庭审举证、质证实务 …………………………… 马　凯/ 357
第 18 堂课　刑事简易程序若干问题 …………………………… 桑　涛/ 385
第 19 堂课　未成年人刑事检察实务 …………………………… 樊荣庆/ 392
第 20 堂课　未成年人刑事案件特别程序理解与适用 ………… 王翠杰/ 428
第 21 堂课　量刑建议的前沿理论 ……………………………… 潘申明/ 445
第 22 堂课　《刑事诉讼法》修改后公诉工作问题及应对 ……… 田文利/ 465
第 23 堂课　公诉实训的理念与模式 …………………………… 李继华/ 480

第三专题　侦查监督业务

第 24 堂课　审查逮捕精细化司法的探索和实践 ……………… 周　鹏/ 505
第 25 堂课　审查逮捕中常见问题及应对策略 ………………… 李乐平/ 523
第 26 堂课　审查逮捕工作实务 ………………………………… 郑殿雨/ 546
第 27 堂课　当前办理经济犯罪案件热点问题及应对 ………… 时　闽/ 582
第 28 堂课　侦监环节诉讼监督实务问题 ……………………… 傅勇平/ 596

第四专题　刑事执行检察业务

第 29 堂课　刑事执行活动中职务犯罪案件侦查方法 ………… 王荣华/ 625
第 30 堂课　羁押必要性审查归口办理的探索与实践 ………… 方　全/ 637
第 31 堂课　羁押必要性审查制度与实务 ……………………… 李泽新/ 650
第 32 堂课　浅析“被监管人死亡检察” ……………………… 祁云顺/ 668

第五专题　刑事证据实务

第 33 堂课　刑事证据体系的构建 ……………………………… 陈荣鹏/ 693
第 34 堂课　《刑事诉讼法》修改后的证据合法性审查 ……… 冯英菊/ 713
第 35 堂课　公诉证据综合审查方法 …………………………… 熊红文/ 732
第 36 堂课　非法证据排除规则运用和应对 …………………… 卢岩修/ 748
第 37 堂课　庭审中公诉人构建证据体系的策略与技巧
…………………………………………………………… 农中校　刘　缨/ 761

第 38 堂课　电子证据在检察业务中的应用 …………………… 戴士剑/ 778
第 39 堂课　电子证据现场勘验规制及实战操作 ………………… 秦志超/ 800
第 40 堂课　证据学视角下“两抢”犯罪典型案例常见控审争议问题的解决思路 ……………………………… 曹　坚/ 809

第六专题　其他检察业务

第 41 堂课　检察信息公开
——以检察信息公开法治化为视角 …………… 尹　吉/ 819
第 42 堂课　来访接待常出现的问题及应对措施 ………………… 李瑞钧/ 852
第 43 堂课　行政公益诉讼制度的理论和实践
——以程序设计为视角 …………………………… 田　凯/ 863
第 44 堂课　构建民事检察和解路径 ……………………………… 陈　宏/ 888
第 45 堂课　民事裁判结果监督的案例设计与教学思路 ………… 任永鸿/ 902

第一专题

职务犯罪侦查业务

第 1 堂课　从公诉实践看侦查

● 刘冬根*

课程提纲

一、关于管辖权的问题
二、关于犯罪主体方面的问题
三、与犯罪对象有关的问题
四、犯罪后果方面的问题
五、有关证据合法性的问题

从长期的公诉实践来看，辩护人的辩护策略逐步从辩事实、辩法律适用转到辩程序，通过程序问题动摇取证基础，从而否定控方指控。有几类问题比较突出：管辖权异议、被告单位的主体资格、非法证据排除、刑事案件民事化等。这些问题的解决，既靠公诉人的充分准备和灵活应对，更重要的是侦查阶段要有程序意识，要及时收集、固定证据，为公诉人提供充足的“炮弹”。

一、关于管辖权的问题

管辖是诉讼中非常重要的问题。没有管辖权的司法机关所进行的诉讼行为是无效行为。因此，管辖权是侦查、起诉、审判机关审查的首要问题。刑事诉讼中的管辖可以分为地域管辖、职能管辖和级别管辖。在侦查阶段，对级别管辖问题无须多加考虑。尽管《人民检察院刑事诉讼规则（试行）》第 13 条规定，人民检察院对直接受理的案件实行分级立案侦查的制度。但这种分级并无十分明确的标准，违反这种分级制度也不会产生诉讼行为无效的法律后果。

---

* 广东省江门市台山市人民检察院检察长。

《刑事诉讼法》对地域管辖的规定非常明确，即犯罪地管辖和被告人居住地管辖。但《刑事诉讼法》规定的是审判管辖。相对而言，侦查管辖比审判管辖更加灵活。《人民检察院刑事诉讼规则（试行）》第15条规定，对于国家工作人员的职务犯罪，由犯罪嫌疑人工作单位所在地的人民检察院管辖。如果由其他人民检察院管辖更为适宜的，可以由其他人民检察院管辖。在侦查阶段，可以通过上级检察机关的指定管辖，改变地域管辖的原则性规定。鉴于国家工作人员职务犯罪案件的特殊性，指定管辖可以排除办案阻力，灵活适用指定居所监视居住措施，保证侦查工作的顺利进行。因此，在确定职务犯罪案件的侦查管辖权时，应当发挥侦查一体化的作用，由上级检察机关办理指定管辖。必须指出的是，侦查管辖不能代替审判管辖。侦查阶段指定管辖的，在公诉阶段仍然应当将案件移送犯罪地或者犯罪嫌疑人居住地人民检察院审查，或者报送上级人民检察院商请人民法院办理指定管辖。

职能管辖又称立案管辖，即公安机关、人民检察院、人民法院在受理刑事案件上的分工。司法实践中，主要是公安机关和人民检察院在立案侦查刑事案件时会产生管辖权争议。从检察机关的角度看，主要包括四种情形：

1. 检察机关在初查过程中发现涉嫌犯罪的事实属于公安机关管辖

检察机关应当将线索移送给公安机关办理。

2. 检察机关在初查过程中发现调查对象除涉嫌检察机关管辖的职务犯罪外，还涉嫌属于公安机关管辖的犯罪

根据《刑事诉讼法》和《人民检察院刑事诉讼规则（试行）》的规定，可以有三种处理：第一，人民检察院将属于公安机关管辖的涉嫌犯罪事实移送，人民检察院和公安机关分别立案侦查。如果涉嫌主罪属于人民检察院管辖，以人民检察院为主侦查，采取相关强制措施，公安机关予以配合；如果涉嫌主罪属于公安机关管辖，以公安机关为主侦查，采取相关强制措施，人民检察院予以配合。第二，公安机关不立案，人民检察院将属于公安机关管辖的涉嫌犯罪事实并案侦查。第三，人民检察院暂不立案，将属于公安机关管辖的涉嫌犯罪事实移送公安机关立案侦查，人民检察院利用公安机关采取的强制措施进行初查，时机成熟时再立案侦查。这种处理方式主要适用于检察机关管辖的贪污贿赂事实可能在短期内难以突破，而公安机关管辖的犯罪事实相对容易侦破的情形。必须指出的是，根据《刑事诉讼法》的规定，检察机关对于普通刑事案件可以立案侦查，也可以自行补充侦查，还可以不经侦查阶段直接追诉遗漏犯罪事实；但公安机关对于国家工作人员的职务犯罪案件没有侦查权。因此，人民检察院可以将属于公安机关管辖的涉嫌犯罪事实并案侦查，公安机关却不能

将属于人民检察院管辖的涉嫌犯罪事实并案侦查。

以龙某、崔某行贿、非法采矿案为例。龙某、崔某在某镇非法开采花岗岩，其间，两人多次行贿镇干部。在一次打击非法采矿的专项整治行动中，龙某被抓获，公安机关对其以涉嫌非法采矿罪立案侦查；崔某在逃。后崔某通过“关系人”表示愿意向检察机关投案自首，并反映其与龙某共同行贿镇干部和公安人员、非法采矿的违法犯罪事实。但龙某坚决否认其有行贿事实。检察机关经过初查，认为崔某愿意投案自首，其犯罪事实容易查实；但龙某的行为一时难以突破。遂决定对崔某以涉嫌行贿罪立案侦查，对其非法采矿行为并案侦查；对龙某涉嫌行贿的行为暂不立案，但借助公安机关对其非法采矿行为采取的强制措施，对其以证人身份开展相关调查取证工作。经过一系列侦查行动，查明了龙某、崔某共同行贿镇干部和公安人员、非法采矿的违法犯罪事实。检察机关也对龙某涉嫌行贿犯罪的事实立案侦查。

3. 检察机关在侦查职务犯罪过程中，发现犯罪嫌疑人另有涉嫌犯罪的事实属于公安机关管辖

对于这种情形，第一，将犯罪嫌疑人涉嫌的普通犯罪事实移送公安机关立案侦查；第二，检察机关对属于公安机关管辖的涉嫌犯罪事实并案侦查。对于公安机关立案侦查的，如果有必要，检察机关可以根据案件实际情况解除强制措施，利用公安机关采取的强制措施开展侦查活动。

4. 检察机关在侦查过程中发现涉嫌犯罪的事实应当属于公安机关管辖

一般情况下，检察机关应当将案件移送公安机关立案侦查。但是，如果检察机关已经对犯罪嫌疑人采取了羁押措施，公安机关立案侦查后能否再次提请逮捕？公安机关的侦查羁押期限如何计算？刑事诉讼法的任务之一是尊重和保障人权。对犯罪嫌疑人不能重复逮捕，侦查羁押期限不能因为侦查机关的变更而重新计算。因此，司法实践中公安机关往往不愿意接收此类案件。为了缩短侦查期限，保障犯罪嫌疑人获得快速审判的权利，我认为，检察机关在侦查过程中发现涉嫌犯罪的事实应当属于公安机关管辖，但事实已经查清的，应当及时侦查终结移送审查起诉，由公诉部门审查后，改变案件性质提起公诉。如前所述，检察机关在审查起诉过程中可以自行补充侦查，可以改变侦查阶段对案件的定性，也可以直接追诉遗漏犯罪事实。因此，检察机关对直接受理侦查的案件改变定性（改变后案件性质不属于检察机关管辖）不违反刑事诉讼法的规定，不影响侦查行为的法律效力。

以谢某贪污（职务侵占）案为例。谢某系某村委会主任，其在区政府划来的征地补偿款中截留50万元，存入村委会“小金库”中，村委会“小金

库”中原有村物业租金收入等集体资金40万元。后谢某伙同村委会另外四名成员从“小金库”中提取13万元共同瓜分，谢某个人分得5万元。群众向区纪委举报后，纪委以涉案资金为征地补偿款为由，移送检察机关查处。检察机关对谢某以涉嫌贪污罪立案侦查。但侦查过程中发现，村委会“小金库”中征地补偿款和村集体资金混杂在一起，谢某等人瓜分的13万元是否属于征地款、其中有多少属于征地款，根本无法查清。根据利益归于被告的原则，对谢某的行为应当认定为职务侵占罪较为合适。但此时对谢某已经羁押一段时间，案件事实也已经基本查清。如果将谢某一案以涉嫌职务侵占罪移送公安机关侦查，不利于该案及时办结，重复侦查也浪费司法资源；而且案件多次移送，久拖不结，群众也不理解，社会效果不佳。综合多方因素，检察机关决定侦查终结，移送审查起诉。公诉部门审查后，以涉嫌职务侵占罪对谢某提起公诉，后法院对谢某以犯职务侵占罪判处有期徒刑。

二、关于犯罪主体方面的问题

《刑法》分则第八章、第九章规定了职务犯罪的主体是国家工作人员和国家机关工作人员；《刑法》第93条规定了国家工作人员和以国家工作人员论的定义。结合相关立法解释和司法解释，职务犯罪主体的概念已经比较清晰，司法实践中争议也越来越少。在此，我仅就职务犯罪侦查工作中容易忽视的两个犯罪主体方面的问题进行简要分析。

（一）单位犯罪问题

《刑法》第30条、第31条规定了单位犯罪的概念和处罚原则。司法实践中单位犯罪也越来越常见，但问题也不少。

一个普遍现象是：检察机关重视对自然人立案而忽视对单位立案。这既是部分侦查人员观念落后的结果，也与检察机关现行业务考评机制中犯罪嫌疑单位不列入立案“人数”密切相关。对自然人以涉嫌单位犯罪立案却不对涉案单位立案，将会产生两方面的法律后果：

第一，在提起公诉时追诉被告单位，不利于被告单位充分行使辩护权等诉讼权利。《人民检察院刑事诉讼规则（试行）》第363条第7项规定，人民检察院审查移送起诉的案件，应当查明有无遗漏罪行和其他应当追究刑事责任的人。因此，对于涉嫌犯罪的单位，如果侦查阶段没有立案，应当在提起公诉时追加为被告单位。虽然公诉阶段追诉被告单位符合我国刑事诉讼制度，不会导致程序违法。但是，在提起公诉时追诉被告单位，确实侵犯了被告单位的诉讼权利。如果侦查阶段已经确立了涉案单位为“犯罪嫌疑人”的身份，犯罪嫌疑单位就可以聘请辩护律师介入侦查工作，依法行使诉讼权利，维护自己的合法权益。特别是在审查起诉阶段，犯罪嫌疑单位聘请的辩护律师可以查阅、摘抄、复制案件的诉讼文书和证据材料，向检察机关反映对案件的看法和意见，依法进行辩护活动。如果到了提起公诉时才追加为被告单位，被告单位缺乏足够的时间开展辩护工作，不利于其维护自身的合法权利。

第二，不对涉嫌犯罪单位及时立案，不利于挽回犯罪行为造成的经济损失，不利于保护单位直接负责的主管人员和其他直接责任人员的合法权利。如果侦查机关对涉嫌犯罪单位及时立案，采取有效措施挽回经济损失，或者及时对犯罪嫌疑单位的财产进行保全，确保对被告单位的财产刑判决执行到位，单位直接负责的主管人员和其他直接责任人员将会获得司法机关的酌情从轻处理。

涉嫌单位犯罪的，人民检察院在立案侦查时应当注意：同时对单位以及单位直接负责的主管人员和其他直接责任人员立案；及时收集“单位”犯罪的证据（收集充分证据证实涉嫌犯罪事实是单位决策机构或者决策人以单位名义决定实施的、代表单位意志的行为，涉嫌犯罪行为获得的非法利益归于单位集体而非个人或者少部分人）；及早确定犯罪嫌疑单位的诉讼代表人，代表单位行使诉讼权利承担诉讼义务，特别是代表单位充分行使辩护权；依法查封、扣押、冻结犯罪嫌疑单位的财产，做好“追赃”工作，并收集证据为人民法院对被告单位判处罚金做好充分准备。

检察机关在侦查单位犯罪时，有两点要特别注意：第一，能否认定单位犯罪有争议时，依据利益归于被告的基本原则，一般会认定为单位犯罪。第二，单位犯罪的立案标准较高，在是否认定单位犯罪有争议而涉嫌犯罪金额又低于单位犯罪立案标准时，对单位立案会有错案风险。此时，要特别慎用强制措施。例如，工程建设领域、医疗卫生器材药品购销领域的商业贿赂案件，很多涉嫌行贿的工程队、夫妻公司等，单位行为和个人行为难以区分，单位行贿的立案标准又比较高（人民币20万元）。如果对于行贿金额低于20万元的案件贸然以自然人行贿立案并采取拘留、逮捕措施，发生错案的风险非常大。

以何某行贿案为例。何某与其妻两人共同经营某药业有限公司。其间，在某药业有限公司与某镇卫生院的业务往来中，何某以给付现金的方式多次向该卫生院院长及办公室主任行贿合共177100元。本案侦查过程中，对何某的行为是单位行贿还是个人行贿争议很大。如果认定为单位行贿，则行贿金额未达到立案标准，何某的行为不应以犯罪追究，本案应当撤案。

（二）关于贪污罪的特殊主体

案例一，上海某国有企业委托非本企业员工追收货款贪污案。20世纪90

年代末，上海某国有企业在山东有一笔200万元的货款一直无法收回。企业遂贴出公告，动员广大员工想办法追收货款，对于追回货款的员工给予一定的奖励。某员工之子李某（23岁，社会待业人员）听说此事后，向其父所在企业提出，其曾在山东读书、工作，熟悉当地情况，可以设法帮该企业追回货款，但要求参照企业员工给予一定的奖励。企业经研究后同意，口头委托李某代为追收200万元货款。李某到达山东后，经过近一年的努力，想尽各种办法，最后将200万元货款全数追回。其间，认识当地一名女子。李某收到货款后，没有交回上海某企业，而是携带200万元款项与该名女子逃到河南同居生子，直至案发。后来，上海法院对李某以贪污罪判处有期徒刑。

案例二，贵州某国有食品公司经理承包国有屠宰厂后骗取国家处理病害猪专项补贴资金案。贵州某县某国有食品公司经理邓某停薪留职后，承包该县某国有屠宰厂（与食品公司没有隶属关系）。承包期间，邓某通过虚报等手段骗取国家处理病害猪专项补贴资金5万多元。邓某的行为是否构成贪污罪？

先从案例二讲起。邓某是国有食品公司的经理，也是国有屠宰厂的承包人，符合贪污罪的主体要件特征。但是，无论是贪污罪，还是其他任何职务犯罪，都是利用职务之便实施的犯罪行为。这是职务犯罪的核心特征。即使是国家机关工作人员的犯罪行为，如果没有利用职务上的便利条件，其犯罪行为不属职务犯罪，只能构成普通刑事犯罪。本案邓某骗取国家专项补贴资金，没有利用其作为国有食品公司经理的职务便利，也与其承包的屠宰厂的国有性质无关。即使邓某是个普通的社会人员，只要其承包了屠宰厂，无论该屠宰厂是什么性质，邓某都可以实施骗取国家专项补贴资金的行为。因此，邓某的行为不构成贪污罪，对其可以考虑以诈骗罪论处。

与案例二不同的是，案例一中的李某虽然不具有国家工作人员身份，却构成了贪污罪。这是怎么回事呢？这是因为法律对贪污罪规定了特殊的犯罪主体。

《刑法》分则第八章规定了贪污贿赂罪的犯罪主体是国家工作人员。这一点毫无疑义。但是，与受贿、挪用公款等罪不同的是，《刑法》第382条在第1款“国家工作人员利用职务上的便利，侵吞、窃取、骗取或者以其他手段非法占有公共财物的，是贪污罪”的基础上，规定了第2款“受国家机关、国有公司、企业、事业单位、人民团体委托管理、经营国有财产的人员，利用职务上的便利，侵吞、窃取、骗取或者以其他手段非法占有国有财物的，以贪污论”。

显然，《刑法》第382条第2款规定的贪污罪主体，不是第1款规定的国家工作人员，与《刑法》第 93 条第 2 款规定的“以国家工作人员论”的情形也不同。《刑法》第 93 条第 2 款规定了三种“以国家工作人员论”的情形，其中一种是“国家机关、国有公司、企业、事业单位委派到非国有公司、企业、事业单位、社会团体从事公务的人员”。这种人员能“以国家工作人员论”，必须符合三个条件：第一，在非国有公司、企业、事业单位、社会团体中工作的人员，即必须是非国有单位的员工；第二，在非国有公司、企业、事业单位、社会团体中从事公务，属于管理人员，不是一般的劳务工作者；第三，他（她）们之所以能在非国有公司、企业、事业单位、社会团体中从事公务，其权力来源于国家机关、国有公司、企业、事业单位的委派。《刑法》第 382 条第 2 款规定的人员不能“以国家工作人员论”，因为他（她）们不一定是非国有公司、企业、事业单位、社会团体的员工，也不在非国有公司、企业、事业单位、社会团体中从事公务，他（她）们有可能是没有工作单位的自由职业者、待业人员等。不论他（她）们的身份如何，只要接受了国家机关、国有公司、企业、事业单位、人民团体的委托管理、经营国有财产，他（她）们就获得了管理、经营国有财产的权力，就有了职务之便，就有可能构成贪污罪。这一规定充分体现了我国刑法对职务犯罪的规定不是“唯身份论”，而是“依职权论”。

案例一中的李某，不是上海某国有企业的员工，也不是该国有企业委派到非国有企业中从事公务的人员，对李某不能以国家工作人员论。尽管李某只是一名待业人员，只要其接受了某国有企业的口头委托代收货款，其就是《刑法》第 382 条第 2 款规定的受国有企业委托管理国有财产的人员，就有了管理国有财产的职务上的便利。李某利用其管理 200 万元国有财产的职务上的便利，将该国有财产占为已有，应当以贪污罪论处。

检察机关在侦查贪污贿赂犯罪时，不仅要严格把关，依法认定“以国家工作人员论”的犯罪主体，还要特别关注贪污罪的这一特殊主体，依法保护国有财产不受侵害。

三、与犯罪对象有关的问题

犯罪对象是犯罪构成要件理论的重要组成部分。哪些属于犯罪对象？如何认定职务犯罪的犯罪对象？理论上有很多观点，在此不予评论。但与犯罪对象有关的很多问题，在职务犯罪侦查实践中经常遇到，应当引起检察机关侦查人员的重视。

（一）有犯罪对象的案件，查明犯罪对象是侦查工作的首要任务

对于故意杀人、盗窃等普通刑事案件，必须查清犯罪对象的基本情况，才

能认定案件事实是否已经清楚，能否定罪、能定何罪。如佘祥林故意杀人案、赵作海故意杀人案，都是在被害人身份没有确定的情况下贸然定罪，最后变成了冤假错案。盗窃、抢劫等侵犯财产案件，如果没有被害人方面的证据材料，即使被告人供认犯罪，甚至扣押了部分赃物，也不能认定被告人有罪。办理职务犯罪案件也是同理。贪污案、挪用公款案等有直接犯罪对象的案件，如果连贪污、挪用了哪笔款项、犯罪金额多少都没有查清，如何认定犯罪事实？如何对被告人定罪量刑？

以冯某甲等职务侵占案为例。私人老板冯某乙、冯某丙等密谋一起购买某城中村部分集体房产谋利，遂找到村委会主任冯某甲商量。冯某甲应冯某乙、冯某丙等的要求圈定33处村集体房产，并在村委会会议上提出将该33处房产对外出售。其后，冯某甲通过向住建局有关人员口头咨询后，自行编造了一份《房屋评估价值明细表》，将该33处房产的评估价编造为人民币6424万元。冯某甲将该《房屋评估价值明细表》向村民代表公布，并声称该《房屋评估价值明细表》是由住建局出具，该6424万元是村集体33处房产的评估价值。冯某甲等利用职务便利，违反《村民委员会组织法》规定，在未经村民代表大会表决通过的情况下，私自决定将该33处房产以保留价6425万元予以拍卖出售。其后，冯某乙、冯某丙等操纵拍卖过程，以6435万元的价格竞得该33处房产，并付清了价款。公安机关指控冯某甲、冯某乙、冯某丙等涉嫌职务侵占罪。

此案明显事实不清，无法定罪。公安机关指控冯某甲等职务侵占。但是，侵占的对象是什么？是33处房产吗？33处房产通过拍卖出售，获得价款归村集体所有，没有被任何人占为己有。侵占的对象是6435万元拍卖价与33处房产市场价的差价吗？33处房产的真正市场价是多少无法认定，事后评估也不客观，作为侵占对象的差价无法认定。冯某甲作为职务侵占罪的犯罪主体，其侵占了什么集体资产？犯罪金额多少？这些与犯罪对象有关的基本事实均未能查清，如何能对犯罪嫌疑人定罪量刑？在职务犯罪侦查实践中，侦查人员要重点查明两个问题：一是犯罪对象的性质，二是犯罪数额。

我国实行罪刑法定原则。《刑法》分则规定的犯罪对象的性质对案件定性有重大影响。同属贪污贿赂犯罪，但《刑法》分则第九章规定的不同罪名的犯罪对象是不同的，甚至同一罪名也有不同的犯罪对象。如一般贪污罪的对象是公共财物，但《刑法》第382条第2款规定的贪污罪的对象是国有财产（公共财物包括国有财产但不仅指国有财产），而《刑法》第271条第2款规定的贪污罪的犯罪对象有可能是非公共财物。挪用公款罪的犯罪对象则是

"公款"。这里公款是专指国有财产吗？是否包括集体资金？挪用公物是否构成犯罪？侦查人员必须查清挪用对象的性质，结合法律规定和司法解释，将挪用公款罪的犯罪对象限定为国有财产，且仅指"款"不包括"物"。但是，《刑法》第272条第2款规定的挪用公款罪又包括了挪用非国有资金的情况。又如私分国有资产罪，顾名思义，犯罪对象应当是国有资产，私分集体资产不构成犯罪。如公办学校（国有事业单位）将经营学校食堂获得的利润作为福利分给全体教师的行为不构成私分国有资产罪，只有少部分人私下瓜分才构成贪污罪。

《刑法》分则规定贪污贿赂罪以犯罪数额作为量刑的主要标准。因此，查清犯罪数额是侦查贪污贿赂案件的基本内容。犯罪数额不能确定的，不能对被告人定罪量刑。如李某受贿案。某市土地中心总经理李某与私人老板易某商定，双方成立公司，李某无出资不参与公司日常管理，公司由易某负责经营，但公司所有工程赚取的利润双方平分。其后，李某利用职务之便将土地中心价值1500多万元的工程分多次发包给公司承建，并先后以土地中心的多块土地作为工程款抵顶给公司。后该公司通过炒卖土地、用土地抵押贷款投资矿山等项目，以及承接其他工程获得巨额利润。李某调离土地中心时，决定与易某就"合作经营"公司进行散伙结算。李某以五五分成的形式获得利益680多万元。由于土地中心发包工程的利润无法确定，李某获得利益中有部分与其职权无任何关系，无法确定其受贿数额，无法以受贿罪追究李某的刑事责任。

（二）行贿受贿罪是否法律意义上的"孪生兄弟"

行贿受贿是对向性犯罪。无论是行受贿双方，还是贿赂本身，都不属于犯罪对象的范围。只是为了叙述的方便，才将此内容放在本部分进行阐述。

我们通常认为，有行贿者必有受贿人，有受贿者也肯定有行贿人。这是客观事实。但在法律意义上，行贿罪与受贿罪并非必然同时存在。根据《刑法》的有关规定，为谋取不正当利益，给予国家工作人员以财物的，才构成行贿罪。如果请托人是为了谋取正当利益给予国家人员财物的，国家工作人员犯受贿罪，而请托人并不构成犯罪。也就是说，有受贿罪不一定有行贿罪。反过来，有行贿罪也不一定有受贿罪。如向多人行贿，行贿人构成犯罪，但受贿人由于人多，可能因为受贿金额小而不构成犯罪。不过，这种可能性只是在理论上存在。在现实生活中，有行贿罪就一定有受贿罪，而且行贿的性质由受贿人的身份决定。受贿人是国家工作人员的，行贿人构成行贿罪；受贿人是国家机关、国有公司、企业、事业单位、人民团体的，行贿人构成对单位行贿罪；受贿人是非国家工作人员的，行贿人构成对非国家工作人员行贿罪；受贿人是外国公职人员、国际公共组织官员的，行贿人构成对外国公职人员、国际公共组织官员行贿罪。如果受贿人的身份无法确定或者不构成受贿罪的，一般无法认定行贿人是否构成犯罪或者构成哪种行贿罪。如某技工学校单位行贿案。某技工学校在2011年中考招生工作中，为吸引相关中学初三班主任向学生重点推荐报读该校，承诺将按每个学生返还500元的招生劳务费给班主任老师。2012年3~4月，该技工学校先后向本市多所中学的100多名初三年级班主任、年级长等支付招生劳务费共40多万元。各个受贿的班主任老师有些是公办学校的，有些是民办学校的，其工作只是向学生推荐报读某技工学校，是否报考由学生及其家长决定。因此，涉案的班主任老师既不是国家工作人员，也没有“利用职务上的便利”收受贿赂。对他们不能以犯罪追究。由于涉案老师的身份无法确定，对某技工学校就无法以单位行贿（国家工作人员）罪或者（单位）对非国家工作人员行贿罪追究刑事责任。

鉴于上述行贿受贿罪的特定关系，侦查人员在查办贿赂案件时应当特别注意两个问题：第一，行贿人的目的必须是为谋取不正当利益；第二，行贿犯罪的性质往往由受贿人的身份决定。如果受贿人不是国家工作人员或者国有单位，检察机关对行贿行为就没有管辖权，不能立案侦查。

四、犯罪后果方面的问题

职务犯罪基本上都是结果犯。如贪污罪要求已经将公共财物非法占为己有，受贿罪中请托人财物已经处于受贿人的实际控制之下，渎职罪必须已经造成严重损失。实际生活中，由于职务犯罪的手段、表现形式等千姿百态，犯罪后果的形态也不会千篇一律。因此，查明犯罪后果也是职务犯罪侦查工作的重要方面。

特别是查办渎职犯罪，侦查工作的首要任务是确定渎职行为是否造成严重损失。“无损失即无渎职”，如果损失处于不确定状态，则不能追究行为人的刑事责任。如容某玩忽职守案。某镇党委书记容某批准同意承包校办企业的镇中学副校长谢某将镇政府划拨给镇中学的300多亩土地以校办企业的名义申办土地证并向银行抵押贷款1400万元用于承包经营。后谢某无力还贷，银行起诉，法院判决银行有权请求依法处理上述抵押物的土地，并就拍卖、变卖所得价款享有优先受偿权。判决生效后，涉案土地一直未处理。由于法院只是判决银行有权请求依法处理涉案土地，并没有将涉案土地使用权判给银行所有。因此，涉案土地的国有土地使用权尚未转移，损失尚未造成。对容某还不能以玩忽职守罪追究其刑事责任。

要确定职务犯罪案件的犯罪后果，往往需要民事途径先行。这又牵涉到司法实践中难度很大的刑民交织案件的处理问题。因与本主题关联性不强，且篇幅有限，在此不予详述。检察机关在查办职务犯罪案件时，如果犯罪后果一时不能确定，则办案会有较大风险，应当暂缓立案；即使立案，也要慎用拘留、逮捕等强制措施，防止错误羁押。

五、有关证据合法性的问题

证据是刑事诉讼的核心问题。修改后的《刑事诉讼法》确立了非法证据排除规则，这是我国刑事诉讼历史上具有里程碑意义的事件。研究证据合法性，主要是研究如何适用非法证据排除规则的问题。具体包括以下三个方面的内容：

（一）《刑事诉讼法》第54条第1款是排除非法证据的唯一有关实体内容的法律依据

综观修改后的《刑事诉讼法》，关于非法取证和非法证据排除的规定只有第50条和第54条第1款。其中第50条规定“……严禁刑讯逼供和以威胁、引诱、欺骗以及其他非法方法收集证据，不得强迫任何人证实自己有罪……”第54条第1款规定，“采用刑讯逼供等非法方法收集的犯罪嫌疑人、被告人供述和采用暴力、威胁等非法方法收集的证人证言、被害人陈述，应当予以排除。收集物证、书证不符合法定程序，可能严重影响司法公正的，应当予以补正或者作出合理解释；不能补正或者作出合理解释的，对该证据应当予以排除”。第50条沿用了修改前的内容，只是宣告性规定，没有具体的可操作性内容，无法成为司法实践中排除非法证据的法律依据。第54条第1款对什么是非法证据、如何排除作出了明确规定。除上述两条外，《刑事诉讼法》其他关于非法证据排除的规定只是如何排除的可操作性内容，没有关于非法证据和非法证据排除规则的实体性内容，也不能成为非法证据排除规则的有关实体内容的法律依据。因此，第54条第1款是《刑事诉讼法》关于非法证据排除规则的唯一法律依据。从“两高”司法解释的规定中也可以得出这一结论。《人民检察院刑事诉讼规则（试行）》第五章和最高人民法院《关于实施〈中华人民共和国刑事诉讼法〉的解释》第四章中有关排除非法证据的规定，均是以《刑事诉讼法》第54条第1款作为法律依据的。司法实践中，经常有人引用《刑事诉讼法》第50条的规定，因为证据形式、取证程序方面存在瑕疵，动辄提出要排除非法证据，都是错误理解了《刑事诉讼法》的有关规定，擅自扩大了非法证据排除规则的适用范围。

（二）非法证据排除是证据合法性审查的主要内容但不是全部内容

根据《刑事诉讼法》第54条第1款的规定，非法证据排除的对象是采取非法方法收集的证据。但是，《刑事诉讼法》也对收集证据的主体、证据形式、取证程序等作出了相关规定。违反这些规定的证据也不具有合法性，理论上可以称之为瑕疵证据。在司法实践中，证据合法性审查的重点是排除非法证据，但也不能忽视瑕疵证据。关于证据合法性审查的内容，最高人民法院《关于实施〈中华人民共和国刑事诉讼法〉的解释》第四章作了非常详细的规定。职务犯罪侦查人员应当认真学习有关司法解释的规定，确保所有的侦查取证行为符合法律规定，收集到的证据完全具有合法性。

证据不具有合法性，主要包括四个方面：

1. 收集证据的主体不合法

主体是指人，不包括动物或者其他生物，如警犬的辨认不能直接作为证据使用。又如《刑事诉讼法》规定，讯问和询问的时候，侦查人员不得少于二人。因此，进行讯（询）问工作的必须是侦查人员，不能是其他人员。如侦查国家工作人员职务犯罪的应当是检察机关的侦查人员，不能是纪检监察机关工作人员或者公安人员。如果非检察机关工作人员以参加工作组等途径参与办案的，应当以检察人员的身份参与制作笔录。《人民检察院刑事诉讼规则（试行）》规定，讯问犯罪嫌疑人，由检察人员负责进行。检察人员，不仅包括检察官，还包括书记员、法警等。进行讯（询）问工作的必须是二名以上侦查人员，不能只有一名侦查人员或者一名侦查人员加一名非侦查人员。当然，进行讯（询）问的不限于二名侦查人员，可以多名侦查人员或者二名侦查人员加上其他人员。

2. 证据的形式不合法

即证据必须属于《刑事诉讼法》规定的某一种证据，证据在形式要件上必须符合法律规定。如讯问犯罪嫌疑人、被告人应当使用讯问笔录，询问被害人、证人必须使用询问笔录或者调查笔录等。

3. 收集证据的方法不合法

主要是《刑事诉讼法》第54条第1款规定的内容。在这里，只强调两点：第一，应当予以排除的是非法言词证据，不是物证、书证。对于明显违反法律规定取得的物证、书证，可能影响公正审判，且无法补正或者作出合理解释的，才不能作为定案的根据。第二，非法言词证据包括犯罪嫌疑人、被告人供述和证人证言、被害人陈述两种，两者构成非法证据的标准不同。对于犯罪嫌疑人、被告人供述，必须是采用刑讯逼供等非法手段取得的，才是应当予以排除的非法证据；而证人证言、被害人陈述，只要调查时采用了暴力、威胁等非法手段，即属应当予以排除的非法证据。

4. 收集证据的程序不合法

《刑事诉讼法》对侦查取证程序作了非常具体的规定，收集证据时违反有关规定的就会导致程序不合法的法律后果。如第一次讯问时应当告知犯罪嫌疑人有权聘请律师进行辩护；应当首先讯问犯罪嫌疑人是否有犯罪行为，让他陈述有罪的情节或者无罪的辩解，然后向他提出问题等。对于收集证据主体、证据形式、取证程序不符合法律规定以及取证方法上有轻微违法行为的证据，法律采取了“相对排除主义”。即由侦查机关和侦查人员对上述证据瑕疵进行补正或者作出合理解释，不进行补正或者不能作出合理解释的，才予以排除，不得作为定案根据。最高人民法院《关于实施〈中华人民共和国刑事诉讼法〉的解释》第四章作了非常明确的规定。

（三）职务犯罪侦查人员应当树立严格的非法证据排除意识

即使是瑕疵证据，也有可能最终被排除。因此，侦查人员应当树立严格的程序意识，严格依照法律的规定收集、获取证据。为了保证证据的合法性，最有效的方法是对侦查取证过程进行全程同步录音录像。特别是作为法律监督机关的人民检察院，在侦查职务犯罪案件时，要对讯问犯罪嫌疑人的全部过程进行录音录像。同时，为了防止证据因为瑕疵被排除，建议检察机关的侦查部门参照公安机关的做法建立预审机制，或者建立完善的侦监、公诉人员介入侦查制度，以及早发现证据瑕疵，及时补正或者作出合理解释。

第 2 堂课　反贪初查：谋略与技巧

● 张　亮*

课程提纲

一、初查概说
二、初查取证
三、初查措施
四、初查措施运用的谋略要点
五、初查相关内容

一、初查概说

有关职务犯罪侦查活动中的初查问题，我们知道，初查不属于侦查活动，但与侦查活动具有密不可分的联系，是侦查活动的一个前置环节，从广义上说，属于侦查活动的研究范畴。

（一）*初查的渊源*

初查是一个既陌生又常闻的名词，说它陌生，到目前为止规范的法律条文中没有它的一席之地；说它常闻，反贪部门的侦查人员没有不了解、不熟悉的。

那么，初查究竟是怎么提出和发展完善的呢？

从检察机关的有关档案中可以看到：1985 年 1 月，第二次全国检察机关信访工作会议首次提出“初查”概念；1990 年 5 月，最高人民检察院制定的《关于加强贪污贿赂案件初查工作的意见》中再次提到“初查”；1995 年 7 月，最高人民检察院颁布的《关于要案线索备案初查的规定》中着重强调“初

* 上海市人民检察院二级高级检察官（已退休）。

查”；2005年11月1日，最高人民检察院颁布的《人民检察院直接受理侦查案件初查工作的规定（试行）》把“初查”作为一种常规的程序；2011年12月29日，最高人民检察院检委会通过的《人民检察院直接受理侦查案件初查工作的规定（试行）》进一步将“初查”明确化、规范化、标准化。有关初查的几个观念，作为反贪侦查人员，对初查的几个观念应当有所了解，并且要力求丰富和提高对其的认识与客观、全面的掌握。

1. 初查是存在争议的

虽然最高人民检察院早在2005年就已经颁布《人民检察院直接受理侦查案件初查工作的规定（试行）》，但实事求是而言，一些侦查部门及侦查人员仍然在思想上、行动上存在不同程度的不同看法或抵触情绪。2005年，我参与编写最高人民检察院《反贪侦查培训教材》，受领导的委托带队去西南、华南考察，其间跑了省、地、市、区、县4个省的26个检察院，给我印象最深的是，在一次与某省级检察院的座谈会过程中，该院职务犯罪侦查部门的领导明确表示初查的不可行性，坚决反对立案前进行初查的做法，因而，（当时）该地区在办案工作中也没有关于初查的明确规定与具体要求。

其产生分歧认识的一个重要的原因是，初查有没有法律依据，要不要初查。修改前的《刑事诉讼法》第86条、修改后的《刑事诉讼法》第110条，人民检察院对于报案、控告、举报和自首的材料，应当按照管辖范围，迅速进行审查。是不是依据有人认为“用法律并没有授权的行为去侵害立案前相关人员的隐私权、名誉权、人身财产权等，构成了非法侵害”。

在业务培训的教学过程中，也有人提出“初查可有可无”“没有初查照样办案”的观点。至于在一线侦查人员中，对“初查”表面上认可，实践中否定的可能也不在个别。

所以，迄今为止，有关对初查的认识，还是存在争议的，我们不必回避，应当在学习、思考与实践中逐步予以统一和提高。

当然，争议、争论、讨论、研究都可以，但最高人民检察院已经出台了明确的规定，我们每一个侦查人员在行动上必须认真贯彻执行，不得二话！

2. 初查并不是新生事物

初查在迄今为止的国家法律规定中没有明确的地位，但这并不是说提出初查是检察机关自己创造的新生事物。

第一，修改前的《刑事诉讼法》第86条规定，“立案前进行必要的调查”；修改后的《刑事诉讼法》第110条规定，“人民检察院对于报案、控告、举报和自首的材料，应当按照管辖范围，迅速进行审查”。对这种“调查”

“审查”所表现出的内涵的分析、理解，我们可以毫无疑问地说，这其实就是初查的法律依据。

第二，职务犯罪不同于普通刑事犯罪，它一般具有案件的缓发性（据统计，当前职务犯罪从作案到案发的时间跨度由10年前的平均6年提升至如今的10年），缺乏犯罪现场，极少是现行作案，所以，进行一定的初步调查，以确认犯罪主体、确定案件管辖、确认犯罪嫌疑行为必不可少。

第三，境外早有先例，我因为工作关系，去过香港廉政公署多次，作为全世界反贪机构典型模式的香港廉政公署其对初查的运用是炉火纯青、得心应手的。只有600多万人口的香港，其廉政公署“卧底”就达800多人，这800多人的主要职责，其实就是获取线索、进行初查，所以香港反贪案件立案前都进行过大量的、深入的初查，长一点的可达三五年之久，在这种初查的基础上再请你“喝咖啡”（谈话调查），抵赖、狡辩都是徒劳的。

3. 初查是尊重和保障人权的必然要求

检察机关提出案件初查，其一个最主要的目的就是适应“尊重和保障人权”的必然要求。我国已经签署了联合国人权公约，尊重和保障人权也写入了宪法，对侦查机关在侦查活动过程中尊重和保障人权也必然提出了更高的要求。

以我个人的感受，在1997年《刑法》、1996年《刑事诉讼法》修订以前，侦查机关普遍存在的“宁可误伤好人，绝不放过坏人”的陈旧观念如今早已被摒弃，自该“两法”修订以来，“宁可放过坏人，绝不误伤好人”的观念逐步成为尊重和保障人权的基本法则，毫无疑问，对职务犯罪立案前进行初查是更加准确惩治犯罪，保护无辜的必然要求。

4. 初查是提高案件质量和效率的必然举措

办理案件的质量和效率是检察机关侦查部门与侦查人员的最基本的要求，“两法”修订以前，一些检察机关侦查部门办理的职务犯罪案件被法院宣告无罪的、发回重审的、检察机关自行撤回的、免予起诉的、撤销案件的占据的比例较大，有的高达30%，个别的甚至达到50%，几乎是立两件撤一件。自最高人民检察院有关初查的规定提出、发展、完善以来，检察机关侦查部门普遍追求并且努力做到了所侦查的案件能够立得住、诉得出、判得了，就上海地区而言，贪污贿赂等罪名的案件其撤案率已不足0.5%。

初查的全面实施、规范进行，大大保证了案件的质量，大大提高了办案的效率，10多年来的侦查实践证明，职务犯罪案件立案前的初查是提高案件质量和效率的必然举措。

5. 初查是职务犯罪侦查体制改革与发展的必然趋势

初查的提出、发展、完善是经过了检察机关职务犯罪侦查28年的实践，其虽然并不是一帆风顺的，但它是侦查体制改革与发展的方向和必然趋势。在修改后的《刑事诉讼法》经全国人民代表大会通过颁布的背景情况下，2012年9月12日，最高人民检察院再次出台《人民检察院直接受理侦查案件初查工作规定（试行）》（2011年12月29日，第十一届检察委员会第六十九次会议通过）就充分说明了这一点。

（二）初查的特点与本质

我们现在强调的初查，其目的是非常明确的：

1. 初查过程就是发现证据、甄别证据、获取证据的过程

我们强调初查，查什么，简单一句话，就是查证据，拿证据说话。指控犯罪，靠的是证据，所以，初查过程就是发现证据、甄别证据、获取证据的过程。

2. 初查的核心问题就是获取证据

这个证据有两种类型：（1）外围证据；（2）自证证据。

初查过程是为了获取证据，获取什么证据呢？

它包括两个阶段的证据：证明涉嫌犯罪的证据或者证明无罪的证据。而这类证据一类是围绕涉嫌犯罪的外围证据，所有外围证据都指向一个目标，证明涉嫌犯罪（反之不能证明涉嫌犯罪），也是初查过程中的第一阶段的证据；另一类是被调查对象自己举证的证据，也是初查过程中的第二阶段的证据（接触被查对象阶段），如果在第一阶段由证据排除了犯罪的嫌疑，那么第二阶段的证据获取就消除了必要。

3. 初查证据的主要形式

初查证据的两种主要形式：（1）指向性证据；（2）自证性证据。

初查阶段的证据通常具有两种主要形式，指向性证据是来自各个方面的证据均指向一个目标，诸如主体、犯意、行为、结果，促进嫌疑性的增强；自证性证据是被查对象自己对涉嫌犯罪事实的供认或辩解。

4. 初查的非完整性、非强制性特征

初查与侦查是有区别的、性质不同的司法活动。初查要求：一般情况下要秘密进行、一般不得接触被查对象。初查不得对被查对象采取强制措施，不得查封、扣押、冻结其财产，不得进行搜查。所以说初查是非完整性、非强制性的，其主要是相对侦查而言的。

5. 初查在特定情况下有需要、有必要或者只能公开进行

初查当然不是机械的，一成不变的。虽然初查要求一般情况下要秘密进

行，但在特定的情况下，往往需要、必要或只能公开进行。如犯罪后果、结果已经公开化的；案件内容被多头举报已经众所周知的；案发单位已经对有关人员、有关事实先进行了处理的；当事人公开自首的；等等。要注意的是，凡公开初查要经检察长批准。

6. 初查后认为可能进入立案程序的都需要接触被查对象

初查阶段要求一般不接触对象，其实这是指初查没有获得一定程度证明嫌疑证据的情况下不能轻易接触对象（即指上述初查第一阶段），而凡是初查获取了证明嫌疑的一定程度的证据后，进入立案程序之前，必须接触存在嫌疑的被查对象（畏罪潜逃的除外）。

司法实践中，初查阶段获取了一定的证据，在不接触存在嫌疑的被查对象的情况下直接立案是非常罕见的，因为如果不接触对象就立案其弊端是显而易见的。要注意的是，在初查阶段接触被查对象要经检察长批准。

7. 初查阶段经过批准接触被查对象的，其权利受到一定限制

初查阶段不得限制人身自由和财产权利是一条原则，应当严格遵守。但在司法实践中，我们应当正确全面来理解和执行。初查中获取的证据证明被查对象嫌疑明显，需要接触其进行当面取证，这必须报请检察长批准后方可进行，这个阶段的接触，是谈话性质，最高人民检察院初查规定把这个过程也称之为"询问"，我理解这个"询问"与立案后对有关人（证人、被害人）的"询问"是具有区别的。

在这个阶段，如果发生当事人拒绝接受"询问"，或者发生欲强行离开"询问"场所的情形，是不是可以默认、允许和听之任之呢？很明显，显然是不可以的。

我曾经在初查阶段的第二阶段（接触阶段）分别找过四个涉嫌犯罪的法官、两个涉嫌犯罪的检察官正面接触谈话，他们不约而同都有欲强行离开的举动，我们侦查人员、法警理所当然予以制止，这显然不是强制措施，但经过批准被接触的初查对象其权利是受到一定程度限制的。

目前，上海地区所有检察机关在初查阶段接触被初查对象的，均需要对被查对象进行安全检查（人身检查），其本质上，也具有这样的性质。

8. 初查过程中接触被查对象的，其安全防范是非常重要的

初查过程中接触被查对象的，对该对象的安全防范是第一位的，来不得半点马虎和疏忽。回顾我们在办案过程中曾经发生过的各种安全事故或者事故苗子，90%是发生在初查阶段，可见这个阶段是安全防范的重点和关键。

在我30多年的反贪侦查生涯中，亲历或者所见所闻对象自杀及出现自杀

苗子的，也逾几十起以上，如被查对象有把自己眼镜片踩碎后割脉的；有用写交代的圆珠笔金属笔芯插入血管的；有突然用自己的头猛烈撞击铁质文件柜的；有偷偷解下绳索上吊的；有趁人不备跳楼的；有用一次性筷子插入眼睛直达脑部的；甚至有受不了精神压力跃入高温铁水炉子的，无论最终结果如何，无论发生在办案场合还是其单位或居住处，发生这类情况均会造成侦查工作的被动和不良的社会影响，所以初查阶段接触对象的安全防范必须与对象之间保持零距离，“分秒不脱，寸步不离”，慎之又慎。

（三）初查观念转变的紧迫性

初查的重要性、必要性，其意义的深远性在一些侦查部门及一些侦查人员的头脑中还存在一定的误区、盲区，应当及时进行转变。其主要表现为：

1. 思想上——没有确立初查是必经程序理念

一些侦查部门和侦查人员认为初查后能够符合立案条件的毕竟是极少数，大部分初查的结果可能是“无功而返”，因此思想上没有确立初查是必经程序的理念，而把它视为可有可无、多此一举，思想上不重视初查，没有真正认清、理解和领会初查的重要意义及必要性。

2. 行为上——处于走形式搞应付走过场状态

一些侦查部门和侦查人员对待初查仅仅是停留在走形式、搞应付、走过场的层面，存在初查不予重视、考虑简单不周、计划粗糙雷同、行为放任自由、没有部署、没有检查、没有监督、听之任之而呈“脚踩西瓜皮，滑到哪里是哪里”的现象。

3. 认识上——存在不初查也照样能破案观念

一些侦查部门和侦查人员固执地存在不初查也照样能破案的观念，不肯扎扎实实地下苦功夫，而且一味找捷径、讲手气、碰运气，把一些个别的、巧合的、意外的办案经验当作普遍规律，以投机取巧、经验主义取代严谨、规范、缜密的初查。

4. 实践上——对初查的研究不够全面与深入

侦查实践中侦查人员认真思考、主动研究初查这个课题，目前还处在比较薄弱的状态，能够主动、自觉、深入研究的还不多见，初查的思路比较狭窄，初查的方法比较单一，初查的手段比较陈旧，初查的措施比较贫乏。

5. 机制上——初查考核机制的不科学不配套

当前各地检察机关的业绩考核比较看重的是办案的结果，“以破案论英雄”，初查得再好，如果无法进入立案程序的，往往不计入考核范围、不算工作业绩。司法实践中，初查率往往不到立案率的1/10，工作量极大的初查不计入考核，显然是不科学、不客观、不合理的。

6. 事实上——凡是案件成功的其初查就是好的

如今侦查部门和侦查人员都习惯了这样一种情况，凡是成功的案件，回过头来进行总结，除了“领导重视”以外，一定是初查怎么怎么好，是一种“倒轧账”的做法，事实上倒真的未必。初查的质量高不高，应当在初查终结阶段就可以反映出来了，以扎实的证据排除了诬告、误告、错告，维护了公民的合法权益，体现了社会效果的初查难道不是成绩吗?

二、初查取证

（一）初查取证定位的把握

初查之前，必须对初查工作有个基本的定位，就是对这个初查线索特点的把握。

1. 总体定位

总体定位主要把握三个重点：重要性、时间性、结果性。

侦查人员着手初查初始，应当对所初查的案件线索如何取证作一个总体的定位，可以从以下三个方面进行把握：

（1）重要性。初查的线索其重要性的程度是各不相同的，一定通过重要性的分析判断，把初查纳入恰如其分的位置。不分青红皂白，胡子眉毛一把抓，什么都重要，其实就是什么都不重要；而不及时把握住初查的特殊性，那么重要的初查就会流于一般而贻误进展，影响大局。2005 年，一起检察人员重大违法犯罪的线索，我作为专案组成员，经历了市院有关领导高度重视的决策过程。专案组的组建、工作方法、办案纪律、加强领导、及时报告等，无不区别于一般初查而体现其重要性，专案组每个成员思想高度集中，都竭尽全力、恪尽职守，确保案件初查取得预期的效果。

（2）时间性。进入初查前，对这次初查需要多少时间一定要有一个基本的预算，千万不能以为初查一般具有两个月的期限，还可以找个理由提请延长期限，慢慢来，而应当充分考虑初查的各个方面的因素，包括有利因素、不利因素，客观具体地把握好时间的要求。还是上面检察院工作人员违法犯罪案件，当时被查的两个对象被停职，我们专案组绝对不会因为对象被停职就按部就班、优哉游哉，而是刻意计算时间的需求。

我首先与一个被查对象进行面对面的交锋，该对象具有 20 余年的检察官经历，面临被停职调查，其态度十分嚣张，我也以强势言语对其进行“狂轰滥炸”，力求迅速打消其的气焰。

1小时左右，首轮谈话告一段落，我离开了谈话房间，监察处魏处长对我说："张亮，千万别生气，别同他一般见识，他是个无赖。"我笑着说："这种人我见得多了，我是故意激起他的愤怒情绪，否则慢条斯理谈话，他进不了状态，十天半个月也拿不下来，老魏，你看，要不了一天，他保证向我赔礼道歉。"

老魏将信将疑。几小时后魏处长同我一起再进去，准备进行第二轮谈话，不曾想该对象突然跪下，拼命强调自己"有眼不识泰山"，要求我"大人不记小人过"。原来该对象不认识我，经向负责安全的法警打听，才知道这个人是张亮，张亮长期担任反贪局局长，敢打善打硬仗的故事他是有所耳闻的，他的意志松动了。

老魏出来后对我说："张亮，你有一套，料事如神啊。"其实我并没有神机妙算的本事，而确实是这种外强中干的对象见得多了的缘故。

到第六天，另外一个对象开口交代了，我们这个对象仍然没有进展，一些舆论对我们也不利起来，有说我们方法不对的；有要求调换我们的；等等。领导征求我的意见，我说，换人也许有效果，但有利有弊，如果继续让我们进行下去，我估计在第十天左右可以彻底突破。领导非常信任我们，决定由我们继续进行下去。

按照我们的设计，天天进行不同方式的谈话，进展明显，到第十天晚上，对象彻底交代了，甚至把自己找女人、养情妇的隐秘都交代了，可见他彻底趴下了。

于是我负责询问，魏处长做笔录，等对象把笔录确认签字后，时间正好是零点，魏处长忍不住向对象说："张亮早在几天前就说你大概在第十天开口，你看，现在正好是第十天的最后一分钟。"结果对象极力恭维起我来，与我称兄道弟，要为其"指点迷津"，还索要我写的书。当然，这个案件突破时间上有巧合的因素，但一个成熟的侦查员应当对自己的工作有时间上的基本估计和判断，及时、合理、科学地控制和运用时间，也需要将时间作为对自己工作的对策、动力和压力。

（3）结果性。初查的结果如何，侦查人员在初查之始、初查之中，也应当有一个基本的估计和判断，可以按照客观事实，设计几种可能：圆满的结果、意料中的结果、出乎意料的结果、令人信服的结果、自己都不服的结果。这样可以克服初查工作的盲目性、被动性和机械性，可以培养自己站在比较高的角度思考、分析问题，掌握初查工作的主动性。

总而言之，初查取证之前，侦查人员一定要充分把握所初查案件线索的四个因素，即地位、影响、进度、后果，一定要做到心中有数，以保证在初查过程中能够稳步推进，游刃有余。

2. 具体定位

具体定位主要把握三个重点：可能性、归罪性、拓展性。

（1）可能性。实施犯罪，从犯罪构成的角度而言，应该有多个方面的条件促使而成，而主观故意是一个非常重要的组成部分，如果不分青红皂白，盲目出击，不但会无功而返，浪费侦查资源，而且易造成不必要的负面影响，甚至危及社会稳定。我曾经受理过一份举报件，举报时任某区规划局局长的蔡某有收受贿赂犯罪嫌疑，洋洋洒洒、言之凿凿。我一看这个岗位绝对是“易发环节”，大有不获全胜不能收兵的“雄心壮志”。这时，一个圈内人士悄悄对我讲，蔡某犯罪的可能非常小，因为蔡某正在为谋取副区长的位置而努力，此刻他绝对小心谨慎，连应酬也权衡再三，他不会因小而失大。我经过简单的了解，果真如此，于是果断决定停止这个线索的初查。不久蔡某当上了副区长，后来又交流到外区当常务副区长，十多年来一直干得很好，也没有廉洁方面的任何反映，实践证明，我们当初对其犯罪不可能性的把握是准确的。

（2）归罪性。所谓归罪性，就是在初查的一开始就要考虑，被初查的线索指向的对象其构成犯罪的基本条件或因素，设想必须具备什么条件才能构成犯罪，或者说什么条件不具备，则不可能构成犯罪。那么，在实施初查的过程中就会思路清晰，进退自如，避免出现错案的可能性。几年前，著名电影女明星刘某某因为涉嫌偷漏税犯罪被羁押的新闻可谓轰动一时，各大媒体争相报道，结果刘某某被羁押了400多天。但是，请大家注意，刘某某案件后来怎么处理的？竟然是不了了之，更没有一家媒体有过其最终结果的报道。我可以问心无愧地告诉大家，在刘某某案件被报道的第一时间，我在一定的场合就公开表示，刘某某难以构成犯罪。后来的结果证明了我的判断是正确的。这倒不是我有先见之明，而是我有过刻骨铭心的教训。

我被交流到某区检察院反贪局任职不久，遇到一个国有企业负责人胡某涉嫌贪污3600余万元的案件。情况并不复杂，胡某先虚作利润，再以董事会决议的名义提取给自己巨额奖励和提成，问题是董事会成员均不是本企业成员，而是政府部门的一些负责人，与胡某拿多少个人利益没有利害关系。因为胡某没有直接指使会计做假账的行为，确实获取了巨额的财产，因此案件的争议很大，分院认为不行，市院认为可以定，中院认为定不了，高院认为可以定，结果一直请示到最高人民法院，他们的意见是不易定罪。同样，刘某某十来岁参军入文工团，根本没有受过专门的经营管理和财务训练，平时忙于拍片子赚钱，根本无力在公司进行管理，她何来犯罪的故意和能力？刘某某实际上是比较“老实的”，如果其真有犯罪故意，稍微用点心机，如请一个“垂死老人”

或者“社会盲流”来挂个“法人代表”“董事长”“总经理”，其不出面而在幕后操纵，税照偷、钱照拿，却谁也奈何她不得！所以，最后，法院只能对刘某某公司的直接管理人，刘某某的妹夫进行了有罪判决，判处有期徒刑5年。

最近，媒体报道，河北省邯郸市某区检察院于2003年侦查的一起重大案件被高级法院宣布为无罪。我详细研究了一下这个案件，感到该检察院在归罪性方面是有重大失误的。当事人在任职期间为分社创利1000余万元，上交340余万元，按照在上级备案的内部提成规定，提出16.9万元与另外一个工作人员进行了分配。结果其数次（一审、二审、再审）被判刑，直到被关押到第6年后才被省高级人民法院宣告为无罪。然而，其所在的单位和其主管的编辑部遭到了灭顶之灾。我们说，在2000年以前、改革开放之初，有关体制改革的问题比较难以把握，出现偏差情有可原，但至2003年对国有企事业单位的体制还把握不准，不能不认为是能力低下、好大喜功，或者是执法指导思想出现了严重的偏差。

（3）拓展性。被初查的案件线索，我们在初始阶段应当有一个基本的把握，就是看这个线索能不能被拓展，这包括本线索能不能扩大，还包括能不能形成窝案、串案的可能。

上海长宁区检察院在一起不起眼的线索中（仅一份审计报告）挖出东方贸易集团公司窝串案11件，其中处级要案7件。而上海某区检察院查获的旅游局局长韩某受贿案，经验介绍的材料上称：“韩某贪婪性极大，什么事都要插一手，雁过拔毛。”但实际上对韩某立案时为受贿10万元，结案时还是10万元，怎么自圆其说呢？按我的说法，应该称韩某“平时非常廉政，三十年的从政生涯中偶尔的一念之差受贿10万元”。如果韩某具有很强的贪婪性，其受贿绝对不会就此一笔，案件没有彻底查清无疑。上海某郊区，一个县检察院查获了该区房地局局长、规划局局长等3起贪污大要案，非常具有震动力和影响性，但是这么几个握有大权的人物，那么喜欢钱，怎么会一点受贿问题都没有呢？他们任职的十几年中没有收过礼？没有收过卡？没有收过钱？该检察院的同志在总结时，也深刻挖掘了这件案件的不足：“当时注意力均集中在贪污问题上，对贿赂的问题疏忽了。”

为了防止初查工作的不到位，出现不全面性、不完善性、不彻底性，侦查人员在线索初查中要把握住：甄别、性质、牵连、特性、确保初查工作的彻底、力求穷尽。

3. 分解定位

分解定位主要把握三个重点：分支性、方法性、协调性。

初查在犯罪构成总的分析判断的基础上，必须针对本线索的特征、关键、要点进行深入的把握，研究具体的具有针对性的方法和措施。具体应当考虑以下三个方面：

（1）分支性。反贪部门侦查的职务犯罪主要集中在“贪污罪”“贿赂罪”“挪用公款罪”等有限的几种罪名上，其中，贪污贿赂犯罪一般占据全部职务犯罪案件的90%，但每件案件的具体作案方法、表现手法是各不相同的。如贪污有截留公款公物、监守自盗、做假账假发票、转制前隐瞒国资、携款潜逃等予以侵吞的不同表现；贿赂有收取回扣、提成、好处费、感谢费以及挂名工资、低价买房、获取干股、期权交易、赌博为名等传统的和新型的不同表现，这些在一种犯罪的总的框架内具有的不同分支应当准确把握和定位。

我曾经有过一些经验，就是根据线索的特点而以反常规的方法进行初查，如在对一国有商业企业负责人贪污线索初查时，利用其声名狼藉、众叛亲离的境地，根据其侵吞实物回扣的手法，不进单位、不先查账，而是秘密约见其的所有对立面（职工群众）到特定的地点谈话，结果，没有费太大的力气便获得有效证据。

（2）方法性。初查开始就具有了比较细化的分析判断，那设计采取何种初查方法就能够做到运筹帷幄，对症下药。

我当侦查员时，针对一件线索研究初查的方法，那是一家国企的采购员舍近求远去江苏宜兴一个体企业采购了一批质次价高的耐火材料，受贿嫌疑明显。我当时按常规思路提出，去宜兴把个体老板“拉”到上海来“硬敲”。一个50年代就参加公安工作的老同志俞振祥检察员提出，可不可以采取“化装侦查取证”的方法。

这可谓是妙招。结果我们周密设计了计划，根据分工我迅速学习掌握了必要的有关业务技术知识，冒充一家国有企业的采购员同样去该个体企业谈业务，套出了回扣的比例和有关的细节，并且全部予以了秘密录音，然后提出两天后到上海来签订正式合同，“一手交合同一手交回扣”。

两天后该行贿人高高兴兴来了，在某个咖啡馆正向我递交回扣时，我发出暗号，预先布置的侦查员一拥而上，以我是“阿诈里”（诈骗犯）为由将我戴上了手铐，该对象正为没有被骗走数万元庆幸呢，大呼：“你们是天兵天将啊！”侦查员抓起钱问：“这钱是怎么一回事？跟我们去解释一下！”该行贿嫌疑人就这样顺理成章被我们拉到了检察院，结果可想而知，不出3小时，对象交代了全部行贿事实。这是上海第一起成功的化装侦查案件，惊动小、花费少、周期短、效率高。

（3）协调性。协调性就是研究在实施初查的过程中有没有依靠的因素，也就是“借力”。上海静安区、普陀区等检察院与税务局、工商局有协作配合的工作机制，可以在行动上具有更大的隐蔽性。当然，协调性更体现在检察系统内部的配合协作上，据我了解，目前我们大多检察机关侦查部门对此没有充分予以用足用好。

上海一家郊区检察院需要向一个身在境外的行贿人取证（行贿数万美元），迫于压力，该行贿人愿意入境到其认为“合适”的地方——厦门，与侦查人员见面。结果在异地接触过程中该行贿人坚持称钱是“借”的，侦查人员没有充分的准备，只得无功而返。一般而言，污点证人能够入境来与侦查人员“见面”，其心是虚的，但其一定会察言观色，试想，如果事先请示上级检察机关把关参与，与厦门检察机关取得联系，依靠当地检察机关及其他力量的协调配合，其结果可能就大不一样了。

上海静安区检察院侦查员，我的学生蒲某某去广东某地取证，该行贿人向上海某公务人员行贿数十万元，但该对象称自己是“烂仔”，一贯好赌，根本没有钱去行贿，还主动表示可以跟侦查人员去上海，“有人管我吃喝我怕什么”，真是一副“烂仔”的模样。

小蒲了解到其在广东检察机关有几个朋友，于是提出，带你到上海之前，你可以把检察院的朋友叫来，叫你朋友把把关，怎么对你有利。

结果他请来了当地检察院的一个处长，小蒲对其“验明正身”后与其个别进行了沟通，到底是同行，公职身份人士，其深明大义，立即做行贿人的工作，结果取证获得圆满成功。一起看似难以成功的取证，结果巧以借力，得来全不费功夫。

借力包括上下、左右、内外、明暗（上述案例即为明借，通过非正规渠道达到目的）。就上海地区检察机关而言，侦查员当中能人高手不乏其人，有的查机场得心应手；有的查铁路手到病除；有的查海运熟能生巧；有的查金融胜人一筹；有的与香港广东联系密切；有的与江浙配合默契；有的与东北互通有无；有的与西南来往频繁，你在初查中遇到难度，也许借借力便迎刃而解了。

上海某区检察院检察长，他在任反贪局局长时需要去黑龙江某地取证，得知我在黑龙江北大荒下乡多年，特意请我给其介绍一些关系。结果他回来后对我感激不尽，当地检察院给予了极大的配合，好几起大案的重要证据获取得非常顺利。所以，侦查（初查）过程中的“借”是一篇大文章，有头脑的侦查人员可以好好做好这篇大文章，上海铁路检察分院反贪局田建中副局长专门请我指点其写的侦查过程中“借”的论文，其中有“正借”“侧借”“曲借”“逆借”等，对同行们而言应该具有非常好的借鉴作用。

初查过程中侦查人员必须知己知彼，扬长避短，尽可能考虑以最小的代价、最便捷的方法来获取最大的效果，因此要充分研究和思考对应、措施、途径、借力，做好这篇大文章。

4. 单项定位

单项定位主要把握三个重点：单一性、具体性、细节性。

线索初查的单项定位就是更小、更细、更微的把握。大家都知道哲学界有一句至理名言：世界上没有两片完全相同的树叶。就是说任何事物其必定有自己的特定面，我们初查必须要充分研究和掌握并用好这些特定面。可以从以下三个方面来把握：

(1) 单一性。单一性就是分析和掌握被初查的人或事具有的不同于普通的、常规的、共性的特征，然后予以“借题发挥”“对症下药”。以检察机关两个违法犯罪对象为例，我们在初查初始研究案情时，把握他们两个的单一性是：涉嫌受贿犯罪就此一笔，因为他们分别长期在反渎职侵权部门的秘书科、政治部教育处任职，行使的权力不但有限而且主要是对内的，与相关案件有关的人员接触的面可能性比较小，活动的圈子也比较有限，因此，他们两个人涉嫌受贿直接进行“权钱交易”的可能性不大，如果案件成立，应当考虑利用间接的职务之便能否定罪的问题。

所以，我们专案组一开始就把握：就此一笔、一对一、检察经历长但不熟悉侦查实务、职务之便具有一定的争议。这些问题及时向上级作了报告，在初查之处就得到了相应的明确指示，大大减少了初查工作的盲目性和不确定性。

(2) 具体性。具体性就是考虑涉嫌犯罪的具体情况，上述检察官违法案例尽管是典型的“一对一”受贿模式，但一定不会是铁板一块，一定有其具体的运动轨迹和特点。

如行贿人是检察中专毕业后去当了律师，其配偶是在职检察人员，与其中一受贿嫌疑人系同一部门的同事，往来比较密切；行贿人与另一个受贿人是中专期间的师生关系，也有特定的联系，所以他们之间的行贿、受贿的可能性是比较客观的。

另外，一次分别行贿 8 万元、10 万元不是小数目，有一定的来源出处、体积包装、交接的时间地点过程，而且一个给 8 万元、一个给 10 万元有什么内在原因，这些具体的环节和问题均需要有合理的答案予以解决，那么初查的准确性、证据的翔实性就有了相当的把握。

（3）细节性。细节是初查过程不可忽视的重要因素，细节决定成败，细节把握得好往往能够掌握主动，取得意想不到的结果。上述案例中的两个对象，一个性格外向，好酒，好客，天天晚上必定吃喝玩乐，不到半夜一两点绝不回家；一个性格内向，每天就是从家到单位、单位到家，两点一线，没有活动的圈子，甚至没有朋友。

所以，我们专案组根据他们不同的性格细节采取突破方法，基本上都在我们的预料中获得了全面突破。一个要么不讲，一旦醒悟便一次倒了个干净，还主动交代了个人隐私予以佐证来表示自己彻底坦白；另一个犹犹豫豫、吞吞吐吐，一会儿交代4万元、一会儿讲6万元、一会儿又是9万元，最后又讲到11万元，就是不提敏感的“10万元”，真可谓“此地无银三百两”也。这些细节充分说明了对象交代过程患得患失、避重就轻思想斗争的客观性、真实性。根据细节来研究和掌握初查的对策可以取得事半功倍的效果。

初查过程中把握住对象的细节，就把握住了初查工作的主动权，可以从这样几个方面入手：经历、性格、弱点、安全，这些环节掌握得越透彻，那么初查就能尽可能地做到万无一失，成效凸显。

（二）初查取证要素的把握

初查是一个发现证据、采获证据、甄别证据、固定证据、使用证据的过程，初查与证据是双胞胎、连体儿。初查取证应当充分把握以下几个要点：

1. 证据的地位

初查就是取证，首先侦查人员要针对证据来把握：需要获取的证据解决什么问题、证明力程度，这样可以控制轻重缓急，抓住关键，避免“眉毛胡子一把抓”的情况出现。

2. 证据的形式

初查的第一阶段主要还是先外围证据、指向性证据，外围证据中涉及是直接证据还是间接证据的问题是侦查人员应当事先考虑的，如果是直接证据，就要及时固定、印证；如果是间接证据就需要尽可能地形成锁链，准备在对象拒不交代的情况下运用，避免出现临时抱佛脚到时才匆忙决定再去补证的被动局面。

3. 证据的种类

证据的种类在修改后的《刑事诉讼法》中，已经得到了明确，除了书证、物证、言词证据、音像证据这些老证据形式之外，在日常生活中出现并且被广泛使用的一些新型证据如MSN、QQ、E－mail等被作为电子证据成为证据的一个新型种类。电子证据包括电子数据交换、网上聊天记录、博客、微博客、手机短信、电子签名、域名等电子数据。作为新型证据侦查人员要注意在侦查实践中科学、规范、有效运用。

电子证据能不能作为刑事犯罪证据，已经不存在争议，关键是获取这些电子证据的程序必须规范合法，因为电子证据具有易增删变化和消失的特点，因此在提取电子证据时必须注意具备“数据恢复”的意识，依靠数据恢复专业人员的技能，获取已经灭失的证据，还要注意确保该证据的“原生态”，如何保证“原生态”呢，那就需要在提取这类证据时充分证明电子证据的客观性、原始性、真实性，如应当有当事人或者“第三人”在场见证，最好请公证机构公证人到场，出具具有法律效力的公证书，否则无法有力排除电子证据在被提取后被修改或提取不全面、不完整的嫌疑。

4. 证据的方位

初查开始之时，必须预测需要获取的证据存在于哪些地方、处于哪个阶段、集中在哪一个人或哪几个人身上。这样，可以有利取证的针对性、高效性、相对秘密性。

可以经过权衡，先获取惊动面小的、易获取的、容易灭失的、可以借力获取的、一步到位的等，在各种利弊得失中采取损失最小、得益最大的途径。

如查银行，现在的银行为了拉存款，与存款大户均具有密切的联系，经常有一些联谊活动、旅游活动等，你按部就班拿个委托银行协查书去，回执还没有出来，被查对象已被惊动了。如果通过银行部门的纪委通过内部渠道查，专门安排可靠的人员查，利用下班以后查；或者委托特定人员以经济纠纷、民事纠纷的理由去查，可以有效避免泄密的弊端。

5. 证据的变数

初查过程获取了证据，绝对不能以为大功告成、可以一劳永逸，因为其在正面接触被查对象前还存在极大的变数。因此，每获取一个证据，必须考虑该证据的可行性、牢固性或变化性程度。

《律师法》修订后，明确了律师在侦查阶段具有介入权，如侦查人员先向行贿人取证，获取了行贿的证词，然而，律师后向行贿人取证，获取了否认行贿的证词，那么，侦查人员先获取的证词的效力就明显低于律师后获取的证词效力，这个问题，侦查人员不能不有事先的准备及应对。

6. 证据的反思

证据能不能如侦查人员之愿，在证实犯罪的诉讼活动过程中充分产生证明力的作用，这是侦查人员在初查取证时就一定要予以反复思考、对照、权衡的。诸如获取证据程序的规范性、证据可能存在的先天不足，反思其牢固性程度。讲白了，就是换位思考：（1）假如我是律师，我怎么来否定你出示的证据。（2）假如我是犯罪嫌疑人，我怎么来否定你指控的证据。我认为，现在聪明的律师不直接跟你辩构不构成犯罪，而是千方百计指出你获取证据程序的非法性。

著名的美国辛普森案件，其律师团队就是以警察获取的关键证据程序的违法性，使整个证据锁链崩溃，从而出现了法院判辛普森无罪的结果。

所以，初查阶段获取的证据一定要反复考虑取证的程序规范性与合法性。上海地区有检察院将纪委“两规”期间的言词证据作为法庭上的指控证据出示，结果被法庭认定为非法（应当在侦查阶段予以转换而没有转换所致）；取证时侦查人员具有暴力或者威胁的行为，该获取的证据当属非法；侦查人员一个人获取的言词证据也当属非法等。

初查阶段获取的证据同样需要反复考虑证据的唯一性、排他性，要以犯罪嫌疑人的立场角度来看，可能从哪几个方面会提出侦查人员意料以外的辩解和反驳，事先有了准备，就不会在出现被动的局面时惊慌失措或无言以对。

还必须要说的是，有一些侦查人员把12小时称之为“突破”阶段，将初查草草走过场，主要精力和期望放在12小时上，其实，你没有经过扎实的初查，对象能够在12小时如实交代问题的，那这个对象脑子绝对是有问题的，这也绝对成不了侦查的经验。

我以30多年的侦查经历基础得出的结论是：“12小时仅仅是核实证据、拓展证据与听取辩解的阶段”，其要害问题还是初查阶段的证据，“手里有粮则心中不慌”。

上海徐汇区检察院发现一个与房产有关的私营企业老板与政府房地产管理部门的负责人关系密切，简单初查后就将老板传到了检察院，指望其一开口就可捞大鱼了，未想老板就是硬顶了12小时，滴水不漏，时间一到只得堆上好话请其回家。

后来他们静下心来认真进行初查，卡住了几个关键的证据，该老板第二次被传了进来。不到10小时，其交代出了7个受贿人来，其中有几个还是重量级的人物，个中道理不言自明。

（三）初查取证方法的把握

初查取证的方法是必须要讲究的，某种意义上讲，其比侦查取证的要求还要高。因为初查取证时其结果是不确定的，其手段是有局限的。因此，初查取证方法可以从这样几个方面把握：

1. 总体的方法

总体的方法要把握：宏观性、大局性、策略性。

首先应当把需要初查的案件线索进行一个总体的定位，确定其重要性、影响面及利弊得失。从宏观性、大局性、策略性三个角度进行决策，这也是检察工作服务大局、讲究三个效果统一的基本要求。

福建省检察院查办的浙江省宁波市委副书记、宁波大学党委书记徐某某案件，当时，初查阶段获取了行贿人浙江省龙元集团副总经理赖某某交代的向徐某某巨额行贿的证据，但万一赖某某是故意倒打一耙、无中生有把水搅浑，那如何向上级党委交代。于是侦查人员权衡再三，决定先不动徐某某，而先秘密查徐某某可能受贿的相关证据及交往圈子、活动规律，其次查赖某某行贿其他人的事实，以印证赖某某交代的真实性。结果，调查证明赖某某交代受贿的11个对象，其中10个是真实的，第11个就是徐某某。这样，初查过程获取的证据非常翔实，同时把办案的风险降到了最低。

这种既秘密又公开，既单一又综合的初查方法具有非常好的借鉴意义，我把它称之为——策略初查。

2. 具体的方法

具体的方法要把握：选择性、优化性、复合性。

初查过程中会遇到各种各样意想得到或意想不到的障碍，那么在具体初查取证的过程中就必须要研究行之有效的方法，从选择性、优化性、复合性三个方面进行决策，这也是侦查人员坚韧不拔、无坚不摧意志品格的体现。

重庆市检察院查办的山东齐润石化集团总经理王某甲及二级经理王某乙两兄弟特大贪污案，侦查人员面对主要账目几乎全部被毁的状况，采取“以银行证书为基础、残存票据为补充、财务人员证言为辅助”的方法来全面恢复财务账目，恢复程度达到90%以上，可想而知，侦查人员克服了难以想象的困难终于以翔实的书证证实了“二王”贪污2000余万元的涉嫌犯罪事实。

这种唯一或择优、逐步或同步及另辟蹊径使原始和再生证据相结合及遇到困难而不怕困难、想方设法克服困难的初查取证方法具有相当积极的启示作用，对毁弃账目的贪污罪如何初查具有示范的作用。我把它称之为——缜密初查。

3. 分解的方法

分解的方法要把握：具体性、严密性、有效性。

初查取证不按部就班，而是根据具体情况研究采取新思路、新方法、新科技，以不同于传统的模式，以更加严密、更加有效的方法达到初查的目的，这种根据案件线索初查中遇到的具体情况，采取针对性分解的方法，从具体性、严密性、有效性进行决策，是侦查人员智慧和谋略的具体体现。

广东省广州市珠海区检察院查办的广东省疾病预防控制中心免疫所所长罗某某特大受贿案，侦查人员一反常态，不进单位、不与案发单位联系、不与圈内相关人员接触，进行纯外围的初查，弹奏了一场非常有效的“三部曲”：（1）进行网上搜索。把单位性质、职责分工、规章制度、工作流程了解清楚；通过网上发帖掌握了疫苗价格、进货渠道、结算方式。（2）走访管理部门。到政府管理部门省卫生厅、省药管局等详细了解相关的情况。（3）对省内已发生的同类案件进行专门的调研，寻找规律。待时机成熟一接触对象便全面突破，犯罪嫌疑人罗某某共收受贿赂 1118 万余元。

这种辩证处理好重要或一般、直接或间接、内部或外围的关系，充分运用科技手段的思路对我们在初查过程中具有积极的启示作用，我把它称之为——创新初查。

4. 可行的方法

可行的方法要把握：多位性、及时性、变化性。

初查中可行的取证方法就是需要在多种方法中选择最佳的方法，充分突出多位性、及时性、变化性，以最适应具体情况的方法获取初查取证工作的最大效果。这也是充分体现检察机关宽严相济、治病救人和给出路的政策。

海南省检察院查办的中国银行海南省分行副行长覃某某特大受贿案，初查之初，因为与该行有关的单位和与覃某某有牵连的行贿人、被索贿人怕得罪银行而纷纷躲避而不敢作证、举证，侦查部门根据具体情况拟了一份通告，由省检察院报省委批准后公布：（1）凡是被索取贿赂的，依法不追究刑事责任；（2）如实讲清问题，认罪态度好，谋取不正当利益不明显的，一般不予追究刑事责任；（3）拒不配合，不讲清问题，与银行交往中明显谋取不正当利益的依法立案，追究刑事责任。结果在不长的时间里，获取了覃某某收受贿赂 4100 余万元的证据。

这种根据初查取证的具体情况，正确把握政策的严肃性和灵活性的辩证关系，及时取得党委的支持，在多头或单头、难辨或易变中谋取最佳的方法，我把它称之为——变换初查。

侦查人员与任何行业一样，有一个从“匠”到“家”的提升过程，你只会按葫芦画瓢，你永远是个“匠”，你能够在“画”中体现思想、体现创新，你可能成为“家”。当然，我们侦查人员必须在严格规范的框架内创造性地驰骋与游刃有余，在自然界里找到自由。

（四）初查必须把握的重点

初查取证必然具有重点，从规律角度而言，我把它归纳为八个字，万变不离其宗，把握好这八个字必有收获。

1. 大——（视野大）大处着眼小处入手

上海唯一一个县建制的检察院崇明县检察院拿到外区移来的一个线索，指控一个小小的处级干部受贿5万元，接触对象后其只承认拿到3万元，还称是分给了部下。在上海市区的检察院看，5万元以下的小案一般是不立的，但崇明县案件线索本来就非常少，这个线索虽然金额小，却疑点大，在初查的基础上，该院果断依法立案，并且迅速搜查，结果在对象的保险箱内发现了新的疑点，深查细究下去，最终挖出了政府两个重要岗位的局长，犯罪金额均过百万元，创造了该县历史上最好的破案纪录。

我无意之中创造过一个上海市最高纪录。那时我是办案组组长，一次院领导来听线索汇报，我汇报有30个线索在手（当时我带个书记员每年办案50～60件，大要案在1/3以上），其中10件可以马上上手接触突破；10件需要进一步初查取证；10件可做后续准备。在可以上手的线索中最大涉嫌的是贪污10万元。

结果引起了与会者的哄堂大笑，因为谁也不相信，在虹口区检察院历史上从来就没有出现过10万元的案件，那种被奚落的感觉我至今难以忘怀。

我硬是不信这个邪，带着助手10余次去外地农村调查取证，顶风冒雨、风餐露宿，硬是获取了关键的证据，一举破了这个10万元的贪污大案。领导说你创造虹口（院）历史了，赶紧将案件交预审人员去结（案），你再去破其他的案件。

我思忖，当时大家的工资仅百把元，犯罪嫌疑人一次就贪污10万元，不大合乎规律，一般贪污贿赂犯罪总有个渐进的过程（如贪污往往是先搞个几千元、几万元，然后越闹越大；贿赂往往先是香烟老酒、金银首饰，再是家用电器、礼金礼卡，最后是巨额资金）。于是我抓住案件不放，通过深度挖掘证据，把犯罪金额提高到13万元、18万元、26万元、34万元，一直查到43.5万元！创造了破获新中国成立以来上海市最大贪污案的纪录，这个特大案件被写入上海市检察院工作报告，这个案件的被告人经最高人民法院核准处决了2人。

1993年，我们从一个外贸单位财务人员的案件中发现其收受贿赂的来源有异，我带领侦查人员几十次跑人民银行、外汇管理局，学习研究外汇交易知识，及时向检察长报告，并受命担任破案总指挥，我集中全部侦查人员在6个月的时间里挖出外汇调剂领域从业人员贪污贿赂和挪用公款等案件43件，追缴赃款达2600余万元，向兄弟检察机关移送案件线索21件，这个窝串案最终达64件，可以讲是中国反贪领域最大的一起窝串案，惊动了国务院的主要领导，专门听取了我们的汇报。

我要告诉大家的是，这些创造了纪录的案件，最初都是并不引人关注、夺人眼球的，甚至是可以随意被人奚落、耻笑的，关键看你是否认得准、怎么去坚持、坚持的底气足不足。

2. 多——（信息多）尽可能穷尽多的信息

2008年上海市检察院第二分院查办普陀区副区长张某某案件，这个案件对象级别高，影响大，市委领导十分关注，初查取证容不得有任何差错，结果该检察院侦查人员在初查阶段就获取了3000份证据材料，别的不用说了，你从1数到3000得多少时间！工作做到这个份上，还有不清楚的地方吗？

无独有偶，上海市长宁区检察院查办的东方国际集团窝串案，从一份审计报告入手，初查阶段获取了9大箱证据材料，最终挖出了11个人的窝串案，7人为要案。

3. 深——（渗透深）自如把握案件的底线

河南省开封市检察院在省院的指导下查办的开封市委常委、国有企业负责人郑某某案，在郑某某不辞而别下落不明5年的情况下，通过秘密手段获悉其大女儿手机中有一个可疑号码，结果发现郑某某隐居在上海，当侦查人员在上海控制郑某某时，发现郑某某的小女儿正面临高考，郑某某孤身一人且身体也不好，该院综合全面情况，果断决定对郑某某取保候审，搜查也避开其孩子悄然进行，侦查人员则移师上海办案。

通常情况下，一般检察院能够有这个魄力吗？肯定没有！因为侦查人员普遍担心对象逃跑、串供、自杀，担不起责任。

开封市院为什么不怕呢？因为他们把案件吃得太透彻了！特别是对职工群众的不理解进行了耐心的说明，因为经过初查，没有发现郑某某有贪污、受贿的问题，他存在的是挪用公款谋取私利的问题，群众也表示了理解。郑某某在取保候审期间积极配合，最后主动到开封接受法院的审判，被判有期徒刑5年，郑某某心服口服，不上诉，对检察院人性化办案感激不尽。

我任过局长的虹口区检察院曾经破了一起外贸公司副总经理胡某贪污850万元大案，当时胡某对自己的问题作了彻底的交代，挠头的问题是重要的证人、赃款的实际控制人都是胡某在总参某部军校读书时的同学，尽管如今各有事业，但均非等闲之辈。

我请示分管检察长后坚决果断决策，对胡某暂时不予羁押，给其戴罪立功的机会，并且亲自带胡某去北京等地取证，一些证人听说胡某来北京了，估计没有什么大事了，于是纷纷出来见面，结果我们亮明身份，晓以利害，顺利获取了全部证据。

这些同学借胡某侵吞的公款去投资，虽然大量投资被套，但在我们政策感召下，纷纷割肉抛房产、抛股票，退回了全部应该收缴的赃款，这个办案效果如果是将犯罪嫌疑人简单地一关（押）了之是出不来的，胡某后来也因有重大立功表现被法院从轻判处有期徒刑15年。

我在虹口区检察院反贪局任局长时，对一些难以寻找和取证阻力较大的外地证人，经过批准带对象一起去，当证人抵触发难时，对象还积极现身说法，动员证人配合讲清楚，“你实事求是讲清楚了对我处理也有好处”，如此这般证人还有不讲的吗？当然正式对证人询问取证时对象必须予以回避。

如一国有食品公司销售部门负责人沈某，先后在31个供应商单位收受贿赂，而这些食品（奶酪、山货等）原料供应商均地处山区、牧场，找人可是个大难题，即使找到了，能不能如实提供证词也是个问题。

我做了沈某工作并且经过领导批准后，决定带其一道去取证。我们开了一辆面包车，每到一地，由沈某打电话把行贿人约出来，听说上海沈经理来了，行贿人来得可快了，一到位，我们说明目的，沈某也现身说法：“我都主动交代了，你积极配合，如实提供证词就是真正的对我好。”你本人都这样说了，行贿人还有什么顾虑，一吐为快。一个月，行程数千公里，31份证据全部到位，取得了积极的效果。

当前，我们反贪侦查过程中无序、滥用羁押措施的现象相当突出，主要原因是将对象放在外面没有把握，怕担风险，一关了之。

我曾经做过一个调查，自前年来，我们上海地区反贪部门对立案的犯罪嫌疑人采取羁押强制措施的高达80%～90%（含拘留措施）；被羁押的犯罪嫌疑人在被羁押后，有90%具有翻供的企图或行为；而这些犯罪嫌疑人经法院判决，一度缓刑率高达80%。

许多羁押措施的采取并不唯一、必须和恰当，羁押措施有促使犯罪嫌疑人增强抗拒情绪、无理翻供的副作用，而相当一部分没有被羁押的犯罪嫌疑人其供述一般比较稳定，翻供的比例相对较低。

4. 实——（证据实）证据牢固性程度

初查取证如何达到实的程度，举个典型案例。上海市唯一一个以农业为主的县建制的崇明县，该县检察院在查一个处级国家工作人员时发现保险箱里有一份写满数字的清单，犯罪嫌疑人也讲不清楚所以然。侦查人员没有掉以轻心，而是仔细研究，不是数学系毕业的侦查员们终于发现该清单上的几乎每一笔数字均可以被3除尽！个别除不尽的加上下一笔又能被3除尽！

思路清则方向明，经过进一步讯问，终于发现三个国家工作人员利用职务便利勾结起来侵吞巨额公款，每次截取公款后便三人平分，而其中两个是政府重要部门的局长。这就是前面所说的崇明县检察院破获该县历史上最具有震动和影响案件的起始。

我们说，大家不可能都碰上这样的机会，我们需要他们的这种思路和悟性。如果一组数字放在你的前面，你能考虑到它是被3除尽的问题呢还是被5除尽的问题呢？

5. 细——（过程细）不放过可疑的蛛丝马迹

初查取证如何做到细，讲起来容易，做起来可是一门大学问。上海市闸北区检察院侦查人员初查一起国有企业财务人员集体贪污公款的线索。当侦查人员到财务部门时，5个财务人员异口同声称公款从来没有离开过保险箱，不信你们可以打开保险箱当场清点。如果侦查人员就此简单地打开保险箱，那么这个案件就没有了。道理很简单，因为当时保险箱里的钱肯定一分不少。

哪知侦查人员说："如果你们没有动过保险箱里的公款，那保险箱里的钱应当全部是蓝色的票面，如果打开保险箱发现里面有一张红色的票面，你们将罪加一等。"5个财务人员顿时目瞪口呆、面如土色，很快5个人如实交代了私分公款并且得到风声后提前将公款退回保险箱以应付调查的情况。

侦查人员以一个社会生活的细节，在私分公款时红色百元人民币还没有发行的情节彻底制服了订立了攻守同盟的犯罪团伙，这种"细"很值得同行们玩味。

上海市闵行区检察院在初查一件金融单位老总线索时，在被查对象的办公室进行非正式初步接触，其间对象接到一个电话，答话时吞吞吐吐，神色慌张。

侦查人员不露声色，秘密安排人员查明这个来电的机主是某保险公司的老总，根据案情，侦查人员决定同步接触这个保险公司的老总，当其获悉对方已在接受检察院调查时，为避免自己受到牵连马上提供了对方挪用公款1000万元谋取个人私利的事实。

侦查人员通过观察一个意外的情节，并且合理加以利用，及时高效地破获了一起特大案件。

6. 严——（封锁严）严密和严格控制知情面

初查取证过程要求秘密进行时为了保证初查的顺利进行和避免对无辜的人

造成不必要的伤害。但有一些同志总认为初查要彻底则很难秘密进行，特别是地处郊区农村的环境，人脉关系复杂，秘密初查谈何容易。

我要说的同样是一个地处郊区的检察院，他们的经验具有非常好的借鉴意义。上海市奉贤区检察院初查该区建工集团总经理陈某涉嫌巨额贪污受贿犯罪线索，这个人在奉贤担任政府部门的领导长达 40 年，人脉关系非常广泛，稍有风吹草动必将给办案带来很大困难。

该区检察院分管检察长充分考虑这个因素，在严明纪律的同时也考虑保护检察干部，决定安排不熟悉陈某的侦查人员组成专案组。

结果在整个初查阶段对象毫不知情，当接触陈某时他毫无准备，惊慌失措，当天晚上就交代了收受贿赂 200 余万元的问题，这个案件初查过程的严格保密无疑是案件顺利突破的关键。

更有典型的案例，广西壮族自治区南宁市检察院初查该市百货大楼总经理黄某某，她的父亲是南宁市委宣传部部长，弟弟是区委书记，大妹是政法委领导，小妹是公安学院教授，儿子是公安民警。

问题是初查阶段正遇东盟 11 国在南宁举行国际博览会，黄某某是东道主代表之一，如果其突然不参加会议必将产生一系列负面影响，该市检察院坚决维护大局，博览会结束已是数月之后，正春风得意的黄某某被控制，很快交代了千余万元的犯罪事实。

一个省会城市的检察院，少说也有百十号人，没有一个人露出风声，这是一种什么样的素质！实践证明，思想重视、措施得力，初查过程的保密工作是可以做得好上加好的。

7. 巧——（思路巧）兵不厌诈、出其不意

初查取证少不得悟性、智慧和技巧，因为与职务犯罪对象打交道的过程就是与其斗智斗勇的过程，常言道："打猎需要好猎手"就是这个道理。

上海市杨浦区检察院在以国有企业通过非法渠道购买印花税过程中发现财务人员有收受巨额贿赂的嫌疑。两个财务人员在初查接触过程中拒不交代通谋的过程。侦查人员分析，两个人均为"80 后"，分别在不同的办公室，平时办公室人多一般难以商量，会不会通过电脑进行通谋呢？于是侦查人员在单位纪委的配合下果断检查他们电脑的聊天记录，通过 MSN、QQ 果然发现他们商量共同作案的聊天记录数 10 次，累计长达 10 余小时，该证据固定后提交法庭被认为是有效证据采纳。

上海市嘉定区检察院使用测谎仪技术配合初查取证，取得了意想不到的效果，使用 4 年来，几乎无一失误，有效率达 100%。该院在初查一处级领导干

部余某时，只掌握其在王某处收受贿赂，而接触余某过程中其坚决否认，为了表示自己心中无鬼，余某愿意接受测谎仪测谎。结果通过测谎发现余某在侦查人员尚没有掌握的李某处收受贿赂的反常迹象更为强烈，经过强化询问，余某终于交代了在李某处收受贿赂 40 余万元的问题。

上海市普陀区检察院在初查阶段利用被查对象的手机通话记录来分析获取证据，取得了非常好的效果。他们调出对象 1 年的通话记录，按照电脑特定的程序提取期间通话最频繁的、通话时间最长的、经常在半夜里或节假日前后通话的若干个号码，然后进行筛选，其中必有情妇（夫）、行贿人等特定关系人，再在这些人中找出容易获取证据、易突破的一两个来扩大初查范围，其效果也是非常明显的。

前面已经提到的侦查人员通过化装初查获取行贿人行贿信息的案例，也说明和佐证的是思路巧这个题目。

8. 远——（想得远）具备强烈的侦查意识

初查过程侦查人员必须要比对象想得远，否则你何以能战胜对手。

四川省成都市检察院查办前市委常委、宣传部部长、成都证券管理办公室主任一案，在初查阶段该院以不打招呼，不明确具体任务而通知办案人员到异地集中，同时切断办案人员的通信设备，所有行动 3 人掌控，这件高层领导关注的特大案件几乎在没有任何阻力的情况下圆满告破。

上海市嘉定区检察院在初查该区烟草专卖局局长张某一案时，没有简单局限在其收受贿赂的问题上，而是拓展视野、扩大范围力求穷尽所有疑点，如在初查其经常因私出入香港澳门的信息记录的同时，再通过飞机座位号查明与其同行的人员信息，把各种可疑人、事的信息全部集中，最终各个击破。这个案件以 4 个罪名、4000 余万元案值完美结案，其中“隐瞒境外存款罪”创造了上海市首起以此种罪名定罪的纪录。

以上案例大家可以想想，哪些地方和环节他们是考虑得比较远的，是有过人之处的？

（五）当前初查过程中存在的问题

这个问题比较理论了，不提吧不完整，提多了又累赘，其实许多案例中都说明了这个内容，这里简单点到为止吧。

1. 思想不够重视

初查究竟合不合法、需要不需要，实际上无须再争论、讨论了，最高人民检察院早在多年前就已经出台了规范性的文件，2012 年再次出台了《人民检察院直接受理侦查案件初查工作的规定（试行）》（2011 年 12 月 29 日高检院检委会通过，2012年9月12日颁布）的文件，对此不得二话，是纪律、是原则，所以检察机关侦查人员必须重视这个问题，侦查指挥人员更应该对此认真研究，高度重视。

2. 程序不够规范

初查的程序必须严格规范，有些侦查人员以为初查不是正式的立案侦查，粗糙一些无关紧要，无数事实证明，程序的不规范将影响结果的不真实，还会出现因小失大的不良后果。

3. 文书不够配套

初查的规范出台多年了，但与之相配套的初查文书则没有统一规范，各地还是“八仙过海各显神通”，就初查报告看就不一致，如有的称“初查报告”；有的是“初查请示”；有的叫“案件请示”；等等，不一而足，但一个地域相对统一是需要的，严格初查阶段请示报告的统一性、规范化是必不可少的。

4. 监督不够有力

初查过程中侦查人员的自主性是比较大的，如何对初查进行有效的监督，必须进行深入的研究，要坚决避免因为侦查人员的人为因素或能力因素而把具有价值的线索给初查黄了的现象，要有切实有力的监督措施确保初查在合法规范的框架内进行。

5. 考核不够严格

以立案与否论英雄是许多检察机关侦查部门的共性弊端，考核均以成功的案件为主要依据，而对没有立案结果的初查，查得再好也登不上“大雅之堂”，于是初查得过且过、走过场也变成了常态。

6. 方法不够详尽

初查取证往往是考虑查主体、查账、查行贿人，没有扩大范围充分考虑大量的其他信息和众多的方法措施和手段，如跟踪、窃听、卧底、测谎技术、电脑检查、通信分析等，特别是如何进行网上初查、手机初查（加密程序），许多单位还没有引起重视，诸如此类能够予以开发运用的单位实在是太少了。

7. 联想不够丰富

初查阶段的有效信息必定是有限的，是就事论事还是举一反三，其直接反映侦查人员的侦查意识，侦查人员一定要丰富自己的实践经验和社会经历，具有观察力、洞察力和分析、判断、联想的能力。

8. 报告不够及时

初查之初要请示报告，初查结束要请示报告，初查阶段接触被查对象也必须要请示报告，特别是在初查过程中遇到新的、突发的情况更需要及时请示报告，这方面有些单位还是存在明显不足的。

9. 措施不够有力

初查的措施根据最高人民检察院反贪总局的有关规定（见全国反贪业务培训教材《线索分析与初查》，我参与写了实务部分），一共是9个方面：（1）接谈；（2）询问；（3）调取与查阅账目资料；（4）调查银行账户及存款、汇款；（5）拍照、录像、复印和复制；（6）核实；（7）商请调查与介入调查；（8）协查；（9）防范与控制。这9个方面与高检院反贪总局有关初查规定的六项措施是一脉相承的。

这里强调最重要的是安全防范的措施，根据调查，发生重大事故的几乎都发生在初查阶段，其实措施规定应有尽有，问题是没有真正地落到实处。

10. 复核不够严密

初查究竟到位没到位，特别是初查后不予立案的线索，许多情况下听凭侦查人员的描述，也可谓侦查人员“自由心证”所决定，这在初查阶段是必须避免的。对初查后不予立案的应当经过复核程序的检验，一般应该经过三级复核（科、局、分管检察长），有条件的还可以设立专职复核员，最后要经过控告申诉部门的复核。

（六）当前初查过程中出现的问题

我借用一本世界名著的开卷语，改变一下为：成功的案件其成功的原因是相同的，不成功的案件则各有各的不幸。

我们现在讲案件，不能不讲案件侦查过程中存在的问题，这其实比讲成绩重要的多，因为讲成绩不外乎是“领导重视、组织有力、初查扎实、指挥得当、配合到位”等之类，少了哪条也不行，但将问题、失误、不足摆到讲台上来就不是那么容易的事了。

上海市人民检察院检察长倡导定期进行案件讲评活动，鼓励大家当众讲自己办案中存在的问题、讲不足，特别是在成功案件中找不足，大开风气之先，具有非常好的促进和提高业务能力的作用。

于是，我将在基层调研时掌握的情况，指出目前我们侦查实践中存在的一些具有普遍性的问题。

1. 重大职务犯罪缺乏拓展全部犯罪的问题

要重视和尽可能防止挂一漏万的现象。

我们现在一些案件是破了，对象被判了，但真正查彻底了没有？实际上是个未知数，一定有些对象在监狱里笑我们：我明明拿了500万元，他们查了50万元就草草了结了，急于去邀功领赏了！

我不是羞辱我们的同志，大家冷静下来想一想，这类现象存在不存在，比例大不大？

当初有关部门查不法商人周某某，两个罪名仅仅被判3年有期徒刑，明眼人都看出绝对没有查彻底，果然，几年后，专门力量重新查周某某，结果其被查实5个罪名，被判17年有期徒刑。

前面说到的某区旅游局局长韩某贪婪得很，仅仅10万元？就一次？前面说到的崇明县两个基建规划管理部门的局长贪婪得很，仅仅就贪污？没有一丁点儿贿赂问题？一个大物流公司的总经理贪婪得很，只有截留公款的贪污问题而没有一丁点儿贿赂的问题？

这不符合贪官们的心理轨迹和作案规律，多是我们的侦查人员由于种种原因而没有进一步彻查，除恶没有务尽。

2. 重要取证缺乏相应的复合型应对措施

要切实解决和避免准备不足的弊端。

我自己有个深刻的教训，我任侦查员时，到辽宁省丹东市取一个重要的证据，一个贪污对象在上海将一批电子元件销售到了丹东市的一家单位，货款被其侵吞了。问题是对象为了掩盖罪行把有关发票凭证均销毁了。

我去丹东只能大海捞针，跑遍了丹东市所有可能进这类元件的单位，结果耗费10来天无功而返。回来后我无意看到被销毁的发票本残留的空白页有一些书写的压痕，我把铅笔芯削成粉，在上面一涂，字迹显现出来了，丹东的这家单位赫然在目，于是我二上丹东，很快取回了证据。我想，当初自己有个复核的思路，怎么会如此费时、费力、费钱呢？

前面讲到的，一家检察院去厦门向境外来的证人取证，对象不如实交代，我们竟然没有其他措施，看着对象小瞧我们，气不气死人？事先多想几招嘛，比如动用当地司法机关、有关名望人士、对象的熟人或信任的人士等，准备充分则“天无绝人之路”！

3. 初查过程拖沓过于漫长，延误有利时机

要强调办案效率意识，杜绝比较普遍的惰性陋习。

我是上海市检察院审批基层院上报撤销案件的第一道关，我发现这些报来撤销的案件大多办案的周期特别长，最长的竟然达10年之久！当然是案件搞不定了就往后拖，实在拖不得了再报撤。试想，好好的案件久侦不结也会变质，何况本来质量不高的案件。

一些侦查人员有些不好的习惯，能够1个月结案的，非要等到2个月侦查期限届满才结，能够2个月结案的，非要再延长一次或者二次不可，如果确实

具有重大的疑点，应当穷追猛打到底，问题则不是矣。

4. 有关枝节问题没有穷尽，简单粗糙

要改变作风粗犷疏忽细节考虑不充分的习气。

初查取证过程中一些侦查人员比较机械，让查房产，就查对象一个人的房产，让查存款，就查对象一个人的存款，随着案情的发展，于是再去查其父母的、兄弟的、情妇的，自己累不说，还耽误办案的效率甚至丧失有利的时机。

特别是初查阶段到外地取证，由于少记一个关键的内容，常常再去跑第二次、第三次，自己给自己背上了沉重的十字架。有时取证是一次性的，过了这个村就没那个店了，出现这种情况那就十分被动了。

取证笔录少记一个内容、缺少“一口气”，疏忽一个日期、一个签名，有关立案前的言词证据没有及时转换等，虽然看似均是枝节问题，但往往颠覆的是大事实。

5. 单一抓手匆忙上手，急功近利

要培养周密思考科学决策重视心理的能力。

初查不到位急于接触被初查对象也是一些侦查人员的通病，一旦遇到阻力，于是火冒三丈，常常出现粗暴简单的言行举止。有些对象进来了，才知道其是人大代表，有些对象进来了，才知道其身患绝症，特别是对一些对象的性格脾气、经历阅历、背景特点没有充分的了解，如有的对象具有与检察机关打交道的经历，有的对象家庭成员系司法人员或者律师，诸如此类都需要事先了解后做充分的有针对性的准备，这样才能对症下药、手到病除。

我建议，凡初查阶段需要接触对象的，力求达到两个抓手以上，确保“东边不亮西边亮”，同时，接触前集体对被查对象作一个心理性格评定，设计针对性的询问预案，这样必将大大提高突破成功率。

6. 忽视高科技手段的初查理念

要重视和适应高科技发展的大环境优化初查。

我们一些侦查人员的初查观念单一陈旧，在初查取证过程中，用得最多的还是“一支笔、一张纸、一张嘴”，如今“两条腿”也不勤了，是“四个轮子”满天飞了，一些年轻侦查员，今天没有车就不出去了，哪天有车哪天去调查。而不是考虑案情的需要，这种状况在一些侦查部门及侦查人员中几乎30年未变！

现在有多少侦查人员能够在初查阶段充分考虑获取对象电脑数据、聊天记录、博客信息的？又有多少侦查人员能够通过网上信息补充初查取证的？测谎仪、手机定位、通信记录分析等，普及得实在太慢了，太少了。

南京市江宁区房地局局长周某某涉嫌百万职务犯罪大案，不是检察院初查出来的，是网民们运用电脑网络“人肉搜查”而仅仅是用了18天挖出来的！周某某已被判处有期徒刑11年。一盒天价香烟、4块名贵手表，都是网上的信息资料，侦查人员怎么没有人想到，难道还不如没有专业知识的网民们吗？

陕西省安监局局长杨某某，在延安重大车祸现场面露微笑，我们都没有看出问题，没有引起思考，可网民们却发现问题了，这个一笑，发现了其有数块天价手表，衣服、皮带都是名牌，结果司法机关立案了，查下来确实问题严重，犯罪金额达500余万元。如今这个“表哥”被法院判处有期徒刑14年，追根溯源，这可是网民的胜利。

7. 控制与防范被疏忽，隐藏潜逃不安全

要确立忧患意识、防微杜渐，强调责任到位。

安全防范天天讲，但在我们身边时常发现那些不应该发生的不安全的苗子和隐患。上海某区检察院初查区公证处主任蒋某收受贿赂大案线索，初查思路非常好，抓了行贿人，抓了同案人，抓了其情妇，就是不急于动蒋某，逼得他精神几乎崩溃，以至于其主持全市性行业大会语无伦次，上班期间六神无主，最后憋到第10天终于到了极限了，主动要求交代问题。

问题是在这个10天里，侦查人员没有任何对其的防范与控制。我对办案的侦查人员说，如果我是蒋某，不说死，我也席卷公款远走高飞了，何况其手里有好几个护照，我怎么甘心让自己落了个有期徒刑12年的下场。

8. 秘密要求不够重视有力，过早暴露意图

要严格掌握内外有别，充分保证初查秘密进行的要求。

初查取证过程不讲究尽可能秘密进行，过早暴露侦查意图，人为制造阻力也是一个不能轻视的大问题。上海某区检察院准备初查一个女镇长，根据规定，事先向上级党委报告，不知是地方党委的要求还是我们自作多情，结果向党委、政府、人大、政协、纪委、妇联统统作了报告，当经过上级研究同意接触时，对象已经胸有成竹摆开了迎战的架势，硬是没法攻下来。

9. 第一时间的价值没有充分重视

要积极提升每个侦查人员强烈的侦查意识。

初查取证到位，接触对象取得效果，对象顺利被羁押，侦查人员松了一口气是必然的，大家吃顿饭、洗个澡、睡个觉合情合理。但一些侦查人员往往忽视了对象被羁押以后第一时间的再突破、再固定，常常因此丧失最有利的时机。因为对象在这个特定的时间里落差最大、情绪最不稳、出去的愿望最强烈，而且同监人的负面影响的副作用还没有出现，这个时机扩大案情、固定证

据的可能性最大。

上海宝山区检察院立案后向对象做了第一份讯问笔录之后就将对象羁押了，结果第二次讯问时对象进行了全面的翻供，并且一直坚持到审判。万幸的是侦查人员的第一份笔录做得非常到位，后来法院就是靠这一份笔录将对象判了12年。如此想要再扩大案情那是没有希望了。

（七）初查取证的内容和重点

我“发明”了一句至理名言：成功的专家学者其的生活底蕴和素材一定是丰富的；优秀的建筑大师其选择的建材必然是众多的；杰出的厨艺大师其离不开丰富的原材料和众多佐料。

我们从事侦查职业的人，必须掌握与侦查有关的丰富的“素材”和“原材料”，初查阶段就需要熟练掌握以下内容和重点：

1. 有否明确的举报人和单位

应当进行深入先外围调查、后当面接触了解的工作，特别是调查清楚细节特征等，要注意甄别“假借他人名义举报”的新现象。

2. 有否存在明确的犯罪事实和迹象

注意准确界定举报内容是属于笼统的概括还是有具体的事实和迹象，进行可信度的预测评估。

3. 是否国家工作人员

注意国企改制变化过程和非国有企业中的委派、委托等具体的依据。

4. 单位性质及体制变化情况

股份制企业改制前属于国有企业时的职务犯罪行为可以管辖，防止简单从事，线索价值的无端流失。

5. 是否属于检察机关管辖

区分于公安机关经济犯罪侦查部门管辖的界限，强调公权力职务、职权和职能。

6. 是否属于本院管辖

严格把握与本检察机关管辖的依据，坚决杜绝没有法律依据超管辖办理非本院管辖的案件。

7. 是否存在利用职务之便

不能简单以单位出具的职务、职责证明为唯一依据，要注意党委会、董事会、内部规定等的原始记录。

8. 有无存在实施职务犯罪的可能

要对特定线索进行不可行性研究（注意是不可行性），上海某理工大学为了解决经济纠纷而伪造职务证明诱导检察院立案的现象要引起重视。

9. 有无不予刑事追究的可能

要对具有家属精神病史、性格孤僻、偏执的对象先行考虑律师可能提出精神疾病的话题，把特定对象的精神疾病鉴定提到立案前。

10. 有什么背景特点经历隐私

心理因素需把握，诸如对象对法律的了解程度、家庭成员中有司法人员、曾经有过荣誉、劣迹等。

11. 作案动机手法和防范心理程度

心理因素需把握，是蓄谋已久还是一时冲动，是严密思考还是认识上的错误。

12. 有无可依靠的人员和因素

对象的社会关系中比较正直、理性而且对其具有一定影响或制约力的人物。

13. 有无知情人或直接经手人

充分开发及争取可能存在的知情人或经手某个环节的处于中间状态的人。

14. 举报人是局外人还是知情人

以准确排除案件线索中的水分和虚假、误认的成分，严格甄别线索的价值和发展趋向。

15. 举报件是单一举报还是多头举报

以决定是否公开初查或了解其他单位、部门是否也在着手调查，避免调查工作撞车。

16. 举报动机属于哪类情况

要认真剖析举报人是出于公心举报还是出于消灭对手的想法，甄别是矛盾内讧还是帮忙助力。

17. 举报事实的可能性和真实性程度

要理性思考、分析举报内容是客观理性还是夸大其词，评估真实性程度的比例。

18. 举报事实涉嫌何罪或涉嫌几种罪名

预判涉嫌何种罪名，有没有可能出现属于数罪的情况，避免出现人为漏罪的情况。

19. 是否涉及窝案串案

进行举一反三、同类比较的合理想象，分析有没有形成窝案串案的可能。

20. 举报事实的关键症结所在

综观整个线索材料，分析确定举报内容、列举的事实中最为关键的一点或几点。

21. 事实证据是否客观存在

分析证据客观性存在的程度比例，从思想、意识（犯意）、经历、家庭、习惯、个性、圈子等方面综合研究。

22. 事实证据获取的可能性及途径

是否存在重要、唯一证人不在国内或已经死亡，主要证据在本地还是在外地，获取证据有几种途径。

23. 调查工作的切入点及利弊

着手调查周期需要划分几个阶段，先查什么，后查什么，理由及利弊分别是什么。

24. 举报事实的发展趋势和各种可能

通过分析判断，决定是就事论事调查还是全方位展开调查，既防止线索价值流失也防止过度浪费侦查资源。

25. 调查过程中的有利因素和不利因素

事先把握调查中可以依靠的力量因素和必须避免或防范的不利情况和因素。

26. 调查过程中可能出现阻力的方面

事先预判调查过程中是否可能出现阻力的情况，阻力可能来自哪些方面、如何化解和应对？

27. 调查工作需要几个阶段

事先计划调查工作的层次、阶段，是分工负责、以点带面，还是集中力量打歼灭战。

28. 调查周期需要多长时间

事先计划调查周期需要多长时间，预判是否需要延长，最快或者最长期限的准备。

29. 侦查人员应该如何最佳组合与有效控制防范

按照侦查人员的特长，优化侦查资源，科学分派谁最合适调查什么，落实可能出现意外的防范措施和责任人。

30. 最终发展结果的预测

从正反两面预测案件成功或案件不成功的条件因素，案件成功必须具备哪些证据要素，哪个证据不到位，案件难以成功等。

特别提示：

可以将以上30个内容和重点制成表格，在初查之初进行选择、初查之中进行丰富、初查之后进行综合，力求最大限度地突出初查的效果。同时可有效避免初查过程中因为考虑不周、挂一漏万、疏忽遗漏、丧失时机的情况发生。还可为有必要接触被查对象进行正面取证时采取具有针对性的方法措施奠定基础。

（八）初查取证的途径与选择

初查取证的途径与选择同样是一个丰富的系统，侦查人员应当熟练地掌握，并且能够做到了如指掌、得心应手。

1. 向署有真实姓名的举报人详细了解各种细节

心理因素把握了，可以充分了解举报动机，加快进入线索的核心部位，缩短外围周旋的时间，但要防止冒充他人名字举报的情况。

2. 调取工商注册登记等相关资料

要调取所有与此有关的全面资料，不只局限于登记资料，为了秘密的需要，可以先通过网络调查了解。

3. 调取户籍等相关资料

要详细了解被调查人的细节特征，尽可能获取近期照片，特别是注意提取身份证号码，避免张冠李戴。

4. 调取任职等相关资料

全面调取客观的任职资料，而不是临时书写的职务证明，注意国有企业的变化，如有的先国有、后股份、再国有等。

5. 调取社会身份资料

心理因素把握，掌握被调查人的社会地位，人民代表、政协委员、劳动模范等，还有什么协会、学会的头衔等，了解其活动圈子或虚荣心程度。

6. 了解个人活动规律

心理因素把握，通过居委会、保安（其中的党员、退伍军人）等可靠人员了解被调查人的起居、往来等规律，但司法人员个人以职业、职务实名进行网上发帖通缉、调查为违法。

7. 了解出入境情况

不但需要了解被调查人出入境的次数、往来地，而且要了解同行人及同行人的身份，要考虑前后错开班次、日期的可能。

8. 了解电信来往记录

心理因素把握，通过电信通话记录可以发现关系特别密切的人，通过特定软件程序效率比较高。

9. 了解金融资金资料

全方位了解被调查人的资金情况，包括其特定关系人的资金情况，国家实行公务人员财产申报制度将为我们开辟广阔的案源渠道。

10. 了解房产登记资料

不局限于房产登记资料，而且掌握“水、电、煤、卫、话”账单也具有特定的作用，可以确定人在否，停留时间长短，是否出借给他人等细节。

11. 了解车辆、房产购置资料

几辆汽车、多少套房产及购买的时间、付款的方式等，注意以家庭其他成员名义购买的情况，如浦东新区副区长康某某以父母名义买了11套房产，而其父母只是普通退休工人。

12. 了解子女就学资料

被调查人的子女在哪里上学，学校收费的情况，注意特定关系人的子女是否也在同一地点、学校就学的情况，实践中经常可以发现政府官员的子女与老板的子女同一时间、同一地点、同一学校、同一班飞机去国外留学，这其中的疑点是明显的。

13. 了解医疗住院资料

官员住院是收受贿赂的易发、多发环节，上海市黄浦区检察院就针对一被举报人妻子生产住院期间收受贿赂的信息，通过了解11家具有妇产科的医院的住院信息而获取间接证据，确定举报内容的真实性，从而促进了办案的成功率。

14. 了解保险投保资料

保险投保的情况一般主动去查，这在司法实践中还比较少见，因为各种性质的保险公司太多、太滥，但一旦在其中发现疑点其作用是不可小看的，可以通过邮递环节发现保险公司投寄的对账单，而且不需要拆开就可以了解是哪一家、哪几家保险公司，而后再针对性查。

15. 了解投资办企业的资料

主要通过被调查人的关系密切人、活动范围等了解其投资办企业的情况，具有官位的人一般不会以自己的名义登记开办企业。

16. 了解对象的性格习性嗜好等情况

心理因素把握，这些因素对接触被调查人具有举足轻重的重要作用。曾经有一个被查对象拒不配合，但侦查人员了解其是个麻将迷，结果先不谈案情，只谈麻将，拉近了距离后，被查对象很快交代了问题。如果发现被查对象把钱看得很重，甚至蝇头小利也斤斤计较，那么他的贪婪性就比较大，只要有机会是绝对不会轻易放弃的。

17. 了解婚外情人、情妇（夫）的情况

心理因素把握，贪官有情妇的占95%以上，大家知道，官员凭自己的工资是养不起情人的，有的还不止一个，显然必须通过贪污受贿才能实现“包养”的可能，因此，由此入手，手到擒来。

18. 了解相关文档账册资料

这系常规调查，但需要扩大视野，上海有一家检察院初查取证时疏忽了一个小文件柜，在庭审时律师拿出了小文件柜内的账册材料，结果导致原来认定的犯罪金额发生重大的变化。

19. 了解租赁金融保险箱、保管箱资料

一些做贼心虚的贪官在自己的家里几乎不放任何贵重的财物，而是租用专门机构的保险箱之类储藏，这个现象比例比较大，要尽可能获取这方面的信息，如具体的存放地点、密码等。

20. 了解境外房产及银行账户情况

经常出入境的官员是否在境外具有财产，需要充分怀疑，上海某检察院在调查兰生集团公司总经理常某时，侦查人员拿出一张其在香港购物的消费单一晃，常某做贼心虚，误以为我们去香港把他的资产调查清楚了，于是交代了其在香港窝藏贪污的公款数百万元的事实。

21. 了解对象身体状况情况

心理因素把握，这关系到被调查对象的人身安全和人道主义、人文关怀的体现，许多对象就是受到了特别的情感关照而觉悟的。

22. 了解对象及家庭成员间关系程度情况

心理因素把握，被调查对象在家庭中的地位、相互之间的关系等信息非常重要，如有的重孝道、有的怕老婆、有的怜子女，有利于在突破阶段进行有针对性的心理应对。

23. 了解对象奖惩情况

心理因素把握，职务犯罪的对象往往都做过一些有益的事，充分肯定其昔日的努力和贡献，有利于其思想的提高，特别是曾经的先进人物非常看重自己的付出和荣誉，我在接受并突破已经僵持了 3 天的上海市“三八红旗手”钱某某一案时，刚刚提到其多年来的付出和荣誉，其即刻涕泪俱下，不能自禁，很快交代了全部问题。

24. 了解对象司机秘书助手等密切人员情况

高官的身边人员对官员的了解具有特定性，特别是官员的隐私问题，当然这些人一般有一些愚忠，因为也时常得些小恩小惠的，特定情况下从他们处入手，特别是掌握其对官员的不满的信息，可以取得关键的抓手。

25. 了解对象人际关系依靠势力等情况

心理因素把握，知己知彼、扬长避短，充分利用有利于我们的因素，避开不利于我们的因素。

26. 了解对象真实文化程度、法律知识及专业技术水平情况

不要简单看形式上的学历文凭，因为有的是买来的，有的是送上门的，有的是秘书去代读来的，跟其讲几句外语，可以看出其是真博士还“真不是”，真正的具有知识、学问的可以对其进行推心置腹、入情入理的引导，实际无知者则没那个必要了。

27. 了解对象电脑自由运用及熟练程度情况

对电脑精通者而言，其许多资料必然离不开电脑，特别是“80后”的被调查对象，离开电脑无法生存，所以，想方设法获取这些人的电脑信息至关重要。

28. 了解对象收藏文物古董等情况

收受贿赂的一个重要表现就是收藏文物古董等，官员在为官后开始爱好收藏了，值得深入调查。

29. 了解对象境外赌博嫖娼等情况

官员凡是近年多次反复因私去境外的，99%是存在巨大的嫌疑，澳门等地对意志不强的人来说，是极易上“瘾”的。据我的经验，凡有数次以上往返港澳记录的官员，认真彻查，成功率起码99%，沈阳市副市长马某某等4官员就是屡屡去澳门而导致案发的，最后落马被处决。

30. 了解对象宗教信仰及程度的情况

心理因素把握，大家可以发现，近年来官员信佛的多了起来，腰间佩辟邪物，脖子挂观世音、弥勒佛，手腕戴名贵的佛珠，但大都是假信徒而已。根本不懂佛教，然而侦查人员应当懂得一点佛教、宗教知识，就是对付这类假教徒。

我曾经6次对这类假教徒谈佛教，甚至当场给他们背《大悲神咒》，结果没有不获被突破效果的，可道是“苦海无边、回头是岸”。当然对真正的教徒更好办，因为正宗的教徒是排斥偷盗、淫乱、杀生、妄语、酗酒的，是讲奉献、讲觉悟、讲宽容的，更讲因果报应，我们临时当一回普度众生的菩萨，救人出“苦海”，对象是容易接受的。

31. 了解对象涉黑及往来情况

官员与大老板交往过密大都是存在不可告人的秘密的，如果侦查人员能够下决心跟踪被查对象一段时间，即可以掌握个大概规律。

32. 了解对象记日记记账等情况

心理因素把握，如果被查对象具有记日记、记账习惯的，应当注意及时控制这些资料，这对调查取证具有举足轻重的作用。

33. 了解被查对象借债贷款占有公款的情况

村官侵占公款的情况比较多见，上海某区一村官侵占公款980余万元，去澳门豪赌93次，此类情况可以作为抓手。

34. 了解被查对象在城镇购置房产店铺的情况

上海周边的一些村官现在都喜欢在上海市区购买房产，宁可每天把车开上百公里，有的购买房产店铺出租谋利，对于其可疑资金的来源值得调查。

35. 了解被查对象出借个人资金放高利贷的情况

官员如果具有巨额的资金外借，甚至放高利贷，诸如此类值得深入一查。

36. 了解被查对象参加农村宗派组织并在其中地位作用的情况

心理因素把握，一些村官表面上是共产党干部，实际上是一个派别的头目，具有地方恶势力的地位和影响，这些人经济上绝对不会干净，值得一查。

特别提示：

按照以上36条途径进行选择，对其中存在可能因素的进行初查取证，一般情况下，个案应该在12条左右具有实施的可能性和必要性；通过12条途径获取的证据材料基础上进行研判，基本上可以判断做出初查线索的价值程度；有12条以上外围证据或信息为基础，可以大大提高正面取证的针对性、准确性。

三、初查措施

（一）初查措施的内容

初查措施是有一定之规的，但在实践中要正确、科学运用是有讲究的。

1. 高检院反贪总局对初查措施专门作了界定，具体如下：（1）接谈；（2）询问；（3）调取与查阅账目资料；（4）调查银行账户及存款、汇款；（5）拍照、录像、复印和复制；（6）核实；（7）商请调查与介入调查；（8）协查；（9）防范与控制。

2. 在《刑事诉讼法》修改的背景下，初查可以用哪些特殊的措施呢，我经过认真调查研究和长期司法实践提出以下十个具体措施，特别需要指出，这些措施不属于技术侦查范畴：（1）化装调查（隐蔽身份获取信息或证据）；（2）静态窃听（包括控制下交付获取信息或证据）；（3）跟踪贴靠（含GPS、北斗星掌控被查对象动向)；(4) 手机信息调查分析（了解被查对象相关关系人范围、程度)；(5) 计算机网络信息调查（人肉搜查，掌握有关信息或证据)；(6) 财产调查（与财产有关的所有方面的信息或证据)；(7) 出境调查（出入境管理信息获取，掌握对象动向)；(8) 测谎仪使用；(9) 隐私嗜好调查（掌握被查对象接触人员圈子信息或证据方位)；(10) 其他各种必要的调查（证据存在的所有部位和环节)。

只要注意把握一个原则：初查阶段的各种措施不得限制人身自由和财产权利。

(二) 初查措施运用上存在的问题

初查方面存在的问题具有一定的共性，我归纳的这些问题在许多单位和一些侦查人员（包括指挥决策人员）身上或多或少都存在。

1. 计划笼统简单

初查计划总是三部曲：一查单位、二查职务、三查账册，没有真正地根据线索特征来制定有针对性的、抓住症结且具有指导作用的计划，甚至将以前的初查计划通过电脑粘贴或复制来应付领导。

2. 思路狭窄僵化

初查思路机械死板，缺乏灵活的思路和悟性，不善于思考，缺乏敏锐性、洞察力，没有合理想象的空间技能，于是手段则局限于三个方面：一传唤、二硬敲、三拖时。

3. 手段平庸粗放

初查手段简单、贫乏，不善于研究与探索利用科技手段（如网络信息调查）来促进和辅助初查，于是只会一味做“李云龙式的草莽英雄”而“决斗”，有气势、没谋略：一急于找人、二设法抓人、三刻意关人。

4. 措施原始传统

初查的手段传统不变：一嘴巴、二纸张、三笔杆，不善于研究心理、谈话技巧，不会运用暗示、隐喻等询问技巧。

5. 行为机械被动

初查行为以个人为中心：一忙出去、二赶午饭、三急下班，初查工作不是以案件为中心，而是以个人需求为中心。

6. 责任针对不强

初查用人忽视特长：一差新人、二唤憨人、三使闲人，缺乏用人之长的意识，赶鸭子上架的现象时有发生。

7. 目标不清肤浅

初查过程机械应付：一开张、二过堂、三打烊（结存），思想深处没有准备将线索当案子办。

8. 询问仓促盲目

初查接触对象方法僵化：一乱哄、二瞎骗、三恐吓，缺乏理性、平和、文明、规范的执法理念和高超的询问技能。

四、初查措施运用的谋略要点

水流无常势，谋略无常形。我是1977年恢复高考的首批大学生，至今我记得大学里的第一堂课，一位老先生的第一句话："国无法国亡，文有法文亡。"我说："侦查有法侦查亡。"就是说我们的侦查如果被格式化、公式化了，千篇一律、一成不变，那它的生命也就到尽头了。

（一）初查取证侦查主体的特性

1. 特——与众不同、突出个性

我曾经办的一个案件。当时这个交通部上海物资管理处的业务员姜某利用分配汽车配额收受贿赂，初查阶段我获取了其收受3.9万余元的证据，按理把他传到检察院进一步询问就可以了。但我采取动员其自首的方法，把他"引"到检察院，而后不急于询问，让其慢慢思考，我说："自首必须彻底，我只要你一句话，你总共拿了多少?"询问只要对象一句话，是我的创造。

2小时后，其交代："总共是7.9万余元。""有诚意!"我充分肯定了他，毕竟翻了我掌握证据的1倍。当晚10点笔录完成，我经过领导同意，由其家属领回去。他还不敢相信，我说："检察院说话算数，你有诚意我们就兑现政策。"

第二天一早，夫妻俩就在检察院门口等我了，第一句话："我们夫妻俩一夜未眠，仔细回忆，总共是11.9万余元。"

这可是当时上海第一起金额最大的自首案件，上了上海市反贪展览会案件展示第一版，其实我就是用了这个巧劲而已。

2. 奇——奇思怪想、独辟蹊径

动迁是关系到国计民生的大事，利用动迁的权力谋取私利是常见的不法现象，但常规取证比较难，因为涉及双方的共同利益。我组织侦查人员化装成被动迁者，混在动迁户中一起发牢骚、骂娘以取得共同语言，从而在人们的不经意中获取了6家动迁户被动迁工作人员索贿或主动行贿的信息，结果案件破得非常顺利。

动迁户因为期望行贿能够换取优惠条件，一般不可能主动提供线索，如此这般也保护了动迁户们的心理感受。

3. 谋——意料之外、情理之中

上海宝山区检察院、金山区检察院都采取过一种“围而不攻”的谋略，把被查对象周围的嫌疑人全面控制起来，就是迟迟不动主要目标，“慢火炖牛肉”地把对象逼得精神接近崩溃，从而“一鼓作气聚而歼之”，在突破对象的第一时间就获取全部犯罪事实的交代。

有时候等一等、慢半拍反而是提速，关键是“围而不攻”期间要注意防范和控制，绝对不能放任自流。

4. 逆——换位思考、逆向思维

我曾经指挥侦破过一起非常特别的“骨头”案件，普通刑事犯罪和职务犯罪相交织，警察和土匪相勾结，亲情和请托相交融。简单地说，5个恶势力人员把一个仅仅与他们发生几句口角而素不相识的人杀了。司法鉴定意见是“全身尸表完整，系脑膜炎正常病亡”。

由此5名杀人者个个逍遥法外，为所欲为。被害人家属及其有关群众100多人鸣冤叫屈举报1年多，甚至媒体也予以了报道，但均不见下文。当案件层层批转到我手里，我先提请最高人民法院首席法医重新再作鉴定，意见是：“锐器致死痕迹清晰，他杀无疑。”

有了“尚方宝剑”，我立即组织全面初查，原来匪首李某某开了一个废品回收站，所在地派出所所长徐某的老婆、小舅子在该企业任职，李某某带属下把人杀死后即求助于该派出所所长徐某，并且分别通过徐某的老婆、小舅子给徐某数万元“打点费”。

徐某想方设法打通关节，获取了被害人“病亡”的刑事司法鉴定。我们先后把5个土匪全部抓获，再抓了徐某的老婆、小舅子，最后把徐某也抓了起来。经过非常艰难的审讯，全面突破。大家想想，这就是叫：落难者出卖“恩人”，老婆倒戈丈夫、小舅子检举姐夫。作为侦查人员谈何容易！

我们主要采取换位思考、逆向思维的方法予以各个击破，如匪首力求保命；帮凶希望减轻；老婆想保住丈夫、拦下罪责；小舅子担心姐夫不保老娘没人供养；徐某则避重就轻、死要面子。

我们分别有针对性地给凶犯以保命的途径；给老婆渲染被害人家破人亡的悲惨结果；给小舅子承诺其老娘的供养保障我们予以负责；给徐某在羁押场所“吃蛋糕过五十大寿”及渲染你“敢作敢为，不要人为把全家带入犯罪的深渊”的提示，最终在侦查期限2个月的时间内，所有口供全部到位，杀人案、受贿案、滥用职权案、伪证案全面告破。

5. 料——心理评定、对症下药

上海崇明县检察院在接触房地局局长陆某过程中，讯问陆某 20 多次不见效果，经过心理分析评定，陆某对其女儿牵挂不下，“哪壶不开提哪壶”，就是采取这种针对性谋略，很快，陆某和盘托出、彻底缴械。

上海浦东新区检察院通过网上追逃把一个巨额受贿的对象抓了回来。但其在外数年，有了充分的准备，4 个月的羁押期间拒不交代。侦查人员静下心来分析，再把抓获时其的随身物品作检查，发现一个旧的钥匙圈，钥匙哪里去了呢？

他们“死马当活马医”，立即到 4 个月前抓获他的浙江省萧山市的一家招待所去查，结果真的在大衣柜底下的一团卫生纸里发现了四把钥匙。

通过侦查实验，证实是其姐姐、岳母、小舅子及朋友家的。了解到其家庭观念很重，于是明确告诉他，不要为了自己而把整个家族给连累了，他顶不住了，要求得到宽大处理并要求善待其家属、朋友。

侦查人员当即承诺，于是顶了 4 个月的对象将犯罪事实和盘托出。

6. 悟——目标清晰、责任到人

侦查人员具有悟性是非常重要的，悟性其实就是责任心、感悟力，对事业不投入、不认真、不钻研是无法谈悟性的。

我在当侦查人员时，一次普通的初查取证，没打算有大的收获。天色已晚，我便准备回家，但刚才看到的一组数据令人费解，于是我再来了个回马枪，到证人的家里，他正欲销毁有关的证据，被我及时制止，经过发问，掌握了其在集装箱运输过程中必须给货运公司的有关管理人员个人每只箱子 200 元的好处费，我立即向领导报告，当晚采取行动，天亮即破获了上海首起集装箱物流领域的贿赂窝案。

一次和助手外出回单位，路过一个食品供应站，那个站长是我们前不久立案的取保候审对象，我提出去看看。闲聊中，我问：“你的赃款全部退清了吗？”“退了，全部退清了，我直接交给了法院的刘庭长。”

也许是职业病，我无意地又问了一句：“给你收据了吗？”没有料到他说：“没有。”我为之一振，案件来了！

经过进一步初查取证，我和助手就这样破了改革开放以后上海法院系统的首起职务犯罪贪污大案。随后又乘胜追击，连破法院系统 4 件大案，牵连司法系统各类人员 50 多人，在上海引起了极大的震动，检察机关威风大振。

（二）初查取证侦查主体的谋略

初查取证侦查主体的谋略有以下八点：

1. 缓——语言技巧

侦查人员应当根据不同情况、不同对象采取不同的方式，切忌千篇一律、盛气凌人、居高临下、以势压人。要注意把握：一迷惑，不直接暴露自己的意图，以平常谈话的方式探底，如以了解情况、请教指导、释疑解惑等方法；二随势，入乡随俗，心平气静，不要一本正经公事公办的架势，充分尊重他人，体现理性、平和的形象；三缓和，注意语气的人情味、感染力、入理性，突出亲和力，让人有信任感；四应变，根据情况，适时变化自己的策略和方法，可进可退，以确保达到取证的目的。

2. 究——拓展技巧

侦查人员初查取证要注意循序渐进，不要简单粗暴，要注意做到：一逐步，让证人有个慢慢适应的过程，先无关，后紧要；先表象，后关键；先零星，后完整；二乘势，抓住有利的一刹那和一瞬间的机会，逐步深入、乘势而进；三威慑，对拒不配合的、故意胡编乱造的要给予法律的威慑力；四解惑，解决或消除证人的顾虑、担心和自我良心上的谴责。举一反三、同类比较。如从一起图书采购案、一起医疗器械采购案、一起印花税贿赂案分别发展到全市数十起同类大案。

3. 纵——诱使技巧

侦查人员要充分控制初查取证的主动权，要注意掌握：一故纵，故意纵容他人的一些反常的行为或信息的产生发出，如调动对象秘密串供、调动对象涂改账册等；二调动，使用某种方法把处于静态的人或事调动起来，如调动对象转移赃款、调动对象暗中退回赃款；三诱惑，以设计周密的假象迷惑诱导对方某些错误判断或者行为的发生，如暗示对象有关人员已经暴露、交代了问题，动摇对象的侥幸心理；四触动，以主动的行为信息影响对象的防线，如规定一定的期限，限期对象坦白自首。引虎下山、促使调动。如我侦破的上海首起法官案，我利用争取过来的行贿人由其与对象“串供”，秘密录音获取证据，突破毫不费力。

4. 惑——密获技巧

侦查人员在初查取证过程中要大胆运用特殊的秘密调查手段，要注意掌握：一跟踪，真正有问题的贪官是经不起跟踪的，通过跟踪可以发现其傍大款、包二奶等不正常现象；二窃听，经过批准使用特定的关系去套取某些信息或证据，如通过争取过来的行贿人去与受贿人“串供”，套取受贿犯罪信息或证据；三贴靠，以特定的人利用特定的关系去套取某些信息或证据，如以圈内人的身份不经意间获取某些犯罪信息或证据；四化装，假借冒充特定身份的人掩盖调查意图而获取信息或证据，如以采购员、推销商等身份获取受贿信息或证据。明修栈道、暗度陈仓。如北京东城区检察院秘密跟踪国家食品药品监督管理局厅局级犯罪嫌疑人曹某某整整3个月，功夫之深令人钦佩。

5. 择——筛选技巧

侦查人员初查取证必须周全策划，绝对不能蜻蜓点水、走过场，要考虑：一量大，原材料越多选择的余地越大，尽一切可能穷尽相关信息，千万不能偷工减料；二齐全，各种门类、各种角度、各种可能出现的问题均要考虑周全，避免准备不足、挂一漏万；三甄别，要有分析、判断，在错综复杂的信息、证据面前，要理性思考、分析，科学判断；四选择，要粗中取精，多中取好，相互印证，强调证据的内在联系，形成锁链。

6. 诱——时差技巧

侦查人员初查取证要注意技巧的融入，思考问题必须全面，及时弥补各种漏洞。要注意达到：一复合，所有证据力求呈复合状态，避免孤证无力；二严密，不能有任何的矛盾和漏洞，程序不能有错误；三错觉，充分利用时间、空间、地域的差异获取证据；四及时，取证不能按部就班、优哉游哉，往往是过了这个村就没那个店了。出其不意、攻其不备。如我侦破的上海市陆管处党委书记、副处长刘某受贿案，鉴于客观证据比较翔实，在刘某不知道行贿人是否全部交代的情况下，把刘某请来谈话，结果刘某不知底细，很快作了交代。

7. 迷——虚纵技巧

侦查人员初查取证要掌握进退自如、能屈能伸的技能，保持良好的心态，要学会：一假象，以虚假的信息影响对方的判断；二主动，不被对方的假象迷惑、牵着鼻子走；三调整，发现情况对我不利，及时进行调整，或者撤退，以退为进；四适度，科学决策，坚决防止出现过头话、过头事，有理、有力、有节。以退为进、虚晃一枪。我在杨浦时，属下一侦查人员破的一起国有企业负责人职务犯罪嫌疑案，几经周折耗时半年就是拿不下来，只好发出不予立案决定书，但就在发出决定书的当天晚上，侦查人员获取到了一个没有争议的证据，于是把犯罪嫌疑人叫来，结果该对象涉嫌贪污、受贿、挪用公款的事实俱铁板钉钉。

8. 借——促动技巧

侦查人员初查取证尽量避免单枪匹马，要学会借力，充分发挥相关单位部门的职能和作用。要把握：一直借，纪委、公安、税务、工商等都是经常联系的职能部门，争取合力；二曲借，对一些特定的力量要充分信任和依靠，可以通过熟人、关系进行疏通，以求得配合；三逆借，对来说情、打招呼的，可以逆向运作，反过来动员他们为我们做工作；四衔接，确保借力过程中的衔接环节，分清职责、分工合作，如与纪委、税务、工商、海关、审计等协作过程中，齐心协力、内外有别，责任明确。

欲擒故纵，调虎离山，声东击西，利用其他机关或者其他身份出面获取证据成功的案例比比皆是。

（三）初查取证外围调查谋略

初查取证外围调查取证谋略有以下五点：

1. 隐——以虚隐实，以小见大

我在主持调查国有企业上海胶带厂进行筹备上市的过程中，副总经理祝某利用发行原始法人股的职务之便，收受巨额贿赂。当时我们对股票都不懂，如果这种行为构成犯罪的话，那绝对是特别巨大的案件，所以在没有确定之前，不敢轻举妄动。于是我们隐秘真正的调查意图，以调查一般的人员违法购买法人股的名义调动有关资料，待有关证据全部到位，直接接触祝某时，才话锋一转直捣其收受贿赂的主题，祝某没有思想准备，语无伦次，被我们出示的证据逼得无言以对，只得低头认罪。这是上海地区第一起利用国有企业改制上市公司过程中的职务犯罪案件，祝某被判处死刑，缓期 2 年执行。

2. 控——统一部署，分头出击

我在指挥侦破上海水上公安局一刑事警察受贿大案的取证过程中，针对行贿人多，又系流动性非常强的安徽船民的具体情况，通过情报掌握某天他们同时停泊在上海的 5 个不同的港口，第二天一早就要起锚离开的信息，立即部署全体侦查人员统一行动，兵分五路在夜里零点同时出击一举控制 5 个重要的行贿人，连夜进行询问，很快获取了行贿 40 万元的证据，不久涉案的警察被顺利归案。

3. 制——敲山震虎，锁定破绽

公开初查的一种方法，先大造声势，大张旗鼓，围绕对象不急于接触，而在其周围紧锣密鼓层层推进，然后“缩小包围圈”，逼迫对象沉不住气，自乱阵脚。

4. 引——威慑感化，宽严相济

上海一大型国有企业纪委书记兼武装部长、保卫处长徐某，涉嫌侵吞公款被取保候审，但其第二天来进一步接受讯问时便全面翻供。侦查人员提请拘留，我意见允许他回去再想想清楚，尽量再做做工作看一看。徐某离开反贪局办公室时，正逢外面倾盆大雨，其进退两难，出去，雨实在太大，进来，没有面子（其曾经长期配合检察院办案）。我发现这一细节情况，即递给他一把雨伞，其一愣，眼里出现了泪水，转身冲了出去。第二天侦查员来报告，说徐某来还雨伞时，全面交代了问题，态度非常好。大家可以想一想，我没有参与讯问徐某，徐某也不知道我是谁，在一句话没有说的情况下对象转变了态度，真可谓：“此举无声胜有声。”

5. 待——依法运作，长期经营

其房地局官员唐某，在一次被调查过程中，因为种种原因被蒙混过关，具体办案的侦查人员不服气。我告诉大家，反贪侦查是长久之计，我们是职业反贪侦查人员，不必计较一城一池的得失。当时被调查对象扬扬得意，我们一些侦查员则垂头丧气。3 年后，该对象再次被调查，过程我不展开了，最终唐某被判有期徒刑 12 年。真可谓，躲得了初一，躲不了十五。

（四）初查取证询问的谋略

初查取证询问谋略有以下十一点：

1. 同——整体连贯：一鼓作气、一脉相承

询问、讯问可以一档侦查人员一竿子到底，也可以分为几个阶段几档侦查人员依次进行。但一定要注意：一鼓作气、一脉相承。

我属下有个侦查员，特意关照他，你不了解情况，就负责对象的安全，不要与对象搭话。前面讯问的侦查员曾经向对象说：“你的问题我们全部掌握了，你自己要把握机会。”但这个侦查员就是憋不住：“你的问题虽然我们没有掌握，但你要争取主动。”我知道他不是故意的，但缺乏悟性，搅了大局。

2. 稳——熟悉案情：庖丁解牛、游刃有余

我在讯问突破上海市公安局交警总队车管所所长徐某巨额贿赂案时，明确告诉他：“你交代第一句，我讲第二句，如果我接不下去，你就不要交代，就是我在骗你。”

徐某试探地说了一句：“我有一包东西，但不在我这里。”我说：“全部家当（隐喻赃款），在外地！”

徐某大惊失色，言不由衷：“我第一次到陆某公司里。”我接口讲：“你是开警车去的！”

徐某说：“有一天晚上某某约我到咖啡馆。”我马上说：“红宝石（咖啡馆），那天下雨！”

徐某的意志彻底跨了，3 小时交代了全部涉嫌犯罪的问题。这是当时上海最大的一起公安警察收受贿赂案。

3. 导——知己知彼：趋利避害、把握主动

对具有强烈抵触情绪的对象，可以就其感兴趣的问题进行铺垫，如谈股票、谈麻将、谈佛教、谈偶像、谈收藏，这些话题对痴迷的人而言可以激起情

绪、兴趣而令其忘乎所以，这样以化解其的防范心理，拉近彼此的距离，再乘势转移到正题上来。

2010年，一个1983年出生的海关关员因涉嫌受贿被找来谈话，几小时下来，就是不肯交代任何问题，无奈之下，我们派同样是“80后”的侦查员上阵，不料两小时后，对象彻底交代了。

用的什么方法？说出来令人笑话：他们谈了两小时网络上“偷菜、种菜”的话题，结果取得了共同语言，赢得了对象的信任，就是这么简单。

4. 诚——合理听取：冷静独立、仔细甄别

讯问过程充分体现侦查人员的诚意是非常重要的，对象感觉你在坑他、骗他、侮辱他、诋毁他，他怎么可能相信你、配合你呢？

所以侦查人员一定要选择一些为对象考虑、从对象考虑的角度出发的话题，如：“你这样的行为确实有些不懂法，主观恶意倒不太强。”“你这种态度可以考虑是自首、立功。”“你积极配合，早点回去，对你的负面影响小，否则你几天不出现，在单位、居住地舆论就起来了。”

反之，对象的解释、辩解也要注意耐心听，仔细甄别。实事求是是非常重要的。

5. 适——把握时机：恰到好处、适当火候

初查询问过程时机的把握是侦查人员悟性和经验的反映，何时需要“缓”，何时需要“逼”，何时出示证据，何时采取何种措施、方法、手段等，绝对不是随心所欲的，而颇具有讲究，需要科学决策。

6. 略——引起讲透：不急究细、乘势穷尽

初查询问过程中，当对象开始露口的时候，千万不要打断对象的思路，而只能要求其“继续，接着讲”，如果你过早地急于了解细节，不但打断了对象的既定思路，而且暴露了自己没有掌握更多具体情况的不足和漏洞。

7. 逼——紧扣矛盾：把握主线、不让喘息

初查询问过程中侦查人员必须始终把握主要和重要的方向，不要被对象牵着鼻子走，不要出现侦查人员人为的停顿，让对象得到稳定情绪、调整思路的喘息机会，如忙于接听电话、忙于去吃饭、忙于下班等。询问必须强调一鼓作气、乘胜追击。

8. 势——剖析揭露：营造气氛、给予压力

在初查询问过程中侦查人员要会运用“造势”，如将有关羁押的法律文书“若隐若现”，出现送别同案人员的告别声，故意安排特定人员接听电话、议论案情而让对象听到，使对象产生心理波动和思想斗争。

针对什么情况营造什么气氛是一种心理战策略，是科学有效的谋略。

9. 激——兼听反驳：假大获真、后发制人

初查询问过程中，在特定的时刻侦查人员故意突然把有关的事实“夸大其词”，对象通常的第一反应是立即进行反驳和更正。如：“你拿到50万元怎么处理的？”对象：“哪里有50万元，明明只有35万元。”

发现对象讲假话，有时不要急于制止、揭露，反而引导对象继续编下去，到不能自圆其说了再戳穿也不迟。

10. 理——证据完善：逐步理顺、完整全面

初查询问过程进入结束阶段，尽可能根据对象的交代，按照侦查人员的思路总结对象的交代，以弥补对象交代前后不一、凌乱无序的状况。只要把握不违背对象的本意，经过对象的阅读、确认并且进行录音录像后就是对象的客观交代。

11. 融——重点突出，要害明确，张弛有度

不要一成不变：凶就凶过头，软就软到底是不行的。有时可以软硬结合，对象被激怒以后，他要找个台阶，要释放内心的不满和压力。询问主体与对象要适当。不要派过于年轻的、初出茅庐的侦查员去询问年长的经验丰富的犯罪嫌疑人，要区别对待，有的让年轻人先上去询问调查，有的让级别高的人先去询问调查，以解决犯罪嫌疑人在心理上、面子上的顾虑。

（五）初查询问四要素

初查阶段的询问有四个要素是需要认真把握的。

1. 了解被查对象的优点长处

侦查人员一定要了解对象的优点长处，以避免出现先入为主、片面的、武断的、不客观的意思。

2. 掌握被查对象的弱点软档

侦查人员一定要掌握对象的“死穴”，要知道，没有一个职务犯罪的对象能够达到头脑的“花岗岩”“铁板一块”的境地。

3. 明白侦查人员的死角局限

侦查人员一定要明白自己的局限性，在侦查领域内，古今中外能够先知先觉、料事如神的“神探”是不存在的。

4. 认知侦结案件的瑕疵不足

侦查人员一定要知道，侦查破案是一项“遗憾的工程”，任何成功的案件回过头来看，没有瑕疵和不足是不可能的。

五、初查相关内容

（一）初查的任务

这个题目也是比较理论化的，作为侦查人员一看题目就明白内容，而且具体的内容可散见于本堂课各章及我所著的《反贪侦查岗位必备素能全书》，所以在这里我点到为止，不做大的展开，如果需要研讨或写论文则可作参考。（1）探究对象的动静。对象是否已经被惊动，是否已有防范案发的准备，是否有出境、出国的可能。（2）辨析事实的真伪。客观事实的真实性程度，根据对象的心理、经历、环境、交往、性格等判断对象犯罪可能性程度。（3）获取犯罪的证据。初查的主要目的是发现证据、获取证据、固定证据，证据是决定能否进入立案环节的唯一依据。（4）寻找突破的缺口。通过线索、证据、对象心理等各种因素的分析，研究正面接触对象的切入点、对象心理上的薄弱环节。（5）梳理涉及的关系。有针对性地将对象的各种社会关系进行清晰的梳理，哪些人对其涉嫌犯罪具有影响和提供帮助。（6）储存关联的信息。以不惊动为底线，尽可能穷尽与对象个人有关的、与线索有关的所有信息，有备无患。（7）堵塞规避的漏洞。调换角度、换位思考，在对象的立场上模拟、研究其可能以哪些理由、哪几个方面进行狡辩、抵赖。（8）分析无罪的构成。客观地进行“不可行性”分析研究，预测哪些因素出现便不能构成犯罪，确保准确性。（9）选择合适的时机。接触被查对象最佳时机的选择，个人利益要让位于有利案件的突破，聚精会神、集中力量打歼灭战。（10）确定对应的措施。对可能出现的意外情况制订周密的预案，包括安全意外、突发疾病、紧急找人、紧急搜查、家属上门等的应对。

（二）初查的重点部位与环节

这个题目主要讲的是针对性，把握时机和机会，也点到为止不作大的展开。

（1）涉嫌犯罪证据易获取的。通常情况下，初查取证应当先易后难。（2）举报人、证人、知情人愿意配合、易争取的。充分优先依靠能够积极配合的力量和因素。（3）初查对象疏忽的、防范不充分的、容易出现再生证据的。出其不意、打其不备、趁虚而入是侦查谋略的常用方法。（4）出现矛盾内讧的。利用矛盾、分化瓦解、各个击破是侦查谋略的常用方法。（5）容易变化灭失的。抢救性取证的意识非常重要，防止人为丧失一去不复返的有利时机。（6）有其他力量创造机会条件的。有各种旁系力量、有利侦查的因素创造便捷途径的。（7）作案人多、环节多的。利用人与人之间的差异和必然存在的矛盾分化瓦解，各个击破。（8）多次作案中关键的。在各种证据头绪纷杂时，先获取最为关键的。（9）有意外机会巧合的。当事先没有预料的有利取证的条件突然出现时，抓住第一时间。（10）便于运用特殊手段的。适合采取网络、跟踪、窃听、化装、耳目、控制下交付等特殊调查手段的（注意，这不属于技术侦查范畴）。

（三）初查的监督

要确保初查的质量和效率，对初查的监督不可缺忽：（1）决定权与实施权相分离。决定初查的是检察长，实施初查的是侦查人员。（2）复议权与运作权相分离。运作初查的是侦查部门，有权复议的是控告申诉部门。（3）接触权与审批权相分离。接触对象的是侦查人员，批准接触的是检察长。（4）监督权与办案权相分离。有办案权的是侦查部门，有监督权的是上级检察机关侦查部门。

（四）初查计划的内容

初查计划的制订是侦查人员的一项基本功，其要求在线索研判、评估的基础上，依据线索反映的信息和特征，按照专门的格式和要求，制订指导和规范初查的计划，初查计划质量的优劣，反映侦查人员的综合素质能力。

初查计划的内容为以下几个方面：（1）初查的目的、方向、范围和调查的问题。（2）初查的人员配备、分工及组织领导。（3）初查的时间、步骤、方法和措施。（4）初查的安全防范预案。（5）对初查目的方向范围重点的确定。（6）办案风险评估及应对措施。

（五）初查的对象心理评定环节

我建议职务犯罪侦查部门能够在初查接触对象之前，设立一个特定的环节：对象心理评定环节。进行一次集体的心理评估，作为初查接触对象的必经程序，这样可以大大提高突破的针对性、准确性，获取更好的询问效果和办案效果。

参与评定的人员可多可少，进行评定的时间可有长有短，是一项事半功倍的侦查谋略。

1. 心理评定的内容

诱导犯罪心理，有侥幸、自信、从众、吃亏、居功、畏惧、机遇、自欺、误认、妄为等20余种。面对讯问心理，有感悟坦白、被迫交代、丢车保帅、犹豫摇摆、顽固抵抗、顺杆上树等20余种。

2. 心理评定的方法

行为观察评定法，包括从感情、动作、人际、心态、应对、隐私、嗜好、个性等20余种。结果分析评定法，包括冲动型、盲目型、思考型、权衡型、充分型、机遇型、新颖型等20余种。

第3堂课　职务犯罪侦查谋略：设计与运用

●张　亮*

课程提纲

一、职务犯罪侦查谋略概说

二、职务犯罪侦查谋略的性质

三、职务犯罪侦查谋略的实战运作

四、侦查谋略运用中要处理好几种关系

一、职务犯罪侦查谋略概说

（一）职务犯罪侦查谋略的定位

职务犯罪侦查谋略是关于职务犯罪侦查过程中具体对策的科学，是侦查活动的重要组成部分，在整个刑事案件侦查调查学体系中，占有重要的位置。

随着现代社会中职务犯罪活动的发展变化，随着职务犯罪查处工作的要求不断提高和强化，侦查谋略也逐渐发展成为一门相对独立的学科和研究体系，研究职务犯罪侦查谋略，已成为同现代职务犯罪作斗争不可忽视的重要内容，对不断完善发展的犯罪案件调查学的学科内容具有十分重要的意义。

（二）职务犯罪侦查谋略的意义

研究并掌握职务犯罪侦查谋略具有十分重要的意义，用大白话来讲，就是在侦查过程中我们侦查人员通过善用巧劲，开动脑筋，争取少通宵达旦、少声

* 上海市人民检察院二级高级检察官（已退休）。

嘶力竭、少疲于奔命、少上当受骗、少重复劳动、少发生事故，力争营造办案工作达标、上级总结介绍、单位损失减少、群众拍手叫好、对象服气改造。当然，大道理还是要讲一讲的。

1. 职务犯罪侦查谋略是查处职务犯罪的重要手段

由于职务犯罪对象具有一定的特殊性，是刑法意义上利用职务进行犯罪的特殊主体，对象普遍为学历高、资历深、阅历丰富、关系复杂、具有一定的社会经验或特殊背景，有的还具有某一领域的专长甚至为某一方面的权威，其犯罪的智能性、隐蔽性、自我保护性的特征十分突出。

“打猎需要好猎手。”面临腐败现象仍然突出、反腐败斗争仍然严峻、反腐败斗争的任务仍然繁重的态势；面临强化法律监督、维护公平正义、尊重和保护人权、积极慎重查处贪污贿赂等职务犯罪的新形势、新任务和新要求，作为检察机关侦查人员，在案件查处活动中，要长期与掌握权力、具有智能化犯罪特征、具有一定反侦查能力、抗审能力的对象交锋，必须重视侦查谋略的研究和运用。

2. 深入研究职务犯罪侦查谋略，提升侦查人员智能化办案能力

我国正处在一个重大的社会变革、转型和大发展时期，整个社会均在与时俱进，不可否认，贪污、贿赂等职务犯罪也不断出现新的变化，其中的智能化含量也越来越高。我们在加强职务犯罪侦查谋略的研究、运用的过程中要特别注意研究：

（1）切忌因循守旧、一成不变的僵化观念，要密切关注变化发展的职务犯罪新动向和高智能化倾向。我们对新的犯罪动向的关注研究能不能赶上对象犯罪手法的变化速度？几十年来，我们传统的办案方式究竟改变了多少，一代代新侦查员有没有明显超越老侦查员的水平和能力？

（2）要清晰看到当前我们这一课题研究上存在的薄弱、滞后、不适的现状，并研究采取对策措施。侦查谋略这个课题大家都能讲出个一二三，但是能够真正进行思考研究的有多少？少得可怜，因为大家办案都忙不过来，没有时间去研究这个需要长期磨炼，不是立竿见影、一蹴而就的较为抽象的东西，如今在一些地方“短平快”“短期行为”、应付考核、追逐名利成为一些侦查人员精力的主要投入方向，如此这般难以从根本上提升我们的侦查技能，所以要尽快采取对策，提升智能化办案能力和水平。

（3）在促进职务犯罪侦查谋略提高和发展的过程中，要注意吸纳、融入新的科技成果，使职务犯罪侦查谋略与社会同步发展、进化、提升。当前新的科技成果越来越多，但我们侦查实践中能够运用的有多少，就是日益发达的网

络技术还没有得到应有的重视。

检察机关反贪侦查部门要把职务犯罪侦查谋略作为侦查业务的一个重要组成部分、一个主要学科体系来研究；要在侦查队伍中积极倡导重视对职务犯罪侦查谋略运用和总结，在实践基础上，有规划、有组织地加强汇总、归纳和提炼；要在侦查队伍中加强对职务犯罪侦查谋略理论与实践的学习和培训；要动员更广泛的力量来丰富、充实和完善职务犯罪侦查谋略的知识宝库；要结合职务犯罪侦查实践，拟定职务犯罪侦查谋略策划、制定、运作的规范、规则和程序及应急情况下特殊使用的许可范围；全体一线反贪侦查员既要熟练掌握各种职务犯罪侦查谋略理论和实践的知识，又能依法、规范、科学运用好职务犯罪侦查谋略，使我们的反贪侦查队伍在新的形势下，艰苦复杂的实践斗争中不断自我完善、自我提高，迅速成为一支能打苦仗、会打难仗、善打硬仗，具有高智能化、高科技化、高素质化的合格队伍。

（三）有关侦查谋略的几个概念

这是比较理论化的概念，记住几个关键词就可以了。

1. 谋略

谋略即计谋策略，辞书解释为是一种智力成果。表现为“计谋”“策略”“谋划”“策划”。在现代汉语中，对“谋略”一词有两层含义：

一是指人们对事物运动变化过程的事先筹度活动，就是思维主体运用知识、智慧和能力进行思考运筹的全过程。

二是指思维活动的结果。人出于本能的需要，经过头脑的思考，采取一种营求趋利避害的结果。谋略意识产生于古时战争之际，谋略思维发轫于兵法之中，起始于三皇五帝，几千年来就传说尧舜即制谋用计。后人托借姜太公之名作《六韬》。有关兵法的论述散见诸子百家的经典名著传世巨作之中。

2. 侦查谋略

侦查是具有侦查权的国家机关在办理刑事案件过程中，为了收集审查证据，揭露证实犯罪，查获犯罪嫌疑人并查清涉嫌犯罪的具体情况所进行的强制性的专门调查活动。

现阶段作为具有法律意义的侦查谋略，其应该为：具有侦查权的国家机关，在调查刑事案件、查获犯罪嫌疑人的活动过程中，采取的旨在趋利避害的方法论体系。

侦查活动的目的是发现和固定证据，恢复客观事物的本来面目，事物的本来面目是指以证据和逻辑为经纬编织成的“法律事实”。犯罪侦查是高度专业化、技术化、智能化的工作，作为侦查活动的成果，证据与其证明对象的关系要清楚、具体、关联、翔实。证据是按常人的理解能力就能据以相信具体的犯罪事实确实发生过、具体的人确实做过具体的事。

英美法系等国家在刑事审判中采用陪审团来判断有无犯罪事实发生、犯罪事实是否为某人所为的原因就在于此。

刑事侦查中，一方面，侦查人员要依法开展侦查，将犯罪嫌疑人及涉嫌犯罪的事实揭示出来；另一方面，相当部分犯罪嫌疑人会千方百计地对抗侦查，其所处的地位决定了其具有本能的逃避刑罚制裁的意识，所以就难以避免地在侦查主体和侦查对象之间产生对抗。这种对抗性的强弱主要受制于以下五个因素：(1) 犯罪嫌疑人的人品本质及生活成长的社会环境、家庭环境、人生经历等影响程度；(2) 犯罪嫌疑人的智能程度及其对法律、司法环境及侦查活动的掌握程度；(3) 犯罪嫌疑人的社会活动面、人际交往度、社会背景力量和关系网的复杂程度；(4) 犯罪性质的社会危害性程度及犯罪嫌疑人罪行的轻重；(5) 犯罪嫌疑人在受到刑罚制裁后可能损失利益的大小。

这种对抗具体体现为侦查与反侦查之间智的较量。侦查谋略正是侦查主体同犯罪嫌疑人之间侦查与反侦查思维对抗的产物，是侦查主体在一般谋略原理指导下，在法律许可的范围内，为揭露、证实涉嫌犯罪和揭露犯罪嫌疑人，通过思维活动制定出来的、针对侦查对象而采用的以“奇”“特”“巧”制胜的方式方法的总称。

侦查中使用谋略的目的，是要最大限度地发挥侦查人员分析和解决问题的能力，在侦查与反侦查的智力对抗中赢得主动、获取成功，促使涉嫌犯罪事实和犯罪嫌疑人的暴露，力求在投入较少人力、物力的条件下及时揭露和证实犯罪。

侦查谋略按作用范围的不同，在侦查中有不同的层次划分：

有体现侦查活动总体部署、长远部署的战略性谋略；有反映一个专项查案阶段的工作部署或一个类案总的侦查谋略方案的战役性谋略；还有指导一个具体的案件侦查手段实施的战术性谋略。侦查实践中运用较多的是战术性谋略。

侦查谋略服务于侦查活动，与其他人类谋略活动，如政治谋略、经济谋略、军事谋略、用人谋略、文化谋略相比有其自身的特点：

(1) 运用谋略的目的在于揭露和证实涉嫌犯罪事实和犯罪嫌疑人；(2) 谋略的运用必须符合尊重和保护人权及社会主义法治的要求，这与军事谋略有很大的差异，在军事谋略中交战双方壁垒森严、一触即发，手段往往缺少制约和限制性；(3) 谋略结果的成败与侦查活动的结果有紧密的联系；(4) 谋略的结果与具体的物质经济利益无关；（5）谋略受国际地域法律不同而具有不同的运用、实施的规范及特点。

侦查谋略的主体，这里我要专门讲一下，许多人对哪些国家机关拥有侦查权搞不清楚，我在大学开讲“职务犯罪侦查实务”课程，有的学生还把法院、城管当成侦查机关。

实际上根据国家法律规定，拥有侦查权的国家机关是狭义上3个、广义上5个。公安机关、国家安全机关、检察机关；还有就是监狱管理机关、军队保卫部门。为什么把监狱、军队划出狭义，因为它们的侦查权受到限制，只能在监狱内、部队内对特定的对象行使。那么海关是不是侦查机关呢？海关缉私局拥有侦查权，属于侦查机关，但缉私局属于公安机关的范畴，它不是单成体系的一个侦查机关，不是另外一个独立警种，否则民航局、林业局、交通部等都下设有公安局，都拥有侦查权，那我们国家侦查机关恐怕要不止几十家。

3. 职务犯罪侦查谋略

职务犯罪侦查谋略是检察机关侦查部门及侦查人员在对公职身份职务犯罪案件的调查活动中，在法律规定的范围内、在理论道德允许的底线上，根据涉嫌犯罪客观事实的不同表现，通过创造性的思维活动，以最直接、最关键、最有效、最便捷的计划、方法、措施、策略、心理形成的手段达到查明事实真相的目的。

职务犯罪属高智能型犯罪，往往缺乏作案现场、少有被害自然人，证据非常隐蔽，其调查途径与其他侦查机关侦查普遍“由事到人”的方式不同，主要是“由人到事”的侦查方式，其侦查工作主要是以人为目标向获取证据展开。

职务犯罪侦查对象虽然在暴力性危害、暴力性抵抗程度上低于普通刑事犯罪，但他们普遍具有较高智能，一定的社会经验，熟悉政策、法律、法规的特点，其中有些就是从事侦查工作的司法人员，其“天然”具有反侦查能力。同时他们手中握有一定的职权，阅历深、智力高、关系网复杂、保护层深厚，其罪行一旦被揭露和证实，名誉、地位、权力、影响将丧失殆尽，与以前的境况有天壤之别，既得利益也将产生巨大逆转，因而职务犯罪侦查中矛盾双方的智能对抗性显得尤为强烈。

这种强对抗性主要表现为：

（1）侦查对象具有相当的自我保护能力、自我防御能力和反侦查能力，犯罪行为寓于职务行为过程中，手段较为隐蔽；（2）作案与案发之间的时间跨度往往较长（平均已达10年），陈良宇、薄熙来、刘志军等大贪官，他们从开始作案到罪行暴露，时间跨度超过20年，这种特点使侦查对象有充分的预防、防范侦查的时间，证据易于隐匿、变造、毁灭；（3）许多知情人和关系人因与侦查对象有某种利益或利害关系（利益共同者），有些案发单位怕形象受损，往往不愿配合侦查，使得在职务犯罪侦查证据体系中占据突出位置的言词证据和书证的收集较为困难；（4）利益关系网对侦查活动必然进行种种不同表现形式、不同程度范围的干扰，设置障碍、阻力；（5）各种不确定的因素易导致侦查对象的心理变化，翻供、变供、假供的情况多发、易发。

所有这些都给职务犯罪侦查工作造成了极大的难度，急需运用谋略予以应对。因而，当前职务犯罪侦查谋略也融贯于整个职务犯罪侦查活动的全过程，甚至从线索发现、拓展阶段、侦查预备阶段（初查阶段）就要研究运用谋略。此外，侦查主体只有通过侦查手段的运用才能实现侦查目的，如何综合有效地运用有限的侦查手段发挥最大的能量，也需要谋略的指导，如取证谋略、讯问谋略、追捕谋略、拓案谋略、触动谋略等。特别重要的是在讯问过程中，侦查主体与侦查对象短兵相接、斗智斗勇、你来我往，对抗性更强，对侦查主体的设计、运用谋略能力和随机应变的能力要求更高。此外在询问污点证人、有对抗心理的证人时，同样需要设计和运用谋略。总之，凡有与侦查意志对抗的反侦查意志存在的场合，就要考虑使用侦查谋略。

因此，谋略在职务犯罪侦查活动中日益显示出它的重要性。侦查办案的成效取决于侦查的水平，而侦查水平在很大程度上体现在侦查谋略的制定和运用上。提高职务犯罪侦查人员的水平，从某种意义上来讲，就是提高职务犯罪侦查人员制定和运用职务犯罪侦查谋略的能力。

二、职务犯罪侦查谋略的性质

职务犯罪侦查谋略的运用是要有讲究的，它有不同于其他谋略的性质和特征，只有充分把握这些内容的内涵，才能为正确有效运用这个谋略奠定基础。

（一）职务犯罪侦查谋略的特征

侦查谋略有以下八个主要特征：

1. 法律性

侦查活动作为一种司法活动，具有法律的严格限制和明确的规定。为了达到侦查的目的，不择手段地运用违背法律规定的方法，为法律所不容。

因而职务犯罪侦查谋略的运用不能突破法律原则划定的框框。反贪侦查的对象为刑法意义上的特殊主体，是公职身份的职务犯罪，反贪侦查机构对涉嫌犯罪人员实施侦查，有法律、法规、条例、规则、政策等方面的具体规定和限制，因此反贪侦查活动的法律性极强。

2. 整体性

侦查活动是一种司法组织行为，对一件案件的侦查，绝不是个人自作主张、自说自话、自行其是的单兵行为。职务犯罪的智能性含量很高，一个侦查谋略的形成往往要集中多人的智慧和经验，有时还要聘请专门人才来参与设计。就单个侦查人员和利用职权犯罪的对象对比而言，对象在其熟悉的领域作案，对于各种情况肯定比侦查人员要熟得多，所以谋略的设计和运用必须体现集体性、整体性。

3. 非常性

侦查谋略具有不特定属性，没有千篇一律的模式，其针对不同的对象和案情可灵活运用，含有谋略的侦查活动与常规的侦查活动的区别在于：（1）是否突破了常规的思维方式、办案模式、侦查套路；（2）是否具有对一件案件侦查过程中采用有针对性的特殊的思路、计谋。

4. 科学性

侦查谋略的科学性是由它的性质决定的，它与侦查学的一般原理和某些专门科学有非常紧密的联系。例如，刑事诉讼法学、逻辑学、运筹学、心理学、社会学、哲学等。侦查谋略的运用必须符合事物发展的基本规律，必须与司法实践相适应，其实施的基本条件是具有可行性，具有前提，绝不是拍脑袋决策，凭冲动办事。

5. 智慧性

谋略是人类主观思维活动的提炼和升华，其基础是人们对社会生活经验的总结，是对事物发展规律的认识，是对各种人类活动现象本质的理解，是对运动中的特殊矛盾的剖析，因而它建立在高度的知识、经验、能力上。

6. 诡道性

孙子云：兵者，诡道也。谋略的本质特征之一，是用各种常人或对象意想不到的方法达到制胜的目的，含有超常思维、逆向思维和创造性思维，从而出其不意、攻其不备，然又在道义之内、情理之中。

7. 综合性

侦查活动是一个系统工程，每种谋略尽管有自身的独特功能和作用，但往往又有一定的局限性，对一个案件侦查的复杂过程，往往不是用单个谋略就可以解决问题的，而必须研究多种侦查谋略的综合运用，对重大、疑难、复杂案件的侦查更为如此。

8. 隐秘性

谋略是一种思维活动，侦查或立案前的初查本身就是一种具有秘密性质的司法活动（现阶段的司法公开主要指的是司法程序公开），谋略的设计和运作往往始于案件的侦查之前（秘密调查）或侦查之初、侦查之中，侦查结束谋略也告终止。因而，谋略产生和运作的过程必须隐蔽和秘密，如果公众都了解、对象也知道，那谋略也就不称其为谋略了。

（二）职务犯罪侦查谋略的特性

反贪侦查活动中的谋略不同于一般刑事案件侦查中的谋略，更不同于政治、经济、军事对抗和人们在社会生活中的谋略，这是由反贪侦查活动的特殊性和特定的对象所决定的。它具有以下特性：

1. 心理对抗性

职务犯罪侦查谋略的实践运用主要体现在侦查人员与犯罪嫌疑人直接的话语——心理对抗的交锋过程中。贪污贿赂等职务犯罪的高度智能性、高度隐蔽性、高度隐形性、高度变换性，客观上使反贪侦查活动相比其他普通刑事犯罪，更多地依赖犯罪嫌疑人的供述和涉案关系人的陈述，而涉嫌犯罪的具体事实和细节又是潜藏在这些人心底的核心秘密，不会轻易吐露于人。这样，反贪侦查就离不开侦查人员与犯罪嫌疑人和其他涉案人、知情人频繁的话语交锋和面对面的心理较量。反贪侦查的实践表明，讯问、询问、谈话及其相关的心理较量占据了整个反贪侦查活动的重要内容和相当的比重。值得注意的是，这种心理较量占据了反贪侦查人员心智活动的绝大部分空间。

2. 思维特殊性

反贪侦查与一般普通刑事案件侦查活动在目标、方向、方法、手段等方面都存在相当大的差异。普通刑事案件侦破了，通常指的是找到或抓到了作案人；而反贪侦查案件侦破了，则是指查实获取了客观的、确凿的、足以证实职务犯罪的证据。所以说，反贪侦查过程是一个“由人到事”的侦查过程；而普通刑事案件是一个“由事到人”的侦查过程。

普通刑事案件一开始就有一个清晰的犯罪事实或结果呈现在时间、空间中；职务犯罪案件中，确定一个被怀疑或涉嫌的对象是比较容易的，但难的是，以这个“人”（怀疑或涉嫌对象）为基点去寻找足以证实其涉嫌犯罪的证据，绝对不是轻而易举的。

查找客观、确凿、充分、足以证明职务犯罪嫌疑人涉嫌犯罪的证据，是职务犯罪侦查谋略的核心任务，这就决定了职务犯罪侦查谋略不同寻常的思维途径，所以说，其具有思维特殊性。

3. 内容广泛性

职务犯罪案件中，犯罪嫌疑人作为法律意义上的特殊主体，通常拥有普通群众所不具有的支配社会公共资源的特殊权力，处于政治、社会、经济关系的特殊地位，与案件有关的污点证人、当事人、知情人与犯罪嫌疑人之间往往有千丝万缕的关系，有的还结成了利益同盟。

职务犯罪侵犯的客体是公共利益、管理秩序及抽象的职务行为的廉洁性，一般没有具体明确的被害自然人，社会危害性具有隐性的特点，案件查办过程中难以引起公众声援、支持、理解的状况。

因而，反贪侦查是一个具有打破利益同盟、扯开关系网、动摇腐败阶层、威胁某些阵营利益，同时还必须保证大局稳定、经济发展正常的责任，更可能要承受不被人理解、误解的艰难过程。这一切均要求职务犯罪侦查谋略必须科学、理性、周密、客观、详尽，注意到职务犯罪侦查内容的广泛性。

4. 目的多样性

由于职务犯罪侦查具有揭露犯罪、证实犯罪、惩治犯罪、预防犯罪、根治腐败的特殊使命，所以职务犯罪侦查谋略的运用不仅仅是为了有效获取证实职务犯罪的客观、确凿的证据，而且要促使犯罪嫌疑人在事实证据面前心悦诚服、认罪服法。这就成为反贪侦查的重要性成果体现和最高追求。

职务犯罪实施过程中越来越突出的犯罪隐蔽化、攻守同盟化、交易期权化、手段多变化、作案“一对一”化，使反贪侦查的重点必须定位在突破犯罪嫌疑人的心理防线、有效获取犯罪嫌疑人的供述、争取犯罪嫌疑人的坦白检举上，这仍然是职务犯罪侦查谋略的共同目标取向。

（三）职务犯罪侦查谋略运用原则

职务犯罪侦查谋略作为一种司法组织行为，其各种思维方法、手段措施和运用实施必须有法律意义上的原则和遵循的规范。

1. 依法运用的原则

依附于检察机关侦查权的职务犯罪侦查谋略，其运作必须符合立法。

为了达到侦查的目的，诱惑他人作案犯罪；侵犯他人与案件无关的生活隐私；污辱他人的人格；采用各种变相虐待、威胁的手段，恐怖的环境和刺激感官的器具等，是违法行为，为法律和检察纪律所禁止。

2. 针对性实施的原则

职务犯罪案件即使作案手法相同，但由于对象职务地位、环境条件、犯意过程、作用能量、心理特征、性格习性、经验资历、特别症结等各不相同，故运用侦查谋略时必须充分研究案件及对象的具体情况和特点，有针对性地设计谋略方案，从而保障谋略运用的质量和效果。

3. 把握时机的原则

犯罪作案始终是一个运动的过程。即使作案完成了，但犯罪分子为了掩盖犯罪真相，要刻意隐蔽犯罪过程，或毁灭证据，或订立攻守同盟，或故意制造假的信息，或努力装出与作案无关的外在形象。

反贪侦查更是一个运动的过程，这期间情况瞬息万变，稍纵即逝，有的机会一旦错失将永不再现。因而，一定要在深入、全面了解案情（或一个阶段、一个局部）的基础上，及时捕捉有利时机，恰到好处地实施谋略。

4. 报告备案的原则

职务犯罪侦查谋略是侦查活动的重要内容和重要组成部分，但其又不同于常规的侦查活动，它在法理上没有专门的规定，也没有明确的地位，同时，谋略的适用具有相当的灵活性和不确定性，不是侦查活动的必经程序，其负面效应是随意性、人为性和短期性，把握得不好将违背进行侦查活动的初衷。

因此，谋略设计制定的过程中、确定后及实施前，应向反贪侦查决策指挥人员报告备案，获取批准，这既是对谋略使用的慎重和严肃，也是对侦查人员的关心和保护。

5. 不公开的原则

职务犯罪侦查谋略的属性之一是具有隐秘性。在设计、研究、确定、运作的过程中，不能有丝毫的泄露或无意的显露而被人识破，否则稍有不慎便会造成更为恶劣的后果。

重要的是谋略实施完毕、取得效果之后，仍应注意其隐秘性，长期不予公开。实践中，为了总结经验，或为了表彰办案有功人员，把侦查过程中的谋略过程公之于社会大众，有的上了报纸、拍了电影甚至详细描写，由此产生的不良后果已经引起了侦查领导机关的关注和制止。

（四）职务犯罪侦查谋略的分类

职务犯罪侦查谋略分类的意义，是揭示谋略的本质地位和作用，分析不同谋略的利弊和效果，是为了使反贪侦查人员理解和熟悉、掌握谋略的内在功能。当今，专家学者对侦查谋略的分类有多种类型，尚不够统一。笔者归纳大致为：

1. 从时间和空间范围分，可分为宏观谋略、中观谋略、微观谋略

这主要是指反贪机构从整个侦查指导思想到具体办案思想；从决策指挥机构到其他侦查人员不同层面、不同职责权限，针对不同的对象、情况和研究目标的思考、决策和计划。

职务犯罪侦查谋略贯穿于反贪侦查（初查）全过程，从总体上看，它的

策划、设计、运用具有三个层面：（1）宏观战略层面。即根据党和国家现阶段反腐败的总体部署，对一个相对长的阶段（一年或数年）、相对大的范围（省、直辖市、自治区）进行全局性、整体性、大势性、具有针对性的实施反贪查案战略决策及进行宏观谋略运用设计的层面。（2）中观战役层面。即保证贯彻上级反贪工作的总体部署，对一定的时间（数月或年内）、一定的范围（基层院管辖范围）、一定的案件（单个案件或系列案件）进行侦查指挥决策及谋略设计的层面。（3）微观战术层面。即针对单个案件每个阶段、环节、特征的不同情况进行具体的、细节的、周密的策划、实施、运作谋略的层面。

承担不同反贪侦查职责的各级侦查指挥人员及侦查人员，应该根据自己的工作范围和所处的层面把握好谋略的实施和运用。

2. 从功能和效应范围分，可分为战略性谋略、战役性谋略、战术性谋略

这主要分别指一个阶段带有整体性、方向性几类重点案件的思考、谋划；一个时段一个或几个专项案件的思考、谋划；具体个案的思考、谋划。

3. 从实施的人员范围分，可分为内部行为谋略、外部行为谋略、内外结合行为谋略

内部行为谋略指完全由侦查人员自行实施的谋略；外部行为谋略指完全依靠社会上的特定人员（知情人、举报人、耳目等），或其他机关工作人员（工商、税务、海关等机关工作人员）辅助实施的谋略；内外结合行为谋略指侦查人员和外部协助、被争取、可依靠的人员结合进行实施的谋略。

4. 从运作过程范围分，可分为获取线索的谋略、初查探情的谋略、言语摸底的谋略、讯问突破的谋略、运用措施的谋略、羁押狱侦的谋略、追捕逃犯的谋略、取证固证的谋略、扩大战果的谋略，这类划分也是程序分类

5. 从形式作用分，可分为动作类谋略、心理类谋略、利用类谋略、迷惑类谋略、间探类谋略

（1）动作类谋略，是指侦查人员对相对静止的对象和犯罪活动以触动、影响、暗示等方法，迫使其运动起来的一种计谋方法。如故意惊动，使对象急于串供、急于转移赃款、急于销毁或伪造证据等，从而使对象暴露犯罪痕迹、制造再生证据为我所用。（2）心理类谋略，是指运用侦查心理学、检察心理学的原理，以适度的心理刺激，促使对象改变原有的心理定式，动摇其思想和意志，瓦解其本能固有的否认、抗拒、对立心理，使其从根源上消除抵触，顺从法律和事实。（3）利用类谋略，是指侦查人员利用对象的弱点、错觉、矛盾、顾虑等各种心理和行为特征表现，深入其中，予以扩大、分化、引导，从

而争取为我所用。(4) 迷惑类谋略，是指侦查人员运用逆向思维，用各种假象、假信息、假措施、假动作来引诱、迷惑对象，使其作出错误的判断和行为，以致露出犯罪真相或显露证据。(5) 间探类谋略，顾名思义，这是一种借鉴间谍、探子模式的谋略。主要有化装贴靠、耳目刺探、狱侦引诱、窃听跟踪等。这一谋略的运用必须特别注意以下三点：一是其中有些是属技术侦查范畴，必须严格遵循实施的原则和规定；二是具有很强的秘密性，任何时候都不得主动泄露或默认；三是以此手段获取的证据，未经转化不得公开使用。

对谋略的较大分类，特别是前三种分类，主要是研究、学习、探讨、提高的需要，属学理性研究。后两种通常在侦查实践中运作较多，实际应用性较强。

同时，分类也不是绝对的，谋略之间会相互作用、相互转化、相互联系、相互渗透。一句话，不同类型的谋略之间没有绝对的界限。

我们研究侦查谋略在反贪侦查实践中，一般运用程序分类法、作用分类法，因为这两种分类方法比较贴近于实际，便于反贪侦查人员理解和掌握。

(五) 职务犯罪侦查谋略的作用

职务犯罪侦查谋略的重要作用是显而易见的，只是我在这里讲得规范化一些。

1. 为提高侦查队伍素质开拓广阔的思路和途径

职务犯罪在当今社会不断滋长蔓延，已经引起了党和国家领导人的高度关注，引起了全社会的高度关注。反贪侦查面临任务也十分繁重，职务犯罪手段的不断变化，促使反贪侦查人员要有“魔高一尺、道高一丈”的气势和本领去攻破之、战胜之。

职务犯罪尽管有不同的表现形式、不同的阶段特点、不断的发展变化，但作为一种社会现象，也有其自身的发展规律。职务犯罪侦查谋略就是不断探索、发现和认识其内在规律，把握其特点的思维过程。

当前，全国人大把“尊重和保障人权”列入宪法修正案，修改后的《刑事诉讼法》进一步突出了“尊重和保障人权”的主线；把传唤严格限制在12小时之内（案情特别重大、复杂，需要采取拘留、逮捕措施的，传唤、拘传持续时间不得超过24小时）；修订后的《律师法》赋予律师独立的会见权、调查权、阅卷权等，这些规定对反贪侦查传统的办案模式提出了挑战，这就迫使我们要提高职务犯罪侦查谋略在整个侦查活动中的含量和比重，由传统的“一张嘴、一页纸、一支笔”，拼体力、耗时间、打疲劳战迅速转变到以智取胜、以理服人、以证说话、以谋破案的理性轨道上来，这也是反贪侦查正常的、合理的、必然的发展趋势，也是要求反贪侦查人员迅速提高侦查技能和素质的外界强制性的压力和促进。

开始阶段，侦查人员普遍感到限制过多、压力过大、对手难弄、案子难破，但只要坚持不懈，反贪侦查一定会走出一条智能化、理性化、科技化含量极高、极强、极透的路子来。

著名的“米兰达忠告”实施时，全美法律界大为震惊，警察一下子都不会办案了，实际上它迫使警方不再注重对象的口供，有效限制了警察的逼供行为，从而使警察较多地使用心理分析法、行为分析法等审讯方法，从其他更广阔的途径去获取证据。经过一段时期的运作，美国警察自豪地感到整体素质和侦查技能有了质的变化和飞跃，得到了全美大多数人的支持和赞同。对此，我们的侦查理念、侦查实践也应有所改变，提高侦查队伍素质，开拓广阔的思路和途径。

2. 为实现侦查日标开辟了丰富的反贪侦查思路的智能宝库

任何一起职务犯罪案件及对象均有自身的特点，既有强项（如有反侦查经验，熟悉侦查方法、手段或有与司法机关多次较量的经历等），又有弱点（如担心声誉，顾及经济利益，放不下亲情友情）。反贪侦查就是要根据这些具体问题特点进行具体分析研究，精心获取信息、精心设计方案、精心部署决策。在总结同类案件规律特点的基础上，结合个案的特殊点、差异性，抓住可运用谋略的关节点，因案施计，因人用谋。

侦查人员在接手每一个线索、侦查每一件案件的时候，立即进入这种智能、计谋的思考规划之中，必定调动起自身的主观能动作用，发挥出每个侦查员潜在的创造性、想象力，促使侦查人员更加关注知己知彼、扬长避短，力求自己积聚棋高一着、技高一筹的智商和能量。

面对新的反贪斗争形势，反贪侦查的组织指挥者已经注意到了队伍中蕴藏的能量。

如今全国检察机关侦查部门普遍改变了一人决策指挥、众人机械奔忙的陈旧落后的侦查模式。总结提炼出：线索集体评估、初查方案、侦查计划的制订和三级审批；强制措施的科学、合理运用；分层次、阶梯式的讯问形式等无不融入了侦查谋略的因素，而每个侦查人员都有了主导谋略、设计运用谋略的客观条件和机会场合，一个巨大的智能宝库正在被打开。

3. 为提高办案质量和效率提供了有力的保障

职务犯罪的侦查，首要问题是必须获取证明犯罪的证据，最终使犯罪人员受到刑事追究。常规的侦查取证、传唤、讯问等方式，具有普遍、规范、环环相扣的程序模式。当然，存在耗费时间长、找人精力大、审讯突破难、证据变化多、重复劳动频的弊端。而运用谋略、谋略含量高的侦查环节则可大大提高办案的质量和效率。

例如，通常侦查人员正面去某单位查账，调取财务凭证，往往遇到“领导不在”“财会人员不在”“账册在搬家中，人员调动时遗失了”等推托之词。待你三番五次上门做工作，作解释以后，即使取到了账册凭证，有时对方已补好了漏洞，或订立好了攻守同盟，使侦查人员丧失了有利时机。就是再经过努力，恢复事物的本来面目，但所要花费的精力、人力、物力可想而知。

如果一开始就考虑到打草惊蛇、遇软钉子的情况，采用多种办法，就可以便捷、安全、有效地取得证据。例如，商请工商、税务人员以正常年检、抽查为由上门查账；求助可靠的上级党政领导以检查工作为由调取下属的账册；争取所在单位部门有正义感或有矛盾的财会人员秘密取出财务账册；等等。如此这般，既保证了财务账册的客观真实性，又大大节省了徒劳往返的精力，质量、效率都得到了充分的体现和保证。此种谋略在侦查实践中举不胜举，关键是反贪侦查人员要有这个意识，主动思考，合理应用。

4. 弥补侦查手段的局限性和侦查技术装备的不足

反贪侦查作为一种自成体系的侦查学科，其发展和完善也有个过程。现阶段确有些侦查手段的实施受到种种的局限。例如，到外省市向污点证人取证，其不配合也不能将人带回；到境外取证，不能公开检察人员的身份；侦查人员一个人获取的言词证据不能被采用；等等，这就要求我们运用谋略，合理、合法、变通、有效地达到侦查的目的。在外地请当地与证人有关系的又愿协助我们办案的有名望的人士做工作，动员证人以写亲笔证词的方法提供证据；在境外以其他合法的身份取证；等等。

针对检察机关侦查技术装备有待改善的情况，反贪侦查人员在办案一线要树立发挥聪明才智、增强智谋、巧劲的主动性，凡事多想几招、多拟几条、多备几手，人的智能是取之不尽、用之不竭的宝库，要采用各种积极的措施、方法，让侦查人员的智慧淋漓尽致地发挥出来，以弥补目前侦查手段和技术装备存在的各种欠缺和不足。

三、职务犯罪侦查谋略的实战运作

（一）侦查实践中谋略成功运用借鉴

以下是我在侦查实践中运用的谋略，我总结了以下 25 个方法，可供借鉴：

1. 隐蔽目的，便服察访

初查的要求是“一般秘密进行”，侦查过程对一些方法手段也有隐蔽的要求，所以不暴露身份、不暴露意图是实现侦查目的的有利保障。所谓便服察访，就是侦查（调查）人员不暴露职业身份和调查目的、行为意图，以普通人的面貌围绕目标去了解有关情况，掌握某种信息，并伺机获取关键性信息或证据的一种谋略方法。

2004 年 4 月，我被交流到杨浦区检察院任职，当时上海市对该区的规划是从大工业区到大居住区转型，国有企业从上千家跌落到不到两百家，检察院面临线索大幅度下降、案源严重匮乏的局面。

怎么办？自己找米下锅！自己解决无米之炊的难题！我提出从“猪”到“鸡”的改变，大家知道，猪是靠喂食的，鸡是靠自己找食的，我们必须自己“找食”。

我发动侦查人员开动脑筋，大家反映，杨浦区成为“安居乐业”区，大量的动迁安置中群众对政府动迁部门工作人员索取贿赂的情况反映强烈。

好！我对此很感兴趣，觉得很有价值，决定就从群众反映强烈的部位入手。

可是如何入手呢？动迁户与负责动迁的工作人员在这个节骨眼上是“利益共同体”，一个是期望得到好的房子，另一个是借机敛钱，按常规方法去调查一定打草惊蛇，一定促使对象防范更加隐蔽；动迁户也会因期望实现更多的利益不能如愿而情绪抵触。

于是我和侦查人员研究，决定采用便服察访的形式，以动迁户的身份，以“看房子”“谈房价”“了解动迁政策”等事由深入动迁户人群中，与他们套近乎、拉家常、谈苦经、算得益等，我还提出，甚至可以一起骂娘！

结果我们通过采用这种容易搭上的话题，使动迁户在不经意中透露出许多诸如动了多少脑筋，打通了多少环节，花费了多少好处等关键信息，在对这类关键信息汇总、评估的基础上，我组织侦查人员制订出针对性非常强的侦查计划，一举破获政府工作人员利用动迁工作的职务之便索取贿赂大案 6 起，老百姓拍手称快。

我总结了这个谋略实施的要点：（1）不暴露身份，不公开侦查、调查目的和意图；（2）以其他事由掩盖侦查（调查）的目的；（3）旨在获取关键证据或关键信息；（4）需要集体配合，如男女搭配，貌似情侣，必要时相互掩护圆场；（5）事先请示报批备案，事后报告总结。

2. 化装摸底，兵不厌诈

我们看电影，里面有许多化装侦察的例子，如 50 年代的《林海雪原》、60 年代的《英雄虎胆》、70 年代的《侦察兵》等，都是描写化装侦察的。但是，大家请注意，提到军事侦察，都用这个“侦察”，凡是法律上的侦查，都是这个“侦查”，这是完全两个不同的概念。但是我们可以发现，现实生活中两者不分的比比皆是，包括我们一些政法部门。

“侦察”是军事用语，仅指观察，一般没有动作，侦察兵只负责观察，不负责消灭敌人；“侦查”是法律用语，不但具有观察的含义，而且还有动作，如讯问、搜查、追捕等，《刑事诉讼法》上写的是什么？就是侦查嘛！法律大辞典中，就没有“侦察”这两个字，所以，我们不能混淆。

所谓化装侦查，当然也包括化装调查，我们就要了解，它不仅仅是观察，而且要获取证据或者有关信息，是要有动作的。

化装摸底，就是侦查人员假借特定的身份，与特定的人员（通常为行贿人）直接打交道，在其没有防备的情况下取得直接证据（信息）的一种谋略方法。

我总结了这个谋略实施的要点：(1) 化装不是化妆，要神似而不是形似；(2) 假借的特定身份要真有其人其职；(3) 要熟悉与被装身份相关的专业知识；(4) 化装调查人员不再参加该案的谈话、审讯，尽量不在对象面前暴露真实身份；(5) 化装调查的信息、过程不在媒体上宣传报道。

3. 移花接木，控制交付，秘密录音

侦查过程中的“控制下交付”“促动产生再生证据”“秘密录音录像”是非常重要的谋略手段，用好了有事半功倍的效果。

所谓控制交付、秘密录音，就是在案件侦查过程中（有时也可以在初查过程中），侦查人员争取、利用、依靠案中一方人员的配合，在特意安排其与案中另一方商谈案情、统一口径、订立攻守同盟的时候，用其携带的录音设备将商谈内容进行秘密录音，从而获取信息的一种谋略方法。

还有一种方法是：通过有关渠道得知案件有关人员将要聚集在某地点进行串供、毁灭证据、订立攻守同盟等活动的场合，由侦查人员事先放置遥控录音设备，以通过监听获取信息的谋略方法。

2000 年，侦查员向我报告，某犯罪嫌疑人向我们交代了其受贿犯罪的事实，但与此案有共同受贿行为的另一对象曾几次来电威胁其不要承认犯罪的事实，扬言道：“就是你讲了我也不会讲，坚决抵抗到底。”针对这一情况，我决定，由侦查员根据另一对象急于与其见面、商量对策的心理，由已交代问题的犯罪嫌疑人携带我们提供的秘录设备在约定的某宾馆与其见面，侦查人员则在隔壁房间监听。

如我所愿，另一对象为订立攻守同盟大谈共同受贿的案情细节和逃避侦查的计划，全盘泄露了作案的故意和全过程。有了这一重要的再生证据，我指挥侦查骨干上阵，没费多少功夫，很快一举攻下了另一对象并将其绳之以法予以重处，配合取证的对象被从轻发落。

我总结了这个谋略实施的要点：(1) 秘密录音一般要依靠特定的涉案人员，即非侦查人员（常常为争取过来的案件嫌疑人、当事人或特定关系人），由案中涉嫌的一方人员来协助实施，故一定要慎重对待、周密策划、细致落实，做到万无一失；(2) 秘密录音由于在一般情况下系非侦查人员（甚至是涉嫌的人员）协助实施，为防止失控，可采用侦查人员在附近遥控、监听的方法，防止意外出现；(3) 对秘密录音的设备使用和操作要十分熟练，必须事先模拟演习，既要保证设备的完好，又切忌不可露出破绽，贻误全局；(4) 实施秘密录音的场所应当尽可能事先熟悉，选择最合适的部位和角度；(5) 实施秘密录音的侦查人员之间要注意分工负责、密切配合、协调有致。

4. 耳目卧底，出其不意

侦查过程中的耳目就是专门为侦查机关提供案件信息的人员，所谓设置耳目，就是为了查获职务犯罪而设立的一种隐蔽力量，耳目是受职务犯罪侦查部门委托执行特殊任务的情报人员。公安机关称这类人员为“刑事特情”“321”；国家安全机关称这类人员为“工作关系”；香港廉政公署称这类人员为“卧底”，这是以这一补充力量来获取案件信息和证据的一种常用的谋略方法。

1992 年，某行贿人向检察机关交代了向某国企老总行贿 70 万元的犯罪事实。侦查人员依法传唤该老总，但其顽固抵抗，拒不吐实，予以刑事拘留后仍拒不交代，案子一度陷入僵局。

我们对此进行了认真的研究，经批准决定采用启用耳目的谋略方法。

我们请某耳目以“涉嫌犯罪的律师”的身份出场，将该“律师”押入那个老总同一监房，由耳目伺机同该老总套近乎。

第一步，耳目不卑不亢，有意表露出对侦查机关极度不满的情绪，以求得该老总的共鸣。

第二步，耳目故意教唆该老总，对检察机关绝对不要吐露真情，否则牢底坐穿，以博得该老总的信任。

第三步，耳目以关心的口吻提醒该老总，检察机关的审讯好对付，但他们搜查赃物的本领很厉害，你拿的钱放得是否安全。该老总脱口而出：“我存单藏在地毯下，反贪局是否会发现。”

接下去就不用多说了，信息至此，起获赃款，全案突破。

我总结了这个谋略实施的要点：（1）耳目不具备侦查人员所拥有的职责和权力，为非侦查人员，没有侦查权；（2）耳目在检察机关侦查部门的领导下，协助开展收集情报信息的工作；（3）耳目本身要具有一定的法律知识和侦查工作常识；（4）耳目不论是否执行任务均不得公开隐蔽的身份，耳目获得的证据未经转化不得公开使用；（5）必须对耳目加强监督和指导。

5. 变幻莫测，以假乱真

假以身份，迷惑对方，采取冒名顶替的方法获取证据，这个谋略就是在初查阶段，我们采用《林海雪原》中“杨子荣冒充土匪胡彪打入敌方内部获取情报”的方法。

侦查人员利用涉案人员之间的差异，在做好涉案一方人员愿意配合取证的情况下，借机冒名顶替有关人员，以假象来获取真实证据或者信息的一种谋略方法。

1999 年，我们在初查中制服了外地某涉嫌行贿犯罪的私人老板，其交代了向国家机关某处长行贿的事实后，又提供了某处长曾打电话称其要把受贿的钱“先退回来，等风头过了再来取”的情况。

我组织侦查人员研究，决定采取冒名顶替的方法，我们果断叫该老板主动打电话给该处长，称“我可能已经被检察院盯住了，为了减少风险，我派自己的表弟上门来取这笔钱，先帮你寄存在我处，等风头过了再还给你，放心，绝对安全”。

得到该处长应允后，我遂派与该老板同一籍贯的侦查员，持老板的亲笔纸条上门获取了该笔赃款。他们之间以家乡话交接过程的对话均作了秘密录音。

此案，原本可能需要较长时间进行交锋和艰难的突破，但是因为用了这个谋略，数十分钟便予以攻克，特别是交接过程中的录音，证实了该处长暂退回去寄存、风头过了再拿回来的真实意思表示，是典型的再生证据。因而，犯罪嫌疑人再用借口、狡辩掩饰受贿事实已无任何意义。

我总结了这个谋略实施的要点：（1）冒名顶替的角色必须由熟悉案情的侦查人员担任；（2）被所冒之人（一方涉嫌人）必须在我方绝对控制下；（3）必须周密筹划、详尽部署、内外接应；（4）必须速战速决，不可拖延，以免露出破绽；（5）此谋略方法的实施过程中，应注意秘密录音、录像的配套。

6. 跟踪盯梢，掌握动向

跟踪是侦查工作中最为普通有效的谋略方法，所谓跟踪盯梢，是指调查人员以隐蔽的形式尾随涉案对象或与案有牵连的人员，监视、观察、掌握其活动范围和动向，以达到进一步获取信息，揭露、拓展全部犯罪事实，捕获在逃涉案人员和证实涉嫌犯罪的一种谋略方法。

1994 年夏天，我任总指挥的专案组一举侦破了 5 人行凶杀人的刑事大案，其中还涉及公安机关有关领导涉嫌犯罪的问题。但是，我们在抓获 5 个凶犯的过程中，主犯李某挣脱侦查人员而畏罪逃跑。

主犯逃跑，意味着 4 个从犯无法定罪，意味着无法证实公安机关有关人员的涉嫌犯罪问题，情况相当严峻。我采取了电话监控、守候蹲点等多种方法，都不奏效，主犯李某音信全无。

我主持指挥部开会研究，最终决定采取“守株待兔”的谋略方法，就是布置侦查人员在李某住宅附近租房，用望远镜 24 小时监视其家大门，一看李某是否伺机潜回家；二看其家人有否外出与李某碰头的动向。

侦查人员排班轮流监视，为了不打草惊蛇，我们都在深夜换班。功夫不负有心人，在监视到第 28 天时，侦查人员发现李某的妻子打扮一新有出远门的样子，因为平时其妻子就穿睡衣只在附近活动，这次不一样了，穿戴一新，我感觉有苗头。我指示侦查人员待其妻子一出门，即跟上去，尽管其妻一会儿步行、一会儿乘出租车、一会儿上公交车，这反倒更坚定了我们的信心，我强调紧盯不放，其间，我组织 10 名侦查人员乘上两辆警车向跟踪的目标方向靠拢，并且确保通信畅通。

终于侦查人员发现李某之妻走进了一家偏僻的、前后有门、道路情况复杂的小饭店。

我接报后立即组织两辆警车的力量赶赴现场围捕，经过一番搏斗，终将这一重要的犯罪嫌疑人李某擒获，李某当场表示彻底交代问题。

我总结了这个谋略实施的要点：（1）扩大犯罪线索，发现新的犯罪信息或证据；（2）捕捉逃犯或执行密捕；（3）对其他侦查、调查措施的一种补充和强化；（4）需要准备足够的力量，前后接应、男女搭配；（5）要有交通工具、通信设备、戒具准备。

7. 选准缺口，攻其不备

讯问犯罪嫌疑人选准突破口是非常重要的问题，所谓选准缺口、突破口，就是在预审过程中，侦查人员针对顽固抵抗的对象心理弱点和其社会关系中暴露出的“软肋”“缺口”进行进攻性重创，从而瓦解其心理防线的一种谋略方法。

1995 年，上级检察机关交办我所在的检察机关徐某受贿案，徐某系市公安机关某重要部门负责人。检察长指定我为总指挥，负责指挥侦查此案。

徐某在兄弟检察机关已被逮捕关押近两个月，原先其交代承认的受贿1万元，因为没有得到取保候审，也被其翻供否认，经调查证实，其交代受贿的1万元交给食堂补充集体的伙食费了，真要命，贪官没有查出，倒查出了廉政事迹！

徐某在羁押的场所第一看守所扬言："我马上要出去了，看检察院怎么收场。"种种迹象表明，徐某确有重大嫌疑，但目前还没有明显的突破口。

怎么办？我想起了贪官必有情妇的规律，于是我要求侦查人员去"找情妇"。徐某是公安机关的领导，知名度很大，所以他的行为非常诡秘，有没有情妇还是个谜。

这个规律还是有效果的，经过侦查人员的不懈努力终于发现徐某确实有一个隐秘的情妇。经过一番调查，确定了其身份。最后决定选该情妇为突破口进行突然袭击式的突破。

我亲自上阵接触这个情妇，果不其然，经两个回合其就交代，徐某事先知道要出事了，于是将一个包交给了该情妇保管。

我问：里面是什么？她回答没有打开过。我问：包在哪里？她说在姐姐家里。我问：你姐姐在哪里？她回答：在合肥，是某单位工会主席。

备车、带着这个情妇一同去合肥取包！我一声令下，侦查人员连夜驱车1000公里，从合肥取回赃款罪证，里面就是全部赃款，人民币、美元等数十万元。

第二天，我讯问徐某，真是手中有粮、心中不慌，我以其情妇这块心病为缺口，进行加大力度的突审，我对徐某说："你说第一句，我接第二句，我接不下去你就不要讲"，暗示徐某事情全部暴露了。徐某对此没有一点儿思想准备，防线很快崩溃。当时公安机关最大的一起受贿案就此成功圆满告破。该案成为全市精品案件。

我总结了这个谋略实施的要点：（1）该谋略的运用，一般均是疑难复杂的案件，对象往往心理素质好，抗审讯能力强，故要十分慎重，认真策划；（2）任何事物都有两个方面，再强的防线也有缺口，因而选准缺口的关键是要在准字上下功夫；（3）实施的方法、时机要突出"突然"的属性，出其不意、攻其不备；（4）运用集体智慧，反复权衡，避免情绪化、浮躁化；（5）力争使对象感到意料之外，又在情理之中，心悦诚服。

8. 把握时机，果断出手

侦查过程中把握时机是个不容忽视的重要技能问题，所谓把握时机，就是在职务违纪，犯罪案件初查、初核过程中，发现了对突破案件十分有利的时间和机会，然后果断、快速地作出反应，以把握及时、措施有力的手段，突破案件的一种谋略方法。

1996年，我组织侦查人员正在调查某饮食集团公司老总、区人大代表、劳动模范吴某利用所辖几十家饭店装修改建工程受贿的线索，由于其身份特殊，装修包工头与其又有十余年的交情和工程业务往来，阻力和难度十分大。

正在这时，侦查一科科长向我报告，从纪委得悉其老婆正在向纪委哭诉，吴某饱暖思淫欲要与其离婚的情况。这一信息好似天赐良机，我组织侦查人员一调查，发现这个吴某已经离婚3次，哭诉的老婆是第三任老婆，我指示，立即与其妻子接触问话，方法就是“挑拨离间”，趁其妻悲愤交加欲一吐之快之机“火上浇油”，其妻子话匣子一打开，收也收不住，然后我们又去找吴某的前妻做工作，在听说吴某要第4次结婚的消息后，在一句“那个杀千刀的”话后，前妻竹筒倒豆子，提供了重要的证据，侦查人员因此顺利获取了吴某受贿的直接证据（赃款均由其妻子保管），经区人大常委会许可后传唤、拘留、逮捕了吴某，案件很快告破，后其被判处有期徒刑11年。

我总结了这个谋略实施的要点：（1）这种时机往往有突然出现、事先没有料到的特征；（2）这种时机的出现往往不再重现，稍纵即逝；（3）这种谋略的使用往往比较紧急需灵活处理；（4）需要速战速决，以防准备对象出尔反尔的可能；（5）对谋略实施的对象尽可能从细节、心理有所掌握。

9. 声东击西，迂回包抄

声东击西是侦查过程中的常用方法，所谓声东击西，就是侦查（调查）过程中按照正常的、习惯的思路模式可能有阻力、行不通的情况下，采用隐藏调查目的，从其他领域或外围入手，逐渐靠近被查目标，声言击东，其实击西，明攻某甲，暗袭某乙，是伪造主攻方向，争取调查主动权、实现调查目的的一种谋略方法。

2002年，我们检察机关接到举报，某医疗器械公司涉嫌在向各医疗机构推销产品过程中向有关管理人员行贿的问题。

我组织侦查人员研究，经分析，大家一致认为，这种医疗器械公司用送回扣促销产品的可能性极大，但是马上由检察机关侦查人员出面到行贿人方去查账，难度很大，可能会一无所获。

于是，我决定，安排侦查人员先到各医疗机构（采购方）进行调查，了解掌握共有多少医疗单位买了多少台该公司的设备，即迂回包抄；然后再商请税务机关派员以查偷税为名前去供货、涉嫌行贿的这家公司查账，即声东击西。

经过从出厂价格、销售出的台数、购买的单位、购买价格一一对照，经行家里手查账，很快发现账上的破绽。结果证实，其公司账外有账，暗账取出一看，回扣金额笔笔记载在上，重要证据全被掌握。

嗣后，我们集中兵力、分工合作，对受贿人的突破势如破竹，打了一个漂亮的专项活动，立案11起，谋略效应十分明显。

我总结了这个谋略实施的要点：（1）调查的目的明确，但呈隐秘状态；（2）外在的表现形式与侦查目的大相径庭；（3）由外围或间接途径入手，层层推进；（4）与有关单位建立配合协作关系，减少手续程序；（5）注意相互信任，同时需要内外有别，注意各自职责范围、权限和保密的规定。

10. 欲擒故纵，引蛇出洞

在侦查过程中，遇到阻力，正常途径不奏效，那就可以拓展思路，以退为进，采取欲擒故纵的方法。所谓欲擒故纵，就是指调查人员为擒获（查获）犯罪分子，又为了实现某种侦查意图而又故意暂时放纵（不关押）对方，待达到某种调查或者取到证据的目的之后，即将其擒获归案的一种谋略。

1998年，侦查机关侦查某重大刑事案件，起因是浙江省海盐的海边发现一具女尸，经侦查勘验比对，死者是上海人，有关部门验尸后结论为他杀。

嫌疑人是谁？所有迹象指向是死者的情夫某机关领导干部谈某。

但这个谈某不会开汽车，远到海盐抛尸一定需要汽车驾驶员，于是侦查人员内部确认犯罪嫌疑人至少2人，一人为谈某，另一人为其小车司机。

尽管二人犯罪嫌疑极大，但缺乏直接证据，秘密查验该领导的小车，一点可疑的痕迹都没有发现。

怎么办？谈某系领导干部，没有证据动不得，先找小车司机，其影响小，而且先接触他有一定的借口。于是，先对小车司机传唤，再刑拘7日，但仍然没有获得任何有价值的证据，不少侦查人员也怀疑案件的真实性。

刑事侦查部门的领导是我的朋友，原来当过我住地的户籍民警，他请我谈谈思路，我出了个“馊主意”——“欲擒故纵”。一些侦查人员不理解，但侦查指挥决策人员经过筹划，决定放了小车司机——此为“纵”。

小车司机得意忘形，一走出看守所便迫不及待打电话向谈某报功：“他们关了我7天，我顶住了，什么也没说，你放心好了……”

他们哪里料到，他们之间的所有通话均被监控，就这一通电话确立了此二人共同作案嫌疑客观存在的基础，两犯罪嫌疑人立即被抓——此为“擒”。

此凶杀大案破得非常漂亮，一些开始有些不理解的公安侦查人员佩服得五体投地，最终谈某被判处死刑，小车司机被判死缓。

这一谋略的设计、运用也是合理诱使犯罪嫌疑人造出再生证据，形成再突破条件的运作典范。

我总结了这个谋略实施的要点：（1）调查的案件已有初步成果，但还没有全面告破；（2）其目的是引出和发现新的犯罪嫌疑人和新的涉嫌犯罪事实，作用是扩大战果；（3）“纵”，有一定的风险，“纵”后必须跟上必要的手段措施，措施力求完备、周密；（4）引蛇出洞之蛇，既可指人，也可指事实真相；（5）一般针对被查对象实施，对配合的污点证人应当兑现政策。

11. 利用矛盾，离间取证

利用矛盾、分化瓦解是侦查过程中常见的谋略方法，所谓利用矛盾，就是调查人员在共同作案、对偶作案的犯罪嫌疑人之间利用和扩大他们之间固有的隔阂、猜疑、提防等矛盾，从而互相出卖对方为我所用的一种谋略方法。

2003 年，我所在的杨浦区检察院初查一个线索，某大型国企老总因涉嫌贪污 300 万元，查账证据确凿，到了接触被查对象的时候了，当时这个老总正在党校学习，我派侦查人员去党校接触核实，该老总很快承认有这么一回事，但在讲到 300 万元出路时，其称全部交给下属一子公司用于投资一家娱乐城了，自己没有中饱私囊，仅仅是违反了财务制度。

我派另外侦查人员立即去子公司调查，经核实果真如此，钱入了账，甚至原始入账的条子也在。按照我的要求，侦查人员将子公司经理找到检察院进一步调查，该经理信誓旦旦，几小时谈话中一再拍胸脯保证：“这笔款项绝对不存在任何问题。”

侦查人员向我报告，该线索没有用了，准备放人了。我说，笔录做好，放人之前告诉我一下。很快笔录做完了，于是我去接触该经理，做最后的努力，其实我心中也没底，只是直觉其中有些蹊跷。

我到了谈话室作随意聊天状，开场白以后问：“你每年收入是多少？”答：“三四万元钱。”我问：“你的老总每年收入是多少？”答：“三四十万元。”他还狗尾续貂了一句：“我收入少得可怜，为娱乐城开张我自己垫付进去好几万元都拖着没有给我报销呢！”他想表示自己的清白。

我漫不经心地说：“哦，你老总三四十万元，你才三四万元，正常该给你的钱都没有给你，现在老总他出事了，要你帮他顶罪，让你陪他一起吃官司，你愿意陪他坐牢吗？你如果想好了愿意陪坐，我一定成全你！”

我观察到他听了我的话表情出现了一愣，出现了一丝无奈，我感到有戏了，我来了个激将法：“我走了，你慢慢考虑，想明白了给我回个话。”我起身作离开状。

“别、别，让我想想。”

“竹筒倒豆子，来个痛快的！”我声调提高，直视对象的眼睛。

“我全部说实话，那张进账单是假的，这笔钱我根本不知道。”

原来，我们初查阶段对正在党校学习的老总不能全方位监控，他伺机秘密给这个下属打了个电话，要求迅速伪造一张 300 万元的进账单，写当时的日期，为此这个下属经理连夜加班，做好假进账单并且仔细地插入了原始凭证中。

那么假进账单为什么能够骗过我们侦查人员的眼睛呢？他们有更高明的一招，假进账单伪造好以后，先放入茶叶水中浸泡了一下，然后用电吹风吹干，纸就变黄了、起皱了，这叫“做旧”，把新东西变成旧东西、老东西。

现在贪官把古玩收藏品市场的“做旧”技术用到“反侦查”领域来了，我们不认真研究怎么不落伍呢！

我总结了这个谋略实施的要点：（1）共同犯罪人之间有利益共同体的特征，互为依靠、互为利用，在共同得利的情况下，防线比较牢固；（2）他们的共同性是建立在各自获取最大利益的基础上的，一旦失去了自己的利益，所谓的共同也就不存在了；（3）他们之间的矛盾是客观存在的，是围绕各自的经济利益而产生的；（4）他们之间的矛盾差异是追求目的文化的不同而必然形成的；（5）受贿、行贿人的犯罪地位、犯罪心理和法律后果是不同的，要利用这种不同做足文章。

12. 虚张声势，囚徒困境

真真假假、真中有假、假中含真、真假不分是一种谋略方式，所谓虚张声势、囚徒困境，就是在侦查活动中，示假隐真，以真为假，把秘密的侦查计谋、目的隐藏在公开的事物中，在不暴露侦查意图的条件下，以假象迷惑对象，使其搞不清真假，从而便于侦查人员去完成某项侦查任务的一种谋略方法。

我对凡是有对偶犯罪、共同犯罪情况的案件对象，常常采取虚张声势、分化瓦解的“囚徒困境”谋略。

针对两个或者两个以上的同案对象，都顶住拒不交代，我怎么办？我往往选择一个相对老实的，把他从谈话室（询问室）叫出来，我将手搭在对象的肩膀上表示“亲热状”，一边向外走一边较大声地说：“态度好、交代得好，我们一定从宽处理，检察院说话是算数的……”

大家请注意了，这叫“两面话”，对象无论交代没交代，都可以对其说，窍门在于听到此类话的人可以产生不同的理解。

此时，在另一房间的同案对象听到后心里会一惊：“他也进来了？”“他是不是先交代了？”“反贪局局长、检察官对他那样亲热，这小子肯定撂了。”

"他从轻了，我怎么办?""大家一起做的事情，我被从重处理太吃亏了……"

同案、对偶对象之间产生了猜疑、对象心理产生了变化，侦查人员进一步谈话询问的切入点就明朗了。

我的侦查实践中，适时针对对象的这一心理进行进一步的规劝，指明出路的谋略，十有八九会出现转机。

我总结了这个谋略实施的要点：（1）为实现侦查目的而公开表现出来的是假象，隐藏着的才是真相；（2）这种假象是经周密思考、人为设计的；（3）假象的出现使侦查对象出现错觉，动摇其意志，松懈其心理防线；（4）侦查人员之间要相互沟通，防止出现配合不当的纰漏；（5）不要在犯罪嫌疑人面前流露出该谋略实施成功的喜悦，以免诱发犯罪嫌疑人恼羞成怒的心理，增强犯罪嫌疑人的抵触情绪。

13. 刚柔相济，乱其方寸

讯问过程中，侦查人员采取软硬兼施、刚柔相济是常用的方法，也是一种谋略。所谓刚柔相济，是在案件侦查阶段，侦查人员运用软硬两手同犯罪嫌疑人作攻心战的一种斗争艺术，是一种加压和减压交替运用的过程。侦查人员在与犯罪嫌疑人交锋时采用截然不同的外在表现形式，影响犯罪嫌疑人的心理活动，促使其心理出现波动，产生不稳定情绪，造成巨大的压力，扰乱其预先设想、准备好的思路、套路，从而实现侦查目的。

我在杨浦区检察院任反贪局局长时，遇到一个棘手的案件，区住宅发展局一领导贪污受贿数百万元，在初查接触询问阶段坚不吐实，抵抗意识非常强，甚至发生了将头猛烈撞墙、弄得头破血流的极端举动。

我仔细分析了这个对象的情况，分析了其心理，认为他感到自己问题严重，讲不讲后果都是难以接受的，思想包袱过重，无所适从，准备作最后的挣扎。

我重新部署侦查人员按"三段论"进行新一轮的询问：

一为训斥、揭露、阐述问题的严重性和加重处理的法律后果，在对象的心理上进一步加大压力——此为刚；

二为引导、规劝、讲解法律、宣传政策、仔细分析其违法犯罪的思想根源，指明出路，释放其压力——此为柔；

三由我作为领导出面，居高临下、句句重锤、一言九鼎、一锤定音，此介于刚柔之间，可偏重刚或偏重柔，灵活自如运用。

就这个要死要活的对象，经过我的询问"三段论"，以及我第三阶段一小时的教育，其态度转变，情绪平稳，终于将问题和盘托出、彻底摊牌。

以上几番审讯组合可分别交替进行，往往对象受到暴风骤雨式的训斥后，会产生强大的精神压力和委屈心理，情绪极度低落，适时地再由另一组合进行和风细雨式的引导、关心、同情，此时对象心理一般会出现渐渐失衡的趋势，把信任感、寻求感、依靠感移向一方，然后找台阶、找出路，最终作出放下包袱、彻底交代的明智选择。

第三阶段领导出面，可以视情决定，只要准备充分，针对性强，步步为营，逐步推进，取得效果是肯定的。

我总结了这个谋略实施的要点：（1）此方法不能对无辜的、与案件没有关系的人使用；（2）刚柔方案的具体实施，一般应分别由不同的侦查人员担当；（3）所谓“刚”，绝对不是刑讯逼供、暴力取证；（4）应当有针对性地选择有相应特长的侦查人员出场；（5）不同侦查人员在不同的阶段对同一犯罪嫌疑人进行讯问，相互之间必须注意充分、及时地沟通，防止侦查人员前后讯问中出现矛盾和漏洞。

14. 找准命脉，各个击破

找准命脉是突破对象心理防线的基本方法，然后对其隐藏的内在秘密予以引导袒露，是一种普通而重要的谋略。所谓找准命脉、各个击破，就是在调查活动中充分利用对象之间每一个细小的矛盾和冲突，从积极的方面扩大他们的内部裂痕，推动这些矛盾的爆发，然后抓住其薄弱环节，逐个加以突破，最后达到侦查目的的一种谋略方法。

1990 年 6 月 3 日，我接到报案，某国有企业一女出纳员张某贪污巨额公款后畏罪潜逃，我初查发现同时逃跑的还有女出纳员的男朋友李某，鉴于他们出逃时没有带必要的生活用品，我估计他们可能还会回家取东西，于是部署侦查人员分头布控，我亲自蹲点守候，但对象没有出现，后来我通过做家属工作，了解了他们可能的落脚点，经过 18 天的追踪，终于在河北秦皇岛把二人捕获。

在对他们审讯时，女犯罪嫌疑人张某根据事先订立的攻守同盟把责任全部揽在自己身上，称：“贪污是我一人干的，与男朋友没关系。”

但我根据掌握的事实知道并非如此，李某不但唆使张某实施贪污，而且所有贪污所得均被其一人挥霍一空，张某竟然没有花过一分钱。如果没有张某的证据，李某就会逃脱法律的追究，因为李某百般推脱，称自己什么都不知道，仅仅是出去“散散心”。

针对这种情况，我根据事先掌握的证据，讯问张某，我向张某提了一句：“你对他如此痴心，你知道他背着你同时在外面养了多少女人吗?”

仅一句话就使女犯罪嫌疑人张某涕泪俱下，因她对此事已有所闻，是一块心病，一经我直接挑明，更具冲击力，其防线一下子瓦解、崩溃，很快和盘托出全部作案过程及订立攻守同盟、策划并畏罪潜逃的全过程。

在张某被判死刑的情况下，李某没有如愿逃脱法律的追究，也被判处死刑。

我总结了这个谋略实施的要点：（1）此法主要针对共同犯罪，对偶违纪、犯罪等二人以上的不法活动；（2）共同违纪、犯罪成员之间一定存在共同的利害关系，但也一定存在自身固有的矛盾，而调查人员利用的就是这种客观矛盾；（3）分化是手段，瓦解是目的，只有真正瓦解了共同防御体系，犯罪过程才会彻底暴露；（4）分化瓦解运用的证据必须是客观真实的，能够引起犯罪嫌疑人重视和关注的；（5）要充分把握对象的“心病”，对症下药。

15. 旁敲侧击，进针点穴

对针插不进、水泼不进的对象如何突破是一个老大难问题，我使用的谋略是旁敲侧击，进针点穴，渐进主题。所谓旁敲侧击，就是调查人员针对对象的具体情况，一时难以进入谈话正题的情况下，先以对象感兴趣的话题调动情绪、拉近距离、消除抵触、取得信任，最终获取预期侦查效果的一种谋略方法。

1999 年，我在虹口区检察院任反贪局局长，一侦查科科长向我报告，某企业一管理人员涉嫌受贿，被传唤到院后，他抵抗情绪强烈，拒不交代，讯问 8 小时下来，毫无进展，陷入了僵局。

我知道对这个对象的嫌疑比较明确，因为行贿人交代得非常清晰，我感到对象的思想是一时“别”住了，需要“润滑油”滋润一下。我在线索评估时了解到这个对象平时对打麻将的兴趣十分浓厚，一上麻将桌可以废寝忘食，三天四天不停歇；一谈“麻经”则眉飞色舞，可以三四个小时不停歇。

我灵机一动，派另外一个侦查科科长上去，这个科长有个爱好，喜欢打麻将，为此我多次予以批评，这时我想到了他：“谭科长，一科那个受贿嫌疑的对象需要你出出场了。”“我什么案情都不了解……”“不要你了解，你上去就一个任务，只谈麻将，不谈案情。”

这个谭科长虽然曾经有点爱打麻将的小毛病，但是悟性特别强，响鼓不用重锤，他上去与对象整整谈了 2 小时，对象逐渐放松了情绪，也松动了坚守的底线，与谭科长称兄道弟起来。

此刻，谭科长感到时机到了，于是话锋一转，引入其受贿的主题，同时动之以情、晓之以理，该对象竟然爽快地表示：“我们谈得来，我向你彻底交代。”

后来经过进一步侦查证实，该犯罪嫌疑人的交代确实很有诚意，连我们没有掌握的问题都作了交代，可见打动内心的作用之大。

我总结了这个谋略实施的要点：（1）事先要对对象的所有信息有相对全面、充分的了解掌握，并进行研究分析；（2）对对象的性格、心理有相应的调查人员和对应的方法、手段，有针对性地来实施；（3）调查人员要始终把握谈话的主动权；（4）调查人员要采用推心置腹、理解宽容的方式进行沟通；（5）调查人员不能私下交易和作不负责任的承诺。

16. 关注亲友，刀走偏锋

做好犯罪嫌疑人家属的工作是非常重要的，但在侦查实践中一些侦查人员不够重视，方法简单，普遍将他们作为侦查工作的对立面，所以早在1995年我就写了《对象家属工作在侦查过程中的作用》论文，还得了奖，这个课题我还作为上海市院检察业务讲师团讲师给许多检察机关侦查部门讲过，非常受欢迎。所以我一直认为这个工作非常重要。所谓关注亲友、刀走偏锋，适时争取对象家属的配合，就是侦查人员在侦查过程中正面进攻遇到抵触、阻力，一时难有进展的情况下，暂时调整进攻方向，而从其他方面如家属、亲友等知情人方面选取突破口的一种谋略方法。

1990年，特大贪污案犯罪嫌疑人张某作案后与其男友李某一起携款畏罪潜逃，依法立案后，我带领侦查人员历时多日组织和采取了边控、守候、市内外追寻等所有措施手段，但都杳无音信。

我经再次研究分析，发现李某之兄为某部队政工干部，有争取配合的条件，于是我直接打电话找到这个部队干部。

听说是地方检察机关，他有些抵触情绪，说如果要找他，必须经过部队有关部门，我告诉他，通过部队领导找你，一点问题也没有，但可能对你不利，因为你弟弟涉嫌重大犯罪。

他顿时感悟了，连忙向我打招呼，表示马上来见我。见面后，经我介绍情况、做工作，其立即表示，一定配合。

两天以后的一个凌晨，他打电话给我说，其弟弟在秦皇岛姨妈处，并且提供了姨妈家的具体地址，还提供了两人有可能继续潜逃的信息。

我立即赶到单位，使用内线电话，请当地司法机关对两名犯罪嫌疑人予以先行扣押，此刻离两人准备再次逃跑仅2小时。

待我带领侦查人员赶到秦皇岛，见了其姨妈一家，深受感动，其姨夫事后向我表示，“看到两人突然到来就感到不对劲，又接到电话得知他们涉案，是畏罪潜逃，如你们一时半会儿到不了，我和儿子会先找绳子把他们捆上，然后给你们司法机关送去”。

可见，识大体、讲原则、明事理的对象家属、亲友大有人在，这一宝贵资源切不可轻易疏忽或舍弃。

我总结了这个谋略实施的要点：（1）家属工作不是侦查过程的必经程序；（2）家属工作做得好可以起到意想不到的效果；（3）家属和犯罪嫌疑人是不同的范畴，要严格区别对待；（4）因家属的积极配合取得确实的成效的，应当考虑犯罪嫌疑人的从轻因素；（5）家属因为其亲属涉嫌犯罪而遇到临时或特殊困难的，侦查人员可以尽可能予以帮助，积极解决。

17. 蛛丝马迹，追根寻源

能够在普通的信息中发现犯罪嫌疑，是侦查人员强烈的侦查意识的反映，是一种职业精神的体现，这也是一种以小见大的谋略。所谓蛛丝马迹、追根寻源，是信息及时反馈的一种责任心，就是办案人员在社会生活中，注意捕捉各种职务违纪、犯罪的信息、动向，经报告程序反馈上级后，按计划进入侦查的一种谋略方法。

1997 年，虹口区检察院一侦查员老陈在家中乘凉时，听邻居一老太太讲，其被劳教 3 年的儿子仅关了 1 年就要提前回来了，侦查员老陈不露声色，随意套话：“那一定是表现好啰。”该老太太发牢骚了：“是送了钞票和香烟，现在这个世道没有这个哪能办成事。”

第二天侦查员老陈将此信息向我作了汇报，我认为极有价值，市劳教局就在虹口区，我们有管辖权，于是我便立即组织侦查人员追根溯源去调查事情的起因，先去劳教局通过纪委查询被关押人及关押场所的信息，证实确有其事，然后做老太太的工作，告知其利害得失，动员其提供真实情况，经过一系列的秘密初查，证实上海市某劳教所所长鲁某收受劳教人员家属老太太贿赂人民币 10 万元，中华牌香烟 4 条。

在劳教局纪委的配合下，我们正面接触鲁某，最终将该处级所长、一级警督鲁某绳之以法，这是我组织指挥侦破的上海第一件涉及劳教管理领域的职务犯罪大案。

我总结了这个谋略实施的要点：（1）调查人员要具有强烈的办案意识、敏锐性、洞察力，善于在不经意中获取职务犯罪信息；（2）所获取信息应及时报告，经评估分析确认具有可行性的，进入初查、侦查程序；（3）侦查中，注意要对提供信息的人员的负面影响减到最限程度并加以保护；（4）这类信息的来源应当在一定范围内保密；（5）如果对获取信息的办案人员有副作用，应当异人调查。

18. 利用说情，逆向运作

利用对象关系人来说情打招呼，侦查人员不是简单地拒绝，而是反其道而行之，即逆向运作，这是谋略之一。所谓逆向运作，就是调查人员对案件对象关系人传来要求对对象有利处置的信息渠道（一般是说情打招呼）进行运作反射，实现其起到对我们调查工作有利的作用的一种谋略方法。

2002 年，我在杨浦区检察院遇到一起案件，受贿对象交代了受贿犯罪事实，提供了行贿人的有关情况，于是我要求侦查人员将某行贿人作为污点证人传来询问，但几个小时下来，这个外省籍的行贿人态度嚣张，拒不配合。

听了侦查人员的汇报，我直接上去做工作，阐明政策，指明出路。不料，这个行贿人软硬不吃，喉咙比我们响，蹦得比我们高，仍然蛮横抵抗，气焰嚣张，丝毫没有交代的可能。

鉴于我们了解掌握确凿证据，于是果断决定对其予以刑事拘留。

第二天，该行贿人原籍公安机关领导来检察院，提出对其从轻处理、取保候审的要求。我在接待过程中，向外地公安机关领导阐明，只有按照事实作如实交代，可以依法考虑有关要求，否则无从谈起。

该领导知晓法律，立即采取写条子规劝的方法，动员该行贿犯罪嫌疑人彻底交代问题，配合好检察机关工作，结果该行贿人很快作了彻底交代，对当时的表现深表后悔，书写了认识深刻的悔过书，至此我们圆满达到目的。

我还遇到一个案件，也是行贿人在受贿人已经交代的情况下，不肯交代行贿事实，而且在讯问期间“不说话、不喝水、不吃饭”。没有别的办法，予以刑事拘留。

第二天，我派侦查人员去讯问，仍然老样子。

律师来了，向我提出了对这个行贿人取保候审的要求，我满口答应，但是我提出，我们已经掌握的事实必须配合提供，否则无从谈起。

律师表示：“包在我们身上。”果然，律师做了工作，行贿人如实作了交代。当然，我们也经过正当程序，兑现承诺。这也是一种谋略。

我总结了这个谋略实施的要点：（1）利用说情、逆向运作是一种整体组织行为，办案人员个人不能私下操作，要经批准备案后规范实施；（2）在运作过程中要严格依法实事求是，不得捉弄他人失信于人；（3）严禁私开口子，私下承诺，严禁作私下交易；（4）规范操作，不搞权宜之计、短期行为；（5）对逆向运作中起积极作用的行为人，经过批准应当兑现政策。

19. 安排串供，请君入瓮

对重要的对象，如何突破是要讲究的，制造一些出人意料的手段，获取证据是一种谋略。所谓安排串供，是调查人员对共同犯罪或对偶犯罪的一方，已被突破或争取并予以控制的情况下，而利用其特殊身份，以串供的方式使案中另一方暴露犯罪事实和证据的一种谋略方法。

1993 年，我与助手在外出工作回单位的路上，因为还有时间，于是专门到一家单位，回访一正在取保候审期间的贪污案涉嫌犯罪嫌疑人赵某。

我问："最近表现怎么样啊？"

赵某答："我正在积极工作，将功补过、戴罪立功。"

我问："赃款是否已经全部缴清了？"因为赵某在侦查阶段退清赃款有困难，我同意其在法院开庭前缴清。

赵某答："全部缴清了。"

我问："缴给谁了？"

赵某答："缴给刑庭刘庭长了。"

我问："有没有给收据啊？"我完全是无意识地脱口而出。

没想到赵某说："没有给我收据。"

案件来了，哪有法院收取赃款不给凭证的。我感到其中必有蹊跷。

在进一步了解详细情况基础上，我们认真分析研究本线索的特点：该法官资历较深，又长期担任刑庭审判长，熟知法律条文和证据构成，正面进攻，如果其死不认账，就会使案件走入死胡同。

于是我设计一个方案，由犯罪嫌疑人赵某打电话，按照我写在纸上的话向该审判长串供，称："检察院来向我调查，我上次交给你的×万元款一事，你看我要不要讲？怎么讲？"

该审判长刘某答："这事你千万不要向别人讲，是我和你个人之间的事，你帮帮忙。"

我在电话边上掌握了这一直接、客观、真实的证据信息，经批准和充分的准备，当晚对该审判长刘某进行了传唤，我因第一手证据在手，讯问中气势十足，该审判长刘某很快被突破，最终被判处有期徒刑。

我在想，如果不是这个谋略，审判长刘某顶住不交代，赵某的证词就是孤证，一方是法官，另一方是犯罪嫌疑人，你究竟相信谁？

改革开放以来，上海第一起法官职务犯罪案件的侦破就是这样创造的。

我总结了这个谋略实施的要点：（1）被争取、控制的对象有愿意配合的内在表示；（2）串供的时间、地点、内容、方式有周密的部署和充分的准备；（3）串供可以双方接触进行，也可用电话等方式进行；（4）串供的设计、运用等情况必须严格保密；（5）串供的证据必须经过转换才能使用。

20. 抓住一点，逐步扩展

以小见大、无中生有，抓住一点做文章是侦查过程中的一种特殊侦查谋略。所谓抓住一点，就是在初查阶段，侦查人员在立案前与被查对象交锋过程中，发现对方有多种、多次犯罪嫌疑，但限于时间等条件不便全面开花时，先从最弱、最易处着手，建立底线，再予以扩展的一种谋略方法。

2009年，有举报反映，某国家机关电子监控工程项目负责人在发包工程项目过程中有收受贿赂的犯罪嫌疑，但工程建设方（涉嫌行贿人）与其交往合作时间长久，关系密切，常规接触调查难以突破。

经过反复研究，我们决定采取“无中生有”的方法，利用涉嫌行贿人喜好打麻将豪赌的信息，商请公安机关出面，将处于豪赌状态的涉嫌行贿人治安拘留，然后反贪侦查人员会同公安人员共同进行讯问，经过教育引导，政策指路，三天以后涉嫌行贿人交代了向某机关工程负责人及其他相关人员行贿近百万元的事实，结果一起涉及五个人的受贿犯罪窝串案被顺利突破。

我总结了这个谋略实施的要点：（1）案件疑难复杂，嫌疑明显、证据欠缺、受时间限制，处在放不得、关不了的境地；（2）如轻易放弃，可能永远失去侦查的机会和条件；（3）共同犯罪或窝串案中的重要一环，放弃会影响全局；（4）抓住一点，可以是刑事范畴，也可以是行政治安范畴，底线符合够关押的条件；（5）必要时需要相关的其他侦查机关配合协助。

21. 围点打援，中心开花

在案情复杂、对象众多的情况下，如何统一指挥、各个击破是要讲究方法的，我们创造的围点打援，中心开花就是一种非常有效的谋略。所谓围点打援，是在侦查（调查）过程中，发现中心目标较为复杂众多，一时难以直接进入时，采用把被调查的目标圈围起来进行监视、观察，此为围点；同时有效阻断各种干扰影响侦查（调查）的因素，此为打援。在深入了解，熟悉研究和把握的基础上，适时一举突破中心目标、集群案件时的一种谋略方法。

1994年10月，虹口区检察院侦查科科长小江、侦查组组长小阚在办案中发现上海外汇交易中心一交易员（“黄马夹”），利用银行派驻的身份在外汇买卖交易操作过程中，获利20万元的信息。当时，侦查员对外汇管理和交易领域十分陌生，初查结果认为存在违规，但是难以定罪，他们向我汇报后，我提出再深入调查看看，我凭侦查嗅觉感到其中必然存在问题，两位侦查员也不甘心就此了结，最终一致意见集中力量查下去。

我带领一个侦查科到外汇交易中心的上级中国人民银行市分行调查，经了解，该交易中心有各大银行派驻交易员70余人，且多有在利用交易员席位

（岗位）个人敛财，已经是一个公开的秘密。他们敛的是什么财，凭什么能敛到财，我们一无所知。

侦查员需要有一个学习、了解、掌握的过程，我和侦查人员连续两个月天天到各个银行调取信息，在获取了大量第一手材料的基础上，我们与人民银行管理部门进行了沟通分析，结果发现，这段时期外汇领域在进行外汇体制改革，由原来的一轨制改为双轨制，就是原来外汇交易只能是1:5，在这段时间内，1:8、1:10交易都被认为合法，双轨交易之间会产生差价，交易员就串通外汇买卖双方的经办人员，共同侵吞这个差价。

经反复研究和有关部门认定，这是法律不允许的行为，应当予以刑事追究。于是我组织侦查员先把交易员纳入侦查（调查）视野进行监视、观察——此为围点；同时又通过人民银行、金融纪检特派员办公室、外汇管理局进行"加强禁止交易员私下收受好处费"的宣传教育——此为打援。

显然，其性质为共同贪污或受贿。侦查员采集了外汇交易清单，对照各买卖外汇单位财务入账金额，被侵吞的差价昭然若揭。在情况明、性质定、准备足的情况下，我作为这项专案查处的总指挥，集中反贪局四个侦查科的全体侦查人员全面出击、分头调查，不到一个月，一举破获43件大案、要案，共追缴赃款计3000余万元，加上我们向兄弟检察机关移送的此类案件，外汇交易中心共有64名交易员被绳之以法，真可谓"中心开花"。创造了破获国内职务犯罪最大的一起窝串案，此案引起了国务院领导的重视，专门听取我们汇报，我们通过办案也间接地为促进外汇体制改革作出了贡献，是切切实实地服务经济发展。

我总结了这个谋略实施的要点：（1）目标复杂，众多，专业性突出，不宜简单贸然从事；（2）调查人员对目标涉及领域的规律、特点的熟悉、了解、掌握的程度不够，需进一步做基础准备工作；（3）目标之间互相牵连，有牵一发动全身之势，需要在充分准备、十分把握、措施到位的情况下，靠大兵团作战来实现侦查目的，并获取最好效果；（4）充分依靠有关单位组织的积极支持和配合；（5）要有针对性地安排调查人员对专门业务知识的学习掌握，避免侦查过程"外行"的弊端。

22. 内紧外松，以退为进

在案件初查过程中，遇到种种困难，是放弃还是继续？是要讲究方法的，内紧外松，以退为进是不可轻视的必要谋略。所谓内紧外松是指侦查（调查）工作暂时陷入困境，难以继续的情况下，外在形式上结束侦查（调查）工作，给被查对象留出时间空间，产生错觉、松弛神经，内在实质上，则调整角度、加快节奏、强化手段、利用漏洞，从而出其不意地一举查获案件的一种谋略方法。

2004年，杨浦区检察院侦查人员小刘对一国企老总利用国企改制机会贪污、挪用的线索进行调查。初查阶段获取的证据证实该老总的嫌疑比较大，经批准，我决定派侦查人员接触该老总，在询问过程中，该老总辩称，将公款打入其个人名下的私有企业是确有其事，但称私企是以私为名，实为公有。

案件线索在性质上出现了问题，那就需要进一步厘清了，我们只能将询问告一段落。

经查该老总确有将私企款项发给国企职工的事实，其余公款仍在私企账上未动过，尽管该私企的存在其所在的国企没人知道，但定罪较为困难。案子陷入僵局，初查期限届满时，该老总的上级单位要求给予明确的结论，我们按照规定，经过审批程序就此发出不予立案决定书。

但是我指示侦查人员实际调查工作不停止，内部在办妥手续后，从受贿角度继续深入调查，内紧外松，不露声色。

某日，该老总上级单位召开大会，宣布经检察院审查该人没有问题，已被决定不予立案了，并且仍然委以重任。

就在当天晚上，侦查人员小刘向我报告，又发现了该老总受贿三台手机的事实，且有新的书证证实。我审查了证据，虽然金额不是很大，但已经达到了立案标准，于是决定对其依法传唤，该老总对侦查人员进行受贿问题的调查，毫无察觉和思想准备，正在得意忘形之时似乎又遇当头一棒，无奈之下只得作了交代，我们及时采取羁押强制措施，在侦查阶段他又进一步交代了贪污和挪用的问题，此案以退为进，退一步进三步取得了良好的效果，该老总最终被以贪污、受贿、挪用公款三罪追究刑事责任。

所以，我的体会，侦查和打仗一样，有时候我们需要以退为进，“现在的大踏步后退，是为了将来的大踏步前进”。电影《南征北战》已经50年了，电影中的这句著名台词还常常在我的脑子里回响。

我总结了这个谋略实施的要点：(1) 当对象隐蔽较深或已做好充分准备、案件久侦不破或侦查（调查）难以为续，而疑点又无法合理排除的条件下运用；(2) 结束侦查（调查），视具体情况，可以真结束，也可以假结束，真结束的可适时宣布初查终结或向有关方面发出不予立案决定书；(3) 实质上是调整角度、方法、策略，不停止查处工作的进行；(4) 侦查人员要有坚定意志，不能半途而废；(5) 内部需要定期监督检查的措施。

23. 遛边觅食，封血锁喉

对敏感的线索，不能开展常规的调查时，要改变思路、调整方法，遛边觅食、封血锁喉是我在侦查实践中创造的一种谋略。所谓遛边觅食，是指在查处阶段，侦查人员利用某些特定的条件，避开中心敏感地带，在外围深入群众，广泛调查、取证，以间接证据逐步形成直接、复合证据，从而一举突破案件的一种谋略方法。

1996 年 5 月，我孩子的老师来家访，当知道我在检察院工作，就提到了其弟弟的单位领导有经济犯罪问题的信息。

我对该信息进行了分析，约见了老师的弟弟，了解了初步的情况。这是一个著名的国有食品企业，该企业总经理是个女性，日常工作中性格外向、独断专行，几乎天天将部分营业款、库存商品及应归企业所有的进货实物回扣用各种方法据为己有，引起了众怒，到了众叛亲离的地步。

我根据掌握的初步情况分析，如果马上到该企业取证，惊动大，收获小，如证据不能到位，反倒给了对象堵塞漏洞的时间和机会，更增加了办案的难度。

于是想了一个办法，我带了一个侦查员在该企业附近的街道办事处借了一小办公室，以卫生部门了解食品卫生之由，用电话把负责卫生的职工请来汇报“卫生工作”，待人一到，我即表明检察机关工作人员的身份，开展调查取证，然后采取由前一人通知后一人的方法，逐个把职工请来调查了一遍，几天间做了 90 多份调查笔录，同时请每位来提供证词的职工回去不露声色，一切照常，该总经理在楼上办公室竟然毫无察觉。

我和侦查人员在众多职工的言词证据基础上进行分析，认为对该总经理的证据锁链已初步形成，特别有一职工还带来了一张贴在墙上的年历，在该总经理每次作案时，她就在相应的日期上做个记号。

有了扎实的证据指向，经批准，我果断接触对象，尽管该对象刚来时暴跳如雷、嚣张蛮横，但我胸有成竹、不紧不慢，以证据说话，不问拿不拿钱，而只叫其讲清钱、物的去向，面对有理有据的发问，其毫无招架之力，难圆其说，慌了手脚，终于精神崩溃，痛哭流涕，交代了贪污公款 20 余万元的犯罪事实。群众拍手称快，企业经营恢复如常。

我总结了这个谋略实施的要点：（1）适时利用对象孤立无援，却又自我感觉良好的特定条件；（2）侦查（调查）过程在外部悄然进行，不露声色；（3）实际调查，咬紧目标，紧锣密鼓，环环相扣快节奏进行；（4）要相信群众，依靠群众，指导群众注意保密，不在调查期间透露信息；（5）这种对象之所以自我感觉良好，其一定有特定的因素，如与某上级领导关系特别密切等，对此要充分掌握，有效避开这些对侦查（调查）不利的因素。

24. 人文关怀，情理并重

在侦查过程中体现人文关怀是非常重要的，尊重和保障人权的执法理念是每个侦查人员必须要时刻牢记的，其实从某种意义上而言，这也是谋略。所谓人文关怀，是办案人员在调查活动过程中按照宪法规定，把尊重和保障人权意识融入其中，也是从心理上感化、争取对象的一种谋略方法。

2005年，我们对一大型国有企业纪委书记兼武装部、保卫处处长徐某进行调查，当时是在其所在单位谈的话，侦查人员向我汇报时，我认为这是一个老同志了，涉案金额也不大，以前配合我们也做了一些有益的工作，态度也还可以，给他一个机会吧。于是我决定予以取保候审，考虑当天时间已晚，我要求侦查人员叫其第二天到检察院再作正式讯问。

第二天侦查人员向我报告，徐某全面翻供。我问侦查人员，你是什么意见？“拘留、坚决拘留。”侦查人员态度明确，当然这也是我们对翻供对象常规的做法。

但我对侦查人员说，允许思想有反复，教育一下，明确政策，给点压力，叫他明天再来，我们尽量做到仁至义尽。

侦查人员做了工作，便让徐某先回去。但这个时候，外面突降倾盆大雨，一时难以停下，该年近六旬的犯罪嫌疑人徐某站在检察院反贪部门临时办案点门口进退两难，出去雨太大，到路口要走十几分钟，暴雨浇淋身体吃不消；再进来，感到又不是探亲访友，以前都是熟悉的人，如今自己是对象了，难免触景生情，心情压抑。

我无意之中发现这个情况后，问大家，谁有伞？大家好奇，局长你要伞干什么？我说，不要啰唆，拿把伞来。

侦查人员立即送上一把雨伞，我走向犯罪嫌疑人徐某，把伞递到他的手中，我一言未发，因为我刚刚交流到这里，徐某不认识我，他一愣，顿时我发现其眼睛湿润了。

次日，侦查人员向我报告，徐某彻底认罪了。其来还伞时，态度有了根本性的转变。侦查人员乘势对其再作摆事实讲法律的教育、引导，其对自己的问题被刑事追究心服口服，并谈了之所以翻供抵赖、逃避责任的思想顾虑和根源。

可见，有时对象的认罪服法不是靠侦查人员的强制手段或喉咙响、气势凶，而是靠人文关怀、人格力量。我体会颇深，其实我还真不是刻意的行为，完全是解脱人的困境、化解人窘迫的无意之举，真可谓“此地无声胜有声”啊！

我总结了这个谋略实施的要点：（1）人文关怀不是可有可无，是必须体现的政治要求；（2）要针对对象的心理弱点，围绕侦查目的来实施；（3）要情理并用，注意不要使对方以为侦查人员是讨好、软弱无能；（4）要给对象一种意外的感觉和冲击力；（5）需要研究对象的心理，针对性地体现。

25. 巧对意外，将计就计

侦查过程中出现意外是避免不了的，关键是面对意外如何应对和解决问题，处理得好，可以获得意外的效果，所以巧对意外、将计就计不失为一种非常有效的谋略。

1996年，夏天一傍晚，我在办公室看案卷，一个其他科室的检察员急匆匆地跑进来："张局长，不好了，你们出事了！"我吓了一跳，忙问："出什么事？"

原来被我们反贪局传唤的行贿犯罪嫌疑人正在二楼讯问室接受讯问，进展不大，呈胶着状态。不知什么时候，犯罪嫌疑人乘侦查人员不备，将一纸条扔至窗外的道路上，正巧被这个刚下班的兄弟科室同志捡到，立即送交到我这里。

我展开纸条，上写着："请捡条者将此条送到某某路某某号交某某人（其妻子），并凭条向某某人（其妻子）取五百元辛苦费。"纸条反面则写着："请到某某路某某商店门口来一次。"（此商店正对着二楼讯问室窗口）。

这一情况发生，说明侦查人员有疏忽、失控的漏洞，但如何处理此事，我作了思考，我随即召集全体侦查员开会，我讲了这个意外的情况，我说先不追究责任，我们开"诸葛亮会"，大家出主意，怎么面对。

大家面面相觑，无言以对，负责讯问的侦查人员则低头不语，深感内疚。

我看这种情况太沉闷了，便先提出我的判断，我指出：我认为这个纸条的出现有三种可能需要我们面对：

第一，对象有自杀打算，准备见其老婆最后一面，所以立即加强看护；

第二，对象有强行串供毁证的可能，见到老婆后，高喊几句，关照处理一些要害事项；

第三，最大的可能是，对象身上还有一张纸条，见了老婆必然要再扔下去。

我的判断得到了大家的一致认同，我再次提问各位侦查员，用什么方法在不惊动对象的情况下，检验其身上有无第二张纸条。

这就是考验侦查人员的思维能力和反应能力，大家交头接耳，就是没有好的办法。

终于有一个侦查人员提出：是否安排其洗澡？

好！我立即一锤定音，就用这个办法！

我们以天热有内务规定为由责令该对象洗澡。对象开始不同意，那就由不得他了，我们强调是防疫站的规定，对象无奈之下只得进入淋浴间，但不到1分钟就要出来，一侦查员急中生智，大叫，洗澡必须洗干净了，起码5分钟以上。

如我所谋，在该对象留在淋浴房外的衣服中，侦查人员果然发现了第二张纸条，上面叫老婆“速把放置在抽屉夹层中的有关凭证毁弃”。

我安排侦查员立即进行其住宅的搜查，很快取到了这些凭证，凭证上记录的是其行贿他人的犯罪金额，随即我们侦查人员顺藤摸瓜一举破获数案，这为将计就计之谋略的成功运作。

疑难案件突破不是在讯问室，而是在淋浴房，这是闻所未闻的创举，而且是因为失误而出现的转机，侦查就是这样神奇。

我总结了这个谋略实施的要点：（1）办案过程的意外，侦查人员事先没有准备无法预料；（2）侦查活动存在瑕疵，以至于暴露出不足与漏洞；（3）进行性质的转变，化不利为有利；（4）对意外事件及时、科学地应对，必须进行高智商的思考、谋划；（5）及时进行总结，提高办案人员的严密性、敏锐性、准确而快速反应能力。

（二）侦查实践中谋略失败的教训

职务犯罪侦查谋略实施失败也是不可避免的，因为侦查过程就是斗智斗勇的过程，我们侦查人员是人，不是神，因此对此无可厚非，但是，失败的原因要分析，那么失败的共性原因有哪些呢？

职务犯罪侦查谋略是在长期的侦查实践中不断积累、总结、提炼而成的，其中还吸收了传统的军事谋略、公安刑侦谋略等一些思路，综合了各种科学学科的原理。

当然，也要对一些不成功的事例进行反思、剖析，在此基础上加以改进、完善。直接披露不成功的案件实例，分析原因，某种意义上，比展示成功实例更有效果。对成功和不成功的实例综合展示，可以更全面、完整地理解并构思，创造性地实施更切合实际、更体现效果的谋略。

谋略运用不当，造成失败的表现形式多种多样，但深究其原因，却有共同点。这些共同点主要是：准备不足、思考不周、情况不明、知识不全、时机不准、意识不强、方法不当、措施不力。所以，对谋略的设计运用，要经常反思、琢磨、举一反三、对比推敲、反复比较、集思广益，以求最优措施，获取最佳效果。

同样，我也有过使用谋略失败的教训，我总结侦查实践中谋略失败的教训主要有：

1. 过于自信，大意仓促

侦查过程中侦查人员根据案情的需要，进行真真假假的表现是经常发生的，也是侦查手段所必须采取的。但这种“装假”一定要符合客观的情形，要具备一定的基础，它绝不是脱离实际情况的随意发挥，对方通常也不会是愚昧的傻瓜。

1995 年，我带领侦查员小阚两人去广东汕头一私营食品公司取证，就是前面讲到的那个“母夜叉”的案件，她在这家供货商这里收受贿赂 10 多万元。

广东商人是很精怪的，见我们后就反复盘问我们，我随口说是上海某某公司的，来谈进货业务的，要求见老板。

对方客客气气把我们引入接待室，倒上茶水，称老板不在，问我们来谈什么业务、业务量多少、目前在哪些地方进货等。由于我根本就没有经销食品方面的常识，越编越不像，引起了对方的怀疑，整整一天，老板始终不肯露面。

后来我绞尽脑汁、想方设法终于通过其他途径才获取了这个关键的证据。

事后，对方有关人员告诉我，一进门来就看出你们不是经商的，你们又不讲真实意图，而且上海那家公司出事的消息早就传开了，老板哪敢见你们，避之不及。

我总结失败的原因是：（1）准备不充分，对假借的身份所要具备的知识不了解、不熟悉；（2）装得不像，一副官员的模样与商人相去甚远；（3）掩盖真实目的举动太明显，使对方捉摸不透而起疑；（4）对对方的情况、心理、处境没有一点儿了解、掌握，过于想当然；（5）其实对方只担心有关人员被侦查人员带走，如果事先讲明仅仅是当场取证，对方早就愿意积极配合。

2. 谨慎不足，弄巧成拙

在侦查过程中，侦查人员适时接触犯罪嫌疑人家属是常规的工作，但是因为侦查人员是处在优势的地位，往往对接触犯罪嫌疑人家属过程不够重视，对情况不了解，一味按照自己的思路任意发挥，结果会出现弄巧成拙的不利局面。

1993 年，一受贿犯罪嫌疑人已被关押，但其思想抵触、不肯退赃。于是我请来其家属做思想工作，家属倒愿意积极配合，并拿出了替夫退赃的钱款。

我在对家属深明大义的行为表示敬佩时，无意露出一句：“你丈夫的钱不少都用到外面女人身上了。”不料该家属一听此话，收起钱转身就出门，说：“犯经济错误我想想原谅他算了，外头有女人，他的事我不管了，你们该怎么判就怎么判，我坚决离婚。”

我眼看“到手的钱”飞了，大惊失色，我想，我这个话还有副作用，将来他们见面了，说检察官说的，你外面有女人……万一闹到我这里来，我没有任何证据，如何应对。

还好，我反应快，我立即说，“慢，慢，我的话还没有说完，我是调查中听到这种反映，为了对你负责，我详细了解后再向你反馈，钱先退了，对你老公的处理还是有好处的”。

如此这般才挽回了一局。

我总结失败的原因是：（1）事先对犯罪嫌疑人的家庭夫妻关系的情况掌握不够；（2）在与其家属接触过程中分析判断其心理活动、承受能力估计不足；（3）与侦查活动无关的话一句也不能多说；（4）侦查人员向工作对象的讲话，必须要有根据和出处；（5）犯罪嫌疑人与其家属既可能是冤家，也可能是亲家，也可能先冤家后亲家或先亲家后冤家，所以，侦查人员说话一定要留有余地。

3. 操之过急，装备落后

运用侦查设施、专用装备时，一定要进行检查，必要时进行试验，平时也要有专人负责管理和保养，千万不能案情需要了就拿出来使用，用完了就没有人管理。

1996年，我请一已被争取过来的行贿犯罪嫌疑人用录音电话向受贿犯罪嫌疑人进行“串供”，以进一步引出其受贿的犯罪事实和证据。不料对方通话中听出电话录音时的共鸣音和噪声，马上讲：“你的电话有问题，是不是有人在录音，我不讲了，我同你没关系。”至此该谋略智取已不可能。

我总结失败的原因是：（1）侦查装备设施落后，不适应侦查工作的需要；（2）事先没有进行模拟测试、实验，反而打草惊蛇；（3）操之过急，被争取的行贿犯罪嫌疑人被检察院找去的信息可能已被泄露，应先放其出去，透露出其“什么都未讲”“什么事也没有”的假象，过一两天再实施此类计谋，成功率会明显提高；（4）对受贿犯罪嫌疑人的情况了解、掌握得不够充分；（5）对行贿犯罪嫌疑人平时如何与对方联系的细节了解、掌握得不够充分，如其与受贿人通话联系一般在什么时间段、频率怎么样等。

4. 急功近利，出场无序

侦查指挥决策人员亲自办案是检察机关的一种优良传统，也是上级检察机关的要求，但是，这不并是说就可以不分情况，想何时出场就何时出场。侦查指挥决策人员出场应当纳入整个侦查（讯问）计划之中，一般是进行梯级讯问过程中的后阶段出场，前面要有铺垫，后面要有接替，否则会造成讯问过程的混乱。

1996年，一企业5名负责人分别在同一行贿人处受贿事发，由于案情过于明显和简单，于是我们反贪侦查部门根据上级要求，召来5人开会，集体谈话，交代政策，让这些业务骨干能够走从宽处理的道路。

检察院主要领导亲自讲话后，我们侦查人员把5个人分开，动员他们分别交代问题，促动自首、坦白。

结果，其中四人如侦查人员所愿作了彻底坦白，另一人却始终拒不吐实，竟然坚持了3天之久，任凭侦查人员如何做工作，都碰钉子，其扬言："检察长的面子我都没给，凭你们几个，休想。"（当然，后经多方努力才得以攻克。）

我总结失败的原因是：（1）急于求成，简单的事情没有从复杂方面进行考虑和准备；（2）没有用分阶段、分层次逐步升级的梯级审讯模式，领导出场过早，造成失去缓冲、回旋的余地；（3）对对象的性格、心理、脾气了解、琢磨不够，针对性措施缺乏；（4）过于自信，困难的因素考虑不足；（5）侦查指挥决策人员的出场应当服从主持讯问的侦查人员的调度和安排。

5. 疏忽失控，暴露漏洞

犯罪嫌疑人在侦查过程中的人身安全问题是反贪侦查工作的头等大事，不能有丝毫的疏忽和大意，在传唤、讯问过程中，侦查人员必须做到寸步不离、分秒不脱，随时观察、注意犯罪嫌疑人的神态、动作和心理活动表现情况，不放过任何蛛丝马迹。

1994年冬天，某日一个深夜，为进一步给一重大案情的犯罪嫌疑人造成精神、思想压力，我们有一个科的侦查人员在强势审讯后，责令该对象在一较小房间里考虑问题，动员其早日彻底交代。

不料该犯罪嫌疑人乘侦查人员不备，用写交代材料的圆珠笔金属笔芯刺入手上静脉，实施自杀。因为天冷，对象穿着大衣，待被发现时已出血数百毫升。

当时我在现场组织抢救措施，又经送医院及时救治没有酿成死亡事故，但侦查工作被迫暂停。

我总结失败的原因是：（1）侦查人员责任心严重不足，管理工作存在纰漏；（2）监视责任制不到位、不落实，监管失控，侦查人员没有同室监护；（3）考虑不周，没想到金属笔芯可以用来自残、自杀；（4）审讯不配套，审讯强攻后，应适时安排一压力释放的机会，及时引导；（5）讯问能力和谋略技巧还不过硬。

四、侦查谋略运用中要处理好几种关系

在当今社会大变革、大发展的情况下，职务犯罪侦查谋略作为侦查活动中的重要手段，在侦查中的作用越来越显重要，已融入了侦查活动的全过程。

鉴于当前各级职务犯罪侦查机构对职务犯罪侦查谋略的认识和研究运用还存在薄弱、滞后、不足等种种问题，在整个职务犯罪侦查领域存在对职务犯罪侦查谋略深层次、大范围、紧密贴近侦查实际的研究尚未形成系统的现状。因此，当前运作职务犯罪侦查谋略要处理好以下几种关系：

（一）处理好侦查谋略与侦查措施的关系

侦查谋略是侦查活动中的一种智能化的思维活动，它没有十分明确的条条框框，法律上没有明确性的规定，它的运作过程带有秘密、多变、灵活、随机、短期的性质特点。

侦查措施是侦查活动中的一种强制性手段，它有法律明确的规定，有严格的程序规范要求，它的运用过程必须法定、公开、严密、固定、不变。

侦查谋略和侦查措施分属两个不同的范畴，它们的性质不同、要求不同、运作不同、作用不同，它们不能互相替代。侦查谋略与侦查措施又是统一的、非对立的，它们的目的是相同的，都是为了实现侦查目的；它们的实施主导人员是相同的，都是职务犯罪侦查人员；它们的法律属性是相同的，都是刑事侦查的组成部分；它们在使用上都有着政策法律的限制，对法律都不能有丝毫的突破。

侦查谋略与侦查措施可以相互作用、相互融入、相互补充、相互促进。在侦查活动中它们是相辅相成、不可分割的。它们都是在侦查主体的主导引领下，发挥着各自不同的作用。侦查谋略是灵魂，是人的主观思维活动对客观事实的反映和验证，可以引导侦查措施更合理、更准确地运用。面对复杂多变的职务犯罪，科学的侦查谋略指导法定的侦查措施，可以起到最佳的效果；反之，有侦查措施作为保障、作为基础、作为载体，侦查谋略的作用也将得到有效的、成倍的、充分的体现。

（二）处理好侦查谋略的不确定性与侦查活动规范性的关系

侦查谋略的形成和发展是根据犯罪的形成和发展而产生的，只要犯罪在变化、在发展，侦查谋略也一定在变化发展。

孙子云：“形兵之极，至于无形。兵无常势，水无常形。”其揭示的原理

说明，计谋一定要随机应变，不拘泥于常规，因而职务犯罪侦查中的谋略运用，绝不能照搬照抄，绝不能生搬硬套，绝不能一成不变。

职务犯罪的侦查活动有法律的严格、明确的规定，必须在国家法律规定的范围内，在符合人类社会基本道德准则的前提下进行，不能自行其是，随意突破。

侦查谋略作为侦查活动的一个主要组成部分，其当然必须遵守法律对侦查活动的限制性规定，任何侦查谋略只有在法律规定的条件下科学实施，并取得预期的效果，才是成功的、站得住脚的，才是可以借鉴的、总结推广的。

反之，游离了这些因素的侦查谋略，失去了施展的基础，实际上就是损招、歪招、邪招、臭招、败招，只能造成不良影响和严重后果。

（三）处理好侦查谋略奇特性与侦查活动科学性的关系

侦查谋略就是斗智斗勇，突破常规。谋略奇特性的产生，依附的是人们的超常思维、逆向思维和创新思维。然而，这一切都是建立在客观事实、客观规律和唯物辩证法的基础之上的，是以科学性为根本动力和生命力的。离开了科学性的谋略，就是空想、妄想、幻想、臆想、白想。

侦查活动的科学性既是实事求是对客观事实的尊重和维护，也是不断应用新的科技成果来充实、完善、提升侦查活动的内在质量，从而更加准确有力地打击犯罪，从根本上减少和杜绝冤、假、错、差、劣案的发生。

由此可见，侦查谋略的奇特性与侦查活动的科学性都是以科学性为基础、为内容、为条件的，二者实际上是统一的，是互为条件、互为基础、互为促进、相辅相成的。

（四）处理好侦查谋略隐秘性与检务公开的关系

侦查谋略的策划、制定、运作的保障性条件就是隐秘。侦查谋略当属侦查机密的范畴，非特定的情况下不得公开。

检务公开是随着尊重和保障人权的宪法原则的制定，随着社会的发展、时代的进步而提出的要求。职务犯罪侦查活动属检务内容，当属公开的范围。职务犯罪侦查的过程，依法应按一定的原则、方法、步骤，对涉案的所有程序、一定的案件事实，有条件地向特定人员和社会公众公开。

检务公开与侦查谋略的隐秘并不矛盾，二者可以互相促进、互相包容，主要是程序公开。要公开的侦查活动内容中绝对不可以包含涉及隐藏、隐秘的侦查谋略，而由实施运用侦查谋略获取的侦查效果，适时可以向社会公众公开。总之，该公开的一定公开，该隐秘的坚决隐秘。

（五）处理好侦查谋略诡诈性与侦查活动合法性的关系

侦查谋略的诡诈性是侦查谋略的独特的属性，只要不违法，就应当理解为符合合法性的要求，所以侦查谋略的诡诈，处于合法性的框框之内，就合法；反之，它突破了合法性的框框，那就是违法、不合法，应坚决禁用。如果违法使用了，这种因违法手段取得的结果在法律上也是不被承认的。

因此，侦查谋略的诡诈性和侦查活动的合法性并不矛盾，它们本身就是一个统一的整体。所以，诡诈是在合法前提下的超常智能的发挥，是高度智慧的体现；合法也绝不是死板、被动、陈旧、僵化、死水一潭。

综上所述，职务犯罪侦查谋略是一个需要动脑筋的问题，我们各级检察机关侦查人员要重视这个问题，加强研究发展完善：（1）深入研究反贪侦查谋略，使其应用更广泛，体系更完善；（2）切忌因循守旧、一层不变的僵化观念；（3）结合办案实践，研究薄弱滞后不足的现状；（4）提高发展过程中注意吸纳融入新的科技成果。

我的这个课程，既有理论，也突出实践。总之，谋略运用没有固定的模式，不可能一成不变，要靠我们的思维、悟性和实践。

第 4 堂课　电子数据在职务犯罪侦查中的应用

● 秦志超[*]

课程提纲

一、电子数据的存在形态

二、检察机关获取电子数据的途径

三、电子数据的实战运用

四、推动职务犯罪侦查工作转型发展

当前，职务犯罪日趋复杂化、智能化、隐蔽化、科技化，对于侦查工作来说，传统以获取言词证据为核心的办案模式，易导致强攻硬取、有罪推定、打法律擦边球等执法不规范问题。因此，如何从传统的“人力密集型”侦查模式转向“信息密集型”“科技密集型”的现代化侦查模式，是职侦工作转型发展的关键。

当前，随着通信技术、网络技术的高速发展，海量电子数据已经广泛渗透到人们的日常生活、社会活动中。由于政府管理、金融管理以及社会管理的信息化工作发展，人们的每一个行为都不可避免地在虚拟空间留下大量电子数据痕迹。对于职务犯罪来说，无论犯罪行为本身还是隐匿犯罪、窝藏赃款等行为，都会产生大量电子数据痕迹，如果能够将不同虚拟空间中的电子数据痕迹科学收集、有效运用，必然能够实现通过电子数据证明职务犯罪的目的，转变以言词证据为主的传统侦查模式。

* 江苏省无锡市人民检察院反贪污贿赂局检察员。

一、电子数据的存在形态

所谓电子数据，是指基于计算机应用、通信和现代管理技术等电子化技术手段形成的包括文字、图形符号、数字、字母等客观资料。

（一）电子数据的存在空间

电子数据可以说存在于一切电子设备和存储介质中，我们生活、工作都离不开计算机、手机、网络等工具，因此各类电子设备也时刻记录着我们的各种行为所产生的电子数据。常见的电子设备和存储介质包括以下几类：（1）计算机及硬盘。如台式电脑、笔记本电脑、平板电脑等。（2）移动存储设备。如U盘、移动硬盘、软盘、录音笔、MP3等。（3）通信设备。如手机、座机、传真机、SIM卡等。（4）网络服务器。如云空间、网络硬盘等。（5）数码照相、摄像设备。如相机、摄像机中的存储卡等。（6）其他设备。如打印机、复印机、扫描仪中的存储模块等。

（二）电子数据的权属问题

电子数据在生成、收集的过程中，必然会产生权属问题。一般可分为：

1. 个人权属数据

主要指属于个人电子设备或存储介质中的数据。如个人计算机中存储的数据、数码相机中存储的照片等。

2. 政府权属数据

主要指政府等相关部门基于管理行为产生的行业数据库数据。如房产登记部门、工商部门、社保部门等因监管需要而形成的数据。

3. 商业机构权属数据

主要指商业机构运营产生的数据，如各商业银行、证券公司、通信运营商所存储的数据。

4. 特定机构权属数据

主要指专门对数据收集存储机关、机构所属数据。如国安部门、公安部门、检察机关根据办案需要所收集、储存的数据。

5. 其他权属数据

如互联网上各类数据等。

（三）行为与电子数据的关系

就当前来看，我们的大部分行为都会在不同空间、不同领域产生大量的电子数据，有学者称其为“数据足迹”或“数据痕迹”，这种数据具有累积性和关联性，且有些数据的产生是无法避免和控制的。以五个常见日常行为为例：

1. 发一封电子邮件

(1) 发件人、收件人个人电脑缓存中留有电子数据痕迹；(2) 个人手机中绑定的电子信箱会留有电子数据痕迹；(3) 电子邮件运营商服务器中会有邮件相关内容的电子数据痕迹。

2. 打一个电话

(1) 电话运营商后台数据库中会存有通话记录痕迹；(2) 本人手机中会存有通话记录痕迹；(3) 手机连接电脑后进行资料备份，电脑中会留有相关记录痕迹；(4) 运营商网站以个人身份登录后，会有通话记录痕迹；(5) 对方手机中会存有通话记录痕迹；(6) 手机经过云空间备份后，云空间中会有记录痕迹；(7) 部分专门机关、机构对通信数据的收集、整理后，该机关或机构也留有该通信痕迹。

3. 银行存取款

(1) 金融机构数据库有存取款记录痕迹；(2) 银行监控系统中有存取款人员的出入银行视频数据痕迹；(3) 手机中的存取款提醒信息也会留下痕迹；(4) 网上银行操作会留有操作痕迹；(5) 手机银行操作会留有相关记录痕迹。

4. 购买房产

(1) 金融机构有购房款消费记录；(2) 保险机构有贷款保险记录；(3) 房产机构有房产备案信息；(4) 物业公司有业主相关信息；(5) 水、电、气管理机关有系统数据库信息；(6) 网络公司有房屋开户登记信息；(7) 广电公司有房屋开通有线电视信息；(8) 装修公司有房屋装修信息；(9) 中介公司有专门收集的房屋及客户信息；(10) 手机中有水、电、煤消费等提醒信息。

5. 住宿吃饭

(1) 酒店管理系统登记相关信息；(2) 公安住宿登记信息；(3) 刷卡消费信息；(4) 手机通话位置信息；(5) 停车信息。

二、检察机关获取电子数据的途径

理论上，所有产生的电子数据痕迹都能获取。但实践中，由于考虑到法律规制、侦查目的、侦查手段、侦查效率等原因，检察机关能够收集并运用的电子数据还较为局限。但是，对于散落在各个虚拟空间的电子数据痕迹，检察机关可以从两方面入手收集，一方面是以各机关、部门权属的行业数据库为中心进行收集，另一方面是以行为人权属的电子设备、存储介质构成的虚拟空间为中心进行收集。

(一) 获取行业数据库电子数据的途径

《人民检察院直接受理侦查案件初查工作规定（试行）》第 13 条规定，在初查过程中，可以采取询问、查询、勘验、鉴定等不限制人身自由、财产权利的调查措施，收集、调取相关证据材料；经检察长批准，可以调取初查对象的通话记录，查询初查对象及其家庭成员的资产信息和房产、车辆等大宗支出信息，查阅或者复制相关账目资料，经所有人或者持有人同意，也可以调取相关账目资料。因此，对于行业数据库电子数据信息，可通过三个途径获取：（1）对“已建数据库”内容进行调取，如检察机关内部已办案件数据库、行贿人档案数据库等；（2）对“借用数据库”内容进行调取，如检察机关已连线或者已经拷贝的外部行政单位、其他机构组织等已有的数据库，包括人口、车辆、房产、社保、工商、招投标等；（3）针对个案的司法协助查询进行调取，如公安人口信息、通话记录、金融记录、涉案单位行政管理数据库、财务管理数据库等。

（二）获取虚拟空间中电子数据的途径

以行为人权属的电子设备、存储介质构成的虚拟空间为中心的电子数据获取，主要目标是最大限度地提取涉案人员工作、生活中使用的计算机、手机、其他存储介质、网络空间等虚拟空间中的涉案电子数据。一般概念中，职务犯罪没有现场，但引入了虚拟空间概念后，职务犯罪便有了现场，这个现场在虚拟空间。[①] 通过调取、扣押、勘验电子设备或存储介质，可以实现从虚拟空间中获取电子数据的目的。当前，检察机关可以通过一些技术手段和装备辅助获取。

1. 计算机（快速）取证系统

可以对计算机硬盘、移动硬盘、U 盘等载体进行镜像、复制等功能。部分计算机快速取证设备还具有体积小、使用方便等优点，能够在短时间内有效提取目标计算机的特定文档、密码等信息。

2. 手机取证系统

手机取证系统是既适合在犯罪现场也适合在实验室使用的设备，能够从手机中提取和恢复重要数据，如电话簿、图片、视频、文本短信息、通话记录等数据。

3. 电子数据综合勘查系统

可以在不破坏硬盘原始数据的情况下恢复计算机的真实运行环境，进行相关数据的恢复、提取等操作。此外，还可以通过专门的取证软件实现对电子数据的有效获取。

三、电子数据的实战运用

2011 年以来，随着高检院“两化建设”（侦查信息化、侦查装备化）工

① 引用中国人民大学法学院证据学教研室刘品新副教授之观点。

作的推进，各地检察机关陆续购置了侦查技术装备和工具，也在案件中不断尝试使用。历年来，在办案实践中运用技术装备和工具有效突破案件的成功案例为数不少，其中运用最多的是话单分析、手机取证、计算机取证等手段。但其本质，无非是利用先进的科技手段，获取并充分发挥四大类电子数据——通话记录数据、互联网及行业数据库数据、手机提取数据、计算机数据的最大化价值。经过办案中的不断实践，我探索出有效运用四大类电子数据的成熟技战法和新型办案模式。

（一）通话记录数据的运用

手机通话记录是检察机关在办案中最容易获取的电子数据，尤其在初查过程中，基本上每个案件都会通过各种途径获取。对于通话记录数据的运用，我在长期实践过程中，借助通话记录分析软件（也称话单分析软件），总结出特定关系人找人到案法、图谱分析排查重点法、节假日联系号码比对法等技战法，有效解决部分办案瓶颈问题。

1. 运用通话记录找人到案

检察机关通常调取的通话记录中除了包含本机号码、对方号码、通话时间、通话时长之外，还包含了能够反映通话时位置信息的代码，如移动公司的小区号、基站号代码，联通公司的 LAC、CELLID 代码，电信公司的 SID、NID、BID 代码。通过话单分析软件，能够将代码翻译成为具体位置信息。一般情况下，判断居住地有以下两种方法：第一种方法是“8 小时外规律法”，即通话位置结合通话时段规律判断，如某位置 8 小时之外通话最频繁，一般判断该位置为居住地。第二种方法是“早晚规律法”，即判断每晚最后一个位置信息与第二天第一个位置信息是否相同，如果相同，该位置一般也可判断为当天的居住地。

但在办案实践中，也会碰到很棘手的找人难问题。在一起案件中，涉案对象逃往外地，但不知其在外地的具体居住地。通话记录中显示涉案对象在该城市 3 个位置活动频繁，但无法确定哪一个是其居所。于是办案人员将其与当地通话的固定电话进行梳理，并反查这些固定电话登记机主、居住地信息，发现其中一个固定电话登记机主是涉案对象的未成年儿子，且登记的居住地与我们掌握的 3 个位置中的一个位置相同，从此确定了涉案对象的居住地，并将其顺利带回。通过该案，我们总结出通过通话记录找人到案的第三种方法——特定关系人找人到案技战法。具体步骤如下：

第一步疏理密切号码（固定电话、手机号码）。将与被查对象联系号码按通话次数进行排序，并找出联系最多的三个手机号码和三个固定电话号码。

第二步反调有关信息。分别是：（1）固定电话装机地址、手机号码机主的居住地址；（2）号码对应的机主身份信息；（3）号码机主与对象的关系，可以借助行业数据库或公安人口数据库等平台查询。

第三步是分析研判居住地。采取以下两个方法：（1）分析判断固定电话的装机地址是否为涉案对象的居住地；（2）分析判断涉案对象近亲属的居住地在哪里，并进一步分析是否与其同住，以确定涉案对象的真实居住地。

第四步是外围走访调查。如果是城市的小区，可以通过小区物业询问、实地勘查了解两方面内容：（1）确定已排查出的居住地是否为涉案对象所居住；（2）确定该房屋对应的车位信息，并检查车位上有无涉案对象的车辆停放。确定涉案对象在此地居住后，则部署力量将其带离。

2. 图谱分析排查重点法

在初查过程中获取通话记录后，如何在一个个陌生号码中判断哪个是排查重点，每一个陌生号码与被查对象是什么关系，可以通过“图谱分析法”进行初步判断。具体方法是，利用话单分析软件将被查对象与某个号码的通话情况反映在一张坐标图上，横坐标为通话时间（0时至24时），纵坐标为通话次数，即表示在一段时间内，某个号码与被查对象在每天24小时中，每个时刻分别联系几次。通过坐标图反映的图形规律，可以初步判断某个号码与被查对象的关系。

（1）业务关系（工作关系）——“M”形图谱

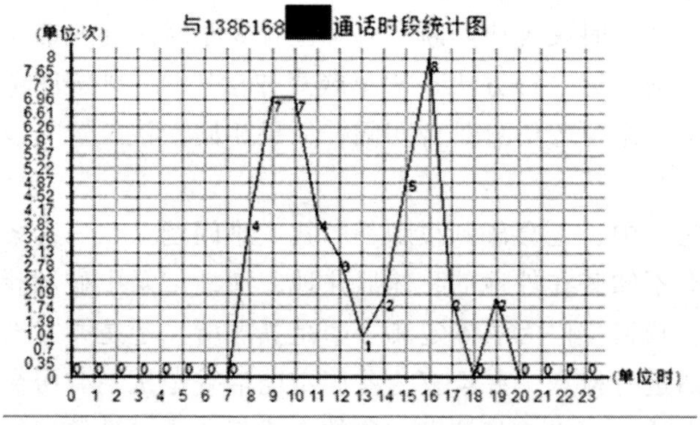

在该图中，近3个月来，138这个号码与被查对象在上午9时、10时通话分别为7次，形成一个高峰；下午4时通话8次，形成另一个高峰，我们可以形象地称其为“M”形图谱（上午、下午两个峰值），由于符合公务人员朝九晚五的工作规律，因此可以初步判断该号码与涉案对象是工作关系或业务关系。

（2）朋友关系——“晚高峰型”图谱

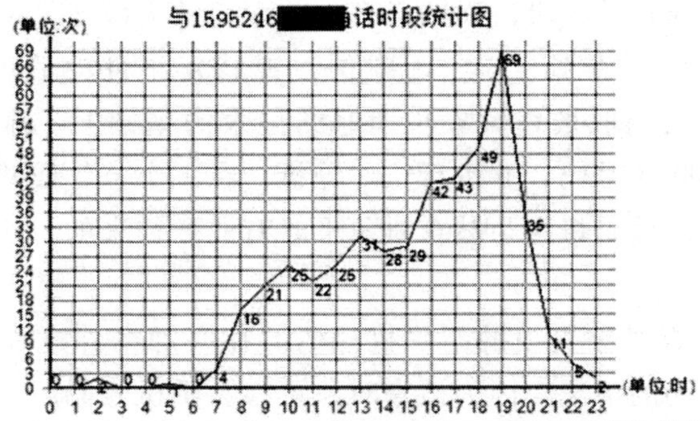

在该图中，近几个月中，159这个号码与被查对象在晚7时联系最多，达69次，形成一个明显高峰，我们可以将其称为“晚高峰型”图谱，由于该号码与被查对象私人时间联系密切，因此可以初步判断该号码与涉案对象是朋友关系。

（3）特定关系人关系（情人关系）——“不眠不休型”图谱

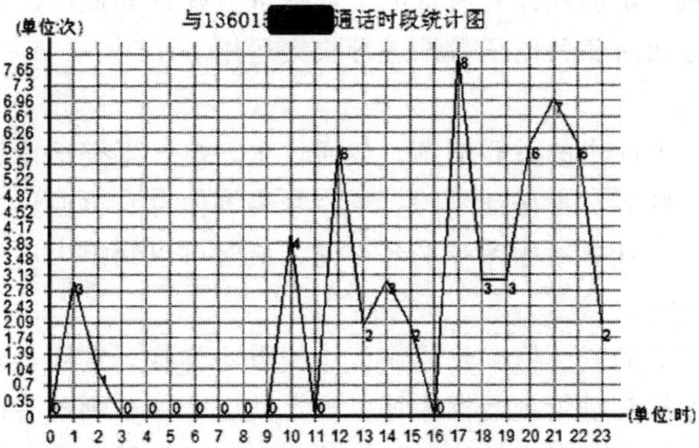

在该图中，近3个月来，136这个号码与被查对象在晚9时甚至凌晨1时都有较多通话，我们可以称其为“不眠”特征，中午12时休息时间与下午5时下班时间有明显较多通话，我们可以称其为“不休”特征。具有图谱中这种“不眠不休型”特征，如果再符合三个特征：①与被查对象联系密切；②单个电话通话时长较长（煲电话粥）；③不是涉案对象的亲属电话号码。我们基本可以判断这个号码机主与被查对象是情人关系或特定关系人关系。

3. 其他功能

（1）发现碰面信息。如果在同一个时间段，两个号码的基站位置相同，或者在同一个区域出现，且号码机主相互熟识，则该时间段内，两人很可能碰面，碰面地点就在该基站位置附近。在办案实践中，以此功能有效戳破了被查对象自称在家未与行贿人员碰面的谎言，从而有效突破案件。

（2）三个节气（春节、端午、中秋）或特定事件前后出现的相同号码，列为排查重点。在调取被查对象长期通话记录的基础上，梳理每年春节、端午、中秋前后的联系号码，并进行比对分析，在三个节气或两个以上节气前后均有联系的，且该号码机主与被查对象平时有业务往来的，往往列为初查中的排查重点。

（3）找出被查对象更换的新手机号码。在办理案件过程中，常出现被查人员更换手机号码的情况。因为被查对象更换新手机号码后，部分必要人员仍需联系，所以，我们需要调取并分析被查对象3人以上亲友通话记录中的共同联系人，如果发现被查对象更换手机号码后，几个亲友号码中都出现了新的共同联系的陌生号码，则该陌生号码很可能就是被查对象的新手机号码。

（二）互联网及行业数据库的运用

互联网、行业数据库中包含了海量电子数据，但哪些电子数据对办案工作有用，需要按照一定的规律对海量电子数据进行筛选和提取。实践过程中，常围绕以下五个方面对相关电子数据进行收集运用。

1. 确定身份

主要采用数据库中的关联信息，如通过水、电、煤登记信息发现与身份有关的电话号码、姓名、身份证号码、车牌号码等信息，再通过公安基础信息平台、互联网查询、社保数据库等平台查询，最终可以确定人员身份。

2. 确定资产

确定被查人员的资产情况是职侦工作的重要步骤。常规查询通过房产数据库、工商数据库、车辆管理数据库等可确定其房产、车辆购买信息以及经办企业信息，银行、证券、保险机构调取相关信息可以掌握涉案人员的资产情况。

3. 确定关系

在查办案件过程中，涉案人员及其亲属往往也是我们查询的目标。通过房产信息数据库中的房屋共有人可以找到夫妻、子女信息；公安人口数据库中可以查询到主要社会关系信息；计划生育数据库中可以查询到非同户口下的子女信息。通过数据库，可以将涉案对象的亲友圈初步锁定。

4. 确定居所

涉案人员的居所既关系到其家庭资产情况，又关系到找涉案人员到案的问题。通常情况下，可以通过房产登记信息；公安机关人口信息、网上作战平台等登记信息；水、电、燃气、广电数据库中登记信息；个人征信报告中发现贷款信息，进而确定房产信息。

5. 发现隐私

主要围绕互联网查询、举报线索梳理、行政违法信息平台查询、调取住宿记录等方式，发现其违法信息、行政处罚信息、情人信息等有利于突破犯罪的涉案人员的相关隐私信息。

实践中，办理某受贿案件审讯出现僵局，需短时间再找一个行贿人作为突破口。通过话单分析排查出的重点人员号码都无法立即确定机主身份，通过运营商反调，时间已经来不及，于是逐一将电话号码输入百度进行搜索，发现有一个号码是在犯罪嫌疑人单位做绿化工程的老板的电话。于是，我们马上利用警务系统反查到该名字的身份信息和多个登记住址。然后再通过水电煤、广电等信息比对并确定其居住地。该老板到案后，该案顺利突破，前后仅用2小时时间。

（三）手机提取数据的运用

被查对象随身携带的手机中包含了大量与其密切相关的信息，有通信录、短信、微信、照片等相关信息。通过手机取证系统，可以将手机中已保存的电子数据和已删除的电子数据提取出来。对于职务犯罪侦查工作来说，需要充分运用以下三类数据：

1. 手机通信录数据

办案实践中，手机通信录的价值是排在第一位的。对于初查中调取的通话记录，与其本人的手机通信录进行匹配后，大量的未查询到的陌生号码均有了具体的名字，再通过公安基础信息平台、行业数据库以及互联网的配合，可以再次排查出新的重点往来人员，作为案件的突破口。

2. 聊天记录数据

聊天记录数据包括短信、微信等记录，尤其是已经被涉案人员删除的信息价值更大，对于指明侦查方向、发现职务犯罪案件线索、辅助审讯突破等方面具有天然优势。如在一起案件中，涉案人员手机中删除的一条短信显示，其外地某房产的电费已经通过银行代缴，从而发现其外地有房产这一信息，以此为突破口，进而突破一起百万元以上特大受贿案件。

3. 账号信息

对于手机中提取的各类账号信息，包括邮箱、QQ号、记账软件账号等，一方面可通过互联网继续反查更多的涉案信息，另一方面可以通过更先进的技术手段，获取账号背后的隐藏信息，如手机记账软件中的数据库信息等。

（四）计算机数据的运用

在所有电子数据类型中，涉案人员的个人计算机中的电子数据与其本人关联性最为密切，相关数据量也是最大的。在职务犯罪侦查过程中，我们从涉案人员计算机中获取的电子数据主要发挥其三方面价值——线索价值、证据价值、现场价值。

1. 线索价值

个人计算机作为辅助工具，是办公、生活必不可少的设备，很多工作也都在计算机中完成。涉案人员的相关记录也会在计算机中有所反映，部分涉案电子数据既可以作为案件线索，又能够转化为其他证据。如在一起案件的办理过程中，一家公司老总、副总均不承认送钱给某副局长，在对该公司主办会计计算机进行取证后，发现几份电子文档反映了几人串供的信息，以此为切入口，顺利突破该公司老总、副总送给某副局长几十万元的事实，并以言词证据的形式固定了证据。

2. 证据价值

计算机中发现的能够证明有罪或者无罪的电子数据，可以直接作为证据使用。在一起案件中，犯罪嫌疑人采用与一家公司发生虚假业务的手段进行贪污，但犯罪嫌疑人拒不承认，而且该公司哪一笔是虚假业务一时无法判断。我们对该公司进行电子取证，发现在其主办会计电脑中，有一张“业务汇总”的电子表格，其中部分业务项目写有“走账”字样，而且所有“走账”字样业务的钱款均汇入同一张银行卡中，并且查实该银行卡为犯罪嫌疑人持有并使用，据此，一起特大贪污案件告破，该“走账”字样的电子表格也成了定案证据。

3. 现场价值

由于电脑中的电子数据既有能够反映文字内容的文本数据，又有能够反映文档生成日期等相关内容的附属数据，还有电子设备插拔、打开应用程序、开关机等痕迹数据，因此对计算机中三类电子数据进行收集、分析，可以实现重塑犯罪行为的目的。在2014年2月，江阴发生工地“2·22”高处坠落事故，为准确查清事故背后的职务犯罪，检察机关对建设工程监理部总监柯某开展调查。柯某辩称，2月22日上午9：00向施工单位下发了《工程暂停令》，但施工单位未执行，导致当天16：30左右发生事故。检察机关通过对柯某的电脑进行勘验，发现柯某电脑中的《工程暂停令》文档最后打印时间和最后保存时间均为2月22日17：58与18：33，明显系事后补制，根据该电子数据，柯某在事故发生后，倒签时间补打了《工程暂停令》的行为得到重塑，据此，检察机关深挖犯罪，查清了事故背后的渎职犯罪，立案侦查案件2件4人。

四、推动职务犯罪侦查工作转型发展

推动职侦工作转型发展需要多方面努力，主要体现在四个方面。

（一）理念转变是推动侦查模式转型的先导

正确认识电子数据对检察机关自侦工作所起的作用和所带来的变革，探索由传统的“人—事”“事—人”逐渐向“人—机—事”“事—机—人”的侦查模式转型。[①] 通过数据库侦查和虚拟空间侦查获取海量电子数据作为切入口，实现运用科技手段获取电子数据、数据分析实现信息引导侦查、大数据侦查三个阶段逐步推进。

（二）“两化”建设是推动侦查模式转型的基础

“电子数据”的获取、分析与运用，与“两化”建设工作密不可分。侦查信息化可以通过向内建库、向外借库来实现。向内建库是要建立全国检察机关统一的办案数据库、类案数据库、网上作战数据库，向外借库是要拷贝或接线连入各种行业数据库数据，丰富检察机关基础信息平台建设，做到掌握信息足不出户。装备现代化要通过购置类型多样、功能互补的装备奠定基础，同时要努力建成高效、科学、功能完善的电子数据实验室。

（三）人机结合是推动侦查模式转型的根本

检察机关要让一线干警不断尝试运用新技术、新手段，“在学中练、在练中学”，在侦查实践中“以战促训、战训互动”。为此，要以“查办一起案件、教会一名干警”为目标，坚持以“能用、会用、善用”为标准，实现“三普及一精通”——普及话单分析运用、普及电子取证设备运用、普及常规侦查技术手段运用、精通大型侦查设备运用，努力打造“侦技合一”的现代化队伍。

（四）侦查一体是推动侦查模式转型的路径

由于基层检察机关承担着大量的职务犯罪侦查工作，但是在装备配备、人员配备较上级院相比处于劣势。因此，只有推动基层院侦查模式有效转型，检察机关的侦查模式才能够实现真正的转型。通过上级院主办、领办、参办重大职务犯罪案件，在侦查过程中示范运用新理念、新装备和新技术开展初查工作以及攻坚突破、取证固证等侦查工作，才能推动此项工作顺利进行，真正推动侦查模式转型发展。

---

① 引用中国人民大学法学院证据学教研室刘品新副教授之观点。

第5堂课　细节决定成败

——职务犯罪侦查细节纵横

● 肖　洁*

课程提纲

一、职务犯罪侦查细节的重要性

二、职务犯罪侦查环节中的细节问题

三、如何培养和提高细节意识和能力

细节决定成败这句话大家耳熟能详，但对细节的关注与否真的会对职务犯罪侦查产生影响？产生的又是怎样的影响？今天我们探讨的就是关注或者忽视细节对侦查所产生的影响，希望能把我们在侦查中的一些成功与失败展示给大家，和大家一起分享和总结。

一、职务犯罪侦查细节的重要性

（一）何谓职务犯罪侦查细节

我先给大家讲一个故事，这就是古英格兰著名的“铁钉与国家”的故事。故事发生在查理三世时期。英国国王查理三世准备与对手里奇蒙德决一死战。战前，查理国王让马夫去给自己神勇的战马钉新马掌，当铁匠钉到第四个马掌时，差一个钉子，铁匠便偷偷敷衍了事，没有钉这最后一颗钉子。不久，查理和对方开战了，双方势均力敌、打得难分胜负之时，突然，查理国王的战马的

* 云南省安宁市人民检察院检察长。

这只马掌掉了，马儿滑倒在地上，国王也被掀翻在地，束手被擒。正在酣战的部队呆住了，不知所措，最后只能缴械投降了，王国随之易主。这就是传说中的，“少了一枚铁钉，掉了一只马掌，摔了一匹战马，败了一场战役，丢了一个国家”。一个小小的铁钉却成为影响国家社稷存亡的重要因素，这是细节决定成败的一个最经典案例。

接下来，我们再来看两个案例：

在一个受贿案件的侦破过程中，我们犯了一次细节上的错误。犯罪嫌疑人在写亲笔供述和悔过书时，反复强调自己的归纳总结能力有问题，请求侦查人员帮他按他说的总结他的意思，然后他再照抄一遍。侦查人员为了节约时间，便帮犯罪嫌疑人总结了他悔过的内容。之后，犯罪嫌疑人将侦查人员写的这张纸悄悄藏了起来，侦查人员没有发现。结果这张纸成为法庭上犯罪嫌疑人提供的控告我侦查人员指供诱供的证据。

类似这样的细节失误，在其他检察机关也出现过，如某检察院在侦查过程中，嫌疑人在笔录上的签字是“以上笔录经本人看过，和‘你’说的一样”。“你”就是指审讯人员。又如另一个案件中笔录上的签字是“以上笔录经本人看过，和‘他’说的一样”。“他”也是指审讯人员。

因此，什么叫职务犯罪侦查细节？职务犯罪侦查细节是指与检察机关查办职务犯罪技能有关，贯穿于侦查工作始终，能用来发现、证实、揭露贪污贿赂等犯罪案件或者直接影响侦查工作进展的细微的、不可忽视的行为或因素。探究职务犯罪侦查细节，就是探究职务犯罪中那些容易被侦查员忽略的环节、行为和态度中蕴藏的细节，探究这些平常难以被大家注意到的细节是如何攸关案件的走向和成败的。

（二）职务犯罪侦查细节的重要性

1. 细节的关注与否关系到职务犯罪侦查活动的成败

老子曾言：“天下大事，必作于细。”职务犯罪侦查活动的成功离不开无数细节的支撑和辅助。在某种程度上可以说，细节的关注与否关系到职务犯罪侦查活动的成败。受上海刘国清专家所做课题《职务犯罪侦查细节探究》的启发，我们也对全市检察机关反贪部门近年来做的撤案案件和申报立功的案件进行调查，我们发现失败的案件往往案情本身并不复杂，问题主要出在案件的承办人员，缺乏深追细查、精益求精的细节意识，才导致案件在实体上、程序上出现了很多问题。而成功的案件则正好相反。正是承办人员细致入微的观察能力，咬定青山不放松的执着精神，才使案件的侦破渐入藕花深处，别开洞天，进入“柳暗花明又一村”的新境界。

2. 细节的关注与否关系到职务犯罪侦查的质量与效率

质量可以说是职务犯罪侦查的生命线。往小处上说，关系到对犯罪嫌疑人定罪量刑的合法性和公正性；往大处上说，关系到司法的法治性和公信力。每位侦查员每一次细微的工作，纠正一个纰漏，补强一个证据，这些微小的行为都和案件的质量有着内在的逻辑。在职务犯罪侦查过程中，对一个细节的忽略，往往会给案件的办理带来很大的麻烦，需要费时费力弥补，增加了案件侦破的难度、成本和时间；相反，对一个细节的关注，往往会有得来全不费功夫的感觉，却达到事半功倍的效果。我们还是来看一个案例，几年前，我们在调查了某国家机关工作人员为单位代购保险收受保险公司的现金返款的线索时，侦查员和司法会计在保险公司就此笔现金返款调取保险公司账簿进行取证时，偶然发现就在同一页账簿上，同一个科目下，保险公司还转了多笔现金出去。侦查员敏锐地发现，也许这多笔现金的流向就是一个线索的宝库！侦查员和司法会计立即配合，由司法会计向当时配合我们取证的对方会计询问几个电脑建档问题，在司法会计引走了保险公司人员的15分钟内，侦查员迅速抄下了30多笔现金转出的时间、金额和流向。回去后，我们迅速组织人员对这30多笔从保险公司转出的现金进行查证，最后查出这些现金均是各大机关、单位购买各类保险后收受的折扣返还，其中12笔返款没有回到单位，而是被经办人侵吞或私分，据此，我们先后立案12件。这就是通过一页账簿上的细节而发现的一批线索。

因此，细节的关注与否关系到职务犯罪侦查活动的成败，关系到职务犯罪侦查的质量与效率。设计本课程的目的是提醒职务犯罪侦查战线的各位干警，希望重视侦查过程中那些最不起眼、最容易被忽视的细节，将案子办得更加完美，将侦查过程构筑得更加无懈可击。

二、职务犯罪侦查环节中的细节问题

侦查细节无处不在、无时不有。我按照侦查工作的主要顺序，将线索发现、初查展开、拘传、审讯、搜查以及取证六个方面作为重点问题，谈谈在侦查中应当注意的细节问题。

（一）线索发现中的细节问题

职务犯罪案件的线索主要来源于举报、移交和深挖。但近些年来，昆明地区举报线索成案率逐年下降，下降的主要原因是昆明地区近5年来，贿赂类案件已经超过了职务犯罪案件的70%以上。贿赂案件系“密室犯罪”，通常情况下不可能有第三人知晓，线索较少。加之举报大多是案外人所为，多从表象分析，主观推断成分多，导致成案率较低。

如何在线索匮乏的情况下保持办案稳中有升，成为我们面临的一道难题，我们现在主要考虑两个途径：一是多途径扩展案源；二是坚决深挖。

从多途径扩展案源上来讲，线索作为一种客观现象，存在于社会生活的各个方面，无处不在。作为侦查员应当耳聪目明，具备一双慧眼，从工作辐射的环境中，从身边的人和事中，从新闻报道和网民热议问题，筛选出那些异常的情节，分析这些异常的情节背后是否存在职务犯罪的线索，从中发现问题。

2009 年，某基层院两个反贪局干警在翻看《昆明日报》时，看到一则昆明市国土资源局关于办理土地使用权的注销公告有些蹊跷：一块 3 万平方米的土地，有两个国有土地证号，而市国土资源局又将这两个证号公告注销。为什么一块土地居然曾经办过两个国有土地证，这块土地在出让过程中是否有违法犯罪的可能性？顺着这条蛛丝马迹，侦查人员开始调查此事，最后在这块土地的审批过程中，深挖出了市土地局、市规划局、市建设局等一批窝案串案 26 件 27 人，涉及金额达 1000 余万元。该案还被中纪委收录为警示教材，面向全国开展教育。

从线索的深度上来讲，每一个案件突破后都值得我们深挖细查，因为深挖犯罪不仅有较高的真实性和确定性，同时它能串联一系列物证、书证，从而使个案扩展为窝案串案，使成案比率大幅度提高，而注意细节、梳理细节、分析细节又为发现犯罪线索、深挖犯罪起到了至关重要的作用。

例如，在调查某房地产商因申办建筑许可证向建设局工作人员行贿的线索时，我们不能仅仅局限于此线索办案，而是要从源头开始，从土地的取得—规划的确定—设计的调整—建设的资质—房屋的验收等一条线清理下来，看是清非的土地还是招拍挂的土地，土地的取得、竞拍是否有问题？楼层、容积率、退让面积是否有问题？设计、建盖、投标竞标、总包分包、施工队的资质是否有问题？三通、绿化、消防、配套是否有问题？

深挖犯罪目前正成为成案率最高的一种方式，也是侦查部门在查办贿赂案件中所采取的主要做法。为了进一步扩展犯罪线索，我们还要求最贴进基层的一些触角，“四群”工作组、新农村指导员、环境资源检察科、派驻乡镇检察室在开展工作期间，每年必须提供 2 件可以成案的线索。

侦查就是一种主动进攻。作为一个注重细节的侦查人员，要善于在不同的时空条件下捕捉到有价值的线索信息。因此，能否及时发现、利用线索的细节来捕捉“价值点”和“信息点”，正确判断线索的“潜力性”与“发展性”是侦查人员的基本功。

（二）初查展开中的细节问题

通常初查时候，很多侦查部门主要查这几项：一是查犯罪嫌疑人的基本情况，通过公安的口卡或警务通了解本人和家庭成员情况；二是查资产情况，包括财产房产信息；三是查工商登记的公司情况。

初查就这样结束了吗？事实上我们可以查得更细，查被举报人基本信息时：

第一，可以延伸了解其性格脾气、业余爱好、社会经历、活动规律、交往圈子，这些细节能让侦查人员更了解自己的对手，做到心中有底，又能为审讯的僵局找到多个谈话的切入点。

第二，可以延伸了解被举报人的健康状况，现在一些官员都是“三高”(高血压、高血脂、高血糖)，查清身体状况既有利于决定审讯的强度，提前做好急救议案，又有利于防止被举报人装病。

第三，可以延伸了解被举报人的近期通信清单并认真进行数据分析，通过分析，筛选出通话时间特别长的号码，经常在夜间通话的号码，漫游期间的通话号码，特殊节日（如情人节、七夕节、生日）期间通话时间特别长、特别频繁的通话号码等。通过多种信息的交合分析，一定能从中找到突破案件的有利信息。

第四，可以延伸了解被举报人曾获得的表彰荣誉。大家平时可能更注重收集被举报人曾受过的处分、曾出现的问题，很少注意他有过些什么，而且反感被举报人在审讯时大谈其功绩，但其实如果我们换一个角度，这些信息在审讯环节由侦查员来说效果可能就不一样了。我们面对的一些官员曾经都获得过很高的荣誉，一步步走到今天的领导岗位非常不容易，在适当的时候，如果侦查人员能提到举报人曾经在岗位上所做出的最突出、最得意的贡献，可能会不知不觉中引导他想起他人生中最辉煌、最光荣的那一段历史，会使他想起组织和关心他的领导对他无私的培养和重用，会使他想起他也曾有过为民谋利的雄心壮志、豪情万丈，会使他想起自己也曾是受人尊重、被人敬仰的有功之臣，从而迸发对事业、对组织、对领导、对亲人、对家庭、对前途悔恨交加的复杂情感，以强烈地撞击他的内心，增强审讯的效果。

第五，在初查中还可以尽可能跟踪被举报人几天，多拍几张本人、家属、住宅、出行的照片。有时审讯期间在适当时空不经意地让他看见，在信息不称的情况下，他就会误以为他的所有活动、通信情况尽在我们掌握中，也可以使心理防线加速崩溃。

查工商登记时，可以拓展到查公司注册资金，看是否有抽逃虚报的情况，到税务部门看纳税是否有少缴的情况，以便下一步的审讯中占住先机。

当然，重要案件（大笔资金异动）还要取得反洗钱中心以及负责海外投资、留学资金等多部门、多渠道的信息，只有这些因素初查到位、扎实、穷尽，才能正确分析、判断、决策，侦查员在审讯中才可能将这些细节发挥出千变万化的效用。

因此，从初查中收集到的细节可以让你初步了解对手，可以让你科学设计侦查方案，细节掌握得越多，透视出的案情越清晰，关键性的细节往往还能导致侦查思路的转移和改变。即使是不关键的细节，在初查中也绝不可以忽略不计，因为极可能该细节将来会对办案整体的结构和功能带来重要影响。

（三）拘传中的细节问题

拘传是侦查机关对犯罪嫌疑人所采取的一种强制到案接收讯问的措施。执行拘传是颇具讲究的专门性工作，拘传时机、方式等各种细节往往直接关系到侦查的效果。当前，我们的拘传时限很短，稍纵即逝。因此不同情况下要设计不同的拘传细节，以加速犯罪嫌疑人心理防线的崩溃，缩短抗拒心理周期，使拘传达到能够促进审讯的效果。

对于单身居住的犯罪嫌疑人（比如异地交流干部），我们考虑夜间或周末拘传；对于和家人生活在一起的犯罪嫌疑人，我们考虑上班时间拘传；对不易在住所或工作单位实施拘传的犯罪嫌疑人，可利用其上下班的途中，或出差前后上下交通工具时，或由单位通知开会等方式拘传；对于已在初查中取得较大成果，比如查出巨额财产，可以直接到单位公开拘传，以迅速催垮其心理防线。

不同的拘传方式目的都是防止犯罪嫌疑人或家属串供、通风报信、转移财产赃款，走漏消息。当然，拘传重要岗位的官员要通报上级主管部门，并且一定在拘传前调查清楚此人近期的工作安排，近期是否有重要工作必须此人参与。

2009 年，我们在办理一个贿赂案件时，行贿人供出市规划局一名处级领导干部周某收受了其贿赂，侦查员们都很兴奋。因为周某一向都有举报，但举报内容都非常含糊，这次行贿人已明确交代，而且其交代的其他行贿事项都一一得到核实，这案件是板上钉钉了。侦查部门当时得知周某就在办公室，就立即作出了拘传的决定。当周某被拘传到审讯室刚坐下时，意外发生了。原来我市正有一重大经济合作项目第二天需在省外商谈，而周某正是我方的主要洽谈代表，必须参加。此时该如何办？如果此时开始询问，第二天又放他去省外开会肯定不能达到预期的侦查目的。于是，侦查员只好把周某从审讯室带到询问室，又将周某从询问室带到办公室，最后以找周某是为了要咨询几个专业问题为托词，咨询了几个规划的专业问题后便将周某放了回去。短短一小时内，周某从审讯室到询问室再到办公室的这个过程，已全盘打乱了我们的计划，相信周某心中也非常清楚并有所准备了。因此，当周某洽谈回来后，我们也没有直接找他，而是一直在经营此线索，直到两年后，有了更确凿的证据后才一举将周某拿下。这个案例也是我们拘传前的准备工作没做好，忽视了细节带给我们的一个教训。

另外对于已经闻风而逃的犯罪嫌疑人的拘传。通常在共同犯罪案件、贿赂犯罪案件以及窝案串案的侦查过程中，部分犯罪嫌疑人尤其常常会闻风而逃，如何迅速、及时、准确地实施拘传措施，对最终案件的成功侦破起到了举足轻重的作用。因此，对于拟准备逃跑，或正在逃跑的犯罪嫌疑人，研究成功拘传的细节是我们应当高度重视的一项工作。

2007 年，我们某基层检察院正准备查办一正处级干部，行贿人闻风而逃。经查，获悉行贿人已坐上由昆明开往郑州的火车了。按照通常的抓捕方式，应当立刻飞到郑州终点站实施拘传。但这个基层检察院侦查员们这时没有忽略这样一个细节，当火车到站时，成百上千的人会同时从火车上涌下，即使当地警方和检方全力配合，只拿着一张照片的我们也难保在茫茫人海中不会和行贿人擦肩而过。我们不能有万分之一之失误，只能百分之百之成功。因此，他们放弃了终点站实施抓捕的计划，决定中途直接上火车进行拘传。因为高速行驶的列车是特定的、封闭的环境，在这种封闭的环境下，拘传成功的可能性更大。可是当时火车已过了沿途各大站，最后他们终于赶到一个中途停靠时间仅为两分钟的站点上车，在上车 40 分钟后就将这个行贿人成功抓获。

因此，拘传的细节应当认真对待，拘传时采用何种方式，往往取决于被传唤人在案件中所处的地位、影响、作用、态度等，白天拘传和晚上拘传，正常情况下被拘传与出差回来刚下飞机被拘传，按部就班式的拘传与跟踪过程中的拘传，这些细节上的不同，产生的效果都有明显的区别。为此，拘传前要周密安排，了解犯罪嫌疑人的行踪和活动规律，事先守候，尽量在让犯罪嫌疑人在无心理准备的情况下拘传，伺机出其不意地实施拘传，以增强审讯的效果。

（四）审讯中的细节问题

讯问犯罪嫌疑人是侦查人员与犯罪嫌疑人面对面的较量，也是侦查过程中细节谋略运用最集中、最丰富的阶段。对于检察机关侦查人员来说，审讯的高明之处往往就在于发现细节，因势利导运用细节。因此，我们要在审讯全过程洞细悉微，往往可能从一个小小的细节中，就能推断出方向，观察出整体，推断出关联，把握住动态，从而调动整个侦查过程，跨越审讯中的障碍。

几年前我们市院参与办理了中纪委一个专案，线索是某正厅级干部涉嫌受贿。但在接触这个正厅级干部前，如何攻克开主要行贿人陈某成为此案能否顺利侦破的基础。审讯的艰难程度超出了所有办案人员的想象。在纪委牵头的调查期间，无论用什么方法，行贿人陈某始终一言不发，他的沉默成了侦查员面前的一座山。一天，侦查人员让一个陪护突发“急性阑尾炎”，而新的陪护人员小李是陈某的老乡，一出场就说着一口和陈某一样的潮州话。在这个特殊的场合，我们侦查员敏锐地看到，陈某看小李的眼神中居然闪现出善意的目光。这个细节告诉我们，也许这个方法会奏效。最终我们利用陈某与小李的对话，找到了陈某的父母、姐夫。通过耐心细致的工作，陈某的亲人都愿意让陈某配合，争取从轻处理。当小李把陈某姐夫的纸条交给陈某的时候，陈某流泪了。纸条上写着“阿文，对方已经讲了，不要再扛了，父母和孩子还好，你争取早点回来”。后来陈某将犯罪事实都供认，最终，此专案共查处正厅级干部1名，处级领导干部7名，涉案金额上亿元。

审讯成功与失败的案例在侦查实践过程中往往是一时、一事、一点之差，而导致正反结果。成功在于敏锐地发现细节、运用细节，甚至创造细节来拓展审讯的三维空间，此案就是创造细节的一个成功案例。而对细节的忽视、没有预见性则导致要付出更多的额外努力。在工作中缺乏细节意识的侦查人员常常会给办案带来不少意外的麻烦。在日常审讯工作中，常常出现这样一些不注意的细节错误，有的甚至屡禁不止。

第一，记录的人员常常会情不自禁问：“这个名字怎么写？”我们面对的犯罪嫌疑人，或身居要职，或见多识广，社会经验丰富。由于这些人身份和地位的特殊性，分析能力是很强的，一旦记录人员问：“是哪个字？是这样写吗？或者怎么写……”无疑就是告诉犯罪嫌疑人，我们根本不掌握你说的这个人，犯罪嫌疑人马上就会警觉，就会思考，就会掂量，到底我们掌不掌握，掌握多少，他到底要不要再说，该说多少。遇到这样的情况，我们可以用警务通查、自书供述后再与笔录一起签字。

第二，犯罪嫌疑人突破后，审讯的人员常常神情放松，甚至走出审讯室向领导汇报。审讯是双方间的心理交锋，审讯中犯罪嫌疑人往往试图通过密切关注审讯人员面部表情、言语的变化，从中捕捉细节，来判断自己应该采取的行为方向。犯罪嫌疑人一旦开口后，就会密切观察审讯人员的神情，以揣测自己说的对方是否掌握，自己接下去是否应当继续交代，还是要及时打住，或者进行相应解释。这时审讯人员一方面要把握自己的内心波动，控制自己的情绪，防止自身重要信息细节被犯罪嫌疑人获取。另一方面也可以注意将各种细节进行伪装，以迷惑犯罪嫌疑人，因势利导。比如放一盒抽纸在桌上，用拿抽纸的这个行为表示侦查人员突然离开审讯室是去上洗手间。

第三，电脑制作的讯问笔录有时存在缺陷。（1）电脑制作笔录大量粘贴。现在电脑制作笔录的优点是整洁、清晰、易辨、不易涂改，但由于它的可复制性，加之犯罪嫌疑人在侦查期间需要做多份笔录，所以承办人或书记员经常对笔录进行大量粘贴，使得多份笔录之间雷同，标点符号、错别字都一样，甚至出现一个书记员在同一时间做若干份笔录的情况，极大降低了笔录的证据效力。（2）笔录没有涂改修正的地方。电脑制作的笔录上没有任何修改的地方并非是一件好事。笔录应当要保持有修正的地方，目的是防止翻供。当前翻供理由中占比最重的并非是说我们刑讯逼供，而是说我们不给睡觉，或者压力太大休息不好，笔录都没认真看就签了字，实际根本不是笔录里讲的那么回事。所以我认为笔录应当要有修正的地方，目的就是防止翻供，对有些可能翻供的犯罪嫌疑人，侦查员在作笔录时，甚至有必要故意在数字上或名字上弄点小笔误，让犯罪嫌疑人发现后修改。之后如果他再在法庭上说是“检察机关不让我睡觉，我昏头昏脑就签了字”，公诉人员就可以就势指出：“笔录上连出生年月错误、家庭住址错误这么细微的错误，你都发现了更改了，事关你犯罪事实如果重大的问题如果有错误你能不更改吗?!”

第四，审讯突破后没有耐心听犯罪嫌疑人的辩解。在突破案件后，少数侦查员往往都沉浸在突破的喜悦中，对犯罪嫌疑人招供后的辩解都认为是为自己开脱，只想迅速做完有罪供述进入下一个环节。但这可能就埋下了一个将来翻供的伏笔，他的辩解可能就是将来翻供的借口。因此，要认真听取他的辩解，哪怕是无稽之谈，哪怕是空穴来风，我们不要阻止、不要忽略、不要轻视，要允许其把话讲完、讲透，充分听取和分析这些辩解的支撑依据，作为下一步完善证据的考虑因素，对辩解有理的成分要及时查证采纳，如果有理的辩解在侦查阶段不能被充分听取，犯罪嫌疑人在后面的诉讼阶段也会寻机提出，一旦涉及新的证据，则易造成反复或退回补充侦查，造成被动。对无理的辩解，要加强换位思考、超前预测，从细节上加强对策研究，做好预防翻供的侦查预案，真正做到证据确实充分、无懈可击，经得起法庭的质证和辩护人的挑剔。

第五，审讯掌握不住限度。许多侦查员在审讯突破后，尤其是在贿赂案件突破后存在“会放不会收”的情况。当一个受贿人或行贿人交代了他的犯罪事实后，一些侦查员往往都说你还没讲完，继续交代，而交代的这个时限实际是要到审讯时限完全用完的那一刻，而即使是到了这一刻，一些侦查员仍然对犯罪嫌疑人是否已经竹筒倒豆完全讲完了心中无底。那到底犯罪嫌疑人讲到什么程度算基本讲完了，这就要看侦查员对各种不同的行受贿行为潜规则的掌握情况了。不同地区、不同行业、不同市场、不同时间都有不同的潜规则，一旦掌握了这些潜规则，就基本能做到心中有数。所以审讯不是完全一味地强调交代、交代、再交代，而是心中要有一杆秤，要清楚坐在对面的犯罪嫌疑人到底是真心坦白还是避重就轻，从而决定审讯的力度和强度。

第六，审讯中随意承诺，不能维护司法诚信。为了审讯的顺利进行或深挖犯罪的需要，我们有时会对犯罪嫌疑人做一定的承诺，或答应不采取强制措施，或答应取保候审。但很多侦查员在答应时都只为了尽快突破案子，而没有考虑到他到底有没有这个权限，他的承诺是否能够兑现。对此，我的看法是审讯中的承诺应当兑现，能做到什么程度答应到什么程度，不能做到就不能答应。因为侦查人员代表的不是他个人，他代表的是司法机关，一旦承诺不兑现，短期内、个案上可能有效果，但长期看绝对是弊大于利的。在此，我想举正反两个例子。

我们在调查某农业银行的副行长朱某涉嫌受贿一案时，朱某表示只要不关押他，他愿意如实供述。侦查人员调查他经手的业务，发现他分管的主要是党群工作，不涉及银行主要业务，受贿金额应当不会大，评估后侦查人员承诺主动交代后可以采取取保候审的措施。于是朱某很快交代了其受贿的事实。但由于其供述的行贿人有两个，当时只向其中一个行贿人进行了核实，而另一个行贿人没找到。领导为确保万无一失，考虑找到另一个行贿人核实后再变更强制措施。当拘留朱某时，朱某情绪激动，认为我们不遵守承诺，甚至企图撕毁笔录，而后全部翻供。在另一个行贿人出国始终下落不明的情况下，我们仅只有一个行贿人的笔录支撑此案，后侦查人员花费了数月的精力来挽回被动的局面，最终通过朱某的律师多次做工作才重新固定了朱某笔录。

昆明某设备安装公司董事长余某为了使该公司能承建工程，送给了甲方70万元。在执行逮捕期间，余某的妻子突然发现患有癌症，在加拿大准备动手术。余某与其妻都是知青，感情甚好，余某提出回加拿大见妻子一面，愿意以此供述出我们尚不掌握的其行贿其他官员数百万元的罪行，并承诺最终会回国接受惩罚。当时我们面临两难抉择，我们该如何抉择？要不要冒这个险？当时侦查员与加拿大余某妻子的主治医生和护士取得了联系，收到他们证实余某妻子病情的诊断护理证明。根据对余某夫妻感情的调查，以及与余某接触后对余某的基本判断，最终经领导的同意决定变更强制措施为取保候审，给余某14天时间让他回加拿大探望。结果到了第16天，余某回来了，履行了他的承诺。

近4年来，昆明市检察院反贪局有108件案件是在办案中深挖发现，占立案总数的68%，全市两检察机关反贪部门有368件案件是在办案中深挖发现，占立案总数的53%。在深挖中，尤其是在大的专案、一个受贿人对应多个行贿人的情况下，我们对能来说清问题的行贿人给予从轻从宽处理，这样进来的行贿人出去后很快能将我们的态度告诉其他行贿人，这比我们自己的宣传奏效得多，通常在较短的时间内我们就能将多名行贿人的证言全部取到。

另外，在审讯中，犯罪嫌疑人毕竟要按法定时间滞留在我们的审讯室，接受讯问，此时他的心理压力、心理落差、心理反复是最大的，安全问题也是我们要关注的最重要的问题，当我们按照规定让犯罪嫌疑人清身后，是不是就万无一失了呢？我想肯定不是，从犯罪嫌疑人本身来说，关注他的身体情况，许多官员脑血管心血管疾病年轻化，强大的审讯压力可能会是发病的诱因；从犯罪嫌疑人正常穿戴来说，长统袜、领带都是在洗手间自杀上吊的工具，女士内衣塑身衣中的钢丝可以插入血管或吞下自杀、有犯罪嫌疑人用佩戴的眼镜脚插进心脏自杀；从审讯环境的物品来讲，侦查员、书记员的笔，审讯人员的打火机，女干警放在自己包里的修眉刀，都因为不注意看管，被犯罪嫌疑人偷偷拿去作为自伤自杀的工具。各种各样细节低级但反复出现以上所有这些不起眼的东西，只要你稍有疏忽，可能就会变成一把杀人的刀。

（五）搜查中的细节问题

搜查的主要目的是发现和收集与案件相关的犯罪证据。因此，就要围绕搜查财物和书证来制定具体搜查方案。每一个可以立案的案件都必须搜查，不留遗憾，大胆使用侦查措施。

除了通常搜查的程序，我们要注意五点：第一，对参加搜查的人员进行具体分工；第二，原则上不带犯罪嫌疑人本人去（一是为了安全，二是因为是否搜查到财物，搜查到何种财物都会影响犯罪嫌疑人的心态进而影响审讯效果）；第三，搜查时安排专人注意家属的神色、举动（如果发现搜查某一地点时被搜查人及其家属神态紧张，要特别地仔细搜寻）；第四，尽量选择老年人、未成年人不在场时搜查（一是防止老年人情绪激动、心情波动引起心脑疾病突发，二是防止对孩子造成负面影响，三是不让犯罪嫌疑人产生对抗心理）；第五，对搜查活动的同步录像、录音或拍照十分重要，这个工作细节也不应该忽视，搜查完毕后按照原样逐一放回。

另外，搜查后扣押物品的登记是否详细、客观、全面非常重要，在此我们是吃了大亏的。另外，少数侦查人员在扣押首饰、手表时常常未经鉴定，便写上扣押黄金项链几根、翡翠挂件几只、江诗丹顿手表几块。在没有鉴定之前，为什么要对扣押物品轻易定性？我们扣押的一部分首饰、手表是都是按犯罪嫌疑人交代的品牌品质进行登记，后经鉴定，都是仿造的，但我们开具的扣押物品清单登记的都是正品，这将会在处理扣押物品时给我们带来不必要的麻烦。因此对于扣押物品只能详细注明特征、品牌、颜色，未经鉴定只写物状形态不能定性。

（六）取证中的细节问题

只有经过事前的深思熟虑和事中的精工细活，侦查才会出现最少返工和节省成本的效果。追精求细的成本是最值得的成本，而在细节上少花的成本，往往会导致加倍地在别的地方付出。侦查中一个案件发生质量问题，往往发生在取证方面，大多是由于案件取得突破后承办人员不善取证，导致案件事实、证据出现反复与偏差，最终导致案件质量问题。

我们曾经办理过一个案件，举报称昆明市滇池管理局财务处处长范某在公务往来中接受了某保险公司返回的10万元现金。当时有保险公司经理、出纳送10万元给范某的证言，有范某同事何某称曾陪范某一起去保险公司拿钱证言，有范某在银行的户头同期存入10万元的记录。虽然范某自始至终不承认，但当时作为承办人的我认为有三个人同时证实此事，范某银行户头也存入了10万元，应当没有问题，便对其立案并采取了刑事拘留的强制措施。但就在此案的发展过程中，有两个细节让我疑惑：一是拘留范某的当晚，范某进看守所时只说了一句话："我以为你们不会冤枉人，原来我错了。"这句话当时让我的心中升起了一丝不安和疑惑；二是在范某被逮捕的一个月后，我决定再次对陪着范某去拿钱的范某好友何某进行核实，可当我看见何某时，我吃了一惊，因为何某突然瘦了20多斤。问其原因，她说是因为最近睡不好觉。虽然何某仍然坚持原来的证言，但我心中的疑惑更深了。我们决定在范某涉嫌受贿行为之外再进行拓展，寻找范某是否有其他涉嫌犯罪的问题。

但有一个细节引起了我们的注意，在每天都出出进进的款项中，有一笔200万元的款项始终未动。为什么其他款项流动而此款不动？经与凭证核对，我们发现此款并非没动，而是转出一年后又带着活期利息回到账上。既然是正常的活期存款，为什么账面没反映这笔款转出去过？带着疑问我们进行了追查，才发现原来范某将此款转到昆明国际信托投资公司存了一年的定投，将相当于活期利息的款项转回单位，自己支取了10万元的高息隐瞒侵吞，范某贪污10万元的犯罪事实被揭露了。当我们去询问范某时，范某说："说我贪污我认罪，但说我受贿我不认，我存在银行的那10万元其实是我贪污的。"至此，我内心确信范某涉嫌受贿的认定确实有问题，最终我们只认定了贪污罪一个罪名。

因此，案件侦查就是寻找细节的连锁反应，这其中的细节就是要求每个侦查员以敏锐的眼光来挖掘，以执着的态度来发现，以锲而不舍的精神来对待我们的工作。

当然，敏锐的观察力不是一蹴而就的，需要侦查人员用心累积经验，还要具备逻辑推理能力。职务犯罪侦查细节反映的往往是事物的微观要素或局部细节，能从这些要素和细节中推演出什么就是用心程度的问题。

在审讯昆明市原副市长胡某受贿案件时，取证的细节也演绎出了很多突破案件的关键点。胡某到案后，虽然交代了其受贿的大部分犯罪事实，但由于心理的恐惧、担忧、害怕，每天的供述都不稳定，都在反复，因此在证据细节上进行补强成了强化证据最有效的手段。胡某收受最大的一笔贿赂就是深圳某公司送他的3200万元现金，当时这笔现金装在8个茶叶箱中交给了胡某。胡某拿到这笔钱交给情妇肖某保管，肖某很快就搬到了别墅。当时侦查员们在想，既然这些钱曾经藏在胡某深圳的家里，他的情妇搬家只可能将8个茶叶箱一起搬走，虽然事隔几年，也许包装纸箱还会在。于是侦查员又飞到深圳，找遍了胡某所购别墅的每个角落，终于在车库顶上的杂物堆里发现了8个已经被主人遗忘的包装箱。当胡某在审讯室突然看到这8个包装箱时，他吃惊地说，“我真的无法想象你们连这个都能找到，你们放心，我不会再翻供了，我是真服了”。

以上就是在各个侦查环节中对细节运用情况的一些简单归纳。实际上，侦查各环节过程中的细节就是一种思维方式、一种工作作风、一种蕴含侦查精髓的精神境界。“小事成就大事，细节成就完美”，在职务犯罪侦查过程中，不肯放弃，抓住抓好每一个细枝末节，有利于案件向深度和广度发展，往往就会把工作推向全新境界。

三、如何培养和提高细节意识和能力

刘国清专家说，“中国的改革已经进入细节化，检察工作、反贪工作也在不断细节化。要适应现阶段职务犯罪侦查需要，侦查人员仅仅依靠传统的办案方式已跟不上形势要求。随着法治社会、法治意识的增强，职务犯罪侦查在不断充实新理论总结新经验的同时，也越来越强调侦查活动的精雕细琢”。而精雕细琢就必须强调对细节的关注。这种细节观念的改造不可能是短期内疾风骤雨式的强行改变，而是一种润物细无声的长期、缓慢、细致、自然的反应过程。我们探究职务犯罪侦查细节的目的就在于通过培养，形成侦查人员科学严谨的态度、敏锐的观察力、严密的逻辑推理能力，以适应职务犯罪侦查日新月异的形势变化。

（一）培养敬业、严谨的工作态度

态度决定一切。职务犯罪侦查细节不仅仅涉及制度，关键在于培养侦查人员一种敬业、科学、严谨的工作态度，这种态度也是侦查人员检察文化、价值理念、办案习惯以及侦查能力的综合反映，侦查能力提高的源泉和真正基础只能是来自于侦查人员的内在本身，在侦查过程中，侦查人员是否仔细观察，是否深入思考，是否迅速反应，是否认真负责，都决定着侦查的成败。因此，侦查人员要意识到自己肩负着打击腐败、维护司法公正、弘扬社会正义、保护公民权利的神圣使命，把自己的人生幸福与价值实现与自己所从事的职业结合起来，把自己的身心投入工作中去。反贪部门每位干警都要培养敬业、科学、严谨的工作态度，逐渐形成重视细节的侦查理念渐变、办案习惯形成和侦查能力自我提升的自觉，这是培养和提高细节意识和能力、干好侦查工作的前提。

（二）培养敏锐的洞察力

在职务犯罪侦查活动中，侦查人员疏忽大意必然忽略稍纵即逝的细微战机，往往错失破案良机。而良好的观察力，却可以协助侦查人员沿着正确的方向去寻找战机或证据，一些案件的侦破，往往就得益于敏锐的洞察力，从细微之处发现了有价值的线索，从而使案件豁然开朗。因此，凡是不合常理的存在和事件都隐藏着玄机，我们的侦查人员平时要注意观察、善于观察，提高自己的观察能力，对办案过程中细心地观察，不放过任何一个细节和问题，从而提高案件侦办的质量和效率。

（三）培养严密的逻辑推理能力

职务犯罪侦查案件中既需要信息量的积累，更需要逻辑推理来判断信息的价值，这就要求侦查人员具备严密的逻辑推理能力。在查办隐蔽性极强的贪污贿赂等职务犯罪案件中，必须以逻辑思维为媒介，对零碎的细节材料、信息进行拼凑、组合、填补，运用严密的推理判断，由已知推出未知，由细节推出枝干，通过逻辑思维探究事件的来龙去脉。在推理的过程中，案件中所有细节都是珍贵的碎片材料，需要侦查人员以案情为主线把它们一一串联，随着侦查人员逻辑思维的推理演化，这些细节才能联系起来，鲜活起来，重现隐藏的秘密，找到突破的方向，呈现出千变万化的利用效能。职务犯罪侦查部门的工作人员如果人人都形成了侦查全过程重视细节、推敲细节、分析细节的缜密思维，那么侦查技能就会发展到一个新的层次、新的水平。

“细节决定成败，细节成就完美”，探究办案细节，提高侦查技能，只有从办案实践中获得，只有亲历亲为才能有所感悟。职务犯罪侦查的细节摸索永无止境，关键还要侦查人员善于钻研思考，不断增强、充实自己发现细节、提炼细节、利用细节、创造细节、最终赢得细节的能力，逐步将侦查各环节的细节技能系统化、规律化、实效化，为检察事业的推进和法治社会的发展贡献自己的智慧。

第6堂课　职务犯罪讯问：基础与要点

●张　亮*

课程提纲

一、讯问的总体要求
二、讯问的具体方法
三、讯问对象的掌控
四、讯问的细节把握
五、把握讯问对话的过程
六、讯问谋略和技巧
七、讯问方法的选择
八、讯问的忌讳

一、讯问的总体要求

讯问开始的第一个要求，就是侦查人员对此次讯问的定位要非常清晰，了如指掌，心知肚明，这样才能方向明、目标清、信心足。

（一）讯问定位

侦查人员开始讯问之前，准备工作非常重要，首先是要了解这次讯问的主要目的，需要解决什么问题、准备采取的方法、可能出现结果的应对，必须避免盲目、无序、临阵磨刀、瞎猫碰死耗子的现象出现，要在准备阶段就注意排除这些弊端。

* 上海市人民检察院二级高级检察官（已退休）。

1. 目的定位

在职务犯罪侦查过程中，在讯问总体目标明确的前提下，每一次讯问的具体目的是各不相同的，侦查人员必须非常清晰地把握本次讯问的主要目的、任务。

（1）突破。我说话喜欢一针见血，直截了当讲，就是“无中生有”，大家理解我的意思，当然是建立在证据基础上的嫌疑指向，不是“无头苍蝇”瞎乱撞，因为这是第一次讯问，也包括初查阶段接触被查对象，侦查人员对犯罪嫌疑人、被调查人涉嫌犯罪的证据尚未得到其印证，要在完全空白的纸上描绘出色彩，形成一幅完美的图画，这幅图画就是完善证据，我们讲侦查是一门艺术，突破就是这门艺术中的点睛之笔，不能突破，对职务犯罪而言，可能影响和决定案件是否能够成立，可见突破讯问的重要性。

（2）拓展。拓展好比大浪淘沙，在河流中的金矿里找金子，越多越好。就是在原有的基础上，侦查人员对犯罪嫌疑人涉嫌犯罪的问题、细节进一步查明，力求穷尽，有的对象交代了一部分，隐瞒了一部分；有的是侦查人员只掌握了一部分；有的还牵涉到其他人的涉嫌犯罪问题，拓展一定是侦查深入阶段讯问的重要目的。

（3）固证。固证就好比是对建筑物加立柱、打圈梁进行加固，是对犯罪嫌疑人已经供认的涉嫌犯罪事实进一步予以固定，就是根据证据标准，完善对涉嫌犯罪指控的证据形成证据锁链、形成证据体系，确保不存在矛盾和瑕疵，用我的话来说，就是把证据定在“十字路口”、就是把证据定在枪炮瞄准具中的“十字线”的中心点，准确、精确、不得动弹，让我们的炮弹、子弹命中。

（4）补充。就是修缮、弥补，力求完美不存在缺憾，对以往讯问中没有顾及的内容、细节，通过讯问予以完善，其包括两个方面：一是侦查人员认为需要完善的内容；二是经犯罪嫌疑人提出，认为需要补充或者增加的内容。

（5）宣布。我认为，开诚布公是尊重保障人权的具体体现之一，“明人不做暗事”，我们根据法律的规定，将法律明确的，需要向犯罪嫌疑人告知的事项进行告知，如决定立案的告知、决定逮捕的告知、鉴定意见的告知、侦查终结的告知等。

我在审查案件时经常发现，有些侦查人员不愿意告知自己的姓名，不到侦查终结装订案卷，不肯把自己的姓名写在笔录上面，据说是为了保密，你保什么密？怕打击报复？怕诬告陷害？你又不是偷拍“法官集体嫖娼”的案件败诉当事人，我们是名正言顺的检察官、职务犯罪侦查人员，向犯罪嫌疑人告知自己是谁，这是按照法律规定的要求做的。

（6）其他。一些未尽事项，如由犯罪嫌疑人主动提起要求接受讯问，如有遗漏问题的交代、检举揭发、对有关事项的委托请求等，这叫“仁至义尽”，不留遗憾，我们要充分保障犯罪嫌疑人在刑事诉讼中的合法权利。

根据案件和犯罪嫌疑人具体情况的不同，讯问的目的、任务、要求也不尽相同，如果要细分，不亚于几十种，但在实践中我发现，有些侦查人员在讯问中对讯问的目的是不明确的，仅仅是为了讯问而讯问，为应付领导而讯问，由此可见，这种讯问是难以达到预期的效果、对案件侦查是毫无意义的。

2. 方法定位

讯问的方法是有讲究的，绝对不是电视剧里表现的那样：晚上，黑漆漆的讯问室，几个侦查人员正襟危坐，一脸苦大仇深、怒不可遏的状态，审讯桌上台灯的灯光照射在对象的脸上，对象座椅后站着两个荷枪实弹的警察，讯问人一开口就是：“姓名”“年龄”“职业”……瞎编乱造，我们都知道，实践中可能是这个样子的吗？难怪群众经常问我：“你们审问对象的时候是不是把‘探照灯’射在人家的脸上？”我无言以对，只能苦笑，都是这些乌七八糟的电视剧闹的！当然，有时我也据理力争，说审讯的房间是有国家标准的，桌子上是不允许放“探照灯”的，什么灯都没有的，照明灯是嵌入式装置在天花板上的，是不可能让人触摸到的……

方法定位，主要有以下几种：

（1）正面交锋。主要是向犯罪嫌疑人宣布政策、指明方向、提出要求、讲清责任、明确后果，打消犯罪嫌疑人的抗拒心理、侥幸心理、幻想心理。

（2）摸底设谋。对底细不清、情绪对立的犯罪嫌疑人采取的一种讯问方式，以一些无关紧要、不过于敏感的话题进行试探，“投石问路”“摸着石头过河”，从而掌握犯罪嫌疑人的弱点和不配合的症结所在，探明路径，对症下药。

（3）斗智斗勇。对自我保护意识强烈的犯罪嫌疑人更需要突出侦查人员的智谋，使用虚实相间、软硬兼施、环环相扣、步步为营等策略瓦解犯罪嫌疑人的思想防线，如“赶鸭子上架”“引蛇出洞”“瓮中捉鳖”等，实现予以突破的目的。

（4）心理较量。根据犯罪嫌疑人顽固对立、抗拒交代、拒不认罪的情形，在对其心理动因分析把握的基础上，进行心理剖析、心理引导、心理攻击的方法，如运用“囚徒困境”“场景渲染”“暗示意会”“两权相争取其轻”等策略，促使犯罪嫌疑人转变态度，选择配合。

（5）证据验证。以证据说话也是讯问的一种重要方法，一方面是验证证据的客观性、证明力；另一方面是以“兵临城下”“四面楚歌”“老鼠过街”的压力打消犯罪嫌疑人的侥幸心理，破除其不切合实际的幻想，促使其在证据面前缴械投降。

（6）综合体现。讯问过程更多的是要求侦查人员根据犯罪嫌疑人的不同情况、不同表现，特别是不同的变化，审时度势、随机应变、临场发挥，这就是侦查人员综合能力的体现。

3. 细节定位

每一次讯问都可能遇到令侦查人员特别费神的地方，要注意的问题是，每个问题都存在关键细节，所以侦查人员要一个一个去面对、去把握、去分析、去化解，不放过任何蛛丝马迹，问题就会迎刃而解。

（1）令其开口交代。讯问伊始犯罪嫌疑人不配合、不交代是常态，甚至有的闭口不言、沉默以对，这时的第一目的就是让对象开口说话，如果你还是一个劲地没有针对性地追问犯罪问题，只会加剧其抗拒的情绪，所以我使用的方法是，可以换一些别的话题、其感兴趣的话题、其不得不说的话题，让其说话是主要目的。

比如，犯罪嫌疑人沉默，不说话，我会讲："你这种态度我们将对你采取羁押的措施了。"这绝对不是威胁，对象存在犯罪嫌疑，还抗拒交代，讲明结果是实事求是，本来嘛！否则检察院就变成"大车店"了，不交代就可以拍拍屁股跑路，可以随便跑进跑出，能行吗？

我接下去问："拘留人员家属通知书是送给你老娘还是老婆？"

"别！别！老娘八十多了，受不了。老婆胆小怕事，还有心脏病，能不能送给我兄弟？"

这不是开口了吗？不是有求于我了吗？接下去话就好说了嘛！

（2）拓展犯罪事实。犯罪嫌疑人在交代了一些犯罪事实后，往往会有一个停滞期，他在作新一轮的观望、揣摩、摇摆，这个时候侦查人员不能停顿，不要跑进跑出、吃饭、休息、打电话，要加强打消犯罪嫌疑人的顾虑，帮助其卸下思想包袱，一鼓作气、乘胜追击、讯问到底，从"开始讲"到"继续讲"的关节点要把握好。

（3）获取自证证据。犯罪嫌疑人刚开始开口说话的"话"，一般还不属于证据性质，就是说对象开始说的话往往还是与案件无关的内容，我们讯问要获取的是犯罪嫌疑人的"自证证据"，所以到了一定的阶段，侦查人员的主要任务是获取对象对自己实施犯罪的、与案件有关的"话"，即"自证证据"。

（4）固定以往供述。讯问的另一个重要的作用，就是不断固定犯罪嫌疑人的"自证证据"，其有两个问法：一是每一次讯问前，追问一遍："你上次的交代是否事实？"二是在新的讯问开始时，追问："你以前的每一次交代是否事实?”

更要注意的是在新的讯问内容上进行证据固定，那就需要换角度对犯意、手法等进行深入讯问，从不同侧面、角度以更具体的细节固定证据。

(5) 交代同案他犯。讯问过程中，有的犯罪嫌疑人往往把问题往别人身上推；有的犯罪嫌疑人则是大包大揽，不愿意牵连他人，这就需要侦查人员火眼金睛、明辨是非，晓以利害，还原客观事实真相，促使对象实事求是，如实供述。

(6) 检举揭发补充。通过讯问犯罪嫌疑人进一步拓展案源是讯问的重要目的之一，对象愿意交代、愿意配合以后，对于进一步检举揭发一般就不成为问题了，这个环节对于体现政策、巩固证据、稳定情绪具有积极的意义。

(7) 表明思想认识。通过我们的讯问，让犯罪嫌疑人表明其自己对犯罪的认识是非常重要的，一是进一步固定了“自证证据”，证明侦查人员获取的证据的客观性、合法性；二是进一步体现了“宽严相济”的刑事司法政策；三是对犯罪嫌疑人是一种关注、是一种维护其合法权益的表示和体现。

我提出一个思考供大家参考：

我想有一个常识大家都知道，侦查实践中，讯问（询问）要求最高、难度最大的不是立案以后的第一次讯问，而是立案前初查阶段接触被查对象时，也就是“十二小时”（当然根据修改后的《刑事诉讼法》规定，对有些案件可以最长至48小时）这个阶段的询问。按照规定，这个阶段是“询问”阶段，当然从本质上而言，面对的是案件的当事人、被查对象，与“讯问”中的犯罪嫌疑人无异。

“十二小时”究竟是个什么阶段?

有的人认为是谈话阶段，有的人认为是摸底阶段，更多的人认为是突破阶段!

我认为，以上的说法都不够准确，从法律规定和案件侦查的要求看，“十二小时”是证据验证和听取辩解的阶段，这个定位是非常重要的。

你想想，仅仅是谈话?没有威慑力，目的不明确，效果难体现。

仅仅是摸底?那就说明初查阶段的工作没有达到基本的要求，这种摸底显然盲目。

定位为突破?一个脑子正常、抗审讯、反侦查意识强烈的职务犯罪嫌疑人，你没有基本的东西而仅靠“十二小时”其心理防线能够突破?显然是无稽之谈!即使有那么一两个，也是脑子有问题的，或者是自我良心发现的。

“十二小时”是在初查获取了相应的证据的基础上，面对被查对象对证据进行面对面的验证和仔细听取其辩解的阶段，这里非常强调初查和证据的基础要求，缺少了这个基础一定是盲目的、冒险的、效果不好的。

我的意思是，让对象开口，我们可以称之为“突破”，但在具体对待上，我们要把握“验证证据”“听取其辩解”，这才是真谛、关键、要害所在。

（二）讯问人员

侦查人员需要具备讯问能力，毫无疑问侦查人员是讯问活动的主体，我们常常说“人的因素是第一位的”，讯问也一样，侦查人员就是讯问成败的决定因素。

因此，对于讯问人员的要求是非常高的。

1. 阅历基础

（1）生活经历。侦查人员需要有社会生活阅历，熟悉社会、了解社会、适应社会是侦查人员的必备能力之基础，对于大量的“三门”（从“家门”到“学校门”再到“机关门”）干部，进入了检察机关侦查部门，怎么办？加强学习、勇于实践，加快弥补自己对社会了解不深、不透的弱点。

（2）知识经历。文化底蕴是侦查人员非常重要的知识积累的要求，系统学习掌握各种文化知识、系统学习掌握专业技术知识的经历及对知识和文化的沉淀，是侦查人员必不可少的过程，一个没有文化、没有专门知识、缺乏文化底蕴的人是当不好一个合格的侦查人员的。那些热衷于刑讯逼供的侦查人员哪个没有文凭？但是他们没有文化，缺乏文化底蕴，否则怎么会干出这些令人发指的行为来？

（3）工作经历。成熟的侦查人员往往是具有一定的工作经历的，我在当反贪局局长时，比较倾向选拔一些当过“工农兵”、具有一定工作年限的人来做侦查员，因为侦查人员需要面对各式各样的人，缺乏这个经历是个大障碍，“三门”检察人员们一定要注意在“后天”弥补这个“先天”的缺陷和不足。

（4）侦查经历。侦查经历是侦查人员成长、成熟的必然的实践过程，就如外科医生，没有几十台手术的经历，不是合格医生；没有几百台手术的经历，不是资深医生；没有上千台手术的经历，不是顶尖专家医生。当然单凭“耗年头”“凑手术”不是个办法，根本是要钻研、思考，在实践中不断提升。我们的队伍中，有的一二十年没有成为高水平的侦查员，有的3个月就像模像样了，主观努力的重要性，当然还有悟性是不可或缺的。

（5）相关经历。相关经历就包罗万象了，比如当过学生小干部、打过“酱油”、跑过“龙套”、有过起伏、受到过曲折、被排斥过、被误解过、穷过、苦过、失落过，当然也包括当过大白领、为过官、成功过、辉煌过、众星拱月过，这些经历，能够正确对待就是无价之宝，是学校里、书本上没有的。

据我了解，世界上有许多国家选拔法官、检察官的条件之一是，要有担任律师10年以上的经历，他们在“人”身上想解决什么问题大家应该是一目了然的。

2. 能力基础

（1）分析能力。这是思维的基本过程和方法，分析是在头脑中把事物分解为各个属性，对事物内部的各个方面进行具体破解，深入事物的本质，能够在复杂的问题中理出头绪，把握事物发展的规律。不善于分析，必然盲目蛮干，就不能成为合格的侦查员。

（2）判断能力。对事物的各种复杂情况有所断定的思维形式，任何一个判断，所肯定或否定的内容与客观现实相符合，它就是真的，检验判断是否正确的唯一标准是实践。侦查过程也是一个需要不断判断的过程，所以在实践中不断提高自己的判断能力相当重要。

（3）推理能力。由一个或者几个已知前提推出未知结论的思维形式，推理是客观事物的联系通过人们的实践在意识中的反映，要求推理的前提真实、推理的形式正确。许多描写侦查破案的文艺作品、影视剧，如《东方快车谋杀案》中的大侦探波罗、《福尔摩斯探案》中的大侦探福尔摩斯等，渲染的就是侦查过程需要推理能力。

（4）逻辑能力。主要是指逻辑思维方式，根据事实材料，遵循逻辑规律、规则来形成概念，作出判断和进行推理的方法，有比较、分析、综合、抽象、概括、演绎、归纳等。我们在日常生活中常常讲“不符合逻辑”，就是指明显存在违反规律之处，侦查过程中我们侦查人员不能不讲逻辑，不能没有逻辑思维。近年来的那些冤假错案，你回过头来看看，都是存在逻辑上的毛病，无一例外。

（5）演绎能力。用一般原理证明特殊事实的一种证明方法，其前提和结论之间的联系是必然的，是一种确定性推理，具体方式有三段论、假言推理、选言推理等。演绎能力其实是讯问过程中最重要的能力之一，我们讯问之初，往往只掌握犯罪嫌疑人部分证据、一些表面现象，要让对象彻底交代，其一个手段就是通过演绎，迫使对象面对真相、事实、证据无言以对，无法狡辩、推卸、逃避，只得缴械投降。

（6）写作能力。能够把语言变换为文字是最基本的能力，侦查人员要客观、准确、原生态地把犯罪嫌疑人的语言变换为文字就不是一蹴而就的简单能力了，避免歧义、笔误、遗漏是重要的。所以侦查人员不但要能说，而且要能写、能记录，这其中的奥秘是非常多的，大家都可以意会，我在这里显然是

“一言难尽”。

（7）论辩能力。争论、辨别、论证、辨明是非、证明或反驳的过程，即结论必以符合实际为真，与之相矛盾的论证必假。侦查人员在讯问过程中就是为了揭示真相不断与犯罪嫌疑人争辩的过程，论辩、争辩能力是侦查人员必备的集坚持真理和语言表达为一体的能力。

（8）表达能力。能够把自己的意思清晰准确地反映出来，让对方能够明白、理解，能够让对象听得进、接受得了，这也是一种本事，表达能力也是语言能力的一种，侦查人员“会说话”的能力在讯问过程中是非常重要的。

（9）应变能力。适应时事、形势变化，应付事态变化，“举措应变而不穷”。这是要求侦查人员在讯问之前多筹划、谋算、料对方变化而变化，对变化有事先的充分准备，力求达到料事如神的境地。千篇一律、一成不变是讯问之大忌。

（10）归纳能力。用特殊事实证明一般原理的一种方法，侦查人员在讯问过程中要具有将特殊的事实以一般原理论证的能力，以权谋私的表现形式一百种不止，怎么认定这些表现不同的形式是贪污呢？这就需要归纳论证，证明其符合贪污罪认定的一般原理，“千变万化不离其宗”，这是突破犯罪嫌疑人心理防线、令其心服口服的重要能力。

（11）总结能力。对各种信息进行提炼、汇总，进行一个全面的概括，理出头绪、抓住本质、提纲挈领是侦查人员需要具备的能力。信息杂乱无章、线索千头万绪、疑点云里雾里、手法五花八门、表现“八仙过海各显神通”，能够抓住本质是侦查人员的能力、本事。

（12）反思能力。能够不断对自己的办案思路、指导思想、行为方式等进行回顾，分析成败得失，吸取教训、发扬长处，这是侦查人员不断提高自己的重要能力。上海市人民检察院倡导的案件讲评就是对已办的案件进行反思，主要就是找问题、找毛病，特别是对成功的案件进行反思，找不足。

3. 知识基础

侦查人员的知识面要宽广，知识面宽广的主要途径是不断地学习，不断地实践，加强对各种相关知识的学习。“书山有路勤为径，学海无涯苦作舟”，学习知识没有捷径。

（1）政治学。讲政治、坚持正确的政治方向，是侦查人员必备的知识基础，职务犯罪的对象多是干部、共产党员，对这些特殊的对象进行教育、引导，不懂政治显然是不行的，侦查人员必须对政治学有深入的研究。

（2）法律学。法律学的内涵非常广泛，法治史、刑事、民事、经济、商业、行政等法律规范包罗万象均在其列。侦查活动是依据法律的规定对特定的人或事实施的一种国家行为，如何正确行使侦查权，如何规范侦查程序，如何准确惩治犯罪、保障人权没有法律学的基础显然是不行的。因为法律有不断完善的特点，所以法律学的知识必须不断学习、终身学习。

（3）经济学。职务犯罪中的贪污贿赂、挪用公款等犯罪其实质属于经济犯罪范畴，而且相当一部分职务犯罪发生在经济领域中，侦查人员对于经济学知识要予以重视，诸如企业改制、上市、证券、流通、GDP、GNP、PMI、CPI、PPI 等，不但要知道概念，而且还要掌握了解一般规律。又如最近中央批准在上海建立了“中国（上海）自由贸易试验区”，我们要及时了解掌握其中的相关知识。

（4）社会学。社会学是基础科学，就是人类的社会生活及其发展为研究对象，揭示存在于人类的各种社会形态的结构及其过程和规律。要求对各种社会现象有正确的认知能力，了解社会发展的规律、特点和各种矛盾，脱离了社会整个根本现实，那就无法驾驭自己的思想和行为。

（5）证据学。证据学是研究证据的种类、标准、形态、发展、变化、证明力及非法证据形成、排除等及证据在各个历史阶段、各个诉讼阶段的地位、作用等为主要内容的学科，是侦查人员必须要研究掌握的基本知识。

（6）信息学。信息学是一门新兴的学科，当今的世界是信息世界，当今的社会是信息社会，离开了信息、不善于掌握信息就是聋子、瞎子，一定是一个时代的落伍者，因此熟悉信息获取、掌控的能力对侦查人员而言是非常重要的。

（7）文学。一个人文化底蕴形成的一个重要来源就是文学功底，书读得少、读得浅，必然知识浅薄、肚中无物，我又要大言不惭了，一些侦查人员办案件不比我差，脑子不比我笨，为什么成不了教官？写不出、说不出嘛！知书达理需要渊博的文学知识在内的各种知识。

（8）美学。美学是一门新兴学科，是哲学的一个分支，从人对现实的审美关系出发，以艺术作为主要对象，研究美、丑、崇高等审美范畴和人的审美意识、美感经验，以及美的创造、发展及其规律的科学，美学是以对美的本质及其意义的研究为主题的学科。侦查人员懂点美学可以提升自己的品位、气质、教养，会自然而然鄙视低级趣味，包括刑讯逼供等现象。

（9）军事学。这是与国防事业、部队建设、军事战争以及世界战争史、现代战争展望等与军事知识有关的学科。没有别的意思，一些具有从军经历的对象，你懂一点军事学，交流起来特别投缘，这些对象常常被我弄得泪流满面，半点瞎话没有！

（10）宗教学。宗教是人类发展到一定的历史阶段出现的一种文化现象，属于社会意识形态，侧重对神道的信仰，是一种寄托，宗教学就是对这种社会现象的研究。如今一些官员也信宗教了，有求升官发财的；有求逃避劫难的，你对此不了解就少了一条对话、沟通的渠道，我们共产党员、检察官不能信宗教，但研究宗教是两回事嘛！

（11）农业学。农村、农业、农民，重视农业、发展农业、关心农民、建设新农村是农业学的主要内涵，其与众多的学科有紧密的联系，是一门大众科学，当然与我们的工作也有密切的联系，村官在具有7种情形下涉嫌犯罪属于检察机关管辖，你对农民兄弟的利益不了解，侦查思路和目的一定受到困扰。

（12）其他相关学科。总而言之，属于科教文卫等自然科学、属于政治法律经济世界宗教等社会学学科的，都需要尽可能地去学习掌握，程度没有要求，多多益善。

4. 素质基础

素质是一个人内在心理的外在表现，人的心理来源于社会实践，素质也是在社会实践中逐渐发育和成熟起来的，素质反映人的信仰、修养、文化、道德等内涵，侦查人员的素质尤为重要，是高品质人才的基础。

（1）沉着冷静。侦查人员在讯问过程中保持沉着冷静非常重要，犯罪嫌疑人常常有非理性的表现，如果侦查人员涵养不足，一触即跳、易怒、易急躁、不能保持冷静，那对讯问正常进行没有任何好处，有时正是中了对象的圈套。

（2）庄重严肃。侦查人员在讯问过程中必须在神态、衣着、举止等方面保持庄重严肃，这往往体现的是一种法律的威慑力，因为这是告诉对象，我们之间的面对面，不是个人之间的交往和恩怨，而是行使国家的权力、法律的权力，是不容轻视的、藐视的，是不容挑衅的。

（3）老练沉稳。侦查人员在讯问中的一举手一投足要恰到好处、恰如其分，要表现出训练有素、知书达理、具有教养的综合素养和文化底蕴，言谈举止必须符合法律的规范，符合伦理道德，不能意气用事、丢三落四、东一榔头西一棒子，缺乏一定之规。

（4）集中细致。侦查人员在讯问过程中必须集中细致，不能心猿意马、心不在焉，你思想集中、高度关注，犯罪嫌疑人一定精神紧张、思考认真，反之，其必然不把你当一回事，采取应付、对付的“混过关”的态度，不会触及灵魂和心理。

（5）多思勤奋。侦查人员在讯问过程中，要根据犯罪嫌疑人的表现和交代的情况不断思考，辨别其每句话是真是假，其中的原因，辨别对象如此交代的动机、预测对象还会作哪些狡辩、态度，只有充分了解掌握，才能采取具有针对性的措施。

（6）独立自信。侦查人员在讯问过程中的独立自信是非常重要的一种素质，听这个人的话有道理、听那个人的话也有道理，就是没有自己的主见；遇到某些难对付的对象往往自信不足，于是摇摆不定，找借口、寻退路、畏难情绪占了上风。

（7）全面客观。侦查人员在讯问过程中必须始终坚持全面客观的取证标准，不能先入为主、无端猜疑、有罪推定，不能人为划定框框诱导犯罪嫌疑人按自己的这个“框框”交代，不能进行“选择性”“随意性”取证，不能对构成犯罪的证据详细记录，对有利于犯罪嫌疑人的证据轻描淡写，甚至故意忽略。

（8）戒浮求实。侦查人员在讯问过程中一定要保持良好的心态，必须排除一切杂念，绝对不能为了完成任务、达到指标、实现期望、显示能力等功利因素而违背客观真实的本质，这是造成冤假错案的主要原因。

（9）戒躁耐心。侦查人员在讯问过程中面对一意孤行、顽固不化的犯罪嫌疑人往往会失去耐心，表现出一些非理性的言行举止，这样正中了这类对象的下怀，在气势上是对象胜了一筹，“不管风吹浪打，胜似闲庭信步”是侦查人员不能小视的座右铭。

（10）敏捷自如。侦查人员在讯问过程中要保持高度的洞察力、敏锐性，时刻关注犯罪嫌疑人的一举一动，及时掌握发生各种意外的苗子，诸如对象身体出现不正常状态、对象心理出现不正常状态、对象情绪出现不正常状态等，都要准备各种针对性的措施在第一时间予以化解。

（11）以人为本。侦查人员在讯问过程中必须把“尊重和保障人权”放在首位，要充分认识法律惩罚的是罪恶，而不是人的个体，所以要把自己当人，要把他人也当人，只有充分尊重他人的人权，才能真正体现自己的尊严，以人为本是不能忽视的侦查讯问要义。

（12）坚持原则。侦查人员在讯问过程中应当根据犯罪嫌疑人的心理和案件的具体情况，灵活采用讯问谋略和相关刑事司法政策，但不得突破法律原则，禁止为了达到某些目的，违反法律规定进行交易、作出突破法律的“承诺”、答应犯罪嫌疑人不合理、不合法的要求等。

（三）讯问准备

讯问前必须进行充分的准备，不打无准备之仗是讯问的基本要求，知己知彼才能百战百胜，这对讯问而言，非常重要。

1. 分析案件来源

讯问前，侦查人员对案件的来源要作必要的了解，因为案件是如何发现、如何暴露的对讯问而言至关重要。

2. 了解对象状态

讯问前，侦查人员对犯罪嫌疑人的状态要进行了解，是认真悔罪还是强烈抵抗，是惊慌失措还是老奸巨猾，这对采取讯问方法、对策而言，非常重要。

3. 把握问题关键

讯问前，侦查人员对这次讯问要解决什么问题，讯问的关键部位、症结问题在哪些地方要心中有数，这样才能把握目标，不偏离方向。

4. 掌握对方心理

讯问前，侦查人员对犯罪嫌疑人的心理要有一个基本的了解，讯问过程实际上就是心理较量的过程，打开对象的心结才能取得预期的效果。

5. 熟悉现存疑问

讯问前，侦查人员对通过讯问要探明和解决什么疑问要有准备，要有针对性的方法，讯问其实就是不断去伪存真、揭示真相的过程。

6. 研究进退策略

讯问前，侦查人员对讯问结果要有多种预判，类似“一条道路走到黑”，没有退路显然不行，要仔细研究和充分准备进退自如的方法，要为下一次讯问打好基础。

7. 设想应变措施

讯问前，侦查人员要有多种应变措施的准备，案件拓展了，要有力量的准备；证据发展了，要有及时获取的准备；犯罪嫌疑人身体出现状况了，要有绿色通道应对的准备；等等。

8. 选择技术手段

讯问前，侦查人员对讯问过程是否需要采取科技手段要有思考和准备，如测谎设备的采用、特定视频的播放、图片证据的投影设备等。

9. 落实人员地点

讯问前，侦查人员对讯问人员的组成、讯问方式的选择、讯问地点的安排都要有仔细的研究，不能“临时拉夫”、随便找个地方，匆忙应付。

10. 确定复合方法

讯问前，侦查人员要研究犯罪嫌疑人可能出现强烈抵触、顽固抗拒甚至出现自残、自杀、暴力抗法等行为的应对措施，有多种措施的准备；同时对讯问人员可能出现的不能持续讯问的意外情况有备用力量接替的准备，重要讯问可以事先安排 A、B 角。

二、讯问的具体方法

讯问过程是侦查人员综合素质和能力集中体现的过程，侦查人员思路是否正确、方法是否得当、措施是否有力都是要讲究的。

（一）讯问方法

讯问的方法没有一定之规，要根据案件和犯罪嫌疑人的具体情况，选择最具针对性、最有效的方法使用，而且在使用过程中要根据实际情况进行及时的变化。

1. 单刀直入

单刀直入——开门见山、直奔主题，直截了当指明犯罪嫌疑人涉嫌犯罪的问题性质，一针见血、一步到位，不让对象出现招架之力。

2. 出其不意

出其不意——隐蔽意图、突然袭击，在貌似正常谈话过程中，突然抛出犯罪嫌疑人缺乏思想准备的要害问题，令对象措手不及，在不经意之间暴露出问题症结。

3. 步步紧逼

步步紧逼——紧锣密鼓、不让喘息，以连环套的发问，一步一步地紧逼、追问，穷追不舍，使犯罪嫌疑人的虚假交代站不住脚，难以自圆其说。

4. 引而不发

引而不发——营造气氛、制造压力，只是提出疑问，让犯罪嫌疑人侃侃而谈，不加制止、不作评论，当对象以为占据上风、计谋得逞之时抛出“撒手锏”，出其不意、后发制人。

5. 旁敲侧击

旁敲侧击——从容不迫、慢条斯理，不露声色、淡定平静，貌似零星无序、不着边际，实际上话中有话，让犯罪嫌疑人摸不着头脑，导致产生猜疑、焦虑，乱了阵脚。

6. 离间瓦解

离间瓦解——扩大疑虑、动摇防线，采用“囚徒困境”的讯问对策，让犯罪嫌疑人产生担心，产生被出卖、被抛弃、被捉弄的自卑感，从而选择配合的态度。

7. 感化启发

感化启发——以情动人、化解抵抗，采取正面说理、剖析根源，尊重人权、保护合法权益等心理感化措施，调动犯罪嫌疑人内在愧疚、自责、后悔的心理动因，选择交代。

8. 揭露矛盾

揭露矛盾——开膛破肚、一针见血，针对犯罪嫌疑人虚假供述，以事实真相和确凿证据予以揭露，让对象因假交代而必然出现的矛盾暴露无遗，把对象逼进难以解脱的死角。

9. 软硬兼施

软硬兼施——制造落差、心理失衡，咄咄逼人、狂轰滥炸与循循善诱、耐心开导相结合，让犯罪嫌疑人心理产生落差，然后搭好台阶让其“体面”地从“自我堡垒”中走出来。

10. 声东击西

声东击西——欲擒故纵、迷惑目标，避开正面的话题，故意“王顾左右而言他”，诱导犯罪嫌疑人对他人的问题提起兴趣，逐步让其放松警惕，松弛心理防线，然后伺机直奔主题，让其措手不及。

11. 诱反为正

诱反为正——出其不意、假大获真，貌似对犯罪嫌疑人的虚假供述信以为真，并且故意“帮助”犯罪嫌疑人虚假供述“圆话”，让对象以为狡辩得逞、侦查人员上当中计，当其扬扬得意、漏洞暴露无遗了，再当头一棒，打他个无法翻身。

（二）讯问主动性

侦查人员在讯问过程中必须牢牢把握主动权，被对象牵着鼻子跑是讯问的大忌，如何把握讯问的主动权呢？侦查实践提示以下一些方法可以借鉴：

1. 正面突破，步步为营

以一个接着一个的问题抛向犯罪嫌疑人，直截了当，不兜圈子，令对象无法抵抗、没有招架的余地。

2. 施加压力，先冷后热

开场便给犯罪嫌疑人以强大的思想压力，使其对后果产生恐惧感，而后指点迷津、指明前途方向，激发起其自我解脱自救的思想意识。

3. 揭示要害，直入主题

紧紧抓住犯罪嫌疑人涉嫌犯罪问题的关键要点不放松，着重挖掘犯意、死死固定主要证据、不被细枝末节搞乱方向、偏离主题。

4. 以证引据，揭露真相

废话少说、证据说话，这也不失为是一种行之有效的主动性的体现，犯罪嫌疑人不交代往往是不相信我们已经掌握了证据，所以证据说话是最好的“说话”。

5. 抓住一点，逐步扩展

犯罪嫌疑人拒绝交代，怎么办？先从对象不以为然的小事说起，你大吃大喝违纪的事情有没有？你烟酒礼金礼卡没有收过？先从不正之风开刀，前提你有错，你不是圣人，不是洁白无瑕，好，再从“错”到“罪”进行过渡，到时对象的交代“刹车都刹不住”。

6. 欲擒故纵，先礼后兵

先作局部的退让，后发制人也是把握主动权的一种表现，犯罪嫌疑人自以为胜了一局，一定会暴露出再生证据，露出马脚，适时出击效果更好。

7. 制造落差，迫其失衡

犯罪嫌疑人在失落无望、孤立无援的困境中，捞“救命稻草”是一种本能，侦查人员要及时抛出这根“救命稻草”，拉人出泥坑，效果明显，功德无量。

8. 功过是非，区别对待

职务犯罪嫌疑人往往功过皆突出、前后如两人，辩证地评判犯罪嫌疑人的功过是非往往出乎其意料，这是“催泪弹”，是“感化剂”，对象能够承受你的辱骂，但一定受不了你出自内心的理解同情，这是职务犯罪嫌疑人与杀人越货犯罪嫌疑人的重要区别。

9. 以情感化，以理服人

侦查人员的人格力量是征服犯罪嫌疑人的一个重要因素，讲法律、讲人权、讲道理、讲文明、讲理解是征服知书达理型对象的有效方法。

10. 条件促动，进针点穴

根据犯罪嫌疑人的心理障碍、思想负担、生活困境，创造一些合情、合理、合法的条件，真心实意地帮助化解其的一些特定困难，触动其最脆弱的这根“神经”，事半功倍。

三、讯问对象的掌控

讯问中侦查人员知己知彼是一个重要的基础要求，只有把对手了解全了、研究透了，才具备了战胜对手的基础。

（一）了解对象的方式

1. 全面的了解

能收集到的犯罪嫌疑人个人的所有情况，根据我的侦查实践，在初查阶段从各个途径、各种渠道了解对象的信息，尽可能做到“穷尽”，情妇、嗜好、隐私、收藏、夫妻关系、身体疾病等，不留空白点，以不暴露初查秘密为底线。

2. 临场的了解

通过神态、语言、动作了解，初查阶段秘密了解的信息是“过去时”的“死信息”，而在询问、讯问的现场接触过程中的了解是“现在时”的“活信息”，将二者结合起来把握，就是一个立体“人”的内在的展示。

3. 适时的调整

因时、因地、因人、因情、因景等综合因素的把握，要根据具体情况，如对象压力过大、情绪失控；如对象气急败坏、狗急跳墙；如对象号啕大哭、不能自制；等等，适时调整对犯罪嫌疑人在不同条件下不同表现的了解、化解的方式方法。

（二）不可忽视的一个环节

对犯罪嫌疑人心理评估是一个不容忽视的重要环节，这是我在长期的侦查实践基础上提出的一个必要环节。

1. 对被讯问对象进行一次心理的评估

在接触对象之前，根据汇总的各种信息，集体对对象进行一次“号脉”，这个环节要成为讯问前的一个必备环节，用我的话就是“规定动作”。

2. 要了解对象一般存有哪些心理因素

集体评估中，该对象属于哪种性格、具有哪些心理特征、存有哪些心理弱点等，要仔细分析、科学论证。

3. 我们即将面对的对象具有哪几种心理

在各种信息反映的基础上，分析对象涉嫌犯罪是在哪些心理因素的促使下实施的；判断对象面对讯问一般会出现哪些心理活动、哪种情况下会产生心理变化。

4. 如何验证判断这些心理活动的准确性

毫无疑问，实践是检验真理的标准。在接触对象过程中，密切观察对象的一举一动，是否符合侦查人员对其的分析、判断，从这个实践的过程来决定是否调整心理攻略。

5. 采取什么方法最容易获取讯问的效果

心理突破是根本的突破、心理战胜是真正的战胜、心理防范是本质的防范，要达到让对象心服口服、看到光明而打消自暴自弃的念头，心理攻略不可小视。

（三）把握讯问四个阶段

侦查实践证明，一般对象面对讯问，都会经过四个阶段，这已经成为一种普遍规律，侦查人员如果能把握好这四个阶段，在不同阶段采取不同的讯问方式，就能对症下药，事半功倍。

1. 对抗阶段

犯罪嫌疑人在讯问的第一阶段具有对抗的情况是普遍的，其拒供动机占主导地位，一般表现为：神情自若、不屑一顾、色厉内荏、侃侃而谈、居功自傲、气焰嚣张。

犯罪嫌疑人一旦进入侦查讯问阶段，被与外界隔绝以后，心理必定处于与世隔绝、心神不定、不知所措的状态，首先考虑的是自己的问题是怎么暴露的、暴露的是哪些问题、暴露问题的程度如何。

因此，在首次讯问中，绝大多数对象会以试探的方式进行摸底，以便决定自己的态度和行为，其试探的目标主要是：证据被掌握的程度；侦查人员的个性、特点、能力；抵抗的后果是怎么样的。

其一般做出的举动是：

（1）索要证据、有恃无恐。其强调证据的目的是窥视侦查人员的反应，试探侦查人员的底气，从而判断侦查人员掌握证据的程度。

（2）以假乱真、外强中干。或坚决否认犯罪事实，或制造时间、地点、人物、情节、顺序等的混乱，以破坏侦查人员既定的讯问思路，从侦查人员不当的反应中了解信息。

（3）编造假供、蒙混过关。在回答提问时故意胡编乱造，并且顽固坚持，以迫使侦查人员予以纠正，从中了解问题暴露的方向和程度。

（4）供小瞒大、丢卒保车。交代一些无关紧要的细节问题，或者比较轻微的、次要的问题，并且反复起誓已经彻底交代清楚了，以观察侦查人员的反应。

（5）抗议威胁、垂死挣扎。强烈表示要控告，或要求领导出场，或要求打电话，或要求聘请律师，以此来激起侦查人员的反应，从而判断自己问题的严重程度及后果。

对抗相持阶段是侦查人员与犯罪嫌疑人进行实质性较量的重要阶段，相持不下形成了这一阶段的鲜明特色。犯罪嫌疑人可能会采取多种手段如拒供、谎供、翻供来对抗讯问。

讯问人员在与犯罪嫌疑人对抗冲突的环境中，情绪最容易受到影响。正确的做法是保持头脑冷静，既不能感情用事，也不能丧失对已获得的犯罪信息的正确判断和继续追诉的信心；要摸清犯罪嫌疑人对抗的主要原因，采取适当的方法促其转化。

2. 相持阶段

在这一侦查人员与犯罪嫌疑人进行实质性较量的重要阶段，进攻与防守、揭露与规避、批驳与狡辩，斗争的一来一往、此起彼伏、若明若暗，呈拉锯状态。

犯罪嫌疑人在讯问的第二阶段必定出现选择性思想斗争，拒供与解脱心理相互斗争。

其一般做出的举动是：

（1）注意聆听、话语减少。犯罪嫌疑人突然安静下来，不再强词夺理，不再表现抵抗，而是开始听侦查人员的话语，呈若有所思状。

（2）唉声叹气、坐立不安。犯罪嫌疑人开始心态变化，神情不定，屁股坐不定，不断发出感叹的语气。

（3）手脚无措、脸红冒汗。犯罪嫌疑人手脚不断变换姿势，手部动作多起来，脸部逐渐发红，头上冒汗，脑部血液流速加快。

（4）低头沉思、目光漂浮。再次出现安静，不敢正视侦查人员，时而作沉思状，时而抬头作观望状，目光漂浮。

（5）喝水点烟、频繁如厕。频频喝水、频繁如厕、要求抽烟，这是心理紧张到了极点的一种表现，我们进考场不也是想再上一次厕所吗？我们紧张的时候不也是不断抽烟吗？道理是一样的。

犯罪嫌疑人经过试探摸底，开始适应讯问环境，对侦查人员的能力、经验也有了初步了解，自以为“心中有底”，便会集中全部精力对付讯问。

3. 动摇阶段

经过对抗相持的激烈斗争，在侦查人员的正确讯问方法和坚强意志的影响下，犯罪嫌疑人的心理防线渐渐出现动摇，侥幸心理、抵触情绪渐趋缓和。

这时，犯罪嫌疑人犹豫、动摇、矛盾的心理渐渐上升，讯问活动转入动摇反复阶段。这一阶段，犯罪嫌疑人徘徊在是供述还是对抗的十字路口上，动机斗争非常激烈，出现了供述罪行的征兆，常会有以下表现：

（1）态度变化、以退为进。当犯罪嫌疑人认识到自己的罪行已被大量证据所证实，丧失继续进行对抗的信心后，突出的表现是态度由硬变软。有的低头不语，面红耳赤，呼吸深而短促；有的情绪波动，似有悔罪之意。

（2）极力表白、提出条件。犯罪嫌疑人产生供述动机的同时，必然考虑到交代罪行后带来的严重后果。有的找出各种客观理由为自己原来的对抗行为开脱；有的提出各种要求，作为供述罪行的交换条件。

(3) 惶恐不安、无所适从。当犯罪嫌疑人在讯问中突然感到罪行已经无法隐瞒时，常常会出现惊慌恐惧、不知所措的情况。有的摩拳擦掌、搓衣角，下意识的动作增多；有的在监室内，坐卧不安，不能入睡；有的沉闷无语，神态发呆，甚至食欲减退；有的自言自语，无所适从，寻求支援。

在动摇反复阶段，犯罪嫌疑人想顽抗，又怕受到从严惩处；想回避，又怕讯问无休止地进行下去；想供述罪行，又抱有“挺一挺”也许能混过去的侥幸心理，讯问的发展迫使犯罪嫌疑人进入权衡利弊的重要关头。

此时，侦查人员如果能够准确把握时机，加以恰当引导，犯罪嫌疑人就会放弃对抗心理而坦白交代罪行，如果讯问方法不当，或者未能把握时机，就会延长僵局时间，使犯罪嫌疑人得以修补或重建防御体系，进行更加顽固的对抗。

这就要求侦查人员要判明犯罪嫌疑人的供述征兆和残存的供述心理障碍，及时做好转化工作，切忌因取得初步效果而喜形于色、急于求成；注意“搭梯子”“垒台阶”，让犯罪嫌疑人“体面”地下台、上岸。

4. 供认阶段

犯罪嫌疑人在讯问的第四阶段会作出供述的决定，其拒供心理因素逐步弱化减退，供认心理占主导地位，一般表现为：思考后路、提问试探、讨价还价、避重就轻、讨好逢迎、顾虑重重、时供时翻、隐蔽要害、如释重负、一吐为快。

当犯罪嫌疑人的心理防线完全崩溃，对抗讯问的意志彻底动摇，认识到继续隐瞒罪行有害无益，坦白交代才是唯一出路时，讯问活动就进入供述罪行阶段。

在这个阶段，犯罪嫌疑人的供述障碍得到遏制、驱散或者消除，供述动机占主导地位，为了争取好的结局，对讯问活动表示出关注、热情，愿意回答侦查人员的问题，如实供述罪行。

但是，由于畏罪心理的驱使，残存的侥幸心理作祟，不适当的讯问方法的影响，其供述动机仍是不稳定的，在供述罪行时，缺乏彻底性，甚至还会发生反复。主要表现是：

(1) 得过且过、以退为进。犯罪嫌疑人在供述罪行时，往往不是一次性全部交代清楚问题，而是试探性交代一些，隐瞒关键情节。也有的是百般狡辩、推卸罪责，甚至隐瞒重大罪行。

(2) 推翻供述、最后一搏。犯罪嫌疑人供述罪行后，又为后果担忧，感到后怕，或受人教唆，而又推翻原来的真实供述。

以上情况表明，犯罪嫌疑人在供述罪行阶段，仍有可能进行最后挣扎，对侦查人员来说，绝不可掉以轻心，应当看作是双方心理战的决胜阶段。

侦查人员在此阶段要注意：

（1）要一鼓作气、集中注意力进一步做好犯罪嫌疑人的思想教育、引导工作，肯定和鼓励犯罪嫌疑人已迈出的关键步伐和已具有的进步，以尊重、欣赏、欢迎、巩固和强化这种心理转化。

（2）要继续保持严肃认真、一丝不苟的状态，坚决避免喜形于色、大功告成的轻浮表现，在对其肯定、鼓励但还存在疑点的基础上，突出不满足、不罢休、不停顿、乘胜追击、继续深入、追清犯罪嫌疑人的全部犯罪事实的气势，给犯罪嫌疑人新的暗示和压力，争取穷尽犯罪嫌疑人的全部涉嫌犯罪事实。

（3）对虽然交代了一些犯罪事实，但明显避重就轻、丢卒保车、交代不彻底的犯罪嫌疑人要查清或判明原因，抓住其心理症结，采取针对性的措施，在掌握足够证据的基础上步步逼近，不可半途而废，对具有可能和必要的，还可以在宣布拘留强制措施、移送看守所后的第一时间继续进行讯问，当然在确保对象合理的休息和饮食的情况下进行，这个时间不属于传唤的12小时之内，只是需要履行报批手续。

四、讯问的细节把握

讯问中的细节比比皆是，问题是平时没有引起我们足够的重视和思考，现在我将在实践中常用的一些细节介绍如下，大家可以举一反三，用足用好。

（一）讯问中的细节效应

讯问中的细节表现实际上是一种暗示效应，有些暗示比明示效果要好得多，因为暗示是犯罪嫌疑人自我认识，明示是侦查人员强加于人，可见讯问过程中“此地无声胜有声”的重要性。

1. 茶水效应

犯罪嫌疑人一进入讯问室，侦查人员就忙不迭地倒茶、递水，这等于告诉对象，我们“有求于他”是“求他讲”，淡化了对象的敬畏心理。因此，要注意在最合适的时间给水，事半功倍。

2. 香烟效应

犯罪嫌疑人一进入讯问室就抽烟，侦查人员也抽烟，烟雾缭绕，像“威虎厅”土匪窝，淡化了讯问环境的庄严性，对象进来首先不准抽烟，侦查人员也不抽烟，只是到了对象出现思想斗争、在最关键的时刻侦查人员主动给其递烟，可以加大对象交代决心的力度。

3. 凳子效应

让犯罪嫌疑人坐低矮的凳子、限制设施的凳子是一种藐视，让对象坐与侦查人员相同高度的凳子，是平等相待，所以不同的对象对不同高低的凳子是有暗示作用的。

4. 手机效应

进入讯问室不准打手机是规定，但让对象看到自己的手机，甚至让其听到手机的铃声，令其可望不可即，其心理一定焦急、焦虑，不知有什么信息、是否会暴露马脚，此刻其心理就出现了弱点。

5. 卷宗效应

侦查人员进入讯问室，带着厚厚的案卷，这就是暗示犯罪嫌疑人证据材料是大量的、调查的时间是较长的；而带着极薄的材料，就是暗示对象事情不复杂，如实讲完事情即告段落，回家有望。

6. 房间效应

讯问室房间的大小明暗有异，要有针对性地使用，对性格外向、情绪不稳的，使用较小的、略暗的房间，可以产生压抑的心理暗示；对性格内向、性情忧郁的，采用宽大、明亮的房间，可以起减轻压力、释放情绪的效应。

7. 食物效应

讯问过程中要保证犯罪嫌疑人必要的休息和饮食，但给予什么饮食没有规定，所以不同的食物有不同的效应，态度不端正的，干粮、矿泉水；态度到位的，面条、米饭，甚至可以征求对象的意见，予以合理的满足，不分青红皂白一味给予优待，对象又以为“你们是有求于我”，其对抗情绪、自信心理一定高涨。

8. 戒具效应

讯问过程中的对象属于已经被立案的犯罪嫌疑人，对其使用戒具合理合法，但不分情况滥用戒具显然是有副作用的，所以发挥好戒具的道具作用非常重要，这是一种暗示，是一种后果的暗示，这与威胁是不同的。

（二）讯问过程的细节把握

这个问题，我在前面的内容中已经讲了，这里作一个简单明了的归纳。

1. 把握时机

“机不可失、时不再来”，犯罪嫌疑人想交代的冲动可能就出现在一刹那，如果没有及时抓住，难度必将加大。

2. 整体连贯

讯问一定要"一鼓作气、一气呵成",就是不同侦查人员交替讯问,也必须做到"一脉相承",围绕一个中心、一条主线,不能"东一榔头西一棒子",导致对象不知所措。

3. 案情明晰

"手中有粮、心中不慌",侦查人员对案情了如指掌,说话是有气场的,有威慑力的;反之,语气是漂浮的,所以,情况不明,不要仓促上阵。

4. 知己知彼

"知己知彼、百战百胜",了解自己的薄弱之处,掌握犯罪嫌疑人的心理弱点,扬长避短是讯问的要义,是牢牢掌握主动权的基础。

5. 合理听取

"兼听则明、偏信则暗",对犯罪嫌疑人的解释、辩解、说明等要认真听取,让其讲完,讯问过程中压制他,不让他讲,其到法庭上讲更麻烦,更被动。

6. 客观分析

"实事求是、求真务实",这是侦查人员素质的体现,对犯罪嫌疑人的阴谋诡计要坚决揭露、驳斥,但不能违背客观事实去人为地"掰取"(诱导、制造)对象的犯意等不真实的供述。

7. 引其讲透

犯罪嫌疑人对涉嫌犯罪事实过程、来龙去脉、前因后果要引导其讲透、讲全,避免"缺一口气"的毛病,留下"活口"(证据细节没有卡死),后患无穷。

8. 紧扣矛盾

"去伪存真、去粗取精",讯问过程就是不断揭露矛盾、剖析矛盾、化解矛盾还原事实真相的过程,偏离了主要矛盾,讯问就达不到预期的效果。

9. 剖析揭露

"理直气壮、据理力争",对顽固不化、抵触情绪强烈的犯罪嫌疑人要加大讯问的力度,主要是采取突出问题的剖析、涉嫌罪行的揭露予以威慑,形成强大的精神压力,迫其就范。

10. 细听反辩

"兼听则明、偏信则暗",讯问过程中,对犯罪嫌疑人明显不服的证据指向、涉嫌罪行的指控,要仔细听取其反驳和辩解,不能一见对象辩解就称之为"狡辩",并且要甄别我们证据是否完美无缺、是否做到板上钉钉。

11. 证据完善

“精益求精、完美无缺”，讯问过程是一个证据完善的过程，每一次讯问也是对证据的一次完善，侦查人员不但要审查每一个证据的合法性、证明力，而且要综合所有证据看，证据是否形成证据锁链，是否形成证据体系，凡是发现存在问题的，要及时补救、完善。

12. 重点突出

“突出重点、抓住关键”，这是每一次讯问都要注意做到的，从侦查实践看，每一次讯问都有一个重点，都要至少解决一个主要问题，只有这样，才能使每一次讯问“上一个台阶”，如果老在原来讯问的层面上“原地踏步”，甚至对上一次讯问笔录进行粘贴复制，那是自欺欺人，毫无意义。

五、把握讯问对话的过程

侦查人员与犯罪嫌疑人对话是有许多讲究的，以下四种方法是需要熟悉和把握的。

（一）重视讯问铺垫的作用

讯问的铺垫是值得重视和研究的课题。

1. 围绕目标作必要的铺垫

讯问过程中，与对象中的股票“高手”谈股票、与麻将“高手”谈麻将、与收藏“高手”谈收藏，就是为对话交流作铺垫；讲解案例，剖析犯罪构成及后果就是为对象“对号入座”作铺垫；提及家庭妻儿就是为激起对象的“儿女情长”作铺垫；了解对象的家庭财产、个人嗜好，就是为查明赃款出路作铺垫；讯问对象接触的圈子范围，就是为查明权钱交易作铺垫。

2. 判断要害安排好伏笔

针对对象的谎言故意表现信以为真，促使其在虚假的论点上继续发挥。如对象否认与某人认识、否认某天在澳门、否认在某时打过电话，诸如此类先不要予以揭穿，而是制造错觉、隐蔽目的，一旦时机成熟，冷不丁出示其与某人的合影、出示其某天去澳门的登机记录、出示其在某时通话的记录，对象谎言不攻自破，一定处于手足无措的境地。

3. 抓住实质步步紧逼

敏锐性是非常重要的，讯问过程中一旦发现要害问题的苗子、萌芽要盯住不放，继而揭露矛盾、堵死后路，乘对象考虑不周、准备不足之机步步紧逼，“深入穿插”“直捣心脏”，打对象措手不及、令对象无招架之力。

如对象称赃款用于挥霍、吃饭、娱乐了。这绝对不能就此打住，必须追问："哪些人吃饭、什么人娱乐？""单位业务招待费报销多少？""凭什么需要用赃款开销？""为什么没有向领导报告？""私下将囊中的赃款用于业务的可能性存在吗？"要注意坚决堵住对象将赃款谎称用于业务的漏洞。可以在初查时将对象一段时期公务接待报销的情况作调查了解。

（二）讲究讯问过程的细节

讯问过程的众多目标和环节都存在细节，要认真掌握，避免挂一漏万现象出现。

1. 仔细观察，不放过蛛丝马迹

（1）对象。眼睛漂浮、唉声叹气、不断喝水、频繁如厕、渴望抽烟等都是细节。（2）污点证人。言之凿凿、夸夸其谈、口若悬河、王顾左右、丢卒保车等都是细节。（3）主观。刻意攫取、明拒暗收、攻守同盟、默认暗示、"礼尚往来"等都是细节。（4）客观。刮风下雨、白天黑夜、言词语气、赃款形状、室内环境等都是细节。（5）书证。发票凭证、文字记载、信函日记、零星字条、电脑文档等都是细节。（6）物证。赃款赃物、作案工具、赃物包装、伪造印章、协议保证等都是细节。

2. 透彻分析，用事实以理服人

（1）分析。对犯罪事实细节进行客观解剖、释疑解惑、揭示真谛，不遗漏蛛丝马迹。（2）讲解。对法律规范的细节进行准确介绍、仔细解释、帮助理解，不敷衍了事、漫不经心。（3）宣传。进行法治教育、政策宣传、案例剖析、引起思考，体现惩前毖后、治病救人。（4）探讨。不以势压人、强词夺理，允许讨论、辨明是非曲直，展示理性、平和、文明、规范。（5）争论。对认识不一的问题可以通过细节争论，揭示事物本质，循循善诱、以理服人。（6）引导。针对误解、认识偏差进行正确思想认识的积极引导，满腔热忱、指点迷津。

3. 正确判断，多角度深追细究

（1）解剖。深入剖析犯罪根源，从本质上揭示犯罪的必然性，促使对象心悦诚服。（2）揭露。以客观事实和证据剥去伪装和假象，揭露犯罪事实真相，软硬兼施、恩威并重。（3）驳斥。对无理狡辩予以有理、有力、有节地坚决驳斥，抓住一点、不及其余。（4）示证。在思想动摇、满腹狐疑的关键时刻以示证说明问题，证据说话、一锤定音。（5）反证。逆向思维，从事物的不同层面，甚至从反面来证实犯罪，合情合理、符合法理。（6）印证。形成证据锁链，以环环相扣的证据印证犯罪事实的客观发生，严丝合缝、铁板钉钉。

（三）讯问环节重点五要素

我在侦查实践中就讯问环节重点总结了5个要素，可以参考借鉴：

1. 搭上脉：定位准、人员当、环境适（基础）

2. 对上话：抵触消、情绪平、交流畅（过程）

3. 点对穴：要害真、证据实、把柄准（关键）

4. 抓住心：听得进、有震动、获信任（手段）

5. 下准药：方法对、措施巧、前途明（结果）

以上各点内容已在各个知识点中涉及了，我在这里就不进一步展开了。

（四）讯问必须把握客观辩证

我根据侦查实践规律，提炼了侦查人员必须客观辩证认识问题的5个要点，对客观辩证认识问题有积极意义：

1. 每个凡人都有弱点

侦查人员一定要坚定信心，再顽固的对象不可能是铁板一块，必定有心理的缺陷和弱点。

2. 每个对象都有优点

侦查人员看问题一定要运用辩证法，职务犯罪对象往往都具有曾经的付出、奉献和优点，充分肯定没有坏处。

3. 每个过程都有重点

任何环节都存在重要和一般、主干和枝节，要注意在抓住本质的基础上顾及细节。

4. 每个承办都有盲点

侦查人员首先要有自信，但又不能过于自信，个人不可能是全才，认识问题一定存在局限性、存在偏差或盲点。

5. 每个案件都有缺点

再成功的侦查、再漂亮的案件回过头来看，一定存在不足和瑕疵，要善于总结，经常找自己存在的问题。

六、讯问谋略和技巧

讯问谋略和技巧的运用是讯问过程中不可忽视的基本能力，需要结合实践探索、研究，逐步提升。

（一）讯问突破策略

讯问突破的策略有很多，我在这里归纳总结以下14个要点作提示：

1. 囚犯困境

充分利用“两害相争取其轻”原理，让对象在“两难”之中“取其轻”。

2. 教育攻心

挖掘对象内心的善良因素，促使对象“良心发现”心理，促使产生愧疚悔恨。

3. 利用矛盾

以利益为基础建立的共同体一定存在分赃不匀的矛盾，充分挖掘利用。

4. 迂回包抄

由小而大、循序渐进，逐步缩小“包围圈”，从一般不正之风、违纪违法逐步向职务犯罪过渡。

5. 重点突破

抓大放小，不被枝节问题模糊主题，抓住要害问题不放手，一锤定音。

6. 制造错觉

“假作真时真亦假”，声东击西、以假乱真，找出破绽做文章。

7. 人格力量

一身正气、客观公正、严肃认真、以理服人，令对象畏惧、自卑。

8. 求同存异

先搁争议、谋取共识、适时转换、逐步深入，始终掌握讯问的主动权。

9. 含而不露

不露锋芒、绵里藏针、察言观色、见机行事，找准目标再放箭。

10. 情感影响

将心比心、以情感化、入情入理、析疑解惑，以情感、人格力量征服对象。

11. 启发疏导

循循善诱、和风细雨、不急不躁，引起对象内心震动，促使对象幡然悔悟。

12. 证据威慑

阐明政策、加大威慑，以有力的证据（部分）打消对象的疑虑，以铁证制服对象。

13. 心理攻击

认真分析对象心理特征，抓住对象暴露出来的心理弱点进行攻击摧毁之。

14. 措施压力

在宣传宽严相济刑事司法政策的同时，明确抗拒交代的法律后果，渲染危害，施加压力。

（二）讯问突破技巧

讯问突破技巧是有讲究的，我这里从以下六个方面作提示：

1. 情感融入

我曾经要求属下侦查人员“把对象当亲人”，真切地为对象考虑，拉他出犯罪的泥坑，真情打动的效果是显而易见的。

2. 语言得当

根据不同案件、不同对象选择合适的讯问语言，不用“犯罪”“不老实”“狡猾”“退赃款”等刺激性的语言，选择同样意思的中性词语。

3. 错觉迷惑

避免仅仅是在形式上占据上风，可以佯装被动、佯装甘拜下风，诱使犯罪嫌疑人产生错误的判断，露出马脚。

4. 威慑高压

对顽固不化、“针插不进、水泼不进”的犯罪嫌疑人施以威慑力、持续的高压，有力打击其自尊心，动摇其顽抗的心理基础。

5. 诡道多谋

以假乱真、虚晃一枪、声东击西、欲擒故纵等都是讯问突破的有效方法。

6. 逻辑推理

逻辑推理、缜密思维，假设推定、透彻剖析，最终揭露事实真相。

（三）讯问突破的环节

讯问突破环节要重视和把握以下六个方面：

1. 发问环节

特点：具体、连贯、客观、准确。

（1）提出的问题要具体，忌笼统、模棱两可、不着边际；（2）提问要连贯、连续性，不能杂乱无章；（3）提出的疑问要客观，避免先入为主；（4）提问细节要准确，不能胡乱猜疑、盲目想象。

2. 交锋环节

特点：对抗、求同、引申、促动。

（1）交锋不能畏惧对抗、忽视对抗、弱化对抗；（2）交锋中先抓住相同点，以此再考虑拓展深入；（3）交锋中从小的事实不断向大的问题引申发展；（4）交锋的主要目的是促动、引导对象彻底交代。

3. 印证环节

特点：复合、多向、设疑、反问。

（1）言词证据要强调多重复合，避免单一、单薄无力；（2）言词证据要多角度、多方向发问；（3）言词证据要假设疑问引导对象析疑；（4）言词证据多以反问来求证、印证。

4. 拓展环节

特点：深入、展开、引导、鼓动。

（1）讯问不能就事论事，要深入挖掘犯意；（2）犯罪事实要展开，尽可能做到穷尽；（3）引导对象放下包袱彻底坦白；（4）鼓动对象采取自救举措（检举、退赃、挽回经济损失）。

5. 制翻环节

特点：重复、唯一、固定、细节。

（1）关键言词证据的不同表述要注意多次重复固定；（2）重要证据指向要确保唯一，不能出现歧义；（3）固定证据要将犯罪嫌疑人的“正面直接供述”与“不经意间透露”相结合，相互印证；（4）证据中的细节绝对不能忽视，要充分体现“细节决定成败”的效应，录音录像固定细节的重要作用不能忽视。

6. 完善环节

特点：完整、补漏、换位、挑刺。

（1）讯问内容必须全面完整，避免选择性、随意性记录；（2）对发现的漏洞及时补证，不能存在争议；（3）核实证据要从犯罪嫌疑人的角度逆向思考；（4）重要证据可请相关人员（公诉、研究室）审查挑刺。

（四）讯问实战要点

讯问方法与询问方法都是与对象面对面较量，因此这部分的要求基本相似，我在初查课程讲稿中已经详细介绍，这里不再展开，点到为止。

1. 缓——语言技巧

（1）迷惑、随势、缓和、应变；（2）声东击西、有礼有节。

2. 究——拓展技巧

（1）逐步、乘势、威慑、离间；（2）举一反三、同类比较。

3. 纵——诱使技巧

（1）故纵、调动、诱惑、触动；（2）引虎下山、促使调动。

4. 惑——密获技巧

（1）跟踪、窃听、贴靠、化装；（2）明修栈道、暗度陈仓。

5. 择——筛选技巧

（1）量大、齐全、甄别、选择；（2）粗中取精、明察秋毫。

6. 诱——时差技巧

(1) 复合、严密、错觉、及时；(2) 出其不意、攻其不备。

7. 迷——虚纵技巧

(1) 假象、主动、调整、适度；(2) 以退为进、虚晃一枪。

8. 借——促动技巧

(1) 直接、间接、借力、衔接；(2) 欲擒故纵、调虎离山。

(五) 讯问主体把握

讯问方法与询问方法都是与对象面对面较量，因此要求基本相似，我在初查课程讲稿中已经详细介绍，这里不再展开，点到为止。

1. 适——把握时机

恰到好处、适当火候。

2. 同——整体连贯

一鼓作气、一脉相承。

3. 稳——熟悉案情

庖丁解牛、游刃有余。

4. 导——知己知彼

趋利避害、把握主动。

5. 诚——合理听取

冷静独立、仔细甄别。

6. 析——客观分析

逆向思维、换位思考。

7. 略——引其讲透

不急究细、乘势穷尽。

8. 逼——紧扣矛盾

把握主线、不让喘息。

9. 势——剖析揭露

营造气氛、给予压力。

10. 激——兼听反辩

假大诱真、后发制人。

11. 理——证据完善

逐步理顺、完整全面。

12. 悟——入木三分

要害明确、张弛有度。

七、讯问方法的选择

讯问方法与询问方法都是与对象面对面较量，因此这部分的要求基本相似，这里不再展开，点到为止。

讯问方法要点：

1. 说——教育攻心谋略方法

激发正义感和良知。

2. 间——利用矛盾谋略方法

诱发其漏洞破绽。

3. 堵——迂回包抄谋略方法

围点打援堵死漏洞。

4. 突——重点突破谋略方法

抓住一点、不及其余。

5. 假——制造错觉谋略方法

以假乱真、兵不厌诈。

6. 憾——人格力量谋略方法

震慑触动、关心感化。

7. 纳——存异求同谋略方法

固定一点、获取主动。

8. 冷——含而不露谋略方法

以静制动、以冷待躁。

9. 慑——证据威慑谋略方法

适时举证、适当示证。

10. 穴——心理攻击谋略方法

针对揭露、缓和引导。

11. 联——案例触动谋略方法

案例感召、宽严相济。

12. 威——安全检查谋略方法

排除隐患、发现迹象。

13. 惧——逐步升级谋略方法

渲染后果、暗示程度。

14. 借——借用力量谋略方法

打破僵局、优势互补。

15. 逆——利用关系谋略方法

合理利用、将计就计。

八、讯问的忌讳

侦查人员对讯问的禁忌、忌讳要作为“高压线”“地雷阵”高度警惕，绝对不要“越雷池”。

1. 意图不明，仓促上阵

不打无准备之仗、宁可等待、再做准备，绝不仓促。

2. 目标不清，零散无序

方向不明、心中无谱、没有计划，绝不草率。

3. 意识不强，纠缠枝节

信心不足、头绪杂乱、钻牛角尖，绝不勉强。

4. 材料单薄，底气不足

手中无粮、畏惧对手、无奈应付，绝不出场。

5. 思路局限，割裂孤立

思路狭窄、方法局限、经验不足，绝不主刀。

6. 前后不一，暴露漏洞

缺乏沟通、相互脱节、各自为战，绝不成行。

7. 警惕不够，丧失主动

麻木迟钝、缺乏主见、容易上当，绝不凑数。

8. 谨慎不足，浮躁求急

心态浮躁、大大咧咧、急于求成，绝不上阵。

9. 心神不定，杂乱无章

心不在焉、精神不振、精力不济，绝不迁就。

10. 功利主义，不讲规矩

不顾大局、私利至上、无视纪律，绝不安排。

11. 表面文章，应付上级

绣花枕头、表面文章、表里不一，绝不出现。

12. 恼羞成怒，行为不端

缺乏城府、没有修养、不讲文明，绝不启用。

13. 粗暴蛮横，暴力取证

无视人权、性格暴躁、违纪违法，绝不漠视。

14. 违反规定，无效行为

私开口子、暗中交易、以身试法，绝不姑息。

讯问是侦查过程中一个非常重要的环节，是对“人”的征服，它包含了众多的内容、知识和要求，我的授课仅仅是给大家一个思考和借鉴的切入点，实践是提高讯问能力的最主要途径，希望大家开动脑筋、勇于实践，不断取得新的成功。

第7堂课　谎言抗审：何以破解

● 吴克利*

课程提纲

一、谎言抗审：行为过程
二、谎言抗审：行为特征
三、谎言抗审：如何识别
四、抗审中的谎言行为：如何捕捉
五、谎言抗审：揭露环节
六、讯问实例——识别谎言，远离陷阱

一、谎言抗审：行为过程

在侦查讯问活动中犯罪嫌疑人总是用谎言来对抗审讯，掩盖自己的犯罪事实，这是犯罪嫌疑人抗审行为的基本特征。心理学家认为：人们的行为规则，是通过“社会的交换理论”表现出来的。其行为规则就是趋利避害。利益关系是人们的行为关系，无论是社会的自然人还是犯罪后的犯罪嫌疑人，都会遵循趋利避害的行为规则。犯罪嫌疑人在实施了犯罪行为之后，为了逃避法律的惩罚，总会千方百计地实施掩盖行为，其特征反映出人趋利避害的本能。一个人一生中很难不说谎，为了利益关系人们就需要说谎，谎言和趋利避害的行为是一对孪生兄弟，趋利避害的行为离不开谎言，这也是人在犯罪后的行为特征，犯罪嫌疑人在接受讯问的时候总是用谎言来掩盖自己的犯罪事实，已经成

* 安徽省滁州市琅琊区人民检察院纪检组长。

为犯罪嫌疑人对抗审讯的行为规律。

谎言显然能够给犯罪嫌疑人带来利益，犯罪嫌疑人的对抗行为，正是模仿这种谎言的规律而产生的，审讯的空间就是谎言与揭露谎言的对抗，是犯罪嫌疑人掩盖犯罪事实的谎言与审讯人员揭露犯罪事实的对抗。在审讯室里如果犯罪嫌疑人都能够实话实说，那么审讯室内的对抗行为也就消失了。因此，审讯人员的讯问目的就是要改变犯罪嫌疑人的谎言，使其说真话，这是讯问的目的所在。犯罪嫌疑人在抗审过程中的基本行为是谎言，谎言的基本特征是语言行为的矛盾表现，谎言的暴露就是矛盾的语言行为的存在。由于说谎而引起内心的焦虑，焦虑是一种不明确的、忧虑不安的状态，通常不与特定的起因联系，产生矛盾的不平衡的心理状态，这种不平衡的心理状态在短时间内不能被修复，因此自我心理强制的压力就会增加，犯罪嫌疑人会因承受不住这种不平衡的心理焦虑的压力，继而产生释放的动机，选择如实供述。所以，心理焦虑压力是犯罪嫌疑人供认的部分原因。虽然犯罪嫌疑人希望逃避真实供述的后果，但他并不希望以增加与欺骗相连的内心焦虑为代价。审讯活动中由于犯罪嫌疑人的供述矛盾的出现，其心理语言行为得不到发展，矛盾的语言不能自圆其说，心理焦虑急剧激化，导致心理不协调状态的出现，由于生理现象的协调本能，积极寻找能够平衡心理行为的条件，联想是重要的帮手，但是联想不是在任何时候都能够起作用的，一旦联想找不到平衡的理由和条件，其心理活动就会被强制在不协调的情境范围内，达到一定的程度，当联想的潜意识不能帮助其解脱困境的时候，便会产生强大的心理压力，犯罪嫌疑人为了摆脱这种心理压力，会产生减轻压力的心理需要的动机，实话实说便能够释放这种因为谎言造成的内在压力，供述动机便因此而生。

二、谎言抗审：行为特征

犯罪嫌疑人运用谎言抗审的基本方法有“三个方面的选择”，即直接否定、嫁祸他人、沉默否定。这三大选择涵盖犯罪嫌疑人对抗的基本行为特征。直接否定即直接否定自己的犯罪行为，自己实施了犯罪行为而谎称不是自己干的，称自己没有犯罪行为；嫁祸他人即自己实施的犯罪行为而谎称是别人干的；沉默否定即沉默否定犯罪事实，运用沉默的方法，面对客观存在的犯罪事实，进行谎言的沉默否定。

这种谎言抗审的行为，来源于犯罪嫌疑人的“情境选择”。“情境选择”是犯罪嫌疑人为了掩盖自己的犯罪事实，逃避法律的惩罚，采取某种特定的方法来对抗审讯。即犯罪嫌疑人在自己的犯罪事实和犯罪行为中找出某一有利于自己的情境，来掩盖自己的犯罪事实和行为。犯罪嫌疑人在实施犯罪以后，在没有积极的投案自首心理存在的时候，消极心理便占主导作用，由于利益关系的本性，面对将要受到惩罚的结果，产生了畏罪心理、侥幸心理、戒备心理、优势心理、对抗心理。这种心理状态在审讯的过程中有相对的稳定性，又被称为“定式心理”，这种定式心理是建立在一定的心理基础之上的。犯罪嫌疑人在实施犯罪以后，犯罪时的情境总是不断地在大脑中出现，处于思维循环的状态。他们从这些循环的状态中找出有利于自己的某一情境作为对抗讯问的根据，这些被选择好的情境，便成为犯罪嫌疑人罪轻、无罪的理由，这就是抗审的“情境选择”。

犯罪嫌疑人对“情境选择”的普遍特点：一是直接抗审，二是嫁祸他人，三是沉默否定。直接抗审是犯罪嫌疑人根据自己的犯罪情节而选择的情境。通常在两种情况下，犯罪嫌疑人会采用直接抗审：第一，犯罪嫌疑人认为自己作案的手段比较高明，别人发现不了。第二，犯罪嫌疑人将自己犯罪情境拉回到自己追忆的情境中进行循环思维，能找出某一有利的细节、理由作为自己不构成犯罪的抗审根据。例如，有的贪污犯罪嫌疑人通过重复报销发票进行贪污的时候，以某次领款没有自己的签字为由，来否认自己两次领款的事实，在这里犯罪嫌疑人的“情境选择”是自己没有在第二次领款的单据上签字。另一种“情境选择”是在自己无法直接抗审的时候，采取转嫁他人的方法来抗审。例如，常用的方法：钱的落脚处被客观地证明在自己手里而无法否认，就声称这笔钱已作为“回扣”或“好处费”付给了别人，用这种方法转嫁他人，进行抗审。这两种抗审方法的“情境选择”有其自身的内在特点和规律，掌握了这种特点和规律，便能找出“情境选择”的矛盾点，一旦这种矛盾点出现，犯罪嫌疑人的抗审大门便被打开了。在讯问的过程中，发现“情境选择”矛盾点的方法主要是依靠讯问人员用心去“听”，“听”细节，通过一系列事件发展的细节来发现。

直接抗审的“情境选择”的特点是：在某一情境无直接证据证明与自己有关系的时候，通常采取的“情境选择”是否定与自己的联系，如“这事我不知道”；当某一情境有部分证据与自己有部分联系时，其抗审的方法均以没有证据证明那部分情境来作为“情境选择”，以此来推翻有部分证据证明的那一部分。例如，犯罪嫌疑人实施了开假发票的手段（有证据证明），但是用假发票去骗取公款的情节却没有证据证明，故此犯罪嫌疑人便以自己没有用假发票去提取公款作为“情境选择”，推翻用假发票骗取公款的犯罪事实，“我虽然开了假发票这是错误的，但我没有取钱呀”！这种“情境选择”便选择了

“无证证明”的客观情况，用对自己有利的情境推翻对自己不利的情境，达到抗审的目的。当客观情况能直接证明其实施的行为时，比如在某一发票、合同上签字，使对方无法否认，这种情况最能使其承认发票、合同内容。讯问的目的是通过发票和合同的内容得以发展和延伸追出结果。如果犯罪嫌疑人面对直接的证据采取“进”的方法，就顺应了讯问的意图。而采取“守”的方法，便能暂时保住不被暴露的危险，如“时间长了，我不记得了，想不起来了”，等等。这种直接抗审的“情境选择”，在犯罪嫌疑人的抗审活动中虽然能起到一定的作用，有时还能在很大程度上取得抗审的成功，但是这些抗审情境毕竟不是客观存在的事实，因此不会符合客观存在的逻辑性，必然会在不同的程度上出现矛盾。审讯实践中只要多注意“听”“情境选择”的每一个细节，便会发现矛盾，听出逻辑错误。

转嫁他人的抗审方法，最突出的特点是用虚假的事实来掩盖真实的行为。用编造的谎言把自己应该承担的犯罪责任转嫁到别人身上。当客观犯罪情节的焦点落在自己身上的时候，这种犯罪的焦点又把全部的情节与行为人客观地联系在一起，失去了直接抗审的可能性，便通常采用此法。比如自己在领款处签了字，否认自己领款的意义就不大了，从常理上站不住脚。又如，自己在犯罪现场留下了脚印，却否认自己曾经到过现场，也就失去了抗审的意义，最终还是让证据说话的。在讯问的实践中犯罪嫌疑人在无法进行直接抗审的“情境选择”时，大都采取转嫁他人的方法。在贪污、贿赂犯罪的案件中，有很多案件是贪污与受贿联系在一起的。犯罪嫌疑人经手收取了一笔公款没有上交，被自己侵吞了。案发以后，检察机关对其进行讯问，若采用直接抗审的方法否认自己拿了钱，显然是不可能，事实已证明该款的最终“落脚点”是在自己的身上，要解脱自己，必须嫁祸他人。因而当犯罪情境不时地在大脑中进行思维循环的时候，谁与这笔款子有较为符合逻辑的联系，便自动渗入这种“情境选择”的思维循环，最后被确定成嫁祸的对象，成为抗审中的“情境选择”。审讯时常见的“一对一”现象，即一方说钱给了对方而对方说没有收到钱，出现了真假难辨的局面，就是这个原因。转嫁他人的抗审方法在审讯时的常用语：“这事是他们搞的与我无关”“这事是经过他们同意的”“钱给对方拿去了”“不给钱对方不会提供帮助的”，等等。审讯时多在犯罪嫌疑人与转嫁对象的关系上入手，要深追每个情节中的细节。因为编造的情节与客观的事实之间存在一定的差距，必然要经过细节暴露出来，一步步地扩大细节范围，一次次地重复每一细节，因为是编造的谎言，不可能每个细节都记得那么准确，这就使得谎言在这些细节里无法生根，最后只得暴露自己的陈述与客观事实的矛盾。

实际上，犯罪嫌疑人采取这种转嫁的情境选择，并不是最佳的状态，犯罪嫌疑人首先要组织好情节和细节，其次还要对付被转嫁方的否定信息，作出第二轮的“情境选择”。这时思维的焦点是：对方不承认怎么办？此时的“情境选择”是对方不承认我也没有办法，但我把钱已给了对方，对方不承认是他的事，这又变成了直接抗审的情境，这两种情境选择是根据讯问阶段的变化而变化。

无论是直接抗审，还是转嫁他人，都应该抓住“情境选择”不放，展开被利用的情境进行深化、细化、无限地扩展下去，直到矛盾全部暴露为止，而这些矛盾的暴露主要是通过我们的耳朵，从犯罪嫌疑人供述的细节中听出来的，听的对象就是犯罪嫌疑人在抗审中利用的情境和细节。

三、谎言抗审：如何识别

犯罪嫌疑人隐瞒犯罪事实的抗审方法就是“谎言”，用“谎言”来掩盖犯罪事实是犯罪嫌疑人对抗审讯的基本行为，由此审讯识别犯罪嫌疑人的谎言已经成为审讯活动的重要内容和任务，确定犯罪嫌疑人是否实施了犯罪行为，首先就要识别审讯对象供述语言的真实性，如贪污、贿赂犯罪，即一方说钱给了对方，对方称没有收到钱。那么到底钱是否给了对方？由此而引出了谁在说谎。只有确定了谁说谎才能确定谁是真正的犯罪嫌疑人，以此确定审讯的主攻方向，找出真正的犯罪人。再如，犯罪嫌疑人实施了犯罪行为，在接受审讯的过程中总是用谎言否定自己的犯罪行为，为了确定被审讯人是否有犯罪行为，就必须要识别其是否在说谎，找出事实真相。

审讯活动中识别谎言是一件极其困难的事，国内外的一些学者试图通过身体的某一部分，来进行谎言的识别，这种单凭身体或面部某一部分来确定是否存在谎言，具有很大的局限性和风险性。比如通过眼睛、鼻子、嘴巴、表情或手的动作来判断是否说谎，这种“典型说谎行为”是根据不同人的特点、不同的环境和不同的心理状态发生变化，这种变化和特征告诉我们，在说谎者与非说谎者之间的差别往往很细微，目前也没有发现所谓的“典型说谎行为”，更重要的是非说谎者也会产生“奥赛罗错误”的心理变化。奥赛罗是莎翁作品中的人物，他的情人 Desdemona 被诬有不贞行为，由于她没有办法证明自己的清白而出现情绪波动，这种情绪波动的表现又正好和被言中的人表现一致，于是被看作有不贞行为。关于谎言的典型行为的结论，不能一概而论，有些研究谎言的专家们试图通过说谎人的面部表情，找出说谎人的典型行为表现特征，很多人都把飘忽离散的眼神理解成典型的说谎标记，这种判定会出现误差，因为飘忽离散的眼神很多时候与人的心理活动有很大的关系，如当你讯问犯罪嫌疑人是否在说谎的时候，犯罪嫌疑人此时忽然联想到别的情境，那么他的行为表现就会出现另外的反应，与说谎与否的主题根本不相干。所以，我们说典型的说谎行为应当考虑与眼神相关联的其他心理行为特征。例如，如果某人在思考疑难问题时眼睛走神，这是人心理认识过程的特征反应，并不意味着就是撒谎。这种单一的面部表情说，可能会导致对谎言判定的误差。因为人脸的43块肌肉可以组合出1万多种表情，其中喜怒哀乐的情绪表现就有数千种。因此准确地找出谎言典型的行为表现特征是非常困难的。同时犯罪嫌疑人在抗审中的谎言行为，本身就是一种积极的掩盖行为，更为注意自己说谎时的行为表现，他也会像掩盖犯罪事实一样掩盖自己的谎言行为。因此，我们在识别谎言时应该对犯罪嫌疑人的谎言进行全面分析和比对，不能单凭身体或面部某一部分，比如眼睛、鼻子、嘴巴、表情或手的动作来判断是否撒谎。

在审讯实践中，第一，审讯人员所面对的是不同的犯罪嫌疑人，同样的犯罪行为，不同人的行为表现是不同的。在这个人身上时会被视为诚实的表现，但在另一个人身上时，就会得到另外的结论。这种现象不会告诉你哪个是真哪个是假。解决办法就是通过对比找出个体的特征反应。第二，谎言的典型行为反应是细微的动作反应。这种细微的动作瞬间即逝，很难被发现和捕捉，尤其是犯罪嫌疑人对谎言特别敏感，为了防止谎言行为的外露，当觉察到细微的脸部表情可能暴露谎言的时候，就会作出积极的防备。第三，说谎人的声音、眼神，传统的识别谎言的方法大多是听声音的变化和观察眼神的接触频率来判定。但是人声音的变化和眼神最容易受人的思维控制，尤其当对方在对抗心理极强的情况下，眼神接触就会减少许多，想通过眼神来检测谎言就困难多了。第四，靠直觉来感知谎言。在很多时候我们凭借感知能够猜测出谎言，也有的时候我们还会在无意识的情况下推理出谎言，在犯罪嫌疑人谎言情境出现的瞬间，通过有意识的回忆感觉到了谎言，这种在无意识的情况下感知到的谎言情境，比有意识、有目的的情况下效果更好。通常情况下都是有意识、有目的地感知谎言，但也不能放弃对在无意识的情况下感知到谎言情境的回忆捕捉。

根据谎言对人心理产生的焦虑和压力，说谎对人来说并非是一件容易的事情，它对人的心理素质的要求非常高，因为说谎者需要面对心理焦虑压力的打击，不同的人所承受压力的能力不同，在说谎受到巨大沉重的焦虑压力打击时，如果说谎人没有足够的承受能力，谎言的典型行为便表现了出来，谎言很容易就会被识破。

因此，识别谎言是一套讲求细致灵活的工作，要求敏锐的判断力和观察力。

谎言是伴随着人的基本情绪而产生的，人类有七种基本情绪，分别是悲伤、恐惧、高兴、愤怒、厌恶、吃惊和蔑视。犯罪嫌疑人在接受审讯的时候，就会导致这些基本情绪的产生，实践表明，这些伴随谎言出现的欺骗行为，也会通过人的表情、声音、说话的方式和肢体行为暴露出来。

（一）从面部表情的特点来观察

面部表现情绪的方式是生物进化的结果，当情绪发生时，生理上所发生的某些变化是自然而然地反应出来的，而且来得极快，人无法加以控制，只能被动地加以感受，所以，随着情绪而来的表情是难以通过自制力加以隐瞒的，旁观者可以明显地看出来。例如，在产生恐惧时眉毛会不自觉地抬起，而在伪装愤怒时都将眉毛往下压。当人在悲伤、忧愁、焦虑产生负罪感的时候，最引人注意的活动部位是额头；当人在害怕、着急、担忧之时，眉毛会奇特地扬起，伤心时嘴角下撇，欢快时嘴角提升，委屈时嘴巴微噘，惊讶时嘴巴张开，情绪激动时瞳孔会扩大，这些都是说谎者无法控制的。人面部表情的变化是由自主神经系统造成的，难以人为控制或掩饰。当我们对犯罪嫌疑人进行信息刺激时，其自主神经系统便会直接指挥面部表情发生变化。通常使用“假定”的信息来作为刺激语。这种“假定”的信息刺激语，就是直截了当地假定某件事情存在来进行刺激验证。当这种刺激语向对方释放以后，在对方没有任何心理准备的情况下，如果对方与犯罪有关，在接受信息刺激以后面颊的颜色最明显的是变红或变白，而这种表情的停顿时间也比较长；反之，正常、自然的表情，停顿时间不会拖得那么长，如果对方与犯罪事实无关，在接受信息刺激以后，便会出现较大的反差，表现为惊讶的表情。而这种表情开始得快，消失得也快。

在社会实践中，人们对谎言的研究发现通过面部表情的反应能够判断出谎言，当外来信息反应刺激出谎言的时候，其面部表情两边不对称即指两边脸的动作不同，其中一边的动作强过另一边。科学家们发现，右脑似乎专司情绪处理，推想有一边脸可能更为情绪化。由于右脑控制左脸的许多肌肉，而左脑控制右脸，所以一些科学家认为，情绪在左脸上表现得应该比较强烈。我们在实际生活中不难发现，说谎人扭曲的表情能够很快地被感知，当说谎人的一边脸的动作比另一边来得大时，显示的情感可能并不是真实的，即不对称可以视为一种说谎线索。

审讯活动中，犯罪嫌疑人与审讯人员不仅仅是语言的交流，更重要的是眼神交流，这种交流的时间长短能够反映出交流人之间的心理活动情况。当人们对交流的内容感兴趣的时候，交流的时间与眼神对接时间就长，相反就短。眼神与说话的时间有一个平均值，正常情况下平均值为60%，眼神交流的平均值低于60%多数是对交流的内容不感兴趣。犯罪嫌疑人在用谎言抗审的时候，当谎言说出的瞬间，眼神会迅速地避开审讯人员，避开与对方的眼神交流，表明不愿被你看穿自己的心理活动，不敢正视你，心虚。可是在很多时候当谎言的瞬间反应过后，犯罪嫌疑人的眼神又回到与审讯人员的眼神交流状态，这个过程反映的是犯罪嫌疑人需要观察审讯人员是否觉察到自己在说谎，而作出的视线转移。

谎言的面部表情是很复杂的，这是心理活动反应的特征：人在笑的时候有真笑和假笑，识别真假重要的不是笑的次数多少，而是笑的质量。假笑是皮笑肉不笑，而发自内心喜悦的笑不仅需要嘴唇的运动，而且需要眼睛周围肌肉的配合，假笑时眼角是没有皱纹的。假笑的目的是掩盖恐惧、愤怒、悲伤或厌恶的情绪，在审讯活动中这种情况也会出现在犯罪嫌疑人身上，当审讯人员提供的信息对犯罪嫌疑人产生刺激时，为了掩盖某些情绪而出现的假笑，审讯人员应当及时地作出判断，确定犯罪嫌疑人的真实情绪。另外，假笑的笑容是不对称的，发自内心的微笑应该是均匀的，也就是说，脸部两边应该是对称的，并且在鼻子、嘴角和眼睛周围都会产生笑纹，而且真正的笑来得快，但消失得慢。伪装的笑容会有些轻微的不均匀，眼部的肌肉没有被充分调动，因而不会产生笑纹，假笑来得相对也会较慢。

人的情感是以面部为重要表现基础的，眉毛的变化可以告诉我们喜怒哀乐，眉毛上挑并挤在一起表示恐惧，明知故问的时候眉毛会微微上扬，眉毛上扬、下腭张开表示惊讶。在对外来信息表现为惊讶的时候，真正的吃惊表情转瞬即逝，超过一秒钟便是假装的，而假的惊讶表情会停留很长时间，通常当审讯人员直接涉及谎言主题的时候，犯罪嫌疑人会通过惊讶的表情表现出来，但是这种惊讶大多是假装出来的。当人陷入悲伤的时候，额头、眼角都应该有纹路产生，而假悲伤却没有，这也是判断犯罪嫌疑人是真悲伤还是假悲伤，眼睛在很多的时候表现出的生理反应，害怕、愤怒都会使人的瞳孔放大，由于注意力太集中，他们的眼球开始变得干涩，这会让他们频繁地眨眼。另外，在识别谎言时要一直盯着说谎者的眼睛，看他眼球的运动方向。通常，当一个人编造谎言时，眼球会向右上方转动。当他们真的在回忆某事时，眼球则会向左上方转动。有的犯罪嫌疑人视线闪烁不定，左顾右盼，有的眼睛不住地向下看，寻找内心的稳定，以降低紧张程度，减轻心理压力。这种“眼动”是一种反射动作，是假装不出来的。真实的情感是通过面部对称表情表现出来的，当面部表情两边不对称时，极有可能他们的表情是装出来的，是假情感。说话时嘴部的动作是为了表达的需要而表现出来，多余的嘴部动作便是内部心理活动的表现，如抿嘴表示对自己的话没有信心。犯罪嫌疑人在供述谎言的时候，会产生心理焦虑，这种焦虑会引发面部器官的特殊反应，有人说谎会脸红，这是因为多余的血液流到面部。鼻子也一样，因为鼻子里有海绵组织，当一个人说谎时，鼻子会因为海绵组织充血膨胀出现瘙痒，此时说谎者就会下意识地摸鼻子，这是谎言的生理反应。

在审讯实践中，当审讯人员针对犯罪嫌疑人的某个行为进行质问的时候，如果犯罪嫌疑人对你的质问显露出不屑一顾的时候，说明你的问题触到了对方的痛处，没有引起对方的积极反应。谎言是一种虚假的行为，这种虚假的行为表情能够通过表情停留的时间长短来予以判断。涉及面部表情的持续时间，以及出现得快慢和消退得快慢，这种时间因素都能提供说谎线索。一般来说，长时段的表情——有的长达 10 秒左右或更长，通常约 5 秒，差不多都是假的。真正发自内心的表情也只是瞬间的几秒钟，除非情绪达到了极点，如欣喜若狂、怒气冲天或悲哀至极等，此时真正的情绪表情在脸上最多停留几秒种。即使在极端的情况下，面部表情也很少能持续那么久，如果这种表情持续的时间过长就是假装出来的虚假表情。

另外，表情与动作的配合有相对的顺序过程，虚假表情与动作的配合会出现相对顺序的不协调。相对顺序即表情相对于言辞的语言行为、声音的变化及身体行为的协调定位。假设有人在心里不愉快时说了一句“你真是非常讨厌”，生气的表情若是在话讲过后才出现，大可断定表情是装出来的。但若在讲话的同时，甚至话还没讲之前，表情已经出现了，那么，表情与语言行为是统一的。面部表情与肢体动作之间的相对顺序，回旋的余地更小，如当人在非常愤怒的情况下，表现出重重捶打桌子等愤怒的肢体行为，如果愤怒的表情是在捶打桌子之后才出现，同样可以断定是装出来的。事实上，任何与肢体动作不同步的面部表情都很可能是说谎线索。

（二）谎言所表现的声音和说话方式的差别

在生活常态的情况下，声音和说话方式表现为语速较快、声音响亮，而在说谎时却表现出说话缓慢轻柔，这就表明这个人的内心极度悲伤和焦虑是在说谎。在正常情况下人说话的声调是平稳的，而回答问题时声调忽然升高都是说谎的表现。正常的语言交流很少需要词语的重复，说谎时就表现出词语重复的情况。例如“你拿了她的钱吗?”“不，我没有拿她的钱。”对问题的生硬重复是典型的说谎。在侦查讯问中犯罪嫌疑人已经准备好了谎言，于是当审讯人员问其关键的犯罪行为的情况时，犯罪嫌疑人能够很迅速地予以回答，谎言会脱口而出，很多人以为撒谎要花更多时间来反应，但如果谎言已提前准备好，就会迫不及待地说出来。从语言反应的时间上来看，回答与提问之间的时间差被称为反应潜伏期，反应潜伏期越长，说明回答者对真相有所隐瞒。更为重要的是犯罪嫌疑人在说谎时，由于受到内部焦虑的干扰，在谎言输出的过程中，内部焦虑会破坏正常语言表述的声音和说话方式，对那些关键性的问题所作出的声音和说话方式的反应，表现出超正常的状态，这是对关键问题所涉及的情境有所隐瞒的显现，需要用讯问人员的耳朵来识别。"听"是人们在日常生活中获取信息的重要方法之一，也是获取信息的重要手段，它不仅在人们日常生活交往中起到很重要的作用，而且在我们与犯罪分子的斗争中也有重要的作用。"听"是向犯罪嫌疑人提取信息的重要途径，因而，讯问犯罪嫌疑人时的"听"与日常生活中人们交往中的"听"有着重要的区别，有更深层次的要求，这种"听"，要听出犯罪嫌疑人内心深处不愿向司法机关供述的犯罪信息，要听出犯罪嫌疑人在接受审讯时不同时期的心理状态，要听出犯罪嫌疑人下意识暴露的信息，要听出犯罪嫌疑人在抗审阶段的谎言，不仅要听出话中话，还要听出话外话，充分地发挥"听"的作用。

1. 仔细地听

要取其精华，去其糟粕，抓住对方说话的要点。在审讯的过程中，由于犯罪嫌疑人特殊的心理状态，在接受审讯时总是拐弯抹角、模棱两可、支支吾吾、藏头露尾，有话不直说，审讯人员必须加以梳理过滤，去掉"水分"留下"干货"。那么，怎样才能去"水"留"货"呢？这就需要审讯人员掌握听的方法，这种方法就是仔细地听。听的信息来源是被讯问对象的供述，这种供述的过程是通过犯罪嫌疑人说出的声音，经过一定空间的传递被审讯人员接收，这一信息接收的全过程只有在不受任何障碍的情况下，大脑在接收听的信息循环的时候，才能完整地接受对方发出的信息。如果大脑在接受别的环节思维的时候，没有处在接收信息的状态，便产生了接收信息的"盲区"，即便你是有耳在听，也是听不到东西的，获取不到外来的信息。要完整地取得外部信息，必须控制自己的大脑始终保持在接收信息的状态下，排除其他的环节思维的干扰，排除外界空间的客观干扰，也就是通常所说的"静静听"才能获取完整的信息。静静"听"的目的，就是要主观上始终保持吸取的状态，别让其他思维环节加入，这种吸取状态也包括随时吸入，随时进行加工处理的功能。同时，还要防止客观空间障碍或其他信息的侵入，使信息的来源渠道畅通。另外，还要时刻注意发送源的障碍侵入，一旦发现障碍信息侵入信息发送源时，应及时排除予以调整。要让对方完整地把信息传递完毕，不要中途打断对方的说话，要耐心听完对方的全部意思表达。

2. 努力地记

一名合格的审讯人员首先应该能将犯罪嫌疑人交代的全部信息记下来，放到全部案件中去分析、研究，确定犯罪嫌疑人在抗审中供述的矛盾点、谎话，心理活动的特点，语言的特征，气质和性格。只有努力地记住犯罪嫌疑人的每句话，以及每句话的音符、节奏、强弱、间隔等，才能获取全部的真实信息，才能去其糟粕，取其精华，为进行分析研究采取对策。对犯罪嫌疑人的表述声音和说话方式，要努力地记住犯罪嫌疑人的声音特点，语言连续性中的断句，供述的内容，忽然转变的话题，语调中的强弱调，语句中的半句话、刺激语。评估犯罪嫌疑人说谎的语用行为，找准促使犯罪嫌疑人供述的方法和对策。

3. 细心地分析

分析犯罪嫌疑人谎言的声音和方式的语用行为，找出谎言的核心问题，才能为我们审讯所用。分析的过程也就是对犯罪嫌疑人发出的信息进行加工、整理、去伪存真的过程。犯罪嫌疑人所供述的每句话，都有其原因和目的，在抗审中被审讯人总是要千方百计地掩盖自己的犯罪事实，因而在接受审讯时所表现出来的语言特点、表达方式、心理反应也不相同。例如，有的人在接受讯问时，忽然火冒三丈，有的忽然转变话题，有的说“半句话”，有的在一句连续性的话中多次出现断句，有的说话语调时强时弱，这就需要我们细心地分析，找其原因，发现“有用”的东西，找准目标，有的放矢。同时，对那些经过信息刺激的反应和细微的语言变化，都要认真地分析研究，多问几个“为什么”，在这些“为什么”中找原因，找结果。

（三）谎言的肢体行为表现

在审讯室这样的特殊空间里，讯问人员能够直接观察到犯罪嫌疑人的肢体动作。例如，犯罪嫌疑人说谎所表现出来的手势与姿势。手势是指用手和手臂表现出的各种动作，姿势指以躯干为主体的身体各部位作出的各种动作以及呈现出的不同状态。手势和姿势根据内心活动的体验，能够表现出自我体验的行为特征。

1. 说谎时的手势变化

犯罪嫌疑人在回答一般问题的时候手势动作表现得比较多，但随着讯问的深入涉及案件核心问题的时候，犯罪嫌疑人手部的动作减少了，那么犯罪嫌疑人就可能已经在说谎了，因为当犯罪嫌疑人把注意力集中在自己回答问题的内容上时，身体动作变得不再是自发而是刻意作出的时候，身体动作就会明显减少。身体动作的减少可能因为犯罪嫌疑人正在说谎，正在把注意力放在监督谎言的语言内容上，挥动双手会把自己的秘密泄露出去，于是在说谎时就很可能不自觉地把手的动作控制起来，手部的动作也减少了。手部的动作是根据人体的不同反应而发生的，人体的哪个部位瘙痒了手便会自然伸向哪个部位。有科学家发现，人在撒谎的时候身体会产生一种叫儿茶酚胺的物质，这种物质会在鼻腔内软组织引起鼻子痒的感觉，于是人会不自主地摸鼻子。有的犯罪嫌疑人为了掩盖这种动作，在谎言说完的时候会用手在鼻子下沿部位很快地摩擦几下，或者是非常轻微地触碰一下，这个细微的动作通常都表明这个人在对自己的谎话进行掩饰。无论犯罪嫌疑人采取什么样的谎言表达方式，最终还是担心被审讯人员识别出来，因此犯罪嫌疑人在说谎话的时候会下意识地用手遮掩嘴巴部位，这表明说谎者想要抑制自己说出谎话。遮掩的方式也有多种，有的人会假借咳嗽来遮掩，有的人则会用拳头或者是手指来遮掩嘴巴，但是意图都是一样的。犯罪嫌疑人在说谎时因为内心的矛盾体验，还会用手指去抓挠自己耳垂下方脖子的那块区域，作出这个挠脖子的动作，尤其是当说话的内容和手势不一致的时候，这种矛盾的感觉会很明显。除了上述说谎时鼻子会痒之外，脖子部位的神经也会产生刺痒的感觉，于是在说谎的时候便会去抓挠来消除这种感觉。同时他们在担心自己说的谎言会不会被识破的时候，也喜欢经常地拉拽自己的衣领。说谎需要绞尽脑汁编造事实，心理的不协调状态会表现出手指指向一边，眼睛却朝另一边看，出现肢体完全跟不上的矛盾状态。犯罪嫌疑人在说谎时，为了避免直接注视到审讯人员的脸部，会稍微用力地揉眼睛、拉拉耳垂、揉揉耳背或将整只耳朵压向前以掩住耳孔，这是一种掩饰动作。犯罪嫌疑人在接受讯问时空间状态是坐在椅子上的，通常在心理平衡的状态下双手是放在大腿部的，但他在说谎的瞬间手会紧握椅子扶手，这种动作表明他对自己的表述是不认可的，不是客观事实。

2. 说谎时的脚部行为变化

犯罪嫌疑人处于心理平静的状态时，其脚部和腿部是处于伸展的放松状态，当谎言出现以后，其脚部和腿部会出现收蜷。在审讯犯罪嫌疑人的时候，讯问人员很少注意对方的脚部动作，其实，脚部的动作变化也能够“说出”很多内容，通过观察对方移动脚的方式，可以一窥此人的内心世界。

当对方说谎出现焦虑感觉的时候，会以增加脚步移动来表达这种情绪。女性则相反，如果她们感觉紧张，就会保持双脚不动。观察双脚，还能判断一个人是否在撒谎。如果一个人的双脚完全静止，安分得有点过分，那他正在说谎。不少人认为，一个人说谎时会因为紧张而增加动作，事实上，说谎者往往发出完全错误的信号。每个人都关注眼睛和脸部，但人们善于控制那些部位的动作，因此，是否说谎的可靠迹象是脚部动作，根据我们自己的内心体验，如果我们说谎，我们确实会压抑自己正在做的动作，包括脚部动作。脚部的行为特征在很大程度上表露出说话人的性格特征、对谈话对象的看法、情绪和心理状态。脚部行为能够表现出真实情感，其原因可能是因为它们是反馈最少的身体部位，我们在判断别人说话时的情绪，大部分是依据面部表情来判断的，对方是真笑还是假笑，被掩饰的眼神能够让我们感知对方的情感，就是自己在说谎时也会注意到自己手的特殊表现。但我们很少注意到我们脚的特殊变化，即使是刻意地观察，也很难感知到自己的脚会发生什么样的变化。

四、抗审中的谎言行为：如何捕捉

审讯实践清楚地证明，犯罪嫌疑人说真话与说假话时面部表情状态是不同的。人在说谎话时常常会发生内部一系列生理上的变化，如呼吸与心跳节律加快、血压上升、消化液分泌减少、汗液分泌增加等。传说在我国古代官府为判别某个嫌疑犯是否说谎，就让他嚼一把米粉。如果吐出的米粉仍是干的，则说明他说的是谎话。因为，当他说真话时，他的情绪稳定，唾液分泌正常，嚼过的米粉就会是湿的或成团状的。而当他说谎话时，他的情绪一定紧张，唾液分泌因此受到抑制，所以嚼过的米粉仍是干的。同时还表现出说谎人的嘴唇是干燥的，不时地用舌舔嘴唇，嘴唇上下接触的频率会不断地增加，谎言大多能够从反常的行为中表现出来。

（一）“测谎仪”捕捉

20世纪，世界上就有很多国家为了解决谎言的问题，研究出了很多测谎办法，最有代表性的就是“测谎仪”即心理测试仪的问世。心理测试仪的问世象征着犯罪心理测试技术的发展。这种犯罪心理测试技术主要用于犯罪调查和辅助侦讯，是运用现代心理学和实验技术成果以及神经生理学、生理电子学等学科研究成果，同时、同步记录人的多项心理生物反应指标，进而评判心理痕迹的相关技术。多年来人们把这项技术称为测谎技术，将这种技术的测试仪称为测谎仪。它是通过对人的皮电、血压、呼吸、肌肉等指标的变异，把作案人、知情人或无辜人准确地分离开来。

从犯罪心理测试的原理来分析，犯罪心理测试并非测试被测人是否在说谎，而是测评被测人有无违法犯罪事实特殊事件的记忆痕迹。心理科学为此提供了依据：人的大脑对外界刺激都会留下一定的印迹，其主要表现为心理痕迹的记忆，实际上也是对外界刺激的记录和储存，这种记忆从时间的层次来看，有瞬间的、短时的和长时的；从记忆的来源又可分为视觉的、听觉的、嗅觉的、感觉的、动作的等，其深刻的程度取决于对个体生活刺激的强度。

对于作案人或知情人来说，因为犯罪是一种反社会行为，是被明令禁止的行为，在人们的脑海里都有深深不可磨灭的印迹。一旦出现了违反社会的行为，便会留下深刻的记忆，这种记忆是相当清晰、持久的，有些甚至是终生难忘的。因为犯罪以后，在受到外部信息刺激时，总会再现犯罪时的情境和某些行为细节，出于畏罪的心理，作案人对于案件事实极端敏感，会极力回避“当时的犯罪情境”。一旦犯罪心理测试技术设计的相关问题被提起，作案人或知情人对作案事实的记忆痕迹立即就会在大脑的记忆区域恢复起来。复现并唤起被测试人相关的情绪记忆、动作记忆、视觉记忆等，这种大脑记忆区的复活兴奋性变化，必然会引发邻近的情绪中枢的心理生物反应，一般难以受别人的意识调控。

因此，被测试人皮电、血压、呼吸、肌肉等指标的变异，是人的情绪中枢心理生物的反应，即便是保持沉默，始终不回答问题，但在相同的语言测试题下，作案人或知情人心理生物指标的差异反应，比起无辜者会非常显著地表现出来，被实时同步地显现在电脑的屏幕上。

目前我国公安部门使用的测试方法为“准绳问题测试法”“区域比较测试法”“知情、参与测试法”“犯罪情境测试法”“气象信息测试法”，等等。

人在受到刺激情绪的反应下可以引起心率、血压、血容量、皮肤电位、肌电、脑电波和呼吸、体温、唾液、瞳孔、胃蠕动的变化。犯罪嫌疑人在作案的时候，心理处于异常紧张的状态，对一些细节问题会留下深刻的印象。在审讯时，实际上是把犯罪人的记忆带入犯罪的特定情境中去，相应便会引起一系列的心理活动，受到刺激后的中枢神经系统控制中心丘脑，又发出信息到自主神经系统，使机体做好应付心理和生理刺激的准备，导致适应性防御机制的变化。植物性神经系统所控制的人们机体、活动不是随意的，欲掩饰恐惧情绪的心理活动会在能记录放大生理信号的多道生理记录仪——测谎仪上显示出来，有时还能通过人的外部形体反应出来。

（二）观察法捕捉

在没条件使用测谎仪的情况下，我们可以通过观察法来辨别犯罪嫌疑人是否在说谎，并通过这一手段来确认谁是真正的犯罪人，让真正的犯罪人如实供述自己的犯罪事实。

（三）编制细节捕捉

测谎设备所显现出来的生理指标变化，依赖于能够引起犯罪行为人心理和生理变化的“信息刺激语”。什么语言才是“信息刺激语”？首先，这种刺激语能使犯罪嫌疑人产生心理和生理等反常的变化。经过多年的实践证明，将

"仅罪犯才知道的问题"作为信息刺激语，才能使真正的罪犯产生反常的生理和心理变化。例如，某人是贪污犯罪的嫌疑人，将公款侵吞之后，谎称这笔钱给了某业务单位负责人。测试谎言时，只要让犯罪嫌疑人将如何把钱送给别人的细节描述出来，犯罪嫌疑人必然要用谎言来编造送钱的一系列细节。而这一"细节"时常又是促使犯罪嫌疑人交代罪行的突破口，因而这种"细节"越客观、全面，越能暴露谎言的特征。

在审讯的实践中，讯问人员的捉谎方法常常采取编制细节，捕捉供述矛盾来捉谎。犯罪嫌疑人在用谎言编造某些情节的时候，最担心的是涉及情境的细节，正如"一根链条的强度取决于它最弱的那一环"。细节即是谎言链条上强度最弱的一环，对于设谎者来说，是最容易对付的地方，而对于说谎者来说，恰好就是可以利用的地方。要使对方暴露谎言，盯住其细节不放是最好的捉谎方法。抓细节的同时利用细节再设置假情节，引发犯罪嫌疑人继续假情节，来扩大谎言的范围，达到充分暴露谎言的目的。

贪污、贿赂犯罪的谎言经常表现为：自己将公款贪污了，而谎称公款已行贿给了别人，审讯时只要让犯罪嫌疑人反复叙述送钱时的细节经过，并且另外再设置虚假的情节混入细节中去，犯罪嫌疑人必然要用谎言来编造送钱的一系列细节，并且把审讯人员为其设置的虚假情节也编造进去。例如，某单位财务人员将公款私存，将所得利息自己贪污了，案发后，他谎称该款已作为某项工程的预付款，给了某施工单位的领导，而该施工单位的领导根本就没有收到这笔钱。在讯问时审讯人员从送款的细节入手，问："送款的时间、地点、方法、票面?"答："2010 年 5 月 1 日放假，直接送到对方的家里，票面是 100 元一张，用报纸包着送去的。"问："2010 年 5 月 1 日正是'五一'劳动节，正好是该领导家的儿子结婚，你是怎么送的（设置假情节)?"答："那天他家里人很多，都是来贺喜的，我是把他叫出来单独给他的。"其实 5 月 1 日那天根本就没有儿子结婚的事，这一假情节的设置使得这位说谎者的谎言暴露得淋漓尽致。

五、谎言抗审：揭露环节

（一）揭谎的逻辑环节

审讯人员通过寻找犯罪嫌疑人的供述矛盾，揭露谎言，使犯罪嫌疑人形成自我心理强制，产生供述动机以达到使犯罪嫌疑人交代供述的目的。这种揭露矛盾的方法，不仅在国内被普遍使用，在国外尤其是在美国的司法部门，审讯的方法上仍然采用逻辑的途径进行审讯，矛盾的揭露在审讯中有着重要的作用。利用逻辑推理找出矛盾予以揭露，是为了促进犯罪嫌疑人形成自我心理强制以达到供述的目的。

从审讯中矛盾的来源来看，应该将矛盾分成两大类：一类是与犯罪嫌疑人有直接联系的矛盾；另一类是审讯人员为其设定的矛盾。

1. 与犯罪嫌疑人有直接联系的矛盾

在刑事案件中犯罪行为人都是为了达到某种目的，满足某一需要，伸出了犯罪的手。

第一，由于道德品质上的自私、贪婪、忌妒、多疑，相互关系上的地位不同、利益不同、作用不同决定了犯罪主体之间的矛盾结果。

第二，犯罪嫌疑人主观方面的心理矛盾，犯罪嫌疑人在接受正面审讯时，处于被指控的地位，由于法律规定使得审讯人与犯罪嫌疑人形成了特殊的语言对立关系，心理受到的影响极大，心理行为的结果使其自发地与犯罪事实联系到一起，当审讯涉及犯罪事实的时候，便产生了两种对立的矛盾心理状态，即拒供还是供述，两种意念的此起彼伏，反映出反复动摇的矛盾心理。

第三，犯罪嫌疑人的主观心理状态与客观存在的矛盾。犯罪嫌疑人实施了犯罪行为以后，犯罪时的情境总是不断地在大脑的思维中迂回，被记忆的行为过程自发地储存起来，形成心理事实。由于案发后的畏罪心理的行为结果，反映在审讯中犯罪嫌疑人大多采用谎言、假话来抗审，这些假话、谎言与客观事实的存在，必然会产生矛盾，供词与供词之间的矛盾；情节发展内在联系的矛盾；证据之间的矛盾；行为人与某行为情节的矛盾等。

2. 审讯人员为犯罪嫌疑人设置的矛盾

审讯人员为促进犯罪嫌疑人的供述而设置矛盾，并且将其假设在某一犯罪情节中，让犯罪嫌疑人继续深化、发展这一矛盾，达到证实谎言、暴露谎言的目的。

犯罪嫌疑人在供述自己犯罪事实时，总会涉及行为的前因后果，而在前因后果发生矛盾的时候，必然在因果关系的环节中表现出来，为了通过对供述矛盾的揭露，满足犯罪嫌疑人自我心理强制的条件，提取犯罪嫌疑人在供述中的矛盾环节，组成完整的揭露矛盾的联合体系，我们将那些能够证明供述矛盾存在的环节称为“逻辑环节”。

“逻辑环节”一般开始不涉及案件主题，而是寻找与主题相关的细节，根据逻辑推理在犯罪嫌疑人谎言的语用行为过程中寻找逻辑矛盾。这里的语用行为就是语言的运用行为。一些有经验的审讯人员在审讯语言的习惯上，大多采取迂回的语用行为方法，来寻找案件陈述中的逻辑矛盾。

语用行为的表现是：首先从涉及讯问主题的外围步步深入，以情节找主干，从小到大，从案件发展的每个情节到细节，间歇性地让犯罪嫌疑人重复、追问，从案件情节的不同角度、不同顺序进行深化细追，在整个情节中把关键性的细节抽出来，混杂在次要的问题中让其陈述，然后通过推理、比较来发现语用行为中的逻辑矛盾。犯罪嫌疑人在谎供中的矛盾，就是通过某一供述环节反映出来的，表现为违反了客观存在的规律性。例如，某副市长忽然违反国家对走私汽车入户的管理规定，批条指示该市车管所给予走私车入户上牌，如果不是“有利可图”，这位副市长能愿意干这种既承担责任又违法的蠢事吗？审讯中为了证明“有利可图”的目的，首先必须证明矛盾的存在。矛盾的出现必然会引起矛盾的情节，而这一情节又隐藏在事件发展的环节中，通过提取这些隐蔽的情节，来达到证明矛盾的目的。也就是说，能够提取足以证明矛盾存在的环节，通过逻辑分析、推理来证明矛盾、揭露矛盾，这就是逻辑环节。

运用逻辑的方法设置逻辑环节的语用行为，应当选择有理、有据、有礼、有节客观存在的事件和环节，能够直接推出存在的矛盾。例如，某银行的行长，违反信贷管理规定，对贷款的企业不考核，不按银行信贷规则遵循贷款要“贷前三查，贷后监督”的程序，由信贷员对贷款的单位或个人进行信贷调查，然后将结果上报信贷部门领导，最后一道程序才是由行长签字批贷。这位行长不是不明白，而是很清楚这里有“利”可图。他一次性贷款200万元给一个仅有10万元固定资产的某公司。

对此案提取逻辑环节应先从违反信贷规定，明知故犯环节中提取。以下是语用行为表述：

问：你们的银行贷款有哪些规定？

答：贷前三查，贷后监督。

问：贷款需要有一定的资产担保吗？

答：按规定需要。

问：你贷款的某公司是什么性质的公司？

答：不是十分清楚。

问：你贷给对方公司200万元是做什么用的？

答：可能是做生意。

问：你贷给某公司的这笔款子是用什么来担保的？

答：没有担保。

问：那它如果亏损了怎么办呢？

答：估计不会亏的。

问：如果亏了还不上这笔款子怎么办呢？

答：没想过。

问：根据贷款的日期，这笔款子已经到期了，为什么还没有还呢？

答：我问过他们，款子占用在货上还没有回笼。

问：如果该款回不了笼呢？

答：不可能全部回不来，多少会要回来一些。

问：这笔款子到期后你催讨过吗？

答：催过。

问：向法院起诉过吗？

答：没有。

问：为什么没有？

答：（不语）……

问：你敢吗？

答：（不语）……

在上述的语用行为的合作过程中，对逻辑环节的提取已足够证实矛盾存在的原因了。

问：你身为行长，违反规定对贷款的企业不验资、不检查、不监督、不调查、无担保，款子到期无回笼，无任何保全措施，后果出现不采取补救办法，不向法院起诉，你能说通吗？这又说明什么？（提供满足对方产生自我心理强制的条件）原因你不用说谁都清楚！但这件事还要你自己说！讲……讲……

答：（沉默）……他们在贷款时给了我 5 万元的“好处费”。

问：对方拿 5 万元就换走了你 200 万元，你是银行行长，这笔账你是怎么算的？

答：谁知他们到现在还不还呢。

前面设置的语用行为已经充分证明了该行长违章贷款、收受贿赂的目的。这里运用了逻辑的语用行为提取了犯罪嫌疑人无法抵赖的特定事实和环节，进行客观的联系和组合，使之能系统化地揭露供述矛盾，证明犯罪结果。

（二）揭谎的情境环节

谎言是犯罪嫌疑人抗审的基本方法，揭露犯罪嫌疑人的谎言就能够破坏对抗的心理结构。但是，如何能够发现谎言、证明谎言，却不是一件容易的事情，很多时候，犯罪嫌疑人的谎言是笼统的、不明显的，有时掺杂在许多真实的情境中间，经常是难以证实和鉴别的。

1. 谎言的供述语境

为了能够使犯罪嫌疑人的谎言自然地呈现出来，在审讯实践中专门针对谎言设立了特定的环节情境来证明谎言，即谎言的供述语境。例如，犯罪嫌疑人实施了犯罪以后，为了证明自己没有作案的时间，就采取编造谎言的方法，告诉审讯人员在某天、某时、某地见过某人，而实际上犯罪嫌疑人在那个时间正在实施犯罪，不可能见到某人，审讯人员为了揭露谎言故意设立虚假的情境，让犯罪嫌疑人充分地编造谎言："不错，在那天之前某人出了一场车祸，头部被撞伤是用纱布包着的，你见到他时一定看他头部有纱布。"这时犯罪嫌疑人会接着审讯人员的话继续编造谎言："我看见他时确实头部有纱布包裹着。"这样犯罪嫌疑人就上了审讯人员的当，钻进了审讯人员设置的圈套。

因此谎言的出现有两种情况：一种是主观的，另一种是客观的。犯罪嫌疑人为了逃避法律的惩罚，总是以谎言来进行对抗，这是主观的。另一种是审讯人员为了进一步证明谎言、揭露谎言，创建了一种假设情境和环节，使犯罪嫌疑人在编造谎言的过程中，为了把假话说得比真话还要真，扩大了谎言的情境和环节的范围，同时，审讯人员创建的假设情境和环节，也被纳入了谎言的情境和环节范围，进行"填补"和"繁殖"后形成了新的谎言情境与谎言环节，这个被共同创建的谎言统一体，自然也就包含着证明的环节和情境，这里只要审讯人员点破了证明的环节和情境，谎言无须揭露便会自然地暴露出来。

根据犯罪嫌疑人说假话的语用行为特点来看：首先，语用行为的表述简练，语言背景含义单一，同时，语言背景含义与语言前景表义一致。例如"是"或者"不是"，"有"或者"没有"，"不是我干的"。其次，对情节的语用行为表述笼统不敢深入细节。这样讯问人员揭露谎言就增加了难度，有的时候明知道犯罪嫌疑人在说谎，但就是无法予以揭露，根本原因就在于犯罪嫌疑人谎言的单一性和情节表达的笼统性。

例如，审讯人员讯问犯罪嫌疑人是否去过杀人现场，犯罪嫌疑人回答"没有"。这里审讯人员明知犯罪嫌疑人在说谎，却无法揭露他的谎言，原因就是没有证明谎言的依据，所以明知是假话只有睁着眼睛看着他说而无可奈何。

2. "证谎"的语用行为方法

所以运用假设的情境环节，证明犯罪嫌疑人的谎言，在审讯实践中有着非常重要的意义。"证谎"在审讯实践中的语用行为方法有"存在设立""情境设立""气象设立""环境设立""测谎（心理测试）配合"等方法。

第一，存在设立的语用行为特征，即审讯人员把与案件有特殊联系的人和物提取出来，假设他的存在或者不存在，并将其放进案件的情节中让犯罪嫌疑人自由发挥，因为犯罪嫌疑人本身就是在说谎，他对审讯人员为其设置的人或者物是否存在根本就不清楚，犯罪嫌疑人为了证明自己清楚，只有去编造谎言，审讯人员为其设置的人或者物的存在与否，正好符合犯罪嫌疑人说谎的心理需要，所以犯罪嫌疑人会在审讯人员为其设置的人或者物上再做“文章”、继续说谎，这样就扩大了谎言的范围，便于审讯人员的揭露。

例如，犯罪嫌疑人在某一时间内，根本就没有见到过某人或者某物，而犯罪嫌疑人则谎称自己见到过某人或者某物，为了让犯罪嫌疑人的谎言暴露，审讯人员可以为其设立根本就不存在的某人或者某物。语用行为方法：“你到过某人的单位去看过某人的出差报销单吗？在你说的时间范围内某人根本就不在本地，这些我们已经调查过了，你是如何见到某人的?”如果这时犯罪嫌疑人表示默认，审讯人员就可以直接揭露犯罪嫌疑人的谎言，如果犯罪嫌疑人狡辩，审讯人员应当立即阻止，并且直接告知犯罪嫌疑人不要再说谎了，以此来进一步证明犯罪嫌疑人被揭露的谎言，强化犯罪嫌疑人的心理认识。

第二，情境设立的语用行为特征是审讯人员用假设的情境，放进案件的情节中让犯罪嫌疑人用谎言去发挥，待其谎言全部暴露之后再予以揭露。例如犯罪嫌疑人在某一特定的时间没有去过某宾馆见过某人，而犯罪嫌疑人谎称自己在某一特定的时间去过某宾馆见到过某人。

情境设立的语用行为方法，例如贪污犯罪行为人自己把公款贪污了谎称钱送给了别人，在接受讯问时，犯罪嫌疑人一再坚持钱是送到对方家里的。设立证明谎言的语用行为：

问：你送钱时收钱人在干什么?

答：在看电视。

问：哪天?

答：12 月 25 日晚上。

问：正好那天晚上停电怎么能看电视?（设立的特定情境，实际根本就没有停电）

答：开始是停电点蜡烛的，后来有电了才看电视的。

因为本身送钱的经过就是假的，这样他的谎言就能够被证明出来。

第三，气象设立的语用行为特征是根据天气情况来为犯罪嫌疑人设立的证明方法。犯罪嫌疑人在实施犯罪以后，为了逃避法律的惩罚总是要进行情境的选择，有的选择自己没有去过现场，有的选择自己没有作案的时间等。那么犯罪嫌疑人在作案的时间范围内，人在什么地方，人在干什么。犯罪嫌疑人通常的语用行为表述："当时我在什么地方，在干什么。"因为犯罪嫌疑人当时在犯罪现场，不可能在其他的什么地方，因此犯罪嫌疑人对他自己编造地方的当时情况根本就不了解，为了证明自己在某地，只有编造谎言，这时审讯人员把气象情况加进犯罪嫌疑人的谎言里，让犯罪嫌疑人去充分地发挥，然后一举揭露。

例如，审讯人员告诉犯罪嫌疑人某地在某时下了一阵小雨，并且问犯罪嫌疑人在下雨的时候你在干什么？因为当时犯罪嫌疑人根本就不在某地，所以对某地是否下雨根本就不清楚，犯罪嫌疑人就会采取默认的语用行为方法，问："在下雨的时候打的是什么样的雨伞？"以此来逼着犯罪嫌疑人说谎，达到揭露谎言的目的。

第四，环境设立的语用行为特征是犯罪嫌疑人为了掩盖犯罪事实，经常用谎言来描述某地的情况，以表示自己曾经到过某地或者是从某地而来，环境设立是为犯罪嫌疑人设立某地的环境，以此证明犯罪嫌疑人对某地环境的说谎。

例如，1955 年冒充蒋总统秘密特使案。当时的审讯人员为了弄清对方到底是不是蒋总统秘密特使，采取环境设立的方法来试探对方是真特使还是假特使，审讯人员的语用行为表述："'中央日报'是我国'台湾政府'的报纸，它的社址在哪里？我国台湾地区的'国防部'地址在什么地方？"结果这位假特使回答得驴唇不对马嘴，暴露了自己是冒牌货的实情。

再如，有的贪污贿赂案件，犯罪嫌疑人将公款自己贪污了却谎称送给了别人，由于是"一对一"的案件，一个人说给了，而另一个人说没有拿，当审讯人员问犯罪嫌疑人款子是怎么送的，犯罪嫌疑人称是送到对方的家里，根据了解犯罪嫌疑人根本就不认识对方的家，审讯人员便采用了环境设立的方法来进行证明，语用行为表述："你既然到对方家里送钱，就应该知道他们家放置在客厅里的沙发，是皮质的还是人造革的？"犯罪嫌疑人说是皮质的，当时他就是坐在客厅的沙发上的。而实际上客厅里根本就没有沙发，只有几把椅子。

总之，证明谎言的语用行为技巧，可以从不同的角度，借助一切可以借助的条件，放开来让犯罪嫌疑人充分说谎，并且有意识地帮助犯罪嫌疑人扩大说谎的范围，达到充分揭露谎言的目的。这里应当注意的是在设立情境和环节时，语用行为的涉入应当与犯罪嫌疑人语言情境统一，应当在顺应犯罪嫌疑人语言情境的条件下涉入证明的情境与环节，才能够被犯罪嫌疑人确认和借用，才能够被融入发挥。否则，如果对犯罪嫌疑人说谎的语用行为进行阻拦，或者，审讯人员自我形态的表露，不能顺应犯罪嫌疑人说谎的语言情境，被犯罪嫌疑人认为他的谎言已经被怀疑或者已经被识破，那么审讯人员所设置的证明环节和情境就不能起作用。

（三）揭谎的定向环节

坚定的信念和态度，会对犯罪嫌疑人的心理产生重要的影响，坚定的语用行为能够强化坚定的信念和态度。

犯罪嫌疑人对审讯人员行为态度的坚定程度的评价，是从审讯人员的语用行为中获取的。在犯罪嫌疑人接受讯问的时候，为了摸清审讯人员的底，判断审讯人员到底掌握了哪些犯罪事实，总是会千方百计地从审讯人员的语用行为中获取信息。审讯人员的语用行为所反映出来的坚定程度，是犯罪嫌疑人分析判断的基础。如果审讯人员对某一事件的语用行为的表述不坚定，那么犯罪嫌疑人就会分析判断不坚定的原因。显然，语用行为的表述不坚定就是对某一事件不能充分地肯定！因此，也就是对犯罪行为是否存在的不肯定，获取了这样的信息，就会强化犯罪嫌疑人的对抗心理。与此相反，如果审讯人员对某一事件的语用行为表述是坚定的，那么犯罪嫌疑人就会认为这种坚定的语用行为是对犯罪行为暴露的肯定。犯罪嫌疑人侥幸心理的支点就会被拆除。在审讯实践中审讯人员的语用行为越坚定，犯罪嫌疑人的对抗程度就越弱，否则就会导致讯问活动的失败。

审讯人员语用行为的坚定程度，不是依靠讯问人员语言声音的高低表现出来的，而是依靠定向的语用行为反映出来的。定向的语用行为反映出审讯人员对某一事实全力以赴的行为态势，是对语用行为目标的坚定态度和确认。语用行为目标是讯问活动的着力点，是对抗双方的重心，在双方力量发生偏移的时候，重心就会发生偏移。

例如，有一起贪污案件的财务人员，贪污了巨额公款后销毁了全部账目和财务凭证，被传讯后谎称财务账目被盗，自己不知账目的下落。讯问人员开门见山：

问：你保管的财务账目必须要交出来！（讯问人员表现出了坚定的语用行为）

答：我不知道账哪里去了！可能是被小偷盗走了。（这里回答的语用行为也是坚定的）

问：小偷要你的账干什么！你不要再编了！账哪里去了？（进一步强化坚定的态度）

答：（不语）……（这里否定的坚定程度开始减弱）

问：我现在就是要问你账哪里去了！

答：（不语）……

问：你必须把账交出来！在这里你没有任何退路！

答：（不语）……

问：因为单位的财务账目不是你的私有财产，所以你必须要交出来！没有其他的余地！

答：账被我撕毁了。

问：那就请你把它恢复起来！

答：（不语）……

问：账是怎么撕毁的？

答：因为是小金库的账，钱被用了，就把账撕毁了。

问：撕毁的账在什么地方？

答：在我家的废纸桶里面。

问：账上的钱谁用了？

答：我用了。

问：用了多少？

答：可能有一二十万吧！

问：做什么用了？

答：平时用了一些，另外的存银行了。

问：存折在哪里？

答：在我家卫生间顶棚的夹层里！

办案人员提取了被撕毁的账目和存折，成功地将该案交付审判。

这起贪污案件的审讯成功，表现出了审讯人员的准确判断和坚定的目的性，从而使犯罪嫌疑人不得不交出犯罪证据，起关键作用的是审讯人员全力以赴的定向语用行为。

审讯活动中的语用行为的定向性，就是对审讯目标的确定性，围绕审讯目标的定向语言活动，语用行为特征是审讯人员的坚定决心，即不把犯罪事实调查出来绝不罢休的决心，以此动摇犯罪嫌疑人的侥幸心理。例如，在审讯一起犯罪嫌疑人翻供的案件中，审讯人员为了查明翻供的原因和真实的犯罪事实，审讯人员围绕犯罪嫌疑人“为什么翻供”展开了追讯：“你为什么翻供？”答：“（不语）……”问：“为了证明你的认识态度和行为表现，我们必须要弄清楚你翻供的原因，这同时也是你的认识问题，所以你必须讲清楚，不讲清楚这件事情是不会结束的！”审讯人员的决心，使犯罪嫌疑人的心理受到了强制，不说明原因是过不了关的，说了原因就等于交代了犯罪事实，左右为难，因为眼前的难关犯罪嫌疑人只得选择放弃对抗。

语用行为的定向作用能够有效地对犯罪嫌疑人的谎言实施心理干预进行定向震慑，完成犯罪嫌疑人自我心理强制的认知过程。

（四）揭谎的“特情”环节

犯罪是一种行为关系，是一系列情境相互联系的行为关系，通常，犯罪嫌疑人为了否定自己的犯罪行为，总是要在这一系列的犯罪情境相互联系的行为关系中，找出特定的情境关系进行歪曲、说谎，以此作为否定犯罪的理由。

1. “特情”关系语用行为

犯罪嫌疑人选择的特定的情境关系就是“特情”关系，审讯人员对犯罪嫌疑人“特情”关系语用行为干预，就是为了矫正被否定、歪曲的行为情境关系。“特情”关系的语用行为干预的作用在于通过提取某相互联系的个体情节和细节存在与否的关系，予以证明另一行为关系的存在与否。反过来，犯罪行为的存在与无必然联系的某些事件、物品、行为、语言的特定情境有着关联性，这种关联性足以证明犯罪行为的存在，通过这种证明过程来满足犯罪嫌疑人的自我心理强制干预。这种干预或者证明的过程必须是充分的，如果这种干预或者证明不够充分，犯罪嫌疑人就可能找出否定的理由，这个理由就能够帮助犯罪嫌疑人解脱自我心理强制。

用来干预或者证明犯罪行为存在的某些事件、物品、行为、语言的特定情境必须真实可靠，才能揭露谎言，成为犯罪嫌疑人不可否定的理由。

例如，北京市公安局的预审官汲某在审讯外国派遣间谍李某时，就采用了证明法取得了审讯的成功。李某是以合法身份，通过合法手续进入我国进行间谍活动的，合法的身份是他的护身符，为了剥掉李某的合法外衣，汲某针对李某自称是中国某大学专门进修先秦文学的研究管子的专家，巧引了先秦文学的历史典故，通过证明法，诱其深入。

他对这位自诩为“管子专家”的李某发问道：“‘老马识途’，总该知道吧?”李某只顾翻白眼，回答不出来。汲某代之作答：这个典故出自《韩非子·说林》。齐桓公曾带兵攻打孤竹国，孤竹国国君派手下的黄花元帅向齐军诈降，将齐军诱入迷谷。只见四周山崖陡峭，狂风怒吼，飞沙走石，寒气逼人。齐桓公见状忙叫人去找黄花元帅，岂料黄花元帅早已不见踪影。齐军大乱，左冲右突，自相践踏。齐桓公忙叫管仲献计。管仲说，老马能记住它所走过的路，我们可以利用马的这种灵性渡过难关。齐桓公叫人挑选了几匹从孤竹国的军队中俘获的老马，解开缰绳，让它们随意行走，各军的大队人马跟着这些识途老马，终于走出了可怕的迷谷，最后击退了孤竹国的军队，平定了边境的祸患。

汲某运用有关管子的典故，使李某瞠目心慌、汗颜，汲某乘势追击，直指要害：“你这‘管子专家’对‘老马识途’却茫然无知，这不是很奇怪吗？看来你对管子的学问很不在行啊。”汲某进而又一针见血地揭露道，“你的功夫也没有用到学术研究上。你始终另有使命，你始终在从事一项见不得人的勾当。”汲某接着又乘势造势，猛烈攻心，对其施加心理压力，终于迫使李某这个巧于伪装的异国间谍，承认自己的间谍身份，并且交代了他搜集我国情报的罪行。

“特情”关系的语用行为干预有：时间、地点、人物、常识、关系、情节、细节、环境、天气……例如时间的干预条件，审讯人员为了证明犯罪，讯问犯罪嫌疑人在案发时的行动和活动情况，以此来证明犯罪嫌疑人有犯罪存在的条件。

例如，某交通肇事逃逸案件，犯罪嫌疑人开车撞人后逃跑，经过目击者辨认，犯罪嫌疑人否认自己有肇事逃逸的行为，车辆上也没有明显的肇事痕迹，这里有当时的一段讯问笔录：

问：星期六的下午四点你在什么地方？

答：我在一家超市的门口。

问：你是怎么知道当时的时间就是四点钟的？

答：我是问超市门口的一个修理自行车的老板，他告诉我是四点钟。

问：那天下午在那条路上发生了交通事故，你知道吗？

答：我知道。

问：你是怎么知道的？

答：我是听别人说的。

问：谁跟你说的？

答：我们家的邻居跟我说的。

问：在什么地方说的？怎么说的？

答：我晚上回家的时候，在门口遇到他，他告诉我下午十字路口那边出了一起车祸。

问：你在问超市门口修理自行车的老板时间的时候，是在车祸发生之前还是在车祸发生之后？（特情涉入了）

答：是在车祸发生以后。

问：车祸是什么时间发生的？

答：我不知道。

问：你既然不知道车祸的发生时间，怎么知道你问修理自行车的老板时间的时候，是在车祸发生以后呢？（语用行为的干预开始）

答：（不语）……

问：你根本就不是听别人说发生了交通事故，你就是直接的交通肇事者！你不但知道交通事故发生的时间，而且你在车祸发生以后，迅速地逃离了现场，此后你又空手步行来到了超市的门口，问修理自行车的老板“现在几点钟了”？让修理自行车的老板证明你不在案发现场。

讯问人员的这段语用行为的干预，把犯罪嫌疑人推进了“自我心理强制”的领域，使其不得不供述自己交通肇事的逃逸经过。这里应当注意在运用“特情”语用行为干预的过程中，语用行为的节奏、语气和声调应当顺应选择“特情”的语境条件，如果当时的语境条件不能顺应“特情”的语用行为，应当暂时放弃，待条件成熟再进行实施。

因为如果“语境”条件不成熟，犯罪嫌疑人在没有退路的情况下容易形成激情状态出现僵局，导致语用行为的不合作状态。

例如前面的交通肇事逃逸案件，讯问人员开始组织运用“特情”语用行为干预：

问：星期六的下午四点你在什么地方？

答：我记不清了。（不合作的语境，条件通道受到阻碍）

如果强行运用“特情”语用行为干预，便会出现下列情况：

问：（跨过前面的“特情”）我再问你，那天下午在那条路上发生了交通事故，你知道吗？

答：我不知道。（语境条件再次受到限制）

问：（自我组织“特情”）那天下午在那条路上发生了交通事故你知道！因为你就是直接的交通肇事者！你不但是交通肇事者，而且你还是交通肇事后的逃逸者！

答：绝对不可能！

问：怎么不可能？

答：不是我干的！（出现了激动状态）

问：就是你干的！

答：你们说是我干的，那就是我干的，随你们的便！（这里出现了僵局）审讯人员只有再重新组织语用行为才能够使审讯活动继续发展下去。

“特情”关系语用行为干预的语境条件，应当是讯问人员自己创建的，自己能够控制的。例如前面的交通肇事逃逸案件，审讯人员为了创建适应语用行为干预的语境条件，首先运用了无声语言的神态影响，产生情感的沟通；其次使犯罪嫌疑人产生语言情境的对应反应，使之满足语用行为的语境条件（和蔼的态度、手势告知犯罪嫌疑人："你请坐!")。

问：你是做什么工作的?

答：没有具体的工作。

问：正常的生活来源靠的什么?

答：家里有房屋出租，有时也做些小生意。

问：最近做了什么生意?

答：最近没做什么生意。

问：不做生意那你干什么呢?

答：跟朋友在一起玩。

问：平时都跟哪些朋友在一起?

答：比较要好的几个朋友。

问：星期六你跟哪些朋友在一起?

答：你说的是星期六的上午还是下午?

问：星期六的下午四点你在什么地方?

答：我没有跟朋友在一起，我在一家超市门口。(以下的语境使犯罪嫌疑人无法进入激情状态)

问：你是怎么知道当时的时间就是四点钟的?

答：我是问超市门口的一个修理自行车的老板，他告诉我是四点钟。

问：那天下午在那条路上发生了交通事故，你知道吗?

答：我知道。

问：你是怎么知道的?

答：我是听别人说的。

问：谁跟你说的?

答：我们家的邻居跟我说的。

问：在什么地方说的?怎么说的?

答：我晚上回家的时候，在门口遇到他，他告诉我下午十字路口那边出了一起车祸。

问：你在问超市门口修理自行车的老板时间的时候，是在车祸发生之前还是在车祸发生之后?(特情涉入了)

答：是在车祸发生以后。

问：车祸是什么时间发生的?

答：我不知道。

问：你既然不知道车祸的发生时间，怎么知道你问修理自行车的老板时间

的时候，是在车祸发生以后呢？（语用行为的干预开始）

答：（不语）……

问：你根本就不是听别人说发生了交通事故，你就是直接的交通肇事者！你不但知道交通事故发生的时间，而且你在车祸发生以后，迅速地逃离了现场，此后你又空手步行来到了超市的门口，问修理自行车的老板“现在几点钟了”？让修理自行车的老板证明你不在案发现场。

这种变换过的语用行为的干预，同样能够把犯罪嫌疑人推进“自我心理强制”的领域。

2. “特情”语用行为干预出现僵局时的应对

同样在上述交通肇事的“特情”语用行为的干预中出现的僵局，显然是语用行为的失败环节。如果当时的语境条件不能顺应“特情”的语用行为，就应当暂时放弃，经过语言情境的调整后，待条件成熟再进行实施。因为语境条件不成熟，说明没有语用行为合作的情态，也就是说，丧失运用“特情”语用行为的条件。通过前面的僵局过程可以看出，如果当时审讯人员感觉到语境条件出现了问题，就应该立即停止“特情”语用行为的干预，更换语用行为，就能够避免僵局的出现。通常更换语用行为的方法是在犯罪嫌疑人不知不觉中巧妙地把话题岔开，即便是已经进入了或者已经组织实施了“特情”语用行为的干预，也要立即把它拉出来，避免发展下去的僵局后果。

“拉出”或者“岔开”语用行为目标的方法：

第一，接话而岔。就是接过对方的话题，岔开已经设立的语用行为目标。如前面的答话：“我不知道。”接话：“你知道什么？”岔开：“你的姓名知道吗？”为了尽快地进入更换的目标：“你家有几口人？”这样的话题犯罪嫌疑人无法作出否定性的回答，更不可能说自己不知道，这里虽然从一个目标转向了另一个目标，但是，原来设立的语用行为目标的中心没有变，仅仅是语用行为范围扩大了，无论语用行为的范围扩大到什么程度，都要随时准备重新进入原来设立的目标，继续完成“特情”的语用行为干预。如“你父母亲是做什么工作的？”答：“工人。”问：“你有兄弟姐妹吗？”答：“有！他们都在上学。”问：“他们上学你在做什么？”答：“我有时跟朋友做点生意，其他没有什么事。”问：“星期六你干什么去了？”（进入了原先的目标范围）

第二，眼前情境。把眼前的情境作为岔开话题的跳板。如前面的交通肇事逃逸案件，问：“你手上的伤是怎么回事？”（如果是旧伤，可以把它与过去骑摩托车联系在一起，逐渐把话题引向星期六的摩托车肇事的主题。如果是新伤，那么经过推理，正好能够与星期六的摩托车肇事联系在一起）

第三，跨越结果。从对方回答的结果，进行反向顺应。如前面的回答："我不知道！"跨越结果的方法岔开："我知道你要说这样的话！"继续岔开，"你知道是什么原因吗？"再继续，"你可能还要说不知道！"继续深入，"因为你是怎么想的我知道！"这样虽然拉开了范围，但是只要有条件出现，就能够向中心迂回。

第四，及时阻止。当对方不利的语义出现，尚未来得及展开的时候，就要及时地阻止对方把话题展开。再如，前面的回答："我不知道！"及时阻止："你别说了，我只想告诉你一件事……"阻止完了以后，至于把话题岔向何处那就要自己掌握了。

六、讯问实例——识别谎言，远离陷阱

下面我们来探讨犯罪嫌疑人通过谎言编织的陷阱以及如何及时识别谎言，远离陷阱。

犯罪嫌疑人王某系另一职务犯罪案件程某的代理律师，在其代理活动期间，为了替程某开脱罪行而为其伪造证据，帮助程某伪造了一份"银行贷款协议"，将其挪用公款的犯罪行为，改为公务的贷款业务，致使审判机关对其作出了无罪的错误判决。案发后公安机关以伪造证据罪对王某进行立案侦查，在讯问该犯罪嫌疑人时王某供认了自己"在看守所会见程某时，帮助传递伪造的银行贷款协议"的事实，但是在供述的细节上，犯罪嫌疑人故意"张冠李戴"设置陷阱，为自己准备辩护的退路。

在讯问的过程中，当讯问人员问到"贷款协议是从赵晓燕那里拿的还是陈少华那里拿的"，犯罪嫌疑人回答"不是从陈少华那里拿的，是从赵晓燕那里拿的"，犯罪嫌疑人立刻出现了说谎的肢体反应——手指瞬间频繁转动，这反映出回答的内容是假话。审讯人员发现了该问题以后，迅速调整了讯问的目标，把假话退回去，把真话找回来。

问：在看守所会见以后你做了哪些事？

答：在看守所会见后回来找赵某某，见赵某某是陈某某同意的。

问：那个章呢？在贷款协议上盖的公章？

答：这个章不是我盖的，我不清楚，我原来也是这么说的，有一次他去找陈某某盖的。

问：那个空白的协议是从哪里拿的？

答：是从赵某某那里拿的。

问：你想一想是从赵某某那里拿的还是从陈某某那里拿的？

答：不是从陈某某那里拿的，是从赵某某那里拿的。

（此刻犯罪嫌疑人出现了谎言的肢体反应——谎言的手势反应）

问：你想好了到底是从赵某某那里拿的，还是从陈某某那里拿的？

答：是从赵某某那里拿的。

问：你想好了！这可能是你记忆上的问题！（为犯罪嫌疑人找说谎的台阶）

问：你想一想，就是那份空白的表。（贷款协议空白表）

问：反正这个事情对你也没有多大的利害关系，你再回忆一下。

答：我想一想可以吧？

问：好的！

答：……这件事毕竟时间长了。（在为自己说谎找台阶）

答：因为去看守所之前我跟陈某某没有接触过。

问：你再想想是不是陈某某从铁皮柜里拿的空白贷款协议表。（因为最开始的时候犯罪嫌疑人并不知道贷款协议表存放的地址，审讯人员假设的一个铁皮柜，是暗示讯问人员知道这份表的来龙去脉）

答：我没有看到他是从哪里拿的。

问：是的，你是没有看到他是从哪里拿的，当时是他打电话通知你的。（这是根据人们的行为规律，推理出“打电话通知”的情节，更进一步暗示讯问人员知道当时的情节）

答：……

问：他把这份表准备好了之后，就打电话通知你，你回忆一下，他说“表找到了你过来拿”。（进一步暗示审讯人员对细节的知情，目的是让犯罪嫌疑人放弃假话说真话）

答：是空白的表，空白的旧表。

问：对！

答：就是银行的联社过去用的那种旧表。

问：哎！对！

答：……我站起来走走可以吗？

问：可以。

答：……当时不是我找他的，说实话我跟陈某某没有什么交情，因为接触的时间比较短，我想起来了是陈某某交给我的空白合同！实际情况当时是这样的，我在去看守所之前是在陈某某那里拿的空白合同。

问：那你前面为什么说是从赵某某那里拿的空白合同呢？

答：时间长了还是记忆的问题。

问：你怎么能够证明这份合同是从陈某某那里拿的呢？

答：当时是赵某某事先打了招呼，我去陈某某那里拿的，我拿到空白合同后的第三天就去了看守所，把空白合同交给了江某，江某在空白的表里填写了内容并且签了字，我还跟他说贷款的时间要往前推，于是他就填上了一年以前的时间，回来后就交给了赵某某，是赵某某交给法院的。

第8堂课　《刑事诉讼法》修改对职务犯罪侦查工作的影响

● 刘冬根*

课程提纲

一、正确适用非法证据排除规则
二、正确理解全程同步录音录像制度
三、修改后刑事诉讼法实施对职务犯罪侦查工作的影响

《刑事诉讼法》修改后，检察系统一片“狼来了”的声音，侦查干警普遍认为会对职务犯罪侦查工作产生消极影响。特别是贿赂案件，办案难度倍增，办案数量会大幅下滑。本人一向认为，修改后的《刑事诉讼法》确立的非法证据排除规则和全程同步录音录像制度不会阻碍职务犯罪侦查工作的发展。如今，修改后的《刑事诉讼法》已经实施一段时间，检察机关的职务犯罪侦查工作不但没有退步，反而取得了长足的发展。我院职务犯罪侦查工作就取得重大突破，一个重要原因是我们正确理解了非法证据排除规则和同步录音录像制度，没有被这两项制度束缚手脚。下面，将对如何正确适用非法证据排除规则和同步录音录像制度作具体分析。

一、正确适用非法证据排除规则

《刑事诉讼法》第54条第1款规定：“采用刑讯逼供等非法方法收集的犯

---

* 广东省江门市台山市人民检察院检察长。

罪嫌疑人、被告人供述和采用暴力、威胁等非法方法收集的证人证言、被害人陈述，应当予以排除。收集物证、书证不符合法定程序，可能严重影响司法公正的，应当予以补正或者作出合理解释；不能补正或者作出合理解释的，对该证据应当予以排除。”这就是《刑事诉讼法》关于非法证据排除规则的规定。这一规定的内涵包括：

（一）排除的主要是非法言词证据

对于采用刑讯逼供等非法方法收集的犯罪嫌疑人、被告人供述和采用暴力、威胁等非法方法收集的证人证言、被害人陈述等言词证据，一律予以排除。而对于物证、书证等不合法的实物证据，应当综合考量采纳该不合法证据对司法公正的影响程度、损害的法益、非法取证行为的严重性以及能否进行补正或者作出合理解释等多方面因素，决定是否予以排除。

根据法律的规定，作为排除对象的非法言词证据，可以分为犯罪嫌疑人、被告人供述和证人证言、被害人陈述等言词证据两种。对于犯罪嫌疑人、被告人供述，必须是采用刑讯逼供等非法方法收集的，才是应当排除的对象；而对于证人证言和被害人陈述等言词证据，除暴力取证外，即使是采用威胁方法收集的，也应当予以排除。显然，刑讯逼供、暴力和威胁方法在违法程度、危害性、表现形式等方面存在较大的差异。《辞海》对“威胁”的解释是：威逼胁迫；用威力使人服从。这种“威力”既包括暴力也包括权势等。如利用权势、抓住证人的隐私、以处理证人的亲友为由进行胁迫等，都应当认定为《刑事诉讼法》第54条规定的“威胁”，通过此手段取得的证人证言都应当予以排除。这体现了刑事诉讼中犯罪嫌疑人、被告人与证人、被害人由于诉讼地位不同，法律给予保护的程度有所差别。在司法实践中，我们应当注意避免盲目地将采取“威胁、引诱、欺骗”等方法收集的犯罪嫌疑人、被告人供述都作为排除的对象。

（二）非法证据排除的规制对象是非法取证行为

如上所述，并非所有的不合法证据都必然导致证据排除的后果。即使是不合法的言词证据，也只是绝对排除通过侵犯问话对象人身权利的非法方法取得的言词证据。至于取证主体、证据形式、取证程序上不完全符合法律规定的言词证据，可以称之为瑕疵证据，首先应当进行补正或者作出合理解释。只有不能进行补正或者无法作出合理解释的，才应当予以排除。比如讯（询）问的时间、地点不符合要求、没有进行权利告知的言词证据，就是较为轻微的瑕疵证据，可以进行补正或者作出合理解释。甚至，因为讯（询）问人签名时粗心，出现1人同时对2人进行讯（询）问的笔录材料，也是可以进行合理解释的。对此，最高人民法院《关于适用〈中华人民共和国刑事诉讼法〉的解释》

第四章“证据”部分作了非常详细的规定。

根据《刑事诉讼法》第54条的规定，应当予以“排除”的证据被严格限定在采用非法方法取得的证据。排除的标准是取证手段严重侵犯犯罪嫌疑人、被告人、证人的人身权利。这与我国设定非法证据排除规则的出发点是一致的。

（三）对“刑讯逼供等非法方法”的理解

《人民检察院刑事诉讼规则（试行）》第65条规定：“刑讯逼供”是指使用肉刑或者变相使用肉刑，使犯罪嫌疑人在肉体或者精神上遭受剧烈疼痛或者痛苦以逼取供述的行为。“肉刑”是指对审讯对象的肉体直接进行摧残或伤害，如殴打、捆绑、用警棍电击等；“变相肉刑”则指虽不直接作用于肉体，但审讯对象的肉体同样受到摧残或伤害的行为，如冻、饿、晒、烤等。“其他非法方法”是指违法程度和对犯罪嫌疑人的强迫程度与刑讯逼供相当，而迫使其违背意愿作出供述的方法。如对犯罪嫌疑人的亲友进行迫害、对其宠物施加暴力等。

在侦查实践中，肉刑已基本杜绝，但疲劳审讯却较为常见。如在传唤、拘传期间内不让审讯对象睡觉，在凌晨审讯对象意志薄弱时加大审讯力度，为保持审讯强度而派出不同的审讯人员轮番上场审讯等。

疲劳审讯是否属于非法取证不能一概而论。通过疲劳审讯取得的犯罪嫌疑人、被告人供述是否作为非法证据加以排除，应当以《刑事诉讼法》第54条第1款规定作为判断依据。如果疲劳审讯超过合理的限度，如超出法定的审讯时间、连续两三天长时间审讯、两次审讯之间没有提供必要的休息时间等。说明审讯行为已经造成犯罪嫌疑人、被告人的精神、肉体严重“疲劳”，这种疲劳审讯可以纳入“变相肉刑”的范围，通过疲劳审讯获得的犯罪嫌疑人、被告人供述应当予以排除。如果“疲劳审讯”并不十分严重，如审讯时间长达10小时但在法定范围内，每天都审讯10多小时但两次审讯之间提供了6小时以上的休息时间等。虽然也造成了犯罪嫌疑人、被告人的精神、肉体双重疲劳，但这种疲劳的严重程度尚未达到“变相肉刑”的程度。对这种疲劳审讯取得的犯罪嫌疑人、被告人供述就不属于排除的对象，在侦查机关作出合理解释后仍然可以作为定案依据。

需要特别说明的是，《刑事诉讼法》第117条第3款规定，应当保证审讯对象在传唤、拘传过程中的“饮食和必要的休息时间”。此次刑事诉讼法修改，将案情特别重大、复杂，需要采取拘留、逮捕措施的案件的传唤、拘传时间，从12小时延长到24小时，其间给犯罪嫌疑人“必要的休息时间”不但必要而且可行。办理职务犯罪案件，特别是贪污贿赂案件，一般都可以认定为案情特别重大、复杂，需要采取拘留、逮捕措施，可以适用“传唤、拘传时间不得超过二十四小时”的规定。这给检察机关办理职务犯罪案件，特别是突破重大贿赂案件，提供了更加充裕的时间。但是，保证犯罪嫌疑人必要的休息时间必须引起侦查人员的高度重视。如果不严格执行法律规定，没有给犯罪嫌疑人必要的休息时间，将导致辛苦取得的犯罪嫌疑人供述被视为非法证据予以排除的严重后果。

要对“必要的休息时间”作正确的理解：(1) 多长时间视为“必要”？法律法规对此没有规定。一般理解一名成年人每天有 6 小时以上的睡眠时间就足够。因此，24 小时讯问期间，给予 6 小时以上的休息时间应当认定为给予了“必要的休息时间”。(2) “24 小时内”是否可以分段多次审讯，多次给予休息时间？只要总休息时间超过 6 小时是否可以视为给予了“必要”的休息时间？回答是当然可以。(3)“休息”的具体内容是什么？休息不等于睡觉，休息也不等于只有一个人在场且不受监控。因此，在讯问室，在侦查人员在场、监控下，只要侦查人员没有讯问行为，讯问对象没有接受讯问或者自己书写交代材料等，不管讯问对象是靠在椅子上睡觉，还是坐在椅子上无所事事，或者在讯问室里来回走动，都可视为休息。犯罪嫌疑人吃饭也是休息。这些时间都应计入休息时间。(4) 在给予了必要的休息时间后，总的讯问时间是否可以超过 24 小时？在办案场所总的讯问时间不能超过 24 小时，但离开讯问场所后，再传唤应当不受 24 小时限制。两次传唤之间如果超过 12 小时，就不能视为连续传唤。

综上所述，判断“疲劳审讯”是否超过合理限度，应当有两个客观标准：第一，审讯时间有无违反法律规定；第二，审讯期间有无给予饮食和必要的休息时间。要特别强调的是，实践中很多办案安全事故都是出在疲劳审讯上面。如果我们坚持上述两点，一般不大可能出现问话对象病发身亡、逃跑、自杀等事故；即使出现极个别对象因为身体的特殊原因病发身亡，办案人员也因为没有违反有关法律规定而无须承担法律责任。当然为了避免出现上述极端现象，建议大家还是要认真贯彻最高人民检察院和原卫生部有关邀请医生值班的规定，防止出现突发事件，确保办案安全。

（四）如何看待“威胁、引诱、欺骗”等取证手段

《刑事诉讼法》第 50 条关于严禁非法取证的规定，沿用了“刑讯逼供和以威胁、引诱、欺骗以及其他非法的方法”的原有表述。“威胁、引诱、欺骗”无疑都属于非法取证行为。但《刑事诉讼法》第 54 条将应当予以排除的非法证据的范围限于“刑讯逼供等非法方法”取得的犯罪嫌疑人、被告人供

述和“暴力、威胁等非法方法”取得的证人证言、被害人陈述。这说明采用“威胁、引诱、欺骗”手段取得的言词证据并不完全属于绝对排除的对象，在司法实践中也是难以完全排除的。因为“威胁、引诱、欺骗”的内涵及认定标准在侦查实践中确实不好掌握，它们与审讯策略、技巧之间很难有清晰的界限。

不论在理论上还是实践中，审讯行为往往是通过“威胁、引诱、欺骗”等手段达到使审讯对象交代事实真相的目的。因为，除了投案自首者和少数第一时间如实交代者，绝大多数审讯对象在接受讯问之初肯定是持抵触心理，不愿意交代事实的。因此，任何审讯行为都要运用审讯策略，或者使审讯对象产生心理压力，或者使审讯对象陷入某种错误认识，或者使审讯对象进行某种有利于侦查机关的利益抉择。这些审讯策略与威胁、引诱、欺骗确实难以区分。

我认为，界定一些侦查行为是审讯策略，还是达到了威胁、引诱、欺骗的程度，需要掌握好三个标准：是否违反人性和伦理道德；是否严重侵犯讯（询）问对象的基本人权；是否导致讯（询）问对象作出违背真实意愿的供述或者陈述。具体而言：（1）若侦查人员称审讯对象的家属将受到不利对待，从而逼取口供，就构成了“威胁”，与《刑事诉讼法》中“不得强迫任何人证实自己有罪”的规定相违背；若侦查人员称“你交不交代都不影响追究你的刑事责任”，“如果没有自首情节，受贿10万元以上就要判处10年以上有期徒刑直至死刑，你自己考虑吧”，说这些话目的是使讯问对象产生心理压力从而交代犯罪事实，但不违反法律规定，当然不属威胁。（2）若侦查人员利用审讯对象畏惧受到法律制裁的心理，轻易给予从轻、减轻、免除处罚、释放、办理取保候审等方面的许诺，以换取认罪供述，或者利用审讯对象就诊、服药、与家人见面、解决家庭问题等方面的需求，以交代犯罪事实作为交换条件来诱供，应视为“引诱”；若只是解释法律政策，指明坦白、自首、立功可获得出路等，就不能视为引诱。（3）若侦查人员直接谎称同案的犯罪嫌疑人已供认或证人已指证，比如“你的同伙已经供认了，你不供认依然可被定罪”，使审讯对象认为即便自己不承认，依然可能会被定罪，从而“如实交代”，是一种“欺骗”的手段，容易导致出现虚假供述；若侦查人员运用迷惑性语言等方法，比如“你说不说不要紧，有没有贪污，你心里明白，我们也十分清楚”，使审讯对象产生犯罪事实已完全暴露的错觉，认为侦查人员已掌握充分的证据而主动交代，就是审讯策略。

二、正确理解全程同步录音录像制度

《刑事诉讼法》第121条规定：“侦查人员在讯问犯罪嫌疑人的时候，可以对讯问过程进行录音或者录像；对于可能判处无期徒刑、死刑的案件或者其他重大犯罪案件，应当对讯问过程进行录音或者录像。录音或者录像应当全程进行，保持完整性。”我们一般称之为全程同步录音录像制度。对这一制度的理解应当把握以下四点：

（一）全程同步录音录像是非法证据排除规则的配套制度

由于法律对非法证据排除采取“嫌疑排除”的证明标准，因此，证实取证行为合法的工作变得非常艰巨。只有对讯问过程进行全程同步录音录像，才能有效证实侦查讯问过程的合法性，才能最终遏制刑讯逼供等非法取证行为。为了自证清白、自我保护，侦查人员应该积极主动对讯问过程进行全程同步录音录像。

（二）检察机关须认真执行自侦案件全程同步录音录像

法律只规定了“对于可能判处无期徒刑、死刑的案件或者其他重大犯罪案件，应当对讯问过程进行录音或者录像”，没有规定检察机关直接受理侦查的所有案件都要全程同步录音录像。但最高人民检察院规定对直接受理侦查的所有案件的讯问过程都要全程同步录音录像。这是检察机关加强内部监督制约、保护当事人合法权利的重要举措。由于《人民检察院刑事诉讼规则（试行）》是司法解释，对所有刑事诉讼的参与者具有普遍约束力。因此，我们必须认真执行自侦案件全程同步录音录像的规定。

（三）无须同步录音录像的情形

法律只规定了“侦查人员在讯问犯罪嫌疑人的时候”可以对讯问过程进行录音或者录像，而不是对询问证人的过程也要求录音录像。在职务犯罪侦查工作中，我们一般都要进行大量的初查工作，在条件成熟时接触调查对象。这时，潜在的犯罪嫌疑人还只是调查对象，有关工作程序按照询问证人的规定操作。而《刑事诉讼法》对于询问证人既没有24小时的时间限制，也没有同步录音录像的硬性要求。一般来说，在突破调查对象后再立案侦查，这时方按有关规定开展同步录音录像，并遵守有关传唤不得超过12小时或者24小时的规定，是符合程序要求的。另外，审查逮捕、审查起诉过程中，检察人员讯问犯罪嫌疑人的，不是以“侦查人员”的身份进行讯问，可以不进行录音录像。

（四）全程同步录音录像的目的是证明犯罪嫌疑人、被告人供述为合法证据

讯问过程的录音录像不是刑事诉讼法规定的视听资料证据，其作用在于证明作为重要证据的犯罪嫌疑人、被告人供述的合法性、客观性。录音录像本身不是证据的一种，在诉讼中有两个意义：（1）辩护人可以查阅、摘抄、复制

诉讼文书和证据材料，但无权查阅录音录像资料。一般情况下，检察人员不宜在审查起诉阶段向辩护人提供录音录像；在提起公诉时，如果有必要，检察机关可以向人民法院移送录音录像资料；在法庭审理过程中，公诉人可以提请法庭播放录音录像。（2）没有同步录音录像、只有录音没有录像或者录音录像不符合有关规定的犯罪嫌疑人、被告人供述有可能成为非法证据，但不能当然地成为非法证据。司法工作人员和辩护人不能因录音录像的方法、过程、载体等存在瑕疵而得出侦查讯问过程为非法的结论，从而武断地将讯问取得的犯罪嫌疑人供述作为非法证据予以排除。即使将录音录像本身视为一种证据，也不能因为录音录像本身存在很多瑕疵而想当然将其视为非法证据。如上所述，非法证据排除规则规制的是非法取证行为，至于录音录像本身在证据形式、取证程序、取证主体方面存在的瑕疵都是可以补正或者作出合理解释的，不是绝对排除的对象。

三、修改后刑事诉讼法实施对职务犯罪侦查工作的影响

（一）非法证据排除规则在职务犯罪侦查工作中实际早已运用

《刑事诉讼法》修改之前，已有“严禁刑讯逼供和以威胁、引诱、欺骗以及其他非法的方法收集证据”的规定；2010 年“中央五部委”发布了《关于办理死刑案件审查判断证据若干问题的规定》和《关于办理刑事案件排除非法证据若干问题的规定》，完整地确立了“非法证据排除规则”；职务犯罪侦查工作一直坚持严格依法办案，坚决杜绝刑讯逼供等非法取证行为；全国检察机关从 2005 年开始实行侦查讯问过程全程同步录音录像；审查决定逮捕、审查起诉、审判过程中，对职务犯罪案件一向坚持严格的证据标准，对证据的合法性要求从来没有丝毫的放松。所以说，非法证据排除规则和全程同步录音录像制度虽然在《刑事诉讼法》修改前法律没有明确规定，但其实在职务犯罪侦查工作实践中早已运用。因此，职务犯罪侦查工作并不需要太长的时间去适应修改后的《刑事诉讼法》，该法实施对实际工作的消极影响并没有想象的那么大。我院在修改后《刑事诉讼法》实施后，除了增加 1 名技术人员全程值班外，其他工作并没有大的变化，但立案侦查总人数却显著增长。

（二）及早转变侦查方式，推动职务犯罪侦查工作的全面发展

1. 注重初查，侦查重心从通过讯问犯罪嫌疑人获取口供转变为在正面接触犯罪嫌疑人之前进行秘密调查，实现“由供到证”向“由证到供”的转变

在职务犯罪侦查工作中，不要急于立案，要将工作重心放在初查工作上。要建立线索评估、分流处理机制，注重初查质量；坚持计划先行，实现精细侦

查，防止随心所欲；建立侦查一体化机制，实现个案侦查工作的集团作战；要善于通过上级检察机关开展初查获取证据、实现突破；要在获取大量书证、物证和证人证言，各方面条件都成熟后才接触调查对象。在突破调查对象后，再立案侦查，这时，再按有关规定开展同步录音录像，并遵守有关传唤不得超过12小时或者24小时的规定。实际上就是所谓的“不破不立”。而且，我们的立案时间是以“日”为单位，不需要写明几点钟立案。一天有24小时，完全可以在立案日期的最后一段时间再开始计算传唤时间并录音录像。先调查“证人”，再传唤犯罪嫌疑人，可以争取48小时的审讯时间。突破犯罪嫌疑人之后再立案，这样有利于分化、瓦解犯罪嫌疑人。也可以认定犯罪嫌疑人自首，但这也存在案件无法突破的风险。2013年我院办理我市某镇非法采矿系列案，成功立案7人，就是及时转变侦查模式的结果。特别是与行贿人的联系沟通长达半年之久，对该镇党委书记立案也比其他同案犯足足晚了10天。

2. 善于综合运用多种侦查措施全面获取证据

可以灵活运用指定居所监视居住，关于指定居所监视居住，第一，要充分认识指定居所监视居住对突破贿赂案件犯罪嫌疑人的重要意义；第二，要善于通过指定管辖获得适用权。

3. 实行风险决策

现在侦查工作每一步行动都充满风险，不像过去几乎是无风险。因此，负责侦查工作的领导、承办检察官在决策时要有风险意识，不能意气用事。具体讲，就是严格依照法律规定的条件对犯罪嫌疑人采取强制措施。每个犯罪嫌疑人，只要立了案，就要诉得出、判得了。特别是对犯罪嫌疑人决定拘留、逮捕时，必须坚持严格的证据标准，否则，出现撤案、撤诉、无罪、刑事赔偿等结果时，将对检察机关办案的法律效果、社会效果甚至政治效果产生极其严重的消极后果。如我院在办理海洋渔业系统和国土系统案件过程中，对于不符合立案条件的，在传讯24小时后，还是忍痛放弃，没有冒险立案，更没有冲动之下贸然采取拘留措施。

4. 注重审讯策略，实现由秘密审讯向“镜头下的审讯”转变

在摄像头下，侦查人员应该把握好法律后果警讯与“威胁”，正当的利益诱惑与“引诱”，事实迷惑与“欺骗”之间的区别，规范审讯行为，减少犯罪嫌疑人供述因非法审讯而被排除的概率。

具体而言：（1）侦查人员可以通过阐明可能判处的刑罚等法律后果，促使审讯对象认罪服法，但不应以法律预期不能达到的后果向审讯对象施压。比如对贪污数额为8万元的犯罪嫌疑人说：“你再不供认的话就等着判死刑吧”，

这就超出了该数量档次的法定最高刑，构成了“威胁”。(2) 侦查人员可以通过阐明自首、坦白、从轻、减轻等方面的规定，劝导审讯对象主动交代犯罪事实，争取从宽处理，但对审讯对象提出的从轻、减轻、免除处罚、释放、办理取保等要求，特别是与法律规定相违背的，不能随意承诺，否则会给审讯对象提供翻供的理由。(3) 侦查人员可以运用迷惑性语言等方法，比如“你说不说不要紧，有没有贪污，你心里明白，我们也十分清楚”，使审讯对象产生犯罪事实已完全暴露的错觉，认为侦查人员已掌握充分的证据而主动交代，但不能谎称同案的犯罪嫌疑人已供认或证人已指证，变相逼迫审讯对象供认。(4) 侦查人员应该按照人性化办案的要求，文明对待审讯对象，给予安排饮食、休息、服药、就诊和生活上的关心，通过真情感化来促使审讯对象主动交代。(5) 侦查人员应充分利用特别重大、复杂案件传唤和拘传时间延长的12小时，并在审讯过程中注重提供必要的休息时间。毕竟法律和司法解释都没有明确规定“特别重大、复杂案件”的具体标准，办案实践中对其理解不能过于机械，可以稍作弹性解释。根据《刑法》规定，对贪污罪、受贿罪的量刑很重，几乎所有的贪污受贿案都可以视为特别重大的案件；而渎职罪虽然量刑不重，但其涉及的案情往往非常复杂，也可以视为“特别重大、复杂案件”。因此，绝大多数自侦案件其实都可以传唤24小时。对于上述第(4)、(5)点，一定要通过录音录像固定下来，一方面是规范审讯行为，实现文明办案；另一方面也证明审讯过程不存在非法取证行为。

在侦查实践中，既要严格依法，坚决杜绝非法取证行为；也要实事求是，大胆使用审讯策略。在这个问题上，侦监、公诉部门甚至纪检监察部门要为侦查人员“撑腰”。因为，侦查审讯不是“请客吃饭”，如果不讲策略，没有技巧，是不可能成功办理案件的。把握的关键：第一，要有同步录音录像，以证清白；第二，严格依法排除非法证据，个别证据存在瑕疵的，要及时补正或者作出合理解释。

(三) 牢固树立程序意识，确保严格依法办案

检察机关的侦查人员必须牢固树立程序意识，相对公安人员而言，应当更加严格地遵守法律和司法解释的规定，杜绝侥幸心理，确保严格依法办案。相对办案数量而言，办案质量才是第一位的；而办案安全是办案质量的基础和首要评判标准。

第二专题

公诉业务

第9堂课 公诉工作中亟待加强的证据观念、审查方法以及出庭技巧

• 范仲瑾*

课程提纲

一、公诉工作必须积极应对新的挑战
二、公诉工作中亟待加强的三个证据观念
三、证据的审查方法
四、出庭公诉技巧

公诉是我国检察机关的标志性职能。出庭公诉既是展示检察形象的舞台，也是社会各界了解检察工作的重要窗口之一。但是，我们必须清醒地认识到，我们当前的出庭公诉工作正经历一个特别的转型期。2013年11月12日，中国共产党第十八届中央委员会第三次全体会议审议通过了《中共中央关于全面深化改革若干重大问题的决定》(以下简称《决定》)。《决定》的第九部分以“推进法治中国建设”为题，明确要求“深化司法体制改革，加快建设公正高效权威的社会主义司法制度，维护人民权益，让人民群众在每一个司法案件中都感受到公平正义”。因此，有人说，2014年是中国改革的元年。其中，就司法领域而言，以“去行政法”“去地方化”“公开化”为基本趋势，也进入了改革的深水区。

然而，在改革的时代背景下，我国的公诉工作存在观念陈旧、能力单一、技巧缺乏的问题。这三块短板制约着我们公诉队伍的发展。可以说，改革带来

* 河南省许昌市人民检察院副检察长。

了挑战，也带来了契机。出庭公诉工作任重道远。面对改革带来的挑战和机遇，我们要做有抱负、有志向的检察官。

在此，我想给大家分享这样一个小故事：烈日炎炎之下，三个人正在砌墙。一位社会学家敏锐地发现了三个人的不同。于是，就走上前去问他们："你们在干什么呢?"第一位工匠近乎淡然地说："我们在砌墙，你难道看不见吗?"这位社会学家又问第二位工匠，对方抬起头微微一笑说："我们正在建一幢大楼。"这位社会学家又去问第三个工匠。那么，大家猜一下，第三位工匠又是怎么回答的呢？——第三位工匠的回答让这位社会学家大吃一惊。这位工匠非常自豪地对他说："我们正在建设一座新的城市。"10 年后，这位社会学家再次来到这个城市考察。他惊奇地发现，第一位仍在砌墙，第二位成了一名高级工程师，而第三位则成了这个城市真正的主人，当了市长。同样一份简单的工作，同样一个枯燥的动作，由于对这个工作的大局和意义认识不一样，也就产生了不同的工作效率，同时影响了他们的工作激情和效能，更为重要的是，它影响并决定了不同的人生。

因此，在我们日复一日的公诉工作中，我们不能只盯着一个个的具体案件；相反，我们必须认识到我们办理案件的更宏大社会责任和意义。而且，必须对司法制度的整体发展趋向有着较为清晰的了解。

今天我将从司法改革的大背景出发，依次讲四方面的问题。这是我们工作实践中一些经验的总结，今天拿来给大家分享，供大家参考。

一、公诉工作必须积极应对新的挑战

目前我们公诉工作面临着多方面的挑战。归纳一下，可以归结为以下三个方面。

（一）新刑事诉讼制度的挑战

2012 年对《刑事诉讼法》进行了较大幅度的修改。与 1996 年相比，这一次立法修法有一个非常突出的特点：这次法律修改基本上是以问题为导向切入的。因此，这次修改法律涉及的问题特别多。坦率地讲，很多问题目前还在争论之中，还没有形成定论。

2012 年修改后的《刑事诉讼法》可以说是一部全新的刑事诉讼法。这部法律对我们的公诉工作提出了更高的要求。就制度层面而言，这一要求至少表现在以下三个方面：（1）修改后的刑事诉讼法为辩护律师参与刑事诉讼提供了广阔的空间；（2）非法证据排除规则的确立，提高了指控犯罪的难度；（3）完善的证人出庭作证制度，强化了检察机关的证明责任。当然，这是就制度层面而言。在我国司法实务中，我们必须承认，诸多立法规定还没有展现出应有的力量。但是，我们必须看到，随着修改后的刑事诉讼法规定的逐步落实，这些规定对出庭公诉工作必将带来不容忽视的影响。

1. 法院系统对律师的态度已悄然改变

公诉部门的同志可能都知道，法院和检察院的关系很密切，而且，如果案件审理中遇到了问题，我们也可以跟法庭去沟通、去交涉，法庭在很大程度上也会认真听取我们的意见。而相对于检察官来说，辩护律师跟法官的关系就要相对远一些。但是，在随着司法改革的深入，这一局面正在发生悄然变化。最高人民法院已经明确指出，辩护律师是法庭值得信赖的力量。为了防止冤假错案，法庭应当善于依靠辩护律师的力量。随着控辩平等观念的不断深入人心，对我们出庭公诉工作的影响也将慢慢浮现出来。这个变化的影响是深远的，慢慢地大家就会在工作中体会到。简而言之，随着法庭对辩护律师态度的悄然变化，在不久的将来，我们的出庭公诉工作将面临来自辩护律师的挑战。

2. 辩护律师的积极参与也为出庭公诉增加了不可预测的变数

比如在薄某某案中，两个辩护人当庭提出薄某某在中纪委期间的供述不能作为证据使用。不知道大家对这个问题怎么看。这问题貌似简单，却很难在法律上找到一个圆满的回答。诸如此类的问题，往往会使公诉人陷入一种相当尴尬的境地。另外，随着律师参与积极性的增加，过去我们在公诉工作中已经习以为常的一些习惯性做法、习惯性说法，可能随时会受到辩护律师的当庭质疑。因此，在真正强调控辩对抗的公开法庭上，对于这些公诉人已经习以为常的“习惯性做法”，随时有可能遭到辩护律师冷不丁提出的质疑，并置我们于尴尬的境地。为什么这么说呢？因为这些问题不是说不清或者不能说清，而是在法庭上短时间内你不好一下子说清楚。比如“坦白从宽、抗拒从严”。这是我们用了多年的刑事司法政策。在讯问的过程中，大家也都在这样说。但是，如果将来有辩护律师提出来“坦白从宽涉嫌诱供，抗拒从严又涉嫌威胁”，你怎么进行有效辩驳呢？面对这些冷不丁提出的“问题”，你能一下子给出一个稳妥的解释吗？又如，同案犯罪嫌疑人的供述，在证实同案犯犯罪事实时，究竟属于何种证据种类呢？是犯罪嫌疑人供述，还是证人证言呢？在一个案件中，有辩护律师当庭提出，要求法庭追究同案犯罪嫌疑人的伪证罪。如果你是本案的公诉人，你怎么回答呢？在过去，这些都是一些大家习以为常的“办案习惯”。但是，如果有一天辩护律师突然在法庭上提出来，你真的能解释得清楚吗？因此，我们公诉人要多充电，平时要多积累，尽量避免在法庭上陷入尴尬的境地。

（二）司法体制改革带来的新挑战

2012 年 11 月 12 日，党的十八届三中全会通过了《决定》。这个决定共分十五个部分60个方面，全面概括了社会生活的方方面面。其中在第九部分“推进法治中国建设”标题下，《决定》明确提出“要让人民群众在每一起案件中都感受到公平正义”的司法目标，并且较为清晰地勾画了司法体制改革的蓝图。新一轮司法体制改革的大幕已经徐徐拉开。7月31日，上海市检察系统司法体制改革的方案已经被批准，自8月1日开始，在上海的二分院、闵行、宝山、徐汇四个院同时进行。2015年的第一季度，整个上海市检察机关要同步拉开。新一轮的司法改革，已经离我们越来越近了。大家可能更关心的是司法人员的分类管理问题。因为这涉及我们每一个同志的切身利益。就上海的改革方案而言，在员额制度下，检察官只占33%，助理检察官占52%，这两项加起来有85%，此外还有15%的行政辅助人员。

但是，在新一轮司法改革中，改革的基本导向是“三化”：司法管制体制的“去地方化”，要实行省以下人、财、物的统一管理；司法人员管理的“去行政化”，探索人员分类管理；司法业务的“公开化”，起诉书、判决书等重要文书都要公开，甚至要上网；重要的执法环节还要全程录音录像。

新一轮司法体制改革对公诉工作将会带来何种影响呢？我个人认为，首先改革意味着机遇。新一轮司法改革将促进公诉工作的专业化，推进队伍的职业化、精英化建设。这是公诉工作面临的机遇，但是，出庭公诉工作也将面临新的挑战。

第一个挑战是随着“去地方化”“去行政化”以及裁判文书全文上网等改革措施的推行，法院的中立意识必将变得越来越强。这将意味着，我们检察机关在指控犯罪方面必须学会“单兵作战”。恐怕在不远的将来，这一点将对我们的职务犯罪案件产生较为明显的影响。可以预测的是，未来几年，如果我们的侦查观念、我们的公诉观念不能适应新形势的需要，那么，将会出现一定数量职务犯罪案件被判无罪的局面。随着法院中立地位的不断强化，我们现在依赖的老办法可能就不管用了；靠协调来解决问题的道路有可能真的走不通了。大家可以试想一下，如果真的实现了法院中立、控辩平等，我们的很多犯罪案件真的能够顺利通过辩护律师的检验吗？因此，如果懵懵懂懂，不去认真地研究和考察我国司法体制改革的走向，公诉工作毫无疑问会陷入被动。

第二个挑战是庭审公开化带来的挑战。随着庭审活动同步录音录像制度的推行，公诉人必须学会在镜头下完成出庭支持公诉的任务。由于公诉人的一言一行都会被记录下来，这无疑会对出庭支持公诉提出更高的要求。

第三个挑战是随着错案责任终身追究带来的挑战。这一次司法体制改革明确要求，责任要明晰，而且，将要实行责任追究终身制。受此影响，包括公诉人在内，各个环节的办案人员对案件的处理必将变得越来越慎重。一旦法院变得越来越慎重，办案的压力无疑会传递给公诉人。受此影响，办案人员面临的信访压力也会变得越来越大。

以上是新一轮司法体制改革可能给我们带来的挑战。

（三）全媒体时代的挑战

随着现代科技的迅猛发展，电脑、手机、网络已经成为我们生活的必需品。在某种程度上，这一东西已经变得像水和空气一样，让我们须臾难离。有些人甚至患上了“手机病”，离开手机都无法生活了。而且，随着智能手机的普及，手机已经不再是简单的通话工具，而成为社会交往的重要手段。我相信大家也一样，手机里不是有微信，就是有微博或者 QQ。简而言之，我们每个人已经与互联网牢牢地连在了一起，而且，借助电脑、手机等终端，我们已经进入了一个自媒体时代。网络给我们带来便利的同时，个人的隐私空间也被极度压缩了。可以这样说，我们每一个人都是“皇帝的新装”。我们大家都知道，一些事件发生了，原本并不是多大的事，但是，一旦进入网络炒作的视野，一旦受到网络的人肉搜索，个人的祖宗八代都能查出来。因此，在网络时代，我们每个人都是“自认为穿着新装的皇帝”，随时有可能被网络扒得“have nothing on”。

日常的社会生活尚且如此，出庭公诉工作就更加公开化了。作为公权力的行使者，作为定分案件利益冲突的焦点人物之一，在自媒体时代，稍不留神你本人或者你办理的案件就有可能“被出名”。

大家可能还记得这个案件。前段时间，这个案子在网上炒得沸沸扬扬，社会影响很大。某辩护律师在微博上披露，在法庭辩论中，公诉人竟然语出惊人“这里是法庭，不是讲法的地方”。这件事在网上炒得沸沸扬扬。后来，经最高人民检察院派人调查，才弄清楚事实的真相并非如此。然而，这件事却给我们公诉人敲响了警钟：在出庭公诉中，我们公诉人在法庭上任何即席的言论，经过网络上的发酵、渲染、放大后，都可能迅速在社会上引起轩然大波，并受到数以千计的网友跟帖调侃。“法庭不是讲法的地方”，尽管是辩护律师断章取义的曲解，但是，这件事无疑对检察机关，对公诉人的公众形象，造成了极大的伤害。尽管事后经过回放当天的录像证明，这个律师有断章取义之嫌，明显曲解了公诉人的本意，但是社会的负面影响已经造成，谁来挽回、怎么挽回？因此，我们每一个公诉人必须时刻牢记一点：庭审是一场没有彩排的实景演出，是一场没有导演、没有剧本、没有彩排的实景演出。在自媒体时代，我们在法庭上的一言一行，都可能会被放大和曲解。因此，在新的时代条件下，对我们公诉人的能力事实上提出了更为严苛的要求。

我们公诉工作目前面临着上述三方面的挑战。那么，这些挑战的根源在哪儿呢？我个人认为，归根结底，这些挑战是法治进步、司法文明提高的必然要求。具体而言，我国刑事诉讼活动的重心发生了转移。自1979年《刑事诉讼法》颁布以来，我们的刑事诉讼中心毫无疑问，在侦查。刑事案件，在公安机关只要上了轨道就停不下来了，这列火车沿着刑事诉讼的轨道往前走。过去，我们的刑事诉讼制度尽管要求以庭审为中心，但是在实际工作中，刑事诉讼的重心在侦查。现阶段，我们刑事诉讼活动的重心已经开始逐步发生了转移，法庭审理对案件处理的作用在不断增强。这种转移既有法律制度上的牵引，如刑事诉讼法修改强化了庭审的职能，更重要的是，司法改革也在推动着这一转变，并为此提供了体制上的保障。刑事诉讼工作中心转移了，我们检察机关原有的一些工作模式、工作方法和工作能力也必须要与时俱进、随之而变。在以侦查为中心的时候，检察工作重在审查起诉、审查证据，庭审基本上是一种形式化的东西。因此，随着庭审的作用不断增强，出庭公诉面临最大的挑战也开始日益明显，即公诉人庭审能力还需要加强。

二、公诉工作中亟待加强的三个证据观念

证据制度是2012年刑事诉讼法修改的重头戏。就立法层面来看，修改后的刑事诉讼法确立了一系列的证据法规则。但是，值得注意的是，在这些规则的背后，是我国刑事诉讼法学界、证据法学界近10年来在证据法学研究方面取得的巨大进步。因此，这些证据法规则体现的是我国证据法学的研究成果、理论转向和证据观念的重大转变。如果我们不了解这些证据规则赖以生存的证据观念，那么就很难准确地理解这些规则，更谈不上认真贯彻规则了。换句话说，我们在执法的过程中，可能会陷入盲人摸象的境地。

（一）证据裁判的观念

关于证据裁判观念，我们首先要回顾一下人类历史上司法证明的方式。在远古时代，人们的认识能力低下、发现真相的能力不足，那么，发生纠纷之后怎么查明事实真相呢？于是，我们的先人将这一任务交给了神，也即所谓的“神明裁判”。在不同的地区，由于人们信奉的神不同，神明裁判的具体方式也千差万别。在我国远古时代，担当裁判任务的是一种“独角兽”。古人认为，这种神兽叫作“廌”，在审判中，会“触不直者去”。这也是我们检察机关的象征。与中国不同，在13世纪以前的欧洲，神明裁判则采取“热铁审”“冷水审”等方式。以“热铁审”为例子。一旦民众发生了纠纷而无法查明事

实真相，神父会拿一块烧红的烙铁，撒上一些圣水，祈求神灵的降临，然后，让受到指控一方当事人手捧这个烙铁走上9步，之后用布将当事人的手包裹起来；3天之后打开这个布，看看手溃烂没有。如果没有溃烂，你就是无辜的；如果溃烂，指控的事实就成立了。

后来，随着人类认识能力的不断提高，发现真相的能力也增加了。人们开始认为把裁判的权力交给神灵太荒唐了，于是，就逐渐出现了根据证据查明事实真相的裁判方式。在欧洲历史上，曾经存在过一种特别的证据制度，即法定证据制度。所谓法定证据制度，是指每个证据的证明力法律已经预先作出了规定；在审判中，法官的职责不是判断证据的证明力大小，而是根据法律规定对证据的证明力进行简单的加减。在这种制度下，口供是证据之王，刑讯是合法获取口供的方法。关于刑讯，我们在古装戏里应该都看到过。古人有云："重杵之下，何求不得？"欧洲中世纪法定证据制度下，因为倚重口供，刑讯也就成了一种合法的制度设计。

一直到法国大革命之后，人们才认识到，在酷刑逼迫下，很容易出现冤案；法定证据制度将人分为三六九等的做法，不仅违背了人人平等的现代法观念，也背离了发现事实真相的初衷，于是，立法废除了法定证据制度，而代之以自由心证的制度。自由心证的证据制度仍然强调证据裁判，而且，随着时代的进步，作为自由心证基础的"证据"也开始有了更高的要求，即这里的"证据"必须是"具有证据能力的证据"。换句话说，采取刑讯等非法方法收集的证据已经不能再作为法律上的证据使用了。因此，日本学者田口守一教授认为，证据裁判原则实际上有两层含义：一是从历史意义上否定了所谓的神明裁判，认定事实必须以证据为依据；二是规范意义，必须根据具有证据能力的证据，并且经过庭审的证据，才能认定事实。

通过上述分析，我们可以看到，证据裁判原则是伴随着人类法治文明的脚步而产生的一项证据法原则。这一证据原则的形成凝聚了无数无辜者的冤魂，闪烁着人类理性的光辉。因此，作为一名现代司法工作者，我们没有理由不对这条法则顶礼膜拜，也没有理由不让这条法则内化于心、外践于行，指导我们的工作。

用一句话来概括，证据裁判原则就是犯罪事实的认定应当依据证据。反过来说，无证据就不得认定犯罪事实。具体而言，该原则包含三层含义：一是认定犯罪事实必须有证据，没有证据不得认定犯罪事实。二是裁判所使用的证据必须是具有证据能力的证据；三是具有证据能力的证据还必须经过法定程序的调查。我国《刑事诉讼法》第53条以及"两高"的司法解释，都体现了证据裁判原则的基本要求。

就我国目前司法实践而言，强调证据裁判原则，必须特别说明以下三点：

1. 没有证据就没有犯罪事实

在此，大家一定要清楚，事实上的犯罪不等于法律上的犯罪。事实上的犯罪是一个社会问题，是一个客观实在，你认识与否，它都存在。但是，法律上的犯罪则是需要通过证据来加证实的法律认定。如果把二者混淆的话，也就不存在破案率问题了，也就不存在犯罪黑数问题了。

2. “有几分证据，说几分话”

如果我们将刑事诉讼比作一辆汽车的话，证据就是汽油。有多少油、跑多少路，你心中要有数。没油，你不要上高速，上了你也下不来，反而会把你自己陷入一个骑虎难下的困境。在具体司法实践中，证据裁判原则提醒我们：在一些证据不足的案件中，不能超越证据对犯罪性质作出认定。比如，在致人死亡的案件中，如果认定被告人或者犯罪嫌疑人故意剥夺他人生命这样的证据缺失或不足的话，你就不能拔高认定为故意杀人，而应当根据现有的证据考虑是否可以认定故意伤害致人死亡。在涉毒犯罪中，在犯罪嫌疑人的家中或者身上发现了大量的毒品，但是如果缺乏犯罪嫌疑人贩卖毒品、制造毒品、走私毒品或者运输毒品的证据，即便你怀疑他构成此种犯罪，也只能根据现有证据认定其非法持有毒品，而不能随意拔高。

3. 没有足够证据支持的事实是最危险、最容易出错的事实

近年来纠正的这些冤假错案，都是“因疑而错”的案件。在这些案件中，虽然有一定的证据证实发生了犯罪事实，却没有证据证明这些犯罪事实系犯罪嫌疑人所为。在这种情况下，我们不能再往前走，再往前走一步，很容易导致冤假错案。

证据裁判观念还要求我们在工作中注意以下三个方面的问题：

1. 要查明事实真相，更要及时固定、保全证据

这一点对于自侦工作非常重要。大家可能会有这样的经历：阅卷后，发现有些地方不清楚、缺乏相应的证据。此时，如果去问侦办该案的侦查人员，他却能说得清清楚楚，这也清楚、那也清楚。可是，就是没有证据支持。在司法实践中，一些侦查人员没有及时固定证据，不固定证据就没有完成从事实到证据的转换，等到了法庭上，没有证据，怎么证明犯罪呢？

2. 要学会创造性地利用日常生活中同步形成的各种证据材料

这种证据材料，既有公共的，比如城市道路上各种卡口的录像、乘坐各种交通工具的检查记录，同时也有自身可以保存的证据材料，比如手机里面的漫

游费用，银行卡、信用卡的流水记录等。对于侦查人员来讲，需要开拓侦查思路，多想想通过哪些方法可以找到相关的证据；对于公诉人来讲，则意味着，我们要学会通过寻找这些证据材料，对侦查终结的证据材料进行检验、验证。

3. 证据裁判原则的要求是有证据

因此，有几分证据，就说几分话，没有证据支持的事实，是最危险的事实。

证据裁判原则是现代证据法的帝王性原则。我个人也高度重视这个原则，原因有三：第一，我国当前出现的大量冤假错案，尽管有这样那样的原因，但是就法律技术层面来讲，没有坚持证据裁判原则是其根本原因。因此为了杜绝冤假错案，我们必须坚持这一原则。第二，证据裁判原则是贯彻无罪推定、非法证据排除等司法理念的前提和基础。没有这个证据裁判原则，其他规定再先进都无法落到实处。这也是西方国家将证据裁判原则视为帝王性原则的原因所在。第三，这个原则也是我们公诉人的护身符。认真贯彻该原则的要求，出庭公诉出错的概率必然会降低，从而更好地保护我们自己。

（二）证据能力的观念

证据能力，又称证据资格、证据的适格性，是指一项证据材料能够在法庭上出示、接受法庭调查质证的法律资格。因此，有人形象地说，证据能力是法庭调查的门槛和过滤器。当今社会是一个规范化的社会，为了规范产品或服务质量，各行各业都对资质提出了明确的要求。建筑行业有建筑资质，医生有行医资格。同样，为了规范刑事诉讼的证明活动，证据当然也需要具备一定的资格。

以2000年为界，我国刑事诉讼法学界和证据法学界逐渐放弃了原来的“证据三性”理论；与此同时，一套基于现在法律制度而提出来的证据法学概念——证据能力和证明力的理论赢得了越来越多的青睐。

需要特别指出的是，证据的“三性”和证据的两种属性是两套旨趣迥异的证据理论。因此，我把上述证据法学理论的转变称为“证据观念的转轨”。这有点像我们铁路系统的“跨越式发展”：原来我们有一套铁路系统，轨道都是现成的，但是我们现在又建了一套高速铁路，这是一种新的轨道。我们的高铁，轨道无论多长，中间都没有接口，有效地克服了热胀冷缩的问题。因此，我们的高速铁路，火车最高可以跑到时速500多公里，已经超过了美国，居于世界领先地位。在证据法学领域，证据能力与证明力的理论是一套独立的理论体系，根本无法和我们原有的“证据三性”无缝对接。因此，必须明确的是，“三性”就是“三性”，就是传统的客观性、关联性与合法性。“两性”就是“两性”，是指证据能力与证明力。“三性”是一个理论体系，“两性”是一个理论体系，切忌把这两者简单地对接、套用。证据能力与合法性二者根本就不是一回事儿。这是两套性格迥异的证据理论。因此，我们应当学会用空白的思维、空白的眼光看待新事物、接纳新理论。但是，人都有一个毛病或者叫惯性，人们都喜欢用自己脑海里固有的观念或者固有的信息，作为尺子或者框子，去框量新事物、新理论。于是，在旧的观念基础上，带着原有的框架，去看待、去检验新的东西。如此一来，对新理论、新事物的认识和理解，事实上会戴上有色眼镜，接受起来也就会变得不伦不类。

证据的“三性”和“两性”是两种性格迥然不同的证据法学理论。因此，随着我国立法和证据法学理论的转轨，大家需要逐渐去学习、去使用新的证据法学理论，而不是简单地用原有的“证据三性”去套证据的证明能力、证明力。

为什么我国证据法学界、理论界要转向证据的两性呢？我个人认为，这是有着深刻原因的。其中，主要有两方面的原因：

1. 证据观念发生了变化

理论界已经注意到，证据不仅仅是一个事实问题，它同时还是一种价值的取舍和价值的导向问题。也就是说，随着刑事诉讼法学的不断发展，人们已经日益认识到，查明犯罪不再是刑事诉讼追求的唯一目标；在追诉犯罪的同时，还要兼顾人权的保障，兼顾社会的和谐。修改后的刑事诉讼法规定了夫妻、父子法庭作证的豁免权。这么做，无疑会有助于家庭的和谐。如果总是逼着儿子去揭发父亲，我们的社会、我们的国家最终会变成什么样子呢？家庭是社会的基础细胞。社会的基础细胞一个个破碎了，社会还会和谐吗？打击犯罪固然必不可少，我们的人权同样也需要得到保障。因此，在现代刑事诉讼制度下，即便一项证据材料的证明力很强，也可能会基于价值方面的考量而舍弃不用。在这方面，排除非法证据是一个典型的例证。

2. 区分审前证据、审判证据的客观需要

根据我国传统证据法学的“证据三性”理论，一项证据材料只要具备了“三性”，三个诉讼阶段都可以使用。但是，随着抗辩式庭审方式的确立，法庭必须对涌入法庭的证据材料进行规制，哪些能用、哪些不能用。证据能力这个概念恰恰就是要解决这个问题。

我国目前的立法规定中，关于证据能力的规则主要有以下几种：

第一，刑事诉讼法规定的证据规则。主要有三方面的规则：（1）《刑事诉讼法》第 52 条第 1 款，取证主体必须合法。对此，最高人民检察院的司法解释已经做了详细的规定。（2）《刑事诉讼法》第 54 条关于非法证据排除规则的规定。(3)《刑事诉讼法》第187条关于鉴定意见的规定。也即经人民法院通知，鉴定人拒不出庭作证的，鉴定意见不得作为定案的根据。

第二，最高人民法院的司法解释就证据能力问题作出了大量规定。其中，在关于修改后的刑事诉讼法实施的解释中，最高人民法院明确规定了在什么情形下，证据不能用；在什么情况下，必须补正或做合理解释。例如，醉酒、中毒或者不能正确感知或者正确表达的人作的证言；证人的猜测性、评论性、推断性的证言；以及询问证人的方式不规范而形成的证人证言；等等，这些都不能作为证据使用。

在证据审查时，应当首先进行规范性审查，以确定其是否能够作为犯罪指控的根据。因此，通过证据能力概念，我们应当知道，有些证据材料，尽管在审前可以用，但是，在审判阶段必须遵循更高的标准。

为此，我们应当逐步确立新的证据观念："没有证据能力的证据，根本不是证据。"就像一个不具法律资质的机构出具的产品认证，本质上就是一张废纸。对于不具证据能力的证据材料，要早发现、早剔除，避免其滥竽充数、混淆视听。

证据能力观念对公诉工作的要求或者说指导意义有三点。坚持证据能力观念，第一，可以帮助我们发现和排除非法证据。第二，剔除不能用的证据。有些程序违法的证据，尚不足以构成法律意义上的"非法证据"。在各国立法上，"非法证据"是一个法定的概念，法律明确规定了哪些是非法证据。此外，还有一些证据材料，与合法与否并没有直接关系。比如醉酒的人所做的证言。它既不违法也不非法，但是依法依然不能作为证据使用。再如，在询问证人时，你把几个证人召集在一块集体讨论，那么，由此获得的证据就不能用，也没法补正，你怎么补呢？你再单独分开问一遍吗？当然不行。因为你已经把这几个人召集在一起，这几个人已经交叉感染了；一个证人说了，其他人都听到了。因此，其他证人再说出来的，就不一定是自己亲身感知的实际情况了。因为已经受到了污染，也就没法弥补了。因此，除了依法排除立法禁止使用的非法证据，还要剔除不能用的证据。第三，要及时补正瑕疵证据。有些证据是可以补正的。在审查起诉阶段，对于法律规定可以补正或合理解释的"瑕疵证据"，发现得越早，越容易补正，也就越不容易陷入"不能用"的尴尬困境。

（三）依法证明的观念

证明是人类认识事物的特殊认识方式。证明与主客体之间的一般认识活动不同。具体而言，证明是一种围绕特定命题的真伪而展开的说服活动。证明的核心在于主体之间的说服，而不在于主体对客体的“反映”。简单地说，证明就是用证据去说明。

需要特别说明的是，一定要明确区分两个概念：查明与证明。在我国刑事诉讼立法或者刑事政策中，一直强调查明事实真相，给公、检、法三级机关下达的指令也都是要查明事实真相。因此，三个机关在查明事实真相过程中，履行得都非常充分，法院也表现得非常积极。由于法院积极履行查明事实真相的责任，使得检察机关的证明责任相对淡化。因此，长期以来，我们检察机关的证明观念比较淡薄。因此，在新的刑事诉讼格局下，我们公诉人必须强调依法证明的观念。

查明和证明是有区别的。查明是让自己明白，证明是让他人明白。查明是一种职权行为，法律赋予你一定的职权，你必须要去履行，你不去履行就是渎职。而证明呢？证明是一种义务。所谓义务，是指如果你不履行就有责任，义务是不能放弃。比如，在法庭上，检察机关不能证明被告人有罪的话，将承担败诉的法律后果。因此，大家应当知道，在刑事法庭审理活动中，形事证明的主体只能是检察机关，人民法院不是刑事证明的责任主体。就法院而言，它不存在证明给谁看的问题。

狭义地说，刑事证明责任的主体就是检察院，就是我们的公诉人。广义地说，公安机关也是刑事证明责任的主体之一。一方面公安机关大量的活动是查明事实，但是在不同的阶段，他的身份要发生转换。比如，在提请批捕时，公安机关应当将案卷材料移送检察机关，这就是一种证明。没有足够证据，证明不了犯罪嫌疑人的犯罪事实，就应当承担的相应的责任，即检察机关就不会作出批捕的决定。

如果你想让其他人按照你的主张作出裁判，你就必须用证据进行证明。因此，在刑事审判中，检察机关出庭支持公诉的目的不是将证据移交给法庭，而且必须通过法庭，通过法庭调查、法庭辩论，向社会公众证明有足够证据证明被告人有罪。这也就是我前面讲到的第三个挑战。我们必须要有证明的观念和意识。

要实现证明的目的，公诉人必须具备三种能力：

1. 善于挖掘潜在的证明信息

潜在的东西都是看不见、摸不着的，但是非常有用。证据的潜在证明信息也是这样。先看这样一个例子。比如说，我们在犯罪现场提取了一枚指纹，经过指纹比对该指纹是某甲的。那么，这枚指纹客观上能说明什么问题呢？当然，该指纹能够证明某甲到过犯罪现场。但是，它的证明价值绝不仅仅就此而言，事实上，指纹出现的位置本身还包含了更进一步的证据信息。这枚指纹是在客厅提取的还是在卧室提取的，证明价值会一样吗？当然不一样。某甲与被盗家庭是朋友还是陌生人，指纹的证明价值也不一样。即便是在卧室里面发现的，如果这家主人曾经请某甲到他们家的卧室里修过灯，这个指纹的潜在价值也会有所不同。因此，我们要善于发掘证据的潜在证明信息。

下面我们再来回顾一下著名的世纪审判——辛普森案的一些证据分析。在辛普森案里，现场勘察笔录记录了这样一段内容：被害人戈德曼，是一个25岁的白人男性。在案发现场，戈德曼随身携带的钥匙、信封、呼机、纸片，散落在不同的位置；同时，在戈德曼的牛仔裤上还发现了血迹向下流的状态；另外，戈德曼身中30余刀，最后大出血而死。这是勘验现场后的客观的记载。那么，根据上述勘验记录，我们能看到什么潜在的证据信息呢？

很显然，戈德曼个人物品四处散落这一事实表明，被害人与凶手之间曾经经历了一番打斗，而且打斗的范围很大，也很激烈。根据上述分析，我们似乎还可以推论说：既然打斗时间这么长、这么激烈，凶手的身上应该溅有被害人的血迹才是。另外，“血迹沿裤腿下流”的事实则说明，戈德曼肯定不是立即毙命，而是在负伤之后仍然挺身而斗，拼死抵抗。据此，我们可以合理推断说，在戈德曼奋力反抗中，凶犯身上极有可能沾染戈德曼的血迹，甚至于自己也会受伤。而且，在戈德曼身上，甚至可能可以找到凶手的某些信息。很显然，上述推论都不是证据本身的内容，但是，这些推论确是证据必然蕴含的信息。因此，所谓潜在证据，事实上就是根据逻辑或事物的发展规律，从现有的证据可以理性推断的证据信息。

在辛普森一案中，还有一个非常典型的例子。染有被害人血迹的袜子是控方的重要物证之一。据警察讲，他们在辛普森的卧室里提取了一只染有血迹的袜子。经检验，袜子上的血迹是被害人的。控方将这一证据作为指控辛普森杀人的有力物证。但是，经过认真检查这双袜子，辩护律师发现了一个惊天的秘密：这只袜子相对应的两侧都有血迹，而且形状完全一致。很显然，血迹就是被害人的血迹。可是，这只染有血迹的袜子能说明什么呢？根据日常生活经验，我们可以肯定地说：这只袜子上的血迹绝不可能是辛普森穿在脚上形成的。如果当时袜子穿在辛普森脚上，绝对不会形成这样的血迹；血迹滴到袜子左侧后，绝对不会透过辛普森的脚浸到袜子的右侧，形成完全相同的血迹形状。相反，这样的血迹只能说明，血液是在这只袜子平放时滴上去的。因此，根据这一控方证据，我们能够得到的结论似乎只能是：这个证据是警方伪造的，是一个故意栽赃陷害辛普森的证据。很有意思的是，这只带血的袜子原本是控方的一个有力的物证，但是，通过挖掘其潜在的证据信息，却 180 度大转弯，变成了对辩护方非常有利的证据。事后也证实，这个物证是警察伪造的。因此，辛普森被宣告无罪后，检方毫不留情地对白人警官福尔曼提起了伪证罪指控；福尔曼最终被判了 3 年有期徒刑。

因此，在具体案件中，我们必须注重挖掘证据材料蕴含的潜在的证明信息。只要你愿意挖掘，你一定会有收获和惊喜。

2. 明确控辩争论的焦点，有针对性地辩驳

在法庭辩护过程中，公诉人必须首先弄清楚对方争辩的焦点是什么，弄明白了焦点，再针锋相对地予以回应。

3. 说服的艺术：有效的证明

为什么要说服？为什么要证明？犯罪事实是一种过去发生的事实。由于时间的一维性，时间一去不复返。事实发生之后，不可复原，不可能像物理事实一样拿过来让你看看。因此，我们只能采取证明的方式，通过证据来重构过去发生的事实。那么，怎么进行证明呢？在现代刑事诉讼制度下，基于证据裁判原则要求，应当依靠证据。为了证明被告人有罪，要能够让证据说话，让冰冷的证据变得让人热血沸腾。

下面这个例子是一起真实的案件。公安机关根据群众的举报，在一个快餐店抓获了正在贩毒的一男一女。从女的手机包里面搜出来疑似毒品 99.5 克，经化验是海洛因；在男的兜里面搜出来 3 万元钱。在调查中，二人对毒品交易并不否认，但是，女嫌疑人张某辩解说，自己购买毒品是为了自己吸食。但是，经尿检，公安机关发现其结果却呈阴性。这说明，犯罪嫌疑人张某本人并不吸食毒品。后来，公安机关又在嫌疑人张某家里搜出来 29.5 克毒品和一个电子秤。由于张某一直拒不承认自己贩卖毒品，公安机关也没有办法，只好把这个案件以非法持有毒品罪和同案犯移送检察机关审查起诉。

在审查起诉阶段，我们承办人员经过审查证据后，初步判定犯罪嫌疑人张某肯定不是自己吸，而是为了贩卖。于是，指导公安机关进一步收集了以下证据：

第一，围绕张某的通话记录进一步收集证据。看犯罪嫌疑人张某近一段时间都和哪些人进行联系；然后顺藤摸瓜找到这些人，证实张某是不是贩毒。

第二，扣留了张某的两张银行卡，通过银行调取了她银行卡的流水单。经查，张某的通话记录中频繁联系的有三四个人，而这三四个人都是在公安机关有备案的吸毒人员。其中，有两个负案在逃，有一个正在戒毒。通过询问，正在戒毒的这个人证实了张某多次贩卖毒品的事实。同时，通过调取银行卡的流

水单，侦查人员发现张某有大量的现金来往，而她本人不能说明这些钱的来源，又没有正当的职业。据此，我们最后对张某以贩卖毒品罪提起了公诉。在法庭上，公诉人就张某的行为构成贩卖毒品罪进行了如下证明：首先，在犯罪现场，从张某的手提包里面提取了99.5克毒品，证实其大量购买了毒品；其次，通过尿检推翻了其自己吸食毒品的辩解。

第三，通过从她家里搜出来的毒品以及称量工具，证明她不是单纯为了持有或者吸食而购买毒品。否则，家里的毒品足够吸一段时间了，干吗还要去再买？最重要的是，她家里放有电子秤。在本案中，这个电子秤蕴含的潜在证明信息是什么呢？很显然，这是一个称量毒品的工具。如果这个电子秤出现在药店里，它就是卖药的工具；和毒品放在一起，它就是一个贩毒的工具。在司法实践中，没有哪个吸毒的人会在吸食之前，先称称有多重再去吸。因此，上述证据足以证明，张某具有贩卖毒的工具和贩卖毒的条件。

第四，通过电话记录，证明张某经常联系的都是一些吸毒人员，而且大量销售给吸毒人员毒品。

第五，张某银行卡里的流水清单也表明，张某的银行账户有大量不能说明来源的收入、资金往来。根据本案其他证据，我们可以合理地推论说，对于一个没有正当职业和交易活动的人，这些金钱往来应该是其贩卖毒品的收入。同时，我们在现场还提取了她用于购买毒品的3万元钱。这些证据串成一个环，形成了一个证明体系，足以证明张某为贩卖而大量购买毒品的犯罪事实。最终，法院判决张某贩毒罪成立，并判处其死缓。

三、证据的审查方法

（一）办案思路的转变

传统的办案思路是先审查事实。即从公安机关移送起诉意见书的犯罪事实开始，然后再比对证据。这样做有利有弊：利是快捷省事；但却存在诸多弊端。具体而言，其弊病有三：一是受办案机关思路的束缚，难以跳出侦查设定的思维框架；二是不利于发现现有证据存在的问题；三是容易先入为主，有罪推定。这是原来的办案思路。

我们主张，在审查起诉时，应当从审查证据入手。案件移送审查起诉后，不要先看公安机关的起诉意见书，而是先把公安机关移送过来的证据分门别类地列出清单，然后针对一个个证据，审查其证据能力，即有没有证据能力；如果有证据能力，再对这些具有证据能力的证据审查它的证明力；最后，根据这些有证明力的证据，我们能够得出来什么样的犯罪事实。

这样做的好处有三点：一是强化无罪推定的观念；二是便于发现证据上存在的问题；三是容易发现侦查工作的不足。

举一个很通俗的例子。就像我们买房子，如果这个房子盖好了，你到现场去看，觉得这个房子还不错，但是这个房子使用的材料是不是合格，你看不到。但是，假如我们自己建房子，我们肯定都很上心，从一开始你会就把关。为了保证房子的质量，我们不会等房子建好了再来看，而是从材料关入手，检查钢筋的质量、水泥的标号和沙子的情况。如果要盖20层的高楼，我们会先审查钢筋，看钢筋的质量如何；如果你的钢筋含碳量不够，那肯定不行。如果说盖20层的高楼需要18毫米的钢筋，你给我用的却是10毫米的钢筋，我肯定不同意。很显然，我们不会说："材料质量无所谓，只要最终盖成一幢大楼就行！"

在证据审查方面，也是同样的道理。证据就像案件的钢筋水泥，如果标号不对，即使能够搭建其犯罪事实的框架，也必然不堪一击。因此，针对传统的证据审查方法，我们主张，应当转向"先证据后事实的证据审查方法"。

这种证据审查方式的转变，可以有效地强化无罪推定原则的基本精神。这种办案模式是证据裁判原则的具体应用。犯罪事实的认定必须以证据为依据，没有证据，不得认定犯罪事实。因此，在审查案件时，犯罪事实是不存在的，你只有通过证据才能推导出来犯罪事实，而不是说先承认犯罪事实已经在这儿了，只是要看看证据是否充分。

（二）重视案件背景信息方面的证据材料

为什么要重视案件的背景信息呢？证据本身是从生活中撷取的一片叶子或者一朵浪花。要想很好地发挥证据的作用，就必须把它放回它的社会背景之中。就像我们上高中、上初中的时候，老师给我们讲课文。要讲这篇课文之前，老师都会给我们讲清楚这篇文章的时代背景。

在审查案件的时候，我们也必须了解、熟悉案件背景信息方面的证据材料。具体而言，这方面的材料主要包括：（1）发破案报告。发案报告可以有效地防止公安机关"办假案"。这可不是天方夜谭，而是防患于未然。破案报告可以让我们清晰地看到公安机关的侦查思路正确与否，他的侦查思路是否正确，他在侦查过程中是否存在问题，他是通过什么将犯罪事实和犯罪嫌疑人联系在一起的。因此，发破案报告非常重要。（2）犯罪嫌疑人、证人等诉讼参与人的社会关系。为什么要搞清楚这个？因为关于利害关系人的证人证言，其证明作用的大小法律是有规定的。（3）采取强制措施的时间以及第一次做有罪供述的时间节点。这个主要是为了更好地发现公安机关有没有刑讯逼供，有没有非法证据的问题。

（三）“三步”证据审查法

“三步”证据审查法是我们在工作实践中总结出来了一套行之有效的审查起诉的工作方法。第一步是证据的形式审查，重点要看有没有证据，有什么样的证据，有没有“该有而未有的证据”。比如杀人案件中没有尸体，没有作案工具，没有现场勘查，这些都要特别注意。第二步是证据能力的审查，主要是强调哪些证据能用，哪些证据不能用，不能用的证据你就不要再审查了，你耗费时间审查那些没有能力的证据干什么呢？它的证据能力再强，但是它不能在法庭上使用，你要它干什么？一个人力能举鼎，但是他不具备比赛的资格，你培养他干什么？他都进不了赛场，这就是证据能力的问题。第三步是证明力的审查。前面两个问题，我们在证据能力的观念以及办案模式的转变上讲到了，这里就不再讲了，重点谈一下第三个，也就是证明力的审查。证明力的审查实际上要解决两个问题，一是现有的证据是否真实可靠，二是是否还有更好的证据。

关于证明力，我简单地介绍一下。证明力又称为证明价值，是指这个证明材料对案件事实是否具有证明作用以及证明作用的大小。与证据能力不同，证明力不是一个法律问题，而是事实问题、经验问题、逻辑问题。因此，对证明力的审查是要水平、要能力的。同样一个证据，证明力的大小，不同的人会得出不同的结论。

那么证明力的审查方法是什么？是自由心证。古代是法定证据制度，证明力大小都已经给你规定过了，现在是自由心证。但是自由心证也不是说你可以任意，自由心证是要受理性法则、经验法则和良心法则规制的。

对既有证据的证明力审查，要注意两点：一是有没有证明作用；二是如果有证明作用，起多大作用。

下面我们对这四类证据简单地介绍一下。

1. 对实物证据的审查

我们首先要审查这个证据的来源是否真实。如何判断证据的来源是否真实？对此，要重点审查它的提取笔录、现场勘查笔录、扣押物品清单；审查这些笔录材料记载得是否清楚，是否与犯罪现场有关。其次实物要经过辨认。辛普森案中，警察到达现场以后，死了两个人，其中有一个是我们前面说过的戈德曼，另外一个是辛普森的前妻尼克，一个白人姑娘。现场特别的血腥，这个警察不知道犯什么晕，就从尼克家里，拉了一个床单过来，盖在了尼克的身上。后来，在尼克尸体上提取了毛发，经化验是辛普森的。要说这个证据是非常扎实的，但是辩方提出，你这个证据的来源已经受到了污染。他们两个以前是夫妻关系，尽管已经离婚，但是有一个共同的女儿，藕断丝连，前几天辛普森还在尼克这儿过夜了，因此，在她的床单上留有辛普森的毛发是一件很正常的事情。因此，在本案中，虽然在现场提取到了辛普森的毛发，但是，由于证据来源已经受到了污染，这个证据的证明价值也就大打折扣了。

2. 鉴定意见

这是司法实践中出问题最多的证据。我认为，应当从两个方面展开审查：(1) 检材。检材是否真实？拿到一份鉴定意见时，切记一定不要先看意见部分，一定从头到尾看它的检材是从哪儿来的，检材提取是否规范，保管是否规范，保管的场所是否受到污染，是否有人使用过，送检的过程是否规范，是否有人调包……这些问题都要考虑。(2) 鉴定程序是否规范？鉴定程序是否规范，我们可能不懂。我们也不是万能的，但是，我们可以借助现有的技术力量，要求我们技术部门的人员对这些问题进行审查。

李某某案是一个典型例子。在李某某案中，侦查人员在现场发现了血迹。经鉴定，这个血迹是 O 型的，但是没有鉴定出来是谁的。后来，进行几次审判，双方都提出委托中山医科大学鉴定。经开棺验尸，最后的鉴定结果却是：被害人是 A 型血，被害人的父亲是 O 型血，被害人的母亲是 B 型血，而李某某的血迹也是 B 型。这就出问题了。这个案件是否事实不清呢？第一个不清楚之处在于，这个尸体是不是真正的被害人？如果是，那么，这个女孩和她的父亲就没有血缘关系了。他父亲是 O 型，母亲是 B 型，她却是 A 型，这就出问题了。后来，第三次开棺验尸，采取的是骨骼鉴定法，最终鉴定这个女孩的血型是 O 型。那么，第一次鉴定问题出在哪儿呢？第一次他提取了被害人的毛发来鉴定血型。据有关专家讲，毛发对血型鉴定的准确率只在 15%，还有 85% 都不准确，只有 15% 的准确率。但是没有人注意到这一点，大家只认鉴定意见，没有人注意鉴定的程序是不是规范。因此，我们在审查鉴定意见的时候，要注意审查程序是不是规范。

3. 口供

关于口供的审查，我们有一个原则，“先供后证，防逼供；先证后供，防诱供”。

4. 证人证言

这个问题特别复杂，审查的时候一定要重视、要慎重。证人证言的复杂性表现在多个方面。首先是证人主体的影响。每个人的认识能力不同、感知能力不同、记忆能力不同、表达能力不同。主体的认识程度不一样，同时被认识的客体难易程度又不一样，交织在一起，这个证言肯定很复杂。此外，我们侦查人员的水平能力也有差距。因此，对于证人证言，由于受到各方面因素的影响，在审查时一定要慎之又慎。

（四）证据体系的建构

证据体系的建构是指以证明指控的犯罪事实为导向，将查证属实的证据，根据证明作用的大小和证明对象的特征进行合理有效配置，构建一个主次分明、井然有序的有机整体。

1. 构建策略与技巧

构建策略与技巧就是要围绕基准证据，以优质证据为依托，针对本案的焦点问题，构建主次分明的证据体系。技巧就是根据证明力对证据进行分类，分成三类。策略就是要注重律师的作用。方法就是根据基准证据的特征构筑证据体系。

（1）根据证据的证明作用对证据进行分类。

第一，基准证据。所谓基准证据，是指直接将犯罪嫌疑人和犯罪事实联系起来的证据。比如在杀人现场，提取了一把刀，刀上有血迹有指纹，经鉴定和化验比对，血迹是被害人的，指纹是犯罪嫌疑人的。那么，这个刀以及上边所附着的血迹和指纹就成了这个案件的基准证据。

还有一种情形是根据犯罪嫌疑人的供述，查找到非其本人亲历亲为所不可知晓的犯罪事实信息。比如根据犯罪嫌疑人的供述找到了埋在地下的尸体、抛在井中的尸体，打捞上来的衣物和犯罪嫌疑人供述的一致。这个犯罪嫌疑人的供述以及这个尸体，就是基准证据。犯罪行为的隐秘情节可以很好地将犯罪事实和犯罪嫌疑人联系在一起。很显然，如果不是他干的他肯定不知道。非亲历亲为而不可知晓事实和信息，也可以作为基准证据。

第二，优质证据。所谓优质证据，是指自身证明力强、不易发生变化，且辩方难以提出质疑的证据。

不可否认，同一个事实，可以有多种证据予以证实。比如说，一个人是否到过北京，我们可以采取哪些方法来证实呢？采取的何种交通工具呢？是火车还是飞机？火车和飞机都是实名制有票，这可以证实到过北京。在北京哪个宾馆住的？宾馆的住宿发票，还有手机的漫游轨迹，漫游的费用……这些都可以证实。但是，随着现代科技的发展，有些证据是不是真实呢？比如，过去我们从北京回来，必须在北京站才能购买车票，现在我们在网上坐在家里就可以订了。而且，现在甚至不需要去取票，拿着身份证就可以说走就走。因此你是不是订了票没有用呢？这个真假还处于待定状态。机票也是一样，我到北京，我的手机也会漫游到北京；可是，手机会不会是别人拿过去的呢？为了制造某种假象，让别人拿着我的手机去北京转了一圈，不一样会有漫游记录吗？我有宾馆的住宿发票，但也可能是为了伪造某种事实，在宾馆登记了一下，然后几天之后又回来开的发票。发票上显示住了三天，但是这三天是否都在宾馆呢？这个发票并不能说明人一定在这里。还有哪些更好的证据呢？你说你住在哪个酒店，那好，我们把那个酒店的监控录像调出来看一看。什么时间来的、什么时间离开的，调出监控录像一看就明白了。这说明，同一个事实，可以由不同的证据来证实。因此，在这些证据中，我们应当优先选择优质证据来用。

第三，冗余证据。在诉讼的过程中，并不是说证据越多就越好，而是越精越好。证据多了，一方面增加诉讼负担，另一方面也容易引起不必要的纷争或者混淆争点。

根据冗余证据的观念，如果同一事实有多个同类证据的时间，大家要注意去粗取精，选取那些好的。如果是存在多个证据种类时，要注意选择那些客观性强的证据。

（2）注意发挥辩护律师的积极作用。刚开始讲的时候，我提到我们的观念中存在一种陈旧的东西。大家对律师在刑事诉讼中的正面作用认识还不强。实际上，辩护律师是我们公诉工作的医生，我们如果很好地加以利用，可以很好地提高我们的工作效率。第一，要借用辩护律师的出罪思维对证据体系进行检验。如果辩护律师提不出站得住脚的辩护理由，无疑可以强化检察人员的举证信心。第二，要善于借用辩护律师的反向思维。辩护律师习惯于反向思维。因此，更容易看到事实认定中的纰漏、断裂或错误。刑事诉讼的事实认定是一种由证据推论事实真相的回溯性证明。因此，往往存在多因一果的可能性。辩护律师的参与，可以有效发现推理中的断裂、错误。在此意义上，“经得起历史检验”首先意味着经得起辩护律师的质疑与检验。第三，要善于借用律师的商业思维。辩护是一种商业活动，他会很积极地在辩护中查找大量的资料。我给我们的办案人员定了一个规矩，案件在向我汇报之前先给律师接洽，把律师请过来，并就案件证据和事实跟律师沟通，如果检察官放低身段把律师请过来，律师很激动，乐意给你讲实话。这样一来，大家在一种很平等、很友好的氛围中把一些有争议的问题澄清了，知己知彼才能百战不殆。如果我们不了解律师怎么想的，那么我们很大程度上会陷入被动。就像大家提出的律师搞证据突袭，说实话在我们那儿确实没有遇到，我们在审查阶段就解决了这些问题。所以在给我汇报的案件中，我经常会问律师对这个事情的意见，并且要求必须以文字的形式进行汇报。

（3）根据基准证据的特征构筑证据体系。根据基准证据的不同有两种不同的证据体系。一是立体的，立体的证据体系是以直接证据为基准证据。直接证据作为核心证据就像一棵树是立起来的，其他证据都是为了证实它的真实性，只要这个证明过程完成了，这个证明体系也就形成了。二是平面的，如果是以间接证据为基准证据构筑证据体系，该间接证据要作为证明体系的起点和终点，其他证据从起点开始到终点结束，构筑一个平面的证据体系。前面我们讲的张某贩毒案就是一个很典型的例子，现场提取了两个物证，一个是3万元的现金，另一个是99克的毒品。我们从毒品开始，转了一圈又回到3万元，这样一个证明体系就完成了，这是一个平面证明体系。

就构筑证据体系这一点，大家要高度重视反向性证据的冲击力，反向性证据这个概念也是我们在工作实践中提出来的。反向性证据，是指否定犯罪事实系犯罪嫌疑人所为或证明方向不指向犯罪嫌疑人的证据，如犯罪嫌疑人不在犯罪现场的证据、从现场或被害人身上所提取的遗留物或信息非犯罪嫌疑人所留或所为的证据。反向性证据通常也表现为一种证据与其他证据之间的关系，证据与事实推理、日常逻辑之间的关系。

反向性证据犹如房屋结构中的某个薄弱环节，一旦受到攻击，往往会带来房倒屋塌的严重后果。因此，在证据体系构建中，必须予以高度重视，其排除理由一定要充分且符合事物内在的规律及相互之间的逻辑关系。

最典型的是浙江张氏叔侄案。在张氏叔侄案中，从被害人的八个手指甲里面提取了DNA，经检验，排除了张氏叔侄，那么是谁的？排除了两个犯罪嫌疑人，应该说明不是这两个犯罪嫌疑人所为，这是正确的事。但是公安机关认定是这两个人所为，然后查找DNA的来源，并没有什么结果，最后偶然发现，这个女孩过去是一个发廊的工作人员，因此就得出合理的解释——这个女孩经常给别人洗头，指甲里面留有别人的DNA很正常。

所以，对于反向性证据，我们在审查的时候一定要注意，千万不要轻信公安机关给你做的解释，一定要坚持自己的判断和认识。我们检察人员在审查证据的时候，一定要多一只眼睛，一定不要轻信一些反向性证据轻易地被排除。

2. 构筑证据体系的标准：证据确实、充分，排除合理怀疑

（1）关于证据确实。立法者是以单个证据为考量对象的。单个证据是不是确实，包含以下三个命题：一是这个证据是否具有证据能力；二是这个证据是否具有证明力；三是这个证据是否经过法定程序查证属实。

（2）关于证据充分。它是在单个证据确实的基础上对全案证据进行考量，是否充分有四个标准：一是定罪量刑的事实都有证据证实；二是每个证据都必须有其他证据相印证，也就是排除了孤证；三是各个证据之间的矛盾得以合理

排除；四是各个证据之间的证明方向一致，已经构成一个完整的证明体系，能够得出唯一的证明结论。

（3）关于排出合理怀疑。在我看来，它与证据确实、充分是同一证明标准的正反两面，它不是证据确实、充分的子项内容，它是对证据确实、充分的一项反向检验要求。关于合理怀疑，这一点目前在使用中是很混乱的，存在两种倾向，一种倾向陷入不可知论，因为解释不清到底什么是合理怀疑，标准难以设定和掌握，因此大家都陷入了一种不可知论；另一种倾向，动辄提出来合理怀疑，存在合理怀疑无法排除。这是两个极端，我结合工作实践，把排除合理怀疑从反方面对证据确实充分作为一个检验标准，我感觉到还是有规律可循的，可以通过这五个方面来检验：第一，有没有孤证。第二，证据之间矛盾的排除是否合理。第三，排除反向性证据的理由是否合理、充分。第四，综合全案证据其潜在信息是否存在矛盾。第五，根据证据推断事实的方法是否符合逻辑或经验法则。具备上述五个方面中任何一个方面的问题，就能产生合理怀疑，这样我们就把一个不易说清和不易掌握的问题，一定程度具象化，便于掌握，正确与否，大家可以参考，也可以在实践中去检验。

四、出庭公诉技巧

最后一个问题就是出庭公诉的技巧。刚才在讲第一个挑战时，提到过去我们刑事诉讼的中心是侦查，现在随着法治的进步和刑事诉讼的变革，诉讼的中心已经转移到了庭审，因此原来我们的一些工作模式、工作方法都要改变，过去我们对证据的审查非常重视，这个没有错，但是证据的审查，审查扎实只是为这个案件出庭公诉奠定了一个好的基础，案件有没有一个好的结果、好的效果，关键还要看法庭上的表现，还要看出庭的效果，因此，我这里要谈一下出庭公诉的技巧，有以下五个问题：

（一）做好出庭公诉前的准备

重点需要提醒大家的是长期的知识储备，如果要想做一个优秀的公诉人，大家必须要做一个有心人，要经常地学习，经常地收集有用的资料，当然，书海茫茫，我们收集哪些资料呢？第一，要收集最新的司法解释以及关于司法解释的解读，思想上一定要把这些东西重视起来，在电脑上建一个文件夹，这一方面资料要翔实。第二，要注意收集相关案例。最高人民法院、最高人民检察院的指导案例，或者是报刊上登的一些有特色的、有特点的案例，要注意看作者的观点，起码是两个以上的分歧观点，作者的观点是什么、理由是什么，阐述理由的文字可以折中相取，把它保留下来，说不定以后就能用上。第三，学习一些法学理论上的论述。第四，关于长期的知识储备这一点，大家还需要有一个观念的转变，7 月下旬，我在政法大学遇到了一个叫布莱恩的美国高级律师，他是做律师培训的，我们两个在一起交谈了一下，很有感触，我问他律师培训都讲哪些内容，他说我给律师讲的第一课是如何当好公诉人，我的律师培养出来是要打败公诉人的，如果不知道公诉人是怎么想的，怎么能打败呢？这个思路是多么犀利！第二课是如何当好法官。战胜了公诉人，还想把官司打赢就要知道法官是怎么想的。对如何当好法官，美国人的思维相当的实用，这给我们也提个醒，我们在知识上的储备，观念也要转变。

（二）因案制宜，选择适当的举证顺序

由于不重视导致在示证中出现三个方面的问题：第一，示证条理不清。不能根据指控犯罪的需要，有层次、有秩序地出示证据，没有主线、没有目的，甚至直接将审查报告直接代替示证提纲，没有按照个罪的特点需要进行示证。第二，证据归类混乱。在示证前，不能根据证据之间、证据与事实之间的关联性对证据进行合理归类。第三，繁简无度。不能根据庭审的实际情况，合理地分配时间。

针对这三个问题，我们要采取针对性措施：第一，举证要有逻辑顺序。第二，举证要有主有次，详略得当。第三，根据案件的情况，选择适宜的举证模式。这个我们详细地介绍一下。如果一个案件事实清楚又很简单，这个时候你可以采取按照证据的种类来进行举证，如果一个案件犯罪构成要件都很复杂，都需要证据支持时，你要按照犯罪构成要件来举证，这适用于职务犯罪案件。如果一个案件犯罪过程很复杂，犯罪手段多，人员又多，比如共同犯罪或者团伙犯罪，要注意要按照犯罪的阶段来举证。第四，按照侦破的过程，如果一个案件侦破时间很长，被告人不供述的情况下，靠间接证据来定案，要注意按照侦破的过程举证示证。第五，对事实没有争议，对某些情节或者某个方面有争议，这时可以围绕争议的焦点来举证示证。对一些复杂的案件，要注意综合运用多种举证方法。

（三）举证时要做好证据说明和证据小结

要对每个证据的来源及证明方向向法庭作出说明，对证据能力、证明力及其与其他证据的关系作出总结，让法官明白并接受你的意见。

（四）认真对待辩方，确保质证、辩论的针对性

这里边有四个方面：听、记、问、辩。

1. “听”

要学会听，善于听。要能够听出门道，抓住要害。

2. “记”

这是一个非常良好的习惯，希望所有公诉人能够记住这一点，因为好记性不如烂笔头，特别是现在的庭审，往往是一个公诉人对多个辩护人。前一段我们处理一个案件，50 个辩护人，一轮辩论下来 3 个小时。如果不记的话，谁说了什么很难归纳清楚，法庭上要准备一个表格，养成随手记随时归纳的好习惯。

3. “问”

问是一门学问，也是一门技能，不是通过几个技巧的传授就能掌握，需要在经验中积累，在实践中历练。像辛普森案件，辩护人对白人警官询问，两句话就给这个人挤到墙角里边了，第一句话是问：你在过去的 10 年中是否用过“黑鬼”一词，因为在美国黑鬼是对黑人最污蔑的一个称谓。如果你作为一个白人警察经常使用这类词语的话，你就有种族歧视的倾向，这个证人品格就出现问题，其证人证言就不具有证明力。他是从这个角度出发的。这个白人警官福尔曼说：“就我所记得，没用过。”这是为自己撒谎留个缺口，但是接着辩护律师就进一步问道：“你的意思是说，如果你叫过某人黑鬼，你也早就忘了?”这一追问暗含了“福尔曼曾经叫过他人黑鬼，只是现在忘了”。因此，福尔曼只能回答“不是”，彻底断了自己的后路。最后在法庭上两个律师，把这个白人警官问到什么程度？尴尬、狼狈又可怜。白人警官说：我要求维护我的宪法修正案第五条的权利，这个权利是什么？沉默权。犯罪嫌疑人的沉默权。作为一个证人，对呈堂质证的证据回答问题时却要求沉默权，太荒唐、可怜了，不打自招。

关于当庭发问的技巧，谈五个方面：

第一，动态定位，精心设计。所谓动态定位，就是我们公诉人在法庭上讯问是一种明知故问，为什么呢？在开庭前你都知道被告人会怎么回答，因此你针对被告人的态度状况，设定不同的讯问目的，然后根据这个目的设定讯问方案。有三个层次：一是你问他答，把事说得很清楚，这是最理想的状态。二是你问他不答，或者是他翻供。这个时候要通过讯问，揭露被告人在法庭上企图逃避罪责进行虚假供述的本质，也可以抓住细节进行追问，通过讯问使被告人无话可说。三是被告人对你的问题什么都不说，他只辩解，这个时候你也不要狠问，认真听他的辩解就可以了，为下一步工作做好准备。特别需要提醒大家的是，在被告人拒绝回答公诉人问题时，有些被告人在法庭上很恶劣，不要试图去教育被告人或者再讯问。面对这种情况，我们直接向审判长说明，我们将出示证据来证实，不要再追问了。

第二，既要全面又要繁简有度。所谓全面，定罪量刑都要覆盖。繁简有度要把握住构成要件和一些法定量刑情节，其余可以不问。

第三，要合理安排讯问顺序。如果一个团伙犯罪的案件，你不向法庭提出建议的话，法庭就会按照起诉书指控的顺序进行讯问。上来问一个不承认，再问一个不承认，这样庭审效果肯定不好，对公诉人的心理也是一种打击，这时就要安排好讯问的顺序，先把那些认罪态度好的被告人安排到前边问，通过对他的讯问奠定法庭调查的基调。基调一形成，把认罪态度好的问完了再问这些不承认的，有些知道其他被告都承认了，再负隅顽抗也没有什么用了。

第四，要适时制止与补充讯问。庭审时，如果被告人在回答公诉人讯问时，出现答非所问、语无伦次时，应该及时打断，告知其听清问题直接回答；如果被告人对侦查人员进行人身攻击或者无端指控时要及时制止；如果因辩护人发问使有些问题模糊不清或者产生异议时要及时补充讯问。

第五，禁止诱导与及时反对。我们作为公诉人，在法庭上不能使用诱导性语言，不能诱供。这既是我们公诉人的形象，也是我们的职责要求，我们有客观公正的义务，但是如果辩护人采取诱导式的发问，一旦发现要及时提醒审判长予以制止。

4. “辩”

有三点大家要注意把握，在目前庭审公开的情况下，大家要注意，第一，不能回避矛盾。辩方提出来你不予理睬，逃避是不行的。采取“企鹅政策”是不行的，没有用。但是切记不要落入辩方的圈套，不要让他牵着鼻子走。你要跳出他的圈套来说他的问题，掌握主动权。第二，防止律师偷换概念或虚设前提进行诡辩。第三，学会用通俗的例子，合乎日常经验的分析，把道理讲清楚。

关于法庭辩论有以下几点建议：

法庭辩论不单单是法庭辩论阶段的辩论，在法庭质证阶段，对证据的质证本身就是一种辩论。这个辩论大家要高度重视，如果你不重视，证据没有经过质证或者经过质证没有确认的话那你以后的事实认定就缺少有力的武器。因此，一定要重视质证阶段的法庭辩论。

质证阶段的法庭辩论有两点大家可以参考：第一，先规则、后事实。所谓先规则就是先把采信的规则，法律是怎样规定的，树立起来，然后再套用一下。第二，先证真、后证伪。这既是一种策略也是一种技巧，因为在法庭质证的过程中，辩护人提出的质证意见会五花八门，有时超出了预测，这时要临时组织语言，厘清观点来进行反驳，一时无法立论时应该怎么办呢？先围绕着熟悉的证真，先把自己准备的说出来，在说的过程中边发言边思考，寻找对方的薄弱点，然后组织反驳的观点，先证真再证伪。

法庭辩论的内容要有层次感。目前的法庭，一般至少是两轮，多数是三轮，那么在第一轮的时间要注意围绕案件事实证据等案内因素进行答辩，一般是发表公诉意见时要完成的任务。第二轮，要从立法原理、法律政策、案件背景、社会影响等案外因素来答辩。如果还有第三轮的话，可以进行必要的法庭教育。这样的答辩有层次、有深度、说理更透彻，具有强烈的感染力和说服力，这是一种技巧。

（五）沉着应对法庭的突发情形，学会以退为进

随着律师参与刑事诉讼的积极性高涨和证人出庭作证概率的提高，再加上镜头下庭审和自媒体时代的影响，正如我之前所说，法庭就是一个没有彩排的实景演出，在这个法庭上会出现很多意想不到的突发性情形，面对这些突发性情形，我们没有办法进行预测和归纳，只能提供一个原则，出现这种情形的时候，我们的公诉人要端坐在那里，镇静、冷静、平静，要保持自己的形象，要做到不慌、不乱、不紧张。遇到一些特别紧急或者很棘手的问题时，我们也有我们利器，要么是建议休庭，要么是建议延期审理，通过时间来缓冲一下，把一些棘手的问题解决了。

第 10 堂课　庭审询问证人技巧

● 李迅华*

课程提纲

一、刑事诉讼法修改后证人出庭作证的现状
二、询问证人的基本问题
三、庭审中询问的一些技巧
四、对几种特殊证人询问应注意的问题

证人出庭作证，是现代庭审制度的基本要求，是保证司法公正的基本措施，对尊重和保障人权，提高司法机关的司法公信力具有重要的意义。然而，由于各种原因，我国的证人不出庭成为常例。

一、刑事诉讼法修改后证人出庭作证的现状

为了从根本上解决我国刑事案件证人出庭难的问题，2012 年 3 月 14 日通过的修改后刑事诉讼法将此作为重点解决的问题之一，据统计，修改决定近 1/9 的条文涉及证人制度，其中最为关键的是第 187 条的规定。

修改后《刑事诉讼法》第 187 条规定："公诉人、当事人或者辩护人、诉讼代理人对证人证言有异议，且该证人证言对案件定罪量刑有重大影响，人民法院认为证人有必要出庭作证的，证人应当出庭作证。人民警察就其执行职务时目击的犯罪情况作为证人出庭作证，适用前款规定。公诉人、当事人或者辩

* 广西壮族自治区检察官学院副院长。

护人、诉讼代理人对鉴定意见有异议，人民法院认为鉴定人有必要出庭的，鉴定人应当出庭作证。经人民法院通知，鉴定人拒不出庭作证的，鉴定意见不得作为定案的根据。”

修改后《刑事诉讼法》第188条规定，“经人民法院通知，证人没有正当理由不出庭作证的，人民法院可以强制其到庭，但是被告人的配偶、父母、子女除外。证人没有正当理由拒绝出庭或者出庭后拒绝作证的，予以训诫，情节严重的，经院长批准，处以十日以下的拘留。被处罚人对拘留决定不服的，可以向上一级人民法院申请复议。复议期间不停止执行”。

修改后刑事诉讼法有利于调动证人积极性、排除证人后顾之忧，必将对提高关键证人的出庭率产生积极影响。有检察官认为，证人出庭，法官当面倾听其陈述并适时发问，被告人与证人当面对质，既有利于法官当庭查明真相，也是对被告人诉讼权利的充分保障。许多人认为，修改后刑事诉讼法的实施，会使证人出庭成为常态，刑事案件证人出庭作证的情况在一些地区有了长足的发展，各地纷纷报道了证人出庭作证的情况。

高检院2012年9月13日在北京召开了全国检察机关刑事案件证人出庭作证工作现场会，参会人员现场观摩了有6名证人出庭的刑事案件的庭审。在这次的工作现场会中我们了解到，各地刑事案件庭审证人出庭的比率上升很快。例如，北京市检察一分院证人出庭作证在2012年上半年就突破了20%，江苏省2012年1月到8月就有166件240人出庭作证，福建省则着重抓职务犯罪侦查人员出庭作证，某些地区该类人员出庭作证达到100%，贵州省2012年上半年，全省已有90件144名关键人员出庭作证。

不少地区都在尝试各种不同类型的证人出庭，正义网的《证人出庭作证》专题报道中列举了不少地区的鉴定人、侦查人员、关键证人出庭作证取得良好效果的例子。我区在修改后刑事诉讼法实施后，不少地区也对此进行了尝试，7月4日上午，广西凭祥市人民法院开庭审理了黄某、李某某涉嫌故意毁坏财物一案。在法庭上，广西凭祥市人民法院根据广西凭祥市人民检察院的申请，依法传唤了有关的技术类人员出庭作证。这是修改后刑事诉讼法实施以来，广西凭祥市开庭审理的首个有技术类人员出庭作证的案件。

二、询问证人的基本问题

（一）可以出庭作证的证人

根据修改后《刑事诉讼法》第187条的规定，将出庭作证的证人界定为对案件定罪量刑有重大影响，人民法院认为有必要出庭作证的证人。此类证人被认为有利于查明案件事实，是案件的关键证人。一般来说，关键证人主要包括：(1) 参与被告人犯罪活动，但由于具有特殊情节不被追究刑事责任的证人，如侵财类犯罪中参与数额未达到追诉标准的犯罪嫌疑人、受贿案中的行贿人等；(2) 重大案件的目击证人；(3) 证明待证事实主要部分如情节、手段、过程、动机、结果等的证人；(4) 证明全案事实或者某一重要事实的唯一证人；(5) 需要出庭与被告人对质，戳穿被告人辩解或者翻供内容不真实的证人。

实践中，我们可以根据案件的具体情况划分为关键事实证人、争议证言证人，重要量刑证人，矛盾证言证人，主动出庭证人，争议笔录侦查人、争议鉴定意见鉴定人和涉嫌刑讯逼供等侦查人员，还有专家辅助证人。

一些地方检察院公诉部门与同级法院刑事审判部门达成证人、鉴定人和侦查人员出庭工作会议纪要，重点就证人、鉴定人和侦查人员需要出庭作证的七种情形达成共识，包括：证人笔录前后出入过大，且对定案有重大影响，又没有排除证言前后矛盾的合理依据的；控辩双方存在争议的涉及自首和立功、犯罪未遂、正当防卫等法定量刑情节的证人；被告人提出侦查中存在刑讯逼供、诱供等违法侦查问题涉及的侦查人员；当事人和辩护人、诉讼代理人申请通知出庭的证人；控辩双方存在争议的鉴定意见的鉴定人；存在争议的搜查、勘验、检查等侦查活动中的见证人；主动要求出庭作证并经法院许可的证人。

(二) 如何选择证人

1. 筛选证人的原则

了解案件事实真相的并非一人，但没有必要让所有人都去向法庭重复同一内容，需要对证人进行筛选，在确定证人主体无瑕疵的基础上，尽量筛选出了解全部真相、语言表达能力、临场应变能力尚佳的人出庭作证，这样，可以减少很多不必要的麻烦。

2. 评估你的证人

(1) 证人的主体信息：证人的个人基本信息（姓名、地址、联系方式、家庭情况、工作等）、证人与被告人的关系（如果有）、信誉度，诚实或欺诈行为、智力/精神健康状况、犯罪前科（包括未成年期间）、证人在案卷中出现时的页数。

(2) 讨论或解释的公诉方出示的证据：对犯罪现场的描述、被告人/被害人的情况、辩方证人的情况、专家鉴定（血样检测、控方测试、对案件发生的全过程进行推测、被害人的伤势/精神健康状况）。

(3) 核实起诉的证据：被告人的情况（性格、习惯、精神健康状况/精神障碍、身体健康状况/身体残疾、工作情况、家庭状况）、犯罪现场的情况、现场证据、新的证据（比如，科学测试、图表、对案件发生的全过程进行推测、被告人的精神健康评估结果）、准备会面提出的问题时，需考虑到如何将每一个证人证言发展成为公诉人的公诉意见。

（三）询问证人应遵循的原则

1. 全面公正原则

要求公诉人的发问必须秉持公正立场，用事实证据说话，其基本含义有二：一是向证人提出的问题必须严格根据案件事实和证据，围绕控诉主张提出，不得无中生有，虚假编造；二是要尊重证人人格尊严，耐心听取证人的回答，对其合理内容要认真分析和吸收。

2. 相关性原则

要求公诉人在询问证人时，问题必须与案件证据事实有关联，能够证明起诉书指控的犯罪事实；凡是与证据事实无关的问题都不能发问。相关性原则界定了询问的内容和范围，防止盲目询问、随意询问及询问拖沓，节约庭审时间；与案件证据事实无关的询问问题，可能被证人拒绝或反对，甚至可能被法官制止。

公诉人在准备询问时，判断询问的问题符合相关性原则的方法主要有：一是看询问的问题是否能证明被告人实施了犯罪行为；二是看询问的问题能否证明被告人实施犯罪行为的某一部分；三是看询问的问题能否证明被告人的罪责轻重；四是看询问的问题能否证明某一证据或程序的合法性。

一般应当围绕下列事实进行：被告人的身份；指控的犯罪事实是否存在，是否为被告人所实施；实施犯罪的时间、地点、方法、手段、结果，被告人犯罪后的表现等；犯罪集团或者其他共同犯罪案件中参与犯罪人员的各自地位和应负的责任；被告人有无责任能力，有无故意或者过失，行为的动机、目的；有无依法不应当追究刑事责任的情况，有无法定的从重或从轻、减轻以及免除处罚的情节；犯罪对象、作案工具的主要特征，与犯罪有关的财物的来源、数量以及去向；被告人全部或者部分否认起诉书指控的犯罪事实的，否认的根据和理由能否成立；与定罪量刑有关的其他事实。

3. 禁止诱导原则

所谓诱导性询问是指发问的问题中隐含着询问者希望的答案或者暗示被询问者如何回答的询问。由于诱导性询问可能导致证人作伪证，影响司法公正，因此公诉人应当基于证据和事实，围绕犯罪构成进行询问。

但是，基于查清事实真相的需要，诱导性询问并不是绝对禁止使用的，对于控辩双方无异议的基础性事实（如身份、自然现象等），由于其对证据事实的客观真实性无实质性影响，也可使用诱导性问题。

4. 突出重点原则

询问证人要紧扣指控犯罪的核心进行，找准证实被告人犯罪的关键点，准备好控辩双方争议焦点的询问要点，重点询问在于罪与非罪、此罪与彼罪、罪重与罪轻等实质要害问题，而对于不严重影响定罪量刑的细枝末节问题，则不应过多纠缠，以免搅乱诉讼主题，干扰诉讼进程。

5. 及时补问原则

公诉人在询问完毕后，要认真听取被告的辩护人的提问，对证人回答可能干扰定罪量刑，或者与事实证据不符的，在经审判长许可后，及时补充询问，恢复事实真相。

（四）如何帮助证人做准备工作

（1）向证人讲解你的指控意见。指出他们的证词将如何有助于此指控意见，且有损于辩方对事件的陈述。（2）帮助证人准备应对直接与交叉两种询问方式。（3）要准备直接与交叉两种询问方式的问题。记得要从覆盖面更广、更具普遍性的问题入手，然后随着询问的深入再提出更狭窄、更细节性的问题。切记要把最好、最有效的观点留到询问最后。不要问一个你不知道答案的问题。（4）帮助证人熟悉辩护方的语调、将提出的问题与将使用的证据。（5）向证人强调。无论是辩护律师还是检察官提问，一定要仔细听懂问题。他们一定要懂得：他们只应该尽力回答被提出的问题，而不应提供额外的信息。（6）假如证人确实不知道某个问题的答案，他们应如实相告，而不应猜测。

三、庭审中询问的一些技巧

（一）应考虑的问题

无论直接询问还是交叉询问中，都应通过回答以下问题来准备询问：

（1）总体的控诉意见是什么？（2）这名证人在总体控制诉意见中占据什么位置？（3）如何把此证人的证词嵌入之前已经讲述的事实和之后即将讲述的事实？（4）证人的证词能如何支持控方的公诉意见？又能如何反驳辩方、被告方的观点？（5）在直接询问过程中你需要引入或依赖哪些证据？在交叉询问过程中又如何？（6）在辩方的直接询问中，他们会依赖哪些证据？在交叉询问中又如何？你可以通过哪些问题或证据反驳辩方的证据？

（二）询问的技巧

世界上没有两个完全相同的案件，公诉人必须在细致审查案件证据和事实的基础上，因人而异，因案而异地适用不同询问方法和问题向证人发问，提升询问质量，查清犯罪事实。

1. 询问技巧

（1）突出重点。让法庭清楚地看到案件的关键事实是公诉人主询问的主要工作。切忌旁引无关证言，既浪费法庭时间，又会给对方留下空子。对每个证人都要明确他在案件中证明的关键点，将每个证人的关键点有效连接，形成对己方有利的证言锁链，视情况再用其他证言或证据材料对薄弱关键点进行补强。切忌力求单一证言锁定全部案件事实，这样既不可能也无任何效用。

（2）尽量使用开放式语言发问。主询问要以证人为中心，要让证人从容不迫地说清全部案件事实，公诉人要做的是使用开放性问话循序引导证人（不是诱导）有条不紊地提供证言。切忌公诉人在此时表现“庭审风采”！当然，对一些文化程度不高，说话没有头绪、天生唠叨的证人，公诉人也要适当地控制，询问的方向和节奏应由公诉人把握。开放式问题：因为直接询问的目的是让证人讲述一个故事，所以刑事辩护律师应该问一些鼓励证人提供信息的问题，如“谁”“什么”“什么时间”“在哪里”“为什么”“以什么方式”“请描述”“请解释”。面对这些问题时，证人不可以仅仅简单回答“是”或“不是”。例如，“当你进入酒吧时，你看到了什么?”“你能否描述一下斗殴是如何开始的?”“你在酒吧都看到什么人？他们在做什么？尔后发生了什么?”

（3）安排证人出庭顺序。心理学研究表明，人的记忆有“首位效应”和“临近效应”的特点，也就是说法官可能对开头和结尾的记忆深刻，因此，就要求公诉人在不与庭审思路冲突的前提下，把最关键的证人或最关键的事实叙述放在开头或结尾来进行。有时会起到意想不到的效果！

（4）缜密逻辑、条理清晰。主询问是公诉人思维严密逻辑性的有效体现，循序渐进、突出重点、巧妙连接、有效还原的证言是成功的证言，而这其中无不渗透着公诉人特有的逻辑思维。

（5）切忌诱导性发问。诱导发问在当庭给公诉人带来的尴尬，乃至对案件整体的不利后果已毋庸置疑！

2. 直接询问的技巧

合理地组织直接询问，比进行交叉询问要困难得多。直接询问就像戏剧表演中朗诵台词一样。直接询问的情况和演戏相似，一方面你是在出示经过精心准备的证据，另一方面，你还必须做到使你出示的证据看起来好像没有经过任何准备似的，看起来十分自然。这两个方面的要求彼此是互相矛盾的。因此，只有当直接询问的参与者（你和你的证人）能十分自然、不露痕迹在出示经过准备的证据时，你的直接询问才能具有说服力，才能调和好这两个方面的矛盾。

（1）问答技巧能帮助你有效地控制直接询问过程。“问答”技巧是一种出示直接证词的方法，这个方法极其简单却十分有效。特别是当证人不能合理地组织自己的陈述，不能连贯地讲述事实时，你就可以使用这种方法，以确保直接询问的顺利进行。

下面是一个典型的例子：

问：2010 年 1 月 12 日中午，你正在 A 街和 B 街相交的十字路口吗？

答：是的。

问：你当时看到一辆红色汽车从南边开过来吗？

答：对。

问：你能描述一下那辆汽车吗？

答：那是一辆红色的汽车，车牌是××市的。好像它的速度比那里的其他汽车快。

问：你说它的速度快，能说得更清楚一些吗？

答：它的速度好像是别的汽车的两倍。实际上，它的速度相当快，我甚至特别和我的朋友提到了这点。

显然，在直接询问中合理地运用问答技巧，能使你更有效地控制直接询问的过程，同时也能有效地防止证人在回答你提出的问题时偏离主题。

（2）叙述的技巧。如果你的证人善于言辞，形象不错，对法庭作证颇为在行，那么在直接询问过程中运用“叙述技巧”就不失为一种行之有效的方法。在法庭进行直接询问时，通常由律师提出一些最基本的问题，比如证人的姓名、住址、年龄及与本案的关系，然后律师再提出一个一般性的问题，证人可以就这个问题进行叙述性的回答。如果证人准备充分，他叙述完毕后，几乎不需要律师再提出补充性的问题不澄清某些事实。但是，如果他在叙述中漏掉了某个关键之处，律师就应当向他提出问题，以便帮助他回忆起相应的情况。比如，

问：请说出你的姓名。

答：黄××。

问：请问你的住址？

答：甲市××区 12 号。

问：你的年龄？

答：29 岁。

问：2010 年 1 月 12 日中午，你正在 A 街和 B 街相交的十字路口吗？

答：是的。

问：你能根据你的记忆，向法庭讲讲你当时看到的情况吗？

答：可以……

以问答技巧来控制证人的叙述：在证人叙述完整个故事之后，可以通过提问的方式进行必要的补充。比如：

问：黄××，你刚才提到，那辆汽车“歪歪扭扭”地狂奔过来。你能不能解释得更清楚一点，所谓的“歪歪扭扭”是什么意思？

答：那辆汽车跨过了公路中线，扭到了公路另一侧，然后又扭到自己一侧，接着又撞到了公路旁的路缘。在我观察到发生事故前的二三十秒内，它至少这样扭了好几次。

（3）强迫提问技巧能防止证人偏离主题。在有些情况下，如果没有律师的及时提醒和大量帮助，证人无法提供叙述性陈述。有时，法官不允许证人进行叙述性陈述，因为这不利于对方律师及时提出反对意见。在这种情况下，“强迫提问”技巧也是一种行之有效的方法。实际上，这种技巧综合了问答和叙述技巧，它提出强迫性的简短问题，避免证人偏离主题。下面是强迫提问技巧中可能提出的问题示例：“当时说了什么？”“谁在那儿？”“是在什么地方说的？”“是什么时候说的？”“他要多少钱？”“是什么颜色？”

实际上，在直接询问的叙述过程中，穿插这些强迫性的简短问题，就相当于给证人围了一圈篱笆，能有效地防止他偏离主题。强迫提问时所提的问题大多是关于谁、什么、何时、何地、为什么、怎么样之类的问题。

（4）结合书证进行询问。在庭审的各个阶段，你都应当非常注意如何运用书面证据，特别是要注意在直接询问过程中如何运用书面证据。在对你的证人进行直接询问的过程中，你必须十分清楚你想利用的每一个直接证据。你应当为使用直接证据做好充分准备，保证相关人员能方便地看到。

你应当把所有的书面证据预先做好标记，确定它在所有证据中的位置。预先做好标记可以节约很多庭审时间，不至于出现这样的现象，即在庭审过程中，法官坐在那里无事可做，而你却在慌慌张张地整理这些材料或其他书证。

你应当有：一份做好标记的书面证据；一份证人作证时需要的副本；一份你可以让法官看到的原件。在直接询问过程中，充分的准备工作是能够得到回报的，因为这表明你准备得非常充分，井井有条。

下面是一个庭审时要结合书证的例子：

问：王××，请你看看这张图片，请问你认得这张图片的内容吗？它在卷宗第×页。

答：这是那间屋子的一张图片。上面就是2008年9月5日事发时的照片。

问：这张照片上的内容确实是那间屋子当时的情形吗?

答：是的。

关于在直接询问过程中采用书证这一问题，还要考虑到其他一些程序，比如：要准备好一个你询问时需要的书证清单，并把它在卷宗的位置标志清楚。要让证人预先了解每一个你需要结合展示的书证，以便使他熟悉每一个书证。如果证人对某一个证据比你还熟悉，就要请证人向你解释这个证据的具体内容。这样，你就可以保证你们对这个证据的理解是相同的，确保你的理解与证人的理解不至于出现分歧，否则你们在法庭上就会自相矛盾，不能自圆其说。你应当与证人讨论所有与书证相关的问题，以确保你们之间的所有分歧都得到解决。把你要使用的书证进行投影（制作成 PPT），同时也方便在后面的庭审过程中多次利用同一证据。

（5）证人作证时特殊情况的处理。尽管你为询问做了非常充分的准备工作，但有时事与愿违，事情并不总是像你想象的那样发展。人与机器不一样，不能通过固定的“程序”来加以控制。虽然你期望证人说什么，证人也向你表示过他在法庭上会说什么，你也相信他在法庭上会说什么，但这并不一定能保证证人到法庭上一定会按预想的方式作证。如果证人站在证人席上作证时出现了没有预料到的情况，你应当采取相应的措施来进行恰当的处理。

第一，当证人忘掉关键信息时的处理方法。围绕证人忘记的信息提出一些问题，帮助证人恢复记忆，回忆起这些信息。如果可能的话，运用相关的书证，帮助证人回忆起这些关键信息。如果可能的话，利用证人以前的陈述，帮助证人恢复记忆。如果想要在法庭上利用各种技巧来唤起证人对过去的回忆，首先必须要有充分的理由，说明有必要帮助证人恢复记忆。在准备工作中，应当要求证人提供的答案中必须包括“这时”之类的字眼，如果你的证人只是说“这就是他所能记起的所有情况”，而不是“这就是他‘现在’/‘这时’能记起的所有情况”，那么你就没有理由能够证明你有必要帮助证人恢复记忆。

恢复记忆通常有 4 个步骤：证人现在的记忆已经枯竭；可以利用某种东西来帮助证人恢复记忆；这种能帮助证人恢复记忆的东西放在他前面；阅读了面前的材料之后他的记忆得到了恢复。

在重新唤起了证人的回忆之后，帮助证人恢复记忆的材料就要从他面前拿走，证人根据他恢复了的记忆继续作证。应当注意的是，证人应该把恢复记忆之后想起的内容告诉法庭，而不是把书证本身告诉法庭。

第二，如果证人翻证的处理方法。放弃成为己方证人的直接询问，改为向辩方证人的辩驳式询问。一般来说，交叉询问包括三个不同的层次，当然，在特殊情况下可以忽略其中的一两个层次。它们分别是：提炼、封闭和（对证人的可靠性提出）异议。当你掌握了一些与证人在直接询问中提供的证词相矛盾的资料和信息时，你可能会忍不住对证人进行攻击和驳斥，而结果往往只会把事情弄得更复杂。因此，你一定要有耐心。很多时候，在你对证人进行攻击之前，还有更加重要的事情要你去做。

①你要从对方证人的证词中提炼出那些与案件相关而且对你有利的信息。如果你就这些信息向他提出问题，他也承认了这些信息，这时你就得注意：你现在有了一个对你十分有利的反方证人。

②你要切断证人的有可能的出路，在你进行攻击时使他无路可逃。如果你想抓住某人，最好的方法就是事先堵住一间小屋所有的门窗，只留下一个门让他进去。等他进去后，把这个门也一并关严。

在交叉询问中，这是一个很麻烦的过程，但却是一个极其必要的过程。很多律师都忽略了这个层次，因为他们太急躁，急于进入异议阶段，因为异议阶段才是最激动人心的时刻。如果你经验丰富，你就不会犯这样的错误。如果你犯了这样的错误，你可能会以为证人已经无路可逃，结果却发现，你认为互相矛盾的证词都成功地搪塞过去了，他找到一个合理的借口溜走了。打个比方，你可以把直接询问比喻为掩映在山谷浓雾里的山峰。这些山峰就是直接询问的高潮，证人在直接询问中提供证词时，有时必须从一个山峰跃到另一个山峰。很多细节，正像山峰下面被浓雾遮住的那部分，都被忽略掉了，但它却实实在在存在着。在整个山谷被详细标注出来之前，证人对整个事件的证词都不是完全的，经不起攻击和质问。在交叉询问过程中，你必须带领证人详细地探索整个山谷，包括他声称他观察到的细节以及你所了解的而他承认他并没有观察到的细节。

你可以加快这一进程，但不要太快，以免漏掉太多细节。这个过程不但是交叉询问中必要的常规过程，它还可以让证人放松警惕。当你看似漫不经心和证人讨论一些细节性问题时，他就会逐渐放松警惕。

③当你完成了所有的准备工作后，你就可以对证人进行致命的一击。对他证词的可信性提出异议。

3. 询问方法

（1）迂回包抄、避实就虚。面对反询问，证人不可能完全配合，有时还会故意设置障碍，扰乱反询问的思路。这就需要公诉人，缓解与证人的对立情绪，从外围入手，麻痹证人，使其放松对自己的警惕，出其不意找出矛盾点。

（2）势如破竹、连续发问。如果证人明显作伪证，其证言势必有不实之处，证人本身也存在心理上的忌惮，这就需要公诉人，抓住时机，以迅雷不及掩耳之势连续向证人发问，打乱证人事先的设防，不给其思考的机会，让其在无意中说出真相。

(3) 使用封闭式语言发问。与主询问相反，反询问时公诉人要使用封闭式语言控制和掌握询问的主动权，不给证人自主陈述的机会，如果证人自由陈述，公诉人应当及时打断或请法庭制止，切记让对方证人放言。封闭式问题：这类问题要求证人回答“是”或“不是”，或做尽量简洁的回答。因此，刑事辩护律师应尽量避免在直接询问中使用这类问题，而应在交叉询问中使用它们。封闭式问题允许援助律师通过更尖锐的提问方式推进其辩护意见。因为封闭式问题还限制了证人可能作出的回答数量，从而减短了回答所需的时间，所以它有助于提高询问的效率。例如，“斗殴发生当晚，酒吧里是否拥挤?”“谁先动手的——被害人还是被告人?”“斗殴结束时你是否依然在场?”

(4) 确保反询问效果。“不求有功，但求无过。”当公诉人无论采取任何手段都无法控制对方证人时，最好的办法就是结束询问，不给证人陈述的机会，因为对方证人的陈述很可能是在己方律师主询问时已经陈述过的内容，并且证人很可能借此机会进行弥补和解释，这些内容势必对反询问方不利，并且无形中加深了法庭的印象，作为反询问的公诉人来讲，与其这样，不如结束发问。尽可能地缩短反询问的时间应该是反询问努力的目标。

（三）注意反驳辩方律师不恰当的问题

1. 这个问题已经问过了，而且也已经回答过了

显然，这种反对意见的目的是避免对方律师在直接询问中无休止重复同一内容。尽管大多数法庭都允许一定程度的重复，但如果对方律师在同一个问题上重复了两三遍以上，那么这种“已经问过而且已经回答过了”式的反对意见一般都会得到法官的同意。

2. 对方律师是在对证人的证词断章取义

这种反对技巧可以防止律师从他自己的角度出发，曲解证人的证词。在很多情况下，这种问题往往是以下面这样的字眼开始的：“那么，你的意思是……”“你在前面作证说……”或者“根据××先生在前面的证词，我们可以知道……”

对付这类问题的另一种方法就是，在交叉询问中把证人实际提供的证词与对方律师的假设进行比较，指出其矛盾之处，然后根据证人的实际证词得出恰当的观点。

3. 这是个引诱性质的问题

在直接询问过程中，一般不允许提出具有引诱性质的问题。但是有一个例外，那就是对于一些最基本的问题，可以使用具有诱证性质的问题，以便节约出示证据的时间（比如姓名、年龄、出生日期、职业、个人背景等）。

在一定的条件下，在直接询问过程中，律师可以利用具有诱证性质的问题以节约时间。具有诱证性质的问题通常都是这样的句型："难道不是……吗?"或者"……难道不是这样的吗?"不管这样的问题是怎么提出来的，问题本身就暗示了答案，所以这样的问题具有诱证性质，可能遭到反对。如果对方律师提出了具有诱证性质的问题，你应当立即果断地加以反对，因为这种问题造成的后果往往是，证人被剥夺了作证的权力，而是律师本人在提供证言。

4. 对方律师在与证人争论

一般来说，这是一个在交叉询问中常用的反对意见，其目的是阻止对方律师和你的证人进行争执，或攻击你的证人。在直接询问中，也可以利用这种反对意见阻止对方律师自己代替证人提供证言，比如："那么，根据你的经历来看，××先生（你的证人）所描述的情况不可能是真实的，是吗?"

5. 这个问题以未经采纳的假设情况作为证据

当对方律师以未经采纳为证据的假设性例子来作为依据时，你可以向对方提出这种反对意见。在对非专家证人进行询问时，这类问题通常都是这样开始的："你知道……吗?"或者"你意识到了……这一事实吗?"当对方律师提出这类问题时，不管证人的答案是什么，对方律师都已经成功地把他假设的情况作为证据利用了。即使证人承认他不了解这方面的知识，或说他根本不知道这一事实，对方律师也已经在他的问题中暗示了这一假设就是证据。

在这种情况下，你应当及时提出反对意见，以免对方律师代替证人提供证据，防止他把本来未被采纳为证据的情况作为证据加以利用。

6. 这个问题要求证人进行猜测

显然，当对方律师提出的问题要求证人对某一情况进行假设，而不是提供确确实实的证据时，你可以提出这样的反对意见，比如："你认为那得花多少钱?"或者"你猜，那是什么?"

7. 这个证据与本案无关

一般来说，所有与案件有关的证据都是可以采纳的，而所有与案件无关的证据都是不能采纳的。但是，在决定某个证据是否与案件有关时，取决于他自己的想法。如果他认为某个证据可能会引起偏见、引起困惑，或者可能会浪费宝贵的庭审时间，那么即使与案件有关，也可能得不到法官的采纳。

某个证据是否与案件相关，是没有绝对标准的，这主要根据案件的具体情况而定。因此，在你决定提出“与案件无关”的反对意见时，你必须谨慎地考虑好自己的反对理由，以便为你的反对意见提供充分的理由。

四、对几种特殊证人询问应注意的问题

（一）被害人

1. 被害人作证的特殊性

第一，对于被害人来说，犯罪人实施犯罪行为通常都带有一定的突袭性。被害人由于“身临其境”，“不情愿地”参与或目睹了犯罪事实的发生过程，亲身体验或感知了案件事实，从而承载了案件的证据信息。第二，被害人体验案件事实，本质上是主体对客体的认识和能动反应，容易受到自身知识背景、外界客观环境等因素的影响，从而出现偏差。第三，被害人作证需要借助于记忆的认知手段，通过语言、文字或图案等多种方式展现出来，具有动态性。

被害人由于与犯罪人距离比较近，接触时间也相对较长，有时往往还有直接身体接触或者其他对抗方式，因此，被害人对犯罪人和犯罪事实的感知，除了与旁观者一样使用视觉和（或）听觉之外，许多时候还要使用触觉、嗅觉甚至味觉，有的还要与犯罪人直接进行语言交流等，这样一来，根据认知心理学，他们对于犯罪人的细节特征，以及犯罪事实的发生过程，从理论上说比旁观者记忆更深，其作证陈述往往更加具体、全面、准确。在司法实践中，许多刑事案件尤其是人身暴力案件的侦破都是在被害人作证陈述犯罪人或犯罪事实的某个细节特征后，犯罪人才主动认罪，或通过公安司法机关强制人身检查加以印证来确认。

虽然被害人和证人都因“知道案件情况”而有作证的义务，但相对于证人作证的“利他性”而言，被害人作证具有“利己性”，因此，被害人比证人通常具有较高的作证积极性。实证研究结果也证明了这一点。有学者对2007～2008年中国北方某县处理刑事案件情况进行过实证研究，在全部203件案件中，有被害人的案件183件，涉及全部被害人206人，其中，被害人出庭的案件41件，实际出庭的被害人48人，出庭率高达23.3%，远远高于证人出庭率2.5%。而且在32位被害人出庭的案件中，被告人表示对案件事实没有异议。因为，绝大多数被害人在遭受犯罪行为侵害后，都期待公安司法机关尽快查明案件事实，查获犯罪人，并且依法对犯罪人判处刑罚，以满足他们的报复心理和获得赔偿的愿望。许多被害人希望通过亲自出庭作证，使得犯罪人受到应有的处罚，在见证程序正义的同时，也增强了他们对刑事司法的信任感

和协助刑事司法的积极性。

虽然被害人作证和证人作证都应当如实陈述其亲身体验或感知的案件事实，对法庭履行客观真实义务，但是，相比较而言，证人作证内容一般具有“当事人性”，而被害人作证内容具有复杂性。被害人作证本质上是一种当事人陈述，被害人应当在法庭上客观地陈述其亲身体验的案件事实。这样一来，被害人作证内容就既可能支持控诉方诉讼主张（包括被害人自己的诉讼请求），也可能支持辩护方的诉讼主张，具有复杂性。

2. 被害人作证的条件

（1）被害人作证适格性的审查。被害人作证的前提条件是他亲身体验了案件事实，并且具有相应的理解能力和表达能力。这三个条件必须同时具备，缺少其中任何一个，被害人陈述就没有证据能力。这要求在庭审中增设相应的被害人作证适格性审查程序，一旦被告人、辩护人或公诉人（辩护方申请被害人作证）对被害人作证的适格性提出异议，法庭就应当通过向被害人提问来审查确认被害人是否具备相应的作证资格，依法作出裁定。

（2）意见证据规则的限制。被害人作证的内容原则上应是被害人亲身体验的案件事实。被害人有关事实的意见、信念或据此进行的推论，即使对证明所信事实或推论事实为真，除非法律另有规定，一般也不具有可采性。但被害人“根据一般生活经验可以判断的事实”，如同一性或类似、状态、年龄、相貌、事物的相似性、气候、物品的价格、特性、体积、重量和色彩、精神是否正常、物品的占有与所有等除外。因为这些事实作为被害人的意见或推测，并非是与被害人亲身体验的事实毫无关联的单纯推测事项陈述或由其他事实推测的意见，它们往往与被害人体验的事实很难划分，并且必须结合在一起才能发现事实真相，或者被害人体验的事实本身就含有这种推测要素。而且，除了与证人一样用视觉和听觉感知案件事实外，许多被害人还凭借触觉、嗅觉甚至味觉去体验案件事实，从而作出判断，这就更需要确立此项例外，否则，他们无法对有关案件事实作出完整的陈述。对此，笔者认为，“两高三部”《关于办理死刑案件审查判断证据若干问题的规定》第12条第3款规定是合理的，即被害人的猜测性、评论性、推断性的陈述，不能作为证据使用，但他们根据一般生活经验判断符合事实的除外。

3. 被害人作证应注意的问题

被害人作证具有直观性、具体性、生动性、形象性。在司法实践中，大多数法官认为被害人出庭作证多数比较真实可靠，可以作为证明案件真实情况的根据，它的证明力不容忽视。还有学者就被害人出庭作证问题在S省C市两级共20家法院进行试点，从证言采纳情况来看，所有被害人陈述都得到法院采信并作为定案的根据。但是，由于被害人是犯罪行为的直接受害者，往往怀有偏激情绪，难以避免夸大、虚构案情，所以真实性和虚假性混在一起；还有的被害人顾及名誉、前途或家庭关系等，故意隐瞒事实。所以在实践中，公诉应对出庭作证人被害人进行评估，根据被害人的具体情况制定庭审预案。具体应结合以下九个方面进行考虑，即（1）被害人作证的态度和方式，如他是主动要求作证还是多次做工作后才同意作证；（2）被害人作证时所要陈述内容的性质，是有利于控诉方还是有利于辩护方等；（3）被害人感知、回忆或表达他所证明事实能力的大小，如被害人的年龄、受伤害情况、与犯罪人接触时间的长短等；（4）被害人感知要作证事实的机会的程度；（5）偏见、利益或其他动机的存在与否；（6）被害人先前所作的陈述与他在法庭上所作的陈述是否会一致；（7）被害人与犯罪嫌疑人、被告人的关系；（8）通过其他证据查看被害人证明的基本事实存在与否；（9）被害人对该诉讼的态度，是支持、无所谓还是明确反对。

4. 帮助被害人适应庭审询问

第一，安抚情绪，确保被害人客观作证。被害人与案件处理结果关系密切，参与庭审的主动性较高。但是，其陈述内容的真实性、客观性易受主观心态影响。实践中，有的被害人控诉被告人心切，当庭改变证言，导致辩护人提出真实性质疑；有的被害人无法控制情绪，在法庭哭、闹、辱骂被告人而无法作证；等等。为此，要以安抚情绪为重点，从庭前和庭审两个环节加强被害人出庭作证工作。庭审前，讲明法庭规则，强调遵守法庭秩序和客观作证要求，制定好出庭预案。庭审中，密切关注被害人的情绪变化，引导庭审气氛，把控庭审节奏，对被告人及辩护人的不当发问，及时提请审判长制止，避免激化矛盾，影响法庭审理。

第二，加强心理辅导，帮助被害人熟悉作证的程序。公诉人应该在庭审前对被害人介绍庭审程序，进行必要的心理辅导，坚定其出庭的信心。针对被害人作证的内容提醒其注意辩护人的询问，并告知其对无关的询问可以拒绝回答。在庭审时，注意防止辩护人的询问“陷阱”，及时制止辩护人不适当的诱导式询问、无关案件事实的纠缠式询问和情绪激动的谩骂侮辱性询问。

第三，加强细节的仔细推敲。对被害人作证时需要描述细节的，要在庭前加强沟通，告诉被害人，如果没有必要，不要对太多的细节进行详细描述，公诉人在庭前应该把需要详细说明的细节和有可能被辩方抓住的细节问题告诉被害人，帮助被害人正确回答辩方有可能放大的细节问题。比如，辩方律师往往会提出这样一些问题："当时是在晚上，你距离我的当事人有多远？当时的光线很弱，你能够看得清楚吗？"如果还有证人同时在场，一人说距他 2 米，另一人说距他 1.5 米，这时辩方律师就会提出："你们两人对同一个事情说得不一样，到底是证人说谎，还是你在说谎？"这时被害人如何回答，就涉及一个技巧问题。应让被害人这样回答："我只知道当时我与被告人的距离是 1.5 米，这是我的观察感觉。至于别人是如何判断的，那是根据他的观察，我不能代替别人来回答你的问题。"这样回答，既可以保持被害人回答问题的诚信，又可以避免对方律师攻击被害人回答问题的可靠性。

第四，加强补充询问，以支持公诉意见。当被害人当庭的证言存在与其之前陈述矛盾或陈述不清楚的情况，则需进行补充询问，要求证人确认到底是以何为准。这时的提问要有一定的技巧。注意防止辩方紧抓不放。要用其他证据辅助询问，并多用封密式的发问方法。

（二）侦查人员

1. 侦查人员出庭作证的必要性

第一，有助于理顺检警关系。从职权分工来看，检察机关和公安机关承担着共同的追诉职能。目前，司法实践中推行的"引导侦查"机制，就是试图赋予检察机关对侦查活动的指导权与监督权，使警察成为检察官的助手和控诉支持者。因此，警察在必要时出庭作证，以言词方式直接向法庭说明自己收集证据的真实性与合法性，既可保证检察官的控诉获得成功，也可有效驳斥辩方对指控的反驳。

第二，有助于解决非法取证问题和提高诉讼效率。由于种种原因，刑讯逼供等非法取证行为还没有完全禁绝，这与警察不出庭作证不无关系。因为在警察不出庭作证的情况下，非法取证行为就很难揭露，非法口供排除规则也就形同虚设。警察出庭作证，则有利于控辩双方交叉询问，法官通过对警察的回答和在法庭上的表现来判断警察的证言是否真实、是否可信，从而正确判断被告人翻供和证人的翻证是否有理。这就避免了查证是否非法取证的困难，有利于提高诉讼效率。

第三，有助于改善警察的形象。目前，我国警察在人民群众中的形象并不十分理想，这是由两种情况造成的：一是警察队伍中出了少数贪赃枉法的害群之马；二是在侦办案件时刑讯逼供的问题屡有发生。设立警察出庭作证制度，必然会加大对警察的压力，但反过来会促使警察增强责任感，去努力提高自身的素质，增强诉讼意识和证据意识，逐步养成严格、公正、文明执法的观念，杜绝刑讯逼供与非法取证行为，从而极大地改善警察的形象。

2. 侦查人员出庭范围

侦查人员是证据收集的亲历者，其出庭作证有利于保障法官准确认定事实，同时也有利于保障被告人的合法权利。但为了避免给侦查人员的正常工作造成不必要的干扰，以及考虑诉讼成本和效率等因素，并非所有案件都必须有侦查人员出庭作证，只有在下列四种情况下，控辩双方或法官才可以要求侦查人员以证人身份出庭作证：

第一，对自首立功等量刑情节有疑问的案件。在目前的司法实践中，对于犯罪嫌疑人自首等情形的表述，往往是由侦查机关出具一份"到案经过"，有关立功的情况往往制作成"情况说明"。自首、立功是被告人最为关注的量刑情节，由于文字描述和理解上的偏差导致自首、立功等量刑情节成为法庭上控辩双方争论的焦点，同时也成为目前司法审判中经常遇到的难题。如果允许侦查人员就抓获情况出庭作证，上述材料自然就转化为证人证言，不仅证据效力得到提升，同时到案情况及立功情节更加详尽地在法庭上展现，从而打消控辩双方的疑问。

第二，侦查人员目击或亲历的刑事案件。侦查人员在巡逻或出警时目击犯罪发生，或当场抓获犯罪嫌疑人（如毒品案件），或执行公务时亲历的情况（如妨害公务案件），那么其将成为该案不可替代的目击证人，根据修改后《刑事诉讼法》第187条强制作证的规定，对案件定罪量刑有重大影响的证人应当出庭作证，人民警察就其执行职务时目击的犯罪情况应当作为证人出庭作证，证明其所目睹或亲历的犯罪经过和抓捕过程。

第三，搜查、扣押、勘验、检查等侦查活动中存在争议的案件。搜查、扣押、勘验、检查笔录虽然是当场制作的，记载的内容具有较强的客观性，但它像其他书面证据一样也会不可避免地受到记载人的影响，制作人在操作过程中也有可能出现漏记、误记情况，或当事人对证据是否是原物存在异议（如可能被调换等情况），个别情况下还掺杂有反映个人主观意识的内容。既然这种笔录有可能出现错误，自然就需要有关的侦查人员出庭陈述自己的行为是否非法搜查、扣押，所作勘验、检查笔录是否客观真实，这样有助于法庭判断该行为是否违法，所取证据是否需要排除。

第四，当事人提出侦查人员有刑讯逼供或暴力取证情况的案件。证据的合法首先要保障取证的合法。取证行为的合法性是证据合法性调查程序要解决的一个基本问题。由于侦查人员素质的高低不同，在司法实践中，确实存在一些刑讯逼供、暴力取证的情况，根据修改后刑事诉讼法和非法证据的排除规定，通过这些手段取得的证据不能作为定案的根据。由侦查人员出庭作证，对取证过程进行说明，向法庭说明获取口供和证言的合法性，与被告人和相关证人进行对质，接受双方质询，既是查明是否存在刑讯逼供、非法取证的有效手段，也是协助法官判断言词证据的真实性、查清案件事实的重要手段，更是制约侦查权和保障被告人基本辩护权的必要措施。

同时，检察机关在侦查监督过程中必须对侦查人员进行合法取证的指导和宣传，一旦发现有非法取证的情况，先行排除并依法提出纠正意见，并注意提取、保存证明取证合法性的记录或录音录像资料、原始讯问笔录。如果讯（询）问过程进行全程同步录音录像，未经任何破坏、编辑、剪切、删除，同时能经过被告人及其辩护人质询的，可以免去侦查人员的作证义务。

3. 侦查人员出庭作证将面临的问题

在侦查人员出庭作证时，往往是针对于程序性事实的证实较多，特别是证明取证程序是否合法，常常成为辩方要求侦查人员出庭作证的初衷。此时，侦查人员作为控方证人，就要在这方面接受控辩双方的询问，多角度地向法庭阐述收集证据的全过程。

另外，侦查人员代表国家行使刑事案件侦查权，往往是先向犯罪嫌疑人、证人展开询（讯）问，进行调查取证。而侦查人员出庭作证，要面对对于其工作的不认可和“吹毛求疵”，这往往会让侦查人员心理上难以接受。一旦侦查人员不理智，回答中带有个人情绪的过激言语或出现矛盾之处，就会产生不利后果。因此，侦查人员出庭作证应具备相当稳定的心理素质与较强的应对能力。

4. 对侦查人员询问时要注意的问题

第一，要注意保守相关职业秘密。职务犯罪侦查过程可能涉及国家秘密或职业秘密，如国家安全、秘密侦查的措施、手段，未侦破案件的线索及来源，告发者的名字，等等。从法学价值理念上看，为维护某种更高的价值，当作证涉及国家安全的时候，作为公务人员，侦查人员当然可以免除作证，因为在任何国家，上述利益都享有至高的地位；当作证涉及职业上不允许披露的情况时（如告发者的名字），作为侦查人员，当然可以免除作证，以保护提供侦查情报的信息源不致受到损害。因此，出于保护职业秘密的需要，侦查人员在出庭作证时应有保守职业秘密的意识，应当拒绝回答或者向法庭说明情况并经准许采用不使对方知道的方式向法庭作证。公诉人在庭前应与侦查人员共同商讨，确定需要保密的问题范畴，询问时应注意方面的问题，在适当的时候提醒法庭注意和约束辩方的不当追问。

第二，公诉人根据侦查人员的各方能力情况，可适当开展模拟庭审演练，给侦查人员提供一个相对真实的法庭环境。让其在这样一种环境下更加深刻地感受庭审现场的氛围，体验证人陈述证词及接受控辩双方询问的过程，从而让侦查人员在真正出庭作证时，可以把专业的、客观的、无偏见的证词提供给法庭。

第三，针对部分侦查人员对于出庭作证的排斥心理，要加强对其理念的灌输，让他们可以正确对待和积极适应出庭作证的事实，使其树立起以公诉为中心的工作导向，稳定其情绪，适当时可从其熟悉的工作情况为切入点，快速调整询问思路，让其适应出庭作证的程序和规范。

对警察出庭作证，大致有以下几条经验：一是警察在出庭作证之前，对他所要作证的问题，一定要有一个清晰的记忆，避免记忆模糊说错话。二是在回答提问的时候，尽量不要长篇大论，要简单明了，这样就不会露出太多的疑点。三是对说错的地方，不要过多做解释。说错了就要承认说错了，只说“对不起，是我记错了”，不必过多解释。如果你去做过多的解释，那就可能越来越被动。四是如果辩方律师跟你抬扛，你也不要和他纠缠，你只需简单地回答：“我说的都是事实，并没有说谎。”除此之外的话不必多说。因为你说得多了，就难免出现更多的破绽。总的原则是在法庭上一定要诚实，对法官不能说谎。如果你说谎，肯定会被戳穿。还有注意防止辩方用无关的问题刺激侦查人员，打扰其作证的思路。

（三）鉴定人

1. 鉴定人出庭要解决的问题

（1）将专业术语转化为庭审参与人所能理解的术语以方便案件审理。2012 年 2 月 27 日 20 时 30 分许，唐某行驶至重庆市某汽车检测站附近路段时，将行人张某（被害人，男，殁年 69 岁）撞倒在地。随后，唐某驾驶面包车将受伤昏迷的张某带至偏僻路边遗弃。当日 21 时 30 分许，张某被群众发现后送至医院抢救。2012 年 3 月 7 日，张某因抢救无效死亡。以法医检验鉴定：张某系特重型颅脑损伤死亡。检察机关以唐某涉嫌故意杀人罪提起公诉。在唐某涉嫌故意杀人案中，由于尸体解剖前对被害人张某进行过开颅手术，尸表及尸体内部构造产生了一定的变动，导致鉴定意见并不能明确、直观地看出被害人被车辆撞击的部位、撞击后倒地受伤的部位。通过鉴定人出庭对鉴定意见进行分析说明，上述问题得以明确，也能够与被告人供述、证人证言中提到的相关情节印证。如在鉴定意见中，记载有“左小腿肿胀，中上 1/3 处扪及骨擦感伴假关节形成”的表述，庭审中鉴定人就明确指出：该记载意味着被害人被撞击的部位就是小腿，导致该小腿撞击后关节错位，形成假关节。鉴定意见还提到被害人左右颞部均有损伤，但是鉴定人结合医院病历所记载的“右侧颞骨线形骨折、右颞部急性硬膜外血肿”等内容，客观判断出了被害人被撞击后系右脑先着地，进一步造成颅脑损伤的结论。

（2）对鉴定文书意见的得出过程作出合理说明和解释。在唐某涉嫌故意杀人案中，鉴定文书意见部分为张某系特重型颅脑损伤死亡。鉴定意见书记载张某右侧额叶及双侧额叶脑组织严重挫裂伤，但根据鉴定人分析判断，张某被撞击左小腿后右脑首先着地，为何会导致彼侧脑组织均受损伤，涉及专业判断。鉴定人根据医学常识，在庭审中解释了张某右脑着地后，脑组织反弹，进而左脑受颅骨压迫造成损伤的过程。解释合乎情理，通过专业性的解释明确了致伤的原理，合理说明了鉴定意见的得出过程。

（3）对鉴定意见中未明确表述但对案件起实质作用的内容进行说明。在唐某涉嫌故意杀人案中，被告人交通肇事导致被害人张某颅脑受伤，并最终死亡。交通肇事行为与死亡之间存在因果关系是不容置疑的。但本案指控的是故意杀人罪，需要进一步论证，唐某对张某的遗弃行为与死亡结果之间也具有因果关系，故意杀人罪才有成立的基础。从案情分析来看，这种因果关系是成立的，但书面的鉴定意见对此并没有作出明确说明，通过公诉人的论证、说理来阐述这种因果关系，缺乏专业性和权威性。为此，有必要由鉴定人出庭回答以下三个问题：一是案发后，对张某的遗弃行为是否能够加重其病情；二是及时抢救有没有可能减轻病情或挽救被害人的生命，此问题意在解决不作为犯罪中结果回避可能性的问题；三是遗弃行为是否可能增加被害人残废的风险，从而解决遗弃行为与残废之间是否具有刑法意义上的因果关系。本案鉴定人在庭审中，对上述三个问题均进行了有力说明，取得了良好的效果。

2. 鉴定人出庭的准备工作

在公诉人认为有必要通知鉴定人，就相关鉴定意见作出说明，或者辩护人、诉讼代理人对鉴定意见有异议，人民法院认为鉴定人有必要出庭时，公诉人需要开展以下庭前准备工作。

（1）进一步审查鉴定机构和鉴定人资质。一是要审查鉴定机构资质。由于鉴定活动解决的是案件中的专门问题，因此，鉴定机构和鉴定人的资质是确保鉴定意见合法性和真实性的根本保障。鉴定意见一般附有鉴定机构的资质证书，对此应严格审查。二是审查鉴定人是否具有合法的资质。既要审查鉴定人是否纳入鉴定名册，也要审查该鉴定人鉴定资质是否已进行年检，是否在鉴定作出时享有鉴定资质。没有纳入鉴定名册的，要确定其鉴定资质的可采信依据。

（2）询问鉴定人，由其客观陈述、解释鉴定意见。针对鉴定意见中直接关系案件性质认定的内容，公诉人在询问鉴定人时，必须保持客观中立立场，由鉴定人自行陈述，切忌不能按照公诉人希望的结果来诱导鉴定人。针对鉴定意见中表述专业性较强或表述略有含混的内容，在询问鉴定人时，要有针对性地了解鉴定意见表述的具体含义。针对鉴定意见没有明确的事项直接影响案件定性，且通过鉴定意见文本本身的事项直接影响案件定性，且通过鉴定意见文本本身无法直接得出进一步意见，或者案件证据出现重大变化，需要对检材进行补充鉴定或重新鉴定的，建议可在庭前完成补充鉴定或重新鉴定，再由鉴定人出庭作证。原则上，公诉方决定通知的鉴定人在出庭作证所陈述的鉴定意见，应当事先有明确的鉴定意见文书，这一方面保证了鉴定意见的权威性，另一方面保证了鉴定意见的可控性。

（3）向法庭提出鉴定人出庭作证的申请，确定鉴定人出庭后对辩护人进行告知并听取意见。对于法院同意鉴定人出庭作证的，是否在庭前通知辩护人，修改后的刑事诉讼法并没有明确规定。从公正审判的原理出发，提前通知辩护人是有必要的。公诉人在出庭前听取辩护人意见的程序，在法院同意鉴定人出庭后，公诉人也可与辩护人进一步沟通交流，了解辩方对鉴定意见可能提出的异议，为鉴定人出庭可能涉及的焦点问题进行预判和准备。

（4）庭审提问及交叉询问的庭前准备。第一，应关注庭审提问设计及互动修正。在确定鉴定人出庭后，需要根据庭审的要求，合理设计公诉方在庭审时的询问提纲。提问设计要注意两个方面的要求：一是专业性和通用性兼顾；二是重点突出，避免拖沓冗长。第二，要关注庭审交叉询问技巧的交流。根据修改后《刑事诉讼法》第 189 条规定，公诉人、当事人和辩护人、诉讼代理人经审判长许可，可以对鉴定人发问。交叉询问过程中，辩护方有可能会纠缠于鉴定意见中的某一个具体细节并放大对案件的影响，或者会询问超出鉴定人鉴定事项的内容。庭前，公诉人应就此种情况告诫鉴定人，要求鉴定人保持理性和克制，确保不超越鉴定范围作答。

（5）庭审规则的告知和交流。庭前由公诉人告知鉴定人庭审规则，对庭审事项进行比较详细的交流是十分必要的。

第一，需要重点告知和交流庭审对鉴定人职业纪律的要求。刑事诉讼法规定，鉴定人故意作虚假鉴定的，应当承担法律责任。该规定本身是对鉴定人的整体要求，不单单限于庭审。但由于庭审时，鉴定人的鉴定程序、鉴定文书的细节将被公示，鉴定过程中可能存在的模糊地带或鉴定瑕疵或被放大，在鉴定人没有良好心理素质的情况下，可能自身都会混淆虚假鉴定的范围，导致鉴定人出庭作证的失败。因此，公诉人有必要在庭审前重申该规定的要求，与鉴定人探讨鉴定中是否存在模糊地带或鉴定瑕疵。

第二，程序规范的告知。在鉴定人出庭时，应接受法庭对鉴定人身份的核查、询问、签署如实作证的保证书、宣读鉴定内容、接受交叉询问，这一系列的程序规范在庭前应告知鉴定人，避免其由于对程序的不熟悉，产生紧张情绪，进而影响庭审效果。庭前的告知和交流，重点是消除鉴定人对庭审的心理障碍，锻炼鉴定人的庭审语言表达能力，确保鉴定人庭审时保持客观中立的立场，最终实现鉴定意见被法庭所采纳。

3. 鉴定人出庭作证要把握的问题

（1）宣读鉴定意见书。对于鉴定人出庭的案件，鉴定意见何时宣读，由谁宣读，实践中也存在分歧。根据高检院编发的《公诉人出庭行为规范（试行）》规定，考虑到鉴定意见是有鉴定资格的专业人员就案件中专门问题所作的意见，在鉴定人出庭的情况下，由鉴定人宣读鉴定意见更为合适。由于鉴定意见书较长，单纯宣读最后的鉴定意见也缺乏客观性，故在庭审前准备阶段，公诉人应与鉴定人商量、确定在庭审时摘要宣读鉴定意见的主要部分。庭审时，审判长在核实、告权后，要求鉴定人宣读鉴定意见，鉴定人请求或由审判长直接决定鉴定人宣读鉴定意见主要部分，之后由控、辩双方进行询问。

（2）按庭审预案进行询问，注意控制鉴定人的情绪。对于控方申请出庭作证的鉴定人，公诉人在询问时，要注意鉴定人在庭审中的情绪是否稳定，必要时可以使用抚慰性的语言缓解其紧张情绪。公诉人尽量按照预先设计的问题对鉴定人进行询问，保证鉴定人能够按照预先设计的方案顺利回答。原则上，公诉人对鉴定人的询问不要超出预定的提纲。如果庭审中确有异常情况，某些问题需要鉴定人回答，公诉人可根据庭审前所掌握的鉴定人的专业修养、语言驾驭能力，把握是否临时调整询问的内容。

（3）对重复性、超出范围的辩方问题及时约束。对鉴定人的询问，难以控制是的辩方提问环节。辩方有可能提出鉴定人员本身无法解决的问题，要求鉴定人作答。对于超出鉴定人回答范围的事项，鉴定人可以拒绝回答，或者答复“该问题已经超出鉴定人能够回答的范围”。公诉人在适度范围内，也应当提请法庭注意，避免辩护人纠缠该问题，必要时请审判长予以制止。

（4）对辩方申请出庭作证的鉴定人，应有针对性地发问以探寻案件真相。在案件存在多个相互矛盾的鉴定意见，特别是由辩方申请鉴定人出庭作证时，应对数个鉴定人的鉴定能力进行审查、比较，而不能简单地根据鉴定机构的权威性推断所属鉴定人的结论更为可靠。对于辩方所提供的鉴定人，公诉人在庭前应特别注意基于客观公正的立场分析其作出鉴定意见是否科学、合理，分析其作出的鉴定意见与侦查机关委托的鉴定人所作的鉴定意见的分歧所在及各自的理由。在庭审时，公诉人询问辩方申请出庭作证的鉴定人时，应当保持理性平和的态度，从查明案件事实的角度出发，有针对性地开展询问。

第11堂课　公诉人庭审讯问、询问方法与技巧

● 卢岩修*

课程提纲

一、庭审讯问、询问的原则、作用和意义

二、庭审讯问、询问存在的问题

三、庭审讯问、询问基本技巧和方法

四、庭审讯问、询问应变技巧和方法

五、庭审讯问、询问应注意的问题

一、庭审讯问、询问的原则、作用和意义

（一）庭审讯问、询问的定位和原则

1. 庭审讯问

讯问被告人是指在法庭调查阶段，公诉人宣读起诉书后，针对起诉书指控的犯罪事实，对被告人讯问并要求其回答，以证明公诉主张、查清事实真相的活动。庭审讯问被告人的基本原则，主要有以下五个：

一是全面公正原则。讯问被告人过程中既要围绕指控主张、实事求是，又要尊重被告人人格和诉讼权利；既要关注被告人有罪、罪重的相关事实，也要

* 浙江省金华市人民检察院检察委员会专职委员。

关注被告人无罪或罪轻的相关事实。

二是相关性原则。讯问的问题要与犯罪行为具有相关性，罪责轻重也要具有相关性以及程序合法相关性，法庭讯问禁止讯问无关的问题。

三是禁止诱导原则。禁止诱导性问题，就是禁止暗示询问者所期盼的回答的问题。原因在于通常之人易受暗示之影响，尤其对于略为接近正确之主张，即随声附和。当然，也有例外情况，如特殊类型被告人（如未成年人，智障人等），在法官、辩护人或法定代理人见证下；对于控辩双方无异议的基础性事实（如被告人身份，自然现象等）。

四是重点突出原则。也就是说，公诉人法庭讯问过程中要围绕争议的焦点或者重点问题进行，不能漫无边际。讯问过程中要始终围绕以下几个方面进行：首先，要结合犯罪构成进行讯问；其次，围绕罪与非罪、此罪与彼罪的关键要素；最后，围绕辩论的焦点内容。庭前要准确预测辩论焦点，有针对性地进行讯问，为法庭辩论和庭审效果打下坚实的基础。

五是及时补问原则。即要根据庭审的情况，及时补充发问，特别是公诉人先问，辩护人后发问的时间，有变化之时一定要及时补问。如辩护人发问过程中，被告人在回答公诉人和辩护人提出的相同问题时，出现前后不一致的供述，公诉人在庭审中应及时抓住这一矛盾点，进行回应，不能因此导致被告人轻易否定了前面的讯问结果。

2. 庭审询问

先明确一下几个关键词语。一是询问证人是指公诉人在庭审过程中询问证人，了解案件情况，证实案件事实的活动。二是被害人指直接遭受犯罪行为伤害的人，询问的主要目的是查清被告人实施犯罪的经过以及被害人所受的伤害，证实揭露犯罪。三是出庭作证的证人：对案件定罪量刑有重大影响，人民法院认为有必要可出庭作证的证人。关键证人：参与犯罪活动，情节轻微未追究的；重大案件目击证人；证明案件主要事实证人；需要出庭对质的证人。明确了这些，那么庭审中询问证人原则是什么呢？

询问证人也有其特殊的规则，即询问证人的基本原则：

首先是相关性原则。询问的问题要符合庭审要求，与要查明的案件事实相关。即“问”要以证据为导向，通过“问”把询问的重点（话题）放在能证明犯罪构成要件的要素上。

其次是合理引导原则。原则上反对诱导性询问，但对于无争议或过度事实的诱导、弥补证人能力欠缺的诱导、对专家证人以及敌意证人的询问应合理引导。

最后是重要证人原则。询问证人不应胡子眉毛一把抓，问题问了不少，但关键的地方却遗漏了。应抓住关键证人的关键证词进行询问，不纠缠于细枝末节。

（二）庭审讯问、询问的作用和意义

1. 庭审讯问、询问的作用和意义

法庭讯问、询问是法庭调查的重要一环，通过法庭讯问、询问，有利于法庭查清案件主要犯罪事实，有利于公诉人找准庭审争议焦点，同时为公诉人对法庭举证和法庭辩论奠定基础。具体包括：查清案件事实，表明被告人认罪态度，奠定举证、质证基础，发现案件争议焦点，保护被告人的合法权益。

2. 庭审讯问、询问特点（与庭前区别）

一是庭审讯问、询问具有公开性。庭审过程是体现司法公平与正义的重要环节，除涉及国家秘密、个人隐私等一般公开审理，因此庭审讯问、询问具有公开性。

二是庭审讯问、询问目的性。法庭讯问、询问过程紧紧围绕起诉书指控的犯罪事实进行讯问，要避免与案件无关的被告人个人品质、生活作风问题出现。

三是庭审讯问、询问规范性。法庭讯问过程要体现“客观、公正”，用语要规范文明，不得出现“侮辱、诽谤”性讯问方式。

四是庭审讯问、询问通俗性。增加说理性内容，能够使不具有专业知识的人听懂、明白。

五是庭审讯问、询问限制性。有针对性地进行讯问，为法庭辩论和庭审效果打下坚实的基层，要根据事实与法律，不能漫无边际。

二、庭审讯问、询问存在的问题

庭审讯问、询问存在的问题表现在：

思想不够重视；

准备不充分（无讯问提纲），庭前没有准备“三纲一书”，讯问阶段表现为没有讯问提纲，临时组织语言，对于辩护人的答辩思路没有提前预测，庭审询问随便无目的，达不到相应的作用；

案情心中无数；

重点不突出；

公诉意识不强；

方法不讲究；

补充发问反应不快；

不当发问制止不及时。

三、庭审讯问、询问基本技巧和方法

（一）讯问被告人的基本方法

1. 开门见山法

即直接讯问案件要害重点的问题，这种方法一般是对案件事实清楚，证据充分的情况下使用。如 1999 年震惊全国的重庆綦江“虹桥”垮塌案开庭时，主要被告人林某某在调查中将自己的责任推得一干二净，企图逃避罪责。公诉人根据被告人的辩解情况，抓住重点，有针对性地直接讯问了几个问题，步步紧逼，使其就范。将林某某在虹桥工程中的失职行为全部展现在法庭面前：

公：是谁出现与段某签订总承包合同的？林：是我。

公：是谁与段某、李某某等谈虹桥转包？林：是我。

公：虹桥未竣工是谁安排搭便桥通行？林：是我。

公：是谁安排张某某、孙某某接收未验收的虹桥。林：是我。

公：是谁同意虹桥可以正式通车的？林：是我。

连续 5 个“是谁”，连续 5 个“是我”，形成了一个逻辑体系，使被告人不得不承认这件事与其自己密切相关。每一个看似简单的发问内容连接起来，揭露了林某某编造的谎言，反映了事实的本来面貌。

2. 反驳法

一般使用案件的事实证据等对被告人的辩解予以反驳。通常情况下，对于不认罪的被告人，要先讯问侦查阶段有无刑讯逼供，笔录有无阅看，有无签字等。此后，公诉人可通过先让其供述所谓的犯罪事实，然后根据其供述的犯罪事实，讯问其供述具体细节，被告人谎话越说越多，纰漏自然也就会越露越多。对于编造的谎言，越深入细节，被告人供述中的矛盾会越多，围绕矛盾，步步深入讯问，定能揭穿被告人的虚假供述，达到庭审预期目的。庭审中要注意从以下几个方面进行反驳：

（1）用庭审供述反驳。这主要是利用庭审过程中，被告人的前后供述不一，用其自己的供述来反驳其自己的辩解，无论被告人采取哪种说法，总是自相矛盾的，其翻供的不合理。

（2）用事实证据反驳。例如，在某受贿案中，被告人系某法院执行局局长，在配合上级法院到当地进行民事案件执行的过程中，收受申请执行人两万元钱。被告人承认收钱，但称没有利用职务上的便利，是上级法院的执行案件，与其无关。公诉人问：“你是一名负责执行的审判人员，对执行的相关法律应该很熟悉吧？”被告人答：“对。”公诉人问：“那你到现场配合执行是不是履行了法定执行职务？”被告人回答：“是的。”公诉人又问：“那你是在依法履行上述法定职务后收受了某某两万元钱，对不对？”被告人沉默不语。根据本案的案件事实，先履行职务，再收财物，“权钱交易”特征显而易见。

（3）用程序合法反驳。有些被告人称其口供不真实，原因在于侦查取证程序不合法，或者有刑讯逼供的情况出现。这个时候公诉人就可以出现相关程序凭证，如录音录像、相关情况说明，甚至提请侦查人员出庭作证。

3. 各个击破法

对数个被告人案件，根据案件的事实情节以及被告人的认罪态度选择突破点，从而突破整个案件。要注意对象的突破，在对象的选择上，要选择认罪态度比较好，有改过自新，想争取从宽处理的被告人先入手；在证据的选择上要选择书证、物证等客观性证据比较强的入手，使被告人无法抵赖。

4. 揭露矛盾法

对被告人对犯罪事实提出异议的，要注意被告人的辩解与案件其他证据是否矛盾，从而迫使被告人如实供述。

如在一盗窃案的庭审中被告人辩称其没有到过犯罪现场。

公：你说你没有去过犯罪现场，那么×市（犯罪现场所在地区）你去过没有？

被：从来也没去过。

公：也就是起诉书上认定的那一户人家，你更不可能去过了？

被：对，我连那个市都没有去过。

公：那你的指纹在他家中怎么解释？如果你去过×市，也到过×家中，那么你的指纹留在那里也正常，如果你连×市都没去过，你的指纹难道会飞到人家家里吗？

被告人：……

（二）公诉人讯问被告人用语

宣读起诉书后讯问应当表明：“被告人×××，现在公诉人就案件事实对你进行讯问。根据法律的规定，你有权作有罪供述或无罪辩解，但是必须如实回答，听清楚了吗？”

对于认罪态度动摇的被告人，“被告人×××，今天开庭，是你在第一审诉讼程序中最后一次供述自己犯罪事实的机会，也是你争取宽大处理的最后一次机会，因为如果认定你有罪，你在第一审程序中只有如实供述自己的犯罪事实才能够得到宽大处理；而如果你不认罪，那么即使到了第二审程序中你再认罪，也因为你在一审程序中没有如实供述，而得不到宽大处理，你听清楚了吗？所以认不认罪对你至关重要，希望你能够把握住这个机会”。讯问应当表明讯问完毕后公诉人应当表示：“审判长，公认人暂时讯问到此。”如果需要补充讯问，经审判长许可后进行讯问。

1. 如果公诉人要求补充讯问被拒绝

公诉人应当简要说明要讯问的内容，如：“刚才辩护人在发问时，被告人对于前面已经供述的内容进行了改变，公诉人认为有必要补充讯问。”如仍遭到拒绝，公诉人应当服从，但应表示请法庭记录在卷。

2. 被告人沉默不语，拒不回答讯问

公诉人可表述：“被告人×××，现在公诉人向你宣读《中华人民共和国刑事诉讼法》第53条规定（念该条文）。被告人，你现在沉默不语，实际上是放弃了自我辩护的诉讼权利。如果你仍然拒不回答公诉人的讯问，公认人将提请法庭将这一情节记录在卷，并在量刑时予以考虑。”或者说：“被告人×××，根据我国《刑事诉讼法》第53条规定，对一切案件的判处，都要重证据不轻信口供，没有被告人的口述，只要事实清楚，证据充分的，仍然可以认定期犯罪并处以刑罚。所以，被告人×××，你要态度端正，认真回答公诉人提出的问题，以争取宽大处理。”如果被告人继续保持沉默，公诉人应当明确指出：“审判长，被告人×××无视审判长和公诉人的反复耐心说服，坚持沉默不语，拒不回答法庭提出的问题，是拒不认罪的表现，建议合议庭量刑时对此予以充分考虑，对被告人从重处罚。”

3. 被告人推翻原供述

公诉人可表述：“你过去在侦查机关有没有做过供述？卷宗材料里有你大量的供述，这是不是事实？这些供述你看过，确认无误，并有你亲笔签名捺印，你今天为何改变原供述？”如果被告人辩解没有看清原笔录或原来记不清事实时，公诉人应当指出：“在审查起诉阶段，公诉人已告知你享有的权利和应负的责任，允许你如实补充、更改原供述。这笔录经你阅读并确认（或公诉人已向你宣读，并经你确认）。被告人你作为具有责任能力的人，应当知道对自己供述承担的法律责任。你今天当庭翻供，毫无理由，请合议庭充分注意被告人的一贯供述。”如果被告人辩解原供述是在诱供、逼供情况下作出的，公诉人应当指出：“本案在审查起诉期间，被告人没有提出诱供、逼供的问题，公诉人也没有发现侦查活动中存在诱供、逼供的违法现象（或虽然被告人提出类似理由，但公诉人查证不存在这些问题）。因此，被告人翻供不足采信，请合议庭充分考虑公诉人刚才宣读的被告人原供述，并结合案件中其他证据予以认定。”

(三) 询问证人、被害人、鉴定人技术和方法

1. 询问证人

询问证人要做好准备，维护证人合法权利，熟悉案情。具体来讲要做好以下三个方面的工作：(1) 掌握证人的基本情况，制作好询问提纲；(2) 告知证人权利义务；(3) 紧扣公诉主张。

2. 询问被害人

(1) 主要目的：查清被害人实施犯罪的经过以及被害人所受的伤害，维护其合法权益，有力揭露犯罪。(2) 询问主要内容：被害人基本情况；被害人权利义务；被害人遭受侵害情况；对被告人处罚的意见。

3. 询问鉴定人

(1) 询问目的：在于证明鉴定意见的客观性，关联性和合理性；(2) 询问内容：①询问身份信息；②资格信息；③是否应回避范畴；④作出鉴定意见、程序、方法、检材、意见等；⑤重大争议疑点等。

四、庭审讯问、询问应变技巧和方法

(一) 不认罪案件讯问技术和方法

1. 设置陷阱法

设置陷阱法是公诉人在被告人不经意间设置讯问陷阱，使被告人回答自相矛盾、破绽百出，从而使其低头认罪。

如被告人黄某某抢劫案庭审中，被告人当庭翻供，并否认其在审查起诉阶段的有罪供述，因为公诉人庭审后被告人是在看守所进行，没有刑讯逼代之的条件，所以被告人就以公诉人提审时给了他烟抽为由暗示公诉人诱供。面对被告人突如其来的狡辩，公诉人冷静处之，以平静的语气向被告人讯问了几个关于给烟抽的情节，被告人不知公诉人讯问的意图，不经意间一一如实作答，岂料已经落入公诉人设置好的讯问陷阱，陷入自相矛盾，狡辩目的化为泡影。

公诉人：你在公安局讲的是否属实？

被告人：不是事实，是警察打得我乱招的。

公诉人：我提审你时，讲的是不是事实？

被告人：也不是事实，是照着在公安提审时讲的一样。

公诉人：我打了你吗？

被告人：没有，但你给了我烟抽。

公诉人：你想抽烟吗？

被告人：好想抽。

公诉人：是我主动给你的，还是你向我要的？

被告人：是你主动给我的。

公诉人：我又不知道你会抽烟，更不知道你想抽烟，怎么会主动给你烟抽呢？

被告人：我记错了，是我向你要的。

公诉人：你向我要烟抽，我是不是马上就给了你？

被告人：是的。

公诉人：你抽完烟作了笔录吗？

被告人：作了。

公诉人：你看了笔录吗？

被告人：看了。

公诉人：签字了吗？

被告人：签字了。

公诉人：既然是你向我要烟抽，我马上就给了你，没有向你提任何条件，你抽完烟以后还是如实供述了犯罪事实，我拿给你抽和你交代犯罪有什么因果关系呢？

被告人：……

需要注意的是，即使公诉人在庭前设置了巧妙的讯问陷阱，但在庭审中也还是要谨慎使用。因为庭审讯问与庭前讯问不同，庭审讯问只能进行一遍，经过以后就不能重来，而庭审中被告人可能作出怎样的回答是难以非常准确地进行预测的，如果被告人没有按照公诉人预测的进行回答，即没有陷入公诉人的讯问陷阱，公诉人的讯问意图就无从体现，公诉庭审讯问的效果就会更差。

2. 层层追击法

被告人作出明显与事实不符的供述时，公诉人要紧紧抓住被告人的供述漏洞，连续展开讯问，不给被告人编造、辩解的理由和空间，使被告人不断地露出破绽最终吐露真言。

如被告人王某强奸一案的庭审中，王某狡辩其与被害人之间是恋爱关系，发生关系是双方自愿的。但案件事实表示，被告人王某强奸被害人张某后，张某赤裸下身跑走。张某由于顾及个人声誉，没有及时报案，但王某却拿着张某的短裤到处宣扬，以此要挟张某嫁给他，张某被迫向公安机关报案。公诉人抓住王某案发前不认识张某的事实，对被告人当庭展开了一连串的穷追不舍的讯问：

公诉人："被告人，你什么时候认识张某的？"

被告人："案发前几天。"

公诉人："张某多大年龄？住在什么地方？"

被告人："住在什么地方，我不知道，今年好像十多岁。"

公诉人："既然是恋爱关系，怎么可能不知道？"

被告人："我没问。"

公诉人："既然你们是恋爱关系，在发生关系后张某为何赤身离去？"

被告人："这……我交代，是我用暴力强迫她的。"

通过公诉人穷追不舍的讯问，使被告人无法自圆其说，不得不如实交代犯罪事实。

3. 借言反击法

公诉人在庭审中面对被告人的无理辩解，最有利的方法就是借言反击，以子之矛攻子之盾，令被告人谎言不攻自破。

如被告人卢某受贿案的庭审中，被告人当庭供述其与行贿人是二十多年的老朋友，两家关系很好，常有礼尚往来。而案件事实表明被告人根本不认识行贿人。面对被告人瞎编乱造的辩解，公诉人没有直接反驳，而是巧妙地借言反证，达到了出其不意的效果：

公诉人："你以前供述为什么说不认识李某？"

被告人："确实认识，当时我糊涂了。"

公诉人："你现在清醒吗？"

被告人："现在清醒。"

公诉人："李某的儿子今年多大了？结婚了没有？"

被告人："他儿子今年二十多岁，结婚了。"

公诉人："他儿子结婚，你去没去？"

被告人："我们是老朋友，要去送礼的。"

公诉人："审判长，被告人的辩解纯属一派胡言，李某的儿子现在还在某大学读书，根本没有结婚。"

公诉人的讯问、询问使被告人目瞪口呆，翻供的心理也由此被彻底摧毁，不得不如实交代犯罪事实。

4. 层层剥笋法

公诉人对被告人的犯罪事实由表及里、由外到内，层层推进，直至案件的本质。

如公诉人讯问、询问一贩卖毒品案件中，被告人始终供述只贩卖给证人一次毒品就被抓获了。

公诉人：你的那个139××××1234的手机号码是不是你自己在用的？

被告人：是的。

公诉人：别人有没有拿去用过？

被告人：没有。

公诉人：你和证人李某（购毒品人）过去是否认识？

被告人：不认识。

公诉人：你以前有没有向他贩卖过毒品？

被告人：没有。

公诉人：你说你与他从来没见过又不认识，为什么你和他在这次交易之前有过多次通话？

被告人：……（无语）

5. 以毒攻毒法

对庭审中有的被告倚仗自己的疑点专业知识在法庭上要小聪明，企图使公诉人陷入尴尬，这时公诉人要运用平时积累的相应的专业知识，驳倒被告人，使被告人不得不心服口服。

例如，在一起故意伤害案的庭审中，被告人拒不认罪，还引用力学理论进行狡辩，公诉人以其人之道还治其人之身，同样运用力学理论揭穿了被告人的诡辩：

公诉人：被告人，你是如何殴打被害人的？

被告人：用拳头打的。

公诉人：打了被害人几拳？

被告人：只打了一拳，我认为我的行为不构成犯罪。

公诉人：虽然只打了被害人一拳，但造成被害人轻伤甲级的后果，你的行为构成故意伤害罪。

被告人：根据牛顿第三定律，我打那位妇女的作用，和她给我的反作用力，大小相等，方向相反，正负抵消，我何罪之有？

公诉人：被告人，你别忘了力有三要素：大小、方向、作用点。你用拳头打她头部的作用力造成了伤害，而她头部给你拳头的反作用力，没有造成伤害，所以，无论从力学的角度，还是法律角度，你的行为都构成故意伤害罪！

（二）补充讯问应变技巧和方法

针对辩护人的发问，以清除辩护人发问所希望达到的效果——以正视听。

北京市海淀区检察院起诉人被告人张某某抢劫案被媒体称为“京城非典第一案”，中央电视台对庭审作了现场直播。公诉人在对被告人进行第一轮讯问后，辩护人对被告人作了如下发问：

辩护人："被告人，当时你是否向售货员支付货款？"

被告人："我付了钱给她，但她不收。"

辩护人："她为什么不收？"

被告人："因为她说是假币。"

辩护人："你知道是假币吗？"

被告人："我不知道是假币。"

辩护人："你当时身上是否还带有其他人民币？"

被告人："没有，就这一张百元钞票。"

辩护人："如果你身上还有别的钞票，你是否会换一张给售货员。"

被告人："我肯定会换一张给她。"

辩护人的这一轮发问很有策略，其意图也很明显，目的在于证明被告人确有支付对价的意思，对财物没有非法占有的故意，其行为不构成抢劫罪。公诉人敏锐地认识到了辩护人的发问意图，辩护人发问结束后，公诉人立即向审判提出要求补充讯问，得到审判长许可后，公诉人进行了如下一轮补发讯问：

公诉人："被告人，你向售货员出示钞票，售货员有没有告诉你这是假币？"

被告人："说了。"

公诉人："说了是假币，你为什么还要反复出示？"

被告人："我当时身上只有这张钞票。"

公诉人："那你为什么不回去换一张真币再来买呢？"

被告人："我……"

公诉人："既然售货员拒收你的假币，你为什么在光天化日之下没有付钱就将商店的东西拿走呢？"

被告人："我……"

公诉人："你明知自己没有感染'非典'，为什么要以感染了'非典'威胁售货员呢？"

被告人："我……"

公诉人的这一连串补充讯问掷地有声，干脆利索地指明了被告人抢劫财物的主观故意，使被告人的犯罪意图暴露无遗，也使辩护人在前面发问中想要达到的效果化为乌有。

（三）反对的应变技巧和方法

反对，指的是在英美法系国家抗辩式的庭审中，控辩双方在一方向当事人、证人发问题时，另一方应对方发问方式向法官提出反对，法官当场作出裁定是否有效，裁定反对有效的，即提醒发问方注意发问方式，并要求被问者不回答刚才的问题。

我国立法及司法解释规定：辩护人对被告人或者证人进行诱导性讯问、询问以及其他不当讯问，询问可能影响陈述或者证言客观真实的，公诉人可以要求审判长制止或者要求对该项陈述或者证言不予采纳。

什么时候提出反对最合适？当辩护人问话声音刚落，被告人还没有回答的时候，是提出反对的最佳时机。

怎样提出反对？公诉人可以说："审判长！辩护人在对被告人进行诱导性发问，请予以制止！"

1. 常见反对方式

反对诱导：辩护人的发问是在诱导（暗示）被告人，企图产生误导，请合议庭制止！

反对重复：辩护人对被告人已明确回答的问题重复发问，请合议庭制止！

反对无关：辩护人的发问与本案无关，请合议庭制止！

反对模糊：辩护人的发问不明确，会使被告人产生误解，请合议庭制止！

反对假设或推测：辩护人的发问没有建立在客观事实的基础上，会对被告人产生误导，请合议庭制止！

反对不合法：辩护人的行为违反法律规定，请合议庭制止！

针对公诉人提出的反对意见，辩护人或者被告人可能提出质疑，甚至攻击公诉人不礼貌，随意打断他人问话，必要时，公诉人可以选择适当的时机予以回击："禁止提出诱导性问题干扰法庭查明案件真相，这是刑事诉讼法的基本精神和司法解释的明确要求，也是法庭纪律的要求，公诉人有义务协助审判维持法庭秩序，同时也希望参与庭审的各方都能够自觉遵守法庭纪律，这不是一个礼貌与不礼貌的问题。"

2. 反对应注意的问题

（1）提出反对一定要准确揭露辩护人的诱导企图，说明反对的合理理由，不能以势压人。

（2）要尊重法官当庭作出的自由裁判，维护审判权威，确有错误，可事后监督。

（3）对审判长一时难以决断的，要加强沟通，可建议审判长要求辩护人说明发问目的，再作决断。

（4）提出反对要谨慎，有时辩护人发问看似与本案无关，实则为后面埋下伏笔。

如在一起故意杀人案庭审中，一名警察出庭作证，证明另一位目击案发现场的警察告知其所见到的被告人的犯罪事实，警察作证后，辩护人与警察进行了一番引君入瓮式的询问：

辩护人："你有没有看到被告人在案发现场？"

警察："没有，我是从搭档那儿知道的。"

辩护人："那么你相信你的搭档吗？"

警察："当然。"

辩护人："你在警察局有自己的更衣箱吗？"

警察："有啊。"

辩护人："你每天去巡逻都把它锁上吗？"

警察："是的。"

辩护人（得意地）："既然你那么相信你的搭档，为什么还要上锁呢？"

警察（镇静地）："因为警察局里不仅有警察，还有许多律师走来走去。"

辩护人的这一轮发问就设置了陷阱，当然，警察没有落入陷阱，而是以机敏的回答给辩护人以迎头痛击。在上述发问中，当辩护人问到警察在警察局是否有自己的更衣箱时，这个问题可谓话锋一转，貌似和本案无关，等到后面才明白其用意。

（四）交叉询问应变的技巧和方法

交叉询问是英美法系对抗制司法模式的标志之一。交叉询问在形式上是一方询问主体（公诉人或辩护人）对另一方证人通过当庭询问的方式进行检验，其实质是对对方证人证言的真实性进行证据审查。

1. 交叉询问的特点

交叉询问对方申请的证人均可作为本方交叉询问的对象。

主询问：重在"立论"开放性问题，交叉询问封闭性、诱导性、是与不是。

区别主询问与交叉询问最显著的标准就是诱导性询问问题，主询问不应使用诱导性询问问题。

2. 我国对诱导性询问的法律规定

最高人民法院《关于适用〈中华人民共和国刑事诉讼法〉的解释》第213条第1款第2项"向证人发问应当遵循以下规则：（二）不得以诱导方式发问"——绝对禁止。

《刑诉规则》第438条第1款"讯问被告人、询问证人应当避免可影响陈述或者证言客观真实的诱导性讯问、询问以及其他不当讯问、询问。第2款

“辩护人对被告人或者证人进行诱导性……公诉人可以要求审判长制止或者要求对该陈述或者证言不予采纳”——非完全限制。

3. 交叉询问的原则

（1）重点质疑原则：抓住关键性问题和矛盾焦点进行质疑。

（2）有效沟通原则：注重与被询问者沟通，避免陷入僵局。

（3）灵活应对原则：面对突发问题沉着冷静，灵活应对。

4. 交叉询问技巧

（1）做好交叉询问准备，了解背景情况与案件关系，着重考察：证言是否对定罪量刑产生重大影响；证人与案中是否有重大利害关系；证言前后是否不一致或矛盾；证人作证能力，证人品格是否受到质疑。

（2）询问的问题应尽量简洁、清楚，范围不要太大，确保一问一答。

（3）询问应从没争议或无法回避问题入手，有利后续发问。

（4）避免给被询问者过多解释机会，交叉询问目的是质疑证人证言缺陷或证人可信度。

（5）确保询问节奏、过程的掌握，把握询问主线。

（6）在交叉询问中，可使用诱导性问题。

五、庭审讯问、询问应注意的问题

（一）客观公正对待翻供翻证

被告人当庭翻供在庭审中屡见不鲜。当庭翻供一般分为“否认”翻供和“辩解”翻供、“拒绝回答”翻供三类，“否认”翻供是指被告人全部或部分地推翻在此前诉讼阶段所做的有罪供述；“辩解”翻供指被告人虽然口头认罪，但提出足以不能认定犯罪的辩解，“拒绝回答”翻供，实质是通过拒绝回答公诉人的问题来进行无声的翻供。对被告人当庭翻供，不应立即将其理解为认罪态度不好，应认真听取被告人辩解有无理由或者道理，迅速判断翻供的主要因素。

翻供原因：一是“刑讯逼供、诱供”导致庭审翻供。刑讯逼供使犯罪嫌疑人在肉体或精神上感到极度痛苦，因而被迫作出某种特定供述，容易发生冤假错案，近期爆出来的冤假错案，几乎全部都有刑讯逼供的影响。二是串供后引起被告人翻供。有的被告人在刚刚归案时，面对政策教育，诚心悔罪，自供状是写了一份又一份。但是在会见了某些不道德的辩护人之后，进行串供，导致翻供。三是强烈的畏惧惩罚和侥幸心理。例如，有些渎职犯罪的被告人害怕一旦被定罪，就失去了生活保障，具有强烈的畏惧惩罚和侥幸心理，因此为了翻供无所不用其极。四是被外力威胁或者利诱、收买等进行翻供。

被告人的这些翻供理由真真假假，因此需要认真对待。要综合判断全案的证据情况以及被告人在审查起诉阶段的表现作出全面的判断。首先，庭前应做好讯问的各项准备。被告人在多数情况下的翻供不是随意而为，审查起诉阶段，应该会有一定的苗头或征兆。在准备过程中，首先要最大限度地进行证据补正。对于案件证据之间的矛盾，要给予足够的重视，与案件有关的一切疑点，要一一排除。如果证据存在严重“瑕疵”，就应即时变更起诉或者采取其他措施予以纠正和补救，绝不能因错就错。其次，提审阶段讯问被告人要全面仔细。要高度重视被告人的供述与辩解，从而对被告人开庭的可能意向和行动有充分的思想准备。保持冷静、沉着的心态，面对庭审中被告人突然翻供的复杂局面要处变不惊，冷静应对，有理有节有度通过相关证据进行驳论。

对于确有非法证据嫌疑的，应对此进行调查，公诉人就有必要建议休庭，在庭后进行必要核实查证，以公诉人应有的责任心和耐心做到“实事求是”。由于公诉人在审查起诉阶段已经注意到了侦查讯问中存在的“瑕疵”问题，庭前会议已经对非法证据进行了调查，公诉人认为不属于刑事诉讼法规定的“刑讯逼供”“指供、诱供”，那么庭审中就应该根据实际情况作出应对。

对另外几种翻供因素，要对翻供心态作出准确的判断，并采取不同的应对措施，避免法庭调查因被告人翻供而陷入僵局。针对有强烈畏罪心理的被告人，要耐心告诫他们翻供的法律后果，进而引导被告人正确对待自己的责任，明确其一旦翻供可能面临更重的刑罚。针对因辩护人教唆而翻供的被告人，公诉人应采取灵活的讯问方法，不必追求被告人当庭如实供述，实际上也不可能。可采取迂回的讯问方法，结合其以前的供述与相关书证、物证，揭露其供述中的矛盾点，在法庭充分展示翻供的虚假性。职务犯罪案件的全程录音录像，不仅是为了强迫侦查机关合法侦查，而且为证明不存在刑讯逼供提供了重要利器。

（二）认真准备讯问提纲

公诉人在法庭上讯问被告人应制作讯问提纲，尤其是重特大案件和疑难复杂案件，更体现出其重要性。

讯问提纲的制作，首先要考虑案件的性质，不同的案件有不同的侧重点，如抢劫案件侧重于暴力和暴力相威胁讯问，强奸案件侧重于违背妇女意志发生性行为的讯问；其次要考虑被告人的认罪态度，对认罪的、不认罪的或可能庭审翻供的，要根据不同情况有针对性地设计讯问策略；最后要考虑案件控辩双方争议焦点问题，突出争议重点，要害核心问题进行设计。

杨某某故意杀人案庭审讯问策略：

首先，分析杨某某的性格特点：一是性情非常暴躁；二是自以为是；三是爱钻牛角尖或挑剔；四是会答非所问、避重就轻；五是会恶语伤人，试图让公诉人难堪。其次，对杨某某在讯问中的基本表现作出五个判断：一是他在二审时一定会开口；二是对案件的起因会喋喋不休；三是极有可能回避杀人行为；四是不会延续到案后的说法；五是会以记不清楚来应对问题。

1. 构思当庭对策

（1）分析难点，建立信心。难点在于，对象特殊，不配合；二审发问先机在辩护人；二审庭对媒体全面开放。信心在于，领导支持，领导亲自指挥；有很好的办案团队。（2）确定基本对策是刚柔并济。过于强悍是不可取的，因为，不仅对象桀骜不驯而且旁听也不会接受。公众希望看到的是公正、智慧、不躁、不懦的执法者形象。过于柔绵也是不可取的，因为对手会忘乎所以，旁听者会认为检察官缺乏自信，应当刚柔并济，以柔克刚，后发制人。

2. 设计当庭发问

基本要求是气势要稳健，语速要适中，问题要清晰，内容要得体。首先，要兼顾杨某某的犯罪事实与犯罪起因。其次，要先发问犯罪事实，再发问犯罪起因。再次，要在发问中结合查明的事实与证据及时指出杨某某的破绽之处，揭露其供述的虚伪性。最后，要注意语气语调，既要用充分的事实证据来揭露他，又不让他破罐子破摔，与检察员当场冲突、纠缠。

（1）针对事实的发问设计。方案一，采用短问长答的方法，从杨某某进入大楼的状态，做了哪些事情问起，让其自然供述。方案二，采用长问短答的方法，在其全盘翻供甚至拒供时，从一审判决书认定的犯罪事实逐一分解进行发问。这套方案的特点，无论杨某某如何翻供，检察员都可以掌握主动。

（2）针对案件起因的发问设计。预测杨某某四个说法，一是称民警在盘查时辱骂他，二是没有对他言明盘查的依据，三是到派出所后他遭到民警殴打，四是吴督察不能实事求是处理他的投诉。

问题设计：一是结合证据加以反诘式讯问。二是用杨某某的亲笔记录叙述对其进行质疑。三是启用民警证词。

（3）针对杨某某拒供的发问设计。

第一段话："你现在说你对这一节事实记不清了，但是检察员还是要告诉你它不会阻碍法庭依法对你的上诉理由开庭的审查的。但是你不回答问题会使你失去申辩的机会……这你知道吗？"

第二段话："是这样吗？那检察员告诉你……你先后……有过 8 次供述，而且这 8 次供述都讲得非常得详细，这怎么是你 3 个月从来没有想过和陈述过呢？这是不是事实啊？"

第三段话："一审判决书认定，你在今年7月1日头戴防毒面具，手持尖刀在闸北公安分局大楼的21楼，被公安机关抓获到案的，这是不是事实？"

（4）针对发问语气的设计。让他难以拒绝回答的语气："清楚了吗？""听到了吗？""好吗？"让他难以自圆其说的语气："是吗？""肯定吗？""这是不是事实？""那我告诉你……这你如何解释"；摆脱他纠缠的语气："你的这个辩解我们注意到了"；同一语气的多种含义："清楚了吗？"与"听懂了吗？""我讲明白了吗？""听到了吗？""是吗？"的作用。

对不便在发问时结合证据直接揭露的回答，可以用一句"是吗？"来表示质疑；对不实陈述，检察员可以抓住其中的破绽进一步进行诘问。

（5）针对特殊问题的设计。如针对网上传言的杨某某杀人动机，一审当庭没问，网上仍有不少人议论，因此要专门做一个问题澄清。

小结：检察员当庭发问是明知故问，这要求检察官不仅要事先清楚对方可能作答的几种情况，而且要本着实事求是，澄清事实的原则采取有效的发问方法来揭露犯罪、证明犯罪。

（三）恰当运用庭审技巧

1. 掌握"明知故问"的技巧

公诉人在法庭上的讯问实际上是一种明知故问，为此，公诉人对被告人讯问的问题应该做到心中有数，要有足够的证据支撑，讯问的目的也是让被告人能将犯罪事实如实地展示给法庭，使合议庭和旁听观众了解案件事实真相。总而言之，就是在尽可能的情况下，让被告人在法庭上将犯罪事实呈现给法庭。

2. 问案件事实过程，不急于辩论定性

法庭上的讯问是针对起诉书指控的犯罪事实，要求被告人对犯罪事实进行陈述，要让被告人有完整陈述犯罪过程的时间和机会。讯问的目的是让犯罪嫌疑人陈述犯罪事实，以利犯罪事实的查清，是事实的查证过程并非定性，定性是合议庭的职责。同时围绕事实的讯问也有利于被告人客观供述，如果在讯问时就带着色彩会影响被告人的情绪。例如，受贿案件，你上来就定性，说其受贿，他可能就不会讲了。强奸的案件也是这样，你要问怎么强奸的，是否强奸什么的，先定性为强奸了，人家会马上产生抵触情绪，因为他不认为是强奸。但若是问有无发生性关系，他回答起来可能就顺利很多。

3. 合理安排讯问的次序（被告人、事实、构成要素）

要根据不同的被告人采取不同的讯问次序，采用不同的安排。多个被告人，那些认罪态度不老实的被告人，本来应该第一顺序的被告人，如果你先去问，可能导致庭审卡壳，也不利于庭审效果，因此可以将认罪态度比较好的被告人先进行讯问，认罪态度比较差的放在后面讯问。对多事实的被告人，先讯问承认的犯罪事实，后讯问部分承认的犯罪事实，再讯问不承认的犯罪事实。

4. 讯问要有证据支撑

因为我们讯问过程中，心中一定要有数。若是自己都没有数，讯问被告人侦查阶段有无交代，被告人说没有交代，你说怎么会没有交代，你笔录中是交代过的。但自己一翻案卷，发现确实没有交代，这个时候公诉人就会是很被动，自己被搞死。公诉人在法庭讯问中，要采取由远至近、由表及里、由此及彼的方法。步步设卡，层层发问，环环相扣，一个问题接一个问题讯问，打乱被告人的设防，不给其喘息的机会，使之处于进退两难的境地，非答不可，达到我们讯问的目的。

5. 不当回答应及时制止

被告人在回答公诉人的讯问时，法庭具有主持庭审的职责，审判长、审判员有权随时制止被告人的回答。一般情况下，公诉人不应当打断、制止被告人的回答，应当让被告人进行充分辩解。但是，被告人的回答具有下列情形的，公认的应果断打断、制止被告人的回答：

一是对侦查人员进行人身攻击和侮辱的；二是提出反对国家政权、反对社会主义的反动言论的；三是无根据地控诉侦查人员如何对其进行刑讯逼供的；四是回答与本案无关的；五是对其他事实进行辩解而答非所问的；六是回答语无伦次，表述不清的。

对第六种情形，公诉人还要注意被告人是否有精神病发作的可能，如果被告人可能有间歇性精神病的，应建议法庭休庭，对被告人进行精神病鉴定。

（四）灵活运用庭审语言

1. 态度既要严肃，又要文明规范

公诉人在法庭上是代表国家形象的，要时时处处注意自己的言行，态度既要严肃认真，又不能盛气凌人。一方面不能让人感到软绵绵，说话有气无力，不像代表国家形象；另一方面也不能让人感到不可一世，盛气凌人，甚至毫无节制，暴跳如雷，没有风度。有时候我们在法庭上，被告人急我们也会跟着急，导致与被告人当庭对抗，拒不回答公诉人的问题，这样既影响了讯问效果，也影响了公诉人形象，还不利于案件的正常审理。同时庭审用语要规范文明，要按照高检院出庭规范用语的要求，不得出现“侮辱、诽谤”性讯问，要注意避免与案件无关的被告人个人品质、生活作风问题的出现。

2. 针对不同被告人选择不同讯问语言

法庭讯问过程中，针对不同类型的案件，不同类型的犯罪嫌疑人，要采取不同的讯问方式。如针对狡诈型被告人，多是涉嫌诈骗罪被告人，则要进行封闭式讯问，不宜采用开放式讯问。因为这类犯罪分子智商一般较高，不会轻易就范，犯罪行为实施前就已经采取了多种措施进行掩饰，进行所谓的自圆其说。因此问题的设计要一步步深入，而且被告人只能作出是或不是的答复，不应放任其胡编乱造；如对文化水平比较低的被告人讯问要通俗，简单易懂，有时还需要进行必要的解释。

3. 讯问目的不在于迫使被告人认罪

法庭讯问能使被告人如实回答当然很好，能取得更好的法庭效果。但是，也有的被告人是拒不认罪的，对这样的被告人就要注意，善于用证据说话。一定要注意不能穷追猛打，逼被告人认罪，这样只能适得其反，事与愿违。

第12堂课　法庭辩论实务

● 马　凯[*]

课程提纲

一、法庭辩论的诉讼价值及特点

二、法庭辩论中的主要方法

三、法庭辩论中经常出现的辩论陷阱

四、法庭辩论应当坚持充分准备与适时调整相结合的原则

五、法庭辩论的具体策略

推进以审判为中心的诉讼制度改革，是党的十八届四中全会为完善司法权力运行机制作出的重要部署。这项制度强调庭审在保护诉权、认定证据、查明事实、公正裁判中的决定性作用，最终实现诉讼证据质证在法庭、案件查明在法庭、诉辩意见发表在法庭、裁判理由形成在法庭。这就要求检察机关更加重视公诉在庭审时的指控功能，共同促进庭审实质化。法庭是公诉人最重要的舞台，而法庭辩论就是公诉人展示才华的最重要“技艺”，因此，完成好法庭辩论的任务，对于实现庭审指控犯罪的职能和任务至关重要。最高人民检察院《关于加强出庭公诉工作的意见》已经于2015年6月15日印发，其中对发表公诉意见和庭审辩论工作提出了明确的指导意见。结合工作实践，与同志们交流一下法庭辩论的若干实务问题，敬请批评指正。

---

* 黑龙江省人民检察院政治部干部教育培训处处长、黑龙江省检察官学院院长。

一、法庭辩论的诉讼价值及特点

法庭辩论是控辩双方在审判长的主持下，就法庭调查的全部证据和案件情况与起诉书的指控是否一致以及如何适用法律对被告人定性量刑、发表总结性意见和辩驳陈词为合议庭作出评议提出建议的诉讼活动。

刑事审判在举证和质证的过程中，控辩双方可对每一个证据充分发表意见，驳斥对方的意见，进行相互辩论，但是法庭辩论阶段中的辩论有其自身特点：

第一，法庭辩论阶段的辩论范围大于法庭调查阶段的辩论范围，并且侧重点不同。法庭调查环节的任务是调查核实证据，这一环节的辩论着重于证据的“三性”尤其是证据的合法性，而法庭辩论环节的任务是对案件和证据情况发表意见、互相辩论，这一环节的辩论重点在于综合运用证据认定案件事实和法律适用问题等。

第二，法庭辩论是法庭调查的进一步深化。法庭辩论是在调查的基础上对案件证据、事实和法律的进一步阐释。

第三，法庭辩论阶段的逻辑推导过程严密于法庭调查阶段。证据、事实、法律适用环环相扣。

第四，法庭辩论阶段控辩双方的对抗强于法庭调查阶段。证据的质证往往是一对一展开的，质证意见基本上以一轮为准。而法庭辩论则存在多轮较量的可能，控辩双方可能就某一个问题，不断地阐释、更新、补充自己的观点。

二、法庭辩论中的主要方法

法庭辩论的方法有很多种，在出庭工作中，我们可能自然地运用了其中的一种或者多种辩论的方法。我们每个人可能心中也都有自己的一套辩论的方式方法，只是缺少一定的归纳总结而已。实践中，我们经常应用的证明方法主要有以下四种：

（一）条件论证法

条件论证法就是通过肯定一个条件命题的前件为真，从而得出其后的结果也为真的逻辑方法。条件论证法是一种常用的较有力的辩论方法。其逻辑模式是：凡符合某犯罪要件的行为就构成该犯罪，某甲的行为完全符合某犯罪构成要件，某甲构成该犯罪。

（二）演绎与归纳

以证据论证有关犯罪事实的真实性，即演绎；从行为特征概括出行为性质即归纳。这种逻辑方法一般适用于案情简单的案件，如在受贿案中，辩护人提出被告人的行为只是一般的受赠行为。公诉人即针对辩护人观点列举了赠予行为的特征，并据此列出了本案被告人接受他人现金的行为不具有赠予行为特征的事实：(1) 被告人与行贿人非亲非故也没有礼尚往来；(2) 行贿人的行为并非出于自愿；(3) 行贿人送钱是以被告人能利用其职务便利条件为请托人谋利为前提的。因此只能是受贿行为而不是受赠行为。

(三) 归谬法

在辩论中，先假设对方的观点正确，由此推出荒谬的结论，驳倒对方观点，这种方法就是归谬法。如某故意伤害案中，被告人辩称是过失伤害，不是故意伤害。公诉人指出：如果是过失伤害，事发突然，那被告人身上不会有特制凶器，而事实上是，被告人是携带匕首和火药枪去找被害人的，所以被告人的行为不是过失伤害。

(四) 揭露矛盾法

在辩论中，当对方对同一对象作出不同断定，出现自相矛盾时，将其中的矛盾之处揭露出来，是公诉人反驳辩护的有效方法。如某故意伤害案中，辩护人指出有多人对被害人进行殴打，仅认定被告人致被害人重伤是毫无道理的。公诉人提出：在这起故意伤害案中，确有多人对被害人进行殴打。造成被害人重伤至少有两种可能：一是其他人造成。根据法医鉴定，造成被害人重伤的直接原因是锐器刺中肺部所致。经调查，除被告人使用锐器外，其他参与殴打的人，都只使用拳头之类的钝器，不可能造成锐器伤。二是多名证人证实是被告人持刀刺伤被害人的。因此，排除了前种情况，后种情况就确信无疑了。

三、法庭辩论中经常出现的辩论陷阱

在法庭辩论中，辩护方为达到推翻公诉方全部或部分指控观点的预期效果，常常有意设定或制造些辩论陷阱，并进行逻辑推理论证，公诉人稍不注意就会陷入其中而难以自拔。公诉人在法庭辩论中要善于识破这种陷阱，并给予有力的揭露，才能扭转法庭辩论的被动局面。法庭辩论中常见的陷阱形式有：

(一) 虚假条件

在虚假的前提条件下进行推理，其所得出的结论当然不会是正确的。而辩护方却隐藏其前提的虚假，推导出为其所需的结论，迷惑法庭和公诉人。例如，“法律并没禁止境内机构向境外机构在境外贷款提供担保。该担保是有效的”。这个论断，大前提虚假，因为法律没有禁止的民事行为不一定都是有效行为。因此，这个三段论的结论是不可靠的。

（二）滥用析取

例如，法官："你竟敢在大白天闯入人家行窃！"

被告人："法官先生，您前次审判我时，指责我说：'你竟敢在深更半夜潜入民宅行窃！'今天你又指责我说：'你竟敢在大白天闯入人家行窃！'请问法官，我究竟应该是在什么时候行窃呢？"

一个析取命题是真的，就必须要求其中至少有一种情况是真的；如果各个析取情况均假，该析取命题就是虚假的。这个窃贼，列举了这么一个命题要求对方选择："我或是在白天行窃，或是在夜间行窃。"这两个析取情况都是假的，因为无论在白天还是在晚上都根本不应该行窃。

（三）两难误推

有这样一个例子，老师招收了一名学生学法律，师徒订立合同，规定学费分两期交付，毕业时交一半，另一半学费在学生第一次打赢官司时交付。可是学生毕业后，一直没有替人打官司。老师便向法庭起诉，要求支付另一半学费。在法庭上，老师提出这样一个两难推理：如果学生这次官司打赢了，那么按合同，他应付给我另一半学费；如果学生这次官司打输了，那么按法庭判决，他也应付给我另一半学费；这次官司，或者打赢，或者打输，他都应该付给我另一半学费。学生针对上面的两难推理，颠倒了一下标准，也提出一个相反的两难推理：如果这次官司我打赢了，那么按法庭判决，我不应该付另一半学费，如果这次官司我打输了，那么按合同规定，我也不应该付另一半学费；总之，这次官司或者打赢，或者打输，我都不应付另一半学费。上述两难推理，由于诉讼双方在各自的推理过程中采取了完全不同的前提标准，即老师是将合同规定作为前提条件的，而学生是将法庭判决作为前提条件的，当然无法保证结论同一。因此，尽管推理形式正确，但结论是不可靠的。

公诉人应当掌握运用这一武器，利用口供矛盾或供辩矛盾，巧设二难推理，置诡辩者于进退维谷的尴尬境地。如某综合商场"经济顾问"某乙拍发假电报编造假情况炮制假材料，协助"总经理"某丙利用经济合同诈骗县毛纱厂价值32.9万元的7吨彩色纯羊毛线。庭审中，被告人某乙突然节外生枝，提出假电文是"法律顾问"某丁草拟的，自己是在不明真相的情况下誊写了一遍；辩护人称对电文草稿及誊写件进行了认真核对确认内容一致，作无罪辩护。辩方抛出"草稿"的用意明显，但公诉人当庭无法取得直接证据揭穿这个谎言，公诉人便在质证中追问"草稿"下落，乙答："我照抄后就撕碎扔掉了。"这一回答使其露出马脚，公诉人抓住矛盾点："被告人供述'草稿'被照抄后撕碎扔掉，辩护人却声称对'草稿'与'誊写件'进行了认真核对。试问辩护人，你拿来核对的那份‘草稿’在什么地方？你能否将它提交法庭，支持你的无罪辩护？”没有，当然拿不出来；有，只能是伪造，诡辩最忌二难推理。

（四）偷换概念

偷换概念，是在辩论中把一个概念辩称另一个概念进行论证，这既是一种逻辑错误，又是最常见的诡辩形式。我们知道，在正常的辩论中，如果一个概念被反复使用，则应当始终保持它的词义不变，而诡辩者恰恰就是利用这种逻辑错误，来达到其诡辩的目的，只不过他们把这种错误隐藏起来，从表面上以论证的形式出现罢了。常见的偷换概念的方法有两种：一是用一个概念去取代另一个不同的概念；二是利用某一概念的多义性，在用词不变的情况下，变换这个概念的内涵。例如，有这样的推论：金属都是化学元素；钢是金属；所以，钢是化学元素。这一则推论特别具有迷惑性，足以把人难倒，因为两个前提都是真的。从化学的角度来说，金属都是化学元素的说法正确，“钢是金属”的说法也正确，但结论却是荒谬的，因为中项“金属”不是指的同一个概念。前一个“金属”指的是单纯的元素，不包括合金；后一个“金属”则不是指单纯的元素，它可以包括合金。由于中项没有保持同一，这就难免得出荒谬结论。

（五）混淆充分条件和必要条件

在某案中，辩护律师提出：“被告人与被害人素不相识，无冤无仇，没有预谋过程，是偶尔失足致人死亡，属于过失伤害罪。”他运用了一个错误推理：只有预谋的，才是故意犯罪；被告人与被害人素不相识，无冤无仇，没有预谋；所以，被告人不是故意犯罪。这是一个混淆条件关系的推理，把不是必要条件关系当成必要条件，推理形式虽然正确，但结论是错误的。因为并非所有故意犯罪都是有预谋的故意，没有事先预谋的突发故意犯罪是经常可见的。

（六）错误推理

例如，辩护人提出如果被告人故意杀人，那么他一定用力击打被害人的要害部位；但被告人没有用力击打，所以没有杀人的故意。这就违背了“否定前件、不能否定后件”的推理规则。没有用力击打要害部位，并不能必然推出他没有杀人故意；因为杀人未遂也可能没用力击打要害部位。

四、法庭辩论应当坚持充分准备与适时调整相结合的原则

上面前三个部分我们介绍了法庭辩论的一些基础知识和方法，下面我们将着重讲解法庭辩论的具体操作。公诉人出席法庭如同参加一场没有硝烟的战斗，庭上一分钟，往往需要在庭下做大量充分的准备工作才能精准呈现最佳效果。因此公诉人在法庭辩论中应当做到充分准备与灵活应对紧密结合。

(一) 准确全面预测庭审焦点，做好充分准备

"知己知彼，百战不殆"，准确全面预测庭审可能出席的辩论焦点是做好庭前准备的必修功课。要做到准备全面预测庭审辩论焦点，关键在于明确需要预测的内容和采取正确的准备方法。

1. 明确需要预测的内容

根据《人民检察院刑事诉讼规则（试行）》第428条的规定，庭前准备包括"（一）进一步熟悉案情，掌握证据情况；（二）深入研究与本案有关的法律政策问题；（三）充实审判中可能涉及的专业知识；（四）拟定讯问被告人、询问证人、鉴定人、有专门知识的人和宣读、出示、播放证据的计划并制定质证方案；（五）对可能出现证据合法性争议的，拟定证明证据合法性的提纲并准备相关材料；（六）拟定公诉意见，准备辩论提纲；（七）需要对出庭证人等的保护向人民法院提出建议或者配合做好工作的，做好相关准备"。这里的七项要求均体现出准确全面预测法庭辩论的具体要求，通常而言，准确全面预测庭审辩论焦点需要围绕以下内容展开。

第一，证据的综合分析与运用。关于证据合法性的问题，应当在法庭辩论之前予以解决。进入法庭辩论阶段后，就证据的辩论问题，公诉人应当重点围绕证据的客观性、关联性尤其是证据综合证明力问题展开。这就要求公诉人在庭前预测时，一方面要分析己方在法庭上出示的证据有哪些自相矛盾之处，证据和证据的矛盾中哪些是主要矛盾，可能影响关键事实或情节的认定，哪些是枝节矛盾需要解释说明；另一方面要分析辩方可能在法庭上出示哪些辩护证据，这些证据可能会出现的矛盾和薄弱点在何方。在此基础上，对全案证据进行综合分析，尤其是关键事实和情节有哪些证据怎么予以证明，从立论和驳论两个角度加以考虑。尤其需要注意的是对专业性较强的科学技术类证据应当做好充分的应变准备，如专家证人就某类特殊事项开展经验性研究所提供的报告等。

第二，法律适用的争议点。法律适用问题应当是法庭辩论中的争议重点，在适用实体法评价犯罪事实时可能出现的问题包括罪与非罪、此罪与彼罪的区别、犯罪形态、共同犯罪的责任地位区别、违法阻却事由、社会危害性大小、是否构成自首、立功、被害人有无过错等，这些均应当纳入法律适用争议问题予以考量。除此之外，程序法适用问题也应当一并予以考虑，包括证据合法性问题，也包括侦查、起诉、审判活动是否合法的问题，例如管辖争议、是否依法保障辩护权行使、是否依法适用强制措施等。近年来，程序性辩护日益成为刑事辩护律师所重视，对此类程序性辩护如果应对不当，容易导致司法机关处于程序违法的被告地位，由此危及整个指控的成立。

第三，法律之外的争议。主要是指具体法律适用问题以外的争议内容，包括刑事司法政策的掌握与运用，结合犯罪社会危害进行必要的法制宣传教育等。开展法制宣传教育是检察机关的法定职能所决定的，但法制宣传教育需要把握尺度分寸，做到适时适度，切忌盲目拔高。

2. 采取正确的准备方法

第一，升华全案证据。具体而言，就是要再次熟悉案件卷宗材料，了解被告人供述和辩解、证人证言可能出现的变化，尤其是通过庭前会议了解辩护人拟出示的证据、出庭的辩方证人等。在此基础上，提炼出指控犯罪的证据体系有哪几方面的证据，证据与证据之间、证据与事实之间的关联性如何论证，由此自然可以发现证据体系的要害和薄弱环节，然后再有针对性地思考解决方案。

第二，拟定出庭预案。根据《人民检察院刑事诉讼规则（试行）》第428条，讯问和询问计划应当着重设计需要发问的关键点，重在提纲而非具体的问题甚至问题的语言表述，公诉人可以根据庭审情况临时调转需要发问的具体问题和表述方法。举证计划可以按照有利于全面展现案件事实的方式安排证据出示的顺序和分组。质证预案原则上要按照一证一质进行准备，在分组出示证据的情况下可以分组综合质证。公诉意见和辩论提纲则应当对案件事实、证据和法律适用问题存在的争议作出预测并进行应答。

第三，收集相关信息资料。在信息传媒技术高度发达的今天，拥有更多的信息资源无疑更容易处于优势地位。就出庭公诉而言，需要收集的信息资料包括被告人对起诉书指控内容的意见、庭前的心理情况和身体情况等、辩护人拟在法庭上出示的证据和传唤的证人、辩护人拟发表的主要辩护观点、被害人及其诉讼代理人的意见、社会公众及媒体对案件的关注程度、主要舆情观点等。这就要求公诉人在正式开庭审理以前要扩大信息收集渠道，例如和审判人员加强程序性沟通，主动听取辩护人、诉讼代理人的意见，通过网络信息渠道收集分析研判舆情。

（二）临场灵活应对，适时予以调整

再好的起诉书、庭审预案都可能与庭审实际有差异，具体适用时必须调整才有意义。目前实践中法庭辩论应对不当主要有两种情形：一是庭前准备充分有余而灵活不足，遇到突发问题仍然按照既定方案应对，导致法庭辩论缺乏临场性、针对性；二是庭前准备不足而造成的难以有效应对法庭辩论突发情况。

发表公诉意见，是公诉人出庭支持公诉的一项义务。是公诉人在一审法庭的法庭辩论阶段，表示支持国家公诉，对案件证据进行总结，就定罪量刑的事实与情节以及适用的法律，就案件的社会价值评判和教育意义，提出有说服力的意见。一般情况下，公诉意见在开庭前应当形成书面材料而且应当与起诉书保持同一。公诉意见事先必须精心制作并在发表时，应当针对法庭调查中发生的情况，及时作出符合实际的调整。常用的调整方法与内容为：

1. 适时调整证明内容

在法庭调查中，控辩双方对案件的事实、情节争议较大的，而公诉意见预案对此准备不足的，公诉人应当临场做好补充，并且在发表公诉意见时，将此作为一个重点，详细论证。通常可以先指出，虽然被告人在法庭调查中否认什么事实，辩护人在法庭调查中也认为此有疑问。但是法庭调查中的哪些或者哪几组证据怎么证明了哪一事实或者哪些事实是成立的。公诉人在作这类论证时要具体细致，对被告人否认的与定罪量刑有关的每一个事实或情节，都要运用具体的证据分别证实。而不能笼统地说明，某一事实或某一情节已经被证人证言、鉴定、勘验笔录等所证实，却没有指出究竟是由哪一些具体证据如何证明的。这样的理由听起来就缺乏说服力，公诉效果不好。

如徐某故意杀人案，被告人在庭审时翻供，辩护人提出证据不足，公诉人在发表公诉意见时首先调整了预案，把重点放在论证被告人实施的犯罪事实上，其次是结合法庭调查确认的证据进行论证。公诉人指出："被告人在法庭调查中推翻原来的有罪供述称丈夫蔡某死亡系家中脸盆煮毛巾消毒时，沸水溢灭明火引起煤气中毒所致。但是当庭的证据表明：（1）被害人系他杀：①现场的侦查实验表明，脸盆水沸不可能溢灭煤气明火，只能将脸盆水烧干后致底烧裂或烧穿，而现场无一脸盆有此情况；何况如果水沸溢出脸盆那么灶台和地面应该有大量的水存在，但当时进入现场的多名证人证实灶台及地面都未见水痕。结论排除被害人死于沸水溢灭煤气明火。②被害人生前表现正常，被害前一天还在积极筹备新居装潢，被害时着睡衣在午休，结论排除自杀。③室内煤气管道测试结果表明没有漏气状况，结论排除被害人系意外死亡。（2）被害人系被告人杀害：①被告人有杀人的动机。证人的证言表明，被告人因外遇提出离婚被丈夫拒绝，曾对人声称要'做掉'被害人。②被告人有作案时间，被告人单位证明，当天被告人公休在家。③被告人有一系列掩饰杀人的行为。证人证实他们到被害人家时，上楼前见厨房窗户闭合、房门紧关，上楼后反复敲门达数分钟无人应答，但他们下楼时却看到被害人家厨房窗户已打开，便判断家中有人再返身上楼又敲门数分钟，被告人才神色慌张地开门，并发现被害人昏迷在床上，室内有煤气味，而当时问被告人却遭到否认，并称被害人系旧病复发；二位邻居陈述，他们听到被告人进屋后有人两次敲门后一次达 10 分钟才开门，这时邻居出去看到被告人神色慌张，且室内有煤气味但被告人连连否认，并称丈夫可能是头痛病发作；前来急救的医生陈述，他们也闻到煤气味，被告人也否认并称死者20分钟前还说头痛病复发，他们感到奇怪，因为凭经验被害人已死亡一小时以上；法庭调查的证据还表明，被告人向医院也隐瞒了被害人煤气中毒，且急于火化尸体，阻拦验尸。（3）这组证据与被告人的有罪供述相印证。被告人到案后曾供述，她因有外遇提出离婚被丈夫拒绝便起意谋杀。她常从报上看到有人煤气中毒死亡，凭她的职业（徐系医生）经验，这类死亡很难查清是意外还是他杀，于是便伺机调休在家，乘病愈后在家休养的丈夫午休时给丈夫吃了安眠药（尸检报告证实），并在其熟睡后打开煤气开关，关闭窗户作案。自己故意在门外借擦洗自行车，与邻居聊天作掩饰，原准备2小时后进屋关掉煤气并打开窗户散尽煤气味后再打‘120’制造假象掩饰。不料被害人同事突然来访，她只能躲进屋内掩饰，无奈屋内煤气味太重受不住，只好开窗，后听到邻居告诉来人她在家，且来人已从开窗上判断出家中有人，便只好开门，以后对人连连掩饰包括阻拦尸检，就是怕发现是她作的案。现在公诉人可以得出唯一的结论，是被告人谋害了被害人。”

公诉人的这段论证相当翔实、严密。辩护人在答辩时，提不出实质性的问题。徐某被人民法院判定故意杀人罪。

2. 充实立论依据

在法庭辩论中，出现辩方举出例据质疑控方观点、可能会影响指控事实、情节或罪名成立的，而出庭意见预案对此准备不足的，公诉人（检察员）应当临场重点充实并具体批驳。

如在广泛关注的上海杨某案的法庭辩论中，辩护人提出，根据精神病鉴定标准，杨某有感情异常冷漠和性格异常冲动的相符症状，据此要求重新鉴定。检察官对这个问题在预案中没有准备，因为这是个应由鉴定人回答的问题。这个辩护人在总结时也说，他今天的辩护意见其实不是与检方在辩论，而是与鉴定人在辩论。但是，辩护人虽说是与鉴定人在辩论，但他很清楚鉴定人早已离场，而且鉴定人在场作证时，他把辩论所持的这一观点与论据通通打了埋伏，这显然是要将检方的军。因为他肯定知道他所谈的这些问题具有专业性，而专业问题应当由专家来判断属性，检方不是专家，有不便之处；同时他提出的问题又是个涉及对杨某一审判决能否成立的关键问题，他肯定也知道检方对此不能回避，这是给检方出了一个两难的问题。公诉人在发表原来准备好的出庭意见时脱稿加了这样一段反驳的话：“我们注意到辩护人认为，杨某与父亲有矛盾且没有朋友，所以就断定杨某情感有问题。但是我们要请法庭注意的是，杨某与母亲的感情一直很好，而他的父亲在他年幼时与他母亲已离婚，他是由母亲养大的，这一点是否对杨某有影响，请辩护人也研究下。另外，杨某在其博客上说非常渴望有女友相伴，他参加登山网友协会，许多次的活动都是与协会的朋友结伴而去，并非辩护人所说的不需要也没有朋友，至于杨某没有更多的社会朋友是因为他已近10年没有工作了，他是没有通过工作获取朋友的途径，不能据此就断定他整个感情都有问题。辩护人还提出他性格异常冲动，但检察员注意到辩护人刚才读的这条标准有四个字很重要，就是必须是‘一贯’的、‘反复’的，而杨某只在某些情况下是冲动的，只对某些人是冲动的，如对查车的民警和这次作案，但不是一贯的、反复无常冲动的。例如他对母亲就从不冲动，还如对他的网友也不冲动，再如对他一起登山的伙伴也没有证据表明是冲动的。所以我们不能同意辩护人的意见。”这段反驳由于及时澄清了杨某是否感情异常冷漠和性格异常冲动的问题，效果很好。

3. 据实调整指控认定

在法庭调查中被告人推翻原来的认罪陈述，否认犯罪事实，拒不认罪的，其案发时有自首条件且起诉书已作认定的，公诉人应当临场依法改变这一认定，结合自首的诸要件和被告人当庭对待审判的态度，建议合议庭依法不作自首认定。在法庭调查中，部分指控的事实或情节被经过查证属实的证据所否定的，公诉人在发表公诉意见时应当实事求是地予以认可。

4. 据实调整价值评判内容

在法庭调查中，涉及案件社会价值评判的内容发生变化，如被害人的情况、犯罪的原因、条件和社会危害性等，公诉意见原拟部分与实际不相符的，公诉人在发表时应当作出修改与调整。在这方面不切合实际的评价同样会影响说服力。要知道，对社会价值的评判偏离了事实，同样会削弱公诉效果，这就是过犹不及的道理所在。

五、法庭辩论的具体策略

法庭辩论作为一种特殊的辩论活动，具有一定的内在规律。一般而言，辩护人的辩护焦点和辩护内容，常常会围绕检察机关指控的犯罪事实是否存在、犯罪嫌疑人是否具有犯罪行为、犯罪嫌疑人应适用的刑罚三大方面，分别从“证据分析”“法律论证”“量刑情节”三个角度展开。因此，公诉人只要掌握了辩护人的辩护规律，对于辩护人所提出的各种辩护观点，公诉人都能找到恰当的应对策略。下面我从这三个方面给大家介绍一下其中重点应对策略。

（一）证据方面的辩论

案件事实是法庭辩论的基础，而定案证据则是构成公诉机关指控被告人犯罪事实成立的基石。为瓦解控方指控犯罪的事实基础，从证据入手寻找突破口，往往是被告人及其辩护人进行无罪辩护或罪轻辩护的着力点。

1. “指控证据无效”的辩护及应对策略

“指控证据无效”的辩护是指辩护人在法庭质证的基础上，对公诉机关指控的定案证据，仍然从“合法性”上提出质疑时所发表的辩护观点，并认为该证据是无效证据，从而否定该证据的证明力。

在司法实践中，围绕指控证据的合法性，辩护人常常会从“侦查机关取证程序不合法、取证主体非法、证据形式和内容不合法、有刑讯逼供手段、立案管辖存在错误、鉴定人不具备鉴定资格”等方面入手，提出“指控证据无效”的辩护观点，有时甚至会以司法人员逼供、诱供为由，并利用被告人翻供的时机进行无罪辩护，以实现促使法庭不予采纳指控证据的辩护效果。

应对策略：在法庭辩论中，鉴于证据本身并不具有合法性的特点，公诉人要想证明指控证据的合法性，就必须采取迂回阐释其他相关证据可信性的方法来进一步认定指控的案件事实。例如，在法庭辩论中，对于辩护人经常提出的“被告人的供述因刑讯逼供取得而无效”的辩护观点，公诉人可以采取以下方法证明证据的合法性：（1）当庭宣读“书面证明”。公诉人可以向法庭宣读侦查机关的书面证明：我局在侦查、审理被告人犯罪一案过程中，严格按照法律程序讯问被告人，没有违法办案行为，更没有使用刑讯逼供的手段，特此证明。这是实践中较为常见的一种证明方法。（2）当庭播放录音录像。如果指控的案件有全程录音录像的，公诉人在必要时可以要求法庭当庭重点播放办案人员讯问被告人时的视听资料，正面证明办案人员不存在刑讯逼供行为。（3）当庭要求辩护方提供“办案人员刑讯逼供”的相关证据或者线索。如果辩护人或者被告人不能提供，则证明辩护人的辩护观点是无理的，建议法庭不予采信。（4）当庭阐释法律监督的内容。如果辩护人不能当庭提供相关线索或者证据，公诉人可以当庭阐释法律监督内容：审判长、审判员，检察机关在审查起诉过程中，严格依照有关法律规定，对侦查机关的侦查活动进行了必要的监督，没有发现侦查机关在侦查活动中有刑讯逼供的违法行为，被告人的供述是侦查机关办案人员依据我国刑事诉讼法的规定依法收集的，并且在讯问当时得到了被告人的签字确认，因此被告人的供述是合法有效的，辩护人提出的“被告人的供述因刑讯逼供取得而无效”的辩护观点不能成立。

2. “指控的证据不能采信”的辩护及应对策略

它是指在法庭辩论中，辩护人在质证的基础上，从指控证据的客观性上，对公诉机关收集的某一个关键证据或是几个主要证据提出质疑和反驳时所发表的辩护观点。其目的是通过否定一个或几个主要指控证据，从而起到彻底否定全部指控证据证明效力的作用。

在司法实践中，辩护人通常会以“被告人当庭翻供、被告人供述与其他证据存在矛盾、证人证言不真实、作证主体不具有作证能力、某关键证据与其他证据存在矛盾、某主要证据没有其他证据相互印证、作证主体系被害人亲属、孤证不能定案、来源不明的实物证据不具有客观真实性、鉴定意见不科学、现场勘查不全面”等理由，而向法庭提出指控的证据不能采信的辩护观点。

第一，以来源不明的实物证据不能具有客观真实性为由，提出指控证据不能采信的辩护。有一个强奸案件。犯罪嫌疑人李某强奸了本村一个又聋又哑且患有精神病的女青年。案发后，李某极力否认实施了强奸犯罪事实，而被害人又无法说明自己被害的事实经过。公安机关在侦查过程中，法医人员首先从被害人体内提取了精液，并对精液进行了 DNA 的鉴定；其次，又从李某身上提取了样本进行比对，两者同一认定率高达 99.99% 以上，可以说足以认定为同一分子结构。根据我国刑法规定，只要同精神病人发生性关系就是强奸，不需要证明是否违背了妇女意志。在法庭辩论中，辩护人认为本案的精液只是孤证而已，并提出了精液不具有客观真实性的辩护观点，辩护理由为：（1）本案的 DNA 鉴定这个物证非常关键，因为只要这个物证是客观真实的，被告人就足以被认定为强奸犯罪。（2）从本案看，这份物证不知从何而来。侦查机关为证明物证的来源，需要做勘验检查笔录，但是本案却缺少勘验检查笔录；为了获取可供比对的样本，需要从犯罪嫌疑人身上提取鉴定样本，但是鉴定样本却没有任何的提取记录。而本案指控李某犯有强奸罪的证据仅凭一份物证，既没有勘验检查笔录，也没有必要的提取记录，那么本案的物证到底是不是从被害人身上提取？来源无法属实，因此犯罪是否发生也难以得到证明，犯罪是否为被告人所为更难以查证清楚。

第二，以同出一源的传来证据均为孤证，孤证不具有客观真实性为由，提出指控的证据不能采信的辩护。换句话说，原始证据和传来证据之间不能相互印证，比如一份书面证言，我们不能用几份复印件来证明该原件的真实性，因为复印件作为传来证据，不能证明原件的真实可靠性，最多只能证明原件存在而已。例如，某院提起公诉的法官受贿一案。某法院刑二庭法官赵某在办理一起减刑案件时，接受了行贿人张某给付的 2 万元，检察机关指控赵某犯有受贿罪的事实和证据为：张某和徐某经过多次预谋，计划给主办徐某哥哥减刑案件的法官赵某行贿。案发当日，徐某将一个装有 2 万元的信封亲自交给了张某，并开车将张某送到某法院门口，亲自目睹张某进入某法院大楼，徐某后因有事先行离开。当晚，张某给徐某打电话，告知钱已经送到，且法官赵某答应尽快办理减刑事宜，徐某非常高兴，当即将这些情况向父母和嫂子进行了汇报；第二天又告诉了本办公室的三个同事。案发后，检察机关对张某、徐某在内的8人分别作了询问笔录，8人均证实由张某送给法官赵某2万元钱的事实，但是被告人赵某却始终不供认收受贿赂的犯罪事实，在法庭辩论中，公诉人认为本案的这些证据结合起来，足以认定被告人构成受贿罪，但是辩护人却提出了无罪的辩护观点。辩护理由为：本案的8份证言，数量再大也没有意义，因为同出一源的传来证据同原始证据一起，只能视为一个证据，也就是说，8份证言最多只能证明张某向徐某转述过有关其行贿过程的话，但却不能证明张某所说的话是真实的、可靠的；张某行贿的过程是否存在、张某的证言是否真实可信，必须要靠其他证据来加以证明，但绝不能靠这些传来证据进行佐证和印证。此案经过二审程序，法院最终改判赵某无罪。

应对策略：针对辩护人提出上述的辩护意见，公诉人应当区分具体情况，可采取“以证印证”和“釜底抽薪”的策略应对。

第一，以证印证。是指在法庭辩论中公诉人针对辩护人就定案证据的客观性，提出的“歪曲事实、断章取义、曲解法律”等明显错误的辩护观点，依法、依据所采取的通过其他有效证据来加以佐证、印证该证据具有可采性的一种应对方法，达到以客观事实驳其不实之词，去伪存真、明辨是非的指控犯罪目的。例如，辩护人以被告人当庭翻供为由，向法庭提出被告人以前的有罪供述不能采信的辩护观点，公诉人的答辩方法为：（1）运用言词证据加以印证，公诉人要充分运用本案中的证人证言、同案犯的有罪供述、被害人的陈述，使这三种言词证据形成证据链条，有效印证被告人庭前有罪供述的真实性，揭示被告人当庭翻供的虚假性。（2）运用间接证据加以印证，公诉人要充分运用本案中能够证明被告人有作案动机、作案时间、现场遗留痕迹和搜查到的赃物和作案工具等，来进一步佐证被告人庭前有罪供述的真实性。（3）适时引用被告人的有罪供述。在法庭辩论中，公诉人要适时引用被告人原来在侦查机关所作的有罪供述，尤其是要抓住有些案件案发后，存在被告人“先供述、后取证”的特点，及时向法庭说明被告人当庭翻供的错误之处。（4）揭露翻供的矛盾点。公诉人要注意捕捉被告人翻供内容与原有罪供述之间的矛盾点，从此入手，对被告人翻供内容进行有力反驳，进一步印证被告人原来的有罪供述均是真实可信的。

第二，釜底抽薪。针对辩护人抓住公诉案件中关键证人证言中某一片段不真实，提出该证人证言全部内容不真实，或以某一个关键证据或几个主要证据不实为由，提出公诉案件其他相关证据都不实的辩护观点，公诉人可采用“釜底抽薪”的策略应对。辩论中，公诉人应从错误的辩护观点中的一个次要的问题入手，对辩护人的论点、论据和论证方法予以反驳，削弱其气势，往往会收到良好效果。例如，在一起贪污案件的法庭辩论中，辩护人针对检察机关侦查活动中的一份存在非法取证问题的证据发表了否定意见，并对全案的证据提出质疑，进而对被告人的犯罪行为做无罪辩护。对此，公诉人应当抓住辩护观点中“一份存在非法取证问题的证据”的错误为突破口，有力反驳：(1) 辩护人以某一证据不合法为由，提出的被告人无罪的辩护意见，在逻辑上犯了以偏概全的错误。(2) 不能因为一份证据材料的不合法，就人为推定全案的指控证据不合法，更不能据此认定被告人的行为不构成犯罪。(3) 在刚才的法庭调查中，公诉人已经就辩护人提出的该证据所谓不合法问题，向法庭做了客观、充分的论证，足以说明该证据是客观真实的，因此，辩护人关于被告人无罪的辩护结论是极其错误的。

3. “指控证据不充分（证据不足）”的辩护及应对策略

指控证据不充分的辩护，是指辩护人在质证的基础上，对指控证据的数量和证明力度，或是从证据的关联性上提出质疑时所发表的辩护观点。辩护人认为检察机关的指控证据不足以达到认定被告人有罪的程度，其实就是攻击检察机关指控犯罪的整个证据体系。

在司法实践中，对于公诉案件中存在被告人当庭翻供、主要证人改变证言、直接证据少、间接证据多、有的公诉案件还存在重要证据缺失的情况，比如杀人凶器没有找到、没有被告人的指纹鉴定、没有找到被告人作案时血衣、犯罪的赃款去向还未查实等特殊情况，法庭辩论中，辩护人往往会利用证据的这种特殊情况，认为检察机关指控证据之间不能形成证据链条、不能排除合理怀疑、不能得出系被告人作案的唯一结论，因此会提出指控证据没有达到充分的程度或者事实不清、证据不足的辩护观点。最典型的体现在受贿案件和强奸案件中，这两种犯罪发生的地点都比较隐蔽且没有第三人在场，通常也难以找到实物证据，案发后经常是被害人坚持发生了被害事实，而被告人则坚决否认。辩护人则会提出事实不清、证据不足的辩护意见。

例如，一起故意杀人案件。某女大学生在校外的树林中被害身亡，公安机关经过侦查认定该女大学生的同校男朋友具有重大作案嫌疑：办案人员发现在该犯罪嫌疑人当晚穿过的衣服上占有血迹，经检验鉴定，犯罪嫌疑人是 B 型血，衣服上的血型却为 AB 型血，被害女大学生的血型恰好也是 AB 型血，因此，公安机关分析认为：犯罪嫌疑人当晚穿过的衣服上的血迹就是其杀害其女朋友时喷溅上去的。10天后，在公安机关的强大攻势下，犯罪嫌疑人承认了强奸并杀害女大学生的事实，后检察机关提起公诉。在庭审中，辩护律师从证据的关联性上提出了无罪的辩护观点：（1）此案仅仅是血型相当就断定被告人具有杀人行为没有说服力，二者的关联性在哪里？（2）即使能够认定被告人衣服上的血是其女友的，就一定能证明被告人有杀害被害人的行为吗？后来法院启动了再审程序，并认为血型不具有排他性，本案杀人凶器来源不清，去向不明，作案动机没有合理解释，证据与证据之间存在矛盾点，不能充分证明是被告人杀害了其女友，因此法院撤销原判，宣告大学生无罪。

应对策略：公诉人应当采取“证据体系化、全面分析论证”的策略应对。它是指公诉人在法庭辩论中，对检察机关的指控证据按时空顺序或犯罪构成要件内容进行有机排序，形成证明犯罪行为或犯罪性质的证据体系，并将案件事实与指控证据联系起来，把各种证据与论点之间的内在联系，进行全面、有效的分析论证，从而合乎逻辑地得出指控犯罪结论的一种应对方法。在直接证据少、间接证据多的刑事案件中，公诉人必须要将若干个间接证据按时空顺序或犯罪构成要件内容，组成严密的证据锁链，通过依法分析论证，得出指控被告人犯罪事实成立的结论。

例如，韩某故意伤害案件。案发当日韩某在某家属楼工地五楼施工时，在窗口处顺手撒下一把湿的水泥，打在了正从该楼下经过的女工李某左眼上，致李某左眼失明，法医鉴定为重伤。在法庭辩论中，辩护人认为本案没有直接证据证明韩某实施了伤害行为，此案为意外事件。理由为：（1）韩某一直否认自己实施了故意扔水泥而导致李某左眼失明的犯罪行为。（2）此案犯意不清。通过法庭调查，韩某与李某之间既不熟悉，更无矛盾，没有证据证明韩某主观上具有伤害李某的犯罪故意。（3）此案无现场勘查笔录，且本案证据之间不能互相印证统一，韩某只承认是无意中碰掉的湿水泥，并非故意。因此，韩某没有故意实施伤害的犯罪行为。（4）本案缺乏足够的直接证据证明被告人韩某实施了伤害犯罪行为。和韩某一起施工作业的证人丁某证实：没有看见韩某撒湿水泥，且对于证人丁某证言的真实性，在法庭调查中公诉人并没有提出任何异议。

在办案中，公诉人运用证据体系化，全面分析论证的方法，有理、有力地进行了反驳：（1）本案的关键既不在于被告人韩某的无罪辩解，也不在于证人丁某的无罪证言，而是在于被害人李某的受伤位置。检察机关通过恢复现场勘验、检查，并进行交叉验证，证实李某受伤的位置是在该家属楼施工工地防护网之外，这与被告人韩某所处的位置垂直距离为6米，且当天的天气是晴朗无风，自然垂落或无意碰掉的物体是绝对不会打到被害人李某的。（2）证人丁某虽然证实没有看见韩某撒湿水泥，但是综合本案在场的证人刘某、田某的证言：确实亲眼看到被告人韩某在五楼窗口一边与丁某说笑、一边往下撒东西。由于公诉人对本案的定罪证据进行了系统化的排列，并对全案进行了全面的分析论证，使该案达到了事实清楚，证据确实充分的程度。最后，韩某被判有罪。

4. 对“专业性、技术性强的证据提出否定意见”的辩护及应对策略

它是指在法庭辩论中，辩护人往往就案件中的法医、物价等鉴定内容和鉴定意见提出一些专业性、技术性的质疑问题，或直接对鉴定意见提出异议时所发表的辩护观点。

应对策略：对此，公诉人可采取“掌握疑难、有备无患”的策略应对。即公诉人在出庭前通过认真审查案卷各种鉴定内容及鉴定意见的正确性、全面了解和掌握鉴定意见内容的基础上，对辩护人或被告人在法庭辩论中提出的各种专业性、技术性疑问和否定意见，有针对性地采取有备无患的应对方法。例如，在一起故意伤害的法庭辩论中，辩护人就鉴定意见内容出其不意地向公诉人提出了一个难题：“被告人只用棍子击打了被害人头部的左侧，但为什么被害人的右蛛网膜下出血，因此，检察机关的指控犯罪事实不清。”公诉人利用早已准备好的医学常识进行了有力的辩驳：（1）从医学角度讲，蛛网膜下出血，最常见的是人体头部受钝器击伤所致，当人体的头部受到钝器打击时，这种打击力可以局限于打击的部分，也可以发生于打击的对侧；（2）从力学角度看，震动的传播受到阻力则产生反作用力，因此，当被害人头部左侧受到钝器打击时，冲击波可以传到其头部右侧，如果被右侧颅骨阻止，就会形成反作用力，造成右蛛网膜下出血，这在医学上叫对冲性蛛网膜下出血，病理科学，不知者不为怪。公诉人有备无患的辩驳，往往能转危为安，转败为胜，扭转辩论的局势，取得非同一般的法庭辩论效果。

5. “引用未经法庭质证的辩方证据材料”的辩护及应对策略

它是指辩护人在法庭辩论中，直接引用自己在庭前调取的但未经法庭质证的证据材料，所进行的有利于被告人无罪、罪轻或减轻处罚的辩护。

应对策略：公诉人可采取依法论证、直接反驳的原则应对。即针对辩护人违反刑事诉讼程序，而直接引用未经法庭质证的证据材料作为对被告人无罪或罪轻辩护意见的错误做法，公诉人所采取的依据法律规定，依法论证、直接反驳的应对方法。

司法实践中，有的强奸案件，案发后被告人及其家属会因各种原因，将强

奸说成是通奸，甚至在法庭辩论中，辩护人还会向法庭出示女方向被告人书写的所谓的约会信件，并以有新的证据为由为被告人做无罪辩护。

在法庭辩论中，对于辩护人在辩论中凡是引用未经法庭质证的辩方证据材料进行的辩护，公诉人就应采取依法论证、直接反驳的应对方法进行反驳：第一，辩护人的辩护行为违反我国法律规定。依据我国《刑事诉讼法》第48条第3款的规定：证据必须经过查证属实，才能作为定案的根据；同时，最高人民法院《关于适用〈中华人民共和国刑事诉讼法〉的解释》第182条第3项规定：辩护人在开庭5日前向法庭提供拟在法庭当庭出示的证据。而本案被告人的辩护人在法庭辩论中，当庭直接引用“未经法庭质证的证据材料”进行辩护，是违反法律规定的。第二，辩护人依据的证据材料违法无效。辩护人违反上述法律规定，引用未经法庭质证的辩方证据材料进行的辩护，从证据的合法性上看，该证据未经法庭质证就是无效证据，辩护人建立在无效证据基础上所发表的辩护意见，必然缺乏事实基础，显然是不能成立的，皮之不存，毛将焉附？因此，公诉人建议法庭不应采信“辩方证据材料”，更不能采纳辩护人的辩护观点。

（二）法律方面的辩论

刑事案件犯罪事实的认定，不仅需要有确实、充分的指控证据加以佐证证明，而且更需要运用刑法犯罪构成理论和刑法规定加以法律论证。因此，在法律辩论中，公诉人运用法律进行论证，对适用法律问题展开辩论，对于刑事案件的正确处理尤为重要。

司法实践中，辩护人对检察机关指控的犯罪事实，会从法律适用的层面，对被告人的行为是否构成犯罪以及构成此罪还是彼罪，会提出各种质疑或辩护意见，甚至还会提出被告人的行为不构成犯罪的无罪辩护意见。辩护人的法律辩护是指辩护人在庭审质证的基础上，在法庭辩论中运用我国刑法和刑事诉讼法所确立的法律规定、法律制度及犯罪构成理论的原则，围绕刑事实体法的内容，为被告人所做的无罪或者减轻刑事处罚的辩护发言。

1. 在罪与非罪上，辩护人往往会提出被告人无罪的辩护观点及应对策略

被告人无罪的辩护是指辩护人运用刑法理论，围绕被告人的犯罪行为及犯罪结果，通过证明被告人的行为性质不符合某一犯罪的构成要件，或者论证说明被告人具备法定的无罪抗辩事由，以促使法院宣告被告人无罪而发表的辩护观点。

近年来，连续发生的震惊全国的佘祥林杀妻、杜培武杀人、内蒙古呼格吉勒图杀人、浙江张氏叔侄杀人案等重大冤错案件，造成了极其严重的社会影响

和危害。因此，对于被告人时供时翻、案件争议焦点提出的疑难、复杂刑事案件，公诉人在庭前对被告人无罪的辩护观点的预测是十分必要的。更为重要的是，公诉人在法庭辩论中还要针对辩护人所提的各种无罪的辩护观点采取相应的应变策略，高质量地完成好检察机关指控犯罪的任务。

检察实践中，常见的被告人无罪的辩护观点有三种：

第一，被告人不应当负刑事责任的无罪辩护观点。它是指在法庭辩论中，对于一般犯罪主体，辩护人会以被告人犯罪时未达到刑事责任年龄或者不具备刑事责任能力、被告人犯罪时系精神病人等为由，认为被告人的行为不应当负刑事责任时所发表的无罪辩护观点；对于特殊犯罪主体，例如玩忽职守、挪用公款、贪污、受贿等职务犯罪案件，辩护人认为被告人不具备国家工作人员或者不具备国家机关工作人员的主体身份条件所发表的无罪辩护观点。

第二，被告人不具备刑法规定的主观犯罪要件的无罪辩护观点。即指在法庭辩论中，辩护人以被告人在主观上不具备犯罪意识、不具体直接故意、间接故意或者过失等为由，认为被告人无罪时所发表的无罪辩护观点。司法实践中，辩护人通常会提出被告人的行为系正当防卫、紧急避险等。

第三，被告人的行为不构成犯罪的无罪辩护观点。即指在法庭辩论中，辩护人往往以被告人没有实施特定的犯罪行为、被告人的行为与犯罪结果之间不具有刑法上的因果关系、被告人的行为不具有社会危害性、被告人的行为显著轻微危害不大不应认定为犯罪、被告人的犯罪数额没有达到立案标准等为由，认为被告人的行为不构成犯罪时所发表的辩护观点。

应对策略：针对以上三种常见的无罪辩护观点，公诉人的应对方法可分为三步：

（1）逢无必驳。即公诉人对辩护人所有的无理辩护或无罪辩护观点，所作的逢“无”必反驳，决不能坐视不理的应对方法。

（2）抓住关键、重点突破。由于个案案情不同，辩护人的无罪辩护理由也各有千秋。在法庭辩论中，要想彻底驳斥辩护人的无罪辩护观点，公诉人必须要抓住无罪辩护理由中的关键问题，并对关键问题进行重点突破的应对方法。

（3）立论为主、破立结合。是指针对辩护人为开脱被告人的罪责，常常发表的有意歪曲公诉意见，甚至是歪曲法律的无理辩护或者无罪辩护，公诉人所采取的不仅要阐明被告人构成犯罪的事实和法律依据，而且还要反驳无罪辩护观点的一种应对方法。并且以立论为主，恰当地使用驳论，有破有立，破立结合，特别是驳论，在无罪辩护的应辩中尤为重要，不仅使公诉人的辩驳更为严谨有力，而且更会取得很好的法庭辩论效果。

例如，王某强奸犯罪案件。一天中午，被告人王某在被害人石某家的玉米地将石某强奸，石某当天下午就到公安机关报案。被告人王某被抓获后，在公安机关先后7次的审讯中均不供述是强奸犯罪，却声称与被害人石某系通奸关系。在法庭辩论中，辩护人据此认为本案系通奸，并提出了被告人王某的行为不构成犯罪的无罪辩护观点，理由为：（1）被告人王某与被害人石某以前有过通奸关系。（2）案发当日王石二人事先有约。如果两人没有事先约好，那么在中午时分两人是不可能同时赶到石某家玉米地的。（3）王某未违背妇女意志。王某与石某发生关系时，石某没有呼喊或反抗，当天中午石某家附近的地里就有人在干活，如果石某有呼救和反抗，一定能够被他人听见，但有人证实未听见任何呼救和反抗的声音。（4）王某和石某曾因通奸有过矛盾，此次是石某在设圈套，故意栽赃陷害王某。

公诉人针对辩护人的无罪辩护观点，首先，分析了四点无罪辩护的理由内容，仅仅抓住“被告人与被害人系通奸关系；这次发生性关系时，被告人没有违背妇女意志”这两个关键性的问题，并拟对这两个关系被告人的行为是否构成强奸犯罪的关键问题进行重点突破；其次，在重点突破时，进行了立论，从犯罪构成要件入手，结合案件的事实和证据，再一次阐释了被告人王某构成强奸犯罪是事实清楚、证据充分，从六个方面做了针锋相对的反驳：（1）辩护人所提的王某与石某以前有通奸关系、案发当日事先有约以及被害人石某设圈套栽赃陷害王某的观点，本案没有任何证据予以证明，尤为重要的是辩护人和被告人王某当庭并未举出任何证据加以证明和佐证，因此公诉人建议法庭对辩护人的上述辩护观点不予确认。（2）被告人王某的行为违背了妇女意志。在被告人王某对被害人石某进行语言调戏时，当即遭到石某的回绝，接着王某在搂抱、追赶、厮打中将被害人石某按倒，并实施了强奸犯罪行为，被害人石某身上的多处青紫伤就是被告人违背妇女意志的最好证据。（3）在司法实践中，即使有通奸关系后，被告人再违背妇女意志、强行与其发生性行为的，也构成强奸犯罪。（4）从发案时间、地点看，中午12时，被害人石某在自家玉米地里干活，被告人王某手持镰刀，在实施犯罪行为时必然会对被害人石某造成心理上的恐惧，而不敢大声呼救。（5）从现场勘查看，案发现场有被告人王某厮打被害人石某过程中所形成的杂乱足迹和倒伏的十几根玉米秆，系被害人石某采取反抗行为的最有力的佐证。（6）案发后被害人石某当即报案。公诉人运用以上六点，有力地反驳了辩护人的无罪辩护观点，最终法院以强奸罪判处被告人王某有期徒刑5年。

2. 在此罪与彼罪上，辩护人提出“指控罪名不能成立”（或指控罪名错误）的辩护观点及应对策略

它是指被告人的行为一般都构成犯罪，但是存在此罪与彼罪的问题，检察机关以此罪指控，但在法庭辩论中，辩护人为有利于被告人的从轻处罚，虽不能以彼罪进行辩护，但却对检察机关所指控的罪名提出质疑，认为被告人的犯罪行为不符合检察机关指控罪名的犯罪构成要件时所发表的辩护观点。

应对策略：公诉人可采取“逆向反证、层层递进”的原则应对。即公诉人借助一个与原论题相矛盾的反论题为中介，先证明反论题为假，然后根据得出原论题为真的论辩方法。运用逆向反证、层层递进应对方法的好处：通过证明假设命题为假，达到指控罪名为真的目的，论证层层递进，一气呵成，逻辑严密，说服力强。

例如，被告人丁某故意杀人案件。丁某为高校大三学生，因与同班同学王某共同争爱一名女生，而多次发生过争吵和厮打，并结下了积怨。某日凌晨1时许，被告人丁某趁被害人王某宿舍未锁门之机，手持砖头朝已经熟睡的王某头部猛击数下，与王某同寝室的同学被惊醒，均起床呵斥王某住手，但是被告人丁某仍未停手，继续朝王某头部打击，后有两个同学下床制止，丁某才住手，王某经医院抢救，脱离了生命危险，经法医鉴定为蛛网膜下出血，结论为重伤。检察机关以故意杀人罪（未遂）对被告人丁某提起公诉，该案在开庭审理中，被告人丁某拒不承认自己在主观上有杀死王某的故意。辩称只是想报复，伤害王某而已，被告人丁某的辩护人进而也提出被告人丁某的行为没有造成被害人死亡的结果，该案应认定为故意伤害罪。

针对被告人及其辩护人的无理辩护意见，公诉人运用逆向反证法，进行了有力地反驳：（1）如果被告人丁某没有杀人故意，仅仅是想伤害王某，那么他就不会把作案的时间选择在凌晨1时，并在王某熟睡之机，且处于无法反抗的情况下实施犯罪行为；（2）如果被告人丁某没有杀人故意，他就不会用砖头连续猛击被害人的头部，丁某作为有完全刑事责任能力的大三学生，不可能不知道头部是人体的要害部位，钝性物体猛烈击打会足以造成被害人死亡的结果的发生；（3）如果被告人丁某没有杀人故意，那么在其他同学被惊醒并呵斥其住手时，他就不会继续再实施犯罪行为，但事实上，被告人丁某并没有停止击打，而是继续猛击被害人头部，只是在其他同学动手制止后方才住手。在上述辩论中，公诉人首先假设一个与公诉机关指控罪名相矛盾的命题，即被告人丁某没有杀人故意为真，然后反推出一系列与该命题相矛盾的结论。

3. 在共同犯罪上，辩护人会提出“被告人的行为不成立共同犯罪”的辩

护观点及应对策略

在法庭辩论中，辩护人认为某一被告人没有共同犯罪故意，没有实施共同犯罪行为，某一被告人的行为系过失而不能成立共同犯罪；某一被告人与其他被告人没有共同的意思联络、被告人的行为与其他被告人的行为之间缺乏相互配合等情况，进而提出否定被告人构成共同犯罪时所发表的辩护意见。

应对策略：公诉人可采取“利用矛盾、为我所用”的原则应对。即公诉人在法庭辩论中，针对共同犯罪案件中各被告人之间供述相矛盾、各辩护人之间发表辩护意见相互矛盾情况，抓住其自相矛盾的地方，采用以子之矛，攻子之盾和利用矛盾、分化瓦解，为我所用的策略，使辩护人的辩护意见不攻自破，从而顺利地达到反驳的目的的一种应对方法，运用矛盾、为我所用的策略的好处，借用辩护观点的矛盾，适时地揭露，果断地加以反驳，往往会收到事半功倍的庭审效果。

例如，在一起共同杀人案件的法庭辩论中，辩护人首先强调：起诉书指控被告人曲某参与共同杀人的事实不清，证据不足，随之又大篇地发言论证，但辩护结尾又提出建议合议庭对曲某以共同杀人罪中的从犯从轻处罚，很显然，在同一辩护意见中出现了自相矛盾之处：即认定共犯事实不清、证据不足和应以杀人罪从犯从轻处罚。对此，公诉人只要将矛盾予以揭露，就可让辩护人的辩护观点无法立足。公诉人这样表述：（1）从逻辑学的角度和刑法理论上看，定罪是前提，量刑是结果，其基础是事实清楚、证据确实充分。事实不清、证据不足既不能定罪，更无从量刑。（2）本案辩护人在发表辩护意见时既然先是否定被告人曲某构成杀人罪的共犯，又何必要求法庭对其从轻、减轻处罚？既然要求法庭对被告人曲某从轻、减轻处罚，那么就表明辩护人已承认被告人曲某确实犯有故意杀人罪了，这不是用自己的矛攻自己的盾吗？看来被告人曲某的犯罪事实不辩自明。此时公诉人可就案件的事实、证据、被告人在共犯中所处的主犯地位进行具体的分析论证。

4. 在重罪与轻罪上，辩护人会提出“被告人的行为属于罪轻”的辩护意见及应对策略

它是指辩护律师在刑事辩护中，对于检察机关指控的罪名没有异议，但却对检察机关适用较重的法律条款提出异议，并建议法庭应当适用较轻量刑条款时所发表的辩护观点。

在司法实践中，对于公诉案件存在：涉及犯罪数额较大、巨大、特别巨大；犯罪情节轻微、严重、特别严重；犯罪手段一般、恶劣、特别恶劣；涉及的毒品犯罪案件认定数量多少的划分；涉及把客观条件说成是犯罪的主要原

因；被告人的行为符合牵连犯或者吸收犯特征应一罪论处；被告人的行为属于法条竞合或者想象竞合而只能以一罪论处等情况时，为有利于被告人的从宽处罚，辩护人就会提出建议法庭应当适用较轻量刑条款的辩护意见。

应对策略：对此，公诉人可采取抓住实质、攻其要害的策略应对。即公诉人在法庭辩论中，对于辩护人提出的错误的罪轻的辩护观点，依照案件事实和法律规定，抓住错误的罪轻辩护理由的实质，攻其要害，直接予以有力回击的一种应对方法。

例如，某起抢劫案件，辩护人当庭提出了被告人的行为不构成抢劫罪的错误辩护观点，辩护理由是：被告人没有实施暴力行为，仅仅是扬了一下拳头，被害人就把物品留下了，故被告人的犯罪情节轻微，只构成抢夺罪而非抢劫罪。公诉人认为本案的实质是被告人是否使用了暴力问题，对此，公诉人采取了抓住实质、攻其要害的应对方法，直接反驳道：（1）我国《刑法》第263条规定，抢劫罪是以非法占有为目的，以暴力威胁或者其他方法强行将公私财物抢走的行为；（2）本案中的被告人在实施抢劫犯罪时，对被害人虽然只是扬了一下拳头，但这就是一种法律规定的用暴力胁迫进行抢劫的犯罪行为；（3）根据被害人的陈述，被害人当晚是在下夜班的路上被被告人抢劫的，当时周围无人，且被告人又是身强力壮男性，当时被害人作为一个弱女子心理害怕极了，刚要说话，被告人就对其扬起了拳头，因此就赶紧将钱包拿出来，当即就被被告人抢走。综上所述，被告人的行为完全符合抢劫罪的特征，辩护人的辩护观点是错误的。对于辩护人的错误的辩护观点，公诉人只要抓住了错误的实质，然后攻其要害，就是取得法庭辩论胜利的关键。

（三）量刑方面的辩论

在法庭辩论中，辩护律师除了从指控证据、法律适用和诉讼程序方面提出辩护意见外，常规而言，还会从有利于被告人的量刑情节上，提出被告人具有法定或酌定的从轻、减轻以及免除处罚的辩护观点。这就是量刑辩论。

1. 关于法定从轻处罚情节的辩护及应对策略

它是指在法庭辩论中，大多数辩护人都会围绕被告人具有自首、立功、从犯、犯罪预备、犯罪未遂、犯罪中止情节；被告人在共同犯罪和犯罪集团中系从犯、胁从犯；被告人犯罪时系未成年人、犯罪时受胁迫等情节，为减轻被告人的量刑处罚而提出的罪轻辩护观点。

司法实践中，被告人或辩护人依法从轻处罚的辩解和辩护观点主要有三种：法定从轻处罚、法定减轻处罚、法定免除处罚。

应对策略：公诉人可采取“原则不让、枝节不辩”的方法应对，即公诉人应该紧密结合案件事实，采取区分不同情况的应对方法。

第一，对于辩护人合法、合理，且不影响案件定罪处罚的从轻辩护意见和观点，公诉人可视其为枝节问题，不应回击或者反驳，以充分显示公诉机关保护被告人合法权益的公正性。

第二，对于辩护人于法无据、理由不当、言语过分，甚至是影响案件定罪处罚的从轻辩护意见和观点，公诉人必须视为原则问题，应该采取有效的应辩策略，依法坚决反驳辩护人的错误辩护观点。

例如，一起故意伤害案件，被告人一拳将被害人打死。在法庭辩论中，辩护人强调是死者先动手打被告人，被告人被迫还击才失手打死被害人的，属于防卫过当，符合法定的减轻处罚规定，并坚决请求法庭对被告人依法减轻处罚。对此，公诉人认为辩护人的观点，表面上说有个量刑情节的辩护，但实质上却是要改变检察机关指控犯罪性质的辩护，这是法庭辩论的原则性问题，驳辩的角度必须要从被告人的行为构成故意伤害罪上进行。对此，公诉人抓住案件的本质，采取了原则不让的应对方法，根据事实，坚决反对。（1）案发当日，被告人纠集3名同案被告人登门找被害人的妹妹寻衅，被害人为保护其妹妹，出来干涉是正当的；（2）被告人依仗人多势众，当被害人的妹妹上班离开家门时，被告人等继续追赶，被害人为了保护其妹妹的安全，在路上碰到被告人时，才动手打的被告人，当然，被害人打人是不对的，但这是在被告人等连续欺负其妹妹的情况下所发生的；（3）被告人纠集同案人上来助阵，趁被害人回头观看时，对准其心脏猛击一拳，导致被害人窒息死亡，且未采取任何抢救措施，情节严重，具有放任死亡结果发生的犯罪故意，而非属于防卫过当的性质，因此，建议法庭对于辩护人的提出的要求减轻处罚的辩护意见不予采纳。

2. 关于酌定从轻、减轻处罚及免除处罚的辩护及应对策略

它是指在法庭辩论中，为减轻被告人的刑罚，辩护人会从被告人具有初犯、偶犯、积极退赃、具有悔罪表现、认罪态度好、主动赔偿被害人损失、在共同犯罪中所起作用较小，以及被害人具有重大过错、犯罪动机不明显、犯罪后果不严重、被害人有过错等酌定情节入手，而提出的有利于被告人的辩护观点和意见。

应对策略：对此，公诉人可采取“默认正确、不予反驳；反击错误、不留情面”的方法应对。即公诉人就辩护人所作的关于酌定从轻、减轻处罚及免除处罚的辩护内容，出庭公诉人紧密结合案件事实，所采取的区分不同情况的应对方法。

第一，默认正确、不予反驳。对于一般刑事犯罪案件，如果被告人确实是初次犯罪，且情节并不严重，或者辩护人所发表的各种酌定从轻的辩护理由并不过分，对此，公诉人可不予驳辩，或者为挽救教育主观恶性不深的被告人，公诉人还可根据被告人的如实供述提请法庭注意，建议对被告人可从轻处罚。

第二，反击错误、不留情面。对于一般刑事犯罪案件，如果辩护人所发表的酌定从轻的辩护理由故意歪曲事实、混淆视听；甚至与案件事实严重不符，同时对于较为严重的刑事犯罪案件，且被告人的犯罪情节恶劣、犯罪后果严重，虽然被告人确实系初次犯罪，虽然辩护人所发表的酌定从轻的辩护理由具有一定的事实根据，但是为有效打击各种严重的刑事犯罪、严惩刑事犯罪分子，公诉人绝不能赞同辩护人的错误辩护观点，应从三个方面坚决反击、不留情面：（1）从刑事立法上具体阐明对被告人从轻、减轻处罚的问题。本案被告人虽系初犯、偶犯，且认罪态度好，但这些并不是我国刑法所规定的法定从轻条件，只是酌定考虑的从轻情节。就本案而言，被告人的犯罪情节特别恶劣、犯罪后果特别严重，所以说不能从轻处罚。（2）从我国刑法规定的法律面前人人平等的法律原则为切入点，进一步论证执法必严的重要性，强调依法不能对被告人适用从轻处罚的公诉观点。（3）结合本案的具体犯罪事实，从维护社会治安形势上着眼，进一步论证严惩本案被告人的必要性。

3. 片面强调从轻处罚情节而故意无视从重处罚情节的辩护及应对策略

它是指在法庭辩论中，有些辩护人对于被告人既有依法从重处罚的情节，又有依法从轻处罚的情节时，为了全力减轻被告人的刑罚，而不顾案件的事实真相，极尽能力片面强调从轻处罚的情节，却故意回避从重处罚的情节所发表的错误辩护观点。

应对策略：对此，公诉人可采取“以全驳偏、论证全面”的方法应对。公诉人应该以实事求是的态度，着眼于整个案情，客观全面地把对被告人依法从重处罚的情节论证清楚，以克服辩护观点的片面性，达到否定辩护观点成立的目的。

例如，李某故意杀人案件。李某系林业工人，曾因未上涨一级工资及曾因患病请假治疗而未得到林场厂场长的批准，李某对此不满怀恨在心，并产生报复杀人故意，案发当天被告人李某携带菜刀对该林场场长连砍数刀，当场将场长砍死。此案在法庭辩论中，被告人及其辩护人无视被告人依法从重处罚的犯罪情节，而是死死抓住被告人应该涨一级工资、确实有病，请假治疗是合乎情理的、被告人实施犯罪是激情所致、犯罪情节一般及后果不严重等枝节问题，并错误地提出了希望法庭给予被告人改造、从新做人的从轻处罚的辩护观点。

对此，公诉人采取了以全驳偏、论证全面的策略进行了有理、有力的应辩：第一，通过法庭调查，公诉人已经向法庭出示了被告人杀人的现场勘查照片及法医鉴定，相信大家对本案的事实已经十分清楚：被告人作案时使用锋利的菜刀朝死者身上猛砍 4 刀，手起刀落，两刀就将被害人胸部的 4 根肋骨砍断，胸腔被砍开；第 3 刀砍在被害人的心脏上，大家有目共睹，这样的犯罪手段能是一般吗？第二，人世间的一切事物中，可以说人的生命最为宝贵，一条有鲜活生命的人被当场砍死，这样的犯罪后果难道还不严重吗？第三，工资可以涨，人生病可以医治，但人死却不能复活，工资、疾病与生命相比，是被告人的工资、健康重要还是他人的生命更为重要？被告人为了自己的利益，竟然肆意践踏法律，将自己的不满情绪随意发泄在他人身上，这能说是合乎情理吗？请问辩护人：这情在何处？而理又在何方？第四，被告人实施杀人行为，手段残忍，后果严重，依法严惩，理所应当，这难道还有什么异议吗？公诉人通过以全驳偏、论证全面的应辩，有理、有力地驳斥了被告人的无理辩解以及被害人的错误辩护观点。

第 13 堂课　公诉人法庭辩论技巧

● 王新环*

课程提纲

一、公诉人出庭支持公诉工作的时代特点

二、公诉人法庭辩论的特点

三、公诉人法庭辩论中的常见问题

四、公诉人提升法庭辩论能力的基本方法

一、公诉人出庭支持公诉工作的时代特点

任何一项工作都离不开时代背景为其所确定的基调，那么在今天公诉人出庭支持公诉工作有哪些时代特点呢？探究这些时代变迁所呈现出的特点，可以更清晰的把握他们对公诉人行为方式的影响。

（一）公权力运行最透明的环节

出庭支持公诉采用的是证据材料需全部公开、指控意见要充分阐明、对于被告人及其辩护人的意见及时应对的最为透明的工作方式，特别是在我国起诉书、判决书等司法文书普遍非常简约的前提下，开庭是唯一的可以被具体评说、指摘、质疑的司法决断的过程，甚至可以说是各类型公权力运行、决策中最为透明的。

（二）事关公平正义，极易引发公众关注

刑事司法案件屡屡成为全社会关注焦点，通过微博、微信等新媒体手段，

---

* 北京市人民检察院公诉一处处长。

案件新闻可以迅速放大、聚焦，有的甚至直接由网络意见推动成为刑事案件。总体而言，这样的高关注度是人民群众对于社会公平正义强烈渴求的反映，只是将实现全社会的公平正义寄希望于司法，并且借助网络形成汹涌的表达的局面从未有过。

（三）刑诉法的再次修改

庭审方式继1996年改革后再一次迎来重大变革，非法证据排除、证人、鉴定人出庭等程序使司法裁判的过程进一步公开。纵观近期备受社会关注的公开审判案件，审判机关只要在庭审过程中恪守客观中立立场，保障各方诉讼权利即可获得普遍肯定，但是在控辩关系日趋真正平衡的情况下，出庭支持公诉指控犯罪并获得社会普遍认同的难度从未如此巨大。认定事实是否准确、证据来源是否合法、公诉意见说理是否透彻、甚至诉讼监督是否到位都可能成为各方质疑的焦点。

（四）辩护权的扩展以及辩护律师组织方式的变化

刑诉法的修改，扩展并进一步保障了律师的辩护权，庭审对抗性进一步增强，如在贵州小河案、广西北海案等出现全国几十位律师组成律师团开展辩护工作，给当地检法带来巨大压力，有的甚至由最高检公诉厅协调全国专家公诉人形成智囊予以协助当地做好出庭工作，又如所谓“死磕派”律师单方面发布庭审违规、公诉人应对欠妥的信息，利用舆论形成压力，都说明控辩对抗程度的加剧。

二、公诉人法庭辩论的特点

对于公诉人法庭辩论的特点有过很多总结归纳，如综合性、专业性、对抗性等，我们依然试图寻找可能影响公诉人行为方式的特点予以归纳。

（一）公诉人的胜诉标准不是打败被告人和辩护人

法庭辩论有很强的对抗性，身处对抗中的一方必有求胜之心，但公诉人的胜利标准不应是打败被告人和辩护人，使其无言以对，而应是帮助法庭查明真相，正确适用法律，实现检察机关指控犯罪的职责，维护公平正义。

这就意味着法庭辩论区别于训练比赛型的辩论，后者因观点是抽定、不容修正的，双方也是不可能被说服的，需要思考的就是如何论证本方观点，攻击对方。但在刑事诉讼中，客观公正是检察官的第一义务，亦是履行职责过程中所应保持的基本立场，如果将过多的训练辩论风格带入法庭辩论，单纯追求打败被告人和辩护人，势必影响庭审效果，使公诉人有悖理性、平和的要求，影响客观公正的实现。

（二）公诉人对于辩论技巧的使用通常都比较保守且保持克制

在法庭辩论环节，一轮公诉意见以立论论证为主，并非典型的辩论，在此后的辩论过程中也主要是针对辩护方的攻击进行防御，可能采取再次丰富论证回应攻击，也可能采用指出辩护意见不合理之处来化解攻击。公诉人在法庭辩论过程中，主动地去使用辩论技巧实际是非常有限的，更多的是要有能力发现辩护方通过辩论技巧得出错误的结论，及时予以指出。

此外，由于公诉人不是单纯的当事人，所以即使发现辩护方的漏洞可予攻击，也应时刻考量是否与客观公正的义务相冲突。如有的辩护人首先做无罪辩护，然后又补充称如果法庭判处有罪，被告人还存在如下减轻、从轻的情节。公诉人完全可以指出辩护人到底做无罪辩护还是罪轻辩护意见不清晰，这种指出对方意见中自相矛盾之处也是辩论常用技巧。但是，如果考虑到我国定罪和量刑并非由法院分阶段得出结论，辩护人的上述做法是无奈之举，否则如果单纯做无罪辩护后判决有罪，则被告人将丧失罪轻辩护的机会，在此情况下，公诉人反复强调、指出这一自相矛盾的观点就显得欠妥。

（三）我国庭审具有法庭辩论占重要地位的传统

虽然我国庭审方式发生了一系列的改变，但法庭辩论相较于法庭讯问、举证质证都占据着更重要的地位，全国十佳、优秀公诉人的选拔单独将辩论而不是讯问、询问、举证作为考察项目也是一个侧面的体现。

北京大学法学院陈瑞华教授曾组织一个项目，由香港和内地的两套人马分别进行庭审演示，香港和内地两方参与人员都是真实的法官、检察官和律师，根据同一个案例进行不同的法庭模拟审判。香港的模拟法庭，控辩双方的交锋主要集中在交叉质证环节，可以说是打破砂锅问到底，询问的技巧很高明，问的内容也非常具体，层层深入。在交叉质证的环节，通过高水平的发问技巧，已经把问题揭示的很清楚了，连旁听者都听明白了，最后的法庭辩论就是总结陈词，非常简练。中国内地的模拟法庭几乎完全与之相反，交叉质证似乎无话可问，而且非常表面化，旁听的人一头雾水，简短地询问之后，双方再拿出事先写好的辩论词，开始长篇大论、侃侃而谈。双方的观点其实根本没有实质性的交锋，而是各说各话。善论而不善问，是当前大多数公诉人的特点，这也是上述庭审传统造就的。

（四）法庭辩论对于审判结果的影响

目前法庭上公诉人的表现到底能在多大程度上影响最后的判决结果呢？坦率讲，确实非常有限。但是应该看到司法改革的大趋势，就是一定会朝着庭审实质化、谁审理、谁裁判、谁负责的方向发展，那么到时出庭支持公诉的各项水平，一定对最终的审判结果有着比今天更大的影响作用。

三、公诉人法庭辩论中的常见问题

结合近年来我们实际跟庭考察的情况（北京市持续五年的对所有分院及基层院开展跟庭考核工作），梳理出以下在法庭辩论环节的常见问题与大家共享，这些问题绝大多数都是我们亲眼所见，实际上都是一些非常基础的问题，但我想如果能够把所有基础问题都避免，那一定是一个比较高水平的法庭辩论了。

（一）一轮公诉意见不能结合庭审的具体情况发表，较为普遍的出现完全按照庭前拟定的公诉意见进行宣读

公诉意见本应是根据法庭对犯罪事实、证据调查核实的具体情况而发表的指控意见，当然应符合法庭调查后的实际情况或庭审的实际需要。但有的公诉人完全不顾庭审实际，机械发表庭前准备好的公诉意见。

如有的案件开庭前被告人、辩护人对起诉书指控的犯罪事实不认可、对证据有争议，但经过庭审，被告人、辩护人对犯罪事实、证据表示认可，在此情况下公诉人本应适当简化证据分析，将量刑建议的分析作为重点，可宣读的公诉意见依然长篇幅的针对现有证据能够证明起诉书指控的事实进行论证，显得冗长拖沓、毫无必要。

还有的案件公诉人在审查阶段工作细致，不仅对指控的罪名予以论证，还对此罪与彼罪的区别、是否成立其他犯罪进行分析，又全盘纳入第一轮公诉意见，不顾在法庭辩论之前被告人、辩护人从未提出相关意见，一股脑的全部宣读，显得自说自话、莫名其妙。

上述两例都属于不顾庭审实际，做过多冗余表达的机械应对，还有一种问题是无视庭审中的焦点问题或新情况，公诉意见存在重要缺失。如在一起非法吸收公众存款案开庭过程中，被告人始终做无罪辩解，辩称自己身为董事长只有失察之责，至于非法吸储的起意与实施都是公司的总经理进行的，并申请公司另外两位董事出庭证明上述情况。经过二次开庭，其中一位董事出庭，证言称采取非法吸储的经营手段其并不知情，也不是董事会决议实施的，也不清楚董事长是否授意总经理如此行事。此时能够指认被告人犯罪行为的直接证据只有总经理的证言，因为公司的所有工作人员都是直接受总经理管理，投资人也都是直接与总经理进行联系，都对董事长的情况并不了解。在上述情况下，公诉人的一轮公诉意见居然没有对被告人所作的无罪辩解以及证人出庭的情况作任何述评分析，显得回避焦点、信心不足。

庭前对于三纲一词的准备固然重要，但不代表要像宣读起诉书那样宣读庭前准备好的公诉意见书，哪该删减、哪该丰富论证、哪该调整应随着庭审进程随时进行。此外如果被告人、辩护人在法庭辩论环节之前已经将主要的辩护观点展现的很清晰了，在一轮公诉意见中也应予以适当的回应，无须等到辩护意见发表后的二轮公诉意见再回应，以达到先声夺人、掌控庭审主动的效果。

（二）不能就辩护意见发表针对性的二轮公诉意见

时常出现一轮公诉意见逻辑缜密、论证充分、表达顺畅，但二轮公诉意见马上就呈现出语言组织困难、不能综合运用证据和法律对辩护意见进行回应，甚至对重要辩护意见的回应有所遗漏等问题。

例如，不能准确理解辩护意见。如在一起妨害公务案庭审中，辩护人认为被告系酒后实施的行为且系初犯偶犯，应予从轻，并未做无罪辩护，但公诉人用了较长篇幅论述原因自由行为，强调酒后也应构成犯罪。

再如，对于辩护意见中明显的欠缺法律依据的意见不能给予有力的反驳，如在一起贩卖毒品案中，辩护人称从被告人车中起获的毒品不应认定为贩卖毒品的数量，而应认定为非法持有毒品罪，公诉人没有直接结合案件特点，援引《全国部分法院审理毒品犯罪案件工作座谈会纪要》中的规定：“对于以贩养吸的被告人，其被查获的毒品数量应认定为其犯罪的数量，但量刑时应考虑被告人吸食毒品的情节，酌情处理”予以反驳。几轮辩论之后，审判长以“这个问题辩护人再详细看下法律规定”为由制止了辩护人的再次发言。

第 1 个例子反映了在法庭上的“听”也是需要训练的，实际上不能将“听”到的情况进行及时有效的处理，调整下一步的庭审方案，最突出的表现在当庭对被告人的法庭讯问、对证人的询问中，因为讯问、询问更是在一问一答间要作出反应调整，而法庭辩论通常是综合性的辩论，相对还是有短暂的时间进行思考。此外，是否辩护人的每一个辩护观点，公诉人都要进行反驳也是需要思考的。第 2 个例子则只是基本的法律知识问题，知道就能明确的提出来，不知道就不行，毫无辩论技巧可言。

（三）在描述案件事实、援引证据等过程中不够准确，导致被动

如在一起贪污、受贿、私分国有资产抗诉、上诉案的法庭辩论阶段，针对辩护人认为被告人不具备私分国有资产罪主体身份的意见，公诉人答辩被告人系直接责任人员，后被审判长纠正：一审判决书认定其为直接负责的主管人员；针对辩护人认为被告人构成自首的意见，公诉人答辩在被告人第一次供述前就有数次证人证言对此事实进行描述，后在审判长的进一步追问下，公诉人又改称只有侦查机关提供的工作说明，没有证人证言的笔录。

上述问题的出现源于庭前准备不充分，发表公诉意见不严谨，检察机关指控犯罪的公信力源于证据确实充分、取证程序合法，如果公诉意见不能严格的依据证据发表，将会对检察机关的公信力造成严重伤害。

（四）对辩护意见不做归纳，采用重复宣读证据的方式对问题进行逐一回应，显得答辩庞杂且缺乏力度

有时辩护意见很多，需要公诉人予以适当的归纳后进行集中答辩，此外所谓的答辩必须是针对辩护意见的正面回应，这样才可能实现控辩双方对于焦点问题进行深入的辩论，而不是两条平行线的各说各话。

如在一起职务侵占案中，检察机关指控被告人在三家不同公司任职期间，利用代付货款的职务便利侵吞货款人民币100余万元。被告人不认罪、辩护人做无罪辩护，主要理由：第一，被告人并非上述三家公司的员工，而是合作关系；第二，被告人从未有过代付货款的职责；第三，被告人收到的钱款不是货款，有的是劳务费，有的是研发费用，有的是个人借款。对上述观点又进行了充分的论证，提出理由及依据。

由于辩护意见的点非常多，公诉人也做了认真记录，然后逐一予以回应，但回应的方式是再次复述证据，既没有进一步分析控方证据构建的体系对认定事实的证明作用，也没对辩方指出的控方证据存在的矛盾予以回应，使控辩双方的意见成为互不相扰的自说自话。

正是由于上述案件中的证据情况并非理想中完备的状态，诸如虽然认定被告人系某公司的员工但确实没有签订劳动合同，认定被告人侵吞的是公司的货款，但整个货款代付的过程又没有留下相应的书证材料等。当被告人、辩护人很细致的提出对于证据的种种疑点时，是可能动摇检察机关指控的证据体系的，此时公诉人必须正面对被告人、辩护人提出的疑点予以回应、分析，而单纯的复述证据，只会显得意见庞杂、重点不突出，对辩护意见无力抵抗。

（五）不能准确的把握被告人行为构成犯罪的关键，审查中的偏差导致庭审中的偏差，模糊了指控的要点

如在一起诈骗案中，被告人在政府确定的棚户改造区内有房产，在明知政府已经明令禁止对改造范围内的房屋再进行分户的情况下，仍然勾结某房产中介公司的人员，采用伪造假的判决书等手段进行虚假分户，后欺骗房屋登记部门办理相关手续，骗取拆迁补偿款。

庭审过程中被告人始终强调，对于假判决不知情，均是房产中介人员具体操作的分户，并且还被其索要过所谓的律师费。公诉人也认可假判决系中介人员伪造，但围绕本案被告人到底是否明知是假判决书进行了反复讯问，并强调

被告并没有“打官司”所以应当知道判决书是假的。辩护人则强调假诉讼和假判决是两个概念，本人不到场也可能完成一个诉讼，本案中负责房产登记的专门机关都没有审核出判决系伪造，为什么认为被告人就应当判断出来是假的呢？

上述案件，公诉人在庭审中并没有准确把握被告人行为构成诈骗罪的关键所在：被告人的分户是否有诸如离婚、继承、赠与等真实的理由，其分户的合理性何在？40 平方米分了 7 户，且其与其他分户人均不认识的客观事实有力地证明分户是虚构的。公诉人并没有围绕上述问题进行讯问，也没有在公诉意见中予以强调，而是仅纠缠于被告人是否明知判决书系伪造。实际上采取伪造判决的方式只是诈骗的手段行为，是否参与伪造以及是否明知系伪造都不影响认定本案被告采取虚构事实、隐瞒真相的手段骗取拆迁款的事实。上述庭审重点把握的偏差，实际是案件审查过程中重点把握不准的体现。

（六）对于与案件相关的必要专业知识准备不充分，导致法庭辩论陷入被动

例如在一起故意伤害案中，被害人的伤情为右臂尺骨骨折，经鉴定为轻伤。被告人与被害人是上下楼的邻居，因为漏水问题产生矛盾，对于发生冲突各执一词，都称自己没有动手，是对方主动、持续发起攻击，冲突还是在没有监控、没有其他人在场的电梯间内发生。被告人及其辩护人当庭提出，在双方纠纷结束后，有多位证人证实看到被害人只身着短袖背心，但均未提及看到其手臂有伤情，且被害人还手持擀面杖意图再次进攻，如果骨折将有强烈的疼痛感难以实施上述行为，所以尺骨骨折并不是此次纠纷造成的。面对上述意见，公诉人没有做任何回应。庭后我们咨询法医，对上述质疑有如下分析：一是如果骨折后未刺穿肌肉组织，通过外观观察可能并没有明显特征；二是当时双方刚刚结束激烈的冲突，身体处于应激性状态，对于疼痛的感受是有可能被延缓的。

本案审查期间始终存在重大分歧，被告人也自始作无罪辩解，对于其庭上的辩解及对控方证据的质疑应有充分的预测，完全可以通过申请鉴定人或有专门知识的人出庭，或者对上述人员制作笔录后提交法庭，以反驳被告人及其辩护人的质疑。至少可以做到庭前咨询后，公诉人在庭上直接做适当回应。

对于案件核心事实的相关专业知识做更充分的准备可以确保庭审主动。经过我们庭后了解，上述案件在检委会讨论期间委员就问过是否就尺骨骨折的具体情况咨询过法医，当时承办人回答是没有，在讨论的最后，检察长的意见是少数服从多数案件做起诉的处理，但是明确要求承办人进一步咨询法医，了解

本案中被害人右臂尺骨骨折的伤情是否可能是殴打他人时致伤。承办人确实对这一问题进行了咨询，但也仅对此进行了咨询，对于完全可能预测到的被害人尺骨骨折当时对于手臂功能的影响、疼痛感等均没问及。

（七）当指控意见与被害人及其诉讼代理人的意见不同时，应更加注重审查起诉阶段对于被害人意见的听取以及起诉决定作出后的释法说理工作

在一起过失以危险方法危害公共安全案中，由于该案移送审查起诉时认定涉嫌的罪名是以危险方法危害公共安全罪，提起公诉时变更了罪名，引发被害人及其诉讼代理人的强烈不满，在庭审过程中反复强调检察机关定性错误、不积极追诉同案犯导致事实认定不清、拒不听取诉讼代理人的意见、对被害人态度冷漠等。公诉人对于之所以认定“过失”予以一定的分析回应，对于是否追诉同案犯以及听取被害方意见的问题未予回应。

庭后公诉人介绍审查起诉期间多次听取被害人意见，也并没有拒不听取诉讼代理人意见的情况。

本案中，庭上公诉人的处置大体是适当的。在实际工作中，确实存在很难彻底说服当事人的情况，但充分的听取和解释可以最大限度地避免其将情绪性的意见带到法庭上。同时应特别注重听取律师意见，通过有效的专业交流，尽量争取律师帮助司法机关做好当事人工作，缓和当事人基于片面的认识与理解所产生的对立情绪。

（八）法庭教育比重过大，游离于指控工作

由于未成年人犯罪的案件审理过程中的法庭教育有专门的相关规定，本次讨论不做涉及。除此之外的法庭教育通常都出现在大要案或者社会关注的案件庭审中，虽然没有法律、司法解释方面明确的依据，却是公诉人履行法制宣传和教育职责的传统做法。

面对传统做法，也是需要时刻反思的。我们赏析一篇公诉意见的法庭教育部分用以探讨。检察机关指控被告人利用在公安消防总队担任领导职务期间，受贿共 3 起、10 余万元构成受贿罪，但是被告人对指控的事实和罪名都不认可，辩护人也做无罪辩护，庭审过程中的法庭教育如下：这一教训是十分沉痛而深刻的。一是社会的负面影响潜移默化的侵蚀了心灵。由渐变到突变，由量变到质变，最后变成了人民的罪人。二是侥幸心理助长了自己的私欲渐渐膨胀，在市场经济大潮中没有经受住考验而败下阵来。思想防线被冲破了，就这样一次一次违纪违法，最后到了不可收拾的地步。三是意志的衰退逐步导致了自己的毁灭。小放松犯小错误，大放送犯大错误，接连不断的放松最后就毁灭了自己。

对被告人的审判，再一次警示我们，任何公职人员必须在“在公众监督之下进行工作”，这样“能可靠地防止人们去追求升官发财”和“追求自己的特殊利益”。

“贪似火，无制则燎原；欲如火，不遏则滔天”。案件带给我们的启示，其一，领导干部必须修身修德，筑牢拒腐防变的思想防线……其二，领导干部必须自觉接受监督制约，确保权力在制度框架内运行……其三，领导干部必须牢记国法面前没有例外……

公诉人希望通过今天的庭审，能够警醒各级领导干部以此为戒，在金钱、权力的诱惑面前，在消极腐败的危险面前，要不断自警、自省、自律，为人民用好权，为党执好政，为实现中华民族的伟大复兴作出更大的贡献。

我们需要思考的四个问题：

(1) 当前法庭审理的时间非常宝贵，以至于审判长经常要打断被告人、辩护人对于游离于庭审焦点问题之外的发言，在此背景下，在不到2500字的公诉意见中有超过1000字的法庭教育是否妥当?

(2) 法庭教育到底是教育谁，如果是教育旁听人员，那么公诉人从指控犯罪的角色突然跳转为类似于廉政教育基地的法制宣传员，是否干扰了法庭审判的正常进行，毕竟长篇的法庭教育与法庭审理过程中的证据采信、事实认定、法律适用等焦点问题都没有直接的关系。

(3) 这些所谓的犯罪学或社会学意义上的犯罪成因分析、案件警示是否真的有价值？上述公诉意见的教育与分析的内容几乎能够匹配绝大多数职务犯罪案件，如果是万金油则必然其分析较为浅层次，价值有限。即使更紧密结合案情，对于今后的工作真有价值，那么类似“警示”的内容以检察建议的形式发出是否更有针对性。

(4) 如果公诉人没有进行或没有充分的进行法庭教育是否就是没有履行好检察机关向社会宣传、教育的职责呢？一方面检察机关有专门的机构、人员、经费做面向社会的法制宣传教育工作；另一方面法庭审理绝对有教育的效果，但不应简化理解为法庭教育就是公诉人在履行指控、揭露、证实犯罪的职责过程中，突然跳出转为旁听人员的普法宣传员做一番演讲。清晰的指控、规范的证据出示、富有逻辑的公诉意见以及对于被告人、辩护人不合理意见的及时辩驳本身就是出色的法庭教育。

传统法庭教育部分的做法确实需要进一步予以反思，我个人的意见是公诉人彻底跳出角色，转换为宣传员向旁听人员发表演说的做法，无论长短、无论结合案件程度，都是不妥的。这会造成庭审职能定位模糊，于确定被告人刑事责任的逻辑也是不通的。即使未成年人被告人的法庭教育也主要是在判决后进行的，而其他案件的法庭教育都在发表公诉意见环节进行，试想如果终审判决事实不清、证据不足的无罪，公诉人的慷慨陈词是否涉嫌对被告人名誉的诋毁?

对于被告人的法庭教育也应适度，并更侧重于释法说理，以此起到督促被告人真诚认罪、悔罪，对被害人诚恳道歉的效果，使法庭教育不游离于且有利于公诉人履行指控犯罪的职责。

（九）法庭用语的严谨与恰当

例1，有的公诉意见中使用过度的形容词和刺激性语言，如将一般的犯罪手段形容为“极其恶劣”，将被告人对行为性质的辩解斥责为“狡辩”，将辩护人与控方不同的意见驳斥为“荒谬”等。即使辩护人在法庭上有过激言辞，公诉人也不宜图一时之快而使用刻薄、挖苦的语言与其针锋相对。

例2，在一次庭审中，辩护人抓住公诉人发言的一些漏洞，连续对公诉人的观点提出数个反问句式的质疑，公诉人此时已经意识到自己发言中的失误之处，对辩护人的问题一时语塞，情急之中引用列宁的名言“一个白痴提的问题，十个天才也解答不了”作答。

过度使用形容词，包括对指控事实的描述及对于辩护意见的评价方面，都会有违公诉人理性、平和的要求，至于第二个例子，当公诉人意识到发言有失误之处，及时向法庭说明即可，以这样的方式反驳，貌似赢得先机，实际效果极差。

此外，有时公诉人在法庭上语言表达不够严谨，使人产生歧义，也不够专业。

例3，如在一起贪污案件的量刑建议中阐述被告人可以从轻的理由时公诉人说道：“被告人犯罪的故意不明显，主观恶性不大，可以从轻处罚。”确定犯罪的故意是“有”或“没有”的问题，不应是明显与否的问题，贪污犯罪是故意犯罪，说犯罪的故意不明显则将对该行为是否构成犯罪都形成了质疑。

例4，又如在一起盗窃转化为抢劫的案件庭审中，公诉人在公诉意见中说，鉴于被告人对犯罪事实基本供认，建议可以从轻处罚。但被告人在法庭调查时只承认入室盗窃，不承认曾持刀威胁过被害人，其辩解随身携带的刀曾掉在地上，被害人看见了，不是故意展示凶器。被告人不供认用刀威胁过被害人，是对指控抢劫罪的否认，公诉人使用基本供认罪行的说法明显不当。

上述例3、例4反映的都是专业能力的欠缺导致庭审中表述的不准确，甚至错误。

（十）同步录音录像播放问题

上述均是在法庭辩论阶段的问题，关于是否应当播放同步录音录像更多是在举证质证阶段，被告人、辩护人对于被告人在侦查阶段的供述有异议后提出。鉴于此种辩论通常也比较激烈，也在此予以探讨。

在职务犯罪，特别是司法人员职务犯罪审理过程中，被告人及其辩护人通常会要求播放同步录音录像。如我们旁听的不同院办理的两件公安民警徇私枉法案中，被告人均否认侦查阶段的有罪供述，并称讯问中受到威胁和引诱，要求播放同步录音录像。两个院都没有将同步录音录像在庭前提供给辩护人，其中一个法院通过十余次的开庭将全部的录音录像当庭播放，另一个案件的承办检察院在庭前与法院沟通达成不当庭播放、也不将录像提供给辩护人的共识，庭上公诉人针对被告人和辩护人的申请，也做了较长时间的关于不提供同步录音录像依据的论述。

庭后就这件不提供录像的案件我们了解到，同步录音录像中确实没有刑讯逼供，但是存在瑕疵执法行为，包括拍桌子、骂人、以及以抓被告人的妻子相威胁等，检察机关认为虽然没有排除的必要（事实上被告人的有罪供述在本案中也非常重要），但是提供律师观看或者当庭播放也不妥，所以做出上述的处理。

那么到底应该如何应对呢？我们首先看下高检院研究室对上海市院研究室《关于辩护人要求查阅、复制讯问录音、录像如何处理的答复》，其中称：

“法律规定的辩护人的阅卷范围仅限于案件的案卷材料。对案卷以外的其他与案件有关的材料……辩护人是否可以查阅、摘抄和复制，需要由人民检察院根据案件情况决定。”

“讯问犯罪嫌疑人录音、录像不是诉讼文书和证据材料，属于案卷材料之外的其他与案件有关的材料，辩护人未经许可，无权查阅、复制。”

虽然有上述规定，在法庭上如果基于某种考虑又确定不提供录像，庭审过程中面对被告人和辩护人的申请，简要的回应不提供的依据即可，无需做更长篇幅的论述。因为，一方面，上述答复并非公开的司法解释，直接引用显然不妥；另一方面即使以答复的内容作答辩，也会因为任何理由的不提供录音录像与设置同步录音录像制度的初衷相悖，而显得没有说服力，无论不提供的理由阐述的多么充分庭审效果都不会好。所以最明智的做法是：在认真审查同步录音录像的基础上，该排除的排除，不排除的该提供的提供，实在基于某种考虑不排除也不提供的，也不要在庭审中过分纠缠于此，简要说明理由即可。

四、公诉人提升法庭辩论能力的基本方法

以上展示的问题如果均能避免，法庭辩论的效果自然就会有所提升，依托上述问题，我试图归纳公诉人提升法庭辩论能力的基本方法。

（一）确保时刻以客观公正立场履行指控犯罪的职责

客观公正和指控犯罪的关系常常被阐述为辩证统一的关系，但我认为更准确的应是在客观公正立场上履行指控犯罪的职责，这不仅体现在庭审过程中，而且应贯穿于执法的全过程。只有清晰了客观公正立场与履行指控犯罪职责的关系，才能一方面避免消极公诉，如不穷尽方法进行补证，导致庭审被动，甚至指控未被支持；另一方面避免公诉人从思维方式、工作模式、语言风格有悖理性、平和、文明、规范的要求，单纯追求胜诉。

（二）庭前充分准备

司法实践中绝大部分庭审中的问题是准备不足的问题：

1. 理论知识的准备。包括刑法、刑诉法等基本的理论储备，司法解释及具有司法解释性质的文件、刑事审判参考、“两高”的指导性案例等。

2. 审查工作的质量。审查过程中是否对全案证据进行了清晰的梳理、准确的把握，认定构成犯罪的核心事实的证据是否确实充分，重要量刑情节的证据是否取证到位，各项需要补充侦查的内容是否穷尽工作方式进行补充等。如果审查工作本身质量有欠缺，庭上只能被动挨打。

3. 庭审的具体准备。开庭前再次熟悉案件，准备好三纲一词，对于某些可能引发公众关注的案件要时刻关注舆论动向等。

（三）更为贴合的训练

1. 坚持传统辩论训练。在精神高度集中、承载一定压力的情况下，如何听清楚、想明白、讲精彩是需要训练的，传统的辩论训练，无论是一对一还是三对三，经过一段时间训练都可以有效缓解紧张，提升在此局面下思考和表达的能力，同时通过此种训练，也可以使公诉人表达精炼，避免赘语费字。

2. 重视实质辩论研讨。传统辩论训练属于基本功的训练，脱胎于大专辩论赛的基本模式和风格，与实际法庭辩论尚有距离。应该通过对审查起诉过程中的疑难问题的充分研讨，引导进行基于真实分歧意见的辩论，就争议问题（哪怕是已经领导决策处理的）进行持续的、逻辑的、专业的对话，并允许分歧观点存在，通过共享疑难案件、实务问题，启发思考，在构建论证观点体系的过程中实现归纳焦点、发现漏洞、逻辑表达等能力的提升。

3. 学习基础逻辑知识。法庭上最有力的是有逻辑的论证，要在日常的工

作中即注意培养和训练这种逻辑论证能力，关注日常经验法则，将其准确运用于法庭辩论。

（四）珍惜办案机会

公诉人是案子磨砺出来的，即使是天才的成长也不可能超越案件积累与不断反思，“出庭是有缺憾的艺术”，即使是优秀公诉人，也仅是将缺憾减低，而不会完全消灭。要珍惜每一个案件的办理、珍惜每一次庭审，尽可能地深耕细作，争取更多的获取经验，更大地提升自我。

今天交流的题目虽然为“公诉人法庭辩论技术”，但实际上我几乎没有做技术性的介绍，而主要是试图进一步深入认识我们的法庭庭审、共享一些问题，并对提高法庭辩论能力做原则性的探讨。

这源于我的一个基本判断：越是开拓性、构建性的工作，越需要技巧、技术运用其中，如法庭上的讯问、询问遇到障碍，就需要运用多种方法来克服困难、达到目的；又如面对庞杂的证据，就需要寻找清晰易懂的证明方法呈现在法庭。但是法庭辩论中，一轮公诉意见立论论证之后，主要是针对被告人、辩护人意见的攻击进行防御，主动运用技术、技巧的机会非常有限。其实面对被告人、辩护人的意见无非三种回应方式：如果认为其意见不合理，那就用事实证据、分析论证、日常逻辑等予以驳斥；如果不能及时回答就实事求是的说明，比如关于自首立功的内容在开庭前没有核实清楚，就应直接说：“这个问题公诉人需要在休庭后进一步核实”；如果认为其意见合理，就以适当的方式表示同意采纳。任何回避问题的技巧都是不可取的。

第14堂课　检察官出庭公诉的三种基本能力与庭辩技巧

——以审判为中心的诉讼制度改革为背景

● 范仲瑾*

课程提纲

一、"以审判为中心的诉讼制度改革"的理论解读
二、公诉工作面临的新挑战
三、公诉人亟待培养的三种法庭能力
四、公诉人出庭公诉的基本技巧

今天我想以十八届四中全会提出的"以审判为中心的诉讼制度改革"为背景，重点就"出庭公诉能力与庭辩技巧"给大家汇报一下我个人的一些思考，并与大家进行交流。当然，由于时间和水平有限，根本无法解决大家办案中遇到的种种具体问题，甚至也可能达不到大家来学习的期待和心理预期。不过，作为一点个人经验的总结与思考，权作抛砖引玉。如果这些思考能够引起大家的共鸣，或者促使你更多地关心当前的司法改革趋势，当然最好；如果有讲得不对的地方，也请大家批评指正，并恳请大家多提宝贵意见！

一、"以审判为中心的诉讼制度改革"的理论解读

首先讲第一个问题，"以审判为中心的诉讼制度改革"的理论解读。这个

---

* 河南省许昌市人民检察院副检察长。

问题理论性比较强，考虑到大家可能已经听过一些这方面的讲座或阅读过这方面的文章，我就不再面面俱到介绍各家的观点，而是就我个人的思考，讲两方面内容：一是西方国家刑事诉讼制度的主要特征；二是“以审判为中心的诉讼制度改革”的主要内容，或者更准确地说，作为顶层设计之一，“以审判为中心的诉讼制度改革”的基本定位是什么。

（一）西方国家刑事诉讼制度的主要特征

“以审判为中心”又称“审判中心主义”，是我国学者对西方国家刑事诉讼制度所作的理论概括。事实上，在西方刑事诉讼理论中，并没有“审判中心主义”这样的术语或研究。但是，通过比较法的视角，我们可以清楚地看到，西方国家的刑事诉讼制度具有以下三个方面的鲜明特征：

1. 在法典结构上，以第一审为核心统领整个刑事诉讼

以《德国刑事诉讼法典》为例，该法典共七编 31 章，其中第一编“总则”，第二编“第一审程序”，第三编和第四编分别是“未生效判决的救济程序”与“已生效判决的救济程序”；再之后，则是各种特别性的程序规定。因此，从法典总的结构来看，在审判程序上，法典以第一审为重心，辅之以必要的救济手段。

再以第一审程序为例。第一审程序下设八章，依次是“公诉”“公诉的准备”“裁定开启审判程序”“法庭审理的准备”“法庭审理”“对判决中保留的或事后命令的保安管束作判决”“缺席审理程序”。其中，“公诉”是第一审程序的法定启动手段；而“公诉的准备”则规定了有关侦查活动的内容。换句话说，在法律上，侦查乃“公诉的准备”；公诉则是第一审程序的先头程序。因此，通过法典的结构，我们可以直观地感受到，德国是如何配置侦查、公诉与审判的。

2. 在权力配置上，强调审判权对侦查权、公诉权的制约

在西方国家，刑事诉讼理论一般将侦查活动分为两类：任意性侦查与强制性侦查。凡不涉及个人宪法基本权利的侦查手段，或者虽涉及个人宪法基本权利但已争得权利人同意而无须诉诸国家强制力的侦查手段，属于任意性侦查手段。凡涉及个人宪法基本权利并需要诉诸国家强制力的侦查手段，则属于强制性侦查手段。就我国《刑事诉讼法》规定而言，搜查、查封、扣押、技术性侦查手段、通缉、辨认都属于强制性侦查手段；讯问犯罪嫌疑人、询问证人或被害人，除非预先征得对方同意，否则，也应当归属于强制性侦查手段。

西方各国的立法普遍规定，强制性侦查手段的适用，原则上实行令状原则或司法审查原则。具体而言，除非存在法定的紧急情形或例外，追诉机关在采取强制性侦查手段之前，原则上必须向法官提出申请并指出相关的证据；法官

在对相关证据和申请进行审查后，决定是否签发司法令状；追诉机关只有依据法官批准的司法令状并在司法令状明确授权的范围内，方可限制或者剥夺犯罪嫌疑人的自由和财产。

此外，审判权肩负着制约、防范公诉权滥用的重任。无论是大陆法系国家还是普通法系国家，对于检察机关的公诉决定，往往还存在一道审判机关的审查程序。在法国，对重罪的起诉，必须经过重罪法院预审庭的审查；在德国，对于检察机关的起诉，则需要经过法院审查后，才能确定是否开启审判程序；在英美法系国家，对于起诉决定，则需要经过法院的预审；在美国，联邦宪法规定，对于重罪起诉，应当实行大陪审团审查起诉程序。

3. 在事实认定方面，以法庭调查的证据作为裁判根据的唯一来源

在西方国家，法庭审理是整个刑事诉讼制度的核心。据美国耶鲁大学惠特曼教授的研究，在欧美国家，以法庭审理为中心的制度设计与西方基督教文化密切相关。

在欧洲历史上，审判制度发育与形成深受基督教观念的影响。根据早期基督教的“血罪”观念，流人血者，是一种罪孽。任何形式的杀人、流他人血的行为，无论合法还是非法，包括法官判决他人死刑，都被视为罪孽，要遭受地狱之灾。换句话说，在末日审判的钟声敲响时，流人血者是要受到责难和惩罚的。

为了缓解法官裁判刑事案件时的精神焦虑和心理负担，在西方基督教传统中，刑事诉讼程序的一个重要功能是为裁判者提供一种道德慰藉功能。其中，为了帮助法官逃避“血罪”的责难，早期基督教明确区分了法官的“公共身份与私人身份”，确立了“法官以公共身份杀人不是罪”的原则。因此，中世纪的法官，为了保证自己免受地狱之灾，谨守“公共身份与私人身份”的界限，从来不敢迈出法庭大门调查犯罪，也从不动用自己的个人知悉判决案件。

首先，严格区分法官的公共身份与私人身份。法官只有在法庭之内，才享有以公共身份审判的正当性。通过这一规则，法官与法庭牢牢捆绑在一起。在法庭之外，法官只是普通的个人；只有在法庭之内，法官才享有至高无上的地位并享有代表法律裁判他人命运的权力。

其次，严格区分法官与证人的角色，禁止法官依据证据之外的“私人知悉”作出裁判。换句话说，法官的裁判依据只能是法庭上出示、质证的证据，而不能是自己的“私人知悉”。中世纪的观点认为，“只要不动用你的私人的知悉，那么，杀死他的，是法律而不是你。为了避免将自己变成谋杀者，从而危及他们永世的生命，法官不动用他们的私人知悉。如果法官谨慎小心，避免

以证人的身份行事，那么，他将安然无恙”。正是凭借拒绝适用法官自己的私人知悉，法官才可以宣称“是法律杀死了他”，法官才得以逃避作出判决的个人道德责任，也因此不会受到“构筑地狱之牢”的危险。

时至今日，刑事诉讼制度的宗教色彩早已经褪去殆尽，但是，经过几百年驯化之后的审判权以及由此形成的具体审判制度却得以留存、延续并固化。因此，在西方国家，法官必须在法庭之内活动、必须依据公开法庭上获得的证据材料进行裁判，已经成为司法审判最基本的戒律。

（二）“以审判为中心的诉讼制度改革”的基本定位

针对我国刑事诉讼制度运行中存在的问题，十八届四中全会明确提出了“推进以审判为中心的诉讼制度改革”的改革目标。四中全会以来，“以审判为中心的诉讼制度改革”已经引起了各界的高度重视。但在推进以审判为中心的诉讼制度改革中，我们必须避免两种倾向：一是以西方国家的刑事诉讼制度为榜样，建议照抄照搬西方国家的某些具体制度和做法；二是无视我国刑事诉讼法的具体规定，提出种种改革完善建议。

我们认为，作为司法制度改革的宏观顶层设计，必须首先明确以审判为中心的诉讼制度改革的基本定位问题。在四中全会决定的说明中，习近平主席专门就“以审判为中心的诉讼制度改革”进行了论述。他指出，“我国刑事诉讼法规定公、检、法三机关在刑事诉讼活动中各司其职、互相配合、互相制约，这是符合中国国情、具有中国特色的诉讼制度，必须坚持。同时，在司法实践中，存在办案人员对法庭审判重视不够，常常出现一些关键证据没有收集或者没有依法收集，进入庭审的案件没有达到‘案件事实清楚、证据确实充分’的法定要求，使审判无法顺利进行”。据此，我们认为，这次改革不是针对刑事诉讼权力配置模式进行的结构性改造，而是以现行的刑事诉讼制度为基础进行的功能性调适，以期充分发挥现行制度的制约作用与制度功能。具体而言，我们认为，这次改革的基本定位与重点内容如下：“一个定位”：非结构性改造，系功能性调整；“两个核心”证据是核心，庭审是核心；“三个强调”强调审判对定罪的中心地位，强调第一审对事实认定的中心地位，强调法庭审理活动的中心地位。

1. 改革的基本思路

在四中全会决定的说明中，习近平主席指出，“全会决定提出推进以审判为中心的诉讼制度改革，目的是促使办案人员树立办案必须经得起法律检验的理念，确保侦查、审查起诉的案件事实证据经得起法律检验，保证庭审在查明事实、认定证据、保护诉权、公正裁判中发挥决定性作用”。因此，此次改革重在强调两点：

第一，证据是核心，目的是要求“确保侦查、审查起诉的案件事实证据经得起法律的检验”。第二，庭审是核心，目的是强调“保证庭审在查明事实、认定证据、保护诉权、公正裁判中发挥决定性作用”。

2. 改革的基本内容

以审判为中心的诉讼制度改革，其实现路径是通过庭审的实质化，保证证据裁判原则，在刑事诉讼中的全面贯彻，从而提高公、检、法三机关的办案质量，从源头上防范冤假错案，从根本上提高司法公信力。因此，绝不可将以审判为中心的诉讼制度改革，错误地解读为是对现有宪法体制的打破和重构；亦不可将其简单误读为以法院为中心或以法官为中心。

具体而言，以审判为中心的诉讼制度改革包含三层具体含义：

第一，在刑事诉讼阶段中，强调审判对定罪的决定性地位。审判对于定罪居于决定性地位，是我国刑事诉讼法的明确规定。《刑事诉讼法》第 12 条规定，“未经人民法院依法判决，对任何人都不得确定有罪”。很显然，该条文确定了刑事诉讼活动中审判与侦查、起诉的关系。具体而言，凡是用作定案根据的证据，必须在法庭上出示和质证；凡是与判决有关的事项都必须在法庭上经过辩驳。除非能够在法庭上运用证据依法证明被告人有罪，否则，不得确定任何人有罪。

需要指出的是，审判对于定罪居于决定性地位，并不意味着所有的刑事案件都必须交付审判。事实上，对于没有追诉必要或定罪的案件，或者对于证据不足以证明嫌疑人有罪的案件，检察机关可以通过不起诉制度予以分流。至于交付审判的案件，则应当由检察机关承担证明被告人有罪的责任。也即检察机关应当在公开法庭上通过证据依法证明被告人有罪。否则，根据证据裁判原则的要求，人民法院应当作出有利于被告人的判决。

第二，在审级关系中，强调第一审对事实认定的基础性地位。在审级关系中，我国尽管实行两审终审制，但是，由于上下级法院之间缺乏明确的功能分工，且均拥有事实认定的权力，致使我国司法实践中，事实认定的重心随着审级而不断上移。然而，司法实践表明，事实问题与法律问题截然不同。法律适用主要是一个法解释问题，因此，审级越高，解释的拘束力越大。而事实认定，则主要是一个证据评价与认定问题，因此，事实认定正确与否，并不会随着审级的上升而变得更加正确，而更多取决于（或者说依赖于）是否能够直接接触第一手的证据材料。

因此，在审级之间，应当注重不同程序的制度优势和功能分化，强化第一审法院在事实认定上的中心地位。四中全会报告指出，“完善审级制度，一审重在解决事实认定和法律适用，二审重在解决事实法律争议、实现二审终审，再审重在解决依法纠错、维护裁判权威”。因此，随着证人、鉴定人等四类人做到出庭作证，随着直接言词原则的逐渐贯彻落实，应当相应明确第一审程序在证据审查与事实认定上的基础性地位。

第三，在审判阶段中，强调法庭审理活动的核心地位。就第一审程序而言，改革关键是实现庭审的实质化。需要强调的是，在现代刑事诉讼制度下，“法庭审理”包含了时、地、人三方面的要求。

在地理意义上，法庭审理必须以法庭空间为限。具体而言，（1）法官不得游离于法庭之外。在我国，大多数法官习惯于在办公室、通过阅卷的方式熟悉案情。但是，这种游离于法庭之外的“办案活动”事实上赋予了法官太大的自由空间，致使所有的法律监督手段全部归于无效。因此，以庭审为中心的诉讼制度改革，第一步必须做到“法官回归法庭”。（2）未经法庭调查的证据材料，不得作为裁判的依据。这是现代审判制度的最基本要求之一。通过该项规则，法庭调查将成为法院调查证据、认定事实的唯一场所和法定手段，并推动控辩对庭审活动的实质参与。

在时间要素上，法庭审理应当坚持“连续不间断原则”。连续不间断原则是现代审判制度的基本原则之一。该原则强调庭审活动应当具有连续性。因此，在案件开庭审理后，除了正常的休息、餐饮时间或者存在其他依法休庭的事由，应当一直持续到法院作出最终裁决为止。在我国，贯彻该项原则的关键在于，不断提高当庭判决的比例。通过当庭判决，才能强化法庭审理对于裁判的决定性地位。否则，如果审者不判，当然会大大削弱法庭审理的重要程序。

在人员构成上，法庭审理不是法官的独角戏，而是控、辩、审三方共同参与的活动。因此，必须强调，没有控辩参与的审判，不可能是公正的审判。因此，在证据是否可采、举证质证、事实认定、法律适用等具体问题上，法官不能据一己之见遽然作出裁判，而必须先听取控辩的意见，然后才能作出裁判。在此意义上，任何司法裁判都不应该是法官或法官们的判断，而应当是包含了控、辩、审三方意见和见解的混合体。

总而言之，以审判为中心的诉讼制度改革对我国刑事司法工作提出了更高的要求。因此，为了配合该项改革，无论是法院还是检察机关，都必须以新的法律观念重新审视自己长期以来形成的工作习惯，并根据法律规定的要求，做出必要的调整与改进。

二、公诉工作面临的新挑战

随着以审判为中心的改革以及庭审实质化的不断推进，我国司法实践中，必须会出现一系列新变化和新气象。如法官必将变得越来越中立；越来越强调控辩的平等参与；越来越多的非法证据会被排除；证人等四类人员的出庭比例将不断提高；等等。

因此，随着以审判为中心的诉讼制度改革不断推进，公诉工作的重心也必须做出相应的调整。具体而言，在基层公诉实践中，公诉工作应当逐步实现以下三个方面的转移：

（一）从注重庭前审查转向当庭质辩

庭前审查是出庭公诉的基础。以前，我们的公诉工作主要侧重于庭前审查，至于如何出庭公诉、如何当庭质证辩论，往往重视不够。然而，在新一轮司法改革中，随着对庭审实质化的不断强调，“庭审在查明事实、认定证据、保护诉权、公正裁判”中的重要性将会不断增强。与此相适应，公诉工作也必须做出调整，高度重视当庭质证与辩论的作用。

（二）工作模式的转换

即由“在卷审查”转向“在案审查”。以审判为中心的诉讼制度改革要求庭审实质化、要求举证质证必须遵循直接言词原则的要求。因此，我们的审查工作就不能仍停留在书面证据的审查判断上，而必须认真听取当事人、辩护人的意见，对重要的证人证言直接询问复核，对重要的案发现场亲自复查，以保证提交法庭的证据符合庭审的标准。

（三）工作能力的转向

即由庭前发现能力转向当庭对抗说服能力。随着庭审实质性不断增强，要想保证出庭公诉获得良好的庭审效果与社会效果，必须不断提高庭辩对抗的能力。学会通过法庭上的发问、质证、辩驳，达到证明被告人有罪的说服效果。

应当承认，在我国公诉队伍中还存在一些问题，然而，随着以审判为中心的诉讼制度改革不断推进，无论是在国家层面还是在社会层面，社会各界对公诉工作的要求必将越来越高，任务也必将越来越重。

第五次全国公诉工作会议指出，公诉是我国检察机关的核心的、标志性的职能之一。在我国，公诉工作不仅是展示检察形象的舞台，也是社会各界了解检察机关的重要窗口，更是检察机关对社会公正发挥引领作用的主战场。因此，我们这一代公诉人必须肩负起历史的责任，直面挑战，积极应对。我们不仅要转移工作重点、改变工作习惯、革新工作模式，还要树立控辩平等、当庭证明的观念。适应时代的需要，公诉人在注重证据审查能力的同时，还必须适应庭审实质化的发展趋势，强化庭审意识，培养当庭举证质证、发问辩驳等出庭公诉能力。

三、公诉人亟待培养的三种法庭能力

基于以审判为中心的改革要求，在法庭审理中，检察机关不仅应当向法庭提供充足的证据，而且应当通过直接言词的方式向法庭、向社会公众证明被告人有罪。为此，公诉人必须完成两个转变：

第一，从查明到证明的转变。查明是让自己明白；证明是让他人明白。查明并不等于证明。如果你想让他人按照你的事实主张作出裁断，你就得用证据向他人进行证明。

第二，从单纯的示证向有效的说服转变。公诉人出庭不单是简单地向法庭出示证据，而是要运用证据说服法庭、说服社会公众。

为此，我们的公诉人队伍亟须提升三种最基本的出庭公诉能力：

（一）有效发问的能力

发问不仅是人的生存本能，更是一种交流技能。不同的问话方式，产生不同的效果。两个教士在礼拜时都想抽烟。一位教士问主教："我在祈祷的时候可以抽烟吗?"主教感到这位教士对上帝极大的不满，断然拒绝了他的要求。而另一位教士也去问这位主教："我在抽烟的时候可以祈祷吗?"主教认为他念念不忘上帝，就连抽烟的时候都想着上帝，可见其心之诚，于是欣然同意了。同样的要求，相反的结果，差别就在问话的技巧。生活尚且如此，法庭更为需要。

目前，多数公诉人对法庭发问技巧掌握还不够熟练，表现在：发问方式单一；公诉人的"三板斧"："今天面对庄严的法庭，希望你能如实回答，你是否有罪?""你在侦查机关的供述是否属实?""你当庭供述为何与以前供述不一致?"表达方式单一；语言程式化、模式化；语调缺少变化，缺少抑扬顿挫，缺乏感染力、控制力；不善于使用照片、示意图、现场模拟等方式，提高发问的综合效果。

因此，要提高发问效果，首先必须掌握并遵循一定的发问规则。根据我自己的出庭公诉经验，我认为，出庭公诉应当注意以下规则：

1. 量身定做的发问计划

熟悉案情，全面掌握证据，针对每个被问对象个性特征、身份背景，知识背景等，结合案情设计问话，制订有针对性的发问计划。制订发问计划应遵循以下要求："三个原则"：基本案情；被问对象及与案件的联系；发问目的。"四个要素"：发问目的、发问内容、发问方法、应变措施。

2. 尊重人格的发问态度

傲慢的态度只会自取其辱。法庭发问无论是讯问被告人，还是询问证人鉴定人，要坚持理性、平和、文明的司法理念，给予被问人充分的尊重，才能赢得被问人的配合，最大限度地达到发问目的。

3. 波澜不惊的良好心态

法庭审理复杂多变，很多情况会超出公诉人的预想，公诉人越是在庭审难度大的情况下，越要保持冷静，控制自己的情绪，不受庭审中其他人员的影响。遇到对己不利的答案不要表现在脸上，不要与被发问者争辩，要淡然处之，继续下一个问题。

4. 简洁明了的法庭表述

法庭发问语言要精练准确，严谨规范。问话要简短易懂，语义明确；表述要清楚，精练到位，切忌重复、多余、冗长。

此外，为了提高发问的法庭效果，公诉人还应当掌握并熟练运用以下最基本的发问技巧：

1. 干净利落的开头和结尾

要概括介绍发问目的内容，结束时要对发问内容作一个简要明确的概括。

2. 适度保持发问的控制力

注重问话对被问人的限制，发问要带有获取信息的目的性，把握好问话的控制力。

3. 巧妙适用预设问话的陷阱功能

如"你停止骚扰她了吗?""你是用左手还是右手拽掉她的裤子的?""他抢你的包时，你看清楚他的脸了吗?"

4. 恰当运用封闭性问话的逼迫功能

封闭性问话是指问话限制了答话范围，答话只能在互相对立、互相排斥的答案（如是与否，对和不对）中选择一个，回答"是"或"不是"。限制对方答话，对对方产生心理强制和逼迫。

5. 适时发挥"据证问话"的突袭功能

6. 忌用无力型语言

例如，大量使用不确定性用语；表示犹豫的词语；习惯性的无意义重复；不完整的句子；等等。公诉人法庭发问语言应当准确、简练、明白、有力。尽量避免使用"这个，那个，啊，哦，我觉得，我想"等此类无力型语言的问话。

7. 注意不要一次问多个问题或多层次问题，一次只问一个问题

8. 注意不要和证人争辩

9. 不要问不知道答案的问题

此外，我们还应该注意：(1) 对于不配合的被告人，应当如何展开富有成效的讯问。我个人认为，此时，应当尽量减少使用开放式问题，以增强问话的控制力。(2) 要善于借助照片、现场示意图、现场模拟等形式使讯问形象起来，克服语言的抽象性。(3) 要根据被发问人的回答情况，及时调整发问方向。另外，对被告人含糊其辞的回答要及时追问，对被告人多余的解释要及时制止。

(二) 有效辩驳的能力

在法庭审理中，随着控辩活动对于审判结果的作用越来越大，代表国家出庭支持公诉的检察官也必须不断提高当庭辩论的能力。

为了进行有效的辩驳，公诉人应当注意以下三个方面：

1. 抓住辩点，有效辩驳

在法庭上，辩驳的首要任务就是快速准确地捕捉到对方的质证观点、辩护观点是什么。唯其如此，才能保证辩驳紧紧围绕争点展开，避免纠缠枝节问题，辩驳方可有效。一般而言，控辩双方之间的争点主要表现为以下八个方面：

(1) 质疑证据能力，通常将非法证据扩大化；

(2) 质疑证据真实性；

(3) 质疑证据关联性；

(4) 质疑犯罪主观要件缺失，通常辩称无犯罪故意；

(5) 质疑犯罪客体要件缺失，通常辩称无危害性结果或危害性结果非其行为造成；

(6) 否定行为与结果之间的因果关系；

(7) 辩称认识对象错误；

(8) 诉讼程序违法，严重妨碍司法公正。

2. 抓住时机，有效辩驳

辩驳必须及时。法庭上对于被告人的错误辩解及质疑，如果不能立即予以批驳，就等于默认其观点，从而使法庭及旁听者就此问题形成有利于被告人的判断，事后的弥补将很难消除法庭已经形成的概念。

在薄某甲案件的法庭质证中，薄某甲就徐某对薄某乙提供资助等问题对徐某连发 21 问，徐某回答 13 个“没有”。

被告人：你对薄某乙的支持，给他报销机票、信用卡、电动平衡车，跟我讲过没有？

证人：没有。

被告人：非洲的事情你给我讲过没有，你支付他们的费用？

证人：没有。

被告人：谢谢你实事求是。你给薄谷某某买的贵重东西，给薄某乙买的贵重手表，跟我说过没有？

证人：没有。

被告人：你说薄某乙、薄谷某某在外一年要好几百万元，这个概念你跟我说过没有？

证人：没有。

……

这些发问和回答，在法庭效果上，削弱了控方的指控。此时，在庭辩技巧上，公诉人如果当庭对徐某进行再询问，对事实作进一步的澄清，庭辩效果就会更好。

3. 针锋相对，有效辩驳

法庭对抗必须针锋相对才能达到证明、辩驳的效果。

在薄某某案件的法庭质证中，公诉人与薄某某就唐某某的证言进行质证辩驳。

被告人："唐某某从趋利避害的角度也会诬害我，既然他与我感情那么好，为什么不将底子漏给我，这本身说明他对我并不好，如果他真是对我感情亲如一人，为什么不把所有的这几件事情的阴谋告诉我呢？我觉得这本身就说明问题。只要他对我指控就会减刑，唐某某检举我符合检举立功的条件，唐某某怎么不可能诬陷我来趋利避害呢？"

公诉人："被告人对唐某某的证言极力否认，而且把唐某某说成是骗子，说成是为检举他而达到立功目的，这些说法有的是被告人自己的猜测，没有任何证据。还有，被告人说唐某某检举他，这不是事实，我们公诉机关宣读唐某某的证言，是依法取证，是根据刑事诉讼法的规定，任何知道案情的人都有作证的义务，唐某某作证时，司法机关也已明确告知他作证的义务，因此唐某某的证言是合法有效的，唐某某的证言不仅在取证程序上合法，而且有其他证据予以印证，也就是说，符合证据的真实性、客观性、合法性。"

在这里辩方争辩的不是唐某某证言的合法性问题、不是证据能力问题，而是其证明力大小。薄某某的质疑是，"只要他对我指控就会减刑，唐某某检举我符合检举立功的条件，唐某某怎么不可能诬陷我来趋利避害呢?”并试图以此削弱唐某某证言的证明价值。对此，公诉人尽管以“这些说法有的是被告人自己的猜测，没有任何证据”进行了回应。但驳斥的重心是从唐某某的证言“是依法取证”的角度切入，说的是证据能力，而没有对证据的证明力问题进行彻底有效的辩驳。这种回应，显然没有切中要害，显得有点苍白、机械。因为依法取得的证据，也可能不真实、不可靠。

简言之，在法庭辩驳中，只有厘清控辩辩驳的焦点，并就此及时展开针锋相对的驳斥，才能够达到“真理越辩越明”的效果。

(三) 有效说服的能力

犯罪事实是过去发生的事实，是无法像“物理事实”一样拿出来让人看的，因此，只能采取证明的方式。要学会“让证据说话”，要能够“让冰冷的证据变得让人热血沸腾”。

1. 善于运用潜在的证据信息有效说服

所谓证据潜在信息，是指证据本身所蕴含的、超出其常规证明作用、需要通过逻辑推理，或日常生活经验予以揭示的那部分证据信息。

根据辛普森案中，现场勘查报告显示的证据信息，请大家思考一下，分析挖掘其潜在信息并推理出相应的结论。辛普森案中，现场勘查报告显示：(1) 身高体壮的戈德曼的随身物品，一串钥匙、一个信封、一张纸片以及一个呼叫机都散落在不同的地方。(2) 戈德曼的牛仔裤上有血迹向下流的形状。(3) 戈德曼被刺了30余刀，最后因颈部静脉断裂和胸腹腔大出血致死。

根据上述勘验报告信息，我们可以挖掘以下潜在的证据信息：

第一，从戈德曼个人物品四处散落，说明打斗的范围很大，搏斗很激烈。因此，犯罪人身上极有可能有戈德曼的血迹。第二，牛仔裤上血迹下流，说明戈德曼不是在极短时间内死亡，而是在负伤之后，仍然挺身而斗，拼死抵抗。

根据上述潜在的证据信息，我们有理由得出以下事实推断：凶犯浑身上下极有可能也沾满了戈德曼血迹，甚至自己也会受伤。

在辛普森一案中，控方指控辛普森的最有力物证是：在辛普森卧室地毯上提取的辛普森的一只袜子，上面带有被害人的血迹。但是，辩方物证专家检验后，却发现“这只袜子两侧的血迹形状竟然完全相同”。根据我们的生活常识，我们可以根据上述物证检验结果获得以下潜在的证据信息：只有当血迹从袜子左边直接浸透到右边时，两边的血迹才会一模一样。假如袜子当时被穿在脚上，那么袜子左边外侧的血迹绝不可能先浸透到左边内侧，然后再穿过脚踝浸透到右边内侧。因此，根据上述证据事实，我们有理由得出以下事实推断：血迹很有可能是被人涂抹上去的。或者说，这个证明力极强的物证极可能是警方伪造的。

一言以蔽之，通过挖掘潜在的证据信息，可以拉伸证据的张力，扩充证据的内涵，使证据证明力更强，说服力更大。

2. 善于优化证据组合，构建合理证据体系说服

证据体系，亦称证明体系，是指以证明指控的犯罪事实为导向，将查证属实的证据，根据证明作用的大小和证明对象的特征进行合理有效配置，构建一个主次分明、井然有序的有机整体。我们认为，根据证据的证明作用，可以将证据划分为三类：基准证据、优质证据、冗余证据。基准证据是指在证据材料中，那些能够直接将犯罪事实与犯罪嫌疑人联系在一起的证据材料。这些证据材料就是该案的“基准证据”。优质证据是指那些证据自身不易发生变化且辩方难以提出合理质疑的证据材料。冗余证据则是指那些重复且意义不大的证据。

经过法庭质证可作为定案依据的证据数量已定，如何将证据的证明力最大化，起到有效的说服作用，必须善于对证据优化组合，构建优质的证据体系，产生“$1+1+1\geqslant 3\geqslant 4\geqslant 5$”的效果。正如谱写乐曲的音符只有8个，却谱写出人间无尽的乐曲，有的高昂，有的低沉；有的欢快，有的忧伤。组合不好就会产生噪声。

3. 要善于诉诸生活经验和日常情理说服

证据是从生活中撷取的一朵浪花，只有把它放回生活，它才能闪光跳跃，多姿多彩，才能被人们所接受、所认可；否则，它就会变得很僵硬，很难说服人。因此，我们要善于诉诸生活经验和日常情理说服。

如美国电影《十二怒汉》的精彩片段，这一段是借助生活常识和日常情理揭示证据证明力，从而说服对方的经典案例。通过这个短片，我只是想提醒大家：公诉人必须不断提高自身运用证据进行说服的能力。面对既定（数量）的证据，结合日常生活经验和情理，通过深挖证据或证据体系蕴含的证明信息，将会赋予证据活生生的生命和力量。

4. 善用修辞有效说服

修辞是一种提升感染力的表达技巧。犹如饭菜之调料，可以让语言增色。

第一，要善于使用排比句、设问句、反问句提高语言的表达力。

第二，要善于通过举例子、打比方让抽象的说教变得生动活泼、富有感染力。

第三，要善于运用适当的肢体语言、语调变化、语速变化等技巧，让证据说话，让冰冷的证据变得让人热血沸腾。

四、公诉人出庭公诉的基本技巧

法庭审理是一种综合的语言表达艺术，发问、质证、辩论、说服相互交织，作用相同，只是各自的侧重点不同。因此这里所讲的基本技巧应该是更基础的层面，更宏观的视角。

1. 要注意运用法庭辩论的基本策略

（1）明确争点，防止跑题。当辩护意见偏离争点时，要立即提出异议，及时把论辩内容拉回到主题上来。

（2）有理有据，杜绝不实之论。对辩方脱口提到的没有明显法律依据或证据支持的主张，应当及时提出质疑，要求对方出示具体的法律依据或证据，杜绝不实之论。

（3）有理有节，不意气用事。对于枝节问题，应当着眼于庭审的大局，不过多纠缠，不争一时口舌之快。

（4）讲究谋略，适时出击。针对不同的案情，选择主动出击还是后发制人。

2. 要善于运用辩论的逻辑技巧

在法庭辩论中，所使用的技巧和方法，主要是以逻辑技巧为基本点而展开的。巧妙地运用逻辑手段，不仅可以巧妙地应对法庭辩论中出现的新情况，而且，可以及时给对方以有力回击。

（1）正本清源法。针对虚构事实、夸大事实、误读法律政策、杜撰名人言论作为其推论大前提者，可用说明事实真相，正确解读法律政策，揭露其大前提的虚假性，通过正本清源指出对方辩论的逻辑错误。

（2）釜底抽薪法。针对在论证中使用偷换概念、错误类比、片面归纳等手段进行错误推论者，直接指出论证方法的错误性，对其进行辩驳，有似釜底抽薪。

（3）抓大放小法。当对方纠缠于次要问题、表面现象、细枝末节时，可以用抓大放小法，直指主要矛盾，攻击对方的软肋，以直截了当、直面问题的方式进行反驳。

尽管这些方法都是针对庭审中具体经验的总结，但也很难直接拿上法庭进行套用，它只能为大家指明路径，提供思维的方式，因此，要真正化为自己得心应手的能力，还必须靠个人多实践，勤总结。

3. 注重用好口头表达技巧

法庭审理不是做报告，尽量少用书面语，要善用口语提高现场感、真实感、亲切感，提高法庭和旁听的接受度。因此，在法庭辩论中，公诉人应当注意以下五点：

（1）一定要能脱稿，不要照本宣科，一字一句地宣读公诉词。

（2）一定要有条理，开头要说明自己讲几点内容，最后再予以适当概括，让听者有总体感。

（3）一定要有现场感，要能够把法庭调查中出现的新情况整合到法庭辩论之中。

（4）一定要表现出自信，用自己的语言语速、肢体语言传递自己对自己的信心。

（5）一定要善于入情入理，让语言活泼起来、生动起来，让人愿意听。

4. 沉着应对的技巧

面对法庭上的突发情形，要镇静、冷静、平静，做到不慌、不乱、不紧张，对当事人或辩护人在庭审中的妨害诉讼等不当行为，应及时建议法庭予以处理。对庭审中被告人翻供、证人翻证、证据突袭等突发情况，应根据庭审预案及时应对。遇有庭前未能预料且无法当时处理的，应建议法庭延期审理。

“日出江花红胜火，春来江水绿如蓝。”新一轮司法改革大潮涌动、风生水起，对于我们来说既是历史机遇，又是历史责任。要成为一名优秀的检察官，必须跟上历史的步伐，踏准时代的节拍，以积极的心态融入改革、拥抱改革；必须以自强不息的精神，肩负起推进改革、完成改革的历史责任。

为适应时代的需要，我们必须向书本学习，不断更新知识储备；必须向社会学习，练达世故人情；必须向同行学习，弥补自身短板。但出庭公诉是一门实战技能，学习固然重要，实践更为必须。“纸上得来终觉浅，绝知此事要躬行”，我们更要多锤炼、勤思考、善总结。

“潮平两岸阔，风正一帆悬！”衷心祝愿大家能够未雨绸缪、早做准备、锤炼技能。乘着改革的东风，扬起智慧的风帆，到达理想的彼岸，成为公诉精英！

第 15 堂课　法庭询问和法庭辩论的方法与技巧

● 朱克非[*]

课程提纲

一、出庭工作面临的新形势和新任务
二、法庭询问的方法与技巧
三、法庭辩论的方法和技巧

今天我和大家交流的题目是法庭询问和法庭辩论的方法与技巧。具体分为三个部分，第一部分先简单总结一下目前我们公诉出庭面临的新形势和新任务，只有我们充分了解到这些新形势和新要求，才能从心理上认识到提升出庭能力的重要性和迫切性。第二部分是法庭询问的方法与技巧，第三部分是法庭辩论的方法与技巧。

一、出庭工作面临的新形势和新任务

在前不久召开的全国第五次公诉会上，曹建和孙检的讲话中都对当前公诉工作面临的新形势进行了分析，其中很多内容在出庭工作中都有体现，具体来说有以下四点：

（一）以审判为中心的诉讼制度改革

以审判为中心的诉讼制度改革是党的十八届四中全会提出的一项重要的司法改革举措。具体的要求是确保侦查、审查起诉的案件事实证据经得起法律的

---

* 北京市人民检察院公诉一处助理检察员。

检验。全面贯彻证据裁判原则，严格依法收集、固定、保存、审查、运用证据，完善证人、鉴定人出庭制度，保证庭审在查明事实、认定证据、保护诉权、公正裁判中发挥决定性作用。

从上述要求来看，至少意味着三个方面的变化：第一，侦查和审查起诉的证明标准要向审判标准看齐。原来虽然《刑事诉讼法》规定侦查、起诉和审判的标准都是事实清楚、证据确实充分，但由于我国诉讼阶段性特征，因此实际上侦查机关、检察机关对于证明标准的把握与法院并不完全一致，而以审判为中心要求侦查和起诉的标准统一到审判的标准上来。第二，贯彻证据裁判原则。所谓证据裁判原则，就是认定的事实必须有充分的证据支持，且需经过法庭的举证质证，原先那种庭后阅卷，庭上走过场来作出判决的做法将逐渐改变。第三，完善直接言词原则，直接言词原则要求言词证据的提供者必须到庭作出陈述，并接受控辩双方的询问。

上述三个方面的变化无一不与出庭工作密切相关，起诉证明标准把握不准，就难以在法庭上说服合议庭，贯彻证据裁判原则，需要公诉人更加善于通过举证质证来展现案件事实，而完善直接言词原则也考验着公诉人法庭询问和临场应变的能力。可能在座的一些同志还没有深切的体会，只是能说这种改革存在一个渐进的传导过程，走在最前面的一定是法院，表现出来的就是更加注重依靠庭审来查明案件事实，采取更加严格的证明标准来定案，原来能判的现在不判了，法院的这种态度最先传导到的就是检察机关公诉部门，公诉部门必须及时进行调整，将证明标准向法院靠拢，势必会对一些案件作出不起诉，之后检察机关的态度会传导到侦查机关，促进侦查水平的提高。这种传导过程2014年在北京已经有所体现，我们的无罪案件数量、撤回起诉数量、不起诉数量都有所增长。我想咱们西部的检察机关也正在或者很快就会体会到这种诉讼制度改革给我们审查起诉和出庭工作带来的新问题，如果我们不及早做好准备，那么早晚会在案件质量上出问题。

（二）修改后《刑事诉讼法》的贯彻实施

2013年修改的《刑事诉讼法》更加注重维护和保障人权，并设立完善了一系列诉讼制度。如辩护人的会见权、阅卷权、调查取证权得到进一步的保障。如果说我们以前还可以不与律师及时会见，不给律师查阅全部案件材料，不同意律师的调查取证要求，而使我们在指控犯罪时具有极大优势的话，可能现在我们必须要面对一个平等武装的辩护方。而非法证据排除制度、证人、鉴定人出庭制度的完善增加了公诉人证明证据来源合法、真实可信的难度。

（三）社会公众和媒体的监督

在司法公开的大趋势下，公诉人在法庭上的表现将直接暴露在社会公众和媒体的聚光灯下，一旦公诉人在庭上有什么不当言论，马上会引起炒作，直接损害检察机关执法公信力。

（四）公诉人公诉经验不足

孙检的讲话对全国的公诉队伍情况进行了总结，公诉队伍30岁以下和从事公诉工作不满3年的“新兵”接近半数，学历层次高、视野开阔、思想活跃、接受新事物快，但社会知识和司法实践经验不足。而庭审恰恰更需要的是大量实践的积累，很多公诉人基本上没有在真实的法庭上询问过被害人、证人，也很少接触疑难复杂案件，出庭能力得不到很好的锻炼。

总体来说在新的形势下，检察机关出庭支持公诉的标准更高、要求更严、作用更凸显，公诉人要进一步适应事实证据调查在法庭、定罪量刑辩论在法庭、裁判结果形成在法庭的要求，重点做好重大、疑难、复杂案件的审查起诉和出庭支持公诉工作。

二、法庭询问的方法与技巧

下面，我们就来探讨法庭询问的方法与技巧。首先介绍一下法庭询问的特点，了解其特点有助于我们有针对性地加以提炼技巧。之后再给大家讲一下法庭询问的具体技巧。

（一）法庭询问的特点

1. 被询问人的认识能力、表达能力、心理素质有较大差别

这个比较好理解，不同的被询问人由于自然条件不同，因此感知能力也不同。如年纪小的儿童，其对成人通常使用的词语可能无法准确理解，对他们进行询问就不能使用成人化的语言。有的人很内向，在公开场合说话容易紧张，逻辑不清，对他们进行询问就需要在语气上更加委婉，不要一上来就切入主题，可以先问两个简单问题帮助其缓解紧张情绪。

2. 被询问人的作证立场不同

比如被害人为了实现自身利益的最大化，会夸大被告人对其造成的侵害，而在其获得较高经济赔偿后又可能作出有利于被告人的陈述。再如辩方证人如果是与被害人有利害关系的人，则可能会作出虚假证言。

3. 法庭询问的目的是使法官有效接受信息，全面了解案件事实，并形成有利于己方的内心确信

因此法庭询问应当向法庭完整呈现被害人和证人就案件所知的全部事实，并形成有利于己方的自由心证。如果公诉人通过法庭询问不能使法庭确认我们指控的事实，就会承担败诉的后果。

4. 被询问人要接受控辩双方的交叉询问

对被害人、证人的询问分为对己方被害人、证人的主询问、反方对己方被害人、证人的反询问，以及之后的再主询问、再反询问，这就是理论上的交叉询问，交叉询问被视为最能够检验言词证据真实性的一种方式。以控方证人为例，由公诉人首先对控方证人进行主询问，询问目的是证明指控事实，在公诉人主询问完之后再由辩护人进行反询问，反询问的目的是发现控方证人证言中不真实、不可信的内容，削弱控方证人证言的证明力。在辩方反询问之后，公诉人还可以就反询问环节中出现的问题再次询问控方证人，以澄清陈述或证言在反询问中出现的矛盾，当然之后反方还会进行再反询问，往复数次直到控辩双方都认为没有继续询问的必要。从法庭询问的环节来看，只有主询问环节是公诉人可控的，而反询问环节公诉人很难全面预测到辩方的思路，因此只有依赖于公诉人对案件事实的全面把握以及丰富的临场应变能力，才能在法庭询问中立于不败之地。

5. 法庭具有严格的规范性特点

公诉人法庭询问是刑事庭审活动的重要组成部分，也是公诉人履职的重要手段，且询问活动最终将影响到对被告人刑事责任的判断，因此它必然要受到法律和规范的严格规制，从而确保被询问人能够如实作出陈述。比如公诉人在法庭询问中不得采取侮辱、威胁等语言，避免诱导性询问，还有使用一定的法言法语的规范要求。

（二）法庭询问中的具体技巧

1. 充分的庭前准备是必需的

面对一个疑难、复杂的案件来说，充分的庭前准备可以把庭审的意外因素降到最低，所以高检院要求公诉人在开庭之前必须要制作“三纲一书”，“三纲”是询问提纲、质证提纲和答辩提纲，“一书”是公诉意见书。庭前准备有三项工作是必须的：

（1）对关键性的言词证据进行复核。刚才已经提到了，言词证据具有不稳定和易虚假的特征，尤其对于主要依靠言词证据定案的案件，一旦言词证据发生变化，就很难坚持指控事实，比如说强奸案件、行受贿案件。对被害人陈述或关键证人证言进行重新询问在庭前必须做，而且必须在审查起诉阶段就做好，第一，要核实证言基本内容有无变化，第二，由于被害人陈述或证人证言中经常有些具体细节和案件其他证据对不上，对他们询问时要注重核实这些细节，看能否作出合理解释排除这些矛盾。

（2）利用庭前会议解决被害人、证人出庭问题。庭前会议是修改后《刑事诉讼法》规定的一项诉讼制度，主要功能是作为一种庭前准备程序，通过召集控辩双方沟通协商来解决案件的一些程序性问题，并整理案件争议问题，以促进庭审顺利进行。检察机关对于一些疑难、复杂或有重大社会影响的案件，最好能够建议法院召开庭前会议，并在庭前会议中解决相关被害人、证人的出庭问题。这样做既有利于公诉人确定自己要出庭的人员，同时也可以了解辩方申请出庭的证人及意图证明的事实，事先做好询问预案。

(3) 在确定了控方要出庭的被害人和证人之后，公诉人还要再次与上述人员进行沟通，掌握被害人和证人的性格特点、语言表达能力，并就庭审中的询问内容和程序与被害人、证人进行必要的沟通，缓解被害人、证人的紧张情绪。

2. 主询问重在构建指控事实

刚才我们已经讲过，对于控方证人来说，主询问是公诉人可以充分掌握的环节，应当充分运用以强化法庭对指控意见的接纳。具体应当注意以下五点：

第一，要仅仅围绕指控事实。起诉书所指控的事实是庭审活动中的一条红线，它决定了整个庭审活动中“诉什么”、“辩什么”和“审什么”的问题。因此，公诉人的询问也必须紧密围绕起诉书指控事实展开，而不能够游离其外。与案件定罪量刑无关的事实不需要询问。

第二，要采取明知故问的方式。法庭询问和侦查中的询问目的不同，侦查询问是通过询问来发现未知事实，而法庭询问是公诉人将已经审查确认的事实证明给法庭，因此主询问中公诉人设计的问题都应当是已知的问题，即证人和被害人的答案应当是公诉人已知的，公诉人事先不了解不清楚的问题不要在主询问中涉及。

第三，采取一句一问的提问方式，尽量不用让被害人、证人大段陈述的方式。实践中有的公诉人在询问时首先让被害人、证人就其被伤害或见证的事实进行陈述，这种方式容易导致一个问题，就是被害人、证人由于情绪紧张，或者不知道要从何说起，而导致陈述逻辑混乱，遗漏关键事实，造成的后果是公诉人要认真听被询问人的大段陈述，再记录哪些关键点是遗漏的，哪些是说过的，之后还要进行补充询问，而且补充询问也只能是就遗漏的点进行零散的询问，打破了事实发展的顺序，也不容易让法庭听清楚。所以我更加倾向一句一问的方式，一个问题就要一个答案，这样被害人、证人可以特别清晰地了解你要问的问题，并给予清晰明确的回答，公诉人也可以按照设定的逻辑顺序展开询问。

第四，避免诱导性询问。诱导性询问（leading question）是指提问中已经暗含着答案的提问方式，或者询问本身就暗示答案的询问，如“你当时是否在某某酒吧喝酒”“你根本没有见过张三送你的6万元钱，对吗?”我国《刑事诉讼法》中规定法庭询问时不得采取诱导方式，但并未区分主询问和反询问。实际上在英美国家的证据规则中，只有主询问不能采取诱导性询问，而反询问时是可以进行诱导的，之所以这样规定，是因为主询问方传唤的证人往往同情、理解主询问方，容易受主询问方的诱导和暗示，即主询问方问什么，证人就答什么，随声附和，所以不允许主询问方进行诱导性提问。相反，主询问方的证人，一般都对反询问方持警惕、防范态度，甚至故意不配合、敌视，所以不轻易会受到反询问方诱导性问题的困扰和迷惑，因此，反询问时允许提诱导性问题，只有这样，反询问才有意义，才能使交叉询问制度成为发现案情真相的“最佳装置”。否则，反询问时也不允许诱导性提问而遵守与主询问同样的规则，则反询问只能起到进一步重复、印证、强化主询问方证人证言的作用，果真如此，反询问也就没有存在的价值了，整个交叉询问制度也失去了最具活力和魅力的部分。但不管如何，主询问中是不能够使用诱导性询问方式的，诱导性询问方式的一个较为显著的特征就是提问的方式用“是不是”“对不对”这样的句型，而让证人在问题预设的答案中选取一个，因此我们在主询问中即使用一问一答方式，也要避免出现这种询问方式。

第五，要适当地采取口语化的询问方式。对于案件中的专业性问题或专业术语，要注意转化成证人、被害人能够听得懂的表述方式进行提问。

3. 反询问综合多种方式破解辩方证言

反询问是公诉人针对辩方证人进行询问，并通过反询问来说明辩方证言不可采的一种诉讼行为。反询问要有的放矢，最好是在庭前对辩方的出庭证人有一定了解，至少知道辩方证人要证明的事实。这在庭前会议的准备中已经强调过了，不再重复。一般而言，辩方申请证人出庭，主要存在两种情况，一是证人曾在侦查机关做过证，但现在要翻证，转而支持辩方意见；二是证人没有在侦查机关做过证，是辩方通过自行调查发现的。

我们首先来说如果是证人出现翻证问题怎么进行反询问，总结证人翻证的原因可以归纳为以下三点：

第一，以曾受暴力、威胁为由。询问非法取证的人员、时间、地点、方式、内容等相关线索或证据，必要时建议休庭。

第二，以以往记忆错误为由。解释为什么距离案发时间较近的庭前记忆错误，而距离案发时间更久的当庭记忆准确。宣读庭前证言，解释前后不一致的原因。

第三，以笔录未宣读、未仔细看为由。最难破解，只能结合案件其他证据质疑其当庭证言的真实性。

这部分我还想强调一下，对于证人翻证的，我们以往的做法往往是证明证人翻证的原因不成立，因此就要采信翻证前有利于检察机关的证言，实际上这种做法混淆了证据的证据能力和证明力的区别。检察机关即使证明证人所谓的翻证理由不成立，也只能说明证人在检察机关所作的证言具有证据能力，不需要排除在裁判时考虑的证据之外。但并非意味着证人当庭的证言就不再具有证据能力而不能被法庭采信，实际上当两份证言都取证合法，但内容不一致时，涉及对证言证明力的判断，如果证人当庭的证言并不能被完全证明是虚假的，那么法庭很可能以事实存疑为由否定检察机关指控意见。所以说在反询问环节，仅仅证明证人翻证不成立还不能完全实现推翻控方证人的目的，为此我们还需要进一步地动摇证人当庭证言的真实性。

动摇证人当庭证言真实性的方法主要可以从以下方面入手，一是质疑其作证动机，二是质疑其认知能力，三是揭露其证言与其他证据的矛盾。

这些反询问的方法在使用时有时点到即可，能做到让法官怀疑其证言就可以了，有些时候不需要进一步追问，比如说证人和被告人之间存在利害关系，问到这个地步就可以了，如果继续追问会不会作伪证，肯定会导致证人的否认，并不断进行解释，而公诉人对此并没有充分的证据予以反驳，反而效果不好。

4. 及时补充询问扭转不利局面

控方证人的证言在经过辩护方的反询问之后，可能导致证言中的关键性问题被辩方动摇，此时公诉人要及时通过补充询问来澄清被辩方混淆的问题。

如在一起故意杀人案中，被告人与被害人是夫妻关系，但夫妻感情一直不好，在案发当晚发生争吵后被告人将被害人杀死，之后将尸体拖拽到所住楼道的地下室，并在尸体上泼洒汽油进行焚烧，造成被害人被火灾烧死的假象。被告人辩解自己与妻子晚上入睡后发现其所住楼道起火，之后两人分开逃散，妻子可能是在逃跑过程中被火烧死。本案的鉴定意见显示死亡原因是不排除机械性窒息死亡。辩护人申请鉴定人出庭作证，并对鉴定人询问“不排除机械性窒息死亡是存在其他的死亡原因吗”？鉴定人当时回答是的，造成被害人的死因似乎存在其他疑问，印证被告人的辩解。之后公诉人及时对鉴定人进行了再次询问，让鉴定人解释“其他死亡原因”具体是指什么，鉴定人陈述由于被害人当时尸体已经烧焦，但从被害人舌骨骨折、喉室黏膜淤血、双肺淤血等特征可以判断被害人死因是机械性窒息死亡，只是由于被害人尸体被烧焦，因此无法准确判断是用何种手段造成的窒息死亡，因此出具了“不排除”这种鉴定意见。通过再次询问澄清了鉴定意见模糊不清的问题，确定了被害人系机械性窒息死亡的基本事实。

5. 询问后加强质证意见的说明

法庭询问也是一个举证过程，因此在法庭询问后要结合陈述、证言情况发表质证意见。质证意见要围绕证据的“三性”展开，对于需要与其他证据相结合来证明案件事实的，在质证中提示法庭注意即可，以与法庭辩论的功能区分开。

以上就是我对法庭询问技巧的一些总结，另外我还想提示大家的是，法庭掌握法庭询问的方法与技巧有助于我们将案件事实更好地呈现于法庭，但好的技巧只有在背后充分的证据支持下才能发挥最大的作用。由于言词证据的不稳定性，我们在审查起诉阶段不能过于依赖言词证据认定案件事实，要注重书证、物证等客观性证据的调取，并通过客观性证据来审查、判断言词证据的真实性。对于完全依赖于言词证据定案的案件，一旦言词证据发生变化，则很难通过法庭询问的技巧来彻底推翻证人当庭证言的真实性。

三、法庭辩论的方法和技巧

（一）法庭辩论前的准备

同法庭询问一样，法庭辩论前的准备也是必不可少的，一方面，案件从起诉到开庭会距离一定时间，尤其是疑难复杂的案件，公诉人对于事实证据可能已经模糊了，因此有必要重新熟悉案件事实、证据。另一方面，一定要结合被告人、辩护人意见及社会舆论，充分预测辩点，并撰写公诉意见和答辩提纲。对于辩护人意见，刑事诉讼法明确规定我们应当听取，不应再采取抵触的心理，应当养成认真听取辩护人意见的良好品质，而且听取辩护人意见有利于我们提前了解辩护思路，并有针对性地制作答辩提纲，减少庭审中突发情况的出现。

（二）公诉意见——重在立论

公诉意见要层次清晰，遵循事实证据到法律适用到量刑轻重到法庭教育的顺序。如果涉及多起事实的，应当分别进行论证，并以小标题予以分隔，在发表公诉意见时注意用停顿让法庭听清楚这种逻辑关系。

公诉意见中的证据和法律适用论证到位。证据分析中不能仅仅是证据的罗列，而应当根据指控罪名的犯罪构成对证据证明的事实进行拆分。如受贿罪，涉及主体身份、职务便利、谋取利益、收受财物等关键事实，要分别论证，尤其是存在争议的事实，更需要用证据去论证。

实践中一些公诉人在证据分析中仅仅是将所有证据进行一个列举，如证明被告人某某某构成受贿罪的证据，有干部履历表、任命书、鉴定意见、银行账户查询单、某某某的证言、某某某的供述，足以证明某某某利用职务便利为他人谋取利益，并收受他人财物的事实。实际上这就是一个简单的证据罗列，正确的应当是根据说明证明主体身份的证据有哪些，证明职务便利和谋取利益的证据有哪些，证明收受财物的证据有哪些。

公诉意见还需要注意结合法庭调查情况及时调整公诉意见。对法庭调查中辩护人对证据的合法性、关联性和客观性的质证意见要进行分析论证，如果完全照读实现准备好的公诉意见，会让人感觉针对性不足。

注意与答辩环节内容的区分。公诉意见重在立论，主要说明检察机关认定犯罪的理由，至于预测辩点中反驳辩护人的意见，原则上放在答辩环节更好，这样能突出层次，防止重复，放大效果。

（三）答辩环节——重在驳论

1. 要听懂辩护方的意见并快速提炼、总结

在辩护方发表辩护意见时，要简单记录辩护意见，防止遗漏。多名被告人的，按照每名辩护人就事实、法律适用提出的意见来记录。快速总结，合并归纳，不同辩护人就相同问题提出的辩护意见一并答辩。

2. 论证要有层次，不能直接退守到底线

事实证据能够说清楚的，不要直接用法律规定。法律规定能够说清楚的，不要直接用法学理论。实践中我发现有的共同犯罪案件，可能证据对于哪些行为人具体实施了什么行为均有一定的矛盾，比如谁是致被害人重伤的直接行为人，谁是没有对被害人进行殴打的人，这个时候有些公诉人可能就不再对证据进行分析论证，而是直接用共同犯罪的理论去说明各行为人应当承担刑事责任。这种答辩虽然没有错，但一方面没有查明各共同被告人在犯罪中的具体行为，可能导致无法准确对各被告人区分量刑，比如没有参与殴打的被告人量刑时就要比参与殴打的被告人量刑稍轻，没有致被害人重伤的直接行为人在量刑时就要比直接致重伤的被告人量刑稍轻。另一方面，如果我们没有区分，而辩护人提出相关抗辩时，我们也无法运用证据进行有效回应。所以我觉得我们还是应当本着精细化审查的原则，对于案件中的事实证据要进行更加细致的审查，不能一有矛盾就回避，要善于根据证据，运用逻辑分析得出我们的结论。

3. 加强对新的刑法理论的学习

刑法理论的不断发展会逐渐反映在司法实践中，公诉人应对司法理论的发

展抱有开放的心态，在案件涉及相关理论问题时，必须要充分考虑并做好答辩意见。比如说被害人存在特异体质或存在潜在疾病时，被害人与被告人发生纠纷后互相撕扯，被害人由于情绪激动引发高血压、心脏病等疾病，最终造成重伤或死亡后果。按照传统的司法实践做法，对被告人应认定为故意伤害（致死）罪。但随着刑法理论的发展，轻微的撕扯是否属于伤害行为，被告人主观上对死亡结果是否具有故意心态都有不同答案，目前实践中更多的是用过失致人重伤（死亡）或意外事件来评价。面对新的刑法理论对我们司法实践的影响，一方面我们在审查起诉中要充分关注，如果已经被司法实践所采纳的理论意见，我们要及时调整我们的起诉意见，不能过于因循守旧。另一方面，在法庭辩论中，对于辩护人采取前沿的刑法理论来作为辩护意见时，比如对于不能犯未遂认为因无法益侵害危险而不应处罚，或者对因果关系的认定使用客观归责理论，在程序方面对证据的合法性用自白任意性规则等，我们公诉人都要提前所有了解，并做好相应的答辩准备。

4. 在法庭答辩中要注重与审判人员的交流

法庭辩论是说服合议庭的过程，而非辩护方。辩护方的意见已经回应过的无须重复。法庭辩论时要注意观察审判人员的表情，眼神交流中能看出意见是否被接受。

5. 要妥善处理被害人的不同意见

在一些有被害人的案件中，被害人对于刑事部分的意见可能会与检察机关不一致，此时公诉人如果处理不好可能出现面对被害人和辩护方双重压力的情形。如检察机关指控故意伤害，但被害人认为是故意杀人。个人意见，充分说明我们认定故意伤害的理由即可，无须对被害人的意见进行回应，由法庭进行裁决。

以上就是我对法庭询问和法庭辩论的一些看法和体会，有些可能还不够成熟，需要在今后的工作中加以调整和完善。也希望大家能够真正认识到我们以后出庭工作将面临的挑战，从现在开始加强学习和实践，不断提升我们驾驭庭审的能力，做好出庭公诉工作。

第16堂课　庭审质证若干问题

● 陈荣鹏*

课程提纲

一、庭审质证的概念和基础理论
二、庭审质证的要求和策略
三、对控方举证体系的维系
四、对辩方相关证据的质证
五、以审判为中心对质证的影响

一、庭审质证的概念和基础理论

质证，顾名思义，“对证据的质疑”，是指在审判人员的主持下，由控辩双方对所出示证据材料的合法性、客观性和关联性相互进行质疑和辩驳，以确认有关证据材料是否作为定案依据的诉讼活动。①

庭审是公诉工作的主战场，质证工作是庭审重要的环节。做好质证工作，必须首先要理解质证的相关理论基础。笔者认为，“两原则一目的”是质证工作的基础性理论。

证据裁判原则是指法庭只能依据证据来认定事实，法庭断案必须依赖证据。“两高三部”《关于办理死刑案件审查判断证据若干问题的规定》第2条规定认定案件事实，必须以证据为根据。《关于适用〈中华人民共和国刑事诉讼法〉的解释》第61条予以重申。党的十八届四中全会通过的《中共中央关于全面推进依法治国若干重大问题的决定》，更是明确提出了全面贯彻证据裁

* 重庆市江北区人民检察院副检察长。

① 参见彭东：《国家公诉人出庭指南》，法律出版社2013年版，第122页。

判规则的要求。

质证原则要求作为定案根据的证据必须经过法庭上的质证。《刑事诉讼法》第193条第1款规定："法庭审理过程中，对与定罪、量刑有关的事实、证据都应当进行调查、辩论。"《刑事诉讼法》第59条规定，证人证言必须在法庭上经过公诉人、被害人和被告人、辩护人双方质证并且查实以后，才能作为定案的根据。

质证的目的是解决证据的证明能力和证明力问题。证明能力是证据材料之所以称为诉讼证据的基础条件。判断证明能力的方法是重点分析被视为证据的材料是否具备证据必须具备的合法性、真实性、关联性。重在解决能否具有法庭准入资格。证明力是证据对于待证事实的证明作用。证据应当具有真实性（客观性），并与待证事实有相关性（关联性）。判断证明力的法则是经验、理性和良知。其主要解决能否作为最后的定案根据。证明能力和证明力的判断上，一般遵循相对的程序审查优先原则，即先判断是否具备证明能力，再判断是否具有证明力。

我们常常会讲刑事案件的办理实际上是证据体系的构建过程。证据体系的构建，要取决于每个证据的证明力判断。两大法系均奉行"证据自由"原则，即在任何案件中均可自由使用任何证据形式；法官自由评估各项证据应有的证明力。具体而言：(1) 不得因特定证据的提出而简单定罪；(2) 法庭确信被告有罪，有权判处该人有罪，证据数量或科学证据不是有罪判决宣告的必要条件；(3) 证据没有等级之分，审判法庭自由赋予各项证据应有的证明力。

上述"两原则一目的"，也揭示了一些诉讼的客观规律。第一，法官不会轻易否定个别证据的证明效力，质证有充足的空间。辩方往往会质疑证据的效力，但证据裁判原则意味着没有证据，无法裁判。有些案件证据即使有瑕疵，在目前的情况下法院还是要照顾到客观真实的事实，因此可能会慎重排除证据。第二，庭审质证的弱化短期内可能不会最终实质影响到法院的判决，庭前或庭后的阅卷，即使有些证据在庭审中被排除掉，但事实上会影响法官心证，因此，即使对有些证据，公诉人未能很好质证，目前法院还是会停下来审查证据，作出综合判断。第三，庭审实质化。一审认定事实为基础的事实认定机制又意味着质证工作应引起高度重视。虽然目前法官肩负着发现案件真实的责任，但随着庭审实质化的推进，公诉人如果没能够在法庭上充分质证，说服法官采信某些证据，后续法官若要再来确定该证据的有效性，会越来越受到辩方的质疑，因此，质证工作的重要性越来越紧迫。

二、庭审质证的要求和策略

根据最高人民检察院 2015 年 6 月出台的《关于加强出庭公诉工作的意见》，公诉人质证要目的明确、逻辑清晰，紧密围绕案件事实和证据的客观性、关联性、合法性进行。熟练掌握各类证据的质证方法和质证策略，熟悉言词证据和实物证据的特点差异，善于从不同角度区别质证，保证质证效果。善于根据庭审变化动向，掌握质证主动性，提高质证的针对性和有效性。

有关质证工作产生的纷争，曾经有“法庭不是讲法的地方”的风波。关于这段风波，我们每个人可能都会有自己的认识判断。这里就涉及质证的四项策略问题：

（一）策略一：围绕事实法律展开

2007 年最高检公诉厅曾经出台了《公诉人出庭举证质证指导意见》，第 36 条指出：公诉人质证应根据辩护方所出示证据的内容以及对公诉方证据提出的质疑，紧紧围绕案件事实、证据和适用法律进行。质证应做到目的明确、重点突出、逻辑清楚，如有必要可以扼要概述已经法庭质证过的其他证据，用以反驳辩护方的质疑。事实和法律是公诉人的主要武器。不要不屑于重复熟悉的法律，原原本本引用法律、司法解释，实际上是对问题最直接、最为有效的回答方式。有时候，有些问题可能没有直接的法律条文或司法解释相对应，但相关的法律或司法解释提供了处理原则或相类似的法律精神，也可以作为很好的工具来运用。困难的是，当辩方提出一个问题时，我们可能不会很快地找到这样一个恰当的法条，这就需要庭前做好预案，尽量考虑全面，出庭人员之间也要相互配合。

（二）策略二：分层质证

《公诉人出庭举证质证指导意见》第 37 条指出：质证阶段的辩论，一般应围绕证据的有效性和证明力进行。对于证据之间的关联性和证据的综合证明作用问题，一般在辩论阶段予以答辩。我们举示证据，可能会一个个举示，或一组一组举示，如受贿案中，我们举示了行贿人证言，这时辩方可能会提出，行贿人的证言与被告人的供述是矛盾的，是一对一的，不足以证实指控事实。因为这里涉及质证时在证据还未全部举示完毕时需要介入的工作，这个时候用一个证据和辩方展开哪个更真实的对攻，可能缺乏说服力。因此，这时可以策略性地要求确认此证据具有证明能力，就它在全案证据体系的作用，留待综合说明。当然就有些细节性的证据，如果独立论证可以证明其更可信，此时也应该强化及时质证。

（三）策略三：积极求证

《公诉人出庭举证质证指导意见》第38条指出：在每一份（组）证据或者全部证据质证完毕后，公诉人可以根据具体案件情况，提请法庭对证据的证明力进行确认。这一点在我们实践中可能会有一个工作，就是一组证据举示完毕后，要求合议庭质证后予以采信。如果法官能够在这个环节确信该组证据，可以更明确后续庭审的争论重心，不再纠缠于已经确认的事实。当然，有些案件中法庭是不会就每组证据是否采信作出说明的，只是一组证据举示完毕后要求公诉人继续举示，这时也只有服从审判长指挥，待全案证据举示完毕后综合求证。

（四）策略四：攻防结合

最好的质证其实不是被动地解释、说明，有些案件事实，特别是对于辩方提出的证据，最好的方法是通过证据、通过进攻来否定其证据的效力。

综合而言，要做好质证工作，有三项具体的要求：一是要熟悉法律，明晰法理；二是要抓住实质，直击要害；三是要语言规范，平和文明。

三、对控方举证体系的维系

作为控方要从证据的真实性、关联性、合法性之特征出发，立足用证据互相证明客观、真实，形成锁链。要明确，制度性问题的缺陷通过庭审质证是无法解决的，所以对于此类问题要明晰法理，但不纠缠于说理。

（一）言词类证据的质证

言词类证据的特点及质证要点：言词证据运用频率高，往往是案件直接证据，但其也有弱点，这就是易变性、记忆本身的模糊性。被告人的供述和辩解，因为其能够全面地解释案件的经过，因此一直以来被视为“证据之王”，但同样对其的质证问题更为常见，尤其是对庭前供述的真实性的质证。关于言词类证据的审查，最高人民法院《关于适用〈中华人民共和国刑事诉讼法〉若干问题的解释》（以下简称《解释》）第74条至第83条有相关的规定。其中第76条、第81条明确了几种排除适用的情形，包括：没有经被告人、证人核对确认的；应当提供通晓聋、哑手势的人员而未提供的；不通晓当地通用语言、文字的被告人、证人，应当提供翻译人员而未提供的；没有个别进行的。

质证情景1：被告人供述、证人证言在诉讼过程中不断变化（向有利于被告人或不利于被告人方向）被告人、辩护人要求全面宣读或采信有利于被告人的言词证据。

关于此类问题的质证，需要首先明确参考依据。《解释》第78条：证人当庭作出的证言，经控辩双方质证、法庭查证属实的，应当作为定案的根据。证人当庭作出的证言与其庭前证言矛盾，证人能够作出合理解释，并有相关证据印证的，应当采信其庭审证言；不能作出合理解释，而其庭前证言有相关证据印证的，可以采信其庭前证言。经人民法院通知，证人没有正当理由拒绝出庭或者出庭后拒绝作证，法庭对其证言的真实性无法确认的，该证人证言不得作为定案的根据。《解释》第 83 条对被告人供述和辩解采信原则，是印证原则。

其次，要规范质证语言。可以按照下述方式进行质证。“我们注意到，本案被告人的供述和辩解、证人证言在侦查、审查起诉以及当庭审判过程中，对相关情节的描述有不一致的情况，存在反复性。”（指出客观现象，同时有提醒法庭注意之意）

公诉人所宣读、举示的被告人供述和证人证言，是在认真审查本案所有证据以及被告人本人的全部供述和辩解、证人的全部证言的基础上，综合判断本案事实，围绕指控事实所进行的举示。对供述和辩解、证人证言内容的取舍，考虑到了与其他证据的相互印证性，并不是以有利或者不利于被告人为选择标准。（客观指出有取舍，有原则。尽量不提“对于全案证据，公诉人具有采信权”，因为采信权的概念模糊）

公诉人所举示的上述被告人供述和辩解、证人证言，不仅多份言词证据间相互印证，而且得到在案书证、物证、视听资料等客观性证据的印证，不存在不能合理解释的矛盾，依法应当采信。尤其是通过不利于被告人的言词证据，提取到了隐蔽性强的物证、书证等客观证据，真实性强。相反，被告人翻供、翻证不仅没有合理的理由，而且与在案的其他证据矛盾，依法不能采信。

最后，公诉人可以说明，辩护人也有举证权。公诉人庭前已将全案证据全面移交给了法庭，辩方如果认为言词证据证明的事实与控方所求证的事实不相符，可以依法行使辩护权。但希望辩方客观、全面地评价言词证据，而不是片面地进行理解和举证。

质证情景 2：如何对待污点证人的证言。

首先需要寻找参考依据。《解释》第 109 条下列证据应当慎重使用，有其他证据印证的，可以采信……（二）与被告人有亲属关系或者其他密切关系的证人所作的有利于被告人的证言，或者与被告人有利害冲突的证人所作的不利于被告人的证言。

其次，明晰法理。辩方就污点证人证言的效力提出质疑，其实也是可以预见的。关于污点证人品格证据问题，《美国联邦证据规则》将品格证据区分为针对被告人、被害人和证人三种类型，为防止先入为主偏见，原则上禁止使用关于被告人和被害人的品格证据。而对证人，则允许弹劾其品格是否诚实。曾被判处1年以上有期徒刑（即重罪）的任何有罪判决，或关于不诚实或虚假陈述行为的轻罪有罪判决，可用于弹劾证人的诚信。从理论上来讲，法院有权获得任何人的证言，但却不能强迫任何人自证其罪，这就要求对污点证人进行确认并予以刑事豁免。但为追求豁免，可能会因利害关系而产生对证言效力的质疑。在我国的刑事诉讼实践中，特别是受贿案中，污点证人常常会经受辩方质疑，解决问题的关键，还是找寻证人证言中可以被印证合理的部分。

最后，规范质证。证人某某系亲历相关案件的当事人，其证言证明的内容与在案的其他证人证言、书证等相互印证，其中部分情节得到了被告人某某的供述（自书材料、亲笔供词）的印证，被告人及辩护人所提质疑没有事实依据。

（二）物证、书证类的质证

物证和书证作为实物类证据，要遵循最佳证据规则，又称原始文书规则，指原始文字材料（包括录音、录像、摄影材料）作为证据，其效力优于其复制品的效力，因而是最佳的。当然，这并不否认在特殊情况下复制件也具有应有的效力。

《解释》第70、71条对审查物证、书证由相关规定。据以定案的物证应当是原物。原物不便搬动、不易保存……可以拍摄、制作足以反映原物外形和特征的照片、录像、复制品。据以定案的书证应当是原件。取得原件确有困难的，可以使用副本、复制件。

质证情景3：辩方指出，复印件不能做证据使用，如何应对？

此问题的相关规定和法理上文已阐明，这里关键是规范质证的问题。辩方提出不能作为证据使用，指的是不具备证据资格问题，即证明（证据）能力问题。判断一个证据是否具有证明能力，主要从提供证据的主体是否合法、证据的形式是否合法、取得证据的程序是否合法等方面来考虑。首先，证据复印件提供主体为侦查机关，作为法定的侦查机关，可依法搜集、调取证据，主体合法。其次，证据的形式合法。根据我国法律，复制件可作为证据使用。根据《刑事诉讼法》及其相关解释，我国法律并未将书证复印件排除在证据之外，只是设置了限制性条件。在满足与原件核对无误或经鉴定证明真实的情况下，应当作为证据使用，具有与原件、原物同等的证明力。最后，侦查机关搜集证据程序合法、有效。与其他证据相互印证。

质证情景4：辩方就纪检程序中的自书材料能否作为证据使用提出质疑，

如何应对？

首先需要寻找参考依据。关于此问题法律并没有明确的规定，相关可参考的法律及解释是《解释》第83条：审查被告人供述和辩解，应当结合控辩双方提供的所有证据以及被告人的全部供述和辩解进行。被告人庭审中翻供，但不能合理说明翻供原因或者其辩解与全案证据矛盾，而其庭前供述与其他证据相互印证的，可以采信其庭前供述。被告人庭前供述和辩解存在反复，但庭审中供认，且与其他证据相互印证的，可以采信其庭审供述；被告人庭前供述和辩解存在反复，庭审中不供认，且无其他证据与庭前供述印证的，不得采信其庭前供述。

其次需要明晰法理。一种观点认为，该类自书材料不能作为证据使用，理由是：（1）《刑事诉讼法》第52条并没有赋予行政执法或办案所获取的言词类材料证据资格。（2）刑事立案前当事人并非犯罪嫌疑人或被告人，其自书材料不符合“犯罪嫌疑人、被告供述和辩解”的形式要件。（3）供述和证言只能由公安机关和司法机关的具有法定资质的专门人员收集，以保证最低限度的人证质量，以及非法获取人证的可追责性。另一种观点认为，该类自书材料可以作为证据使用，理由是：（1）纪检客观上是办案机关；（2）供述和辩解的载体并非必须是讯问笔录，并非须在立案后形成；（3）自书材料自愿即具有证明能力。

实践中，在有些情况下，确实需要举示纪检程序中的自书材料的，质证可能有两种路径选择。一是选择将自书材料作为书证来认定，二是作为犯罪嫌疑人供述来认定。

第一种路径下：（1）自书材料以其记载的内容和表达的思想与案件事实具有关联性，符合书证的形式特征。（2）自述材料并非刑讯逼供等非法的方法获取。（3）举示自书材料的目的，是要证明被告人曾经作过有罪陈述，以此证明前后陈述得一致或不一致。（此种自书材料的功用限于弹劾主要证据或在某种程度上佐证主要事实认定）

第二种路径下：（1）自书材料是在没有办案人员在场的情况下，被告人自由意志的发挥，没有非法取证的可能性。（2）自书材料的相关内容与案件事实具有关联性。（3）自书材料的相关内容与在案的其他证据能够相互印证。（一般要与侦查阶段的供述一并举示，更主要的功能在于证明侦查阶段所作供述的真实性）且部分细节系自书材料首次提及，更具真实性。

例如，在薄某某受贿、贪污、滥用职权案中，辩方提出，薄某某及其辩护人辩解薄某某供认犯罪的自书材料系在办案人员施加的不正当压力和诱导下违心所写，系非法证据，应予以排除的辩解。一审、二审法院认为，经查：根据《刑事诉讼法》及相关司法解释的规定，使用肉刑或者变相肉刑，或者采用其他使被告人在肉体上或者精神上遭受剧烈疼痛或者痛苦的方法，迫使被告人违背意愿作出供述的，属于以刑讯逼供等非法方法取得的证据，应当作为非法证据予以排除。在案证据表明，薄某某本人也承认不存在上述刑讯逼供等非法取证的情形，（其所称受到的压力，不属于刑讯逼供等方法），自书材料和亲笔供词均是其自主作出的，不符合非法证据排除的条件。上述自书材料和其后在侦查阶段的亲笔供词相关内容与证人唐某某、徐某、薄谷某某等人的证言及相关书证、物证能够相互印证，足以确认其书写内容的真实性。一审判决还阐明，此外，薄某某在《关于我和徐某经济问题的说明》中关于“徐某提及法国尼斯有套房子环境很好建议薄去看看，薄某某随口说那就有机会去看看、散散心”的内容系办案机关尚不掌握相关证据的情况下交代，并不是办案机关向其施加不正当压力和诱导后违心所写。其实法院判决的此类内容，也正是庭审中控方质证需要说明的内容，也是类似情景下可以借鉴参考的很好的经验材料。

（三）鉴定意见类的质证

鉴定意见又称为专家意见，是有鉴定资格的专业人员就案件中专门问题向司法机关提供的结论性意见。陈瑞华教授曾经指出，检材只要错了，你的鉴定再科学也只能是错的。因为鉴定是在鉴真的前提下解决运用科学技术所作的鉴别、判断。对鉴定意见的审查，要根据《解释》第84、85条的规定，遵循“十审十不得”原则。

质证情景5：不同鉴定机构对同一问题得出不同结论，或辩方要求重新鉴定，如何应对?

首先，寻找参考依据。参考依据为《刑事诉讼法》第192条：法庭审理过程中，当事人和辩护人、诉讼代理人有权申请通知新的证人到庭，调取新的物证，申请重新鉴定或者勘验。公诉人、当事人和辩护人、诉讼代理人可以申请法庭通知有专门知识的人出庭，就鉴定人作出的鉴定意见提出意见。法庭对于上述申请，应当作出是否同意的决定。第2款规定的有专门知识的人出庭，适用鉴定人的有关规定。《刑事诉讼法》第198条、《人民检察院刑事诉讼规则（试行）》第252条、《公诉人出庭举证质证指导意见（试行）》第55条也有相关规定。

其次，规范质证。可以按如下方式表述：鉴定意见是由有鉴定资格的专业人员就案件中专门问题向司法机关提供的结论性意见。（刑事诉讼法之所以将鉴定结论的称谓变更为鉴定意见，就是因为鉴定意见中融入了鉴定人的主观判断问题，不同鉴定机构在某些问题上产生不同结论，也符合鉴定意见的客观规律）要判断哪份鉴定意见更为科学，需要从鉴定意见的合法性、真实性和关联性来综合判断。

本案中，公诉人所举示的××鉴定意见书，系侦查机关依法委托××鉴定机构所进行，鉴定主体适格，鉴定程序合法、规范、有效。该鉴定意见书的内容，符合相关的鉴定标准和专业的规范要求（如《人体轻伤鉴定标准》），且与本案的相关物证、证人证言、勘验检查笔录等证据相互印证，可以作为本案的鉴定依据（且更具合理性）。

质证情景6：以付某某故意伤害案为例，对多份鉴定意见的质证。[①]

案情概要：2010年12月15日上午9时，被告人付某某在浙江省湖州市承天寺巷2号与李某因租房问题发生争执并互相撕扯，付某某在李某倒地后将其按在地上并用膝盖顶其胸口。李某受伤后先后至湖州市第一人民医院（以下简称第一医院）、中国人民解放军第九八医院（以下简称九八医院）诊断治疗。其中，2010年12月15日第一医院对李某胸部DR诊断：右第11肋局部皮质欠连续，所见诸肋未见明显骨折。2010年12月17日第一医院对李某胸部CT诊断：两侧肋骨未见明显错位骨折征象。2011年1月4日第一医院对李某胸部DR诊断：所见肋骨未见明显错位性骨折。2011年1月5日九八医院对李某胸部CT诊断：右侧第7~9肋骨及左侧第4肋骨骨折，2011年3月7日九八医院对李某胸部CT诊断：右侧第7~9肋骨及左侧第4前肋陈旧性骨折。李某先后花费医疗费共计人民币3998.81元。2011年12月18日，李某赴最高人民法院上访，一周后返回湖州市。2011年1月18日至2012年2月16日，在有关部门的组织下李某的伤势情况被先后进行了四次鉴定：（1）2011年1月18日，湖州市公安局吴兴分局出具的法医学人体损伤程度鉴定意见认定：被害人李某右侧第7~9肋骨骨折，左侧第4肋骨骨折，其伤情根据《人体轻伤鉴定标准（试行）》第33条之规定，已达到轻伤程度。（2）2011年4月6日，浙江省人民医院出具的医学司法鉴定意见认定：根据病史、九八医院胸部CT平扫，右侧第7~9肋骨骨折，左侧第4肋骨骨折，肋骨骨折系该次外伤所致。（3）2011年4月18日，湖州市公安局物证鉴定所出具的法医学人体损伤程度鉴定意见，与4月6日意见内容相似。（4）2012年2月16日，湖州市吴兴区人民法院委托浙江省人身伤害鉴定重新鉴定。该鉴定委员会出具的法医学

① 详见刑事审判参考第930号案例。

文证审查意见基于以下理由认定李某的损伤程度未达轻伤：目前读片见左侧第4前肋为陈旧性骨折，与本次外伤无关；右侧第7～9前肋与肋软骨交界面仅显示毛糙，无局部隆起，且与左侧7～9前肋表现相似，应系肋骨与肋软骨结构所致，而非骨折征象。综上所述，上述损伤尚未达到《人体轻伤鉴定标准（试行）》所规定的轻伤程度。

对前三份鉴定意见的质疑。（1）前三次拍片未见骨折，21天后拍片才发现骨折，是否骨折存疑；（2）被害人案发后三天到北京一周，返回后才拍片有骨折，骨折与外伤之间因果关系存疑；（3）第二份鉴定，浙江省人民医院司法鉴定系一名医学专家单独作出，检材并未包括案发后所有影响资料。对浙江省人身伤害委员会鉴定意见的确认。（1）鉴定主体适格，7名鉴定人均具有相应资格；（2）结论更具说服力。第一，检材更全面；第二，鉴定人专业知识和技能较强，且中立性更明显，委托人并未就伤情并非骨折有提示；第三，鉴定意见能与其他证据相印证。右侧前肋与左侧相似，有毛糙也符合该部位生长特征；骨痂生长原理不可能短时间内形成明显骨痂。上述对浙江省人身伤害委员会鉴定意见的采纳，实质是法院确认的结果。从学习思考的角度来看，该案法院确认鉴定意见的过程和理由，可以为我们今后的鉴定意见质证提供很好的借鉴。

质证情景7：对鉴定意见有分歧的，公诉人可申请鉴定人出庭作证，这是对鉴定意见最为有力的质证方式。

《刑事诉讼法》第187条规定，公诉人、当事人或者辩护人、诉讼代理人对鉴定意见有异议，人民法院认为鉴定人有必要出庭的，鉴定人应当出庭作证。经人民法院通知，鉴定人拒不出庭作证的，鉴定意见不得作为定案的根据。鉴定人出庭，可以起到三个方面的实质作用：一是将专业性术语转化为庭审参与人所能理解的术语以方便案件审理；二是对鉴定意见（结论部分）的得出过程作出合理说明和解释；三是对鉴定意见中未明确表述但对于案件起实质作用的内容进行说明。

（四）视听资料、电子数据的质证

质证情景8：辩方提出个人录制的视听资料或者偷拍偷录的视听资料不能作为证据使用。

规范质证：经公安机关依法收集的公民个人私自秘密录制的视听资料能够作为认定案件事实的证据使用。第一，根据刑事诉讼法的规定，可以用于证明案件事实的材料，都是证据。第二，刑事诉讼法仅对证据的收集主体进行了明确限定，并未限制视听资料的制作主体。第三，该视听资料反映的内容连贯且能明确显示案发当时的情况及周边环境，符合证据的客观性、关联性和合法性。第四，本案中个人摄制视频资料没有严重侵犯他人的人格权。

质证情景9：辩方以审查起诉阶段或审判阶段，未能复制到同步录音录像，而提出同步录音录像不能作为证据使用。

首先，寻找参考依据。最高人民法院刑事审判第二庭《关于辩护律师能否复制侦查机关讯问录像问题的批复》［2013年9月22日（2013）刑他字第239号］："广东省高级人民法院：你院（2013）粤高法刑二终字第12号《关于辩护律师请求复制侦查机关讯问录像法律适用问题的请示》收悉。经研究，答复如下：根据《中华人民共和国刑事诉讼法》第三十八条和最高人民法院《关于适用〈中华人民共和国刑事诉讼法〉的解释》第四十七条的规定，自人民检察院对案件审查起诉之日起，辩护律师可以查阅、摘抄、复制案卷材料，但其中涉及国家秘密、个人隐私的，应严格履行保密义务。你院请示的案件，侦查机关对被告人的讯问录音录像已经作为证据材料向人民法院移送并已在庭审中播放，不属于依法不能公开的材料，在辩护律师提出要求复制有关录音录像的情况下，应当准许。但是，在最高人民检察院研究室《关于辩护人要求查阅、复制讯问录音、录像如何处理的答复》中指出：讯问录音录像不是诉讼文书和证据材料，审前可以不移送、不提供复制。"比较而言，最高人民法院和最高人民检察院的意见在本质上并没有冲突，只是最高人民检察院考虑到同步录音录像资料的辅助性作用，且其在讯问过程中难免会有录像与记录不完全一致、讯问可能有不规范的方面，借鉴其他国家法例，检方当然有权拒绝无条件地向辩方提供录音录像；法院方面则是从诉讼中立以及卷宗移送制度的角度规定了对作为证据移送的同步录音录像资料可以复制给律师的规定。

其次，确定质证要点。（1）讯问犯罪嫌疑人同步录音录像资料，是侦查人员对犯罪嫌疑人讯问笔录的视听资料载体。检察机关基于客观中立立场，在起诉时已经将全案证据材料，包括对犯罪嫌疑人的讯问笔录移送给了法院。讯问笔录中也注明了该讯问有同步录音录像。根据"六部委"《关于实施刑事诉讼法若干问题的规定》，人民检察院、人民法院可以根据需要调取，但并非必须移送。（2）庭审中被告人及辩护人提出侦查人员存在刑讯逼供等违法取证行为。由于同步录音录像资料能够全面反映侦查讯问的整个过程，其能够辅助证实讯问过程的合法性，因此，公诉人在此举示该录音录像。（3）结合该录音录像、犯罪嫌疑人入所体检表等证据，足以证实取证程序合法（公诉人在此也特别向法庭指出，犯罪嫌疑人应对其虚假陈述承担相应的法律责任）。

（五）关于证据收集、证据形式等其他问题

质证情景10：辩方提出情况说明不符合证据形式，不能采纳，如何应对？

首先，寻找参考依据。关于证据种类，《刑事诉讼法》第 48 条规定了证据的八种类型："（一）物证；（二）书证；（三）证人证言；（四）被害人陈述；（五）犯罪嫌疑人、被告人供述和辩解；（六）鉴定意见；（七）勘验、检查、辨认、侦查实验等笔录；（八）视听资料、电子数据。"《解释》第 108 条：对侦查机关出具的被告人到案经过、抓获经过等材料，应当审查是否有出具该说明材料的办案人、办案机关的签名、盖章。对到案经过、抓获经过或者确定被告人有重大嫌疑的根据有疑问的，应当要求侦查机关补充说明。此外，《解释》第 101 条：法庭决定对证据收集的合法性进行调查的，可以由公诉人通过出示、宣读讯问笔录或者其他证据，有针对性地播放讯问过程的录音录像，提请法庭通知有关侦查人员或者其他人员出庭说明情况等方式，证明证据收集的合法性。公诉人提交的取证过程合法的说明材料，应当经有关侦查人员签名，并加盖公章。未经有关侦查人员签名的，不得作为证据使用。上述说明材料不能单独作为证明取证过程合法的根据。

其次，明晰法理。《刑事诉讼法》第 48 条规定了证据的八种类型，并没有"情况说明"。那么，有两个问题：第一，《刑事诉讼法》的证据种类，是否只能限于这八种类型；第二，如果只能限于这八种类型，那么，情况说明是否能够归于八种类型之一？有观点认为，情况说明按照其是否具有证明作用，可以分为两大类：一类是普通的说明，没有证明作用；另一类是有一定作用，是侦查人员就程序性事实所作的证言。从质证的角度，可以考虑选择其中证人证言或者书证，来阐明特定案件中情况说明的证据属性和证明力问题。

最后，规范质证用语。根据《刑事诉讼法》及相关司法解释的规定，在刑事诉讼过程中，侦查人员可以就被告人到案、捉获经过、取证过程合法性、破案经过等问题，通过"情况说明"的形式作出说明。从情况说明的内容来看，与相关案件事实（特别是程序性事实）具有十分明确的针对性，具有证据所具备的关联性，能够对有关案件情况予以确认。在形式上，情况说明是出具人将所经历的或者知晓的相关事实情况通过书面的形式予以固定，并提交至法庭。其反映的内容和形式均具有客观性、真实性。从本案所举示的情况说明来看，其本质是书证（或选择：证人证言）的一种载体。作为书证，是以其文字等内容所记载的内容证明案件事实情况的书面材料。两名侦查人员就内容共同书写了该份材料，不影响书证的内容效力（犹如合同上有买卖双方共同署名）。该份书证意在证明本案的取证程序合法（或客观如实地反映了被告人到案的经过）。因该事实属于在侦查人员履职过程中形成，侦查机关为此专门加盖公章对其履职情况及内容真实性予以确认，更强化了该书证的法定效力。

质证情景 11：辩方提出提起公诉后“证据关门”的问题，如何应对？

首先，寻找参考依据。《刑事诉讼法》第 198 条：在法庭审判过程中，遇有下列情形之一，影响审判进行的，可以延期审理：……（二）检察人员发现提起公诉的案件需要补充侦查，提出建议的；《人民检察院刑事诉讼规则（试行）》第 377 条：人民检察院对侦查机关移送的案件进行审查后，在法院作出生效判决之前，认为需要补充提供法庭审判所必需的证据的，可以书面要求侦查机关提供。《人民检察院刑事诉讼规则（试行）》第 457 条：在审判过程中，对于需要补充提供法庭审判所必需的证据或者补充侦查的，人民检察院应当自行收集证据和进行侦查，必要时可以要求侦查机关提供协助；也可以书面要求侦查机关补充提供证据。

其次，明晰法理。辩方提出该问题是设置一个两难选择。按照诉讼法要求，提起公诉的证明标准应达到“事实清楚，证据确实、充分”，如果提起公诉后控方仍然收集证据，是否意味着起诉时未达到证明标准。该观点无法律依据。

最后，规范质证。针对辩方提出“证据关门”，也就是起诉后收集证据是否具备合法性的问题，公诉人作如下说明：（1）辩方对证据合法性的理解与我国法律规定不符。公诉人所出示的证据系合法主体依照法定程序收集，具备证据合法性要求。（2）《刑事诉讼法》及司法解释明确赋予检察机关起诉后补充证据的权力。《刑事诉讼法》第 198 条规定检察机关在庭审中认为需要补充侦查的，可以提出延期审理的建议。《人民检察院刑事诉讼规则（试行）》明确规定在法院作出生效判决前检察机关可以自行或要求公安机关提供法庭所需要的证据。（3）辩方提出“证据关门”以限制检察机关取证权并不妥当。刑事诉讼法的任务之一是保证准确、及时地查明犯罪事实。只要符合证据的合法性、真实性和关联性，无论是诉前收集的，还是在起诉后法庭审理过程中收集的证据，均能成为适格证据。

四、对辩方相关证据的质证

对辩方相关证据的质证，遵循以下五个原则：（1）没有证据能力甚至不符合证据形式要件的证据应当根据法律、司法解释的规定建议法庭不予采信；（2）对于与其他证据相矛盾的证据，则应当结合经验法则、逻辑法则，综合论证不予采信的理由；（3）对于一些具有证据能力和证明力的罪轻证据，质证时应实事求是地予以认可；（4）对于辩护人出示的不符合证据形式要件（如证据提供人未签字）但可能影响定罪量刑的，应视为证据线索，在庭后予以核查；（5）对于出示的明显影响定罪证据体系的无罪证据，应及时在庭后予以核实，或通过建议休庭方式进行核实。

根据《公诉人出庭举证质证指导意见》第46条，公诉人应当认真审查辩护方向法庭提交的证据。对于开庭五日前未提交给法庭的，应当当庭指出，并根据情况，决定是否要求查阅该证据或者建议休庭；属于下列情况的，应当提请法庭不予采信：（一）辩护人违反《刑事诉讼法》第三十七条规定调取的证据；（二）不符合证据的客观性、关联性、合法性要求的证据；（三）辩护人在侦查阶段调取的证据；（四）辩护人出示的证据违背本案客观事实的；（五）辩护人提供的证据明显有悖常理的；（六）其他需要提请法庭不予采信的情况。前述证据如果对被告人的定罪、量刑有重大影响，当庭又难以准确判断，符合延期审理条件的，公诉人应当及时建议法庭延期审理。上述指导意见的部分内容，随着《刑事诉讼法》的修改，需要作不同的理解，质证时也应注意相关法理的运用。

质证情景12：辩护人出示了其在侦查阶段所调取的证据，能否采信？

首先，寻找参考依据。《刑事诉讼法》第36条：辩护律师在侦查期间可以为犯罪嫌疑人提供法律帮助；代理申诉、控告；申请变更强制措施；向侦查机关了解犯罪嫌疑人涉嫌的罪名和案件有关情况，提出意见。但《刑事诉讼法》第40条规定：辩护人收集的有关犯罪嫌疑人不在犯罪现场、未达到刑事责任年龄、属于依法不负刑事责任的精神病人的证据，应当及时告知公安机关、人民检察院。从第40条的规定内容来看，似乎又不排除律师有权收集证据。

其次，明晰法理。律师享有调查权是一般法理，但为保障侦查效益，可以在一定程度上限制律师在侦查阶段的调查取证权。在辩护证据可能损毁灭失的情况下，律师为保全证据，在侦查阶段可以进行调查，但不得妨碍侦查活动的进行。[1] 明晰了此项法理，实际上意味着，在庭审中律师提出侦查阶段所调取证据的，公诉人应当阐明第36条法律规定的要求，但不必过多地陷于就此问题与律师的针锋相对之中。

质证情景13：被告人、辩护人提交了公诉机关事先未掌握的新证据（如证人证言），且原有证人证言发生重大变化的，如何应对？

首先，寻找参考依据。《刑事诉讼法》第40条：辩护人收集的有关犯罪嫌疑人不在犯罪现场、未达到刑事责任年龄、属于依法不负刑事责任的精神病

① 参见龙宗智：《薄熙来案审判中的若干证据法问题》，载《法学》2013年第10期。

人的证据，应当及时告知公安机关、人民检察院。《解释》第182条：开庭审理前，人民法院应当进行下列工作：……（三）通知当事人、法定代理人、辩护人、诉讼代理人在开庭五日前提供证人、鉴定人名单，以及拟当庭出示的证据；申请证人、鉴定人、有专门知识的人出庭的，应当列明有关人员的姓名、性别、年龄、职业、住址、联系方式……《公诉人出庭举证质证指导意见》第46条：公诉人应当认真审查辩护方向法庭提交的证据。对于开庭五日前未提交给法庭的，应当当庭指出，并根据情况，决定是否要求查阅该证据或者建议休庭；属于下列情况的，应当提请法庭不予采信……

其次，明晰法理。(1) 除《刑事诉讼法》第40条规定的内容外，辩护方在庭前无证据开示义务；(2) 辩护律师证据突袭，公诉人也仅能指出其不合规矩，如果审判长坚持准许出示，则公诉人应当查阅，并区别情形对待之。

最后，规范质证。(1) 公诉人应明确指出被告人、辩护人的做法违反了《解释》关于当事人、辩护人应当在开庭5日前向法庭提供证据的规定，有“证据突袭”之嫌，请法庭注意。同时公诉人要求当庭查阅出示的新证据后再予以质证（或建议休庭，待公诉人庭后查阅后，再予以质证）(2) 围绕合法性、真实性、关联性审查后，视情况应对。第一，审查该证据（证人证言）是否具有合法性，如果该证人证言不具有形式要件的合法性，公诉人则应发表不予采信的质证意见（如没有证人的签名，没有经过被害人同意后取得的证言等）。第二，审查该证人证言与定罪量刑有没有关系。第三，审查证言内容是否具有真实性，是否能够得到其他证据的印证，如果明显与在案证据矛盾的，指出对于原有证人的翻证应当不予采信。如果该证人为关键证人，凭现有证据无法推翻该变化了的证人证言的，不宜当庭发表意见，以免造成被动局面，应本着实事求是的态度，建议合议庭休庭或要求延期审理，在庭后予以重新复核或者补充其他证据。

质证情景14：对言词证据最好的驳斥：证据进攻。对待辩方提出的相关言词证据，用语言逻辑分析的方式来驳斥，有时是显得苍白的，很多时候，最有效的进攻，还是通过证据的组合，用事实来剖析辩方证据的虚假性。在庭审过程中面对辩方所提证据，如果短时间内没有有效的证据判明其真假的情况下，可以建议休庭或延期审理，通过补充其他证据核实该情节。美剧《律政狂鲨》之泰伦斯被杀案，提供了一个很好的范本。

故事梗概：珍妮·丹尼辛和泰伦斯是一对恋人。一天，泰伦斯被发现被人杀死在城堡酒店中，珍妮承认是自己杀死了泰伦斯，但珍妮称，杀人的原因是因为泰伦斯在与珍妮发生性关系时，泰伦斯用他的摄录机偷偷录下了影像，泰伦斯称要帮助珍妮成名。当珍妮当场索要该录像时，被泰伦斯拒绝，还将珍妮压在床上无法动弹，在此情况下，珍妮才看到床头的一把刀子，挥刀朝泰伦斯乱舞，将其捅死。面对珍妮的辩解，负责公诉的律政狂鲨——史达是如何做的呢？

在法庭上，当史达听完辩护律师对珍妮的主询问之后，认为看到的不是有罪的被告，看到的是个不安的女生。但是，经过史达在浏览珍妮15岁刚刚尝试出道时拍的录影带，想到珍妮的朋友曾经可能对珍妮的嘲笑，想到野心就是珍妮的原动力（而史达联想到自己律师执业中自己认为的挫折，认为自己的野心已随典娜巴克而逝——经验类比），想到必须像珍妮般拥有强大控制力才能成为强者，永不会错过任何机会，永不会让自己有弱点，史达顿悟："强制性控制欲"，永不会让自己成为受害者，才是珍妮的本性。随后，史达要求马上把原装录影带送到警方鉴证室，结果真相大白：珍妮所称案发当天是泰伦斯的摄录机所录制的录影，与珍妮四年前所摄录的宣传珍妮的录影具有相同的电磁物质。换句话说，都是用同一部摄录机摄制的，是珍妮自己的摄像机。由此使珍妮不得不承认自己早有预谋偷录影碟，目的是使自己能够一举成名。这段影视片段，关于公诉工作的启迪有很多。就质证工作而言，如果不通过证据复核确定摄录机属于珍妮，庭审中公诉方的说辞都会显得比较苍白。因此，质证的核心，还是应该落脚在证据的认真审查之上。

五、以审判为中心对质证的影响

《中共中央关于全面推进依法治国若干重大问题的决定》提出，推进以审判为中心的诉讼制度改革，确保侦查、审查起诉的案件事实证据经得起法律的检验。全面贯彻证据裁判规则，严格依法收集、固定、保存、审查、运用证据，完善证人、鉴定人出庭制度，保证庭审在查明事实、认定证据、保护诉权、公正裁判中发挥决定性作用。这对庭审质证工作提出了更高的要求。为了更好地实现质证效果，我们认为应着重从以下四个方面展开工作：

（一）加强审前过滤奠定质证基础

这次公诉工作会议，明确提出了加强审前过滤的要求。审前证据的过滤，包括了非法证据的自我排除，也包括了瑕疵证据的自我完善。证据是核心，是庭审质证的基础，有了高质量的证据个体、构建起完善的证据体系，是成功指控的关键。有时候，个别证据取证的瑕疵或不足，不仅仅涉及庭上可能会被排除的效果，甚至产生动摇整个法庭心证的效果。

（二）规范质证语言提升质证效果

一要有效地归纳、总结辩方的质证核心，防止答非所问。

二要严格依托于法律的规定，以法律为中心，辅助法理进行阐述。不同的法理在不同的问题上要有效把握阐明的尺度。对于法理与法律已经相一致的，可以从法理层面多作阐述；对于法理分歧意见较大，或法理与法律的现有规定存在冲突的，要重点阐述法律的规定，明晰法律规定的合理性所在。

三要围绕核心，突出重点进行阐明。在阐明观点的过程中，立场一旦确定，要坚持立场。如对情况说明，究竟定位于书证，还是证人证言，观点抛出后要一以贯之，防止自乱阵脚被对方所利用。

四要尽可能多地掌握非法律专业知识，对案件中涉及的鉴定意见、专业知识、行业术语等，要充分了解，领会要旨，避免在庭审中对相关作出错误解读。

五要明晰质证和答辩的区别。根据庭审的过程，有些问题本来是属于答辩的问题，但如果案件涉及的事实众多，在质证环节如果不对相关问题作答辩，可能会频繁引起辩方的质疑，影响庭审效果。此时，可以向法庭指出："本问题属于案件性质或量刑认定的问题，属于答辩环节应该解决。鉴于辩方在此环节就此问题提出质疑，公诉人简要答辩如下……"如在多笔受贿案中，就是否属于谋取不正当利益，即可以按照此方法现行部分答辩。

六要控制庭审情绪的把握。辩方对证据的质疑有些有其合理的理论依据，有些可能涉及无理取闹，辩方可能会在庭审中有出格之举，但控方要始终保持理性平和的语言、状态以作有理有节之应对。

（三）保障辩方权利力求客观中立

在证据数量大的复杂案件或者多主体、多罪名、多指控事实的案件中，被告人的质证权保障与庭审效率可能发生冲突。为提高效率，将证据分组作体系化的举证，是检察官法庭举证的常用方式，但就辩护方而言，有时会认为这种举证方式不利于质证，要求分解证据组，甚至要求"一证一举一质"。在质证权与庭审效率冲突时，应当首先考虑的是保障质证权。只要不是辩方有意拖延诉讼，或者是在某些不影响定罪量刑问题上进行无意义的纠缠，检察院和法院就应当满足辩方关于充分质证的要求。不过，诉讼效率也是应实现的诉讼价值，由于修改后《刑事诉讼法》已经允许律师从公诉阶段开始获得全部的诉讼卷宗材料，并可与当事人交流，在辩方已有准备的情况下，分组举证不一定损害当事人的质证权。为了协调质证权与效率的关系，庭前会议的沟通是必须的。① 有了良好的沟通，即使在关键证据上"一证一质"会有庭审延长的担

① 参见龙宗智：《薄熙来案审判中的若干证据法问题》，载《法学》2013年第10期。

忧，这也是法治应当承担的成本。

除了保障质证权外，对于辩方所提供的证据，也要注意法律与情理的结合，不宜过于苛求。要注意在有条件、有必要的情况下，尽量满足律师所提出的要求证人出庭质证的要求。

（四）坚持质证原则审核各方证据

庭审既是控辩双方交锋的舞台，也是公诉人履行审判监督的场合。可能存在休庭阶段法庭调取了相关证据。依据最高人民法院刑事诉讼法解释，人民法院调查核实证据时，发现对定罪量刑有重大影响的新的证据材料的，应当告知检察人员、辩护人、自诉人及其法定代理人。必要时，也可以直接提取，并及时通知检察人员、辩护人、自诉人及其法定代理人查阅、摘抄、复制。此时，检察人员也应客观地审查法院调取证据的内容，并根据证据变化情况，及时进行复核，查明证据变化的原因，尽可能做好证据固定工作，把矛盾解决在开庭质证之前。从这个意义上来讲，以审判为中心的确立，并不意味着以法院为中心，而是审判各方按照各自职责，充分行使权利履行义务的过程。

第 17 堂课　庭审举证、质证实务

• 马　凯[*]

课程提纲

一、做好举证、质证的前期准备
二、关于庭审举证的若干问题
三、关于庭审质证的若干问题
四、庭审举证、质证阶段实务问题的思考与应对

出庭公诉是公诉人代表国家依法指控犯罪、维护诉讼参与人合法权利、履行刑事审判监督职责的重要活动，是展示公诉人公正司法形象、开展法治宣传教育的重要阵地，也是检察机关接受社会监督、联系群众的重要窗口。公诉人作为法庭审理过程中的控诉方，做好举证和质证工作对于顺利完成指控职能、履行法律监督职责具有重要意义。举证、质证问题的处理不仅考量着公诉人实践工作经验和理论水平，还影响着指控犯罪力度和法庭效果。为此，这里我们就公诉人法庭举证与质证问题作一探讨。

一、做好举证、质证的前期准备

（一）对案件证据进行有效组合

对证据进行科学梳理、归纳组合，是做好举证、质证工作的前提和保障，做到证据组合归类合理、条理清晰、重点突出，不仅能在分散的证据之间建立逻辑联系，形成完整的证据锁链，还能够强化法庭对证据的理解和判断。证据

* 黑龙江省人民检察院政治部干部教育培训处处长、黑龙江省检察官学院院长。

组合工作应按以下步骤进行：

1. 对案件事实进行合理分解

起诉认定的事实应当是案件被采信的所有证据，某个相对独立的事实对应着属于该范畴的一组证据。对事实进行分解是证据分组第一个层次的问题，一般先将案件事实分解为犯罪事实与量刑情节事实，之后再作进一步的细化。对犯罪事实的分解原则上按照个罪的犯罪构成要件为标准进行。对量刑情节事实的分解按照法定情节及酌定情节为标准。具体到个案，公诉人应当考虑案件的特点以及证据情况：一是结合案件特点决定是否将某些构成要件的事实进行合并或细化。在有些罪名当中，某些事实虽然属于某一构成要件的一部分，但由于是区分罪与非罪、此罪与彼罪之间的重要界限，有必要独立向法庭出示，比如在非法采伐林木案件中，行为人没有采伐许可证，行为人实施了采伐林木的行为两项事实虽然属于客观要件范畴，但直接影响到行为人的行为是否构成犯罪，为突出其重要性，有必要将该两项事实从客观行为要件中独立分解出来作为一个独立的事实单元。二是在有些案件中某些构成要件事实或者证据相对薄弱，需要依附于其他事实或者证据以进行证明，公诉人可以考虑将其与其他构成要件的事实进行合并。

2. 对证据进行分类

在将案件事实分解的基础上，要对证据进行甄别，根据证明需要将证据分别归到对应的待证事实中。这里需要把握好证据与事实的关联性，根据这种关联性将相同证明内容的证据放在同一单元内。有些言词证据信息量较大，既能证明犯罪事实，又能证明犯罪后果，甚至还能证明主体要件等，因此可以将该证据根据证明需要拆解为几份，与其他相关联的证据组合出示，也就是说一份言词证据可以在多组证据中分段出示。

3. 对事实单元内的证据进行排列

第一步是对事实单元作秩序上的排列，一般按照指控犯罪的重要性进行安排，也可以按照犯罪发展的轨迹进行排列；第二步是进行证据排列，在对同一事实单元中的证据进行排列时，原则上根据各个证据与事实之间的关联程度，按照紧密在前、松散在后的方式决定证据的排列顺序。

譬如，一起交通肇事案，有以下证据材料：现场勘验笔录与现场照片，医院抢救记录与死亡证明，法医学鉴定书与尸体照片，车辆与现场同一认定的物证鉴定书，交通事故责任认定书，车辆技术鉴定书以及其他书证。公诉人在排列证据时可以考虑先将事实分解为以下若干单元：（1）肇事现场情况。将现场勘验笔录、现场照片、车辆照片以及车辆与现场同一认定的物证鉴定书作为一组证据出示，主要说明肇事现场的情况以及该现场系肇事车辆所造成；车辆照片和车辆与被害人同一认定的物证鉴定书（被害人身上留有肇事车辆上的漆）一并出示，目的是将肇事车辆与被害人之间建立联系。（2）肇事的后果。出示死亡证明、医院抢救记录、法医学鉴定书，证明肇事行为所造成的危害后果。（3）肇事行为与后果间的因果关系。出示车辆技术鉴定书、交通事故责任认定书，证明被害人死亡与犯罪嫌疑人违反交通法规之间存在因果关系。

需要注意的是，在排列组合证据时应放弃不具有证明力或与待证事实无关的证据。证据是否完整，是否能够实现证明效果，不与证据的数量成正比，如果将不具证明能力的无关紧要的证据材料统统列入，不仅不会增强证明力度，反而会适得其反。

（二）注重庭审讯问

公诉人当庭讯问被告人是法庭调查的重要内容，如何做好这项工作，为法庭举证、质证打下坚实的基础，是公诉人应当认真考虑和研究的问题。公诉人讯问能否抓住要害，直接关系到讯问的成败。因此公诉人必须根据案件的具体情况和被告人的个性特征，认真拟好讯问提纲，对先问什么，后问什么，什么样的问题采取什么样的问法、被告人可能怎样狡辩及应当采取的对策等，统筹考虑，做到成竹在胸。公诉人应当针对被告人当庭供述的情况，确定相应的讯问方法。对被告人如实供述起诉书指控的犯罪事实的，讯问的重点应放在拾遗补阙上，已经明确供述过的无须重复讯问，只需针对供述中遗漏的与定罪量刑有关的部分进行补充讯问。被告人拒不供述犯罪事实的，要通过讯问与出示证据交叉进行的方法，打破其幻想，驳斥其狡辩，迫使其认罪服法。被告人庭前认罪、庭上翻供的，要首先讯问其翻供的原因，然后抓住矛盾进行驳斥，同时宣读以前的供词以正视听。针对同案犯在庭上互相推诿的情况，可以先讯问那些罪行较轻、意志薄弱、认罪态度好的被告人，然后讯问不认罪的被告人，再将两者或多方同时对质，达到分清是非、澄清事实的目的，也可以适时宣读被告人庭前的有罪供述，驳斥其辩解。

（三）要注重发挥被害人的作用

刑事诉讼中的被害人，是刑事诉讼的当事人，在诉讼中享有广泛的权利。被害人的陈述直接指向犯罪事实，不仅是定罪量刑的直接证据之一，而且在法庭上还可以鉴别其他证据的真伪。由于被害人在庭上享有广泛的诉讼权利，如对被告人、证人、鉴定人发问的权利，对物证进行辨认的权利，申请法庭通知新的证人到庭、调取新的物证以及申请重新鉴定或者勘验的权利等，所以被害人在庭审举证、质证中的地位十分重要。特别是被害人的合法权益遭受了犯罪行为的直接侵害，其在情感上对公诉人是配合的，因此，公诉人在庭审举证、质证过程中充分发挥被害人的作用，与被害人默契配合，往往能收到良好的效果。

二、关于庭审举证的若干问题

（一）举证责任

举证责任是指检察机关与当事人证明案件事实及被告人有罪无罪、罪轻罪重的责任。基本原则是“谁主张、谁举证”。在诉讼中，公诉机关主张被告人有罪，那么应该提出证据加以证明，并且承担由于没有足够证据说明被告人有罪的败诉后果。公诉方之所以在大多数的公诉案件中承担举证责任是因为，一方面公诉方作为国家机关，享有强大的侦查资源，有利于找出证据还原事实，真正起到打击犯罪的目的，提高诉讼效率。另一方面，此时犯罪嫌疑人往往受到了强制措施的约束，举证能力受到了极大的限制，如果这时再让被告人承担举证责任并不合理。但需要指出的是被告人虽然不负举证责任，但其享有辩护的权利，他有权否定公诉方指控的犯罪事实，为了证明他的辩护内容，他可能需要提出证据加以佐证，此时被告人没有承担举证责任，因为从本质上来看举证责任是败诉风险的负担，而此时被告人享有的辩护权显然是一项权利，他提出证据的目的是更好地行使其辩护权，而且即使是其不行使辩护权，被告人也不必然承担不利的后果，相反，如果公诉人不积极地证明被告人有罪，那么就要承担败诉的后果。

（二）举证范围

举证责任以主张为前提，没有主张就不承担举证责任。诉讼主张由两个部分构成：一是诉讼请求。刑事诉讼中的诉讼请求就是控辩双方要求法院对自己总的主张给予确认，如要求确认指控意见等。二是事实主张。即指控的犯罪事实、情节以及辩方的辩护事实。

需要运用证据加以证明的事实，又称为证明对象。《人民检察院刑事诉讼规则》第436条明确了公诉人需要在出庭公诉中运用证据加以证明的事实：（1）被告人的身份；（2）指控的犯罪事实是否存在，是否为被告人所实施；（3）实施犯罪行为的时间、地点、方法、手段、结果，被告人犯罪后的表现等；（4）犯罪集团或者其他共同犯罪案件中参与犯罪人员的各自地位和应负的责任；（5）被告人有无刑事责任能力，有无故意或者过失，行为的动机、目的；（6）有无依法不应当追究刑事责任的情况，有无法定的从重或者从轻、减轻以及免除处罚的情节；（7）犯罪对象、作案工具的主要特征，与犯罪有关的财物的来源、数量以及去向；（8）被告人全部或者部分否认起诉书指控的犯罪事实的，否认的根据和理由能否成立；（9）与定罪、量刑有关的其他事实。

同时，第437条又规定了在法庭审理中，不必举证的事实：（1）为一般人共同知晓的常识性事实；（2）人民法院生效裁判所确认的并且未依审判监督程序重新审理的事实；（3）法律、法规的内容以及适用等属于审判人员履行职务所应当知晓的事实；（4）在法庭审理中不存在异议的程序事实；（5）法律规定的推定事实；（6）自然规律或者定律。

（三）公诉人举证的方法

最高人民检察院《关于加强出庭公诉工作的意见》指出："公诉人出示证据应以证明公诉主张为目的，善于根据案件的不同种类、特点和庭审实际情况，围绕犯罪构成要件和争议焦点，合理安排和调整示证顺序，做到详略得当，要点突出。根据案件的具体情况和证据状况，结合被告人的认罪态度，示证可以采用分组示证或逐一示证的方式。"

根据案件特点，可大致归纳为以下八种方法：

1. 时间顺序法

按照案件发展的自然顺序，即按时间的先后组织证据进行举证。这种举证方法主要适用于性质单一的案件。它便于公诉人掌握、控制主动权，能使举证过程清晰，易于法官听证、采信。虽然这种方法较为简单，但也应对所举的证据进行筛选，剔除不必要的证据和啰嗦、累赘的证据，不能有证即举，而应突出中心，有重点、有目的地开展举证活动。

2. 情节分类法

根据案件情节的不同把整个案件划分为若干阶段，每一情节作为一个举证单位。这种方法既可以按案件发展的自然顺序分阶段举证，也可以根据案件需要打乱时间顺序重新排列组合举证顺序，将涉及案件焦点的情节或主要情节提到前面先举证。这种举证方法能够做到主次分明、中心突出，给人以深刻的印象。这种方法适用于一被告人或多被告人单一罪名但情节复杂的案件。其关键在于选取哪些情节作为主要情节加以论证。如若选择不当，不但效果不能正常发挥出来，而且可能弄巧成拙，损害整体公诉。

3. 罪名划分法

此种方法多适用于一人犯多罪的案件。多人犯数罪的，如果是以一名主犯为主，其他被告人不同罪名之间犯罪行为交叉不大，相对固定的，也可以采用此方法。采用这种方法举证，首先应当确定被告人所犯数罪的名称，其次以犯罪性质为举证单位，一个罪名为一个举证组，将一个罪名举证完毕后再举证下一个罪名的犯罪事实。罪名举证法对被告人所犯的每个罪都能形成一个完整的印象，不会因其犯有数罪而使举证变得凌乱没有条理，从而破坏案件的统一完整性。具体操作时，应以重罪名、主罪名为先，轻罪名、次罪在后的顺序开展举证。

4. 突出主犯法

即以主犯为纲进行举证。随着团伙犯罪、黑社会性质犯罪等共同犯罪案件数量的增加，检察机关办理的许多案件中涉及的被告人多，作案次数多，罪名多，案情复杂，且被告人之间交叉作案。在这种情况下，公诉人必须抓主要矛盾方能保证公诉成功。对这类案件，公诉人应当首先围绕主犯进行举证，在对主犯进行举证的同时，将涉及的从犯一并举清。这种举证方法主犯脉络清楚，重点突出，同时也可以减少涉及从犯证据上的纠缠，达到复杂案件的简化处理，可以加快庭审速度，提高工作效率。

5. 对象固定法

在共同犯罪中，有些团伙案件中被告人之间作案往往是有分有合，大团伙之中又有小团伙，小的团伙之间又相互交叉，特别是松散型共同犯罪中，“临时纠合”现象更为突出，因而使得犯罪事实表现复杂，人、案混杂、交叉，难以厘清关系。对此，公诉人可按犯罪参与人为线，将共同犯罪中相对稳定的小团伙为单位划分为若干组，然后按组进行举证。这种举证方法既能体现出每名被告人在犯罪中的地位、作用，又能看清被告人犯罪的连续性，反映犯罪的严重程度及被告人的主观恶性，使纷繁复杂的犯罪人和事变得条理清晰，脉络突出，易于把握。

6. 事实分组法

这种举证方法主要适用于大的惯犯案件。此种惯犯尤其以惯窃为主，有的盗窃案件多达几十起甚至几百起。对这类案件如果一件一件举证，一件一件质证，势必拖延时日，因此根据案件的具体情况将犯罪事实分成若干组予以举证，以提高工作效率。每组起数过少会浪费时间，过多又很难记住证据的内容，还容易造成思绪混乱，影响举证效果。故应慎重选择，根据个案具体情况和恶性程度决定每组包含案件数量。

7. 环环相扣法

此种举证方法适用于以间接证据证明犯罪的案件。以间接证据认定的案件，其特点是间接证据必须形成证据链条，证与证之间首尾相连环环相扣。根据间接证据所得出的结果必须是唯一的，结论应当是肯定的而不是或然的。因此证据的每一环节都不能或缺，如缺少一个环节会使整个证据链条失去作用。

间接证据的特点决定了公诉人必须采用此种方法，但同时必须提高举证标准要求。它要求公诉人举证时必须做到逻辑严密，保持证据的连贯性，不能随便打乱证据前后相因的顺序性，更不允许漏掉任何一个环节。为了防止举证时出现差错，可以将要举的证据予以排列编号。

8. 先易后难法

即是先将控辩双方没有争议的事实、情节，分组举证予以证明。然后再重点举证有争议的事实及情节。此种方法有两个好处，一是可以集中精力重点证明有争议的事实和情节；二是可以利用已证明的事实和情节，结合其他证据进行举证和论证。在有些时候，可以按照犯罪构成的四个要件，组织、出示证据。具体出示证明哪个要件的证据，要视具体案情和证据状况及控辩双方争议的焦点而定。如特殊主体犯罪案件，对主体无异议的，可先出示证明主体的证据，否则，就最后出示。这对情节无异议而对适用法律有争议的案件效果尤为显著。

以上八种举证方法均是针对某一类案件而言的，现实中许多案件是非常复杂的。因此在举证中机械地运用某一种方法均是不当的，公诉人应当根据不同案件的不同特点灵活掌握综合运用，并在实践中不断探索更好的举证方法，这样才能使公诉人的举证水平不断提高。

（四）庭审举证的规范化表达

庭审举证的规范化要求公诉人在单个证据的举证过程中，必须完整地再现和阐明证据本身所具备的三个基本法律特征：客观性、关联性和合法性。举证形式的规范化是整个庭诉举证程序的前提和基础。我们认为，规范的证据举证形式在表达上应当分为三个部分：证据合法性的说明、证据客观性的再现、证据关联性的阐述。

1. 证据合法性的说明

在单个证据的举证过程中，公诉人首先应当向法庭说明体现证据合法性的若干事实要素，包括证据的收集、来源，形成的时间、地点和条件等。这样的举证结构表明检察机关对单个证据的程序来源的高度重视，使单个证据的证据能力预先固定下来。证据能力是指证据可以在法庭上加以调查的资格，它是依法律进行的形式上的限制，不允许法院自由判断。证据能力的确定有利于防止辩护人在质证阶段时就非法取证问题进行质疑和纠缠。

实践中证据合法性的说明一般有两种方式：一是取证主体＋时间地点＋取证方式＋取证对象。如这份陈述是公安机关于×时×地用询问的方式向被害人某某获取的；二是作证主体＋时间地点＋概括方式＋作证对象。如这份证言是证人某某于×时×地依法向公安机关作出的。这两种方式从不同角度说明证据的合法性，各有特点，可以选择使用。相对而言，第二种方式在取证方式上表述得更为灵活。

以下三种情况在表述上需要灵活调整：（1）言词证据的取证方式可以用“作出”“获取”等词语，而实物证据和视听证据则可以用“提供”“缴获”“促查”“制作”等词语。如这份书证是被害人某某于×时×地依法向公安机关提供的。（2）在勘验笔录或者视听资料的说明中，由于取证主体与作证主体重合，故可以省去相同部分。如某某勘验笔录是由公安机关于×时×地依法制作的。（3）某些证据的收集制作需要有其他特别程序的，可以补充说明。如这份勘验笔录是公安机关于×时×地依法制作的。在勘查过程中，见证人某某在场见证。

2. 证据客观性的再现

证据的客观性通过证据的内容载体表现出来。再现证据的客观性即公诉人将证据的原始内容在法庭上真实地展示出来。庭诉实践中，证据内容的再现一般采用以下两种方式：一是文字形式表现出的证据，如言词证据、书证、勘验笔录、鉴定意见等，公诉人可以当庭宣读其内容。二是以非文字形式表现出来的证据，加物证、视听资料、勘查照片等，可以由公诉人通过法警人工传递的方式向被告人和证人出示，在具有多媒体示证设备条件下，公诉人可以采用投影视播放的方式展现其内容。

在一些犯罪主体多、罪名多、事实多的重大复杂案件中，为节约庭审时间，可以不直接展示证据的原始内容，而采取归纳概括的方式将主要的事实要点罗列出示。如这份证言的主要内容归纳起来是：（1）……（2）……（3）……我们认为，在被告人及其辩护人没有异议的前提下，公诉人与审判人员达成共识，公诉人采取证据内容概括举证法不失为一种提高诉讼效率的良策。

3. 证据关联性的阐述

无论是证据合法性的说明还是证据客观性的再现，其落脚点都是对证据关联性的阐述。既是公诉人对于单个证据的程序内容和实体内容与指控事实、指控罪名（量刑情节）之间的内在联系、必然关系在法庭上阐发和解释。这种阐述是单个证据被合议庭采纳的关键，也是公诉人规范举证的画龙点睛之笔，有利于增强举证的目的性，有利于强化证据的证明力，从而为法庭辩论打下扎实的基础。证据关联性的阐述在庭诉过程中是必要的，也是必需的，应当在举证实践中主要有两种顺序，依公诉人习惯而定。第一种是在举证开始之后加以说明，如下面出示的×份（或组）证据证实了本案×问题。第二种是在举证结束之前加以说明，如以上出示的×份（或组）证据证实了本案×问题。

证据关联性的阐述在内容上主要围绕案件的证明对象，上述的本案×问题就是案件的证明对象。证明对象又称待证事实，是公诉人通过举证所要解决的任务和目标，包括实体法事实和程序法事实。实体法事实又包括定罪要件事实和量刑要件事实。公诉人在举证过程中一定要清晰地阐述单个证据的证明对象，并且根据法庭讯问的具体情况，尤其是被告人的认罪态度，进行必要的发挥，以求凸显举证的力度和针对性。

（五）公诉人的举证策略

新的庭审方式要求法官不再包揽庭审活动的一切，控、辩、审三方责任进一步明确，公诉人的举证活动在庭审调查中已占主导地位。公诉人举证是否有力，直接关系到诉讼的成败。因此，公诉人在庭审中除了讲求举证方法外，还需注重举证策略，才能实现揭露犯罪、证实犯罪，准确地运用法律惩治犯罪的目的。

1. 举证方式的策略：采用证据的最佳出示方式，以达到最佳的证明效果

《刑事诉讼法》规定了八种证据：(1) 物证；(2) 书证；(3) 证人证言；(4) 被害人陈述；(5) 犯罪嫌疑人、被告人供述和辩解；(6) 鉴定意见；(7) 勘验、检查、辨认、侦查实验等笔录；(8) 视听资料。这些证据以何种方式向法庭出示才能达到证明犯罪事实存在的最佳效果，需在具体案件中结合证据自身特点灵活运用策略。

(1) 对被告人供述、被害人陈述、证人证言及鉴定意见等言词证据，除被告人外，应以被害人、证人、鉴定人当庭作证为最佳举证策略。因为，通过证人、被害人、鉴定人当庭作证，公诉人当庭询问或发问，能够生动、形象地提示案件的起因、过程和具体情节，有时还可以直接指认出犯罪分子。因而，由证人所提供的言词证据不仅成为揭露犯罪、证实犯罪的直接证据，更有助于法庭从总体上、动态上了解案情事实全貌和案件发展、变化的全过程。如果公诉人只是当庭宣读这些言词证据，则难以达到上述效果。

(2) 对物证、书证等实物证据，应以最能反映证据的客观性、真实性、直观性为最佳举证策略。一般应以原物向法庭出示。因为实物证据都是存留下来的实实在在的东西，不容易伪造，因而它的客观性和证明力较强，可以揭穿某些言词证据中虚假的内容。如果公诉人在庭上出示证据照片，就不易达到这样的证明效果。当然，对于一些不易保存的或大宗的物证，公诉人可以采取视听方式当庭予以播放，也能取得较好的证明效果。

(3) 对于视听资料证据而言，必须在法庭上予以实际播放。因为视听资

料是通过一定技术手段取得的，其技术含量明显地高于其他证据。它能把有关案情及时、准确、形象、生动地记录下来，具有直观性、纪实性、稳定性、同步性和科学性，其证明效果明显地优于其他证据。但播放视听资料时必须要有制作视听资料的环境说明，应有必备的证据证明，是谁制作，在什么环境下制作的，以证实其客观性、真实性。

2. 举证顺序的策略：巧妙安排举证顺序，扩大举证效果

在庭审中，公诉人若想胜诉，举证顺序的安排十分重要，它直接影响公诉人论辩的效果。一般而言，举证顺序应具有逻辑性，所举示的证据应环环相扣，在法庭上如何证明案件事实真相，先出示什么证据，后出示什么证据，应巧妙安排，以取得举证的最佳效果。

一般策略是先证人证言、被告人供述，后物证，以达到先声夺人的效果。但对不同类型案件，举证顺序策略又有所不同：

（1）一人一罪的案件，公诉人向法庭出示证据时，可按证据的证明力强弱，先后向法庭出示证明被告人犯罪事实存在的各种证据。

（2）共同犯罪的案件，公诉人应先对主犯进行举证，再对从犯进行讯问举证。对于共同犯罪中不认罪的，应该运用迂回举证的策略，先对认罪的被告人进行举证，扫清外围，待犯罪事实被法庭确认以后，再集中出示各种证据，全力攻克拒不认罪的被告人。

（3）对于主要靠间接证据定罪起诉的案件，在庭审中公诉人应以较少的直接证据为主，辅之以大量的间接证据连续举证，使主观、客观证据一环扣一环，最终形成一个完整的证据链条，达到一种“唯一”的证明效果。

（4）对于有矛盾证据的案件，公诉人应当首先向法庭出示有利于指控犯罪的证据，并使有利证据形成一个稳固、合法、有效的证明体系，之后再向法庭指出矛盾证据不可信，应予以排除。

（5）以供为主，以证为辅。对于被告人当庭翻供的案件，公诉人经过几次讯问后，被告人仍不如实供述犯罪事实的，公诉人应及时停止讯问。在进行举证时，应首先宣读被告人曾经供述过的记录在卷的被告人供述笔录，之后再宣读直接证实被告人犯罪事实存在的事实证据以及其犯罪时使用的实物证据；以被告人供述为先导，以其他证据为辅的举证顺序，能取得较好的指控犯罪的效果。

3. 证据展示的策略：突出重点，加强举证说明和分析

每一个刑事案件，都包含了犯罪事实存在的各种要素，每一个要素都需要公诉人当庭举证加以证实，但又不能不分轻重缓急。应当因案而异，分清主

次，重点展示证据和全面展示证据相结合、明确展示与隐蔽展示相结合，这样才能有力地揭示犯罪、指控犯罪、证实犯罪，在法庭上占据主动权。证据展示一般应采取以下策略：

（1）突出举证重点。公诉人举证应当根据案件的具体情况、被告人的认罪态度、辩护人的辩护方向，确定和突出举证重点，具体可从以下三点入手把握：一是根据被告人是否认罪来确定举证重点。对认罪的被告人，应扼要举证加以确认，无须过多展开；对拒不认罪或推卸责任的被告人，要将重点放在论证其实施的犯罪事实和刑事责任上；对是否应当承担刑事责任或责任大小辩方认识分歧较大的，要重点对争论焦点进行举证。二是围绕案件关键事实和关键情节，尤其要围绕直接关系被告人有罪无罪、罪轻罪重的事实进行举证。一般案件应当以犯罪的实施阶段为重点。实施阶段是犯罪过程的中心阶段，是连接主观与客观的纽带，是反映定罪量刑主要事实的阶段。庭审举证中，特别要注重案件的核心情节，如盗窃案中的数额、抢劫案中是否当场使用暴力、受贿案中贿赂如何交付等。对于故意杀人、伤害案件中的法医鉴定，公诉人不应只向法庭宣读意见部分，而应将鉴定的主要内容即被害人的伤情程度，详细地向法庭宣读。共同犯罪案件则应当以案件的主犯和共同犯罪故意为举证重点，尤其要证实各被告人在共同犯罪中的地位、作用和罪责。三是根据法庭审理的情况及时调整举证预案。对社会影响大、情节恶劣、旁听群众多的案件，要将举证重点放在证明犯罪事实、情节、危害后果以及被告人的主观恶性程度上，对于涉及罪与非罪的问题，要把举证重点放在证明犯罪构成上。

（2）加强对举证目的和证明对象的说明。一是举证前应向法庭简要介绍公诉人将要出示证据的主要顺序和内容，使法庭和旁听者对公诉人的举证意图先有一个总的了解。如“审判长，公诉人下面将围绕被告人实施诈骗犯罪的犯罪故意、犯罪手法、危害后果等方面的事实向法庭分组举证”。二是举证时应先对举证目的作一简要说明。在出示组合证据前，应对所举证据将要证明的问题进行简要介绍。例如，“审判长，公诉人现在出示第一组证据。证明被告人具有国家机关工作人员的主体身份”。三是加强对物证、书证、视听资料等关键证据证明情况的说明。由于这类证据都是重要的原始的证据且本身不会说话或使用时会有认识分歧，它的证明作用依赖于公诉举证说明和质证辨析。公诉人在出示作案工具、原始记录、原始录音等证据时，应对每一个证据的证明情况以及对被告人辩解的揭露作用作客观的详细的说明，以充分实现证明作用。四是加强举证后对证明情况的概括提示。举证完成或告一段落后公诉人应对刚才的举证情况进行概括提示，因为举证会用较长的时间而且证明的内容往往散见在证据中，概括提示有助法庭和旁听者听明白证明意义。如在出示了一组杀人动机证据后，要对这组证据情况作一个被告人为什么作案的概括提示。

（3）关键事实的举证必须作证据分析。证据分析包括对证据个体和整体的分析，后者应建立在前者的基础之上。法庭调查的事实总会有主次，公诉人应对调查中所确认的关键证据进行归纳总结，分析论证证据之间的关联性，主要有两项工作：一是对公诉证据体系进行分析，对证据与证据之间的关系和证据与案件的事实、情节的关系、犯罪事实是否发生、犯罪行为是否系被告人所为、犯罪构成要素等影响量刑轻重的情节等进行分析；二是对辩方证据进行评判。公诉人应高度关注辩方用证，并肯定合理的辩护证据，对不应采纳的应及时提出明确的意见。

三、关于庭审质证的若干问题

在庭审证据为主的时代，“质证”是法庭调查的核心。从2010年“两高三部”发布的两个证据规定到《刑事诉讼法》新增的非法证据排除规则，立法为证据的收集、保全、固定和法庭质证带来了深刻影响，更对检察机关公诉质证工作提出了挑战。所谓质证是在多方诉讼参与人的参与下，对证据进行筛选、识别的过程，是控辩双方对各自所出示的证据材料的合法性、客观性、关联性进行质疑和辩驳，以确认该证据材料是否作为定案依据的诉讼活动。质证最初源于交叉询问，即将证人带到公开的法庭上并宣誓，通过盘诘对质，使证人证言的可信度受到公开检验。我国《刑事诉讼法》第59条规定：“证人证言必须在法庭上经过公诉人、被害人和被告人、辩护人双方质证并且查实以后，才能作为定案的根据。”从这一规定来看，质证是我国现行法律所规定的一项重要的诉讼证据制度，它的基本作用是通过在法庭调查阶段，在审判人员的主持下，诉讼双方向法庭提出证据材料，通过对作证人员进行公开的、直接的质询与诘问，以充分查明证据的可靠性和证明力。国家检察官学院教授徐鹤喃认为，研究质证问题有三重目的，即显示证据内容、固定证据与发现新证据。质证工作的程序价值在于保障司法公正，其实体价值在于使定罪量刑的证据更为扎实，最终实现刑事诉讼的认识论价值。

（一）从证据种类方面探讨庭审质证的重点

1. 对言词类证据的质证，应重点阐明证据的关联性

言词类证据在公诉案件中所占的分量较大，是每个案件都不能缺少的证据种类，其是否成立是关系指控案件能否成立的关键。而这类证据往往最容易受到外界的干扰而发生变化。法庭上辩护人对言词证据的质证，往往是提出控方

证据间的矛盾点，将矛盾点逐一罗列，扩大矛盾，割裂证据之间、证据和案件事实之间的联系，通过否定证据的关联性，来达到否定公诉证据效力的目的。在实践中，辩护人常就以下四个方面提出质疑：（1）就被告人供述、证人证言之间矛盾提出质疑。如被告人供述作案工具是锄头，而证人证明却是铁锹。（2）就言词证据自身前后之间矛盾提出质疑，如被告人、证人对同一事实的多次不同的陈述。（3）就言词证据与物证、鉴定意见之间的矛盾提出质疑。如被告人供述贪污公款20万元，审计报告只证实其贪污公款16万元。（4）就证人不确切、模糊的陈述寻找矛盾之处进行质疑。如一发生在夜晚的抢劫案，现场目击证人说不清楚三名被告人中，哪一个动手殴打并抢了被害人的钱包。对此类言词证据的质疑，公诉人可以抓住主要证据的主要矛盾，采用印证说明法，即从正面阐明。任何一项证据的客观性都不能靠其自身来证明，要证明其真实性，必须超出其范围，在深度、广度上去求证，控诉证据在横向证据之间相互关联，在纵向的证据与事实之间，构成了牢固的证据体系，这种联系更是全方位的。既有时空联系，又有手段联系；既有原因联系，又有结果联系，整个案件事实是证据体系所证明的唯一结果，这种联系是本质的、必然的联系，是主要矛盾，能够得出证据具备客观性的结论。辩护人提出的矛盾是非本质、次要矛盾，不影响证据客观性。

2. 对勘验检查笔录、鉴定意见的质证，应重点阐明证据的客观性

勘验是勘查、检验过程中形成的客观记载，是勘验者亲身经历的。鉴定是建立在科学基础上的意见，有些鉴定需要由具备专业技术知识的人员依专业学科知识对某些现象或事物得出意见，这类证据一旦形成，一般不会受案件诉讼参与人的干扰而发生变化。对这类证据，辩护人一般就以下四个方面提出质疑：（1）勘验、鉴定的主体，程序违法；（2）检材和样本不具备鉴定条件，不能作出鉴定意见；（3）鉴定意见和其他证据之间存在矛盾，结论不科学；（4）勘验、检验结论和案件事实缺乏因果关系等。对此，公诉人应抓住其固有的特点来表明其具有证据力，如勘验笔录的客观性、鉴定意见的科学性等。对涉及这类证据的质证，特别是预测到对勘验、鉴定过程中某些问题，尤其是专业性、技术性较强问题的质证，公诉人较难答辩时，可以请勘验人、鉴定人出庭。鉴定人具有丰富的专业知识，在回答专业性问题时，比公诉人更具有专业色彩，在质证答辩时也更有说理性。如在公诉被告人王某等贩卖、走私毒品案中。对安眠酮是不是毒品以及含量多少才算毒品，辩护律师提出了质疑。质证时，通过请毒品检验专家出庭，详细论证安眠酮系国家管制的精神类药品，是毒品的一种，该案被告人贩卖、走私的货物中安眠酮的含量已达到毒品的要

求。这不仅有力地驳斥了辩护人的质疑，而且由于专家的论证更具有说服力，使法官采信证据的确信度增强，当庭采信了鉴定意见。

3. 对物证、书证及视听资料的质证，应重点确立证据的合法性

物证、书证是靠其外部特征和自身内容显示其证明力的，现在我们所使用的视听资料，绝大多数是将视听资料作为固定证据的手段来体现被告人供述、证人证言、现场勘查等证据情况的。这类证据质证主要是考察其制作与收集的合法性。辩护人一般以收集程序不合法、逼供逼证及被删减等所谓违法性问题提出质证。公诉人应在结合阐明此证据与其他证据相印证，具备客观性。同时指出辩护人提出的违法性问题无其他证据证实，必要时，出示证明证据来源合法的证据，驳斥辩护人观点。

（二）从方法论角度考察庭审质证的方法

质证的基本指导思想应是客观评价、合理吸收、排除干扰。质证是一个去伪存真的过程，对质疑中的合理成分，应当实事求是地吸收，一概排斥、否定的态度是不科学的，亦有悖于质证的目的。但是，质疑有时也会成为辩护人对公诉证据的一种干扰手段，公诉人应把握质证的方向，谨防陷入辩护人的质疑圈套，并注意逻辑严谨，善于排除质疑干扰，同时还必须积极、适时地对辩护人提供的证据进行质疑。为了强化质证的力度，下面从公诉人的角度，对质辩、质疑的方法作进一步的阐述。

1. 关于质辩

首先，公诉人要根据辩护质疑规律，结合具体证据，庭前有针对性地预测质证焦点，培养应变能力和语言表达技巧。庭上答疑要抓住实质，击中要害，切忌舍本逐末，在枝节问题上纠缠不休，做到既实事求是，又讲求效果。质辩的方法有正本清源避实就虚、利用矛盾各个击破、焦点突破釜底抽薪等。其次，公诉人质辩的思路应视辩护人质疑的问题是否确实存在和动摇公诉证据的效力而定。（1）对于质疑无碍公诉证据效力的，应简要、明确地表达质疑不能成立或不能否定证据效力的态度，不必每疑详答或过分纠缠。（2）对于质疑的问题可能模糊公诉证据效力的，应据理力驳，直接指出其谬误或不合逻辑之处，并依据整体证据的综合证明力，阐明公诉证据的不可动摇性。如庭审实践中，辩护人往往对公诉证据从两方面质疑：一是将证据进行分割，以此否定单个证据的证明作用；二是纠缠细枝末节，指出证据自身存在矛盾和证据之间在枝节上相互矛盾，并夸大矛盾对认定事实的影响，借机制造混乱，混淆合议庭视听。对此，公诉人可以从两方面予以回击：一是驳斥辩方抓住一点不及其余的攻击方式，从问题的主次角度出发，阐明证据在本质上的证明力，说明该

证据存在的瑕疵属于非本质因素，不能影响根本问题，任何案件的证据都只能是相对的、总体上的吻合，而非没有任何矛盾的绝对一致。由于取证主体能力所限、取证过程条件所限、作证主体素质所限，证据在本质上只能是对原始发生的客观事实的第二次反映，只能是无限接近客观事实。反映案情的某个证据在细节上的误差，恰恰表明证据的收集是实事求是的，也表明证据内容是确实可信的，以合理排除矛盾；二是注意从基本事实和证据形成的证据体系进行辩论，运用辩证唯物主义全面、联系的观点驳斥辩方孤立、片面看问题的攻击方式。证明是一个连贯的过程，是多个条件联合作用的结果，辩方只抓住一个证据，将其同前后关联的证据割裂开来，妄说它的真实性和证明力的做法，是违背辩证唯物主义原理的。（3）对于质疑的问题确实或可能有其客观性时，公诉人应表明对质疑意见已充分注意的态度，并尽快作出准确答复；对于质疑无法否定而影响公诉证据效力或使庭审无法继续进行的，公诉人应果断建议延期审理，进行补充侦查，避免造成庭审中进一步被动。总之，除非公诉人确知或确信辩方的质疑动摇了公诉证据效力，公诉人不应当放弃维护公诉证据有效性的努力，这既是控方胜诉的基础，又是公诉人职责的要求。

2. 关于质疑

根据《刑事诉讼法》第 41 条的规定，辩护律师经证人或者其他有关单位和个人同意，可以向他们收集与本案有关的材料，也可以申请人民检察院、人民法院收集、调取证据，或者申请人民法院通知证人出庭作证。据此，公诉人在对辩方当庭提交的证人证言进行质证时，应首先从取证程序是否合法的角度进行质证。特别是对被害方提供的证人证言的辩护证据，更应注意质证取得的程序是否合法。如牛某强奸案，辩护律师未经人民检察院或人民法院同意，向被害人收集了一份调查材料，企图利用被害人陈述中的前后差别，否定起诉书指控的某些情节。对此，公诉人首先从证据的合法性上进行了质证，指出辩护证据的收集违反了上述法定程序，不具备证据的合法性特征，不能作为定案的根据，合议庭当庭采纳了公诉人的意见。

对辩护人使用物证、书证举证的质证方法。物证、书证都是一种客观存在的具体物品、痕迹和文字符号。辩护人往往利用物证、书证可以反映客观事实和其他证据真伪的特性，向控方当庭发难。我们认为对物证、书证进行质证时，除要求对他们收集的程序是否合法进行质证外，还应注重联系其他证据进行综合分析判断，以确定其真伪。如在公诉被告人殷某贪污案时，辩护律师举证时，向法庭出示了本案一证人李某提供的被告人在其饭店招待所产生的发票 2 万余元，并提出该招待系公务招待，不应认定为贪污，应从贪污数额中减去。该份书证对本案的定罪量刑起着至关重要的作用。由于公诉人在庭审前对本案背景作了详细调查，辩护人出示证据后，公诉人经过查看书证并结合全案事实认真分析后提出质疑：辩方提供的招待费发票没有被告人或者其单位经办人的签字，而且根据被告人以前的交代，案发前李某已派人到被告人的单位结清了所有的招待费。故该份证据的来源不清，内容不真实。由于公诉人在质证时抓住了该份书证不真实的矛盾所在，合议庭采纳了公诉意见，否定了辩护人出示的证据。

四、庭审举证、质证阶段实务问题的思考与应对

（一）庭审中被告人、辩护人提出了公诉机关事先未掌握的新证据，如何应对

随着辩护律师辩护权利的扩充，“证据突袭”发生可能性增加，修订后《律师法》的实施，赋予了律师更广泛的权利，如阅卷权、调查取证权、会见权，等等。《刑事诉讼法》在吸收《律师法》相关规定的基础上，对辩护律师的调查取证等权利进行了进一步的扩充。律师通过会见权，尤其是调查取证权、阅卷权的行使，可以了解检察机关所掌握的所有证据材料。而对律师所获取的证据提交的时间仍缺乏明确的规定，从而使辩护律师搞“证据突袭”的可能性增加。

我们应当沉着、理性应对“证据突袭”。一方面指出辩护人当庭采取证据突袭的办法，不仅违反了最高人民法院《关于适用〈中华人民共和国刑事诉讼法〉的解释》（以下简称《解释》）第182条第1款第3项关于辩护人应在开庭5日前提供证据的规定，也违背了诉讼公平原则，不利于查明案件事实，实现法律公正；另一方面要理性地看待辩护律师提交证据的行为。刑事诉讼并不像民事诉讼规定了明确的举证期限，上述《解释》也并未限制辩护人在其他时间的举证权利。公诉人对待被告人、辩护人提交的证据，也应当且有权在法律规定的期限里进行全面审查，特别是关于被告人无罪、罪轻的证据，以便能及时调整出庭方案掌控庭审进程。公诉人要视情况而定，随机应变。如能够当庭质证的，应注意从证据的“合法性、客观性、关联性”三个方面来进行质证。如不能当庭质证时，可以要求法庭延期审理。

应对建议如下：

第一，公诉人应明确指出被告人、辩护人的做法违反了《解释》关于辩护人、被告人应当在开庭5日前向法庭提供证据的规定，有“证据突袭”之嫌，请法庭予以注意。同时公诉人要求当庭查阅辩护人、被告人出示的证据后

再予以质证（或者公诉人建议法庭休庭，待公诉人庭后查阅后，再予以质证）。

第二，按照《公诉人出庭举证质证指导意见（试行）》第35条的规定，围绕相关证据的合法性、客观性、关联性内容进行查阅。

第三，视查阅情况灵活应对。（1）如果认为该证据符合法律的要求，具有真实性、合法性、关联性的，公诉人应实事求是地发表质证意见。（2）对于辩护人提供的程序违法或有瑕疵的证据，对其证据的真实可靠程度进行质疑，并要求法庭不予采信。（3）对于与定罪量刑没有关系，也未能直接证明案件发生的情况的证言，由于其不具有刑法上证据特征的关联性或者明显重复、不必要，或者在案证据能够反驳新证据的，公诉人可在说明理由或者进行反驳后，要求法庭不予采信。（4）如果该证据对定罪、量刑有重大影响，当庭又难以准确判断的，公诉人可建议法庭在本案其他证据质证完毕后延期审理。在延期审理期间公诉人应对该证据进行复核或者补充其他证据，必要时可以要求公安机关提供协助。

（二）被告人、辩护人称公诉人所宣读的言词证据不完整，只摘取其中对被告人不利部分宣读，如何应对

摘要式宣读卷宗笔录是目前检察机关庭审举证的重要方式。所谓摘要式宣读，是指公诉人在庭审中根据需要概括性或有选择性地宣读部分笔录。以证人证言为例，对于同一证人所作的多份不一致的证言笔录或者不同证人所作的不证言笔录，公诉人可以有选择地宣读其中的一份证言，或者仅仅摘要式宣读其中的一段或一部分，或者采取“合并概括”的方式宣读，这在一定程度上提高了庭审效率，但这种举证方式常会收到辩护人及被告人的质疑。因为承担控诉职能的公诉人有时对客观公正义务遵守得不够，完全有可能从围绕犯罪构成的角度而选择性宣读被告人有罪供述和证人有罪证言，而不出示被告人的无罪辩解、证明无罪的证人证言等笔录。

对于辩护人及被告人的这种质疑，如果公诉人在法庭上不作回应，必然会使辩护人、被告人及旁听人员对公诉人出示证据、指控犯罪的公正性产生质疑，从而影响了审判的效果。因此，在审查起诉阶段，公诉人就应当重视被告人所作的无罪或者罪轻的辩解、相关证人作出的对被告人有利的证言，综合全案的证据进行分析判断，对证据去伪存真，以达到客观真实认定犯罪事实的目的。在法庭上，公诉人答辩时的思路需围绕以下四个方面：一是言词证据的特点就在于其具有浓厚的主观色彩，没有一份言词证据是百分之百的真实，也没有一份言词证据是百分之百的虚假，这是言词证据较之书证、物证的最大特

点，而案件的办理，从公安机关在侦查阶段的全面取证，到审查起诉阶段的全面审查，再到庭审阶段的举证质证，这其实就是一个去伪存真、去粗取精，反复核查检验证据的过程，公诉人摘要宣读言词证据中客观真实的部分，正是对证据审查判断后予以采信的结果。二是公诉人宣读的证据虽然是节选但仍完整地表达了被告人、证人的真实陈述，没有肢解和扭曲被告人和证人的本意，如实地反映和证实了案件的基本证据状况和基本案件事实。三是在庭审中，公诉人履行指控被告人犯罪的职能，辩护人则根据事实和法律提出证明被告人无罪、罪轻或者减轻、免除其刑事责任的材料和意见，两者是平等、对抗的关系，辩护人对其掌握的有利于被告人的证据材料而公诉人在法庭上又未予宣读出示的，可以自行向法庭宣读出示。四是摘要宣读言词证据的方式确实存在一些问题值得反思，如摘要宣读难以保证忠于愿意、容易使信息失真等，因此，应当对摘要宣读的方式作出一定限制，如对于被告人当庭翻供、辩护人作无罪辩护或者被告人未委托辩护人的案件，被告人、辩护人对证据有异议，法庭认为有必要的，应当全面宣读、出示。

应对建议如下：

第一，公诉人宣读时已经表明是对证据的摘要宣读，不是全文宣读。公诉部门审查起诉中，具有对案件证据的采信权，公诉人摘要宣读一份言词证据中的某一部分，是具体行使证据采信权的体现。辩护人不能因为公诉部门采信一份证据的一部分，不采信另一部分，就认定公诉部门是自相矛盾，断章取义。言词证据可能会出现瑕瑜互见、真伪并存的情况，但这也是言词证据最大的特点。对同一事物，不同的人，其经历以后所作的陈述是存在差别的。所以，公诉人摘要宣读一份言词证据中的客观真实部分，正体现了言词证据的特征，是符合证据规律的。

第二，（若证人在不同阶段做过不同的证言）证人确实有过不同的证言，但是证人对于证言的变化原因给出了合理的解释。且公诉人出示的这部分证言能够与他的证据相互印证，细节高度一致，足以证实起诉书指控犯罪事实。

第三，如果辩护人始终坚持，可由其向法庭宣读。因为庭前公诉机关已向法院移送全部的案卷，辩护人也有充分的时间查阅案件的证据材料，辩护人对其掌握的有利于被告人的证据材料而公诉人在法庭上又未予宣读出示的，可以自行向法庭宣读出示，由公诉人发表质证意见。

第四，如果审判长要求公诉人宣读的，根据《人民检察院刑事诉讼规则（试行）》第 435 条的规定，公诉人应当宣读，但是公诉人认为未采信部分除外。

（三）被告人当庭提出被刑讯逼供或其他非法方法取证的，如何应对

此类当庭翻供是公诉人最常遇见的问题，彻底解决这一问题需要检察机关切实履行法律监督义务，建议侦查机关结合《刑事诉讼法》的要求，扩大讯问被告人时全程录音录像的范围，逐渐覆盖整个侦查审讯阶段。同时，在审查起诉阶段，公诉人应当秉持客观公正原则，不能因被告人积极行使辩解的权利就将其行为一概斥为“翻供”，必须认真履行法律监督职责，详细听取被告人的辩解，及时发现是否存在非法取证的行为，并予以查证。经审查后，对于部分试图通过“翻供”逃避法律制裁的被告人应根据个案特点，在核清事实的基础上，及时掌握被告人的思想状态和变化趋势，有必要耐心地进行法制宣传和教育，并分析预测庭审中的“翻供点”，制订周密的出庭方案，为出庭做好准备。

若庭前也就是审查起诉阶段，讯问被告人时其已经提出此辩解，则在示证时出示其入看守所的体检表、同监室在押人员的询问笔录、对公安人员的询问笔录、侦查机关（部门）讯问录像光盘等予以驳斥。同时向被告人宣读有关法律规定，阐述其若恶意诬陷、诽谤司法人员将依法承担的法律责任。此外，根据审查时对侦查阶段供述材料合法性的认可以及其他证据材料的印证等内容作进一步阐述。

若庭前讯问被告人时其并未提出此辩解，而是当庭才提出，则应向法庭说明情况，表明公诉人在依法履行法律监督职责时，在庭前讯问被告人时即已告知其有如实供述犯罪的义务和依法辩解的权利，同时也专门就侦查机关的侦查活动是否存在违法现象进行了讯问，被告人对此并未提出相关辩解。然后根据对证据的审查意见，阐述采信其庭前供述否认其当庭辩解的意见。必要时，向法庭说明，公诉人在庭后会履行法律监督职责，向有关部门调查了解被告人反映的情况。

若经调查，被告人辩称的其曾受非法取证情形的确存在，影响该证据的采信，或者该言词证据直接被排除，则根据全案情况，阐述即使被告人的辩解虽客观且有证据核实，在侦查阶段取得的被告人供述属于非法证据，不能用于指控犯罪，已经从证据体系中予以排除，但是还有批捕、起诉阶段被告人供述以及其他证据予以证实本案件事实，不影响起诉书对其犯罪指控的成立。

应对建议如下：

第一，被告人的供述足以认定犯罪事实和其罪行有无的重要证据，但不是唯一证据。对被告人的供述，采信与否取决于庭前及庭后一系列证据情况的综合判断，不能简单以庭上供述来判断其供述的真假和罪行的有无。特别是针对

被告人庭审中推翻以前供述的，更是如此。

第二，经公诉人对被告人在侦查阶段的供述进行审查，侦查人员对其讯问时形成的笔录是在法律规定的时间、地点由侦查人员依法制作的，侦查人员依法告知了相关诉讼权利，确保了被告人自由陈述权利，笔录内容均是在被告人供述基础上，由侦查人员客观记录形成，程序和形式是合法的。这些笔录也均经被告人阅读（并修改确认），被告人在核对无误的情况下签名、捺手印，说明原供述得到被告人认可，应认定系自愿供述。

第三，从公诉人审查过程来看，没有发现侦查活动中存在违法取证现象，不存在指供、逼供、诱供的情形。

第四，从其他在案证据来看，原有罪供述能与在案证据相互印证。公诉人如果觉得有必要时，也可出示同步录音录像证实被告人的辩解不成立。因此被告人认为在侦查机关的供述不正确的理由不足以采信，于法无据。

（四）被告人、辩护人提出个人录制的视听资料或者偷拍偷录的视听资料不能作为证据使用，如何应对

结合社会生活和司法实践，公民录制的与违法犯罪有关的视听资料，有的不可能也不需要取得当事人的认可，如拍摄的现行犯罪情况。有的是获得了当事人的认可，如被告人的朋友、家人拍摄的包含待证内容的资料。这类视听资料往往能够更客观、更真实地反映案件的真实情况，对于证实犯罪能够发挥积极作用。经过侦查机关的依法调取和审查，发现此类视听资料记载的内容真实反映案发当时情况，录制时间及记载内容连贯，非伪造或剪辑而成，本身是真实的，符合证据的客观性与关联性要求，能够作为证实本案真实情况的重要依据。

视听资料的制作和收集是两个可以分离的过程，两者不能混同。视听资料的制作只是一种事实行为，不以追求形成证据的程序性后果为目的。而视听资料的收集是指法定收集主体依法定程序以合法手段使客观存在的视听资料转化为诉讼法上的证据的行为，是一种诉讼法律行为，目的是追求一种程序后果。所以证据取得人是谁并不必然影响证据的证据能力，但是当其作为诉讼证据使用时，就应当经由有权机关进行转换，确定其真实性。这就要求侦查机关对视听资料的来源、制作人、制作时间、地点等明确进行说明，使其具有调取和审核程序的合法性。

对于此类证据审查和使用也要特别注意，依法提起公诉时就应将该证据明确列入证据目录。当庭出示前首先对该视听资料的来源、制作情况及其收集人、收集程序、固定方式、所要证明的内容等进行概括说明，并当庭运用多媒体示证系统对该视听资料进行播放，法庭出示程序及方式完全合法，经当庭质

证后应当依法予以认定。

应对建议如下：

经公安机关依法收集的公民个人私自秘密录制的视听资料能够作为认定案件事实的证据使用。

第一，我国《刑事诉讼法》规定，可以用于证明案件事实的材料，都是证据。公民录制的与违法犯罪有关的视听资料如果能够客观、真实反映案件的真实情况，就可以成为证据。

第二，我国《刑事诉讼法》仅对证据的收集主体进行了明确的限定，并未限制视听资料的制作主体。所以，经合法主体依法收集的证据，即便是公民个人私自秘密录制的视听资料，也能够作为刑事诉讼证据使用。该证据在录制后经由公安机关进行了证据转换，经过合法程序将其转化为诉讼意义上的证据，例如，有公安机关对视听资料的来源、制作人、制作时间、地点等明确说明，其收集主体、收集程序、固定方式等均符合相关法律规定。

第三，该视听资料反映的内容连贯且能明确显示案发当时的情况及周围环境，符合证据的客观性、关联性和合法性的要求，具备证据能力。且该证据能够与本案其他证据相互印证，其反映的情况与多名证人的证言内容一致，尤其是与部分参与本案的涉案人员的证言一致，使得全案证据形成完整的证据链，能够清楚明确地证实案件事实。

第四，公诉人也认为对于设圈套等“钓鱼”方式录制的视频资料以及其他严重侵犯了他人权益的偷拍视频资料，因可能不能真实反映当事人的意志以及出现了严重手段违法，可能无法作为证据使用。但是本案中个人摄制视频资料没有严重侵犯他人的人格权、隐私权等合法权益，亦未采取严重的违法手段或违反法律的禁止性规定。对于个人偷拍偷录的行为也许其在一定程度上侵犯了对方的隐私权等合法权益，但其对他人隐私权的侵害程度远小于因排除该证据对被害人利益及国家利益所造成的损失，依据法益衡量的原则，对该份证据应予采纳。

（五）只有言词证据认定犯罪事实时，被告人、辩护人以案件为“一对一”证据，应以有利于被告人的原则，采信无罪辩解或罪轻辩解的，如何应对

“一对一”证据案件的形成不外乎两种情况：其一，由于案件自身的特点而不可能留有很多证据。如受贿案、毒品案件等。其二，由于侦查机关的侦查意识不到位，或者是侦查措施不够得力而导致丧失了侦查的有利时机，以至于时过境迁，难以再收集到相关的证据，从而导致“一对一”案件的形成。案件“一对一”证据的形成，对我们审查起诉及出庭公诉都会带来一定的难度。如何对收集到的各种证据材料进行去粗取精、去伪存真、由表及里的剖析，并

推断出案件的事实真相，是审查"一对一"证据案件的一个难点。

要重视口供之外的证据，尤其是那些看起来琐碎、不成体系的间接证据。要把这些间接证据与已有的直接证据结合起来审查判断，排除口供中的虚假部分，要善于用间接证据打破"一对一"的对立，通过调查分析来确定定案的证据或不能定案的理由。

要善于从双方对案件中关键情节的表述对比中寻找突破口。在办理具体刑事案件中，要求我们对整个案件进行全面的考察，通过对重点细节的研究与分析，找出案件的突破口。

要注重挖掘新线索，从犯罪嫌疑人身边的人突破，使单证不单，使"一对一"变成"多时一"。如在"一对一"受贿案件中，受贿人的配偶及子女往往成为唯一的知情人和证人，故利用其获取证据，对于突破"一对一"受贿案件既有可能，又有必要。

应对建议如下：

第一，应对证人证言或被害人陈述以及被告人有罪及无罪辩解等证据的合法性进行逐个分析。本案中证人或被害人的感知能力、记忆能力和表达能力完全正常，且未受到外界不良因素影响，前后几份证人证言或被害人陈述内容一致，符合社会的常识常理，与其他间接证据能够相互印证，且侦查机关收集、调取证据的方法，程序合法，必要时可向法庭出示询问的全程监控录像。对被告人供述和辩解从其供述的动机和目的、被告人前后供述发生变化的理由、无罪辩解或罪轻辩解与其他证据之间的矛盾、司法机关获取犯罪嫌疑人、被告人的供述和辩解的方法和过程合法等方面予以论证，并当庭出示讯问的全程监控录像，必要时可申请侦查人员出庭说明情况。

第二，从双方对案中关键情节及案件隐蔽性细节的表述中寻找共同点，以作为采纳其有罪供述的依据。通过对案件细节的论证，特别是一些非亲身经历所不能知晓的细节，将被告人与该犯罪行为联系起来。

第三，应结合案件的其他间接证据及补强性证据对其有罪供述及证人证言的合理性进行论证。如强奸案中，被告人始终供述被害人是自愿的，是通奸不是强奸，而被害人则始终供述是强奸。对此可通过被告人与被害人平时来往情况、被告人作案的时间和地点，被害人报案的事实等间接证据统一证实。

（六）侦查机关出具的工作说明或办案说明，被告人、辩护人提出这些"说明"不能成为定案根据，如何应对

虽然实践中"情况说明"经常性地出现在案件卷宗中，并被审查、采用，为此有的观点支持"情况说明"可以作为证据使用，但有观点坚持认为"情

况说明”是不能作为证据使用的。我认为，“情况说明”，按照其是否具有证明作用，可以分为两大类：一类就是普通的说明，没有证明作用，仅有助于法官明确案情和侦查过程，对定罪量刑也基本没有影响。比如，在共同犯罪案件中，部分同案犯在逃，只起诉了抓获在案的犯罪嫌疑人，有时法庭为了了解全部案情，就会需要公安机关的“同案犯在逃情况说明”，但该在逃情况说明对于正在审理的犯罪嫌疑人的定罪量刑一般没有证据意义。另一类“办案情况说明”被作为证据使用，有一定证明作用，对定罪量刑有影响。比如，同样是关于抓获经过的情况说明，如果说明中涉及某犯罪嫌疑人自首的情节，或帮助警方抓获同伙的情节，或抗拒抓捕造成严重后果的情节，那么该说明将对量刑产生意义，将被作为从轻或从重处罚的证据。

两个规定实施后，证据补强规则在刑事诉讼中的适用范围扩大，具体为生理和精神缺陷者的证人证言、利害关系人的证言、只有同案被告人供述的案件中同案被告人供述、存有疑点的视听资料以及无法与原件、原物品核对的复印件、复制品五种情况。因此，关于自首立功、关于证人证言、关于犯罪嫌疑人供述、关于证据是否充分、关于主体身份、关于通话记录等内容的“情况说明”，在实践中往往能起到证据补强的功能。

应对建议如下：

第一，“情况说明”有其存在的合理原因。如有的侦查人员认定、出示的犯罪嫌疑人、被告人具有自首、立功等情节的“情况说明”，关于抓获犯罪嫌疑人经过的“情况说明”等。从证据的必要性上来看，侦查人员亲历了抓捕犯罪嫌疑人的经过和案件侦查过程，其本应出庭作证，证实犯罪嫌疑人是否属于投案自首、是否提供了十分清楚的同案犯藏匿地点或者带领公安人员抓获同案犯，以证明犯罪嫌疑人是否具有自首、立功等量刑情节或者对侦查的过程、方法等问题作出说明。允许其不出庭作证而以书面笔录或者“情况说明”予以代替，具有一定的合理性和必要性。再如，关于刑讯逼供、诱供的“情况说明”，是为了证实被告人供述的真实性、合法性，其存在具有一定的合理性。

第二，从“情况说明”的内容来看，大多数直接或间接与案件相关，是对有关案情事实的确认。“情况说明”说明的内容虽然广泛，但都与案件事实有一定的联系。且为数不多的“情况说明”，是侦查机关或其他主体根据公诉机关、审判机关对有关案件事实的调查要求而进行工作后出具的。因此“情况说明”与相关案件事实具有十分明确的针对性，即具有很强的关联性。

第三，从形式上，“情况说明”基本上为书面形式。“情况说明”的形式是书面材料，完全可以为人所感知，内容是出具人所经历的或者知晓的相关真实情况，是对客观事物的反映，因此“情况说明”在形式与内容上都具有客观性。“情况说明”制作出具在实践中也已形成了一些规定，如必须有个人签名。侦查人员是以自己的感官感知案情为前提来提供证言的，而单位作为组织，不能像人那样以感官感知案情，单位不能作为证人提供证人证言。因此，“情况说明”由公安机关或检察机关的侦查部门盖章并非必要，只要有侦查人员的签字即可。

第四，对于侦查人员或相关人员未签字的“情况说明”，也非一概排除。没有侦查人员签字的“情况说明”属于瑕疵证据，需要进一步补强。

（七）被告人、辩护人提交法庭的案件原有证人证言发生重大变化的，如何应对

《刑事诉讼法》在一些条文的规定中吸收了证据开示制度的合理因素，扩大了公诉方、辩护方证据开示的范围，但仅明确了辩护方在庭审前向公诉方的特定范围的证据开示义务。《刑事诉讼法》第40条规定：辩护人收集的有关犯罪嫌疑人不在犯罪现场、未达到刑事责任年龄、属于依法不负刑事责任的精神病人的证据，应当及时告知公安机关、人民检察院。如果辩护律师当庭才出示收集的有关这些方面发生了重大变故的证人证言的，公诉人可以向法庭指出，辩护律师有“证据突袭”的嫌疑，如果审判长坚持准许该证言出示，则公诉人应当查阅，并区别情形对待。如果辩护律师当庭出示的不属于证实上述三方面内容的证人证言，公诉人不能以辩护律师庭前未向法庭提交为由而拒绝质证，应当认证审查该证人证言的“三性”，正确发表质证意见。

证人证言属言词证据，具有反复易变性，证明力较弱，在当前辩护人调查取证能力有限的情况下，通过获取证人证言是相对易行的手段，也是辩护律师最可能证据突袭公诉人的一种方式。公诉人在审查起诉环节，一是应当核实关键证人证言，问透证言各方面的细节，并注重补强其他证据与之印证，尽量避免过分依赖证人证言定案。二是要掌握、了解证人与被告人之间的关系，预测可能发生的证词变化。三是证人证言已经发生变化的，让其充分陈述，以掌握其变化的方向及思路，寻找破绽。同时，公诉人还需要掌握辩护人的动向，听取辩护人的意见，了解辩护人对此案的看法和意见，预判其辩护思路，以制定具体的应对对策。

对于关键证人，在庭前会议时，公诉人应当提出让关键证人出庭作证，让其接受控辩双方的交叉询问。根据一般的生活经验，证人当庭接受交叉询问时，如果无理翻证，企图提供虚假证言要比在庭下面对辩护人提供虚假证言困难得多，且通过交叉询问，虚假的证言也容易露出破绽，从而导致翻证不被采信。

应对建议如下：

公诉人应要求当庭查阅证言笔录，并区别情形对待。第一，审查该证人证言是否具有合法性，如果该证人证言不具有形式要件的合法性，公诉人则应发表不予采纳的质证意见。第二，审查证言内容是否具有真实性，是否能够得到其他证据的印证，如果明显与在案证据矛盾的，指出对于原有证人的翻证应当不予采信。如果该证人为关键证人，凭现有证据无法推翻该变化了的证人证言的，不宜当庭发表意见，以免造成被动局面，应本着实事求是的态度，建议合议庭休庭或要求延期审理，在庭后予以重新复核或者补充其他证据。

（八）被告人供述和证人证言（被害人陈述）之间或者同案犯供述之间、证人证言之间在细节方面存在差异，经侦查人员或检察机关重新讯问或询问后，被告人或证人对该细节的描述发生变化，供证一致的，被告人、辩护人提出可能存在指供、诱供的，如何应对

被告人供述、证人证言、被害人陈述统称为言词证据，为言词证据，具有能够直接、单独证明案件事实的优势，但同物证、书证等客观性证据相比，又具有主观性、反复易变性等特征。犯罪嫌疑人的多份供述之间、供证之间往往存在细节上的差异。对于案件事实，无论是经历者还是目击证人，由于年龄、知识、阅历等方面的差异，其感知能力、记忆能力、表达能力也必然有区别，对于案件事实的表达存在差异自在情理之中，应当区别情形、正确对待。

公诉人在审查起诉环节，对于不影响案件事实认定的属于细枝末节的差异，不必苛求一致。差异的存在，且能反映言词证据的真实性；反之，如果所有的言词证据在细枝末节方面都高度一致，反倒令人怀疑笔录制作过程的真实性。因此，在制作言词证据时，记录人应尽可能做到“原汁原味”，尤其是在对同一犯罪嫌疑人进行讯问时，即使该犯罪嫌疑人认罪态度一直好，没有翻供现象，也不能直接复制前份笔录，以免弄巧成拙，导致对该笔录的整体真实性产生合理怀疑。

如果言词证据在细节方面的差异确属案件中的关键情节，在侦查环节、审查起诉环节，应当复核口供、证词、陈述，合理解决存在的矛盾点，达到供认一致、供证印证的标准。在讯问、询问过程中，应当充分保障自由陈述的权利，不能指供（证）、诱供（证），对于细节方面存在的差异，应当尽量设置开放性的问题，让证人、犯罪嫌疑人充分回忆真实情况，尽量少设置封闭性的提问，以免授人以柄。当犯罪嫌疑人、证人等在关键细节上的供述、陈述与之前笔录不一致时，应当追问前后不一的原因，要求其合理解释，以体现其所作新供述、陈述的客观真实性。必要时，对于关键证人进行询问时，应当进行同

步录音录像，证实询问笔录的合法性。

应对建议如下：

第一，侦查人员、检察人员对犯罪嫌疑人的重新讯问、询问符合法定程序，笔录的制作符合法律规定，且检察人员在审查起诉环节讯问犯罪嫌疑人时，已经讯问过犯罪嫌疑人侦查人员在侦查过程中有无违法行为，犯罪嫌疑人称没有在供述之前所作的笔录均属实，因此，本案的被告人供述和证人证言的多份笔录具有合法性。

第二，随着刑事诉讼进程的推进，证实案件事实的证据由少到多，证据体系逐渐完善，犯罪嫌疑人、证人、被害人对案件事实的描述往往有一个由粗疏到细致，记忆有一个逐渐被挖掘的过程，侦查人员根据不断掌握的最新证据情况，由供到证，或由证到供收集、补充证据是侦查活动的基本规律，在后续侦查活动或审查起诉过程中，通过讯问、询问技巧，合理解决供证在关键细节上的不一致，达到互相印证是查明事实、完善证据体系的需要。本案中，侦查人员、检察人员在补充讯问、询问过程中，已经充分保障其自由供述、陈述的权利，相关人员均是在回答开放性问题的过程中讲出之前所未讲到的细节，且相关人员也已经合理解释之前供述、陈述系记忆不清、表达不清，新的供述、陈述合情合理、真实性强，并不存在指供、诱供的情形。必要时，可以播放讯问、询问时的同步录音录像。

第三，在法庭调查过程中，把握时机，科学设置讯问方式，让被告人当庭回答出案件的关键细节，并让被告人解释何以对细节记忆清楚、何以在之前对此的供述与当庭供述存在差异，以增强其供述的可信度。

（九）不同鉴定机构对同一问题得出不同意见时，如何应对

对同一问题出现不同鉴定意见的原因主要有：（1）补充鉴定。补充鉴定是在原鉴定的基础上对其中的个别问题进行复查、修改、补充，以使鉴定意见更加完备的鉴定过程。补充鉴定一般由原鉴定机构和原鉴定人进行，也可由原鉴定机构的其他鉴定人进行。补充鉴定意见是对原鉴定意见的修正、补充或者完善，不是独立的鉴定意见。（2）重新鉴定。重新鉴定是指初次鉴定及鉴定过程有瑕疵，或者当事人、鉴定委托人对初次鉴定意见有异议，委托原鉴定人或者原鉴定机构以外的人或机构再次进行的鉴定。重新鉴定是一个独立的鉴定程序，它不受初次鉴定意见的影响。（3）复核鉴定。复核鉴定是指对初次鉴定、重新鉴定有异议的，委托其他鉴定机构或者司法鉴定专家委员会进行复核鉴定。复核鉴定应当对原鉴定意见、鉴定过程、鉴定文书进行综合审核、评定，初次鉴定、重新鉴定人不得担任复核鉴定人，复核鉴定人的专业技术职

务、任职资格不应低于原鉴定人。

对于同一问题出现不同的鉴定意见在司法实践中时有发生，承办人在审查鉴定意见时，要着重审查检材的来源、提取、保管、送检是否符合法律及有关规定，鉴定机构或者鉴定人员是否具备法定资格和鉴定条件，鉴定意见的形式要件是否完备，鉴定程序是否合法，鉴定意见是否科学合理等。在审查起诉阶段，承办人认为案件中涉及专门技术问题的鉴定意见需要进行审查的，可以送交检察技术人员或者其他具有专门知识的人员审查。检察技术人员或者其他具有专门知识的人员审查后应当出具审查意见。必要的时候，可以提出补充鉴定或者重新鉴定的意见，报检察长批准后进行补充鉴定或者重新鉴定。检察长也可以直接决定进行补充鉴定或者重新鉴定。

对于同一问题的不同鉴定意见存在如何选择的问题。承办人在审查、采信不同鉴定意见时，不仅应加强对相关技术问题的学习了解，还应注重结合案件的基本情况以及与其他证据的印证情况，综合分析加以采信。一案中相同问题有多个鉴定意见的，存在符合申请重新鉴定情形的鉴定意见，其效力一般低于其他鉴定意见。对均未出现申请重新鉴定情形的，应结合案件的其他证据综合判断，有其他证据佐证或补强的鉴定意见的效力高于没有其他证据佐证或补强的鉴定意见的效力。依上述方法仍难以确定的，采用有利于被告人的鉴定意见。鉴定意见的证明力大小与鉴定机构的级别高低无关。

应对建议如下：

公诉人在庭审中对于不同鉴定机构对同一问题得出不同意见的原因作出详尽的解释，阐明检察机关综合全案情况，结合案件的其他证据，采信其中一份鉴定意见的理由。

必要时，公诉人可以申请鉴定人出庭作证，或者由其出具相关说明，让鉴定人对相关问题作出解释，也可以申请具有专门知识的无利害关系的第三人出庭就相关技术问题作出讲解和说明。

经上述程序，如果控辩双方对于鉴定意见的认识仍存在重大分歧，且被告人、辩护人的质疑有合理依据，从而对案件的定罪量刑产生重大影响的，可以向法庭建议延期审理，由控辩双方共同来选定司法鉴定机构，对争议问题进行重新鉴定。

（十）被告人、辩护人提出物证、书证的收集不符合法定程序，要求予以排除，如何应对

应对建议如下：

第一，根据法律规定，物证、书证的收集不符合法定程序，不能绝对排

除。《刑事诉讼法》规定了两类要排除的证据，一类是绝对的排除（采用刑讯逼供等非法手段取得的犯罪嫌疑人、被告人供述和采用暴力、威胁等非法手段取得的证人证言、被害人陈述）；另一类是自由裁量的排除（物证、书证的取得明显违反法定程序，可能影响司法公正的，应当予以补正或者作出合理解释；否则，该物证、书证不能作为定案的根据），也称为瑕疵证据。物证、书证的收集不符合法定程序，即属于瑕疵证据。瑕疵证据具有两种特性，一是违法性，二是可补正性。根据法律规定，当这些证据的取得明显违反法律规定，可能影响司法公正的情况下，须先由侦查机关予以补正或者作出合理解释，只有在当侦查机关无法补正或者无法作出合理解释的情况下，才要予以排除。

第二，不符合法定程序收集的物证、书证若要作为非法证据予以排除，还需要“可能影响公正审判”。“可能影响公正审判”需要根据案件具体情况予以判断，一般而言，需要考量以下情节：收集物证、书证行为违反法定程序的程度，若收集行为涉嫌或者构成犯罪的，可认定为“可能影响公正审判”；违反法定程序收集的物证、书证的司法工作人员的主观罪过，是故意还是过失，如果主观罪过程较轻，且没有其他严重情节的，一般不宜认定为“可能影响公正审判”；违反法定程序收集物证、书证的重要性程序，如果是整个案件的关键性证据违反法定程序收集的，则“可能影响公正审判”；违反法定程序收集物证、书证手段所侵害的法益及其程度，如针对人身权利的侵害，针对他人财产权利的侵害等，一般而言对于生命健康造成严重侵害的，应认定为“可能影响公正审判”。

第 18 堂课　刑事简易程序若干问题

●桑　涛*

课程提纲

一、修改后《刑事诉讼法》对简易程序公诉案件的修改

二、当前简易程序中公诉案件办理存在的若干问题

三、办好简易程序公诉案件的方法和技巧

一、修改后《刑事诉讼法》对简易程序公诉案件的修改

为了促进繁简分流，提高诉讼效率，强化对简易程序的法律监督，修改后的《刑事诉讼法》对刑事诉讼简易程序进行了修改，增加了大量内容，改变了很多东西。简易程序的变化，对今后的工作产生了较大的影响。

（一）简易程序办理的历史沿革和诉讼价值

刑事简易程序在 1979 年《刑事诉讼法》中是没有的，1990 年我参加公诉工作时，那时公诉人出庭很省事，念了起诉书、讯问完被告人后就可以“休息”，因为下面的举证工作由法官承担，法官拿着卷宗开始念，法官举证与被告人核对，之后公诉人发表公诉词、开展法庭辩论。1996 年《刑事诉讼法》修改后，把简易程序纳入审判程序，为什么纳入？我国对各国刑事诉讼制度进行了考察，许多国家法官审案子很省事，一敲槌子一个案子，问是不是事实，

* 浙江省杭州市人民检察院公诉二处副处长。

被告人当庭承认，法官据此就判了，我们国家那时一个案子证据要审半天，大部分还不能当庭判，别的国家怎么那么快？主要原因是有简易程序，解决了效率问题。我们那时候每个案子都用普通程序，效率需要提高，因此1996年《刑事诉讼法》修改时增加了简易程序，借鉴民事简易程序的相关内容，由法官独任审判，审理期限20天，检察机关可以不派员出庭，简易程序范围比较小，限于3年以下有期徒刑，被告人自己认罪的情形。2000年之后，“两高”又推行普通程序简易化审理的改革。适用普通程序审理被告人认罪的若干案件的意见，与简易程序审理案件类似，但不完全一样，可以用合议庭，属于普通程序，适用范围宽，甚至无期徒刑的案件也可以，但死刑案件不适用。此类案件审理中法庭质证环节可以简略，公诉人不需要和普通程序一样一证一质，这是在刑事案件数量大幅度攀升的情况下，所进行的改革。通过改革大家发现，简易程序的范围其实完全可以再扩大，当时中国政法大学终身教授陈光中先生就提出，简易程序案件审理范围可以再放宽，10年以下、15年以下、无期徒刑可不可以？也可以。通过这些反思，我们得出结论，简易程序可以完全放宽，不一定只能3年以下；对于检察机关可以不派员出庭的问题，我们也有反思，不出庭的主要原因是工作压力相当大，但也存在问题：不出庭的话谁来进行法律监督？有的基层院认为，简易程序案件都应当派员出庭，实行法律监督职责。此次《刑事诉讼法》的修改，简易程序就成为法律监督的重要部分，对检察机关出庭的问题进行修改，增加了检察机关应当派员出庭公诉。不论从诉讼效率角度，还是履行法律监督职责角度，《刑事诉讼法》修改意义重大。

修改后的《刑事诉讼法》实施后，对于简易程序范围放宽，增加了检察机关必须派员出庭的内容，检察机关的工作量增加了。经过几个月的实践，大家发现简易程序案件的工作量增加得并没有想象中那么大，因为这一程序把过去一部分的案件工作量降低了，所以工作量的增加没有想象中那么多。

（二）简易程序案件内容变化

修改后的《刑事诉讼法》扩大了简易程序适用范围、修改了简易程序适用条件、取消人民检察院同意的程序、规定了简易程序审判组织、规定检察机关必须派员出庭。

一是扩大简易程序适用范围。过去仅仅是3年以下有期徒刑案件，现在范围一下子扩大为基层管辖的所有案件，无期徒刑以下，哪怕数罪并罚，10年、20年都可以。过去只能是轻罪，现在重罪也可以，只要被告人认罪、符合条件。事实清楚、证据确实充分（没有变化）、认罪对指控事实没有异议（无变化）、给了被告人自己选择程序的权利（有变化）。

二是修改了简易程序适用条件。不适用的情形：聋哑人、限制刑事责任能力人、重大社会影响、共同犯罪中部分不认罪及其他。

三是取消人民检察院同意的程序。法院决定，就可以适用。但保留了人民检察院建议适用简易程序的权力，经法院同意的。

四是规定了简易程序的审判组织构成。过去可以由法官、审判决独任审判，现在是3年以下既可以由合议庭，也可以独任审判，3年以上的必须由合议庭审判。

五是规定了所有简易程序公诉案件检察机关均派员出庭。

二、当前简易程序中公诉案件办理存在的若干问题

（一）简易程序案件公诉人全部出庭，基层院增加60%以上案件出庭量

简易程序案件必须派员出席法庭，使检察机关的工作量大量增加。现在公诉人在工作中最大的问题是：要看卷宗材料、有问题要去讯问（去看守所）、对证据进行调查核实，起诉后准备开庭。由于公诉人员业务、事务工作都很多，就会造成工作安排不过来、工作压力过大的情况。

（二）“简案不简”，无罪及错案风险依然存在

不要小看简单的案子。薄的案卷证据太差，结果办理了一个月没办完，简案并不简，不如案卷厚的弄几天就弄完了。这里举个例子：一个犯罪嫌疑人在某火车站广场上盗窃了一辆黑车，转一圈以后又把车开到该广场上去卖，结果被当场抓获，他自己也承认了，盗窃，估价车8万元，折价2万元以下，起诉后法院远程审理，判了2年6个月。问题出在哪里？宣判完后，法警让他走，他坚决不走，后来一鉴定，是精神分裂症，整个案件错了。所以说简易程序并不简单，如果案子只有一笔事实，这一笔定不了，就是无罪案件。无罪和错案的风险存在。因此说，简易程序案件虽然简易，但我们对公平正义不能简化。

（三）办案方式的调整需要适应

清朝榆樾有副对联：听讼吾犹人，纵到此平反已苦下情迟上达；举头天不远，愿大家猛醒，莫将私意入公门。意思是我听法官审案子，也会感同身受，如果法官当庭打我50大板，我没做的话也招了。这个对联就要求我们在办案中要用负责任的态度去研究、去分析每起案件，要求办案人不要把主观臆断带入案件。现在很多公诉人，特别是感觉自己有点水平的公诉人，往往有一个缺点，就是得理不让人，在法庭辩论中一定要压过别人，他说难听话，我要说得更难听，其实这样效果并不好。“莫将私意入公门”，就是告诉我们不要把个人感情带入案件中。不要急功近利，不要在办案中夹带个人观点，否则可能因

为先入为主过于主观办错案。办简易案件的道理也在这里。

（四）检察机关内部协作机制需要进一步健全，办案力量需要进一步整合

对于简易程序案件的办理，我们要调整各方办案力量，对各种案件的审理模式和方法进行改革，不能按照原来一成不变的方法。

每一个办案人员都出庭公诉每一个自己办的案子，工作能否完成得了？办10个案子，下次出庭都要自己去，这个问题怎么办？有的检察院用专业公诉人模式，一些人专门办案，一些人专门出庭，办案人和出庭人分离，是否可行，目前争议较大。司法工作要亲历，如何理解？有的人认为不行，都不是他办的案子，万一出了问题他说不上来怎么办。也有的人认为，过去这类案子检察官不出庭都没出现问题，现在还至少有个检察官在出庭，能出什么问题？这就涉及对于检察一体化理论的如何理解问题，是否办案人一定要是公诉人？不一定。根据检察一体化理论，检察官具有检察事务移转权，即检察官的权力是可以移转给另一个检察官。检察长指派你去帮反贪部门办案，你当然应当去，但做了一段时间，其他检察官也可以接手你的案件，这就是检察官的权力的承继权，可以让另一人继续做下去。所以我个人认为专业公诉人的出庭模式至少在理论上和实践上是说得通的。高检院要求尽管办案人是公诉人，如何处理，我们认为可以采取主诉办案组的形式来解决：主诉检察官带的一个办案组，助检员和检察员同时署名在一个审查报告、起诉书，两人只有一个人出庭即可。办法总比困难多，检察机关内部协作机制要进一步完善。

（五）与公安、法院各方协调工作任务增加

这里介绍一下简易程序的浙江模式：“三集中”，即公安集中移送，检察院集中提出公诉，法院集中审理。检察机关的办案组要集中把一批案子送到法院，不能要求法官集中。协调任务增加。公安有集中统一行动，如何协调，出台了一些办法。之前在杭州基层院调研过，案件量少的话不容易集中。

（六）出庭公诉机制要创新

过去判处3年以上有期徒刑的案件，现在也能用简易程序了，这就要求我们要把案件基本事实搞清楚，同时还要解决效率问题，不能按照老的普通程序模式。因此我们要考虑机制创新，如起诉书宣读的方式；出庭的模式；讯问、举证、质证、辩论、量刑建议提出等方面，都有创新的空间，这也给我们带来很多新的课题。

（七）量刑程序的增加，对公诉人提出了更高的要求

简易程序案件在出庭中很多问题不是问题，被告人认罪，律师也没提什么其他意见，量刑程序成为重点，过去在搞量刑建议改革，但是检察机关的弱

项，这些年没有更多地关注量刑建议，关注的是案子能否定罪，量刑是否畸轻畸重，其他情况下量刑不考虑，事实没改掉，量刑在幅度内，一般不抗诉。量刑水平比法院差得多，对公诉人提出更高的要求，不仅是定罪之诉，更是量刑之诉。

三、办好简易程序公诉案件的方法和技巧

（一）简易程序的浙江模式

如何应对案多人少的矛盾，做到所有公诉案件都要出庭的问题，我们采取了“三集中、三简化、两重点、一监督”的对策：

“三集中”就是做到相对集中移送审查起诉、相对集中提起公诉、相对集中开庭审理，打包办、打包送、打包开庭，实现集约化，免得科里有10个人，结果10个人都跑去开庭的情况，可以让1个人去，而其他人可以留在单位办案，为此我们提出要求：在办案机制上、移送节奏上要把握好。公诉人能够集中起诉的要尽量集中起诉。但也不能为了等后面一个案件，前面案件放着超过期限。“三简化”就是要改革办案模式，实现审查报告和文书制作简化、审批程序简化、庭审内容简化。达到简易程序修改的根本目的，实现高效便捷。一是审查是否符合适用简易程序的条件。二是出庭时的重点是围绕如何量刑，因为在事实证据没有争议的情况下，量刑方面是一个争议焦点，也就是我们工作的重点。“一监督”就是对于简易程序案件，同样要加强对简易程序案件的诉讼监督。

（二）具体操作

对于如何做到上述“三集中、三简化、两重点、一监督”，需要从以下三个方面入手：

1. 准确把握简易程序的适用范围

2. 充分保障被告人的程序选择权，尊重其意见，其是否同意，告知其享有的权利和义务

3. 改进简易程序刑事案件公诉人出庭工作机制

（1）加强人力投入，提高公诉人业务能力。对办案机制进行改革。公诉人的力量要增加，加大人员配置。高检院提出要根据新增的工作量合理配置公诉人，特别是年办案量在50件以上的地区。

（2）探索建立快速办理工作机制，规范派员出庭工作。协调好公安和法院，建立“三集中”。简化是有讲究的，有些案子简单但不能简化，认罪的人甚至会有错案。比如精神状态有问题；认罪背后掩盖了很多其他的问题，比如

贪污贿赂案件，可能对某一笔事实认了，态度好，迷惑你不再往下查了，掩盖更严重的犯罪。盗窃查到一笔，3000多元，承认了，其实还有一笔更大的没查到。所以简单案子要根据个案的具体情况来设计各种不同的审查报告方式。审查报告可以采取表格式的方法。简化审批程序，权利义务一定要告知，并且告知有权利选择权。讯问不能简化，这是一个工作重点，通过讯问才能搞清楚其精神状态，才能查明有没有隐藏其他问题。证据审查也不能简化，这是案件质量的基本保障。

其他该简化的可以简化，提高效率。起诉书怎么读，可以从“经依法审查查明”开始读，核实过的身份情况则不用重复宣读，讯问如果都认罪的可以不讯问了，当然有些问题还是需要问的。证据出示简单说明来源和能证明的问题就可以了。法庭辩论主要针对量刑问题进行辩论。

量刑方面，最高人民法院有量刑指导意见，各地也制定了量刑规范化意见，可以根据这些规定提出量刑建议、进行量刑辩论。

（三）常见问题处理

1. 犯罪嫌疑人翻供

一种情况是公安移送过来是认罪的，提审时却翻供了。要核实翻供的理由，可能真的是冤枉的。然后交代清楚如果翻供就不能适用简易程序，而简易程序对其有利，可以从轻处罚，而且可以适用刑法坦白条款。另一种情况是到法院才翻供，转变为普通程序。

2. 对事实承认，对罪名不承认

如转化型抢劫。能不能适用简易程序？有争议。怎么办？可以征求其意见，如果他自愿选择简易程序，就可以适用，告诉他适用简易可以从轻处罚，他会作出权衡。

3. 发现不适宜适用简易程序的情况，该用转为普通程序还是应当转为适用普通

这个需要我们检察院自己来看，虽然对方认罪，也同意适用简易程序，但我们觉得证据有问题，有疑问，有疑点，我们作出选择，法院也会作出选择。另外，有重大社会影响的，如在地区以上范围内有影响的，有一定级别、社会关注度，或者中央媒体关注的，不适宜适用简易程序。

4. 被害人不同意适用简易程序

这种情况不多见，但也有。对此该如何处理？被害人不是选择适用简易程序的主体，同时也要让被害人清楚，简易程序仅仅是庭审的方式，不代表对被害人不利。

5. 公诉人和承办人是否需要是同一人

不论从法理角度还是现实工作角度做，可以不是同一人，当然如果是同一人所办案件，那么对案情熟悉，庭审不会出现大问题；所以可以采取整合办案力量、利用好高科技手段等方法，尽量实现自己办的案件自己出庭。

第 19 堂课　未成年人刑事检察实务

● 樊荣庆*

课程提纲

一、未成年人刑事检察制度的发展沿革
二、未成年人刑事检察工作的基本理念
三、未成年人刑事检察工作体系架构
四、未成年人刑事检察实务问题

100 多年前（1900 年）梁启超在《少年中国说》这一名篇中写道："少年智，则国智；少年富，则国富；少年强，则国强；少年独立，则国独立；少年自由，则国自由；少年进步，则国进步。"自古以来少年问题，始终是一个国家和民族发展和进步的标志。未成年人的全面发展对国家的发展具有重要意义，未成年人的健康成长，直接关系到国家的未来、民族的希望，是一个全社会都关注的问题。

未成年人是一个特殊的社会群体，相对于成年人刑事司法而言，未成年人刑事司法对"行为人"的关注要超过对"行为"本身的关注，更加强调司法处遇的轻缓化、个性化和教育挽救的司法目的。因此，办理未成年人刑事案件，在政策法律、执法理念、办案机制和处遇措施等方面，与办理成年人刑事案件的要求存在较大的差异。基于这种差异，以涉罪未成年人为主要工作对象

* 上海市人民检察院第三分院检察委员会专职委员。

的未成年人刑事检察工作应运而生，并逐步从常规刑事检察工作中分离出来，成为检察机关一项独特的检察业务，此后沿着专业化的道路不断发展，日渐成熟，形成了自成一体的未成年人刑事检察工作制度和体系。

一、未成年人刑事检察制度的发展沿革

未成年人刑事检察制度的产生是司法制度发展、改革和完善的需要，也是社会法制文明和进步的需要。从上海实践看，大体经历了起步、创建和发展的过程。

办案模式经历了从“捕诉交叉”向“捕诉防一体化”再向“捕诉监防整体化”发展的态势。

二、未成年人刑事检察工作的基本理念

（一）优先保护、平等保护、全面保护的核心理念

1. 优先保护

强调“未成年人利益最大化”，突出对未成年人权益的特殊司法保护，即在办案中充分体现对涉罪未成年人的教育挽救优先于刑事处罚，未成年人刑事司法以涉罪未成年人的教育挽救和权利保障作为最高的价值目标，其他司法机制均应服从于这一目标。

2. 平等保护

强调“法律面前人人平等”的法治基本原则在未成年人司法领域的体现，着力打破户籍界限，对涉罪未成年人的民族、宗教、籍贯、身份、家庭背景等情况均不应影响对其的法律政策适用和特殊司法保护。

3. 全面保护

强调一方面未检工作既要保护涉罪未成年人的利益，也要维护社会公共利益，实现双向保护，同时还要注重保护未成年人被害人的利益；另一方面则是未检工作要全面保护未成年人的各项诉讼权利和实体权益，并将这种保护贯穿于各个诉讼环节和各项特殊检察机制之中。

（二）非犯罪化、非刑罚化、非监禁化的执法理念

2009 年的全国政法工作会议提出，对涉罪未成年人要做到“两减少、两扩大”，即依法减少判刑，扩大非罪处理；非判刑不可的依法减少监禁刑，扩大适用非监禁刑和缓刑。这是宽严相济刑事司法政策在未成年人刑事司法领域的主要表现和要求。

1. 非犯罪化

对未成年人的罪错行为进行罪与非罪的评价时，应当采用区别于成年人的

标准，充分考虑未成年人的身心特点和对其教育挽救的需要，依法适当提高入罪门槛，放宽出罪标准，避免不必要的刑事诉讼程序及犯罪记录对未成年人造成深远的不良影响和标签效应。

2. 非刑罚化

对于虽然不具有法定免除处罚情节，但犯罪情节轻微的涉罪未成年人，应当尽量对其适用非刑罚措施进行处理，防止涉罪未成年人被起诉和判处刑罚而形成前科记录，妨碍其顺利回归社会。

3. 非监禁化

对于行为已构成犯罪，且应当被判处刑罚的涉罪未成年人，尽量对其采取非羁押性强制措施或适用非监禁刑和缓刑，避免被关押而导致的“交叉感染”，为开展社会帮教和矫正工作创造条件。如修改后的《刑事诉讼法》第269条第1款规定，对未成年犯罪嫌疑人、被告人应当严格限制适用逮捕措施……

（三）树立惩教结合、寓教于审、重在预防的工作理念

对于未检工作而言，就是要在办理未成年人刑事案件的过程中，切实做到“寓教于审、惩教结合”，避免“不教而罚”或“不教而宽”，将涉罪未成年人的教育挽救工作与办案工作紧密结合起来，并充分发挥检察机关在刑事诉讼程序中承前启后的优势。

教育对象的全覆盖——本地户籍未成年人和来沪未成年人。

教育阶段的全程化——审查逮捕阶段、审查起诉阶段进行必要的法制教育；不捕、不诉宣告时进行必要的法制教育；案件庭审阶段，设置专门的庭审教育程序等。

三、未成年人刑事检察工作体系架构

21世纪初，上海市未成年人犯罪案件出现大幅攀升的态势，未检部门的办案任务和案外帮教、预防的工作量急剧增加，传统的由检察机关既承担未成年人刑事案件办理又负责涉罪未成年人帮教的工作模式不堪重负。上海检察机关立足打造办案专业化、维权全面化、帮教社会化“三位一体”的工作格局。

（一）明确职能定位，实现办案专业化

1. 机构职能专业化

健全全市未检三级机构专业化体系。明确未检部门应当以执法办案为工作重心，围绕“少捕慎诉少监禁”，建立健全专业化办案机制，依托政府购买服务，整合社会力量，适度参与社会化的帮教矫正和犯罪预防工作。

2. 办案模式专业化

为维护在押未成年人的合法权益，并保证刑罚执行阶段的教育挽救效果，

未检工作模式正在向“捕诉监防一体化”发展。

3. 工作机制专业化

审查逮捕阶段，创设了非羁押措施可行性评估、合适成年人参与诉讼等制度；审查起诉阶段，建立了社会调查、法律援助、不起诉宣告教育等制度；提起公诉阶段，创立分案起诉制度；出庭公诉阶段，坚持未成年人刑事案件一律出庭，加强对简易程序审判活动的监督，并落实未成年人庭审教育机制；诉讼终结后，开展未成年人犯罪记录封存、跟踪帮教等工作。

4. 司法配套体系专业化

加强与其他政法机关的配合衔接。推动公安机关落实专业化办理，与市公安局会签《关于进一步建立和完善办理未成年人刑事案件公检配套衔接机制的意见》和《关于落实讯问（询问）未成年人通知法定代理人到场的若干规定》等。会同审判机关共同建立特殊审理机制，与市高级法院会签《关于未成年人与成年人共同犯罪的案件分案起诉分案审理的若干规定》和《关于适用“两简”程序审理未成年人刑事案件的实施细则》等，坚持和规范公诉人出席简易程序庭审机制，完善庭审教育程序。

（二）创立特殊机制，实现维权全面化

1. 主体上平等保护

建立来沪涉罪未成年人特殊维权机制。摒弃“构罪皆捕、构罪皆诉”的观念，如针对来沪涉罪未成年人羁押率偏高的问题，创设了非羁押措施可行性评估机制，从犯罪行为、个人情况、家庭情况和社会帮教等方面进行综合评估。

2. 范围上全程保护

深化未成年被害人权益的司法保护工作。近年来，上海在浦东、长宁、静安、金山等区院试点基础上，将被害人系未成年人的刑事案件划归未检部门办理。

3. 内容上全面保护

综合保护涉罪未成年人的合法权益。依法保护涉罪未成年人的隐私权、受教育权、就业权等非诉讼权利，并积极开展涉罪未成年人不起诉记录封存工作。探索性侵被害人案件一站式保护机制。长宁等区院探索民事、行政监督的检察工作。

（三）整合社会资源，实现帮教社会化

1. 深化未成年人观护体系建设

一是构建网络，确保观护效果。目前，全市已建立了 17 个观护总站，215 个观护点和68个观护基地。2011年，市检察院还推动建立了市级观护基地，进一步完善了社会帮教矫正网络。二是实行分级观护体系。观护站（点）——观护对象为具有上海市户籍或在上海市居住满6个月以上的涉罪未成年人；观护基地——观护对象为在沪无监护人、无工作单位、无固定住所的“三无”涉罪未成年人；职技校观护——观护对象为中职技校学生。多层次、全覆盖的未成年人观护工作网络的建立健全，为涉罪未成年人开展法制教育、行为矫正、心理疏导和技能培训等社会帮教工作提供了支撑和保障。

2. 探索参与未成年人社区矫正监督工作

一是建立未成年人社区矫正内外衔接机制。市院下发《关于在未成年人社区矫正监督工作中加强配合协作的意见》规定，未成年犯罪人员入矫、解矫、宣告仪式和监督工作由未检部门全程实施。

二是探索对社区矫正未成年人的减刑及收监情况进行监督。例如长宁区院尝试对社区矫正未成年人的减刑条件比照成年犯罪人员依法适度放宽，并简化减刑审批程序。

四、未成年人刑事检察实务问题

上海检察机关在未成年人刑事检察工作中，通过不断的探索和实践，逐步形成了一系列有别于成年人的特殊检察工作机制。

（一）逮捕阶段

1. 羁押必要审查

（1）相关依据。《刑事诉讼法》第93、94、95条，以及《人民检察院办理未成年人刑事案件的规定》（以下简称《办案规定》）第21条。

（2）实务与操作。

一是审查主体。上海检察机关已经明确将捕后依申请人申请启动的羁押必要性审查工作归口由监所部门负责，侦监和公诉部门已经不再进行。但同时明确，涉罪未成年人以及由未检部门审查处理的同案成年人的捕后羁押必要性审查，一律由未检部门负责，充分体现了一体化的未检工作理念。

二是启动。上海市院未检处于2013年1月制发了《未成年人羁押必要性审查工作细则（试行）》规定，审查起诉阶段收案之日起7日内，应当对在押未成年人进行一次羁押必要性审查。审查起诉期间，可以继续开展羁押必要性审查。发现可能无继续羁押必要的，应当在发现之日起7日内作出审查决定。

在押未成年人及其法定代理人、近亲属或者辩护人在侦查或审判阶段提出羁押必要性审查申请的，应当说明不需要继续羁押的理由，有相关证据或其他材料的，应当提供。收到申请之日起7日内，应当作出审查决定。认为无继续羁押必要的，应当及时向有关办案机关制发释放或者变更强制措施的书面建议。认为有继续羁押必要的，应当在作出决定之日起3日内书面答复申请人，并说明理由和依据。

三是审查内容。上海市院《未成年人羁押必要性审查工作细则（试行）》第5条规定：在押未成年人具有下列情形之一，不羁押不会妨碍诉讼顺利进行的，应当认定为无羁押必要：

（1）案件证据不足以证明有犯罪事实，或者犯罪行为系其所为，或者其已满刑事责任年龄的；（2）可能被判处拘役、管制、独立适用附加刑、免予刑事处罚，或者判决无罪的；（3）可能判处3年以下有期徒刑，且犯罪情节较轻，有悔罪表现，没有再犯罪的危险，宣告缓刑对所居住社区没有重大不良影响的；（4）案件事实已查清，证据已经收集固定，符合取保候审或监视居住条件的；（5）不具有《刑事诉讼法》第79条第1款、第2款规定的情形，并具备有效监护或帮教条件的；（6）患有严重疾病，生活不能自理或者可能危及生命的；（7）怀孕或正在哺乳自己婴儿的；（8）系生活不能自理的人的唯一扶养人的；（9）羁押期限届满或者即将超过依法可能判处的刑期的；（10）其他无羁押必要的情形。

四是审查方式。《人民检察院刑事诉讼规则（试行）》（以下简称《刑诉规则》）第620条规定，人民检察院可以采取以下方式进行羁押必要性审查：

（1）对犯罪嫌疑人、被告人进行羁押必要性评估；（2）向侦查机关了解侦查取证的进展情况；（3）听取有关办案机关、办案人员的意见；（4）听取犯罪嫌疑人、被告人及其法定代理人、近亲属、辩护人，被害人及其诉讼代理人或者其他有关人员的意见；（5）调查核实犯罪嫌疑人、被告人的身体健康状况；（6）查阅有关案卷材料，审查有关人员提供的证明不需要继续羁押犯罪嫌疑人、被告人的有关证明材料；（7）其他方式。

五是审查程序。上海《未成年人羁押必要性审查工作细则（试行）》第10条规定，依职权开展羁押必要性审查并认定在押未成年人无继续羁押必要的，或者依申请开展羁押必要性审查的，承办人应当制作审结报告，由部门负责人审核后报分管检察长批准。必要时，可以提请本院检察委员会决定。未成年人羁押必要性审结报告应当包括案件来源、诉讼阶段、审查过程、未成年人基本情况（含监护条件和身体健康状况）、案件事实和证据情况、羁押表现、有无羁押必要的理由及相关证明材料、审查意见等内容。第11条规定，经羁押必要性审查后，建议有关办案机关对在押未成年人予以释放或者变更强制措施的，应当要求在10日以内将处理情况书面回复，不采纳建议的，应当书面说明理由和依据。

六是诉讼保障。上海《未成年人羁押必要性审查工作细则（试行）》第12条规定，经羁押必要性审查，决定对在押未成年人变更强制措施的，应当组建专门的观护帮教小组在审查起诉期间对其进行帮教考察；建议有关办案机关对在押未成年人予以释放或者变更强制措施的，可以协助落实社会帮教措施。

2. 逮捕条件的把握

（1）常量，主要考虑三个因素：

第一个因素：刑罚条件。

《刑事诉讼法》第79条规定，对有证据证明有犯罪事实，可能判处徒刑以上刑罚的犯罪嫌疑人、被告人，采取取保候审尚不足以防止发生下列社会危险性的，应当予以逮捕……

可能判处徒刑以上刑罚一般可研判为常量，如是否判处3年以下徒刑；法定从轻、从重、减轻、加重等情节；相关酌定情节；参照法院有关量刑指导意见进行量刑预测。对可能判处3年以下有期徒刑、缓刑、拘役、管制刑罚的等，结合其他逮捕必要性参数综合考量有无逮捕必要。

第二个因素：证据标准。

证据标准是指诉讼活动中具有证明力的证据必须要达到的程度和水平，是衡量证明结果的尺度和准则。检察机关审查逮捕中所要遵从的证据方面的规范性文件，若用“证据规格”，其参考效力稍低些，而若用“证据规则”，目前制定规则的时机尚不成熟，故考虑用介于二者之间的“证据标准”。所谓标准，是一种质的事物的上限，也是另一种质的事物的下限。我认为在司法实践中，证据标准即为证据充分或证据不足的分界线。线上为充分，线下为不足。实践中可参考2003年12月最高人民检察院侦查监督厅关于印发部分罪案《审查逮捕证据参考标准（试行）》规定，结合程序、实体和部分罪名的证据标准进行判断。

第三个因素：前科情况。

主要是判断以前有无刑事处罚、治安处罚及其他行政处理等。

（2）变量，主要考虑三个因素：

第一个因素：非羁押措施可行性风险评估。

第一，含义。

非羁押措施可行性评估制度是指检察机关在审查公安机关提请批准逮捕的未成年人刑事案件时，结合案件和未成年人的具体情况，通过设置高、中、低三种风险值，综合考察未成年人所犯罪行的社会危害程度及其人身危险性，量化评估非羁押措施的可行性。

第二，实务与操作。

一是确立四个方面进行风险评估。适用非羁押措施可行性评估制度，主要对未成年人进行社会调查与心理测试的基础上，从犯罪行为、个人情况、家庭情况和保障支持条件等方面，对未成年犯罪嫌疑人是否有逮捕必要进行综合评估，提高非羁押措施决定过程更为科学化、透明化，控制逮捕风险。

二是根据考量标准作出决定。为贯彻“可捕可不捕的不捕”的方针，确保每一个有取保候审条件的未成年人特别是外来未成年人不被羁押，闵行区人民检察院未检科于2004年9月开始在审查逮捕工作中探索试行未成年人取保候审风险评估制度。2006年1月，市人民检察院侦查监督处制定了《关于未成年犯罪嫌疑人适用非羁押措施可行性评估办法》，后该制度在全市范围内推行。该文件规定的评估内容主要包括涉案未成年人的犯罪行为、个人情况、家庭情况、保障支持条件四大项，每个项目又分若干小项。承办人在社会调查基础上，结合案情，逐项进行分析、研判、测算每项评估内容的风险值，最后对适用非羁押措施的风险值作出高、中、低不同风险评估，并填写《未成年犯罪嫌疑人非羁押措施可行性评估表》。根据评估情况，对低风险对象作出不批捕决定，建议公安机关采取非羁押措施继续侦查或直接移送审查起诉；对中风险对象应慎重对待，酌情处理；对高风险对象则应作出批准逮捕决定。目前全市已将该评估方法前置到侦查阶段，推动公安机关准确把握未成年人报捕条件，确保有取保候审条件的未成年人免受不必要的审前羁押。

第三，问题与观点。

一是评估从哪个阶段开始评估。前延公安侦查阶段（延伸至立案后）。非羁押强制措施的评估在侦查阶段进行更有意义，可以提高公安报捕质量。

二是评估与逮捕必要性证明标准的关系。在对犯罪嫌疑人犯罪行为、个人情况、家庭情况、保障支持条件进行评估的同时，该评估情况作为逮捕必要性的书面理由与其他报捕材料一并提交检察机关。也就是说公安机关在提请批准逮捕犯罪嫌疑人时，应当在《提请批准逮捕书》中对逮捕必要性作出说明。

三是评估体系的有效性。从司法实践来看，非羁押措施可行性评估制度对提高未成年人非羁押措施适用率起到了保障和推动作用，逮捕率上升和直诉率均上升，有效防止了办案人员在对未成年人采取非羁押措施时的随意性和主观性。

第二个因素：心理测试。

第一，含义。

心理测试是指人民检察院在审查起诉阶段，对有明显心理偏差迹象的未成年犯罪嫌疑人，委托专门的心理咨询机构或有资质的心理咨询师对其进行科学测试，测定其心理成熟度、犯罪心理动因、重新犯罪可能性以及悔过程度等，为判断涉罪未成年人的主观恶性提供依据，并为感化挽救和跟踪矫治提供方向。

第二，实务与操作。

一是上海实践。1993 年，长宁区人民检察院少年起诉组与上海市青少年心理行为门诊部合作，尝试在办案中利用科学手段对涉案未成年人进行心理测试，以分析其犯罪动因及性格特征，为教育挽救提供依据。1999 年，市人民检察院侦查监督处与上海市爱心工程基金会青少年心理行为门诊部签订《心理测试协议》，明确在办案中对有明显心理偏差迹象的未成年犯罪嫌疑人进行科学测试，测定其心理成熟度、犯罪心理动因、重新犯罪可能性及悔过程度等内容。

二是适用对象。心理测试的对象也由取保候审的未成年人扩大至包括被羁押未成年人在内的所有涉案未成年人。在审查起诉阶段，按照中国科学院心理研究所制作的《明尼苏达多项个性测试表》的内容，让未成年人在 MMPI 个性调查问卷上做好书面答卷及行为评定各一份，由上海市青少年心理行为门诊部作出心理测试报告。在提起公诉时，将测试报告随案移送法院。

第三，问题与观点。

一是《明尼苏达多项个性测试表》科学性有待论证。明尼苏达量表不是针对涉罪未成年人，只是针对普通人群的人格测试，而且英语翻译为中文的理解有文化差异，信度和效度低，有待重新审视。

二是心理测试是否可以作为证据使用。目前，不属于《刑事诉讼法》第 48 条规定的八类证据。但心理测试一方面为承办人教育挽救涉案未成年人提供了依据，并为法院准确量刑提供参考；另一方面也有利于今后制订有针对性的社会矫治方案。司法实践表明，心理测试报告作为审查时的参考资料，可以帮助对未成年人供述、辩解的可信度作出推测，起到帮助“内心确认”的作用。

目前，上海市院未检处正进一步完善心理测试形式与内容的改革，制定符合我国国情、文化和未成年人特点的涉罪未成年人心理测试量表，构建新的风险评估体系，正在上海和部分省市区试点，以进一步增强心理测试的针对性和有效性。

第三个因素：社会保障体系支撑。

第一，含义。

社会保障支持体系是检察机关依托社会各方力量，通过政府购买服务、组织专门社团、吸纳志愿者、发动有社会责任感的企事业单位等途径，整合综治办、专项预防小组、共青团、妇联等机关和人民团体、基层组织、企事业、工读学校、志愿者团体等社会力量，在各区县的街道（镇）、社区设立观护点，在企业建立观护基地形成社会保障支持体系，运用这一载体开展对不捕不诉等涉罪未成年人的帮教、考察和矫正等工作。

第二，实务与操作。

一是打造工作格局。2004 年，上海检察机关以政府购买社会服务、组建专业社工队伍为契机，在闵行区院首先建立为涉罪未成年人提供社会化帮教矫正服务的社会观护体系基础上，大力推动全市观护体系建设。目前，已形成了党委领导、政府出资、检察协调、社团运作、多方参与的涉罪未成年人社会观护的工作格局。

二是构建观护载体。上海检察机关在全市 17 个区县均建立了未成年人社会观护体系，设立了以社区观护为主的 17 个未成年人观护站和 215 个未成年人社会观护点，及以“三无”涉罪未成年人为主要观护对象的 68 个特殊观护基地，为更多适用非羁押措施创造条件，并对各类涉罪未成年人开展技能培训、行为矫正、心理疏导和思想教育等工作，帮助未成年人顺利回归社会。

三是推进体系建设。针对政府购买社工服务的对象仅以本市籍未成年人为主的情况，积极探索引入其他社会力量为来沪未成年人这一特殊群体提供观护服务。比如，闵行区院推动 10 余家大型民营企业共同成立了“司法社工促进会”，专门为涉罪来沪未成年人提供帮教服务。宝山区院则依托宝钢等大型国企和区工读学校，专门设立来沪未成年人观护基地。2012 年年底，市检察院推动建立了全市第一家市级观护基地即“阳光基地”，依托大型民营企业集团，为观护资源有限、无法落实来沪未成年人观护的区县提供社会帮教矫正服务。

3. 如何严格限制适用逮捕措施

（1）相关依据。《刑事诉讼法》第 269 条、第 487 条、第 488 条第 1 款，以及《办案规定》第 19 条。

（2）实务与操作。

一是正确把握逮捕必要性（五种情形）：《刑事诉讼法》第 79 条第 1 款规定，对有证据证明有犯罪事实，可能判处徒刑以上刑罚的犯罪嫌疑人、被告人，采取取保候审尚不足以防止发生下列社会危险性的，应当予以逮捕：

可能实施新的犯罪的；有危害国家安全、公共安全或者社会秩序的现实危险性的；可能毁灭、伪造证据，干扰证人作证或者串供的；可能对被害人、举报人、控告人实施打击报复的；企图自杀或者逃跑的。

第2款规定，对有证据证明有犯罪事实，可能判处10年有期徒刑以上刑罚的，或者有证据证明有犯罪事实，可能判处徒刑以上刑罚，曾经故意犯罪或者身份不明的，应当予以逮捕。

二是如何理解“社会危险性”条件?《刑事诉讼法》第79条第2款规定，实际上是明确了三种情形应当逮捕（径行逮捕）：有证据证明有犯罪事实，可能判处10年有期徒刑以上刑罚的；有证据证明有犯罪事实，可能判处徒刑以上刑罚，曾经故意犯罪的；有证据证明有犯罪事实，可能判处徒刑以上刑罚，身份不明的。

三是“对罪行比较严重的”不捕如何把握?主要在考量常量加变量的基础上，综合研判逮捕三个条件和《刑诉规则》第488条规定七种情形之一的，虽然罪行比较严重，但主观恶性不大，有悔罪表现，不具有社会危险性，并具备有效监护条件或者社会帮教措施，不逮捕不致妨害诉讼正常进行的未成年犯罪嫌疑人，仍然可以不批准逮捕。

（3）问题与观点。

一是逮捕的“必要性”即社会危险性如何理解。“逮捕必要性条件”作为整个逮捕制度的核心，是控制逮捕适用范围，平衡逮捕措施，保障人权和保护诉讼两大价值目标的关键。然而实践中因为对“社会危险性”难以把握，往往导致逮捕强制措施的适用具有一定的随意性。

“社会危险性”的定义可以表述为在刑事诉讼中，犯罪嫌疑人妨碍刑事诉讼或给社会带来新的危害可能性，而这种可能性是在已有表征的基础上客观判断的结果，是对犯罪嫌疑人主客观情况的综合评价。具言之，“社会危险性”是存在于刑事诉讼过程中的，对包括犯罪嫌疑人日常生活中的表现、家庭情况、社会关系以及犯罪嫌疑人的犯罪原因、目的、犯罪手段甚至还包括犯罪嫌疑人在犯罪后的态度，即有无悔过、自首等情况的综合评价。

因此，采取对逮捕条件五种具体情形的进一步细化以及完善相关的配套工作机制等措施，建立一套科学、有效的“社会危险性”综合评价模式，有利于增强逮捕条件中“社会危险性”认定的透明度，减少主观臆断，切实维护司法公信力。

二是评价标准如何具体细化。结合司法实践，《刑事诉讼法》第79条第1款规定的逮捕条件五种具体情形要分别进行细化，明确判断标准。

对于犯罪嫌疑人是否有“实施新的犯罪的可能性”，可以结合犯罪嫌疑人所犯罪名、犯罪次数，如果犯罪嫌疑人涉嫌多个罪名，侦查机关提请逮捕的犯罪事实有多起，或者犯罪嫌疑人系连续犯、惯犯、流窜作案，就可以推定该犯罪嫌疑人实施新的犯罪的可能性比较大。

对于犯罪嫌疑人是否存在“可能毁灭、伪造证据，干扰证人作证或者串供”的可能：可对在归案前犯罪嫌疑人是否具有上述行为，在归案前即承诺同案犯罪嫌疑人，让其帮其找关系取保候审，其“毁灭、伪造证据，干扰证人作证或者串供”的可能性就比较大；对犯罪嫌疑人与同案犯罪嫌疑人、相关证人、被害人的关系上判断。

对于犯罪嫌疑人是否“企图自杀或者逃跑”：应当是从其行为具有自杀或者逃跑的迹象，而非可能性：可以从对犯罪嫌疑人是否曾有自杀或者逃跑的行为；对犯罪嫌疑人的常住地是否是本地，通常可以考虑同等犯罪情节的外地犯罪嫌疑人，其逃跑的可能性要比本地犯罪嫌疑人更大一些，但也不能据此推定其一定有“逃跑”的“企图”，对外来人员犯罪要结合其所犯罪行及犯罪情节、悔罪表现等综合考量其逮捕必要性。

4. 审查逮捕全面听取意见

（1）相关依据及含义。

《刑事诉讼法》第269条、《刑诉规则》第490条第1款，以及《办案规定》第17条。

审查逮捕阶段听取意见是指人民检察院在审查逮捕未成年人刑事案件过程中，在对未成年犯罪嫌疑人作出是否批准逮捕决定前，充分听取未成年犯罪嫌疑人及其法定代理人、律师、被害人以及公安机关等有关方面的意见。

（2）实务与操作。

一是构建符合三角诉讼结构的审查逮捕机制。在审查逮捕过程中，应借鉴世界多数国家的普遍做法，实施司法审查，经过由控、辩、裁三方所组成的“三角诉讼结构”的诉讼，充分听取犯罪嫌疑人的供述或辩解后，再作出逮捕的决定。这种做法回应了长期以来理论及实务界对逮捕权行政化的质疑，有利于检察机关通过听取各方意见，正确审查判断案件事实和证据，及时发现侦查中的违法行为，排除非法证据，提高逮捕质量，也可以使未成年人刑事案件审查逮捕程序更加公开、透明，减少不必要的羁押对未成年人造成的负面影响。

二是当面听取意见的范围。主要限于对于案件事实清楚，证据收集到位，不涉及国家秘密和商业秘密，公开案情不至于影响案件侦查，在是否构成犯罪、是否具有社会危险性上争议较大的案件，可以公开听取侦查人员、犯罪嫌疑人及其辩护人、被害人及其诉讼代理人意见的审查方式，进一步推动审查逮捕程序向诉讼化转变，增强中立性和透明度，提高公信力。

三是听证的司法办案场所。根据办案需要，建立未成年人刑事检察工作室，并规范讯问（询问）未成年人和不起诉训诫、宣布、不公开听证等特殊程序，逐步建立讯问（询问）未成年人的录音、录像制度。

四是听证的主要程序。启动程序：对需要进行羁押必要性公开审查的案件，由承办检察官提出意见及理由，报部门负责人（主任检察官）核准；主任检察官亲自办理的案件，可以自行决定是否进行公开审查。中止程序：羁押必要性公开审查过程中发现新的证据或者有关事实一时难以查清的，应当中止羁押必要性公开审查。恢复或终止程序：待有关办案部门进行调查核实后，由承办检察官提出恢复或者终止羁押必要性公开审查的处理意见，呈报部门负责人（主任检察官）决定。决定程序：听证结束后，承办检察官可以当场宣布处理决定，也可以择日作出处理决定，主要基于案件的具体情况，对一些案件事实清楚、简单，争议不大的案件，可当场作出处理决定。

（3）理解与适用。

一是检察机关居中裁判符合逮捕权的司法属性。2009 年第三次全国检察机关侦查监督工作会议上，朱孝清副检察长提出了构建符合三角诉讼结构的审查逮捕机制，回应了长期以来理论及实务界对逮捕权行政化的质疑，审查逮捕是现有法律框架下最为主要，并具有决定性意义的审前羁押审查制度，作为改革的重点，其方向就是司法化、诉讼化，包括了全面听取各方意见、检察机关居中裁判、提供司法救济途径等内容。建立审查逮捕每案必讯问未成年人和主动听取律师意见制度，探索当面听取侦查人员和未成年犯罪嫌疑人及其法定代理人、律师意见的是审查逮捕方式改革。

二是上海的实践与探索。2010 年，上海未检部门逐步尝试审查逮捕阶段分别听取和当面听取两种方式开展全面听取意见工作。在审查逮捕未成年人刑事案件过程中，在对未成年犯罪嫌疑人作出是否批准逮捕决定前，充分听取未成年犯罪嫌疑人及其法定代理人、律师、被害人以及公安机关等有关方面的意见。

三是听取意见的重点。对于案件事实清楚，证据收集到位，不涉及国家秘密和商业秘密，公开案情不至于影响案件侦查，在是否构成犯罪、是否具有社会危险性上争议较大的案件，可以试行公开听取侦查人员、犯罪嫌疑人及其辩护人、被害人及其诉讼代理人意见的审查方式，进一步推动审查逮捕程序向诉讼化转变，增强中立性和透明度，提高公信力。

实践中把握并非所有的案件都要当面听取各方意见，只有在是否构成犯罪、是否具有社会危险性上争议较大的案件才当面听取意见。

（4）问题与观点。

一是怎么听。召开听证会或分别听取意见的形式。召开听证会的案件一般是经承办人审查后认为在逮捕必要性上控辩双方有重大争议，或者具有重大社会影响的案件，该类案件往往具有一定的示范性、典型性。根据四侦会议精神，并不是所有案件而是仅对四种情形下案件可以听取意见；听取意见的对象主要还是局限于侦查人员、犯罪嫌疑人及其辩护人、被害人及其诉讼代理人诉讼参与人各方的意见，与法院审判的不公开开庭类似，所以从严格意义上说，仍然属于不公开听证的范畴。

二是对“当面听取”的理解。有人认为应“三方共同当面听取”；也有人认为“分别当面听取”，现有法律没有具体规定。建议在有条件的情况下，当面听取更符合司法属性。如果涉罪未成年人被羁押，可以采用远程视频讯问系统或入所听取意见。另外是“全面”听取意见是否包括听取被害人的意见，我认为不可忽视，一方面可以为刑事和解创造条件，另一方面可以降低执法风险，化解社会矛盾。

三是未成年人审查逮捕案件应当不公开听取意见。要特别强调，涉及未成年人的听证，应当坚持绝对不公开原则，与案件无关的人员，均不得到场，并明确听证主体必须是检察官；听证过程中侦查部门、犯罪嫌疑人（被告人）方和法定代理人和辩护人、被害方及法定代理人和诉讼代理人及分别对是否需要继续羁押发表意见并举证，在检察官允许下可以相互辩论。

5. 法律援助

（1）相关依据及含义。《刑事诉讼法》第 267 条、《刑诉规则》第 485 条、最高人民法院《关于适用〈中华人民共和国刑事诉讼法〉的解释》（以下简称《刑诉解释》）第 472 条、第 473 条，以及《办案规定》第 22 条第 2 款。

未成年人刑事法律援助制度是国家为保护未成年人的刑事诉讼权利，以法律化、制度化的形式为未成年人免费提供辩护或代理的一项法律制度。由于未成年人身心发育还未健全，在刑事诉讼中无法有效行使自己的辩护权，因此获得法律援助至关重要。

（2）实务与操作。

一是明确范围。未成年人刑事和民事法律援助范围：刑事案件；依法请求国家赔偿的；请求给予社会保险待遇或者最低生活保障待遇的；请求发给抚恤金、救济金的；请求给付抚养费的；主张因见义勇为行为产生的民事权益的；

因家庭暴力、虐待、遗弃，合法权益受到侵害，请求司法保护的；因交通事故、工伤事故、医疗事故、产品质量事故以及其他人身伤害事故造成人身伤害请求赔偿的；法律、法规规定的其他法律援助事项。

二是明确管辖。未成年人法律援助工作实行属地管辖，分级管理。应该向有管辖权的人民法院所在地的法律援助机构提出；属于侦查或者审查起诉阶段刑事案件的，向办理案件的公安机关或者人民检察院所在地的法律援助机构提出。上海一、二分院可向市法律援助中心申请受理。两个以上法律援助机构都可以受理申请的，申请人应当向其中一个法律援助机构提出申请。申请人就同一事项向两个以上法律援助机构提出申请的，由最先收到申请的法律援助机构受理。对于同案有多人应当通知辩护而本地区法律援助律师不足的，由所在地法律援助机构与市法律援助中心协调解决。

三是强制辩护。未成年犯罪嫌疑人、被告人没有委托辩护人的，人民法院、人民检察院、公安机关应当通知法律援助机构指派律师为其提供辩护。

四是明确法律援助律师职责。接受援助法律援助的律师应当在会见犯罪嫌疑人、被告人时询问其是否同意本人为其提供辩护。未成年人法律援助律师应当遵守有关法律、法规和法律援助办案规定，做好会见、阅卷、调查取证、解答咨询、参加庭审、法庭教育等工作，依法保护未成年人的合法权益。

（3）理解与适用。

“两高两部”《关于刑事诉讼法律援助工作的规定》第13条规定，对于未成年人案件，应当指派熟悉未成年人身心特点的律师担任辩护人。

由于刑事法律援助的回报不高，资深律师往往不愿意接；年轻律师办理缺乏办案经验；还有的是民商律师办理案件，缺少专门从事未成年人法律援助的职业化律师队伍，影响了法律援助的效果。为提高未成年人法律援助辩护专业化水平，上海着手建立熟悉未成年人身心特点及相关法律政策的专业化援助律师队伍，并尽可能指派同一名援助律师在诉讼全程提供辩护，实现未成年人法律援助工作的全程化、专业化和全覆盖。

（4）问题与观点。

一是公安机关在侦查阶段没有指派律师如何处理？根据修改后的《刑事诉讼法》的规定，人民检察院发现侦查阶段犯罪嫌疑人具有应当通知辩护情形而没有通知的，应当函告或书面通知侦查机关予以纠正。对于未成年人没有委托辩护人的，检察机关要及时通知法律援助机构指派律师为其辩护，同时还要监督公安机关保障未成年人得到法律帮助。人民检察院在审查批准逮捕前，发现应当通知辩护而尚未通知的，可以直接通知法律援助机构指派律师，听取辩护律师的意见。

二是未成年人拒绝接受法律援助的怎么办？一般不应准许，但其已满18周岁的，可以准许。涉罪未成年人或其法定代理人要求更换法律援助律师的，应当准许，但只允许更换一次。刑事诉讼法对未成年人规定了强制辩护制度，即无须其提出申请，办案机关就必须为其落实法律援助，而且不允许放弃。“强制辩护”是国家监护权理论和对未成年人保护有限的特殊性。

6. 社会调查

（1）相关依据及含义。《刑事诉讼法》第268条，《刑诉规则》第486条第1款，《刑诉解释》第476条、第484条，《办案规定》第22条第4款。在办理未成年人案件时进行社会调查，了解其生活背景，分析其犯罪原因，从而有针对性地采取相应措施，对其施以教育矫治，可以取得更好的办案效果。

（2）实务与操作。

一是社会调查的主体。《刑事诉讼法》规定主体是公、检、法三机关。《刑诉规则》规定：人民检察院开展社会调查，可以委托有关组织和机构进行，必要时可以对公安机关的调查报告进行补充调查。通过上述司法解释可以看出，我国司法实践中社会调查的主体呈多元化：公安机关、检察机关、人民法院、司法行政机关、共青团组织以及其他社会团体组织等都是社会调查的主体。

二是社会调查的启动。2010年中央综治委预防青少年违法犯罪工作领导小组、最高人民检察院、最高人民法院、公安部、司法部、共青团中央联合下发的《关于进一步建立和完善办理未成年人刑事案件配套工作体系的若干意见》（以下简称“六部委”《意见》）规定：“社会调查由公安机关在侦查阶段启动，即公安机关在办理未成年人刑事案件时，应当及时通知司法行政机关社区矫正工作部门开展社会调查。”社会调查的启动，在未成年人刑事案件刑事诉讼程序的启动之初即应开始，即公安机关侦查活动开始，就应对涉案未成年人开展社会调查工作并形成调查报告，随着刑事诉讼程序的推进，社会调查报告依次由公安机关移送人民检察院，由人民检察院移送人民法院，最后由人民法院在判决生效后移送执行机关。如果社会调查启动的时间过晚，至检察机关审查逮捕、审查起诉阶段、法院审理阶段再对犯罪前后表现等方面进行考察，调查结果可能失真，社会调查报告的真实性难以得到保障。

三是社会调查的内容。通常采用访谈、电话联系、实地调查等方式，并选择不扩大被调查人影响的最适宜的地点进行。通过向学校、社区、家庭等有关组织和个人开展社会调查，了解未成年犯罪嫌疑人的成长经历、犯罪原因、家庭环境、社会活动、个性特点、兴趣爱好、涉嫌犯罪前后的表现以及是否具备有效监护条件或者社会帮教措施等情况。社会调查结束后应当形成书面《未成年犯罪嫌疑人社会调查报告》。

(3) 问题与观点。

一是主体多元化的缺陷。《刑事诉讼法》第268条规定，公安机关、人民检察院、人民法院办理未成年人刑事案件，根据情况可以进行调查。据此，公检法机关都有权启动调查；除此之外，辩护律师也可以就未成年人的情况进行调查。六部委规定由司法行政机关社区矫正工作部门负责。如此多个不统一的规定，实践中未免显得杂乱，容易造成地区间社会调查司法协作无法进行。调查主体的多元化和杂乱，很可能使社会调查工作走向两个极端，容易导致重复调查和相互推诿。今后的趋势是由中立机构来开展社会调查工作更符合中立性和公正性。

二是内容的多样不确定性。《刑事诉讼法》以及《刑诉规则》、《办案规定》均只要求调查涉罪未成年人"成长经历、犯罪原因、监护教育等"情况，《刑诉解释》则将社会调查的内容扩大为"性格特点、家庭情况、社会交往、成长经历、犯罪原因、犯罪前后的表现、监护教育等情况"。具体而言主要包括：

调查程序的记载，包括：①调查日期；②调查地点；③调查人员；④被调查人员；⑤调查方式；⑥调查目的；⑦调查过程等。该部分内容主要用于社会调查的程序性和合法性评价。

未成年人涉罪的客观外在因素，包括：①个人信息；②家庭情况；③居住环境；④教育水平；⑤职业履历；⑥成长经历；⑦经济状况；⑧日常表现；⑨是否有不良行为或心理等。

未成年人涉罪的主观内在因素，包括：①对亲人、老师和办案人员的想法；②性格特点和社会交往；③本次犯案的原因和对本次犯案的认识；④对被害人的态度及赔偿和补救的主观意愿；⑤认罪和悔罪的程度；⑥对监督考察、帮教矫正的认识和态度；⑦对未来的打算等。各部门内容不明晰、格式不统一，应尽快制定统一规范的格式样本。

三是社会调查报告的性质。关于社会调查报告的地位作用，有两种意见：一种意见认为，调查报告与其他证据具有相同的形式要件，属于广义证据的一种，是量刑的证据；另一种意见认为，调查报告不属于证据，只可以作为量刑的参考。我认为，未成年人调查报告是针对未成年人各方面情况进行调查形成的材料，并非证明案件事实的材料，不属于《刑事诉讼法》第48条规定的八类证据。尽管社会调查报告在目前尚未获得证据的法律属性而仅是一种参考意见，但是，调查报告在一定程度上反映了未成年被告人的主观恶性、人身危险性和监护帮教条件，应当明确其在刑事司法中的地位和办案过程中的作用：①公安机关提请批捕、移送起诉的参考依据；②检察机关作出批准逮捕或不批准逮捕、提起公诉或不起诉、开展法庭教育、开展犯罪预防的参考依据；③法院教育和量刑的参考；④对涉罪未成年人开展个别化教育矫治的参考。

四是社会调查应当注意兼顾未成年人隐私保护。有的访谈对象可能尚不知晓未成年人的涉罪情况，如果其知晓后可能会对涉罪未成年人的就学或就业带来不利影响的，调查方式要注意隐私保护。

五是委托异地调查机制不畅。目前，大中城市涉罪未成年人多为外地户籍的未成年被告人，社会调查需要异地进行。由于缺乏异地委托机制，调查存在较大困难。应尽快建立异地委托调查工作机制，明确不同地区办案机关之间协助调查的工作流程、职权职责等，实现异地委托调查的无缝衔接，提高异地委托调查的质量和效果。2015 年 8 月，上海市人民检察院与江苏省人民检察院会签建立全国首个异地帮教的协议。

7. 合适成年人到场

（1）相关依据及含义。《未成年人保护法》第 56 条，《刑事诉讼法》第 270 条，《刑诉规则》第 490 条，《刑诉解释》第 466 条、第 467 条。

合适成年人参与制度即通过讯问或询问未成年人时保证有合适成年人在场，强化对未成年人权益保护，以此帮助未成年人理解讯问或询问的程序和方式，缓解恐惧、焦虑等生理、心理问题，同时强化对讯问或询问过程中侵犯未成年人权益的违法或不当行为的监督。

（2）实务与操作。

一是引入渊源。合适成年人参与未成年人刑事诉讼制度起源于英国的费肯特案件。英国 1984 年《警察和刑事证据法》中对合适成年人已有明确规定，要求在侦查阶段为未成年人、精神障碍者设立“合适成年人”（the appropriate adult）辅助其完成一定的诉讼程序。合适成年人可以是未成年人的父母、监护人，精神障碍者的监护人、亲属，熟悉未成年人工作或者精神卫生工作的社工，也可以由任何不是受雇于侦查机关的成年人担任。

2001 年在华东政法学院中英少年司法研讨会上介绍后，该制度开始在上海借鉴试点。2010 年 4 月，上海市检察院、高级法院、公安局、司法局联合发布了《关于合适成年人参与刑事诉讼的规定》，明确了合适成年人的定义、任职条件、权利义务、工作程序等。目前全市已组建了一支 400 余人的合适成年人队伍。

二是合适成年人的主体。建立一支稳定的合适成年人队伍，由青少年社工和司法社工为主担任合适成年人。在此基础上，可以积极吸收学校老师、共青团干部、妇联工作人员、关心下一代工作委员会人员以及退休老干部等组成合的志愿者为补充的合适成年人队伍，经过一定的程序批准和入册，由专门的机构进行日常管理、工作考核、定期培训、发放补贴。有关部门要建立对合适成年人的选拔、培训、考核和其他管理制度，不断提高其承担合适成年人工作的能力。

三是合适成年人参与诉讼阶段。根据刑事诉讼法的规定，未成年人在接受讯问、询问或审判时，办案机关应当通知法定代理人到场。即法定代理人只需在侦查阶段、审查批捕、审查起诉阶段的讯问、询问和审判阶段三类诉讼程序中到场。此外，在刑事诉讼全过程，相关的其他程序法定代理人是否应当到场，现有刑事诉讼法及相关司法解释虽未对此作出详细规定，但司法鉴定程序通则规定，鉴定过程中对未成年人身体检查时，应当通知监护人到场。这一规定实际已经明确“监护人”作为法定代理人在司法鉴定过程中的地位作用。还有对辨认、搜查、扣押均规定应当有见证人在场，虽然见证人可以监督保证诉讼行为的客观性，但为了进一步保障未成年人的合法权益，办案机关在辨认、搜查、扣押等其他诉讼活动中，也可以通知未成年人的法定代理人到场。

此外，关于办案机关多次讯问、询问或审判的，是否每次都应通知法定代理人到场的问题，我认为，虽然《刑事诉讼法》及相关规则、解释等没有细化明确，为切实保障未成年人诉讼权利，办案机关需多次讯问、询问或审判未成年人的，应不打折扣地每次都通知法定代理人到场。

四是合适成年人的权利及作用。根据《刑诉规则》第 490 条第 3 款以及《刑诉解释》第 466 条第 2 款的规定，合适成年人与法定代理人一样，在参与刑事诉讼过程中，可以行使以下权利：①了解未成年人的身心特点、兴趣爱好、家庭情况、教育条件、日常表现、成长轨迹等情况；②了解未成年人健康状况、权利义务知晓情况、合法权益有无遭受侵犯等情况；③发现办案人员有诱供、逼供或其他侵犯涉罪未成年人合法权益的情形，可以提出反对意见并提出控告；④阅看讯问笔录或庭审记录，核对无误后签字确认；⑤对未成年人进行教育等。

合适成年人作用有四项：监督，对司法人员的讯问和程序是否合法进行监督。沟通，帮助未成年人理解司法人员的讯问。抚慰，替代法定代理人给予未成年人帮助，使其消除因讯问而带来的紧张、焦虑情绪。教育，帮助未成年人正确认识犯罪行为的危害，引导其认罪悔罪。

（3）问题与观点。

一是合适成年人参与诉讼的位阶性问题。一般情况下应当是首先通知法定代理人到场，只有在法定代理人无法通知、不能到场或者是共犯等情况下，才可以通知未成年人的其他成年亲属，所在学校、单位、居住地基层组织或者未成年人保护组织的代表到场。《刑事诉讼法》明确了出场的位阶顺序，优先选择其他成年亲属，其次才是所在学校、单位、居住地基层组织或者未成年人保护组织的代表。

二是如果未成年人拒绝合适成年人到场如何处理。实践中，若条件允许，通知合适成年人到场之前可以先征求未成年被告人的意见。如果未成年人拒绝合适成年人到场，公安、检察机关以及法院应当向其讲明合适成年人到场有利于维护其诉讼权利，但是未成年人仍然坚持，合适成年人到场可能起到反作用甚至影响诉讼的，可以不通知其到场或者允许退出法庭，并将上述情况记录在案。另一种观点：这是一种合法诉讼权利，应该在场。

三是公安机关在无法定代理人或合适成年人到场的情况下获取的未成年人言词证据，是否应当作为非法证据排除的问题。《刑事诉讼法》第 54 条第 1 款规定："采用刑讯逼供等非法方法收集的犯罪嫌疑人、被告人供述和采用暴力、威胁等非法方法收集的证人证言、被害人陈述，应当予以排除。"公安机关在讯（询）问未成年人时，未依法通知法定代理人或合适成年人到场的，属违反法定程序的行为，但在侵犯未成年人合法权益和损害证据客观真实性两个方面，均未达到与刑讯逼供或者暴力、威胁手段相当的程度，据此获取的言词证据不属于应当予以排除的非法证据，而是瑕疵证据，通过补强可以使用。但发现此类问题的，应当要求公安机关说明情况。对于确实存在违法行为的，应当及时纠正。必要时，可以要求重新依法制作笔录。

四是律师可否担任合适成年人的问题。根据《刑事诉讼法》第 270 条的规定，合适成年人的范围包括其他成年亲属，所在学校、单位、居住地基层组织或者未成年人保护组织的代表。鉴于各级律师协会下设有未成年人权益保护委员会，可以视为未成年人保护组织。因此，律师可以作为未成年人保护组织的代表或志愿者，担任涉罪未成年人的合适成年人，但不得同时兼任其辩护人。理由在于：如果由辩护人担任合适成年人，则实际上造成办案机关在讯问时通知辩护人到场，而法律并未明文授予办案机关这一权利，有悖职权法定原则。

五是同案两名以上的未成年犯罪嫌疑人或者同案未成年犯罪嫌疑人和未成年被害人，能否共用一名合适成年人的问题。为避免合适成年人陷入利益冲突的尴尬境地，并预防合适成年人故意或者过失造成串供或者影响如实供述，同案两名以上的未成年犯罪嫌疑人或者同案未成年犯罪嫌疑人和未成年被害人，不宜共用一名合适成年人。

六是法定代理人无法通知或不能到场的情形消失后，合适成年人是否应当退出诉讼的问题。有的观点认为，专职合适成年人具有专业知识和技能，更有利于维权和教育，可以与法定代理人一起继续参与诉讼。这一观点体现了现实需要，但缺乏法律依据，不宜继续参与诉讼。刑事诉讼法明确规定了通知合适成年人参与的前提条件，不能擅自突破。每次通知前都应核实法定代理人的情况是否有变化，以便准确把握合适成年人退出的时机。

（二）公诉阶段

1. 分案起诉

（1）相关依据及含义。《办案规定》第 51 条、“六部委”《意见》第 2 条。

分案起诉是分别处理原则在审查起诉阶段的具体化，是指检察机关在刑事案件的审查起诉阶段，将未成年人与成年人共同犯罪的案件分案，以独立案件提起公诉、法院分案受理的制度。分案起诉，有利于实现对未成年被告人的特殊司法保护，也有利于实现对成年被告人犯罪行为的有效打击。

（2）实务与操作。

一是确立基本思路。经过多年探索与论证，2009 年 8 月，上海市高级法院与上海市检察院联合下发了《关于未成年人与成年人共同犯罪的案件分案起诉分案审理的若干规定》，对分案起诉作了详细规定；2011 年 7 月 26 日，市检察院下发了《上海市人民检察院关于加强未成年人检察工作的意见》，要求对未成年人与成年人共同犯罪案件实行分案处理，以分案提起公诉为主，分案移送审查起诉为辅，分案提请批准逮捕为例外，后形成了全市性的试行规范。

二是明确分案起诉的适用范围 。正确理解办案规定要求四种不可以分案起诉的情形。未成年人系犯罪集团的组织者或者其他共同犯罪中的主犯的情形，未成年人与成年人共同犯罪的，未成年人被指控的罪名应当是法定的必须由两人以上共同实施的犯罪。案件重大、疑难、复杂，分案起诉可能妨碍案件审理的；涉及刑事附带民事诉讼，分案起诉妨碍附带民事诉讼部分审理的，对于这两项的规定，应当以是否妨碍案件审理为基础并作为第一标准来确定，未成年人与成年人共同犯罪的案件除了只有被告人供述的案件，证据足以证实案件事实，分案起诉不影响案件审理的都应当分案审理。此处应当指出的是，犯罪事实包括犯罪主体本身所涉及的行为以及共同行为中具有整体意义的部分。

三是细化分案起诉的操作程序。首先，承办人受理案件后应及时阅卷，对全案进行审查，提讯犯罪嫌疑人，在充分了解案情的基础上，确定是否符合分案起诉标准。对符合分案起诉标准的案件，应制作分案起诉报告，并报领导审批。其次，分案起诉的两个案件应由同一承办人审查，避免由不同承办人审查所造成的处理意见不一致、重复制作案件审查报告等弊端，并且由同一承办人出庭支持公诉。最后，对分案起诉的案件，一般要由同一部门、同一承办人办理。对于分案起诉的案件，应当一并审查，分别确立案件编号和制作起诉书，向法院移送一份主要证据材料复印件，派同一公诉人出席法庭支持公诉。

（3）问题与观点。

一是绝对分案还是相对分案的问题。成年人和未成年人共同犯罪案件，在不妨碍全面查清案件事实和相关案件开庭审理的情况下，应当将成年人和未成年人分案提起公诉。但是需要注意的是，对涉外、重大、疑难、复杂的案件，未成年人系犯罪团伙主犯的案件，刑事附带民事诉讼案件，分案后不利于审理的，也可以不分案起诉，但应对未成年人采取适当的保护措施。

二是应把握这几种不宜适用分案起诉情形的问题。未成年被告人被指控的共同犯罪罪名属于必要共同犯罪的，实行分案起诉有可能造成犯罪事实难以全部查清；未成年人属于组织、领导犯罪集团进行犯罪活动或起主要作用的主犯或组织、领导犯罪集团的首要分子的，因其在处罚时“要按照所参与、组织、指挥的全部犯罪进行处罚”或“按照集团所犯的全部罪行处罚”，如果对此类案件进行分案起诉，有可能在案件事实的认定上出现矛盾，导致裁判的不公正；未成年被告人被指控的罪名法定刑在十年以上的，为了慎重起见，不宜分案起诉；未成年被告人与成年被告人具有亲属关系的，合并起诉不会影响对未成年人的司法保护，同时亲属认罪悔罪也会间接地对未成年人的悔改产生积极的影响。

三是建立分案起诉回转机制的问题。由于案件的复杂性和实际情况的变化，一些案件可能会由于出现新的情况而不宜进行分案起诉。在这种情况下，如果案件仍处于审查起诉阶段，则由承办人提出并案处理建议，报经领导批准后予以并案处理；如果案件处于审判阶段，则检察机关可以通过追加起诉或变更起诉，建议法院并案审理。

2. 附条件不起诉

（1）相关依据。《刑事诉讼法》第 271 条第 1 款、《刑诉规则》第 492 条第 1 款，以及《办案规定》第 29 条。

（2）实务与操作。

附条件不起诉在《刑事诉讼法》未成年人案件特别程序总共 11 个条款中

占有 3 个条款，足以说明是一项重要制度。其操作程序也比较复杂，可分为七个阶段。

一是条件把握。

①年龄条件。《刑事诉讼法》规定适用附条件不起诉的是未成年人，应理解为犯罪时已满 14 周岁不满 18 周岁的人。需要注意的是，这不仅包括犯罪时和审查起诉时均不满 18 周岁的人，也包括犯罪时未成年，但到审查起诉阶段时已满 18 周岁的人。

②罪名条件。《刑事诉讼法》规定将附条件不起诉适用的罪名范围限定于《刑法》分则第四、五、六章。但要把握的是有的条文虽然规定在其他章节，如果按照第四、五、六章的罪名处理，仍可以适用附条件不起诉。比如《刑法》第 196 条第 3 款规定“盗窃信用卡并使用的，依照本法第二百六十四条的规定定罪处罚”。这种犯罪虽然规定在第三章，但实际以第五章盗窃罪定罪处罚，所以同样可以适用。

③事实证据条件。《刑事诉讼法》规定附条件不起诉的前提是符合起诉的条件，实践中应把握达到事实清楚，证据确实充分这个定罪标准。有关事实清楚，证据确实充分，《刑诉规则》第 390 条中已作了明确，实务操作中，一定要防止把附条件不起诉变相成为“消化”案件的渠道，要防止对事实不清、证据不足的案件滥用附件不起诉。

④刑罚条件。《刑事诉讼法》规定的是“可能判处一年有期徒刑以下刑罚”。这应当然理解为宣告刑。对于检察机关而言，是否适用附条件不起诉，需要对宣告刑进行测算，综合考量全案的法定和酌定情节，结合最高人民法院关于量刑规范化的指导意见，进行科学估算。《刑事诉讼法》规定的是“可能判处”，因此并不需要达到精确的程度，能研判出一个大致的幅度就可以。

⑤悔罪条件。《刑事诉讼法》的表述是悔罪表现，对此应当理解为不仅要求未成年犯罪嫌疑人认罪并如实交代犯罪事实，还要有悔罪的实际表现。同时对检察机关自由裁量权应当进行一定的限制，避免对附条件不起诉的选择性适用，设置一些排除性条件还是很有必要的，具体可包括：有故意犯罪前科的；曾因涉嫌故意犯罪被人民检察院根据《刑事诉讼法》第 173 条第 2 款、第 273 条第 2 款作出不起诉决定的；曾受过三次以上行政拘留处罚的；适用附条件不起诉可能激化矛盾或引发不稳定因素的；犯罪情节较为恶劣，或者社会影响较大的；其他不宜适用附条件不起诉的情形。

二是听取意见。

①听取未成年人及其法定代理人、辩护人意见。首先，听取未成年人及其

法定代理人意见。《刑事诉讼法》第271条第3款，未成年犯罪嫌疑人及其法定代理人对人民检察院决定附条件不起诉有异议的，人民检察院应当作出起诉的决定。从法条表述看，法律并没有明确规定要听未成年人及其法定代理人的意见，但是对检察机关附条件不起诉的决定，未成年人及其法定代理人有异议权，他们的意见具有决定性意义，其实也暗含了要听取他们的意见。其次，听取辩护人意见。《刑诉规则》第492条第2款：人民检察院在作出附条件不起诉的决定以前，应当听取公安机关、被害人、未成年犯罪嫌疑人的法定代理人、辩护人的意见，并制作笔录附卷。规则和办案规定都明确应当听取辩护人的意见，但有承办人认为，辩护人意见一般是同意适用附条件不起诉，如果表示不同意就违背了律师的职责，所以听取辩护人意见意义不大。但是需要注意的是，辩护人可能会提出无罪或应当适用其他不起诉的辩护意见，此时承办人一定要结合案件证据进行认真审查，依法决定是否采纳。

②听取公安机关意见。《刑诉规则》第492条第2款，以及《公安机关办理刑事案件程序规定》（以下简称《公安规定》）第318条规定：人民检察院在对未成年人作出附条件不起诉的决定前，听取公安机关意见时，公安机关应当提出书面意见，经县级以上公安机关负责人批准，移送同级人民检察院。从法律规定看，规则和规定要求在听取相关意见时要制作笔录附卷，但公安部规定要求以书面形式反馈意见。是否要求公安人员做份笔录，还是由公安机关出个书面意见对此有不同的理解。笔者认为，应当注意避免将侦查人员的个人意见等同于公安机关的单位意见。因此，做笔录的对象，应该是有权代表公安机关出具意见的人，如果无权代表的，就应根据公安部的规定，经县级以上公安机关负责人批准，以书面形式反馈意见。

③听取被害人、法定代理人、诉讼代理人的意见。《办案规定》第30条：人民检察院在作出附条件不起诉的决定以前，应当听取公安机关、被害人、未成年犯罪嫌疑人的法定代理人、辩护人的意见，并制作笔录附卷。被害人是未成年人的，还应当听取被害人的法定代理人、诉讼代理人的意见。听取被害人意见，法律规定是“应当”，如果被害人是未成年人的，还应当听取其法定代理人、诉讼代理人的意见。在听取意见过程中，要注意对附条件不起诉的含义以及法律后果作必要解释。

④关于听证程序。听取意见有两种程序，即分别听取三方意见和当面听取三方意见。听证程序是完善司法化审查模式、体现公开公正和司法亲历性的必然要求。

第一，听证的参与主体。根据办案规定，听证的参与主体包括：检察人员；侦查人员；被害人及其法定代理人、诉讼代理人；未成年犯罪嫌疑人及其法定代理人、辩护人。

第二，听证的方式。未成年人案件应为不公开听证。除了参与主体之外其他人员不得参加听证。但是实践中，一些社会帮教组织的代表也参与了听证，这类似于解释中关于不公开开庭的规定中，可以通知学校或未成年人保护组织的代表到场，也不违反不公开的原则。同时，承办人也可以在帮教人员参与听证时，查明他们是否具备监督考察能力，同时还可以实现与监督考察的无缝衔接。

第三，听证的场所设置。听证场所应当尽量设置在司法办案区，以体现司法属性。检察官和书记员居中，右侧为侦查人员和被害人及其法定代理人、诉讼代理人一方，左侧为犯罪嫌疑人及其法定代理人、辩护人一方。

第四，听证的程序。由检察官主持，各方发言的先后顺序为：未成年犯罪嫌疑人及其法定代理人、辩护人，侦查人员，被害人及其法定代理人、诉讼代理人。

第五，听证的内容。听证的内容就是对适用条件进行听证。重点要针对存在争议的部分，如果控辩双方无异议的，就没必要听证。

三是审查决定。

《办案规定》第 32 条：适用附条件不起诉的审查意见，应当由办案人员在审查起诉期限届满 15 日前提出，并根据案件的具体情况拟定考验期限和考察方案，连同案件审查报告、社会调查报告等，经部门负责人审核，报检察长或者检察委员会决定。

实践中有的地方在审查起诉届满前才提出作附条件不起诉的意见，这也背离了迅速简约原则。因此，这一规定是为了防止主观上不必要的拖延。

四是送达宣布。

①送达时间及对象。《刑诉规则》第 493 条第 1 款：人民检察院作出附条件不起诉的决定后，应当制作附条件不起诉决定书，并在三日以内送达公安机关、被害人或者其近亲属及其诉讼代理人、未成年犯罪嫌疑人及其法定代理人、辩护人。

②宣布形式及内容。《办案规定》第 33 条第 3 款：人民检察院应当当面向未成年犯罪嫌疑人及其法定代理人宣布附条件不起诉决定，告知考验期限、在考验期内应当遵守的规定和违反规定应负的法律责任，以及可以对附条件不起诉决定提出异议，并制作笔录附卷。

③宣布的参与人员。宣布活动由检察官主持，未成年犯罪嫌疑人及其法定

代理人、辩护人，侦查人员，被害人，以及监督考察人员等可以共同参加。

五是监督救济。

①监督程序。《办案规定》第39条：人民检察院在作出附条件不起诉决定后，应当在10日内将附条件不起诉决定书报上级人民检察院主管部门备案。上级人民检察院认为下级人民检察院作出的附条件不起诉决定不适当的，应当及时撤销下级人民检察院作出的附条件不起诉决定，下级人民检察院应当执行。

②救济程序。《刑事诉讼法》第271条第2款："对附条件不起诉的决定，公安机关要求复议、提请复核或者被害人申诉的，适用本法第一百七十五条、第一百七十六条的规定。"从法律规定看，救济包括两部分内容：公安机关的复议复核、被害人的申诉。

③修改被害人不适用自诉规定。2014年4月全国人大常委会《关于刑事诉讼法第271条第2款的解释》，明确被害人对附条件不起诉决定和不起诉决定可以申诉，但不适用176条关于自诉的规定。

六是监督考察。

①考验期限的确定原则。第一，考虑教育挽救需要。充分考虑未成年犯罪嫌疑人就学、就业的实际需要，并留有一定变更余地，尽量把对未成年人的不利影响降到最低。第二，兼顾诉累和节约司法成本。因根据案情和帮教力量合理设定，尽量避免顶格就适用一年的最高期限。第三，把握比例原则。依据未成年犯罪嫌疑人的犯罪性质、人身危险性、在共同犯罪中的地位作用、可能判处的刑期等提出相应期限。

②考验期限的起算。考验期自作出附条件不起诉的决定之日起计算。但实践中没有统一，从操作上看，未送达时，未成年犯罪嫌疑人尚不知晓有哪些不能违反的教育矫治措施。因此，考验期应从决定之日起计算。

③监督考察的主体。法律规定非常明确，《刑事诉讼法》第272条第1款：在附条件不起诉的考验期内，由人民检察院对被附条件不起诉的未成年犯罪嫌疑人进行监督考察……《刑诉规则》第496条：在附条件不起诉的考验期内，由人民检察院对被附条件不起诉的未成年犯罪嫌疑人进行监督考察。未成年犯罪嫌疑人的监护人，应当对未成年犯罪嫌疑人加强管教，配合人民检察院做好监督考察工作。人民检察院可以会同未成年犯罪嫌疑人的监护人、所在学校、单位、居住地的村民委员会、居民委员会、未成年人保护组织等的有关人员，定期对未成年犯罪嫌疑人进行考察、教育，实施跟踪帮教。

④监督考察的流程。第一，附条件不起诉决定书中确定的监督考察规定和

教育矫治措施，对其遵守规定、接受教育矫治的具体操作方式提出明确要求。第二，帮教小组应当根据案件和未成年犯罪嫌疑人的具体情况，制订个性化的帮教方案，组织开展帮教活动，落实矫治和教育措施，并制作书面帮教记录。第三，检察机关应当对帮教小组的工作进行监督，并适时检查未成年犯罪嫌疑人遵守规定、履行义务、接受矫治和教育、帮教效果等方面的情况。帮教小组应当主动加强与检察机关的联系，及时通报监督考察情况。帮教小组发现未成年犯罪嫌疑人违反监督管理规定的，应当立即通报。检察机关应当组织帮教小组对其进行训诫，并制作训诫笔录。第四，帮教小组在考验期即将届满前，应制作监督考察报告，对未成年犯罪嫌疑人考察期间遵守规定、履行义务、接受帮教和矫治的情况进行总结，并在考验期满后提交检察机关。

七是处理决定。

①起诉（即撤销附条件不起诉的程序）。《办案规定》第46条："（一）实施新的犯罪的；（二）发现决定附条件不起诉以前还有其他犯罪需要追诉的；（三）违反治安管理规定，造成严重后果，或者多次违反治安管理规定的；（四）违反考察机关有关附条件不起诉的监督管理规定，造成严重后果，或者多次违反考察机关有关附条件不起诉的监督管理规定的。"

撤销附条件不起诉决定应注意以下几个问题：第一，在考验期内不遵守监督考察规定、脱管的被附条件不起诉人，是否绝对撤销附条件不起诉决定。我认为，对于违反监督管理规定如初次脱管，尚未达到情节严重标准的涉罪未成年人，应优先考虑在法定期限范围内适当延长考验期，尽力对其进行帮教，从严掌握撤销附条件不起诉的条件。第二，考验期内实施违反治安管理规定行为的被附条件不起诉人，是否也应当撤销附条件不起诉。我认为，对于违反治安管理规定的行为，不可一概而论，对于尚未达到严重程度的，应以延长其考验期限。第三，根据《刑事诉讼法》和规则的规定，只有在新罪或者漏罪查证属实的情况下，才能作出撤销附条件不起诉的决定。

②撤销的处理。《办案规定》第47条：对于未成年犯罪嫌疑人在考验期内实施新的犯罪或者在决定附条件不起诉以前还有其他犯罪需要追诉的，人民检察院应当移送侦查机关立案侦查。对发现新罪、漏罪需要追诉的，应当移送侦查机关立案侦查；对于违反规定多次或造成严重后果的，应当直接提起公诉。

③办案期限的恢复。《办案规定》第45条第3款：作出附条件不起诉决定的案件，审查起诉期限自人民检察院作出附条件不起诉决定之日起中止计算，自考验期限届满之日起或者人民检察院作出撤销附条件不起诉决定之日起恢复

计算。

④不起诉决定。《刑事诉讼法》第 273 条第 2 款：被附条件不起诉的未成年犯罪嫌疑人，在考验期内没有法定撤销情形，考验期满的，人民检察院应当作出不起诉的决定。

⑤宣布。《办案规定》第 50 条第 1 款："对人民检察院依照《刑事诉讼法》第一百七十三条第二款规定作出的不起诉决定和经附条件不起诉考验期满不起诉的，在向被不起诉的未成年人及其法定代理人宣布不起诉决定书时，应当充分阐明不起诉的理由和法律依据，并结合社会调查，围绕犯罪行为对被害人、对本人及家庭、对社会等造成的危害，导致犯罪行为发生的原因及应当吸取的教训等，对被不起诉的未成年人开展必要的教育。如果侦查人员、合适成年人、辩护人、社工等参加有利于教育被不起诉未成年人的，经被不起诉的未成年人及其法定代理人同意，可以邀请他们参加，但要严格控制参与人范围。"

（3）问题与观点。

一是正确把握附条件不起诉和相对不起诉的区别。主要区别有六点：①适用主体不同。相对不起诉是既适用于成年人，也适用于未成年人，而附条件不起诉只适用于未成年人。②适用罪名不同。附条件不起诉只能针对《刑法》分则第四章、第五章、第六章规定的罪名，而相对不起诉不限于该三章的罪名。③对悔罪表现的要求不同。附条件不起诉要求犯罪嫌疑人必须有悔罪表现，而相对不起诉不要求必须有悔罪表现。④稳定性不同。附条件不起诉是一种暂时性、临时性的决定，最终的结果可能是起诉，也可能是不起诉。而相对不起诉则具有稳定性。⑤救济方式不同。附条件不起诉赋予了公安机关、被害人、犯罪嫌疑人三方提出异议的权利。但是在相对不起诉当中，并没有这方面的限制。⑥刑期要求不同。附条件不起诉针对的是可能判处一年有期徒刑以下刑罚的犯罪。而相对不起诉没有具体刑期要求，只是笼统地规定了犯罪情节轻微，依照刑法规定不需要判处刑罚或者免除刑罚。

二是排除和优先适用。《刑事诉讼法》在附条件不起诉的适用范围上既有所扩展，又有所缩小。从扩展的一面来看，修改后的《刑事诉讼法》并没有对附条件不起诉限制在初犯、偶犯或共同犯罪的从犯，也没有作出诸如必须具备良好的帮教条件等限制性规定，这就说明那些对于并非初次实施犯罪的未成年人以及多次犯罪的未成年人也可能适用附条件不起诉。但实践中检察机关在作出附条件前，必须落实帮教条件，对外来流动人口中的未成年嫌疑人，要落实观护帮教措施。从缩小的一面看，《刑事诉讼法》首先是将附条件不起诉限定于可能判处一年以下有期徒刑的案件，且还限制在《刑法》分则第四章、第五章、第六章中的罪名。这实际上将交通肇事、危险驾驶、信用卡诈骗等常见多发轻微犯罪排除在附条件不起诉之外，只能作相对不起诉处理，而不必设置任何考察帮教条件。

此外，在具体的适用过程中仍然可能存在重合的地方。由于附条件不起诉要有一定的考验期，要让犯罪嫌疑人承担一定的义务，对犯罪嫌疑人的行为有一定的限制。而相对不起诉作出后程序上就相当于一种定罪免罚处置。因此，遇到未成年人犯罪嫌疑人既符合附条件不起诉的条件，也符合酌定不起诉的条件时，应该先考虑相对不起诉。

三是增加附条件不起诉的附加条件。在考察期间内，应该对犯罪嫌疑人规定明确的附加条件。被附条件不起诉人除了需遵守《刑事诉讼法》第272条第3款的规定外，还应该增加向被害人道歉、赔偿被害人损失、向社区提供一定的公益服务的附加条件。附条件不起诉人通过向被害人道歉并赔偿其损失的方式，与被害人进行沟通，使被害人了解到附条件不起诉人的真诚的悔罪态度，被害人的刑事诉讼主体地位得到加强，更容易使双方达成谅解。对附条件不起诉人附加提供一定的公益服务的义务，可以使被附条件不起诉人更好地恢复被破坏的社会关系，使人们消除恐惧的心理。

3. 法庭教育

（1）相关依据。《刑事诉讼法》第266条、第270条第1款，《刑诉解释》第459条、第484条、第485条，以及《办案规定》第60条。

（2）实务与操作。法庭教育是落实寓教于审的重要环节。每一位参与庭审教育的人员从不同角度出发，精心选择感化点，认真开展各有侧重的庭审教育，将形成强烈的合力作用，对未成年被告人的思想和心灵产生冲击和震动，从而达到预期的庭审教育效果。

一是法庭教育的主体范围。法庭教育的主体应该是公诉人，也可以是合议庭组成人员、法定代理人、辩护人，还可以是法院邀请的未成年被告人的法定代理人以外的其他成年近亲属，或者是有帮教能力的教育工作者、专业社会工作者、心理咨询师、共青团和妇联干部以及社区等。

二是法庭教育的程序设置。法庭教育是在法庭上由公诉人、审判人员、诉讼参与人员及法院特邀人员对未成年被告人进行针对性的法律、思想、道德、心理内容教育的活动。法庭教育是未成年人刑事案件审理过程中的一个特设程序，在法庭教育阶段，教育的主体最集中，有公诉人、辩护人、法定代理人，有合议庭成员；教育的内容最丰富，各教育者从不同的角度对失足少年进行多层次、多方位的教育；教育的时间最合适，庭审中的特殊时间、特殊场合下的教育，最易被未成年人接受；教育的特征最明显，法庭教育时，审判长明确宣布进行法庭教育，明显区别于一般场合下的教育。法庭教育是一个从法律、道理、亲情和社会的角度，构建而成的多层次、全方位的教育体系，通过教育以使未成年被告人内心深处产生震动，唤醒其道德良知。

三是法庭教育的时机选择。首先是法庭辩论结束、被告人陈述之前后；其次是认定被告人构成犯罪之后，宣布量刑结果之前；最后是在定罪量刑、宣判程序全部完成之后。具体采用何种法庭教育时机选择，应结合个案灵活运用。在法庭教育时还要特别注意监督不能违法。若法官认为有必要邀请法庭教育主体（与未成年被告人关系亲近的人员或其他教育工作者等），参与法庭教育时，如属于不公开审理案件，应履行相关的审批手续。

四是安排教育者发言的顺序。根据未成年人刑事案件的庭审实践，教育发言顺序不是一成不变的，要结合案件的具体情况，视被告人主观恶性程度之深浅、悔改心情之强弱、教育者表达能力之高低、与被告人关心之疏密，决定每个教育者发言的先后顺序。

五是法庭教育的内容。公诉人在教育时可以国家的法律为基点，向失足少年讲明其行为与法律的冲突点，即坚持以法为纲的教育；辩护人可以就社会道德规范、公民应遵守的行为规则为重点，剖析失足少年的可咎之处，即坚持以理为根本的教育；法定代理人以父母之恨、家庭之悲、亲属之痛为出发点，诉说失足少年的行为所带来的创伤和打击，即坚持以情为手段的教育；其他教育者则可以通过特殊的身份，对被告人之所以犯罪的原因进行剖析，阐述犯罪的社会危害性，告知失足少年在社会秩序中应处理好的关系，同时对其他教育者没有到位的教育发言作适当的补充，拾遗补阙。

（3）问题与观点。

一是简易程序与庭审教育。未成年人案件案情相对简单、量刑较轻、均能认罪，适用简易程序的比例本来就高，《刑事诉讼法》修改后，比例只会更高，可能达到95%以上。因此，要重点研究简易程序出庭如何做好庭审教育工作。上海从2004年以来，要求未检部门公诉人一律出席未成年人案件简易程序庭审。

二是关于法庭教育的适用阶段。“六部委”《意见》规定法庭教育可以在法庭调查和辩论结束之后进行。《刑诉解释》第485条对此作出柔性规定，法庭辩论结束后，法庭可以根据案件情况，对未成年被告人进行教育；判决未成年被告人有罪的宣判后，应当对未成年被告人进行教育。但我认为法庭教育应贯穿庭审全过程。

（三）监督部分

主要包括立案监督、侦查监督、审判监督、未成年人刑事案件诉讼程序监督和刑事执行监督。这里重点是未成年人刑事案件诉讼程序监督和刑事执行监督。

1. 未成年人刑事案件诉讼程序监督

特别程序的监督主要是法定代理人或合适成年人到场的监督，开展社会调查的监督，强制辩护的监督，讯问及侦查行为等合法性的监督和犯罪记录封存的监督。这里特别讲未成年人犯罪记录封存制度的监督。

（1）相关依据。

《刑事诉讼法》第275条，《刑诉规则》第503条至第507条，《刑诉解释》第490条，以及《办案规定》第62条、第66条。可以说，未成年人犯罪记录封存制度对于完善我国未成年人刑事司法制度，落实《未成年人保护法》和《预防未成年人犯罪法》的相关规定，更好地实现“教育、感化、挽救”和“教育为主，惩罚为辅”的方针和原则，提升未成年人刑事司法工作的法律效果与社会效果，化解社会矛盾，促进社会和谐，均有重要意义。

（2）实务与操作。

一是决定主体。应当是作出终局决定的公、检、法以及向社会提供犯罪信息查询的机关（主要是公安机关）。因参与刑事诉讼或依法查询获知被封存的未成年人犯罪记录的单位和个人，并非封存主体，而是负有保密义务。

二是封存范围。对象范围：包括所有后进入刑事诉讼程序的未成年人，即便是刑事立案、逮捕、刑事拘留等强制措施记录，包括绝对不起诉、存疑不起诉等实质上的无罪结论，甚至是认定证据不足的无罪判决，都足以产生和有罪判决一样的负面“标签效应”，进而成为未成年人回归社会的实质性障碍。因此，对封存适用对象应当作最广义的理解。记录范围：包括一切与刑事诉讼相关的书面和电子记录，包括法院的判决裁定、检察机关的不捕不诉决定、公安机关的刑事立案撤案决定、各种刑事强制措施、侦查措施以及刑罚执行等其他刑事诉讼活动形成的记录。

三是适用程序。程序启动：有观点认为应当依当事人申请而启动犯罪记录封存的程序，即“申请主体，限于未成年犯罪嫌疑人及其代理人，因为他们是与犯罪记录封存对象有直接利害关系的人”。我认为，如果程序开启方式是依当事人申请，则意味着人民检察院和人民法院可以批准也可以不批准。因此，犯罪记录封存程序应由人民检察院和人民法院依职权主动开启（公安机关刑事强制措施记录封存可以参照)，当事人申请并非必经程序。具体程序：《刑事诉讼法》对于犯罪记录封存制度的具体程序也未作任何规定。我认为该程序主要应当包括以下三步：首先，人民法院在对被判处5年有期徒刑以下刑罚的未成年人案件判决时或者人民检察院在未成年人案件作出相对不起诉决定、附条件不起诉决定时，同时依职权作出《犯罪记录封存书》或者《不起诉记录封存书》。其次，人民法院在向有关单位和个人送达判决书的同时还应送达《犯罪记录封存书》，并将《犯罪记录封存书》送达公安机关；同样人民检察院在送达《不起诉决定书》时，也同时送达《不起诉记录封存书》。最后，有关机关和单位在接收到《犯罪记录封存书》或者《不起诉记录封存书》后，应当根据档案管理制度对未成年人的犯罪记录进行密封保存；有关个人在接收到《犯罪记录封存书》或者《不起诉记录封存书》后应当对有关未成年人犯罪记录的诉讼文件及相关材料保密。

四是封存时间。应当在终局性决定作出的同时予以封存。对于终局性决定尚未作出时提出的查询，应当根据依法提供查询和有利于未成年人的原则，作出处理。例如涉罪未成年人正在附条件不起诉监督考察期间的，面临就业单位的查询，应当出具无犯罪记录证明。

五是封存方式。特别标注，专门管理，设置内部查阅权限和社会查询办理机制，严格出具查询证明的内部审核。封存包括积极封存和消极封存。《刑事诉讼法》用了“不得向任何单位和个人提供”的表述，属于消极封存，但要在实践中取得真正的封存效果，还需要采用积极封存的方式。单纯的不予提供，只会让查询单位产生怀疑，应当采用出具无犯罪记录证明的积极封存方式，才能确保未成年人合法权益。

(3) 理解与适用。

一是对司法机关为办案需要或者有关单位根据国家规定进行查询理解。司法机关包括侦查机关、检察机关和审判机关；办案需要主要是指侦查、审查逮捕、审查起诉、审判等刑事及民事、行政诉讼活动；国家规定是指全国人民代表大会及其常务委员会制定的法律和决定，国务院制定的行政法规、规定的行政措施、发布的决定和命令。

二是个人能否作为查询主体。根据《刑事诉讼法》的规定，无论是办案，还是根据国家规定，查询主体都是单位，而不是个人。但日常生活中，用人单位一般都是要求应聘者自行到户籍所在地派出所办理无犯罪记录证明，是以个人名义进行查询。此时允许受理个人查询，但仅能查询自己的犯罪记录，并依法为其出具无犯罪记录证明。

三是处理好公开宣判与记录封存的关系。《刑诉解释》第467条规定，“开庭审理时被告人不满18周岁的案件，一律不公开审理”……《刑诉解释》第487条第1款规定，“对未成年人刑事案件宣告判决应当公开进行……”上述规定稀释了犯罪记录封存的效益，影响了该制度的真正落实。我认为：被告人作案时未满18周岁，审判时已满18周岁，依法应当公开开庭审理的，或者对未成年人公开宣告不起诉以及公开宣判的，应当限制旁听人员数量，不得采取召开大会等形式。未成年人刑事案件的起诉书、判决书不得上网公开。同时，根据社会帮教、监督考察、社区矫正等需要，可以将未成年人犯罪信息告知学校或单位以及帮教矫正人员，但应当要求知悉者严格遵守保密义务。

四是封存的解除。《刑诉规则》第506条规定，“被封存犯罪记录的未成年人，如果发现漏罪，且漏罪与封存记录之罪数罪并罚后被决定执行五年有期徒刑以上刑罚的，应当对其犯罪记录解除封存”。犯罪记录封存的目的在于在该未成年犯罪人员与社会之间架设一座桥梁，帮助其顺利回归社会，防止再次犯罪，若该未成年犯罪嫌疑人再次犯罪，或被发现尚有未受追究的其他犯罪行为的，则犯罪记录封存的目的无法实现，因此犯罪记录封存应当解除。

五是犯罪记录封存的监督。虽然《办案规定》第69条已对此作出规定，“人民检察院发现有关机关对未成年人犯罪记录应当封存而未封存的，不应当允许查询而允许查询的或者不应当提供犯罪记录而提供的，应当依法提出纠正意见”。但实践中还要进一步明确检察机关的监督职能，丰富其监督手段，在其自行发现或经未成年人及其法定代理人、近亲属申诉发现封存主体未尽封存义务、封存主体与查询主体违法泄露犯罪记录时，应提出口头或书面纠正违法通知等。

2. 刑事执行监督

刑罚执行监督是指人民检察院依照法律规定对人民法院、监狱、看守所、社区矫正等刑罚执行机关的执行活动及有关监管活动进行的法律监督。

（1）相关依据。《刑事诉讼法》第269条，《刑诉规则》第631条，《办案规定》第70条、第71条、第72条、第73条、第74条。

（2）实务与操作。

一是建立专门或集中羁押场所。有条件的地方可以设立未成年人的专门羁押场所，或在看守所内设立专门的羁押专区，实现分管分押，上海已设立五个集中羁押场所，确保分别关押、分别管理、分别教育。

二是加强看守所是与未成年人管教所的常态监督。采取三种形式：独立型，由未检部门干部进驻看守所或未管所进行监督；联合型，即由未检部门联合监所部门共同开展监督；不定期型，就是当有了被羁押未成年人的信息后，未检部门干部独立或联合监所心理状态问题加强沟通，监督部门开展巡查。

三是建立未成年未决犯羁押表现评鉴参考制度。通过独立或联合监所检察部门的日常检察和参阅看守所的评分记录，对未成年未决犯表现作出评价，可以提供法院从轻量刑的参考，把易于挽救和矫正的未成年人与难管教和改造的未成年人区分并隔离开来，做到区别对待。

四是建立心理辅导和矫正机制。一方面，深入了解其犯罪根源，从根本上矫正其心理上的不良倾向，为他们重新回归社会奠定心理基础；另一方面，通过心理疏导帮助未成年犯罪人员正确认识刑罚执行活动对他们的教育和矫正意义，减轻乃至消除因刑罚处罚带来的耻辱感和自卑感，引导未成年犯罪人正面看待自己接受的刑罚处罚，自觉接受教育改造。

五是社区矫正监督。仅“两高两部”《社区矫正实施办法》（2012 年 2 月 16 日）第 33 条规定，对未成年人实施社区矫正的八个方面，上海市院《关于在未成年人社区矫正监督工作中加强配合协作的意见》（2015 年 1 月 16 日）规定，未成年人的社区矫正由未检部门负责，实行分别矫正，分开入矫、解矫的特别制度。

（四）犯罪预防

未成年人犯罪预防工作，是指人民检察院未检部门立足刑事检察职能，适度延伸工作，结合办案，以未成年人为对象，通过司法处理、教育挽救和参与帮教矫正，并配合有关职能部门进行社会治安综合治理和法制宣传，实现对未成年人犯罪的特殊预防和一般预防。

1. 相关依据

《预防未成年人犯罪法》第 3 条、《办案规定》第 6 条。

2. 未成年人犯罪预防的任务

未成年人犯罪预防工作，承担了特殊预防和一般预防两方面的任务。具体而言，一是对已经实施了犯罪行为的涉罪未成年人，要通过寓教于审，预防其重新犯罪；二是对存在违法行为或严重不良行为的高危未成年人，要加强帮教矫正，预防其滑向犯罪深渊；三是对“失学、失业、失管”的“三失”未成年人，要完善社会管控，预防其出现罪错行为；四是对正常就学、就业的未成年人，要强化法制教育，促使其知法守法。

3. 实务与操作

一是一般预防。构建一般预防体系，与政府相关职能部门和社会组织建立长效机制。在未检工作刚刚起步阶段积极参与一般预防，有利于扩大未检部门的社会影响和知名度、争取党委和政府的重视以及社会各方力量的支持、整合各方面的社会资源。但在未检工作发展到一定程度时，应当逐步将一般预防工作的主导权交由教育行政、司法行政等职能部门承担，未检部门更多的是配合开展工作，以集中精力做好本职工作。其主要内容：开展未成年人法制教育；参与行为偏差等边缘未成年人的矫正转化；完善未成年人家庭教育，净化未成年人成长环境。主要形式：建立各类法治教育基地，进学校、进社区、进企业等。

二是特殊预防，着力构建观护体系建设。

（1）渊源与依据

“观护”一词，是台湾地区将美、日的保护观察（probation）制度加以借鉴后而采用的称谓。一些国家少年观护最初是作为一种刑罚替代措施出现的，发展至今，已经涵盖所有与之相类似的非监禁处遇措施，这与我国现阶段“少捕慎诉”的未成年人司法工作理念相吻合。有条件的地方要积极建议、促进建立健全社工制度、观护帮教制度等机制，引入社会力量参与对被不批捕、不起诉的未成年人进行帮教。《关于进一步加强未成年人刑事检察工作的通知》第5条：进一步推动社会化制度构建，着力建立多部门合作及司法借助社会力量的长效机制。

（2）概念与发展

涉罪未成年人观护，是指检察机关将被采取非羁押强制措施或刑事诉讼程序已终结的涉罪未成年人交由社会力量组成的专门观护组织，对其进行专业化的考察、帮教和矫正，以预防其再犯的活动。

2004年2月18日上海市阳光社区青少年事务中心正式挂牌，专业社工队伍正式成立。2003年5月开始试点，至2004年10月，上海市闵行区人民检察院以政府购买社会服务、组建专业社工队伍为契机，积极探索未成年人犯罪社会治理的新模式，建立了涉罪未成年人社会观护体系，为涉罪未成年人提供社会化帮教矫正服务，在此基础上，上海市检察机关大力推动观护体系的建设，至2012年，上海市实现了观护体系全覆盖，并已建成17个观护站、215个观护点、68个观护基地，纳入帮教的涉罪未成年人已近2000人。

作为非羁押性强制措施后的配套措施，观护帮教在未成年人少捕慎诉后能够确保诉讼的顺利进行，并对未成年人的行为矫正起到积极作用。

观护组织，是指对观护人员承担组织、协调、管理和培训等职责，并指导观护人员开展日常教育考察、帮教矫正工作的机构。

观护组织一般隶属于本区域的综治委等相关政府职能部门，可设置为观护站、观护点上下两级组织模式。由观护站统筹协调观护工作，并根据区域特点，在各街道（镇）、社区内设置若干观护点，以便于观护对象就近参与日常观护活动，也可组建专门的观护社团组织，吸纳富有社会责任感和观护能力的企事业单位、工读学校、救助中心、社区活动中心、志愿者组织等作为社团成员，为观护对象提供食宿及文化知识学习、法制教育、劳动技能培训等帮教条件。

观护人员，是指在观护组织的管理下，具体负责对涉罪未成年人进行日常教育考察、帮教矫正活动的人员，一般以专业社会工作者、居（村）委会干部、社区民警、学校的青保老师、共青团干部及志愿者等作为组成人员。

（3）观护工作的主要内容：第一，教育考察。开展法制教育，促其知晓诉讼权利和义务，并考察其观护期间表现和思想动态，掌握活动情况；第二，心理矫正。通过沟通、疏导和心理干预、治疗，矫正认知偏差和心理问题，帮助其树立正确的人生观和价值观；第三，行为矫正。对具有吸毒、酗酒、网瘾等严重行为偏差的未成年人，通过行为矫正，戒除或缓解其不良行为倾向；第四，团体活动与公益劳动。培养涉罪未成年人的社会责任感，促使其认同社会主流价值，重新融入社会；第五，知识学习与技能培训。为涉罪未成年人提供学习文化知识、法律知识和劳动技能的机会，帮助其顺利回归社会；第六，其他有益于未成年人身心的活动。

第20堂课　未成年人刑事案件特别程序理解与适用

● 王翠杰[*]

课程提纲

一、北京市的未检工作发展

二、未成年人特殊刑事政策的理解

三、未成年人刑事案件特殊诉讼程序

一、北京市的未检工作发展

北京市检察机关设置三级，分别为市院、四个分院（实际上四分院的受案范围不受行政区域的限制，跨行政区域检察院，业务以民事、行政检察为侧重）和16个区县院，目前除了四分院外，已经全部设立独立编制的未检处，在市检察院的统一领导下，各院未检部门各项工作基本统一。

统一名称为“未成年人案件检察处”，主管统一为主管公诉的副检察长；统一受案范围：依法由本院管辖的，犯罪嫌疑人实施被指控行为时不满18周岁的案件及主要针对不满18周岁的未成年人犯罪的批捕及审查起诉的案件；统一工作模式：实行“捕诉监防”一体化工作模式，由同一承办人负责同一案件的批捕、起诉、诉讼监督和预防帮教等工作（细微的差别，主要表现在先期探索上，例如民事、控申、监所等案件）。

北京未检于20世纪80年代末开始发端，1989年，西城检察院在公诉部门成立全市第一个未成年人刑事案件办案组，之后也涌现了很多的感人事例，曾

---

* 北京市人民检察院第一分院未成年人案件检察处副处长。

经被媒体广泛传播的柳青姐姐帮助犯错少年小白的故事就是这时发生的；2010年9月，北京市海淀区人民检察院在原来公诉部门未检办案组的基础上，成立北京市首家独立建制的少年检察处，首创捕诉监防一体化工作模式，当然无论是称谓还是工作模式都曾历经争议和转折。2010年年底，北京市朝阳区检察院建立专门的未检处。2011年，大兴区检察院、西城区检察院建立未检处。2012年初修改后的《刑事诉讼法》颁布前夕，北京市检察机关开始统筹规划未检专门机构的组建工作。仅用了8个月时间，北京16个区县院全部成立了未检专门机构。[一分院还是成立得比较晚的，这也是因为，在直辖市分院的职能地位与各省、自治区下辖的地区、市级检察院有很大区别，直辖市分院主要的定位还是办案部门（直辖市检察院论坛中确立的基本认识），那么案件数量少一直是制约分院未检发展的“瓶颈”] 但是由于全市统一编制确定了以后，工作还是好推动了一些。2013年5月，市、分院未成年人案件检察处成立，标志着北京市检察机关三级未检机构组织体系已经形成。

可以说，北京市未成年人工作起步较早。但不得不承认，整体工作曾经一度停滞，相对于发展较好的上海，曾经有很大的距离。还记得2011年年底，海淀区检察院召开未成年人案件研讨会，会上姚建龙教授声称当时北京市未检工作与上海市相差10年，此语一出给在座的苗生明检察长很大刺激。说实话当时不是很理解，因为当时对未检工作的理解还停留在依法从轻、法制讲座、分案起诉、法庭教育等这些简单的工作模式上，几年以来北京市未检工作一路走来，也逐渐体会到了未检工作的中心并不仅仅在于定罪量刑精准化，而追求的是帮教挽救的最大化，由此带来的思路、方法、重点、要求也就完全不一样。应当说北京市未检工作进步很快，我们的体会也得益于机构确立、人员到位、理念的转变，这些是保证未检工作全面发展的基础，因为未检工作内容非常庞杂，需要很多沟通协调，在兼职的情况下人员确实很难有权利推进的精力。很可能还会停留在简单办案的思路和模式上。

截至目前，全市从事未成年人案件办理的专门人员共有127人，平均年龄34.3岁，其中硕士研究生57名，法学博士2名，研究生以上学历者占未检干部总人数的46.5%，2/3的人员已经获得三级心理咨询师资格。我院也产生了1名北京市十佳公诉人，3名北京市优秀公诉人，1名北京市十佳侦查监督检察官，9人被列入北京市检察业务骨干人才库，10人被评为北京市未成年人案件检察业务标兵。总结北京市未检人的特点就是：年轻有活力、学历高、专业化、使命感强。

北京市未检工作主要是围绕“两条龙”，也就是“政法一条龙”和“帮教一条龙”，围绕于此，我们建立了一系列的工作机制，搭建了相关工作平台。

上半年北京市团委就未成年人保护的相关工作还召开了现场会，北京市未成年人保护“社会一条龙”的所谓“北京模式”已经形成，得到了团中央的认可。“司法一条龙”方面：未检工作一直坚持侦查机关、法院的衔接，目前社会调查覆盖整个诉讼过程，并实现调查员出庭，合适成年人、法律援助都实现侦、捕、诉、审的衔接。

目前，北京市已经组建了600余人的合适成年人队伍，130余人的社会调查员队伍，依托北京市青少年法律与心理咨询中心进行心理干预（从人员组成、定期培训、经费保证、工作程式上都已经步入了正轨）。

2013年10月，市检察院又推动首都综治办、团市委依托在京的三家爱心企业、两家图书馆，成立“新起点扬帆观护基地”，为北京市未成年人附条件不起诉的考察、教育和矫治的场所，对于表现一贯良好、偶然失足、认罪悔罪、在京无监护条件的外来涉罪未成年人进行教育矫治，解决了外来户籍与本市户籍涉罪未成年人的“同城待遇”问题，有效地解决了本地和外地附条件不起诉涉罪未成年人的平等保护问题。

在犯罪预防方面，我们立足犯罪预防职能，利用新媒体、灵活形式、统筹兼顾是北京市的特点。如一分院组织多个北京市著名高中每年举行的模拟法庭辩论赛，西城院坚持20年的“西检杯”法律知识竞赛，海淀院建立的“守护青春”网站，东城院、怀柔院建立的“未检之窗”官方微信等，2015年，全市未检机构又共同承担《中学生报》的专题法律栏目的编订工作。

两年来，全市共召开未检工作新闻发布会13次，向人大代表、政协委员汇报工作，《人民日报》、中央电视台等主流媒体先后报道北京未检工作160余篇次，千龙网、正义网、法治进行时等栏目经常有首都未检检察官作客以及相关案例讲解节目。可以说未检预防已经成为一个立体化、全方位、与时俱进的一项常态工作。

二、未成年人特殊刑事政策的理解

未成年人刑事检察政策是我们在履行对涉罪未成年人审查批捕、审查起诉、诉讼监督和犯罪预防职能中，为贯彻落实未成年人刑事政策的总体目标而制定、实施的各种策略、方法、原则及具体措施的总称。

未成年特殊刑事政策是什么，大家一定最先想到的就是六字方针、八字原则。具体到检察内部，也有很多规定，例如，2012年10月，高检院颁布了《关于进一步加强未成年人刑事检察工作的决定》，其中又明确指出：“确保对涉罪未成年人的'教育、感化、挽救'方针，'教育为主、惩罚为辅'原则和'两扩大、两减少'政策在刑事检察工作中有效落实。""以是否有利于涉罪未成年人教育、感化、挽救为标准，慎重决定是否批捕、起诉、如何提量刑建议、是否开展诉讼监督。""最大限度地降低对涉罪未成年人的批捕率、起诉率和监禁率，坚持依法少捕、慎诉、少监禁。"对于原则方针又进行了具体的阐释。

北京的未检工作已经步入正轨，但是仍有一些争议存在。对这个问题我也一直在困惑，我们有法律规定、有高检院的尚方宝剑，但是未检真正准确落实特殊刑事政策，或者说理直气壮地落实特殊政策仍然存在各种困难。实现与成人检察系统的对接，得到认可，走出自说自话的境地，很难吗？问题症结在哪里呢？就在高检院《决定》出台伊始，网上并非一篇支持与赞同，但也有相当多的网民指责这是司法机关对未成年人的"溺爱"和"纵容"，如此一来，未成年人犯罪会更加"肆无忌惮"。我们中华民族有着恤幼的传统，为什么对于罪错少年就不能原谅呢？我想争议也并非完全没有道理。

大家听说过《与绝望抗争》这本书吗？这是一个发生在日本的案件，书的作者是一名肾硬化的男子，能活下来不容易，更幸运的是生了小孩，很美好。但是因为一个少年的原因一切都被扼杀了。这个日本少年强奸了少妇，然后杀害了少妇和 1 岁的婴儿。法院最初按照未成年处理判处无期，后这位男士与检察官共同坚持抗诉，最终改判少年死刑。

该案的手段都是非成年人所能比拟，案发后没有悔改表现，可以说可改造程度很低，回归社会存在极大难度，虽然争议都很大，但是最终都获得了加刑。

那我们再看一组数据和分析：近五年来，全国检察机关平均每年批准逮捕未成年犯罪嫌疑人 71000 多人，提起公诉 85000 多人，犯罪总量仍在高位徘徊。特别是随着城镇化、工业化、信息化推进，流动、闲散和留守未成年人犯罪、未成年人涉网犯罪问题日益突出，未成年人犯罪组织化程度增强，犯罪低龄化和作案手段成人化、暴力化倾向明显，恶性极端案件时有发生，给社会和谐稳定带来了消极影响。

面临着形势严峻的未成年人犯罪，再提未成年宽缓好像有些底气不足了，尤其在我们自治区面临治安形势严峻的状况，山东招远麦当劳案件的主犯也是未成年人，我们还能提宽缓吗？又如一些学者所说的，目前的政策着力成效缓慢，对刑罚的预防功能产生冲击，缺乏弥补措施，当前的未成年人刑事司法在注重事后"轻缓化"处理的同时，应切实做到"当宽则宽，当严则严"。那么这样未成年人工作会不会回到原点，宽容和严惩，以何为纲，何者为度？而在面对外界甚至同行质疑的同时，仅仅从现有规定直接解释，或者以儿童利益最大化为依据，必然自说自话，难以深入碰撞讨论，更无法最后形成共识。

其实大家查看一下目前未成年的调研，不难发现，特殊程序的文章很多，而对刑事政策的研究则相对薄弱，基本上处于直接执行的状况。对此，北京市检察机关专门进行了调研，首先我们对于未成年人刑事政策的由来和历史进行了梳理，我们发现大致可以划分为三个阶段。

（一）第一个阶段（1979 年至 2002 年 4 月）

这一时期相关的法律、法规和政策性、规范性文件主要有：

1979 年党中央转发的中央宣传部等 8 个单位《关于提请全党重视解决青少年犯罪问题的报告》（1979 年），1985 年《中共中央关于进一步加强青少年教育，预防青少年违法犯罪的通知》，1991 年《中华人民共和国未成年人保护法》，1991 年最高人民法院、最高人民检察院、公安部、司法部联合颁布《关于办理少年刑事案件建立互相配套工作体系的通知》，最高人民检察院《关于认真开展未成年人犯罪案件检察工作的通知》（1992 年 9 月 22 日），1995 年 10 月公安部的《公安机关办理未成年人犯罪案件的规定》，共青团中央、最高人民检察院关于在全国检察系统开展创建优秀“青少年维权岗”活动的通知（1999 年 1 月），1999 年《预防未成年人犯罪法》，最高人民检察院《关于认真贯彻执行〈中华人民共和国预防未成年人犯罪法〉的通知》（1999 年），2000 年中共中央办公厅、国务院办公厅转发中央社会治安综合治理委员会《关于进一步加强预防青少年犯罪工作的意见》，2000 年最高人民法院《关于审理未成年人刑事案件的若干规定》等。

上述文件体现的政策性主张主要包括：将贯彻“教育、感化、挽救”“教育为主，惩罚为辅”作为处理未成年犯罪的指导方针；强调办理未成年人犯罪的案件，应当照顾未成年人的身心特点，并可以根据需要设立专门机构或指定专人办理；强调公安、检察、法院、司法行政各部门应加强互相间的联系，加强各个环节的相互衔接；强调预防未成年人犯罪，应各部门共同参与，各负其责，实行综合治理。

但是，我们都知道，自 1983 年至 2002 年，我国先后发动了三次全国性的“严打”战役，在这种背景下，未成年人刑事政策不可避免会受到干扰，未成年人犯罪惩罚也出现扩大化、重刑化的倾向。而有关的政策更多体现为一种倡导式主张。

1985 年 11 月 29 日联合国第 96 次全体会议在北京通过了《联合国少年司法最低限度标准规则》（即《北京规则》），但现在看来，这部规则对当时检察机关未检工作产生的影响效果甚微。

虽然未成年并未受到特殊的待遇，过多的是出于社会背景的原因，但是从大量的规定可以看到对于未成年的特殊处遇还是司法相关人员的价值追求或者说美好远景，而并非严格抵制。

（二）第二个时期（2002 年 4 月至 2011 年 4 月）

相关法律、法规、领导讲话、政策性、规范性文件主要有：

2002 年 4 月高检院印发《人民检察院关于办理未成年人刑事案件的规定》；时任中共中央政治局常委、中央政法委书记罗干在 2004 年、2005 年全国政法工作会议上的讲话均提出正确运用宽严相济的刑事政策；2006 年 10 月召开的十六届六中全会通过了《中共中央关于构建社会主义和谐社会若干重大问题的决定》（其中明确要求："实施宽严相济的刑事司法政策，改革未成年人司法制度，积极推行社区矫正"）；2006 年 12 月 28 日最高人民检察院《关于在检察工作中贯彻宽严相济刑事司法政策的若干意见》以及人民检察院《关于办理未成年人刑事案件的规定》（修订稿）；最高人民法院《关于审理未成年人刑事案件具体应用法律若干问题的解释》（2006 年）；2008 年 12 月 17 日全国政法工作会议提出"两扩大、两减少"（对初犯、偶犯、未成年犯、老年犯中的一些罪行轻微的人员，依法减少判刑、扩大非罪处理；非判刑不可的，依法减少监禁刑、扩大适用非监禁刑和缓刑）；2010 年"六部门"《关于进一步建立和完善办理未成年人刑事案件配套工作体系的若干意见》、2011 年 2 月刑法修正案（八）（规定未成年人不构成累犯，以及免除前科报告义务）等。

为贯彻宽严相济刑事政策和"两扩大、两减少""教育、感化、挽救"的方针，实务中具体的处理包括：

一是对未成年人犯罪案件依法从宽处理。严格把握"有逮捕必要"的逮捕条件，慎重适用逮捕措施。可捕可不捕的坚决不捕；严格依法掌握起诉条件，充分考虑起诉的必要性，可诉可不诉的不诉；对确需起诉的，向人民法院提出从宽处理、适用缓刑等量刑建议；未成年人犯罪案件、人民法院处罚偏轻的，一般不提出抗诉。

二是改善办案方式。改革完善未成年人犯罪案件的办案方式，应当设立专门工作机构、专门工作小组或者指定专人办理，建立适合未成年人特点的审查逮捕、审查起诉工作机制，例如分案起诉等。不少地方如北京、福建、重庆、江苏等省、直辖市的一些基层或市级检察院也在积极筹建，实现了未检机构从无到有，从依附到日益独立，并呈现星火燎原之势。

三是特殊办案机制的探索创新不断。包括暂缓起诉、非羁押措施可行性评估、法定代理人到场、合适成年人参与刑事诉讼、亲情会见、社会调查、分案起诉、快速办理、量刑建议、庭审教育、法律援助、诉中考察、诉后帮教等。许多工作制度、机制已被2006年《人民检察院办理未成年人刑事案件规定》、2010年“六部门”《关于进一步建立和完善办理未成年人刑事案件配套工作体系的若干意见》吸收确定。

此时改革的探索基本上还停留在自下而上的阶段，且主要围绕未成年人刑事案件诉讼程序本身的完善而展开，个案开展并未覆盖全部，不捕率、不诉率虽有所提升，但逮捕率、起诉率总体仍在高位徘徊。很多未检工作的评价还仅仅止于创建“优秀青少年维权岗”等活动，或者树立“法官妈妈”“检察官姐姐”等典型人物，还远远没有上升为检察制度建设的重要组成部分。

但是我们也应该看到：由于顶层设计缺失，未检工作不能全面开展，但是从基层检察院在未检工作中的大胆探索来看，说明未检特殊刑事政策的意义具有很强的实践认可空间。未检工作相对于普通刑事司法具有一定超前性，还有可行性。

（三）第三个阶段（2011年4月至今）

这一时期影响未成年人刑事检察工作的法律法规、领导讲话、政策性、规范性文件主要有：2011年4月曹建明检察长致上海未成年人刑事检察工作创建25周年的贺信；朱孝清副检察长在上海未成年人刑事检察工作创建25周年上的讲话；2012年3月修订《刑事诉讼法》；2012年5月曹建明检察长致全国检察机关第一次未成年人刑事检察工作会议的信；朱孝清副检察长在全国检察机关第一次未成年人刑事检察工作会议的讲话；2012年10月高检院《关于进一步加强未成年人刑事检察工作的决定》；2013年《人民检察院刑事诉讼规则》（修订稿）；最高人民法院《关于适用〈中华人民共和国刑事诉讼法〉的解释》（修订稿）；《公安机关办理刑事案件程序规定》（修订稿）等。

这一时期，关于未成年人刑事检察的政策性主张较前一时期更为全面、具体和深化，呈现出全面性、体系化、“整体发力”的特点，与此相适应，未成年人刑事检察工作也是自上而下高度重视、统一部署，取得历史性的发展，包括：

一是坚持把“教育、感化、挽救”方针，“教育为主、惩罚为辅”原则和“两扩大、两减少”政策贯穿于办案始终，并把“教育、感化、挽救”的成效作为评价工作的根本标准。二是坚持依法少捕、慎诉、少监禁。三是注重矛盾化解，坚持双向保护。四是全面维护未成年人各项合法权益。五是办理未成年人刑事案件配套工作体系建设和未成年人犯罪社会化帮教预防体系建设取得进展。一方面要求整合社会力量，促进党委领导、政府支持、社会协同、公众参与的未成年人权益保护、犯罪预防帮教社会化、一体化体系建设，实现对涉罪未成年人教育、感化、挽救的无缝衔接；另一方面要求认真落实检察环节社会管理综合治理各项措施，如开展法制宣传、参与校园周边环境整治、对重点青少年群体教育管理、发挥检察建议的作用等。

从这一阶段我们可以看到，有了顶层设计的支持，未成年特殊刑事政策迅速发展，可谓全面开花。这是社会发展、理念转变的结果，也是上两个阶段长期积聚所致。所以我们应当看到，未成年特殊刑事政策的提出并非一蹴而就，而是长期发展自然形成的。

我们看，即使是严打时期，也有相关法规，说明我国未成年特殊对待符合立法理念，严打过后，在缺乏顶层设计的情况下，实践中仍然积极探索，说明实践中具有司法热情，同时也逐渐形成了如下的共识，未成年犯罪虽然逐步显现出成年人犯罪的特点，甚至出现超过成年人犯罪的个别趋势，但是总体上未成年人心理上具有易感性、易变性；人格特性呈现假象性、被害性。未成年的问题往往是社会管理缺失的结果，而对未成年人过多的严压，产生二次伤害，未成年人成为成年人后会对社会造成极大的潜在危害（我们做过统计，在我院因为杀人伤害判处刑罚的未成年人大部分会在30岁之前回归社会。最长没有超过35岁），这些人如果没有任何矫治出狱后潜在危害极大。所以对未成年予以特殊处遇并非利于其个人，而是功在社会的一项工程。

那么现在在立法司法和社会认知都具备的情况下，毫无疑问，未成年人特殊刑事政策应当严格执行。落实未成年特殊刑事政策中存在的争议点来源于哪里呢？

个人的理解，之所以存在各种质疑，关键点在于对于特殊刑事政策的落脚点和目的存在误解，片面地将特殊刑事政策与一味从宽画等号。未成年人刑事检察政策总体上必须体现福利性和惩戒性相结合，防止任何一个方面的走极端。少年司法不是一个轻和重的问题。要实现对未成年人宽容而不纵容，需要一个中间措施，那么对此在国外、在日本都掌握得比较好，因为他们的犯罪范围比较广泛，存在对不良行为提前干预的前提，可以以教代刑。那么在我国目前这种少年司法制度有硬伤的情况下应当将少年司法的重点放在对未成年人的矫治和帮教上，从儿童利益最大化、国家亲权的少年司法理念出发，注重的是对罪错少年康复的需要，而不是追求定罪量刑的准确性。

要注意的是，未成年人刑事政策有福利属性，但并非完全否定对于未成年人犯罪行为运用惩罚手段，只是强调惩罚应当作为“最后”的手段，比如对恶性案件果断运用惩罚手段，达到惩戒作用然后辅以监狱部门必要的矫治，这不违背未成年人刑事政策的基本要求。当然这只适用于个别案件，绝不能扩大，也要注重教育矫治，不能出现与成年犯罪人员同等对待的倾向。

相反，对于一般轻微犯罪少年、严重不良行为少年施以相应的威慑力，促使早日迷途知返。未成年人刑事案件的办理总体上应遵循宽容而不纵容的理念，对部分主观恶性大、矫正难度较大的涉罪未成年人仍应依法提起公诉，“该依法判监禁刑乃至重刑的仍应依法建议判监禁刑和重刑。但这也是为了教育、挽救而不是单纯的打击”。

总之，未成年特殊刑事政策的落实并非是简单的刑罚轻重的问题，重要的是未成年人的再社会化和正确回归，而要达到这个要求，必然需要大量的调查等基础性工作，帮教体现差别化，个别处遇，而这些需要未检干警具有一定的社会学和心理学等相关知识，具有一定的专业程度，也需要不懈的努力和工作的智慧。这也是为什么一直强调未检群体是一个特殊群体，单纯具有公诉、侦监的工作背景再依据未检的特殊规定，不一定就能做好帮教工作。所以，未检队伍建设的稳定、未检培训的常态化、未检理论研究，都应当深入开展并坚持下去。

解决了对特殊刑事政策的误区，我再和大家探讨一下在适用过程中应当注意的问题：

1. 关于未检检察官办案中的角色“冲突”

检察官是国家公诉人，追诉犯罪是我们的天然职责，表现的是冷峻的一面。然而，未检 20 多年的发展表明，未成年人检察机构和检察官的角色不能等同于检察官，我们还有一个身份是“国家监护人”，未成年帮教工作是否成功往往决定于我们第二个职责履行得是否到位，实践中，很多成功的帮教案例中，触法少年不是为少年司法制度所感化，而是为我们具体的检察官所折服。未检检察官应当突出其作为触法未成年人及其他受侵害未成年人的保护者、教育者的角色，淡化其“国家公诉人”身份，避免该身份所附随的中立和冷漠，将情感融入其中少年司法，切实履行“国家监护人”的职责。

当然，“淡化”不等于不履行，如何妥善处理“国家公诉人”与“国家监护人”的角色冲突，考验着我们的智慧和能力。

虽然未成年人罪错案件诉讼程序并不像成年案件一样强调控辩对抗，甚至具有弹性化和秘密性的特征，但基于国家公诉人的身份，未成年人案件检察官要做到以下几点：

第一，恪守客观公正义务。全面收集分析、研判证据，查明案件事实，既要注意有利于涉罪未成年人的证据、事实和法律，又要注意不利于涉罪未成年人的证据、事实和法律，不偏不倚地处理案件；虽然帮教挽救最大化是未检工作最终的追求，但并不意味着丧失定罪量刑的精准化。

第二，确保未成年人获得正当法律程序的保障。包括获得法律援助、律师帮助、充分行使辩护权、法庭阶段举证质证、法庭辩论、信心封存、分案处理等一系列法律程序的权利，并对侵益的违法行为监督和纠正。

诉讼进程中具有各种复杂性，当未成年利益与其他利益发生冲突时，能否始终坚持儿童利益最大化每每会在不经意间考验我们，大家都记得李某某案件，案件伊始，公安机关发布通知，大量的媒体公众开始围观，这个事件完全违背了少年司法的原则，在与官媒讨论时，曾经很有政治性的记者也声称，在这个案件中，名人的隐私权与普通人不一样，李某某作为名人之子与其未成年身份发生冲突，在这种价值冲突的情况下，选择以名人的角度报道并不为过（当然该案的媒体报道后来受到了批评），而之后辩护律师又一再地泄露案件，该案最终演变为全民围观的娱乐事件，不能不说是中国少年司法的一个败笔。但是我们检察机关从始至终无论从到场、办案还是信息保护角度，都一直严格遵守各项规定，遵循了儿童利益最大化的原则。

第三，基于“国家监护人”的身份，检察官应承担起保护者和教育者的角色，以“保护”优于“刑罚”，尽可能不提交正式的法庭接受审判，更多采用审前分流措施，同时应提供有效的抚育、教导及矫正等措施。

在具体案件处理上，要坚持寓教于审，针对每一个涉罪未成年人制定帮教方案，体现人文关怀。具体怎么做要因案因人而异。

2. “用好用足”附条件不起诉制度，充分发挥检察机关“分流”案件的作用

在赋予少年法院先议权的国家和地区，少年法院可以根据少年行为的严重性以及对少年处置的必要性，决定对少年是采取保护措施还是移交检察官起诉（也就是适用刑罚）。这就是少年法院的分流作用。然而我国并不存在少年法院（或其他法院）对少年犯罪案件行使先议权、检察机关对少年案件的管辖表现为消极性的司法传统。相反，由于修改后的《刑事诉讼法》附条件不起诉制度的设立，使得检察机关实际上拥有了少年案件的先议权。有学者认为，附条件不起诉制度实质是给检察机关审查起诉工作增加了矫治失足未成年人的新职能。这项职能的产生在整个《刑事诉讼法》理论上是一个重大变化——将执行中的改造罪犯的矫治功能提前到了起诉阶段。

可见，附条件不起诉制度的设立对检察机关未检部门来说既是机遇也是挑

战，实践中能否“用好用足”附条件不起诉制度关系到“慎诉”，关系到刑事检察政策能否有效地贯彻落实。

但这项工作截至目前还不尽如人意，以北京为例，全市各级未检部门2012年共受理未成年人审查起诉案件1608人，其中被判处一年有期徒刑以下刑罚符合《刑法》第四、五、六章罪名的案件人数共计735人，这735人中具有悔罪表现的有690人，占未成年人审查起诉总人数的42.9%，也即大约有四成的涉罪未成年人从理论上符合附条件不起诉的适用条件。也就是说适用的空间很大，但是实际中我们适用的比例远没有达到这个数目。原因很多，对附条件不起诉的意义认识不到位是重要因素。

当然，为了推动这项工作，北京市采取了一系列措施鼓励适用，比如说纳入考评，宣传推广典型案例等，2015年又与北京市综治委预防青少年违法犯罪专项组、共青团北京市委员会联合会签起草《北京市涉罪未成年人附条件不起诉监督考察实施办法》，我们要求的现在已经做到的“6个不拘泥”：

（1）不拘泥于盗窃、寻衅滋事等常见罪名。北京市目前共计98名被附条件不起诉未成年人，涉嫌的罪名共14个，具体罪名分布：盗窃罪42人，占42.9%；寻衅滋事罪22人，占22.4%；抢劫罪10人，占10.2%；聚众斗殴罪6人，占6.1%；故意伤害罪4人，占4.1%；抢夺罪3人，占3.1%；贩卖毒品罪2人，占2.0%；掩饰、隐瞒犯罪所得罪2人，占2.0%；强奸罪2人，占2.0%；开设赌场罪1人，占1.0%；非法拘禁罪1人，占1.0%；妨害公务罪1人，占1.0%；伪造企业印章罪1人，占1.0%；伪造家机关证件罪1人，占1.0%。

（2）不拘泥于最低法定刑为3年以下的轻罪，抢劫、强奸等重罪在具备某些条件下同样可以适用。因涉嫌抢劫罪被作出附条件不起诉的10人，占10.2%。根据最高人民法院出台的常见罪名量刑规范化指导意见的有关规定，宣告刑有可能判处一年以下可以作出附条件不起诉。上述案件完全存在这种可能。

（3）不拘泥于一贯表现良好的初犯、偶犯。98人中，有12人在移送审查起诉之前被公安机关行政处罚1~2次，占总人数的12.3%。涉嫌盗窃罪的42人中，认定盗窃2起以上的有18人，且有10人均系多次盗窃。

（4）不拘泥于取保直诉的涉罪未成年人。有12名涉罪未成年人移送审查起诉时被采取逮捕的强制措施，经过帮教和羁押必要性审查，这12名涉罪未成年人由逮捕变更为取保候审。

（5）不拘泥于单独犯罪、案情简单的轻微案件。98人中，共同犯罪44

人，有 31 名未成年犯罪嫌疑人的案件因需要补充完善证据退回公安机关补充侦查。

（6）不拘泥于只涉嫌单独一罪，不排除犯有数罪的涉罪未成年人被作出附条件不起诉的可能。丰台院今年就首次对涉嫌构成数罪的未成年人作出附条件不起诉决定。

当然在适用过程中，我们也发现有两名因在附条件不起诉考察期涉嫌新罪以及 1 名因发现决定附条件不起诉以前还有其他犯罪需要追诉被撤销附条件不起诉决定，提起公诉。当然我们也对问题分析，除了被附条件不起诉之人自身约束力不强、监护人自身监管不力等原因外，也暴露出考验期内对附条件不起诉未成年人的帮教、惩戒措施不到位等问题。

关于附条件不起诉我想说一下我的体会，我感觉未检的干警认识和适用附条件不起诉并不难，但是要征得检委会的同意并不容易。

我们办理的案件，电信诈骗，被告人从犯、交友不慎、受周围环境影响，存在可帮教空间，整体犯罪数额高，但是其犯罪情节轻微，应当被判处 1 年以下。但是检委会认为跨国犯罪、整体数额大，存在逃跑的可能。争议很大，考虑到我们准备工作充分，同意先试试。考验期满后，我们向主管要求再次交给检委会，将我们的工作、被告人的转变汇报，获得一致认可，大家都认为对未成年人适用附条件考察帮教确实是一个很好的教育，应当尽量多地适用。案件的体会，未检的工作得到认可需要我们切实地付出，还是不难得到认可的。

3. 处理好检察官主导帮教和专业社会力量参与帮教之间的关系

当未检特殊办案机制和诉讼程序的实践从“可做可不做”必然要上升为“应当做”的规范性要求，那么，检察官不能再像过去那样筛选案件进行帮教。检察官的精力有限，必须需要专业力量的介入，而且只有法律背景的检察官也可能因为身份影响带来司法偏见，影响了帮教中立性和应有效果。北京市目前引入司法社工、心理咨询师、观护基地等专业社会力量介入考察帮教等工作。

但与此同时带来一个问题，二者如何衔接，如何掌握度？有没有这样一种倾向：既然由社工等专业力量介入对涉罪未成年人考察帮教，因此对涉罪未成年人的帮教主要是其他专业力量的事情，检察官只要做好转介服务工作，不必亲自参与帮教。

我认为，这样做就违背了社会力量介入的初衷，这样做可能到了检察官在履行完告权、取保候审手续、讯问完犯罪嫌疑人、打完审查报告后，就将案件束之高阁，只在案件快到期时催促司法社工或心理咨询师出具调查或帮教报告，帮教期间甚至极少和涉罪未成年人和其监护人联系，对于嫌疑人的家庭及个体状况在社工出具报告之前，一无所知。这就为案件质量和帮教效果埋下隐患，司法社工虽然是专业帮教，但毕竟不是检察人员，不具有权威性，检察人员缺位可能会出现各种问题。

因此，检察官应当与专业力量形成有效地衔接和互补，检察官应当在整个诉讼环节通过（告）训诫式教育让涉罪少年体会到法律的尊严和权威。社会力量运用科学专业的方法对涉罪少年的犯罪原因进行深刻剖析，开展心理和行为矫正，并引导其回归社会。二者应当加强日常沟通，共同研究帮教方案，以实现帮教效果的最大化。

但是二者的关系具体怎么把握呢？对这个问题，苗生明检察长也特别作出过指示："但是这里面要注意把握好一个关系，要处理好检察官主导帮教和专业社会力量参与帮教之间的关系。社会力量参与帮教应当在检察机关主导下进行，检察官绝对不能做甩手掌柜，完全交由社会力量放任不管。应当将检察官的训诫教育与社会力量的专业帮教相结合，实现帮教效果的最大化。"

未检工作还有一般预防这一部分，对于这一部分，我们的做法是："走出去"，不等不靠，积极主动地加强与综治、教育、关工委、共青团、社会工作管理部门等相关职能部门和社会组织的联系与衔接，推动政府及有关部门在建立、完善预防帮教社会化体系建设方面发挥作用。

（1）教育形式多样化。校园宣讲、法制课堂、法律社团、模拟法庭、模拟法庭辩论赛、普法脚本编订，兼职法制副校长、图册普法、微电影、微视频普法、进直播间传播预防理念，开通官方微博进行网上普法，问卷调查，举办未检新闻发布会宣传未成年人保护理念，将法制课与学校德育课相融合。

（2）普法工作常态化。定期开展、特殊时间开展、针对性开展、受邀开展，普法工作常态化。

（3）覆盖层面立体化。结合青少年学生心理发展特征及对法律的认知程度，将普法对象科学地划分为14岁以下、14岁以上16岁以下、16岁以上18岁以下三个类别，并根据类别划分有针对性地安排普法内容，在目标效果上分别对应"知法、懂法、守法"三个梯度。开展家长课堂，进行家长普法，与学校教职工座谈，进行教师普法。

三、未成年人刑事案件特殊诉讼程序

（一）法庭教育

根据规定："法庭辩论结束后，法庭可以根据案件情况，对未成年被告人进行教育，判决未成年被告人有罪的，应当对未成年被告人进行教育。”法庭上是否应当教育、何时教育等问题虽然也曾经一度有所争议，但是目前已经达成共识。法庭教育的目的在于促进未成年人的认罪、悔罪，增强法律意识，道德观念教育，接受处罚等。

如何进行法庭教育，体会最深的是要有针对性，切忌千篇一律的形式，大家还记得李某某案件中二审法庭的庭审教育吗？当时李某某接到一审判决后抵触情绪很多，认为是其身份造成的重刑，舆论中也有相应议论，当时法官在法庭教育时说道“我们判你不是因为你是谁的儿子。而是根据你所犯的罪行”，很简短，也是事实，但是在这个案件中因为针对性极强，发挥了很好的效果。后来多篇媒体也以这句话为标题。

除此以外，为了达到良好的教育效果，庭审教育最好能够有不同身份的人员（公诉人、辩护人、合议庭、法定代理人、未成年保护组织、学校等）参与，共同教育，因为我们都知道未成年人犯罪是多方面因素的结果，多角度的教育能够从不同的侧面发觉挽救点，能够反映出全社会对失足未成年人的共同关心和帮助。

既然不同身份的人员发言，侧重点当然也应当不同，要与自身的身份对应，要与自身的职责对应，避免反复，更要避免互相矛盾。个人认为以下几类身份的人员发言的侧重点分别为：

（1）以公诉人为代表的司法人员：教育应当“以法律为根本”，以国家的法律为基点，向未成年人讲明其行为与法律的冲突点，行为违法性、社会危害性和希望认罪悔罪等为教育基点。

（2）以未成年保护组织为代表的社会工作者：教育应当坚持“以理为依据”，从未成年涉罪的社会效果等方面剖析原因，重点在于促成其幡然觉醒。

（3）以法定代理人为代表：教育应当“以情为手段”，重点在于亲情感化，淡化诉讼为未成年造成的负面影响，激发其早日回归。

下面给大家准备了一个真实的案例，看看各个教育者如何把握不同的侧重点。王某故意伤害案，王某因为房租与他人发生纠纷，用水果刀刺伤他人，构成故意伤害罪，被判刑。庭审中，法定代理人、教育者、检察官分别对王某进行了教育。

法定代理人：爸爸从小就对你期望很大，非常疼爱你，这次事情发生后是一个教训，对你的一生都是一个沉痛的教训，爸爸对你的希望是以后好好改正，认识到自己的错误，在今后的人生道路上不要做违法乱纪的事，爸爸妈妈还是很爱你的。（感情维系是爸爸教育的核心，突出的是父母对子女的爱）

王某的老师：在我的眼里，你不是一个成绩特别优秀的学生，却是一个尊重师长、团结同学，很乐意帮助别人的孩子，借这个时机，我想真心实意地对你说，矛盾解决要考理智、靠智慧、靠法律。这件事的发生原因，看起来是一件很小的事，仅仅因为十几元钱的押金，你的行为差点使另外一个年轻的生命就此逝去。年少气盛的你，也为自己的鲁莽和冲动付出了惨重的代价。我曾经为你感到惋惜，但今天的审判结果又让我为你感到庆幸。被害人原谅了你的行为对他的伤害，法庭给了你一个重新做人的机会，你又可以回到父母身边，回到老师身边，重新开始你的学业，你的人生。有人遇到挫折即倒下，再也爬不起来，有人却能够越挫越勇，走向成功，我希望你是后者。（这份发言中突出的是说理动情）

检察官：你现在一定非常后悔，一时冲动造成了严重的后果，你给被害人造成了伤害，如果被害人晚一点送医院，就有生命危险，更重要的是，你的行为对社会也产生了危害，如果公民发生矛盾后都采取你这样的方式，那我们的社会就没有秩序可言。作为公诉人为你感到非常惋惜，你家里就你一个孩子，由于你不肯吃亏的想法，没有合理的方法对待纠纷，而是用刀子解决问题，这个行为就构成了犯罪。教训是深刻的，你要好好反思，吸取教训。（通过与上述的对比，依法说理是检察官的教育重心）

从上述内容上看，完全是针对被告人的告诫和谆谆教导。除了上述内容，由于涉未案件往往涉及社会管理等层面的问题，在法庭中公诉人不妨加入综合的建议说理，类似于公诉词所发挥的法宣功能。

对于“法官警言”部分，应当指出，法官最终作出的判决，是基于本案的犯罪事实、性质、情节、后果和法律的相关规定，以及对“法、理、情”的综合权衡考量。“法不容情”虽是法官信守的职业信条，但“法、理、情”的有机融合统一，更应成为法官孜孜以求的职业理念和追求。法官期望，被告人面对判决，应当真诚悔过、重新做人，并心怀感恩之心，尽力回报社会和这些善良的人们；真正让被害人亲属之心愿得偿，让两个家庭之仇怨消解，让刑罚惩教结合之目的得以实现，案件审判之法律效果与社会效果能够和谐统一。

对于这部分如何发表，个人总结了如下四个方面的原则：

（1）客观公正：分析评价应当恰如其分，避免过激言论，不当“拔高”。

（2）个案唯一：与个案结合紧密，与个案的背景、被告人的动机等相结合，具体化到被害人以及被告人的个体，而不是站在所谓社会的角度泛泛而谈。

（3）理性协调：法是骨架，理是血肉，成功的法庭宣传应当是二者艺术的统一。此外要注重从大众理性的层次上挖掘案件的社会价值内容，以高于辩护人的层面喻情喻理，考虑的是大众之情，而非被告人的小家之情。

（4）情感激发：感人心者，莫过于情，法律并非无情，代表国家出庭公诉，应当将这种大爱淋漓尽致地表现出来，所以不仅要措辞得当，分析严谨，论证透彻，更要具有感染力，有情感的激发性。对这部分，我认为一定要有经典词语，才会容易抓住眼球，引发共鸣。例如崔某某案件中，辩护人（贩夫走卒，引车卖浆，古已有之）立刻就将崔某某的行为合法化，引发了听者的同情。李某案件中开篇（乌鸦反哺、羊羔跪乳）一幅尊老爱幼的画面立刻呈现在我们面前，反衬李某行为的残忍。而在韩某的案件中，我引用的锱铢必较、睚眦必报也是想突出韩某因斤斤计较痛杀婴儿的严重性。个人认为，经典词语的恰当运用往往会起到四两拨千斤的作用，能发挥奇特功效。

（二）社会调查

1. 检察官在调查中的地位，检察官可以自行社会调查

检察官应当独立于社会调查，处于监督的地位，发挥审查报告、引导调查、监督调查的，避免主动调查，防止司法偏见。

社会调查主体应当中立，这是无所争议的事实，应当由司法人员以外的专业机构进行调查。理想中的社会调查应当是司法局专门机构进行专业调查，目前情况下只能变通，北京市采取的是社工群体进行调查的方法。

2. 调查范围应当全面

调查范围不全面，结论必然片面，必然无法反映未成年人的个别性，实践中运用起来必然引发争议。例如大兴案件，当地社区矫正部门出具的报告，没有本地学校社区的调查内容，而被告人主要生活在北京，一审法院在判决中引用该份报告必然引发争议。

3. 调查报告不是量刑基准

调查报告不具有证据属性，与案件认定事实无关联性，不是适格证据。

此外，个人认为社会调查的根本属性在于其基础性，这一基础则表现在一系列个别处遇的基础，帮教矫治的基础，而与定罪量刑缺乏基础性关联。

（三）合适成年人到场制度

1. 合适成年人在场的功能

主要包括安抚、沟通、监督、教育、见证（教育和见证是附随功能）。

2. 合适成年人的适格条件

与案件无关、保持中立、不提供专业建议和具备履职能力（律师的问题，首先不能与辩护人冲突，其次发展趋势应当排除律师，因此律师职业思维容易

偏离合适成年人的职业定位，律师容易发生诉讼角色的混淆）。

3. 一名可否担任同案多人的合适成年人

上海规定排除，北京没有严格禁止，个人认为合适成年人职能不涉及案情，可以参与同案多人在场问题。从合适成年人的功能出发讨论（沟通、抚慰、监督教育、见证），担任同案不存在冲突。

4. 关于是否征询未成年意见的问题

合适成年人在场权是谁的权利，（从功能出发）未成年人的权利，是维护其权益，帮助其的权利，未成年人有选择权，实践中应当注意征询其意见。可以比照辩护律师的更换原则。

作为一名未检人，我最后想要说的是："教育、感化、挽救罪错未成年人，为未成年人的健康成长营造良好的法治环境，这是我们的使命所在。每一个未检人都希望将经受的每一个未检案件办出未见特色的精彩。"未检察工作看似容易出成绩，出亮点，但是作为一项真正有意义，又不免争议的新兴行业而言，进行任何探索都不能盲目跟风，不能急功近利，必须以如履薄冰的精神，都要充分调研论证，真正从未成年特殊刑事政策本义出发，健全制度、规范推进，真正将儿童利益最大化落到实处，又得到体系内外的认可。为了这个目标，我愿意一直在路上。

第21堂课　量刑建议的前沿理论

● 潘申明*

课程提纲

一、量刑建议的前沿理论

二、量刑建议运行机制

三、量刑建议教学案例实训

一、量刑建议的前沿理论

（一）何谓量刑

1. 概念

量刑是指人民法院在查明犯罪事实的基础上，依法决定是否对被告人判处刑罚，以及判处什么刑罚的活动。主要包括三大内容：第一是决定对被告人是否判处刑罚；第二是决定对被告人判处怎样的刑罚；第三是决定对被告人判处的刑罚是否立即执行。

2. 量刑与定罪的联系和区别

定罪是指人民法院在查明事实的基础上，认定被告人的行为是否严重危害社会，侵犯刑法所保护的法益，符合刑法规定犯罪构成要件，构成某项犯罪的司法活动。定罪主要解决罪与非罪、此罪与彼罪、重罪轻罪的问题。

定罪和量刑作为刑事司法的两大任务，定罪是一种责任宣告，量刑是一种刑罚宣告。定罪活动在先，量刑活动紧随其后，定罪是量刑的基础和前提，量刑是定罪的必然结果和最终归宿。

* 浙江省宁波市人民检察院法律政策研究室主任。

量刑与定罪的区别主要体现在三个方面：

（1）在内容上量刑活动与定罪活动有所不同。定罪是一个法律适用问题，更是一个事实判断问题，只要事实一样，是否定罪，在法律没有变化之前，即使不同的法官结论也肯定一致。而量刑不仅是一个合法与否的问题，还是一个合理与否的价值判断问题，在不同的法官经过自由裁量以后，也许会对同个案子有量刑结果上的差异，且都是合法的判决。定罪解决是与非的问题，量刑解决多与少的问题，从道德层面来看，人们通常更重视是非的判断，而对于多少的权衡不是很重视，定罪活动贯穿侦查、检察、审判整个刑事诉讼进程，而量刑问题，直到开庭审理阶段才真正提上日程。量刑程序改革的一个重要任务就是要改变刑事诉讼中力量分配不均衡的问题。

（2）在所遵循的刑法基本原则上量刑活动与定罪活动有所不同。定罪最基本的原则是明确法无明文规定不为罪的罪刑法定原则；量刑活动除了法无明文规定不处罚外，还有罪责刑相适应、刑罚个别化、体现宽严相济刑事政策。

（3）量刑活动所依据的程序规则和证据规则与定罪活动有所不同。定罪程序中的证明标准为排除合理怀疑或者说是证据确凿充分，但量刑程序并不相同，有人认为应该采用优势证据标准。对于量刑程序中的控辩双方是否要采用一样的证据标准，我们认为控辩双方区分情形区别对待比较妥当。对于控方重处量刑情节的证明标准应该与定罪的证据标准一样：因为重处的量刑事实与定罪事实一样，都会对犯罪嫌疑人、被告人带来不利影响，可能导致其人身、财产权益的剥夺；而公诉机关在定罪阶段和量刑阶段上的证明能力没有差异；通过对公诉机关提交的重处量刑事实以更为严格的证明标准，有利于限制公权力侵犯公民个人合法权利；但是，辩方提出的轻处被告人的量刑情节的标准不需要达到排除合理怀疑的标准，只要达到优势证据标准即可。因为控方在调查手段、调查范围上，其获取证据的能力都远远高于被采取强制措施的犯罪嫌疑人、被告人，也远远高于辩护人。

3. 量刑的重要意义

定罪的意义更大限度上是为了量刑，而量刑的意义则是为了兑现国家对公民的承诺，对犯罪行为人处以刑罚。

由于职业原因，司法人员可能关注被告人有无被定罪、被判定何种罪要比关注被告人最终被判了几年刑更多。但是就社会公众、被告人及其家属而言，更关注最终被判了几年刑。也就是说司法人员可能更关注行为定性，而社会公众、被告人及其家属可能更关注该种犯罪行为所对应的刑罚。

现在，刑法学界越来越多的学者也从只关注犯罪论，向既关注犯罪论，又关注刑罚论转变，量刑是刑事司法正义的一半这种观念已经越来越被人接受。正是因为量刑和定罪存在差异，所以，随着司法精细化发展和人民司法民主追求、权利保障意识增强，量刑规范化改革就很自然会被提上日程。

4. 我国量刑规范化改革的进路

（1）基本思路：两个系统/两条进路。

两个系统是指检察系统和法院系统同步进行，其中检察系统主要是量刑建议，法院系统主要是量刑实体规范化和量刑庭审程序改革。

两条进路是指实体规范化与程序规范化两条脉络同时开展。量刑规范化改革的目的就是量刑公正，而量刑公正不仅包括量刑结果公正即实体公正，还包括量刑过程公正，即程序公正。量刑实体公正包括个案公正（就被告人本人，个案来说是指罪责刑相一致）、类案均衡（就与其他相同情形的被告人，相同情形的刑事案件来说，指同案同判，同罪同罚）。量刑程序公正，即在量刑程序上更好地体现司法民主和量刑过程更加公开透明（针对刑事诉讼的当事人而非所有社会公众），即让量刑正义以群众看得见的形式实现。

（2）量刑规范化改革的意义在于：第一，规范法官量刑裁量权，推进司法精细化。提高量刑科学性，促进量刑公正。第二，规范量刑程序，保障诉讼参与人诉讼权利，促进司法民主，提升司法公信力。如果说就个案而言量刑规范化改革不一定能保障量刑公正，但是一定可以提高各方诉讼主体对量刑裁判的容忍度，可以提高我们整体的司法公信力。

（3）量刑规范化改革的主要内容，从两个方面来解读：

第一，量刑实体规范化。全国性规范性文件《人民法院常见犯罪量刑指导意见》已试行多年，经过多次修改。其主要内容包括：一是明确了“量刑的指导原则”，规定了以事实为根据、以法律为准绳，罪责刑相适应，宽严相济以及量刑均衡原则。二是规范了“量刑的基本方法”，规定了量刑步骤、调节基准刑和确定宣告刑的方法；根据量刑指导意见，量刑方法从传统估堆法转向定性与定量相结合；统一量刑步骤，把量刑过程细分为确定量刑起点刑，明确基准刑，通过量刑情节调节基准刑，再通过与法定刑比对后确定宣告刑、决定执行刑。三是明确了14种常见量刑情节的调节幅度；倡导采用“定性与定量相结合”的方式，确定了14种常见量刑情节调节量刑的幅度；常见量刑情节所对应的量刑调节幅度比如“14~16岁犯罪减30%~60%”“16~18岁犯罪减10%~50%、”“未遂犯减50%”“从犯减少20%~50%或者以上”等。四是明确“15种常见犯罪的量刑”，规定量刑起点和基准刑调节方法，就经过多年试行的交通肇事罪、故意伤害罪、强奸罪、非法拘禁罪、抢劫罪、盗窃罪、诈骗罪、抢夺罪、敲诈勒索罪、妨害公务罪、聚众斗殴罪、寻衅滋事罪，掩饰、隐瞒犯罪所得、犯罪所得收益罪，走私、贩卖、运输、制造毒品罪的量刑起点幅度和确定基准刑的方法。五是"附则"明确《人民法院常见犯罪量刑指导意见》适用的案件范围是上列15种犯罪判处有期徒刑、拘役的案件。

第二，量刑程序规范化。关于量刑程序规范化的现行规范性文件有：最高人民检察院公诉厅2010年2月17日《人民检察院开展量刑建议工作指导意见(试行)》、"两高三部"2010年10月1日施行的《关于规范量刑程序若干问题的意见（试行)》和修改后的《刑事诉讼法》《人民检察院刑事诉讼规则(试行)》、最高人民法院《关于适用〈中华人民共和国刑事诉讼法〉的解释》。这些规范性文件有关量刑规范化方面的基本内容，主要体现在以下五个方面：一是强化了有关量刑的调查取证工作，要求侦查机关、检察机关在侦查和审查起诉阶段应当注意收集和审查有关量刑的事实和证据；以前司法实践中，侦查机关对抓获经过、前科、累犯、品格证据、社会调查报告不够重视。二是引入了量刑建议制度，明确检察机关可以对被告人如何适用刑罚提出建议，当事人和辩护人、诉讼代理人也可以发表量刑意见；实现了量刑建议与量刑意见的区分。三是强化了律师的量刑辩护工作。针对当前我国公民法律素养较低、难以有效维护自身合法权利的现状，加大了对被告人指定辩护的力度，扩大了指定辩护的范围；被告人不认罪或对量刑建议有争议的案件，因经济困难或其他原因未委托辩护人的，可以通过法律援助机构指派律师为其提供辩护。四是倡导建立相对独立的量刑程序，在法庭调查、法庭辩论等阶段，将量刑活动纳入法庭审理程序，并针对不同案件的特点，设计了将量刑活动纳入法庭审理程序的方式和方法。五是强化了裁判说理制度。要求在裁判文书中反映量刑活动，载明控辩双方量刑建议/量刑答辩意见，并就量刑裁判说明理由。

（4）检察机关在量刑规范化改革中的角色与实现路径。

角色定位：第一，是量刑规范化改革的积极推动者，因为将量刑纳入庭审程序首先需要检察机关、公诉人向法庭提出量刑建议才能实现。第二，是量刑程序的积极参与者，无论是量刑建议，还是量刑庭审程序中的定罪量刑相对分离，法庭调查阶段定罪量刑证据分开出示，还是法庭讯问、法庭辩论的定罪量刑分开进行，都需要检察机关身体力行。第三，作为宪法、法律明确的法律监督机关——检察机关又是法律的守护神、公平正义的代表者，对于量刑庭审活动和量刑裁判，检察机关都要加强监督。

实现路径：在量刑程序规范化中，通过量刑建议、量刑答辩、量刑监督来介入量刑程序。当然，检察机关作为两大司法机关之一，完全可以在在量刑实体规范化改革，尤其是量刑标准的确立上有积极作为的空间。比如说，直接参与量刑指导意见的制定，或者着手制定量刑建议指南，在荷兰就有检察官量刑建议指南，或者说参照英美法系国家，与法官、学者等共同组成量刑指导委员会。

(二) 何谓量刑建议

1. 量刑建议的概念（动态/静态）

量刑建议就是检察机关根据查明的犯罪事实，在向人民法院提出对被告人的定罪指控的同时，就被告人是否需要判处刑罚、应该判处多重的刑罚，以及如何执行刑罚提出建议，既可以理解为是一种动态的量刑建议活动，也可理解为静态的量刑建议的内容。根据现行规范性文件，量刑建议专指检察机关就被告人量刑提出的意见，至于被告人及其辩护人以及被害人及其诉讼代理人就被告人量刑提出的意见都不能称为量刑建议，应该称为量刑答辩或量刑意见。

2. 量刑建议权的属性

(1) 量刑建议权是一项犯罪追诉权。公诉权包括定罪请求权和量刑建议权这两项权力。定罪请求权是基础，量刑建议权是最终目的，定罪请求权解决的是某一危害行为是否符合刑法规定的犯罪构成问题，而量刑建议权是在解决犯罪构成问题之后，解决被告人刑事责任有无及其大小的问题。(2) 量刑建议权是一项程序性权力。本身无最终处置的性质，其诉讼请求能否成功有待于法官的裁决和评判，请求只有程序约束力而无刚性的实体约束力，具有一定影响力。(3) 量刑建议权是一项专属检察机关的法定职权。

3. 量刑建议的基本原则

(1) 过程上要坚持履行检察官的客观义务：严格依法、全面客观原则。(2) 结果上要符合均衡适当、宽严相济的刑事政策。(3) 提出方式上要具体明确原则，无论是幅度还是求点，都要求明确具体。(4) 要充分考虑诉讼阶段和角色定位，注重效果。

4. 量刑建议制度的理论基础与功能界定

(1) 量刑建议的理论基础。第一，司法民主、人权保障的理论。扩大诉讼民主，保障诉讼权利，使法庭量刑更加透明化，通过量刑建议使被告人一方有的放矢，开展有针对性的量刑答辩，被害人也可以书面或直接参加庭审等方式发表对被告人量刑的意见，体现了对当事人诉讼主体的地位和人格尊严的尊重。第二，程序功能理论。可以有效避免“同案不同判”的现象，减少上诉率，从而提高诉讼效率，节约司法资源 。第三，程序正义理论。促进程序公开，让公平正义在法庭审理中以看得见的方式实现。第四，权力制衡理论。规范自由裁量，拓展监督领域，使检察机关对量刑裁判的由纯粹的事后监督拓展到事前影响和事后监督的有机统一。

（2）量刑建议的功能。第一，促进量刑结果公正，实现实体正义，具体包括个案公正和类案公正两个层面。第二，实现量刑过程公正，彰显制度文明与进步。第三，量刑程序的规范化是通过对公权力即法官的自由裁量权进行规制或约束；对诉讼参与人诉讼权利的保障与救济，实现司法公开和司法民主。

（三）量刑建议的域外经验

1. 英美法系

（1）美国。20 世纪 70 年代中叶，为限制法官的自由裁量权，防止量刑偏差，美国开始了一系列量刑方法的改革，1977 年，美国加利福尼亚州制定了《统一确定量刑法》，明尼苏达州、华盛顿州和宾夕法尼亚州也相继制定了《量刑指南》，并建立了量刑委员会。1987 年 11 月 1 日，《美国联邦量刑指南》正式生效，将美国联邦规定的罪行分为 43 个等级并规定相应的刑罚，指导法官按照统一的标准判刑。如果法官认为某一罪行需要加重或减轻处罚，必须有陈述其理由的书面报告，以避免各级法院对同一罪行予以不同的处罚。美国量刑指南采用一种数字式的量刑表格模式，反映出简洁明了、容易操作的特点，并且实践证明这是一种有效的规范法官裁量权的量刑方法。

美国量刑规范化改革以后，量刑方面呈现出以下特点：①定罪与量刑程序分开，陪审团负责定罪，法官负责量刑；②设立量刑委员会，颁布量刑指南；③有辩诉交易和证据开示制度，检察官多数提确定性量刑建议。

美国检察官有量刑建议，且 90% 案件实行辩诉交易。美国从 20 世纪 80 年代开始，15 个州采纳了确定的量刑建议，尽管正式的量刑权归属于法官，少数案件归属于陪审团，但是检察官通过指控和辩诉交易程序对科处的刑罚产生重大的影响，正因如此，有人认为正义似乎被遗弃在法院门前的台阶上，法院内部十分混乱。

（2）英国。英国量刑指南制度始于 20 世纪 80 年代，在英国《1998 年犯罪与妨害秩序法》实施之前，英国刑事上诉法院在处理对量刑不服的上诉案件时，制定了一些罪名的量刑指南，帮助法官处理类似案件。2004 年 3 月正式启动新的量刑指南体系后，英国量刑指南委员会已经制定了一些明确的量刑指南标准。其中，2007 年 7 月 23 日生效的《被告人认罪的量刑减让》是很值得我们注意的，该法明确被告人在第一个合理阶段认罪的，量刑可以减少 1/3；在准备开庭审理案件前认罪的，量刑可以减少 1/4；开庭后才认罪的减少 1/10；这项法令很值得我们在完善刑事诉讼中犯罪行为人认罪认罚从宽制度时借鉴。英国公布生效的具体罪名的指南有 5 个：抢劫罪、激愤杀人罪、违反保护裁定罪、家庭暴力罪和性犯罪。

与美国不同的是，在英国量刑程序中公诉方中立，对量刑不提建议。

2. 大陆法系

（1）法国。检察机关基于维护社会利益或公共利益的职责，可以在法庭上发表关于被告人有罪、无罪以及量刑轻重的各种意见，不过不允许辩诉交易，但是在法国允许某些行政部门与犯罪行为人进行交易，而这种交易是消灭公诉的原因。

（2）德国。在德国刑事诉讼中，检察官并非当事人，而是法律真实的维护者，以维护法律真实和法律公正为己任，和法官一样均有追求真实性和公正性之义务。德国检察官提起公诉时，起诉书中必须写明被告人犯罪行为的法定特征和适用的处罚规定，起诉书对犯罪行为的指控属于定罪请求权的内容，对本案适用的处罚规定的援引或“特殊法律效果”的叙述属于与量刑请求权的内容，两者均限定了法院的审理范围和裁判范围。起诉书所援引的“处罚规定”虽然通常是以刑法条文形式表现出来的，但是其中包含了检察机关概括的量刑建议。德国量刑建议不仅在起诉书中体现，而且还体现在法庭辩论的意见中。根据德国《刑事诉讼法》第265条、第258条的规定，如果检察机关在庭审过程中没有提出量刑建议，被告人没有得到相应的量刑辩护机会，则法院不得判处比起诉书写明的“处罚规定”或表明的法律观点更重的刑罚。德国法院的刑事判决书必须载明量刑理由，包括载明检察官对于被告人的前科、人格和量刑的陈述以及辩护方的量刑观点。

在普通程序中德国检察官可以提出量刑建议，即使在处刑命令程序中，检察机关也可以提出量刑建议。所谓的处刑命令程序是指检察机关认为对于可以科处资格刑、罚金刑和1年以下有期徒刑之缓刑的轻微案件无须经审判程序之必要，而向管辖法院提出处刑命令的申请，即以处刑令申请代替起诉书，法院采用书面审理方法，依据检察机关提出的书面材料和量刑请求，以处刑令代替判决书而进行的程序。

一项关于德国处罚的统计结论表明，检察官量刑建议与法官最终判处的刑罚大多比较接近，在570个案件中，与检察官量刑建议相比，法院判刑较重的占8%，较轻的占63%。

德国法律上没有辩诉交易制度，但是检察官所拥有的起诉与否的自由裁量权为开展辩诉交易提供了可能性。但在司法实践中，辩诉交易事实上还是存在。

（四）量刑建议的理论争鸣

1. 量刑庭审程序的模式

（1）定罪量刑一体化的庭审模式（大陆法系国家）；（2）定罪量刑完全分

离的庭审模式：先定罪，后量刑（英美法系国家）；（3）定罪量刑相对分离的庭审模式：一次庭审，相对分离，我国目前采取的模式，未来发展的可能性：对于无罪辩解或者重大的不认罪案件是否有必要采用完全分离的模式，值得思考，兼顾公正和效率。

2. 量刑建议的模式（幅度刑还是确定的点）

量刑建议的模式，简单地说就是量刑建议是求点还是求幅度，现行规定2010年10月1日施行“两高三部”联合签发的《关于规范量刑程序若干问题的意见（试行）》规定的是一般应当是一个幅度，《刑事诉讼法》修改以后，《人民检察院刑事诉讼规则（试行）》规定的可以是一个幅度，也可以是一个点。在实践中我们倾向于求具体的刑期，理由主要是：

（1）确定性量刑建议有利于被告人及其辩护人开展量刑答辩。我们现在一直在说要推进以审判为中心的诉讼制度改革，什么是以审判为中心，四句话：第一，以审判为中心就是在侦查、检察、审判、执行四个环节来说，要以审判环节为中心，主要解决以往以侦查为中心的诟病；第二，审判环节要以庭审为中心，实现庭审实质化；第三，以庭审为中心，主要是以一审庭审为中心；第四，审判由控辩审三方活动组成，以审判为中心，就是以三方庭审活动为中心。就刑事诉讼而言，庭审的主要内容是定罪量刑，就量刑而言，公诉人先就被告人应受的刑罚处罚树立一个非常具体确定的“靶子”，作为被告人及其辩护人的攻击、量刑答辩的目标，通过控辩双方的量刑辩论，为法官量刑裁判提供参考。概括性的幅度刑，则作为辩方的被告人及其辩护人会出现目标不明，不能“有的放矢”，无法进行明确的答辩。审判长本来可以通过庭审实现“兼听则明”的效果也大打折扣。

（2）确定性量刑建议更有助于法官量刑裁判。量刑建议的功能定位之一，是帮助法官在法定刑幅度内自由裁量，增进司法民主以及促进法官在“审核证据——查明事实——寻找法律——作出定罪量刑判断”的司法过程中提高效率和科学性。量刑建议虽然在终局性方面不同于量刑裁判。但是，公诉人和法官一样都是基于事实，寻找法律，适用法律，并作出判断的过程。法定刑通常是一个幅度刑，宣告刑则是确定的某一个点的刑期或刑种（如死刑、无期徒刑），法官的量刑裁判不仅是一个找法的过程，而且是从一个区间中寻找一个合适的点的试图判断过程，量刑建议无非是公诉人在法官找法并作出判断的过程中，给予一定的帮助，最有效的帮助是提供一个明确的参考点，这个明确的参考点就是确定性的量刑建议。而如果法定刑的大幅度中再确定一个幅度，如果幅度过大接近于甚至等同于法定刑，那么量刑建议充其量只是帮助法官“找法”，而没有在帮助其找到法律基础上，试图“用法”，中央推行量刑规范化改革的目的是“规范法官裁量权”，简单的“找法”显然无法起到实质性功效。

（3）确定性量刑建议可以防止量刑建议流于形式。概括性量刑建议的幅度除了不能超出法定刑幅度外，并没有一个科学的界定，出于对量刑建议准确率的考虑，如果公诉人提出一个毫无悬念的大幅度刑期作为量刑建议的内容这种不作判断的找法式的量刑建议，一方面无法给法官一个明确的参考系，另一方面则使被告人及其辩护人丧失了量刑答辩的目标，从而使量刑建议流于形式、量刑规范化改革的效果大打折扣。基层实践证明确定性量刑建议通常更优。

（4）确定性量刑建议有助于节约司法资源，提高司法效率。司法实践中为了减少上诉率，法官可能会在法律允许的限度内考虑满足被告人的心理预期，以减少上诉率。公诉机关提出概括性量刑建议时，被告人及其辩护人的角色利益决定了其会以概括性量刑建议的最低点作为应受刑罚处罚的心理预期。一旦法官高于公诉人提出的概括性量刑建议的最低点量刑，被告人在“上诉不加刑”的心理暗示下，通常会抱着“不妨一试”的心态，认为也许上诉可以改变量刑，从而引发无谓的上诉，浪费司法资源。

（5）有助于增强司法权威，提升司法公信力。虽然量刑建议对量刑裁判只是一种影响力，但是高求高判，低求低判还是成为大家的一种共识。当“高求高判，低求低判”成为常态时，确定性的量刑建议与最终的量刑裁判之间即便存有一定差距，只要在社会公众容忍度内，并不会损害检察机关的权威和公信力，更不会影响法院的权威。相反，公诉机关提出概括性量刑建议时，如果当法官突破检察机关量刑建议的幅度，而公诉机关又不作任何表示时，检察权威才真正容易受到损害。而如果检察机关提出一个幅度，法官又在幅度内量刑，又容易让人觉得法院过于受制于检察机关，所以，确定性量刑建议无法提供一个参照点，法官参照这个点进行量刑是比较合适的。

二、量刑建议运行机制

（一）量刑建议适用范围

主要思考以下五个问题：

1. 是否只限于对量刑指导意见中的15种犯罪提出量刑建议

量刑建议与量刑指导意见适用的案件范围不一定一致，所有法院纳入量刑指导意见的常见犯罪均适合提出量刑建议，没有纳入最高人民法院《关于常见犯罪的量刑指导意见》（以下简称《指导意见》）的其他罪名也可以提出量刑建议。就好比《指导意见》中的14中常见量刑情节，在其他罪名中也是适用的。

2. 是否只适用于基层检察院

15种常见犯罪中有走私罪，走私罪本来级别管辖就是中级法院，这类案件地市级检察机关可以提出量刑建议，是没有问题的。我们这里说的是中级法院一审、可能判处无期徒刑刑罚的刑事案件，可以不提出量刑建议，但是，对于那些犯罪事实清楚，证据确凿充分，同类情形量刑裁判也比较清晰、稳定的案件，完全可以提出量刑建议。

3. 重大社会影响的案件怎么办

重大社会影响或有争议的案件慎重提出量刑建议，对于重大社会影响的刑事公诉案件，检察机关是否提出量刑建议，我们的观点是要遵循常态，有助于树立检察机关在社会公众中的权威。当然，对于有争议的案件我们还是要慎重。

4. 是否只适用于一审

二审程序能否提出量刑建议，记住量刑建议不仅适用一审案件，也适用二审案件。“两高三部”《关于规范量刑程序若干问题的意见（试行）》第17条明确规定：“对于开庭审理的二审、再审案件的量刑活动，依照有关法律规定进行。法律没有规定的，参照本意见进行。对于不开庭审理的二审、再审案件，审判人员在阅卷、讯问被告人、听取其他当事人、辩护人、诉讼代理人的意见时，应当注意审查量刑事实和证据。”

5. 共同犯罪怎么办

多个被告人或者共同犯罪案件的量刑建议不能部分提、部分不提量刑建议。对于多个被告人或者一个被告人触犯多个罪名的案件，要么全部提出量刑建议，要么全部不提出量刑建议，不能某个被告人、某项罪名提出量刑建议，其他被告人、其他罪名不提出量刑建议。

对于多个罪名的案件，应该先分别提出量刑建议，再根据数罪并罚的原理提出综合的量刑建议，不能不区分每个罪名各自罪责刑，囫囵吞枣对一个被告人提出一个量刑建议。另外，最高人民检察院公诉厅《关于开展量刑建议工作指导意见（试行）》中第6条规定：“人民检察院指控被告人犯有数罪的，应当对指控的各罪分别提出量刑建议，可以不再提出总的建议。”但是，我们认为还是既就个罪提出量刑建议，又就总体提出量刑建议比较妥当。

（二）量刑建议形成机制

1. 确定量刑建议的根据

量刑建议是为量刑裁判服务的。量刑裁判依据量刑指导意见及本省市自治区高级法院量刑指导意见实施细则作出，所以量刑建议形成的第一个依据应该是量刑指导意见以及本省高级法院的量刑指导意见实施细则，除非日后，高检院有量刑建议指导意见出来了，我们可以直接根据高检院的量刑建议指导意见进行。其次是量刑建议要根据本区域过去一段时间有关该类犯罪的量刑基本情况来确定，可以通过实证统计的方法对近年来该类犯罪的量刑情况进行统计分析，以求同类案件同样处理。

2. 量刑建议的步骤

关于量刑建议的步骤，可以参照量刑裁判的步骤。我认为，首先提取量刑情节。其次根据犯罪事实和情节确定量刑起点。再次对照犯罪情节是否需要调整量刑起点作为基准刑。最后根据量刑情节对基准刑进行调节，形成拟建议的量刑，然后对照法定刑规定，审核在法定刑幅度内，就可以建议作为宣告刑。必要时可以就刑罚的执行方式提出明确的建议。

3. 量刑建议的审批

关于量刑建议的审批，简单地说就是跟定罪的审批程序一样。量刑建议审批机制牵涉到五类主体，分别是：承办人、科室负责人、主诉检察官、分管检察长、检察委员会。量刑建议审批之各层级间的责任分工要明确以下几点：普通公诉人，实行承办人、科室负责人、分管检察长三级审批机制 。承办人负责查明定罪量刑事实，提出初步处理意见以及相关依据；主诉检察官或者部门负责人负责对量刑建议进行审核，区分情形直接决定或者提交分管检察长审批；分管检察长根据情形直接决定或者提交检察委员会讨论决定。

主诉检察官，主诉检察官自行签发的案件，可以明确规定在提起公诉三日前，将所办案件的起诉意见书、审查报告、起诉书等法律文书的复印件送交公诉部门负责人和检察长备案。检察长认为主诉检察官量刑建议不适当的，可以直接决定变更。公诉部门负责人认为主诉检察官量刑建议不当的，可以建议主诉检察官变更，或报检察长处理。但对于一些特殊案件的量刑建议主诉检察官无权决定，仍要报检察长审批决定：（1）国家工作人员职务犯罪案件；（2）特别重大、疑难、复杂的案件；（3）建议适用缓刑或定罪免罚的案件；（4）追诉漏罪、漏犯的案件；（5）变更案件罪名或犯罪事实，直接影响定罪量刑的案件；（6）其他检察长认为需要呈报审批的案件。重大案件由检察委员会讨论决定。关于量刑建议的审批，其实质是一个内部授权的问题，以后随着司法改革，主任检察官制度的推行，可能会有所变化。

第一，必须积极开展量刑调查，坚持全面评价原则，既要收集有罪、罪重的证据，也要收集无罪、罪轻的证据，要认真履行检察官客观义务。

第二，禁止重复评价，禁止重复评价原则的渊源一直可以追溯到古罗马法，在刑事诉讼中，其基本含义就是犯罪人不得因为一个犯罪行为受到两次或多次刑罚处罚，承担两次刑事责任。美国《宪法修正案》第5条规定："任何人不得因同一犯罪而两次受生命或者健康的危险。"公诉人在量刑建议时贯彻落实禁止重复评价原则，主要是做到以下几点：一是要明确禁止重复评价的适用对象，原则上说一切影响刑事责任的因素，所有犯罪构成要件的要素、量刑情节都包括在内。二是要明确禁止重复评价不限于刑事处罚，行政处罚情况也要考虑在内。三是要明确禁止重复评价不仅在量刑建议时要贯彻，在对量刑裁判的监督时也要一以贯之。比如说某一被告人法院认定自首情节，依法减轻处罚，同时认定认罪态度好酌情从轻处罚就不妥当。

第三，要注重发挥被害人在量刑建议形成过程中的作用，可以提取被害人对量刑的意见，必要时可举行量刑听证。

（三）量刑建议提出机制

1. 提出时间

量刑建议提出时间可以在庭前也可以在庭上。庭前就是提出公诉时，送达起诉书时一并送达，庭上就是法庭辩论阶段发表公诉意见时提出。

根据犯罪嫌疑人是否翻供确定量刑建议提出时间；根据罪行轻重确定量刑建议提出的时间，罪重的可以考虑当庭提出；根据社会影响大小确定量刑建议提出的时间，根据案件是否存在争议确定量刑建议提出的时间，有争议的放到当庭提出。

2. 提出方式

对于量刑建议的提出形式，书面的就是量刑建议书，口头的就是发表公诉意见时。可以书面，也可以口头。

量刑建议书的主要内容：根据修改后的《刑事诉讼法》修订的《人民检察院刑事诉讼规则（试行）》第400条规定："对提起公诉的案件提出量刑建议的，可以制作量刑建议书，与起诉书一并移送人民法院。量刑建议书的主要内容应当包括被告人所犯罪行的法定刑、量刑情节、人民检察院建议人民法院对被告人处以刑罚的种类、刑罚幅度、可以适用的刑罚执行方式以及提出量刑建议的依据和理由等。"

量刑建议书的格式样本（试行）。从量刑建议书样本可以看出，整个文书包括首部、被告人姓名、案由、起诉书文号、行为触犯的法律、涉嫌罪名、法定刑、量刑情节、建议的法律依据、建议的主刑种类及幅度、执行方式、附加刑种类、尾部等。明确以下几点：建议的主刑必填。执行方式和并处附加刑选填。执行方式指是否适用缓刑。附加刑可以只建议刑种种类。如果建议单处附加刑或免予刑事处罚的则不再建议主刑、执行方式和并处附加刑；多名被告人的，分别制作量刑建议书；发表公诉意见时提出量刑建议的根据量刑建议书制作说明，拟在公诉意见书中提出量刑建议的格式同公诉意见书样本。

关于量刑建议的提出形式，并不是书面的量刑建议效果最优，发表公诉意见时口头提出量刑建议的，应当在公诉意见书中明确载明（第一，必须载明；第二，载明内容）。公诉人在法庭辩论阶段提出量刑建议，可能是大部分公诉人愿意采纳的量刑建议方式。因为这种量刑建议提出方式对公诉人来说增加的工作量不大，但在实践中，我们要注意的是，公诉人必须在公诉意见中明确载明量刑建议的基本情况。包括量刑情节、各量刑情节对量刑裁判的影响，各被告人、各项罪名分别的量刑建议，以及综合的量刑建议情况。公诉意见书必须装入案卷归档，以备检查。高检院规定当庭发表量刑建议的也应当制作量刑建议书，格式同样。

要充分认识人性和心理预期，量刑建议和量刑裁判的功能定位的异同。要考虑如何尽量不增加公诉人工作量。

3. 送达对象

确定法院、被告人及其辩护人为送达对象。

（四）量刑建议变更机制

1. 量刑建议提出后允许变更

2. 量刑建议变更应该遵循审批权限

3. 量刑建议庭前变更形式应该与提出形式相一致

4. 第一次庭审后是否允许变更量刑建议

关于量刑建议的变更，把握几点：（1）开庭前发现需要变更量刑建议的应当采用书面形式；（2）防止变更的随意性；（3）变更量刑建议要善于把握时机。

（五）量刑建议保障机制

1. 公诉人强化量刑建议说理

法律监督说理是司法机关提高司法公信、司法权威的必由之路，有关公诉人强化量刑建议说理把握几个关键节点，包括量刑建议书制作，强化书面说理，庭审量刑证据举证示证加强阐述说明，法庭辩论阶段强化立论和答辩。

2. 检察长列席审委会

这是审委会制度改革和检察机关拓展监督共同催生的一项制度，目前已经比较成熟，检法之间已经建立了良好的沟通协作机制，要注意的是列席没有表决权，但一定要坚持发言，履行职责。检察长列席审委会发言一般在案件承办人、部门负责人汇报完案件，各审委会委员发表意见之前，主要是针对汇报的案情介绍进行补充说明，并标明检察机关的立场。

3. 加强对量刑裁判的抗诉

司法实践中，保障量刑建议实现的技巧有如下几点：

（1）公诉人加强量刑建议说理的几个关键点（量刑建议书、庭审法庭调查阶段、法庭辩论阶段）；（2）如何通过检察长列席审委会保障量刑建议实现；（3）对量刑裁判的审查与抗诉技巧。

（六）量刑建议监督机制

1. 内部监督

（1）形成量刑建议的审批机制。（2）变更量刑建议的备案机制。公诉人根据庭审情况对原有量刑建议进行变更，或者发现案件需要延期审理、变更起诉、追加起诉、撤回起诉等不应提出量刑建议的情形，应在庭后及时向科室负责人汇报备案。（3）量刑建议准确率的考评机制。如何确定检察官量刑建议的合理性、法庭量刑裁判的公正性和检察机关的容错标准三个相互关联的因素。

量刑建议的刑种与判决的刑种不一致的，为不正确（拘役和有期徒刑除外）：量刑建议的刑种为死刑、无期徒刑的，判决的刑种与其相同者，为正确；量刑建议的刑期在3年以下的，判决的刑期差异在6个月以内者，为正确。量刑建议的刑期为3～10年的，判决的刑期差异在1年以内者，为正确。量刑建议的刑期为10年以上的，判决的刑期差异在2年以内者，为正确。

德国量刑建议大多数比较接近，重判的占8%，轻判的占63%，韩国量刑裁判通常是检察官量刑建议的1/3～1/2，考核的对象为检察官正式向法院以口头或者书面提出的量刑建议。考核的程序是，案件的承办人在对法院判决审查时，应当对量刑建议的正确与否作出说明，科室负责人核对后签署意见，将其作为评估量刑建议正确率的依据。除对个案的量刑建议正确性进行考核外，还需要对全部进行量刑建议案件的正确率进行考核，即考核量刑建议正确的案件占全部案件的比例。将考评结果作为衡量检察官工作实效以及评定等级、职务升迁的一个重要参数，才能真正落实量刑建议的效果，实现良好的监督作用。韩国检察机关量刑建议与法院量刑裁判之间的巨大差异以及如何对待的，根据2010年9月25日在北仑召开的中韩刑事司法改革研讨会上，韩国亚洲大学李镇国教授《关于检察官的量刑建议》一文中的论述，韩国审判实务中，法院惯例为仅宣告检察官求刑刑量的1/3～1/2，而且对于死刑、无期或10年以上的监禁刑案件中，并不允许检察官以事实有误或量刑不当为由提出上告。

对于判处10年以下的案件，也不允许检察官以原审量刑过轻为由提出上告。韩国大法院认为量刑不是法律适用，而是事实审法官的“裁量”。

2. 外部监督

（1）判决书说理（反向监督）：判决书应当对量刑建议进行回应，不予采纳的，应当充分说明理由。判决书回应的方式：

①列明检察机关量刑建议的刑种、刑期和理由，以向社会公开检察机关的量刑意见。②对案中的各种量刑情节作出认定，尤其要对控辩双方有争议的量刑情节作出裁断，明确表明采用哪方意见并说明理由。③对检察机关的量刑建议明确表示是否采纳。④判决刑罚与量刑建议相去甚远的应当说明理由。

法院在判决书中说明理由既是对其自身自由裁量权的限制，同时也是对检察机关量刑建议的反向监督。通过判决书的载明和说理，公开量刑建议并由法官进行评述，能够促使公诉人不断提高量刑建议的水平。

（2）上级院监督。

通过听取汇报、备案审查、案件抽查实现监督。

（3）社会监督。

包括人民监督员的监督、社会舆论和媒体的监督。

在司法实践中，关于量刑建议的监督机制要注意以下几点：（1）认真审查主诉检察官备案的量刑建议；（2）通过交叉检查的方式，强化对量刑裁判的审查；（3）强调推行量刑建议的同时，必须提高量刑建议的准确率，不要过分强调量刑建议与量刑裁判的一致性，对量刑建议的准确率考量必须考虑量刑建议合理性、量刑裁判公正性以及容错标准之间的联系。

三、量刑建议教学案例实训

（一）故意伤害罪相关量刑指导意见

《刑法》第234条规定：“故意伤害他人身体的，处三年以下有期徒刑、拘役或者管制。犯前款罪，致人重伤的，处三年以上十年以下有期徒刑；致人死亡或者以特别残忍手段致人重伤造成严重残疾的，处十年以上有期徒刑、无期徒刑或者死刑。本法另有规定的，依照规定。”

浙江省量刑指导意见实施细则（一）中规定“……（二）故意伤害罪：1. 构成故意伤害罪的，可以根据下列不同情形在相应的幅度内确定量刑起点：（1）故意伤害致一人轻伤的，可以在一年至一年六个月有期徒刑幅度内确定量刑起点。（2）故意伤害致一人重伤的，可以在三年至四年有期徒刑幅度内确定量刑起点。（3）以特别残忍手段故意伤害致一人重伤，造成六级严重残疾的，可以在十年至十二年有期徒刑幅度内确定量刑起点。依法应当判处无期徒刑以上刑罚的除外。（4）故意伤害致一人死亡的，可以在十年至十五年有期徒刑幅度内确定量刑起点。依法应当判处无期徒刑以上刑罚的除外。两个文件均规定‘在量刑起点的基础上，可以根据伤害后果、伤残等级、手段残忍程度等其他影响犯罪构成的犯罪事实增加刑罚量，确定基准刑。故意伤害致人轻伤的，伤残程度可在确定量刑起点时考虑，或者作为调节基准刑的量刑情节’”。

浙江省量刑指导意见实施细则进一步细化，明确规定：具有如下情节之一的，增加基准刑的20%以下：

（1）持枪支、管制刀具等凶器伤害他人的；

（2）伤害他人身体要害部位的；

（3）事先预谋伤害他人的；

（4）雇用他人或者受人雇用实施伤害行为的；

（5）其他可以从重处罚的情形。

有下列情节之一的，可以减少基准刑的20%以下：

（1）因婚姻家庭、邻里纠纷等民间矛盾激化引发的；

（2）因被害人的过错引发犯罪或对矛盾激化引发犯罪负有责任的；

（3）犯罪后积极抢救被害人的。

根据浙江省《实施细则》规定：

（1）每增加一人轻微伤的，增加2个月以下刑期；

（2）每增加一人轻伤的，增加3个月至6个月刑期；每增加一处轻伤的，增加3个月以下刑期；

（3）每增加一人重伤的，增加1年至2年刑期；每增加一处重伤的，增加6个月至1年刑期。

（二）案情简介

2013年6月6日，被告人沃某某、王某某因琐事与被害人胡某某发生争执，继而互相打斗。被告人沃某某因被胡某某砸伤脸部，遂决定教训胡某某，被告人王某某附和同意。被告人沃某某打电话给“小张”让其纠集了被告人宋某某等人，当日13时许，在被告人沃某某、王某某指认下，被告人宋某某、“小张”等三人对被害人胡某某拳打脚踢，“小张”手持砍刀将被害人胡某某全身多处砍伤，后三人乘车逃离现场。经鉴定，被害人胡某某锐器外伤致全身多处刀砍伤，其肢体损伤程度为轻伤（轻伤一级），头部损伤程度为轻微伤。案发后，被告人沃某某的家属已代为赔偿被害人胡某某损失人民币24万元

（后被告人王某某承担其中9万元），并取得了被害人胡某某的谅解。2014年7月31日，被告人宋某某主动到公安机关投案，并如实供述其犯罪事实。

（三）问题设置

1. 程序性问题

（1）这起故意伤害案件适不适合提起量刑建议？（2）本案量刑建议何时以何种形式提出比较合适？（3）这起共同犯罪案件，能否只对被告人沃某某提出量刑建议，对其他两个不提？（4）对于本案中的被告人宋某某，我们能否在提出量刑建议时就建议适用缓刑？

2. 操作性问题

（1）形成量刑建议可分哪几步？（2）个案量刑建议确定应该注意啥？

3. 实案分析

（1）本案的量刑情节有哪些？（2）如何确定量刑起点和基准刑？（3）如何用量刑情节调节基准刑，确定最终量刑建议？

4. 如何制作三名被告人的量刑建议书？

（四）分析答疑

1. 程序性问题

（1）这起故意伤害案件适不适合提起量刑建议？

回答：对于量刑建议，只要案件事实清楚，证据确实充分，都可以提出量刑建议，何况本案是人民法院所列的15种常见罪名之一。

（2）本案量刑建议何时以何种形式提出比较合适？

回答：这起故意伤害案件属于共同犯罪，各被告人在案发后认罪态度都较好，分别有坦白和自首情节，总体量刑不会太重，不会超过他们的预期，直接在提起公诉时制作量刑建议书送达法院和各被告人是比较合适的。

（3）这起共同犯罪案件，能否只对被告人沃某某提出量刑建议，对其他两个不提？

回答：不可以。作为一起案件的同时受审的同案犯，要么都提量刑建议，要么都不提量刑建议，要让法律面前人人平等原则在各个地方各个环节体现。

（4）对于本案中的被告人宋某某，我们能否在提出量刑建议时就建议适用缓刑？

回答：可以。缓刑作为刑罚的执行方式，属于量刑建议的重要内容。虽然在法律评价上一样，但对于被告人有实质性的区别。由于涉及被告人的预期，检察机关对于缓刑的适用要慎重建议。但是如果确实认为判处缓刑更为合适的，可以直接建议适用缓刑。在司法实践中，这种情况往往很容易被法院采纳。

故意伤害案件肯定适合提出量刑建议，而且，轻罪案件适合庭前提出量刑建议，制作量刑建议书与起诉书一并送达给法院、被告人及其辩护人是合适的。共同犯罪是否提量刑建议应当严格遵循平等对待原则，要么都提出，要么都不提，对于一人犯多个罪的也是如此。虽然一般在司法实践中是都不提缓刑建议的，但是像本案这样的轻伤害案件，被告人已经积极赔偿获得被害人谅解，其实提出适用缓刑也是可以的。

2. 操作性问题

（1）形成量刑建议可分哪几步？

回答：第一步提取量刑情节；第二步，确定量刑起点；第三步调节量刑起点，确定基准刑；第四步，根据量刑情节，调节基准刑；第五步，根据调节后的基准刑与法定刑比较后，确定拟提出的量刑建议。

（2）个案量刑建议确定应该注意哪些情况？

回答：个案的量刑建议一要注意是否有量刑指导意见，有量刑指导意见的要认真研究、参照；二要注意近年来本区域该类犯罪的量刑之间平衡，保持司法政策的连贯性；三要注意法律效果、政治效果、社会效果的有机统一；四要注意把握量刑建议和量刑裁判的功能定位不同，量刑建议要给量刑裁判留有一定空间。

3. 实案分析

（1）本案的量刑情节有哪些？这些量刑情节对量刑产生怎样的影响？

回答：首先看犯罪过程中的情节，本案是一起因纠纷引起而经预谋，雇凶、持刀伤人的案件，其情节比一般临时起意，使用普通手段伤害他人身体的案件要重。其次，从犯罪结果看，被害人全身多处被砍伤，其中肢体损伤程度为轻伤一级，头部损伤程度为轻微伤。与只有一处轻伤的案件相比，情节较重，可以在确定量刑起点时考虑。最后，从犯罪行为结束后情况看，被告人沃某某积极赔偿经济损失，并获得被害人谅解。到案后，对所犯罪行供认不讳，具有坦白情节。被告人王某某到案后如实供述所犯罪行，有坦白情节。被害人因为经济赔偿得到解决，对各被告人表示谅解。被告人宋某某案发后，主动投案，并如实供述所犯罪行，有自首情节。积极赔偿被害人经济损失，获得被害人谅解。另外，本案是一起有预谋的共同犯罪，其中被告人沃某某不仅是与被害人直接发生纠纷的人，而且是主动提议，并打电话纠集宋某某等人，后又带人直接指认，全程参与，作用最大。被告人王某某全程附和，并直接参与指认，殴打，被告人宋某某接到电话后，与“小张”直接持刀砍人，被告人王某某和宋某某虽然不足以认定为从犯，但是，与被告人沃某某相比，作用较小，在量刑时应当予以考虑。

（2）如何确定量刑起点和基准刑？

回答：［确定量刑起点］我国《刑法》第234条规定了故意伤害罪的三个法定刑刑档。《指导意见》即根据刑法的三个法定刑刑档规定了不同的量刑起点。《指导意见》规定故意伤害致一人轻伤的，可以在2年以下有期徒刑、拘役幅度内确定量刑起点。浙江省《实施细则》规定故意伤害致一人轻伤的，可以在6个月至1年6个月有期徒刑、拘役幅度内确定量刑起点。

［确定基准刑］在量刑起点的基础上，可以根据伤害后果、伤残等级、手段残忍程度等其他影响犯罪构成的犯罪事实增加刑罚量，确定基准刑。例如浙江省《实施细则》规定：（1）每增加一人轻微伤的，增加2个月以下刑期。（2）每增加一人轻伤的，增加3个月至6个月刑期；每增加一处轻伤的，增加3个月以下刑期。（3）每增加一人重伤的，增加1年至2年刑期；每增加一处重伤的，增加6个月至1年刑期。根据浙江省量刑细则故意伤害致一人轻伤的量刑起点为1年至1年6个月，因为本案中只有一人受伤，多处受伤且一处轻伤一处轻微伤，根据浙江省量刑细则，在确定较高量刑起点的基础上，增加2个月作为基准刑，即本案的基准刑为20个月。

（3）如何用量刑情节调节基准刑，确定最终量刑建议？

在具体适用时，对于故意伤害罪，还有一些特定的常见酌定量刑情节，可以作为调整基准刑的依据。例如浙江省的《实施细则》就规定，具有如下情节之一的，增加基准刑的20%以下：（1）持枪支、管制刀具等凶器伤害他人的；（2）伤害他人身体要害部位的；（3）事先预谋伤害他人的；（4）雇用他人或者受人雇用实施伤害行为的；（5）其他可以从重处罚的情形。本案有雇凶和持刀两个情节，根据浙江省量刑细则，应提高基准刑的20%。积极赔偿后获得被害人谅解，可以减少基准刑的10%～30%，量刑建议时拟减少基准刑20%。

除了上述一般情节，还存在下列个性的量刑情节：

被告人沃某某、王某某到案后，有坦白情节，且属于如实供述司法机关已经掌握的犯罪事实，可以减少基准刑的20%以下，量刑建议时拟减少10%。被告人王某某和宋某某在本案中虽然不认定为从犯，但根据其在共同犯罪中的作用，可以酌情减轻，被告人可以减少基准刑的20%以下，量刑建议时拟减少10%。被告人宋某某有自首情节，减少基准刑的10%～30%，量刑建议时拟减少20%。

所有量刑情节采用同向相加、反向相减的方法进行调节。

[确定拟建议的量刑] 对被告人沃某某的量刑建议为“20个月×（1+20%）×（1-20%-10%）=16.8个月”，综合全案，考虑到量刑建议与量刑裁判的区别，建议对被告人沃某某判处有期徒刑1年6个月。对被告人王某某的量刑建议为“20个月×（1+20%）×（1-20%-10%-10%）=14.4个月”，考虑到量刑建议与量刑裁判的空间，建议量刑1年3个月。对被告人宋某某的量刑建议为“20个月×（1+20%）×（1-20%-20%-10%）=12个月”，故量刑建议1年有期徒刑。

[本案的实际处理结果]

一审法院认为，被告人沃某某、王某某、宋某某结伙故意伤害他人身体，致一人轻伤，其行为均已构成故意伤害罪，且系共同犯罪。被告人沃某某、王某某到案后如实供述自己罪行，被告人宋某某具有自首情节，依法均予以从轻处罚。被告人沃某某的家属已代为赔偿被害人损失并取得其谅解，又可酌情对三被告人从轻处罚。根据三被告人的犯罪情节和悔罪表现，可以对其宣告缓刑。依法判决如下：被告人沃某某犯故意伤害罪，判处有期徒刑1年6个月，缓刑2年；被告人王某某犯故意伤害罪，判处有期徒刑1年，缓刑1年6个月；被告人宋某某犯故意伤害罪，判处有期徒刑10个月，缓刑1年。

第22堂课　《刑事诉讼法》修改后公诉工作问题及应对

●田文利*

课程提纲

一、刑事诉讼法修改涉及公诉的内容

二、修改后的刑事诉讼法的实施中有关公诉工作的问题及应对

一、刑事诉讼法修改涉及公诉的内容

《刑事诉讼法》修改后的条文总数由原来的第225条增加至第290条。涉及公诉的相关内容，都有哪些呢？

刑事诉讼法修改，涉及公诉的相关内容，主要有以下十个方面：

（一）加强了对辩护权的保障

"凡是权力都需要制衡和制约"，诉讼的规律与哲理要求，控诉职能、辩护职能、审判职能共同地平等参与，相互制衡和制约，相互监督，良性运转，才能实现公开、公平和正义。《刑事诉讼法》第33条、第34条、第37条、第38条、第39条、第47条、第170条修定了辩护制度。主要包括：一是将律师辩护提前至侦查阶段，明确了律师在侦查阶段的权利范围和辩护职责。二是加强了对律师会见权行使的保障。三是加强了对辩护人阅卷权的保障，同时规定检察机关在审查起诉阶段应当听取辩护人、诉讼代理人的意见并记录在案。四

* 河北省保定市人民检察院检察委员会专职委员。

是完善了法律援助制度。五是规定了辩护人、诉讼代理人诉讼权利的救济。关于辩护人的阅卷、会见等问题，各地有不少潜规则和土政策，做法不一，从公诉部门角度看，最终目的都是将案件依法办理，辩护人的介入对我们的办案多了一双监督的眼睛，使我们更加严格要求自己；即便有的公诉机关利用国家公权力给辩护人介入设置种种障碍，其实没必要，介入只是早晚问题，不能从根本上解决由于律师介入带来的种种办案风险，因此，不如以接纳的、包容的态度来对待，以求提前预测到案件可能存在的隐患和风险，做到及早应对。实践证明，以朋友来对待辩护人，比以敌人来对抗辩护人，在办案实践中能起到更积极的作用。

（二）强化了对逮捕羁押必要性的监督

修改后的《刑事诉讼法》规定了逮捕羁押必要性审查制度，包括三个方面内容：（1）审查内容是逮捕必要性。（2）审查范围包括全部逮捕类型。既包括人民检察院批准或决定的逮捕，也包括人民法院决定的逮捕，涉及的诉讼环节包括批准或决定逮捕之日至判决生效。（3）责任部门是人民检察院。既包括侦查监督部门，也包括公诉和监所等部门。

逮捕羁押必要性审查是《刑事诉讼法》修改保障人权的又一重要体现，随着捕后诉讼环节的推进和案情的不断变化，如刑事和解的出现等，以及为了缓解看守所的压力，逮捕羁押必要性审查既有其理论基础又有可行性和必要性。实践中对审查范围、审查主体、改变措施程序等都有可探索空间，相关部门可以建立沟通机制。如河南省法检公三家于 2011 年 7 月联合下发《关于在办理刑事案件中实行非羁押诉讼若干问题的规定》，对此做了一定范围的探索。实践中公诉部门对捕后和解的轻伤害案件作出取保候审决定，实际上就是捕后出现新情况不存在羁押必要性后作出的相关变更。

（三）修改完善了证据制度

《刑事诉讼法》第 48 条、第 49 条、第 52 条、第 53 条对证据种类、举证责任、证明标准进行了修定。第 48 条：可以用于证明案件事实的材料，都是证据。“证明案件真实情况的一切事实，都是证据。”证据包括以下八种类型：物证；书证；证人证言；被害人陈述；犯罪嫌疑人、被告人供述和辩解；鉴定意见；勘验、检查、辨认、侦查实验等笔录；视听资料、电子数据。证据必须经过查证属实，才能作为定案的根据。

在修改后的《刑事诉讼法》中，证据概念、种类及证明标准发生了变化。证据是“材料”，而不再是“证明案件真实情况的一切事实”，更加突出了形式主义；证据种类中，有修改名称的，如鉴定结论变为“鉴定意见”，因为鉴定结果只是鉴定人个人的认识和判断，表达的也只是鉴定人的个人意见，司法实践中，常常出现不同鉴定机构对同一鉴定对象出具的截然不同的鉴定结果，将“结论”改为“意见”，表述更加科学；有增加证据种类的，比如辨认、侦查实验笔录、电子数据；同时确立了排除合理怀疑的证明标准。排除合理怀疑是一种对证据进行推理、判断的方法，排除合理怀疑应当是具体的，与个案相关的，排除的是能够使一个正常人在做某件重要的事情之前产生的怀疑，具有可操作性。

（四）完善了非法证据排除制度

“两高三部”曾于2010年制定了《关于办理刑事案件排除非法证据若干问题的规定》，修改后的《刑事诉讼法》对这一规定进行了合理吸收，主要目的在于从制度上遏制刑讯逼供和其他非法取证行为，维护司法公正和刑事诉讼参与人的合法权利。

《刑事诉讼法》第50条、第54条、第55条、第56条、第57条、第58条修定了非法证据排除制度，包括排除非法言词证据和非法实物证据。

主要内容包括：一是扩大了非法证据的范围。对于非法言词证据，在侦查、审查起诉、审判时应当及时依法予以排除，不得作为定案的依据。对于不符合法定程序收集的物证、书证，如果可能严重影响司法公正，且不能予以补正或者作出合理解释的，也予以排除。二是强化了检察机关对非法取证行为的监督。人民检察院发现侦查人员以非法方法收集证据的，应当要求其对证据收集的合法性作出说明并进行调查核实，根据情况提出纠正意见或追究相关人员刑事责任。三是增加了对证据合法性的法庭调查。在法庭审理过程中，审判人员认为可能存在以非法方法收集证据情形的，应当对证据收集的合法性进行法庭调查。四是明确了当事人及其辩护人、诉讼代理人申请排除非法证据的权利，但应当提供相关线索或者材料。五是明确了检察机关对证据合法性的证明责任。六是明确了非法证据排除的原则与标准。经过法庭对证据合法性的审理后，对于确认或无法排除存在以非法方法收集证据情形的，排除该证据的使用。如有的基层公安机关由于办案力量缺少，法医鉴定只有一人签字，或另一人无鉴定资格，不能在伤害或命案中使用。没有资格的鉴定人员所出具的估价鉴定也不能在侵财类案件中使用。

（五）完善了证人、鉴定人出庭作证制度，强化了证人保护

针对实践中证人出庭率低、影响诉讼正常进行以及鉴定意见存在的问题，修改后的《刑事诉讼法》完善了证人出庭作证制度，强化了对证人的保护。

《刑事诉讼法》第62条、第187条、第188条、第192条修定了证人鉴定

人出庭制度。主要内容有：一是规定了证人保护制度。规定对于危害国家安全犯罪等几类案件，证人、鉴定人、被害人因在诉讼中作证，本人或者其近亲属的人身安全面临危险的，人民法院、人民检察院和公安机关应当采取保护措施。在任何刑事案件中，证人、鉴定人、被害人因在诉讼中作证，本人或者其近亲属的人身安全面临危险的，也可以向人民法院、人民检察院和公安机关请求予以保护。人民法院、人民检察院和公安机关依法采取保护措施，有关单位和个人应当配合。二是明确了证人出庭的义务与责任。规定证人证言对案件定罪量刑有重大影响，并且公诉人、当事人或者辩护人、诉讼代理人有异议，人民法院认为证人有必要出庭作证的，证人应当出庭作证。同时规定了人民法院强制证人到庭的情形。三是强化了对鉴定意见的质证。公诉人、当事人和辩护人、代理人对鉴定意见有异议，人民法院认为有必要并通知鉴定人出庭后，鉴定人拒不出庭作证的，鉴定意见不得作为定案的依据。上述各方还可以申请有专门知识的人出庭，就鉴定人作出的鉴定意见提出意见。

（六）修改完善了简易程序

为促进案件繁简分流，提高诉讼效率，保证司法公正，同时也为强化对简易程序案件的法律监督，修改后的《刑事诉讼法》对简易程序的适用进行了调整。

《刑事诉讼法》第208条至第214条修定了简易程序。

主要内容包括：一是扩大了简易程序的案件适用范围。将适用简易程序的案件扩大到基层人民法院管辖的案件，即判处无期徒刑以下刑罚的案件都可以适用，并设置了除外情形。二是修改了简易程序的适用条件。除规定事实清楚、证据充分和被告人认罪，对指控的事实无异议的实体条件外，还规定了被告人同意的程序性条件。三是取消了人民检察院同意的程序，但保留了人民检察院建议适用简易程序的权力。四是规定了简易程序的审判组织构成。五是规定了所有适用简易程序审理的公诉案件，人民检察院都应当派员出席法庭。

（七）完善了庭前会议制度

根据审判实践和近年来司法改革成果，修改后的《刑事诉讼法》在完善庭审程序方面，增加了有关庭前会议的内容。《刑事诉讼法》第182条规定了庭前会议制度。目的在于通过庭审前的沟通交流，将双方分歧较大、可能影响庭审进行的问题提前解决，以提高庭审效率，包括回避、出庭证人名单、非法证据排除等与审判相关的问题。

在实际操作中人民法院通知人民检察院派员参加庭前会议的，人民检察院应当派公诉人参加，必要时配备书记员负责记录工作。庭前会议中，公诉人可以对回避、出庭证人名单、非法证据排除、适用简易程序、诉讼争议焦点、庭审方案等与审判相关的问题提出意见，了解辩护人收集证据的情况。必要时人民检察院可以建议人民法院召集庭前会议。

（八）修改了二审开庭（包括被告人被判处死刑的上诉案件）等审判制度

法院长期以来的二审不开庭的习惯，使得目前二审法院审理刑事案件在人力资源、时间、质量上都缺少相应的保障。与其规定一律开庭实际上做不到，不如将二审必须开庭审理的范围作出明确规定，增加可操作性。《刑事诉讼法》第223条，将“被告人、自诉人及其法定代理人对第一审认定的事实、证据提出异议，可能影响定罪量刑的上诉案件”和“被告人被判处死刑的上诉案件”两类案件增加为必须开庭之列，增大了公诉部门的工作量。

（九）增设了未成年人附条件不起诉制度

为落实教育、感化、挽救未成年犯罪人员的方针，结合近几年检察机关附条件不起诉的理论与实践探索，《刑事诉讼法》增加了第五编第一章“未成年人刑事案件诉讼程序”，《刑事诉讼法》第271条至第273条，增设了未成年人附条件不起诉制度。

主要内容包括：一是适用范围。仅限于涉嫌刑法分则第四章、第五章和第六章规定的犯罪案件。二是适用条件。即必须符合起诉条件、可能判处1年有期徒刑以下刑罚，有悔罪表现。三是适用程序。首先在作出决定前，应当听取公安机关、被害人的意见；其次在作出决定前，应当征得未成年犯罪嫌疑人及其法定代理人的同意。四是救济程序。修改后的《刑事诉讼法》规定了与相对不起诉相同的救济程序。五是考察机制。为防止出现不良效果，修改后的《刑事诉讼法》对被附条件不起诉者从考察主体、考验期限、考察内容、考察结果等方面作了具体规定。

（十）增加了当事人和解的公诉案件诉讼程序

为适应恢复性司法理念要求，结合司法机关关于刑事和解的理沦与实践探索，《刑事诉讼法》增加了第五编第二章“当事人和解的公诉案件诉讼程序”，第277条至第279条，增设了当事人和解的公诉案件诉讼程序，主要内容包括：一是案件适用范围。包括因民间纠纷引起，涉嫌刑法分则第四章（侵犯公民人身权利、民主权利罪）和第五章（侵犯财产罪）规定的犯罪，可能判处3年有期徒刑以下刑罚的和除渎职犯罪以外可能判处7年有期徒刑以下刑罚的过失犯罪两大类。但犯罪嫌疑人、被告人在5年以内曾经故意犯罪的，不适用和解程序。二是前提条件。必须是犯罪嫌疑人、被告人通过向被害人赔偿损失、赔礼道歉等方式获得被害人谅解，被害人自愿和解。三是和解协议。根据修改后的《刑事诉讼法》规定，刑事和解可以发生在刑事诉讼的任何环节，因而主持刑事和解的机关也就是案件所处的相应诉讼阶段的公安机关、人民检察院、人民法院。四是法律效力。对于达成和解协议的案件，公安机关可以向人民检察院提出从宽处理的建议。人民检察院可以向人民法院提出从宽处理的量刑建议。人民法院可以依法对被告人从宽处罚。对犯罪情节轻微、不需要判处刑罚的，检察机关可以作出不起诉的决定。

二、修改后的刑事诉讼法的实施中有关公诉工作的问题及应对

随着修改后的《刑事诉讼法》的贯彻实施，公诉部门的职责任务面临着新的挑战，2013 年公诉工作的强度加大、工作的难度和风险加剧、工作的职责加重，对此我们提出：要变压力为动力，变挑战为机遇，心态积极，乐观面对。

（一）修改后的《刑事诉讼法》实施以来我们面临的困难与挑战

1. 工作的强度加大，但公诉人员却未及时补充、补足，造成公诉人员超负荷工作

基层院办理简易程序案件出庭工作将加大基层院的工作量。公诉部门对每个案件不论案情多么简单均需要经过换押告知、提审、送卷、开庭至少四趟往返于看守所和法院之间，目前执法不断规范化，公诉部门有时只收一个案件也要跑看守所一趟换押。虽然尽量采取集中办理的方式，但发案不是人为所能控制的，案件来源及时间从客观上讲也做不到集中。全市每年一审的刑事案件近 4000 件，其中 34% 为简易程序案件，即 1300 余件的出庭任务，要在 2013 年新增（实际简易程序案件出庭 367 件，比预计的少，是因为 2013 年公安严打专项活动少，刑事案件数量总体下降）。

二审开庭任务给省级院、市级院都将加大出庭任务。如保定市每年二审刑事案件 600 余件，绝大部分法院是书面审，公诉人不用出庭。2014 年将有 50% ~70% 的案件变为开庭审理，即 300 ~420 件的出庭任务，将要在 2014 年 1 月 1 日以后新增（实际今年 1 ~6 月办理二审案件 111 件，比预计的少，是因为 2013 年公安严打专项活动少，刑事案件数量总体下降）。

2. 工作的难度和风险加剧

（1）修改后的《刑事诉讼法》强化了公诉人员的证明责任，并且随着非法证据范围的扩大，有些物证、书证一旦排除，案件很可能不能提起公诉或者提起公诉后被告人被判无罪。如一起普通盗窃案如果被盗物品估价鉴定出现不能认定的问题，将直接导致案件的无罪。

（2）当出现证据合法性问题时，检察机关还要承担证明证据合法性的责任，证明不能，该证据就要被排除，指控的风险进一步加大，不仅如此，还要承担由于排除非法证据不能定案导致的受害方上访等案件后续工作的难度和风险。

3. 工作的职责加重

修改后的《刑事诉讼法》除了在上述非法证据排除、证据合法性证明等方面给公诉部门新增职责之外，在未成年人附条件不起诉制度方面也新增了监督考察责任，在羁押必要性审查以及刑事和解制度方面，强化了对其他司法机关相关职责的监督责任，在辩护人权利保障方面，也相应增加了检察机关的监督与保障责任。此外，在证人出庭和证人保护等方面也增加了一定的责任。如危害国家安全犯罪、恐怖活动犯罪、黑社会性质的组织犯罪、毒品犯罪等几类案件询问证人工作以及对证人的保护，除了公诉部门自身重视以外，还需要做好与公安、法院等部门的配合协调工作。这些都加重了公诉部门的职责，给公诉工作带来了新的挑战。

（二）修改后的《刑事诉讼法》实施以来我们面临的问题及应对

针对上述十个方面的修改内容，依据《人民检察院刑事诉讼规则（试行）》的规定，应建立健全完善的规章制度，规范执法。

1. 针对刑事证据制度、非法证据排除制度的修改，要严格证据的合法性审查

（1）法律依据。2010年7月“两高三部”制定了《关于办理刑事案件排除非法证据若干问题的规定》，修改后的《刑事诉讼法》对这一规定进行了合理吸收。

《刑事诉讼法》第50条、第54条、第55条、第56条（应当对证据收集的合法性进行法庭调查）、第57条、第58条修定了非法证据排除制度，包括排除非法言词证据和非法实物证据。

《刑事诉讼法》第54条第1款：采用刑讯逼供等非法方法收集的犯罪嫌疑人、被告人供述和采用暴力、威胁等非法方法收集的证人证言、被害人陈述，应当予以排除。收集物证、书证不符合法定程序，可能严重影响司法公正的，应当予以补正或者作出合理解释；不能补正或者作出合理解释的，对该证据应当予以排除。第2款：在侦查、审查起诉、审判时发现有应当排除的证据的，应当依法予以排除，不得作为起诉意见、起诉决定和判决的依据。

《刑事诉讼法》第56条：法庭审理过程中，审判人员认为可能存在本法第54条规定的以非法方法收集证据情形的，应当对证据收集的合法性进行法

庭调查。

(2) 非法证据排除的类型。非法证据排除的类型通常有两种，一种是在庭前排除、补正，另一种是在庭上通过法庭调查进行排除。

如依棉案件，2010 年 7 月 8 日、9 日开庭，庭上刑警、看守警、看守所医务人员、《入所体检表》、国企财产评估师出庭作证，法庭上一波三折，最后我们出示了被告人在看守所的供述，从此我们特别注意“非排”工作。

非法证据排除的主要内容包括：一是扩大了非法证据的范围。对于非法言词证据，在侦查、审查起诉、审判时应当及时依法予以排除，不得作为定案的依据。对于不符合法定程序收集的物证、书证，如果可能严重影响司法公正，且不能予以补正或者作出合理解释的，也予以排除。二是强化了检察机关对非法取证行为的监督。人民检察院发现侦查人员以非法方法收集证据的，应当要求其对证据收集的合法性作出说明并进行调查核实，根据情况提出纠正意见或追究相关人员刑事责任。三是增加了对证据合法性的法庭调查程序。在法庭审理过程中，审判人员认为可能存在以非法方法收集证据情形的，应当对证据收集的合法性进行法庭调查。四是明确了当事人及其辩护人、诉讼代理人申请排除非法证据的权利，但应当提供相关线索或者材料。五是明确了检察机关对证据合法性的证明责任。

庭前排除非法证据的事例：

第一，取证地点不合法。如雄县王某三人抢劫案，其中一名被告人供述 2 次，刑警队、看守所各一次，粘贴。公诉人在阅卷审查中律师提出，公诉人发现，排除。

第二，没有鉴定资格的人员出具的鉴定意见。如有的基层公安机关由于办案力量缺少，法医鉴定只有一人签字，或另一人无鉴定资格，不能在伤害或命案中使用。没有资格的鉴定人员所出具的估价鉴定也不能在侵财类案件中使用。如 2002 年 6 月 10 日，某县农林局局长擅自研究决定，将 A 苗圃场（系国有资产）承包给杜某经营。同年 6 月 16 日，杜某私自用林场抵押贷款后逃跑，致使林场被拍卖。在办理对林场做价评估中，评估师张某明知评估对象土地为林地，其房地产评估师资质没有评估林地资格，并严重超越所评估土地面积的规定，非法评估价值 350 万元。导致此鉴定结论失去证明力，提起公诉前排除，重新取证。

第三，侦查人员出具鉴定意见。如王某某传播淫秽物品案，负责侦查的两名刑警出具了鉴定意见，应当排除。

第四，翻译人员当证人，该供述、证人证言应当排除，重新找翻译人员讯问取证。如2011年年底定兴院办理了吉某某故意伤害案，2011年10月11日15时许，在河北省送变电公司的220万千伏双回线路工程的架线施工中，在定兴县某村耕地内，因踩踏张某某家的红薯与张某某争执，后发生打斗，吉某某用施工用的铁锤击打张某某的头部，致其头部受伤昏迷，经鉴定张某某损伤为重伤。案发后侦查人员及时赶到现场侦查取证，由于吉某某不懂汉语，需要找翻译，短时间内又无法联系上专业人员，其工友罗某某是现场目击证人，懂汉语，侦查人员遂用罗某某为翻译获取口供和其他彝族工友证言，但同时作为目击者又出具了证言，该供述和证人证言的证明力出现问题，案件移送起诉到检察院后，公诉人及时将其排除，没有作为定案的根据。退回公安找北京民族大学的人员做翻译，重新制作了供述。

第五，视听资料的采集人主体资格不合法。如张某等人寻衅滋事案，被害人自己录像并提供给公安，公安据此查找了嫌疑人、证人，并制作了口供、证人证言。对公安移送起诉移交的录像，应当排除。

第六，衍生证据的采信。上述口供、证人证言属于衍生证据，经过核实，可以认定。

上述列举的6种情形都是公诉人在审查起诉中，依据证据的三性（合法性、客观性、关联性）和《刑事诉讼法》总则要求依法排除、补强、补正证据。

另一种是根据《刑事诉讼法》第56条规定，通过对证据收集的合法性进行法庭调查而排除的程序。

2012年高检院在北京市检察一分院召开了“全国证人、鉴定人出庭作证现场会”，我参加了此次会议。会议中参会人员首先旁听了一个观摩庭，那是一个贩卖毒品案件。庭上被告人称其口供是在被抓获时警察曾威胁：“如果你不老实交代，你将见不到你5岁的儿子。”后请侦查人员出庭，经法庭调查，不能排除此情节，最后此份供述被法庭当庭予以排除。对该被告人的其他4份供述，予以认定。

如王某某寻衅滋事案件，庭上反映被刑讯逼供，举出线索是被告人额头上有伤痕。公诉人建议休庭，后经进一步侦查取证，并请警察出庭作证，证明其额头上的伤是案发时所致，在被抓获时就已经有此伤。所谓刑讯逼供，被排除。该被告人的供述被法庭认定。

非法证据排除程序：第一，提前介入，预防性排除。第二，受理告知、阅卷审查。第三，庭前会议。第四，法庭上的非排程序。第五，庭后证据补强，重新取证。第六，侦查监督追责，视情况检察建议、纠正违法、纪检监察、反渎局立案。

(3) 针对《刑事诉讼法》对非法证据排除制度的修改，要做到以下三点：

第一，要认真审查、鉴别、分析证据，既要审查证据的内容是否真实客观、形式是否合法完备，也要审查证据收集过程是否合法；既要依法排除非法证据，也要做好瑕疵证据的审查补正和完善工作。

第二，对犯罪嫌疑人供述和证人证言、被害人陈述，要结合全案其他证据，综合审查其内容的客观真实性，同时审查侦查机关（部门）是否将每一次讯问、询问笔录全部移送。对以刑讯逼供等非法手段取得的犯罪嫌疑人供述和采用暴力、威胁等非法手段取得的证人证言、被害人陈述，应当依法排除。

第三，犯罪嫌疑人或者其聘请的律师提出受到刑讯逼供的，应当告知其如实提供相关的证据或者线索，并认真予以核查。一是认为有刑讯逼供嫌疑的，应当要求侦查机关（部门）提供全部讯问笔录、原始的讯问过程录音录像、出入看守所的健康检查情况、看守管教人员的谈话记录以及讯问过程合法性的说明，必要时可以询问（讯问）人员、其他在场人员、看守管教人员或者证人，调取驻所检察室的相关材料。二是发现犯罪嫌疑人有伤情的，应当及时对伤势的成因和程度进行必要的调查和鉴定。对同步录音录像有疑问的，可以要求侦查机关（部门）对不连贯部分的原因予以说明，必要时可以协同检察技术部门进行审查。三是要加强对侦查活动中讯问犯罪嫌疑人的监督，犯罪嫌疑人没有在决定羁押的当日被送入看守所的，应当查明所外看押地点及提讯情况。四是要监督看守所如实、详细、准确地填写犯罪嫌疑人入所体检记录，必要时建议采用录像或者拍照的方式记录犯罪嫌疑人身体状况。五是发现侦查机关（部门）所外提讯的，应当及时了解所外提讯的时间、地点、理由、审批手续和犯罪嫌疑人所外接受讯问的情况，做好提押、还押时的体检情况记录的检查监督。

发现违反有关监管规定的，及时依照有关法律、规定提出纠正意见或者检察建议，并记录在案，并依法确定是否排除非法证据。

2. 针对证人、鉴定人出庭作证制度的修改，要严格工作程序规范

修改后的《刑事诉讼法》第 187 条规定：人民法院认为证人、鉴定人有必要出庭作证的，证人、鉴定人应当出庭作证。

《刑事诉讼法》第 192 条第 2 款规定，“公诉人、当事人和辩护人、诉讼代理人可以申请通知有专门知识的人出庭，就鉴定人作出的鉴定意见提出意见”。上述两条规定一方面增加了关键言词证据在法庭上发生变化的风险；另一方面还增加了技术性鉴定意见受到质疑的风险。强制性要求证人出庭和有专门知识的人出庭参加质证，要求公诉人对证据的合法性、有效性审查更加严

格，要求公诉人有丰富的专业知识，具备洞察证据瑕疵的敏感性和分析问题解决问题的能力。

证人受法律素养和心理素质的影响，一旦证人站到证人席上，对控辩双方的轮番询问，证人与被告人当庭对质，难免出现无所适从的状态，加之又受到打击报复不愿得罪人之虑，证人在权衡利弊后，不能如实作证的概率增大。证人庭审证言变幻莫测：或前后矛盾或模棱两可起不到证明作用或是反证等。给公诉人在法庭上严谨而有条理的询问提出了非常高的要求，对公诉人庭审掌控能力提出了挑战。

为适应证人、鉴定人出庭作证制度的要求，我院在办理刑事案件的过程中，逐步探索证人、鉴定人出庭作证的工作方法，现就我们办理的证人、鉴定人出庭的依棉集团被骗案（以下简称依棉案件）、宋某逃税抗诉案（以下简称宋案）。介绍一下具体做法：

第一，庭前要充分准备。

加强庭前证据的审查判断。除一般审查外，重点从三个角度审查证据，一是非法证据排除，二是瑕疵证据补正，三是技术性证据科学。在依棉案件的审查起诉过程中，四被告人不同程度地提出公安有刑讯逼供的行为，同时发现证人证言笔录有瑕疵之处，同时认定合同诈骗4.3亿元的审计报告之前，有一个被告人为实施零资产收购而提供的审计结果是负值。对这些我们在庭前已经发现，做好了庭审预案。

确定出庭作证人员范围。根据证言、鉴定意见与案件焦点的关联程度，确定出庭作证人员。如宋案，宋某辩解尽管法律规定是按账纳税，但税务机关的实际做法是要求企业缴纳固定数额的税款，其按照税务机关的要求纳税，主观上没有逃税的故意。宋某的纳税依据成为庭审焦点。据此确定税收征管人员、稽查人员、税务注销人员出庭作证，证实宋某纳税、逃税事实。再如依棉案件，四被告人在企业改制过程中通过合同诈骗的手段非法占有依棉资产，依棉资产评估结论直接决定犯罪数额。并且在企业改制过程中曾经作过一次资产评估，作为当时的“交易额”。案发后的资产评估结论与当时评估结论不一致，必然成为控辩双方争议的焦点。据此确定作出资产评估结论的鉴定人出庭作证。

制定周密详细的询问提纲。不同证人，由于其文化背景、职业特点、生活经历以及与案件的利害关系不同，其出庭作证能力不同。这就要求我们在制作询问证人提纲时要针对不同身份的人采用不同的提问语言。如对机关干部询问时，使用严谨精练的法言法语，证人能听明白并能清楚地回答问题。但对一般工人、农民或文化程度较低的证人，由于与司法机关接触较少，容易在法庭上怯场，如对他们也使用精练的法言法语询问，其往往会难以理解，影响庭审效果。但如果用通俗易懂的语言予以提问，效果就会比较好。此外，对那些容易变证的证人，设计的问句应当直截了当、一针见血，以避免给其较大的回答空间，使得其可以模棱两可，进退自如地回答提问。如宋案中，出庭作证的税务人员既有县局的副局长也有税务所的具体稽查人员，针对其工作性质、特点，制定了不同的询问提纲。对副局长侧重于询问当时的税务法律、法规、政策及宣传方法，对具体的稽查人员侧重于询问具体工作方法，如何催收税款等。

参加庭前会议，加强与辩方沟通。法官主持下的庭前会议中，控辩双方通过开示证据，进一步明确出庭作证人员范围、证明方向等。公诉人有机会与辩护人进行充分意见交流，双方就庭审有关程序取得一致意见，有助于提高庭审效率。如依棉案件，庭前会议中辩方提出侦查人员刑讯逼供，要求排除非法证据，公诉人提出由侦查人员出庭作证，得到法官的认同。

对证人、鉴定人作必要的心理引导。证人出庭作证时，由合议庭核实证人姓名、年龄、文化程度等身份事项，告知证人作证的权利和义务，打消证人出庭作证的顾虑，对可能做虚假陈述的证人起到一定心理威慑和暗示作用，以启动作证程序。公诉人应该在庭审前对控方证人进行必要的心理辅导，告知哪些问题可以回答，而哪些问题可以拒绝，向其介绍法庭状况、庭审程序等，确保其庭审中从容应对。

第二，庭上要灵活应对。

有针对性地引导发问。在发问时应当引导证人直接陈述案件事实，直截了当地指导证人陈述所知晓的案件事实的有关信息，简化询问过程；在交叉询问中，应注意防止辩护人的询问“陷阱”，及时制止辩护人不适当的诱导式询问、无关案件事实的纠缠式询问和情绪激动的谩骂侮辱性询问；如果证人当庭的证言存在与其之前陈述前后矛盾或陈述不太清楚的情况，则需进行补充询问，要求证人确认到底是以何为准。

及时调整询问策略。要根据证人回答问题的实际情况，及时调整询问方法、策略。如宋某案，证人王某到庭后，过于紧张，对公诉人有针对性的直接发问答非所问。为缓解其压力，公诉人及时调整询问方式和顺序，采取开放式的询问方法，从其熟悉的业务工作问起，逐步引导其进入状态，稳定其情绪，确保了作证效果。

对证人证言要进行归纳总结。庭审中，每个证人仅就其知晓的事实，以回答问题的方式予以陈述，具有零散性和片面性。全部证人出庭完毕后，公诉人应当将证人出庭作证的情况进行归纳总结，论证其证实的内容，与案件的关系等，增强指控力度。如宋某案，四名证人出庭作证后，公诉人及时向法庭论证，四人的证言证实宋某经营企业属于应依法建账企业，并依账纳税。对此税务机关已多次进行税务知识宣传，宋某作为企业经营者不但应当明知，其事实上对此也明知。宋某某有合法账目不据此进行纳税申报，采取隐匿的手段逃避税收征管，其行为已构成逃税罪。

对辩护人提请有专门知识的人出庭的，公诉人可申请案件的鉴定人出庭。公诉人在法庭上应避免直接与对方的专业人员对庭，防止因对专业术语、专业知识不熟，贻笑大方。应该同时申请案件的鉴定人出庭，让业内人士在法庭上互相较量。

第三，庭后要及时追责。

增强对当地做伪证案件的法律震慑力。证人出庭作证内容与庭前证言不一致，可能影响定罪的，应由证人对其前后不一致的证言作出合理解释。在排除以暴力、威胁等方法取得庭前证言的情况下，要依法追究证人伪证罪的责任。如李某盗窃案中，证人贾某庭前证明其自李某处购买了盗窃赃物，后当庭证实未从李某处购买过物品，对其前后不一致的证言又不作出合理解释。庭后公诉机关依法追究了其伪证罪的刑事责任。

3. 针对庭前会议制度的新规定，要增强应对措施的针对性

《人民检察院刑事诉讼规则（试行）》第431条规定："在庭前会议中，公诉人可以对案件管辖、回避、出庭证人、鉴定人、有专门知识的人员名单、辩护人提供的无罪证据、非法证据排除、不公开审理、延期审理、适用简易程序、庭审方案等与审判相关的问题提出和交换意见，了解辩护人手机的证据等情况。对辩护人收集的证据有异议的，应当提出。公诉人通过参加庭前会议，了解案件事实、证据和法律适用的争议和不同意见，解决有关程序问题，为参加法庭审理做好准备。"

因此，公诉人在庭前会议中主要有以下职责：一是庭前会议前，公诉人要充分准备可能需要提出的问题。二是庭前会议中，公诉人要充分阐述自己的观点。三是公诉人要通过庭前活动，了解辩方掌握的证据情况，可向法庭建议，要求辩护人提交此类证据，以避免辩方进行"证据突袭"。四是庭前会议后，公诉人通过了解案件事实、证据和法律适用的争议和不同意见，解决有关程序问题，为参加法庭审理做好准备。

庭前会议常见的问题及应对：

第一，针对"大范围调配公诉人"的情形，被告人辩护人提出出庭支持公诉的公诉人不是该案件管辖区域检察院的检察官，其出庭支持公诉属于违法，如何应对？

应对建议：

我国《宪法》明确人民检察院上下级院之间是领导与被领导的关系。检察权有检察机关独立行使，而不是由检察官独立行使。“检察一体化”原则决定了检察职能具有相互协助性、检察官之间和检察院之间具有职务上的可承继、移转和代理性等特点。最高人民检察院《关于加强公诉人建设的决定》、最高人民检察院公诉厅《关于调配优秀公诉人出庭支持公诉工作的规定（试行)》均规定了跨区域调配公诉人出庭支持公诉的工作制度。

根据《人民检察院刑事诉讼规则（试行)》第426条：“公诉人应当由检察长、检察员或者经检察长批准代行检察员职务的助理检察员一人至数人担任，并配备书记员担任记录。”因此，出行法庭的公诉人是否具有履行出庭支持公诉的资格，其前提为是否符合法定的任职、批准程序。

根据《人民检察院组织法》及《检察官法》的规定，人民检察院的助理检察员由本院检察长任免。因此，本公诉人系经某某人民检察院检察长依法任命的助理检察员，并经检察长同意代表本院出席本法庭，具有出庭担任公诉人的资格（并出示《派员出席法庭通知书》)。

公诉人不存在《刑事诉讼法》第28条、第29条所规定的应当回避的情形。

因此，被告人辩护人所称本公诉人不能参加庭审的理由不能成立，建议法庭予以驳回。

第二，发回重审的一审案件，被告人辩护人提出原审公诉人也应进行更换，如何应对?

应对建议：

《刑事诉讼法》第228条规定了原审人民法院对于发回重新审判的案件，应当另行组成合议庭，该条并无对于原审公诉人更换的问题。除非被告人辩护人可以证明公诉人有依照《刑事诉讼法》所规定的应回避情形，或公诉人出庭可能影响案件公正处理的，否则原审公诉人有权依法出席再审法庭，履行法定职责。

第三，被告人辩护人要求被害人、证人或其他同案被告人出庭对质的，如何应对?

应对建议：

对于同案被告人、证人出庭对质的问题，原则上，公诉人应提请法庭不许可辩护人、被告人的对质要求。公诉人应指出根据《刑事诉讼法》及相关司法解释，讯问共同犯罪案件的被告人、询问证人原则上应当分别进行。但如果辩方认为确有必要，应向法庭说明需要对质的理由。如果公诉人认为不应当庭对质的，应说明理由，由审判人员决定是否可以进行对质。公诉人认为有必要时，也可以建议法庭传唤有关被告人、证人同时到庭对质，或者同意被告人、辩护人的对质要求。

需要注意的是，对于同案被告人之间、证人与被告人的对质，应待有关人员单独接受讯问或询问后在进行对质。

对于被害人是否可以出庭对质问题。公诉人需向法庭明确，无论是刑事诉讼法还是司法解释，都没有规定被害人可以参加庭审对质的问题。从被害人隐私及被害人权益保障的角度考虑，为避免被害人受到“二次伤害”，原则上，公诉人应提请法庭不允许被害人出庭对质，但被害人主动同意出庭对质的除外。

以上是我们在执行修改后的《刑事诉讼法》中常见的问题，因时间关系先讲到此。在实际工作中，我们要实现公诉工作与修改后的《刑事诉讼法》的有效对接，还要全面认识涉及公诉的修改内容，更新执法理念。改变过去那种过于偏重审查有罪、重罪证据，忽视审查无罪、罪轻证据的思维定势，把对于两种性质不同证据的审查放在同等重要的位置，从辩方的角度换位思考和反向思维，力争把案件办成“铁案”，使案件经得起历史和人民的检验。

第 23 堂课　公诉实训的理念与模式

● 李继华*

课程提纲

一、公诉实训的试点情况
二、公诉实训的六个理念
三、公诉实训的八个转变
四、公诉实训的流程做法
五、公诉实训的初步成效
六、问题交流

一、公诉实训的试点情况

我们首先了解一下公诉实训产生的背景。在 2010 年年底 2011 年年初的时候，最高人民检察院政治部干部教育培训部经过慎重遴选，在全国检察机关设立了 3 个实训试点基地：北京市人民检察院作为公诉实训试点基地，吉林省人民检察院作为职务犯罪侦查实训试点基地，广东省人民检察院作为民事行政检察实训试点基地。

那么，为什么设这三个实训基地呢？大家有没有印象我们中央层面的干部培训机构，最早有中央党校，后来有国家行政学院，各个省有各个省的党校，在进入了 21 世纪之后，又陆续建立了几个新的干部培训学院，就是大家熟悉的浦东干部学院、延安干部学院、井冈山干部学院，中央为什么又设立这样 3 个新型的干部教育培训基地呢？因为国家在新世纪面临着新的国情、世情、党

* 北京市人民检察院监所检察处处长。

情，干部需要新的、大规模的教育培训，而原有的培训机构，它已经习惯了传统的讲授式培训模式，要进行新型的符合现代教育培训规律的培训，原有的教育培训机构的理念模式很难适应，所以新设立了浦东、井冈山和延安这样3个新的干部教育培训基地。

正像中央层面的干部教育培训一样，我们检察官传统的教育培训方式、传统的教育培训机构，也面临着理念模式是否与现代教育培训规律相适应这样一个难题。为了贯彻2010~2020年中央教育培训改革纲要，为了在检察官的培训当中践行现代教育培训理念和现代教育培训方法，所以设立了这样3个检察业务实训试点基地。

北京作为公诉业务实训试点基地，在2011年举办了以公诉庭审实务、公诉文书制作、公诉证据审查3个主题、15个专题为内容的5期公诉实训班。累计培训公诉业务骨干144人，其中3期是面向全国检察机关，每期32名学员；有2期是面向北京市检察机关，每期24名学员。

我们的学员情况是这样的，包括全国优秀公诉人、省级十佳公诉人、市级十佳公诉人、其他。可见，大部分的学员，都是非常优秀的学员。因为培训班从全国检察机关招生，每期32个学员，每个省只能分配一名学员的名额，所以有人说公诉实训室是“精英培训”。培训教师情况，包括全国检察业务专家、全国十佳公诉人、全国优秀公诉人。大家看这个师资的情况，发现跟我们传统的培训有什么不一样吗？

（学员：老师都是公诉人、检察官）

这位学员说的对，都是检察官！没有教授专家，都是检察官，这是公诉实训模式的一个重要特点，后面我们会详细介绍。

在全国检察机关首期公诉实训培训班上，最高人民检察院公诉厅、政治部的领导都参加了开班仪式，《检察日报》、《法制日报》等媒体做了跟踪报道。经过近一年的培训试点之后，我进行了初步总结。北京市委组织部的《北京市干部教育培训》、最高人民检察院《检察队伍建设》等刊物进行了转发介绍，对公诉实训模式给予了充分的肯定和认可。北京市检察院慕平检察长对公诉实训做出批示：“可以说公诉实训第一仗开门红，希望进一步巩固、创新，形成教育培训的新模式、新品牌。”

试点之后，从各个层面的反应看，对这种全新的培训模式，大家都非常有兴趣，感觉与过去的传统的讲授式培训确实不一样，我们就首先在北京市检察机关进行推广。

2012年2月，我们举办了北京市检察机关公诉实训师资培训班，培训了100

多人。3月，高检院国家检察官学院香山校区举办了全国检察机关业务实训师资培训示范班。这次培训的人比较多，有200多人，参训人员包括各个省的公诉处长、两名公诉业务骨干，教育培训处长、一名教育培训业务骨干。最高人民检察院党组副书记、常务副检察长胡泽君同志参加了开班仪式并做了重要讲话，充分体现了高检院党组、高检院政治部对公诉实训模式推广工作的高度重视。

从北京推广的情况来看，16个区县院和3个分院，都举办了公诉实训班。在此需要特别指出的是，在北京市检察机关领导干部研修班上，参训学员是全市的区县院的检察长、分院的班子成员，市院党组要求加入实训课程，我们开发设计的三个实训课程，取得了非常好的效果。

从全国我们现在掌握的一些情况来看，江苏、河北、山东、广西、福建、新疆，现在都已经开展了比较大规模的公诉实训。2012年8月，我作为最高人民检察院西部支教巡讲团的讲师，赴新疆巡讲支教推广实训的这个模式，先后在塔城、阿勒泰、吐鲁番、哈密4个地区的检察机关，讲授和实战训练公诉实训课程，受到了他们的热烈欢迎。

二、公诉实训的六个理念

上面简要介绍了公诉实训试点工作的背景。在讲公诉实训六个理念之前，我们先看一看到底什么是公诉实训呢？有没有同学能够给出一个概念？

好的，谢谢这位举手的同学，有请你。

（学员：我理解公诉实训应该是结合公诉的实际或者实务，然后以实际的案例入手，在各个节点上与实际工作贴近。这个培训，是实务性的。）

回答得非常好。她实际上道出了公诉实训的一个核心要素，就是以实务为内容，紧紧地贴近公诉业务实践，利用案例，是我们的一种方式。谢谢这位学员的积极参与，请大家给她一些掌声鼓励！

什么是公诉实训呢？我们归纳了这样一个概念，大家看一下：公诉实训，是指在现代教育培训理念指导之下，以公诉人为培训对象，以公诉实务技能为内容，以实战训练为方式的职业培训模式。一方面，是以实务为内容；另一方面，是以实战为方式。简单地讲就是四个字："实务+实战"。

说到"实务+实战"，大家可以回想一下，我们过去参加的很多培训，是不是以实务为内容、以实战为方式的？或者说，我们过去参加的那么多的培训，有多少是以实务为内容的，有多少是以实战为方式的？

在我看来，所有的讲授式培训，是很难以实战为方式的。讲授式培训可能是以实务为内容的，但是他不可能以实战为方式。我们的公诉实训模式，必须是以实战为方式。

我们过去传统的教育培训，很多也不是以实务为内容的，我们请高校的教授讲课，他能讲我们的检察实务吗？我们请学者来做讲座，有几个是讲检察实务的？高校的专家教授由于没有检察业务实践经验，他们讲授的大多数是理论知识。但是我们的公诉实训，紧紧抓住公诉业务办案的实务开展培训。

理念是行动的先导。经过一年多的实践、一年多的探索，我们总结出了公诉实训的六个理念。无论是培训的组织者、老师还是学员，如果你接受了、接纳了这些理念，就容易采用公诉实训模式去开展培训。如果你理念上接受不了，那么很难去开展实训。下面就跟大家介绍公诉实训的六个理念。

第一个理念是以需求为导向，第二个理念是以问题为中心，第三个理念是以学员为主体，第四个理念是以教师为主导，第五个理念是以行动为方式，第六个理念是以能力为目的。这六个理念有相通之处，但是各有侧重。我们逐一介绍。

（一）以需求为导向

了解培训需求是我们开展公诉实训班的第一项工作。那么这个培训需求又不仅仅是学员的需求，它包括三个方面，第一，组织需求；第二，岗位需求；第三，学员的需求。作为培训的组织者，往往忽视了组织需求和岗位需求。而组织需求和岗位需求，同样是培训需求非常重要的内容。

那么培训需求从哪里来呢？简单地讲，组织需求从上级文件特别是中央文件、高检院的文件、我们省级检察机关的文件去找。如果说落实到一个人，我们所在单位的检察长和分管检察长的患见，就代表了组织需求。检察长从他的角度认为，公诉人的哪些方面需要进行培训。同样的道理，岗位需求的来源就是我们的公诉处长，公诉处长认为公诉队伍需要培训什么。个人需求，当然就是我们一线的各位公诉人，到底需要什么培训。所以说，培训需求是三个方面的结合，而不单纯是学员的需求。

强调培训需求的意义和作用是什么？主要是解决教育培训的针对性问题。在2010年至2020年中央教育培训改革纲要出台之前，中央组织部有关部门做了一个大型的干部教育培训调查工作，全国教育干部培训存在的普遍问题，最突出的问题是干部教育培训或多或少存在针对性和实效性不够好的问题。

开展培训需求调查，就是解决教育培训的针对性问题的有效措施。无论是以谈话的方式还是以问卷调查的方式，做完这个培训需求调查之后，形成一个调查分析报告，根据这个调查分析报告，形成我们的培训方案和培训课程。

（二）以问题为中心

以问题为中心的理念，是我们公诉实训的核心理念。它是什么意思？为什么说它是核心理念？因为公诉实训始终是围绕问题来开展的，从开始的培训需求调查到培训需求的分析报告，到培训计划的生成、课程设计、课堂教学实施，都是围绕着问题来展开的。我们在教学的过程中，始终强调呈现问题、发现问题、提出问题、研究问题、分析问题、直至解决问题。“问题”这两个字，应当始终放在我们实训学员、实训老师头脑中第一位的位置。为什么这样说？有这样一句话说“问题是时代的格言”，这是我们伟大的导师马克思说的；公诉实训强调的几句话是：“重要的是问题而不是答案。重要的是呈现问题而不是呈现经验，发现问题比找到答案更有价值。”每当讲到这几句话的时候，我看到很多学员的脸上就已经呈现了一种疑惑的表情，为什么问题比答案更重要？为什么发现问题比找到答案更有价值？难道我们来到这里不是来学习经验的吗？难道我们来到这里不是为了找到正确的答案吗？

我的回答：是的。

公诉实训模式下的教学目的，不是来学习成功经验的，不是来寻找正确答案的，而是来发现问题的，我们是围绕问题来开展培训的。之所以强调问题比答案更重要，也是在解决培训的针对性问题。真正的培训需求实际上就是解决问题，那么首先要呈现问题和发现问题。通过学员的实战演练、小组评议、老师引导，大家在小组的讨论中、在情境模拟的过程中、在展示汇报的过程中、在控辩对抗的过程中，你一定会呈现出很多问题，作为其他小组评议的同志，一定会发现你存在很多的问题，这就是我们的方式。

我们强调，让学员懂得自身存在什么问题，比告诉他正确答案更有意义，让学员懂得自身存在什么问题，要通过自己的学习、自己的讨论，来发现你身上存在的问题。

我们在实训过程中所采用的情景模拟、角色扮演等方式，它的首要目的不是“立”，而是“破”。“练”是载体，为的是“破”。“立”是什么？“破”是什么？“练”是什么？这种实战演练方式的主要目的，不是练习正确的方式，而是让你在练的过程中，充分暴露问题、发现问题和反思问题。

有的学员现在用更加疑惑的目光看着我，为什么这样说？为什么我们的角色扮演过程，比如模拟法庭辩论、讯问被告人、询问证人等，不是为了练习正确的方式呢？因为这是实训模式，我们的这些情景模拟和角色扮演，直接的目的不是让你练习如何正确地讯问被告人，如何正确地在法庭上进行辩论，而是作为一个载体，通过模拟训练的方式，暴露你存在的问题，这才是主要的目的，所以说它不是“立”而是“破”。

这是一个非常非常重要的理念，大家会慢慢体会。参加实训之后你会发现，这种以暴露问题、发现问题为直接目的的实战训练，它的效果一定好于以练习正确的方式为目的训练。说实话，当我总结这些话的时候，我心里也非常纠结。我想，怎么能让我们的学员体会到问题比答案更重要呢？怎么能让学员能够接受发现问题、暴露问题比学习正确的经验、比练习正确的做法更重要呢？

我就找证据——伟大的哲学家苏格拉底曾经说过，教育是把我们的内心勾引出来的工具和方法，最有效的教育不是告诉人们答案，而是向他们提问。问题是接生婆，它能帮助新思想的诞生。

关于这一点，全国公诉实训师资班的上海浦东新区检察院学员吴菊萍，经历了这样的心路历程："当第一课结束时，我们都还在质疑（发现问题比找到答案更有价值），只看病不抓药行不行？到一周课程结束时，至少我本人已经怀疑这个质疑是不是一个伪命题？时至今日，我几乎完全消化了、认同了这一理念：对于我们这些具有比较丰富的公诉经验的人来说，发现问题真的比找到答案更重要!!!"我想，在座的学员也会经历这样一个认识过程。

为了强化以问题为中心这一理念，大家一起大声念"以问题为中心！"念三遍！

（学员集体大声念："以问题为中心！以问题为中心！以问题为中心！"）

非常好，谢谢大家参与。

（三）以学员为主体

什么叫以学员为主体呢？就是我们的学员是培训需求的提供者，问题的提供者和解决者，学员是这个培训班的主人，这一点是需要培训的组织者、培训老师要时刻牢记的。以学员为主体的意义作用，体现的是以人为本，更重要的是符合现代教育培训成人学习的规律。成人学习的规律和在校学生、未成年人的学习规律是不一样的。成人学习的规律之一是集体学习，就是以小组为单位的集体学习、互相学习、互相评议、共同研究讨论问题，最后来寻找一个大家共同认可的答案。成人学习的规律之二是自主学习，就是学员根据自己的经验，自己来发现问题和解决问题，具体到我们的公诉实训班上，就是学员自己来制作案件审查报告，自己去扮演公诉人、扮演辩护人、扮演法官、扮演被告人、扮演被害人，总之来说基本上是 DIY 了。那么，老师在实训课堂上是一个什么角色？

（四）以教师为主导

跟以学员为主体的理念相对应，以教师为主导的理念，就是说实训老师是课堂教学的主持者、引导者，而不是知识的传授者。他更像一个主持人更像一个导演，还是一个问题的催化者。什么叫催化呢？比如学员研讨某一个讯问被告人的问题，假设对这个问题讨论程度是十分，但是我们的学员只讨论到了六分、七分，这时候老师就要把问题往深入里引导一下，让大家把问题讨论到九分、十分，这就是老师对问题的催化作用。当然，老师要制订课程的教学方案，确定课堂学习方式，主持课程的进度，分派扮演角色、学习任务、引导讨论和总评。

做一个好的实训老师的定位是什么？——不做课堂的权威，而要做一个好的导演和主持人。实训教师的职责是什么？——是引导学员发现什么是错的，而不是直接告诉学员什么是错的，更不能直接告诉学员什么是对的！这一点，跟我们的传统讲授式教学又有巨大的差别，甚至可以说是一种颠覆式的差别。作为学员，你也不要希望老师直接给你指出错误，更不要希望老师直接告诉你正确答案。实训老师的职责是引导学员自己发现自己哪里错了，自己存在哪些问题。如果老师直接告诉你一个正确的答案，明天你就忘记了，最迟到培训班结束的时候，就全部还给老师了，这是科学证明的认知规律。所以说，作为实训老师，如果企图呈现自己的学问知识和成功经验，而不是引导学员发现问题，是公诉实训老师的大忌。

每次讲到这里，我都想起一个真实的实训课堂教学例子。在第一期全国公诉实训班上，我们有一位老师叫徐航，作为公诉人应该有所了解，她是第三届全国十佳公诉人的第一名，是北京市检察院第二分院公诉二处的副处长，是我们非常优秀的实训老师之一。徐航当时主持的课程是《庭审讯问与被告人翻供应对》，当课堂教学进行到被告人翻供如何应对这个问题的时候，她就问我们学员：在座的各位遇到没遇到过当庭被告人翻供的？当然，绝大部分公诉人都遇到过。然后她又问，那么你遇到被告人当庭翻供之后，你有几套应对方案？有的公诉人说，我有一套应对方案，有的说我有两套应对方案，有的说我有三套应对方案……徐航看到大家交流了这么多好的应对方案，很高兴，就问：你们想知道我有几套应对方案吗？学员们异口同声：想——徐航做了一个手势说：我有八套应对方案。天啊，八套应对方案?！来自各个省的优秀公诉人都瞪大了惊讶的眼睛，继而爆发出雷鸣般的掌声，纷纷大声喊道：徐航老师，你赶紧给我们讲讲你的八套应对方案都是什么吧！我们要学习，要背下来。可以说，当时学员们群情激奋，课堂场面非常火爆。

那堂课，我正好在下边听。说时迟，那时快，就在徐航要给大家分享她的“天龙八部”神功的时候，我赶紧跟徐航打了一个“Stop”的手势。我说，这是实训课堂，现在徐航老师是一位实训老师，而不是一位讲授式的老师。实训教学强调，重要的是问题而不是答案；实训老师呈现自己的成功经验和正确做法，而不是引导学员自己发现问题和解决问题，是实训老师的大忌。

为什么呢？英语有一句话：“If I tell you，you forget it. If you find it，you get it.”这句简单的英语，很能说明这个道理——如果我告诉你答案，你会忘记；如果你自己发现并解决了问题，你会牢记。布鲁纳的发现学习理论也解释了这一道理，该理论认为：一切真知识都是自己发现的，发现行为是教育追求的目标，因为只有亲自发现的知识才是真正属于自己的，才是自己的财富。

以教师为主导，还要强调呈现问题是最主要的目的，教师不能提供明确的解决方案是正常的，老师也要作一个学习者，而且是一个不停止学习与成长的人。老师要充分信任学员的智慧，我们的学员对同样一个问题，一定会提出许多令你意想不到的、令你惊喜的问题和解决方案来。

（五）以行动为方式

这一理念的含义是说，行动是实训教学的主要实施方式。包括小组的集体讨论、制作、展示、演练、互相评议，包括情景模拟、角色扮演等，学员都是在行动中学习。成人教育培训领域有这样一句名言：“成人的培训是一种基于反思的体验。”这里有两个关键词，一是“体验”，二是“反思”。如果你在参加培训的过程中，没有体验，那一定不是现代教育培训理念指导下的培训；如果你在培训的过程中，没有反思 ，它也不是一种现代教育培训。所以说，我们在整个实训的过程中，要时刻注重体验和反思，你要做一个体验的积极践行者，做一个深度反思的积极践行者。

那么，如何体验和反思？公诉实训把学习视为一个过程，而不是简单地获取一个结果。在公诉实训的过程中，你要把关注点放在阅卷、审查案例、制作、讨论、演练、提出意见的各个环节中去，而不是关注那个课程的最后结果。比如抗诉书的制作，如何制作一份优秀的抗诉书，我很早就有过研究总结，如果仅仅是要一个如何制作优秀抗诉书的方法，去查一查《人民检察》2001 年第 1 期，就能找到答案。但是，那样一篇文章对于提升你撰写抗诉书的能力，能有多大意义呢？至于为什么意义不大，涉及学习效果的问题，我们后面会论证。公诉实训强调在培训期间学员一起现场制作抗诉书的实训过程，而不是简单地获取一个结果。案件审查报告的制作也是这样，讯问犯罪嫌疑人、讯问被告人、询问证人、询问被害人、法庭辩论等，也是这样。如果仅仅是由老师告诉你如何制作抗诉书、如何制作案件审查报告、如何讯问犯罪嫌疑人、如何询问证人、如何法庭辩论，那是传统的讲授式培训，就不是我们的公诉实训。

（六）以能力为目的

它的基本意义是指，公诉实训的目的是提升被培训者的能力，而不是增长知识。为什么？我们参加的很多培训，绝大多数都是以获取知识为目的的。但是，从培训需求来看，无论是组织需求、岗位需求还是个人需求，大家反映需求最多的是知识吗？不是知识。培训需求调研结果反映，最需要提升的是能力，是我们的业务实践能力。以能力为目的的实训理念，主要是解决培训的实效性，强调培训的实效性，实际上就是希望通过培训提升我们的工作能力，改善我们的工作业绩。有人把知识和能力做了区分，说人与人之间最大的差别，不在于知识的多少，而在于思维和行动的过程。这个思维和行动的过程，实际上就是一种能力的体现。你有再多的知识，不能够或者无法运用到工作中去，就是没有转化为能力。学习的本质、培训的本质，在于参训者行为的改变。

公诉实训的六个理念，与传统的讲授式培训理念比较，主要体现在以下四个方面：以教师为主体还是以学员为主体，以经验为中心还是以问题为中心，以讲授为方式还是以行动为方式，是以知识为目的还是以能力为目的。

三、公诉实训的八个转变

在总结了公诉实训的六个理念之后，我们提出了公诉实训的双实模式，以及双实培训模式的八个转变。

公诉实训的双实模式，包括两层含义，一是以实务为内容；二是以实战为方式。双实培训模式的八个转变是指：第一，从以经验为中心向以问题为中心转变。第二，从以教师为主体向以学员为主体转变。第三，从单一讲授式教学向全程的行动式教学转变。第四，从混合型的课程设计向专题型的课程设计转变。第五，从教授教检察官向检察官教检察官转变。第六，从大班教学个人学习向小班教学团队学习转变。第七，从以知识为目的向以能力为目的转变。第八，从无限目标向有限目标转变。

这八个转变的很多内容，如果在理念部分已经讲过的，这里就简单地讲；如果前面没有涉及的，就稍微详细地跟大家介绍。

（一）从以经验为中心向以问题为中心转变

以问题为中心，是公诉实训的核心理念。传统的讲授式培训，是以经验为中心的，老师在课堂教学中，主要是讲授这一课程的概念、特点、规律，讲授他总结的成功经验和正确做法。但是在实训课堂上，我们就完全颠覆了以经验为中心、以正确的做法为中心的这样一种模式。

那么，如何实现问题的呈现、发现和解决？就是通过贯彻我们的双实模式，让学员在课堂上行动起来、参与进来，让学员“做”；就是把我们在办公室的工作、在提讯室的工作、在法庭上的工作，搬到我们的实训课堂上来。通过我们设计的课堂学习流程，通过角色扮演、现场模拟、讨论等各个环节，呈现你在这个工作中存在哪些问题，并进一步解决问题。

之所以说是“颠覆”，因为我们强调整个实训过程中都要围绕学员自身存在的问题展开，始终围绕呈现问题、发现问题、讨论问题和解决问题来进行培训。也可以说，实训课堂上是排斥成功的经验和正确的做法的。

（二）从以教师为主体向以学员为主体转变

传统的讲授式教学模式，毫无疑问是以教师为主体，就像今天我们正在进行的这个课堂，我作为授课教师拿着话筒，主导着这个课堂，我是这个课堂的主人，我是这个课堂的主体，我讲什么你们就要听什么，我讲得快你们要快听，我讲得慢你们要慢听，我讲得好你们也得听，我讲得不好，你们也还是要听，老师处于绝对的主体地位。但是在实训的模式之下，教师和学生的地位就颠倒了，老师成为一个服务者，老师像一个导演，学员是演员，是主角。老师主持引导，学员自己集体讨论、制作、演练，学员自我体验、自我反思，自我发现、自我发展，不再依赖老师告诉正确答案了。老师起到的是一个穿针引线的作用、导演的作用，老师就是一个导演，一个主持人的角色。

所以说，作为实训老师，必须从关注自己转向关注学员，要让学员在课堂上充分发挥、表现、绽放；在行动中充分发现问题、讨论问题，一起寻找解决问题的方案。教师要成为问题的催化者，而不是主动展现问题，更不是主动告诉学员答案。这是一个重大的转变。韩愈在《师说》中的名言：“师者，所以传道授业解惑也。”流传千古，千古流传，到我们的实训课堂上，就并不是那么适用了。

这个方法与苏格拉底的教学法有很多相似之处。苏格拉底与柏拉图、亚里士多德，并称希腊三贤。苏格拉底的教学法也叫问答法，又叫精神助产术或者产婆术，也是强调以学员为主体，教师处于引导者的地位，老师不是直接告诉学员答案，而是让学员自己解决问题，强调学习的过程。这里有一个苏格拉底教学的例子，我们现场演练一下，看苏格拉底是怎样教学的。这个教学的主题是“什么是正义的”。我选一位学员跟我做一下配合，哪位学员愿意参与？好，小赵同学，我扮演苏格拉底，你扮演学生，看着屏幕，一问一答即可。开始。

问：虚伪应归于哪一类？

答：应归入非正义类。

问：偷盗、欺骗、奴役等应归入哪一类？

答：非正义类。

问：如果一个将军惩罚那些极大地损害了其国家利益的敌人，并对他们加以奴役，这能说是非正义吗？

答：不能。

问：如果他偷走了敌人的财物或在作战中欺骗了敌人，这种行为该怎么看呢？

答：这当然正确，但我指的是欺骗朋友。

问：那好吧，我们就讨论朋友间的问题。假如一位将军统帅的军队丧失了士气，他欺骗士兵说援军马上就到，从而鼓舞起斗志取得胜利，这种行为该如何理解？

答：应算是正义的。

问：如果一个孩子有病不肯吃药，父亲骗他说药不苦、很好吃，哄他吃下去了，这种行为该属于哪一类呢？

答：应属于正义类。

问：如果一个人发了疯，他的朋友怕他自杀，偷走了他的刀子和利器，这种偷盗行为是正义的吗？

答：是，也应属于正义类的。

问：你不是认为朋友之间不能欺骗吗？

答：请允许我收回我刚才说过的话。

好，谢谢您的参与。大家掌声鼓励一下！（热烈的掌声）

这是苏格拉底教学的一个过程。我们看看这段对话，讨论的问题是“什么是正义的”，实际上老师心中已经有答案了，对吧？苏格拉底心中对问题已经有非常明确的答案，但是，他没有直接告诉学生什么是正义的，而是通过一层一层地提问题，逐渐地往下挖掘，最后让学生自己得出问题的答案来。这就是以学员为主体的教学方法。如果是以教师为主体，苏格拉底就会这样讲：关于什么是正义的问题，不能一概而论，要区分不同的情形，同一种行为，在这种情况下是正义的，但是在另一情况下它可能是非正义的；在这种情况下是非正义的，但在另外一种情况下又成为正义的。比如，盗窃、欺骗，在一般情形是非正义的，但是如果是盗窃敌人的武器，如果是骗孩子吃药，就是正义的了。苏格拉底教学的这个例子，也启发我们作为一名实训老师，怎样去催化问题，怎样引导学员讨论，以及如何深入讨论问题。

（三）从单向讲授式教学向全程行动式教学转变

传统的讲授式教学模式，就是老师在讲台上讲，学生在下面听，这是一个单向的灌输式的教学。讲授式教学中虽然也有一些简短的交流，但是这种交流仅仅是一点互动。那么在我们的实训课堂上，我们的行动式教学，每一个实训课堂一定要有案例，真实的案例，一定要有情景模拟、角色扮演、现场制作等实战演练，它是双向的，甚至是多向的。

实训教学模式，一般分为四个小组，教室里座位的布置也与讲授式课堂不一样，我们一般布置为“岛式”课堂，四个小组就是四个小岛，中间是一个模拟演练地区。模拟演练法庭辩论啊，讯问被告人或是询问证人啊，向检委会汇报案件啊，都在中间区域。分为四个小组，对面而坐，是方便团队学习，方便讨论。实训模式为什么特别强调以行动为方式？为什么不提倡讲授式教学方式？有什么根据吗？

我们先来看一组关于培训方式和培训效果的科研数据。

第一种是读。就是通过阅读的方式学习，那么经过 24 小时之后，它的知识留存度或者你所获得的留存度是多少呢？是 10%。

第二种是听。听的效果比读的效果好。你如果听一段你要学习的东西，过了这一段时间之后呢？你能记住其中的 20%。

第三种是又看又听。效果更好了。也就是眼睛和耳朵并用的时候，又看又听的时候，经过 24 小时之后，能留存 50%。

第四种是又听又说，耳朵和嘴巴并用的时候，那么过了这一段时间之后，它的效果是 70%。

第五种是又听又说又做，经过 24 小时之后，它的知识留存度是 90%。

第二种听的学习方式，就是传统讲课式教学的学习模式，学习效果是 20%。第五种又听又说又做的方式，正是与公诉实训模式相符合。在公诉实训课堂上，你要用耳朵听，要开口说话，要实际制作演练，如案件审查报告的制作、抗诉书的制作，讨论、汇报等，都是又说又做又听，这样的学习效果达到 90%。

这一组数据是教育培训的科研人员，经过实验得出的结果，有相当的说服力。当我发现这个实验结果的时候，说实话，我非常兴奋，确实没想到我们的公诉实训模式，是效果最好的学习方式。印第安人有这样一段名言说：“你让我听，我会忘记，你让我看，我还会忘记。但是让我做，我会牢记。”

为什么从中央到最高人民检察院，都在强调教育培训方式的改革？就是因为传统的讲授式培训效率太低了，占用了大量的时间、人力、物力资源，但是取得的效果并不理想 。从上面的数据可以看到，公诉实训模式是最有效的学习方式。

（四）从混合型课程设计向专题型课程设计转变

这个转变主要是从组织者、从老师的角度来讲的。传统的培训课程，往往培训主题不是明确，不分专题或专题分散。什么意思呢？你回想一下，过去你曾经参加过的一些培训班，一期培训班的课程表上都有哪些课程呢？比如，一期培训课程，既有关于新法解读的，又有关于讯问技巧的，还可能有对无罪案件的分析报告……往往是内容宽泛，主题不明，课程与课程之间关联度较小。

公诉实训的专题式培训课程设计是什么样？我们的专题培训每期只确定一个主题，围绕这个主题设计若干个专题，每天的课程确定一个训练的专题。举一个实际的例子，比如公诉文书制作实训班的课程设计：第一课案件审查报告制作，第二课补侦意见书与退补提纲制作，第三课起诉书的制作，第四课公诉意见书的制作，第五课庭审答辩提纲制作，第六课抗诉书的制作。没课设计为一天的时间。这是一个典型的主题——专题型课程设计方案，除了文书制作，没有其他不相关的内容。

（五）从教授教检察官向检察官教检察官转变

大家看一下我们的课程设计，就看出来了授课老师的与众不同：所有的老师都是在职的一线检察官，没有一位大学教授。这就贯彻了检察官教检察官的要求。国际上司法官的培训，有一个规律叫司法官教司法官，转化到检察系统就是检察官教检察官。道理非常简单，因为公诉实训是以实务为内容、以实战为方式的培训模式，谁了解实务？是我们的检察官。如果你请大学的教授做老师，他们怎么能教我们的公诉实务呢？所以说，检察官教检察官是我们公诉实训师资方面的一个非常重要的特点。

（六）从大班教学个人学习向小班教学团队学习转变

讲授式培训模式下，一个培训班可以有 50 人，可以有 100 人，甚至 200 人，是典型的大班教学。在大班教学情况下，一般就是老师讲、学员听，学员之间没有交流互动，因而是个人学习的方式。实训模式选择的是小班教学，一个班 24 人或 32 人，面向全国的培训班都是 32 人，正好每个省级检察机关分配一个名额。为什么用小班教学呢？主要是为了实现学员相互之间的交流、讨论、实现以小组为单位的团队学习，而团队学习是成人学习最有效的方式，由此提升培训的效果。

（七）从以知识为目的向以能力为目的转变

这个转变就不多讲了，前面讲过，讲授式培训模式的目的是传授知识，老师传授知识，学员获取知识。实训模式是围绕问题的实战训练，在做的过程中，在发现讨论和解决问题的过程中来提升个人的能力。

（八）从无限目标向有限目标转变

讲授式培训模式下，无论是组织者、老师还是学员，大家在潜意识中或者一个直接的目标，都希望老师能够多讲一些，多传授一些知识，在有限的时间内学的越多越好；学员也是希望听到的越多越好，就像前面我举的那个例子，对被告人庭审翻供有八种应对方案，学员们都非常感兴趣，都希望老师多讲一些。但是它的结果是什么呢？你希望学到的越多，你最后得到的可能越少，因为贪多嚼不烂，这是一个大家都认可的道理。实训模式强调有限目标，就是在一次培训班上，能集中解决一个问题就不错了。千万不要希望通过一次培训，能解决 n 个问题，不可能。你要相信：Less is more。俗话说的好：给你一座金山你搬不走，给你一块金条可以揣口袋。

四、公诉实训的流程做法

现代教育培训的基本流程，包括四个大的环节，即培训需求调查—培训计划生成—培训实施—培训评估。公诉实训的基本流程与现代教育培训流程一致，也是这四个大的环节。

公诉实训的做法包括三个方面，即组织者的做法、教师的做法、学员的做法。

（一）组织者的做法

组织者我们归纳为八步法，称“组织者八步法”。第一步搞好培训需求调查，第二步抓牢课程设计，第三步选准配强老师，第四步精心编写教材，第五步及时进行教学沟通，第六步组织培训反思小结，第七步随堂开展培训评估，第八步人本化的管理。

关于组织者的做法，我们要清楚教育培训组织者的定位与要求。作为各个单位的教育培训部门，我现在要求北京市检察机关的专职教育培训干部，首先要做一个策划者和设计者，然后做一个组织者和管理者。一定不要把自己单纯定位为一个组织者和管理者，重点在对培训计划的策划和设计。一次培训有了培训需求调查之后，知道大家需要什么了，那么如何来实现这个需求。实际上这个工作就是培训计划生成的过程，就是一个策划和设计的工作，是一个典型的智力创造过程。刚才我给大家举的那个例子，公诉文书制作培训班，现在看大家一个主题下边那么多专题，一课、两课、三课，每一课采取什么方式上课，看起来很简单。但是在最初的时候，仅仅是一个培训需求调查，如何转化成这样一系列的课程，绝对不是一个简单的事情。可以说，公诉实训是第一个设计出这样的公诉文书培训课程的。

形象地说，组织者要作为一个总编剧和总导演，一期培训课程设计为3天也好、5天也好、10天也好，作为组织者、总编剧、总导演，你要去设计每一天的课，确定什么专题内容？用什么方式上这个课？实训的组织者，需要一个团队，需要一个专业化、团队化的组织来完成这样一次专业的培训。我们强调要搞专业化的培训和培训的专业化，就是强调这个策划和设计水平，策划设计出一个真正有针对性、实效性的培训课程来。否则的话，很难叫一个专业化的培训。

1. 搞好培训需求调查

主要采取问卷调查、材料分析和谈话调查的方式。需要强调的是，需求调查包括三个方面，组织需求、岗位需求和个人需求，特别不要遗漏了组织需求。

2. 抓牢课程设计

公诉实训的效果，策划者和设计者的专业水平，主要体现在这个课程设计上，也就是你们现在拿到的这个课程设计表。大家参加过很多的培训，你可以对比一下，与其他培训的课程表有什么不同？很少有一期培训的课程表，像我们公诉实训课程表这样，详细列明了专题一内容是什么，教学方式是什么……我们课程设计的方式概括为“四定三问一协调”，就是定主题、定专题、定方式、定老师，问内容是不是具有针对性，问方式是否具有感染力和吸引力以及可操作性，问老师是否能够胜任和适应这个培训内容和培训方式，最后要协调各培训要素之间的匹配。步骤大概就是，根据需求调查结果确定主题，围绕主题确定每天的课程专题，然后设计实现每个课程专题的最佳方式、选择最匹配的老师。课程专题确定之后，组织者需要不断地检视和调整培训的实施方式，促使课程设计达到最佳的效果。每一期公诉实训的课程设计，最后定稿的培训方式的修改，都没有低于十次的，直到最后交稿印刷的时候，还在设计如何让这一课能够取得最好的效果。第一期全国公诉实训班的课程设计，最后定稿是修改了22稿，才拿到全国班上去执行。所以说，课程设计是组织者最核心的工作，这个课做的好不好、效果好不好，很大程度上就取决于课程设计的好不好。

3. 选准配强老师

坚持检察官教检察官的要求，从检察教官师资库中选择最匹配的、最有实力的检察官来担任这个课程的老师。我们选择公诉实训老师的对象，主要从全国十佳公诉人、全国优秀公诉人、北京市十佳公诉人中选择。例如，邹开红、金铁、姜淑珍、叶衍艳、武广轶等，都是全国十佳公诉人。

4. 精心编写教材

我们的培训教材、培训手册、学员交流材料、课堂教学案例，还有这一个案卷，都是真实的案例、真实的案卷。实际上就是把办案搬到课堂上来。要围绕以问题为中心这个理念来选教材，选案例。选案例教材的过程是非常慎重、非常困难的一件事情，不是随便找一个案例就行的，既要取自真实的案例，还要求这个案例具有典型性。

5. 及时进行教学沟通

教学沟通包括与教师沟通和与学员沟通两个方面。组织者与教师沟通，主要是沟通实训教学的理念和教师的教法。

与学员沟通什么呢？跟以问题为中心这个理念有很大的关系。在实训的课堂上学员面临着两个障碍。第一是情感障碍，第二是信任障碍。

什么是情感障碍？因为我们坚持以问题为中心这个理念，在实训课堂上大家讨论之后，小组评议之后，针对汇报小组或者演练小组的展示、汇报、演练，进行评议的时候，重点是评议他存在的问题和缺点，也就是给他提意见，提批评性的意见。虽然批评和自我批评是一大法宝，但是人们已经习惯了表扬与自我表扬，真正要开展批评与自我批评的时候，是一件非常困难的事情。但是实训课堂离不开批评，离不开自我批评，特别是当你去批评你的同事，甚至批评你工作中的领导的时候，如何才能做到？批评与被批评，都不是那么一件舒心的事。讲到表扬你的优点，说你长得漂亮，说你长得帅，说你工作做的好，说你业绩好，听了都眉开眼笑。给你提意见的时候，提缺点的时候，恐怕真正能够笑着、心情愉悦地接受，很困难。这是一个现实，也是人性的一个弱点。每一个人都存在这样的情感障碍。

怎么克服这个情感障碍？有两句话送给大家，第一句话是“别人身上的缺点是自己存在的价值”，当你看到你自己的同事在汇报的时候、在演练的时候存在了那么多缺点和问题的时候，你不要去嘲笑他，不要看不起他，因为正是他身上存在的这些缺点，你的存在才有价值。如果他是完美无缺的，我们其他人怎么去存在呀？第二句话是“自己身上存在的缺点是他人存在的价值”，很可能你的文书、你的演练，经过各个小组讨论之后提出的批判意见让你非常难堪，甚至批评的体无完肤。这个时候你不要灰心也不要气馁。更不要自己看不起自己，觉得我怎么做得这么差啊，我向来觉得自己非常优秀啊。因为自己身上存在的缺点，是别人存在的价值。如果你是完美无缺的，周围的人怎么存在啊？有了这两句话，我相信你就能够正确地看待别人身上存在的缺点和问题，也能够坦然地接受自己身上存在的缺点和问题。德国有一句谚语说犯错误让你更聪明，不要害怕犯错误。我们害怕的我们担心的是我们的错误犯在我们真正的庭审过程中。在培训班上犯错误出问题没有关系。我们在这犯了错误，我们在这出了问题，为的是在我们的实际办案过程中，在我们的庭审过程中，不再出现这样的问题，不再犯这样的错误。

关于信任障碍。指的是在成人培训过程中，会产生学员不信任老师的情况。如果授课的老师就是一名普通检察官，他没有什么头衔，学员心里会产生疑问：这个老师能行吗？他还不如我的水平高呢，怎么能做我的老师呢！这就是信任障碍。所以说，作为学员，要信任老师。

6. 反思与小结

我们实训之后的每一个实训课的第二天早上，安排了10分钟的时间，各个小组对头一天的实训课程做一个简单的反思和小结。成人的培训是一种基于反思的体验，这个反思就体现在这个环节上。

7. 开展培训评估

开展培训评估也就是测评培训效果，大家对这堂课对这些老师有哪些意见和建议，请大家去打分去测评。最好的方式是采取分离式的评估，就是我作为组织者、搞培训实施培训，但是评估由另一个机构来做。全国实训班就是我们北京市院来做组织实施培训，评估是高检院政治部来做的，所以前面我给出的那些测评的数据，它的客观真实性还是非常值得信赖的。

8. 人本化管理

作为组织者不仅仅考虑课堂上的授课、前期教材的编写、课堂的组织，而且还要考虑整个课堂怎么能够让学员体验到一种融入的状态，我们总结叫“情感三部曲”，即破冰打头、活动居中、回顾收尾。这个破冰，实际上是一个小型的拓展训练，中间安排一次集体活动，文艺活动、体育活动或者其他活动。回顾收尾，就是对每个实训班次都要求做这样一个视频回顾片。现在我给大家播放一段全国第一期公诉实训班视频回顾片，大家看一看。（播放视频）这个视频回顾片有什么作用呢？实际上是一个增强我们培训感染力的作用，教育培训不仅要有针对性和实效性，而且要有吸引力和感染力，实际上是为了增加培训的效果。

（二）老师的做法

实训老师的做法包括四个方面的内容，即提供典型案例、认真做好备课环节、课前布置学习内容，实施课堂的教学活动。

什么样的案例呢？典型案例首先要求是一个真实的案例。做好备课环节，包括备教学方式、备任务分配、备时间的分配、课前布置学习任务，刚才我跟大家已经布置了很多的学习任务，这个一定要课前做，如果课前完不成这些任务的话，咱们在课堂的演练就很困难。特别强调如果将来我们组织培训的时候，这个真实的案例怎么选？现在很多培训也有案例教学，但是它把这案例改编的力度特别大，改编的特别多，希望这个案例中融入很多知识点。我认为，你对案例改的越多，这个案例的真实性就越差。公诉实训的案例不追求那种修改。公诉实训的模式是让学员“办案”，不是在案件中设计好错误让学员去挑错，而是让学员在“办案”的过程中呈现错误。就是德国人那句谚语，你在犯错中才会变得更聪明。所以作为我们组织者在选案例的时候，强调“选”比“改”重要，在你的视野范围之内，你通过什么方式去挑选一个典型案例，远远比你拿到一个案例之后去做添油加醋的修改要好，这就是真实案例。因为越是真实的案例越接近我们的办案实践，我们的培训越接近我们的办案实践，它的效果必然越好。

课堂教学的主要方式就是办案式加对抗式、情景模拟加角色扮演，那么这个办案式和对抗式呢？像文书制作、像法庭辩论、像讯问犯罪嫌疑人、讯问被告人、询问证人，这一些都可以采取情景模拟和角色扮演的方式。特别是在文书制作的课堂上，他看上去是一个静态的培训方式，就是静态制作。但是我们要努力营造一种能够对抗的模式，增强课堂效果，增强大家相互交流，相互交锋的过程。

老师的准确定位还是特别重要。老师在课堂上要做一个好的倾听者、好的引导者、做一个好的接力者、做一个好的归纳者。虽然是以学员为主体，以教师为主导，但是老师绝对不是可有可无的。做实训老师是很累的，甚至比讲授老师更累，因为你始终要关注学员，要去听学员讨论的是什么，提出了什么问题，提出问题之后大家的反馈意见是什么。引导者，这个问题如果还需要继续讨论，你把他引到了那个方向，又不能直接告诉他答案。但是你如何引导做一个好的接力者，如何去催化问题，给他引导到更深入的讨论，最后一个归纳。

老师要承认自己不是万能的，是与学员一起讨论问题，是一种对话而不是答疑。我们将来做老师的时候，你千万不要把自己看的很高，觉得我是老师，我是全国十佳公诉人、我是全省的十佳公诉人、我是处长，我好像什么问题都得答出来才可以，绝对不是那样的。我们是跟学员在做一个平等的对话 ，只不过我的职责是把这个对话引导好、主持好、接力好、归纳好而已。所以说，真正的教学并非提供知识，而是激励学生心向往之。这个老师如果能把学生的积极性调动起来，让学生自己讨论的越深入越激烈，那这个老师就是成功的。有的老师是这样总结的，老师说的越少越好，学生说的做的越多越好。

作为一个老师，我大概总结出这样几个流程，熟悉培训案例、了解培训对象、准备授课方案、培训开始前布置学习任务、上课开始后宣布授课方式、把握授课时间、做好引导和控场、发现明星学员和意见领袖、做好归纳总结、授课效果的升华。发现明星学员和意见领袖是实训老师的一个重要职责。因为每一个小组，大家需要一个熟悉的过程，有可能在某些情况下可能热烈程度不够，但是每一个小组、每一个培训班，都会有一些学员崭露头角、会与众不同，这就是我们期待的明星学员和意见领袖。这时候老师要及时地给予表扬和鼓励，让他发挥更大的作用，带动其他学员都参与进来。

那么作为老师，你的成长、你想组织好这门课，实际上没有别的办法，“只有教，你才会教”，这句话我是借用巴金老先生答读者的话，如何才能写好作文，如何能写出好的作品？巴老说“只有写，你才会写”。

（三）学员的做法

如何做一名实训学员呢？第一点，切实做好课前准备，第二点参与讨论和演练，第三点提出批评性意见，第四点践行团队集体学习。

第一点做好课前准备特别重要，熟悉案例、制作文书和方案。熟悉案例肯定是课前熟悉的，制作文书或方案我们有时候安排在课堂上，有时候安排在课下，如果安排在课下准备，就需要大家加班加点，牺牲一下休息的时间。统计显示，我们前 5 期的公诉实训班的学员每天晚上预习的时间平均都在 23 点之后，有的小组到凌晨 3 点，一点都不夸张，而且不用我们去强行的要求，你们会自觉地学习到这个时候。这是在宿舍，小组在讨论在学习的场景，这很可能是晚上 12 点之后了。所以说，公诉培训有促使学员学习的内生动力，真正地实现了由“让我学”到“我要学”。我们的领导干部研修班、职务犯罪侦查班，一些反贪局长、侦查处的处长同样是这种精神，同样是这种做法。北京市丰台区人民检察院的一个学员，他是这样总结的：

此次实训让我对案件汇报有了全方位的了解。学习的效果也从蜻蜓点水变为鱼翔浅底。从分析材料、组内讨论、撰写汇报稿到制作演示文稿和现场模拟汇报，每一个环节我都亲身经历过，这其中给我感触最深的莫过于勘验现场了。为了准确把握案件事实、获取第一手资料，也为了增强案件汇报的说服力，大家决定进行一次现场勘验，为保证勘验效果，我在出发前做足了功课，将有待查证的关键点和存在的问题一一列出，利用周末前往案发现场——马草河桥。我们详细核实了现场情况，并对关键部位拍照取证，随着勘验的深入案件中证据和现场环境逐步印证，分散的事实片段逐渐拼合。

这是学员培训之后的感悟。他的感悟说实话令我非常感动。为什么呢？我就在想有哪一种培训、有哪一次培训能够让我们的学员把积极性调动到如此程度。他带领他本组的学员到这个案件的案发现场，亲自去勘验检查，你可以设想，对这个案件深入到这种程度，然后回头来办理这个案件、汇报这个案件，还能汇报不好吗？这就是实训模式的魅力所在，充分调动学员的积极性和参与性。根据录像资料统计 5 期公诉实训学员先后参加了 74 场全真模拟演练，讨论 208 次，用时 167 学时，累计 1400 人次进行发言。

第四点团队化学习。为什么要分组？为什么我在开始强调不是一个人在做，这就是团队化学习。我们原来一定也听过 Team Work，也做过 Team Work，但是不知道 Team Work 的真谛在哪里，其实就是团队化学习。以小组为单位进行讨论、汇报演示、模拟训练和小组互评等活动，都是以小组为单位。为什么强调团队学习？这是我带我的孩子去少年宫学习的时候，在这个教室走廊里拍的一幅照片，就叫 Team Work，照片的文字说明是“集体的力量能让平凡人做伟大的事情”。三个臭皮匠顶过一个诸葛亮，这个谚语说的就是这个意思。因为团队学习的时候，小组讨论的时候能够相互之间激发、启发新的思维。一个人的思维是线性的，但是大家在讨论的过程中一定会碰撞出你认为原来作为单体的个人所意想不到的一些观点、方法、问题，这就是为什么要反复强调团队学习，反复强调小组讨论。

提出批评性意见，讨论之后，特别是小组评议这个环节，强调的是批评意见，也就是“三顶帽子法”。小组互评，我们经常说每个组用时多长时间，少说优点，多说缺点，至少提 5 个具体缺点。老师在课堂上，经常用的语言就是：每个小组最多提出 3 个优点，但是至少提出 5 个缺点。讨论中要坚持以问题为中心，重在提出缺点，重在提出问题，重在提出批评性的意见。

以上，是关于公诉实训组织者的做法、老师的做法、学员的做法。

五、公诉实训的初步成效

公诉实训模式探索了两年多以后，有哪些成效呢？在理论层面，我们总结出了公诉实训的六个理念、双实模式、八个转变；从培训评估情况看，公诉实训班培训的针对性和实效性大幅度提高，高检院的百分制培训评估结果显示，公诉实训班的培训针对性平均分为 96.2 分，满足培训需求项目得分 95.2 分，实效性得分 95.9 分。培训的吸引力感染力大幅度地增强。

有的学员把公诉实训称为“魔鬼式培训”“三点式培训”。所谓“三点式”培训，是说公诉实训是没有“睡点”、没有“烟点”、没有“尿点”的培训。当学员们进入这个培训过程的时候，就会体会到，如果我不认真准备，如果我不积极参与，如果我不加班加点地学习，我就无法在课堂上有效参与，就会感到没有脸面。所以说，公诉实训模式有一种内在的强大的学习内生动力，驱使着每一位学员积极地参与，真正把培训由“要我学”变成“我要学”。公诉实训的检察官老师通过培训也获得了很大的收获，有的教师认为，公诉实训是教学相长的培训、指明方向的培训。

我们简单地看几个学员的反馈。云南省院的一名学员，是全国优秀公诉人，她是第一期的学员，在培训班上表现优异，被聘为第三期的老师。她参加完第一期公诉实训班后，在自己的法律博客上写下了下面这段培训体会：

这次培训在我的内心引起的震撼和思考，胜于以往历次培训。五天的课程给了我充分暴露问题的机会，模拟中原本认为不可能出现的问题出现了，原本认为很小的问题放大了，模拟中一些失误和始料不及的变化，深深地铭刻在了我的内心。

河南省院的一名学员：对于以问题为中心、以学员为主体的实训理念，我经历了一个从似是而非到心悦诚服地彻底接受的过程。可以说这次培训，是目前为止我参加的培训中收获最大、感触最多、印象最深的一次。

重庆一分院的一名学员：我最大的收获是解决了实际问题。这五天我们32人一直沉浸在发现问题的欣喜中和解决问题的惊喜中。坦率地说，这比自己埋头办十几个案子，而不知道好坏对错更有价值。因此即使我们每天看材料到深夜12点，第二天也能够始终精神饱满全神贯注地投入到培训中去。

宁夏银川市院的学员：如果让我用一个词来形容这次培训的直接感受，我会说是“震撼”。

上海市院的学员，原来是一名普通干部，现在也提升为省院的副处长了：模拟实战的课程由于是亲身经历，所以对问题和建议印象特别深刻，易于理解也易于铭记。

黑龙江省院的学员：公诉实训是挑战自我与战胜自我的过程，每个人在五天中都经历了一场心智的磨炼，我们把它称为“魔鬼训练”，但自己找到了差距，也就找到了努力的方向，也就向自信和成熟迈近了一步。

北京市一分院的学员：这是一次与众不同，而又令人回味的培训，习惯了朝九晚五，中午还要睡上一小时的我，竟然在这高度紧张的五天培训中没有感觉到一丝的疲乏，每天中午回顾着上午的课程，期盼着下午的课，兴奋得睡不着午觉。

山东省院的学员：这次培训我最大的收获是改变了以前的思维模式，开始有了新的思维模式，这种培训模式能充分激发学员的潜能，如果说好的讲授式好比是金子，那么公诉实训模式则像点石成金的方法。

湖南省院的学员，是一位老公诉人，也是全国优秀公诉人，他的例子就是那种培训效果达到了从知识到技能到改变态度那种境界：14 年的公诉经历，使我的心情慢慢沉重，连曾经喜欢的书籍，也早已落满了尘埃。直到这次北京培训，当第一次来到课堂，看到桌椅的摆放，好奇心驱使我去探寻这是“神马”情况？我第一次能够在短短的培训期间，认全了所有学员，了解他们的思想。2011 年 6 月 28 日早上 8 点半，当我目送最后一批同学离去，心中似有所悟，还有这样一群优秀公诉人，对业务孜孜以求，回程中思考的仅有两个字“复制”，不为别的，只为公诉人的荣誉。

北京市丰台院的学员，这是新近发现的例子，这个学员对公诉实训的理解相当深刻：如果说知识是一片海洋，那么以往的学习，就像用筛子从海中舀水，无论多么勤奋，常年累月，知识总会从名为“遗忘”的孔洞中流走，最后只剩下一点点。而最快能让筛子装满海水，而且不会流失的方式，就是将其沉浸于学习的海洋之中，这正是公诉实训之体验式学习的真谛。可以说，此次实训给我带来的绝不仅仅限于知识的充实和能力的提高，更使我身心受到检察工作职责和法律信仰的浸染。亲历现场给了我前所未有的体验，也加强了自己心中追求公平正义的信念。

对于上述学员、这样的公诉人，不可能不成长好，不可能不成为一位优秀的公诉人。有哪一种培训模式，能够有公诉实训这样的吸引力，这样的感染力？

六、问题交流

最后跟大家交流几个问题。

（一）师资问题

大家一看我们北京的培训班，师资都是全国十佳公诉人、优秀公诉人，我们没有这样的优秀师资怎么办？我的回答是，没有关系，优秀实训老师是挖掘出来、培养出来的，北京的公诉实训老师，都是从没有教过课的公诉人中培养出来的。即使没有全国十佳公诉人，那一定有全省十佳公诉人、全市十佳公诉人、全县十佳公诉人，他们都是优秀的实训师资储备，都可以做实训的主持老师，你要相信他们一定能够胜任。要大胆地给他们机会，要用心去指导、去培养。

（二）小班问题

各地的培训处长、公诉处长提出，你这个公诉实训是小班教学，我一个院一个地区有几百位上千位公诉人，我怎么能够完成培训任务啊。必须强调，小班教学是公诉实训的特点和原则，从完成培训数量方面讲，小班教学是公诉实训模式的局限性，它无法在短时间内完成大规模的培训。对于这一点，我们找到了一种方法，给大家介绍一下。我们前期搞的职务犯罪侦查实训班，100 多人，我们把这个大班分成 5 个小班，一个班 20 多个人，较好实现了培训的规模化。

（三）实训模式与讲授式模式的关系问题

大家一定有这样的疑问，你一直在强调讲授式教学存在那么多缺点，效果那么不好，实训的效果这么好，是不是在贬低讲授式教学？我说不是。讲授式教学和实训模式教学，它适用的内容和目标是不一样的。讲授式教学适用于什么？适用于大家获取新知识，适用于以增长知识为目的的培训。换句话说，如果培训班是为了增加、获取知识，你采用讲授式教学。譬如对修改的刑事诉讼法的学习，新刑事诉讼法是一种典型的新知识，适合采用讲授式教学。如果培训的目的是提高能力、提高技能，选择适合的实训教学模式。

（四）理念问题

我苦口婆心跟大家讲了这么多，不能保证每一个人都接受，每一个人都理解，每一个人都践行。正像这几句话说的那样：听了不等于知道，知道了不等于认可，认可了不等于能够去做，去做了也不等于能够坚持去做。我相信会有越来越多的人接受实训的理念，接受实训的模式，接受实训的方法，也一定会有人认可接受这种模式，一定有人会倡导实践这种模式。只要大家坚持去做了，培训的针对性、培训的实效性、培训的吸引力和感染力，一定会越来越好。我有这个自信，因为有大家在，“聚是一团火，散是满天星”，大家就像一粒粒火种，把公诉实训理念和模式的种子，散播到我们全国各级检察机关。

检察巡讲课堂

2013-2015年全国检察机关
教育培训讲师团巡讲讲义选编

【下册】

最高人民检察院政治部 / 编

中国检察出版社

目　　录

第一专题　职务犯罪侦查业务

第 1 堂课　从公诉实践看侦查 …………………………………… 刘冬根/ 3
第 2 堂课　反贪初查：谋略与技巧 ……………………………… 张　亮/ 16
第 3 堂课　职务犯罪侦查谋略：设计与运用 ………………… 张　亮/ 65
第 4 堂课　电子数据在职务犯罪侦查中的应用 ……………… 秦志超/ 109
第 5 堂课　细节决定成败
　　　　　——职务犯罪侦查细节纵横 ………………………… 肖　洁/ 120
第 6 堂课　职务犯罪讯问：基础与要点 ……………………… 张　亮/ 135
第 7 堂课　谎言抗审：何以破解 ………………………………… 吴克利/ 167
第 8 堂课　《刑事诉讼法》修改对职务犯罪侦查工作的影响 …… 刘冬根/ 198

第二专题　公诉业务

第 9 堂课　公诉工作中亟待加强的证据观念、审查方法以及
　　　　　出庭技巧 ……………………………………………… 范仲瑾/ 209
第 10 堂课　庭审询问证人技巧 ………………………………… 李迅华/ 235
第 11 堂课　公诉人庭审讯问、询问方法与技巧 ……………… 卢岩修/ 257
第 12 堂课　法庭辩论实务 ……………………………………… 马　凯/ 276
第 13 堂课　公诉人法庭辩论技巧 ……………………………… 王新环/ 301
第 14 堂课　检察官出庭公诉的三种基本能力与庭辩技巧
　　　　　　——以审判为中心的诉讼制度改革为背景 …… 范仲瑾/ 314
第 15 堂课　法庭询问和法庭辩论的方法与技巧 ……………… 朱克非/ 329
第 16 堂课　庭审质证若干问题 ………………………………… 陈荣鹏/ 339

第 17 堂课　庭审举证、质证实务 …………………………… 马　凯/ 357
第 18 堂课　刑事简易程序若干问题 ………………………… 桑　涛/ 385
第 19 堂课　未成年人刑事检察实务 ………………………… 樊荣庆/ 392
第 20 堂课　未成年人刑事案件特别程序理解与适用 ……… 王翠杰/ 428
第 21 堂课　量刑建议的前沿理论 …………………………… 潘申明/ 445
第 22 堂课　《刑事诉讼法》修改后公诉工作问题及应对 …… 田文利/ 465
第 23 堂课　公诉实训的理念与模式 ………………………… 李继华/ 480

第三专题　侦查监督业务

第 24 堂课　审查逮捕精细化司法的探索和实践 ……………… 周　鹏/ 505
第 25 堂课　审查逮捕中常见问题及应对策略 ……………… 李乐平/ 523
第 26 堂课　审查逮捕工作实务 ……………………………… 郑殿雨/ 546
第 27 堂课　当前办理经济犯罪案件热点问题及应对 ……… 时　闽/ 582
第 28 堂课　侦监环节诉讼监督实务问题 …………………… 傅勇平/ 596

第四专题　刑事执行检察业务

第 29 堂课　刑事执行活动中职务犯罪案件侦查方法 ……… 王荣华/ 625
第 30 堂课　羁押必要性审查归口办理的探索与实践 ……… 方　全/ 637
第 31 堂课　羁押必要性审查制度与实务 …………………… 李泽新/ 650
第 32 堂课　浅析“被监管人死亡检察” …………………… 祁云顺/ 668

第五专题　刑事证据实务

第 33 堂课　刑事证据体系的构建 …………………………… 陈荣鹏/ 693
第 34 堂课　《刑事诉讼法》修改后的证据合法性审查 …… 冯英菊/ 713
第 35 堂课　公诉证据综合审查方法 ………………………… 熊红文/ 732
第 36 堂课　非法证据排除规则运用和应对 ………………… 卢岩修/ 748
第 37 堂课　庭审中公诉人构建证据体系的策略与技巧
…………………………………………………… 农中校　刘　缨/ 761

第 38 堂课　电子证据在检察业务中的应用 ……………………… 戴士剑/ 778
第 39 堂课　电子证据现场勘验规制及实战操作 ……………… 秦志超/ 800
第 40 堂课　证据学视角下“两抢”犯罪典型案例常见控审争议问题的解决思路 ……………………………………… 曹　坚/ 809

第六专题　其他检察业务

第 41 堂课　检察信息公开——以检察信息公开法治化为视角 …………… 尹　吉/ 819
第 42 堂课　来访接待常出现的问题及应对措施 ………………… 李瑞钧/ 852
第 43 堂课　行政公益诉讼制度的理论和实践——以程序设计为视角 ……………………… 田　凯/ 863
第 44 堂课　构建民事检察和解路径 ……………………………… 陈　宏/ 888
第 45 堂课　民事裁判结果监督的案例设计与教学思路 ………… 任永鸿/ 902

第三专题

侦查监督业务

第 24 堂课　审查逮捕精细化司法的探索和实践

● 周　鹏 *

课程提纲

一、审查逮捕存在的主要问题和精细化司法的基本要求

二、强化讯问和听取工作，完善审查逮捕诉讼构造

三、审查逮捕社会危险性审查的要求和路径

四、审查逮捕中对犯罪嫌疑人主体审查问题探析

检察机关行使批捕权，是由我国宪法规定的人民代表大会制度这一根本政治制度决定的，与检察机关"国家的法律监督机关"的宪法定位相匹配。我国的逮捕大致相当于国外的审前羁押，检察机关进行的审查逮捕工作，不是领导、指挥侦查机关开展侦查活动，而是依法监督侦查活动、审查把关逮捕强制措施。审查逮捕具有被动性、中立性、多方参与性、亲历性和裁决性等突出的特点，具有鲜明的司法属性，审查逮捕的检察官类似于"审前法官"，审查逮捕工作是典型的司法工作。

2013 年 1 月 1 日实施的修改后的《刑事诉讼法》对逮捕的条件和审查逮捕的诉讼构造进行了修改和完善，细化规定了有关标准和要求，从尊重和保障

* 山东省人民检察院公诉一处处长。

人权出发，进一步突出审查逮捕的司法属性。在当前全面推进依法治国的进程中，检察机关要遵从法治精神，严格依据法律规定，按照精细化司法的要求，全面加强和改进审查逮捕工作。在这里主要围绕审查逮捕精细化司法的有关要求，结合工作中的探索和实践，从审查逮捕的诉讼构造完善、社会危险性把握和犯罪嫌疑人主体审查等方面进行论述，抛砖引玉，以期共同推动审查逮捕工作科学创新发展。

一、审查逮捕存在的主要问题和精细化司法的基本要求

审查逮捕工作存在的问题主要表现在两个方面：一方面是审查逮捕办案程序和方式行政化的问题，另一方面是轻罪案件批捕率较高的问题。

多年来检察机关办理审查逮捕案件，主要通过书面审查侦查机关提供的卷宗材料完成：承办检察官审阅侦查卷宗、审查分析侦查机关提供的证据材料，主要是侦查人员制作的笔录材料，制作审查逮捕案件意见书，提出捕或者不捕的建议，由部门负责人审核或者部门集体研究讨论后，报检察长或者检委会决定。承办检察官一般也要去提审犯罪嫌疑人，但是仅把提审当作复核证据（主要是口供）、强化内心确信的手段。批准逮捕或者不批准逮捕，依据的是侦查机关提供的证据材料。而侦查机关的材料主要反映的是犯罪嫌疑人构成犯罪、应当逮捕的证据材料和意见。由于一旦错捕检察机关要进行国家赔偿，检察机关对是否“有证据证明有犯罪事实”的条件把关非常严格，相应的捕后不起诉、撤案、无罪的案件数量少。同时，我们也看到这种行政审批式的批捕方式，缺少司法工作的亲历性，办案程序不透明，对犯罪嫌疑人或者辩护律师的意见重视不够，容易形成侦查机关一方意见独大，对侦查机关的监督制约不力。现实中批准逮捕率较高、侦查羁押期限较长即是例证。

轻罪案件批捕率较高是审查逮捕工作应当重视的另一个问题。据统计，近年来全国检察机关每年批捕在90万人左右，捕后判处有期徒刑（拘役）缓刑、拘役、管制、单处附加刑和免予刑事处罚在20%左右。根据东部某省的2012年调研情况，2012年全省捕后判轻刑（管制、拘役、单处附加刑、免予刑事处罚、徒刑缓刑）所占捕后判决人数比例为25%，捕后判轻刑的罪名主要集中在交通肇事罪、故意伤害罪（轻伤害）、盗窃罪、寻衅滋事罪等轻罪案件。究其原因，侦查机关侦查认为构罪即提捕，检察机关审查后构罪即批捕，不注重对犯罪嫌疑人的社会危险性进行审查判断，对是否认罪悔罪、能否适用非羁押性强制措施等缺少深入考量，不注重收集、审查有关方面的证据材料。

逮捕是最严厉的刑事强制措施，只能适用于具有严重社会危险性的犯罪嫌

疑人，因此，逮捕的适用要强化司法审查，落实尊重和保障人权的要求，做到用准用好逮捕措施，同时要避免过度使用，使之使用得当，用得其所。要确保逮捕措施的质量和效果，在审查逮捕工作中贯彻精细化司法的要求是必然之义。

（一）精细化司法，要求必须严格依据法定条件审查逮捕

修改后的《刑事诉讼法》对逮捕条件进行了严格的细化规定，将逮捕条件分为三种情况：一般逮捕条件、特殊逮捕条件和违规转捕条件，特别是对于一般案件（这里指可能判处10年有期徒刑以下刑罚的案件）细化规定了五种社会危险性情形。审查逮捕是依据证据、判别事实、适用法律、作出决定的过程，必须严格依据法定的条件审查决定是否适用逮捕措施。在批准或者决定逮捕时，应当判明符合何种逮捕的法定条件，适用《刑事诉讼法》第79条哪一款的规定，特别是在适用一般逮捕条件，应当说明具有法定的五种社会危险性哪一种或哪几种社会危险性，而不能简单以有逮捕必要概括；在作出不捕决定时，也应当对照法定条件说明为何不符合逮捕的法律规定，即依法进行不捕说理。

（二）精细化司法，要求审查逮捕工作体现司法权运行的规律和特点

审查逮捕是一项司法活动，通过审查判断证据运用法律来解决问题，是典型的司法权，要体现中立、依法、裁量、公开等司法特性。中立性要求审查逮捕检察官应当处于侦查机关与犯罪嫌疑人之间的中立地位，依据事实证据，按逮捕有关的法定条件进行居中裁决，力避偏听偏信。审查逮捕尚在侦查进行之中，逮捕的证据材料不宜对社会公开，但是对于犯罪嫌疑人应当履行告知义务，使其知悉审查逮捕程序及有关事由，以便充分表达意志，亦应当通过一定的形式使其家人或者委托的辩护律师知悉，以加强程序公开和当事人意愿的表达。关于平等性，在侦查阶段侦查机关处于优势地位，审查逮捕时应当通过赋予犯罪嫌疑人申辩权、委托律师为其进行辩护等诉讼权利达到诉讼平衡，避免检察机关审查决定时仅遵从侦查机关的意见，片面决定。

（三）精细化司法，要求审查逮捕工作中要特别注意保障犯罪嫌疑人的诉讼权利

要按照尊重和保障人权的要求，切实保障犯罪嫌疑人的辩护权、参与权、知情权、申辩权，并兼顾被害方的权利保障。参与权，即保障犯罪嫌疑人在检察机关审查逮捕中参与地位，即有权陈述有关事实、表达愿意、申诉与控告；知情权，犯罪嫌疑人有权知悉被审查逮捕的事由、法律依据、权利义务以及诉讼后果等；辩护权，可以为自己的逮捕事由辩护，也可以委托律师作为辩护人辩护；救济权，“无救济无权利”，对审查逮捕犯罪嫌疑人的权利救济应当贯

彻侦捕诉各个过程。

（四）精细化司法，要求审查逮捕要确保公平正义，维护司法公信力

审查逮捕是刑事案件进入检察机关的第一道关口，对于防范出现冤假错案具有特殊的意义，这一关守好了，既利于案件后续的侦查、起诉和审判工作开展，又能坚决避免无罪的人受到刑事追究，确保追诉案件的质量。同时，对于不具有逮捕社会危险性或者社会危险性较低的犯罪嫌疑人，通过审查逮捕不批准适用逮捕措施，以取保候审或者监视居住等非羁押性措施来进行刑事追诉，即能不用逮捕措施则不用逮捕措施，体现了理性平和文明司法的理念，彰显司法公信力。

二、强化讯问和听取工作，完善审查逮捕诉讼构造

（一）对审查逮捕阶段讯问犯罪嫌疑人和听取律师意见工作的反思

在修改后的《刑事诉讼法》作出审查逮捕讯问犯罪嫌疑人之前，司法实践中对于承办检察官是否讯问犯罪嫌疑人经历了一个循序渐进的过程。1996年《刑事诉讼法》第68条规定：人民检察院对于公安机关提请批准逮捕的案件进行审查后，应当根据情况分别作出批准逮捕或者不批准逮捕的决定，对检察机关在审查逮捕阶段是否讯问犯罪嫌疑人未作出具体规定。1997年《人民检察院刑事诉讼规则》第97条规定：审查逮捕部门办理审查逮捕案件，不另行侦查。在审查批捕中如果认为报请批准逮捕的证据存有疑问的，审查逮捕部门可以复核有关证据，讯问犯罪嫌疑人、询问证人。2003年最高人民检察院《关于在检察工作中防止和纠正超期羁押的若干规定》第2项明确要求审查批捕时应当讯问犯罪嫌疑人，但是从该规定出台的背景来看，该规定的主旨在于防止和纠正超期羁押问题。2010年10月1日正式实施的最高人民检察院、公安部《关于审查逮捕阶段讯问犯罪嫌疑人的规定》（以下简称《规定》）对检察机关审查逮捕阶段讯问犯罪嫌疑人工作作了进一步明确和细化，从而以司法解释的形式对审查逮捕阶段讯问犯罪嫌疑人予以明确规定。

在《规定》之前，由于刑事诉讼法未作明确规定，对审查逮捕阶段是否讯问犯罪嫌疑人存在一些不同的认识。有的认为，审查逮捕讯问犯罪嫌疑人没有法律依据；有的认为讯问是侦查措施，审查逮捕不应讯问；还有的担心审查逮捕时讯问犯罪嫌疑人容易造成翻供，影响破案。[①]《规定》实施以后，讯问

① 参见张建忠：《〈关于审查逮捕阶段讯问犯罪嫌疑人的规定〉理解与适用》，载《人民检察》总第583期。

工作的总体效果较好，调研也发现了一些问题，有的仍然认识不够，对开展讯问工作不重视、不积极；有的审查逮捕承办人怕出现犯罪嫌疑人翻供等情况，对讯问存在畏难情绪；有的存在“超短时”讯问，走过场、流于形式等问题，没有真正发挥讯问犯罪嫌疑人的作用。

反思近年来审查逮捕讯问工作开展的情况，要进一步做好讯问工作，发挥出其在审查逮捕中保证程序公正和保障人权的效能，还要厘清以下四个问题：

1. 讯问的范围

如何选择确定审查逮捕案件讯问犯罪嫌疑人的范围，实践中仍然存在一定随意性。《规定》第2条规定，审查逮捕阶段应当讯问犯罪嫌疑人的案件范围：一是犯罪嫌疑人是否有犯罪事实、是否有逮捕必要等关键问题有疑点的；二是案情重大疑难复杂的；三是犯罪嫌疑人系未成年人的；四是有线索或者证据表明侦查活动存在刑讯逼供、暴力取证等违法犯罪行为的；五是犯罪嫌疑人要求讯问的案件。这一规定对于明确了讯问的范围，具有重要的意义。也要看到，《规定》确定的范围还有一定的模糊性，比如案情重大疑难复杂，还要有赖于案件审查人的主观判断；还有某些情形如逮捕事实、逮捕必要的问题，存在刑讯逼供的可能等，本身就需要通过讯问来查找疑点、发现线索。理解上的差异，往往导致讯问工作上的不平衡，在类似的情形中，有的地方讯问比例高，有的则讯问的比例较低。

修改后的《刑事诉讼法》规定三种情形应当讯问，“（一）对是否符合逮捕条件有疑问的；（二）犯罪嫌疑人要求向检察人员当面陈述的；（三）侦查活动可能有重大违法行为的”，比较《规定》，修改后的《刑事诉讼法》从防止错捕、保证犯罪嫌疑人权益出发，对“应当讯问”的范围规定得更加宽泛，将主动权更多地赋予审查逮捕检察官。

2. 审查逮捕讯问与侦查讯问的区别

审查逮捕的讯问一般处于侦查阶段的初期，以侦查机关的讯问内容为前提，往往依托于侦查讯问。审查逮捕讯问与侦查讯问有不同的内容和特点。侦查讯问主要是围绕侦查工作需要，通过讯问获取犯罪证据，查明犯罪事实，确定犯罪嫌疑人；审查逮捕阶段的讯问，一是要复核犯罪嫌疑人涉嫌犯罪的事实是否具备、有无逮捕必要性，二是履行检察机关侦查活动监督职能，通过讯问审查侦查机关的侦查行为是否合法，有无侵犯犯罪嫌疑人合法权益等。讯问还应当着重听取犯罪嫌疑人对逮捕事由的意见（申辩），保障权利，使之能在第一时间获得救济。通过讯问落实好犯罪嫌疑人在审查逮捕中的知情权、参与权、辩护权、救济权，这也是审查逮捕讯问对于保障人权的应有之义。

3. 提升审查逮捕讯问实效的问题

法律规定审查逮捕的办案期限只有7天，审查案件要审阅案卷、制作审查逮捕案件意见书，加之要到看守所讯问犯罪嫌疑人，进行案件汇报研究，工作量之大、时间之紧不言而喻。而基层检察机关案件多，办案人员相对少的矛盾又很突出，往往一人手中同时几起案件。实践表明，只有充分认识讯问的重要意义，真正重视讯问，才能在有限的办案时限内，做好讯问工作。在确保讯问质量、提高讯问效果的前提下，还需要努力提高讯问的效率。这里有三方面：一是要从审查逮捕讯问的内容、特点出发，确定讯问重点，以对犯罪事实的复核为主，查明侦查供述的真伪，围绕逮捕的条件展开，特别是对于大量轻微认罪案件应当从社会危险性方面重点讯问；二是统一规范有关审查逮捕讯问的程序性事项、权利义务告知事项以及侦查活动监督事项，讯问前做好充分的准备工作，制作有针对性的讯问提纲；三是研究盗窃、故意伤害、交通肇事等多发性类罪案件讯问的规律和重点，也有利于提高讯问效率。

4. 听取律师意见的问题

保障犯罪嫌疑人的权益的重要方面是落实好辩护权，包括自行辩护以及委托律师辩护。律师介入侦查与审查逮捕程序，对于保障人权的意义显而易见，做好审查逮捕讯问工作，很重要的方面是切实保障犯罪嫌疑人委托律师依法履行职责。审查逮捕阶段听取律师意见在《规定》中有所体现，但是仅是原则要求，实践中批捕阶段律师参与还不够积极，律师所提意见总体质量不高。究其原因，1996年《刑事诉讼法》把侦查阶段的律师职责定位在“提供法律咨询、代理申诉、控告”法律帮助事项，对于在批捕阶段能否提出意见、意见如何处理没有明确规定；而且律师在侦查阶段的阅卷权、通信权、会见权受到限制，对案情、材料掌握不够充分和准确，由于信息不对称，加之审查逮捕时限短，律师不容易对逮捕发表针对性强的意见。修改后的《刑事诉讼法》明确了侦查阶段律师辩护人的诉讼地位，则律师依法提出材料和意见，维护犯罪嫌疑人的诉讼权利和其他合法权益是其法定职责。加之刑事诉讼法对律师持“三证”会见作了明确具体规定，会更有利于保障律师执业活动有效展开，带动检察机关在审查逮捕时听取辩护律师意见，以确保犯罪嫌疑人的合法权益真正落到实处。

（二）执行修改后的《刑事诉讼法》规定，强化审查逮捕讯问效能的建议

1. 把讯问犯罪嫌疑人作为审查逮捕工作的基本程序，以讯问为一般原则，不讯问为例外

修改后的《刑事诉讼法》规定“人民检察院审查批准逮捕，可以讯问犯

罪嫌疑人”，作为授权性规定赋予了检察机关讯问的权力，而且较《规定》进一步扩大了“应当讯问”的范围。讯问是检察机关的权力，也是责任，是履行审查逮捕职能的法定程序，贯彻刑事诉讼法的规定和精神，在审查逮捕中应当以讯问为原则，不讯问为例外。这符合司法工作的亲历性，有利于确保程序公正，落实人权保障的任务要求。

2. 全面落实听取辩护律师意见

修改后的《刑事诉讼法》第 86 条第 2 款规定：“人民检察院审查批准逮捕，可以询问证人等诉讼参与人，听取辩护律师的意见；辩护律师提出要求的，应当听取辩护律师的意见”，强化听取辩护律师意见程序，首先要切实保障犯罪嫌疑人委托律师辩护的权益，审查逮捕时应当查明犯罪嫌疑人是否委托辩护律师，没有委托的，检察官在讯问时应当依法告知其有权委托律师作为辩护人，犯罪嫌疑人提出要求委托的，应当及时向其监护人、近亲属或者其指定的人员转达其要求，鉴于审查逮捕时限较短，检察官还可以督促侦查机关落实办理委托辩护律师事宜，以维护犯罪嫌疑人合法权益。检察机关作为法律监督机关，对阻碍律师履行职责的行为还要承担起依法纠正的法定职责。通过一定程序规范审查逮捕期间会见律师制度，对有关意见应当在审查逮捕时限内认真审查，必要时通过复核重要证据，讯问嫌疑人、询问证人，或者向侦查机关调取证据等方式，进行核实。必要时，还可以在作出决定的同时，要求侦查机关对律师反映的情况继续侦查取证并跟踪监督取证情况。对律师意见的处理结果，应当以适当的形式对律师进行反馈。

3. 实行对“社会危险性”公开审查，完善审查逮捕诉讼构造

修改后的《刑事诉讼法》明确细化了对犯罪嫌疑人的社会危险性的审查，而犯罪嫌疑人的社会危险性决定了逮捕必要性，特别是对于轻罪案件是决定检察机关逮捕与否的重点也是难点。通过讯问犯罪嫌疑人，听取辩护律师的意见，有利于构建侦辩参与、侦辩对抗、检察机关居中裁判的三角形诉讼结构，使审查逮捕工作符合诉讼规律，更加科学合理。当前可以采取分别听取三方（侦查人员、辩护人、犯罪嫌疑人）意见，再审查决定的程序；下一步还可以采取辩护律师与侦查人员面对面，直接当面听取意见，进行公开审查，以强化侦辩抗辩，全面准确作出决定。

4. 落实侦捕诉衔接，强化犯罪嫌疑人的权利救济

审查逮捕讯问的内容是决定逮捕与否的重要考量因素，要通过与侦查机关提供的材料对比，分析犯罪事实，特别是逮捕必要性是否成立。要与侦查机关做好衔接，必要时针对讯问中发现的问题，及时要求展开侦查活动或者纠正侦

查违法行为，根据侦查机关侦查取证情况，对犯罪嫌疑人继续羁押必要性进行审查；要与公诉衔接，讯问的材料应当提交公诉部门，便于公诉部门在审查起诉中对羁押必要性进行审查。逮捕的社会危险性条件在刑事诉讼法修改前，主要以逮捕的必要性条件来表述，可以说逮捕必要性或者是社会危险性审查，是审查逮捕工作的重要方面，也是极具特点的内容。

三、审查逮捕社会危险性审查的要求和路径

（一）审查逮捕社会危险性审查的要求

修改后的《刑事诉讼法》第79条用3款规定了三种类型的逮捕：一般条件逮捕、特殊条件逮捕和违规转捕，其中第1款一般逮捕条件即证据条件、刑罚条件、社会危险性条件是适用最多、最普遍的审查逮捕条件。以东部某省为例，受理的审查逮捕案件中60%以上的案件是可能判处3年有期徒刑及以下刑罚的案件，对该类犯罪嫌疑人审查逮捕时必须依法判定其是否具有逮捕的社会危险性。

修改后的《刑事诉讼法》对于社会危险性的情形作了进一步细化，我们认为：（1）社会危险性作为法定条件，而非仅仅是上级机关或者工作考核的要求，已经上升到与证据条件同等重要地位。（2）刑事诉讼法规定了社会危险性的五种情形，在审查逮捕中还应当根据办案实际具体细化成为可操作的标准。首先要区分社会危险性与社会危害性：社会危害性体现的是犯罪行为和后果的实害，社会危险性不仅包括犯罪的实害，更多地体现在犯罪嫌疑人于犯罪外存在的对自身（如自杀等）、对他人（如打击报复等）、对社会（如继续犯罪等）、对侦查与诉讼（如逃跑、干扰作证等）等可能造成或者已经形成的危险。应当对法定的五种社会危险性的情形从无社会危险性和有社会危险性两个方面进行细化明确。（3）社会危险性条件是刑事诉讼法对逮捕的要求，包括公安机关提捕与检察机关审查逮捕，都要贯彻落实，即公安机关提捕时应当说明论证具有社会危险性的事由、依据及法律规定，检察机关审查逮捕时也应当依据事实证据材料来论证说明是否具有社会危险性。（4）社会危险性条件应当坚持证据材料证明原则，证据不足或者材料不能显示具有逮捕的社会危险性的，应当认为无社会危险性。

（二）逮捕的社会危险性审查的路径

加强逮捕的社会危险性审查，有必要与侦查机关共同建立健全社会危险性双向说明制度，即侦查机关在提请批准逮捕要对应当逮捕犯罪嫌疑人的社会危险性，依据有关证据材料和法律规定进行专门的论证说明，检察机关如果作出

不逮捕时，也应当对不逮捕的理由进行说明。通过该制度来推动公安机关在侦查取证中，不仅收集犯罪嫌疑人有罪、无罪、罪轻、罪重的证据，还要关注收集反映犯罪嫌疑人社会危险性方面的证据材料，在提捕时向检察机关移送有关材料，以方便检察机关审查决定。

逮捕社会危险性双向说明制度应当明确以下三个方面：

第一，明确了社会危险性证据材料的证明责任。要求公安机关在侦查工作中，要注意收集犯罪嫌疑人是否具有社会危险性的证据材料。提请逮捕时，应当对犯罪嫌疑人的社会危险性进行说明，并将相关证据及说明材料附卷。检察机关应当积极配合、引导公安机关对社会危险性证据的收集、固定工作。

第二，细化了社会危险性的具体情形。对刑事诉讼法规定的五种社会危险性情形进行具体细化，进一步明确其内涵和外延，使社会危险性情形更具操作性，更符合事实证据说（证）明的要求。如对于“可能毁灭、伪造证据，干扰证人作证或者串供的”是指有一定证据证明或者有迹象表明犯罪嫌疑人在归案前已经着手实施或者归案后企图实施毁灭、伪造证据，干扰证人作证或者串供行为，具体可以包括：有证据证明有犯罪事实，但犯罪嫌疑人拒不供认的；有同案犯在逃，或者犯罪嫌疑人有其他重大犯罪嫌疑待查证，不批准逮捕可能有碍全案侦查的；到案前已经着手实施或到案后企图实施毁灭、伪造、隐匿、转移证据的；采取威逼、恐吓、利诱、收买等手段阻挠、干扰证人作证的；具有其他可能毁灭、伪造证据，干扰证人作证或串供的情形。同时应当列明不具有社会危险性不应当逮捕的情形，如对于犯罪嫌疑人所犯罪行可能判处3年有期徒刑以下刑罚的轻微刑事案件，符合以下情况的，一般应当适用非羁押诉讼：交通肇事等过失犯罪嫌疑人，犯罪后有悔罪表现，有效控制损失或者积极赔偿损失，取得被害人家属谅解的；因民间纠纷引起的轻伤害案件犯罪嫌疑人，主动赔礼道歉，真诚悔过，赔偿损失，取得被害人谅解的；属于预备犯、中止犯、胁从犯，防卫过当、避险过当的；属于初犯、偶犯，且主观恶性小，认罪态度好，积极退赃，赔偿损失，或达成刑事和解的；系未成年人、在校学生，身体状况不适宜羁押的老年人、残疾人、重病患者，尚未完全丧失辨认或控制自己行为能力的精神病人，以及正在怀孕或哺乳自己婴儿的妇女等。

第三，规范了社会危险性说（证）明的工作程序。要求公安机关未提供犯罪嫌疑人社会危险性说明材料的，或提供的证据材料不能说明犯罪嫌疑人社会危险性的，检察机关可以要求公安机关及时补充完善。审查逮捕期限内，公安机关提供或补充后的证明材料符合逮捕条件的，检察机关应当作出逮捕决定；证据达不到逮捕条件的，检察机关可以以不符合社会危险性条件为由作出不批捕决定。经审查认为不符合社会危险性条件决定不批捕的案件，检察机关应当结合公安机关提供的社会危险性证明材料，及时向公安机关说明作出不批准逮捕的理由。

四、审查逮捕中对犯罪嫌疑人主体审查问题探析

依照我国《刑事诉讼法》的规定，逮捕是暂时剥夺人身自由的一种最为严厉的刑事强制措施，逮捕的功能和意义在于，防止发生犯罪嫌疑人、被告人自杀、逃跑、串供、毁灭证据或者继续犯罪等社会危险，依法保障侦查、起诉、审判等诉讼活动的顺利进行。犯罪嫌疑人、被告人的犯罪主体特征对于定罪量刑具有重要意义，同时也深刻影响着逮捕强制措施的适用，对犯罪嫌疑人主体情况和特点的审查，也是做好审查逮捕工作、准确把握逮捕措施的前提和基础。

（一）犯罪嫌疑人主体情况对审查逮捕的意义和影响

根据《刑法》的有关规定，犯罪主体包括自然人犯罪主体和单位犯罪主体，而逮捕作为针对人身自由的刑事强制措施，适用的对象只能是涉嫌犯罪的自然人主体。检察机关在审查逮捕时，需要依法查明的犯罪嫌疑人主体情况，既包括犯罪嫌疑人的姓名、性别、出生年月日、身份证号码、民族、籍贯、出生地、职业、住所地等基本信息情况，也包括犯罪嫌疑人具有的特殊身份、前科记录以及身体、家庭状况等特别情况，上述主体情况、特点，有的影响审查逮捕的法定程序、工作要求，有的直接关系可否适用逮捕措施。

1. 犯罪嫌疑人的年龄、精神等情况影响审查逮捕的诉讼程序和逮捕措施的适用

修改后的《刑事诉讼法》增加了第五编“特别程序”，其中第一章即是未成年人刑事案件诉讼程序，明确规定对犯罪的未成年人适用不同于一般刑事案件的特别诉讼程序。其中，在逮捕措施的适用方面，不同于一般的少捕慎捕，而是对于未成年犯罪嫌疑人、被告人“严格限制适用逮捕措施”；在审查逮捕程序方面，进一步强化诉讼化改造，规定“人民检察院审查批准逮捕和人民法院决定逮捕，应当讯问未成年犯罪嫌疑人、被告人，听取辩护律师的意见”；在讯问未成年嫌疑人以及社会调查等方面都有不同于普通刑事案件的特别规定。为了贯彻落实有关法律规定，检察机关成立了专门的“未检部门”，实行“捕、诉、监、防”一体化的办案方式。

修改后的《刑事诉讼法》在特别程序中还规定了依法不负刑事责任的精神

病人的强制医疗程序，如果在审查逮捕中查明犯罪嫌疑人系不负刑事责任的精神病人，则不能适用逮捕措施，而应当向公安机关提出适用强制医疗的特别程序。

由于审查逮捕尚处于侦查活动的初期，逮捕措施适用与否对后续的诉讼活动具有较大的影响和带动效果，检察机关在审查逮捕中还要履行立案监督和侦查活动监督，严格审查犯罪嫌疑人刑事责任年龄和精神状况，对于落实对未成年犯罪嫌疑人等特殊群体的特别司法保护意义重大，有利于依法准确适用逮捕措施，有利于定罪量刑，有利于尊重和保障人权。

2. 犯罪嫌疑人具有违法犯罪前科记录等情况与逮捕的必要性紧密相关，影响适用逮捕措施的条件

逮捕作为羁押性强制措施，只有在犯罪嫌疑人、被告人所犯罪行、所具有的人身危险性使羁押成为必要，为了防止社会危险性、保障诉讼进行，迫不得已的情况下才能适用。修改后的《刑事诉讼法》对逮捕的必要性条件进行了细化规定，明确了一般逮捕条件的社会危险性情形、特殊逮捕的必要性条件以及违规转捕的条件。曾经故意犯罪或者身份不明，是特殊逮捕的必要性条件，因此，审查逮捕中查明犯罪嫌疑人有故意犯罪前科或者身份无法查明，则可以直接适用特殊逮捕条件的规定，对其适用逮捕措施。查明犯罪嫌疑人具有一般违法前科如曾经被行政处罚、劳动教养、相对不起诉等，则可以结合其他案件事实，根据一般逮捕条件的规定，审查判断其是否具有法定的社会危险性，来决定是否适用逮捕措施。

3. 犯罪嫌疑人身体、家庭等情况关系到逮捕的替代措施的适用

出于尊重和保障人权的要求，一旦犯罪嫌疑人身体或者家庭等具备特殊情况，羁押性的逮捕措施已不再具有适用的合理性或者必要性，必须寻求替代的强制措施。修改后的《刑事诉讼法》将监视居住明确为逮捕的替代措施，规定在符合逮捕条件的前提下，由于具备一定的特殊情况，如患有严重疾病、生活不能自理，怀孕或者正在哺乳自己婴儿的妇女，系生活不能自理的人的唯一抚养人等可以监视居住。如果在审查逮捕中查明犯罪嫌疑人具有上述情况之一，即可对其作出不批捕决定，而由公安机关采取监视居住措施，犯罪嫌疑人在本地无固定住处的，可以适用指定居所监视居住。当然，通过考量犯罪嫌疑人身体等的特殊情况，如果采取取保候审不致发生社会危险性，亦可以采取取保候审措施。

4. 由于犯罪嫌疑人主体的特殊身份，对审查逮捕工作有特殊的规定和要求

这里的特殊身份不同于身份犯所指的某些犯罪成立而要求的自然人主体必

须具备的资格、职位，主要指犯罪嫌疑人系人大代表、政协委员或者外国人等情况。人民代表大会制度是我国的根本政治制度，国家对人大代表在执行代表职务时依法赋予特殊的职务保障，对于查明担任县级或者县级以上人大代表的犯罪嫌疑人，应当先行报请其所属人大主席团或人大常委会许可，方可作出逮捕决定，对于担任乡级人大代表的犯罪嫌疑人，应当捕后向其所属人代会报告；查明犯罪嫌疑人系政协委员的，依照有关规定，应当在逮捕前向其所在政协党组通报情况，情况紧密的，可同时或者事后及时通报。

对于非本国籍的犯罪嫌疑人审查逮捕，修改后的《刑事诉讼法》倾向适用国民待遇，同时由于其特殊身份，为了保障国家利益，维护当事人的合法权益，高检院在有关的工作程序中亦有特别规定。查明犯罪嫌疑人系外国人、无国籍人的，决定批准逮捕的人民检察院应当在作出批准逮捕决定后48小时以内报上一级人民检察院备案，同时向同级人民政府外事部门通报；如其涉嫌危害国家安全犯罪的案件或者涉及国与国之间政治、外交关系的案件以及在适用法律上确有疑难的案件，逮捕时应当按照规定层报最高人民检察院审查。

（二）犯罪嫌疑人主体审查的路径、方法

1. 犯罪嫌疑人主体审查的路径

公安机关对于提请批准逮捕的犯罪嫌疑人承担证明责任，需要向检察机关提供证明犯罪嫌疑人符合逮捕条件、应当批准逮捕的有关证据材料。公安机关提供的证据材料除了证明犯罪嫌疑人有犯罪事实、具备社会危险性外，还应证明犯罪嫌疑人主体的基本情况及与审查逮捕有关的特殊情况。

审查判断犯罪嫌疑人主体情况是审查逮捕的前提和基础，批捕部门应当首先通过侦查机关提供的有关犯罪主体方面的证据材料来开展主体审查判断工作。由于公安机关提捕时，侦查工作尚处于办案初期，案件事实尚在侦查取证中，公安机关收集的证据材料有零散性、不系统性特点，往往达不到充足、全面的程度，有时会出现忽略查明犯罪主体情况的问题。因此，有必要建立健全审查逮捕阶段犯罪嫌疑人主体证明审查机制，从检察机关在审查逮捕工作中对犯罪嫌疑人主体审查判断的需要出发，明确公安机关对提捕犯罪嫌疑人主体的证明义务，需要查明与主体有关的内容和要求，收集证据材料的程序和规范，主体证明的标准和后果等。主体证明审查机制的目的，就是有利于检察机关在逮捕工作中能够客观、准确、快捷地对有关主体情况和特点进行查明。

加强主体审查的另一个途径是加强审查逮捕阶段讯问犯罪嫌疑人和听取辩护律师意见工作。审查逮捕的本质属性是决定是否应当审前羁押的司法过程，保证司法工作的亲历性和当事人的参与性，是应有之义。通过讯问来查明犯罪嫌疑人的姓名、年龄、职业、住址等基本情况及家庭情况，是否受过行政、刑事处罚，是否患有严重疾病或正在怀孕、哺乳等，是审查逮捕讯问的重要内容，这也体现了监督侦查活动、保障犯罪嫌疑人基本诉讼权益的需要。刑事诉讼法修改后，律师在侦查阶段可以依法行使辩护权，对案件提出意见，审查逮捕时应当认真听取律师提出的意见，对于热点、敏感、有争议的案件还可主动通知律师反映意见，对于涉及犯罪嫌疑人主体方面的年龄、身体、家庭等可能影响羁押的问题，都应当是听取的重点，必要时应当要求侦查机关调查或者自行进行复核。

2. 犯罪嫌疑人主体审查的方法

检察机关对主体审查，主要通过以下三种方法：

第一，注重客观性证据审查。客观性证据主要是指书证、物证、电子数据、视听资料等证据，其特点是客观存在，具有稳固性，不具有易变性。犯罪嫌疑人主体情况的证据主要以书证等客观性证据形式表现，如户籍证明是证明犯罪嫌疑人刑事责任年龄、户籍住址、工作单位等人口信息的主要依据；提请批准逮捕的犯罪嫌疑人曾经故意犯罪的，应当审查有关人民法院刑事判决书和监管场所释放证明。对于客观性证据审查，应当坚持原始证据最优的原则，如对户籍证明有异议，犯罪嫌疑人实施犯罪时是否已满 18 周岁、16 周岁、14 周岁，应当提取医学出生证明文件、学籍档案、计划生育档案等书证并结合有关证人证言等证据来综合审查判断。排除证据之间的矛盾，如应对前科情况的身份信息与户籍材料中的信息进行比对，确保一致。

第二，审查必要的鉴定意见，并进行身份比对。对有证据证明或有迹象表明犯罪嫌疑人作案时存在精神状况异常或生理缺陷等，可能属于限制刑事责任能力或无刑事责任能力的，应当进行司法鉴定，结合有关鉴定意见审查判断其作案时刑事责任能力。在审查嫌疑人主体情况时，有关生物信息的鉴定意见和比对结果有时会起到举足轻重的作用。如犯罪嫌疑人系流窜作案、异地作案，或不讲真实姓名、住址、身份不明的，应当提取其指纹和 DNA 并录入数据库，与全国指纹或 DNA 信息库中数据进行比对，通过有关比对结果有时会有特别的发现。在我们审查办理的一起案件中，要求公安机关将一名疑似假冒身份的嫌疑人的指纹信息录入数据库，结果比对发现，该嫌疑人是外省的一名杀人在逃嫌犯。此外，如果犯罪嫌疑人用其他姓名被判处过刑罚的，我们也建议提取原审材料中指纹与犯罪嫌疑人指纹进行比对。有时犯罪嫌疑人刑事责任年龄出现争议时，特别是针对未成年人我们也建议公安机关进行骨龄鉴定，结合鉴定意见，综合其他证据来审查判断。

第三，严查细审办案机关出具的有关情况说明、工作说明等材料。实践中，公安机关往往会对犯罪嫌疑人是否患有严重疾病、有无前科等出具有关说明，以说明工作的情况和查明的事实。这类工作说明的好处是能快速知晓公安的工作情况及有关结果，但是不应替代有关证据，而只能作为有关证据材料的补充。审查办案说明，一是要审查形式是否规范，由侦查人员（出具人）签名并加盖公安机关单位印章；二是审查内容是否清楚准确，是否说明工作情况，说明如何开展工作；三是要审查依据是否充分，是否有相关材料佐证，有关材料是否提取、制作，如果有犯罪记录、行政处罚记录的，有关前科的证明材料如判决书等应提取，前科说明应当与之一致，如果有关材料无法取得的，也应当制作工作情况说明，阐释工作情况、无法提取的原因等。

附件1[①]　审查逮捕讯问提纲

1. 你是否患有影响羁押的严重疾病？是否受过行政或刑事处罚？

2. 你何时被拘留？

3. 你是如何到案的？

4. 你是否聘请律师？

5. 你在公安机关共做过几次供述？是否是真实意思表示？所有的笔录是否核对后签字？

6. 在前两次供述中你讲你之所以发动车辆是为了看看雨刷是怎么操作的，最后一次供述中你又提到你发动车辆是想把车开到路对面停放并且告诉老板了，哪一次是你真实自愿的意思表示？

7. 你把事情的经过简单说一下？

8. 你有没有驾驶证？

9. 你以前有没有开过车？

10. 你擦的这辆白色现代轿车是自动挡还是手动挡？这辆白色现代车的挡位你能分清吗？

11. 刹车和油门你能分清吗？

12. 你有没有赔偿能力？

13. 你现在对你自己的行为是怎么认识的？

① 本案犯罪嫌疑人系一50多岁的洗车工，在洗车时好奇摆弄车辆的钥匙，结果把车辆发动了，由于不会控制车辆，致一路人被撞死亡，公安机关以涉嫌交通肇事罪提捕，承办检察官认为犯罪嫌疑人非机动车驾驶人，应当认定为过失致人死亡。

附件 2　审查逮捕讯问笔录

××市人民检察院
讯问犯罪嫌疑人笔录（第 1 次）

时　间：2013 年 7 月 1 日 9 时 31 分至 10 时 50 分
地　点：××市看守所
讯问人：张　记录人：张
犯罪嫌疑人：王甲
案　由：交通肇事

问：我们是××市人民检察院的工作人员，你涉嫌交通肇事一案，已由××市公安局移送我院审查逮捕，根据法律规定，今天对你进行讯问，核实案件的有关情况。对于我们的提问，你应当如实回答。如果你如实供述，依法可以从宽处理。你听明白了吗？

答：明白。

告知：你把《犯罪嫌疑人权利义务告知书》看一下。如果你无法阅读，我们可以向你宣读。

答：好的，我看完了。

问：交代你的身份事项。

答：我叫王甲，男，1955 年 12 月 21 日生，出生地山东省××市环翠区崮山镇王家村，身份证号码 370620××××12210517，汉族，初中毕业，住山东省××市环翠区文峰街 33 号 202 室。

问：你是否为人大代表或者政协委员？

答：否。

问：你的个人简历及家庭情况。

答：初中毕业后在船上干了一年多就接班到××市第六毛纺织厂工作，2003 年左右内退，内退后就四处打工。2013 年 5 月，我到甲壳虫汽车美容店打工。

家庭情况：妻子，李某某，57 岁，退休工人；

女儿，韩某，30 岁，上海工作。

问：你何时因犯何罪被刑事拘留？

答：2013 年 6 月 24 日因涉嫌交通肇事罪被××市公安局刑事拘留。

问：你以前是否受过行政或刑事处罚？

答：没有。

问：你现在是否患有严重疾病？

答：腰有点儿毛病。

问：你是如何到案的？

答：出事以后，我一直在现场等着。

问：公安机关是否告知过你享有聘请律师等权利？

答：告知过。

问：你是否已经聘请了律师？

答：没有。

问：你是否需要聘请律师？

答：暂时不需要。

问：你一共向公安机关作过几次供述？每次供述的时间、地点？

答：一共三次，在交警一大队一次，在行政拘留所一次，在看守所一次。

问：在你前两次供述中你讲你之所以发动车辆是为了看看雨刷是怎么操作的，最后一次供述中你又提到你发动车是想把车开到路对面停着并且告诉老板了，哪一次是你真实自愿的意思表示？

答：头两次我说的是实话。

问：第三次你为什么要这么说？

答：我之所以这么说，是因为我在下面行政拘留所时听我家属说我老板对赔偿的事也不积极，所以我想这么说可能会让老板承担一部分责任。

问：公安机关在讯问过程中，是否有刑讯逼供等违法行为？

答：没有。

问：对于讯问笔录，你是否都阅读过并经确认后再签字？

答：是的。

问：你把事情的经过简单说一下？

答：当时我洗完车后，就开始擦车里面，车钥匙还插在点火开关上。我擦车的时候，就想着把车发动，看看车的构造。发动以后，我碰了碰挡位，后来车不知怎么就开始往后退，我一看就慌了，赶紧又动了动挡位，结果车又往前跑，我就急忙踩了驾驶座前面的两个踏板中的一个，结果车向前跑得更快了。我看见路上有车行驶，赶紧向右打了一把方向，结果撞到了停在路北侧的银灰色轿车。

问：后来怎样了？

答：当时我脑子一片空白，老板跑过来，让我把车熄火。这时我们听见一个老头在骂，老板去看了看，回来告诉我说一个老太太掉下面台阶下了。老板接着就打120了，我就跳下台阶去看老太太。再后来交警就到现场了。

问：你有没有驾驶证？

答：没有。

问：你以前有没有开过车？

答：没开过。

问：你擦的这辆白色现代轿车是自动挡还是手动挡？

答：当时我不知道是自动还是手动的，后来听说是自动的。

问：这辆白色现代车的挡位你能分清吗？

答：分不清。

问：刹车和油门你能分清吗？

答：我也分不清。

问：你有没有赔偿能力？

答：我家里经济状况较差，我尽力借钱赔吧。

问：你现在对你自己的行为是怎么认识的？

答：我现在很后悔，希望能尽快凑钱，能给我办取保候审。

问：你还有没有其他要补充的？

答：没有。

问：以上供述都属实吗？

答：属实。

问：在本次讯问中，我们是否对你刑讯逼供或有其他违法行为？

答：没有。

问：以上笔录你看一下，如果都正确就签字确认。

答：……

犯罪嫌疑人签名（捺手印）：

年　月　日

讯问人：

记录人：

第25堂课　审查逮捕中常见问题及应对策略

● 李乐平*

课程提纲

一、修改后的《刑事诉讼法》下审查逮捕权的司法属性和独立价值
二、公安机关侦查活动中存在的主要问题
三、检察机关审查逮捕自身存在的问题
四、应对策略

逮捕作为剥夺人身自由最严厉的强制措施，既有助于保障刑事诉讼的顺利进行，确保打击犯罪的力度，又可能因错误使用而侵犯犯罪嫌疑人、被告人的基本人权，从而损害司法机关的权威性和公信力。侦查监督是我国宪法和法律赋予检察机关的一项重要法律监督职责，是中国特色检察制度的重要标志之一。近年来，随着司法体制和工作机制改革不断深入，特别是修改后的《刑事诉讼法》的实施，侦查监督部门的地位和作用越来越重要，而审查逮捕工作是侦查监督部门"一体两翼"工作格局的重要组成部分，审查逮捕职能是防止侦查权滥用、防范刑事错案的第一道关口。我国审查逮捕案件质量虽然总体较高，但修改后的《刑事诉讼法》实施以来，审查逮捕工作中存在的诸多

* 江苏省无锡市人民检察院副检察长、苏州大学检察发展研究中心主任。

问题也不容忽视和亟待解决。

下面我结合江苏无锡、常州等地当前审查逮捕工作存在的常见问题进行分析，结合多年来分管刑检工作，更多的是从一个分管检察长的视野，谈些体会，宏观有余，专业不足。结合自身对侦查监督业务实践的认识以及修改后的《刑事诉讼法》、刑诉规则的学习与理解提出应对措施，以期适应刑事诉讼法修改后审查逮捕工作新变化给侦查监督工作带来的影响，对侦查监督工作的规范有序开展有所裨益。

一、修改后的《刑事诉讼法》下审查逮捕权的司法属性和独立价值

1996年《刑事诉讼法》中规定的审查逮捕程序是一种带有浓重行政审批色彩的刑事追诉活动，其结果必然导致审查逮捕程序的封闭性以及控辩双方的不平衡性。实践中各地检察机关已经作出可贵探索并形成经验，修法中吸收这些经验。修改后的《刑事诉讼法》将审查逮捕阶段讯问犯罪嫌疑人、询问证人、听取辩护律师意见上升为法律规定，进一步完善了审查逮捕程序的诉讼构造，使审查逮捕程序具有公开性、抗辩性、司法性，充分体现了尊重和保障人权这一立法精神。从修改后《刑事诉讼法》的规定可以看出，我国现行的审查逮捕程序已经还原了其应有的司法审查特征。主要表现在：

（一）公开性

1996年《刑事诉讼法》规定的逮捕程序的侦查机关向检察机关单方面移送案件材料，检察机关进行书面审查后决定是否逮捕，这种单纯的书面审查模式具有很大的封闭性，缺乏必要的公开性和透明度；修改后的《刑事诉讼法》将犯罪嫌疑人、辩护人、证人等诉讼参与人纳入逮捕程序，通过审阅案卷、讯问犯罪嫌疑人、听取辩护律师意见、询问证人等诉讼参与人后作出逮捕决定，在一定程度上改变了原有逮捕程序的封闭性，增强了审查逮捕工作的公开性和透明度，体现了尊重犯罪嫌疑人知情权和诉讼参与权的理念，使审查逮捕程序由原有的行政审批色彩浓厚的“流水作业”向三角形的诉讼化构造转变。实践中，已经进行诉讼化构造的有益探索，如针对是否需要逮捕进行听证。

（二）对抗性

在刑事诉讼中行使辩护权是犯罪嫌疑人、被告人的基本权利。修改后的《刑事诉讼法》明确了律师在侦查阶段的辩护人身份，完善了律师会见权、知情权和调查取证权等相关规定，规定检察机关在审查逮捕阶段可以听取辩护律师的意见，辩护律师要求的，应当听取其意见。这些规定都为律师在审查逮捕

阶段更好地发挥辩护作用提供了依据，增强了律师在刑事诉讼中的辩护能力，维护犯罪嫌疑人程序上和实体上的合法权利。律师在审查逮捕阶段对犯罪嫌疑人是否构成犯罪、有无社会危险性、侦查取证活动有无违法提出专业性意见，对处于弱势地位的犯罪嫌疑人提供有力的辩护支撑，对侦查机关的强势地位形成制衡，使审查逮捕工作由以往伏案阅卷的静态模式向司法化、动态化、具有控辩色彩的工作模式转变。

（三）中立性

中立性主要体现为侦查机关为申请方，嫌疑人及其辩护人为抗辩方，检察机关为裁判方。1996年《刑事诉讼法》规定的审查逮捕程序中，犯罪嫌疑人无法直接向检察机关表达自己的辩护意见，导致控辩双方力量严重失衡，检察机关仅通过审查侦查机关提供的案卷材料即作出是否限制人身自由的逮捕决定，缺乏司法行为应有的中立性，检察机关逮捕决定的公正性受到质疑。检察机关根据修改后的《刑事诉讼法》的规定，通过讯问犯罪嫌疑人、听取辩护律师意见，在犯罪嫌疑人和侦查机关之间渐渐处于中立地位，检察机关也可以拓宽全面了解案情的渠道，及时了解侦查机关有无违法侦查行为，甄别和排除审查逮捕阶段的非法证据，突出了检察机关的客观中立义务，为公正、准确作出逮捕决定打下基础。

从以上三个方面不难看出，修改后的《刑事诉讼法》视野下的审查逮捕程序已体现出明显的司法属性，在新媒体时代、社会价值多元的环境下，包括审查逮捕工作在内的侦查监督工作日益成为公众关注的焦点，审查逮捕工作在刑事诉讼程序中实现尊重和保障人权方面凸显出独立的价值。

如何理解审查逮捕职能的独立价值？从刑事诉讼法中配合、分工、制约的原则看：

一是体现了诉讼阶段的分工原则。可能迄今为止还有人认为，逮捕措施不过是侦查工作的组成部分之一，是保障侦查顺利进行的强制措施而已。在国外，羁押是例外，非羁押是常态，英美及我国香港大片中，一些重罪案件的嫌疑人依然可以获得取保，与此有关。国外逮捕令、搜查令由预审法官依侦查机关申请而作出决定。第一，源于人权保障理念，第二，宪法实施的制度不同（宪法的司法化），第三，作出逮捕决定的机关，必须不是作出侦查的机关（自侦案件捕权上提）。

二是体现了制约原则，凸显了检察机关的属性。制约、控制侦查权的恣意，侦查权天然强势地位（专有性、强制性、秘密性、结果的严重性），必然具有扩张性、专断性。因此在刑事诉讼构造中，增加独立的审查逮捕程序，就是为此。通过审查逮捕，加强对侦查的监督。因此，检察人必须充分认识审查逮捕职能的这一独立性价值。

三是诉讼文明化的结果。国家权力从军、政、司不分到分立，司法从侦、审不分到出现检察，从检察职能的逐步细化、分工，在细化分工中彰显各项职能的独立性，是人类公权力行使方式不断文明的表现。

四是人权保障理念在刑事诉讼制度中的落实。十八届三中全会提出人权保障司法化。

五是审查逮捕程序具有程序和实体的双重价值。程序上，是诉讼的一个重要环节，体现为保障诉讼顺利进行。实体上，体现为是嫌疑人的直接影响，均存在公众认同的问题。

二、公安机关侦查活动中存在的主要问题

（一）侦查活动中保障人权、程序正义理念和绩效评价体系三个方面在一定程度上缺位

侦查理念作为一种观念系统，它是我国侦查制度设计的理论基础，也是侦查实践运作的精神支撑。在侦查现代化、法治化的进程中，理念往往居于先行和先导地位，对侦查制度构建和侦查实践具有指引作用。长期以来，侦查机关始终以维护社会稳定、保护人民安全为宗旨，获得了社会民众的广泛认同。在侦查的基本职能方面，惩罚犯罪似乎已经成为侦查机关毋庸置疑的当然话语。虽然修改后的《刑事诉讼法》把“尊重和保障人权”写入刑事诉讼法典，然而以惩治犯罪为终极目标、以侦查权力为核心的价值定位还在一定程度上存在，部分侦查人员在侦查活动中缺乏保障人权和程序正义的执法理念。

1. 人权保障理念

侦查中的人权保护是涉及一个国家侦查权以及犯罪嫌疑人、被害人和其他公民合法权益保护的问题。随着我国依法治国进程的不断推进，人权保障被写入《宪法》《刑事诉讼法》，公民权利意识和法治意识不断增强，刑事司法逐渐与国际接轨，社会公众对侦查工作的需求已发生重大变化。人们要求侦查机关不仅能够迅速及时破案，而且必须公正、文明执法；不仅能够打击犯罪、维护社会治安，而且还要公平正义、切实保障人权。这种需求结构的巨大变化，要求我们的侦查观念也必须与时俱进。修改后的《刑事诉讼法》不仅将“尊重和保障人权”这一宪法确立的原则明确写入法典，还在程序设计和具体规定中进行了全面贯彻，如全程录音录像、提供法律援助，辩护律师的阅卷、会见、法定代理人到场等。但公安机关在侦查过程中，对于人权保障理念的落实

尚有缺陷。具体来说，体现在以下一些方面：

第一，对人权保障的法定程序执行不严格。修改后的《刑事诉讼法》实施之初，公安机关对未成年人特殊程序未引起足够重视，在抓获一名外地户籍的未成年犯罪嫌疑人后，发现无法落实法定代理人或基层组织人员到场，匆匆与检察机关沟通，临时协调检察机关聘请的检察观护员在讯问时到场，由于人员无法及时落实导致办案时限受到严重影响，侦查工作开展十分被动。

第二，漠视人权保障理念，轻罪刑而拘报捕。犯罪嫌疑人林某某与老乡陈某某夫妇一起在无锡打工，共同居住在店内。2013 年 7 月至 8 月间，林某某用事先窃取的房门钥匙打开陈某某夫妇俩卧室的房门，先后在卧室床头柜内窃得人民币 5000 元。公安机关以林某某涉嫌盗窃罪提捕。检察机关认为林某某与被害夫妇系老乡，平日工作、生活均在一起，已情同亲戚，林某某平时到手工资不多，但又喜欢去酒吧等消费奢侈的场所，发现工资不够用后即产生盗窃歹念，并乘无人之际盗窃他人财物，主观上虽具有非法占有的目的，客观上亦实施了盗窃行为，已涉嫌盗窃罪。但考虑到林某某家人已向被害夫妇进行了退赔，被害夫妇亦对其行为表示谅解，其行为未造成严重的后果，且其盗窃的对象为熟人，未因贪财而对素不相识的人员实施盗窃，社会危害性不大，林某某系初犯，且归案后如实供述全部罪行，对自己的行为表示了深刻反省，对被害夫妇亦诚恳道歉，认罪、悔罪态度较好，主观恶性不大。为实现法律效果、社会效果的统一，本着刑事司法政策宽严相济的原则，检察机关认为犯罪嫌疑人林某某已涉嫌盗窃罪，但无逮捕必要作出不捕决定。

第三，违反侦查工作客观性原则要求，非法取证，故意排除无罪、罪轻证据。检察机关在审查公安机关提捕的卖淫女杨某介绍卖淫案时，发现杨某在派出所、看守所的笔录中对介绍卖淫事实供认不讳，并得到了卖淫女庄某、龙某、嫖客胡某、阚某证言印证，看似事实清楚，证据确实。然而，承办人审查发现杨某没有亲笔供述，这与侦查机关的习惯做法相比有点反常。经核实同步录音录像发现，杨某在派出所讯问录像中所作的供述与当天形成的笔录内容有重大出入：杨某在讯问录像中明确表示其在一笔指控的犯罪事实中并未主动为阚某介绍卖淫女龙某，其与阚某、龙某均为朋友，当时大家一起玩，其间杨某有事离开，不清楚之后龙某与阚某发生什么，龙某也从未给过杨某中介费用，其行为与该行业规则不符，不存在介绍卖淫之说。然而同步讯问录像对应的笔录内容却表述为杨某主动为阚某介绍龙某卖淫，并商定嫖资、中介费等细节。承办人又发现办案民警并未将同步录音录像形成的笔录打印出来让杨某阅读并签字，且擅自更改杨某关键供述，同时讯问录像中显示杨某表情痛苦，并询问民警何时才结束。检察机关承办人在看守所提审杨某时，杨某所作供述与讯问录像中的内容一致，并称在派出所遭受办案人员殴打逼供，侦查人员还将与杨某一同被抓的牟某带至杨某被打房间，威胁牟某老实交代。为核实杨某辩解的真实性，承办人复核证人牟某，牟称确实被办案民警带至一处空房间，看到杨某双手分开被绑在梯子上，痛苦喊叫。后承办人根据该线索又调阅看守所入所体检记录，发现杨某入所时左右手臂、左右膝盖处均有严重淤青，杨某在向监所民警描述伤势形成原因时明确称系在公安机关提审时所致。对于该情况，承办人要求侦查机关对杨某伤势原因作出解释，侦查人员未给出合理解释。检察机关以事实不清，证据不足对杨某作出不捕决定。

该案中，公安机关用非法方法获取杨某的有罪供述，严重侵犯了杨某合法权利，检察机关排除非法言词证据作出不捕决定是符合人权保障的基本立场的。

2. 程序正义理念

在法治现代化进程下，程序正义的独立价值越来越重要。在刑事诉讼领域，实体公正与程序公正并重已成为刑事诉讼必然追求的价值目标。具体到刑事侦查领域，确保程序公正的实现显得尤为迫切。刑事诉讼法作为宪法的应用法，必须以维护宪法权威和保障宪法实施为己任，同时刑事诉讼法作为限权法，势必要对处于强势地位的国家侦查权力作出限制，才能保证处于弱势地位的被追诉人的合法权利不受国家公权力的肆意侵犯。侦查人员程序正义理念的缺失集中体现在不能严格按照公安机关办案程序规定形成规范性的操作流程，包括证据的搜集、固定、保管等环节，对于证据的来源、制作过程存在不规范的情形。从审查逮捕角度来看，体现在以下一些方面：

第一，在物证、书证来源问题上，问题较多的是扣押物品、文件清单，公安机关有时仅简单列明扣押了什么物品，对于该物品的特征、数量一概空缺，有时甚至缺少对应的搜查笔录或者见证人。

第二，在讯问笔录的制作中，少数办案人员为图省事，对刑事拘留后的“24 小时笔录”预先制作好内容，到看守所后再让犯罪嫌疑人签字；或者在犯罪嫌疑人送押前即制作好讯问笔录，时间和地点填写为拘留后、看守所，表面上形式完备，却忽视了“24 小时笔录”的程序价值。

第三，鉴定意见中不规范，如毒品理化检验报告。按规范要求，在不同场所扣押的疑似毒品和同一地点扣押多包疑似毒品的，应当分开单独对每包进行鉴定，因为无法肯定每包中均含有毒品成分。而鉴定部门的“习惯做法”是将所有扣押到的毒品混合后总鉴定，这种不规范的操作无法认定每一包检材均含有毒品成分，由于在程序上不可逆，无法进行补正，同时也造成数量认定上的不公正，体现为量刑标准。

3. 绩效评价体系

一些不合理的绩效评价体系违背侦查工作规律。公安机关侦查绩效考评，捕人数、逮捕率、大会战、专项行动等活动的举行，不利于侦查工作的展开，反而阻碍侦查正常进行。

（二）公安侦查人员队伍建设还存在薄弱环节

1. 警力配备薄弱，刑侦工作专业化建设不够

一方面公安机关基层派出所工作警力配备不足。例如，北大街派出所区域调整后由4个派出所合并而成，创立之初警力达到60余人，管辖面积3.5万平方米，常住人口4.1万人，外来人员2000余人，而目前，该派出所的警力为29人，管辖面积没有变化，而管辖人口中，常住人口没有变化，外来人员达到1.2万余人，刑警人数从9人下降为8人。承担工作内容日趋复杂。目前，辖区各公安派出所负责侦查破案的民警少则3人，多则8人，难以有效保证刑事案件的质量。另一方面公安派出所负责侦查破案的民警办案任务本来就十分繁重，还要承担接处警、巡防、调处纠纷、治安案件办理、各类重大活动安保工作、基层维稳工作等，有限的警力不能保证用于案件办理。例如，黄巷派出所，6人一组值班，共4班进行轮转。每班中5人分别做接处警、巡防、调处纠纷、刑事案件办理、治安案件办理的工作，1人作为机动人员。三班的工作时间是8点至17点、17点至24点、24点至次日8点。在这样的工作强度下，基层民警的工作压力和心理、体力压力都十分巨大，工作往往疲于应付。

2. 侦查资源配置不合理，侦查力量薄弱

目前公安侦查人员虽然大部分毕业于专业院校，但也有一些部队转业干部和其他单位调入的，没有经过系统、规范的业务培训，加之各警种之间的差别，造成公安侦查人员业务素质参差不齐。少数公安民警业务能力较差，法律知识欠缺，影响整体队伍素质的提高。随着智能犯罪、科技犯罪、网络犯罪的发展，侦查人员对相关领域的专业知识仍然存在一定的空白，不能适应新形势下侦查犯罪的要求。另外，由于基层派出所处于公安工作一线，工作压力和强度较大，新民警多需至一线锻炼几年，造成一线刑侦民警普遍年龄较轻，工作经验和社会经历少，对刑事案件的侦查、取证等均缺少实践锻炼，同时，侦查机关办案人员流动过快，一些年富力强、刑侦经验丰富的民警往往不愿意继续从事刑侦工作，一些刑侦办案业务骨干往往刚熟悉刑侦业务，就面临提拔、交流等，进而导致新民警缺少老民警的传帮带，缺乏办案经验，需要不断自己摸索，案件质量不能有效保证。

3. 基层派出所与专业侦查队伍责任颠倒，工作衔接不畅

“小马拉大车”，降低了侦查水平和侦查效率低下。根据公安部《关于建立派出所和刑警队办理刑事案件工作机制的意见》规定，派出所和专业侦查队伍应当各司其责，相互配合，通过队伍保障来不断提高办案质量，杜绝目前通行的以派出所为主要办案力量的“小马拉大车”做法。派出所只能负责办理辖区内发生的因果关系清楚、案情简单、无须专业侦查手段和跨县市进行侦查的五类案件，即犯罪嫌疑人当场抓获、自首、被群众扭送、取得线索可直接破案的案件及案情简单的案件。对于故意杀人、故意伤害致人重伤或死亡、强奸、抢劫、绑架、贩毒、放火、爆炸、投放危险物质、入室盗窃、盗窃汽车、系列作案、团伙作案、跨地区作案等案件不能办理。但是实践中刑事案件侦办主要由公安派出所完成，无法凝聚有效的侦查合力。有些专业性较强的侦查，比如经侦、禁毒，由于长期以来与派出所联系不畅，对派出所的业务培训、指导不够，一方面造成派出所民警对专业性侦查业务感到生疏，办案过程中存在畏难情绪，不敢轻易接触。或者办案过程中不能正确识别经济案件与经济纠纷的区别，不能对涉案人员及时控制或移交经侦部门。另一方面专业侦查队伍长期形成的“以打为主”“重打轻防”的工作模式，没有足够的时间、警力来研究探讨如何加强基层基础工作建设，无法充分发挥派出所人熟、地熟、情况熟等优势，造成双方在业务衔接上存在一定“断层”。基层派出所应当以预防和控制犯罪为主，刑侦、经侦、禁毒、网监等专业侦查队伍应当以破案为主，并实现有机对接。

（三）侦审合并模式导致侦查机关预审职能在一定程度上被弱化

预审制度的历史最早可以追溯到中华苏维埃共和国时期，1955 年全国各级公安机关统一建立了独立的预审业务部门，1965 年第二次全国预审工作会议提出了“不枉不纵”的工作方针。1979 年，公安部根据《刑法》《刑事诉讼法》修订了《预审工作规则》重新确立了侦审分设模式的预审制度，1997 年《刑事诉讼法》第 90 条规定明确了预审在公安机关办理刑事案件中的地位。同年，公安部进行全国范围的刑侦体制改革，各级公安机关的刑侦和预审部门进行大的调整——即侦审合并，将原来公安机关办理刑事案件分由刑侦和预审两部门分阶段操作变成由刑侦部门一家完成。侦审合并在当时的社会背景下，确实有利于加大对刑事犯罪的打击力度和提高刑事侦查的效率。这一改革的出发点还是值得肯定的，其目的是将侦查、预审有机地结合起来，简化程序，提高效率，节省人力资源，并且将预审工作寓于侦查过程当中，激励侦查人员增强自身素质，提高办案水平。然而，侦审合并运行的结果却并不尽如当

初设计那样令人满意，尤其是对刑事诉讼影响很大。具体有以下四个方面：

1. 侦审合并的初衷没有实现

侦审合并的初衷是将侦查程序予以简化，以期缩短侦查周期，提高侦查效率。但实践中由于存在机构设置、人员调配等因素，尤其是一线刑侦人员忽略预审职能，弱化了刑侦部门的预审职能和能力，降低了案件质量。

2. 预审职能被弱化

刑事案件一般具有突发性，破案时间紧迫，刑侦部门必须把主要精力放在抓住时机、快速破案上。而预审则肩负着进一步查明事实、调查研究证据材料、潜心攻破犯罪嫌疑人心理防线以获取全面供述、深挖漏罪、余罪和漏犯并实行内部监督制约的重任。尽管目前公安机关内部设置了法制部门以分担原预审部门的程序性工作即审核把关和执法监督，但工作重心在内部监督上预审职能却被大大弱化了。

3. 侦审合并影响审查逮捕工作的效率

实行侦审合并后预审职能弱化，多数案件没有经过全面、细致的审查就移送提请批捕，报捕案件的质量下降了，直接影响了审查逮捕工作效率，有的案件检察机关认为明显不构成犯罪，要求公安机关撤案，而公安机关则坚持报捕、起诉，甚至要求复议、复核，使得不批捕、不起诉案件呈上升趋势；有的案件虽存在犯罪事实，但由于侦察过程中搜集不够全面、细致，而提请批捕、起诉时早已时过境迁，主要证据已经湮灭，即使退补也无济于事，而且往往因反复退回补充侦查，影响了办案时限，公安机关在证据无法补查完毕时，往往对重大犯罪嫌疑人轻易不敢释放，仍然对其实行羁押，从而侵害了犯罪嫌疑人的合法权益，损害了执法机关的形象。

4. 侦审合并加重了审查逮捕工作的负荷

检察机关对报捕质量不高的案件的事实、证据进行全方位的调查核实，不得不把大量人力、时间耗费在审讯犯罪嫌疑人和询问证人、被害人上，无形之中使检察人员代行了预审之责，增加了其工作负荷。而刑事诉讼法并未规定审查批捕阶段检察人员有补充侦查权，这就不得不迫使审查批捕时检察人员再与侦查人员联系并交换意见，再由侦查人员补充侦查后形成证据。

（四）准确把握和适用逮捕条件上存在偏差

1. 共犯刑责不区分

公安机关对多起多人犯罪的团伙案件成员，在证据不足或成员犯罪情节存在明显轻重区别等情况下，未加区分直接报捕，导致一案中多人不捕的情况。例如翟某某等 5 人聚众斗殴案件中 3 人不捕，苏某、滕某某到达斗殴现场时斗殴已结束，是否有纠集或窝藏行为证据不足、解某某参与斗殴的具体行为证据不足，无法认定为积极参与者；郑某甲等7人“招工”诈骗案中4人不捕，郑某乙、孙某某、张某、黄某某没有参与诈骗的预谋和具体的诈骗过程；李某甲等7人“网络招嫖”案中3人不捕，李某乙的望风行为只有口供，没有其他证据印证，冯某、周某的介绍行为仅有口供，无法与客观证据形成证据锁链。

2. 轻刑案件走程序

将在批捕前本存在调解或赔偿可能的案件“拖入”批捕后再行解决。尤其在侵财性案件、伤害类案中，犯罪嫌疑人及其家属本有调解意愿和退赃可能，抑或是有刑事和解可能，部分基层侦查人员唯逮捕数论，故意回避调解或者暂不接受退赔，希望检察机关批准逮捕后再行解决，导致被害人损失无法得到及时弥补，忽视犯罪嫌疑人和被害人合法权益的保障。

3. 证据标准随意化

随着修改后的《刑事诉讼法》、刑法修正案和一批新司法解释的实施，逮捕标准和入罪标准发生了一定变化。在盗窃案件中，公安机关在盗窃数额无法确定的情况下，硬套“多次盗窃”“入户盗窃”，导致事实不清不捕。例如，刘某盗窃案中，公安机关认定系多次盗窃，而本案仅有刘某本人供述多次盗窃，被害人和客观证据均不能证实系多次盗窃；李某某盗窃案和周某某盗窃案中，公安机关认定系入户盗窃，但检察机关在审查过程中发现盗窃地点系群租房、临时隔档形成的简易房，不能认定为“户”。又如陈某甲赌博案，马某某、陈某乙赌博案，公安机关查获“庄风箱”，经清点箱内现金后认定抽头渔利达到立案追诉标准，检察机关在审查过程中犯罪嫌疑人均对现金数额提出异议，并提供了辩解理由。因公安机关清点存在程序瑕疵，且无其他证据印证，两个案件均不批准逮捕。再如张某甲寻衅滋事案、张某乙容留卖淫案均是未达到追诉标准报捕，张某甲案中故意毁坏财物的数额中包含了被损毁的挡风玻璃之外的修理费用才超过2000元的追诉标准，实际损毁数额未达到2000元，张某乙容留的卖淫行为仅发生一次，另一次未发生性关系。

三、检察机关审查逮捕自身存在的问题

（一）科学的执法理念与传统办案习惯的冲突

1. “人权保障”与“构罪即捕”的理念冲突

检察机关侦查监督部门的职责包括审查批捕、立案监督、侦查活动监督等，但其核心是对刑事侦查行为实施法律控制。司法实践证明，合理适用逮捕措施可以有效防止犯罪嫌疑人、被告人实施妨碍诉讼正常进行的行为，而滥用

逮捕措施则会严重侵害公民的人身权利、损害司法机关公正执法、司法为民的形象。在逮捕的三个条件中，逮捕必要性条件作为核心要件，理应在控制审前羁押以在保障人权方面发挥重大作用，然而实践中，“构罪即捕”的传统理念仍占主导地位，而将逮捕必要性作为可有可无的条件。

以无锡地区某基层院为例，2013 年该院共审结审查批准逮捕 349 人，批准逮捕 312 人，不批准逮捕 82 人，批准逮捕占审查逮捕总人数比率为 89%。2013 年度捕后判处拘役、缓刑的 14 人，占已逮捕人数的比率为 4.5%，同比上升 200%。逮捕后的轻缓刑，从一定程度上表明检察机关在审查逮捕阶段对逮捕必要性把握不严。同时，2013 年该院不捕案件中无逮捕必要 19 人，占不捕总人数的 23%，均被判处有期徒刑以下刑罚；判处 3 年以上有期徒刑的被告人在审查逮捕阶段以无逮捕必要不捕的为零。故对于可能判处 3 年以上有期徒刑的犯罪嫌疑人，在审查逮捕阶段不捕的可能性几乎为零。而最终被判处 3 年以上有期徒刑的被告人中，不乏在审查逮捕阶段已具备取保候审条件，且采取取保候审不必然产生《刑事诉讼法》第 79 条规定的社会危险性的情形。

从以上数据不难看出，我们在办案实践中，执法理念仍较为传统，“必要才逮捕”的理念尚未完全树立，保障人权的理念仍未完全较好地实现。

2. 审查逮捕中立价值与规避诉讼风险的矛盾

逮捕既是证实犯罪、保障侦查诉讼活动顺利进行的必要手段，又是最严厉的刑事强制措施，直接关系到当事人的人身自由。检察机关是法律监督机关，由检察机关审查批准逮捕，同时承担保障侦查活动的依法进行，保障当事人的合法权益的职责。在传统意义上，习惯认为审查批准逮捕是检察机关行使国家追诉权的一部分，因此往往把审查批准逮捕与侦查权当作相互配合、密切协作的一体化关系，只有刑事立案监督与侦查活动监督才是监督。一方面，侦查机关为更有效打击、震慑犯罪分子，维护社会安全，考核时将立案数、批准逮捕数作为考核指标，导致个别侦查人员到检察机关侦查监督部门进行“协商”，以求对可捕可不捕的犯罪嫌疑人尽量多捕。公安专项行动影响轻罪不捕实施效果。当公安机关针对本地区高发的案件开展专项行动期间，为了取得集中打击的明显效果，相关部门往往会要求从重从严打击，使得检察机关在办理相关轻罪案件中慎用、少用逮捕措施面临相当压力。另一方面，取保候审的犯罪嫌疑人确有存在脱保的可能，影响诉讼进程。部分案件的取保候审的犯罪嫌疑人在法院审理阶段脱保，导致案件延期或者中止审理。如李某盗窃案中，李某盗窃数额为 3000 余元，因其系初犯、犯罪数额较小，作出不批准逮捕决定。但本案开庭审理前，却发现李某脱保，影响诉讼效率。

故在司法实践中，逮捕既可以有效规避犯罪嫌疑人再犯和逃跑等妨碍诉讼的风险，又可以保证侦查活动的高效，体现极大的诉讼便利。虽然立法者对于逮捕措施保持了审慎态度，在修改后的《刑事诉讼法》第 79 条中详细列举逮捕情形，意在寻找打击犯罪与保障人权之间的平衡支点，实际上将逮捕作为一种例外，而倡导适用羁押替代性措施（如取保候审），避免了审查逮捕追诉化的指责，然在实践中仍存在逮捕必要性与诉讼效率的矛盾。可见，检察机关在有效实现审查逮捕职能的中立性价值上，还任重道远。

3. 不捕决定与当事人矛盾化解的冲突

在“我们型”的社会中，法律建立在信任基础之上，而在“我—他人”类型的社会中，法律建立在猜疑之上。在这种情势下，审查逮捕工作获得公众认同的困难加大。加之审查逮捕工作长期以来远离普通公众视线，如何应对风险社会的挑战，增强公众认同，实现法律效果与社会效果的有机统一，是应当不断探索的问题。审查逮捕具有实质和程序双重价值。审查逮捕是保障诉讼的一种手段，在这个视角下，审查逮捕彰显的更多的是程序价值。但审查逮捕权力的运行无疑对当事人尤其是犯罪嫌疑人有着深刻的影响，影响着犯罪嫌疑人的人身自由，而这毫无疑问属于实体性价值的范畴。同时，从程序价值的角度分析，审查逮捕同样需要公众认同。与实体价值公众认同有所区别，程序性公众认同更多地体现在当事人身上。审查逮捕权力运行中的各项程序性行为不可避免地会影响当事人对审查逮捕结果的心理预期及结果评价，进而影响其对审查逮捕结果的接受度。实践中，轻罪非羁押面临维稳压力。部分群众特别是被害人对轻罪不捕案件存有认识误区。由于审查逮捕时间紧，捕前刑事和解难度较大，被害人对于未和解的轻罪不捕案件普遍存在误解，误认为“不逮捕”等同于“不追究”，因此检察机关面对群众缠访、闹访压力较大。

如我市某基层院 2014 年批准逮捕后被判缓刑、拘役的 3 个案件中，有 2 个案件是交通肇事案，而该类案件在审查逮捕阶段犯罪嫌疑人造成被害人死亡，且与被害人家属未达成调解协议，被害人也未予以谅解，若不捕将激起社会矛盾，检察机关作出批准逮捕决定。而在起诉、审判阶段被害人家属与犯罪嫌疑人家属达成书面调解协议，被害人已表示对犯罪嫌疑人予以谅解，因而犯罪嫌疑人被判处缓刑。

（二）侦查监督业务与人员数量、素质的结构性矛盾

这个矛盾主要表现在以下五个方面：

1. “捕诉合一”的办案模式弱化了侦查监督职能

实行“捕诉合一”办案模式虽然有利于节约司法资源，形成办案工作合

力，有利于缩短办案期限，提高工作效率，有利于引导侦查，降低公诉案件风险，统一检察机关内部案件掌握标准。然而，“捕诉合一”的办案模式具有不容忽视的弊端，第一，否定了逮捕程序的独立性。“捕诉合一”的办案模式将把握逮捕条件的权力交给追诉方，使逮捕程序服从于逮捕条件，逮捕程序的独立价值被否定。第二，弱化了侦查监督职能。在案件数量逐年呈上升趋势的情况下，办案人员的时间、精力、能力有限，往往会把主要精力放在审查起诉、出庭支持公诉等公诉工作上，投入立案监督、侦查活动监督的精力肯定会削弱，导致“重起诉轻批捕”“重办案轻监督”，使检察机关的立案监督、侦查监督职能逐渐弱化。第三，不利于加强检察机关内部监督制约。侦查监督职能和公诉职能属于不同的诉讼阶段，应该是一种监督和制约的关系。“捕诉合一”的办案模式使两种职能归一个部门行使，必然导致检察机关内部监督制约关系名存实亡。

2. 审查逮捕案件的审查工作量增大

由于《刑事诉讼法》的修改，审查逮捕工作的内容进一步丰富，除了审查逮捕、两项监督工作外，还增加了羁押必要性审查、听取律师意见等工作。同时，由于修改后的《刑事诉讼法》对于讯问犯罪嫌疑人提出了更高的要求，目前公安机关对于移送审查逮捕案件均附有同步录音录像。审查逮捕案件承办人对于上述同步录音录像均进行细致核对、审查，但上述录音录像不止1份，而且时间跨度较长，往往长达数小时，在短短7天审查逮捕期限内，若遇到多名犯罪嫌疑人共同犯罪案件，承办人往往需要花费1~2天时间来核对审查录音录像，客观上工作量增加较多。但基层检察机关案多人少的沉疴仍未缓解。

3. 侦查监督部门人员配置明显不足

以本市锡山区院为例，刑事诉讼监督局现有23人，其中在编干警15名，聘用书记员8名。15名在编干警中，检察员5名，助理检察员5名，书记员5名，其中3名为2013年8月新招录公务员。8名聘用书记员中，其中4名为上年3月新招录人员。全局共有承办小组10组，每组人均2人，2013年全年受理批捕受理551件772人，起诉案件808件1081人，平均每组办理136件，平均办理一起案件只能用1.8个工作日，除了办好案还要精业务、参会议、强比赛，加班加点和长期疲劳成为常态，在条线上的进一步创新、突破发展受到精力、人力的制约。

4. 人才结构断层，存在过度年轻化、老龄化两种极端

以上述锡山区院为例，现有人员平均年龄为28.7岁，30岁以下有17人，有10人工作经验不满3年，本科学历16人，硕士学历7人，绝大多数直接从

校门进院门，从学子变成检察人，缺少深入基层体察民生的了解和处理基层社会问题的历练，从纸面理论变成实践经验需要较长的适应期、磨合期。随着干警年龄差距缩小，办案模式已然从以往以老带新的“师徒式”而改换为年纪相仿的“搭档式”，承办小组边做边学，只能慢慢地摸着石头过河，无法在短时间内迅速提高办案质效。同时，年轻干警多为25～30岁，正面临人生中婚恋、生育的重大事项，家庭事业需两平衡，难免投入工作的精力受限。而以宜兴区院为例，存在年龄结构偏大，知识更新不足的问题。该院侦监公诉科承办人年龄45岁以上8人，35岁以下仅有3人，年龄结构偏大使得队伍趋于老化，学习兴趣不强，断档问题凸显。

5. 审查逮捕骨干力量流动频繁，不能适应专家型、专门型人才的需求

人员相对稳定是保证审查逮捕工作持续发展的前提和基础，侦查监督业务涉及面广，法律性、政策性和敏感性较强，往往要经过长期经验的积累才能成长为业务骨干，因此，保持侦查监督队伍的稳定性很有必要。目前，侦查监督部门业务骨干流动频繁的问题比较突出，特别是基层检察机关普遍面临人员配备紧张、业务骨干欠缺的问题。随着审查逮捕工作中新类型、疑难复杂案件的日益增加，对侦查监督部门业务骨干的综合素质要求也逐步提高，特别是办理知识产权、金融犯罪等专业性较强的案件时，缺乏专家型、专门型人才。

（三）“一体两翼”工作格局发展不平衡

修改后的《刑事诉讼法》《人民检察院刑事诉讼规则（试行）》赋予了侦查监督部门更多的监督职责、更高更严的工作要求，为侦查监督“一体两翼”工作格局注入了新的内涵，逮捕措施的司法审查属性、对侦查机关的监督属性越来越突出。但传统意义上，习惯认为审查批准逮捕是检察机关刑事国家追诉权的一部分，过于强调审查批准逮捕与侦查权的相互配合和密切协作关系。司法实践表明，侦查监督工作中审查逮捕与两项监督往往被人为割裂，不能有机结合起来。承办人往往在有限的审查逮捕期限内，仅着眼于案件是否构成犯罪、符合逮捕条件，最终落脚点是逮捕决定的作出。随着法治建设的不断进步，司法改革的不断深入，审查逮捕工作的司法属性和监督制约功能逐渐被人们关注。如何在审查逮捕工作过程中加强对侦查活动的监督，通过审查逮捕案件发现侦查活动监督的线索成为侦查监督部门需要解决的现实问题。

（四）未成年人审查逮捕中的问题

检察机关审查批准逮捕未成年犯罪嫌疑人，应当根据其涉嫌犯罪的事实、主观恶性、有无监护与社会帮教条件等，综合衡量其逮捕必要性，慎用逮捕措施，坚持“不捕为原则、逮捕为例外”的原则。然而，在办理未成年人审查

逮捕案件中，还存在以下问题：

1. 在法律规定上，捕与不捕的尺度不明确

适用逮捕的条件虽然有关于未成年犯罪嫌疑人、被告人慎重适用强制措施的规定，但该规定过于抽象、简单，具体操作还会因地区差异、个案差别，甚至办案人员的自由心证不同造成司法实践中逮捕的标准不一，从而造成实质的不公平。

2. 办案理念陈旧，有偏差

司法实践中过于强调案件的有罪批捕率，“构罪即捕”的观念根深蒂固，忽视了刑罚的预防和教育功能。检察机关时常出现功能异化，不自觉地由侦查行为的法律监督机关转变为配合机关。此外，办案人员还面临着人少工作量大的尴尬局面，对未成年犯罪嫌疑人的个人特征、社会关系、犯罪原因、平时表现等无法做到全面调查了解，缺乏与未成年人的思想沟通，导致其难以重新融入社会，甚至会重蹈覆辙。检察机关把批捕数量作为考核的一个标准，对作为例外的不捕案件进行严格规范，客观上限制了“无逮捕必要”的适用。

3. 对未成年人犯罪案件审查批捕工作重视不够，工作开展不到位

在当前形势下，一些人认为批捕工作就是为配合公安机关一种手续，含金量不大，没有给予足够的重视。加上办案人员较少，工作量较大，无法按照法律规定设立专门工作机构、专门工作小组或者指定专人办理等。

（五）审查逮捕中非法证据排除问题

修改后的《刑事诉讼法》就审查逮捕程序中进行非法证据排除没有予以明确规定，只笼统地规定了非法证据要排除，但对检察机关在审查逮捕阶段中认定和排除非法证据所必需的一系列程序性规定均未明确，认定非法证据的证明标准、证明责任，认定与排除非法证据的期限、利害关系如何提出申请，当非法证据没被排除又如何再救济等都没有规定。程序的缺失造成审查逮捕中对非法证据审查的启动、确认、救济均无章可循，难以发挥作用。但按照修改后的《刑事诉讼法》的精神来看，在审查逮捕程序中也应当按照一定程序进行必要的非法证据排除，以履行检察官的客观中立义务，降低逮捕案件的风险。根据《人民检察院刑事诉讼规则（试行）》的相关规定，在审查逮捕阶段，承办人审查发现侦查人员可能非法取证的，应当调查核实。然而，刑事案件进入审查逮捕阶段，在短短7天的审查逮捕时限内，完成侦查行为的调查核实工作，制作调查报告并形成结论性意见就成为必须要面对和加以解决的实践问题。

根据以往的流程，在审查逮捕案件过程中发现非法证据需要排除时，一般是由承办审查逮捕的承办人一办到底。然而在有限的 7 天时限内，审阅案卷、讯问犯罪嫌疑人、制作审查逮捕意见书、集体通案、向分管检察长汇报等工作本身时间就很紧张，如果再将开展非法证据调查核实工作交由承办人，势必会出现程序烦琐带来的疲于应付，规避非法证据排除，很难达到调查核实效果或者难以完成审查逮捕工作。

（六）对捕后侦查活动监督弱化

1. 对随意变更逮捕措施实施监督流于形式

根据我国《刑事诉讼法》及有关诉讼规则、程序规定，检察机关有变更强制措施权，其内设机构变更强制措施前无须侦监部门审查，公安机关对经检察机关批准逮捕的犯罪嫌疑人也有变更强制措施权，检察机关对公安机关变更强制措施无审批权，有监督权。但变更强制措施是事前通知还是事后通知，变更强制措施不当有损法律严肃性和公正性的，怎样实施有效监督，法律未明确规定，这就使得大量的变更成为事后通知，有的甚至带有随意性，也使得捕后监督对外对内软弱无力，流于形式。

2. 对执行逮捕决定实施监督不力

我国《刑事诉讼法》第 88 条规定："……对于批准逮捕的决定，公安机关应当立即执行，并且将执行情况及时通知人民检察院……"实践中存在有些犯罪嫌疑人长期未执行的情况。纠其原因，第一，公安机关刑案多、办案人员相对少和责任心不强所致；第二，公安机关接到《纠正违法通知书》后，未引起高度重视所致；第三，追逃力度不强，致使在逃犯长期不能归案所致；第四，法律规定过于原则，可操作性不强，难以达到监督实效。

3. 对未侦查终结即移送审查起诉实施监督滞后

由于捕后案件一般不再返回检察机关侦查监督部门审查，案件是否侦查终结，何时侦查终结，随着侦查的进行，还有无应采取逮捕措施的而没有采取，有无应立案侦查的而没有立案，有无应办延期而未办延期却违法移送审查起诉借时间的情况发生，侦查监督部门难以得知，从而导致无法同步监督。

4. 对捕后违法侦查实施监督滞后

刑事案件在捕后还存在讯问犯罪嫌疑人、询问证人、被害人以及勘验、检查、搜查、扣押、鉴定等侦查活动，这些侦查活动是否依法进行，是否存在刑讯逼供、诱供、非法获取证言、收集证据等，通常只有等到审查起诉时才有可能发现，尽管公诉部门也有侦查活动监督权，但公诉部门本身也不例外地在行使侦查权，即审查起诉在本质上不是侦查监督，只是获取公安机关侦查活动是否依法进行，发现违法行为的途径，从而使此项侦查监督滞后甚至出现监督盲区。

5. 对违反强制措施期限办案的实施监督滞后

为保障犯罪嫌疑人的合法权益不受侵犯，《刑事诉讼法》对侦查羁押期限和取保候审、监视居住的期限都进行了明确规定，侦查机关或侦查部门对捕后变更强制措施的是否在期限届满后依法进行解除，侦查监督部门有时难以得知，从而无法使得违法行为得到及时依法纠正。

四、应对策略

针对上述公安机关存在的问题和检察机关自身存在的问题，要通过强化审查逮捕职能，加强侦查活动监督，建立和完善相关工作机制加以解决。

（一）理念先导，内化于行，着力夯实公安机关公正执法的思想基础

1. 坚持惩罚犯罪与保障人权并重的执法理念

着力改变长期以来公安机关“重打击、轻保护”“重实体、轻程序”的错误思路，逐步扭转“羁押为原则、非羁押为例外”的传统思维，严格落实修改后的《刑事诉讼法》关于诉讼权利保障和救济的各项规定，切实尊重犯罪嫌疑人的诉讼主体地位和人格尊严，保障他们的辩护权和其他诉讼权利。理性、平和、文明、依法讯问犯罪嫌疑人，不强迫当事人自证其罪，把尊重和保障人权的宪法原则落实到每一个执法环节。

2. 树立“准”字当头与质量第一并重的办案理念

公安机关应坚决摒弃“重破案、轻侦查”“重口供、轻他证”“重眼前、轻关联”“重考核、轻质量”的思维局限，以全面细致侦查为抓手，以严密证据锁链为根基，始终绷紧案件质量为中心这根弦。坚持证据意识，实现由查明犯罪事实到证明犯罪事实转化。在证据收集过程中，注重取证的关联性，结合客观性证据或被害人陈述、证人证言来固定犯罪嫌疑人口供的真实性和稳定性，不能简单地认为犯罪嫌疑人承认事实即可；注重取证的细节性，通过讯问案件细节来甄别、印证、固定犯罪嫌疑人的口供；注重取证的全面性，如讯问笔录的制作应体现犯罪嫌疑人作案的手段、现场状态、作案时的自然状态、侵害对象特征以及犯罪嫌疑人作出的有罪供述和无罪辩解等情况。尤其针对罪与非罪、此罪与彼罪之间的差别要着重考量，既要收集有罪证据，又要收集罪轻和无罪证据；注重取证的实效性，确保矛盾及时补正、疑点及时核实、证据及时调取，避免重复取证、补充侦查甚至证据已毁灭殆尽的被动局面，提升提请逮捕的准确性和效率性。在证据固定过程中，注重固定证据的载体、方式、程

序、人员、来源的合法性、客观性，避免想当然、粗枝大叶，导致瑕疵证据甚至非法证据排除的情况出现。

3. 强化自我加压与攻坚克难并重的责任理念

公安机关要敢于、善于自我施压，以“精品化”办案理念和“认真化”办案思维贯穿始终，避免案件材料制作粗糙、漏洞层出不穷，确保所办案件经得起考验、经得起推敲。充分认识到办案质量的重要性和取证的紧迫性、必要性，对于经检察机关发出不捕案件补充侦查提纲并经多次沟通、取证具有现实可能性的案件，公安机应在短时间内尽快解决和补充到位，避免相互推诿、无动于衷，造成结果差强人意、不了了之。

4. 坚定遵循司法规律与定分止争并重的务实理念

切实转变公安机关唯“考核数”、“报捕数”等一系列不当的执法政绩观念和功利化思维，摒弃违背司法规律、违背诉讼程序去一味追求执法办案的数量、规模，忽视证据链条，避免发生实践中报捕案件质量良莠不齐时一律报捕、“冲冲看能捕则捕”、本不构罪但“硬套”司法解释使其“入罪”提高报捕数等情况的出现。

（二）机制保障，协同运作，着力推进公安机关依法办案的制度基础

1. 关口前移，充分发挥主观能动性，确保案件源头质量过硬

坚持审查逮捕案件关口前移，视情形引导公安机关对不同案件的当事人合理报捕，把好案件质量入口关。第一，建立案件受理过滤机制，从不加区分一律报捕到双层审核优化报捕转变。把规范案件报送作为保障案件质量的首道环节，明确案件报送标准、范围。对提请批准逮捕的案件，先由公安机关法制科进行审核把关，加强对全案的审查，对不符合逮捕条件和不需要继续羁押的人员，区分犯罪情节进行处理，防止如团伙案件所有成员一律报捕的常态现象；对于是否仍需报捕有疑问的案件可商请与检察机关建立“预审查”机制，即在刑事拘留后正式报捕前由公安机关法制科将把握不准的案件及时提请检察机关阅卷、审核，剔除证据不足或犯罪情节明显轻微或有取保候审条件的成员，优化报捕人数和节奏，有效节约司法资源提升办案质效。

第二，建立提前介入引导侦查机制，从被动审查向主动把关转变。一要找准切入点，扩大介入广度。增加提前介入案件范围，不仅局限于重大、敏感案件，对于部分派出所的类型化问题也加强引导取证，针对部分派出所着重犯罪嫌疑人的抓捕与突破，忽视证据的收集与印证及取证手段、方式等进行针对性的加强引导。二要寻找立足点，强化介入力度。对于部分重大、疑难、敏感案件，不仅指定有经验的资深检察官介入侦查，而且通过处（科）长、分管领

导亲自上阵指挥，并加强请示汇报以及上级院指导力度，提升引导侦查层次，强化引导作用和效果。三要围绕突破点，体现介入深度。对于需要介入的案件，派员参与公安机关案件讨论，出席现场勘验、及时掌握侦讯进展情况，并就案件定性、强制措施适用、证据的收集、固定和保全等核心问题提出引导侦查意见，从源头上保证案件质量。

第三，建立刑事案件立案报送检察机关备案审查机制，从静态防控向动态规制转变。在刑事诉讼过程中，公安机关和检察机关应该就案件的信息、案件的办理建立透明化的交流机制，共同保障准确有效地执行法律。尤其为了确保侦查权规范运行，检察机关不仅要着眼于关键环节的防控，更要着眼于整个侦查活动运行的动态规制，从侦查程序的启动阶段就延伸监督触角，做到心中有数，由检察官就刑事立案的正当性、合法性做实体审查，如管辖权问题、监督立案后的侦查措施及进程等，防止发生实践中侦查机关启动侦查程序并立案后对案件却不了了之，对当事人造成或重或轻的损害。

2. 严格把关，自觉遵循司法规律，共同努力，提高审查逮捕质量

树立依法独立公正行使检察权的执法观，准确把握侦查监督工作的司法属性，严格掌握修改后的《刑事诉讼法》逮捕条件，提高审查逮捕案件质量。第一，建立社会危险性评估及证明工作机制，从“构罪即捕”向“当捕则捕”转变。细化逮捕“社会危险性”条件，规范“社会危险性”证据材料的随案移送。一方面积极引导公安机关转变“羁押为原则、非羁押为例外”的传统理念，强化与侦查机关的沟通协调，另一方面也敢于给侦查机关“施压”，促进侦查机关加强社会危险性证明力度和适用非羁押措施的积极性、主动性。办案中既防止因纠缠细枝末节、人为拔高标准而造成“当捕未捕”，又注重谦抑性，坚持法定条件，做到“当捕则捕”，对于可捕可不捕的坚决不捕。该项机制的建立，把案件审查的重点从“罪与非罪”、“此罪与彼罪”审查，向“逮捕必要性”审查转移，有效减少逮捕措施的适用，做到少捕慎捕。实践中，大部分侦查机关对检察机关因不具有社会危险性作出的不捕决定还是认同的。

第二，优化证据审查机制，从“自我明晰”向“交流反馈”转变。对公安机关提供的每一份材料、每一个证据进行仔细的复核和甄别，不漏过每一个与案件有关的细节。做到三个必须：主要依靠言词证据定案的案件，必须全面核实案情；对单一的关键定罪证据必须与侦查机关复核；犯罪事实的认定必须排除合理怀疑。依法处理疑点证据，对瑕疵证据，要求侦查机关依法规范补证补齐；对有矛盾的证据必须甄别，有重大瑕疵的证据一律不得作为定案依据。依法排除非法证据，发现讯问存在不规范或违法情形，视情况对供述作存疑或

排除处理。对发现上述问题的全面、迅速地向公安机关反馈，确保疑点及时发现、矛盾就地解决，避免相似问题重蹈覆辙。制定了《办理批捕案件重点审查项目提醒表》，对物证、书证审查、言词证据审查等方面出现的问题分门别类进行梳理，一方面提供给公安机关侦查人员，另一方面留给检察机关办案人员，防止提请逮捕和审查逮捕过程中疏漏关键点，有效提升案件质量。

3. 重沟通，全面听取各方意见，确保执法办案公开公正

坚持客观公正的司法属性，全面听取律师意见，开启公检协作会商机制。通过不定期召开法制讲座和案例研讨会，对公安民警进行法律政策方面的培训，允许侦查人员参与案件讨论、补充说明证据情况，确保执法办案更公开，为审查逮捕案件拧好“质量阀”。

第一，强化辩护律师交流反馈机制，从“闭门审查”向“开门纳谏”转变。重视律师在案件防错、纠错方面的作用，重点审查、关注律师提出的不构成犯罪、无逮捕必要、不适合羁押以及侦查活动中有违法情形等意见和证据，并及时将意见采纳与否的决定予以告知。让侦查人员敢于直视自身的问题，敢于公开“亮剑”，提升自我规制的理性和自觉。市院制定了在审查逮捕阶段听取律师意见的规范性文件，该项机制有助于强化审查逮捕程序的言词审理性和司法亲历性，强化审查逮捕的诉讼属性，做到兼听则明。在发现公安机关相关问题后，依法提出并及时补正、解释或排除，确保案件质量。

第二，构建侦查旁听机制，从“相对封闭”向“逐步公开”转变。转变原有相对封闭的办案理念，由幕后走向台前、由相对静态走向动态。对于重大、疑难、复杂案件，有事实不清、证据不足可能不捕和可能不构成犯罪案件进行审查逮捕讨论时，邀请侦查机关负责人、侦查人员和法制部门参与案件讨论，在侦查监督部门办案人员汇报案件事实、证据后，充分听取侦查人员、侦查机关就案件事实认定、证据采信和法律适用方面的意见，并就有关争议的问题由侦监干警和侦查人员交换意见。一方面确保检察机关全面掌握证据情况、准确认定事实和适用法律，保证逮捕权公开透明运行；另一方面侦查人员通过听取检察机关承办人、部门负责人、分管检察长的意见，统一认识，明确进一步需要侦查的方向，理解作出不批准逮捕决定的理由，增强不捕说理的实效。

第三，建立协作会商机制，从固执己见、单打独斗向消弭分歧、形成合力转变。加强与公安机关配合，建立公、检、法三家协作制度，对定性定罪存在争议的案件和新型案件，及时会商，既消除可能存在的分歧，节约司法资源，又对可能存在的非法证据及时发现并要求侦查机关补证，提高案件质量。对办案中发现普遍存在问题的某一类型案件，通过检警之窗，执法提醒、不捕分

析、定期通报等，分析原因、提出对策，促进达成共识。不定期召开法制讲座和案例研讨会，积极推进驻派出所检察官办公室工作职能，对公安干警进行法律政策方面的培训，促进提升执法能力，从而带动提高提捕案件质量。

4. 寻突破，积极挖掘自我提升途径，提高执法办案水平

第一，推动建立公安机关内部集体通案制。注重发挥集体智慧。对疑难重大、复杂新型、有争议的案件由公安机关承办人汇报案件，派出所民警、刑侦支队民警、法制科负责人参与讨论、发表意见，从案件的证据分析、可能判处的刑罚等方面加强论证，既拓宽民警思路、帮助积累经验，又培养民警分析、归纳、判断能力，提升取证、定证、论证能力。检察机关承办人可参与讨论。

第二，推动公安机关实行三级复核制。借鉴检察机关工作经验，公安机关案件承办人、法制科审核人、分管领导对案件的事实、证据和适用法律进行三级审查把关，弥补证据缺陷，消除仅靠承办人员意见带来的错案风险。此外，还注重审查漏犯漏罪的行为以及是否存在本身取证违法的情形。为防止审查流于形式，还须配套建设相应专项考核机制进行考察。

（三）监督跟进，延伸职能，着力推进公安机关依法办案的考评基础

1. 强化内部监督，完善自查机制，切实提高逮捕案件质量

第一，建立评查通报机制。公安机关在结案装卷前，通过主办人员自查、办案小组互查、主要负责人督查“三查”查找案件质量问题，提高自身执法能力。可推行瑕疵案件通报制度。对于办案中发现的瑕疵案件及时进行点评通报，不仅指出审查办案中存在的瑕疵，同时进行风险防范，对存在的问题、成因和应对措施进行探讨，促进办案质量提升。可汇编质量风险案例。收集汇编在办案过程中发现的在罪与非罪、证据要求等方面承办人可能存在认识不足、证据把握不准或者不到位等问题而导致案件容易出现质量风险的案例。可召开案例质量分析会，进行评析研讨，举一反三，提醒和警示公安机关承办人注意防止类似质量风险点。

第二，建立核查督查机制。注重发挥上级公安机关、下级其他公安机关和本级公安机关法制科在案件检查中的作用，通过不定期开展案件质量评查、交叉评查，及时推进问题整改。

第三，建立科学合理的刑事案件质量考评长效机制。完善考核、奖惩激励制度，摒弃唯“报捕数论”的考核机制，提高逮捕案件质量的分值。在分工明确的基础上，有效促进办案单位办案人员自觉履行职责，并使考核结果与办案部门和个人的奖惩挂钩，即做到“五个挂钩”：与经济利益挂钩，与政治待遇挂钩，与立功受奖挂钩，与评先评优挂钩，与单位集体荣誉挂钩。该考核标

准应分为两个层面。第一个层面针对办案机关，除将不捕率、不诉率作为判断办案质量的重要标准外，检察机关发出检察建议或纠正违法通知书、要求说明不立案理由说明书、应当逮捕犯罪嫌疑人意见书等，所涉及的部门也应受到明显的影响。第二个层面针对个人，将影响办案质量的各个因素按照重要性和出错概率的大小设置不同的分值，据此对每个侦查人员的办案质量进行定期考评。不管是针对办案部门还是针对个人，其考核实绩都应当公开，并作为年终评优和职务晋升的参考标准之一，确保案件办理责任落实到人，以期引起每个办案部门与侦查人员的重视。

2. 优化外部监督，完善评查机制，切实提高逮捕案件质量

第一，借力检察机关侦查监督专项检查机制。检察机关可利用每年对辖区公安机关进行侦查监督专项检查工作中，与一线侦查人员接触的机会，加强审查逮捕工作的宣传与探讨，转变构罪即捕的传统观念，发现常见问题，督促改进问题，弥补证据“薄弱点”，消除执法“分歧点”，提高执法质量。

第二，建立案件质量倒逼机制。以证据审核为基准，以“纠正违法”、“纠正漏捕”、“立案监督”为两翼进行倒逼。依托向侦查机关发送《不捕分析》及每月公布“两项监督”数据，分析事实不清、证据不足类案件中核心证据存在的问题和经验，研读重大违法事项、遗漏追捕的犯罪嫌疑人和应当立案而不立案、不应当立案而立案的情形，对案件质量实行动态监控，以此推动公安机关把握质量底线。同时，针对出现的苗头性、倾向性问题，及时开展案件督查，通过召开案件质量分析会，分析原因、予以警示。

（四）强化素能，优化配置，着力保障公安机关依法办案的队伍基础

“打铁还需自身硬”，建设一支高素质的专业化刑事案件侦办队伍是确保案件质量的基本保障和必然要求，此外优化人员配置，明晰人员分工，确保“好钢用在刀刃上”，实现效果与效率的有机统一。

第一，积极拓宽学习途径，提高业务素能。加强刑事案件研讨，适时组织学习新法新规，对常用法条、基本犯罪类型、犯罪构成归类，并辅以案例教学，对新涌现出的罪名进行研究，探索行之有效的侦查方式。尤其针对检察机关不批准逮捕案件，组织有关干警分析证据缺陷及产生的原因，将办案积累下的疑点、瑕疵点、补充点、关联点要记录于纸、时常翻看、熟谙于心，重点学习收集、使用、分析证据的能力；邀请经验丰富的老同志对刑事办案要领、思路进行讲授，亦可采用“传、帮、带”的方式对新干警进行培训锻炼，“以老促新”，有效提升办案能力；以提升素能为目的开展学习培训。除积极组织公安民警参加本系统的有关业务培训外，依托检警论坛、专家授课、疑难案件会

商、不捕说理等平台载体，开展有针对性、实战性、时效性的岗位练兵，如优秀侦查案件评比、精品案件点评并在公安机关局域网内部进行公示学习，激发干警学习热情、提升优秀个案引导能力；组织民警到法院观摩刑事案件庭审，学习审判实践中证据要求及相关法律适用，达到举一反三的实效。

第二，优化人员配置，积极提升管理素能。要着力改变基层办案力量薄弱、人员配置呈倒“金字塔”型现状，重配比、要倾斜；除此外争取区党委、政府的支持，适当招录一些警察辅助人员，协助负责巡防、调处纠纷、各类安保工作、基层维稳等工作，建立刑事案件人员专办体制，缓解案多人少的矛盾，避免因办案人员工作负荷大而难保案件办理质量。

第三，明晰职责，推行侦查人员适格性资格认证机制，有效提升办案质效。着力改变目前基层公安机关实践中职能不清、主次颠倒的情形。应强化侦查人员刑事执法资格的认证，防止刑事侦查与行政执法的混淆，防止在行政执法中动用刑事措施，防止无刑事执法资格的人员行使侦查权。同时，在侦查权职能分工方面，公安机关派出所和专业侦查队伍亦应当各负其责，相互配合，通过队伍保障来不断提高办案质量。杜绝目前通行的以派出所为主要办案力量的“小马拉大车”做法。切实回归职能本质属性，由基层派出所负责办理公安部规定案情简单的五类案件，由刑侦大队办理重大疑难且需专业侦查手段等十一类案件，两者各有分工、互相配合，以一定的诉讼资源投入换取尽可能多的诉讼成果，节约侦查成本，达到办案速度快、效果好的目标。

第 26 堂课　审查逮捕工作实务

● 郑殿雨[*]

课程提纲

一、审查逮捕证据的审查与判断
二、审查逮捕工作中逮捕必要性条件的把握
三、审查逮捕案件办理程序
四、当前审查逮捕工作宏观上应把握好三个关系
五、结语

审查逮捕，是指对于公安机关、国家安全机关等侦查机关及人民检察院侦查部门立案侦查的案件以及检察机关公诉部门审查起诉的案件，需要对犯罪嫌疑人实施逮捕时，统一由人民检察院侦查监督部门就案件事实、证据情况以及对犯罪嫌疑人是否应当逮捕进行审查，并报请检察长或检察委员会作出是否逮捕决定的一种诉讼活动。

我介绍一下江苏省审查逮捕工作的几个特点：

一是审查逮捕案件数量较多，人均办案量大。全省平均每年受理审查逮捕案件 60000 余人，批准或者决定逮捕 50000 余人，而全省侦查监督部门干警不到 800 人。许多地方办案人员每年办理审查逮捕案件都超过 100 件，苏州地区有的基层院人均年办理 200 多件。

二是对报捕案件把关较严，不捕率较高。2012 年，全省检察机关侦查监

---

* 江苏省人民检察院侦查监督处办案组组长。

督部门共受理审查逮捕案件47075件66320人，件数同比下降1.44%，人数同比下降2.73%；批准或者决定逮捕38418件52904人，件数同比上升1.11%，人数与去年基本持平；不捕8406件13028人，逮捕率为80.24%，不捕率19.76%，不捕率处于全国较高位次。全国批捕率85%左右。

三是审查逮捕案件质量控制的较好，捕后无罪、捕后不起诉案件数量较少。2012年全年，无捕后撤案案件；捕后不起诉16人（其中，存疑不诉1人，相对不诉15人），人数同比下降42.86%；捕后判无罪案件1人（2009年批捕，于2012年二审法院发回重审后改判无罪），2011年2人；捕后判处徒刑以下刑罚的202人，占批捕总人数的0.38%，比上年下降0.73%；捕后判处有期徒刑缓刑的4933人，占批捕总人数的9.32%，比上年上升0.41%。全国捕后轻刑包括缓刑19.8%。

一、审查逮捕证据的审查与判断

（一）对审查逮捕证明标准的理解

1. 现行法律与司法解释的规定

我国的审查逮捕证明标准有一个历史演变的过程。20世纪60年代初《刑事诉讼法（草案）》及1979年《刑事诉讼法》将逮捕的证明要求确定为“主要犯罪事实已经查清”。到1980年1月1日施行后，很快发现“主要犯罪事实已经查清”难以达到，公安机关大量采用收容审查争取较长办案时间来完成这种证明要求并应付拘留权难以适用的局面。1996年修改《刑事诉讼法》时，将逮捕证明标准要求修改为“有证据证明有犯罪事实”，并延长了部分案件拘留审查时间。关于何种情形属于“有证据证明有犯罪事实”。

这次修改后的《刑事诉讼法》第79条规定，对逮捕条件进行了较大幅度的调整，这一条分三款，即将逮捕条件分为三种：

第1款规定的是“一般逮捕条件”，即对有证据证明有犯罪事实，可能判处徒刑以上刑罚的犯罪嫌疑人、被告人，采取取保候审尚不足以防止发生五种社会危险性的，应当予以逮捕；第2款规定“五种危险三个可能”分别是可能实施新犯罪，可能毁灭、伪造证据干扰作证串供的，可能对被害人举报人、控告人打击报复的；第3款规定“一个现实危险”即有危害国家安全、公共安全或社会秩序现实危险的及“一个企图”即企图自杀或逃跑的。《人民检察院刑事诉讼规则（试行）》第139条做了解释：“有证据证明有犯罪事实”，是指同时具备以下情形：有证据证明发生了犯罪事实，该犯罪事实可以是单一犯罪行为的事实，也可以是数个犯罪行为中任何一个犯罪行为的事实；有证据证明犯罪事实是犯罪嫌疑人实施的；证明犯罪嫌疑人实施犯罪行为的证据已经查证属实的。

为了进一步明确“有证据证明有犯罪事实”这一逮捕事实证据标准，《审查逮捕质量标准》中以排除法从反面对这一标准进行了进一步界定。

2. 证明标准的内涵

刑事证明标准是指刑事案件中承担证明责任的人提供证据对案件事实加以证明所要达到的程序。学界一直存在客观真实说与法律真实说之争，近年来争论愈演愈烈。我国学界几乎没有争议地将我国刑事诉讼法规定的“有证据证明有犯罪事实”理解为客观真实，并一口咬定我国刑事证明标准在立法上就是采取了客观真实说，并对此展开了广泛的批判。从理论上来说，客观真实要求证据证明的事实与事实真相完全的吻合，固然值得批判，但是说这是法律规定的缺陷，在我看来，这也未免偏颇，也有点冤枉了立法。

法律规定本身并没有问题，是坚持客观真实说还是法律真实说，这只是一个学术立场问题，与法律规定无关。那么在学术立场上，我们释法实践者到底应该坚持那一种立场呢？就实践办案来说，呈现出来的事实是，我们都在努力追求一种客观真实，但最终可能是采取了法律真实。从这个意义上来说，客观真实作为一种应然追求，法律真实作为现实底线，这是司法实践真相的呈现，也是一种务实的学术立场。换言之，我们在办理案件审查证据过程中，带着一种查明客观真相的心态去求证，去调查核实、去补充证据，尽可能地还原案件事实真相；当无法达到客观真实的情况下（多数情况下是达不到的），要将法律真实作为坚守的底线，如果连法律真实都没有达到，就属于事实不清，证据不足，是千万不能轻易进行逮捕、起诉的。

2010 年 8 月 15 日，被告人陈某将被害人郭某放在办公桌柜子里的一只黑色公文包盗走，内有现金和手机一部，现金已经给其在外地的妻子，公文包已销毁，手机已销赃，下落不明。手机经鉴定价值 890 元（鉴定的依据是中国移动话费充值发票）被害人郭某称包中大概有现金 14000 元；而被告人陈某开始供述称窃取的现金是 1 万元，后来翻供称是 8000 元。并称因为侦查人员不让他睡觉、让他喝烟灰缸里的水，逼其承认包里有 10000 元。如何认定盗窃数额？

到底盗窃了多少钱，被告人陈某盗窃犯罪的数额到底是 14000 元还是 8000 元，因为被害人说的是“14000 元左右”，不排除记忆差错的可能性。作为实践办案者来说，怀着追求客观真实的心态，进一步补充证据，发现被告人通过邮局汇款 10000 元给其妻子。被告人又称 10000 元中的 2000 元是其在某公司打工挣的钱，后经补充调查该公司并不存在。最终，综合全部证据同时采用存疑有利于被告的原则认定盗窃数额为 10000 元。这个案件最后认定 10000 元也只是个法律真实的标准，但是在证据审查过程中，正是由于追求客观真实的求证态度，才进一步补充了证据，使事实更加接近真相。从这个意义上来说，客观真实作为一种应然追求，法律真实作为现实底线，既是司法实践真相的呈现，也是一种务实的学术立场。我们将这一证明标准概括为证明标准的二元主义。

作为现实底线的法律真实，具体来说，主要包括以下四个方面：(1) 据以定案的证据已经查证属实；(2) 构成要件的事实及主要量刑情节均有必要的证据予以证明；(3) 证据之间、证据与案件事实之间的矛盾得到合理排除；(4) 能得出的排除合理怀疑的唯一结论，排除了其他的可能性。

总之，在证明标准上，我们应当采取的立场是把客观真实作为一种应然追求，法律真实作为现实底线。

3. 证明模式

证明模式是指实现诉讼证明的基本的方式，即人们在诉讼中以何种方式达到证明标准，实现诉讼证明目的。我国的刑事诉讼证明模式，学界较为一致地将其概括为“印证证明模式”。其典型特征是强调证据之间的相互印证作为审查证据的关键，相互印证才敢定案。这种证明模式同样遭遇到了一些批评。

如众所周知，现代刑事诉讼的证明模式是以自由心证为基本模式的。其实，我国这种“印证证明模式”仍然属于自由心证体系。与典型的、通行的自由心证制度区别在于，在这种以印证为最基本要求的证明模式中，证明的关键在于获得相互支持的其他证据。单一的证据是不足以证明的，必须获得更多地具有内涵信息同一性的证据来对其进行支持。

事实上，印证也不是什么贬义词。为了在事实判定者心中建立一种“内心确信”，任何一种证明模式都要求一定程度的“印证”，否则难以形成一种稳定的证明结构。但是，在典型的自由心证体制中，对证据间的印证性未强调到我们这种程度。所以国外有很多案件，在国内法院反而是判不了刑的，国外有些案件，只有被告人的口供，只要法官形成内心确信，可以定案，就像我们在司法实践中，经常会说，“这个案件我相信而且事实上就是他干的，但是只有他的口供，没有其他证据印证，我定不了”。像这种案件在国外则有可能是可以定的。实际上，我们的证明模式也是自由心证，自由心证也是需要印证的，甚至也是以印证为核心的，只不过没有我们强调的这么厉害。那有人说，既然我们也是自由心证，为什么会有前述的差别？其实这种差别形成的主要原因在于我国没有赋予被告人沉默权，由于没有沉默权，侦查机关逼供诱供的可能性就很大，有时甚至很普遍，这样导致我们对口供的不信赖，不敢轻易相信，所以，仅有口供，没有其他证据印证，我们是不敢定案的，也是不能定案的，因为这个口供很可能是假的。而国外有沉默权，因为你有不说的权利，所以，除非你不说，只要说的特别是对自己不利的有罪供词，一般是可信的，就像电影电视上常说的“你有权保持沉默，但是你所说的每一句话都可能作为呈堂证供”。所以，国外自由心证对印证的强调没有我们这么严格。

在我国目前没有沉默权的制度背景下，个人认为以印证为中心的基本证明模式必须坚守。这一点是学者所观察不到的，因为他们没有从事实践的亲身体会。从司法实践的运作来看，这种印证并非“一刀切”，而是随案件的特点、性质、重大程度不同而不同（将其称为证明标准的阶梯性），比如，盗窃、受贿案件一对一特点与故意杀人案件印证的程度是不同的，那么前面在没有全面印证的情况下我们也认定，不是自由心证在起作用吗？这更说明了我们的印证证明模式还是自由心证范畴的。我们需要做的仅仅是在坚持印证为中心的同时，强化单个证据的审查力度和证据的综合分析，以形成内心确信。我将这种证明模式称为以印证为中心的自由心证模式。

4. 实践中的把握

上述标准体现的思想是，逮捕证明标准应当能达到足以证明犯罪嫌疑人实施了某种犯罪行为的程度，但该证明程度又可以不达到“事实清楚，证据确实充分”的证明标准的程度（当然“事实清楚、证据确实充分”如何理解也并不是非常明确）。但如何把握这一标准，如何在审查逮捕司法实践中把握证明标准的宽与严，检察官们实践中实际上是有自己的判断标准的。比较典型的是，一种做法是将审查逮捕案件的证据标准等同于审查起诉标准。他们常说的话就是要做到逮捕的案件必须“捕得了，诉得出，判得下”。有些同志自觉不自觉地在《审查逮捕案件意见书》中写道：承办人认为某某涉嫌什么什么犯罪，事实清楚、证据确实充分，建议批准逮捕。具体什么样就属于“事实清楚、证据确实充分”，他们一般会提出“排除一切合理怀疑”的判断标准。另一种做法是立足于将逮捕作为保障诉讼的工具，认为逮捕的证明标准理应低于审查起诉和审判阶段，“两个基本”的提法油然而生。“两个基本”的准确含义，现在有学者指出应当坚持是“基本事实清楚、基本证据充分”，基本事实是指犯罪构成要件事实清楚，基本证据充分是指证明每一个犯罪构成要件事实的证据确实充分。但实践中，“两个基本”往往被理解为“事实基本清楚，证据基本确实”，甚至被理解为“有一定的事实和一定的证据”。

个人认为对逮捕证明标准理解上偏差的重要原因是逮捕制度的双重价值即人权保障和诉讼保障存在一定的冲突所造成的。司法实践中，经常遇到的问题是，犯罪嫌疑人涉嫌犯罪，且存在很大的作案嫌疑，但尚不能达到确认其所为的程度，需要进一步调查取证才能确认，而犯罪嫌疑人一旦不被羁押则存在逃跑或串证可能。

针对逮捕证明标准如何理解这一问题。一些检察实务专家提出了自己的观点。我个人的观点，对于审查逮捕证明标准的把握，还是要对照审查起诉和刑事审判的证据证明标准，然后结合审查逮捕的刑事诉讼的阶段性特点加以确定。对于“事实清楚、证据确实充分”的理解，过去都是教科书上进行的解释，个人的理解有三点：“定罪与量刑的情节都有两份以上证据证明”“证据与证据之间不存在重大矛盾”“证据证明的事实排除其他一切可能”。2010 年 7 月起施行的《关于办理死刑案件审查判断证据若干问题的规定》首次以司法解释的形式，对何为“证据确实、充分”作了明确：“（一）定罪量刑的事实都有证据证明；（二）每一个定案的证据均已经法定程序查证属实；（三）证据与证据之间、证据与案件事实之间不存在矛盾或者矛盾得以合理排除；（四）共同犯罪案件中，被告人的地位、作用均已查清；（五）根据证据认定案件事实的过程符合逻辑和经验规则，由证据得出的结论为唯一结论。”个人认为，上述“证据确实充分”的证明标准实际可以分为两个部分、三个层次。两个部分是证据的资格和证据的证明力；三个层次是指罪疑层次、定罪层次和量刑层次。

审查逮捕阶段的证明标准，要以一个“最低限度”加一个“最终目标”，结合检察官的“内心确信”来设定。“最低限度”是证据资格部分，据以判断的证据的合法性没问题；证明力部分，要据现有证据结合逻辑和经验规则，足以达到罪疑层次并接近定罪层次。一些重大案件不一定能达到“八九不离十”的状态，仍应逮捕。“内心确信”实际是排除合理怀疑，这个主要依靠检察官的经验。

“最终目标”是根据检察官的判断，相信经过进一步取证，本案证据能够达到“证据确实充分”的证明标准。有些案件如果虽有重大犯罪嫌疑，但检察官内心相信已无法完成取证任务，根本不可能达到“证据确实充分”的证明标准的，不能逮捕。如多次挪用，数额无法确定的。

（二）审查逮捕阶段证据审查的要求

1. 审查各类证据的注意点

（1）犯罪嫌疑人的供述和辩解

一要全面审查——是否全部移送审查，口供有无反复；

二要注意审查犯罪嫌疑人的人格身份情况；

三要注意审查获取口供的时空状态；

四要注意口供内容的横向比对（孤证不能定案、矛盾和疑点必须得到合理解释）。

（2）证人证言 、被害人陈述

一要注意证人的人格身份情况，及与当事人的关系；

二要注意证人作证的时空状态；

三要注意证人证言内容是否合理可信；

四对定罪量刑有重大影响的证人证言有疑问的，应当询问证人进行复核。

（3）物证、书证

一要注意物证、书证的来源情况和提取过程的记录是否真实、齐备；

二要注意关键物证、书证的随案移送或妥善保存；

三要注意及时引导公安机关对物证、书证的调取和检验。

我们一些承办人认为书证物证是客观的，审查就不仔细，审查报告对于物证提取记录、扣押清单的详细内容摘录过于简略，甚至不摘录，这很容易出问题的。比如，一个非法持有毒品案件当场查获，这种案件事实证据都简单，但是仔细一审查发现，扣押清单的时间与抓获经过的时间一个是 20 点，另一个是第二天 5 点，不是当场扣押，如果嫌疑人对毒品数量翻供称数量没这么多，不是当场扣的，事后谁加了东西进去怎么办。还有的案件是当场扣押，但是抓人的时候把嫌疑人头套起来了，然后让他签字，嫌疑人扣押的物证数量翻供你怎么办。所以物证书证的审查更加至关重要，一旦疏漏，有时是无法弥补的。

（4）鉴定意见（不要迷信鉴定）

一要注意鉴定人和鉴定机构的资格；

二要注意检材的提取和移送过程是否明确；

三要注意鉴定的方法是否科学；

四要注意鉴定意见是否与在卷其他证据存在矛盾。

司法实践中，承办人往往对鉴定意见过于信赖而缺乏必要的分析，其实技术性鉴定意见也有错误的时候，一些漫不经心的动作常常造成检验材料的遗失、污染、改变使得鉴定丧失真实性，样品的提取时间、环境等都需要认真审查。比如，麻醉抢劫或麻醉强奸的案件，我们曾经处理过一个强奸案件。需要抽血检验被害人血液，有的药物在血液中停留的时间是有限度的，所以血液样品抽取的时间就很重要，要注意审查样品提取笔录记载的时间。

（5）勘验、检查笔录

一是勘验、检查内容是否全面、准确；

二是对勘验、检查记录中的内容有疑问的，勘验、检查人是否能作出合理的解释；

三是必要时应到勘验、检查现场核实。

（6）视听资料与电子证据

一是注意来源，提取、制作的过程是否合法；

二是内容是否完整、真实，必要时要鉴定；

三是结合案件其他证据审查；

四是必要时应求助于专业人士。

（7）辨认笔录

一是制作的主体、过程是否合法；

二是辨认的方法是否规范；

三是对定案起关键作用的辨认笔录，应当询问辨认人以对辨认过程进行复核。

（8）发破案经过说明

一是审查形式要件是否完备；

二是结合案件其他证据材料核实其真实性。

2. 强化单个证据的审查力度

我们传统印证证明模式的最大弊端或者说最受批评和攻击的地方就是忽视单个证据的审查。谢小剑指出“我国刑事诉讼中奉行相互印证的证明模式，它以被告人口供为印证机制的中心，忽视对单个证据的独立审查”。一旦单个证据本身存在问题，那么这些单个证据之间所形成的印证关系，就是一种假象印证，这个证据锁链也都是浮云。我国很多著名的错案，你要单从印证的角度看，都没问题，被告人承认、有证人也有物证，相互印证，结果再看单个证据，被告人供述是刑讯逼供，提取的物证有问题，形成的是假象印证。

3. 关于非法言词证据排除的时点

《关于办理刑事案件排除非法证据若干问题的规定》包括修改后的《刑事诉讼法》规定，采用刑讯逼供等非法取得的言词证据，予以排除，不能作为定案的根据。司法实践中存在这样的争议：犯罪嫌疑人在侦查阶段某一次讯问中受到刑讯逼供，其以后的历次供述是否都应当予以排除，还是限于受到刑讯逼供的那一次讯问应当排除。例如，犯罪嫌疑人刑事拘留期间在某派出所讯问时受到刑讯逼供，但是后来关押在看守所期间的多次讯问中并没有受到刑讯逼供，以及在审查起诉阶段公诉人提审时均做了供述。上述各个阶段的供述是实行“一排到底”全部作为非法证据予以排除，仅以当庭供述为定案根据，还是实行“适时排除”仅排除在派出所讯问时的供述。主张“一排到底”观点的理由在于曾经受到刑讯逼供后，犯罪嫌疑人一直处于恐惧的心理阴影之中，既不能保证其供述的真实性，也不符合保障人权的要求。主张“适时排除”观点的理由主要是，既然法律规定受到刑讯逼供等非法取得的证据予以排除，那么没有受到刑讯逼供等非法取得的证据当然就不应该排除。

个人认为，不能一概而论，原则上应该是适时排除，如果有同步录音录像或者第三人在场证明讯问是犯罪嫌疑人情绪稳定，对其心理无明显影响，可以采信。退一步也只能是排除仅及于“同一主体”。详言之，对于刑讯逼供等暴力、威胁取证的，从被刑讯逼供之后由同一单位进行的讯问或询问，形成的犯罪嫌疑人的供述、证人证言、被害人陈述应当作为非法证据予以排除。例如，在派出所讯问时受到刑讯逼供，后来在看守所关押过程中仍然由该派出所进行的讯问依然作为非法证据予以排除；但是到审查逮捕阶段以及审查起诉阶段，由检察机关检察官进行的排除存在暴力、威胁等情况进行了合法的讯问、询问，所形成的笔录，可以作为证据使用，不应当一并作为非法证据排除。不能采用一排到底，这样会导致只有当庭供述才是合法证据了，这不切实际，法国著名律师在《错案》一书中指出，“在法庭上，一些有罪的人往往比无罪的人显得还神气。因此，在法庭上的观察与生活中的观察是不同的”。法庭上的当庭供述未必就一定可信。

4. 瑕疵证据的转化与完善

审查证据合法性包括：证据内容、形式、取证人员主体资格、手段方法四方面是否合法。刑讯逼供等属手段非法。《关于办理死刑案件审查判断证据若干问题的规定》针对七类证据四方面不同程度的瑕疵、非法性问题，分别规定“补正或者作出合理解释的可以采用”或者“不能作为定案的根据”等不同的程序性处理方法。审查逮捕阶段在做好非法证据的排除工作的同时，如何引导公安机关把“阶段性非法证据”进行合法化，把瑕疵证据的完善化是我们审查逮捕工作的重点内容。

（1）对于程序性违法所获取的证据应予以补救。对于刑讯逼供、暴力、威胁手段非法取得的证人证言、嫌疑人供述、被害人陈述等言词证据，不具有证明力，不能作为刑事诉讼的证据予以采信。但在予以排除出证据体系之外的同时，应当建议侦查机关更换侦查人员重新收集固定证据。违反法定程序的证据，主要指司法人员违反法定的手续、步骤、时间、地点采集的证据。这类证据属于程序违法或技术违法，“违法性”本身对证据的真实性无碍，一般也无损于证据提供者的利益。对于瑕疵证据，在实践中一般均应要求侦查部门及时补正、完善。这里要求的补正完善，一定要及时，也就是要在作出逮捕决定之前必须纠正完善，不然就属于依据非法证据作出逮捕决定。

（2）对非法取得的实物证据予以合法化。一般来讲非法取得的实物证据主要指：物证、书证来源不合法；没有合法的扣押手续；现场勘查没有对物证作出明确的记录和扣押清单等情形。如对没有搜查证搜缴的物品、对没有扣押证而扣押的物品等，纪委部门移交过来的赃款等都需要进行合法化的转变。为规范取证活动，确保办案公正，《关于办理死刑案件审查判断证据若干问题的规定》对物证书证的非法取证问题作出原则性规定，即“物证书证的取得明显违反法律规定，可能影响公正审判的，应当予以补正或者作出合理解释，否则，该物证书证不能作为定案的根据”。明确规定了具体的操作程序。“补正和合理解释”，实际上就是对程序违法证据的修补。所以，审查逮捕中发现实物证据存在问题的，应及时要求并监督侦查机关及时纠正，经过补正完善，使“瑕疵”得以治愈的，没有必要否定证据资格。例如，通过补充签名、盖章，对有关事项进行更正，补充开列清单等修补方式，治愈存在的“瑕疵”，从而使证据能力得以恢复。但这里要强调指出的是，部分侦查行为具有不可修补性。例如，关键性痕迹的提取过程，如果不明的，不能允许侦查人员作任意的补充说明。否则，极易造成错案隐患。

（3）对取证主体违法的合法化转换。《刑事诉讼法》第 3 条明确规定了，对刑事案件的侦查、拘留、逮捕、提起公诉、审判等刑事诉讼，由公安机关、检察院、法院负责。除法律特别规定的以外，其他任何机关、团体和个人都无权行使这些权力。职务犯罪案件主体身份的特殊性，也带来了很多不同的情形。如职务犯罪案件中的当事人在双规双指和初查期间，报请逮捕时取证主体不合法的证据很普遍，这就需要监督侦查部门对证据的合法转换。在审查证据时，一定要注意取证主体是否已经转换，特别是对言词证据的审查尤其要作为重点，因为取证主体的不合法，导致证据无法采用，有可能导致整个案件的失败。需要转变取证主体的情形，一般有两种：

第一，对于纪委监察部门移交证据的转化。纪监部门移交的证据，大多数都是在“双规双指”期间被调查人交代的问题或提供的材料以及查获的赃款赃物等，这是查处此类案件中常见的一种证据形式。对双规期间纪委搜查扣押的物证、书证等实物，没有合法的手续，移交案件材料时大多不移交扣押的物证，即使移交的也都没有合法来源。如王某收受字画的事实经过足以认定，但是纪委移交案件时既没有移交扣押的字画，也没有移交相应的扣押手续，更没有对字画进行价值鉴定，像这样司法程序外的物证，就需要依照法定程序进行“转换”，即由侦查人员以此为线索重新讯问、询问、调取、扣押，转换后的证据方可作为刑事诉讼证据采用。

第二，对立案前初查期间的证据转化。《人民检察院刑事诉讼规则（试行）》用两节18个条款规定了立案与初查的程序，可见对立案这一具有双重法律意义的程序十分重视。因为立案，即是在认定有犯罪事实的基础上而开启了侦查程序之门，又享有对特定事项进行强制侦查的权力。可以说，立案最重要的程序意义，是赋予侦查机关强制侦查权。因为，立案是能否采取强制侦查措施的分界线，所以在立案前所收集的证据有必要进行甄别认定，特别是对之前没有侦查取证主体资格的证据，应该转换成符合法定程序的获取的证据。首先应明确立案前的强制侦查行为，所获证据不具备法律效力。但是，根据《刑事诉讼法》第84条第3款的规定，立案前报案接受机关有权根据情况采取紧急措施，这种紧急措施应当包括拘留现行犯和扣押罪证等强制侦查措施，由此而获得的证据材料，可以作为审判证据。对初查所获证据重点应审查：是否属于在强制侦查措施之下取得的证据、是否符合法定的证据种类、是否有可能再重新收集的言词证据等。对于已经提取的不变的物证，应该作为证据采用；对于言词证据应该区别对待，立案前的人证笔录，应当按照刑事诉讼法关于讯问犯罪嫌疑人、被告人以及询问证人、询问被害人的要求制作，并在立案后再行取证，进行合法的转化。对于立案后不能找到有关证人，或者证言供述已经发生变化，检察机关有必要使用立案前获取的人证以证实犯罪。只要调查主体同一、作证主体同一、证明事项同一、证据的书面形式同一，而仅仅是作证主体和调查笔录的形式不同，不应该影响其证明的效率。

二、审查逮捕工作中逮捕必要性条件的把握

（一）为什么要重视逮捕必要性条件

1. 司法文明化趋势的要求审查逮捕工作要重视逮捕必要性条件

（1）宽严相济刑事政策的要求慎用逮捕权。关于贯彻落实宽严相济刑事政策问题深入推进三项重点工作，要求在侦查监督工作中更加注重全面贯彻宽严相济的刑事政策。国家赔偿法的出台，将刑拘和逮捕的国家赔偿的归责原则进行了区分，体现出国家对于慎用逮捕的要求。刑事拘留国家赔偿的“违法归责原则”（即违法了才赔偿）。而检察机关的逮捕赔不赔完全是看最终案件的处理结果，只要是捕后出现了案件撤销、被确认不构成犯罪或因证据不足无法追究刑事责任的结果，那么就要给人家赔偿。这就是对逮捕措施上国家赔偿的“结果归责原则”。

（2）社会各界对于司法文明程度的新期盼，要求对刑事羁押进行司法审查的呼声越来越大。学者指出：从人类社会历史发展的过程看，刑事司法制度

改革人性化的趋势是历史发展的潮流。我们江苏很早就形成了审查逮捕案件每案必提审犯罪嫌疑人的制度。一些地方还开展了模拟审判程序进行的审查逮捕公开听证探索。这样一种趋势是不可逆转的。

（3）逮捕的保障诉讼与保护人权的双重价值目标的平衡关系，决定了逮捕首先应当具有的谦抑的立场。逮捕程序的设置一方面是为了保障诉讼，另一方面则是通过引入对侦查活动的司法审查，以保障公民合法权益。这两个价值目标决定了逮捕只能在必要及合理的限度范围内适用。贝卡利亚说过，“只要刑罚的恶果大于犯罪所带来的好处，刑罚就可以收到它的效果。这种大于好处的恶果中应该包含的，一是刑罚的坚定性，二是犯罪既得利益的丧失。除此之外的一切都是多余的，因而也就是蛮横的”。这虽是用在实体法领域的一句话，但我觉得在刑事强制措施的选择与适用上，这句话同样有着启发意义。区分轻罪与重罪，使逮捕适用与犯罪行为社会危害性的轻重程度相适应。这既是保护公民的实体权利和程序公正的要求，也是诉讼效益原则的要求，可以充分体现我国实事求是、区别对待的刑事政策，解决我国司法实践中存在的对轻罪控制逮捕不够及逮捕适用普遍化的问题。对轻罪与重罪的犯罪嫌疑人采取同样严厉性质的强制措施，无论在实体还是程序上，对轻罪犯罪嫌疑人都是不公平的。如果司法机关对轻罪案件的解决，履行与重罪基本相同的刑事诉讼程序，将会使得我国原本就稀缺的司法资源更加捉襟见肘。因此，根据诉讼效益原则，为了有足够的司法资源去防止那些对社会和公众危害严重的重大犯罪，我们也应该对轻罪案件减少诉讼资源的投入，尽量采取非羁押等成本较低的措施，以确保刑事司法的正常运转，提高执法水平，达到刑事诉讼资源的最大效益化。在这方面，我国最高司法机关也已经表现出积极的姿态，表示对于轻刑犯要采取更为轻缓的刑事政策，充分体现“轻罪轻处、轻罪轻罚”。最高人民检察院也在考虑是否对捕与不捕难以决定的，实行听证制度。

当然，理论上提出审前对“在法律上无罪”的人进行羁押应当作为一种例外，并且应该成为我国逮捕制度的发展理想和追求目标。这一点我们也是不大赞成的。我国目前正处于矛盾凸显、刑事犯罪高发的特殊历史时期，改革发展迫切需要有安定有序的社会环境和公正高效的法治环境。如果仅将逮捕作为一种例外的程序性保障措施，让绝大多数犯罪嫌疑人、被告人在保持人身自由的情况下候审，那么，现有的制度和力量根本不足以保证刑事诉讼活动的顺利进行和防止犯罪嫌疑人造成新的社会危害。也显然不能满足当前我国打击犯罪、维护秩序的需要。因此，目前比较切实可行的是：在充分发挥逮捕制度在打击犯罪方面的作用同时，对它进行合理控制。在现有诉讼制度框架内，首先从完善逮捕制度入手，提升逮捕的法治现代化水平，对逮捕措施作必要的修订和完善，使之在作为刑事强制措施和侦查手段的同时，兼顾其后续羁押的特点，在适用程序、适用理由、羁押期限以及救济程序等方面更充分地体现人权保护的价值。

总之，检察机关作为宪法规定的法律监督机关，肩负着维护公平正义的神圣职责。在建设社会主义和谐社会的进程中，应充分运用宽严相济的刑事政策在控制犯罪、保障人权、促进经济社会发展、维护社会稳定方面发挥积极作用。体现在侦查监督部门中，就是要充分发挥立案监督、审查逮捕、侦查活动监督的三大职能，做到既要“雷霆万钧”，又要“春风化雨”；既要治标，也要治本；既要注重法律效果，同时也要注重社会效果。

2. 忽视逮捕必要性条件在司法实践中的表现

（1）逮捕数量过大，而捕后轻缓刑率较高。长期以来，检察机关在行使审查逮捕权时，不能严格掌握“采取取保候审、监视居住不足以防止其发生社会危险性，而有逮捕必要”这个批捕条件，基本上是有罪即捕。从历年来最高人民检察院工作报告中还可以看出，我国的逮捕适用率也非常高。其中，2003年逮捕率为92.85%，2004年为92. 47%，2005年为94. 85%，2006年为90.24%，2007年为86.93%。从数字来看，除2007年逮捕率略有降低外，其余几年的逮捕率均在90%以上。而与之形成鲜明对照的是，我们捕后案件的轻缓刑率一直较高，2010年全国这一比例为20.21%。即1/5被逮捕的人并没有被判较轻的刑罚。

（2）“以捕代侦”普遍。据统计，在经法院判决有罪的刑事案件中，长期以来90%以上的被告人被采取了逮捕这一强制措施。从高检院有关领导的讲话中可知，2007年至2009年被提起公诉的被告人在押率平均为77%。这样，从实践来看，逮捕不是刑事追诉的例外却成了必经程序。在侦查工作中，侦查人员普遍将逮捕作为侦查的手段而加以运用，较少考虑宽严相济。

（3）目的手段错位，逮捕被视为一种处罚措施。逮捕的目的在于保障诉讼，但在实践中却被当作惩罚犯罪的手段，提前预支刑罚，使目的手段错位。最高人民法院和最高人民检察院在全国人代会上的工作报告中都曾出现过“逮捕法办”这一词语。可见，逮捕被作为一种惩罚和追究责任的形式来看待，而非诉讼保障手段。

（4）缺乏协调统一。在司法实践中，检察机关执行的宽严相济刑事政策未能与公安机关和审判机关的刑事执法形成很好的对接。表现在两个方面：一是公安机关的绩效考评强调刑事拘留转捕率和批准逮捕率，检察机关适用宽严相济刑事政策后，降低了刑事拘留转捕率和批准逮捕率，势必影响公安机关的绩效考评，对此，检察机关有难处，公安机关有反应，对双方的关系也造成了不利影响。二是对于检察机关作出无逮捕必要不捕的犯罪嫌疑人，起诉到审判机关后，审判机关立即决定对其予以逮捕，审判机关这样做的目的，大多是保证诉讼，但也不排除利益驱动的因素。

（二）如何在审查逮捕中把握犯罪嫌疑人的逮捕必要性

刑事诉讼法规定的逮捕三条件被分别归纳为“罪疑条件”、“罪重条件”和“危险性条件”。我个人理解，这三个条件第一个条件是对逮捕案件事实证据的要求，而第二个、第三个条件则是逮捕必要性条件的要求，即把握犯罪嫌疑人的逮捕必要性，要从罪刑轻重和社会危险性两个方面进行。

1. 法律、司法解释的规定

《刑事诉讼法》第 79 条对逮捕条件进行了较大幅度的调整，这一条分三款，即将逮捕条件分为三种：

第 1 款规定的是“一般逮捕条件”，即对有证据证明有犯罪事实，可能判处徒刑以上刑罚的犯罪嫌疑人、被告人，采取取保候审尚不足以防止发生五种社会危险性的，应当予以逮捕；“五种危险三个可能”分别是可能实施新犯罪，可能毁灭、伪造证据干扰作证串供的，可能对被害人、举报人、控告人打击报复的；一个现实危险即有危害国家安全、公共安全或社会秩序现实危险的及一个企图即企图自杀或逃跑的。

第 2 款规定的是“径行逮捕的条件”，即对有证据证明有犯罪事实，可能判处十年有期徒刑以上刑罚的，或者有证据证明有犯罪事实，可能判处徒刑以上刑罚，曾经故意犯罪或者身份不明的，应当予以逮捕。

第 3 款是对“对违反取保候审、监视居住情节严重，可以转为逮捕”的规定，即被取保候审、监视居住的犯罪嫌疑人、被告人违反取保候审、监视居住规定，情节严重的，可以予以逮捕。

2. 把握逮捕必要性的原则

（1）罪行较轻原则，即从犯罪事实、情节、危害后果来把握。依据罪行较轻原则，实践中，我们适用无逮捕必要主要把握在以下范围内；过失犯罪或故意犯罪中情节较轻，依法可能判处有期徒刑以下刑罚或可能适用缓刑的案件。犯罪的种类上主要有交通肇事、盗窃、轻伤害、敲诈勒索、非法拘禁。相反，对于严重危害社会治安的犯罪（如黑社会性质组织犯罪、有组织犯罪、恐怖犯罪、毒品犯罪以及杀人、爆炸、强奸、绑架、投放危险物质等），严重破坏市场经济秩序等犯罪（如销售严重危害人身安全和人体健康的伪劣商品、重大环境污染、破坏环境资源犯罪等），贪污贿赂、渎职侵权等国家工作人员职务犯罪则不应在逮捕必要性上过度纠结。对于这几类符合逮捕条件的从严从快逮捕，以起到震慑犯罪、警示社会的作用，达到预防犯罪和稳定社会的目的。

（2）犯罪主体容易改造原则，即从犯罪主体及认罪态度来把握。认定犯罪主体是否容易改造，关键取决于两个方面：一看犯罪嫌疑人是否属于对法律认知程度差的未成年人，是初犯、偶犯还是多次犯罪、连续犯罪、累犯等；二看犯罪嫌疑人的认罪态度如何，是否存在继续犯罪或者再次犯罪的可能性，如果有事实或证据表明犯罪嫌疑人系初犯或偶犯，认罪态度较好，主观上又确有悔过表现，不会再次实施犯罪或者继续犯罪，则可以适用无逮捕必要不予逮捕。

（3）保障诉讼原则，即从能否保障诉讼方面把握。在司法实践中，逮捕作为一种强制措施是为保障诉讼的顺利进行服务的。对于一般的刑事案件，我们对有相对固定的住所、有家室、年龄大，且犯罪情节较轻的犯罪嫌疑人作出无逮捕必要不捕，而对于居无定所，流窜作案，或不收监可能继续作案的，一般采取逮捕的强制措施，但不宜因为保障诉讼的目的，过度牺牲犯罪嫌疑人的利益。

3. 建立逮捕必要性证明机制与强化不捕案件说理机制

（1）逮捕必要性证明机制。逮捕必要性证明机制是全面把握逮捕条件的机制创新，是“规范执法行为，促进执法公正”前提下的务实创新，体现了逮捕权的司法属性回归，同时也是提升侦监部门监督权威的重要举措。南京于2007年即出台《关于办理逮捕案件适用“逮捕必要性”条件的实施意见》（以下简称《实施意见》）。首先，明确推进逮捕必要性证明机制的核心和关键，就是重点把握《实施意见》第2条、第3条，即严格把好案件进口关和审查关，这也是《实施意见》的亮点所在。严把案件受理关是贯彻《实施意见》的首要任务，在机制推行初期，由侦监科长亲自负责受案，对公安机关《提请批准逮捕书》和案卷材料中是否对逮捕必要性进行主张和举证进行形式审查和实体审查，值得注意的是对报捕的未成年人或在校生犯罪、过失犯罪、民事纠纷引发轻伤害等轻微刑事案件如果缺乏对逮捕必要性的主张和证明可不予受理；严把案件审查关是贯彻《实施意见》的重中之重，案件受理后要对嫌疑人“有逮捕必要”进行审查、判断，必要时予以复核，尤其注意审查犯罪嫌疑人居无定所等公安机关不如实取证的内容，对犯罪情节轻微不需要判处刑罚的，可以不作犯罪处理；情节较轻、有取保候审条件，确无逮捕必要的，建议公安机关直接移送审查起诉。

逮捕必要性证明机制取得成效应通过以下几项指标数据的变化予以体现，即批捕率的上升、捕后判轻刑案件比例的下降、案件总量和批捕总人数的减少、公安机关提请复议复核案件数的降低，当然以上指标的上浮或下降必须以及时、准确、有力地打击犯罪和保证案件质量为前提。

《实施意见》的会签是公检双方执法理念、执法标准趋于统一的重要标志，因而全市侦监部门要把与公安机关加强沟通与协调放在重要位置，定期分析、交流推进逮捕必要性证明机制的工作情况，增进共识，减少分歧，共同研究解决在贯彻执行《实施意见》过程中出现的问题，推进这项工作更好地发展。当前重点要通过提前介入，有效提高公安机关报捕案件质量。侦监部门要将提前介入范围从重大疑难复杂案件扩大到轻微刑事案件，将审查逮捕工作关口前移，对案件提前把关，在指导和帮助公安机关依法收集证据的同时，对不符合逮捕条件的案件，建议公安机关直接移送起诉或作其他处理，不进入报捕程序。同时公检双方要进一步沟通协调，在对本辖区各类案件充分调研的基础上，制定一些切实可行的规范性文件以推进逮捕必要性证明机制的建设，比如，共同出台贯彻《实施意见》细则、细化类案的逮捕条件等。

（2）不捕说理机制。2008年2月27日，江苏省人民检察院第一次检察委员会会议审议通过了《江苏省检察机关关于对不（予）批准逮捕案件说明理由的规定（试行）》（以下简称《规定》），于2008年3月5日印发并在全省检察机关实施。该《规定》的实施，对于全省检察机关不断创新侦查监督工作机制，推行检务公开，保证审查逮捕案件质量，规范引导侦查取证，强化检察人员责任意识，节约诉讼资源等方面，将起到十分重要的作用。

强化逮捕必要性的审查，必然带来审查逮捕案件中不捕案件的上升和无逮捕必要不捕案件比例的提高。以江苏省为例，审查逮捕案件逮捕率从2005年91.54%的批捕率，持续下降到2010年的77.48%。2013年的第一季度普通刑事案件批捕率进一步下降到75.71%，也就是说报捕案件的1/4是不批准逮捕。批捕率历年变化情况，见表1。近3年来，各类不捕案件的比例情况，见表2。

表 1

年份	批捕率（%）
2008	86.4
2009	81.34
2010	77.48
2011	77.88
2012	80.06

注：以每年的批准逮捕人数除以所有审结的审查逮捕案件的人数（批捕和不批捕人数之和）。

表 2

	不批准逮捕总人数	不构成犯罪不捕		证据不足不捕		无逮捕必要不捕	
		人数	比例（%）	人数	比例（%）	人数	比例（%）
2010 年	15490	1610	10.39	5479	35.37	8401	54.23
2011 年	14852	1321	8.89	5633	37.93	7898	53.18
2012 年	13028	1049	8.05	5433	41.7	6546	50.25

但注重逮捕必要性的把握也带来了较为明显的成果：普通刑事案件捕后判轻缓刑案件比例较低。从高检院 2010 年审查逮捕工作通报中看，江苏省普通刑事案件捕后被判轻缓刑人数为 5275 人，捕后轻缓刑率为 9.94%，为全国最低的省份（全国平均为 20.21%）。

三、审查逮捕案件办理程序

（一）阅卷

整合认证法。这种审查方法，是通过对全案证据进行整体审查、全面分析、综合认证，最终认定案件的性质、情节、手段、后果等影响定罪、量刑证据的一种审查方法。

整合认证的方法：一是对照审查提请逮捕的事实与案卷中的证据材料是否能够对应；二是对照审查提请逮捕的犯罪事实与认定的犯罪性质、罪名和适用法律条款是否正确一致；三是对照审查犯罪嫌疑人的主观故意、客观行为、刑事责任年龄等与提请逮捕罪名的犯罪构成要件是否符合；四是对照审查犯罪嫌疑人的供述、其他证据材料是否符合逮捕的三个条件，是否应当逮捕。通过对逮捕证据的审查认证，只有同时具备犯罪构成的四要件，符合逮捕条件，才能依法作出逮捕的决定。在这里我讲一下个人阅卷的习惯，第一步看过文书上的基本案情后找法条熟悉基本法条；第二步看卷，一是看实体，打笔记，简单、条理、清晰，记住关键点，自己看得懂就行；二是看程序，强化单个证据的审查取证主体及程序的合法性审查；因为实体与程序同时审查会两个方面的审查注意力都不会集中，有疑点后再看卷；第三步再找法条或司法解释或相关案例，证据上、法理上增加深入认识，得出自己的罪与非罪、此罪与彼罪的结论。

（二）讯问

审查逮捕部门在审查逮捕过程中对嫌疑人的审讯内容在刑事诉讼中有重要的作用，如果后面阶段嫌疑人翻供了，侦监阶段的这份审讯内容就显得格外重要，嫌疑人在法庭上对侦查阶段存有刑讯逼供，逮捕阶段这份证据有时会增强法官的内心确信。但是，往往在翻供案件中，对审查逮捕阶段的审讯，总觉得很遗憾，记录过于简单，无法从记录中客观公正地看到它的真实性。察微析疑法。这种方法是通过讯问犯罪嫌疑人时直观地察言观色，察微析疑，发现问题。侦查人员收集的证据是否客观公正，犯罪嫌疑人有何辩解、是否有翻供倾向，都可以通过直接接触和讯问犯罪嫌疑人而予以解决。同时，还可直观地了解犯罪嫌疑人表情、精神状况、记忆、认知、语言表达、文化程度等方面的能力。了解这些情况，有利于辨明真伪，把好证据关，并且能发现一些从案卷中发现不了的问题。如文某失火案，案卷中嫌疑人文某的讯问笔录完整流畅，并与其他证据也能印证。但提审犯罪嫌疑人时，发现文某是个听力和语言表达都有障碍的人，根本叙述不清作案经过，更不可能清晰完整地叙述案件经过，以此判断讯问笔录不可能是犯罪嫌疑人真实口供的记载，至少说不是口供的原貌。于是，承办人更加重视核查该口供的真伪。后来经核查发现有不少细节是侦查人员为了和自己掌握的其他证据材料一致而擅自增加的。可见，通过讯问犯罪嫌疑人察微析疑至关重要。此外，有时通过询问有关证人，也能察微析疑。

审查逮捕阶段讯问注意事项有以下两方面：

1. 程序合法，不少于2人提审、提审时间记录准确、签字内容等

2. 重视笔录的制作

（1）根据讯问内容的基本要素，告知权利义务、嫌疑人基本情况（包括自然状况、不宜羁押疾病、是否系人大代表或政协委员等）。

（2）详细记录涉嫌犯罪事实，切忌过于简单。每笔事实围绕犯罪构成对时间、地点、涉及人物、原因（动机、目的）、手段、情节和危害后果七种要

素详细具体记录。在这个记录过程中避免以下三个倾向：

第一，避免把一笔或数笔较为复杂的事实用一至两个大段落表述下来，要分层次、分问题讯问并记录，也不是过于琐碎，要像正常谈话一样按照事先准备好的讯问提纲逐一讯问，避免一句问话带有数个问题，容易导致嫌疑人带着数个问题供述而导致回答不连贯。对于一笔事实可以先让其概况讲一下事情经过，然后再针对犯罪构成要件，有针对性地对事实中的关键问题逐一讯问清楚，并记录下来。

第二，避免用自己的语言过度地总结嫌疑人的供述。尽量根据嫌疑人的受教育情况而表现出的现实的语言表达能力及方式而反映出的内容进行如实的记录，对过于琐碎及与定罪量刑没有关系的供述可作必要的总结，但对于嫌疑人供述涉及事实的关键环节应避免用自己的语言过度地总结，否则容易导致笔录不客观。

第三，超出报捕犯罪事实的犯罪事实也应如实讯问并记录。

（三）审查逮捕案件意见书的制作

审查逮捕工作的全部结晶就在审查案件意见书（以下简称审查意见书）上。很难想象，一个不严谨、不精确的思维方式能够产生和支持一份精确的审查逮捕案件意见书。实践中，审查逮捕案件意见书的制作呈现证据摘录混乱、分析说理不透、事实表述不规范等不良倾向。本文拟对这些问题，谈一点粗浅的看法。

1. 基本格式和内容设置

文书九个部分：

一、受案和审查过程

二、犯罪嫌疑人基本情况

三、发案、立案、破案经过

四、经审查认定的案件事实及证据

五、需要说明的问题

（一）案件背景、有关领导批示情况

（二）引导公安机关取证事项

（三）立案监督、侦查活动监督有关情况

（四）需要补充侦查的事项

（五）其他需要分析或说明的事项

六、逮捕必要性分析（从以前第四部分拿出单列）

七、办案风险评估及预案

八、延伸办案职能的意见和建议

（一）社会矛盾化解事项分析处理意见

本案目前未发现有重大社会矛盾存在

（二）社会管理创新事项分析处理意见

无

（三）公正廉洁执法事项分析处理意见

1. 未发现有需要立案监督事项；

2. 未发现有需要纠正违法事项；

3. 未发现有需要涉及职务犯罪线索移送事项。

九、处理意见

2. “证明上述事实的证据”如何摘录

“认定上述事实的证据”主要内容是证据摘录，它是一篇审查意见书的基础性内容，是认定犯罪事实、证据分析、得出审查结论的基础。

（1）证据摘录的基本要求。证据摘录的基本要求是：“准确”、“客观”、“全面”、“详略得当”。“准确”就是要求摘录忠于侦查卷宗的真实记载，不得带有承办人个人的主观倾向和先入为主的判断；“客观”就是基于中立的立场，既要摘录对犯罪嫌疑人不利的证据，也要摘录对其有利的证据，这也是检察官客观义务的题中之义。“全面”就是不能遗漏影响定罪量刑或对案件有重要影响的证据材料，如实践中容易忽略自首、累犯、主从犯等细节证据的摘录。下面重点谈谈如何做到“详略得当”。

“详略得当”需要分以下情况区别对待：第一，对于案情简单且证据清楚稳定的案件，证据摘录要简略，不必将犯罪嫌疑人的供述和辩解按照原话一问一答式摘录，也无须要将犯罪嫌疑人的多次供述一一摘录。只要首先列明犯罪嫌疑人有几次供述，分别注明供述的时间、地点及讯问人、侦查卷宗页码，然后概括其供述的主要内容。对于多次供述中对案件事实有重要影响的不一致、有矛盾的细节，可以放在证据列完后“存在的问题”中记明，并就如何解决这一矛盾进行简单的分析。列举证人证言或被害人陈述时，如果与被告人供述基本一致，内容可以简略写成：“与犯罪嫌疑人供述一致”，然后对不一致的地方单独摘录。

第二，对于疑难、复杂的案件，特别是犯罪嫌疑人不认罪、翻供或口供反复的案件，证据摘录要尽可能详细，甚至有些表面上看来与案件无关的细节也可能对案件有重要影响。比如有的犯罪嫌疑人翻供称遭到诱供，但是有些细节是其他一般人不可能了解的，而其他证人的供述在犯罪人供述之后，侦查人员对这些细节不可能事先知道，这样就可以排除侦查机关的诱供。对于有些重要情节，还可以采用问答式原话摘录。比如王某贪污案件中，王某否认自己有贪污的故意，供述中有一段话“问：你为什么要指使另外两名犯罪嫌疑人分钱？答：我就是想带他们‘混’点钱。问：混钱什么意思？答：就是拆迁时搞点拆迁款。”这样问答式摘录，具有很强的说服力，说明犯罪嫌疑人主观上具有共同非法占有拆迁款的目的。

书证、物证摘录相对简单，但有一点需要强调：物证鉴定的摘录，原则上只摘录意见部分（并不意味着审查证据时只审查意见而不审查过程），比如价格鉴定，但对于伤情鉴定、死亡鉴定中的受伤部位、伤口形状（如钝器还是锐器）、受伤和死亡原因也要进行摘录，这往往对于证明案件事实至关重要。

（2）证据列举的方法。符合逻辑的、条例清晰的证据分类，使人一目了然，有利于案件的审查，也有利于汇报案件和领导审阅。针对不同案件的具体情况采用不同证据列举方法，主要有以下五种方法：

第一，按法定的证据种类列举。这是最基本的证据列举形式，具体如下：犯罪嫌疑人的供述和辩解——被害人陈述——证人证言——书证物证——鉴定结论——勘验检查笔录等。这种方式主要针对单一罪名且犯罪事实较少的案件，比如，三笔以下的盗窃、故意伤害、交通肇事等案件。

第二，按照一罪一证列举。这主要针对多罪名案件，比如一个案件中既有盗窃，又有抢劫、抢夺，列举证据就可以列成“（一）盗窃、（二）抢劫、（三）抢夺”，然后在每一个罪名下再按法定证据种类进行列举。

第三，通过表格列举。这主要针对一人多事、多人多事的案件，比如一人盗窃15笔，就可以列表格：每一笔犯罪事实对应相应的犯罪嫌疑人供述辩解、被害人陈述、证人证言等，这样看起来一目了然，有利于案件事实的查明与分析。

第四，按照犯罪构成列举。这主要针对职务犯罪案件或犯罪嫌疑人针对某一犯罪构成要件否认或翻供的案件。比如，受贿罪可以分为“主体身份、职务便利、基本事实（客观事实、主观方面）”。再如，犯罪嫌疑人否认主观上具有故意，可以将证明主观故意的证据单独进行列举，这样有利于审查犯罪嫌疑人是否具有主观故意，同时为出庭辩论打下基础。

第五，按照定罪与量刑列举。主要针对自首或立功等量刑情节存在较大争议的案件，特别是职务犯罪案件。将量刑情节独立出来进行证据列举，有利于从证据的角度判明该量刑情节能否成立。

（3）“对证据的分析与论证”如何分析。对案件事实的分析是建立在证据确实充分的基础上的；反之，证据的确实充分又是认定案件事实的基本依据。概言之，证据分析就是排除矛盾与合理怀疑，论证一个案件的证据体系是如何建立起来的。

第一，证据分析标准与要求。不能以“事实清楚，证据确实充分”为分析的标准。但是，这并不意味着无法进行证据审查和判断。根据经验性法则，实践中形成较为一致的标准：证据确实充分包括对证据质的要求和量的要求，主要包括四个方面：据以定案的证据均已查证属实；案件事实均有必要的证据予以证明；证据之间、证据与案件事实之间的矛盾得到合理排除；得出的结论具有唯一性和排他性。

证据分析的要求就是对每一个证据都要进行合法性、客观性和关联性分析。客观性主要从四个方面把握：证据形成的原因；发现证据时的客观环境；证据是否为原件、原物，复印件、复制品与原件、原物是否相符；提供证据的人与当事人有无利害关系；影响证据真实性的其他因素。关联性是指证据与待证的证明对象有关，证据对待证事实具有证明作用和价值。合法性表现在两个方面：一是定案证据必须是通过合法的手段调查收集，二是定案证据必须符合法律规定的表现形式。这一部分，实际是在证据审查部分已经说过了。

第二，证据分析的方法。对证据的分析论证，本质上是一种审查判断证据的思维过程。如果说前面的证据摘录是对证据的粗加工，属于感性认识；那么证据分析与论证就是运用概念、判断和推理等思维形式来进行的理性认识。笔者根据实践经验，总结出证据分析的“三步法则”：

第一步：分解验证法。分解验证是指对单个证据进行“三性”（指证据的合法性、客观性、关联性，下同）分析，验证其是否具有证据资格，从而作为认定犯罪事实的依据。在每一单个证据验证分析时，还可以进一步分解。比如犯罪嫌疑人的供述，可以从供述的时间、地点、有无逼供诱供等方面验证；证人证言，可以从证人的辨别能力、与案件的利害关系等方面进行验证；鉴定意见可以从鉴定人的资质、检验材料的原始性等方面验证。实践中，往往对鉴定意见过于信赖而缺乏必要的分析，其实技术性鉴定意见也有错误的时候。比如，精神病司法鉴定主观性较大、强奸案中精斑鉴定检验材料被污染而使鉴定丧失真实性，甚至价格鉴定也会出现问题，如尹某盗窃案，被盗手机的价格鉴定意见是依据被害人提供的销售发票进行鉴定的，但经审查发现该销售发票是中国联通话费充值发票，充值话费时赠送的手机，但发票上既没有记载赠送手机，更没有记载手机的型号，因此该价格鉴定不能采信。

第二步：双向对比法。对比即对案件中证明同一事实的两个或两个以上的证据材料进行比较和对照，审查其所印证的内容是否一致，以确定案件事实能否认定。所谓双向比对是指纵向对比和横向对比，纵向对比主要针对言词证据而言，即对同一案件事实做过的多次陈述或供述进行对比，辨明其前后内容有无矛盾之处以及如何排除和解决矛盾；横向对比是指对证明同一案件事实的不同种类的证据进行比对。对比法是证据审查最基本、最直接的方法，因为证据是否能够相互印证，主要依赖于对比方法，“印证”即不同证据在信息内容上的相互支持所形成的稳定的证明结构，是确定证据确实充分最重要的因素。

第三步：整体综合法。整体综合法是指在运用证据的思维过程中，将经过分解验证、双向对比审查的证据材料，有机地合成为一个整体来加以考察的逻辑方法。综合分析不是将所有的证据材料的各个方面和要素简单地罗列在一起，而是从案件的实际情况出发，在思维中将经过分解验证和比对分析后的各个证据材料，按照法律规律有机地结合成一个证据体系，从而达到对案件事实的完整、准确的认定。在此过程中，需要综合运用刑法和刑事诉讼法的相关理论，要有理有据，说理深刻。

(4)“审查后认定的事实”如何提炼。审查逮捕案件意见书的格式中将“审查后认定的事实”放在证据摘录之前，尽管在形式上排在前面，但实际上是在证据摘录、证据分析之后，再提炼出犯罪事实。在提炼“审查后认定的事实”时，切忌养成照抄侦查机关报请逮捕书的习惯。提炼“审查后认定的事实”应当符合以下要求：

第一，无一字无证据。既然是审查后认定的事实，必然是有合法证据支撑的，要求每一个字都要有两个以上的证据证实。比如，案发时间，被害人证明案发时间是12点30分，而犯罪嫌疑人供述是12时，又没有其他证据来印证案发时间，那么表述事实时宜表述为“12时许”，这样无论是12点30分还是12点，就都可以涵盖，就比较准确；而不宜表述为“12时30分”。

第二，法言法语。使用法律用语，不要随意使用俗语或简称，比如，“投锁入室”（指用钥匙逐个试开房门）、“活闹鬼”（南京方言，指流氓地痞）之类的俗语不要使用；不要随意用简称，比如××人民政府××街道办事处和中共××市委××区委员会××街道工作委员会，不要随意简称为“××街道”。当然有些约定俗称的简称是可以使用的，如中共（中国共产党）、中国（中华人民共和国）；还要杜绝感情色彩渲染，如“窜”“穷凶极恶”等带有明显感情色彩的字眼。

第三，简洁明确。简洁就是要具有一定概括性，切忌记流水账。比如，宦某诈骗案，有人这样表述犯罪事实：“犯罪嫌疑人宦某2005年底从部队转业后，被安置到龙潭监狱工作，但其对外声称自己在江苏省建设厅工作。2008年4月中旬，受害人陈某为其朋友的孩子能进建设厅工作一事委托宦某帮忙办理，宦称没有问题。同月下旬，宦某以疏通关系为名，向陈某索要人民币2万元，后将骗取的钱用于还债。在此期间宦某对陈某慌称事情正在办理之中还需花点钱，于7月的一天从陈某处再次骗得人民币2万元，又用作个人消费。”这里的很多内容属于记流水账，可以做如下简洁表述：“2008年4月至7月，犯罪嫌疑人宦某谎称自己在江苏省建设厅工作，以帮忙安排工作为由，先后骗取陈某4万元，用于偿还个人债务及消费。”另外还要切忌同义反复，如“用拳头打了腰部一拳”，既然是打一拳，肯定是用拳头，可直接表述为“打了腰部一拳”；“用脚踢了对方一脚”直接表述为“踢了对方一脚”。明确就是案件事实的基本要素要具备，不能简洁得让人看不到基本事实经过。比如故意伤害案，表述为“某年某月某日在某地方犯罪嫌疑人与被害人因琐事殴打，将被害人打成轻伤”，这显然过于简单，缺乏事情的起因、经过、手段、伤害的部位等要素，让人看不到案件的基本事实，这就缺乏明确性。

同时还要注意以下五个问题：

第一，对审查认定事实的表述应严谨细致。审查逮捕案件意见书的一个重要部分是“经审查认定的事实”。在综合分析判断证据的基础上，归纳、提炼案件事实，是审查逮捕工作的一项重要任务。然而，对于“经审查认定的事实”部分，有些承办人重视不够，表述不够严谨细致。

第二，案件证据归纳简练与分析透彻。一是部分意见书对于证据的归纳不够精练。个别意见书中存在大段原文摘抄的情况，特别是对言词证据的内容缺乏必要的归纳，往往使得证据列举部分在整个意见书中有比例失调之感。承办人在列举言词证据时，对证据内容的摘录还保留有原笔录一问一答的形式，没有进行必要的归纳与提炼，使文书的证据部分显得较为琐碎。二是对于案件证据的分析不够深入。对于证明指向存在矛盾的不同证据材料，缺乏横向的比对分析；文书中往往也缺乏承办人对矛盾证据材料如何判断取舍的说明。证据分析的针对性不强，不善于对事实不清的关键点结合证据状况予以揭示。在证据的摘录归纳上，应当抓住各份证据证实的主要内容进行合理归纳，切忌不加选择地全面复制证据材料原文。在归纳证据时，承办人要敢于对案件事实证据负责，依据自己的判断对证据的证明内容进行合理取舍。与犯罪构成要件、量刑情节有关的内容不能遗漏，对于与案件事实无关联性的证明内容则予以省略，力求做到条理清晰、繁简得当。

在证据分析上，要提高证据分析的针对性。在列举每一份证据后，如果存在问题应及时予以指出。在对全案证据的综合分析部分，要高度注意事实与证据的对应性。对证据来源及合法性进行分析确认的基础上，将全案证据进行必要的分组，并进一步说明每组证据能够证明的案件事实片段，为最终认定案件事实全貌打下基础（虽然意见书的格式中将“经审查认定的事实”部分放在证据部分之前，但实际上应当在证据归纳、分析之后，再提炼出案件事实）。应当严格做到证据证实到什么程度，事实就表述到什么程度，力求通过分析证据发现案件中的问题，为进一步提出处理意见打下良好基础。

第三，刑法适用分析深入、表述精准。审查逮捕阶段时间紧、任务重，承办人的主要精力往往集中在对案件事实证据的审查认定上，而对法律适用问题的分析论证重视程度不够。主要表现在审查逮捕案件意见书的说理性不强。总体上看，现实存在能结合案件事实对适用法律问题进行充分论证的文书很少。很多案件看似简单，却在法律适用上隐含着很多值得分析、论证之处，如果能发现并研究好这些问题，将有利于引导下一步的侦查工作，也有利于提高办案人员的自身素质。

第四，强化对逮捕必要性分析的说理性（单独列出来的必要性、关键是社会危险性的论述，除去二种径行逮捕情况，大部分案件还是社会危险性的证明）。对于逮捕必要性的分析论证，应当对案件事实和犯罪嫌疑人的具体情况作全面分析。可以从罪名的性质、量刑情节的轻重和犯罪嫌疑人主观恶性与人身危险性的情况进行综合分析。有无逮捕必要的判断加以说明、论证。如果存在罪行较重但人身危险性低，或者罪行较轻但主观恶性大的特殊情况，也应予以实事求是的说明，从而在提出最终结论时，更容易获得他人的认同。

第五，办案风险、延伸职能要素齐全，有就表述，没有就填无，结合案情予以客观分析。

应重视“两录一书”的制作（讯问笔录、讨论案件记录及审捕意见书）重要性，反映案件客观全貌，法院判决书很客观说理很透彻，公诉部门起诉书及答辩意见书也很可观透彻。

（四）案件汇报

审查逮捕案件的基本工作流程，大体可以分为审查案卷、制作阅卷笔录或对案卷作简要摘录和必要的复印、制作法律文书和案件汇报与讨论这四个环节。汇报案件，即承办人在通过阅卷搞清楚与案件有关的情况，对办案情况有全面了解，形成了处理意见的前提下，以口头形式向有关领导说明案件情况、提出对案件的定性处理意见，为领导最后决策提供依据的工作程序。汇报案件分为书面汇报和口头汇报两种。书面汇报，是指领导通过审查阅卷审批表、审卷报告及阅卷笔录的方式来审批案件，这要求承办人在这些内部审批文书中把案件事实、处理理由、意见和适用依据用文字表述清楚，做到详略得当、重点突出。口头汇报，是指承办人用口头叙述的形式向领导阐述上述有关问题，向领导面对面地提出对案件的处理意见，便于领导当面提出问题、解决问题。本部分主要研究口头汇报问题。汇报是审批工作的关键。对一个犯罪嫌疑人能否逮捕，在于检察机关如何认定其违法犯罪事实和适用何种法律。由于审查逮捕的领导决策人员主要靠听取汇报进行审批，大多不亲自全面审卷，因此，承办人能否实事求是地汇报案件，能否在汇报时抓住重点问题，能否依法提出处理意见，直接影响领导在审批案件时能否正确决策，影响能否依法保证公民的合法权益问题。

1. 汇报前的准备

制作案件审查意见书几乎就是准备汇报提纲，但汇报案件又不能完全按照审卷报告的内容进行，还要根据听取汇报人对本案件的熟悉程度进行适当增删，并且根据其提问再行组织汇报内容。因此，要做好汇报就必须从抓好其他环节入手，充分做好汇报前的准备工作，包括认真阅卷，对证据进行全面分析审查，才能正确审定案件事实，发现办案中的问题，在向领导汇报案件时取得最佳效果。由于审查逮捕时限较紧，大部分案件在承办人制作好案件审查意见书后，并不需要单独制作汇报提纲，只要在审查意见书上标明汇报顺序和要点即可。如果是特殊的案件，则要拟定汇报提纲，制作幻灯片。

2. 汇报案件的程序及内容

不同的场合不同的细微要求，角色站位不同，语气、语调要平和理性。科室内汇报、分管检察长组织的科室间通案、公检两家通案，政法委组织的公、检、法三家通案。

（1）在汇报之前要有对领导交底的一段开场白，使领导对该案件首先有个概括印象。（要象讲故事一样先讲个大概、具体名称一定要固定、不要中途再更换，容易混淆）开场白包括汇报案由、目前法律手续和办案单位的呈报意见，如“这是西城分局呈报提请逮捕的合伙抢劫案件，犯罪嫌疑人张某某，某某日收案，某某日审查逮捕时限到期”。对于疑难复杂案件，在开场白中要点明汇报中要重点解决什么问题。如“这就是新闻媒体报道的几个农民偷吃天价葡萄的案件，问题的症结在于如何认定他们所偷吃的这些葡萄的价值”。在汇报之前有个开场白，便于抓住领导的注意力，而且便于领导转移注意力，或者对工作时间作适当安排，提高工作效率。

（2）汇报犯罪嫌疑人的基本情况。承办人在作汇报时不必将犯罪嫌疑人的基本情况项项汇报，而应重点汇报与案件事实及处理意见有关的犯罪嫌疑人有关的情况或者比较敏感的项目，如果系未成年人，则要重点汇报他是哪个年龄段的未成年人，如已满 14 周岁不满 16 周岁，以便领导根据法律对不同责任年龄的规定作出不同的处理。对于有前科劣迹的，重点要汇报其原来受处理的原因，以便考虑是否对其从重处理问题。对于那些是否有前科劣迹成为能否处理的重要标准的，则更要注意重点汇报这些问题。如果其职业涉及对其行为定性问题，则要重点介绍其工作单位、职务和业务范围。如某公司的会计，某单位的门卫等。汇报这一部分时速度不能太快，音速要适中，必要时可重复说明。

（3）汇报案件的来源。此处应当汇报案件侦查机关根据何种线索将犯罪嫌疑人查获归案，或者犯罪嫌疑人在何种情况下被扭送归案以及投案自首等到案方式。对于犯罪嫌疑人具备投案自首、以自首论或者拒捕等法定从轻、从重情节的，要着重汇报。汇报这一部分要高度概括，首先给听取汇报的领导一个初步印象，至于到案的具体情况还要在汇报案件事实时进行补充汇报。

（4）汇报案件的事实及证据问题。这是汇报的中心内容，也是汇报的关键环节，在汇报审查认定的案件事实时，必须按照“七何要素”进行，犯罪行为的时间、地点、手段、情节、动机、目的和危害结果一种都不能少，要叙述清楚、完整。汇报一人多案的案件，在汇报案件事实部分可以使用以下三种方法。一是依主次罪的顺序汇报；二是按犯罪嫌疑人作案的时间顺序汇报；三是对作案次数较多而罪名、情节又大致相同的，按综合归纳的方法汇报。不管采用何种方法，都必须把犯罪嫌疑人所犯罪行叙述清楚。所谓清楚，就是简要、明确地叙述出犯罪嫌疑人实施犯罪的时间、地点、目的、动机、手段、经过、后果等，以便领导根据客观事实对该案定性处理。叙述犯罪事实不仅要求高度准确，忠于事实真相，而且必须全面、正确。案件事实包括定罪事实和量刑事实，都属于证明对象。定罪事实是指与认定是否犯罪有关的事实，包括影响到犯罪构成的四个方面，而量刑事实则是指犯罪嫌疑人（被告人）是否具有法定从重、从轻、减轻或者免除处罚的情节。汇报案件是在汇报定罪事实的基础上，也要注意汇报量刑事实，以便领导正确决策。汇报案件的证据情况。这一部分是最难把握繁简程度的一部分。相当于法庭举证阶段，我们有经验的公诉人都知道，举证阶段往往是最容易让听众打瞌睡的阶段。我们认为，汇报这一部分，要有责任意识、问题意识和精练意识。责任意识指这里不仅应当汇报收集证据情况，还要汇报对证据的审查判断情况，要有对本案证据的具体评价。由于对证据的审查判断直接影响对案件事实的认定。对于证据的审查与判断是承办人的负责。问题意识就是要突出证据中存在的问题及你的认定结论，没有问题的，则不必件件罗列。精练意识就是汇报时间有限，要做到精简、精练。

对于一些疑难复杂的案件、多人多起的案件，将收集证据情况与审定案件事实同时进行汇报，不容易组织语言，容易造成混乱。故对此类案件除了要注意汇报以上“七何要素”外，还要专门汇报有哪些事实证据比较充足可以认定，哪些事实证据不足无法认定。汇报时要先简后繁。如某职务犯罪中受贿罪、贪污罪和挪用公款罪三个罪名都有时，一般而言先汇报案情简单、证据较好的部分。同时在汇报时一定要结合犯罪的构成要件，做到重点突出、详略得当。如对于伤害案件要重点汇报致伤责任和对伤情的认定，对于强奸案件要重点汇报如何认定行为人违背被害人的意志与其发生性关系；对于杀人案件要重点汇报现场勘查、尸体检验、凶器认定、血迹鉴定等证据情况。汇报时不要着急，急的原因是想立即在短时间内让对方熟悉案件，是不可能的也不需要，因为听者有一个思考的过程，心平气和娓娓道来，否则听着太累，有的人汇报案件，听着就是享受，我们暂时做不到这一点，但也不要让听者感觉累。

（5）承办人提出定性、处理意见。承办人在汇报完审定的案件事实及证据情况等问题后，应再次介绍报捕单位对本案的定性处理意见及理由，同时阐明自己对犯罪嫌疑人涉嫌犯罪的性质的认定，并根据有关的法律法规和犯罪嫌疑人在案件中的具体作用，阐明自己对案件的处理意见、理由及法律依据，供领导决策参考。如果承办人与报捕单位的意见一致，只要具体表明此情况即可。

（6）汇报有关量刑事实。量刑事实，是指影响对犯罪嫌疑人从宽或者从严处理的相关事实，包括法定量刑事实和酌定量刑事实。对于法定的量刑情节要着重汇报违法犯罪嫌疑人是否属于累犯，有无自首或者立功的表现，是否为主犯，是否年满18周岁等。酌定量形情节包括行为人在案发后是否积极抢救被害人，是否积极退赔，认罪态度如何，平素表现如何等。这些情节虽然不影响定性问题，但是影响对犯罪嫌疑人采取何种强制措施，影响对其最终处理。

（7）做好答疑。案件汇报过程中，听取人会根据案件的具体情况进行提问，承办人要给予回答，必要时指出答案在卷宗材料的具体位置以供领导审查。对于领导在做签批时利用口头形式作补充指示的，承办人应当注意准确领会领导意图，注意积累，并在汇报记录中详细记录、备查。对于向领导汇报一次未通过的，应当依照领导意见抓紧补充工作。当补充工作完成再次汇报时，承办人原则上应找原听取汇报的领导汇报。

（8）应注意的问题。第一，汇报的详略要求领导级别不同，听取汇报的方式也不同。要熟悉不同级别领导的工作作风，汇报要繁略得当。较高层的领导可能每天要审批较多的案件，还要处理其他公务，因此，审批案件一般不亲自阅卷，对于疑难复杂案件也是在听取汇报时有重点的翻阅卷宗材料，只有对特殊案件，如社会影响较大的或者敏感性较强的案件，才可能亲自审卷。无论向哪一级领导报批案件，法制承办人汇报时都要做到思路清晰、详略得当。对于事实清楚、证据充分的，可简明扼要汇报；对于事实不清、证据不充分的案件要详细汇报，不能遗漏重要案情和问题。如果领导明确表示已经回忆起其中内容，法制承办人可以根据领导的回忆情况选择汇报内容，并根据领导提问不断补充汇报。

第二，注意安排好不同部分内容的汇报顺序，使之符合逻辑性。汇报案件不当拘泥于固定的格式，无论如何安排汇报顺序，都要把“七何”要素及有关证据情况汇报出来，使之符合逻辑关系，便于听者了解案情。安排汇报顺序可以采用顺序、倒叙和插叙等不同形式。对于多人参与犯罪或一人、数人犯数罪的案件，汇报时应突出重点，层次分明。对多人犯一罪案件，首先可将该罪的全过程汇报清楚，使领导对全案有基本了解；其次汇报每一个参与犯罪的人，在共同犯罪中所处的地位、作用和应负的刑事责任。对多人犯多种罪的案件，先简要汇报该案所涉及的犯罪嫌疑人，其所犯罪行的性质、次数，再按照从重罪到轻罪的顺序，或者按犯罪的时间顺序逐条汇报，最后综合说明各犯罪嫌疑人参与了哪些犯罪活动及在犯罪中的作用、地位。对一人犯数罪的案件，可按从重罪到轻罪的时间顺序进行汇报。

第三，汇报案件必须坚持客观公正、实事求是原则，避免先入为主。承办人在汇报时既要向领导汇报有罪或者罪重的证据，也要汇报有关无罪或者罪轻的证据，说明证据间相互矛盾情况，便于领导正确分析讨论，准确定案。不能随意取舍证据或者隐瞒相反证据作出片面汇报，这将影响领导对案件作出正确决策。汇报中还要注意的是，汇报语言要力求准确，不可模棱两可。再者，要注意认真听取领导在审批案件时所做出的批示，注意熟悉不同领导的工作作风，领会领导意图，不要固执己见。

第四，汇报案件要心平气和注重语音语调。娓娓道来，让听汇报的人感觉不刺耳的状态下，完全清楚你所表达的内容，有的承办人汇报时有气无力或声情并茂或声音刺耳都是应予以避免的，只有情感上理性的回报才能让听汇报的人在情感上保持理性，作出相对客观正确的意见。

（五）释法说理

侦查监督工作之所以增加了释法说理程序，就是因为我们的工作与社会和谐稳定息息相关。正是由于我们作出的司法裁决与相对方当事人的心理预期背道而驰，才会引起申诉上访案件。为避免申诉案件的不断发生，应该在作出司法裁决的同时主动释法说理，将司法裁决所依据的法律、事实、理由充分说明，使相对方当事人获得必要的法律知识和司法信息，打消顾虑，防患于未然。尽管理论上能够明确释法说理的内容，但在近年来的工作开展过程中，我们也深刻地感受到，要做好该项工作特别是当面说理并非易事，它需要说理者具备深厚的法律功底、丰富的实战经验、高超的沟通技巧、较强的语言表达能力、现场掌控能力和临场应变能力。如果只是生硬地解释法条，不仅起不到解释疑惑的效果，还会激化当事人的对抗心理和不信任感，增加不和谐因素。因此，在该案例讲解结束前，我想再次提醒各位一线的侦监办案检察官在释法说理工作中应当注意以下问题：

第一，在当面说理时，要允许当事人说情绪话、抱怨话，待其情绪宣泄后再加以控制，情绪稳定后再开始安慰。从当事人的实际出发，通过寻找共同的话题逐步建立共同的立场，为当事人最终接受司法裁决奠定基础。对于情绪激烈的当事人，要有体贴关心的话语，以抚平其心境，平静其情绪，为进一步的说理工作奠定基础。

第二，要学会站在对方的角度思考问题，有针对性地进行解释说明工作，避免自说自话，就法条解释法条，就案件解释案件。要分析对方的心理，准确抓住其诉求，用对方能听得懂能接受的语言开展说理工作，在维护自身的同时，要有替对方着想的体现。

第三，要在遵守保密规定的前提下，将可以公开的案件情况向当事人通报，保障其知情权，使其获得必要的法律知识和司法信息，并给其发表意见的机会，使其感到被尊重，减少不必要的质疑，争取其对司法活动的认同。

第四，要坚决维护司法裁决的正确性。态度要温和，但语气要坚定，以不卑不亢的态度面对当事人，阐述司法裁决的依据理由。绝不能为了迎合对方而失去原则底线，亦不能透露检察机关内部对案件的争议分歧。对于无理的要求，要委婉地予以拒绝，对于不属于检察机关管辖的事项，要指明方向途径。

“正义不仅要实现，而且要以人民看得见的方式实现。”这种看得见的方式，还需要我们侦监人用心去研究，用心去探索。

四、当前审查逮捕工作宏观上应把握好三个关系

（一）审查逮捕与两个监督关系

高检院定位审查逮捕与两个监督是“一体两翼”的关系，现实中也的确存在审查逮捕是基本工作，随着加强监督工作的要求，审查逮捕部门才改审查逮捕部门为侦监部门。当前更应该继续重视审查逮捕工作，这是我们侦监部门的基础工作。应该进一步钻研业务、培养骨干，提高审查逮捕质量，做到三个效果的统一。案件质量是审查逮捕工作的生命线，也是维护公平正义、化解社会矛盾的基础。既要重视对案件具体证据的罗列与判断、事实细节认定，也要培养重视对案件整体宏观的把握，利用罪责刑相适用原理，注意微观与宏观的结合才能准确把握案件的关键环节及关键点，引导公安机关及时补全关键证据。当前，审查逮捕质量总体上是好的，但仍存在一些问题。2011 年，全省检察机关审查逮捕部门共受理审查逮捕案件 47762 件 68179 人，批准或者决定逮捕 37997 件 52903 人，捕后不起诉 26 人（其中，绝对不诉 3 人，存疑不诉 2 人，相对不诉 21 人），捕后判无罪案件 2 人（2010 年 4 人），捕后判处徒刑以下刑罚的 585 人，占批捕总人数的 1.11%，比上年下降 1.9 个百分点。这说明对一部分无逮捕必要的轻微犯罪嫌疑人作了批捕，不符合“两减少、两扩大”的精神。当前抓好审查逮捕工作，一方面树立审查逮捕就是监督工作，另一方面，还应该立足办理审查逮捕案件来办理两个监督案件，在审查逮捕的过程中发现监督线索，只有审查逮捕能力进一步增强，两个监督的能力才能相应增强，没有前者就没有后者。

（二）审查逮捕与考核的关系

江苏省综合考评省辖市检察工作始于 2008 年。几年来，综合考评工作对全省检察工作的发展起到了积极的推动作用，但也存在一些问题。量化考核导致大家为追逐数字而不断的努力，再者审查逮捕工作任务繁重，特别是基层院不但承担审查逮捕即两个监督基础工作，还有青少年维权、关工委、综合治理、专项行动及其他地方党委与政府安排的工作，关键是还有一些不是必须参加的会议导致真正用来办案的时间部分压缩在 8 小时以外。基层侦监办案人员少、骨干流动过快，人力配备不足等现状已严重制约了审查逮捕等基础工作，给基本的执法办案带来隐患。特别是当前，社会矛盾凸显期，新情况新问题不断出现，印证了案件疑难复杂程度不断提升，以及公安办理刑事案件新手多和刑案工作机制改革取消预审等问题，导致侦查初期由于重要或关键证据不能完全及时到位，对案件性质和走向很难判断，导致侦监阶段对案件事实、性质的

判别难度明显增加。同时媒体对有关个案炒作加大，片面失实的报道对侦监办案形成很大压力。另外，任务与人力的矛盾更为突出。侦监任务加重的趋势明显，人案矛盾、人力矛盾日渐突出。随着司法体制、机制改革和刑事诉讼法的修改，审查逮捕部门的权限在扩大，任务也在加重。比如，明确侦监部门要对侦查措施实行监督，如冻结、扣押财产的合法性等；要求对主要证据来源合法性进行监督，且应排除非法证据；要会见律师，听取律师意见；要做和解与化解矛盾的工作，确保案结事了；要进行不捕的释法说理工作等。综上列举的现状，要求应树立正确的考核观，不能因为考核而使基本的执法办案疲于应付，很难提高，特别是当前两个证据规则出台后法院对证据的认定更为严格，要求侦监阶段还应当以执法办案为中心，办好案件就是监督。

（三）审查逮捕与侦查、公诉、审判之间的关系

近年，由于侦、捕、诉、判、执行等各司法机关都有考核任务，在科学的考核体系还没有形成的情况下，有的同样类别的考核项目在各司法机关间是相对的，如公安机关考核逮捕人数，我们侦监阶段考核捕后判决轻缓刑比例。而法院宽严相济刑事政策导致判决轻缓化趋势，以及罚金刑判决的驱动，判决轻缓化的方向不可避免。客观上造成公、检、法三家之间关系更加紧密。但如何理顺这三者之间的关系，在当前，对于执法办案规范化，司法工作的科学发展，显得尤为重要。

1. 审查逮捕与侦查的关系

这包括对公安等侦查机关和对自侦部门两个方面。个人认为，侦监与侦查在打击犯罪方面应该属大控方，两个监督方面的工作暂且不谈，在审查逮捕方面，我个人有一个不成熟的观点“逮捕阶段不要轻易否定一个案件，找个瑕疵否定一个案件很容易但并不体现水平。体现水平的是一个有瑕疵的案件怎么在你的帮助7天内下引导侦查成案的”。还是我上述的观点，内心确信和形式证据相冲突的案件，要尽量提出合理的引导侦查的方向及建议，最后即使不能够逮捕，公安也会心服口服的，这种案件最能体现一个承办人的水平，特别是重大的疑难的诈骗及毒品类等案件。当然，一点形式上的证据都没有的，甚至连基本的内心确信都不可能建立起来的案件，是没有必要用太多的时间去纠结的，直接建议下不捕决定。

2. 审查逮捕与公诉的关系

现实中，这几年这两个部门在某些地方出现了分久必合、合久必分的局面，即有的地方捕诉分开、有的地方捕诉合一，有的过去分开现在合并，有的过去合并现在分开。各有利弊，合并有利于提高效率，分开有利于公正，而我

们办案是公正、效率均应兼顾，都达到最佳状态，如何达到这种状态很难。我更倾向于追求公正的司法目标，并兼顾效率，公正的价值远大于效率，也就是说分开较为适宜，即使合并，也要对同一个案件，不能为同一个承办人办理，应每个阶段应有不同的人办理，有利于监督多一个层次，使案件在检察环节出错的概率降到最低限度。侦监是前手，对于大多数案件在作逮捕决定的时候，一定要预判这个案件要在将来是能够起诉的，这个基本的预判还是要有的，否则随便作出的决定是不负责任的。一个人甚至一个部门集体在处理自己日常工作的时候总指望别人是不可靠的。所以我个人认为自己要有担当，充分运用独立的审查逮捕权。我既然敢于下决定捕就能基本判断能够判的掉。公诉部门作为后手，对一些特别的案子也要理解侦监部门的形成证据、审查时间有限性的特点，同时，客观上，后手可能永远比前手更能发现新的问题，还有捕后的证据或法律变化，主要是证据的变化导致侦监审查时无法预测。所以一定要做到互相理解，才能形成合力。

3. 审查逮捕与审判的关系

按照正常程序，侦监与审判中间隔一个公诉，应该没有紧密的联系，但是这两年由于考核的原因，特别是考核逮捕质量正需要捕后轻缓刑比例，人为地把侦监与审判联系在一起，按理说逮捕仅仅是一个强制措施，价值只有一个就是保障诉讼的顺利进行。考核捕后判处轻缓刑比例，使侦监在作逮捕决定的同时就要考虑这个案件的量刑情况，否则就是质量不高，就要扣分，根据逮捕刑罚要件可能判处徒刑以上刑罚要求，考核捕后徒刑以下比例有一定的合理性，但考核徒刑缓刑值得进一步探讨。由于法院自由裁量权作用，造成部分地区侦监部门求之于法院刑庭审判的不合理现象，使侦监工作陷入被动。所以还要从考核标准及项目的设计上理顺这个关系，给出一定的捕后判处徒刑以下比例，改变目前的局面。

五、结语

（一）侦查监督检察官应提高的五种能力

为适应社会新形势的需要，检察机关的侦查监督检察人员，必须充分履行侦查监督职能，提高侦查监督工作水平和侦察监督工作能力，才能更好地打击犯罪，保护人民，为构建和谐社会，为社会经济又好又快地发展提供良好的法治环境。为此，侦查监督检察人员必须努力提高贾春旺检察长在全国检察长会议上提出的侦查监督队伍建设的五种能力，即一是及时准确地打击犯罪，维护社会稳定的能力。二是敢于监督、善于监督、规范监督，促进严格执法公正司法能力。三是化解矛盾纠纷，促进社会和谐的能力。四是正确执行法律和刑事政策的能力。五是探索侦查监督规律，加强业务建设的能力。只有侦查监督检察人员这五种能力得到了提高，做好侦查监督工作才有保障。

（二）检察官的内在素质、专业素质

1. 内在素质

内在素质是人们在广泛地读书学习，汲取各方面的知识，融合贯通，品味升华后而形成的一种人的内在品质。这种内在品质外化为：有较好的语言表达能力和文字功底，看问题时不为情绪所左右，能够较理性地对待各种社会现象和社会冲突；善于跳出自身的利害得失、有较开阔的视野，能够从不同的角度看待问题；宽厚人道对待他人，摒弃了野蛮粗俗，形成了较好的人生观和历史观等。未经过较好的教育和长期的学习培养，是很难形成这种气质的。如果检察官缺乏较高的内在素质，也就不具有温文尔雅的气质，那么公众是很难对其给予足够的尊重和信赖的。而现实生活中我们的检察官能达到此种境界的为数不多。

2. 专业素质

具有深厚的法学理论基础、丰富的裁判经验，熟悉法律规范是检察官的主要专业素质。检察官必须具备这样的专业素质是宪法及检察工作性质决定的。众所周知，成文法的制定往往是比较原则的，不可能规制得细到社会的每个角落，而法律没有明文规制到的就是所谓的“法律漏洞”。要堵住这些“法律漏洞”，非检察官莫属。检察官适用法律不是完全机械地照搬法条，把法条与案件事实工匠式地对号入座，而是根据立法意图、法理原则和精神来正确地解释法律，填补法律的漏洞。所以检察官必须具有扎实、系统的法学理论功底，检察官必须是法律专家。

（三）全面提高自身素质的途径，与大家共勉

1. 勤于实践，履行职责，开拓进取

第一，爱检敬业，恪尽职守。它是检察官素质的重要组成部分。它要求检察人员热爱检察工作，献身于检察事业，将个人的利益、前途和命运与国家的和人民的利益完全融合在一体，把国家的和人民的利益作为自己职业活动的根本指导原则，在本职工作中做到尽职尽责，兢兢业业，认真负责，一丝不苟，不论在什么情况下都要坚守岗位，努力克服一切困难，完成各项检察工作。

第二，严格执法，文明办案。工作中不但要坚持法律面前人人平等，而且还要做到依法办案、文明办案，真正做到事实清楚、定性准确、程序合法，把案件办成铁案，经得起历史的检验。

第三，清正廉明，护法为民。在社会主义制度下，法律代表了人民的根本利益，是人民意志的集中体现，检察机关的一切执法活动都应以维护人民利益为根本目的。在履行法律监督职责过程中，必须处理好遇到的各种阻力、干扰和腐蚀，顶住权势的压力，经得起金钱、美色的腐蚀诱惑，敢于碰硬，通过履行职责，不断开拓进取，提高检察官的素质。

2. 勤于学习，联系实际，积极探索

第一，要学习科学理论，提高政治素质。检察官素质的提高，最根本的是要解决思想问题和认识问题，而解决思想问题和认识问题，只能靠科学的理论。要真正用辩证唯物主义和历史唯物主义的观点来改造自己的思想，结合实际系统地学习和掌握科学理论，并善于运用它解决检察工作中遇到的新情况、新问题。要把学习理论与加强党性锻炼结合起来，通过学习和掌握正确的世界观和方法论，努力提高政治素质，增强抵制各种错误思潮和腐朽思想的能力，认真实践党的宗旨，正确行使检察权。

第二，要学习科学知识，提高文化素质。作为一名新时代的检察官，要适应社会的进步和科学文化的发展，就必须学习经济、历史、文学和现代科学技术等知识，努力提高自己的知识层次和文化素质，以便适应新世纪检察工作发展的需要。

第三，要学习检察业务，提高业务素质。具备扎实检察业务知识，是检察人员做好检察工作的必备条件，也是培养高素质检察官的基础，如果仅有崇高的职业理想和公正执法的愿望，但是对检察业务不精通，也不能承担起维护国家法律统一正确实施的重任。因此，要加强法律知识和检察业务的学习，努力做到通晓法律理论，熟悉检察业务，成为检察工作中的行家理手。

第四，针对性进行研究型学习。目前，相对公务员而言，在职的检察官素质不是很差，而且天天接触案件，有一定的实践和理论基础，完全有能力进行法学及实务研究。检察院应硬性要求检察官每年进行一些理论和实务研究，撰写一定数量的论文，对研究成果显著的给予奖励。同时，一是高度重视在职培训工作。各级检察院要高度重视检察官的在职培训工作，对上级院举办各种培训班要积极参与，以便尽快提高检察官素质；二是积极鼓励自学。美国著名法学家和法律教育家、前哈佛大学法学院院长庞德在20世纪40年代被聘为国民政府司法行政部和教育部顾问时曾对中国法律教育问题提出了一些有益的建议，其中“教授与学生均须随手有参考书，以便参考查阅。其在学生方面须同时自修阅读。唯其如此，才能获得教读的完满结果”。像庞德所讲一样，不仅在校学生的知识不全来自教授，很大程度来自自学。自学在法学院处于相当重要的地位。而我们的检察官知识是否已经足够，不需要自学了呢？恰恰相反，我们的检察官素质不尽如人意，更需要高标准的自学；三是开展以专题讨论、学习论坛和研究比赛活动，及一些硬性措施和软性奖励办法，将会在检察院形成学习研究理论法学和实用法学的文化氛围，检察官的内在素质、外在素质和专业素质将会随着学习研究的深入得到不断提高，司法公正将在学习型研究型检察官的手中得以保证。

第 27 堂课　当前办理经济犯罪案件热点问题及应对

● 时　闽[*]

课程提纲[①]

一、关于刑民交叉案件的司法处理方式问题

二、关于非法集资类犯罪的问题

三、关于非法经营罪的问题

一、关于刑民交叉案件的司法处理方式问题

刑民交叉案件，是指在案件中当事人的某一部分或全部行为同时符合刑事犯罪构成要件与民事关系构成要素的客观现象。

（一）刑民交叉案件的基本形态

1. 刑事犯罪与一般民事侵权行为交叉

如陈某某受贿案。陈某某系某市机械厂工程师，在完成本职工作的情况下，参阅了由本厂购置的无密级、非专利性的技术图纸，经其努力，设计出新型的技术图纸，提供给一家潜水泵厂，获取巨额报酬。这起案例，就面临着受贿罪中“利用职务之便”的构成要件与被告人未经本单位同意、擅自利用本单位巨资所购技术图纸这一侵权行为的交叉问题。

---

* 福建省人民检察院三级高级检察官。

① 本课主要针对侦查监督业务部门工作人员应对经济犯罪案件出现的热点问题。

2. 刑事犯罪与民事违约行为交叉

如商某贪污案。商某系某市塑料厂厂长，该厂规定全厂职工缴纳承包风险股金，按风险金的比例承担风险和分取红利。商某因家庭困难未按厂规缴足风险金，只是事先在大会上表示他用全部家当作抵押。商某没有实际缴足风险金，但在该厂盈利后按照全额风险金的比例拿到了分红款。

3. 刑事犯罪与不当得利、无因管理的交叉

如王某职务侵占案。王某系市一家非国有公司供销部门负责人，该公司先后将15万元汇给王某作为购货资金。后王某在与公司出纳结算时，出纳因工作失误漏结了一笔数额较大的购货款。王某当时发现但未作声，而将这笔多得的公款用于自己建房。

4. 刑事犯罪与民事合法行为的交叉

如杨某受贿案。杨某系某乡瓜子大王，无职无权，但与外省市瓜子销售户建立了深厚牢固的个人感情和业务关系。后来杨某应聘担任乡工办主任，通过其介绍为该乡个体户联系到几车皮瓜子，并收受了该个体户给予的数额较大的酬谢费。

（二）原来先刑后民方式的适用理由

先刑后民在我国审判实践中被奉行为司法原则，一般认为其理论基础是：

1. 个人利益与公共利益发生冲突时，公共利益优先；

2. 提高诉讼效率，节省司法资源；

3. 避免刑民裁判的矛盾冲突。

（三）当前对刑民程序关系的反思和检讨

近年来，对于先刑后民的观点，越来越多的人提出质疑，当前普遍认为：先刑后民并非审理刑民交叉案件的基本原则，而只是审理刑民交叉案件的一种处理方式。民事案件与刑事案件应该遵循分别受理、审理的基本原则。

1. 刑事程序与民事程序应当并行不悖，协调一致

摒弃先刑后民的传统观念，确立刑民并行原则，重构刑民交叉案件的程序协调机制，以正确定位刑事诉讼与民事诉讼的制度功能，有利于实现权利救济与惩罚犯罪的有机契合，实现我国司法体制与被害人权利保护国际潮流的有机契合。

2009年12月26日通过的《侵权责任法》中，该法第4条规定："侵权人因同一行为应当承担行政责任或者刑事责任的，不影响依法承担侵权责任。因同一行为应当承担侵权责任和行政责任、刑事责任，侵权人的财产不足以支付的，先承担侵权责任。"

现在普遍存在的以刑代民、以刑限民的观念和做法都是不合理的。这是因为：（1）法益不同。（2）犯罪嫌疑人在逃，无从主张民事赔偿。（3）刑事判

决明确的犯罪数额一般只是直接损失，并非全部损失。(4) 可能有部分责任人并未作为刑事被告人列入或未在附带民事诉讼中列入。(5) 或驳回起诉，或移送侦查机关，或中止诉讼，或继续审理。

2. 附带民事诉讼并不足以完全保护被害人的权利

(1) 附带民事诉讼事有范围的限制。主要限于因人身权利受到犯罪侵犯而遭受物质损失或者财物被犯罪分子毁坏而遭受物质损失，追缴退赔的范围仅限于违法所得，一般少于合同履行利益。(2) 附带民事诉讼当事人范围的限制。(3) 损失的认定，刑事不同于民事。(4) 最高人民法院《关于刑事附带民事诉讼范围问题的规定》第 3 条规定，“人民法院审理附带民事诉讼案件，依法判决后，查明被告人确实没有财产可供执行的，应当裁定中止或者终结执行”。这一规定可能会阻碍被害人向其他责任人追偿。(5) 另行提起民事诉讼，可能遭遇一事不再理的阻碍。

综上，先刑后民并非审理刑民交叉案件的基本原则，而只是审理刑民交叉案件的一种处理方式。

近年来，理论和实务界越来越多对先刑后民的模式提出质疑，认为应当区分具体情况，或者分别审理，一些法院也作了积极探索，积累了有益经验，先刑后民应区别情形适用，不应绝对化和扩大化。

二、关于非法集资类犯罪的问题

近年来，非法集资类案件呈逐年上升的趋势。处置非法集资部际联席会议办公室刘张君主任 2015 年 7 月 5 日介绍称，当前非法集资形势依然严峻。发案数量、涉案金额、参与集资人数继续处于高位，达历年来第二峰值。2013 年处置非法集资案件 3700 余起，挽回经济损失 64 亿元。由于该类案件涉案金额高，涉及人员广，已经成为危害国家经济秩序、影响社会稳定，引发群体性事件的重要诱因。

(一) 非法集资类犯罪的界定

1. 当前非法集资的主要形式

第一种是假冒民营银行的名义，借国家支持民间资本发起设立金融机构的政策，谎称已经获得或者正在申办民营银行的牌照，虚构民营银行的名义发售原始股或吸收存款。

第二种类型是非融资性担保企业以开展担保业务为名非法集资。具体来说，有的是发售虚假的理财产品，有的是虚构借款方，以提供借款担保名义非法吸收资金。

第三种类型是假冒或者虚构国际知名公司设立网站。以境外投资、高新科技开发为旗号，假冒或者虚构国际知名公司设立网站，并在网上发布销售境外基金、原始股、境外上市、开发高新技术等信息，虚构股权上市增值前景或者许诺高额预期回报，诱骗群众向指定的个人账户汇入资金，然后关闭网站，携款逃匿。

第四种类型是以“养老”为旗号，这其中有两种突出的形式：一是以投资养老公寓、异地联合安养为名，以高额回报、提供养老服务为诱饵，引诱老年群众“加盟投资”；二是通过举办所谓的养生讲座、免费体检、免费旅游、发放小礼品方式，引诱老年群众投入资金。

第五种类型是以高价回购收藏品为名非法集资。以毫无价值或价格低廉的纪念币、纪念钞、邮票等所谓的收藏品为工具，声称有巨大升值空间，承诺在约定时间后高价回购，引诱群众购买，然后携款潜逃。

第六种类型是假借 P2P 名义非法集资。即套用互联网金融创新概念，设立所谓 P2P 网络借贷平台，以高利为诱饵，采取虚构借款人及资金用途、发布虚假招标信息等手段吸收公众资金，然后关闭网站携款潜逃。

2. 非法集资犯罪的罪名界定

非法集资类犯罪应当主要集中在第三章第三节“妨害对公司、企业的管理秩序罪”、第四节“破坏金融管理秩序罪”、第五节“金融诈骗罪”和第八节“扰乱市场秩序罪”中。

我们可以看出非法集资类犯罪应当包括以下 9 个罪名：（1）欺诈发行股票、债券罪（第 160 条）；（2）擅自设立金融机构罪（第 174 条第 1 款）；（3）非法吸收公众存款罪（第 176 条）；（4）擅自发行股票、公司、企业债券罪（第 179 条）；（5）诱骗投资者买卖证券、期货合约罪（第 181 条第 2 款）；（6）吸收客户资金不入账罪（第 187 条）；（7）集资诈骗罪（第 192 条）；（8）组织、领导传销活动罪（第 224 条之一）；（9）非法经营罪（第 225 条）。

（二）非法集资类犯罪的细节问题

1. 非法集资类犯罪中的“不特定公众”

对于非法集资犯罪“不特定公众”的不同理解和认定分歧，直接关系到个案罪与非罪、此罪与彼罪的问题。

一般认为，非法集资类犯罪的主要特征之一就是被害对象系“社会不特定公众”。2010 年最高人民法院《关于审理非法集资刑事案件具体运用法律若干问题的解释》也承袭了上述观点，规定构成非法吸收公众存款罪，必须“通过媒体、推介会、传单、手机短信等途径向社会公开宣传；向社会公众即不特定对象吸收资金”，同时规定“未向社会公开宣传，在亲友或者单位内部针对特定对象吸收资金的，不构成非法吸收或者变相吸收公共存款”。

“向社会公众即社会不特定对象吸收资金”，是认定非法集资的必要条件。在认定“不特定公众”的问题上，有观点认为可以从以下三个层面进行判定：

一是从行为人对吸收资金的主观态度来认定，即行为人对吸收资金没有特别的指向，凡是能够吸收到的资金都不予反对；

二是从行为人吸收资金的方式来认定，即是否通过公开宣传的方式吸收资金，因为如果采用公开宣传的方式就意味着吸收任何人的资金都符合行为人的主观意愿；

三是从吸收资金的对象来认定，即是否明显超出亲友、熟人的范围。

认定“不特定社会公众”，对于非法集资对象的把握，原则上可以从以下三个方面进行考察：（1）募集资金对象的多维性，即对象既可以是陌生人，也可以包含亲友以及亲友介绍的人；（2）募集资金对象的可变性，即对象范围不是固定封闭的，其范围可以根据各种因素而变化，如行为人社交圈的大小、信誉的好坏、集资利率高低；（3）募集资金对象的逐利性，即是经济利益而非亲情、友情将集资人和出资人联系在一起。

2. “口口相传”能否被认定为公开的宣传途径

“口口相传”的集资方法，即行为人以明示或暗示的方式要求亲朋好友以及一些集资对象，将集资的信息传播到社会上，以达到获取更多集资的目的。由于这种集资方法一是可以降低犯罪成本；二是更容易获得信息接收者的信任；三是在一定层面上更易规避监管，所以实际上已成为集资人最常采用的手段。对于“口口相传”是否属于向社会公开宣传，可以从以下四方面考察：

（1）事前是否有集资者主动行为。如果“口口相传”是集资者主动授意的，无论通过明示还是暗示，都应当认定为“公开宣传”。实践中虽然存在许多非法集资者并未主动授意的情况，但是因为集资者对控制集资的范围负有更严格的义务，所以如果集资者事先不对参与集资的人员作出明示的限制（即主动提醒参与人不要扩大传播范围），则其行为可能属于暗示或者放任的授意参与集资人员将集资信息向社会传播，亦可能被归于“公开宣传”的范畴。

（2）事中集资者是否加以控制。如果集资者在明知存在“口口相传”的情况，但又不采取任何控制措施，持默许态度，甚至在集资信息蔓延至社会后也持放任态度，则可以反映出向社会“公开宣传”符合集资者的本意。

（3）集资者事后对于通过“口口相传”而来的参与者是否甄别。如果集资者不加选择的一概接受，则应当认定“口口相传”是集资者所希望的向社会不特定对象的吸收资金的方式。

（4）集资者主观是否明知。作为例外，如果集资者对传播行为并不明知，或者集资人只是向特定对象吸收存款，向不特定对象扩散完全超出其主观因素，则不能归罪于集资者。

通过对“口口相传”宣传方式的分析可以看出，要从吸收资金的方式出发把握何为“社会不特定公众”，关键在于明确集资者吸收资金的行为有无针对性，是否无论从何人、何处收集到资金都符合行为人的本意。具体来说，如果集资人发出口头或者书面的希望吸取资金的要约邀请，任何人只要依据这一要约邀请向集资人发出欲提供资金的要约，集资人均会予以接受并与其建立资金借贷关系的，那么无论集资人和出资人是否相识，均应当认为是“社会不特定公众”。但是，如果集资人没有发出要约邀请行为，而是分别向他人单独协商借款，则不能认定是向“社会不特定对象”吸收资金。

3.“亲友”“单位内部成员”

在亲友或者单位内部如何界定“特定对象”与“不特定对象”：

（1）近亲属。近亲属原则上可以认为是特定对象。因为近亲属基本以血缘或者姻缘关系为基础，或者有着长期共同生活的经历，在经济利益上可能存在着一定的关联性或者一致性，因此近亲属之间发生的资金流动，具有相对的封闭性，一般不宜界定为社会不特定公众。至于近亲属的范围，参考《刑事诉讼法》的规定，即包括夫妻、父母、子女、同胞兄弟姐妹。

（2）近亲属以外的其他亲属。由于此类亲属具有一定程度的开放性，因此既不能一概认为是“特定对象”，也不宜全盘归入“不特定对象”的范畴，需要在确定亲属关系的基础上进一步判断彼此之间的日常关系是否紧密。如果日常交往密切、关系亲近的，即使是远房亲戚，亦应认定为“特定对象”；反之，即使是血缘或姻亲关系较近的亲戚，如果平时彼此不常走动、较少联系，也应当认为是“不特定的对象”。

（3）朋友。应该从以下两个方面进一步考察：一是双方认识及交往的基础、持续时间和巩固程度。二是借款的基础和目的，是基于投资获利还是基于朋友的情谊帮扶。

（4）单位内部成员。具体对于单位内部成员之间特定关系的界定，就应当参考上述“朋友”的关系的界定。

4. 民间借贷与非法集资的区分？

把握民间借贷与非法集资的区分，要坚持法律、司法解释规定的形式标准，更要坚持实质标准：（1）看吸收存款的目的是否用于正常的生产经营。（2）非法集资的对象具有不特定性。（3）非法吸收公众存款罪的本质是危及金融安全、扰乱金融秩序，这也是非法集资与民间借贷最实质性的区分标准。

5. 集资人既向特定对象集资，又向不特定社会公众集资，在集资数额的认定上是否应当扣除向特定对象集资的数额

在集资对象既包括特定对象也包括非特定对象的情况下，一方面，从国家秩序保护的层面上说，由于集资人的行为实际已扩散到社会上，形成了一定的开放性的规模，国家金融秩序此时所承受的是集资人所有集资的数额所造成的冲击，而并非仅仅从不特定对象处筹集到的资金的冲击；另一方面，从对出资人的保护上说，如果集资范围超出了特定对象的范畴而延伸扩展到社会不特定对象，那么集资人对于出资人还本付息的能力显然会有大幅度的下降，这种风险是由所有的出资人共同承担的。换言之，此时无论是特定对象还是不特定对象，其资金都将面临同等的安全风险。因此，在上述情况下，对特定对象的集资款也应当纳入非法集资的犯罪数额，以便刑法进行统一的规制和保护。

6. P2P 借贷网站是否涉嫌非法集资问题

P2P 网络借贷平台，是 P2P 借贷与网络借贷相结合的金融服务网站。P2P 借贷是 peer to peer lending 的缩写，peer 是个人的意思，正式的中文翻译为“人人贷”。网络借贷指的是借贷过程中，资料与资金、合同、手续等全部通过网络实现，它是随着互联网的发展和民间借贷的兴起而发展起来的一种新的金融模式，这也是未来金融服务的发展趋势。

目前已经出现了一些 P2P 借贷网站涉嫌非法集资案件，主要有三种情况：

一是搞资金池。一些 P2P 网络借贷平台通过将借款需求设计成理财产品出售给放贷人，或者先归集资金、再寻找借款对象等方式，使放贷人资金进入平台账户，产生资金池。

二是一些 P2P 网络借贷平台经营者没有尽到借款人身份真实性的核查义务，未能及时发现甚至默许借款人在平台上以多个虚假借款人的名义发布大量虚假借款信息，向不特定多数人募集资金。

三是个别 P2P 网络借贷平台经营者，发布虚假的高利借款标的募集资金。

7. 私募与非法集资犯罪的边界

私募（Private Placement），是指向小规模数量合格投资者（Accredited Investor）（通常 35 个以下）出售股票。私募基金 1976 年起源于美国，1984 年引入中国。广义的私募，指非公开募集资金的行为。根据不同的标准，私募有不同的分类。

2011 年 11 月 2 日，国家发展改革委办公厅出台《关于促进股权投资企业

规范发展的通知》进一步详细规定："股权投资企业的资本只能以私募方式，向特定的具有风险识别能力和风险承受能力的合格投资者募集，不得通过在媒体（包括各类网站）发布公告、在社区张贴布告、向社会散发传单、向公众发送手机短信或通过举办研讨会、讲座及其他公开或变相公开方式（包括在商业银行、证券公司、信托投资公司等机构的柜台投放招募说明书等），直接或间接向不特定或非合格投资者进行推介。股权投资企业的资本募集人须向投资者充分揭示投资风险及可能的投资损失，不得向投资者承诺确保收回投资本金或获得固定回报。"

目前我国界定"私募"行为的标准，包括：（1）人数限定；（2）不得定期返息；（3）不得公开募集；（4）单个投资者投资金额不得少于100万元人民币；（5）3名以上高管；（6）工商注册及备案。

根据《关于取缔非法金融机构和非法金融业务活动中有关问题的通知》的规定，非法集资行为是指单位或者个人未依照法定程序经有关部门批准，以发行股票、债权、彩票、投资基金证券或者其他债权凭证的方式向社会公众募集资金，并承诺在一定期限内以货币、实物以及其他方式向出资人还本付息或者给予回报的行为。

最高人民法院会同中国银监会等有关单位研究制定了《关于审理非法集资刑事案件具体应用法律若干问题的解释》，该解释第1条规定，非法集资活动应同时具备以下四个条件：（1）未经有关部门依法批准或者借用合法经营的形式吸收资金；（2）通过媒体、推介会、传单、手机短信等途径向社会公开宣传；（3）承诺在一定期限内以货币、实物、股权等方式还本付息或者给付回报；（4）向社会公众即社会不特定对象吸收资金。

三、关于非法经营罪的问题

（一）如何认定"违反国家规定"

法定犯，就是指如果刑法不予以禁止，其就不应受到否定评价的犯罪，换句话说，也就是那些虽然本身不违反自然法但是受到制定法所禁止的那些行为。我国刑法分则第三章中即"破坏社会主义市场经济秩序罪"中的全部犯罪、第六章"妨害社会管理秩序罪"中的绝大部分犯罪等都是典型的法定犯。无论是我国还是在国际社会，刑法均表现出自然犯非罪化、法定犯犯罪化的大趋势，在将来，法定犯所占的比例必将越来越大。

法定犯所侵犯的是公共权利，其本质特征即为违背社会公共意志。法定犯的违法性，不仅仅以是否违反刑法，还包括违反其他单行法与违反刑法（刑事违法性）两个层面。换言之，法定犯的违法性，表现为二次违法，即不是单纯的、直接的违反刑法，而是先有作为前置性违法的违反其他单行法，最终才有违反刑法。正是如此，即二次违法性才是刑法规制法定犯的底限所在，也即刑法对社会关系的调整的二次性，即刑法调整的是其他法所调整而又超出了其他法调整能力的社会关系。

非法经营罪的“违反国家规定”就是典型的空白罪状。空白罪状不直接地具体规定某一犯罪构成的全部，而是对该罪的犯罪构成的一部或者全部需要参照其他法律法规的规定。因而要明确“违反国家规定”的范围，限制空白罪状的适用。非法经营罪必须具备作为第一次违法性条件的“违反国家规定”。

根据《刑法》第96条的规定，刑法中的“国家规定”包括全国人民代表大会及其常务委员会制定的法律和决定，国务院制定的行政法规、规定的行政措施、发布的决定和命令。

刑法有三个渊源，即刑法典、特别刑法与附属刑法。实际上，附属刑法的规定是其他单行法出口，而刑法中作为法定犯入罪条件的“情节严重”之类规定则是刑法的入口。法定犯的第二次违法性，是以满足附属刑法的规定为前提、以满足刑法关于“情节严重”之类要求为标志的。

总之，只有同时违反其他法律又违反刑法即二次违法的行为才可作为法定犯入罪，而附属刑法构成法定犯中由第一次违法过渡到第二次违法的桥梁，只有在满足第一次违法要求的前提下，符合附属刑法关于追究刑事责任的规定的行为，才有可能被刑法作为法定犯进行处理。

2011年4月8日最高人民法院《关于准确理解和适用刑法中“国家规定”的有关问题的通知》（法发〔2011〕155号）指出：“日前，国务院法制办就国务院办公厅文件的有关规定是否可以认定为刑法中的‘国家规定’予以统一、规范。”“根据刑法第九十六条的规定，刑法中的‘国家规定’，是指全国人民代表大会及其常务委员会制定的法律和决定，国务院制定的行政法规、规定的行政措施、发布的决定和命令。其中，‘国务院规定的行政措施’应当由国务院决定，通常以行政法规或者国务院制发文件的形式加以规定。以国务院办公厅名义制发的文件，符合以下条件的，亦应视为刑法中的‘国家规定’：（1）有明确的法律依据或者同相关行政法规不相抵触；（2）经国务院常务会议讨论通过或者经国务院批准；（3）在国务院公报上公开发布。”

对有关案件所涉及的“违反国家规定”的认定，要依照相关法律、行政法规及司法解释的规定准确把握。对于规定不明确的，要审慎认定。对于违反地方性法规、部门规章的行为，不得认定为“违反国家规定”。对被告人的行为是否“违反国家规定”存在争议的，应当作为法律适用问题，逐级向最高人民法院请示。

“国家规定”的溯及力：未经许可从事经营业务，依照行为时的国家规定和《刑法》第225条的规定构成非法经营罪，因审批项目取消、国家规定修改等，审判时该经营业务不再需要行政许可的，不再追究行为人非法经营罪的刑事责任。

（二）如何认定“未经许可”

《刑法》第225条规定的“未经许可”，是指未依法取得从事经营活动的行政许可。已经取得行政许可，未按照行政许可设定的范围、地域等限制条件非法从事经营活动的，一般不以非法经营罪论处。

借用、租用他人经营许可证或者使用购买的他人经营许可证，视同为“未经许可”。

（三）如何认定“其他严重扰乱市场秩序的非法经营行为”

非法经营罪是指违反国家规定，从事非法经营，扰乱市场秩序，情节严重的行为。《刑法》第225条第4项规定的“其他严重扰乱市场秩序的非法经营行为”，立法对非法经营罪采取列举式和概括式相结合的方式规定其行为模式，存在“违反国家规定”这一空白罪状和“其他严重扰乱市场秩序的非法经营行为”这一兜底条款。这种表达方式使非法经营罪有了很大的延展性和扩张性。采取这种立法技巧是当前我国经济社会高速发展非法经营行为花样翻新所决定的，但在司法实践中，不能任由其不断扩大，应该加强限制，缩小“口袋径”。

依据法定性原则，限制解释兜底条款。“其他行为”的具体内容，应通过立法或司法解释逐一加以明确；未予明确的，应依照“法无明文规定不为罪”的原则不予认定。法定性原则中的“法定”，即以法律明文规定为限进行定罪处罚。而所谓明文规定，北京大学法学院陈兴良教授解释说，“法律明文规定不仅指法律的字面规定，还指法律的逻辑包括。也就是说，法律规定包括两种情况：一是显性规定。二是隐形规定”。由于非法经营罪既有空白罪状又有兜底条款，因此，要通过对其内容的逻辑分析得出条文中的隐形规定。这就需要对《刑法》第225条非法经营罪的罪状进行全面的逻辑分析，对比该条前3项的内容可以发现，非法经营罪所规制的都是非法从事须经国家许可经营的行为，如专营专卖的烟草、必须具备开采许可证的矿产、必须经批准经营的保险等。所以，非法经营罪第4项的其他行为也应该是违反国家许可制度的非法经营行为。应当根据非法经营行为对国家安全、公共安全、公共利益、经济宏观调控、生态环境保护以及人身健康、生命财产安全等可能造成的危害程度进行认定。要注意避免以“违反国家规定”和非法经营数额等严重情节的认定代替非法经营行为是否“严重扰乱市场秩序”的认定。换言之，非法经营罪的客观方面应该是违反国家关于专营、专卖或者限制买卖的物品的法律法规。

除此前司法解释、规范性司法文件已有规定的之外，具有下列情形之一的，应当认定为“其他严重扰乱市场秩序的非法经营行为”：非法从事国家规定禁止经营的业务活动的；以为他人从事违法犯罪活动提供商品或者服务为经营业务的；未经许可，非法从事药品经营业务的；未经许可，非法从事卫星地面接收设施经营业务的；未经许可，非法从事互联网接入经营业务的；未经许可，非法从事保安服务业务的；未经许可，非法从事学历教育活动的；未经许可，非法从事出入境中介业务的；（区分单位和个人）非法从事涉外婚姻介绍业务的；其他严重扰乱市场秩序的非法经营行为。

对于刑法规定了非法吸收公众存款罪，组织、领导传销活动罪，非法转让、倒卖土地使用权罪等特别罪名的非法经营行为，适用特别罪名的规定。因不具备相应要件而不符合特别罪名的刑法规定的，应作无罪处理，不得以非法经营罪定罪处罚。

非法从事伪劣商品、假冒注册商标的商品等经营行为，或者以非法经营行为为他人实施违法犯罪活动提供帮助，同时构成非法经营罪和生产、销售伪劣产品等其他犯罪或者其他犯罪的共同犯罪的，依照处罚较重的规定定罪处罚。

（四）对高利放贷行为的处理

未经许可，向社会不特定对象发放高息贷款的行为，不以非法经营罪论处。

以非法吸收、套取金融机构的资金发放贷款，或者使用暴力等手段催收贷款，构成非法吸收公众存款、高利转贷、故意伤害、非法拘禁等犯罪的，依照刑法的有关规定定罪处罚。

民间借贷是一种自发的民间融资活动，对激活民间资金、促进民间经济发展、改善民间生产生活难题等方面，都发挥了十分重要的积极作用。近年来，我国民间借贷异常活跃，在推动经济快速发展的同时，由于以抵押或投资为中介的民间借贷公司分别以高出银行存款数倍的利息出现后，民间资金纷纷流向民间借贷公司，而由于此类公司大多存在操作不规范等问题，因而民间借贷纠纷呈逐年上升趋势，非法集资等犯罪案件也明显呈上升趋势，严重扰乱金融秩序，影响社会稳定。民间借贷的泛刑法化表现为，一是非法经营罪的扩张化，即高利贷入罪越来越多。二是民间集资泛刑法化，非法吸收公众存款、集资诈骗等犯罪增多，认识和处理民间借贷中的刑事犯罪问题已经成为理论与实务界关注的热点和难点。

从高利贷入罪的路径上看，主要是一些司法机关扩张了《刑法》第225条非法经营罪中第4项的解释，该条规定了三种非法经营行为后，第4项以"兜底条款"的形式规定了"其他非法经营行为"，以此情况下的解释，民间高利贷行为符合非法经营罪的行为构成要件。

民间借贷是市场行为，是各国都存在的普遍的经济现象和活动，实践证明，现实中尽管确实存在一些利用民间借贷的违法犯罪，但不能因此对民间借贷严厉打击甚至取缔，否则会造成金融刑法的功能错位。我国金融刑法的扩张性倾向，一定程度上是传统刑法重打击轻保护思维在民间金融领域的惯性，也是行政管理滞后而过度依赖刑法的落后社会管理模式的延续，更是制约民间借贷自由发展、推行金融抑制政策的卫道士。

关于民间高利贷究竟应该出罪还是入罪之争，其实问题也出在第一次违法性的认定上。单纯的民间发放高利贷的行为，曾经被不少地区的司法机关认定为"其他非法经营行为"而以非法经营罪追究刑事责任。但是，非法经营罪以"违反国家规定"为第一次违法性要件，而查遍作为国家规定的全国人大及其常务委员会的法律性文件与国务院的所有行政法规性文件，都找不到关于民间高利贷的禁止性规定。尽管中国人民银行出台过打击高利贷的文件，但这只是部门规章，而不属国家规定。最近，最高人民法院以对个案请示的批复的方式，给关于民间高利贷究竟应该出罪还是入罪之争画上了句号，作出了民间高利贷无罪的结论。这实际上是对非法经营罪必须具备作为第一次违法性条件的"违反国家规定"的肯定。

（五）使用销售点终端机具（POS机）"套现""养卡"行为的处理

最高人民法院、最高人民检察院《关于办理妨害信用卡管理刑事案件具体应用法律若干问题的解释》第7条规定的"使用销售点终端机具（POS机）等方法"包括使用不受行为人控制的他人的销售点终端机具（POS机）；"虚构交易"包括交易主体的虚构；"向信用卡持卡人直接支付现金"包括向信用卡持卡人或者其指定的其他人以转账等方式支付资金。

以非法营利为目的，支付资金为持卡人归还信用卡欠款的同时，通过虚构交易并使用销售点终端机具（POS机）刷卡后将等额资金留存，变相延长信用卡还款期限，从中收取"手续费"等，情节严重的，应当依照《刑法》第225条第3项的规定，以非法经营罪定罪处罚。

针对同一笔信用卡欠款，多次实施前款规定的行为的，非法经营数额应当累加计算。

（六）非法经营外汇行为的处理

未经许可，非法经营外汇业务，情节严重的，应当以非法经营罪定罪处罚。为境外外汇兑换机构非法提供境内资金收付，应当认定为非法经营外汇业务。

非法经营外汇业务，一般应当综合银行账户交易凭证、账务记录，被告人的资金收付凭证、经营账簿、交易记录，境内外换汇凭证，被告人的供述，交易“客户”的证人证言等证据进行认定。依法不能取得境外证据，但根据有关证据足以证明被告人非法从事外汇经营业务的，不影响非法经营罪的认定。

有证据证明资金全部用于换汇，但每笔资金与换汇之间的对应关系不能一一查清的，不影响非法经营数额的认定。

（七）非法倒卖银行承兑汇票行为的处理

以虚构交易等手段骗取银行出具承兑汇票后，将银行承兑汇票直接予以倒卖或者将银行承兑汇票贴现后的资金用于高利放贷，构成骗取贷款、票据承兑、金融票证罪，高利转贷罪或者票据诈骗罪的，应当依照刑法的有关规定定罪处罚。

明知他人实施前款犯罪行为，为其提供中介、贴现等帮助的，以共同犯罪论处。

以营利为目的，购买他人银行承兑汇票并予倒卖的，不以非法经营罪论处。

（八）未经批准擅自建房出售出租行为的处理

违反土地管理、城市房地产管理、城乡规划等法律法规，未经批准擅自改变土地用途从事建房出售、出租等房地产开发经营活动的，一般不以非法经营罪、非法转让、倒卖土地使用权罪、合同诈骗罪论处。其中，非法占用耕地、林地等农用地，构成犯罪的，依照《刑法》第 342 条的规定以非法占用农用地罪定罪处罚。

（九）非法经营罪的情节认定

个人非法经营数额在 20 万元以上，单位非法经营数额在 100 万元以上的，应当认定为《刑法》第 225 条规定的“情节严重”；

个人非法经营数额在 100 万元以上，单位非法经营数额在 500 万元以上的，应当认定为《刑法》第 225 条规定的“情节特别严重”。

此前相关司法解释、规范性司法文件对特定的非法经营犯罪行为规定了更高数额标准的，适用相关司法解释、规范性司法文件的规定。其中，相关司法解释、规范性司法文件仅规定“情节严重”或者个人犯罪的数额认定标准的，“情节特别严重”的数额标准按“情节严重”的5倍掌握；单位犯罪的数额标准按个人犯罪的5倍掌握。

“非法经营数额”按照实际经营数额认定。已销售的，按照已经查清的实际销售平均价格认定；部分销售的，按照已经查清的实际销售平均价格认定。价格无法查清的，按照同类产品（包括伪劣产品）的市场中间价格或者委托指定的估价机构的鉴定价格认定。

根据《刑法》第225条的规定，非法经营罪的罚金刑应当根据违法所得数额进行判处。无违法所得的，不判处罚金。

违法所得数额是指非法经营犯罪行为的获利数额，包括实际获利数额和预期获利数额。预期获利数额，可以结合行为人以往同种非法经营行为或者同类非法经营行为的平均“利润率”进行认定。

（十）单位非法经营犯罪的认定

单位未经许可非法从事国家未予禁止的经营活动，构成非法经营罪的，一般应以单位犯罪论处，不能因单位设立的目的是从事非法经营活动或者单位设立后主要从事非法经营活动而认定为个人犯罪。

以单位名义实施，以为他人从事违法犯罪活动提供商品或者服务为经营业务，构成非法经营罪，符合最高人民法院《关于审理单位犯罪案件具体应用法律有关问题的解释》第2条规定情形的，应当以个人犯罪论处。

第 28 堂课 侦监环节诉讼监督实务问题

●傅勇平*

课程提纲

一、立案监督
二、纠正违法
三、不捕与追捕
四、捕后变更强制措施的监督

根据我国宪法规定，人民检察院是国家专门的法律监督机关，行使法律监督权。具体而言，人民检察院对刑事诉讼的法律监督，主要包括刑事立案监督、刑事侦查监督、刑事审判监督、刑罚执行和监管活动监督。

我们侦监条线的同志肯定都了解，2000 年在杭州、2005 年在南宁、2009 年在昆明和 2013 年在长春，先后召开了四次全国侦查监督工作会议，明确了侦监工作“审查逮捕、立案监督、侦查活动监督”三项职能，构建了以“审查逮捕”为主体，“立案监督、侦查活动监督”并进的“一体两翼”工作格局。批准逮捕部门更名为侦查监督部门就在于更关注诉讼监督工作，在保证“审查逮捕”这个主体的情况下，我们需要不断加强自身的监督能力和水平，提高监督的质量，取得监督的实效。在这次刑事诉讼法修改的大背景下，监督的渠道更为宽广，监督的内容也更为丰富。

下面我就结合上海侦监的工作实际，以及在执法办案中的一些思考，和大家一起讨论交流。交流分四个方面，分别是立案监督、纠正违法、不捕与追捕，以及捕后变更强制措施的监督。

* 上海市人民检察院侦查监督处侦查监督科科长。

一、立案监督

刑事立案监督，是1997年刑事诉讼法赋予检察机关的一项法律监督职能，是指人民检察院对刑事立案主体的立案活动是否合法所进行的法律监督。它作为人民检察院的一项重要职权，和侦查活动监督、审判监督、执行监督、民事行政监督一起，构成了我国检察机关法律监督职能的基本体系。

1997年《刑事诉讼法》第87条规定："人民检察院认为公安机关对应当立案侦查的案件而不立案侦查的，或者被害人认为公安机关对应当立案侦查的案件而不立案侦查，向人民检察院提出的，人民检察院应当要求公安机关说明不立案的理由。人民检察院认为公安机关不立案理由不能成立的，应当通知公安机关立案，公安机关接到通知后应当立案。"这是最基本的规定，在修改后的《刑事诉讼法》的第111条作了同样的规定，未作修改。

根据上述规定，《人民检察院刑事诉讼规则》第378条规定："对于公安机关不应当立案而立案侦查的，人民检察院应当向公安机关提出纠正违法意见。"这是对不当立案的监督。在《人民检察院刑事诉讼规则（试行）》的第552条规定了"人民检察院依法对公安机关的刑事立案活动实行监督"。这里面就包含了立案和不立案，当然，对不当立案监督的内容、程序和要求也作了相应的修改，在后面会讲到。

《人民检察院刑事诉讼规则》第379条规定："人民检察院审查逮捕部门或者审查起诉部门发现本院侦查部门对应当立案侦查的案件不报请立案侦查的，应当建议侦查部门报请立案侦查；建议不被采纳的，应当报请检察长决定。"对自侦案件的监督。《人民检察院刑事诉讼规则（试行）》第563条作了一些修改，主要就是将不当立案的案件纳入监督范围。

从这里我们可以看出，刑事立案监督的对象即刑事立案主体主要是公安机关，同时还包括国家安全机关、人民检察院侦查部门等。

1997年《刑事诉讼法》赋予检察机关对公安机关应当立案而不立案的监督权。10多年来，这项权力在维护社会公平正义、保证执法的统一、保障当事人合法权益方面发挥了积极的作用，越来越多的当事人，通过向检察机关控告投诉寻求司法救济（数量逐年上升），实践证明，立案监督工作已被社会普遍接受，作为公民重要的维权手段，越来越受到社会更广泛的关注和重视，人大代表在讨论检察工作报告时，也十分关注检察机关对公安立案监督权的行使及效果。然而，这些规定在赋予检察机关刑事立案监督职能的同时，还比较原则化，可操作性不够强。"六部委"《关于实施刑事诉讼法若干问题的规定》

和《人民检察院刑事诉讼规则》对刑事立案监督程序作了进一步的规定，但有些方面仍不够明确、具体，不能满足司法实践的需要。由此，立案监督工作中遇到了一些突出问题，主要是：检察机关对侦查机关刑事立案情况无知情权；对立而不侦、久侦不结情形缺乏监督手段；尤其是对不应当立案而立案的情形，能否监督、如何监督，缺乏具体的依据，等等。这些问题成为制约立案监督工作的“瓶颈”。《关于刑事立案监督有关问题的规定（试行）》（以下简称《规定》）针对立案监督工作中的突出问题，根据中央司法改革意见提出的要求，对涉及检察机关、公安机关工作关系的重大问题作出明确规定，在有关方面取得了突破，如建立了信息通报制度，扩大了相互知情渠道；明确了检察机关对不应立案而立案的监督，拓展了监督范围；对立而不侦、久侦不结的，可以发出催办函，增加了监督手段，等等。这些都进一步强化了检察机关刑事立案监督工作。同时，也通过完善程序，进一步规范了检察机关的立案监督工作。

当然，这个规定还留有一些空间，有些条款内容还比较原则，因此，我们根据《规定》的精神，结合上海实际与公安机关会签细则，补充和完善制度、规定，使之更具有可操作性。

（一）严格区分不立案与未立案

1. 立案监督案件的监督流程

根据《规定》，检察机关对该立案不立案的监督，线索来源包括接受投诉和自行发现。第4条规定“被害人及其法定代理人、近亲属或者行政执法机关，认为公安机关对其控告或者移送的案件应当立案侦查而不立案侦查，向人民检察院提出的，人民检察院应当受理并进行审查”。这一规定是富有新意的：建立了立案监督的投诉机制；体现了行政执法与刑事执法的衔接；强调了受理线索并进行审查是检察机关的职责，不得推诿不办。它有利于扩大立案监督线索来源，有利于保护公民特别是被害方的合法权益。

《规定》和刑事诉讼规则规定了检察机关对该立案不立案的投诉的处理方式。针对一些地方立案监督工作不够规范特别是有投诉即要求说明不立案理由的现象，作了一定的限制性规定，要求根据不同情况分别作出处理：

（1）没有犯罪事实发生，或者犯罪情节显著轻微不需要追究刑事责任，或者具有其他依法不追究刑事责任情形的，由于这类案件不符合刑事立案条件，人民检察院应当及时答复投诉人或者行政执法机关，而不再要求公安机关说明不立案理由。

（2）不属于被投诉的公安机关管辖的（包括属地管辖及职能管辖等情

形），应向投诉人告知有管辖权的机关，并建议向其控告或者移送。

（3）公安机关尚未作出不立案决定的，由于被监督的事由尚未发生，不能启动立案监督程序，人民检察院应当将控告移送公安机关处理。上述三种情况，根据我们和控申部门达成的协议，原则上由控申部门先行处理（拦一关）。

（4）有犯罪事实需要追究刑事责任，有管辖权的公安机关已作出不立案决定的，才符合立案监督条件，经检察长批准，应当要求公安机关书面说明不立案理由。通过以上规定，人民检察院在受理被害人或者单位的投诉后，不再全部向公安机关发出要求说明不立案理由通知书，而是对案件的形式要件和实质内容进行审查，使一部分不符合条件的投诉以其他方式妥善处理，对符合条件的投诉则启动立案监督程序。

据此，我们在受理立案监督线索后（包括接受投诉和自行发现的），应当根据《上海市检察机关刑事立案监督工作规定》第16条的规定，首先审查三个方面的内容：一是是否有犯罪事实且需要追究刑事责任；二是是否属于被投诉的公安机关管辖；三是公安机关是否已作出不立案决定。然后根据审查的不同情况作出不同的处理。

2. 对未立案案件的监督

这里我重点讲述对公安机关是否已作出不立案决定案件的处理。第一，我们在研究的时候认为立案监督应该是对公安机关立案活动的监督，既包括对“应立不立”的监督，也包括对“不应立而立”的监督；既包括对公安机关已作出不立案决定的监督，也包括对公安机关未作出不立案决定的监督，也就是说，我们确认对公安机关未作出不立案决定的案件也应该开展监督，将其纳入到我们监督的视野。第二，对公安机关未作出不立案决定的监督的方式方法应不同于对公安机关已作出不立案决定的监督，应更侧重于发挥公安机关内部纠错机制的作用，而使监督回归本位。第三，因为公安机关没有明确的立案期限，为了防止出现“久拖不决”现象的发生，我们认为最起码对这部分由检察机关监督的案件在程序的设计上，应该有严格的要求和刚性的手段作为后盾。

因此，我们在与市公安局会签的《若干意见》第3条第1款作出了明确规定：“人民检察院发现公安机关尚未作出不予立案决定的案件线索，应当移送有管辖权的公安机关处理；公安机关受理人民检察院移送的案件线索，应当在二十日内决定是否立案侦查，并将《立案决定书》或《不予立案通知书》复印件或有关案件线索处理书面说明等送达人民检察院。重特大、疑难、复杂案件可以延长至三十日（经济犯罪案件最多可延长至六十日）。公安机关未在规定的期限内作出相关决定，也未向人民检察院说明情况的，人民检察院可以要求公安机关说明不立案理由。”在适用这款规定时，我们还要特别注意把握两个方面的情况：第一，这里的线索移送不同于修改后的《刑事诉讼法》第108条第3款基于“互相配合”原则规定的“公安机关、人民检察院或者人民法院对于报案、控告、举报，都应当接受。对于不属于自己管辖的，应当移送主管机关处理……”这里的线索移送必须是公安机关已经受理过或发现的案件线索，是在监督范围内的线索移送，而不是基于“互相配合”的移送。举一个备案材料中的实例，一个盗窃案件，检察机关深挖犯罪，当事人交代与他同住的室友盗窃他一台笔记本电脑。我们向公安机关移送案件线索后公安机关立案了，经查确有其事。这种做法符合刑事诉讼法的要求，司法机关获得犯罪线索后应当移送有管辖权的机关，但是，和我们立案监督中的移送案件线索不相吻合，我们的移送是带有监督意味的，而这个案件不存在监督。第二，这里的线索移送不同于要求公安机关说明不立案理由。要求公安机关说明不立案理由首先要审查是否有犯罪事实且需要追究刑事责任，如果不具备这个条件，就不必要求说明不立案理由，而线索移送没有这个限制，应该全部移送公安机关。理由是立案权在公安机关，前者公安机关已经作出了不立案决定，后者尚未作出决定，我们如果不移送，就有越俎代庖之嫌，有违监督者的职责。

综上，我们可以归纳一下，现在对公安机关是否已作出不立案决定案件的处理方式可以分为两种，一种是对公安机关未作出不立案决定的案件，我们应作为线索移送公安机关；另一种是对公安机关已作出不立案决定的案件，我们在审查后，可以启动立案监督程序。在工作中，会有很多好的做法，办案人员也很尽心尽责，但在立案监督的把握上，还是要严格依法。举一个例子。2012年7月15日17时许，被害人王某（13岁）报案称其在松江区泗泾镇一出租屋内被一中年男子强奸。公安机关经立案侦查，发现作案人系李某，但李某到案后始终未作有罪供述。为进一步核实证据，承办人当面询问了王某，询问结束后，王某的母亲无意中提到了要带王某去堕胎，承办人敏锐地捕捉到了这一线索，经进一步询问和调取医院的书面材料，发现王某怀孕已近两个月，恰好与本案的案发时间相吻合。在确认王某怀孕的事实后，承办人再次讯问了犯罪嫌疑人李某，但李某辩称其因车祸导致性功能衰退、不能射精，在听取了李某的辩解后，承办人又询问了李某的妻子，其妻子的说法与李某的一致，在排除了串供的可能后，认为李某的这一辩解具有可信度。结合相关证据，认为能够认定李某对王某实施了强奸行为，但导致王某怀孕的另有其人。承办人再次找到了被害人王某，但因其性格内向且处于叛逆期，对此一直保持沉默，经过反复的耐心疏导，王某才终于说出其在被李某强奸几天后，又在本市奉贤区的一间出租屋内被一名叫房某某的男子强奸的事实。区院侦监科随即对房某某涉嫌强奸一案开展立案监督，同时建议公安机关在王某人工流产后做好对胚胎等证据的固定工作。房某某到案后虽作无罪辩解，但全案证据能够认定其系强行与王某发生性关系，胚胎鉴定结果也进一步证实了王某被房某某强奸并怀孕的事实。最终，房某某因犯强奸罪被判处有期徒刑10年6个月。这个案件作为立案监督是不妥的，公安机关并未掌握后面的这起强奸案，因此只是深挖犯罪，移送管辖，当然，做法是很不错的。

接下来我用三个案例来说明一下对未立案案件的移送线索。

案例一，犯罪嫌疑人潘某因盗窃同宿舍被害人马某5300元被刑拘、报捕，区院在提审时，潘某检举揭发："2012年2月底一天下午，我下班后在公司对面的绿化带里发现一个黑色的东西，走进一看是一台笔记本电脑，我就捡回宿舍了。3月13日晚我下班回宿舍后，发现这台电脑不见了。后来我通过宿舍管理员调取了监控录像，看到同宿舍的马某提着电脑离开的。电脑大概要5000多元。"（不是线索移送）

案例二，2012年3月4日，被害人朱某至派出所报案称其被同学董某以一个假冒的雪奈尔包（经过鉴定）诈骗2.4万元。3月15日，朱某在没有得到派出所任何答复的情况下，到区院控告。经查，派出所未提供任何受理报案信息。（线索移送）

案例三，区检察室在派出所日常巡查中发现，被害人朱某陪同其母在医院看病时，被谢某等人围殴并强行带至地下停车场。谢某等人将朱某蒙头塞入一辆轿车后带至一棋牌室内，继续对其进行殴打，并以朱某欠其钱为由迫使朱某写下60余万元欠条。后谢某等人将朱某带回医院并强迫其交出轿车钥匙，并将车开走。派出所接到报案后未予刑事立案，仅对谢某作行政拘留10天处罚。检察室遂将该线索移送本院侦监科。侦监部门审查后向公安机关发出《案件线索移送函》，建议对该案立案侦查。日前，公安机关已正式对该案立案侦查。

3. 实质意义上的不立案的理解

因为有了第一种线索移送的规定，所以在立案监督的范围上就避免或减少了以往实践中经常出现的扯皮现象。当然，这里我还想重点说明的是，线索的监督移送是我们不得以而为之，是为了解决实践中一些不规范的情况而采取的措施，这方面不是我们的工作重点，我们的重点还应该放在公安机关已经作出不立案决定的案件上。根据《上海市检察机关刑事立案监督工作规定》第9

条、第 11 条规定，对“应立不立”案件的监督包括 4 种类型：

第一，公安机关已作出不予立案决定的；（有案不立）

第二，公安机关对触犯刑事法律的行为以治安案件立案或处理的；（以罚代刑）

第三，人民检察院移送公安机关处理的线索，公安机关逾期未作出刑事立案决定，也未向人民检察院说明情况的；（有罪不究）

第四，对人民法院在直接受理被害人自诉的轻微刑事案件中，因证据不足驳回自诉，被害人向公安机关提出控告或人民法院认为被告人可能判处 3 年以上有期徒刑，移交公安机关受理，而公安机关不立案侦查的，人民检察院经审查，认为有必要的，可以开展立案监督。

当然，这里面第三项规定是我们在和市公安局商量的基础上，对高检院、公安部“立案监督规定”的突破，主要是基于上述第三点理由。因此，大家也要注意到，在这种情况下，人民检察院是可以要求公安机关说明不立案理由的，而不是应当的。

讲到这里，可能有的同志会提出，如果公安机关立案后又撤案怎么办？这一点，我个人的意见是原则上纳入到侦查活动监督的范畴，通过纠正违法的形式来解决，这在《人民检察院刑事诉讼监督（试行）》第 565 条第 10 项中予以了规定，但也不完全排斥立案监督的方式，具体问题具体分析，区别对待。

（二）正确理解对“违法立案”的监督

建立检察机关对不应当立案而立案进行监督的机制，是中央司法改革意见的明确要求。但是，这个问题是个难点问题，也是争议较多的问题。其主要原因，一是刑事诉讼法对此尚无明确规定；二是在诉讼程序上，对违法立案情形，检察机关可以通过不批捕或者不起诉来监督纠正。然而，从实际情况看，非法插手经济纠纷、为他人追款讨债而违法立案等现象确实存在，有的案件并不进入检察机关审查环节，社会各界要求把这种情形纳入检察监督的呼声较高。在过去司法工作中，外省市检察机关也依法监督纠正了一批此类案件。因此，建立检察机关对“违法立案”的监督机制，是完全有必要的。

考虑到监督撤案产生终止案件的后果（如果搞不准容易发生放纵犯罪的现象），“立案监督规定”在赋予检察机关对“违法立案”监督权的同时，又作了一定的限制性规定，以实现打击犯罪与保障人权的统一。因此，在实施这项监督措施时，应当注意把握其条件、范围和程序规定要求。第一，设置了前置程序。第 6 条第 1 款规定，对于不服立案决定的投诉，人民检察院可以移送立案的公安机关处理。第二，对条件和范围作了限制。第 6 条第 2 款规定：

"人民检察院经审查，有证据证明公安机关可能存在违法动用刑事手段插手民事、经济纠纷，或者办案人员利用立案实施报复陷害、敲诈勒索以及谋取其他非法利益等违法立案情形，且已采取刑事拘留等强制措施或者搜查、扣押、冻结等强制性侦查措施，尚未提请批准逮捕或者移送审查起诉的，经检察长批准，应当要求公安机关书面说明立案理由。"这里，从违法的严重程度对监督范围作了两点限制：第一，违法立案后采取了强制性侦查措施；第二，突出三类严重违法情形。在条件上作了两点限制：第一，要"有证据证明"，要求在通知撤案以前，应当调查核实，掌握事实、证据；第二，"尚未提请逮捕或者移送审查起诉"。此外在程序上，要求公安机关书面说明立案理由，必须经检察长批准；发出《撤销案件决定书》应当经检察长或者检察委员会决定。为了便于理解，我个人把对"违法立案"的监督条件归纳为"一个前提，两个可能，两个必要"条件。

"一个前提"即前面所说的前置程序，是指这类案件线索必须接受投诉。如果不是接受投诉，而是通过其他途径获悉的，由于有后续的救济措施，因而在这个阶段就不宜轻易介入。

"两个可能"是条文里面所规定的"有证据证明公安机关可能存在违法动用刑事手段插手民事、经济纠纷；有证据证明可能存在办案人员利用立案实施报复陷害、敲诈勒索以及谋取其他非法利益等情形"。这里在表述上既用了"有证据证明"，又用了"可能"，我个人理解，通俗地说就是有迹象表明，而不要求证据上形成锁链。

"两个必要"是指必须已采取了刑事拘留等强制措施或者搜查、扣押、冻结等强制性侦查措施；必须是尚未提请批准逮捕或者移送审查起诉的。

实践中可能经常出现的是接受投诉，但经审查，认为不符合上述"两个可能、两个必要"条件之一的情况，就应该根据《规定》第 6 条第 1 款的规定，移送立案的公安机关处理。对此，我们在《若干意见》第 3 条第 2 款对此作了明确规定，并且要求在规定的期限内将处理结果反馈检察机关。条文内容"人民检察院接受不服公安机关立案决定的投诉，经审查，认为不属于《规定》第 6 条第 2 款规定之情形的，应当移送立案的公安机关处理；公安机关应当在 20 日内将处理结果书面反馈人民检察院，重特大、疑难复杂案件可以延长至 30 日，如公安机关决定撤销案件的，应当及时将《撤销案件决定书》复印件送达人民检察院"。这里需要提醒的是，大家可以对比一下第 3 条第 1 款和第 2 款的规定有什么不同？第 2 款没有规定后续的监督手段。必要性不大，还有后续的救济措施。

现在的问题是，《人民检察院刑事诉讼规则（试行）》将“两个必要”中的一个删除了，就是“必须已采取了刑事拘留等强制措施或者搜查、扣押、冻结等强制性侦查措施”，而公安部的《公安机关办理刑事案件程序规定》却没有相应的规定，导致我们监督的条件和公安机关接受监督的条件不一样，《人民检察院刑事诉讼规则（试行）》的规定其实是对立案监督权的扩张。

总之，对“违法立案”开展监督，必须突出重点，严格遵守程序，态度坚决而慎重。特别是由于侦查工作的特殊性，很多案件往往需要进行大量的侦查以后才能确定是否属于犯罪，因此通知公安机关撤销案件必须十分慎重，应当建立在经调查核实、掌握有关事实证据的基础之上。

（三）善于应用“两法衔接”拓宽立案监督线索渠道

1.“两法衔接”的主要工作模式

第一，基本模式。（1）行政执法机关在办案工作中发现涉嫌犯罪案件情况；（2）行政执法机关向公安机关移送涉嫌犯罪案件（或者检察机关建议移送）；（3）行政执法机关向检察机关通报备；（4）检察机关对公安机关开展立案监督。

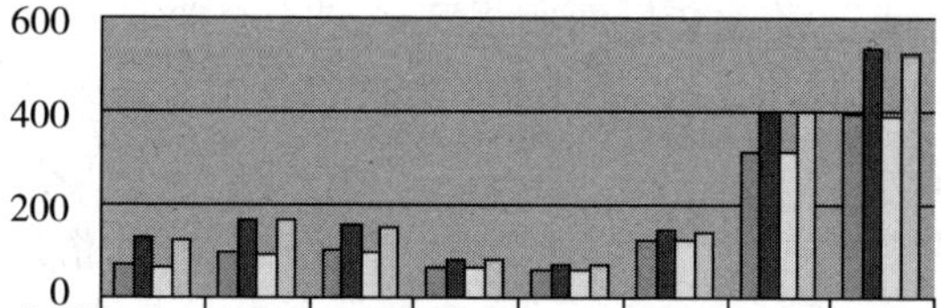

年份	2006	2007	2008	2009	2010	2011	2012	2013
建议移送（件）	71	95	102	63	61	127	314	396
建议移送（人）	130	169	157	81	68	146	400	533
公安立案（件）	67	93	95	63	61	123	314	388
公安立案（人）	125	167	152	81	68	142	400	525

上海市“两法衔接”数据

第二，公安机关直接立案模式。（1）公安机关立案侦查（或者联合调查）；（2）公安机关请行政执法机关配合。如福喜案。

第三，检察机关监督移送。（1）行政执法机关对涉嫌犯罪案件作行政处罚；（2）检察机关向行政执法机关提出检查意见要求移送；（3）行政执法机关向公安机关移送涉嫌犯罪案件；（4）行政执法机关向检察机关通报备；（5）检察机关对公安机关开展立案监督。

2. 上海“两法衔接”工作的发展轨迹

2001 年 7 月，国务院制定并公布了《行政执法机关移送涉嫌犯罪案件的规定》（国务院第310号令），明确“行政执法机关在依法查处违法行为过程中，发现违法事实涉及的金额、违法事实的情节、违法事实造成的后果……涉嫌构成犯罪，依法需要追究刑事责任的，必须依照本规定向公安机关移送”；“行政执法机关移送涉嫌犯罪案件，应当接受人民检察院和监察机关依法实施的监督”；“公安机关应当接受人民检察院依法进行的立案监督”。全国各地由此展开了“两法衔接”机制的探索与实践。

2004年3月，最高人民检察院与全国整规办、公安部联合下发了《关于加强行政执法机关与公安机关、人民检察院工作联系的意见》，对行政执法机关移送涉嫌犯罪案件的职责、程序和要求作了明确的规定，明确要求“建立起行政执法机关与公安机关、人民检察院相互配合的长效工作机制”。

2004年3月，高检院在全国部署开展“打击制售假冒伪劣产品、侵犯知识产权犯罪立案监督专项活动”。市检察院以此为契机，主动向市委市政府、政法委专题报告了在本市建立行政执法和刑事司法衔接工作机制的设想，得到了市委、市政府领导的高度重视。市政府两次召开专题会议，审议由市检察院起草的《关于建立行政执法与刑事司法相衔接工作机制的办法》，并最终由14家单位共同会签，标志着本市行政执法与刑事司法衔接工作机制的初步形成。市整规办和市检察院共同作了以下三件事：第一，抓启动。共同召开执法部门负责人会议，对正式启动“两法衔接”工作机制进行动员部署。后又办举办了全市“两法衔接”业务研讨班，统一思想认识。第二，明标准。组织力量专门编写了《行政执法与刑事司法衔接法律法规选编》，明确行刑衔接中可能涉及的罪名和罪状，以及违法与犯罪界限、刑事处罚范围等，防止因认识不清而执法不力。第三，抓落实。通过定期走访行政执法机关、规范联席会议制度、开展专题研讨等形式，协调解决执法办案、移送线索及具体案件查处等疑难问题。据当时统计，2004年至2006年6月，全市检察机关共走访行政执法机关1933次，查询案件1080件，查阅案卷869册，从中排摸各类案件线索160件。

为解决在衔接工作开展过程中，由于知情渠道不畅，对行政执法机关是否移送涉嫌犯罪案件、移送案件多少、移送是否及时以及公安机关是否立案侦查等情况不掌握的问题，2005年初，本市浦东新区检察院率先探索建立了“信息共享平台”，实现了各行政执法机关、司法机关对涉嫌犯罪案件移送、咨询、立案监督、监督移送等业务、管理和辅助决策的计算机化，形成了“网上衔接、信息共享”的工作机制。此后，在全市范围内组织推广了浦东新区的做法，平台建设全面展开。至2006年底，在各区县党委、政府的重视和支持下，全市19个区县分别建设开通了信息共享平台。2007年初，市检察院联合整规办向市政府请示启动市级信息共享平台建设。同年6月，市政府召开专题会议，明确由原市整规办牵头，市检察院作为项目建设法人，联合有关单位共同开展市级信息共享平台建设。经过近一年的努力和建设，该项目正式通过验收。同期，市政府办公厅也转发了《上海市行政执法与刑事司法相衔接信息共享平台运行管理暂行办法》，明确了平台联网单位、服务功能、协调机制以及信息输入的范围、内容、时限和要求等内容。至2010年5月，市级信息共享平台正式开通运行，22家市级联网单位与各区县联网单位对口，构建完成了市区两级横向连接、上下贯通的立体网络。

自从2008年底，国务院机构改革撤销整规办后，就上海而言，也受到了相当大的影响。然而，在牵头单位和各成员单位的不懈努力下，采取多种措施确保本市“两法衔接”工作持续发展：

第一，通过“专项监督活动”来推进。2010年12月，“一院三部”在全国部署开展了“对行政执法机关移送涉嫌犯罪案件专项监督活动”。我们会同公安、监察、商务部门积极落实部署，加大了纠正有案不立、有罪不究和以罚代刑的监督力度，联合走访排摸涉嫌犯罪线索721件，建议移送138件。

第二，通过专题调研主动反映情况。2010年7月，市检察院配合市政协开展重点课题调研，对本市“两法衔接”和信息共享平台工作的现状、问题和原因深入剖析，提出建议，提交市府审议，引起高度重视。

第三，创新“领导体制”，推进“考评机制”。我们推动嘉定、金山、青浦等具有较好工作基础的单位，通过组织专题研究、向区委区府专题报告等，扩大影响，争取支持，引起区县各级领导的高度重视，逐步推进形成了“区长亲自挂帅、相关部门牵头协调、监察部门考评效能”的新型组织架构。陆续将“两法衔接”纳入到区县效能监察考评体系，建立信息共享平台季报制度，完善了信息共享范围、录入时限、录入标准，健全了“两法衔接”工作自行运转的制度保障。

第四，拓展“专项机制”，提升“衔接保障”。针对“两法衔接”整体结构庞大的现状，积极推动浦东、宝山、奉贤、青浦等区院探索“专项衔接工作机制”，陆续与相关行政执法部门建立专项联席会议制度。主要针对危害食品安全、制假售假、环境保护等。

3. 上海自贸区“两法衔接”的探索

第一，政府职能转变与机构设置。自贸区政府机构设置以精简、廉洁、服务、高效为目标，与一般政府机构设置以及相应的行政管理事项都有明显的不同。(1) 自贸区政府级别高，机构精简。(2) 行政执法权相对集中行使。“综合监管和执法局”负责区内综合执法工作，集中行使城市管理、文化、规划国土、环境保护、知识产权、食品药品监管等领域的行政执法职责。(3) 中央事权行政机关独立行使行政权。对属于中央事权领域相应的行政机关，如海关、检验检疫、金融等部门，管委会具有协调职能。

我们认为，在转变政府职能的背景与要求下，自贸区政府机构设置与区外相比具有较大的特殊性，总体来看有利于解决长期困扰“两法衔接”工作机制的牵头单位权威不足、成员单位认识衔接配合不到位等问题。应当充分利用这些有利因素，精心设计好自贸区“两法衔接”工作机制组织架构，在此基础上推进“两法衔接”工作机制制度创新与自我完善。

第二，公安、司法机关结构配置。涉及的公安机关主要有上海市公安局浦东分局外高桥保税区公安处、上海港公安局洋山分局。外高桥公安处侦查的刑事案件由浦东新区人民检察院负责批捕、起诉，浦东新区人民法院审判；洋山分局是上海港公安局下属机构，属于行业公安，受交通运输部与公安部双重领导，其侦查的刑事案件由虹口区人民检察院批捕、起诉，虹口区人民法院审判。目前外高桥公安处已经挂牌为“上海自贸区公安处”，但具体职能权限基本与外高桥公安处相同。上海市人民检察院目前成立了自贸区检察室，尚未具体承办案件。法院方面虽然成立了自贸区法庭，但目前仅受理自贸区范围内的民商事案件，不负责刑事案件的审理。

我们认为，自贸区内的行政、刑事法律适用存在特殊性，自贸区行政执法机关也已自成体系，而目前刑事案件管辖仍归属于区外司法机关管辖的设置，可能会带来“两法衔接”移送案件时管辖交叉、职责不清的问题。因此自贸区刑事案件的管辖应尽快形成独立体系，明确内部职能分工，确保自贸区司法制度以及“两法衔接”工作机制更加顺畅运行。

第三，法律政策变化。我们认为，自贸区法律适用有特殊性，统一执法、司法标准难度较大。自贸区“两法衔接”行政执法机关与司法机关之间必须建立起更加高效、顺畅的衔接配合机制，才能有效应对法律适用中的新情况、新问题，真正做到公正执法，为营造法治化营商环境提供坚实保障。

第四，监管信息共享平台创设。目前自贸区管委会已经着手组织开发建设监管信息共享平台，使不同部门之间通过信息网络平台，实现监管信息的互通、交换和共享，这与“两法衔接”信息共享平台建设的目标相契合。

我们认为，“两法衔接”信息共享平台建设应当抓住自贸区正在开发建设监管信息共享平台这一契机，在与自贸区管委会充分调研沟通应用需求的基础上，力争“两法衔接”信息共享平台同步建设，并提升应用实效，实现自我升级和完善，为构建社会诚信体系奠定基础。

二、纠正违法

在侦查活动监督中，重点是纠正公安机关违法侦查和违法取证。侦监活动的核心就在于审查侦查取证合法性后判断证据能否证实犯罪。发现违法侦查和违法取证是侦查活动监督的基础。而发现的能力是可以培养和锻炼的，实践中也有一些好的做法值得学习和借鉴。

（一）善于发现

1. 主观上：加强审查意识，提高发现能力

第一，要认真对待犯罪嫌疑人的辩解。

案例一，如奉贤区院办理的一起盗窃案件，在讯问中犯罪嫌疑人辩解，他始终只承认盗窃人民币1700余元，但公安人员诱骗他承认盗窃2000元（上海当时定罪标准是2000元）。承办人调阅同步录音录像后发现，民警对犯罪嫌疑人说，1700元和2000元没有什么区别，又不是一万两万元的，于是他就承认了。

案例二，宝山区院办理的一个案件，通过审查现场监控录像发现问题。案发现场视频监控录像系事后补拍的证据应当予以排除。该院侦监部门承办人在审查批捕盘某、胡某某盗窃案时，发现现场视频监控录像与犯罪嫌疑人供述存在矛盾之处，而视频存在以下疑点：（1）编号为“盘古路江边”的视频中，是由年轻男子（盘某）将手机交给平头男子（胡某某），但根据证人证言和犯罪嫌疑人供述，手机是由胡某某交给盘某的，且根据扣押清单，涉案手机的持有人亦为盘某；（2）编号为“盘古路江边”的视频中可以清晰地看到盘某交给胡某某的手机是一部上下白色边框较大的手机（疑似白色苹果手机）。但根据犯罪嫌疑人供述、被害人陈述和涉案手机的照片，在该节犯罪事实中的涉案手机是一部白色HTC T328t手机，手机上下边框极窄，且手机带绿色外壳；（3）编号为“东林/盘古”的视频中显示两人是步行离开的，但根据犯罪嫌疑人供述和证人证言，两人应该是骑自行车离开的；（4）编号为“东林/盘古”的视频中显示，两人是被人从背后抓获。盘某在被人从身后拍背时没有回头，胡某某在无人控制的情况下，毫不抗拒地站在一旁，两人显得极为镇定，与常理不符；（5）根据侦查机关提供的从编号为“东林/盘古”和“盘古路江边”街面监控视频中截取的照片，侦查机关承办人在监控视频截取的照片下注明时间存在误差，但是没有说明具体原因。后侦监部门承办人提审犯罪嫌疑人时，

犯罪嫌疑人盘某供述，该监控录像是侦查机关承办人事后让其和胡某某补拍的，并给了其一部白色的苹果手机作为道具。现场视频监控录像作为直接证据，对证明犯罪事实的存在可以起到决定性的作用。但是，虚假的现场视频监控录像因为不具有证据应当具有的“真实性”这一条件，显然不存在补正并作出合理解释的情况，因此依法应当予以排除。

案例三，再比如说上海染色馒头这个案子，在审查逮捕时，因该案案情重大，为核实犯罪嫌疑人供述，承办人要求侦查机关提供审讯时的同步审讯录音录像。但承办人在审查时发现，所谓审讯系由侦查人员将事先写好内容的纸张交给犯罪嫌疑人，由犯罪嫌疑人照本宣科所形成。虽然没有直接证据可以证实本案侦查人员有刑讯逼供的行为，但是要求犯罪嫌疑人照本宣科本身就可以说明所读内容并非犯罪嫌疑人真实意思表示，这显然属于非法方法收集证据的一种情形。因此，将涉及同步录音录像造假的犯罪嫌疑人供述证据予以排除。

第二，要认真审查证据，查找问题。

办案中常见的扣押物品清单的见证人问题，常见的有这样三种情况：一是没有见证人签名，二是见证人不符合要求，如民警、社保队员等，三是见证人身份不明。第一种情况比较容易发现，第二种情况就需要承办人认真审查了，第三种情况更需要承办人有一种监督的意识。

案例一，宝山区院一起案件通过认证审查，发现公安机关造假。用伪造的发票对灭失物进行鉴定的证据应当予以排除。我院侦监部门承办人在审查批捕郭某某掩饰、隐瞒犯罪所得一案时，犯罪嫌疑人郭某某在讯问时辩称，当日被害人到场时，其收购的赃车早已砸碎，而调取证据清单、发还物品清单所附照片上，该电动自行车尚处于完好状态，并非赃车而是其本人所有。经侦监部门承办人调查核实后，发现证人张某某的证言、被害人朱某某的陈述印证了郭某某的供述。同时，被害人朱某某称其发票早已灭失，而侦查机关用于鉴定的发票也非其提供、与真实发票无论车辆品牌、型号还是其本人名字、住址、身份证号等内容均不吻合。侦监部门承办人调取了宝山区物品财产估价鉴定中心的鉴定依据发票一张（该发票系侦查机关提供），经审查，发现该票系 2010 年印刷，但开票日期却是 2008 年 8 月 9 日，并非购买车辆真实发票，而是事后伪造并用作鉴定依据。本案因鉴定意见的依据系伪造所形成，同样不具有证据应当具有的“真实性”这一条件，显然不存在补正并作出合理解释的情况，因此依法应当予以排除。

案例二，2013 年 5 月 31 日，普陀公安分局报捕犯罪嫌疑人王某某、刘某、宋某某、史某某等涉嫌诈骗罪一案。公安机关指控：四名犯罪嫌疑人在路边以摆设象棋残局诱人对弈的方式，先后于4月30日骗得杨某某8100元、5月1日骗得李某某300元、5月2日骗得陈某600元。从四名犯罪嫌疑人的供述中可以发现，他们从4月30日开始设象棋残局骗钱。

在审查中发现，被害人李某某在公安机关有两次陈述：5月1日陈述中指出4月24日被骗800元并于当天报案；但5月30日陈述中又将被骗时间改为5月1日。为查实李某某实际被骗时间，我院承办人遂向公安机关调取110报警记录，证实李某某报警时间为4月24日，后我院再次询问李某某，其证实系民警诱导更改被骗时间。而根据李某某初始报警记录，其所描述的被骗时间、金额、对象人数等均与多名犯罪嫌疑人的供述不符。据此，我院依法对四名犯罪嫌疑人作存疑不捕决定，并针对公安机关诱导被害人更改陈述的非法取证行为，依法制发《纠正非法取证意见书》进行纠正。

第三，要将生活中的常识运用到司法实践中去。

案例一，在办案中发现一起盗窃案，涉及三辆助动车，三名被害人均有陈述，也提供了发票，公安机关据此提供了估价结论。承办人发现三辆被窃助动车的发票都出自一个单位，并且是连号的，这显然不符合常理。经向被害人复核证据后发现，原来三被害人均没有发票，其中一人说他可以“搞到”发票，于是办案民警请他“帮忙”弄了三张发票。

案例二，某区院针对公安机关刑拘告知家属超过24小时提出纠正意见。理由是邮寄告知家属的挂号信单证上的时间是下午5点，而刑拘是前一天下午3点。公安机关的回复是邮寄下午的邮戳都是5点的，他们在3点之前已经付邮。

2. 客观上：加强文书规范，配以辅助措施

第一，审查逮捕意见书的规范要求。我们在制作内部法律文书的时候要求承办人将发现的监督点全部在文书中予以体现，包括证据分析部分和需要说明的问题。对于向公安机关提出纠正意见的，不论是口头还是书面，均要求在报告中予以说明。

第二，制作常见违法问题一览表。一些单位通过这种方法，将办案中经常出现的公安机关违法侦查或违法取证的事项，收集整理为一张一览表，如果在办案中没有发现就划掉，发现情况的就简要地摘录填写，主要是起一个提示性的作用。

（二）善于收集

充分运用违法信息库，收集汇总办案中发现的各类违法信息，形成翔实的数据材料。建设侦查监督违法情况信息系统是本市检察机关侦监条线贯彻落实修改后的《刑事诉讼法》，加强对公安机关侦查活动监督的重要举措之一，对

于及时发现和纠正侦查办案中多发性、常见性、普遍性和倾向性的类案问题具有重大实践意义。该系统是市院侦监处会同市院信息中心进行指导、协调，由虹口区院设计完成，目前已经在全市侦监条线正式启用。

该系统在对近年侦查违法信息汇总分析的基础上，结合侦查监督工作特点，依托技术部门软件开发优势，设计了受理登记、案件查询、统计汇总三大功能板块。各大板块下设若干子系统，发挥违法信息系统信息录入、数据查询、统计分析、辅助办案等基本功能，保障、服务侦查监督工作有序、便捷开展。2012 年开始使用，我们觉得效果比较好主要体现在：

1. 加强信息收集

侦监部门在受理报捕案件后，要求承办人严格审查案件材料和证据，对发现的公安机关从案发、立案到强制措施适用，从扣押物品、文件到录音录像审查、讯问过程有效性等各环节的违法情况，根据问题严重程度逐级向科室领导、分管领导汇报，并复印相关材料，做好信息备案，以便积累汇总各类违法情况的原始资料。例如，金山区院专门制作《提请逮捕案件审查情况表》，全面梳理侦查部门办案中出现的违法问题，罗列违法信息点，方便办案人员审查、发现违法情况。

2. 规范操作流程

市院业务处为规范信息系统的使用，专门让设计单位制作了《侦查监督违法信息管理系统使用手册》，规范信息库填写总体原则、具体职责、应用要求等内容。配套制定了《侦查监督违法信息管理系统应用实施细则》，详细规定了录入流程、职责、要求等具体内容。要求承办人将审查逮捕案件中发现的侦查活动违法情况经部门负责人审核后，向内勤处登记并将相关材料复印备案，再由内勤根据要求将相关资料及时、准确录入信息，并在此基础上进行分类查询、筛选和统计汇总，自动生成报表。我们要求承办人在办案中将发现的违法侦查和违法取证情况，违法的材料通过复印和扫描的方式录入违法信息库。实践中，我们一般要求由内勤统一录入，一方面可以减轻承办人的工作量，另一方面使得录入的标准比较统一，同时内勤对本单位发现的违法现象有一个整体的概念。

3. 逐步发挥效果

各级侦监部门充分运用侦查监督违法信息系统这一载体，有效积累公安机关办案程序违法、侦查取证活动违法等信息资料，切实提高侦查监督能力和层次。例如奉贤区院通过对违法信息系统的汇总分析，2012 年以来，累计发现侦查办案中的程序性问题 80 余件，制发一类问题通报 3 份，发出纠正违法通知书5份，纠正非法取证意见书1份。

通过违法信息库的收集汇总，我们可以全区全市，各分院辖区、各基层院针对阶段性的突出问题，开展类案监督，提高监督的层次和效果。上海的一些质量较高的类案监督均得益于违法信息库的运用，具体的情况后面会讲。

（三）善于调查核实

调查核实工作很重要，特别是在监督工作中，我们是监督机关，如果监督得不准确，后果是很严重的。“没有调查，没有发言权”，这话是1930年5月，毛泽东为了反对当时红军中存在的教条主义思想，专门写了《反对本本主义》一文，提出的著名论断。上海近几年侦查活动监督工作的重点就在于加强调查核实，以此来提高监督的质量和效果。

1. 未开展有效的调查核实带来的不良后果

在有些办案人员看来，调查核实是不必要的，主要是基于以下三个原因：第一，办案量大，人案矛盾突出，没有那么多精力去调查核实。以上海为例，受案数一直在高位运行，且前后起伏大。2013年受案29721人，同比增长5.1%，持续攀升。受案数前低后高，低谷为1～3月，月均1494人，高峰为7～9月，月均3468人。2013年极端最高数量为55人/月。第二，担心启动调查核实后，特别是向公安机关了解相关情况后，公安会直接修改或弥补不足，导致监督文书发不出去。第三，担心破坏公检关系，公安机关为了减少接到纠违文书的量，往往会向检察机关施加压力。

但其实，如果没有调查核实，或者调查核实不到位，会极大地削弱监督的效果，损坏检察机关的监督形象。前面讲的那个邮局邮戳的案件就是没有调查核实导致的不良效果。

如一起贩卖淫秽碟片的案件，承办人的公安机关移送的案卷材料中发现扣押物品清单2联都在案卷中，据此认为公安机关未将应当给犯罪嫌疑人的那一联交给犯罪嫌疑人，向公安机关制发了纠违。公安机关收到纠违后，询问了那名犯罪嫌疑人，犯罪嫌疑人供述当时公安机关是依法扣押，他认为淫秽碟片被扣押后也不会再还给他，所以就将扣押物品清单随手扔在了地上。公安回复检察院的文书中提出，承办人担心犯罪嫌疑人会再来要扣押物品清单，所以捡起来装在了卷宗中，因此不存在违法。这个时候，侦监部门再去提审犯罪嫌疑人已经没有意义了。但是发纠违之前没有讯问犯罪嫌疑人，没有听取公安机关的解释，是这次纠违失败的主要原因。

2. 开展调查核实的效果

一些监督的案例，由于开展了积极有效的调查核实，取得的效果就相当明显了。

如2014年1月14日上午，犯罪嫌疑人杨某至本市普陀区中山北路月星环球港商场内，先后窃得多家店铺的衣物、玩具，后在逃离时被店员余某当场抓获。余某证言仅指出杨某逃离时被抓获，未指明抓获地点在店内或店外，而杨某辩称在店内被抓获。由于该事实涉及盗窃行为既未遂的认定，故承办人要求侦查员就该关键问题再次询问余某，后侦查员提交了余某的第二份证言笔录，明确指证在店外扭获杨某。承办人发现余某第二份笔录签名字迹与案卷内第一份笔录的签名字迹有差异，遂进行了多方调查核实，最后确认该笔录系侦查人员伪造。

在发现证据存在疑点之后，承办人从以下三个方面开展了调查核实工作：

第一，笔迹鉴定。为证实两份笔录上的被询问人签名笔迹是否为同一人所写，承办人将两份笔录签名提交本院技术科，由技术科提交市院技术处司法鉴定中心进行笔迹鉴定，最后确认两份笔录被询问人签名字迹不是同一人所写。

第二，复核证人证言。承办人赴案发现场要求证人余某指认杨某被其扭获的地点并拍照固定，经查与杨某的辩解一致；经向其出示侦查员提交的第二份证言笔录后，余某当即指出对该份笔录毫不知情。就上述事实，承办人为余某制作了询问笔录予以固定。

第三，听取侦查员对该份笔录来源的解释。面对承办人对其提交的第二份笔录进行调查所获取的证据，侦查员承认在未询问余某的情况下，伪造证人证言并代为签名的事实。

至此，承办人最终确认侦查员提交的证人余某第二份证言系伪造，排除该非法证据后，区院对犯罪嫌疑人杨某不批准逮捕，并向公安机关制发了书面纠正意见。公安机关认为违法事实成立，问题性质严重，责令责任单位整改，对责任民警做出行政记过的处分。

根据《刑事诉讼法》、《人民检察院刑事诉讼规则（试行）》的规定，发现侦查人员以非法的方法收集证据的，应当进行调查核实，对于非法取证行为的调查核实，在侦查阶段由侦查监督部门负责。侦监部门在办案中应全面细致审查证据材料，发现证据来源有疑点后，结合案件特点，充分开展调查，依法采用或排除。

第一，借助专业力量进行司法鉴定。对于办案中经常涉及的如笔迹、伤势、有无刑事责任能力等事实存有疑问的，侦监部门应当及时进行鉴定。因审查逮捕期限届满前无法及时出具鉴定意见，公安机关对该证据的合法性、真实性又无法合理解释说明的，应当对该证据进行存疑处理，不能作为批捕的依据。在依法对案件作出批捕或不捕的决定后，仍应进行鉴定并视鉴定意见情况进行后续处理。目前，市院司法鉴定中心可以对法医病理、法医临床、文书、电子数据四类、12 个项目进行检验鉴定，侦监部门可以通过本院技术部门委托市院司法鉴定中心对上述项目进行检验、鉴定。

第二，及时复核、固定证据。对证据的合法性、真实性存有疑问的，检察人员要及时复核、固定证据，必要时可以采取当面听取当事人陈述、听取辩护人意见、询问知情人员、调取讯问同步录音录像等方式进行调查核实。调查核实工作要及时，以避免其他因素干扰；调查中既要对案件事实、证据进行复核，同时也要重点对侦查人员调查、收集证据的方法、程序等进行仔细核查，确定证据内容是否真实、收集程序是否合法、形式是否完备。

第三，充分听取侦查人员的意见。在对非法取证行为调查过程中，检察人员应当听取侦查人员对取证行为及所取证据的解释。通过听取意见：（1）能够全面调查核实，兼听则明，有利于增强监督行为的说服力、公信力；（2）能够对违法性难以判断的侦查取证行为听取侦查人员的解释，有利于认定证据是否合法；（3）能够判断在非法证据形成的过程中侦查人员的主观心理状态是故意还是过失，是否受紧急情况、突发事件等客观因素的影响，从而认定侦查人员应当承担的责任，有利于以合法、合理、合情的方式对非法取证行为进行监督纠正。我前面也提到了没有听取侦查人员意见带来的后果。

（四）善于纠正

1. 严重违法的，纠正违法通知书、纠正非法取证意见书

纠正违法的形式必须与违法行为的性质和情节相适应，书面纠正违法应只适用于性质恶劣、情节较重的违法行为。判断侦查机关在侦查活动中的违法行为是否达到性质恶劣、情节较重的程度，主要是看违法行为是否严重侵害当事人及其辩护人、诉讼代理人的人身权利、财产权利或者诉讼权利，是否严重破坏诉讼程序、妨害刑事诉讼依法公正进行。对于侦查人员故意实施《人民检察院刑事诉讼规则（试行）》第 565 条规定的违法行为，或者违法手段较为恶劣，情节、后果较为严重，损害司法公正的，应当发出《纠正违法通知书》予以纠正。书面纠正违法的重点，主要是：对犯罪嫌疑人刑讯逼供的；对被害人、证人以体罚、威胁、诱骗等非法手段收集证据的；伪造、隐匿、销毁、调换、私自涂改证据的；徇私舞弊，放纵、包庇犯罪分子的；故意制造冤、假、错案的；利用侦查权谋取非法利益的；非法剥夺他人人身自由的；非法搜查的；非法采取技术侦查措施的；违法撤案的；违法采取查封、扣押、冻结措施，或者不依法解除上述措施的；贪污、挪用、私分、调换所查封、扣押、冻结的款物及其孳息的；违法决定、执行、变更、撤销强制措施的；超期羁押

的；其他严重侵犯当事人合法权利或者严重影响侦查工作依法公正进行的。

2. 轻微违法的，口头或公函纠正

对于违法性质、情节、后果较轻，对司法公正影响不大的工作失误或程序瑕疵，可以口头提出纠正意见。必要时，可以通过检察公函的形式向公安机关提出。

如讯问犯罪嫌疑人时应当依法告知其法定诉讼权利而没有告知的；侦查人员一人讯问犯罪嫌疑人、询问证人的；对犯罪嫌疑人采取刑事拘留、逮捕、指定居所监视居住措施后未依法通知其家属或所在单位的；对用作证据的鉴定意见应当依法告知犯罪嫌疑人、被害人而没有告知的；变更逮捕措施未依法及时通知人民检察院的；在案件材料或诉讼文书上应当有侦查人员、证人、鉴定人等的签名而没有签名，或遗漏应当记载的事项的；其他性质、情节、后果比较轻微的违法、违规行为。对于侦查机关同一性质的轻微违法行为，在一段时期内屡经口头提出而仍不纠正的，可以综合发出一份书面纠正违法意见。

3. 普遍存在的，一类问题通报

对公安机关在侦查活动中存在的一类突出违法行为，可以以通报形式向公安机关提出。我们通过考核来推动这项工作，对于以下四种情况可以向公安机关发出一类问题通报。

第一，同一性质多次严重违法的；

第二，同一性质轻微违法行为，在一段时期内屡经口头或公函提出而仍不纠正的；

第三，同一性质多次非法取证的；

第四，阶段性违法情况严重的。

2011 年开始启用一类问题通报，全年制发 5 件，2012 年上升至 23 件。2013 年 47 件。如青浦公安分局办理的李某某等开设赌场案等 6 起涉嫌开设赌场案件中，对参赌的 90 余人均采取了刑事拘留强制措施，而这些对象均不涉嫌刑事犯罪，不应当适用刑拘强制措施。区院对这种情况作了充分的调研，汇总了 6 起赌博案件的 90 余人向公安机关通报。此后，该类问题再也没有发生过，而且原先有的容留、介绍卖淫案件中的卖淫女也存在类似的情况，监督以后，这类情况也不再发生了。

4. 其他形式多样的纠正模式

第一，通过公检联席会议的当面通报。如松江区院将阶段性的纠正违法在公检联席会议上予以通报，将发现的公安违法事项通过 PPT 的形式予以展示，如公安民警在派出所与犯罪嫌疑人的肢体接触，再比如嫌疑人在派出所内称看管疏漏，将收缴放于办公桌上的 2 包毒品放入自己口袋，借上厕所之名，将毒品倒入下水道冲走，致使该案的证据出现瑕疵等。通过录像的展示向公安机关主要办案部门通报侦查活动中的问题，起到了放大监督效果的作用。

第二，通过定期或不定期到公安机关授课的方式。如奉贤区院每半年收集公安机关执法办案中存在的突出问题，通过形象的实案事例，向公安机关警长、探长以上干部授课，效果良好。

第三，检察工作要览的方式。如宝山区院使用相对较为柔性的监督手段，将公安机关的违法个案中的事实、证据、存在的主要问题，解决的方案等汇编成册，一个案件写接近 20 页，以检察工作要览的方式发给公安机关，要求公安机关举一反三，效果比较好。

三、不捕与追捕

在逮捕工作中，不捕与追捕是主要的监督手段。用好这两种手段，对强化监督会起到至关重要的作用。

（一）不捕工作的一般现状（以上海 2013 年为例）

2013 年本市各级侦查监督部门共受理侦查机关提请批捕的犯罪嫌疑人 29721 人，同比上升 6.2% 和 5.1%。经审查，不批准逮捕 3935 人，同比上升 40.2%，不捕率为 13.3%（全国为 17.8%），同比上升 3.4 个百分点。不构成犯罪不捕、证据不足不捕和无社会危险性不捕分别占 10.6%、50.7%、38.6%，与前两年基本持平。

1. 不构成犯罪不捕案件

2013 年不构成犯罪不捕 419 人，同比上升 15.1%，占不捕总数的 10.6%。其中，对于因患有精神病不负刑事责任、无犯罪行为、正当防卫等作不构成犯罪不捕的共 10 人，有效防止冤、假、错案，取得较好效果。

2. 无社会危险性不捕案件

无社会危险性不捕 1518 人，同比上升 46.1%，占不捕总数的 38.6%，占比小幅上升 1.6 个百分点。其中，达成刑事和解 153 人。增幅较高的单位有青浦、奉贤、普陀、宝山等。增幅较大的罪名是销售假药（2012 年 1 人，2013 年 50 人）、非法拘禁（2012 年 18 人，2013 年 46 人）等。销售假药主要是性保健品店非法销售没有批号以假药论的少量性药及保健品；非法拘禁主要是因为帮助他人讨债，无殴打情节，主观恶性不大等。不捕后犯罪嫌疑人脱逃 4 人，重新犯罪 2 人，占无社会危险性不捕总数的 4‰。

3. 证据不足不捕案件

2013 年证据不足不捕 1997 人，同比上升 42.2%，占不捕数的 50.7%。增幅较高的单位有崇明、青浦、杨浦、宝山、金山等院。涉及人数较多的有盗窃（312人），主要是未查获赃物，嫌疑人拒不供述，犯罪行为及数额难以认定；寻衅滋事（291人），主要是共同犯罪中证明嫌疑人具体纠集或殴打行为的证据间存在矛盾，无法认定；诈骗（207人），主要是证据单薄，无法排除犯罪嫌疑人无非法占有之目的的合理辩解；开设赌场（121人），主要是网络赌博中参赌人数及获利无法查清，赌博游戏机房小工不能确定是否工作1个月以上，赌场内小工具体地位、作用不明等。

（二）善于运用不捕保障犯罪嫌疑人合法权益

在侦监环节，办案人员要善于运用不捕手段，有效防止冤假错案。多动脑筋多思考，在有限的办案时间中发现，切实把保障犯罪嫌疑人合法权益问题摆在心中，而不是放在嘴上。

修改后的《刑事诉讼法》规定了五种社会危险性，我们要求公安机关在报捕时提供具有这五种社会危险性的证据，如果不能提供，我们就可以不捕。但公安认为，除非侦监部门能证实犯罪嫌疑人不具有这五种社会危险性，否则就应当逮捕。逮捕条件的细化有时候反而会成为公、检认识上的分歧。上海公、检两家签订了"双向说理"的工作机制，要求公安机关说明犯罪嫌疑人具有社会危险性，有逮捕必要，对不捕案件，向公安机关书面说明不捕理由，实践中的效果还是比较好的。第一，公安机关逐步分清了社会危险性和社会危害性的区别。第二，规范了侦监干部的不捕工作，不能随意地不捕。同时以不捕说理的方式增强侦监干部的释法说理能力，从幕后走到台前。

案例一，2010年5月20日8时30分许，家住松江区永丰地区仓吉一村255号的盛某某家拨打110报警称：2010年5月19日8时锁好门离家，晚上5时30分，回家发现房门被撬，家中人民币10700元及项链、戒指等物品被盗。公安机关接报后立案侦查并开展现场勘查，在案发现场被翻出的纸袋和手机盒上刷显提取指纹三枚。经比对，其中一枚在手机盒上提取的指纹是孙某某右手所留，另一枚在手提袋上提取的指纹系徐某某所留。公安机关遂将孙、徐二人上网列逃，经布控先行抓获犯罪嫌疑人孙某某。孙某某到案后，称从未到过松江永丰地区，始终对盗窃事实予以否认。公安机关以孙某某涉嫌盗窃一案，提请批准逮捕。检察机关承办人讯问嫌疑人孙某某时，其对盗窃事实不予承认，并称自己于2009年5月至12月底在一家金立手机销售代理商工作，主要负责在松江迪信通门店卖手机；自2010年2月开始至今在上海昂乐商贸有限公司工作，主要负责新促销员培训和帮助松江的几家门店销售手机。对于其2010年5月19日的行踪，其表示时间太长，无法记清。但称其在单位的电脑上有工作情况的邮件存档，可以反映其5月19日的行踪。

对此案件有以下四个问题：（1）公安机关根据现场遗留的痕迹证据，怀疑孙某某和徐某某结伙入户盗窃，并采取刑拘网上追逃的方式是否具有合理性？（2）根据现有证据能否以涉嫌盗窃罪对孙某某批准逮捕？若可以批捕，理由是什么？若不能批捕，以哪种不捕类型为妥？（3）对该案的证据状况，你认为有哪些事实尚未查清？（4）针对本案是否应当开展证据复核？应从哪几个方面进行？

案例二，相似案例2010年5月20日8时，被害人王某某拨打110报警称：2010年5月19日6时30分许，其回到位于南丹路588号201室的住所，发现家中房门被撬，家中被盗人民币6000余元及手提电脑等物品。公安机关接到报案后，至案发现场进行勘查，在阳台铝合金窗框上提取指纹一枚，经比对，该指纹是犯罪嫌疑人张某某（有盗窃前科）所留，张某某于6月12日到案，其对盗窃事实予以否认。在被问及做过什么工作时，称曾在蒲汇塘路上的一家建材商铺打过零工。

案例三，李某甲等二人开设赌场案的办理展现了侦监干警认真履行审查逮捕职责，通过严把证据标准、保障犯罪嫌疑人辩解权利，发现并纠正了公安机关的错误，从而防止一起冤、假、错案。

2014年10月，公安机关对闵行区一家游戏机房进行了检查，当场查获了数十台赌博游戏机及万余元赌资，并抓获了游戏机房工作人员李某乙、李某甲等4人及参赌人员多名。公安机关认定犯罪嫌疑人李某乙、李某甲受雇在涉案游戏机房工作超过1个月，两人均涉嫌开设赌场罪，向闵行区院提请批准逮捕。闵行区院受理该案后进行了审查。围绕对李某甲犯罪事实的认定予以展开。

犯罪嫌疑人李某甲到案后曾供述在该游戏机房工作两个月，后推翻供述，称被抓前一天刚从安徽六安乘动车到达上海虹桥，并没有在该游戏机房工作过，经查其在上海铁路系统的乘车记录，确实于2013年9月21日从上海乘车到合肥，10月2日从合肥到六安，10月17日17时39分乘D3074动车从六安到上海虹桥，故其没有作案时间；证人朱某某的证言证实其10月17日刚到上海，10月18日陪其到青衫路369号楼下等人；同案犯罪嫌疑人李某乙的证言亦证实犯罪嫌疑人李某甲不是游戏机房工作人员；证人金某的证言否认了其指控犯罪嫌疑人李某甲是在望风；证人李某丙的证言可以证实8月至9月19日期间一起在松江建筑工地上干活；综合上述证据故可以排除犯罪嫌疑人李某甲的犯罪嫌疑，其没有犯罪事实。

（三）追捕适用中要注意的一些问题

1. 追捕的工作要求

很简单的三点要求，但实践中很多人做不到。

第一步，在办案中发现遗漏的应当逮捕的犯罪嫌疑人。

在这里大家要重点关注两个问题，第一，“办案中”，什么叫“办案中”？有人说，“办案中”不需要解释吧。在这里的“办案”指的是办理公安机关提请批准逮捕的案件，文书模板写得很清楚，是针对公安机关移送的××一案，经审查认为……但我们在备案审查中发现，有的追捕文书表述为“在提前介入中发现”。也就是我们和公安机关说，你把案件给我看一下，我发一个追捕给你，这显然是不合适的。第二，“应当逮捕”。我们追捕的对象是具有社会危险性的对象，而不是有社会危害性的对象。其实社会危害性是构成犯罪的要求，不是逮捕的条件，我们追捕的对象始终有一部分最终被判处有期徒刑以下刑罚，是追捕的质量有问题。

第二步，在审查逮捕意见书中写明追捕的理由。

在原案的审查中，应当在审结报告中写明三项内容：第一，拟追捕对象的犯罪事实；第二，认定该犯罪事实的证据；第三，需要说明的问题中追捕的理由。

但我们发现还是存在一些问题：第一，有的案件在事实和证据中都没有提及被追捕对象的犯罪事实，而后却出现了追捕结论；第二，有的案件在需要说明的问题中没有注明有追捕的情况，结果却发出了追捕意见；第三，有的案件前后矛盾，先说明本案没有侦查监督事项，后面又列入追捕的具体情况。

第三步，通过办案软件生成《应当逮捕犯罪嫌疑人建议书》。

新的办案软件可以生产追捕文书，这样的文书格式上肯定不会有问题，但是要求却更加严格了。其中最重要的一点就是《应当逮捕犯罪嫌疑人建议书》必须在办案周期内完成，当然，这是追捕工作的应有之义。

2. 追捕文书的适用情况

项目 年份	追捕防漏							
	追捕人数	建议直诉人数	追捕判决情况					
			有期徒刑以下	3年以下	3～5年	5～10年	10年以上	无期以上
2011	355	31	36	186	44	31	11	
2012	431	59	19	184	60	39	21	2
2013	424	89	30	190	58	29	8	

存在的主要问题：

第一，追捕轻刑化现象仍然存在。主要是指判处有期徒刑以下刑罚，或者缓刑的追捕案件，反映出各级侦监部门贯彻宽严相济刑事政策的力度有待进一步增强。大部分追捕案件的把握还是比较好的，但有一些案件的追捕希望大家进一步关注。（1）有的单位对涉案的未成年人进行追捕，到案后被法院判处拘役，对于未成年的犯罪嫌疑人，以教育感化挽救为主，涉嫌轻罪的不宜采用追捕形式，适用建议直诉更为恰当；（2）涉毒案件的处理上，近期连续发现追捕的涉毒案件犯罪嫌疑人被判处拘役，从判决情况可以看出，法院对于容留他人吸毒、非法持有毒品等涉毒案件，情节轻微的，倾向于从轻处罚，因此对于情节轻微的涉毒案件，适用追捕也要谨慎。

第二，追捕不当现象仍有发生。主要是对追捕条件的把握不准确。公安机关在提请批准逮捕书上未报捕的犯罪嫌疑人，既可能是未采取任何强制措施，又可能是已经采取了取保候审等强制措施，还可能是已经被批准刑事拘留并上网追逃但未到案，其中第三种情形并不属于防漏范围之内。因此侦监部门在办案中应当加强审查力度，及时了解未报捕的犯罪嫌疑人被采取强制措施的情况。

第三，混淆追捕和立案监督的适用条件。（1）对公安机关已采取行政拘留的对象错误适用追捕措施，但同案犯是应当追捕的。（2）对毒品案件的上下游犯罪嫌疑人作为立案监督线索移送公安机关，混淆了立案监督与追捕的适用条件。

四、捕后变更强制措施的监督

捕后变更强制措施的监督其实是侦查活动监督的一个项目，但由于其主要涉及逮捕的后续跟踪，是逮捕工作的有力延续，有必要单独予以说明。

（一）捕后变更强制措施的基本概念

1. 区分捕后变更强制措施和捕后羁押必要性审查

捕后变更强制措施是指捕后公安机关主动变更强制措施，向人民检察院备案以后，人民检察院依法进行的监督工作。而捕后羁押必要性审查是修改后的《刑事诉讼法》第93条规定："犯罪嫌疑人、被告人被逮捕后，人民检察院仍应当对羁押的必要性进行审查。对不需要继续羁押的，应当建议予以释放或者变更强制措施。有关机关应当在十日以内将处理情况通知人民检察院。"

一个是公安机关主动变更，变更之后接受检察机关的监督；另一个是检察机关建议公安机关变更。性质是完全不同的。

2. 关于对捕后变更强制措施的监督是否要前置的问题

有些地方的检察机关和学者认为，从完善立法的角度看，公安机关对拟改变强制措施的案件应事先报请原批准逮捕的检察院审查同意。为此，需要建立和完善捕后变更强制措施的实体和程序条件。在《刑事诉讼法》修改时，起码应将检察机关对捕后变更强制措施的事前知情权立法化，可以规定公安机关对捕后出现新的情形应及时告知检察机关，需要改变强制措施的，应事先与检察机关沟通。

对此，我是持否定态度的。理由主要有三个：

第一，监督应该是事后的，而不是事前的。事前的叫审批。上海自贸区的重要改革就是将政府的事前审批改为事中、事后的监管，那样才会责任清晰，各司其职。

第二，自侦案件批捕权上提一级的改革可以作为一个有力的参考。最早上提一级的案件捕后变更强制措施必须得到原批捕的人民检察院的批准，在这次《刑事诉讼法》的修改中取消了这个规定。

第三，关于人权保障。剥夺或限制人身自由是需要严格的程序的，因此需要通过公安、检察院两家才行，而发现不适应羁押而释放应当是立即执行的，如果放错了再行监督就可以了，如果存在徇私枉法、滥用职权的，依法追究责任。

（二）捕后变更强制措施的监督情况（以上海2013年情况为例）

2013年，本市公安机关捕后变更逮捕强制措施632人，同比上升54.15%，占同期逮捕总数（25682人）的2.46%，同比上升0.85个百分点。其中，情节较轻悔罪态度较好343人，占变更总数的54.27%。轻微刑事案件达成和解139人，占变更总数的21.99%。患病及怀孕、家庭特殊困难等100人，占变更总数的15.82%。证据变化或羁押期限满27人，占变更总数的4.27%。法律政策调整15人，占变更总数的2.37%。其他原因8人，占变更总数的1.27%。

主要特点：

1. 涉及罪名较为集中

涉及51个罪名中前十位513人，占变更总数的81.17%。分别为虚开增值税发票罪174人，故意伤害罪87人，寻衅滋事罪84人，盗窃、开设赌场罪各45人，贩卖毒品、非法经营罪各20人，诈骗罪14人，非法获取公民个人信息罪13人，妨害公务罪11人。

2. 捕后短时间变更占较高比例

捕后7日内变更强制措施136人，占变更总数21.52%。其中捕后当天变更4人（2人严重疾病、1人怀孕、1人取保后作特勤使用），捕后2~3天内变更34人，捕后4~7天内变更98人，捕后8~15天内变更的173人，占变更总数27.37%，捕后15天以后变更的323人，占变更总数51.11%。

3. 纠正捕后变更强制措施不当较多

全年共提出纠正意见15人（去年同期为4人），目前均被重新逮捕，分别为宝山区院9人，闸北、奉贤区院各2人，浦东、嘉定区院各1人。在监督中，关键是要有发现的意识，要花功夫去作调查。有些调查是比较简单的，但不做就会放过。如宝山区院通过调查核实发现，公安机关以家庭成员需要照顾等理由捕后主动变更为取保候审2名嫌疑人不存在上述变更事由，经监督后将3名嫌疑人重新批准逮捕。1人变更理由为家里的叔叔，他是唯一的照顾人；1人家中的小孩有嗜睡症。经向办案的派出所民警了解情况，所谓的无人照顾的叔叔已经有家中其他亲戚予以照顾，所谓嗜睡症的孩子天天正常到学校去上课。

有些案件是需要花大功夫去调查的，必要时需要公安机关的配合，但取得的监督效果也是明显的。

（三）公安机关在捕后变更中存在的主要问题

1. 变更条件把握不严

如嘉定公安分局以犯罪嫌疑人唐某某认罪不致发生社会危险性为由捕后变更为取保候审，区院侦监科经审核认为其法定刑在3年以上有期徒刑，以犯罪所得为经济来源且无固定住所，经监督后将其再次逮捕。

2. 备案工作不规范

第一，变更强制措施后仍存在未按规定在变更后3日内向同级检察机关备案。第二，备案材料不齐全。有162人未随案附卷《变更强制措施通知书》，有11人未随案附卷《释放通知书》，有115人未随案附卷作为变更理由的相关调解赔偿协议、退税证明、疾病证明等。

3. 变更强制措施法律文书制作不规范

第一，引用法条、填写变更理由随意性大，存在相同变更理由引用不同法条的情况。第二，存在内部报告上的变更理由与法律文书的表述不一致的情况。

第四专题

刑事执行检察业务

第29堂课 刑事执行活动中职务犯罪案件侦查方法

● 王荣华*

课程提纲

一、概述
二、十种发现职务犯罪的主要方法
三、五种主要的侦查谋略方法
四、“组合型”谋略方法
五、应当注意的问题及结论

一、概述

刑事执行活动中职务犯罪案件侦查方法是指刑事执行检察部门（以下简称本部门）及侦查人员在侦查工作中，发现、揭露、证实监管司法人员职务犯罪所使用的侦查方式和侦查技巧。

查办监管司法人员职务犯罪案件工作，是本部门的重要职责和工作重点，是促进廉政建设和执法、司法水平的有效途径。大家知道，本部门查办的监管司法人员，一般是指负有监管、查禁、审判等职责的警官、法官等，查办的案件当中也涉及个别的检察官。与其他犯罪主体相比，他们不仅精通法律，而且因职务关系，常年与犯罪人打交道，熟悉侦查方式，有的本身就是侦查办案人员，其反侦查能力更强、经验更丰富，这些特性决定了此类犯罪发现难，侦破

* 山东省人民检察院驻省看守所检察室主任、刑事执行检察处正处级检察员。

难，这是当前本部门亟待研究解决的重要课题。客观实际要求本部门的侦查水平更要技高一筹，本部门要适应当前工作的需要，就必须在实践中探索出一套适合本部门特点、规律能够灵活应变的各种侦查方法，提升技能水平，才能成功查办案件，依法惩治司法腐败，维护刑事执行活动中的公平公正。

二、十种发现职务犯罪的主要方法

本部门获取职务犯罪的线索来源渠道，除一般方法外，还有以下带有部门特点的方法。因时间问题不展开讲授：

1. 利用“交叉检察法”发现犯罪

针对在押人员在监管人员的高压、控制下，怕受打击，不敢举报的情况，采取当其脱离原羁押场所后，在后执行环节中查前羁押、办案环节中问题的方法。即在监狱中查看守所羁押、原办案环节中的问题；在监外执行检察和社区矫正检察及日常监督查监狱、看守所羁押及原办案中的问题，发挥执行监督是检察监督最后一道防线的特有作用。此法卓有成效，我省成功立查了日照市看守所教导员郭某（女）等16件虐待被监管人特大案件。我们还以此法成功发现查处了法院刑庭庭长、副庭长，检察机关公诉检察官与看守所民警勾结在适用缓刑、公诉中的受贿犯罪。显示了本部门最先监督、同步监督和检察监督最后一道关口的重要作用。

2. 从翻证翻供中追查犯罪

在押人员在看守所羁押中翻供，证人翻证，背后可能隐藏着监管司法人员通风报信、徇私枉法、帮助犯罪分子逃避处罚等犯罪。我省以此法发现立查了枣庄市看守所副所长金某某徇私枉法等案件10件。金某某案成为全国本部门的重点案件。

3. 利用约见检察官、个别谈话、举报专线、监控、信息等发现犯罪

在押人员在监管控制下，迫于压力，不敢举报和在监室不便书写举报的实际，在其入所时，检察官每人发放记有“本人姓名”的约见卡，当其需要举报时，伸手投在监室外的检察官信箱中，检察官手机显示后及时会见；有的在监室中还开通了电子约见系统，在押人员想反映问题时，按自己的编码，检察官收到后及时会见；检察官每天浏览、回放“8小时之外”的监控录像，开辟了发现犯罪的新途径。济宁、临沂、菏泽等市院以此法发现立查23件职务犯罪案件。

4. 从各种监管事故中发现犯罪

“躲猫猫”事件说明：各类监管事故背后可能掩盖着玩忽职守、滥用职权、虐待被监管人等犯罪。检察官要深查事故背后隐藏的职务犯罪。我省以此

发现了 53 件警官犯罪案件。如微山看守所多名民警失职案，临朐看守所王某某玩忽职守案，等等。

5. 通过联系人发现犯罪

监管司法人员职务犯罪发生在暗处，如果没有以暗治暗的手段，很难发现。我们通过建立联系人制度，成功发现了警官张某某等 8 件帮助犯罪分子逃避处罚、受贿案，此为遏制看守所通风报信的有效手段。

6. 通过巡回、巡视检察发现犯罪

巡回、巡视检察成为发现犯罪的有效途径。看守所通风报信问题往往是在检察官下班后的“八小时”之外，检察官下班后节假日巡回、巡视检察能有效发现犯罪。如警官王某某帮助犯罪分子逃避处罚、受贿案，检察官就是下班后返回看守所巡视检察发现的。

7. 从监管场所经营活动、工程中发现犯罪

监管场所普遍有经营活动、基建工程等，根据市场“潜规则”，可能存在经济犯罪。我省以此入手，成功查办了济宁市看守所原所长曹某某等 3 人贪污、受贿特大要案。

8. 从变更执行中深查犯罪

罪犯减刑、假释、暂予监外执行是权钱交易的高发环节。我省以此入手，发现案件 19 件。在监督泰安监狱、省监狱管理局向省高级法院提请的吕某某由死缓减刑为有期徒刑 17 年半的案件中，发现其与 4 名警官串通，为吕某某“假立功”受贿、徇私舞弊减刑要案、串案，被高检院评为优秀案件。

9. 从监外执行检察中发现犯罪

第一，在监外罪犯脱、漏管和又犯罪案件中，深挖公安、司法行政人员，原监管、办案人员的职务犯罪。第二，深查在适用缓刑、办理假释、暂予监外执行背后的职务犯罪。我省在一保外就医人员史某某重新犯罪中，挖出一监区教导员、监狱医生、派出所所长、户籍民警 4 件 5 人的徇私舞弊、滥用职权串案。

10. 从特殊罪犯，职务罪犯、社会网较多的罪犯中深查犯罪

深查这些人被“关照”背后隐藏着的职务犯罪。注意从罪犯调监、调所、调工种岗位，会见、探亲、奖励等异常关照背后，发现权钱交易监管司法人员的职务犯罪。如某监狱一监区民警与监狱报纸编辑人员勾结，权钱交易，为罪犯发表文章多计分收受贿被查处。本部门从临沂监狱多名被监管不正常奖励计分数入手，成功查办了四名监区长“利用职权卖分”徇私舞弊减刑案。

三、五种主要的侦查谋略方法

本谋略方法主要用于侦查环节。本部门侦查的监管司法人员的职务犯罪案

件，不仅主体特殊，而且本部门与监管司法部门除监督关系之外，还有配合关系，这是本部门特有的。因派驻检察面对面的工作方式，检察官与监管司法人员彼此熟悉，特殊性决定了本部门侦查尤其要讲究侦查策略，更为讲究侦查质量效果，把职务犯罪案件办成铁案，才能实现办案的“三效统一”，否则，不仅损害自身形象，也影响了配合和监管稳定。

以下侦查方法，是本部门与有关部门积极配合，搞好预防犯罪的同时，对屡教不改的依法查处的方法，以发挥办案特殊预防的作用，依法惩处职务犯罪活动。因时间问题简述：

（一）迷惑型谋略

迷惑型谋略主要是在侦查中制造一定假象，掩盖意图，迷惑对方放松警惕或产生错觉，暴露真相。其包括：化装调查、诱惑侦查、窝底，声东击西，示假隐真，真假虚实，将计就计，暗度陈仓，长期经营，等等。如根据犯罪连续性的特点，对掌握的有价值的线索长期经营，在配合有关部门做好预防下，暗中部署，当对方屡教不改，又犯新罪或发现余罪时立案查处，打击重点典型而有代表性。如青岛第一看守所副中队长王某，2008 年检察机关就掌握受贿线索，通过青岛公安纪律谈话后其屡教不改，事隔 7 年后，本部门成功查处了其与两名律师共同索贿一在押人员高某贿赂现金 81 万元。

对于公开侦查阻力大、不便暴露身份的，可采取隐匿身份、化装调查策略，能有效获取犯罪线索。如本部门侦破泰安监狱徇私舞弊减刑窝案中，办案人员为及时获取犯罪线索，化装为“客户”，深入济南一锅炉厂，从中发现该厂为泰安监狱施工了锅炉改造工程，一举突破泰安监狱在押死缓犯吕某某“假技术革新、重大立功”问题，成功侦破了这一窝案、要案等。

（二）威慑型谋略

威慑型谋略主要是在侦查及预审中运用法律、政策、措施、证据、声势等施加压力，打破对方正常思维和侥幸心理，使其在慌乱中交代问题。其包括：证据在握、政策攻心、敲山震虎、措施震慑、以案释法、急缓相济、以快制胜、分击合围、釜底抽薪等。对反侦查强的监管司法人员，仅靠说服教育是不行的，必要时适当“威慑”十分奏效。我省查办的多件监管警官虐待被监管人案均按“零口供”固定证据，在传讯嫌疑人之前就决定了拘留、逮捕措施。当这些人被传讯后以为有了供述才会被拘留，按老一套对抗，当被拘留、逮捕后有的便乱了方寸，只得如实供认。

（三）利用型谋略

堡垒最容易从内部攻破。本方法主要是利用矛盾，分化瓦解、各个击破的谋略方式。其包括：因势利导、利用矛盾、挑起内讧、乘隙而入、争取内线、以毒攻毒、分化瓦解、感情催化、刺激诱导、由其表演、自我表白暴露等。根据监管司法人员犯罪多具关联、共同性特点，对自己归案不平衡，有攀比的心理，适时动员检举往往能见成效。如我省在查办泰安市公安局副局长闫某某，潍坊监狱狱长邵某某特大要案、串案、窝案中，就是利用了闫某某与局长李某某、副局长齐某某，邵某某与副监狱长沈某某等之间的矛盾，一举在该公安局、监狱查出多件职务犯罪大案要案，成为全国的典型案。其中，泰安市公安局长李某某后被判处死刑立即执行，这是我省检察机关至今查处的县处级以上政法领导干部中唯一被判处死刑立即执行的案件。

（四）迂回型谋略

侦查中当与对方正面对垒不奏效时，避实就虚，绕外围按照其权利辐射圈查证，以证促审，形成外围包抄突破的方式。其包括：打草惊蛇、围魏救赵、搜查扣押、查询冻结、职权过滤、扩大战果、由表及里、由此及彼、引而不发、旁敲侧击、欲擒故纵、循序渐进、步步为营、外围包抄、审证相促、合围夹击等。主要针对监管司法人员犯罪多具有权利辐射性的特点，按照辐射圈进行“拉网式”排查，实现“小中见大”侦破全案。如在侦破邵某某案中，在其不供认时，采取“拉网”迂回取证，有效打开局面将案件数额扩大至400多万元。某地在侦查一监狱警官受贿案中，为防止供证出现“一对一”难以认定，迂回外围，作通行贿人的工作，使用录音电话，故意与这名警官“串通”，有效地扩大了证据面，成功侦破了案件。欲擒故纵，获取再生证据，也是迂回谋略。

（五）技术侦查谋略

技术侦查谋略主要是在侦查中以监听、监控、通信定位追踪、测试等技术手段，化装、窝底、跟踪、蹲点、守候、布控等秘密侦查和控制下交付等手段揭露、证实犯罪的谋略方式。当前监管司法人员职务犯罪手段不断翻新，日趋狡猾、诡秘，案前想好退路，案后零口供，难认定，侦查难度不断加大，根据新情况、新特点，必须以技侦、秘侦手段，提升侦查水平。如我省在组织查办潍坊监狱狱长邵某某要案、串案中，因邵某某原曾被某反贪侦查部门查处过未被惩处，有丰富的反侦查经验，本部门重新查处后，邵某某得到消息潜逃，我们采取技术侦查，通过高检院协商公安机关实行技侦定位，准确锁定了邵某某在北京的位置，办案人员如从天而降，成功将邵某某和其情妇抓捕。

2010年以来，我省济宁等7市院在侦破的25件看守所民警帮助犯罪分子逃避处罚、失职、渎职等犯罪案件中，办案人员通过浏览看守所监控录像，及时固定犯罪证据成功突破了案件。某院在查处一涉嫌行贿案件中，在嫌疑人拒不交代的情况下，办案人员先在其住处严密布控，通过通信部门准确锁定其可能使用的电话，然后有意将其放回，很快就发现了多名受贿嫌疑人、亲属等进行电信串供，准确指明了侦查方向，办案人员按图索骥，挖出多件大案。技侦、秘侦手段是本部门今后侦查工作的发展方向。

四、“组合型”谋略方法

“组合型”谋略方法主要用于预审突破犯罪嫌疑人和重要、关键涉案关系人。“组合型”谋略方法与以上五种方法的单一性不同，主要是为提升谋略的针对性、准确性和实效性，提升破案率，在选择谋略上反复论证，多方考察，设制多种谋略，形成“策略群”或“谋略组合”的“大合奏”，往往有一点或几点击中要害，突破案件的方式。此法是我省本部门侦查的重要方法。重点讲四个问题：

（一）“组合型”谋略方法必要性

“组合型”谋略能够使各谋略多管齐下，相互渗透、穿插、补充，发挥“组合体”整体效应，尽可能把失误率降到最低。“组合型”主要侧重于预审突破犯罪嫌疑人，也可运用在办案指挥中。发挥本部门办案一体化优势，实行省院为主导，市院为主体，基层院为基础的上下纵向指挥有力，与反贪、反渎、技术等横向联系紧密，形成打击合力的办案工作机制；立案后发挥整体效能，“大兵团”作战，组成若干小组，传讯、宣布立案，预审、询问、搜查、扣押、封存、控制利害人、查询，录音录像等多种措施同步进行、全面展开，不仅能多头发现线索，扩大战果，而且显示本部门办案的决心，有力震慑犯罪嫌疑人的心理防线，突破案件。

此法主要是根据监管司法人员不仅法律素养高，反侦查能力强，且串案、窝案多，涉及面广。这种对象正面预审仅靠单一方式往往实难奏效，要巧妙地将迷惑、威慑、利用、迂回、技侦型谋略有效地组合成“策略群”或谋略集合体进行“大合奏”，各种谋略纵横交错，层次释放，从心理、气势、感情、环境上震慑、压倒对方，打破侥幸，摧毁精神防线。

（二）应用方式

在应用“组合型”谋略中，主要将五种谋略整合在“打、拉、结合”三阶段中，穿插“攻、敲、感、信、面”的“五部曲”实施突破。“打”是前奏，“拉”是纽带，“结合”是关键环节。

1. 准确地“打”。打掉其嚣张气焰，奠定好预审基础。要从“攻、敲”两点上“打”

第一，有针对性地“攻”。体现“以正压邪”的攻势，以政策、法律、道理、情感和人格等浩然正气来攻心，撞击、震撼对方心灵，使其闻风丧胆。证据在握是攻的炮弹。这是整个预审的基石。针对不同于平民百姓，既有位子又有面子的监管司法人员，往往能初见成效。

第二，准确地“敲”。敲警钟击要害，选准对方最担心、最害怕、最敏感的要害点，准确地“敲”。要“敲”得周到、全面、紧密，情绪刺激恰当，审讯人员以多个面孔出现，有唱主角当白脸主“敲”；有唱配角当黑脸敲边鼓，配合默契，恰到好处。尽可能调动其的反常情绪，使其露出破绽。

以上，“打”中的“攻”“敲”两点是预审的“龙头”，实际是“威慑型”“迷惑型”谋略的穿插运用，两者是融会贯通的过程，突出体现的是“打”的阵势和打的节奏。运用好了此时就会势如破竹而开门红。

2. 恰当地“拉”，拉近与对方的距离，减少抵触和对立

实践证明，在对方与办案人员抵触、对立，“不相信”办案人员的情况下，是根本不会交代问题的。因此，“拉”应从“感”“信”两点上拉近与对方的距离。

第一，“感”，就是“感情催化”。办案人员以对方同情、亲情、乡情，生活学习、奋斗经历、爱好等来寻找共鸣点，挑起对方兴奋点、悲伤点来感情催化，启迪心灵，拉近距离，注意调动、启发对方“思念”之情，使其感到对不起亲人而伤心、后悔、痛哭流涕，此时防线几近崩溃。

第二，“信”，就是“信服正义的力量”。办案人员从人性出发，以浩然正气的人格魄力，取信于人，启迪其尚存的“良知”，让对方信服正义，看到希望确信：唯有交代才有出路，沉重包袱才能放下，精神才能轻松，免受心灵摧残、感情折磨！反之，不仅对不起组织，更对不起亲情。

以上，“拉”中的“感”“信”，实际是“利用型”谋略的穿插运用，两者是承上启下的过程，这是预审的“龙尾”部分，是揭尾巴，揪辫子，出彩、起浪花的环节，运用好了，此时对方会痛哭流涕，精神防线就会瓦解。

3. 把握好“结合”的火候，实施收网

“打”“拉”之间的“结合”，是预审中最讲艺术和最巧妙之处，把握好“结合”应从“面”字上展开，面：就是“树梯子、给面子”“搬梯子、剥面子”，是一个问题的两个方面；前者是变通的进一步地“拉”，后者是变通的进一步地“打”，两者要结合好，是最为关键的！要刚柔相济，压力不能大，又不能小，“火候”恰到好处。操作好了预审就能大功告成。

第一，“树梯子、给面子”，进一步地“拉”。司法人员不同于“街痞无赖”，他们有一定的素养，对这样的人预审，要以人为本，给足面子，尊重人格，关心身体健康状况和家人，在法律允许的范围内，给其提供一定条件和方便。如当其家庭、孩子、老人等有一定困难时，要尽可能协调帮助解决，使其产生感动、感激，出现内疚心理，感到不交代问题有悖人性、良心，决计以好的姿态和形象展现在办案人员面前。人是感情动物，特别是“做贼心虚”的人，只要感情调动好了，一般有“正本清源”“竹筒倒豆子”彻底坦白的过程。

第二，“搬梯子、剥面子”，进一步地“打”。对于光要面子，不交代问题，“死猪不怕开水烫”，没有姿态，不讲形象之人，就要“搬梯子、剥面子”，但要适度；对于信守“只要不开口神仙难下手”，自始至终拒不交代、顽固不化的人，就得用“迂回包抄”来以证促审，用“铁证如山”将其送上法庭。应当看到，监管司法人员中，此类人是少的，但今后不会少。办案人员要有充分的“零口供”的准备。这也是今后加强证据的方向。

虽然“零口供”证据确定充分，不影响定罪量刑，但作为一名优秀的侦查人员，“零口供”结案，毕竟不完美，且有些案件“一对一”犯罪嫌疑人就不能得到应有惩处，这在检察官履历上是不完美的。因此，作为一名优秀的检察官就要尽力使出浑身解数，预审撬开对方嘴巴，追求完美，办漂亮的案件，让犯罪分子口服心服，才不愧于我们的使命。而“面”就是预审的“龙爪”部分，两个“梯子”是互相促进、补充、交替进行的过程，运作好了，就能收到追求完美、出奇不意的效果。

第三，要特别讲究进一步“拉打结合”的火候。预审后期要反复拉打。创造最适合的火候。

以上，“攻”“敲”“感”“信”“面”，实际就是威慑型、迷惑型、利用型、迂回型、技侦手段等谋略综合运用、打拉的过程，“打”要准确，“拉”要恰当，前者要为后者拉近距离服务。前后衔接合理，重点在“结合”上做文章，这是整个预审的“龙身”部分，尤为关键，操作好了就能管道通畅，承上启下，彻底拿下。

将“打”“拉”如何有效“结合”？这是至关重要的。俗语说：“万变不离其宗”，一个案件，如何有效将各种谋略巧妙地结合起来，合二为一，融会贯通，使案件在短时间内被突破，是一个难点，更是关键点。一名优秀的侦查人员，不仅是一个敢打能冲的勇士，也应是一个优秀的谋士，更是一名称职的“演员”和出色的“魔术师”，办案人员侦查突破案件，是正义与邪恶的较量，要有勇往直前的勇气，讲究技巧的灵气，有屈伸张弛、坚韧不拔、刚柔相济、百折不挠、敢打必胜的豪气、志气、骨气。

综观所有预审，就是打、拉、打拉结合三个阶段循环往复、周期发展的过程，但每一个周期出现，都是提高了一步，战果也相应扩大了一步，不是原来意义上的重复。应看到，启动侦查后办案人员始终占有主动权，特别是对方被采取强制措施后，因做贼心虚是感情动物的普遍特点，对预审至关重要，预审就像“锅里煮的肉”迟早会烂，但早烂、晚烂、全烂还是夹生，就要看办案人员的技能了。其中，主观能动性，客观上借势、造势，各种“道具”的配合、装扮，都是“剧情”如何发展的机遇和条件。

（三）预审突破后形成“三位一体”的供述证据体系

预审突破犯罪嫌疑人后，不仅要获取讯问笔录，也要有其亲笔供词，还要有声像并貌的全程同步录音录像。形成“三位一体”的供述证据体系，防止翻供。

在犯罪嫌疑人彻底供述转移赃款赃物时，办案人员应当酌情做工作，动员其亲笔书写给匿赃人缴出赃款赃物，表明其彻底悔罪，办案人员应及时追赃，获取书证、物证，彻底侦破案件。

（四）应用“组合型”谋略的成功范例

现就我省检察机关以“组合型”谋略，成功突破反侦查能力强的公安、监狱领导干部，看守所警官、检察官等案件举例如下：

1. 侦破公安领导干部特大受贿要案、串案的成功范例

我省泰安市公安局原副局长闫某某特大受贿案件的预审，就是成功运用“组合型”谋略突破的：泰安市公安局副局长闫某某长期从事公安工作，反侦查能力强，且对侦查方式熟识，预审难度很大，在某市检察机关侦查时，闫某某拒不交代，态度顽固、恶劣。我作为省院的主要预审人员接受此案后，成功运用了“组合型”谋略，突破全案。

第一，运用“打”策略。先用“迷惑、威慑型”策略巧“打”，准确地打击了其最担心、最敏感的要害问题。指出检察机关已“证据在握”，掌握其单位“小金库”账目，证据显示其罪行严重，犯罪已暴露，案件涉及人员多，暴露的渠道多，办案要抓“好典型”与“坏典型”，且依法应当兑现，要抓住机遇，争当好典型！其听后脸上冒汗，点头称：“要当好典型。”

第二，用“利用型”策略分化瓦解来“拉”，指出：其工作有成绩，曾受公安厅的表彰，一步步走向领导岗位虽是个人努力，但离不开组织的培养，党和人民对得起他，但其“做的事”能对得起党和人民吗？当然，现在犯“错”

是有多原因造成的，譬如受某些领导等客观环境的影响，作为一个“男子汉”和领导干部要有风度和姿态，不能像街痞一样赖账，降低人格和人品，要知错改错，敢做敢当，不能在错的道路上越走越远！其听后，频频点头称：“是。”

第三，以“迂回型”谋略来打拉“结合”，指出：其要做“好的典型”，就要尽快争取主动，不要处处被动与法律对立，而被揭发当了“坏典型”！其听后泪水泉涌，号啕大哭，很快，彻底交代了自己的罪行，并检举揭发了某市反贪局司机耿某某向其通风报信（后受处罚）问题，检举揭发了泰安市公安局原局长李某某、副局长齐某某等特大受贿要案、串案，后政策兑现，闫某某被当成“好典型”，从轻判处有期徒刑7年；该市公安局原局长李某某，被当成“坏典型”，判处死刑立即执行。

2. 侦破潍坊原监狱狱长邵某某特大受贿串案及侦破有关审判人员受贿的案件范例

潍坊监狱原监狱狱长邵某某特大受贿要案、串案的侦破，也是监所检察部门使用“组合型”谋略的典范：

第一，初查阶段成功使用“迷惑型”谋略。监所检察部门主要运用了长期经营谋略。邵某某在我省监所检察部门查办其案件之前，某市反贪局曾侦查过，但未予侦破。时过境迁，邵某某也放松了警惕，认为万事大吉，继续作案，终于被监所检察部门在外围包抄、迂回取证中，从行贿方发现了证据，成功立查、突破了案件。

第二，成功运用技术侦查谋略。将邵某某及其情妇当场抓获。

第三，打拉结合，感情催化，分化瓦解，各个击破。使用“组合型”谋略，分化瓦解，成功突破了邵某某的精神防线，一举在潍坊监狱立查监管干警职务犯罪大要案7件8人，成为全国监所检察部门办理的典型案件。

我省监所检察部门在监外执行检察中，以“迷惑型”“威慑型”“利用型”等谋略，通过与适用缓刑人员、暂予监外执行人员等监外执行罪犯谈话、回访考察等，从中发现线索，成功立查了3件法院法官、法医等，在适用缓刑、暂予监外执行中受贿，徇私舞弊的案件。

3. 成功侦破看守所监管警官与公诉检察官勾结共同受贿的特大案件

我省本部门在查办的青岛市第三看守所监管民警王某某（女）、青岛市检察院公诉处检察官贺某（副处级）受贿大案、要案中，办案人员就是采取“组合型”策略成功突破的。这是我省本部门查办的首起看守所监管警官与检察官勾结共同犯罪的案件，具有本部门查办职务犯罪的特殊性和典型性，受到上级领导的好评。

本部门在与曾在青岛看守所关押、服刑后释放的初某（女）谈话中发现，看守所女民警王某某以为其变更犯罪性质等为由，收受初某朋友韩某的巨额现金。经初查，获取了王某某受贿的相关证据，果断立案后，对王某某展开预审。因王某某涉及检察官犯罪问题，案件是否成功，审讯撬开王某某的嘴巴尤为重要。为增强审讯的有效性，办案人员在政策攻心，敲警钟“打”的同时，又针对王某某系女性，身体不好等情况，尽量不用过激言语刺激，以刑事执行检察官与监管警官同为“一个战壕的战友”为纽带，有效地“拉近”距离。第一次讯问时，王某某对同步录音录像反感，长时间沉默，在这种情况下，办案人未灰心，认为预审虽未有进展，但摸到王某某的性格和心理：王某某能认真听办案人员谈话，说明办案人员的讯问方式有效，不能急躁。第二天审讯时，办案人员重点在“拉”上和打拉“结合”上下功夫，酌情使用感情催化法，启迪心灵；给她面子，肯定其以前的成绩，挑起她兴奋点，让她自我表白；利用真实案例，摆事实，讲道理，打拉“结合”来取得其对办案人员的信任。此法奏效，王某某由沉默开始表白，大谈自己政绩，说管理监室尽心尽力，所里常把难管的人叫她管理，她也很同情、可怜在押人等。办案人员“拉”的火候成熟后，又巧妙穿插“打”，指出，其作为民警所犯的严重“错误”，进而告诫她现在抵赖是一错再错，职务犯罪不像公安办理的有的刑事案件一样，有些证据是死的，自己不讲，不好认定，职务犯罪所面对的都是鲜活证据，不仅有人的证言，还有书证、物证，视听资料等证据，包括技侦等，以打破其幻想和侥幸心理。办案人员进一步指出：在证据在握的情况下，不主动交代，将会受到法律严惩！王某某经过思想斗争，终于相信了正义的力量，意识到职务犯罪早交代问题，对于处理至关重要。随即供述了其与青岛市检察院公诉处副处级检察官贺某预谋，以贺某给在押人初某变更犯罪性质为由，向初某的朋友韩某索贿 5. 5 万元；以给在押人刘某减轻刑事处罚为由，向刘某的亲属索贿 10 万元；以允诺托关系为在押人吴某办理取保候审为由，收受吴某的亲属所送现金等共同受贿 16 万元犯罪的事实。另外，王某某还单独利用监管职权，收受多名在押人的亲属所送现金等 1. 65 万元的犯罪事实，并检举了检察官贺某的问题，至此，王某某被彻底突破。

王某某被成功突破后，办案人员又以“组合型”谋略，成功突破了青岛市检察院公诉处副处级检察官贺某的精神防线，其如实交代了所犯罪行。后法院判处王某某（女）有期徒刑 10 年 6 个月，贺某被判处有期徒刑 10 年。

本部门高超、娴熟的办案技能和突出的办案成效，在全国、全省监所检察部门起到很好的办案示范和引领作用，受到上级领导的好评，取得良好的法律效果和社会效果。

五、应当注意的问题及结论

在运用以上方法中，应注意以下问题：第一，确保谋略的正义性与合法性。谋略方法要程序正当，符合法律。第二，确保科学性与客观性。侦查技术是科学的和客观的，科学性首先源于实践性，侦查方法来源于实践，又能动地指导实践，因而是科学的；客观性是由规律可循。因而要不断地探索总结规律。侦查方法是科学性与客观性说明具有强大的生命力。第三，确保保密性与隐蔽性。第四，确保针对性与准确性。侦查方法要因案而宜，具体问题具体分析，不能生搬硬套，千篇一律。

综上所述，尽管监管司法人员反侦查能力强，但犯罪涉及面广、人员多，采取正确的侦查方法就能及时发现犯罪，揭露证实犯罪。以上，就是发现犯罪，侦破犯罪的有效方法。侦查方法是否有效，核心是方法与心术智谋变换是否符合实际。要针对不同的案件，不同的心理，选择恰当的方法和寻找最佳的突破口，才能发挥侦查方法的最大威力，实现以点带面，重点突破，谋取全案、全局的胜利，实现办案的法律效果、政治效果、社会效果的有效合一。

第30堂课　羁押必要性审查归口办理的探索与实践

● 方　全*

课程提纲

一、羁押必要性审查制度的现实意义

二、羁押必要性审查的职责定位

三、上海羁押必要性审查归口办理的实践

四、上海羁押必要性审查工作制度的特征

修改后的《刑事诉讼法》首次确立了我国的羁押必要性审查制度，这是刑事诉讼法尊重和保障人权基本原则的具体体现。对于《刑事诉讼法》第93条这一全新的法条，上海检察机关通过理论研究、实践探索和制度创新，最终确立了由监所检察部门归口办理的工作模式，我们感到这是符合立法本意的。所以，我今天按照理论、实践、制度这条主线向各位领导和同志们汇报我们对羁押必要性审查归口办理的一些做法和体会。

一、羁押必要性审查制度的现实意义

对羁押必要性审查这一全新制度的实践，应当建立在正确理解其现实意义

* 上海市人民检察院副巡视员，2014年西部巡讲时由上海市徐汇区人民检察院监所检察科科长李小波授课。

的基础上，因此，首先要厘清对三个相关概念的认识：一是对羁押的认识；二是对人权保障的认识；三是对羁押必要性审查制度的认识。

（一）对羁押的认识

羁押，是指犯罪嫌疑人、被告人在人民法院生效判决作出前被暂时剥夺人身自由的一种状态，它是适用刑事拘留和逮捕强制措施而产生的一种法定后果和当然状态。

在我国司法实践中，羁押的功能主要有两点：一是保障刑事诉讼活动的顺利进行，即保证犯罪嫌疑人、被告人能够随时到案，接受侦查、审查起诉和审判，防止其实施毁灭、伪造证据、干扰证人作证或者串供等扰乱刑事诉讼活动的行为；二是防止犯罪嫌疑人、被告人再次危害社会，重新实施违法犯罪行为。另外，从实际法律后果来看，羁押还具有刑罚预支的功能，体现为羁押时间可以折抵刑期。

与世界上大多数国家和地区都确立以保释为主、羁押为辅的审前羁押制度不同，目前我国尚未设置独立的羁押制度，羁押一般附随于侦查、审查起诉和一审、二审乃至死刑复核程序，法律上关于羁押期限的规定完全等同于各诉讼环节的办案期限，几乎所有的办案部门均有权决定羁押或不羁押，而且缺乏有效的司法救济制度，导致实践中出现一些问题。这一现状既不符合“国家尊重和保障人权”的宪法原则，也侵犯了犯罪嫌疑人、被告人的合法权益，还增加了国家的司法成本。

（二）对人权保障的认识

现代刑事诉讼确立了保障犯罪嫌疑人、被告人人权，无罪推定、控辩平等、沉默权等一系列基本原则，就是为了保障犯罪嫌疑人、被告人的人权不被非法侵犯和剥夺。在我国刑事诉讼中，犯罪嫌疑人、被告人的人权曾经被漠视，近年来，随着人权理念的兴起和现代法治理念不断深入，犯罪嫌疑人、被告人的人权逐渐得到重视。

我国《国家人权行动计划》在“公民权利和政治权利”部分中，对被羁押人的各项法定权利进行了明确表述，专门提出要“完善监管立法，采取有效措施，保障被羁押者的权利与人道待遇”和“采取有效措施，严防对被羁押者实施刑讯逼供或者体罚、虐待、侮辱等行为的发生；建立并推广提讯前后对被羁押者进行体检的制度”，并特别要求“人民检察院对监管场所内执法活动的实时检察监督”。此外，《中国司法改革白皮书》中也着重强调了对犯罪嫌疑人、被告人的人权保障。所以，此次刑事诉讼法将“尊重和保障人权”明确写入总则，并在具体诉讼制度上就贯彻这一原则作出详尽规定，是当前形势下对犯罪嫌疑人、被告人人权保障的一大进步，因此，人权保障理所当然地成为捕后羁押必要性审查制度的首要价值追求。

（三）对羁押必要性审查制度的认识

为了改变目前羁押率过高的状况，减少由此带来的监管力量不足、监室密度超标、监管待遇下降等问题，充分保障犯罪嫌疑人、被告人的人权，增加对被羁押人的司法救济途径，修改后的《刑事诉讼法》新增的第93条规定："犯罪嫌疑人、被告人被逮捕后，人民检察院仍应当对羁押的必要性进行审查，对不需要继续羁押的，应当建议予以释放或者变更强制措施。有关机关应当在十日以内将处理情况通知人民检察院"，从而正式确立了我国刑事诉讼中的羁押必要性审查制度。

羁押必要性审查是修改后《刑事诉讼法》确立的新制度，对于检察机关而言也是一项新的工作职责，是修改后《刑事诉讼法》的亮点之一，具有四项重大意义①：一是有利于保障犯罪嫌疑人、被告人的合法权益。保护其不受不合法及不正当羁押的权利，预防和减少超期羁押，防止刑罚提前透支，甚至是不当的提前透支（恶意透支）。同时，随着羁押人员的数量减少，看守所羁押环境也必将得到相应改善，促进在押人员的监管生活待遇提高。二是有利于改变我国羁押率居高不下的局面，降低国家在看守所硬件设施、监管人员配置、在押人员生活开支等方面的经费支出，节约国家有限的司法成本和资源。三是有利于更好地贯彻落实宽严相济刑事司法政策，体现司法工作的教育挽救宗旨。四是有利于维护社会和谐稳定，彰显司法文明。开展羁押必要性审查工作，既可以促进感化被变更强制措施或释放的犯罪嫌疑人、被告人，减少公民与国家之间的对抗，促进社会和谐；又可以减少犯罪嫌疑人、被告人在看守所内的交叉感染，减少重新犯罪，维护社会稳定，还可以在一定程度上改变"一捕到底"状况，使逮捕的变更成为现实，体现司法的公正和理性。

二、羁押必要性审查的职责定位

（一）分别行使职责观点的分析

目前，关于羁押必要性审查职责在检察机关内部由哪个部门具体承担的问题，存在三种不同意见，对此我们予以客观分析：

第一种意见是由侦查监督部门负责侦查阶段的羁押必要性审查。主要理

① 参照最高人民检察院刑事执行检察厅（原监所厅）袁其国厅长在百色会议（全国检察机关监所检察部门羁押必要性审查工作研讨交流会）上的讲话观点。

由：一是羁押犯罪嫌疑人属于侦查活动的内容，羁押必要性审查是对侦查活动的监督，由侦查监督部门负责羁押必要性审查符合其职能定位。二是犯罪嫌疑人从批捕到延长侦查羁押期限都由侦查监督部门负责，可使其对案情和取证情况、适用强制措施原因、侦查进展等掌握得较为全面。三是如果其他业务部门进行羁押必要性审查，同时侦查监督部门又在审查是否延长侦查羁押期限，两者在是否继续羁押的结论上可能出现矛盾冲突。四是侦查监督部门统一负责批捕、羁押必要性审查和审批延押，可以防止出现检察机关与侦查机关多头联系、协调不畅的问题。

但这种意见的突出问题在于侦查监督部门行使批捕职能后，再对自己的批捕决定而产生的羁押情形进行监督甚至于否定，既不符合逻辑性，也不符合检察机关内部诉讼职能和诉讼监督职能相对分离、优化配置的规律和要求。

第二种意见是由公诉部门负责羁押必要性审查。主要理由是：公诉部门有获得相关案件信息的职权和便利条件，对案件事实、性质、情节及犯罪嫌疑人、被告人的情况掌握全面。而现实中，较多情况是在侦查终结进入公诉环节后，才有必要对是否继续羁押进行评估，因此公诉部门负责审查更为合适。

这种意见也存在一定问题，主要是公诉部门在审查起诉阶段已经依法具有对犯罪嫌疑人直接决定释放或变更强制措施的职权（《刑事诉讼法》第 94 条至第 97 条有明确规定），因此，舍弃自主决定权而舍近求远地适用羁押必要性审查来变更强制措施，既导致逻辑上的混乱，也产生适用相关法条上的混淆。

第三种意见是由监所检察部门负责羁押必要性审查，全面独立承担羁押必要性审查工作任务。相比前两种意见而言，第三种意见能有效地避免检察机关内部诉讼职能与监督职能之间的矛盾冲突、决定权和建议权两者互相重叠混淆这些现实问题，更符合刑事诉讼法的立法精神，具备较强的司法实践性、可行性。理由：一是羁押必要性审查由相对超脱、中立的部门负责，符合其作为被羁押人权利救济渠道的立法原意。二是羁押必要性审查具有诉讼监督性质，审查结果是一种建议权，由监所检察部门行使符合优化配置、内部监督的要求。三是监所检察部门长期派驻在监管场所，通过日常检察能更及时地了解捕后羁押必要性现状情况。四是羁押必要性审查贯穿犯罪嫌疑人从逮捕至判决前的整个诉讼过程，其全程性决定该职责更适宜由一个部门负责。而监所检察部门对犯罪嫌疑人、被告人的羁押执行活动全程监督，符合承担羁押必要性审查的连贯性、全程性要求。

（二）使用相关法条的理解

综合而言，修改后的《刑事诉讼法》第 93 条至第 97 条的规定，都是有关对犯罪嫌疑人、被告人变更强制措施的内容，对于这些法律规定进行梳理和分析，有助于明晰它们之间的关系和适用范畴：

1. 羁押必要性审查时新增法律规定，仅对应的是修改后《刑事诉讼法》第93条

2012年3月14日，第十一届全国人民代表大会第五次会议通过了《关于修改〈中华人民共和国刑事诉讼法〉的决定》，对原《刑事诉讼法》进行了修改。在该决定第32项中明确表述：增加一条，作为第93条“犯罪嫌疑人、被告人被逮捕后，人民检察院仍应当对羁押的必要性进行审查。对不需要继续羁押的应当建议予以释放或者变更强制措施。有关机关应当在十日以内将处理情况通知人民检察院”。而在该决定的第33～35项中则集中表述为将原《刑事诉讼法》第52、74、75条分别修改为第95、96、97条，对原第73条则未作改动，顺延至第94条。显而易见，第94～97条是对原刑事诉讼法中相应条款的“继承”，而第93条则是此次修改中的新增规定。由此，羁押必要性审查作为此次刑事诉讼法修改中的新增内容，第94～97条与第93条两者之间的对应关系紧密而不容置疑，而其他各法条与此均无这种对应关系。

我们理解，修改后的《刑事诉讼法》新增羁押必要性审查制度的目的就是防止和消除此前在刑事诉讼实践中普遍存在的变更强制措施法律规定长期被空置，犯罪嫌疑人被“一押到底”的诉讼弊端而在此次修改过程中专门新设的，旨在通过第93条来改善和消除当前司法实践中羁押常态化、非羁押特例化的倒挂状态，故有其鲜明的特征和重大意义。

2. 第93条与第94～97条之间具有显著差别

显然，尽管修改后的《刑事诉讼法》第94～97条也涉及强制措施的变更问题，但与第93条相比较，却有着明显的不同：一是可以变更的强制措施种类不同。第93条仅指变更逮捕强制措施，而第94～97条则包括对刑拘、逮捕等所有羁押性质强制措施的变更。二是可以变更强制措施的阶段不同。第93条仅适用于在实施逮捕后的强制措施变更，而第94～97条则不局限于逮捕后的诉讼阶段，还当然地包括刑拘侦查阶段。三是适用的主体不同。第93条的适用主体只能是人民检察院，而第94～97条适用的主体则包括公、检、法三机关。换言之，凡办案机关都可以适用。四是适用的权限不同。第93条是法律赋予人民检察院的一项建议权，是法律监督权，而第94～97条则是各办案部门可自行决定变更强制措施的一项决定权，是一项依法享有的办案职权。综上，我们可以得出结论：

修改后的《刑事诉讼法》第93条与第94～97条的根本区别在于是否具有

法律监督的属性。从本质上来说，第93条属于法律监督范畴，是检察机关对犯罪嫌疑人、被告人有无必要继续羁押实施的专门性法律监督，而且是一种建议性的柔性监督，其本身并不属于刑事诉讼中办案机关的某一办案环节。而第94～97条则是办案机关（包括检察机关办案部门）的一种诉讼职能，是与办案结合的诉讼活动。

3. 第93条与第94～97条的法定职责由不同的检察部门分别承担更为适宜

监所检察部门依据第93条开展羁押必要性审查与检察机关自侦、侦监、公诉部门依据第94～97条决定变更强制措施之间不存在立法和司法实践上的矛盾冲突，两者互为补充，共同保障了犯罪嫌疑人、被告人的合法权益和刑事诉讼活动的依法公正进行。自侦部门在侦查过程中发现被逮捕的犯罪嫌疑人无须继续羁押的，可以依法决定改变强制措施。侦监部门对提请延长侦查羁押期限的案件，经过审查后认为不需要继续羁押的，可以直接以本院名义决定不批准延长侦查羁押期限。公诉部门在审查起诉过程中，审查“对于已经逮捕的犯罪嫌疑人，有无继续羁押的必要”本身就属于审查起诉的内容之一，如审查结果是无羁押必要性的，公诉部门可以本院名义直接决定变更强制措施或释放犯罪嫌疑人。因此，无论是自侦部门、侦监部门还是公诉部门，都享有直接决定是否继续羁押的决定权，无须另辟蹊径来进行羁押必要性审查。而监所检察部门作为非直接办案部门，其具有的中立性、监督性、全程性的工作特点，由其站在办案之外的视角审视犯罪嫌疑人、被告人是否有必要继续羁押，显现出法律规定的羁押必要性审查的合理性和必然性。

羁押必要性审查由专司监督职能的监所检察部门归口行使，并逐步形成专业化模式，既有利于羁押必要性审查的统一规范，又避免与办案部门决定变更强制措施的权限相混淆，符合立法原意。反之，如由侦监、公诉等办案部门行使，对同一案件既依据《刑事诉讼法》第93条进行羁押必要性审查，又依据第94～97条进行强制措施变更审查，反而导致了法律适用上的逻辑混乱和法条之间的适用矛盾，无疑会大大增加司法成本，减低司法效率，回归到承办部门既当运动员又当裁判员的尴尬境地，将羁押必要性审查虚置架空，再度陷入法条空置，维权空谈的老路，这是断然不可取的。

（三）相关问题的评价

1. 关于羁押必要性审查的成效问题

要正确衡量评价羁押必要性审查的实际工作成效，我们认为必须正确认识到：羁押必要性审查是法律赋予检察机关的一项监督权，根据修改后的《刑事诉讼法》第93条规定，检察机关以书面建议的形式向办案部门提出变更强制措施的要求，但是否采纳建议则由办案部门结合办案实际需要视情决定。检察机关通过羁押必要性审查提出变更强制措施的书面建议对办案部门显然不具有刚性指令的特征，立法并未赋予其强制力正是基于其本身所具有监督权性质的根本属性来考虑，这一点与监所检察部门常用的检察建议书相当类似，是一种柔性监督。那么既然是柔性监督，也就不存在办案部门必须无条件接受和执行建议的可能，因此简单地把羁押必要性审查建议的采纳数量作为衡量其工作成效的唯一标准存在一定的片面性。

在实践中，大部分建议均得到了办案部门采纳，在未接受建议的相当一部分案件中，办案部门虽未采纳建议，但却因此而明显加快了办案节奏，迅速办结了案件，这在客观上也确实减少了犯罪嫌疑人、被告人的羁押时间，对减少羁押是一种推动。这也是符合羁押必要性审查制度设计初衷的，应当作为羁押必要性审查工作得到成效之一纳入评价范围综合考量。

2. 关于变更强制措施后的风险问题

不可否认，经羁押必要性审查，对犯罪嫌疑人、被告人变更强制措施后，确实存在妨碍诉讼或者在此后诉讼过程中为逃避处理而不到案的风险，这是一个现实问题。对此我们认为：一是任何一种采取非羁押措施（取保候审、监视居住）的办案活动都存在犯罪嫌疑人、被告人不到案的办案风险，这种风险是客观存在和无法回避的，而产生这种风险的综合因素很多，并非仅因羁押必要性审查而引发，故不能全部归咎于羁押必要性审查而因噎废食；二是法律意义明确，羁押必要性审查后而改变逮捕措施的对象均为轻罪初犯人员，所涉罪行较轻、主观恶性不大，且有一定的认罪悔罪表现，逃避司法处理的可能性相对较小，对其变更强制措施承担的办案风险并不大，司法机关可以承受。(实践中，上海开展羁押必要性审查一年多来，至今尚无出现逃避处理的案例)。三是可对变更强制措施的犯罪嫌疑人、被告人后续到案保障问题积极采取应对办法，如探索电子手铐定位监控，对脱逃不到案人员加大刑事处罚力度等，以将此种风险降低到最低程度。四是反观羁押措施虽然能保障案件的顺利侦、诉、判，但却因羁押期限过长、羁押容量超高而产生极大的监管风险和维权成本，如果两者权衡，得出的结论是显而易见的。

3. 关于监所检察承办的价值问题

关于这一点，不同的视角可能得出不同的结论。这里只是从监所检察自身的需求和发展的角度，审视羁押必要性审查工作给我们带来的战略机遇。我们认为，羁押必要性审查是一项诉讼监督活动，其主旨是检察机关依法对刑事诉讼中被采取逮捕强制措施后的犯罪嫌疑人、被告人是否需要继续羁押，在结合具体案情和取证情况、对象身体健康情况、继续危害社会可能性等多方面基础上，进行全面考量后作出的一个具有法律监督属性的判断，并据此向有关办案部门提出变更强制措施的建议，其过程具有审查案件的特性，是刑事诉讼活动的有机组成部门。

综观监所检察全部业务，非办案模式的工作监督占了相当大的比例。当然，我们并不否认这些工作监督也是十分重要的。虽然监所检察部门也有查办监管职务犯罪、办理罪犯重新犯罪案件这些职能，但从整个监所检察层面上来看，这些办案业务无论是数量还是覆盖面都是非主流的。所以长期以来，由于缺乏办案这种具有很强的司法性和稳定性的工作载体，已成为制约监所检察工作深入发展的重要因素，导致监所检察业务碎片化，被边缘化，队伍素质的提升受到很大制约，队伍结构的改善难以得到优化，监所检察工作面临不少困境。此次修改后的《刑事诉讼法》确立的羁押必要性审查制度，为监所检察部门提供了历史性的机遇，监所检察部门应当牢牢把握，主动而为，确立羁押必要性审查的主体地位，构建相应的办案机制和制度，增强司法属性，由此起到发挥监督职能、提升监督地位的积极作用。近年来，上海检察机关监所检察部门致力于刑罚变更执行的同步监督，以办案模式和规范的流程深化同步监督，实践证明，这一做法在强化减刑、假释、暂予监外执行监督的同时，实现了整个监狱检察业务和队伍建设的同步发展。据此，如果我们把羁押必要性审查作为看守所检察的主业之一，我们就有了与刑罚变更执行同步监督相似的常态化、常量化的办案基础，监狱检察和看守所检察这两项监所检察最主要的工作领域都具有了实实在在的办案业务，对于改变目前监所检察业务不集中、重点不突出、成效不明显，以及由此引发的各项保障难以落实的不利局面，具有重要的现实意义。

三、上海羁押必要性审查归口办理的实践

（一）主要做法

1. 工作模式

上海检察机关开展羁押必要性审查工作实行以最高人民检察院模式和试点模式相结合的双轨制，即一般实行最高人民检察院《人民检察院刑事诉讼规则（试行）》关于羁押必要性审查有关规定的工作模式，分别由侦监、公诉、监所三个职能部门各自独立开展羁押必要性审查工作。同时，市检察院明确提出要积极探索羁押必要性审查统一归口办理工作模式。有条件的区院可向市院申请探索由监所检察部门统一归口办理羁押必要性审查案件的试点工作。据

此，选择了看守所羁押量和办案情况具有代表性的基层区院开展调研，最终确定浦东新区、虹口区和奉贤区三个检察院作为试点单位，其中浦东新区地域广，看守所羁押量大；虹口区是中心城区；奉贤区是城郊结合部。试点工作从2013年2月开始。

通过上述两种不同工作模式的同时试行，实现了两者间互相借鉴，积累经验的目的，为全市逐步推行羁押必要性审查的专业化奠定了基础。

2. 试点情况

浦东新区、奉贤区院试点采取由监所检察部门独立承担全部羁押必要性审查案件的工作模式。基本工作要点是：

（1）案件管理部门统一受理，经审查符合羁押必要性审查启动条件的，经部门负责人签署意见后，统一登记编号并在2个工作日内送达监所检察部门办理。

（2）监所检察部门对案件进行审查，采取方式包括向侦查机关（部门）了解侦查取证的进展情况，听取有关办案机关、办案人员、看守所监管人员和派驻检察人员意见等。承办人员在收案后5个工作日内审查完毕，制作审结报告，提出是否建议释放或变更强制措施的意见，经部门负责人审核后报分管检察长审批决定。重大、疑难复杂案件交检委会讨论决定。

（3）经审查认为有继续羁押必要的，在作出决定之日起3个工作日内由监所检察部门书面答复申请人并说明理由。经审查认为无继续羁押必要的，由监所检察部门向有关办案机关（部门）制发释放或变更强制措施的书面检察建议，并要求在10日内书面回复处理情况。

3. 试点效果

（1）总体情况。截至2013年12月底，三个试点区院监所检察部门已开展羁押必要性审查337人，其中依申请审查224人，依职权审查113人。经审查向办案部门提出变更强制措施建议152人，建议率为45.1%，其中分别向公安和法院制发建议书69人和25人，向公诉部门制发建议函58人。办案部门采纳建议变更强制措施128人，采纳率84.2%，其中公安采纳（侦查阶段）63人；检察公诉部门采纳（审查起诉阶段）47人；法院采纳（审判阶段）18人。

（2）工作优势。对比试点模式和高检院刑诉规则模式可以发现试点模式具有以下四点明显工作优势：

①审案数量较多。一是审查数占比高。截至2013年12月，全市17个区县院审查羁押必要性案件共752人，其中3个试点区院归口监所部门审查337人，占审查总数的44.8%，即试点区院平均每院审查112人，而非试点区院平

均每院审查仅为30人。二是建议变更强制措施数占比高。全市共提出变更强制措施建议375人，其中试点区院建议152人，即试点区院平均每院建议51人，而非试点区院平均每院建议仅为16人。三是建议被采纳数占比高。全市共被采纳建议308人，其中试点区院被采纳128人，即试点区院平均每院被采纳43人，而非试点区院平均每院采纳仅为13人。上述数据表明，试点单位的各项数据的平均值均远高于非试点单位。

②审查质量较好。一是建议变更强制措施采纳率较高，达到84.2%。试点区院与非试点区院在建议变更强制措施采纳率方面基本持平，但由于试点区院监所检察部门审查案件总数多，故其采纳变更强制措施建议的绝对数却远高于非试点区院。二是建议变更的理由不仅限于身体健康原因。据不完全统计，2013年间，上海市14个非试点区院提出变更强制措施建议被采纳的180人中，涉及犯罪嫌疑人身体健康原因的有66人，占36.7%。而在试点区院监所检察部门此项数据仅为10.2%。这充分反映出试点区院的羁押必要性审查工作严格掌握了“不需要或不适宜羁押”这一法定条件，而不仅限于“身患严重疾病不宜羁押”一点。三是同等条件同样处理，不区分本地人和外地人。在试点区院监所检察部门建议下改变强制措施的128人中，外地籍93人，占72.7%，且无一发生逃跑、串供等后果，不仅有效节约了刑事诉讼成本，更是体现了检察机关羁押必要性审查的公正性。

③审案范围面广。据初步统计，三个试点区院在进行羁押必要性审查工作中涉及寻衅滋事、盗窃、故意伤害、信用卡诈骗等28个具体罪名。就建议变更强制措施被采纳的128人来看，涉及盗窃、诈骗、挪用资金等侵财类案件有23人，占18%；涉及故意伤害、过失致人死亡、寻衅滋事等案件有51人，占39.8%；涉及妨害公务、赌博、交通肇事等案件51人，占39.8%；涉毒案件3人，占2.4%。由此表明，试点区院审查羁押必要性案件的类型并未局限在罪名和法定刑上，而更注重实际案情、犯罪情节、认罪悔罪情况以及可能判处的刑罚。

④审查方式有效。一是建立科学的羁押必要性评估制度。采用“定量分析与主观判断相结合”的方法，根据在押人员的犯罪性质、犯罪事实、主观恶性悔罪表现、羁押表现、身体健康状况以及侦查取证进展、证据变化、可能判处罪刑等因素，综合评估其是否有继续羁押的必要，作为审查的重要参考，审慎作出审查决定，保证审查的公正性。二是严格把握证据标准，总结提炼出“六言三书”的审查要求，即在办理羁押必要性案件时，应当听取犯罪嫌疑人、被告人的陈述；被害人的意见；案件承办人的意见；看守所管教民警的意

见；诊治医生的意见；社区居委会、司法所等部门的意见。对涉及重大疾病或怀孕的、达成刑事和解的，以及哺乳婴儿、系生活不能自理人的唯一扶养人的，必须审查相应的书面证明材料。三是引入公开听证程序。对于案情重大复杂、被害人有强烈诉求的案件，召集由羁押必要性审查申请方、办案部门、被害人、监管场所等多方参与的听证会，公开展示和质证有关证明材料，从实体公正和程序公正两方面保证羁押必要性审查的正确性。

（二）工作特色

1. 将羁押必要性审查的办案程序纳入案管

试点单位对犯罪嫌疑人、被告人及其法定代理人、近亲属、辩护人向检察机关申请进行羁押必要性审查的，由案件管理部门统一受理，其他部门收到申请应及时转交案件管理部门。对于提交不需要继续羁押理由的申请书和相关证明材料，认为符合羁押必要性审查启动条件的，案件管理部门应当填写登记表，经部门负责人签署意见后，统一登记编号，羁押必要性审查工作完成后，承办部门应及时将全部案件材料装订归档，送案件管理部门报结，案件管理部门登记的报结日期为案件审结日期。将羁押必要性审查案件纳入案管的优势在于：一是便于统一受理犯罪嫌疑人、被告人的辩护人、代理人和近亲属向检察机关提出羁押必要性审查的申请，防止多头受理和重复受理，有利于规范羁押必要性审查案件的源头管理。二是将羁押必要性审查工作纳入案件管理，有利于内部监督。捕后羁押必要性审查是修改后的《刑事诉讼法》赋予检察机关的一项新的职能，其工作规范、工作流程以及工作要求尚处于探索之中，将羁押必要性审查这项全新的工作纳入案件管理，不仅可以有效地规范此项工作的流程和办理期限，而且有利于加强各相关部门之间的工作衔接，提升工作效能。

2. 增强审查工作司法属性

为确保办案实体和程序的公正，保证检察机关全面、客观、依法审查和评价犯罪嫌疑人、被告人有否继续羁押的必要性，上海各试点区院在羁押必要性审查工作中，尝试以召开听证会的方式，为正确作出羁押必要性审查意见提供有力帮助，取得了良好的效果。

司法的显著特征之一，就是处理案件中的兼听性和公开性。审查羁押必要性，是一项极为严肃的司法活动，因此也必须遵循司法规律，凸显司法属性。采取公开听证方式，不仅可让各方人员充分阐述自己的观点和理由，而且这种阐述也必然受到其他听证参与者的检验，故具有很强的实时性和可观性。同时，公开听证也有效避免了审查工作给人“暗箱操作”的质疑，得出的结论也更易被各方所接受。

3. 构建专业化办案模式

为加强监所检察部门归口办理羁押必要性审查案件的专业性和规范性，各试点单位根据要求，分别抽调有侦监、公诉等工作经验的检察人员成立羁押必要性审查专业化办案小组，由主办检察官、协办检察官、书记员组成，全面负责羁押必要性案件的审查，实现专案专办。上海市院监所检察处落实专人对试点单位羁押必要性审查专办机制以及个案审查的跟踪指导，对羁押必要性审查典型个案编撰工作指导案例，有效促进监所检察部门羁押必要性审查的司法实践工作，积极推动羁押必要性审查专业化建设。

四、上海羁押必要性审查工作制度的特征

通过一年多来的实践探索证明，我们试行羁押必要性审查统一归口办理，是符合立法本意和司法实际的，为刑事诉讼法设立羁押必要性审查制度提供了实践基础。日前，我们在正确理解修改后的《刑事诉讼法》第 93 条立法精神，总结本市羁押必要性审查试点工作成功经验的基础上，拟制了《上海市检察机关关于羁押必要性审查工作的规定》，5 月 14 日已经市院检委会审议通过。该规定具有如下主要特征：

一是明确羁押必要性审查案件是指检察机关依照修改后的《刑事诉讼法》第 93 条规定而进行，凸显了此项工作与刑事诉讼法专门法条之间的关联性和对应性。

二是明确羁押必要性审查均由监所检察部门归口办理，其他部门不再实施，实现了此类案件办理的专门性和统一性，此举奠定了监所检察部门全面独立承担羁押必要性审查的制度基础和实践基础。

三是赋予监所检察部门通过检察机关统一业务应用系统查询案件的权限，确保在羁押必要性审查时全面及时掌握办案进程和相关情况，从而弥补了监所检察对案件实体情况不尽了解的弊端，有效提高判断的准确性。同时，明确将听证程序作为羁押必要性审查的重要方式之一，要求监所检察部门通过组织申请方、案件承办方、监管方等人员进行现场听证，结合审查相关书面证据材料，进一步提高羁押必要性审查活动的司法属性。

四是明确羁押必要性审查职责分工。依据修改后的《刑事诉讼法》第 93 条和第 94 ~ 97 条之间的立法逻辑关系，明晰了羁押必要性审查建议权与办案部门变更强制措施决定权之间的关系。监所检察部门依据修改后的《刑事诉讼法》第 93 条开展羁押必要性审查；侦监、公诉或自侦部门依据修改后的《刑事诉讼法》第 94 ~ 97 条，在办案中对犯罪嫌疑人、被告人决定是否变更

强制措施，两者互为补充，从而避免了与侦监、公诉等相关办案部门之间在羁押必要性审查方面的矛盾冲突。

五是鉴于羁押必要性审查虽然归口办理，但仍与检察内部各办案部门关系密切，因此明确羁押必要性审查听取案件所在部门意见为必经程序，尤其是对依申请而启动审查的案件在是否变更强制措施上要尽量避免检察内部产生分歧，导致申请方质疑。同时，明确检察办案部门依照修改后的《刑事诉讼法》第 95 条规定，决定驳回变更强制措施申请的，应书面通报监所检察部门。从而形成了羁押必要性审查工作联动机制。

六是着力提高羁押必要性审查的权威性。虽然经羁押必要性审查而提出变更强制措施仅为建议权，是否采纳仍由办案部门决定，如建议未获采纳，法律并未规定进一步的监督要求。但我们针对实践中一些办案部门对检察建议忽视回复的情形，明确规定凡发出建议 10 日内未收到回复的，属被建议方未履行法定义务，系违法行为，据此，应制发《纠正违法通知书》。此举将建议和纠违相结合，从而体现了依法监督的力度。

七是注重羁押合法性和合理性审查并重。羁押必要性审查的内容兼具合法性和合理性。事实上，看守所检察一直将羁押合法性审查列入工作重点，发现在押人员系怀孕妇女、身患不宜羁押疾病等，检察建议必然及时发出，而合理性审查则内容更多也更为复杂，诸如案件事实是否查清、证据是否固定、犯罪嫌疑人是否可能被判处非监禁刑、是否具有取保候审条件、是否存在继续危害社会的可能等，这就要求深入细致审查、综合分析判断，从这一意义上而言大量工作都是进行合理性审查，这是羁押必要性审查的重点，也是难点。故规定列明了七种合理性审查的内容，为实践提供指导。

第31堂课　羁押必要性审查制度与实务

● 李泽新*

课程提纲

一、解读：羁押必要性审查制度概述

二、探索：羁押必要性审查制度实施

三、思考：羁押必要性审查制度配套措施

2012年3月14日，第十一届全国人大第五次会议通过了《关于修改〈中华人民共和国刑事诉讼法〉的决定》，对我国1979年制定、1996年第一次修正的《刑事诉讼法》法典进行了第二次修正。修改后的《刑事诉讼法》秉持中国特色社会主义法治理念，坚持惩罚犯罪与保障人权并重，贯彻宽严相济刑事政策，强调贯彻落实中共中央关于司法体制和工作机制改革的要求，在借鉴现代刑事诉讼制度的先进理念和制度的基础上，对我国刑事诉讼制度的整体设计做了重大修改和完善，是我国社会主义法律体系建设工程的又一重大成果。《刑事诉讼法》素有"小宪法"、"人权法"之美誉。关于其修改和公诸于世后的贯彻落实人们自然格外重视。修改决定公布之后，理论界、实务界迅速开始致力于学习、领会修改后《刑事诉讼法》的精神和要求，以便尽可能让修改后《刑事诉讼法》得到有效实施。修改后《刑事诉讼法》的贯彻实施过程，是一个法律与实践、理想与现实、必要性与可行性纵横交错，相互碰撞、不断

* 江西省新余市人民检察院监所检察处处长。

整合，现实地生成新秩序的复杂过程。它是司法体制改革的有机组成部分，其重要性和受关注程度，远甚于法律修改过程本身。

一、解读：羁押必要性审查制度概述

（一）超期羁押典型案例

长期以来，我国司法实践中存在超期羁押、非法羁押、不当羁押等问题。逮捕率超高，迄今而未止，始终是我国刑事司法过程中屡遭诟病的一大顽疾，甚至被认为是无解的一大痼疾。

“四无案件”——谢某某。被“遗忘”在看守所28年的谢某某，被媒体称为“无卷宗、无罪名、无判决、无期限被公安局超期羁押第一人”。谢某某——广西玉林市兴业县高峰乡人，因民兵营长指证私藏反动传单，1974年6月24日被当地公安机关拘留，时年34岁。此后，作为一名典型的“无卷宗、无罪名、无判决、无期限”的“四无案件”当事人在玉林第二看守所里度过了漫漫28个春、夏、秋、冬。至2002年10月30日被释放时，谢某某已从一个“总是笑眯眯”的健康活泼青年，变成了一个白发驼背、口不能言、记忆早已丧失殆尽的耄耋老者。美好时光，似水流年，漫漫28个春夏秋冬。其情其景，情何以堪！

“死刑保证书”案件——李某某。河南省平顶山市叶县农民李某某因涉嫌故意杀人于2001年8月7日被刑事拘留，9月13日被逮捕，先后经历三级法院七次审理，有期徒刑15年、死刑、死缓三次判决。在公安机关侦查阶段，李某某先后作了10次供述，其中前两次未供述犯罪事实，第3次至第8次作有罪供述，第9次开始翻供并持续至释放。因为李某某案久拖不决，被害人家属不断上访，平顶山中院为了“息访”，居然于2004年5月17日由时任平顶山市中院副院长赵某某与被害人父母达成协议，即“李某某一案由中院提审，尽量判死刑，如果省高院发回，杜某某（被害人母亲）也不再上访”。两名见证人在保证书上签了字。多么荒唐！“死刑保证书”上网，舆论一片哗然。修改后的《刑事诉讼法》实施以后，也就是2013年4月25日，李某某被平顶山市中院以事实不清、证据不足，犯罪事实不能成立为由宣判无罪，当庭释放。在看守所度过了12个年头的李某某，宣判时脸上没有丝毫的喜悦，眼神甚至有些呆滞。

正是在这样的背景下，为了减少审前羁押、推进人权保障，在《刑事诉讼法修正案草案（二审稿）》中，增设了羁押必要性审查制度，也就是正式文本的第93条，授权检察机关对捕后羁押的必要性进行再审查，再监督。

（二）“尊重和保障人权”相关内容

此次刑事诉讼法修改将“尊重和保障人权”写进法条，引起广泛社会关注，国内外舆论予以高度评价。这是继2004年宪法修订时将“尊重和保障人权”写入根本大法之后，《刑事诉讼法》在部门法中首次写入这一原则，是此次修法的最大亮点，体现了法律对公民人格、尊严的呵护，是国家文明进步的标志。写入刑事诉讼法的“尊重和保障人权”并不是一句口号，其背后有一系列原则、制度和程序保障。两项重要保障制度是：

1. 设立非法证据排除制度

针对司法实践中长期受到诟病的刑讯逼供、重口供轻物证等问题，修改后《刑事诉讼法》明确规定了非法证据排除制度。共8个条文，其中第50条规定了严禁以非法方法收集证据和不得强迫自证其罪，第54条规定了非法证据的排除范围（非法证据排除规则）和公、检、法三机关的排除义务，第55条规定了人民检察院对非法方法收集证据的调查核实和处理程序，第56条规定了法庭审理过程中对证据收集的合法性进行法庭调查的启动程序，第57条规定了证据收集合法性的证明责任和证明方法，第58条规定了对证据收集合法性进行法庭调查后的处理，第171条规定了人民检察院在审查起诉时要求公安机关对证据收集的合法性作出说明的程序，第182条规定了开庭以前审判人员可以就非法证据排除问题了解情况和听取意见。这意味着公安、检察机关通过对犯罪嫌疑人施加精神和肉体上的痛苦等违反法律程序获取的证据将不被法庭认可（即使这些证据是真实的），这是对犯罪嫌疑人人身和诉讼权利的有效保障。

2. 设立羁押必要性审查制度

司法实践中长期受到诟病的另一个问题是逮捕率超高。针对普遍性的构罪即捕、超期羁押、不当羁押、非法羁押、“一捕到底”等问题，修改后《刑事诉讼法》第93条设立了羁押必要性审查制度，推动羁押理念从“一押到底”向“必要羁押”转变。

非法证据排除和羁押必要性审查两项制度的设立，可以说是2012年《刑事诉讼法》修改所取得的两大重要成果，也就是修改后《刑事诉讼法》备受瞩目的重要立法成就。两者均是修改后《刑事诉讼法》第2条所确立的“尊重和保障人权”基本刑事诉讼理念的重要制度支撑和关键制度设计。

（三）羁押必要性审查制度的概念、要点

直接规定羁押必要性审查制度的法条是修改后《刑事诉讼法》第93条。第93条明文规定，“犯罪嫌疑人、被告人被逮捕后，人民检察院仍应当对羁押的必要性进行审查。对不需要继续羁押的，应当建议予以释放或者变更强制措施。有关机关应当在十日以内将处理情况通知人民检察院”。第93条属于修改后《刑事诉讼法》的新增法条，是羁押必要性审查制度的骨架，可以说是主题法条。与羁押必要性审查制度具有相关性的法条还有第92、94、95、96、97、154、156、157、165条和第168条等。这些条文共同规定了逮捕之后务必根据方方面面情况的不断变化随时进行的“羁押必要性审查”，旨在设立羁押必要性审查的动态监控机制。

根据修改后《刑事诉讼法》的规定，我们可以将羁押必要性审查区分两大类：一类为依诉讼监督职能展开的羁押必要性审查，另一类为依诉讼职能展开的羁押必要性审查。

在依诉讼监督职能展开的羁押必要性审查中，检察机关行使的是法律监督权，对于是否羁押，检察机关只能提出建议，而没有实体处分权。修改后《刑事诉讼法》第93条规定的羁押必要性审查正是这类审查。

在依诉讼职能展开的羁押必要性审查中，对于是否羁押，由公检法各机关依职权自行审查。具体而言，根据修改后《刑事诉讼法》第92条规定，公检法机关“必须在逮捕后的二十四小时以内进行讯问。在发现不应当逮捕的时候，必须立即释放，发给释放证明”。根据第94条的规定，公检法机关在办案过程中如果发现对犯罪嫌疑人、被告人采取强制措施不当的，应当及时变更或者解除。根据第95条规定，公检法机关收到犯罪嫌疑人、被告人及其法定代理人、近亲属或者辩护人变更强制措施的申请后，应当在3日以内作出决定；不同意变更强制措施的，应当告知申请人，并说明不同意的理由。根据第96条规定，公检法机关对犯罪嫌疑人、被告人被羁押的案件，不能在法定的侦查羁押、审查起诉、一审、二审期限内办结的，对犯罪嫌疑人、被告人应当予以释放；需要继续查证、审理的，对犯罪嫌疑人、被告人可以取保候审或者监视居住。根据第97条规定，公检法机关对被采取强制措施法定期限届满的犯罪嫌疑人、被告人，应当予以释放、解除取保候审、监视居住或者依法变更强制措施。根据第154、156、157条的规定，对侦查机关要求延长羁押期限的案件，检察机关的侦查监督部门审查时应当同时进行羁押必要性的审查。根据第165条的规定，检察机关直接受理的案件中，侦查部门可以根据案件情况决定释放犯罪嫌疑人、被告人或者变更强制措施。根据第168条的规定，检察机关的公诉部门审查案件的时候，必须查明侦查行为是否合法包括强制措施的适用是否合法。在这类羁押必要性审查中，审查机关享有处分权，可以自行变更或撤销强制措施。

可见，《刑事诉讼法》修改后，我国形成了以“有关机关”羁押必要性审查为主，检察机关羁押必要性审查为补充，全面的、动态的羁押必要性审查制度体系。第93条是在“防火墙”上增设的一道“防火墙”，是对捕后侦查、起诉、审理等诉讼阶段进行羁押必要性审查的制度安排，包括对“有关机关”依诉讼职权展开的羁押必要性审查的再审查，是常规的、动态的、全程的羁押必要性审查；“有关机关”在自己的诉讼阶段内，自行开展羁押必要性审查，同时必须时刻接受检察机关的羁押必要性审查监督。

羁押必要性审查制度指的是检察机关对捕后犯罪嫌疑人、被告人在诉讼期间是否存在继续羁押的必要性而进行审查的工作制度，即综合犯罪嫌疑人、被告人逮捕时依据条件的变化、羁押期间的具体表现、诉讼期间证据保全情况等因素，评判有无继续羁押的必要，根据评判结果作出是否向“有关机关”发出变更强制措施的建议，其目的是为了及时发现和纠正不当羁押或超期羁押，保护被羁押者的合法权益。

第一，“审查主体“是检察机关。修改后《刑事诉讼法》第93条规定了两个层面的审查主体：检察机关和“有关机关”。犯罪嫌疑人、被告人被逮捕后，检察机关仍然应当进行审查，经审查对没有继续羁押必要性的，向“有关机关”提出变更或者撤销强制措施的建议。检察机关为羁押必要性审查的适用主体，但具体由哪一级检察机关进行审查，刑事诉讼法并未予以明确。按照中级法院审理有可能被判处无期徒刑以上犯罪案件的级别管辖规定，考虑到案件性质和严重程度，大量的羁押必要性审查应当由区、县一级检察院进行。采取批准、决定羁押的检察院、法院的同级检察院审查的方式，比较符合司法实际。当然上一级检察院可以提办、交办，可以审查下级检察院、法院批准、决定羁押的必要性。这里的“有关机关”，应当界定为刑事诉讼各阶段承担诉讼职能的办案机关（部门），其中包括检察机关的自侦部门、侦监部门和公诉部门。检察机关进行的审查与“有关机关”进行的审查所不同的是：其一，“有关机关”的审查仅针对某一诉讼阶段，而检察机关的审查贯穿捕后侦查、起诉、审判阶段的诉讼活动全过程；其二，检察机关在羁押必要性审查程序中只有建议权，但这种建议权实质上具有“以权力制约权力”的功能，能够启动“有关机关”的审查程序，“有关机关”应当认真审查并将处理情况在10日内反馈给检察机关。第二，“审查内容”是否确实有继续羁押的必要性。第三，“审查方式”是检察机关依职权主动启动审查程序、调查取证、听取相关人员意见、进行审查。第四，程序性规定——经过审查，检察机关认为捕后之羁押已经不再具备相应的必要性的，检察机关应当当即提出解除羁押的检察建议，接受解除羁押检察建议的“有关机关”应当在10天之内将收到解除羁押检察建议之后的处理情况通报相应的检察机关。对于检察院内部如何分工、审查的程序、“必要性”标准、审查范围、司法救济等未作明确规定，有待于相关司法解释进一步细化。

（四）羁押必要性审查制度的功能

了解制度的功能是制度运行的前提。从修改后《刑事诉讼法》第93条的立法意图来看，羁押必要性审查制度应当具有以下功能：

1. 权利救济功能

羁押必要性审查制度是对被羁押人的人身自由权的救济，它推动羁押理念从“一押到底”向“必要羁押”转变。检察机关从人权保障出发，通过对羁押的理由进行持续审查，避免“一劳永逸”的做法，发现羁押的理由不存在时，立即建议结束羁押的适用，以减少不必要的羁押对犯罪嫌疑人、被告人合法权利的损害。

2. 权力制约功能

羁押必要性审查包括对批准或决定逮捕时的合法性进行复查。检察机关依法对逮捕的合法性进行复查后，如果认为批准或决定逮捕错误的，必须提出监督意见。逮捕后存在一道复查程序，能使检察机关审查逮捕时更加客观和谨慎。因此，羁押必要性审查制度既有权力制约的功能，又对逮捕起着复查纠错的作用，是控制羁押审查权的一种有效方式。

3. 职能分离功能

修改后《刑事诉讼法》从强化诉讼监督的角度设计了羁押必要性审查制度，将诉讼职能和诉讼监督职能进行了分离。检察机关的建议只能启动监督程序，不能直接改变羁押的状态，是否继续羁押仍由承担诉讼职能的“有关机关”根据案件的具体情况来决定。在羁押必要性审查程序中实行一定意义上的“诉讼不监督、监督不诉讼”，提升了羁押必要性审查程序的实效性，也保证了审查结果的公正性。

从制度的内涵来看，羁押必要性审查制度属于诉讼监督制度；从制度的功能来看，其主要功能是强化检察机关对逮捕的监督制约，实现诉讼职能与诉讼监督职能的分离。因此，检察机关承担诉讼职能的办案部门不能作为羁押必要性审查的主体，由相对中立的部门来行使这种诉讼监督意义上的审查权是较为理性的选择。

（五）羁押必要性审查制度的实施效果

有人说，如果对谢某某、李某某等这类久押不决的案件，检察机关能够开展羁押必要性审查监督的话，他们的超期羁押是完全可以避免的。此话未免期望值太高，超期羁押并不是单靠这项制度所能解决的。

司法实践中，羁押必要性审查制度的实施效果远没有人们想象的那么明显，落实状况更加不尽如人意。

以江西省新余市为例，2013年，受理羁押必要性审查65人，提出释放或者变更强制措施建议并被采纳59人，其中执检部门办理41人，占总数的69.49%；2014年，受理羁押必要性审查27人，提出释放或者变更强制措施建议并被采纳22人，全部为执检部门办理，占总数的100%。审查件数下降62.71%。

新余市检察机关侦监部门2013年上半年受理审查逮捕387人，逮捕304人，逮捕率为78.55%；2015年上半年受理审查逮捕460人，逮捕367人，逮捕率为79.78%。逮捕率不降反升1.23%。

江西省新余市看守所2013年6月30日在押人数为450人，2015年6月30日在押人数为622人。羁押人数同比上升27.65%。立法者的预期没有达到，原因何在？我们该怎么办？

解决问题的当下办法就是，竭尽所能去执行这个制度，完善这个制度，除此之外没有别的办法。如何执行呢？如何才能让落实“尊重和保障人权”这一基本现代刑事诉讼理念的“羁押必要性审查制度”落地生根，正常运行，行之有效呢！这正是在座检察官们的职责之所在。

二、探索：羁押必要性审查制度实施

任何一项制度的有效运行必须具备四大要素：完备的制度体系、合适的实施主体、科学的程序设计、良好的运行环境。羁押必要性审查制度也不例外。

（一）探索之一：由执检部门负责审查

检察机关哪个部门负责羁押必要性审查，涉及检察权的重新配置，理论界和实务部门主要有四种模式：一是《人民检察院刑事诉讼规则（试行）》第617条确立的分段审查模式；二是侦监部门主导的审查模式；三是公诉部门主导的审查模式；四是执检部门主导的审查模式。四种模式各有利弊，但执检部门主导最符合立法原意。

修改后《刑事诉讼法》实施之初，江西省新余市检察机关贯彻执行《人民检察院刑事诉讼规则（试行）》，采用分段审查模式，但审查效果也不尽如人意。2013年4月，最高人民检察院执检厅（原监所检察厅）在新余市院召开新增检察业务座谈会，在会上我建议把羁押必要性审查作为执检部门的重点工作，理由之一，就是可以使羁押期限检察坐实，解决纠正超期羁押和久押不决没有法律依据的问题。因为在“回复”这个问题上具有刚性要求，不及时

"回复"就属违法。

最高人民检察院已经启动了这一程序。2014 年底，最高人民检察院将"监所检察厅"更名为"刑事执行检察厅"，羁押必要性审查作为羁押执行监督，纳入执检部门管辖范围，可谓名至实归；《人民检察院刑事诉讼规则（试行）》关于羁押必要性审查主体的修改，由执检厅牵头；在即将重新发布的《加强和改进刑事执行检察工作的决定》中，明确把羁押必要性审查作为刑事执行检察工作的重点和新的工作增长点；6 月执检厅代最高人民检察院起草的《人民检察院办理羁押必要性审查案件规定（征求意见稿）》明确执检部门负责羁押必要性审查工作。

2014 年 8 月，在总结实践经验、借鉴上海等地做法的基础上，新余市院出台《羁押必要性审查工作办法》，实行羁押必要性审查归口执检部门办理，侦监、公诉、侦查、案管等部门配合的机制。特点：一是统一受理、统一办理、统一答复；二是将听证审查的范围限制在是否羁押意见不一致的案件上；三是确立了专人办理、集体讨论决定的审查制度；四是被取保的人再次被逮捕的，检察机关应当再次审查提出解除羁押的建议。起初，公诉部门有些抵触，以为他们变更前还要执检部门先审查，但再三学习后发现不是那样的，运行一段时间后也表示理解、支持。目前，羁押必要性审查归口执检部门办理的效果已经开始显现。

典型案例：归口办理第一案

在押人员颜某因涉嫌掩饰、隐瞒犯罪所得案于 2014 年 9 月 26 日被逮捕，市院驻所检察人员在日常巡查中，发现颜某站立不起、生活不能自理，后经送医院检查，诊断其患有甲状腺肿大，俗称"大脖子病"。江西省新余市人民检察院随即启动羁押必要性审查程序，展开相关调查取证工作，听取侦监部门、侦查机关办案人员意见，进一步了解颜某在押表现，咨询主治医生。经审查，认为没有继续羁押颜某的必要，报告分管检察长同意后，于 2014 年 11 月 6 日向公安机关提出《释放或者变更强制措施建议书》，公安机关收到《释放或者变更强制措施建议书》第二天，就对颜某采取了取保候审措施。2014 年 12 月 17 日颜某案件移送法院，又被法院决定逮捕。市院驻所检察人员发现后，当即找颜某谈话，了解到颜某正在治疗，病情尚未好转。经再次启动羁押必要性审查，认为颜某不适宜继续羁押，报告分管检察长同意后，于 2015 年 1 月 9 日向法院提出《羁押必要性审查建议书》，建议变更强制措施。法院在收到《羁押必要性审查建议书》当日，就对颜某变更强制措施为取保候审。2015 年 1 月 30 日法院判处颜某有期徒刑 1 年 6 个月，缓刑 2 年执行。

对在押人员颜某两次审查、建议和变更，一次在侦查阶段，一次在审理阶段，羁押必要性审查全程、动态、及时、有效，归口执检部门办理的优势得到了充分展示，这样的效果，在分段审查或者侦监、公诉主导的模式中比较难以见到。

不熟悉案情怎么办？不需要熟悉案情，是否解除羁押最终由“有关机关”审查后决定。

建议的性质与效力是什么？这种建议是诉讼监督职能的体现，检察机关对诉讼活动的法律监督职能通过提出建议来启动监督程序，但不能直接改变羁押的状态。具体而言，一方面检察建议是具有法律效力的建议，“有关机关”接到建议后应当对羁押必要性进行审查并在10日内就处理情况回复检察机关；另一方面检察建议不能取代处分权，是否解除或者变更强制措施，仍然由“有关机关”根据建议的要求，结合案件的具体情况来作出决定。不回复怎么办？对于不按要求反馈的，检察机关应向“有关机关”发出《纠正违法通知书》或者向检察长报告，督促其予以纠正。

（二）探索之二：规范审查程序

1. 明确审查范围

根据修改后《刑事诉讼法》第93条“犯罪嫌疑人、被告人被逮捕后，人民检察院仍应当对羁押的必要性进行审查”的规定，我们将全部被逮捕的人，而不是部分被逮捕的人纳入审查范围。也就是说，执检部门对羁押必要性的审查，应贯穿执行逮捕后判决确定前各个诉讼阶段的羁押，不仅应审查检察机关批准或决定逮捕的犯罪嫌疑人在各个诉讼阶段有无羁押必要，还要审查人民法院决定逮捕的被告人在审判阶段有无羁押必要。

2. 明确审查时间

对于何时启动审查，修改后《刑事诉讼法》及《人民检察院刑事诉讼规则（试行）》没有作出规定，也不宜具体规定。但不管是依职权主动启动，还是依当事人申请启动，或是依看守所请求启动，在捕后都应至少审查一次。具体哪个阶段，视具体案情而定。

主动启动时间：检察机关发现存在不需要继续羁押情形的时间，就是主动启动审查的时间。如发现被逮捕人患有严重疾病、生活不能自理，犯罪数额较小、情节较轻等。

依申请启动时间：我们规定了前置程序，案件处于检察机关自行侦查或审查起诉阶段，申请人提出变更强制措施申请的，由自侦或公诉部门依照修改后《刑事诉讼法》第95条规定先行办理，承办部门作出不同意变更强制措施决定的，应在告知申请人的同时，书面通知执检部门备案。案件在上述阶段，执检部门收到申请人申请的，应转交上述部门办理。只有在案件处于自侦、批捕、起诉阶段，申请人在案件承办部门依照修改后《刑事诉讼法》第95条决定不予变更强制措施后，再次提出变更强制措施申请的，执检部门才可能受理、启动。监督的性质决定了羁押必要性审查程序只能是犯罪嫌疑人、被告人在羁押问题上进行权利救济的最后手段，也可以避免申请羁押必要性审查案件大量增多，徒增检察机关办案压力。

审查时间：在1个工作日内提出是否立案审查的意见，在5个工作日内作出是否建议释放或变更强制措施的决定，情况特殊的，经分管检察长批准，可延长5个工作日。经审查认为有继续羁押必要的，执检部门应于决定后3个工作日内书面答复申请人并说明理由。

3. 明确审查标准（内容）

修改后《刑事诉讼法》细化了逮捕羁押的肯定性条件，但没有同时规定否定性条件，即没有“不需要继续羁押”的条件规定，实践中较难把握什么是“不需要继续羁押”的情况。

我国不存在独立的羁押制度，羁押是附随逮捕的法律后果。因此，逮捕理由即逮捕必要性的规定，仍然可以适用于羁押，逮捕的理由即羁押的理由。根据修改后《刑事诉讼法》第79条第1款、第2款的规定，具有逮捕必要性的法定理由有以下八种：（1）可能实施新的犯罪的；（2）有危害国家安全、公共安全或者社会秩序的现实危险的；（3）可能毁灭、伪造证据，干扰证人作证或者串供的；（4）可能对被害人、举报人、控告人实施打击报复的；（5）企图自杀或者逃跑的；（6）可能判处10年有期徒刑以上刑罚的；（7）曾经故意犯罪的；（8）身份不明的。上述列举的八种情形，即为逮捕理由，同时也是继续羁押的理由。

但是，羁押必要性审查主要不是对原逮捕决定的复查，也不是为了纠正原错误的逮捕决定，而是在原逮捕羁押的基础上试就是否有继续羁押的必要进行审查。基于此，原逮捕条件不能完全适用于羁押必要性审查。如逮捕的证据条件（“有证据证明有犯罪事实”）就不能继续适用于羁押必要性审查。经羁押必要性审查，发现犯罪嫌疑人、被告人具有下列情形之一的，应当向办案机关提出释放或者变更强制措施的建议：（1）案件证据发生重大变化，不足以证明有犯罪事实或者犯罪行为系犯罪嫌疑人、被告人所为的；（2）案件事实或者情节发生变化，犯罪嫌疑人、被告人可能被判处拘役、管制、独立适用附加刑、免予刑事处罚或者宣告缓刑的；（3）继续羁押犯罪嫌疑人、被告人，羁押期限将超过依法可能判处的刑期的；(4) 羁押期限届满，案件尚未办结的；(5) 患有严重疾病、生活不能自理的；(6) 系怀孕或者正在哺乳自己婴儿的妇女；(7) 系生活不能自理的人的唯一扶养人。

其中，前四种为不应当继续羁押犯罪嫌疑人、被告人的情形，后三种为不适宜继续羁押犯罪嫌疑人、被告人的情形。这些情形主要参照了《刑事诉讼法》第65、72条的规定。最高人民法院《关于适用〈中华人民共和国刑事诉讼法〉的解释》第133、134条也有类似规定。

经羁押必要性审查，发现犯罪嫌疑人、被告人具有下列情形之一的，可以向办案机关提出释放或者变更强制措施的建议：(1) 预备犯或者中止犯，且具有悔罪表现的；(2) 共同犯罪中的从犯或者胁从犯，且具有悔罪表现的；(3) 过失犯罪，且具有悔罪表现的；(4) 防卫过当或者避险过当的，且具有悔罪表现的；(5) 主观恶性较小的初犯，且具有悔罪表现的；(6) 犯罪嫌疑人、被告人系未成年人或者已满七十五周岁的人，且具有悔罪表现的；(7) 犯罪嫌疑人、被告人与被害方依法自愿达成和解协议，且已经履行或者提供担保的；(8) 案件事实基本查清，证据已经收集固定，符合取保候审或者监视居住条件的；(9) 其他不需要继续羁押犯罪嫌疑人、被告人的情形。

证明责任："有关机关"承担羁押必要性的证明责任。即便需要羁押也必须符合"社会危险性要件"，即要有足够的事实足以认定其可能毁灭、伪造证据或者串供等妨碍刑事诉讼的情形存在。"有关机关"认为有继续羁押的必要时，应提供不继续羁押即有社会危险性的证明材料。当然，犯罪嫌疑人、被告人及其法定代理人、近亲属或者辩护人申请羁押必要性审查时，应当说明没有羁押必要的理由，并提供相关线索或者证明材料，以便检察机关能及时启动羁押必要性审查程序。对于因病变更强制措施的，应增加法医审查环节，由法医对病情进行专业判断，提出是否适宜羁押的意见，供执检部门审查参考。

审查过程即证明过程：羁押必要性审查的内容具体分为三个部分：羁押理由、羁押事实以及两者之间存在的必要性关系。也就是说，在进行羁押必要性审查的时候先审查羁押理由是否符合法律规定，再审查是否存在羁押事实，最后审查羁押事实对于羁押理由的成立是否必要。所谓羁押事实，是指适用羁押措施的事实基础。羁押事实需在案件中具体认定，比如曾在取保期间逃跑、没有固定住所等，皆因个案而有别。所谓羁押理由，是指适用羁押措施的具体事由，一般由法律明确规定。从世界各国的法律规定来看，关于羁押理由的规定比较一致，主要包括可能逃跑、可能妨碍作证、可能继续危害社会等。从修改后《刑事诉讼法》的规定来看，对于羁押事实和羁押理由的区分并不十分明确。羁押理由本质上属于主观范畴。对于这种主观性的判断，如果没有一定的事实作为基础，那么极易陷入主观臆断，这对于人权保障而言显然是极其危险的。因此，羁押事实的存在就具有了正当性基础。

羁押事实属于客观范畴。一般而言，羁押事实由两部分组成，即涉嫌犯罪的事实和说明羁押理由存在的事实，后者也可称为羁押必要性事实。我国1996年《刑事诉讼法》和修改后《刑事诉讼法》对逮捕措施的适用均规定“有证据证明有犯罪事实”，实际上这是对羁押事实中涉嫌犯罪事实的要求，但对于羁押必要性事实的要求似乎并不明确。从修改后《刑事诉讼法》第79条第1款的规定来看，对于犯罪事实要求必须“有证据证明”，但是对于可能实施新的犯罪等羁押理由是否要求“有证据证明”却并不十分明朗。之所以要求羁押必要性事实的存在，是由羁押作为刑事强制措施的性质而决定的。在法院依法作出生效定罪判决之前，犯罪嫌疑人、被告人在法律上是无罪之人，依法不能受到惩罚。刑事强制措施一般仅具保障性性质，其设置的主要目的在于保障刑事诉讼的顺利进行。换言之，只要不影响刑事诉讼的进行，刑事强制措施就失去适用的必要性。如果适用刑事强制措施，不仅需要符合法定的理由，而且需要提供法定理由成立的事实基础。

实践中，司法人员在就程序性事项作出决定时往往不受司法证明规则的规范。在逮捕标准的掌握上检察、审判人员仅仅关注“有证据证明有犯罪事实”这一要件，刑罚要件和社会危险性要件都不需要有证据证明，导致“构罪即捕”，逮捕必要性条件被“虚置”，进而造成高羁押率。

4. 明确权利救济

无论是继续羁押还是解除羁押，检察机关都以书面形式将理由和依据向当事人进行必要的说理和解释。这既是对诉讼当事人尊重的体现，也是提高检察公信力的要求。同时，当事人对检察机关在经过必要性审查后作出继续羁押的决定不服的，可以向控申部门或者上级院申诉。

（三）探索之三：推行听证审查

我国审查逮捕程序一直存在书面化、审批化、信息来源单一化的行政式的审批程序，其后果必然是程序神秘化、控辩失衡化、责任分散化。为了克服这种行政化单方审查模式的弊端，修改后《刑事诉讼法》增加审查逮捕时讯问犯罪嫌疑人的规定，同时赋予证人、辩护律师等参与审查逮捕程序的权利，这在一定程度上克服了批捕程序的行政化，强化了司法审查的色彩。那么，羁押必要性审查，应当采取听证式模式，还是采取行政化模式？

有人认为，审查批捕环节也没有采用听证式的审查模式，作为检察监督手段的羁押必要性审查采用听证式的审查模式，不是本末倒置吗，主张羁押必要性审查还不宜采用听证式的审查模式。

捕后羁押必要性审查采取书面审查为主，听证审查为辅的方式进行。对于绝大部分案件的羁押必要性审查，可以采取书面审查方式进行，其最大的优点就是简便、高效，但它的行政性、封闭性特点与司法属性格格不入，不利于查明事实和让犯罪嫌疑人、被告人信服。在书面审查的基础上，听取犯罪嫌疑人、被告人和律师的意见，必要时听取被害人的意见，可以在一定程度上弥补单纯书面审查的弊端。听证审查主要适用于案件事实清楚、证据确实充分，但在羁押必要性上有分歧以及有较大社会影响的案件。听证方式构成一个类似于控辩审的三方结构，“有关机关”为控方，犯罪嫌疑人、被告人为辩方，执检部门作为审方居中裁判。这种方式为“有关机关”和犯罪嫌疑人、被告人提供了充分表达是否继续羁押意见的机会。“有关机关”和犯罪嫌疑人、被告人享有继续羁押与否的话语权，有利于羁押或者解除羁押建议的执行。不足之处：进展缓慢，耗时、费力。全面推行听证方式比较困难，也没有必要。

2015 年，我们参考《行政处罚法》所设立的听证程序，拟出台《羁押必要性审查听证办法》，明确羁押必要性审查的听证程序的操作模式及其具体操作细节。

听证由刑事执行检察部门组织，刑事执行检察人员主持，主要包括以下程序：（1）主持人宣布听证目的、程序和注意事项；（2）犯罪嫌疑人、被告人及其法定代理人、近亲属、辩护人说明不需要继续羁押的理由并举证；（3）被害人及其法定代理人、近亲属、诉讼代理人发表意见并举证；（4）现阶段办案人员就无必要继续羁押犯罪嫌疑人、被告人发表意见并举证；（5）看守所监管民警发表意见并举证；（6）犯罪嫌疑人、被告人所在单位、所居住社区和相关公安派出所发表意见并举证；（7）主持人向参加人员发问及相关人员作答；（8）经主持人许可，参加人员可以互相发问或者发表新的意见。

刑事执行检察部门应当及时将审查结果告知参加听证的人员。

曹某羁押必要性审查案。新余市看守所以曹某患有传染病不适应羁押为由提请新余市渝水区院启动羁押必要性审查。2014 年 7 月 3 日，新余市渝水区人民检察院召开羁押必要性审查公开听证会，就盗窃案犯罪嫌疑人曹某患病是否变更强制措施进行公开听证。该院监所科组织本院侦监、公诉部门办案干警、公安侦查人员、新余市看守所相关人员、犯罪嫌疑人近亲属、被害人、新余市人民医院专家、社区民警作为听证员参会并发表评议意见。参会人员围绕曹某是否有继续羁押必要性展开激烈的论辩。最终大家意见基本统一，综合评价认为犯罪嫌疑人曹某多次入室盗窃，且系吸毒人员，不能保证随时到案，家人无法对其监管、再犯罪的可能性大，有继续羁押必要。检察机关决定不予建议对曹某变更强制措施，同时建议市看守所与市人民医院传染病专家共同制订对曹某疾病的治疗方案，看守所采纳了检察建议。

敖某羁押必要性审查案。犯罪嫌疑人敖某，涉嫌非法买卖爆炸物案，社会关注、争议较大。敖某丈夫、母亲等亲属强烈要求变更强制措施，侦查机关与检察机关存在较大争议。2014 年 8 月 8 日，新余市渝水区人民检察院监所科主持召开听证会，对犯罪嫌疑人敖某是否有继续羁押的必要进行公开听证。邀请本院公诉部门负责人、公安机关承办人、嫌疑人家属、辩护律师、看守所管教民警、区司法局社区矫正部门负责人，以及人民监督员参与听证。经过各方充分阐述理由、提问、辩论，与会大多数人的意见认为本案证据已经固定，犯罪嫌疑人认罪态度较好，有自首情节、此案可能被判处缓刑、犯罪嫌疑人卖出的大爆竹所产生的后果仅为过往行人受到惊吓，直接损失轻微，且其患有心脏病，家中有老母亲和两个正处于叛逆期的孩子（分别是 14 岁、16 岁）需要照顾，变更强制措施有利于缓和社会矛盾，没有继续羁押的必要。经对各方意见综合评估，提出了变更强制措施的建议，办案机关接受检察机关建议，对犯罪嫌疑人变更强制措施为取保候审。

（四）探索之四：推行量化评估

不管是书面审查，还是听证审查，都需要对羁押的必要性进行具体评估，根据评估情况，提出继续羁押或者解除羁押的建议。

评估方法分为定性评估和量化评估。定性评估指审查者在综合分析案件的各种情况后，运用自由裁量权得出是否羁押的结论。定性评估是一种传统的评估方法，简便灵活，但完全依赖于人的主观判断，因人而异，因时而异，存在很大的不确定性，且准确性较差。量化评估指审查者根据一定的规则，对与羁押相关的因素分别打分，然后按照打分情况对羁押必要性作出评判。量化评估需要积累较多的资料，但不依赖于人的主观判断，客观准确，评估结果容易使人接受。

对逮捕后羁押必要性的审查，应当采取量化评估的方法进行。量化评估方法是案件承办人制作《犯罪嫌疑人（被告人）羁押必要性评估表》，对在押的犯罪嫌疑人（被告人）是否存在继续羁押的必要性进行量化分析，即根据事先规定的标准，对与羁押必要性相关的因素逐一分析打分，将分数合计后与事先确定的维持羁押分数比较，高于该分数则维持羁押，否则建议解除羁押。如

A犯盗窃罪（评分10分），根据案情综合判断，可能判处5年有期徒刑（评分10分），有自首情节（评分-5分）和重大立功情节（评分-3分），其他情节（评分-5分），合计分数7分，允许维持羁押分数为10分，合计分数低于维持羁押分数，说明没有羁押必要，此案应当建议解除羁押。

评估项目和标准：（1）社会危险性情况。是否嫌疑人实施新的犯罪；毁灭、伪造证据；干扰证人作证、串供；对被害人、举报人、控告人实施打击报复；自杀或者逃跑等的可能性已被排除。（2）收集固定证据情况。是否证据已收集固定，达到证明力要求，符合取保候审或监视居住条件。（3）事实和情节证据情况。是否有自首、立功情节，捕后证据是否发生变化，不足以证明有犯罪事实或者犯罪行为系嫌疑人所为，或者嫌疑人可能被判处管制、拘役、独立适用附加刑、免予刑事处罚或者判决无罪。（4）可能判处刑罚情况。是否继续羁押嫌疑人，羁押期限将超过依法可能判处的刑期。（5）羁押期限情况。是否羁押期限届满，案件尚不能办结。（6）特殊案件和侦查需要情况。是否毒品犯罪等特殊案件以及嫌疑人对破案、抓获重大犯罪嫌疑人是否有重要作用而协助侦查。（7）其他情况。包括：①嫌疑人基本情况。是否老人或未成年人。②嫌疑人身体状况。是否患有严重疾病。③嫌疑人家庭现实情况。是否家庭主要收入来源。④犯罪性质情况。是否交通肇事、故意伤害（轻伤）等可能判处3年有期徒刑以下刑罚的轻刑犯罪。⑤刑事和解情况。有被害人的案件双方是否达成了刑事和解。

量化评估优点：一是能为判断羁押必要性提供客观定量的标准，维持羁押还是解除羁押一目了然。二是在解除羁押的犯罪嫌疑人（被告人）不能及时到案或重新犯罪的情况下，可以减轻甚至不追究检察官的责任。三是可以避免检察官的任意和武断，从程序上形成对羁押必要性审查权的有效制约。四是公开量化过程和量化结果，增加审查羁押必要性的透明度。

（五）探索之五：建立工作机制

2013年5月，江西省新余市检察院与市公安局联合出台《关于羁押必要性审查工作制度》，建立公安、监管机关在羁押必要性审查中事前通报、事中参与和事后通知的工作机制。该制度明确规定，公安机关收到被执行逮捕后的犯罪嫌疑人、被告人及其法定代理人、近亲属或者辩护人提出变更强制措施申请的，应当将处理意见及相关材料及时通报作出批准逮捕决定的检察机关；看守所对了解掌握的可能影响犯罪嫌疑人、被告人羁押必要性的情形，应当及时向驻所检察室书面通报。检察机关向公安机关提出释放犯罪嫌疑人、被告人或者变更强制措施的建议后，公安机关应当在收到建议后10日以内将处理情况书面通知检察机关。公安机关没有采纳检察机关建议的，应当书面说明理由和依据，并提供相应的证明材料。同时，要求公安机关应当积极配合检察机关开展羁押必要性审查工作，及时提供审查所需的有关案卷和材料，对于检察机关需要当面听取意见的，应当派员参加。当然，还应考虑与法院会签规范性文件，明确双方在羁押必要性审查工作中各自的职责，规范审判阶段羁押必要性审查工作，增进共识，建立机制，形成合力。

建立以“公安监管、社区帮教、检察监督”为核心的专群结合的监管保障机制。检察机关对犯罪嫌疑人、被告人进行羁押必要性审查的同时，应当对犯罪嫌疑人、被告人有无取保候审、监视居住的条件进行相应的审查。可以通过走访犯罪嫌疑人、被告人家庭、居住地的社区、居委会、村委会及当地派出所，了解其个人及家庭情况，并出具书面的社会调查评估意见，作为审查的依据之一。检察机关在向“有关机关”提出变更强制措施建议后，“有关机关”依法变更强制措施的，检察机关应当及时通知当地司法机关、公安机关，要求前述部门对犯罪嫌疑人、被告人进行必要的监管、帮教。

（六）探索之六：结案

结案后，刑事执行检察部门应当及时将全部案件材料装订归档。

结案材料包括：（1）羁押必要性审查申请材料、登记审批表；（2）有关人员提供的证明不需要继续羁押犯罪嫌疑人、被告人的证据或者其他材料；（3）调查核实犯罪嫌疑人、被告人身体健康状况的材料；（4）向有关机关了解侦查取证进展情况的材料；（5）听取有关办案机关、办案人员、看守所监管人员和派驻检察人员意见的笔录；（6）听取犯罪嫌疑人、被告人及其法定代理人、近亲属、辩护人，被害人及其诉讼代理人或者其他有关人员意见的笔录；（7）评估材料；（8）羁押必要性审查案件报告；（9）对犯罪嫌疑人、被告人予以释放或变更强制措施的建议书、建议函；（10）收到的羁押必要性审查答复书；（11）对申请人的答复材料等。

三、思考：羁押必要性审查制度配套措施

（一）顺应以审判为中心诉讼结构调整的需要

党的十八届四中全会通过的《中共中央关于全面推进依法治国若干重大问题的决定》，提出了“推进以审判为中心的诉讼制度改革”任务，可以说牵一发而动全身。这既是对长期以来我国刑事诉讼中奉行的以侦查为中心的“侦查中心主义”的矫正，也是对以案卷为中心的“卷宗中心主义”的转型，目的在于摆正侦查、公诉和审判机关之间的关系，重构以审判为中心的科学、

合理的诉讼结构。广大司法人员必须站在时代的前沿，把握好时代的脉搏，牢固树立保障人权与惩罚犯罪并重的理念，真正把尊重和保障人权的观念根植于心，践之于行。坚持“非羁押为常态，羁押为例外”的原则，在侦查、审查逮捕、审查起诉和审理等各个诉讼环节依法开展羁押必要性审查，注重收集、审查“社会危险性要件”，听取犯罪嫌疑人、被告人及其辩护律师对羁押的意见，推动羁押从“一押到底”向“必要羁押”转变，以减少不必要的羁押对犯罪嫌疑人、被告人合法权利的损害。

（二）推动羁押必要性审查意见程序化

众所周知，法律规范的标准结构、完整结构一定是、必须是、只能是“条件、模式、后果”的法律规范结构。因为，任何一项主观权利要想实际有效，都必须有一个前提条件，那就是应当具有模拟中的可能的制裁作保障；也就是所谓“权利之救济”。可是我们细察修改后《刑事诉讼法》所设立的羁押必要性审查制度，却只有“条件、模式”没有“后果”，属于典型的”无救济权利规范“，也就是人们常说的“权利宣示规定”。没能突破之前已经充分显现的“立法局限”。譬如，第 93 条有明文规定，可是，检察机关不依职权启动相关程序怎么办呢？检察机关依申请启动相关程序，而且查明事实，认为确实不再具备相应的羁押必要性，但是检察机关却不依法及时提出相关解除羁押建议，怎么办呢？检察机关依法及时向“有关机关”提出并且送达了相关解除羁押建议，“有关机关”不予理睬，又怎么办呢？法律没有相应的“后果”规定，因而不具备相应的强制性。有相关“后果”规定尚且难以贯彻实施，没有相关“后果”规定，权利的实现当然更加无从谈起。正所谓“无救济无权利”。因此，有一个问题提出了供大家探讨：是否可以、有必要推动羁押必要性审查意见程序化，即将羁押必要性审查作为犯罪嫌疑人、被告人被逮捕后的必经程序，嵌入已有的刑事诉讼程序之中，不管是继续羁押或者解除羁押，人民检察院都应当提出羁押必要性审查意见，否则，应追究相关人员的法律、纪律责任。

（三）建立羁押必要性审查统计考评体系

为避免羁押必要性审查制度沦为“休眠”甚至“虚置”的司法制度，建议高检院发布统一的羁押必要性审查法律文书，并要求统计上报相关数据。各地应将羁押必要性审查工作纳入执法质量绩效考核体系中，明确考核内容、标准及奖惩，防止反向操作和数据造假，推动羁押必要性审查工作健康发展。

（四）建立羁押信息共享平台

因应羁押必要性审查制度的设置，人民法院、人民检察院、公安机关和看守所应当建立被羁押人的网络信息互联共享机制，以便对羁押期限是否届满、不同诉讼阶段的换押、延长侦查羁押期限、重新计算侦查羁押期限、延长审查起诉期限、延长审理期限、中止或者延期审理、对被告人进行司法精神病鉴定、重新计算办案期限等实行网上换押，网上通知，同步监督，为羁押必要性审查提供动态的信息来源和技术平台。

第32堂课　浅析“被监管人死亡检察”

● 祁云顺*

课程提纲

一、被监管人死亡检察概述
二、被监管人死亡的受理和报告
三、被监管人死亡的审查与调查
四、被监管人死亡事件的处理
五、被监管人死亡事件有关实体问题分析
六、被监管人死亡检察中涉检信访问题

一、被监管人死亡检察概述

（一）被监管人死亡检察概念与分类

1. 被监管人死亡检察概念

被监管人死亡检察，是对人民检察院监所检察部门根据法律、法规和其他规范性文件的规定，对有关监管场所发生的被监管人死亡事件依法予以受理、进行审查和调查，并根据审查和调查情况作出相应处理等一系列检察监督活动的统称。被监管人死亡检察，既是人民检察院监所检察部门的法定职责，也是监所检察部门的重点工作之一。

* 天津市人民检察院第二分院监所检察处副处长。

2. 被监管人死亡的分类

被监管人死亡分为正常死亡和非正常死亡。正常死亡是指因人体衰老或者疾病等原因导致的自然死亡。非正常死亡是指自杀死亡，或者由于自然灾害、意外事故、他杀、体罚虐待、击毙等外部原因作用于人体造成的死亡。对于何谓“正常死亡”与“非正常死亡”，迄今法律、法规和司法解释均未作出规定或解释，仅见的只有1962年4月11日公安部十一局关于如何划分正常死亡与非正常死亡的界限问题的答复指出：应当根据死亡原因，逐个作具体分析，例如：自杀、逃跑击毙、工伤致死、自然灾害致死、医疗事故致死、虐待折磨致死、患浮肿、干瘦致死以及由于不顾体力消耗和恢复的平衡、强制过度劳动，甚至强迫病号出工，以致发生成批死亡等，都应视作非正常死亡。上述答复采取的是列举的方式，并未就所谓“正常死亡”与“非正常死亡”作出明确的界定。最高人民检察院领导认为被监管人员死亡发生本身是一个自然科学问题和事实问题，而探讨与被监管人死亡发生有关的人员有无责任是一个法律问题。法律问题的解决必须基于自然科学问题和事实问题的探明。所以，有必要在自然科学角度的死亡分类（自然死亡与非自然死亡）与法律领域的死亡分类（正常死亡与非正常死亡）之间建立起合乎规律和逻辑的联系。下表清晰地说明了死亡原因、死亡方式与死亡性质的关系。

死亡原因、死亡方式、死亡性质关系表

死亡原因	死亡方式	死亡性质	
		医学用语	法律用语
病死（包括猝死）、老死	非暴力性死亡（疾病死、衰老死）	自然性死亡	正常死亡
损伤、窒息、中毒、电击、高低温、饥饿等	暴力性死亡（自杀、他杀、意外），特殊类死亡（战争死、处决死、安乐死）	非自然性死亡	非正常死亡
注：死因必须通过医学或法医学鉴定才能明确	注：死亡方式、死亡性质需要由办案人员通过案情调查、现场勘验和法医学（或医学）鉴定三方面的情况综合分析才能确定		

从检察实务出发，应从监管部门及其工作人员对被监管人员死亡是否应承担法律责任出发，将被监管人死亡性质区分为“有责任死亡”与“无责任死亡”。其原因在于：第一，即使是被监管人确属因病死亡（属于正常死亡），但在某些情况下，被监管人所患的疾病并非不治之症，其死亡的发生是由于监

管部门严重不负责任而导致延误治疗继而引发的“因病死亡”，或是由于体罚虐待而诱发原有疾病的急性发作而导致的“因病死亡”，这两种情况虽属于“正常死亡”，也需要追究监管部门及其相关监管人员的责任，因此属于“有责任死亡”。第二，因不可抗力（如自然灾害）、因逃跑而击毙，以及部分自杀身亡，虽属于“非正常死亡”，但监管部门并不需要因此承担责任，因而也属于“无责任死亡”。以监管部门及其工作人员是否需要承担责任对被监管人员死亡的性质进行划分，可以避免长期以来由于“正常死亡”与“非正常死亡”界定不清而带来处理程序的不明确，也可以解决仅根据鉴定结论为“因病死亡”就不作进一步审查而导致监督不到位的问题。

总之，被监管人死亡检察的重点是对被监管人非正常死亡进行检察（也包括有责任的正常死亡），要查明死亡发生的原因，监管场所执法是否规范、有无违法，有无侵犯被监管人合法权益，死亡处理程序是否规范等，尤其是重点查明是有关监管民警对被监管人死亡事件是否存在滥用职权、玩忽职守等渎职侵权责任。对一时难以分清是正常死亡还是非正常死亡的，应当按照非正常死亡的检察程序开展相关工作。

（二）被监管人死亡检察的范围

被监管人死亡检察的范围与检察机关承担的对有关刑罚执行和监管场所实行法律监督的范围是一致的，即凡是在检察机关依法承担派驻检察或者巡回检察任务的监管场所内发生的被监管人死亡事件，均属于被监管人死亡检察范围。《监狱法》第6条规定：“人民检察院对监狱执行刑罚的活动是否合法，依法实行监督。”《看守所条例》第8条规定：“看守所的监管活动受人民检察院的法律监督。”因此，被监管死亡检察的范围主要包括监狱服刑罪犯死亡、看守所在押的犯罪嫌疑人、被告人及留所服刑罪犯死亡。对于判处拘役的罪犯死亡的，无论是在独立设置的拘役所内执行刑罚，还是在看守所内执行拘役，也属于被监管人死亡检察的范围。另外，需要注意的是，根据2012年3月14日修改的《刑事诉讼法》，最高人民检察院《人民检察院刑事诉讼规则（试行）》赋予人民检察院监所检察部门对指定监视居住的执行活动是否合法实行监督和对强制医疗执行活动是否合法实行监督的职责，因此，犯罪嫌疑人、被告人在指定居所监视居住期间发生的死亡事件，被依法决定强制医疗的精神病人在强制医疗机构内发生的死亡事件，也应属被监管人死亡检察范围。需要指出的是，对拘留所、强制戒毒所等场所发生的被监管人死亡事件，监所检察部门一般不予受理，需要查明有关民警是否存在渎职侵权等违法情形的，应当由渎职侵权检察部门受理。

（三）被监管人死亡检察的原则

被监管人死亡检察要坚持依法检察、客观公正、主动及时、注重协调的原则。

1. 依法检察

人民检察院在履行被监管人死亡检察职责过程中，要严格按照法律、法规和其他规范性文件的程序和要求开展工作。目前，被监管人死亡检察的主要法律依据有：

（1）《监狱法》第55条规定："罪犯在服刑期间死亡的，监狱应当立即通知罪犯家属和人民检察院、人民法院。罪犯因病死亡的，由监狱作出医疗鉴定。人民检察院对监狱的医疗鉴定有疑义的，可以重新对死亡原因作出鉴定。罪犯家属有疑义的，可以向人民检察院提出。罪犯非正常死亡的，人民检察院应当立即检验，对死亡原因作出鉴定。"

（2）公安部1991年印发的《看守所条例实施办法（试行）》第33条第1款规定："人犯死亡，应当由法医或者医生作出医疗鉴定。对于非正常死亡的，还应当经过当地人民检察院检验，并通报办案机关。"

（3）最高人民检察院单独或者联合有关部门制定的有关被监管人死亡处理的规范性文件，如最高人民检察院《关于监管场所被监管人死亡检察程序的规定（试行）》（2010年12月28日）、最高人民检察院、公安部、民政部《看守所在押人员死亡处理规定》（2011年12月29日），以及最高人民检察院2008年3月23日印发的《人民检察院监狱检察办法》、《人民检察院看守所检察办法》有关事故检察的相关条款等。

2. 客观公正

人民检察院在履行被监管人死亡检察职责过程中，要坚持实事求是、客观公正的立场，不偏不倚地依法独立进行检察。

一是要以客观、中立的态度对被监管人死亡事件进行审查和调查，通过深入细致的工作，查清案件事实真相，准确界定正常死亡还是非正常死亡，以及死亡的原因，在此基础上依法妥善处理。

二是在被监管人死亡检察程序方面做到公开、公正。要严格按规定程序开展被监管人死亡检察工作，凡是依法可以公开的事项均应向死亡被监管人的近亲属公开，对死亡被监管人的近亲属提出的各种疑问，要实事求是地予以释疑解惑，以公开促公正。

三是在处理结果方面做到公平公正。既要维护死亡的被监管人的各项合法权益，又要监督纠正监管单位存在的违法违规问题，特别要严肃查办被监管人死亡背后的职务犯罪案件，同时对检察机关自身在法律监督中存在的问题也要依法作出相应的处理。

3. 主动及时

人民检察院在履行被监管人死亡检察过程中，要充分发挥主观能动性，主动出击，快速反应，积极、主动地开展相关审查和调查工作，及时查清案件事实特别是死亡原因，及时依法作出处理。监所检察部门要把被监管人死亡检察作为一项重点工作来抓，无论是正常死亡还是非正常死亡，无论监管单位是否提出要求，检察机关均应按照有关法律、法规的要求积极、主动、及时履行死亡检察职责。承担派驻或巡回检察任务的检察院受理监管机关关于被监管人死亡的报告之后，要立即派员赶赴现场了解情况和开展相关现场检察工作，并及时报告本院检察长，层报上级检察院。上级检察院在接到报告后也应根据相关规定及时派员赶赴现场并开展审查、调查或者组织下级检察院开展审查、调查工作。省级检察院和地市级检察院在被监管人死亡检察中起着承上启下的重要地位，要切实发挥组织、协调、督促、检查等指导作用，帮助下级排除被监管人死亡检察工作中遇到的阻力和干扰。检察机关在被监管人死亡检察中要增强发现职务犯罪线索的敏锐性，及时立案查办被监管人死亡背后的玩忽职守、滥用职权等渎职侵权职务犯罪案件。

4. 注重协调

人民检察院在依法履行被监管人死亡检察职责过程中要注重与有关部门的沟通协调，共同推动被监管人死亡事件得到依法、妥善处理。一是要与监狱、看守、劳教所等监管场所及其主管部门密切协同配合，在查明死因、分清责任、依法处理的前提下，尽早平息事态。二是在尸体解剖、死因鉴定等方面加强与有关鉴定机构、鉴定人员的沟通协调，如实、及时地向鉴定机构和人员介绍情况和提供有关材料。三是要与死亡的被监管人的近亲属加强沟通，特别是在死者近亲属与监管场所立场对立、互不信任的时候，要依法公正地行使监督权，在查清事实，明确责任的基础上，妥善做好死者近亲属与监管场所之间的矛盾化解工作。

（四）被监管人死亡检察面临的形势

1. 保障人权重要性日益凸显

被监管人人权保障状况一直是社会最为关注的敏感话题，也是衡量和体现一个国家人权保障水平的重要方面。2012 年修改的《刑事诉讼法》，将“尊重和保障人权”写入总则。被监管人员死亡，尤其是非正常死亡对被监管人员合法权益影响重大，会对人权保障事业造成负面影响。

2. 社会关注度高

2009 年 2 月云南晋宁县看守所发生的“躲猫猫”事件引发了社会各界对监管场所被监管人人权状况的高度关注，被监管人死亡检察等监所检察工作成为舆论关注的焦点，死亡检察应对的难度和压力之大前所未有。

3. 干扰多、阻力大、取证难

被监管人死亡事件背后的职务犯罪往往是在监管执法过程中工作失职或滥用职权造成的。监管场所的领导经常在事发后出于保护干警的目的向检察机关说情，甚至在调查取证中不配合、制造障碍，给死亡检察工作造成困难。

（五）被监管人死亡检察的目的

1. 维护被监管人员的合法权益和查明死亡原因

因此，被监管人死亡检察的首要目的是保障被监管人员的合法权益。

2. 保障监管场所的安全稳定与秩序

近年来，死亡的被监管人员的近亲属闹访情况十分突出，对司法公信力的质疑走向另一个极端，严重干扰监管场所安全稳定与秩序。检察机关作为法律监督机关，有义务维护法律的尊严。因此，保障监管场所的安全稳定与秩序既是死亡检察的应有之义，也是死亡检察的目的。

3. 规范监管场所的监管执法行为

二、被监管人死亡的受理和报告

受理和报告是被监管人死亡检察的起始环节，其内容要包括监管场所告知、检察机关受理、层报上级检察院三方面。

（一）监管场所告知

1. 告知时间

监管场所发生被监管人死亡事件后，应当在第一时间立即告知人民检察院。《监狱法》第 55 条规定，《看守所条例》第 27 条规定：“人犯在羁押期间死亡的，应当立即报告人民检察院和办案机关，由法医或者医生作出死亡原因的鉴定，并通知死者家属。”最高人民检察院、公安部、民政部《看守所在押人员死亡处理规定》第 5 条第 1 款规定：“在押人员死亡后，看守所应当立即通知死亡在押人员的近亲属，报告所属公安机关和人民检察院，通报办案机关或者原审人民法院。”上述规定无一例外地强调监管场所在发生被监管人死亡后要“立即”告知检察机关，也即监管场所要在发生死亡事件的第一时间告知，不得拖延或延误。这是监管场所的法定义务。

2. 告知对象

监管场所发生被监管人死亡事件后，应当向对该监管场所担负派出、派驻或者巡回检察任务的人民检察院报告。

3. 告知方式

有关法律、法规和规范性文件未明确告知的方式，通常认为书面告知、口头告知均可。由于被监管人死亡通常具有突发性、紧急性，为确保在第一时间告知检察机关，实践中一般是监管场所的有关人员通过电话方式口头告知担负派驻、巡回检察任务的检察人员。

（二）检察机关受理

人民检察院接到监管场所发生被监管人死亡报报告后，应当立即受理，并开展审查、调查和相关处理工作。为了便于监管场所在发生被监管人死亡事件后第一时间告知，也为了便于检察机关在接到报告后在第一时间赶赴现场开展相关检察工作，监管场所发生的被监管人死亡事件，应当由对该监管场所担负派出、派驻或巡回检察任务的人民检察院受理。

（三）层报上级检察院

为确保上级检察机关及时了解和掌握监管场所被监管人死亡情况，便于上级检察机关加强对被监管人死亡检察工作的督促和指导，及时开展审查和调查工作，检察机关对监管场所发生的被监管人死亡事件实行逐级层报制度。

担负派出、派驻或者巡回检察任务的人民检察院受理监管场所发生的被监管人死亡事件后，应当立即口头报告上一级人民检察院，并在口头报告后24小时内填报被监管人死亡情况登记表。

上一级人民检察院收到被监管人死亡情况登记表后，应当在12小时内进行审查并填写审查意见后呈报省级人民检察院。

辖区内被监管人非正常死亡的，省级人民检察院应当在接到下级人民检察院报告后的24小时内，在被监管人死亡情况登记表上填写审查意见后呈报最高人民检察院。遇有法定节假日，应当在24小时内口头报告，再书面补充报告。

省级人民检察院应当在每月10日前将上月本辖区监管场所被监管人正常死亡人员名单列表呈报最高人民检察院。

在向上级检察机关层报被监管人死亡事件时，应当注意以下几个方面：

第一，对正常死亡和非正常死亡实行不同的报告程序，其中属于非正常死亡的，要逐案、逐级层报至最高人民检察院；对属于正常死亡的，逐案、逐级层报至省级人民检察院后，由省级人民检察院逐月汇总并呈报最高人民检察院。被监管人死亡原因一时难以确定的，应当按照非正常死亡报告程序报告，死因查明后再补充报告。

第二，要严格遵守报告的时间和方式要求。基层院、地市级检察院和省级检察院都要在规定的时限内口头或者书面报告被监管人死亡事件，规定要先行口头报告时必须先行口头报告，防止因报告逾期而导致死亡检察工作陷于被动。

第三，填写《被监管人死亡情况登记表》要规范。

第四，关于被监管人死亡事件的续报问题。上级检察院在审查下级检察院呈报的有关材料后，对被监管人死亡事件提出疑问或者提出其他要求的，下级检察院应当按照上级院的要求及时续报有关情况。上级检察院没有提出疑问的，下级检察院一般可以在被监管人死亡事件检察处理完毕后再报告，尽量减少一事多报的次数。但对于被监管人非正常死亡或者死亡原因一时难以确定的，省级人民检察院应当每月向最高人民检察院报告一次工作进展情况和下一步工作计划。对于重大、敏感、社会关注的被监管人死亡事件，省级人民检察院应当随时向最高人民检察院报告工作进展情况。

三、被监管人死亡的审查与调查

检察机关对被监管人死亡事件的审查和调查是被监管人死亡检察工作的核心环节，是依法处理被监管人死亡事件的前提和基础。根据被监管人死亡性质不同，是正常死亡还是非正常死亡，检察机关开展被监管人死亡检察的方法和程序、工作的内容和重点又有所不同。其中，对于初步认定为正常死亡的，一般应当由监管机关负责调查，由检察机关对监管机关作出的调查结论和认定的死亡原因等进行审查；对初步认定为非正常死亡的，以及检察机关、死者家属对监管机关作出的调查结论和认定的死亡原因有异议的，则应当由检察机关负责全面调查。

（一）一般要求

1. 审查和调查的主体

根据最高人民检察院《关于监管场所被监管人死亡检察程序的规定（试行）》的规定，被监管人死亡的审查与调查应当由地市级以上检察院和监所派出院负责。

地市级以上人民检察院担负派驻或巡回检察任务的监管场所发生被监管人死亡事件的，由本院负责审查、调查和相关处理工作。

专门担负监管场所任务的派出检察院负责本辖区监管场所被监管人死亡事

件的审查、调查和相关处理工作。

对重大、敏感、社会关注的被监管人死亡事件，由省级人民检察院负责审查、调查处理或者组织办理。

之所以作此规定，目的是为了确保人民检察院在被监管人死亡检察中依法独立行使检察权，排除审查和调查过程中可以遇到的阻力和干扰，保证审查和调查结论的说服力和公信力。

2. 派员赶赴现场的时间要求

由于被监管人死亡检察是一种事后监督程序，检察机关在第一时间派员赶赴现场，对及时了解死亡发生的有关情况、初步判断死亡性质属于正常死亡还是非正常死亡、调取和固定有关证据材料有着非常重要的意义。因此，担负派出、派驻或者巡回检察任务的人民检察院接到监管场所发生被监管人死亡报告后，无论是正常死亡还是非正常死亡，均应当立即派员赶赴现场。如果担负派出、派驻或巡回检察任务的人民检察院是县级人民检察院的，应当立即报告地市级人民检察院。地市级人民检察院接到县级人民检察院报告后，应当派员在24小时内到达现场（交通十分不便的，应当派员在48小时内到达现场）。

3. 被监管人死亡现场检察的基本内容

担负派驻或者巡回检察任务的人民检察院派员到达现场后，应当立即进行下列工作：

（1）了解被监管人死亡的有关情况；（2）监督监管场所对现场进行妥善保护并拍照、录像，或者根据需要自行对现场进行拍照、录像；（3）协同有关部门调取或者固定被监管人死亡前15日内原始监控录像，封存死亡的被监管人遗物；（4）收集值班民警值班记录或者值班巡视记录；（5）调取死亡的被监管人员档案；（6）参与有关部门组织的调查工作，了解调查情况；（7）收集其他有关材料。

需要特别指出的是，如果担负派驻或巡回检察任务的是县级人民检察院，它虽然不是审查和调查的主体，但县级人民检察院在接到监管场所发生被监管人死亡报告后，仍然应当立即派员赶赴现场，了解被监管人死亡的有关情况，并开展收集材料、固定证据等有关工作，为地市级检察院开展被监管人死亡的审查和调查工作做好充分的准备。

（二）检察机关对被监管人正常死亡的审查

被监管人死亡后，检察机关要根据现场检察中了解、掌握的有关情况，与监管机关共同对死亡原因作出初步认定。对初步认定为正常死亡的，一般由监管机关进行调查，其调查工作主要包括以下内容：

封存、查看在押人员死亡前15日内原始监控录像，对死亡现场进行保护、勘验并拍照；必要时，分散或异地分散关押同监室在押人员并进行询问；对收押、巡视、监控、管教等岗位可能了解死亡在押人员相关情况的民警以及医生等进行询问调查；封存、查阅收押登记、入所健康和体表检查登记、管教民警谈话教育记录、禁闭或者械具使用审批表、就医记录等可能与死亡有关的台账、记录等；登记、封存死亡在押人员的遗物；查验尸表，对尸体进行拍照或录像；组织进行死亡原因鉴定。

监管机关在完成上述调查工作结束后，应当作出调查结论，报告同级人民检察院并通知死亡在押人员的近亲属。

担负审查任务的人民检察院对监管机关提供的调查材料和调查结论进行审查。审查内容包括：现场勘验资料；监控录像、死亡的被监管人档案、值班民警值班记录或者值班巡视记录；监管机关提供的讯问笔录、谈话记录等有关材料；死亡证明书、尸表检验报告、法医鉴定书；其他与死亡的被监管人有关的情况和材料。

经审查，认为监管机关已经依法查清死亡的事实和原因，且调查程序、调查结论和处理意见符合法律和有关规定的，检察机关应当终结审查程序，并将审查结果通知监管机关。

（三）检察机关对被监管人死亡的调查

1. 检察机关负责调查的情形

根据有关规定，对以下四种被监管人死亡的情形，由人民检察院进行调查，监管机关对人民检察院的调查应予以配合：（1）被监管人非正常死亡的。（2）死亡被监管人的近亲属对监管机关的调查结论有疑义，向人民检察院提出，人民检察院审查后认为需要调查的。（3）人民检察院对监管机关的调查结论有异议的。（4）其他需要由人民检察院调查的。主要是指上级机关、领导交办的，一时难以分清正常死亡还是非正常死亡的，以及其他由检察机关调查更为合适的被监管人死亡事件。

2. 检察机关开展调查的主要程序和方法

在调查过程中，担负调查任务的检察人员应当进行下列工作：

（1）勘验现场，制作勘验笔录。现场勘验的主体是各级院监所检察部门的检察人员，在必要的时候，也可以指派检察技术部门的专业技术人员或者聘请其他具有专门知识的人，在检察人员的主持下进行勘验和检查。在被监管人死亡调查中，检察机关勘验现场的主要内容：一是对现场自行进行勘验并制作勘验笔录，或者要求监管机关对现场进行复验、复查；二是查验尸表，对尸体拍照或录像，制作尸表查验笔录；三是检查已封存的死亡的被监管人遗物，对有关物品和文件进行拍照、录像或复印。

（2）询问有关人员，制作调查笔录。检察人员通过与有关人员进行谈话，了解被监管人死亡的前因后果。一是向监管民警和狱医调查了解死亡的被监管人生前被监管及治疗情况；二是向其他被监管人及知情人调查了解死亡的被监管人死亡时间、抢救经过及生前情况；三是向医院调取抢救记录，向参加抢救的医生调查了解死亡情况；四是调查和收集其他与死亡的被监管人有关的情况和材料。

（3）组织进行尸检，查明死亡原因。死因鉴定，对于确定被监管人死亡原因、判断死亡性质、依法处理死亡事件具有重要意义。《刑事诉讼法》第144条规定，为了查明案情，需要解决案件中某些专门性问题的时候，应当指派、聘请有专门知识的人进行鉴定。在被监管人死亡调查过程中，人民检察院根据工作需要，特别是为了查明死亡原因，也可以组织进行尸体检验和死亡原因鉴定。一般情况下，尸检和死因鉴定，应当由人民检察院技术部门的法医作出。检察机关在组织进行尸检时，应当通知被监管人的近亲属到场，并让其在《解剖尸体通知书》签字或盖章。对被监管人无近亲属或无法通知其近亲属，以及被监管人的近亲属无正当理由拒不到场或者拒绝签字或者盖章的，不影响尸检，但人民检察院应当在《解剖尸体通知书》注明，邀请与案件无关的人员或者近亲属聘请的律师到场见证，并对尸体解剖过程进行全程录像。必要时，经征求死亡被监管人近亲属意见，人民检察院也可以委托其他具有司法鉴定资质的机构进行尸检；死亡被监管人的近亲属也可以另行委托具有司法鉴定资质的机构进行尸检。为确保鉴定人作出客观公正的鉴定意见，担负审查和调查任务的人民检察院监所检察部站都应当为鉴定人提供必要的条件，如实向鉴定人介绍情况、并提供有关的材料，包括：死亡的被监管人基本情况、入监（所）体检情况及病历档案原始材料；死亡发生过程等与鉴定有关的材料；死亡的被监管人发病、救治情况材料；医院出具的死亡证明书、监管机关提供的被监管人死亡医疗鉴定或法医鉴定等材料；其他需要提供的材料。

（4）审查鉴定意见。在被监管人死亡检察中，鉴定意见是检察机关查明死亡原因和事实的重要依据。但是，鉴定意见不是对被监管人死亡原因和经过的客观记录或描述，而是鉴定人在观察、检验、分析等科学技术活动基础上得出的主观性认识。因此，对于技术性审查意见和鉴定意见，检察人员应从形式和内容两个方面认真进行审查，如果鉴定意见有以下法定事由，就不能作为处理被监管人死亡事件的根据，而应当报检察长批准后进行重新鉴定或补充鉴定。常见的法定事由有：鉴定机构或者鉴定人员不具备相关的鉴定资格的；鉴定程序严重违法的；鉴定结论明显依据不足的；鉴定意见与证明对象无关联；经过审查认定不能作为证据使用的其他情形。

（5）撰写被监管人死亡检察报告。审查和调查工作结束后，检察人员应当在综合分析审查和调查材料的基础上，根据所查明的死亡原因和事实，写出被监管人死亡检察报告。内容应当包括：事件来源、审查和调查经过、认定事实、死亡原因和处理意见。

小结：被监管人死亡事件调查工作六字口诀

一查：会同检察技术人员进行尸表检查、勘验现场。

二封：调取并封存相关文书（死亡被监管人档案、民警值班记录、就诊记录、死亡诊断书等）；调取并封存监控录像；检查并封存遗物。

三问：询问与死亡事件相关人员。

四定：初步确定死亡性质（是否有责任死亡），若怀疑有责任死亡，则需要进行法医学鉴定（或重新鉴定）。

五鉴：委托鉴定机构进行鉴定，审查鉴定意见。

六立：根据调查的情况，对有犯罪事实确要追究刑事责任的案件，依法立案侦查。

四、被监管人死亡事件的处理

（一）对有关监管机关及其责任人员的处理

审查和调查工作结束后，人民检察院应当根据审查结论和调查结果，分别情形，依法作出处理：

（1）认为监管机关处理意见不当的，提出意见或建议，必要时提出检察建议；（2）对监管机关监管执法中存在的问题，提出纠正意见或者检察建议，督促整改；（3）对相关涉嫌犯罪的被监管人，依法移送有关主管机关处理；（4）对负有渎职侵权责任的相关人员依法作出处理。检察机关应当及时建议有关部门给予纪律处分或者组织处理，对其中情节严重、涉嫌职务犯罪的，应当依法立案侦查。

（二）检察机关自身问题的处理

人民检察院在对被监管人死亡的审查和调查处理过程中，发现检察监督工作存在问题，应当及时整改；对负有责任的检察人员，应当依法依纪作出处理。

（三）尸体、遗物及赔偿、救助等善后工作的处理

在对被监管人死亡的善后处理工作中，人民检察院应当立足检察职能，同

监管机关相互配合。监管机关应当将死亡在押人员尸体和遗物处理情况记录在案，并通报同级人民检察院。人民检察院应当监督、支持监管机关按照法律和有关规定处理尸体和遗物，对监管机关违反法律和有关规定处理尸体、遗物的，要提出纠正意见。

1. 关于尸体火化

人民检察院、死亡被监管人的近亲属对监管机关的调查结论无异议的，或者监管机关、死亡被监管人员的近亲属对人民检察院调查结论或者复议、复核结论无异议的，监管机关应当根据有关规定及时火化尸体。对经上一级人民检察院复核后，死亡被监管人员的近亲属仍不同意火化尸体的，监管机关可以按照规定火化尸体。尸体火化自死亡原因确定之起15日内进行。死亡被监管人员的近亲属要求延期火化的，应当向监管机关提出申请，监管机关应当将火化的时间、地点通知死亡被监管人的近亲属，并允许死亡被监管人的近亲属探视。死亡被监管人的近亲属拒绝到场的，不影响尸体火化。尸体火化时，监管机关应当到场监督，并固定相关证据。尸体火化后骨灰由死亡被监管人近亲属在骨灰领取文书上签字后领回。对尸体火化时死亡被监管人的近亲属不在场的，监管机关应当通知其领回骨灰，逾期6个月不领回的，由监管机关按照规定处理。死亡被监管人系少数民族的，尸体处理应当尊重其民族习惯，按照有关规定妥善处置。死亡被监管人系港、澳、台居民、外国国籍及无国籍的，尸体处理按照国家有关法律、法规的规定执行。

2. 关于遗物处理

死亡被监管人的遗物由其近亲属或者由监管场所寄回。

死亡被监管人的近亲属接通知后12个月内不领取或者无法投寄的，按照规定处理。

3. 关于死亡赔偿和救助

监管机关及其工作人员在行使职权时，违法使用武器、警械、殴打、虐待在押人员，或者唆使、放纵他人以殴打、虐待等行为造成在押人员死亡的，应当按照《国家赔偿法》的规定予以赔偿。对于不属于国家赔偿范围但死亡被监管人家庭确实困难、符合相关救助条件的，死亡被监管人的近亲属可以按照规定向民政部门申请救助。

（四）复议和复核

监管机关或者死亡人员家属对人民检察院的调查结论和处理决定有异议要求复议的，人民检察院应当复议；监管机关或者死亡人员家属对复议结论有异议提请复核的，上一级人民检察院应当复核。复议、复核结论作出后，应当及时告知监管机关和死亡被监管人近亲属。

（五）备案和审查

对于被监管人非正常死亡的，担负调查任务的人民检察院应当在调查处理工作结束后的15日内，将调查过程、死亡结论、监管工作和检察监督工作中存在的问题及处理情况，书面报告上一级人民检察院，并附死亡证明书、法医鉴定书、相关证人证言等主要证据材料和有关材料的复印件。省级人民检察院在接到下级人民检察院非正常死亡调查处理情况报告后，应当进行审查。经审查认为需要补充有关材料的，可以要求下级人民检察院补充调查，也可以自行补充调查。经审查或者补充调查认为可以终结的，应当将死亡人员基本情况、调查过程、相关事实、有关责任人员处理情况及本院的审查处理意见等形成调查处理情况综合报告呈报最高人民检察院，并附死亡证明书、法医鉴定书、相关证人证人、下级人民检察院报告等主要证据材料和有关资料复印件。

（六）建立被监管人死亡检察档案

审查和调查处理工作结束后，担负派出、派驻或者巡回检察任务的人民检察院及担负审查和调查任务的人民检察院应当建立被监管人死亡检察档案。被监管人死亡检察档案包括：

（1）被监管人死亡情况登记表；（2）调查笔录、勘验笔录、监控录像资料；（3）死亡证明书、文证审查意见、尸表检验报告或者法医鉴定书等相关资料的复印件；（4）被监管人死亡情况审查报告和调查报告；（5）相关责任人员处理情况及追究刑事责任人员立案决定书、起诉书、判决书等相关文书复印件；（6）纠正违法通知书、检察建议及监管场所相关回复材料；（7）复议、复核情况材料；（8）调查处理情况综合报告；（9）其他需要归档的材料。

五、被监管人死亡事件有关实体问题分析

（一）死亡原因与责任分析的有关问题

1. 死因分析与事实上的因果关系

世界卫生组织在《国际疾病分类》中对死亡原因的定义是："所有直接导致或间接促进死亡的疾病、病情和损伤，以及任何造成这类损伤的事故或暴力的情况。"根据这一定义可知，死因可以是某种单纯性的疾病或损伤，也可能是疾病、损伤（或）中毒共同作用所致。导致死亡的原因与死亡之间绝大多数情况下并非遵循一因一果的线性因果关系，而是呈现多因一果的错综复杂的因果关系网络。在查明事实中，重点要明确造成死亡的各种因素、各种因素相互之间的关系以及它们在导致死亡发生中所占的权重。

从法医科学角度，死因可分为主要死因、直接死因、诱因和辅助死因。（1）主要死因。通常所称死因，即指主要死因。主要死因是指与死亡有关的主要原发性疾病或外伤。“原发性”是主要死因定的关键。在自然性疾病致死的病例中，其主要死因一般和主要疾病是一致的。在暴力事件中，死因分析涉及外伤及其继发的感染或意外附加医疗因素，外伤为主要死因。（2）直接死因。直接死因是指源自主要死因的致命性并症，它不是一种独立的疾病、病变和病理过程，不能以直接死因代替主要死因。常见的直接死因有感染、出血、栓塞、肺水肿和中毒等。主要死因和直接死因是一种因果关系，两者时间间隔长短不一，有的很短，有的可能长达数年。（3）诱因。诱因是指诱导身体原有潜在病变恶化而死亡的因素。诱因对于真正健康者来说可能是微不足道的，或者是毫无危害的，但对某些重要脏器有潜在病变、体质异常或过敏者，却能引起潜在病变恶化，或通过应激反应，诱发体内固有疾病而导致死亡。常见的诱因有争吵、轻微外伤、情绪激动、过于劳累、强烈的冷热刺激等。（4）辅助死因。辅助死因是指独立于主要死因以外的疾病或外伤。辅助死因与主要死因不同的是它对死亡发生的作用较小，与诱因不同的是它与主要死因无因果关系，在致死过程中仅起辅助作用。

2. 被监管人死亡事件常见死因分析

结合检察实际，被监管人死亡事件常见的死亡原因是：（1）主要死因是疾病，如各种类型的猝死。此时，殴打、体罚虐待等可能是诱因。（2）主要死因是外伤，外伤可能是殴打、体罚虐待造成，也可能是自伤、自杀形成。此时，被监管人可能存在一定程度的疾病，但与死亡的发生关系不大。（3）主要死因是中毒，在检察实践中也会遇到服毒或食物中毒导致的死亡。确定是中毒致死必须经过毒物化验分析，达到致死量才能确定。此时，死者可能有一些疾病或外伤，一般与死亡关系不大，充其量是辅助死因。（4）主要死因是物理性损伤，如中暑死、冻死、饿死。冻、饿、晒、烤可以是导致死亡的诱因，也可以是主要死因，应给合具体情况加以区分。

死因分析值得注意的三种情况：第一，在使用禁闭或警械具，导致被监管人长时间固定体位，继而导致其呼吸衰竭死亡或血栓栓塞死亡的被监管人死亡事件中，其主要死因是长时间固定体位，直接死因才是呼吸衰竭死亡或血栓栓塞。第二，身体大面积软组织损伤，导致肾功能衰竭死亡（挤压综合征），其主要死因是损伤，直接死因是肾功能衰竭，这在刑讯逼供案中经常会遇到。第三，主要死因是疾病，直接死因是疾病导致的并发症，但是由于监管人员严重不负责任，导致延误治疗所致，延误治疗是重要的辅助死因。

（二）被监管人死亡事件常涉及职务犯罪罪名法律上的因果关系之分析

1. 虐待被监管人员罪

根据《刑法》第248条第1款的规定，监狱、拘留所、看守所等监管机构的监管人员对被监管人进行殴打或者体罚虐待，情节严重的，构成虐待被监管人员罪。具体到被监管人死亡事件，“情节严重”包括以殴打、捆绑、违法使用械具等恶劣手段虐待被监管人的；以较长时间冻、饿、晒、烤等手段虐待被监管人，严重损害其身体健康的；虐待造成被监管人轻伤的；虐待被监管人，情节严重，导致被监管人自杀、自残，造成重伤、死亡的；指使被监管人殴打、体罚虐待其他被监管人，具有上述情形之一等情节。殴打或者体罚虐待并导致死亡的主要原因，即并非是由于殴打或者体罚虐待导致的重伤致死或直接导致死亡，只能是辅助死因或诱因，其主要死因往往是疾病或自残、自杀。

根据《刑法》第248条第1款的规定，致人伤残、死亡的，依照故意伤害、故意杀人罪从重处罚。适用此款，要求殴打或体罚虐待是直接造成被监管人死亡或重伤致，即主要死因是殴打或体罚虐待。

2. 刑讯逼供罪

根据《刑法》第247条的规定，司法工作人员对犯罪嫌疑人、被告人实行刑讯逼供，构成刑讯逼供罪。具体到被监管人死亡事件，刑讯逼供指的是：以殴打、捆绑、违法使用械具等恶劣手段逼取口供；以较长时间冻、饿、晒、烤等手段逼取口供，严重损害其身体健康的；使用肉刑或变相肉刑造成被监管人轻伤；刑讯逼供，情节严重，导致犯罪嫌疑人、被告人自杀、自残造成重伤、死亡；纵容、指使、强迫他人刑讯逼供，具有上述情形情这一的等情节。上述刑讯逼供行为或情节，并非导致死亡的主要死因，即并非由于肉刑或变相肉刑导致的重伤致死或直接导致的死亡，它们只能是辅助死因或诱因，其主要死因往往是疾病或自杀。

根据《刑法》第247条的规定，致人伤残、死亡的，依照故意伤害、故意杀人罪从重处罚。适用此款，要求是刑讯逼供中采取的肉刑或变相肉刑直接造成被监管人死亡或重伤致死，即主要死因是肉刑或变相肉刑。

3. 滥用职权罪

根据《刑法》第397条的规定，国家机关工作人员超越职权、违法决定、处理其无权决定、处理的事项，或者违反规定处理公务，致使公共财产、国家和人民利益遭受重大损失的，构成滥用职权罪。滥用职权造成死亡一人的，应当立案。具体到被监管人死亡事件，常见的情形是：监管机构的负责人违规审批使用禁闭、械具，作为主要死因造成被监管人死亡的情形；公安机关的领导违规批准侦查人员提讯犯罪嫌疑人、被告人，导致发生刑讯逼供，作为主要死因造成犯罪嫌疑人、被告人死亡的。

4. 玩忽职守罪

根据《刑法》第397条的规定，国家机关工作人员严重不负责任，不履行或不认真履行职责，致使公共财产、国家和人民利益遭受重大损失的，构成玩忽职守罪。玩忽职守造成死亡一人以上，应予以立案。具体到被监管人死亡事件，常见的情形是：被监管人因病死亡，主要死因是疾病，直接死因是疾病导致的并发症，但存在监管人员严重不负责任，导致延误治疗而发生因病死亡；在使用禁闭、械具时未按规定履行巡视、检查职责，导致被监管人长时间被固定体位（主要死因），导致呼吸衰竭或血栓栓塞（直接死因）死亡；未认真履行巡视、检查职责，发生重要犯罪嫌疑人、被告人自杀等情形。

（三）案例评析

广西兴安县看守所在押人员黎某某被体罚虐待致死案情况具体如下：

1. 被告人基本情况

王某某，男，1953年11月3日出生，初中文化，原系广西壮族自治区兴安县看守所监管民警，2008年8月11日，因涉嫌虐待被监管人罪被刑事拘留。

2. 主要犯罪事实

2007年4月1日下午5时许，羁押于广西兴安县看守所14监舍的在押人员黎某某不遵守监管规定，时任管教民警王某某、周某某（另案处理）为了制止其违规行为，指使该所留所服刑罪犯陈某某、唐某某、龙某某、宾某某，用布条绕黎某某的腰腹部捆绑后，将黎某某固定绑在该监舍通风窗的铁栏上。被害人黎某某被捆绑时，上身未穿衣服，下身只穿一条短裤，当晚最低气温14.3度。次日上午约8时30分，同监舍在押人员发现被捆绑的黎某某昏迷后，即报告管教民警，民警即组织人员将黎某某送当地医院抢救，当黎某某被送到医院时已经死亡。2008年12月30日，广西壮族自治区人民检察院检察技术鉴定中心对黎某某的死因进行鉴定，法医鉴定意见为：黎某某系体位受限促发循环、呼吸衰竭而死亡，低温因素对其死亡的发生存在辅助作用。

3. 处理结果

2009年2月20日，广西壮族自治区南宁市人民检察院向南宁市中级人民法院提起公诉，指控：被告人王某某指使留所服刑罪犯用布条捆绑被害人黎某某，其行为构成虐待被监管人罪。南宁市中级人民法院一审认为，被告人王某某身为负有监管职责的看守所干警，违反国家监管法规，指使留所服刑人员用布条捆绑、体罚虐待被监管人黎某某，并在虐待过程中造成黎某某死亡，其行为已触犯《刑法》第248条、第232条之规定，构成故意杀人罪，判处有期徒刑15年，剥夺政治权利3年。

4. 评析

王某某身为看守所监管人员，明知公安部有关械具使用的禁止性规定，用布条捆绑被监管人违反国家监管法规，明知自然人在低温环境下不着衣物、长时间限制身体活动，会对肉体和精神甚至生命造成确定性伤害甚至死亡的后果，仍然不顾后果，指使留所服刑人员对被监管人员黎某某长时间实施捆绑并固定在一定位置上。因此，从主观上看，王某某具有虐待被监管人的故意，而且其明知自己的虐待行为会发生黎某某死亡的结果，并且放任这种结果的发生，也构成故意杀人的间接故意。法医鉴定意见证实，王某某指使他人捆绑的行为与黎某某的死亡结果有直接的因果关系，且低温因素对其死亡发生辅助作用。在本案中，王某某指使他人捆绑是虐待的一种具体行为方式，较长时间冷冻也是一种虐待方式，其中捆绑致长时间体位限制而促发循环、呼吸衰竭是主要死因，冷冻是辅助死因。因此本案依照《刑法》第248条、第232条认定故意杀人罪是正确的。

六、被监管人死亡检察中涉检信访问题

被监管人死亡事件是被监管人在监管场所被羁押期间发生的死亡事件，具有死亡场所特定、死亡时间特定、死者身份特定的特点，如果处理和处置不当，不仅容易引发信访问题，而且应对难度也比较大。因此，要充分认识被监管人死亡检察对于维护社会和谐稳定大局的重要意义，增强监督意识和人权保障意识，增强工作的主动性和敏锐性，切实发挥法律监督作用。

（一）被监管人死亡检察中涉检信访的特点

1. 信访数量呈增多趋势

一方面，随着人民群众法制意识和维权意识的显著增强，信访已经被人民群众视为维护自身合法权益的重要途径和手段，许多人甚至希望通过信访引起上级机关和领导对自己所反映、投诉的问题的重视。另一方面，由于监管场所监管执法公开不深入、宣传工作没跟上，监管场所的封闭状态没有得到根本改变，社会各界和人民群众对监管场所的监管执法工作不了解，甚至存在一些偏见和误解，一旦发生被监管人死亡事件，无论是因病正常死亡还是非正常死亡，无论检察机关、监管机关在监管执法及其法律监督中是否存在过错，死者家属也总是会把死亡事件与牢头狱霸、刑讯逼供等联系在一起，进而提出信访。

2. 信访环节几乎涉及被监管人死亡处理的全过程

主要有：一是死亡前的救治环节，死者家属有可能因不满监管机关不及时救治或者延误救治而提出信访，质疑监管机关为什么未在第一时间通知死者家属。二是在审查和调查环节，担心监管机关或检察机关不认真调查，担心官官相护，掩盖真相。三是死因鉴定环节，担心鉴定机构和人员不能保持客观公正的立场，或者担心作出对己不利的鉴定意见。特别是有的死者家属在查看了尸体后对一些尸体现象不明确时，误以为鉴定意见在确定死因时偏袒监管机关。如有的死者家属见到紫褐色尸斑就认为是打击形成，胸外按摩抢救过程形成的肋骨骨折就认为是死前受钝器打击形成，等等。四是在善后处理环节，常常因高额的赔偿或补偿要求得不到满足而提出信访，希望借助信访引起相关部门和领导的重视，尽量获取高额赔偿或者补偿。五是在责任追究环节，要求追究相关责任人员的法律责任，或者对有关机关作出的责任追究决定不服而提出信访。

3. 信访经常与媒体炒作结合在一起

在当今信息化和新媒体时代，特别是互联网的普及，通过网上发帖、发微博等形式，广大群众足不出户就可以通过互联网随时向有关部门反映诉求，提出意见和建议，方便、快捷、省时、省力。在发生被监管人死亡事件后，死者家属通过书信、电话、走访等传统形式向有关部门提出信访的同时，也经常将有关被监管人死亡事件通报给报纸、网络媒体，以寻求对己有利的舆论支持，给有关部门处理被监管人死亡事件施加影响和压力。通过媒体聚焦、炒作，被监管人死亡事件容易演变成为网络事件，如2009年“躲猫猫”事件。

4. 闹访时有发生，容易引发群体性事件

发生被监管人死亡事件后，参与善后处理的家属一方往往人数较多，少则三五人，多则十几、二十几人。由于死者家属难以接受被监管人突然死亡的事实，情绪容易激动，对监管场所以及检察机关容易产生种种不满，特别是在有关监管场所存在执法过错或者检察机关存在法律监督不到位的情形下，死者家属一方容易与监管场所以及检察机关产生对立情绪，一些地方曾经引发抢尸、抬尸上街闹访等群体性事件。如2009年至2010年上海青东地区就发生4起死亡被监管人家属闹访事件，严重影响监管场所的正常工作秩序。

（二）对被监管人死亡信访问题的防范和应对

针对被监管人死亡检察的信访问题，检察机关要采取切实有效措施，加强源头治理，加强应对工作，加强能力建设，依法解决信访问题。

1. 加强源头治理，预防和减少被监管人因病死亡事件发生

一是要加强监狱入监检察、看守所收押检察工作，切实保障被监管人的生

命、健康权利，最大限度地预防和减少被监管人因病死亡事件发生。在监狱入监检察环节、看守所收押检察环节，发现罪犯、犯罪嫌疑人、被告人患有严重疾病的，应当督促监管场所给予积极治疗，监管场所内医疗措施和水平有限的，应当建议转送更高水平的医疗机构进行治疗；对患有严重疾病且符合保外就医或者取保候审条件的，要建议有关部门及时办理保外就医或取保候审的手续。

二是要督促监管场所加强与被监管人近亲属的联系，及时向被监管人的近亲属通报病情以及医疗、救治情况，特别是应当保障家属对被监管人病情的知情权，改变“不死不报，死了才报”的做法，尽可能使被监管人家属事先在心理上、精神上有一定的思想准备，避免让被监管人家属产生“突然死亡”的错觉，尽早化解被监管人家属心中的对立和不满。

三是要严厉打击“牢头狱霸”，严禁刑讯逼供。对牢头狱霸和刑讯逼供要采取“零容忍”的态度，特别是通过强化日常检察工作，及时发现和严厉打击牢头狱霸现象，坚决遏制牢头狱霸、刑讯逼供致人伤亡案件的发生。

2. 依法处理信访，切实增强检察机关法律监督的公信力

根据《人民检察院信访工作规定》，信访的事项非常广泛，凡采用书信、电子邮件、传真、电话、走访等形式，向人民检察院反映情况，提出建议、意见或控告、举报和申诉，均属于信访。而且对国家机关和国家工作人员提出批评和建议、申诉、控告或检举等，本身就是宪法规定的公民基本权利。因此，在被监管人死亡检察工作中，人民检察院应当建立正确的信访工作理念，畅通信访渠道，不能戴有色眼镜看待信访人，不应把信访人看作“维稳”的对象，而应把信访人看作“维权”的主体。对信访内容要认真进行审查和核实，依法作出处理，并答复信访人，对事实清楚，符合法律政策的，应当支持；信访人提出的建议和意见有利于改进工作的，应当研究论证并采纳；对缺乏事实根据或者不符合法律政策规定的，不予支持，并向信访人做好解释疏导工作。

3. 加强应对工作，防止普通信访演变为网络事件或者群体性事件

一是要深刻吸取“躲猫猫”事件的经验教训，研究制订针对监管场所突发事件的预案，加强研判和分析，保证及时、正确、稳妥地应对突发事件，力求取得良好的社会效果。

二是要站在法律监督角度履行职责，尽快查清事实真相，特别是不能帮助监管单位掩盖事实真相。查清事实真相，是对被监管人死亡事件的最好应对，在调查核实工作遇到困难、阻力、干扰或者自身处置能力跟不上时，要及时向上级报告请示，争取支持。

三是要多站在死亡被监管人的亲属的立场进行换位思考，多做释疑解惑工作，切忌方法简单、作风粗暴，避免因工作不当而导致矛盾激化。

四是要关注媒体舆情，注意把握舆论导向，特别是要提高与媒体沟通的能力。对社会关注的被监管人死亡特别是非正常死亡事件，既要敢于面对媒体，在媒体监督下开展工作，又要善于应对一些媒体的恶意炒作，不能在未查清事实、未明确责任的情况下，轻易下结论或者认同其他部门结论，不能草率地向媒体发表意见或看法，避免使检察机关陷入被动。按照规定，担负调查任务的人民检察院根据工作需要，经省级人民检察院同意，可以将工作进展情况、调查结论及处理结果以适当方式向社会公布。发布时要实事求是、用语规范严谨、注意技巧，要充分发挥主流媒体的导向作用，切实做好舆论引导工作，共同维护监管机关、检察机关的执法公信力。

附件：

被监管人死亡检察流程图

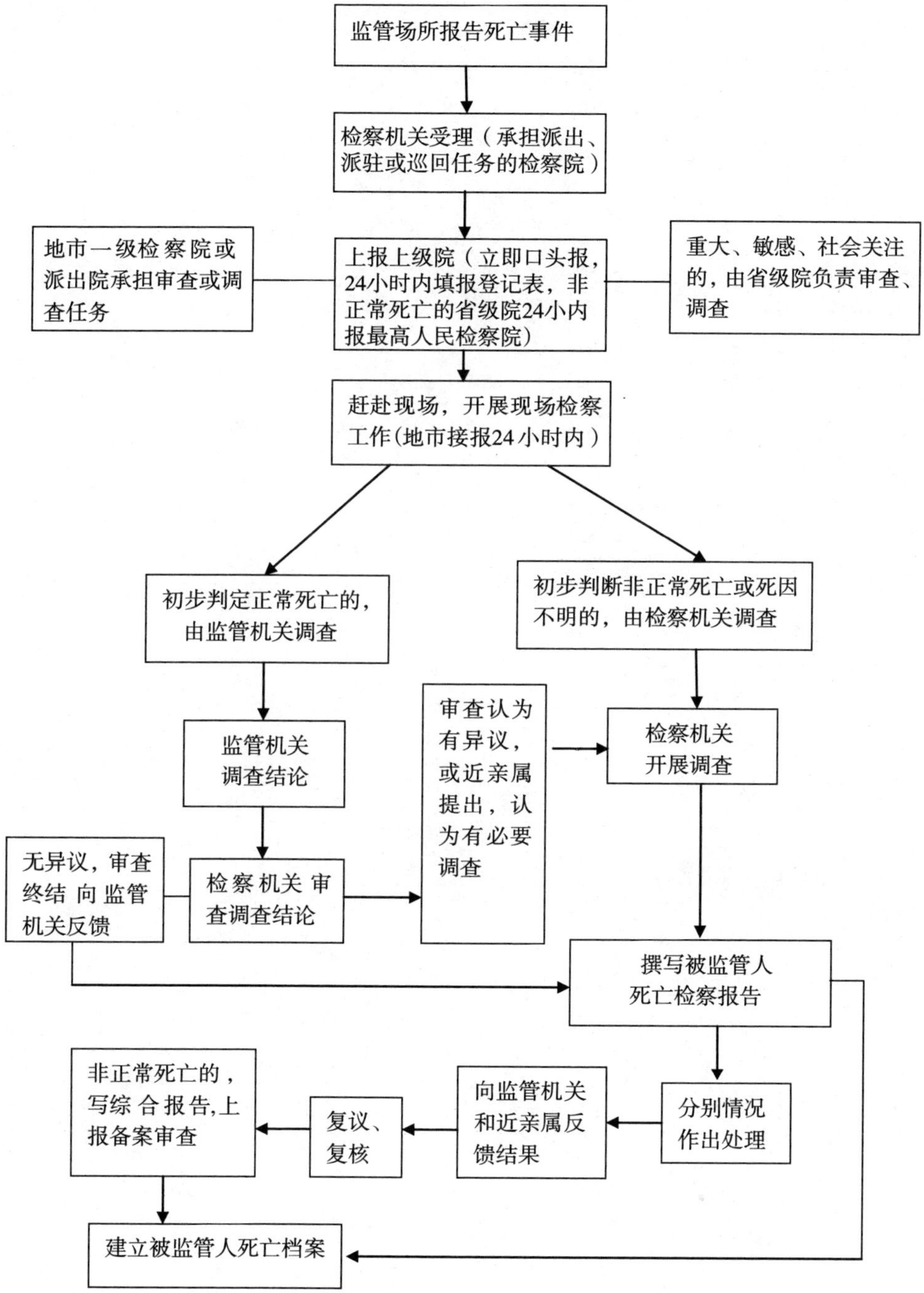

第五专题

刑事证据实务

第 33 堂课　刑事证据体系的构建

● 陈荣鹏*

课程提纲

一、证据体系的概念及理论根据
二、证据体系的结构与要素
三、证据体系的实体法检验——以刑法个罪为例
四、证据体系的建构目标——符合证明标准
五、审判中心主义对证据体系构建的影响

一、证据体系的概念及理论根据

2015 年 6 月，全国检察机关第五次公诉工作会议提出，在未来 5 年内全国检察机关公诉部门要围绕构建以证据为核心的刑事指控体系和新型诉侦、诉审、诉辩关系，全面贯彻证据裁判规则，侦查工作要由“抓人破案”向“证据定案”转变，更好地发挥诉前主导、审前过滤、庭审指控、人权保障等作用，确保办案质量和效率。

第五次公诉工作会议明确提出的“构建以证据为核心的刑事指控体系”，站在公诉实务部门的立场强调了证据的核心作用。事实上，承担公诉职能的检察官一直以来都是将证据的审查视为工作的重心。制作审查报告、出庭支持公

* 重庆市江北区人民检察院副检察长。

诉、退回补充侦查、提前介入引导侦查取证，其实主要是围绕着证据体系的建构在展开工作。这里首先有几个问题需要辨析：证据体系是否属于刑事指控体系？如何去构建证据体系或刑事指控体系？我们的公诉检察官主要承担着起诉的职能，没有单独设置侦查检察官的序列，那么，构建的任务究竟是侦查人员的职责还是公诉检察官的职责？起诉环节对刑事指控体系的构建与侦查部门查办案件时构建的证据体系又有什么不同？

其实，对于证据体系的思考和构建充斥在我们生活之中，即使不是检察官，在自媒体高度发达的时代，我们常常有意无意地参与到热点案件的思考、讨论中来。最近发生的三里屯优衣库事件、王林事件，也都是思考证据体系的很好案例。

纯粹的概念是抽象的，我们先从两则案例说起。

以李某甲、李某乙贩卖毒品案为例（刑事审判参考 97 辑，971 号），安徽省阜阳市人民检察院指控：2012 年 3 月 20 日，被告人李某甲以每克人民币 400 元的价格将 20 克海洛因卖给韦某某（已判刑）。同月 28 日 15 时许，李某甲以相同价格将 199.94 克海洛因卖给韦某某。2012 年 4 月 1 日 14 时许，韦某某与李某甲联系购买毒品，李某甲将一装有毒品的塑料袋交给其子李某乙，让李某乙送到安徽省临泉县瓦店东侧路边一大棚子处交给韦某某。李某乙到达后即被公安人员抓获，毒品被当场查获。经鉴定，查获的毒品重 199.7 克，海洛因含量为 51.37%。

要完成上述对李某甲、李某乙的指控任务，需要具备哪些方面的证据？本案如果要指控成功，最为核心、关键的是需要证明哪些要件？在前两笔事实的毒品未查获的情况下，能否构建起指控的证据体系？

显然，第三笔犯罪事实，即 2012 年 4 月 1 日的事实，是李某甲安排李某乙给韦某某送货，人赃俱获，认定李某甲就该笔事实构成贩卖毒品罪，证据上不存在太多困难。本案关键点在于求证：（1）指控李某甲对前两笔贩卖毒品的事实承担责任，需要证明其前两次贩卖毒品行为的存在；（2）指控李某乙贩卖毒品的事实承担责任，需要证明李某乙主观上明知是毒品还帮助贩卖的故意。

要证明李某甲前两次有贩卖毒品的行为，可以的路径包括：李某甲作有罪供述，在韦某某处查获有相似度极高的毒品，李某甲对上述毒品作指认，有相关的证人证言，有毒品交易的短信记录、视频监控录像等。李某甲作无罪辩解情况下，上述部分证据存在仍可以考虑定罪。换言之，有罪供述、查获毒品，都不是指控成立必须具备的证据。上述证据，属于证据体系的要素。证据的组合，属于证据体系的结构层次。

以陆某受贿案为例（刑事审判参考84辑，754号），被告人陆某，女，1970年10月18日出生，捕前曾任某市某区新城管委会办公室主任、发展和改革局副局长。查明的事实：陆某与刘某系情人关系。刘某系某市某区人民政府副区长、中共某区新城工委书记并全面负责某区新城建设，系陆某上级。2009年年底至2010年5月期间，陆某通过刘某职务上的行为，使不具备投标资格的某区森林地面工程有限公司，通过挂靠有资质的企业参与某区新城4个建设工程投标并中标，为该公司谋取不正当利益，先后4次收受该公司法定代表人薛某所送的现金合计70万元。如何构建本案的证据体系？建构刑事指控体系的前提是什么？

在本案中，被告人既是国家工作人员，又与被其利用的其他国家工作人员之间具有不正当的男女关系。这里，就有一个选择问题。首先要确定，该案是适用《刑法》第388条“国家工作人员利用本人职权或者地位形成的便利条件”，定（斡旋）受贿罪；还是适用《刑法》第388条之一，“国家工作人员的近亲属或者其他与该国家工作人员关系密切的人”，通过国家工作人员职务上的便利为请托人谋取不正当利益，考虑定为利用影响力受贿罪。

通过案例可以得知，构建证据体系，前提应确定指控的犯罪事实是什么，根据该犯罪事实，分析特定犯罪的构成要件，围绕构成要件来展开体系构建。也需要对刑法基础性的构成要件作合理性的解释，以本案为例，首先要确立一种判断：行为人通过上级的职务行为，为请托人谋取不正当利益，索取或收受财物，属于利用本人职权或者地位形成的便利条件受贿。当然也要考虑例外情节，如某边陲地区乡镇干事通过其在中央某部委任职的表兄职务上的便利，为行贿人谋取不正当利益，就很难形成本人职权或地位形成的便利条件。又如，本案中，陆某如果未将行贿人请托事项告知刘某，而是直接指示刘某的其他下级为行贿人谋利，如果其他下级并非基于与陆某之间的相互制约，而是明知陆某是刘某情人而不敢违背其意志，也同样可以考虑利用影响力受贿罪来定罪，并以此构建证据体系。

通过上述案例的分析，可以得出证据体系的概念及理论根据。

证据体系是由一定数量的互相区别、互相联系而又互相制约的证据，按照一定的层次构成的证明同一案件的证据系统。这种证据体系在刑事案件中的运用，则构成刑事证据体系。

我还认为，在证据体系的基础上，按照所指控的犯罪事实、遵从相应的证据规则，所确立的证据组合，辅之以相应的经验判断，构成刑事指控体系。

刑事证据体系是以其他理论根据为基础而建立起来的概念。第一，系统论为正确认识和确立证据体系的结构提供了科学方法。证据体系也因此呈现出整体性、稳定性和层次性的特点。第二，犯罪构成及量刑情节决定证据体系的层次。第三，证据学中证明标准理论检验证据体系的效果。第四，程序合法性事实在证据体系中的作用凸显。第五，形式逻辑是研究证据体系结构的重要思维方法。①

二、证据体系的结构与要素

（一）证据体系的结构

结构是各个组成部分的搭配和排列，所谓刑事诉讼的结构，是指证据体系的组成部分，以及各部分及个体之间的内在联系与排列组合方式。按照系统论的观点，证据体系具有多层结构。从横向结构看，刑事证据体系可以按照证明对象的性质构成以下相对独立的证据子系统：（1）案件事实情节的证据子系统。该子系统由所有的证明对象集合构成。包括了“七何”要素，即何人、何动机与目的、何时、何地、何手段、何行为、何结果。（2）犯罪构成事实的证据子系统。（3）量刑情节事实的证据子系统。由相应的横向结构继续向下衍生，就形成了证据体系的纵向结构。如犯罪构成事实，又包括证明犯罪客观要件的系统、主体要件的系统、主观要件的系统和客体要件的系统。

最高人民法院《关于适用〈中华人民共和国刑事诉讼法〉若干问题的解释》（以下简称《解释》）第64条、《关于办理死刑案件审查判断证据若干问题的规定》第5条，明确了相关的证明对象，属于案件事实情节子系统的相关要素。其中《解释》第64条规定：“应当运用证据证明的案件事实包括：（一）被告人、被害人的身份；（二）被指控的犯罪是否存在；（三）被指控的犯罪是否为被告人所实施；（四）被告人有无刑事责任能力，有无罪过，实施犯罪的动机、目的；（五）实施犯罪的时间、地点、手段、后果以及案件起因等；（六）被告人在共同犯罪中的地位、作用；（七）被告人有无从重、从轻、减轻、免除处罚情节；（八）有关附带民事诉讼、涉案财物处理的事实；（九）有关管辖、回避、延期审理等程序事实；（十）与定罪量刑有关的其他事实。认定被告人有罪和对被告人从重处罚，应当适用证据确实、充分的证明标准。”从这些要素的例子来看，属于案件需要查明的事实，但这并不意味着，所有这些要素都必须查实清楚，才能建立起证据体系。往往，其中的一些要素，可能在具体办案中并不能查实，例如犯罪的动机、共同犯罪中的地位和作用等，但该条规定为我们构建证据体系提供了一种理想的、相对全面的证明

① 参见何泉生：《刑事证据体系的结构探究》，载《中国人民公安大学学报》2005年第5期。

方向的指引。

（二）证据体系的要素及三个基本观点

1. 要素的核心：何人、何行为、何罪过

在既定的犯罪事实中，证据体系的核心层次应该是确定的。从案件事实情节的证据子系统中，可以提炼出犯罪构成事实的子系统，而犯罪构成事实的证据子系统中，核心的内容，应当是证明：何人、何行为、何罪过。其他要素要围绕这三类展开。核心要素和非核心要素的区别，也决定了证明标准在一定程度上的差异（后文将论述）。以受贿为例，我们核心要证明，何人基于故意收取贿赂款。至于收取贿赂的具体时间，具体地点，具体请托事项，需要用证据证明，但可能最终只能确定到：在某年春节前的一天（具体哪天可能不完全清楚）、在某某家的楼下（具体是在楼下的车上还是走廊可能不完全清楚）等。

按照刑法理论及现有司法实践，可能会存在其他的核心要素。如伤害案中的结果、数额犯中的数额，甚至特定法律关系的认定在某些案件中也可能成为核心要素。

以肖某某雇凶袭击方舟子案为例，北京警方查明：该案系华中科技大学教授肖某某雇凶犯罪，肖某某因对方舟子通过媒体、网络对其学术“打假”而致其未能入选中国科学院院士怀恨在心，遂花 10 万元雇用戴某某，由戴某某组织龙某某等人实施报复行为。2010 年 10 月 10 日北京市石景山区人民法院开庭审理了此案，法院认定，被告人肖某某、戴某某、许某某、龙某某、康某某随意殴打他人，情节恶劣，5 名被告人的行为均已构成寻衅滋事罪，应依 5 名被告人在犯罪过程中的作用分别予以惩处，肖某某、戴某某均被判处拘役 5 个半月，其余 3 名被告人则分别判处 1 个半月至 4 个月不等拘役。

本案发生在 2010 年，最终定性为寻衅滋事罪。大家知道，根据《刑法》第 293 条的规定，构成寻衅滋事需属于以下几类特定的情形：（1）随意殴打他人，情节恶劣的；（2）追逐、拦截、辱骂、恐吓他人，情节恶劣的……（4）在公共场所起哄闹事，造成公共场所秩序严重混乱的。2013 年最高人民法院、最高人民检察院《关于办理寻衅滋事刑事案件适用法律若干问题的解释》第 1 条规定：“行为人为寻求刺激、发泄情绪、逞强耍横等，无事生非，实施刑法第二百九十三条规定的行为的，应当认定为‘寻衅滋事’。行为人因日常生活中的偶发矛盾纠纷，借故生非，实施刑法第二百九十三条规定的行为的，应当认定为‘寻衅滋事’，但矛盾系由被害人故意引发或者被害人对矛盾激化负有主要责任的除外……”对于本案，肖某某的行为严格讲并不符合寻衅滋事的行为特征和立法本意。本案的本质，是肖某某雇人对方舟子实施故意伤害行为，但由于习惯上，我们认定构成故意伤害的，需要达到轻伤以上标准，本案方舟子仅构成轻微伤，因此，故意伤害罪既遂是不能成立的。实践中对于故意伤害能否成立未遂，或者未遂是否需要处罚，一种不成文的规定是不予处罚，因此，在案发当时，检察院、法院最终选择以寻衅滋事来起诉、判决。由此可以看出，在本案中，行为要素的证明是寻衅滋事罪成立必须具备的条件，而实践中由于故意伤害罪对结构要素同样认为是必须具备的条件，由此可见，行为、结果要素在证据体系中的重要作用。

再以孙某某盗窃案为例（刑事审判参考 751 号），上海市闸北区人民法院经公开审理查明：2010 年 4 月 26 日，被告人孙某某与梁某某、刘某某（均另案处理）经预谋，由梁某某向其亲戚弓某某借来一辆本田牌小汽车，并伪造了弓某某的身份证、机动车辆登记证书后，由刘某某冒充弓某某，与孙某某一起将该车以人民币（以下币种均为人民币）72000 元质押给被害人薛某某，并向薛某某作出还款赎回的书面承诺。得款后，孙某某与梁某某、刘某某共同分掉。同年 5 月 8 日，梁某某等人用事先另配的钥匙从薛某某处将车盗走并归还给弓某某。同年 7 月 5 日，孙某某被抓获，后检举了他人重大犯罪事实。上海市闸北区人民法院据此判决被告人孙某某犯盗窃罪，判处有期徒刑 2 年 9 个月。被告人上诉后，上海市第二中级人民法院维持原判。

关于本案，如何构建证据体系、构建刑事指控体系，前提是要判断，应该成立何种罪名。本案中，可以考虑的意见包括：成立诈骗罪一罪（可能认为是骗车主，也可能认为是骗质押人）、成立盗窃罪一罪、成立两个诈骗罪和一个盗窃罪。最终判决采纳的意见是，成立盗窃罪一罪。理由是：被告人孙某某与薛某某之间的质押行为属于单纯民事行为，不构成诈骗罪，在孙某某等人伪造了弓某某的身份证、机动车辆登记证等证件，并冒充弓某某对小汽车进行质押后，依照我国民事法律相关规定，薛某某仍能够取得对小汽车的占有权，且善意取得质押权，薛某某的损失是由被告人孙某某等人的盗窃行为所致。原审法院以盗窃罪判处孙某某有期徒刑 2 年 9 个月，并处罚金 5000 元。

薛某某能否善意取得质权，是判断本案是否同时构成诈骗罪的关键。我国《物权法》没有明文规定质权的善意取得，但在解释论上，承认质权的善意取得。但对于登记为对抗要件的特殊动产，如车辆，一般会认为质权人误信出质人有处分权缺乏合理根据（相关学者的观点）。

对于该案的理解，有不同认识，就我个人而言，我倾向于两个诈骗罪加一个盗窃罪，第一次诈骗属于无本诈骗，第二次诈骗系将第一次已经既遂得手的车辆作为成本，来诈骗相应的质押款。当然，认定第一次诈骗成立，从证据上要固定，几人在取得车辆的时候就是基于诈骗的目的。实践中，与本案类似的案件还包括，行为人虚构身份从租车行租来车辆，然后再虚构车主身份将车辆出售或典当给第三人的行为，一般有三种处理方式：有判例认为是以租车行为被骗对象、以租车行的损失为计算依据，这种判例认为向第三人出售或典当车辆是处置赃物的行为，不另行评价；有判例认为是以第三人为被骗对象、以第三人损失为计算依据，这种判例从实践的角度出发，一般租车行都配有车辆定位系统，所以车子被追回后都会返回给租车行，因此租车行最终没有损失；还有判例认为租车行和第三人都是被骗对象，数额应累加计算。我个人是倾向于第三种观点的，当然这就要排除，第三人在收购车辆时可能知晓是赃车的情形。究竟定哪种罪，一个罪，两个罪还是三个罪，涉及的证据体系、指控体系当然会有本质的区别，证明的重心也会发生根本的变化。

2. 证据体系的要素，可以由任何证据种类组合证明

根据《刑事诉讼法》第 48 条，“可以用于证明案件事实的材料，都是证据。证据包括：（一）物证；（二）书证；（三）证人证言；（四）被害人陈述；（五）犯罪嫌疑人、被告人供述和辩解；（六）鉴定意见；（七）勘验、检查、辨认、侦查实验等笔录；（八）视听资料、电子数据。证据必须经过查证属实，才能作为定案的根据”。《刑事诉讼法》第 53 条第 1 款：“对一切案件的判处都要重证据，重调查研究，不轻信口供。只有被告人供述，没有其他证据的，不能认定被告人有罪和处以刑罚；没有被告人供述，证据确实、充分的，可以认定被告人有罪和处以刑罚。”

由上述规定可知，每一证明对象都应有相应的证据予以证明，证明对象的集合构成案件待证事实，此集合的过程也是证据体系构建的过程。围绕某一证明对象的证据群，究竟有哪些证据组成，在现代证据制度中并没有限定性的要求。比如，要证明犯罪嫌疑人具备刑事责任年龄，一般而言需要通过户籍资料加以判明。但在户籍资料有异议的情况下，相关人员的证言、医院的出生证明，也可以替代户籍资料证明刑事责任年龄这一要素。又如，在受贿案中，要证明行为人收受他人财物，我们惯常的做法一定是要求突破行为人口供，诚然，口供的重要性不言而喻，历史上将口供视为“证据之王”也有一定的合理性，因为在口供依法取得且属实的情况下，一般能够直接地证明案件的核心事实，但在无法取得口供的情况下，也存在打款凭证、记账凭证，或相关证人证言可以就此事实予以证明。

3. 用以证明要素的证据，需要进行证明能力和证明力判断

证明能力解决能不能具备证据资格；证明力解决能否成为定案根据。两大法系均奉行“证据自由”原则。两层含义：第一，在任何案件中均可自由使用任何证据形式；第二，法官自由评估各项证据应有的证明力。具体而言（1）不得因特征证据的提出而简单定罪；（2）法庭确信被告有罪，有权判处该人有罪，证据数量或科学证据不是有罪判决宣告的必要条件；（3）证据没有等级之分，审判法庭自由赋予各项证据应有的证明力。

影视剧中的相关情节，能够为我们分析证据体系的建构，特别是证据能力和证明力的问题提供很好的借鉴。

以甄嬛涉嫌“婚外性行为”案为例，皇后等质疑甄嬛所生，怀疑皇子弘晏（音）是甄嬛与温太医所私生，皇后主张滴血验亲，皇帝执意执行。在本案中，如何来构建证据体系？这要取决于我们来求证什么内容。在封建时代，有夫之妇与他人私通，肯定是属于刑事犯罪的范畴，可以考虑的罪名包括大逆不道之类。要解决弘晏的身份问题，在今天看来双亲遗传是最为科学之道。电视剧中选择了滴血验亲的方式来检验。从今天科学的视角来看，这种方法是违反科学规律、不具有检验效果的，因此如果今天的刑事案件中有滴血验亲的实验证据，是不能作为证据使用的，也就是不具有证明能力的。假设认为滴血验亲可以有效进行检验，也就是说亲生父子的血液可以相互融合，本案中也存在多重的陷阱。当皇帝同意滴血验亲后，甄嬛很巧妙地提出：既然大家怀疑弘晏是我和温太医的私生子，那完全可以将温太医和弘晏的血滴血验亲，来看看是不是融合。对甄嬛而言，她当然明白自己与温太医并没有私情，因此，她的这个提议其实将证明的问题进行了概念偷换：本来是要证明弘晏是否与皇帝具有血缘关系，结果转而证明弘晏是否与温太医具有血缘关系，甄嬛试图说明，如果后者不成立，那么弘晏属于皇帝亲生。其实这个逻辑是不成立的，但当时大家都接受了甄嬛的这一提议。当然，由于皇后及其宫女私下做了手脚，按照剧情的发展，是在滴血验亲的水中加入了明矾，使得这个滴血验亲的第一次结果竟然是弘晏的血和温太医的融合了，后来被甄嬛和温太医揭穿皇后做了手脚，这个融合的实验结果因为不具有证明力而被排除。重新实验后，发现弘晏和温太医血液不能融合，才“洗清了”甄嬛私通的嫌疑。可见，证明能力的判断在案件中是多么重要。

但是，按照剧情，弘晏和温太医血液不能融合，能证明什么呢？其实，这个不融合的结果，其证明力也只能证明到，弘晏非温太医之子，仅此而已。能够证明弘晏就一定是皇帝所生吗？显然不能，故事中的事实也是弘晏系十七爷

和甄嬛所生。当然，这个血液不融合的结果，更不能证明甄嬛是否与他人有过私通，而私通当然是大逆不道不能为皇帝所接受的。因此，虽然因为弘晏和温太医血液不融合这样的结果化解了甄嬛的一场灾难，但究其原因还是皇帝，或者是意图打倒甄嬛的皇后，没有能够很好地运用证据来求证待证事实导致的。

三、证据体系的实体法检验——以刑法个罪为例

（一）检索类罪，寻求证据体系的构建指引

上述第二部分，我们与大家就证据体系的结构和要素进行了探讨。具体到个案或类案中，证据体系的构建是一项复杂的工程。

这里，我们选取了一个真实案例，一件雇凶故意杀人案件，看看在该案中，行为人否认雇凶事实时，如何来构建证据体系。

以曲某某、胡某某故意杀人案为例（刑事审判参考923号），抚顺市中级人民法院经公开审理查明：被告人曲某某与被害人高某同居生活多年，后因财产等问题产生矛盾，曲某某欲杀死高某。曲某某遂找到被告人胡某某，商定以人民币5万元酬金雇用胡某某杀死高某。曲某某向胡某某指认了高某，介绍了高某的出行规律，为胡某某准备了尖刀、雨衣、自家楼门洞钥匙及用于单线联系的手机、手机卡等作案工具，并预先支付给胡某某1万元酬金。

抚顺市中级人民法院判决：曲某某犯故意杀人罪，判处死刑。胡某某犯故意杀人罪，判处死刑。经辽宁省高级人民法院二审、最高人民法院复核，最高人民法院裁定核准二人的死刑判决。

雇凶杀人是实践中较为常见的犯罪类型。本案公诉部门是如何构建证据体系的？

1. 关于被告人胡某某杀人事实的认定

被告人胡某某是杀人行为的直接实施者，准确认定胡某某故意杀人的犯罪事实，是认定被告人曲某某雇用胡某某杀人的前提条件。

（1）DNA鉴定意见证实，案发现场和胡某某作案时驾驶的出租车上均留有胡某某的血迹，可以直接将胡某某与本案犯罪事实关联起来，同时也印证了胡某某供述的其作案时手指受伤，作案后驾驶该出租车逃离现场的情节。（2）公安人员根据胡某某的指认，提取了其作案所用尖刀、其从被害人高某处拿走的挎包等物品，属于先供后证。提取的尖刀特征与被害人孙某的陈述及鉴定意见证实的作案工具特征吻合，提取的挎包特征与高某同事张某所证高某遇害前所背挎包特征一致。这些证据是证实胡某某作案的重要客观证据。（3）被害人孙某虽然不能辨认出作案人，但其对案发过程的陈述与胡某某供

述的作案时间、埋伏及动手地点、捅刺两被害人经过、作案工具、作案衣着等情节高度吻合。（4）高某亲属王某的证言印证了胡某某供述其第一次动手杀害高某的时间、地点、经过等情节。现场小仓库主人王某的证言印证了胡某某供述的其为准备第二次作案而三次撬坏小仓库门锁的情节。胡某某的对班司机辛某、同居女友郭某某、诊所医生陶某某的证言印证了胡某某供述的其作案后丢弃作案所用手机、手机卡及作案时所穿部分衣物，并到诊所包扎受伤手指的情节。（5）胡某某作案用手机号码的通话记录印证了胡某某、曲某某供述的作案期间曲某某通过特定手机号码与胡某某单线联系的情节，且系先供后证。（6）胡某某归案后稳定供认受曲某某雇用杀死高某、致孙某重伤的犯罪事实，且供述中有大量个性化的涉案细节，所供与曲某某的有罪供述能够相互印证，也与在案的其他证据吻合。

2. 关于被告人曲某某雇用被告人胡某某杀人事实的认定

在认定胡某某直接实施杀人行为的基础上，如何进一步认定胡某某系受雇于曲某某实施犯罪，是本案犯罪事实认定的关键。曲某某系刑侦部门的退休法医，反侦查能力很强，且对犯罪过程进行了缜密策划，以致本案能够证实曲某某雇用胡某某杀人的直接证据只有胡某某的供述及曲某某在侦查阶段所作的两次有罪供述。但胡某某的供述及本案的具体案情显示，胡某某本人不具备杀人动机，若缺乏曲某某的帮助和配合，胡某某无法独立完成作案；曲某某的有罪供述中，具有多处非雇凶者难以掌握的涉案细节，且都系先供后证，故显得更为真实、可信；最后，通过胡某某、曲某某的有罪供述获取的间接证据反过来确证了两被告人的有罪供述与本案事实之间的关联，从而使得曲某某雇凶杀人的犯罪事实进一步得到证明。

3. 被告人曲某某的翻供不能成立

曲某某从侦查阶段后期到一、二审庭审阶段均否认犯罪，并称遭到刑讯逼供。经分析，曲某某的翻供理由不合常理，翻供内容不能成立。（1）可以排除曲某某遭到刑讯逼供的可能。曲某某系公安机关的退休法医，且患有高血压、脑血栓等疾病，鉴于其特殊身份和身体状况，公安人员在对其讯问时会更加注意方式方法，对其刑讯逼供的可能性很小。审讯录像中，曲某某表情自然、对答流畅、思路清晰，没有遭受逼供、诱供的迹象。人体体检表、健康检查表也未反映曲某某有外伤情况。（2）曲某某无法解释为何在看守所仍作出有罪供述。曲某某的第二次有罪供述系在看守所作出，曲某某也承认此次供述未受到刑讯逼供。其对此次作有罪供述的原因，先后有“不清楚有罪供述的后果”、“为了对上对下好交代”、“为了成全侦查人员立功”等不同说法。但曲某某作为刑侦部门的退休法医，其上述解释难以令人信服，更何况其始终无法解释为何能够详细供述诸多涉案细节。（3）曲某某否认作案动机的解释难以成立。曲某某翻供称买房、投资均由其个人出资，但始终无法提供证明其有购房、投资收入来源的具体证据，且与调查查明的其本人的经济状况不符。同时，曲某某也无法解释为何其主动交代的投资被骗情节能够得到其他证据的印证。（4）曲某某提出胡某某有作案动机的理由不能成立。曲某某在有罪供述中称胡某某与高某没有正面接触，没有矛盾，胡某某系为钱受雇杀人。其在翻供中先后提出了胡某某因高某不肯借钱而杀人，胡某某因与高某做生意、卖毒品产生经济纠纷而杀人，胡某某因争风吃醋而杀人等不同版本，其翻供内容不稳定、不合理，不但胡某某坚决否认，而且没有其他任何证据能够证实。

综上，被告人曲某某虽然没有直接实施杀人行为，且在侦查阶段就翻供否认犯罪，但在案证据证实，曲某某与被告人胡某某在作案过程中联系密切，没有曲某某的幕后帮助胡某某无法完成作案，曲某某的有罪供述与胡某某的供述等证据在涉案的关键细节上吻合，特别是曲某某所交代的一些非雇凶者难以掌握的作案细节。均得到其他证据的印证，而曲某某的翻供理由则明显不合常理，翻供内容不能成立。据此，完全可以认定曲某某雇凶杀人的犯罪事实。

上述案件给我们的启发是：细节性的印证、情理判断的分析，在刑事案件特别是被告人翻供的案件中尤为重要，而技术性证据也越来越承担起重要的职责，包括本案中通话记录查询、通话手机串号的比对技术、监控视频视听资料证据的提取，都对案件的最后定案起到重要作用。

（二）目光往返于法律与案件事实，出现僵局时另辟蹊径

上面举示的案例，是在相对明确犯罪行为的情况下，就如何构建证据体系，很成功的案例典型。有时候，案件的审查可能在某一个行为方面陷入僵局，但时间又相对有限，例如在审查逮捕阶段，那么，如何能够迅速打开僵局，找到殊途同归的解决之道，这也是构建证据体系必须面对的问题。

以黄某某买卖制毒物品案为例，案件中的含麻黄碱物质的6000克涉案物品在是否需要进行含量鉴定上有分歧。面对这样的僵局，如何进行证据体系构建内？这就涉及另外开辟思路的问题。在本案中，公安机关还从行为人处查获了大量的麻黄草。这些麻黄草是行为人从他人处购买得来，用于提炼麻黄碱的。根据最高人民法院、最高人民检察院、公安部、农业部、食品药品监管总局《关于进一步加强麻黄草管理严厉打击非法买卖麻黄草等违法犯罪活动的通知》规定："……（五）实施以上行为，以制造毒品罪、走私制毒物品罪、非法买卖制毒物品罪定罪处罚的，涉案制毒物品的数量按照三百千克麻黄草折

合1000克麻黄碱计算；以制造毒品罪定罪处罚的，无论涉案麻黄草数量多少，均应追究刑事责任。”本案中涉及的查获的疑似麻黄草物质有10吨，折合麻黄碱有30000多克，只要鉴定出查获的疑似麻黄草物质确系麻黄草，同样可以以买卖制毒物品罪追究其刑事责任，而不需要纠缠于6000克左右的麻黄碱物质究竟是否需要含量鉴定的问题。

该案件给我们的启示是：当某一行为类型因为特殊原因无法确定构成犯罪时，我们可以考虑另辟蹊径，寻找适当的法律，通过从其他行为类型着手，找到证据体系新的突破点，从而实现案件的有效解决。

（三）突破证据体系构建的主观瓶颈

上述例证，重点论证客观行为的相关证据体系构建。很多时候，案件证据体系的“瓶颈”发生在主观目的的求证上。最近发生的优衣库不雅视频事件，关于涉案人员是否主观上有传播淫秽物品故意，是案件查办的重心所在。[①] 要解决主观问题，可能切入的待查事实包括：视频当事人是否并不相识？视频当事人是利用他人传播，还是明知是他人会传播而放任？有无幕后指使，是否有组织性地营销？当然，调查的结果也可能有其他的多样选择。如果是竞争对手行为，如何处置？该案还涉及，网曝人肉信息，如何承担刑事责任？这系列问题的结果过程，也就是证据体系的构建过程。

关于涉嫌故意传播淫秽物品的案例，影视剧中有可以借鉴的经典。

以律政狂鲨之泰伦斯被杀案为例，珍妮·丹尼辛和泰伦斯是一对恋人。一天，泰伦斯被发现被人杀死在城堡酒店中，珍妮承认是自己杀死了泰伦斯，但珍妮称，杀人的原因是因为泰伦斯在与珍妮发生性关系时，泰伦斯用他的摄像机偷偷录下了影像，泰伦斯称要帮助珍妮成名。当珍妮当场索要该录像时，被泰伦斯拒绝，还将珍妮压在床上无法动弹，在此情况下，珍妮才看到床头的一把刀子，挥刀朝泰伦斯乱舞，将其捅死。面对珍妮的辩解，负责公诉的律政狂鲨——史达是如何做的呢？

在法庭上，当史达听完辩护律师对珍妮的主询问之后，认为看到的不是有

① 优衣库事件：2015年7月14日晚，微信朋友圈里疯传三里屯优衣库不雅视频消息，并且附有不堪入目的照片。有网友曝出视频当事人的微博账号，但相关账号均作出否认。由于事涉不雅，微博上相关的视频与微博段子已被平台方删除。7月15日上午，优衣库官方第一时间回应，坚决否认营销炒作，并提醒消费者正确与妥善使用试衣间。15日下午，国家互联网信息办公室约谈新浪、腾讯负责人，责令其开展调查，对涉嫌低俗营销等行为进行严厉查处。7月19日，警方通报了三里屯试衣间不雅事件调查结果：经查，该淫秽视频拍摄于4月中旬，当事人在将视频在传递给朋友时流出；视频中的2名当事人正接受进一步处理；19岁男子孙某某将该视频上传至互联网，其涉嫌传播淫秽物品罪被刑事拘留；另有3人因传播淫秽信息被行政拘留。

罪的被告，看到的是个不安的女生。但是，经过史达在浏览珍妮 15 岁刚刚尝试出道时拍的录影带，想到珍妮的朋友曾经可能对珍妮的嘲笑，想到野心就是珍妮的原动力（而史达联想到自己律师执业中自己认为的挫折，认为自己的野心已随典娜巴克而逝——经验类比），想到必须像珍妮般拥有强大控制力才能成为强者，永不会错过任何机会，永不会让自己有弱点，史达顿悟："强制性控制欲"，永不会让自己成为受害者，才是珍妮的本性。随后，史达要求马上把原装录影带送到警方鉴证室，结果真相大白：珍妮所称案发当天是泰伦斯的摄像机所录制的录影，与珍妮 4 年前所摄录的宣传珍妮的录影具有相同的电磁物质。换句话说，都是用同一部摄像机摄制的，是珍妮自己的摄像机。由此使珍妮不得不承认自己早有预谋偷录影碟，目的是使自己能够一举成名。

这段影视片段，关于公诉工作的启迪有很多。就证据体系的构建而言，我们认为，事发经过、主观原因的突破，依赖于对被告人主观无罪辩解的谎言揭露，依赖于利用生活经验来判断案件的真相，在很多时候也依赖于"边缘事实""边缘证据"的突破。

四、证据体系的建构目标——符合证明标准

证据体系由相关要素，按照一定结构组成，但是，面对具体案件，我们所构建的证据体系是否有效，是否能够实现我们指控的目的，常常会产生分歧。关键在于，指导证据体系构建的目标，即证明标准，尤其像普罗透斯似的脸，让人难以捉摸。

证明标准是指法律规定的运用证据证明待证事实所要达到的程度和要求。证明标准制度是证据制度的核心问题。在相关的证据群共同求证证明对象的过程中，可能存在着证据群薄弱或者存有相反证据的情况，使得某个证明对象不能证实，有时是明确排除证明对象的存在，如有充足证据证明犯罪嫌疑人不在案发现场，有时既不能证实也不能证伪，产生矛盾。如果该证明对象在待证事实中属于关键事实，整个证据体系可能就会面临着瓦解的风险。由于对证据证明力的判断涉及经验法则，不同的审查主体有着不同的生活经验和感知能力，面对同样的证据群，可能会对其能否证明某一证明对象产生分歧意见，由此也可能对证据体系产生分歧意见，这也是导致面对相同的证据体系，有人认为犯罪事实成立，有人认为存有合理怀疑的原因所在。

这里首先需要区分不同证明对象，可能会适用不同的证明标准的问题。即使是刑事案件中，也并非所有的事实都需要达到确实、充分的程度。比如，有些案件中，关于被告人的年龄问题。如果可以确定被告人已经属于 18 周岁以

上的成年人，但由于户籍资料与相关的证人证言等证据有矛盾，但该事实并不会实质地影响到罪名的认定和量刑的裁决，可以采用优势证明标准。为此，最高人民法院《关于审理未成年人刑事案件具体应用法律若干问题的解释》第 4 条第 2 款指出："相关证据足以证明被告人实施被指控的犯罪时已经达到法定刑事责任年龄，但是无法准确查明被告人具体出生日期的，应当认定其达到相应法定刑事责任年龄。"但如果涉及年龄的相关证据直接关乎是否构成犯罪、是否达到 14 周岁、16 周岁或 18 周岁存疑的，这时有相应的法规对此予以明确。即根据《关于办理死刑案件审查判断证据若干问题的规定》第 40 条："审查被告人实施犯罪时是否已满十八周岁，一般应当以户籍证明为依据；对户籍证明有异议，并有经查证属实的出生证明文件、无利害关系人的证言等证据证明被告人不满十八周岁的，应认定被告人不满十八周岁；没有户籍证明以及出生证明文件的，应当根据人口普查登记、无利害关系人的证言等证据综合进行判断，必要时，可以进行骨龄鉴定，并将结果作为判断被告人年龄的参考。未排除证据之间的矛盾，无充分证据证明被告人实施被指控的犯罪时已满十八周岁且确实无法查明的，不能认定其已满十八周岁。"

关于符合构成要件的事实，原则上需要达到证据确实、充分的证明标准，即采用严格证明的标准。根据《刑事诉讼法》第 53 条第 2 款的规定，"证据确实、充分，应当符合以下条件：（一）定罪量刑的事实都有证据证明；（二）据以定案的证据均经法定程序查证属实；（三）综合全案证据，对所认定事实已排除合理怀疑"。《人民检察院刑事诉讼规则（试行）》对于事实清楚、证据确实充分也有比较明确的解释。

在这里，涉及对于证据确实、充分与排除合理怀疑的关系。二者是相同证明标准的不同表达，抑或代表了不同的证明标准层次，有不同的理解。首先需要明晰关于排除合理怀疑的相关概念及渊源。关于排除合理怀疑的产生历史，有不同的观点。有观点认为是针对刑事诉讼过程中指控犯罪仅需优势证明标准，即只要控方证明被告人有罪的可能性大于无罪的可能性即可，辩护律师认为这一标准明显过低而提出应确立排除合理怀疑的标准；也有观点认为是检察官针对刑事诉讼过程中排除一切怀疑的证明标准过高而提出。观点分歧较大，但可以确定的是，排除合理怀疑是法官在审判中对实践经验进行逐步总结的结果，而非立法的刻意选择。当今世界几乎所有的英美法系国家和地区都将排除合理怀疑作为刑事诉讼证明标准的经典表述。[①]但是，对于何谓"排除合理怀

① 参见陈永生：《排除合理怀疑及其在西方面临的挑战》，载《中国法学》2003 年第 2 期。

疑”？司法实务对其能否定义也是立场迥异。在美国联邦及州法院，有些法院要求对排除合理怀疑进行定义，有些法院反对对其进行定义，甚至如果法官对其有定义并指示给陪审团，二审法院可据此撤销原判。因为持后一立场的观点认为，陪审团对排除合理怀疑存在一种先天性理解，不准确的界定不仅不能使陪审团对这一概念的理解获得大幅度提高，而且往往会造成不必要的混乱，甚至降低宪法对认定有罪所要求的证明标准。不对排除合理怀疑进行定义有利于陪审团在确定排除合理怀疑的含义时发挥社会的集体智慧，有利于排除合理怀疑适应时代的变迁和社会价值标准的变化。

哪种情况下属于存在合理怀疑不能排除的情形，前几年发生的凯西涉嫌弑女案，系经典案例之一。有人称其为为美国司法史上继“辛普森杀妻案”之后又一个“悬案”。

以凯西·安东尼涉嫌弑女案为例，凯西有作案动机、有事后妨碍司法调查的行为，其异常表现使得犯罪嫌疑集中到她身上。然而，究竟是什么样的“合理怀疑”使得陪审团成员作出了无罪判决呢？首先，控方指控凯西的全部证据均为间接证据，没有直接证据将凯西与其女儿凯莉的死亡关联起来，也没有一名证人能够证明凯西与凯莉的死亡之间的联系。其次，法医学证据也是脆弱不堪的，因为凯莉的尸体高度腐败而导致尸检鉴定无法说明她的死亡时间和死亡原因。最后，在刑事调查中，凯西被指控用来藏匿凯莉尸体的轿车后备箱内没有被检验出凯西的 DNA，也没有检验出被控用来谋杀的三氯甲烷 。因此，“尽管控方试图把凯西肖像化为一名通过杀害女儿来追逐花天酒地的生活的冷酷的骗子，但上述疑点得以使凯西的辩护律师在陪审团成员脑海中形成了合理的怀疑”。①

在凯西案件中，凯西最终承认向警方撒谎，但称女儿是意外掉进父母家附近的池塘中淹死的，自己虽然将尸体处理，但并没有杀害她。凯西的辩护团队称，59 岁的乔治是一名退休的警察，他曾性骚扰自己的女儿凯西多年。辩护团队还透露，凯丽在自家的游泳池淹死，乔治捞起了尸体并加以修饰，让凯丽看起来像是被谋杀的。案发后相关的陪审员也是备受煎熬。其中有位女陪审员的丈夫表示自己早就收拾好了行李，准备在法庭宣布凯西杀女案陪审员成员姓名的时候逃跑。这位女陪审员表示：“我宁可蹲监狱，也再不想参与类似案件的陪审团了。”她无法向愤怒的同事们解释为什么判定凯西·安东尼无罪，凯西涉嫌在 2008 年杀害了 2 岁的女儿凯丽。由此可见，排除合理怀疑在解释上是存在较大困难的。

① 么宁：《排除合理怀疑证明标准的实践应用》，载《国家检察官学院学报》2012 年第 6 期。

排除合理怀疑自身含义的过于抽象和模糊、司法实践对其界定的相互矛盾、实践中缺乏可操作性，导致其在西方法治体系中也面临严峻的挑战。将其引入我国刑事诉讼中来，关于排除合理怀疑与“证据确实、充分”之间的关系，更是有不同的认知。先来分析以下两个案例。

以某受贿案为例（控、辩、审三人谈），某公司报请某政府机关领导审批一项业务，符合条件而迟迟不批。该公司打听到该领导甲办事需好处（系传闻），即经过公司领导研究决定送几万元（有印证），款项由财务人员丙提出并陪同公司负责人乙到领导家门（有印证），乙携款进入不久出来，告知陪同人员事已办妥。不久，该项目顺利获批。甲到案后，否认乙向其送钱的情节。

上述案例中，现有证据能否认定甲构成受贿罪，不同的学者给出了不同的答案。[①] 核心在于判断，乙当天是否确实将钱送给了甲（当然还涉及谋取利益的要件）。如果不能证明，我们是否有予以强化、完善证据体系的工作可以继续，深入。比如，如果款项较大，而甲在当天或者之后比较短的时间内相关的银行卡记录显示有金额相等或相近的存款记录，且不能合理说明；又如，有证据证明乙在该项目中，或者同一天同时去了多个领导家中，都有行受贿事实，其余受贿人均到案且有供述印证。有了这些补强的证据，是否离证据确实、充分更加靠近了一些？

还是回到真实的案例中来，我们看看实践中，证明标准的认定上，需要达到怎样的一个高度。

以袁某抢劫案为例（刑事审判参考1010号），检察机关指控：（1）2006年6月29日20时许，被告人袁某伙同被告人刘某（被判处无期徒刑）、另一同案犯（另案处理），在广东省某市一路口持刀对摩托车司机被害人黄某某实施抢劫。袁某、刘某各持水果刀朝黄某某的胸背部等处乱刺，致黄某某死亡。袁某从黄某某身上劫得现金人民币（以下币种同）70余元，刘某欲抢走黄某某价值1450元的摩托车，但未能启动。（2）2006年9月20日晨，袁某见其房东被害人陈某某身上有钱，遂生盗窃之念。当日23时许，袁某用小刀撬开广东省某县某村陈某某住处的房门，进屋翻找财物。陈某某被吵醒，袁某遂持房内的砖头砸陈某某头部，又用床上的枕头捂压陈某某的口鼻，用身体压住陈某某的胸部，致陈某某死亡。其间，陈某某反抗，用手抓伤袁某的颈部。袁某将陈某某的尸体搬到屋内的水缸中藏匿，搜走陈某某的800余元现金后逃离现场。此外，检察机关还指控袁某有多次通过盗窃供电电线破坏电力设备的事实。

---

① 参见龙宗智：《中国法语境中的“排除合理怀疑”》，载《中外法学》2012年第6期。

广东省某市中级法院认定检察机关指控的上述事实成立，以袁某犯抢劫罪，致二人死亡，判处死刑，剥夺政治权利终身。一审宣判后，被告人袁某未提起上诉。某市中级法院将判处袁某死刑的判决报送广东省高级人民法院复核。广东省高级人民法院以案件部分关键证据未作为证据使用，可能影响事实认定和案件的公正审判，裁定撤销原判，发回重审。某市中级法院另行组成合议庭，经重新审理后作出相同判决。宣判后，被告人袁某提出上诉，上诉理由为：其因破坏电力设备罪被逮捕，归案后主动交代了公安机关尚未掌握的抢劫黄某某和陈某某的罪行，应当认定具有自首情节，其还对协助抓捕同案犯有立功情节。辩护人提出，本案认定袁某抢劫陈某某的犯罪事实不清、证据不足。广东省高级人民法院审理认为，袁某某抢劫黄某某并致其死亡，以及破坏电力设备的犯罪事实清楚，证据确实、充分。但原判决认定袁某抢劫致死陈某某的事实不清、证据不足，不予认定。据此，广东省高级人民法院裁定驳回上诉，维持原判，并依法报请最高人民法院核准。最高人民法院经复核后，裁定核准死刑。

这里有必要分析袁某抢劫案的指控体系及认定存疑的理由。

关于被告人袁某抢劫致死被害人陈某某的事实，主要有以下证据证实：(1) 侦破经过自然。2006年9月20日晚，陈某某失踪后，公安人员对周围租户进行走访，当时即对袁某进行初步调查并采集了袁某颈部有伤痕的照片。但因未发现陈某某的尸体，故未进一步开展工作。(2) 相关人员证实袁某涉案。袁某破坏电力设备犯罪的同案人蔡某某证实，袁某曾向其透露自己在某村抢劫杀害房东并藏尸水缸。同监人员张某某、曹某证实，袁某自称在某村入室盗窃时在水缸中发现房东尸体。(3) 袁某有作案动机和条件。(4) 袁某案发后形迹异常。(5) 袁某不仅在侦查阶段多次供认犯罪，且在中级人民法院两次一审、高级人民法院复核审、二审庭审期间均供认不讳，直至二审庭审后才翻供称未抢劫杀害陈某某，但在最高人民法院复核提讯时又作有罪供述。且其有罪供述较为详细、具体，其中一些作案细节与其他证据吻合。

上述证据表明，被告人袁某在被害人陈某某失踪时租住在现场旁，有便利的作案条件；无经济来源且目睹被害人炫耀财物，有抢劫作案动机：脖颈处有抓伤，有作案嫌疑；且到案后较为稳定地供认犯罪，其有罪供述在一些细节上与在案的其他证据吻合，个别证据具有先供后证的特点。因此，根据经验法则，并结合一定的逻辑分析，从内心确信的角度看，本起犯罪系袁某所为的可能性很大。但是，从“事实清楚，证据确实、充分”这一法定证明标准的客观性看，证实该起犯罪系袁某所为的证据存在较为明显的缺陷，尚不能达到法定的证明标准。

第一，现有证据不能有力证明案件主要事实。第二，未能提取到部分重要物证和证人证言。第三，作案手段、死因无法得出确切结论。第四，无法准确认定被害人尸骨何时被藏于水缸之内。第五，死者身份无法得到准确确认。

被告人袁某抢劫案，反映出几个方面的问题：第一，不同层级的法院之间，就案件是否达到证据、确实充分的标准，也会产生不同的认识，足以反映出证明标准难以把握的一面；第二，被告人在对证明标准并未提出异议的情况下，法院仍可以依照职权确定案件是否达到应有的证明标准。这也是“重证据、不轻信口供”的具体体现。

分析上述案例，相似的观点是：修改后的《刑事诉讼法》第53条在规定“证据确实、充分”条件的同时，借鉴了英美证据体系中“排除合理怀疑”的表述。这一规定是对我国刑事诉讼证明标准的科学完善，旨在进一步确立主客观相统一的证明标准。“事实清楚，证据确实、充分”的标准主要体现了刑事诉讼证明标准的客观性，侧重于对证据本身质和量的要求。但是，对于诉讼证明是否达到这一客观标准，需要由法官根据控方的举证活动，结合自身的专业知识和经验、常识，形成主观认知和内心确信。法官需要以“事实清楚，证据确实、充分”为客观标准，通过主观上达到“排除合理怀疑”的内心确信程度，从而作出有罪裁判。因此，刑事诉讼证明标准实际上包含着主客观这两个相辅相成、不可分割的方面。在两者的关系上，客观标准是衡量主观标准的依据，并对主观标准起着根本性制约作用，有利于避免主观标准的不确定性；主观标准是客观标准实现的途径，有利于防止客观标准的机械性。审判工作中，应当坚持主客观相统一的原则，既不能机械地执行客观标准，也不能过分强调主观标准，尤其在当前配套制度尚不完备的情况下，为防范冤假错案件的发生，主观标准更应受到客观标准的制约。

龙宗智教授也认为，证据确实充分与排除合理怀疑的证明标准有一定的区别，可以说前者意味着一种更高、更严格的证明标准。这种差别是因为排除合理怀疑作为一种心证标准，只要判断者能够通过证据信息排除内心疑虑，建立事实确认即符合标准要求。而达至此标准，既可以是充分证据印证而推出结论，也可以是因单一证据（应为直接证据）优质，具有足以说服判断者的能力而得出结论。而后一种情况，并不符合“证据确实充分”标准的要求。因为证据确实充分不仅要求具有内部性的排除合理怀疑，而且还要求具有外部性的证据相互印证。①

---

① 参见龙宗智：《中国法语境中的“排除合理怀疑”》，载《中外法学》2012年第6期。

我们仍以李某甲、李某乙贩卖毒品案为例，也可以归入到符合排除合理怀疑，但无法达到证据确实、充分的案例。但也可以解释为，合理怀疑尚未排除。李某甲归案后否认前两次贩毒，辩称是老乡通话。常理分析，李某甲曾因毒品犯罪被判刑，应当知道贩卖200克海洛因的法律后果，如果韦某某和李某甲之前没有任何毒品交易，李某甲一般不会接到韦某某电话后就同意直接卖给韦某某200克海洛因。由此推测李某甲和韦某某之间可能有多次毒品交易。但是，主观推测和经验法则不能取代证据证明。通话记录能够印证李某甲与韦某某关于第三起贩卖毒品事前电话联系的供述：对于韦某某指供李某甲的前两起贩卖毒品而言，通话记录仅能证明韦某某与李某甲在3月20日左右有电话联系，并不能证明两人的通话内容就是联系毒品交易，更无法作为独立证据印证韦某某关于李某甲前两次贩卖219. 94克海洛因的供述。通话记录与韦某某的指供在李某甲前两次贩卖毒品事实的证明方向上仍属单向证明，没有得到李某甲的供述或者在案其他证据的相互印证。综合韦某某的指供与通话记录，并不能必然得出李某甲前两次贩卖海洛因的结论，故韦某某对李某甲前两起毒品的指供和二人之间的通话记录，不能作为认定李某甲前两次毒品犯罪的根据，公诉部门指控李某甲前两次贩卖219. 94克海洛因证据不足，不能认定。关于李某乙，李某乙以其不知道父亲李某甲让其送的是毒品，其在侦查机关的有罪供述是侦查人员刑讯逼供的结果为由，申请对其庭前有罪供述予以排除，并依法判决其无罪。证据显示，侦查机关于2012年4月1日下午将李某乙抓获，当晚20时3分至22时19分对李某乙第一次讯问；4月2日凌晨1时，办案人员带李某乙到临泉县人民医院，进行B超、心电图、血液、双下肢外伤等检查，但检查后侦查人员并未把李某乙送看守所羁押；4月3日，李某乙被送看守所羁押后，看守所对李某乙再次进行健康检查，体检结果为李某乙身体健康，无外伤。侦查人员取证程序的不规范，使得法官认为，不能排除李某乙审判前的有罪供述系采取非法方法取得。在排除李某乙审前有罪供述的情况下，认定李某乙明知是毒品而帮助贩卖的证据不足，故法院判决李某乙无罪。

五、审判中心主义对证据体系构建的影响

党的十八届四中全会提出“推进以审判为中心的诉讼制度改革，确保侦查、审查起诉的案件事实经得起法律的检验”。适应以审判为中心的指控体系，需要强化侦查的基础性作用，突出审查逮捕的关键性作用，确立公诉的主导性作用，发挥诉讼监督的保障性作用。

“以审判为中心”构建证据体系，需要考量以下因素：

（一）准确认定刑法构成要件

指控事实决定了要围绕指控的罪名、事实来展开证据体系的构建。否则，在不当理解的基础上无论如何构建证据体系，均是空中楼阁。如上文所提陆某受贿案。此外，不同的罪名评价，会产生不同的指控证据体系要求。

（二）精确确立指控犯罪事实

指控事实的不当扩张，可能会引入边缘事实，而边缘事实出现证据矛盾的情况下，也可能会带来对证据体系的致命性冲击。

（三）高度重视程序性事实

程序性在案件中的地位和作用更加突出。非法证据排除在刑事诉讼中应当引起公诉人的高度重视，如李某甲、李某乙贩卖毒品案。审判中心意味着集中、高效地审理，这就更需要强化庭前证据审查，强化庭前对非法证据的排除和瑕疵证据的完善。

（四）强化对侦查工作的引导

以审判为中心，某种程度上意味着定罪标准将更加严格，但作为基础的侦查工作尚不能完全适应指控犯罪的新要求，“一头粗一头细”的矛盾日益突出，加强对侦查的指导、引导和有效监督，增强发现、识别和纠正侦查违法的途径和方法，是检察机关适应审判为中心改革的客观要求。

（五）加强庭审举证策略研究

应当结合案件类型，围绕构成要件和争议焦点安排举证的熟悉、详略，便于法庭准确高效地查明案情。举证时应按照一事一证的要求，也可以采用“分组举证和单个举证相结合”的方法，有针对性地对多个待证事实分别予以证明。尽量避免举证顺序的不当，而导致的证据孤立、割裂现象，保持证据与证据之间的天然联系，形成“证据合力”。一审为中心的事实认定机制成为趋势的情况下，就更加要求在一审庭审过程中，通过恰当的举证策略，构建起合理的证据体系。

（六）明晰证明责任和证明标准

哪些要件需要公诉人运用证据来证明，哪些事实可以采用推定的方式实现证据的目的，证明需要达到怎样的证明标准，公诉人应当有提前的预判。并非辩方所提任何主张公诉人都需要事无巨细地证明，在有限时间内证据体系中的不同证据也存在主次之分。公诉人只有明确了方向，熟悉掌握方法，才能更好地实现构建证据体系、完成公诉指控的任务。

第34堂课　《刑事诉讼法》修改后的证据合法性审查

• 冯英菊*

课程提纲

一、证据审查概述

二、两大法系证据审查模式的比较法考察

三、当前证据合法性审查中需要注意的问题

四、非法证据的排除

2012年《刑事诉讼法》修改的亮点之一即是“完善证据制度，确立非法证据排除规则”。依据第54条的规定，非法证据的排除有两类：一是非法言词证据的排除，即采用刑讯逼供等非法方法收集的犯罪嫌疑人、被告人供述和采用暴力、威胁等非法方法收集的证人证言、被害人陈述，应当予以排除；二是非法实物证据，即收集物证、书证不符合法定程序，可能严重影响司法公正的，在一定条件下，对该证据应当予以排除。公检法机关在侦查、审查起诉、审判时发现有应当排除的证据的，都应当依法予以排除，不得作为起诉意见、起诉决定和判决的依据。此外，为了保证非法证据得以排除，刑事诉讼法还设置了法庭审理过程中具有可操作性的排除程序，包括确立了非法证据排除程序的启动模式和条件，规定人民检察院对证据收集的合法性承担证明责任，确立我国侦查人员出庭作证制度，确立非法证据排除的证明标准等。综合上述规

* 北京市人民检察院第四分院检察委员会专职委员。

定，修改后的《刑事诉讼法》非常明确地规定了检察机关在审前程序中的证据合法性审查责任和在审判阶段的证据合法性证明责任。这些规定不仅是我国刑事立法层面的首次确认，是立法上的重大进步，而且也将对检察执法实践产生深远而重大的影响。对证据的合法性进行证明，正在成为检察机关依法指控犯罪、强化诉讼监督、保证办案质量的一项重要工作。

一、证据审查概述

证据是诉讼的灵魂，证据审查是业务部门干部的看家本领。屡屡曝光的冤假错案，其成因中，都不乏证据审查的问题，而且与非法证据紧密相关。这些血的教训逼迫我们关注证据合法性的审查问题。

（一）证据审查的意义

整个刑事诉讼过程，就是审查、判断和运用证据的过程。检察环节的证据审查判断和运用，包括逮捕证据的审查判断和运用，也包括起诉证据和抗诉证据的审查判断和运用。检察工作在整个刑事诉讼过程中起着承上启下的重要作用。因此，在检察环节，审查判断和运用好刑事证据的实体意义重要，程序意义非凡。

1. 证据审查是认定事实的基础

有位学者说过：每个证据都是案件事实的片段，司法者其实是把证据材料拼接起来，形成一件完整的衣服。如此说来，案卷中的证据就是服装材料，没有证据，就无所谓案件的事实，证据之于事实，就是源头之水。因此，凡是没有建立在证据审查基础上的事实认定，都是无源之水，无本之木。

2. 证据审查是适用法律的前提

就像世界上没有两片完全相同的叶子一样，世界上也没有两个完全相同的个案。经常听到有的干部讲：这个案件和那个案件完全一样，所以说，前面那个案件怎么适用的法律，这个案件也如此照搬。这种思维方式是错误的。的确，很多案件看起来非常相似，但是即使这样，我们也不能说它们完全相同。只要承办人足够细致，肯定能发现这一点。首先，有可能是案件双方当事人之间的关系不同，即便是相同的两个人之间的两次犯罪，各方当事人的主观过错程度也可能不同。其次，有可能是案件发生的经过有别，究竟是谁引发了矛盾，哪个因素激化了矛盾并直接导致嫌疑人实施犯罪，之后有没有其他因素介入并加重危害结果的发生。最后，案件发生的时间、地点和周围环境不同，同一个人基于相同的犯意实施相同的行为，也可能因为实际的时空条件、客观环境，而产生程度不同的社会危害性。我国实行的成文法主义，不是案例法主义，尤其是1997年刑法已经明确取消了类推制度，因此，任何时候、任何场合，都不宜采用“援引前例”的方式来论证法律适用问题。

3. 证据审查是履行监督职责的条件

实践中，书面审查方式为主，在这种情况下，怎么在“已经装订成册”的案卷中发现监督线索，如果没有养成扎实细致的工作作风，几乎是不可能的。保证案件质量的第一前提就是做好证据审查工作。就承办人而言，可以这么说，做好证据审查工作是做好一切工作的基础。只有把证据审查透了，审查全了，才能做到事实认定清楚、法律适用准确，监督职责履行到位，最终也才能拿出一个正确的处理意见。

（二）证据审查的内涵

任何事实认定都是以证据的收集和审查为基础的，证据审查是司法证明活动不可或缺的重要环节。要深入把握证据审查的内涵，就必须将其放在整个司法证明的大背景下加以考察。整个司法证明活动可以被划分为证据筛选、证据评价和事实认定三个阶段。其中，证据筛选和证据评价构成了证据审查的两个基本环节。

第一，证据筛选。现代司法证明活动强调司法证明过程的正当性，要求司法机关认定案件事实所以来的证据具有法定的证据能力。以违反法律强制性规定或侵犯他人合法权益的方式所取得的证据以及其他不符合法定要求的证据不得作为司法证明的根据。因此，法庭应当对当事人提交或法庭自行调取的证据进行筛选，依据法定证据规则将不符合要求的证据予以排除。

第二，证据评价。经筛选被认为具备证据能力的证据可以作为司法证明的根据。但是，由于不同证据在来源、种类以及与案件事实的关联程度等方面存在差异，其对案件事实的证明力大小也各不相同。因此，运用逻辑法则和经验法则对各个证据的证明力准确地加以评估也是司法证明的必要步骤。

第三，事实认定。在各个证据的证明力被确定之后，裁判者就可以综合全案证据对案件事实作出认定。当然，这不仅包含了证明主体运用逻辑法则和经验法则的推理过程，还包含了对证明责任、证明标准等事实认定规则的适用过程。由上述分析可见，在司法证明过程中，证据筛选和证据评价都是法庭围绕证据的证据能力或证明力所进行的审查活动，它们共同构成事实认定的前提和基础。有鉴于此，我们将其统称为“证据审查”。

证据筛选和证据评价之间既有密切的联系，也有严格的区别。二者之间的联系表现在：第一，证据筛选是证据评价的基础和前提。经过筛选被认为不具备证据能力的证据将被排除，不得作为定案根据，也就无所谓证据评价问题了。第二，证据评价是证据筛选的深化和发展。证据筛选仅仅是以定性的方法对证据进行甄别，而经过筛选被赋予证据能力的证据究竟能够在多大程度上证明案件事实，还有待于通过证据评价来进一步加以判断。二者之间的区别表现在：第一，对象不同。证据筛选指向的对象是证据的证据能力，证据评价则指向证据的证明力；第二，性质不同。证据筛选是一种定性分析活动，判断某一证据是否可以作为认定案件事实的依据，证据评价则是一种定量分析活动，判断某一证据能够在多大程度上证明案件事实。第三，功能不同。证据筛选的功能在于将以非法手段取得或者基于其他原因而不符合法定要求的证据排除在庭审活动之外，以便实现对非法取证等行为的制裁或实现价值目标；证据评价的功能则在于根据证据与案件事实的客观联系，确定证据的证明力大小，以便为认定事实提供依据。前者决定证据的取舍，而后者则决定证据的分量。第四，依据不同。由于证据能力反映了证据的法律属性，所以，证据筛选的主要依据是有关证据能力的法律规则；而证明力则反映了证据的自然属性，所以，证据评价的主要依据是逻辑法则和经验法则。

（三）证据审查的任务

刑事证据之所以在刑事司法中具有至关重要的作用，其原因在于刑事司法必须完成一项任务，那就是认定被告人是否是实施了所指控的犯罪行为的人，即司法证明的任务。但司法证明却并非易事。先发生犯罪事实然后才会引起司法程序这一不可逆性决定了司法证明永远是一道难解之题。在检察环节，要完成这样一项任务，就必须要证明三个事实：客观发生的案件事实，侦查机关提请或报请的案件事实，或者是当事人申诉的案件事实，和我们认定的案件事实。这三个事实可能是相同的，也可能是不相同的；或者部分相同，部分不相同，证明上述三个事实就会牵扯到五种证据：

一是案件发生之后客观存在的证据，如交通肇事现场的痕迹，这是客观存在、必然产生的证据，理想状态下，侦查机关都应收集到。二是侦查机关收集的证据，这是案件证据的现实状态，是侦查人员在一定的客观条件下，依据个人的主观选择收集到的证据。其中，既有时过境迁无法收集的证据，也有相关证据因客观环境变化发生的灭失，还有侦查人员忽视的证据。三是当事人，或是犯罪嫌疑人的辩护律师、被害人的诉讼代理人收集的证据。俗语说，偏听则暗，兼听则明。在诉讼过程中，应该说司法人员越早听到当事人方的声音越好，所以，我们要重视这部分证据，对辩护律师和诉讼代理人提交的相关材料也要认真审查，不能因为这些材料不在侦查卷宗中，不是侦查人员收集提供的，而予以歧视。四是获准进入诉讼的证据，也就是具有证据能力的证据，或者说是具有证据资格的证据。请注意，这是司法人员裁断过的证据范围，是司法人员运用证据规则筛选后的证据范围，主要就是排除不具有证据能力，或者是不具有证据资格的证据，因此，这是真正考验司法人员证据审查运用能力的环节。五是司法人员作为定案根据的证据。即使是获准进行诉讼程序的证据，也并不完全是定案根据。要看司法人员认定的案件事实确定哪些是定案根据，哪些不是定案根据。我们发现这五种证据如剥茧抽丝一般，将客观事实（同一案件的客观事实具有同一性）转化为法律事实（可能在不同诉讼阶段表现为不同的法律事实），而司法所要求的正义正是要使客观事实与法律事实最大限度地重合，要达到这一目的，就离不开对证据的审查运用。

证据审查的任务就是确认某个证据能否获准进入诉讼的“大门”，即审查该证据能否有效地将客观事实纳入司法的程序，从而确定法律事实，作为定案的依据。审查某一证据能否进入司法程序，这是审查证据的证据能力；而审查某一证据能否作为定案依据则是审查证据的证据效力（证明力及大小）。前者涉及审查证据的采纳规则，后者则指向证据的采信规则。

二、两大法系证据审查模式的比较法考察

任何国家的诉讼活动都离不开证据，而证据审查则通常是司法证明的关键环节。目前，学界对于证据规则的研究已经相当深入，然而，对于证据审查的相关机制却疏于关注。由于两大法系诉讼模式的差异，其证据审查机制也各不相同。英美法系国家证据审查的“分离模式”与大陆法系国家证据审查的“融合模式”各有优劣。我国证据审查模式选择的基本思路是将证据筛选和证据评价适度分离，对证据筛选活动进行诉讼化改造以及完善证据评价机制。

（一）英美法系的“分离模式”

由于实行陪审团制度，英美法系国家的证据审查活动被一分为二：证据筛选涉及证据规则的适用，被作为法律问题对待，由法官负责评判；而证据评价仅涉及逻辑法则和经验法则的运用，被作为事实问题对待，由陪审团评判。其主要特征包括三个：

证据筛选与证据评价相互独立。为了避免没有接受过职业训练的陪审团受到不当证据的误导，从而作出错误的事实认定，通常先由法官在审前程序中将不适当的证据予以排除，再由陪审团在正式的审判程序（庭审活动）中对其余的证据进行评价。

以证据筛选为重心。英美法系国家的陪审团成员是从普通民众中随机挑选出来的，没有接受过系统的法律职业训练，然而，作为事实裁判者，他们对证据的评价直接影响到案件的最终处理结果。于是，法官主持的证据筛选程序就

成为保障事实认定准确性的重要屏障。因此，英美法系国家通常十分强调甚至过于倚重证据筛选程序，并将很多原本应该通过证据评价活动来加以解决的问题纳入证据筛选活动中解决。比如“传闻证据”和“最佳证据”的评判原本属于证明力的定量问题，但是“传闻证据规则”和“最佳证据规则”的确立实际上采取了定性的方式，通过对证据能力有无的评价来解决。这事实上是将陪审团评价证据证明力的权力部分地“让渡”给了法官。

审查方式具有现有的诉讼化特征。当事人主义注重发挥争讼双方对诉讼进程的主导作用，这一点同样体现在证据审查活动中。无论是在证据筛选活动中，还是在证据评价活动中，争讼双方都有机会围绕证据的证据能力和证明力问题充分地展开陈述、质疑和辩驳。特别是英美法系国家还对证据筛选活动确立了专门化的裁决机制。一是程序启动上的“不告不理”。证据筛选的听审和裁决程序的启动一般以争讼双方关于排除证据的申请为条件，这种申请在审前程序中通常以审前动议的方式提出，在庭审过程中是以可采性异议的方式提出，控辩双方因为猜测、传闻、诱导、最佳证据、超范围或外行意见等都可以对对方的（交叉）讯问和提交法庭的书证物证提出抗议，由法官裁决是否采纳为诉讼证据。一般来说，如果当事人不及时地提出关于排除证据的申请，不仅不会导致证据筛选裁决程序的启动，通常还会导致“失权”的后果，即当事人失去提出证据排除申请的机会。《美国刑事诉讼规则》第 12 条（f）规定：“当事人没有在审判前或法庭按照（c）款规定确定的时间或法庭可能做出的延长期内提出辩解或异议，或者做出请求，应构成放弃权利。”二是裁判结果的独立救济程序。英美等国通常允许当事人对可采性裁决单独提出上诉，即在终局裁判做出前就证据可采性裁决提起“中间上诉”。

（二）大陆法系的“融合模式”

大陆法系国家由于不实行陪审团制度，所有审判活动都由职业法官和陪审员负责。因此，无论是运用证据规则的证据筛选活动，还是运用逻辑法则和经验法则的证据评价活动，都由同一主体进行。我们将大陆法系的这一证据审查模式称为“融合模式”。其主要特征包括：

1. 证据筛选和证据评价融为一体

大陆法系国家不实行陪审团制度，不像英美法系国家那样迫切地需要将不当证据排除在正式庭审活动之外，因而也没有将证据能力问题集中于审前程序中解决。大陆法系国家的证据筛选和证据评价活动基本上都集中在庭审阶段一并进行，即在法官的主导下，争讼双方可以就证据的证据能力与证明力、事实认定以及法律适用等问题发表意见和展开辩论，最终由法官就事实认定和法律适用等问题一并作出裁判。可见，大陆法系国家不存在专门的证据筛选程序，证据筛选和证据评价之间没有明确的阶段划分。也正是由于不存在专门的证据筛选程序，所以，与英美法系国家普遍采用的“可采性”概念不同，大陆法系国家一般采用“证据能力”的概念。二者的主要区别就在于：前者是指证据被纳入法庭审理范围的资格，而后者则是证据被用作认定案件事实根据的资格，可以说，大陆法系国家对于证据进入法庭审理的资格没有严格的规定，即使证据不具有法定的证据能力，也可以被纳入法庭调查程序，最终由法官决定是否作为定案证据。

2. 以证据评价为重心

在大陆法系国家，作为事实裁判者的法官大多接受过专门的职业训练，不会轻易地受到不适当证据的误导，所以，证据筛选活动在大陆法系国家的司法证明活动中不具有类似于英美法系国家那样的重要地位。也正是由于这个原因，在大陆法系国家很难找到像英美法系国家那样繁杂的证据能力规则。相反，由于证据证明力大小的判断直接决定了案件事实认定的结论，大陆法系的立法者往往更倾向于关注证据评价的准确性。这一点可以从历史和现实两个角度也得到印证。从历史上来看，大陆法系国家在中世纪盛行的法定证据制度就体现了对证据评价的高度重视。为了防范法官在证据评价上的恣意，法律对每一类证据的证明力大小作出了明确的规范。从现实来看，饱受法定证据之苦的大陆法系国家虽然废除了法定证据制度，但其所确立的自由心证证据制度同样也将注意力放在了证明力上。学者指出：自由心证作为诉讼法的一项原则，其适用范围主要集中在证据证明力的评价领域。自由心证意味着对于证据证明力的大小，法律不预先作出规定，完全由法官依其良心和理性自由评判。

3. 审查方式具有较强的行政化特征

大陆法系的职权主义模式强调法官对庭审活动的主导，证据审查活动呈现出明显的行政化特征：第一，将证据审查明确规定为司法证明的必经程序。在大陆法系国家，定案证据必须满足两个方面的要求：证据材料不被法律禁止，即具备证据能力；证据应当经过法定的调查程序，所以，法官主动审查证据的证据能力和证明力，不以任何一方当事人的申请为条件。第二，缺乏独立的裁判和救济程序。在大陆法系国家，即使在庭审质证后，法官确信某一证据不具有证据能力，也通常不会再终局裁判作出之前，先行就证据的证据能力问题作出裁决。由于不存在证据筛选的“中间裁决”，自然也就不会有证据筛选的“中间上诉”。由此，争讼双方对于法庭就证据能力所做的错误评判，只能作为对终局裁判的上诉理由提出。

（三）两大法系证据审查模式的比较

由上面的分析可以看出，两大法系在证据审查的基本结构、侧重点和审查方式方面有着显著的差异，从实现司法证明目的的角度来看，二者各有优劣：

1. 英美法系“分离模式”的利弊分析

该模式的优势在于证据筛选和证据评价的阶段划分有利于分别实现对证据能力和证明力的评判，注重发挥证据筛选的功能，有利于保障司法证明过程的正当性；诉讼化的审查方式既有利于发挥争讼双方的主导作用，又有利于实现对诉讼权利的救济。该模式的弊端在于：第一，证据筛选活动的被动性。英美法系国家在证据筛选程序启动上实行“不告不理”，法官一般不能主动排除证据，这使得原本属于排除范围的证据可能会因当事人不提异议而被采纳，不利于发现实质真实。第二，证据筛选活动的扩张性。英美法系国家对证据筛选程序的过分倚重使得很多原本应当通过证据评价来解决的问题被纳入证据筛选中解决，这必然会导致证据筛选和证据评价在功能上的混淆。第三，证据评价活动的随意性。“由于陪审团裁判无须提供理由，人们事实上几乎无法对它提出批评。甚至于，即使陪审团的裁判缺乏有效推理规则的支持，也不足以影响其终局效力。”这不可避免地会带来证据评价上的随意性，从而伴生事实认定错误的风险。

2. 大陆法系国家“融合模式”的利弊分析

该模式的优势在于：证据筛选与证据评价的融为一体赋予了法官在证据审查上更多的裁量空间；注重发挥证据评价的功能，充分尊重法官的良心和理性；法官依职权主动审查证据能力，有利于发现案件的实质真实。该模式的弊端在于：第一，证据审查活动的无序性。大陆法系国家的证据筛选和证据评价由同一主体负责，并且没有明确的阶段划分。这使得两种不同性质的活动常常会交叉进行，从而在一定程度上导致证据审查活动的无序和混乱。实践中，法官很可能在已经对证据的证明力进行了评价，甚至在已经对案件事实形成一定的看法之后，再回过头来考虑证据能力问题，从而将能够支持其主张的证据赋予其证据能力；这将从根本上背离立法者设立证据筛选制度的初衷。第二，证据筛选活动的行政性。法官依职权主动对证据的证据能力有无进行审查，虽然有助于弥补当事人诉讼行为的偏差和不足，但也可能会导致诉讼拖延。此外，当事人对证据筛选结论的异议只能在对终局裁判的上诉中作为上诉理由提出，而一旦上级法院认定证据筛选裁判错误而将全案发回重审，则会导致原审所进行的后续审判活动归于无效，造成司法资源不必要的浪费。

总体而言，英美法系国家对证据筛选程序的倚重旨在加强对心证形成依据的限制，而大陆法系国家对证据评价的偏重则旨在强化对心证形成过程的制约。

我们普遍注重分析证明力，近年来多起冤假错案的揭露，使我们逐渐重视证据能力问题，其中很多证据能力问题是侦查阶段的违法侦查、不规范侦查造成的，所以，在审判中心的大背景下，检察官尤其应该重视证据合法性审查问题。一方面，需要提升证据审查能力；另一方面，需要着力强化对侦查活动的规范和监督问题。

三、当前证据合法性审查中需要注意的问题

根据修改后《刑事诉讼法》第48条规定，证据是所有可以用于证明案件事实的材料，包括八种：“（一）物证；（二）书证；（三）证人证言；（四）被害人陈述；（五）犯罪嫌疑人、被告人供述和辩解；（六）鉴定意见；（七）勘验、检查、辨认、侦查实验等笔录；（八）视听资料、电子数据。”关于这八类证据的审查问题，刑事诉讼法没有具体列明，而只是在第54条规定了非法证据排除的条件，其后，在“六部委”、公安部、最高人民检察院、最高人民法院等贯彻落实刑事诉讼法的司法解释中，无一例外地强调了取证程序和非法证据的排除问题，其中对八类证据的判断审查规定得最为具体明确的是最高人民法院在《关于适用〈中华人民共和国刑事诉讼法〉的解释》（以下简称《解释》）。该《解释》在第四章“证据”，用九小节、52个条文详细规定了证据的一般规定、八类证据的审查与认定、非法证据排除、证据的综合审查和运用四个方面的内容。

在刑事诉讼中，根据证据的存在和表现形式，可以将其分为言词证据和实物证据两大类。言词证据是以人的语言陈述表现证据事实的各种证据，包括犯罪嫌疑人供述、被害人陈述、证人证言、鉴定意见等。实物证据是以客观存在的物体作为证据事实表现形式的证据，包括物证、书证、视听资料、勘验检查笔录等。通常认为，言词证据和实物证据的特点呈现互补性，实物证据的优点正是言词证据之不足，而言词证据的优点，又是实物证据所不及。下面分别论述两大类证据的合法性审查问题：

（一）实物证据的合法性审查

对物证、书证以及勘验、检查笔录、搜查笔录、视听资料、电子证据等，既要审查其是否客观、真实反映案件事实，也要加强对证据的收集、制作程序和证据形式的审查。

1. 原始证据优先规则

物证是指证明案件真实情况的实物和痕迹。它包括两种类型：作为物证的

实物和作为物证的痕迹。作为物证的实物，是指与案件事实有关的客观实在的物体，如犯罪现场的尸体、作案的工具、赃款赃物等。作为物证的痕迹，包括两个物体之间相互作用产生的印痕和轨迹，如指纹、脚印、划痕等。物证可以为侦查人员提供线索，确定侦查方向，可以借助物证破获犯罪，可以借助物证鉴别其他证据的真伪，可以借助物证迫使嫌疑人、被告人交代罪行，揭穿不真实的供述和辩解。物证因受主观因素影响较小，因而其客观性、真实性较强，证明力也较强。美国著名物证技术学家赫伯特·麦克唐奈指出："物证不怕恫吓。物证不会遗忘。物证不会像人那样受外界影响而情绪激动……在审判过程中，被告人会说谎，证人会说谎，辩护律师和检察官会说谎，甚至法官也会说谎。唯有物证不会说谎。"

书证的事先性和静态性是其区别于其他证据种类的独有特征。一方面，书证与其他书面材料有一定的类似之处，即都可以通过所记载的内容或表达的思想来证明案件事实或系争事实，但与后者不同的是，书证一般都不是针对特定案件的诉讼活动而刻意制作的，相反却是在诉讼活动开始之前制作的，或者在与诉讼活动毫无关联的情况下制作的；而证言笔录、当事人陈述笔录、口供笔录(有时是证人、当事人自己书写的)，是人对案件事实感受之后，在诉讼过程中形成的，向司法人员陈述时制作的客观记录。另一方面，书证与视听资料都是通过内容或思想证明案情，但视听资料的内容是动态的，而书证则是静态的，是人们通过对直接来源于案件事实的文字、图形或符号的认读所体会出来的。

把原始证据优先规则引入刑事诉讼，其目的在于促使侦查机关更加努力地收集具有真实性的原始证据，从而更准确及时地查明案件事实，实现实体正义。《解释》第70、71条分别规定：（1）据以定案的物证应当是原物。只有在原物不便搬运、不易保存或者依法应当由有关部门保管、处理或者依法应当返还时，才可以拍摄或者由有关部门保管、处理或者依法应当返还时，才可以拍摄或者制作足以反映原物外形或者内容的照片或者复制品。物证的照片、录像或者复制品，经过与原物核实无误或者经鉴定证明为真实的，或者以其他方式能证明其真实的，可以作为定案的根据。原物的照片、录像或者复制品，不能反映原物的外形和特征的，不能作为定案的根据。（2）据以定案的书证应当是原件。只有在取得原件确有困难时，才可以使用副本或者复制件。书证的副本、复制件，经与原件核实无误或者经鉴定证明为真实的，或者以其他方式确能证明其真实的，可以作为定案的根据。书证有更改或者更改迹象不能作出合理解释的，书证的副本、复制件不能反映书证原件及其内容的，不能作为定案的根据。

2. 物证的动态变化和保管链条

我们通常采用静态的眼光看待证据，尤其是物证、书证等客观性证据。实际上，物证、书证在收集、保管及鉴定过程中都有可能受到破坏或者改变。有学者将那些能够增加、改变、模糊、污染或者毁灭证据的影响称为“证据动态变化”。

证据动态变化既可能是自然因素所致，也可能是人为因素所致，就后者而言，在证据收集、保管及鉴定过程中，接触证据的人员都可能破坏或者改变证据。第一，侦查人员如果不熟悉特定物证、书证的收集、保管方法，就可能会污染特定的证据或者改变证据的外表型态。例如，现场的血迹证据，如果收集、保管的方法不当或者盛装血迹的器具不洁净，就可能会污染血迹证据。又如现场的指纹，如果采用的显现方法不当，就将导致该指纹遭到改变甚至破坏；如果采用的照相记录方式不当，就将导致该指纹照片失真。第二，证据在被保管的过程中可能因保管条件不善而随着时间推移或者环境变化发生改变。例如，血迹、精斑等生物证据，需要单独使用专用的器具盛装，并且需要在特定的温度、湿度条件下保存。一些侦查机关可能不具备相应的保管条件或者疏于保管，导致上述证据遭到破坏。第三，侦查机关将血迹、精斑等证据提交鉴定后，如果鉴定机构的管理不规范，检材保管条件不善，鉴定人员在对证据进行鉴定的过程中就可能会改变证据的外表形态或者内在属性，进而导致鉴定意见失真。

证据动态变化给证据的审查和认定带来了严峻的挑战。对于物证、书证等客观性证据的审查，尤其是要重视证据的动态变化。对于控诉方而言，如果其试图在法庭上使用特定的物证、书证，就必须证明该物证、书证就是侦查人员在犯罪现场收集的物品、文件，并且处于和收集时相同（或者大致相同）的状态。具体言之，自从在犯罪现场发现相关的物证、书证等证据之后，直至将该证据提交给法庭之前，与该证据相关的所有人员、地点与处理工作都必须记录在案。这种记录通常被称为“证据保管链条”。完整的证据保管链条并不意味着侦查人员必须随时将物证、书证随身携带，而是表明，从侦查人员在犯罪现场提取物证、书证时起，直到将之提交给法庭时止，该物证、书证必须持续地处于侦查人员的排他性控制之下。典型的证据保管记录包括：最初观察到特定证据的人员、侦查人员对该证据的保管、提交给鉴定机构、鉴定人员的保管、侦查人员取回该证据后提交给侦查机关的证据存储部门以及提交给法庭。

通常情况下，侦查人员都应当制作证据保管日志，任何接触该证据的人员都必须记录自己的姓名、机构、接触的日期，由此确保证据保管链条的完整性。如果证据保管链条出现中断，并且不能作出合理的说明，那么，该物品与其在犯罪现场被发现时处于相同状态的主张就得不到支持，该物品的来源及真实性将面临质疑。

3. 物证的瑕疵补正

依据刑事诉讼法和公安部《公安机关办理刑事案件程序规定》、《人民检察院刑事诉讼规则（试行）》和《解释》中的规定，司法人员在诉讼中发现物证、书证和视听资料、电子证据等来源及收集、制作过程不明，或者勘验、检查笔录、搜查笔录的形式不符合规定或者记载内容有矛盾的，应当要求侦查机关（部门）补正，无法补正的应当作出说明或者合理解释，无法作出合理说明或者解释的，不能作为证据使用；发现侦查机关（部门）在勘验、检查、搜查过程中对与案件事实可能有关联的相关痕迹、物品应当提取而没有提取的，应当要求侦查机关（部门）补充收集、调取；对物证的照片、录像或者复制品不能反映原物的外形和特征，或者书证的副本、复制件不能反映原件特征及其内容的，应当要求侦查机关（部门）重新制作；发现在案的物证、书证以及视听资料、电子证据等应当鉴定而没有鉴定的，应当要求侦查机关（部门）鉴定，必要时自行委托鉴定。

对侦查机关（部门）的补正、说明以及重新收集、制作的情况，应当认真审查，必要时可以进行复核。对于经侦查机关（部门）依法重新收集、及时补正或者能够作出合理解释，不影响物证、书证真实性的，可以作为批准或者决定逮捕、提起公诉的根据。侦查机关（部门）没有依法重新收集、补正，或者无法补正、重新制作且没有作出合理的解释或者说明，无法认定证据真实性的，该证据不能作为批准或者决定逮捕、提起公诉的根据。

（二）言词证据的合法性审查

就言词证据而言，由于是以人的语言表述形式对刑事案件起证明作用的，其形成过程一般要经历感知、判断、表述、记忆等多个阶段。其中，感知阶段即在犯罪行为发生、犯罪行为进行中或犯罪行为结束后，言词证据的提供主体感知到与犯罪相关的人、物及场所；判断阶段即言词证据的提供主体在自身能力与知识结构基础之上，对案件事实信息进行辨别、分类；记忆阶段即这些与犯罪相关的事物在大脑中形成记忆的痕迹；表述阶段即言词证据的提供主体按照言词证据收集者的要求，讲述案件的相关性对原来感知过的事物进行回忆。从司法实践来看，言词证据的提供主体、可能因犯罪发生的时间、地点、环境等的影响或自身感知认识能力的限制，使感知、判断、记忆、表述的案情发生差错。比如，被害人在遭受犯罪侵害时，往往精神高度紧张、恐惧、产生错觉，或者精神受到刺激、记忆混乱等，导致陈述失实。可以说，在言词证据的形成过程中，即在感知、判断、记忆、表述各阶段难免会出现误差，所以言词证据也具有不稳定性，时供时翻、时证时翻的现象常常发生。也正因如此，现行法律对言词证据的审查提出了三个明确的要求：供述补强、意见证言不予采信和鉴定意见全面审查。

1. 犯罪嫌疑人、被告人供述和辩解的审查

犯罪嫌疑人、被告人的供述和辩解，是犯罪嫌疑人、被告人在刑事诉讼过程中就案件事实向公安司法机关所作的口头或书面陈述。其特点是具有双重诉讼性质。其一方面是对案件事实情况的陈述，是证据的一种，具有证明案件事实的性质；另一方面又是对控诉内容所作的解释，具有辩护的性质。犯罪嫌疑人、被告人供述和辩解是犯罪嫌疑人、被告人的一项法定诉讼权利，而不是他的诉讼义务，他可以利用供述和辩解的机会来充分行使其辩护权，提出自己无罪或罪轻的材料和意见，也可能利用陈述的机会制造假象，进行无理狡辩。

翻供在司法实践中并不鲜见。它是由嫌疑人口供本身所具有的特征决定的。翻供就其本身的性质而言，仍然属于嫌疑人口供的一种表现形式。翻供现象的动机是多方面的，既可能是犯罪嫌疑人因记忆原因而改变原有供述内容，也有可能出于侥幸心理和抵赖动机而推翻原来的供述内容，还有可能是原有口供是在刑讯逼供、诱供、指供条件下产生，而后又加以翻供。但无论如何，其目的是一致的，即通过翻供来否定原有对自己不利或者不是很有利的口供，并提供对自己有利或更为有利的供述。翻供本身并没有为我国刑事诉讼法禁止，也是犯罪嫌疑人、被告人的权利，也符合司法规律。问题的关键是要看翻供的真实性。只要犯罪嫌疑人是基于客观上的真实意思表达，则翻供的内容也可以成为有效的定案依据。所以，不能一概认为翻供就是不老实，就是不认罪。允许合理翻供，既是保障犯罪嫌疑人合法争辩权的需要，也是查清案件事实的需要。所以，司法机关应正确对待犯罪嫌疑人的翻供，既不能简单笼统地一概否定，也不能无视已经查明的案件事实和充分、确凿的证据来轻易肯定犯罪嫌疑人的翻供，认为只要一出现翻供，就认为什么事实也不能认定了。这种思维模式是错误的。翻不翻供是犯罪嫌疑人的事，能不能鉴别出翻供的真伪是检察机关的事。总之，我们要按照《刑事诉讼法》第 53 条之规定，以重证据、重调查研究、不轻信口供为原则，并以此作为司法机关确定犯罪嫌疑人翻供是否真实、有效的重要依据。

（1）比对法审查。有人认为被告人口供是证据之王，是最有价值、证明力最强的证据，因而在办案中千方百计地获取口供，而一旦获得了犯罪嫌疑人

口供就认为万事大吉，忽视相应证据的提取。不可否认，经查证属实的被告人口供能够详细、具体、真实、直观地反映犯罪的动机、目的和犯罪的时间、地点、行为、结果等，具有较强的证明力。但是由于犯罪嫌疑人、被告人口供有极大的主观性和可变性，具有虚实并存、真假难辨的显著特点，因此，在审查判断时必须特别仔细和认真，切不可草率从事，否则会被口供牵着鼻子走。因此，我建议运用比对的方法审查判断犯罪嫌疑人、被告人供述和辩解。这包括两个方面：一是要审查犯罪嫌疑人、被告人前后多次口供之间有无矛盾，如有矛盾，应当分析研究存在矛盾的原因。特别是对于共同犯罪案件，在对口供逐个进行审查判断的基础上，还要注意对几个口供进行对比研究，审查各个犯罪嫌疑人、被告人对同一事实情况的口供是否一致，有无矛盾。如果一致，还要审查他们之间有无串供、勾结、通谋的可能。如果发现口供的内容前后不一，互相矛盾，就要认真分析，找出原因，通过调查、对质、鉴定、实验等方法进一步审查加以解决。二是把口供同案件中的其他证据联系起来，加以比对印证，进行综合分析。对口供只从其本身审查，往往很难查清真伪。如果将它同案内其他证据联系起来对照审查，就容易发现矛盾，鉴别真伪。如果口供与其他证据能够相互印证，便可确定口供的真实性。如果存在矛盾，就要分析原因，进一步查证核实后，再做结论。

（2）供述补强规则。所谓供述补强规则，是指对于那些司法经验表明虚假可能性较大的言词证据，为了防止误认或发生其他危险性，而在运用这些证明力明显薄弱的言词证据认定案情时，必须存在其他证据补强、支持其证明力的证据运用规则。补强规则实质上是一种数量规则，即特定的言词证据必须在其他证据担保其真实可信性的条件下，才能发挥证明作用。供述补强规则是为担保、补强供述的真实可信性而要求运用供述证据认定案件或案件主要事实时必须有其他证据对其证明价值予以补强的证据规则。我国《刑事诉讼法》第53条规定："对一切案件的判处都要重证据，重调查研究，不轻信口供。只有被告人供述，没有其他证据的，不能认定被告人有罪和处以刑罚；没有被告人供述，证据确实、充分的，可以认定被告人有罪和处以刑罚……"因此，在刑事诉讼中，运用被告人供述认定其有罪时，必须慎重，不得根据被告人供述认定其有罪，也不得只根据被告人供述认定构成犯罪的主要事实。在运用被告人供述时，必须运用一定数量的证据对其证明力予以担保、补强。

补强证据必须具备以下条件：第一，补强证据必须具有证据资格。作为担保、补强供述证据的补强证据，尽管表象上是对供述真实性的补充证明，但在实质意义上，其证明价值是针对供述所反映的犯罪事实的。因此，补强证据本身必须是具有证据资格的证据。第二，补强证据必须具有担保供述真实的能力。立法要求补强证据的目的是担保供述证据的真实性，以防止过高评价供述的证明价值，因此，补强证据无须对所有待证事实都有补强作用，或者说并不要求补强证据能够独立证明整个案件事实。补强证据最大的特点在于其补充性，即能够通过证明案件事实或印证供述的内容，从而证明供述与事实相符即可。至于补强证据证明哪些待证事实方为足够，则应根据案情具体确定。补强证据的补充性，主要表现为核实、印证供述证据和支持、补充供述证据。相对地说，供述与补强证据相结合能够证明犯罪事实的，就足以满足补强程度，即使供述的证明力大、补强证据的证明力小也是如此。第三，作为补强证据的言词证据应当具有独立的信息来源。言词证据是以具体的个体为信息载体的，因此，通过个体的学习能力，一个人的认识和观点可以为其他人所接受。显然，以后者所接受的观点是无法证明前者正确的。因此，如果补强证据属于言词证据，那么，该言词证据必须来自独立的信息来源或信息渠道。为此，同一主体在审前阶段所作的犯罪嫌疑人供述是不能作为其在审判阶段所作供述的补强证据的。

（3）不能把同案被告人、犯罪嫌疑人的口供互做证言适用。共同犯罪中被告人的供述不能互为证言并据以定案。因为共同犯罪案件的各被告人在主观上有共同故意，客观上有共同行为，他们对同一犯罪事实的陈述通常是“你中有我，我中有你。你我中有他”，相互形成一个不可分割的整体。同案被告人均是该共同犯罪的当事人，都与其所作陈述的案件的处理结果有直接的利害关系，其陈述可以相互印证，但不能互为证人证言。但审查逮捕实践中，却存在这样一种情况，对共同犯罪案件，仅有同案被告人的一致供述，无其他相关证据印证，一些侦查机关、侦查部门同案犯的口供对其他同案犯来讲就是证言，多个同案人的口供就不认为是单纯靠口供定案，认为既有口供，又有证言印证，就可以定案。所以，把取证重点都放在逼取同案人的口供上，忽视了对其他物证的收集，结果造成错案。

2. 被害人陈述、证人证言的审查

审查证人证言、被害人陈述，应当注意对询问程序、方式、内容以及询问笔录形式的审查。发现不符合规定的，应当要求侦查机关（部门）补正或者说明。注意审查证人、被害人能否辨别是非、正确表达，必要时进行询问、了解，同时审查证人、被害人作证是否个别进行；对证人、被害人在法律规定以外的地点接受询问的，应当审查其原因，必要时对该证言或者陈述进行复核。对证人证言、被害人陈述的内容是否真实，应当结合其他证据综合判断。对于犯罪嫌疑人及其辩护人或者证人、被害人提出侦查机关（部门）采用暴力、威胁等非法手段取证的，应当告知其要如实提供相关证据或者线索，并认真核查。

值得注意的是，《解释》第75条第2款规定："证人的猜测性、评论性、推断性的证言，不能作为证据使用，但根据一般生活经验判断符合事实的除外。"我国现行刑事诉讼法没有关于意见证据的规定。这个规定说明：如果证人证言内容不当地超出证人感知的范围，并非证人对案件事实的亲身感知，且无法确保其真实性，故不具有可采性。证人只能陈述自己感知的案件事实，不能提供意见。这就是英美证据法中所谓的"意见证据规则"。

英美法系之所以禁止证人在作证时就案件事实发表意见，其主要根据在于：第一，证人发表意见侵犯了事实审理者的职权。美国证据学家华尔兹曾经指出：意见规则的基本理由是一般非专业人员在其所掌握的知识和理解能力范围内所能作出的事实性结论应该留待由这种普通人组成的陪审团作出。如果一名陪审员完全可以通过把证人提供的事实加在一起的方法得出他或她自己的结论，该证人就绝无必要将其结论强加给陪审员了。因此，如果陪审团有能力对列举的事实作出正确的结论，那么证人的意见证言可能会侵犯陪审团的正当职权范围。第二，证人发表意见有可能对案件事实的认定产生误导。意见并非证人所亲身体验，如果允许证人提供意见，其陈述的客观事实中混杂有个人见解，则有误导事实裁判者的危险，以至于可能错误地认定案件事实。第三，普通证人缺乏发表意见所需要的专门性知识或基本的技能训练与经验。第四，普通证人的意见证据对案件事实的认定没有价值，因为，无论证人所证实的任何事实是否与案件有关，他的意见一定与案件无关。对于需要专门知识的事项，又往往没有足够的关联性，因此，证人的职责只是把事实提供给法院，而不是发表对该事实的意见。

但实际上，"事实"与"意见"之间的区别并非泾渭分明。"如果让审判法官在一开始就区分事实和意见，恐怕没有任何两个法官经过独立的判断会得出完全一致的结论。"之所以区分事实和意见，主要是为了"促使证人把比较直观的而不是浓妆修饰的感觉印象联系起来。证言可能或多或少搭载着意见（推论、概括和结论），我们希望越少越好"。但是，如果证人亲自感知到案件情况，并且立足于案件情况作出猜测性、评论性、推断性的证言，而且根据一般的生活经验能够认定此类证言符合事实，则此类意见证言也能够作为证据使用。对证人意见证据的真实性进行审查时，需要确定证人亲自感知到的案件的实际情况，因为证人不能脱离对案件情况的感知而提供意见。这种审查主要依赖于常识和生活经验。例如，除非能够证明证人基于以往的经验知道鸦片的气味，否则，他就不能就某物的气味类似于鸦片这一问题提供证言。同时，"证人的意见证言只能涉及证人亲自感知的事实，而不能针对那些假说性问题”。因为脱离证人亲自感知的事实，证人的意见证言就丧失了作为证据使用的基础性条件。

3. 鉴定意见的审查

我国《刑事诉讼法》第144条规定：“为了查明案情，需要解决案件中某些专门性问题的时候，应当指派、聘请有专门知识的人进行鉴定。”第145条第1款规定：“鉴定人进行鉴定后，应当写出鉴定意见，并且签名。”因此，鉴定是指鉴定人为了解决案件中的某种专门性问题，运用自己的专门知识所进行的科学鉴别、检验活动。

鉴定意见对查明案件事实具有重要意义：（1）确定作用，是指许多实物证据与待证事实的相关性要靠鉴定意见来确定。在一个案件当中，会收集到很多痕迹、物品、文件等实物，而这些实物是否具有相关性，能否成为认定案情的证据，除辨认外，主要靠鉴定意见来判明、确定。许多实物证据所包含的信息，往往要通过鉴定意见才能被揭示出来，并进而对刑事案件发挥实际证明作用。因此，鉴定意见的这个作用，常常是其他证据形式所不具备的。（2）印证和补强作用。证据是用来证明案情的，但是证据本身的真伪、证明力大小，证据价值高低，也需要再由证据来印证和补强。鉴定意见对审查犯罪嫌疑人、被告人供述和辩解、证人证言、被害人陈述是否真实可靠具有重要意义。同时鉴定意见也是鉴别确定其他证据证明力大小的重要依据。（3）认清案情的作用。司法实践表明，有许多重要的案件事实，如死亡原因、伤害程度、生理状态、精神状态、重大责任事故的原因等，都必须通过鉴定意见才能证实。鉴定意见的这个作用是其他证据所代替不了的。

就一般情形而言，鉴定过程要经过收集检材——检测实验——观察对比——解释论证——评判推定五个环节，其中，所收集的原始检材和测试数据，体现了鉴定过程的客观性。检测用的先进设备、仪器、解释论证所依据的科学原理，评判推定所依据的规范性标准，体现了鉴定过程的科学性。而检材的收集、固定、送取、检测方案的设计、设备的操作、观察对比等过程，无疑渗进了鉴定人的主观活动。解释论证和评判推定，则是鉴定人对检测样品、被检事项和规范标准之间的同异特征的分析说明，进而依据科学原理和规范标准进行判断，则完全是鉴定人的主观活动。这种活动因受各种因素的影响，不可避免地带有选择性、倾向性。故鉴定意见所体现出来的事实不是客观事实本身，而是对客观事实由表及里、由此及彼抽象概括的间接反映和主观判断，是鉴定人依据科学规律推定的一种模拟事实。

审查鉴定意见，要着重审查检材的来源、提取、保管、送检是否符合法律及有关规定，鉴定机构或者鉴定人员是否具备法定资格和鉴定条件，鉴定意见的形式要件是否完备，鉴定程序是否合法，鉴定意见是否科学合理。检材来源不明或者可能被污染导致鉴定意见存疑的，应当要求侦查机关（部门）进行重新鉴定或者补充鉴定，必要时检察机关可以另行委托进行重新鉴定或者补充鉴定；鉴定机构或者鉴定人员不具备法定资格和鉴定条件，或者鉴定事项超出其鉴定范围以及违反回避规定的，应当要求侦查机关（部门）另行委托重新鉴定，必要时检察机关可以另行委托进行重新鉴定；鉴定意见形式要件不完备的，应当通过侦查机关（部门）要求鉴定机构补正；对鉴定程序、方法、结论等涉及专门技术问题的，必要时听取检察技术部门或者其他具有专门知识的人员的意见。

对于鉴定意见，在司法实践中存在的首要问题是对鉴定意见的盲从，不加分析，一律采信，更多注意的是它的宏观性和科学性，而忽视了它的主观性。其次是以鉴定机构的级别决定鉴定意见的证明力。当一个案件出现两个或两个以上的鉴定意见且多个鉴定意见不尽相同或相互矛盾或截然相反，便不假思索地以鉴定机构的级别、权威性来确定鉴定意见的证明力。盲目采信级别高、权威性大的鉴定机构出具的鉴定意见。对于鉴定意见失实的可能性，可通过文证审查予以解决。

四、非法证据的排除

《刑事诉讼法》第 54 条第 1 款规定："采用刑讯逼供等非法方法收集的犯罪嫌疑人、被告人供述和采用暴力、威胁等非法方法收集的证人证言、被害人陈述，应当予以排除。收集物证、书证不符合法定程序，可能严重影响司法公正的，应当予以补正或者作出合理解释；不能补正或者作出合理解释的，对该证据应当予以排除。"为便于操作和执行，最高人民法院和最高人民检察院都专门明确了非法证据的判断标准。《解释》第 95 条明确规定："使用肉刑或者变相肉刑，或者采用其他使被告人在肉体上或者精神上遭受剧烈疼痛或者痛苦的方法，迫使被告人违背意愿供述的，应当认定为刑事诉讼法第五十四条规定的'刑讯逼供等非法方法'。认定刑事诉讼法第五十四条规定的'可能严重影响司法公正'，应当综合考虑收集物证、书证违反法定程序以及所造成后果的严重程度等情况。"《人民检察院刑事诉讼规则（试行）》第 65 条第 2、3 款规定，"刑讯逼供是指使用肉刑或者变相使用肉刑，使犯罪嫌疑人在肉体上或者精神上遭受剧烈疼痛或者痛苦以逼取供述的行为。其他非法方法是指违法程度和对犯罪嫌疑人的强迫程度与刑讯逼供或者暴力、威胁相当而迫使其违背意愿供述的方法”。《人民检察院刑事诉讼规则（试行）》第 66 条第 3 款规定，“可能严重影响司法公正是指收集物证、书证不符合法定程序的行为明显违法或者情节严重，可能对司法机关办理案件的公正性造成严重损害；补正是指对取证程序上的非实质性瑕疵进行补救；合理解释是指对取证程序的瑕疵作出符合常理及逻辑的解释”。

目前，关于物证书证的瑕疵补正，司法人员普遍比较重视，但对犯罪嫌疑人（被告人）及其辩护人经常提出的审前供述非法问题，均感觉最为棘手。依个人观点：非法言词证据概念的核心是如何界定“非法”。“非法”有轻有重，有一般违法和严重违法，所取得的证据既有非法证据又有有瑕疵的证据。关键是要紧紧抓住是否侵犯了被讯（询）问人的宪法所规定的基本权利，不能把一般的程序违法的证据通通以非法证据加以排除。另外，关于“非法手段”的内涵和表述问题，也是界定非法证据概念的一个关键问题。我们习惯于把“非法”界定为“刑讯逼供”和“暴力威胁”等，其实这种界定与我国参加并批准实施的一些国际条约关于“非法”的规定内容相比，仍不够明确。综合国际条约中关于“非法”的界定一般包括：暴力取证，精神折磨的方式取证，用不人道的方法所获取的证据，使用药品取证等。

只有当一项证据的取得方式严重侵犯了公民的基本权利（即所谓“重大违法”）时，该证据才是非法证据，才应当从程序上予以排除；其他所谓不符合“合法性”要求的证据，并不一定就是“非法证据”，而仅仅只是“瑕疵证据”。对于“瑕疵证据”，在政策上不是强调“排除”，而是要求“补正”，它是可以经过转化后作为“适格证据”而继续使用的。例如，未尽告知义务而制作的犯罪嫌疑人、被告人讯问笔录，应当补充告知，并经犯罪嫌疑人、被告人确认原笔录内容；未出示《拘传证》、《传唤通知书》等法律文书并让犯罪嫌疑人、被告人签名、填写时间所作的讯问笔录的，应当出示当时经审批的相关法律文书，交犯罪嫌疑人、被告人确认后补签，必要时应说明未签的理由和补签的过程。原有瑕疵的证据，在征得当事人同意后，即可补正其效力。

我个人建议应当坚持对“非法证据”的概念进行严格解释，即限于“采用刑讯逼供或暴力威胁手段”所获取的证据。如果侦查机关的程序性违法行为并未侵犯公民的宪法性基本权利，而仅仅属于违反侦查机关的内部规则或一般性的操作程序，比如办案人员在讯问的过程中，没有出示合法的身份证明文件；或在讯问完毕后，虽然没有让犯罪嫌疑人核实笔录，但笔录与犯罪嫌疑人所陈述的内容没有明显的出入的，也没必要排除。

第35堂课　公诉证据综合审查方法

● 熊红文*

课程提纲

一、审查证据要认真全面仔细
二、审查证据要有一双“火眼金睛”
三、要找出利于辩方证据
四、做好庭前提审工作
五、要找到“实在证据”
六、重视同步录音录像的审查
七、言词证据“内外部环境审查法”
八、证据充分不等于证据全面穷尽
九、加强量刑情节的证据审查

一、审查证据要认真全面仔细

公诉人员在审查证据中，应做到认真细致，每个案件的每一页笔录、每一份书证都要仔细查看，不能跳过或者忽略任何一个字。对于证据状况复杂的案件，还应反复仔细阅卷，查找证据间差异和矛盾，绝不能遗漏或忽略与定罪量刑有关的任何一段供述、任何一句陈述、任何一个数字。强调公诉人员审查证据要认真细致，主要具有以下三个方面的实践意义：

（一）不遗漏任何一点指控证据

公诉人员在庭前证据审查中，必须找出所有有利于支撑起诉书指控事实的

* 江西省南昌市人民检察院检察委员会专职委员。

证据，有的时候需要不厌其烦地反复查找，才能保证不遗漏任何点滴的指控证据。下面举例说明。

在2009年南昌市人民检察院提起公诉的邓某某等人故意伤害、刑讯逼供案中，有一个情节是认定犯罪嫌疑人夏某某在案发后同意犯罪嫌疑人夏某去处理审讯室的作案工具，但夏某当时是单独向夏某某请示的，当时只有二人在场，认定这一事实只有夏某供述，夏某某对此一直予以否认。该案审判人员认为，认定这一事实只有夏某的供述这一孤证，没有其他证据印证则难以认定。虽然公诉人认为综合全案的事实和证据，可以对这一事实形成内心确信，但这种在两个犯罪嫌疑人的供述上形成“一对一”的证据状况毕竟单薄，认定这一事实有诉讼风险。

为了对夏某的供述予以补强，公诉人又反复仔细查阅7名犯罪嫌疑人的供述笔录，终于从犯罪嫌疑人吴某某和李某的10余次供述笔录中各找到了一句能够与夏某的供述形成印证的供述，这两句供述都是两名犯罪嫌疑人在供述案发后的行为中不经意间提及的，与他们的犯罪事实并无关联，很容易在阅卷时被忽视，以至于公诉人在前几次阅卷中一直对这两句供述“视而不见”。这两句供述对夏某的供述进行了有效补强，强化了审判人员内心确信，法院在判决书中对此事实予以了确认。

这一案例表明，公诉人在审查证据过程中一定要认真再认真，细致再细致，要仔细查找、甄别出对指控犯罪有利的证据，有的时候需要反复查找，或许会有意外发现。特别是对于一些不起眼的证据甚至是笔录中的只言片语也绝不能忽略，因为那几句不起眼的只言片语往往就能弥补认定某一犯罪事实的证据缺陷。

（二）不放过任何一点证据纰漏

公诉人认真细致审查证据不仅能够保证对指控有利的证据不被遗漏，同时也能及时发现证据纰漏，确保被采用的证据是合法有效、客观真实的证据，从而保证审查起诉案件质量，维护犯罪嫌疑人的合法权益。下面举例说明。

北京市海淀区人民检察院公诉部门受理一起普通盗窃案，公安机关的起诉意见书认定：谢某是建筑工地的一名工人，无意中发现施工用的管子无人看管，心中贪欲顿起，趁工作之便，盗走了一根。很快东窗事发，人赃俱获，案件顺理成章地移送到检察院审查起诉。公安机关认定谢某盗窃的管子长6米，按每米价值200元计算，盗窃数额为1200元。犯罪嫌疑人谢某的认罪供述、价格鉴定意见、管子长度的测量说明，一桩桩证据都指向了谢某。面对清楚的事实、确凿的证据，似乎没有什么可质疑的，案件很快就可以提起公诉了。

但是，承办此案的公诉人在翻看赃物照片的时候，静静躺在派出所地面上的管子似乎在告诉他什么：白色的管子放在铺着瓷砖的地面上，长度占了9块瓷砖。而瓷砖是规则等长的，那么，如果是50厘米规格的瓷砖，9块砖的长度就只有4.5米；如果是60厘米规格的，9块砖的长度就达到了5.4米。就是这短短的90厘米，决定着盗窃数额能否达到1000元的定罪标准，关乎案件的性质，关乎犯罪嫌疑人的命运。方寸之间，两种判断；失之毫厘，谬以千里。

直觉告诉公诉人这个案件有问题。但是，公安机关的丈量说明和鉴定结论，白纸黑字清清楚楚，要否决结论需要勇气，也需要证据。公诉人清楚地认识到，直觉只是给了自己办案的灵感，只有行动才会让案情水落石出。于是，公诉人从细节入手，先后两次前往派出所调查情况，实地丈量了地砖长度，果然，地砖的规格是50厘米，初步证实了他的判断。在此基础上，公诉人进一步要求调出被盗实物，经过丈量确实不足5米！由此，案件成立的基础被全部推翻。最终，海淀区检察院对谢某作出了不起诉处理，同时，向公安机关发出检察建议，对谢某处以相应的行政制裁。

这一案例表明，细节决定成败，公诉人员在审查证据中，要不放过任何一点可疑的细节，严谨区分证据的真伪。或许一点证据细节上的纰漏就划分了罪与非罪的界限，毫厘之间就能明辨事实的真假是非，只有对证据的审查做到细致入微，才能确保把案件办成铁案，给犯罪嫌疑人一个公正的处理。

（三）顺利完成大要案公诉任务

强调审查证据材料要认真细致，对于办理大要案而言意义更加关键。实践中，可能对于一些非常简单的案件，案卷材料只有薄薄的一两册，要求公诉人逐页仔细审查不是件难做到的事，而对于重大、疑难、复杂的案件，这种耐心和细致就显得格外重要，就格外能够凸显一名公诉人的责任心。

如北京市人民检察院二分院办理的亿霖非法传销案，从这样一组数字可见这个案件的复杂性：案卷2500册、涉案金额16.8亿元、起诉前加班加点审查5个月、庭前准备时间长达一年、28名被告人、44名辩护人、庭审进行了8天。公安机关请了一辆搬家公司的大货车才将案卷运到检察院的。看着几乎堆满了整个房间的案卷，主诉检察官高景惠的压力是可想而知的。但他们迎难而上，一头扎进“案卷海洋”，案卷一本本仔细审阅，对重要事实和关键证据还要仔细核实，一一把关。

由于庭前审查仔细，准备充分，高景惠面对阵容空前强大的辩护人队伍和几乎全部翻供的被告人，始终冷静应对，成竹在胸，对所有的无罪辩护作了有理有据有利有节的辩驳，其公诉意见最终全部被法院采纳。

这个案例表明，没有十足的责任心，没有对案卷每一份证据的认真细致审查，就不可能把疑难、复杂的大要案办得圆满成功。对大要案证据审查的认真细致，充分体现了一名公诉人高度的责任心，而这也是一名公诉人最宝贵的品质。

二、审查证据要有一双“火眼金睛”

（一）要时刻注意疑点，发现非法证据

公诉人审查证据中要善于发现违法证据和瑕疵证据，就是要把那些废布料、破布料找出来。举几个例子。第一个例子，南昌市院公诉处原张处长办过一起盗窃案，表面上看，每次犯罪都有失主报案笔录，与犯罪嫌疑人口供都吻合，但张处长在一份笔录中看到犯罪嫌疑人在交代赃物放在何处时，说“放在围墙的墙裙处”，“墙裙”二字引起了张处长的怀疑，因为这个词是我们受过大学教育的人都极少使用的一个词语，犯罪嫌疑人小学文化水平都没有，怎么会说到“墙裙”二字呢？带着这个疑问，张处长提审犯罪嫌疑人，发现这起盗窃案果然是一起假案。

第二个例子，我原来任公诉处副处长时，办过一起贩卖毒品案，案件证据表面上看也没有什么问题，犯罪嫌疑人口供之间都能吻合。但是，我发现犯罪嫌疑人在刑侦大队的供述笔录与其在看守所的第一份供述笔录惊人地雷同，有些地方甚至一字不差，这让我产生了怀疑。最终查明，犯罪嫌疑人就把所有的犯罪都交代了，公安人员做了一份笔录后，对着那份笔录基本上是照抄了一份，时间就写在一周以后。

（二）要仔细审查疑点，深挖漏罪漏犯

这是衡量和考评一个公诉人工作业绩的重要标准，也是区分优秀公诉人和一般公诉人的关键所在。一个普通的案件，交给一个优秀公诉人办，可能发现很多疑点，从中挖出漏罪漏犯。我举个例子，珠海香洲区院曾受理一个诈骗案件，诈骗 2 万元，事实清楚、证据充分。但公诉人没有简单地一诉了之，他在案卷扣押清单中发现了一个疑点，就是居然扣押了 14 张信用卡，犯罪嫌疑人没有正常经济来源，要这么多信用卡干什么？公诉人将这个案件退回补充侦查，要求务必查清这些信用卡的来源和用途，结果查明犯罪嫌疑人用这些信用卡恶意循环透支，实施信用卡诈骗共计 21 万元，挖出一个信用卡诈骗罪。这就体现了一个公诉人的责任心。

所以，我们经常看到媒体报道一个优秀公诉人，说他“办过数百个案件，有罪判决率 100%，无一错案”，这些是评判一个优秀公诉人的标准吗？不是。

无一错案这只是一名合格公诉人的标准，谈不上是优秀公诉人的标准。此外，无罪判决也是诉讼中的正常现象，因为检、法两院不可能在所有案件的证据采信和法律适用上都达成完全一致，所以出现无罪判决是必然的。而一个公诉人从事公诉十几年甚至二十几年，从未出现一例无罪判决，这说明他将所有存在任何起诉风险的案件都拦截下来，都作了存疑不起诉，在这些存疑不起诉的案件中，却可能有法官认为构成犯罪的案件。所以说有罪判决率100%绝对不是什么值得夸耀的事，追诉率的高低才是评判一名优秀公诉人的重要标准。

三、要找出利于辩方证据

实践当中，公诉人一般都习惯于从证据材料中找出有利于起诉指控的证据，而容易忽视其中对被告人及其辩护人有利的证据。虽然根据法律规定，辩护律师有权收集有利于犯罪嫌疑人、被告人的证据，但在我国目前的现实条件下，辩护律师取证受到种种约束和限制，要收集到很多有利的证据并非易事，加上有的辩护律师自案件进入审判阶段才开始介入，也没有充分时间去调查取证，所以，大部分辩护律师将辩护重点放在仔细阅卷上，力图从侦查案卷中寻找出一些对辩护有利的证据。

由于辩护人从现在证据材料中找出的这些证据并非辩护人收集到的新证据，辩护律师也就不需要在庭前向法庭提供。所以，在很多案件的庭审中，辩护人在举证阶段会突然举出一堆其从案卷材料中找出的证明被告人无罪或罪轻的证据。辩护人找出的这些有利于被告人的证据散见于案卷中，原本是支离破碎的，有的甚至是摘录于一份几十页的笔录中的只言片语，但经过律师精心组合整理，加上有策略的论证阐述，却也有可能形成攻击控方证据体系的利器。因此，公诉人员在审查证据时除了要找出有利于控方的证据，也务必将案卷中有利于辩方的证据找出来，并做好充分的答辩准备，从而在庭审中将辩护人的举证一一化解。

在邓某某等人故意伤害、刑讯逼供案的庭审中，庭前公诉人就将案卷中对被告人有利的证据都一一整理出来了，并对辩护人庭审可能如何使用这些证据作了预测。被告人夏某某在庭审中，一直不承认自己教唆审讯人员要“以暴制暴”，其中一点辩解理由就是这些审讯人员一直都是这样刑讯逼供过来的，已经形成惯性，根本不需要他再去提这样的要求。夏某某的辩护人为了证明其这一辩解成立，提出另案处理的同案犯聂某曾在供述中说了这样一句话：“那根本就不用谁去说，我们早已形成默契了。”

辩护人此言一出，公诉人马上想起这句供述在聂某供述笔录中的语境。这句供述的语境是侦查人员问聂某他们这一班审讯人员中是谁先提出要将受审犯罪嫌疑人吊起来的，聂某在回答中说了上述这句话。公诉人在审查起诉时就已经意识到这句供述单独拿出来容易产生歧义，可能为辩护人所用，庭审中辩护人果然不出预料，突然提出这一证据，企图令公诉人措手不及。但辩护人没想到公诉人其实早有准备，马上就给予了有力回应，指出辩护人脱离这句供述的语境，用这句供述来证明被告人夏某某的辩解，显然是断章取义。庭审交锋中，公诉人这种快速而有力的回应，一方面驳倒了辩护人的辩护意见，另一方面也展示了公诉人对证据烂熟于胸从而对庭审掌控自如的风采。

公诉人在审查证据中查找梳理辩方证据，除了有利于庭审应对外，还可以进行换位思考，站在辩护人的角度，以这些辩方证据为依据，草拟一份辩护提纲，再以辩护提纲为对象，有的放矢地制作详尽的庭审答辩提纲，从而使自己在法庭辩论中能够从容应对。

四、做好庭前提审工作

提审可以帮助公诉人使用“取证主体的改变性”原则，防止翻供。就是说，只要公诉人提审时认真、仔细、全面地核实证据，特别是针对可能有争议的事实和证据，扎实固定犯罪嫌疑人的口供，形成详细的提审笔录，那么，如果犯罪嫌疑人在庭审中以遭受侦查人员刑讯逼供等理由翻供，公诉人就可以马上出示自己的提审笔录，被告人就必然无言以对，因为公诉人提审中是无法进行刑讯逼供的，这足以说明认罪供述是其自由意志下作出的。而相反，如果公诉人的提审笔录只有半张纸，怎么可能有说服力？

我在讲公诉理念中谈到重视提审，是因为提审还有以下四点重要意义：

（一）弥补证据缺陷，为庭审消除隐患

公诉人庭前提讯的一项重要功能，就是弥补侦查取证的不足，堵住犯罪嫌疑人庭审辩解出路。实践中，有的案件侦查取证存在一定不足，而退回补充侦查又解决不了，或者公诉人意识到这一问题时庭审已迫近，这时，就需要公诉人利用庭前提讯犯罪嫌疑人，弥补侦查取证的不足，堵塞犯罪嫌疑人在庭审中可能出现的种种辩解。如江西省原副省长胡某某受贿案审查起诉中，公诉人发现胡某某在任省长助理、副省长期间，曾广为法人或个人题字，而侦查人员从未问及胡某某在这些活动中是否收受过润笔费，公诉人担心胡某某在庭审中可能以收受的是润笔费而非贿赂为由作出辩解，而这时离庭审时间已经很近。为此，公诉人在提审胡某某时，先讯问其巨额财产来源不明罪事实，讯问该犯罪事实的最后，公诉人问胡某某：“你为那么多公司、企业、个人题过字，收的

润笔费哪去了？”胡某某听后脸涨得通红，恼怒地答道：“我堂堂一个副省长，给他人题字还收钱吗？我从来没有收过润笔费！”公诉人将胡某某的这句话记录在案，心里感到一阵轻松。

（二）可以在提审中加强法制教育

公诉人当然可以在发表公诉意见中进行法制教育，但是，在提审中做这项工作更有优势，一方面庭审毕竟受到时间限制，而提审的时间是较为宽松的；另一方面，庭审的氛围是很肃穆的，公诉人坐在公诉席上指控犯罪，必然有一种威严的气势，而提审时，公诉人与犯罪嫌疑人面对面坐着，公诉人可以以温和关切的语气，与犯罪嫌疑人之间构建一种平和融洽的谈话氛围，这种氛围更有利于对犯罪嫌疑人的法制教育。我举一个例子，武广铁在这方面很有经验，她谈到她办的一个未成年人案件，这个孩子曾因盗窃判刑，余刑不满一年，在看守所服刑，结果刑满释放不到一周，又犯盗窃罪。武广铁提审时，耐心对他进行法制教育和心理疏导，终于使这个孩子幡然悔悟。对未成年人提审更不能仅仅停留在核实证据的层面上，未成年人心智尚未成熟，我们推他一把，他就可能永远滑向了犯罪的深渊，我们拉他一把，就可能会使堕落的天使重返天堂。

所以各位公诉人在公诉工作中要有这样一颗爱心。未检工作是吃力且短期难见成效的，一个检察长高度重视反贪，可能短期内办出一两个大要案来，投几十万元到信息化建设中，可能很快能见成绩，但未检工作是改造和挽救一个人的灵魂，要做大量耐心细致的工作，如进行社会调查、考察、回访、心理辅导、思想教育，还要做他家属的工作，给他解决上学困难、家庭困难等，使他有一个好的家庭环境和成长环境，这个是相对漫长而且艰难的，大量人力、物力的付出，并不能看到立竿见影的效果，所以未检工作很费精力又不容易看到成绩。所以，作为新一代检察官，对未检工作要多付出一些努力，使未成年人能重返人生正轨。

（三）可以在提审中化解社会矛盾

中央提出三项重点工作，公诉工作中如何化解社会矛盾？提审就是一个可以利用的细节。实践当中很多案件是因感情纠纷、家庭纠纷、邻里纠纷、单位同事纠纷引起的，如果公诉人只是简单地一诉了之，甚至从重从快处理，结果只会激化矛盾，使双方仇怨更深。所以，公诉人可以利用提审的机会，耐心调和当事人双方的矛盾，引导犯罪嫌疑人积极认罪悔罪，积极赔偿和道歉，同时，引导被害人一方给予犯罪嫌疑人宽恕和谅解，促成双方化干戈为玉帛，从根本上化解社会矛盾。

（四）可以在提审中体现人文关怀

提审时目光严厉，语气生硬，犯罪嫌疑人一旦拒不交代，公诉人就拍案而起，严厉警告，这种提审的效果并不好，真正有人格魅力的公诉人是不怒自威的。所以，公诉人提审时应放下检察官的架子，平和地和犯罪嫌疑人交流沟通，体现出一份人文关怀。对此，武广铁也有一个很好的经验，她每次提审犯罪嫌疑人，都会关心犯罪嫌疑人是否有什么困难，只要是她力所能及的，她会给予尽可能的帮助。比如，犯罪嫌疑人提出想让家里寄点东西进来、请律师再来会见一次、请家里多赔偿一点等，武广铁会马上请看守所的管教到提审室来，然后用自己的手机拨通犯罪嫌疑人家里的电话，当着犯罪嫌疑人的面为其转达。这其实只是举手之劳，但却可以很快与犯罪嫌疑人建立一种良好的沟通氛围，犯罪嫌疑人会被公诉人的举动感化，认为这个公诉人很有人情味，值得信任。进而，很多问题就好办了，他会真诚地认罪悔罪。所以，武广铁总结说，“不伤法意，不绝人情，是执法的最高境界”，我认为这句话非常经典，值得大家铭记。

五、要找到“实在证据”

在少数公诉人的认识中，公诉人审查起诉就是“坐堂办案”，在外调查取证是侦查人员的事，公诉人员的职责就是对这些案卷材料进行书面审查，然后将案件提起公诉或决定不起诉。显然，这种“坐堂办案”的观念和习惯对于公诉审查案件的质量是有害的，因为虽然公诉人的主要工作职责是对侦查案卷材料进行书面审查，但绝不限于书面审查，很多时候需要走出办公室，寻找“实在证据”。

所谓的实在证据，指的是那些没有表现为法律文本或书面证据，或者不符合法定证据形式，但司法官根据社会基本经验法则足以确认的实实在在的原始证据。公诉人作为一名司法官，绝不能习惯于坐堂办案和闭门造车，眼中不能仅仅盯着那些法律文本和加工合成的书面证据，而应当积极寻找那些没有表现为法律文本的实实在在的原始证据，并根据这些实在证据，对全案的事实作出综合评判。

公诉实践中，公诉人必须走出“笔录”的误区。笔录固然是证据，但是案件中的证据绝不仅仅是笔录，修改后《刑事诉讼法》中明确规定，除“勘验、检查、辨认、侦查实验等笔录”外，其他七种法定证据都不以“笔录”为基本表现形式。其实，侦查笔录并不是原始证据，讯问笔录和询问笔录都不可能是犯罪嫌疑人和被害人、证人的“原音重现”，而是经过制作笔录的侦查人员大脑处理过后的信息反映，也就必然留下侦查人员的“思维痕迹”，因此，侦查讯问笔录、询问笔录都不能和犯罪嫌疑人供述、被害人、证人陈述本身完全画上等号。所以说，公诉人员审查起诉如果仅仅停留在审查书面案卷材料，就无法体现司法的亲历性，对案件事实的认识和判断就只能依据那些经过侦查人员处理的信息，而这些信息有的时候不全面，甚至有的还不完全可靠，公诉人员由此得出的判断就有可能是错误的或者严重偏离事实真相的。而公诉人员要获得对证据材料全面、直接的体验，就必须亲自去寻找实在证据。

2008 年 12 月 14 日，孙某某驾车行驶至成龙路蓝谷地路口时，从后面撞上了正在正常行驶的一辆“比亚迪”轿车尾部。事故发生后，孙某某迅速倒车从被撞的“比亚迪”车旁超出，高速驾车逃逸。在逃逸至成龙路卓锦城路段时，孙某某以每小时 130 多公里的速度（事故路段限速 60 公里/小时）向右侧绕行后又向左侧迅速绕回，越过中心双实线，与相对方向正常行驶的一辆“长安奔奔”轿车猛烈相撞，随后又迎面先后与奥拓轿车、蒙迪欧轿车及奇瑞 QQ 轿车等相撞，造成 4 人死亡 1 人重伤。案发当天，警方将孙某某刑事拘留。12 月 22 日，成都市公安局就此案提请成都市检察院批捕。成都市检察院侦查监督部门办案检察官为掌握更加翔实的第一手资料，不仅认真审查了全部案卷材料，讯问了犯罪嫌疑人孙某某，还到案发现场对行人流量及车流量进行了详细调查，询问处理该事故的交警当时具体情形，查看监控录像，核实了案发时的关键细节。12 月 25 日，该院以以危险方法危害公共安全罪对孙某某作出批捕决定。

2005 年，重庆市酉阳县酉酬镇水田村发生一起杀妻谜案：当地医生冯某有外遇后与妻子魏某闹离婚，可过了一段时间，二人又突然好起来。案发当日，二人晚饭后骑摩托车去五公里外的镇上购药，返回途中经“自生桥”处时，魏某坠入 18 米深的悬崖摔死。调查中，冯某说魏某是解手时不慎掉下去的。重庆四分院公诉处处长廖新兰敏锐地判断，该案是一起蓄谋已久的故意杀人案。廖新兰爬下 18 米高的悬崖，在崖底折腾了数小时后终于有了新发现：魏某尸体的位置距悬崖垂直距离达 7 米。从物理学角度分析，魏某被抛置这么远必须有外力的推动作用。而当时只有冯某一人在场，这个外力只能来自冯某。接着，法医又对魏某的尸检报告仔细审查，发现魏某的尸检报告中记录其右眼成“熊猫眼”，系软钝器打击所致，说明魏某坠崖前肯定被人殴打过。因婚外恋而导致的一场杀妻惨剧终于真相大白。企图逃脱法律惩罚的冯某因犯故意杀人罪被依法判处死刑，缓期 2 年执行。

上述两个案例很典型地说明了实在证据的重要性。在有些刑事案件中，犯罪在一个比较复杂的环境中发生，犯罪过程又是动态的，在这类案件中，现场勘查非常关键，而公安机关的现场勘验工作有的时候存在死角，有的时候受到勘查条件的限制，导致勘查笔录并不能穷尽所应当包含的信息。而且，公诉人员仅仅看现场勘查笔录和示意图也是很难形成直观认识的，因为笔录和示意图毕竟是抽象的记录，不具有现场感。对这类案件的审查，公诉人员就需要走到案发现场去，亲自观察、勘验现场，亲身感受一下犯罪是在一个什么样的环境下发生的，这对于公诉人准确采信证据和对案件事实形成内心确信非常有帮助。

六、重视同步录音录像的审查

《刑事诉讼法》第 121 条规定：“侦查人员在讯问犯罪嫌疑人的时候，可以对讯问过程进行录音或者录像……录音或录像应当全程进行，保持完整性。”《公安机关办理刑事案件程序规定》第 203 条规定：“讯问犯罪嫌疑人，在文字记录的同时，可以对讯问过程进行录音或者录像……”讯问过程中的录音、录像既有助于确保讯问程序的合法性，又有助于通过直接观察整个讯问过程和讯问情境，评估犯罪嫌疑人供述的真实性。为此，最高人民法院、最高人民检察院、公安部、国家安全部、司法部《关于办理刑事案件排除非法证据若干问题的规定》第 7 条规定，经法庭审查，对被告人审前供述取得的合法性有疑问的，公诉人应当向法庭提供讯问笔录、原始的讯问过程录音录像或者其他证据。这是我国司法解释首次明确规定讯问录音录像对于证明被告人审前供述合法性具有证明力。但是，在公诉实践中，少数公诉人员对侦查机关随案移送的讯问录音录像重视不足，审查不细。

其实，对讯问录音录像认真仔细审查是非常必要的，这是因为：一是少数侦查机关虽然制作了讯问录音录像，但录音录像中犯罪嫌疑人的供述与同步制作的讯问笔录存在内容不符之处，这表明侦查人员讯问录音录像与制作讯问笔录其实并没有同步进行；二是少数侦查机关缺少制作讯问同步录音录像的专业技术人员，侦查人员制作讯问同步录音录像缺乏经验，制作过程中难免留下种种瑕疵；三是少数侦查人员明知讯问录音录像中也存在或多或少的非法成分，但还是出于侥幸心理，认为公诉人员和审判人员未必会认真看，在庭审中也未必会播放，于是就将这些“带病的”录音录像随案移送给检察机关。

2007 年 8 月，我国台湾地区台北地方法院对马英九涉嫌贪污特别费案作出判决，对检方指控予以了全盘否定，宣判马英九无罪。马英九特别费案中，程序部分检方的致命之处在于其所提交的侦讯过程中制作的一些笔录，被辩方指称笔录不实，经法庭勘验侦讯录影带之后，被判定不具证据能力而不予采信。比如，证人吴某某的侦查笔录部分，经证人当庭表示侦查笔录与其当时所述意思不符，辩护人申请后，法院当庭勘验侦查中询问证人录音带后认为：侦查笔录中的记录，或系检察官以假设性用语“理论上”提问，笔录中的问题及证人的回答却略而未显，或仅是证人以口头语方式所做“对”、“嗯”之类的言词，而并非针对问题的回答，亦非为笔录所记载的肯定答复，在司法实践中将证人的回答整理成为记录，从未见如此差异，显然，该笔录的确有断章取义之处；此外，还存在笔录记载与实际问答不符的情况，该笔录记载与证人实际陈述内容既然存在不符，彰显前述侦查笔录不具可信性。而既然有显然不可信的情况，上述部分笔录就没有证据能力，不能作为证据采用。

从上述案例可见，讯问、询问录音录像存在问题或者与笔录不符，必然对公诉指控造成不利影响，轻则影响公诉庭审的效果，严重将导致指控失败。随着《关于办理刑事案件排除非法证据若干问题的规定》的全面贯彻实施，公安机关在侦查案件中将进一步扩大讯问录音录像的范围，法院在审判中也将更加重视对讯问录音录像的审查，公诉人员也就应当在审查证据中，对讯问录音录像进行认真细致的审查，发现问题及时要求侦查人员补正或者作出合理解释，确保讯问录音录像在证明被告人审前供述合法性上起到实实在在的效果。

七、言词证据“内外部环境审查法”

言词证据大部分都是真伪相间的。实践中，公诉人员审查言词证据时，总是对一份份的言词证据的可采性下结论，认为某份证言可以采信，则意味着这份证言的全部内容都将作为定案的依据。其实，言词证据本身大部分是真伪相间，也就是不可能每一句话都全部为真，也非每一句话都全部为假。这是由人的记忆规律决定的，因为不同的人目睹某一事物或经历一段事件，其各自注意力和观察的侧重点也各异，即使记忆力相同的两个人，作证陈述的内容也必定存在差异。对此，著名证据学专家汪建成教授讲课中曾做过一个经典的现场试验，他在讲了一个多小时以后，请第一排的学生每个人写一份材料，描述他们各自看到的汪建成教授步入课堂时手里拿的是一个什么样的包，包括包的颜色、材质、形态等。结果他们的描述各异，有的内容出入很大，有的甚至与事实完全不符。这个试验有力地证明了即使出证人不是故意作伪证，言词证据也只能是部分为真，部分为假的。因此，公诉人员需要对每份言词证据作细致审查，甄别出其中各部分内容的真伪。也正因为如此，公诉人员从一份言词证据中摘录部分内容作为指控犯罪的依据，也不能说是断章取义，而是完全符合证据规则的。

公诉人对言词证据证据的审慎采信，主要在于对言词证据证据证明力大小的审查判断。对此，最高人民法院、最高人民检察院、公安部、国家安全部、司法部《关于办理死刑案件审查判断证据若干问题的规定》第32条第1款规定："对证据的证明力，应当结合案件的具体情况，从各证据与待证事实的关联程度、各证据之间的联系等方面进行审查判断。"可见，对言词证据证明力的判断，主要在于将该言词证据放到全案的证据体系中去进行比对，与其他证据能够形成印证的，证明力就比较高，与其他证据存在根本性、冲突性矛盾的，则一般不应采信。这种证据体系内的证据比对法是审查判断言词证据证明力的主要方法，但公诉人同样需要重视对单个言词证据个体证明力的审查，即通过对言词证据内外部环境的审查，判断单个言词证据证明力的大小。

何家弘教授曾经提出，我国的证据制度有别于西方国家的自由心证制度，可以称为印证证据制度，检察官、法官不能根据自己的内心确信来定案，最终定案的往往是检委会和审委会。而因为检委会和审委会的委员们并没有亲历案件的司法过程，而只是通过听取承办人汇报来作出判决，所以，就特别依赖于案件证据间的相互印证，有很多证据形成相互印证的，他们才能作出放心的判断。

这种印证证据制度存在的问题在于，实践当中并不是所有的案件都有犯罪嫌疑人供述、被害人陈述、证人证言、物证、书证等那么多证据能形成相互印证的，有相当一部分案件主要证据只有言词证据，需要通过对言词证据的审查判断来定案。言词证据的特点就在于其内容真伪难辨，因为言词出自一个人的大脑，而人的大脑思维是难以捉摸的，即便是使用测谎仪这样的现代科技设备也难以对人的思维作出准确判断。所以，公诉人员在审查案件中，特别是在审查主要依靠言词证据定案的案件中，尤其需要谨慎细致，因为这种判断的对错，直接决定了案件是否能够得到公正处理，也就直接决定了犯罪嫌疑人的命运。

公诉人这种对言词证据真实性的判断过程实际上就是心证的过程。虽然公诉人在作自由心证的过程中运用了经验法则、逻辑法则、推定法则等心证规则，但心证过程毕竟也是一种心理活动，如果公诉人不把这种心证的过程以说理的方式表达出来，那么就没有人知道这个心证的过程是否科学合理，心证的结果是否客观公正。因此，公诉人除了自学运用心证规则对言词证据作出采信，还必须将这种心证过程外化，成为人们"看得见的正义"。而这种外化的方式，就是运用言词证据内外部环境审查的方式审查言词证据。下面举例说明。

江西省南昌市人民检察院曾受理一起故意伤害案，起诉意见书认定：犯罪嫌疑人李某在自己家中持木棍打了一个同村的6岁小孩头部几棍，这个小孩在往自己家中走的途中突然倒地身亡。李某闻讯立即将木棍扔弃于村外。李某归案后，一直拒不认罪，公安机关在侦查取证中，李某打人时在场的几位同村村民均陈述自己在专心打牌，没有注意到是否有人打了死者，只有死者的另一个玩伴证实自己亲眼目睹了李某持棍击打死者头部，而这个死者的玩伴也是一个只有6岁的小男孩。本案的直接证据只有一个小孩的证言，如果定案，李某将面临至少十年以上有期徒刑的刑罚，如果不定案，则凶手可能永远逍遥法外。这个时候，对这个唯一的直接证据的审查判断成为能否定案的关键。

为此，公诉人采用言词证据内外部环境审查判断的方法，从三个方面对这个小孩的陈述进行了更加谨慎细致的审查。一是证据内容方面，审查了这份证词的陈述内容是否连贯、是否有内在矛盾、与其他间接证据是否能够印证等；二是作证主体的内部环境方面，审查了该小孩的表达能力、记忆能力、是否具有作伪证动机、其平时诚信表现、与死者的关系、与李某的关系、其陈述的稳定性等；三是作证主体作证的外部环境方面，审查了侦查人员取证的程序是否合法、该份证言取得的时间距离案发时间的长短、该小孩的家庭状况、其作证是否受到父母或外界干扰等。后来，公诉人又亲自找这个小孩作了一份调查笔录，亲眼观察了他作证时的神情表现，对其作证的真实性产生了充分的内心确信后，才作出将此案提起公诉的决定。最后，经过公诉人有力的出庭公诉，法院最终对此案作出了有罪判决。

八、证据充分不等于证据全面穷尽

我国刑事诉讼法规定的提起公诉的证据标准是“事实清楚，证据确实、充分”，对此，公诉人员需要特别注意的是，“证据确实、充分”，不等于证据全面、穷尽。也就是说，对案件提起公诉的标准是看证据是否达到确实、充分的程度，对一般案件而言，就是对犯罪事实是否能够形成内心确信，对死刑案件而言，就是对犯罪事实的成立能够排除一切合理怀疑，这虽然需要达到一定的证据量，但绝不等于必须各类证据都要齐全，也不等于可以收集到的证据都必须穷尽。因为“由于客观情况和技术条件等方面的限制，我们也不能指望与犯罪有关的所有物品和文件都收集在案，这是由人类认识的有限性所决定的，是正常的。我们不能沉溺于对客观事物无限制的探究之中而不能自拔，这种对案件细枝末节问题钻牛角尖的做法在司法实践中并不可取”。因此，实践中，少数公诉人员以案件缺少什么证据，什么证据没有调取到为由对案件提出存疑不起诉，少数公诉人员在对案件已经形成内心确信的情况下，为了使指控犯罪的证据体系更加牢固，列出还可能收集到的有罪证据，退回侦查机关补充侦查，以求侦查机关穷尽所有可能收集到的有罪证据，这些都是对“证据确实、充分”的误读。下面举例说明。

2010年南昌市人民检察院公诉部门曾受理一件大陆人员与我国台湾地区人员共同实施的专门针对海外华侨的电话诈骗案，公安机关抓获大陆方面犯罪嫌疑人30余人，收集的主要证据包括：犯罪嫌疑人作案用的电话机、路由器等物证；打电话实施诈骗的犯罪嫌疑人逐笔登记通话时间、作案人、被害人、诈骗金额的分记账本；大陆方面犯罪团伙头目为了方便与我国台湾地区犯罪总部结算制作的记载被害人详细信息及每位被害人被骗总金额的总记账本；各犯罪嫌疑人交代作案过程及指认记账本记载内容的有罪供述；台部犯罪总部定期与大陆方面犯罪团伙结算的汇款支付凭证；各被害人被骗的汇款凭证复印件及报案陈述笔录、亲笔陈述材料。

公诉部门承办人提出，公安机关通过国际司法合作委托国外警方向当地华人收集的被害人陈述材料和汇款凭证是合法有效的，但被害人直接将自述材料和汇款凭证复印件交给当地的中国驻外使领馆，委托使领馆转交公安机关，或者直接邮寄给公安机关的，因为取证程序有瑕疵，这两类被害人陈述材料和汇款凭证不能采信，因而这部分犯罪事实起诉风险较大，建议不予认定。

应当说，承办人对证据充分的理解存在偏差。被害人陈述在很多案件中都是重要证据，但并不是只要有被害人的案件就必须具备被害人陈述这一证据种类。可能在有的案件中，比如强奸、抢劫案件中，必须收集到被害人陈述才能定案，但在诈骗案件中，却完全可能不需要被害人陈述也足以定案。上述案件中，除了各犯罪嫌疑人供述这一直接证据，分记账本和总记账本也是直接证据，因为上面详细记载了作案人、作案时间、被害人、诈骗金额等事实，包含了能够直接指明作案人是谁的信息。更重要的是，犯罪嫌疑人供述是案发后形成的证据，而这些记账本是犯罪过程中形成的证据，是犯罪嫌疑人在犯罪中留下的不可磨灭的痕迹，其真实性不容置疑，所以，这种直接证据的证明力比犯罪嫌疑人供述还要高。有了这两类证明力极高的直接证据，加上其他书证、物证，即使不收集被害人陈述材料，也足以令司法人员对犯罪事实形成内心确信。更何况驻外使领馆转交和被害人直接邮寄的陈述材料、汇款凭证均与记账本等其他证据相印证，如此证据状况已经达到了排除一切合理怀疑的程度。承办人仅以这些证据材料存在取证程序上的瑕疵而提出相关犯罪事实不能认定，就是把证据充分理解成了证据全面、穷尽。

九、加强量刑情节的证据审查

司法实践中，法院审判的案件 99% 以上最后都作了有罪判决，因此可以说，司法公正已经不是体现在是否判决有罪上，而主要是体现在量刑是否得当上，量刑公正是司法公正的主要考量指标。正如陈卫东教授所言，“量刑，作为刑事裁判的最终结果，也是审判活动作用于犯罪人的直接着力点，从某种意义上讲，量刑适当与否较之定罪更能形象体现刑法惩罚与教育的功能和公平正义的价值取向。随着我国司法改革的深入和公民法律意识的提高，实现量刑公正已经成为司法机关当前工作的重点和民众的普遍要求”。

但是在司法实践中，法院的量刑过程是不向检察机关公开的。特别是判处缓刑、死刑的案件，最终量刑到底是如何产生的，检察机关一般都不得而知，量刑成为法院内部的“暗箱操作”，一直没有被置于阳光下而得到有效的监督。对于量刑不公，检察机关除了对量刑畸轻畸重的案件依法提出抗诉外，缺乏其他有力的监督手段。但量刑畸轻畸重的案件毕竟是少数，量刑不公主要体现为量刑偏轻偏重。因为我国刑法规定的罪名大部分法定刑量刑幅度很大，所以所谓的偏轻偏重其实已经是离适当公正的量刑相差甚远。而对于这些大量存在的量刑偏轻偏重的案件，检察机关提出抗诉的并不多，被告人也很难通过上诉或申诉获得改判。

近年来，促进量刑公正成为中央推进司法改革的一项重点，量刑公正问题也得到了前所未有的重视。最高人民法院先后制定了《人民法院量刑指导意见》和《人民法院量刑程序指导意见》，从实体和程序上全面规范法院的量刑，促进司法公正。在这样的背景下，全国检察机关也在积极推进量刑建议工作机制的建立完善，强化量刑公正的法律监督。为此，公诉人员要进一步强化对量刑监督的意识，在审查起诉中加强对量刑情节和证据的审查，在庭审中加强对量刑事实的举证、质证和辩论。特别是对自首、立功等法定量刑情节的审查要做到认真、细致、全面，而不能仅仅停留在对侦查机关一纸证明的审查上。比如对自首情节的审查中，应审查犯罪嫌疑人自首的动机、阶段、客观环境、悔罪表现等，即犯罪嫌疑人是在穷途末路下自首的，还是在良心发现下自首的；是在案件侦查还没有线索的情况下自首的，还是在案件即将侦破或侦查人员已经发现其隐匿处所情况下自首的；是犯罪嫌疑人自己主动自首的，还是在家人劝说下或强行送去自首的；犯罪嫌疑人自首后仅仅是认罪但不悔罪，还是认罪同时积极悔罪，等等。再如对立功情节的审查中，应审查犯罪嫌疑人立功线索的来源、立功时机、侦查机关是否及时移送立功线索、受理线索机关是否及时展开调查、线索最终是否查证属实，等等。

除了加强法定量刑情节的审查外，公诉人员还要加强对酌定量刑情节的审查，因为在很多案件中，酌定量刑情节也往往对量刑产生不小的影响，特别是死刑案件中，酌定量刑情节可能直接决定了被告人的生死。2010 年 7 月，最高人民法院、最高人民检察院、公安部、国家安全部和司法部联合颁布的《关于办理死刑案件审查判断证据若干问题的规定》第 36 条第 1 款规定："在对被告人作出有罪认定后，人民法院认定被告人的量刑事实，除审查法定情节外，还应审查以下影响量刑的情节：（一）案件起因；（二）被害人有无过错及过错程度，是否对矛盾激化负有责任及责任大小；（三）被告人的近亲属是否协助抓获被告人；（四）被告人平时表现及有无悔罪态度；（五）被害人附带民事诉讼赔偿情况，被告人是否取得被害人或者被害人近亲属谅解；（六）其他影响量刑的情节。"这是我国司法解释首次明确规定应当审查的酌定量刑情节的具体情形，为法院量刑中考虑酌定量刑情节提供了明确的操作依据，对于促进量刑公正具有十分重大的实践意义。上述条文中第 6 项"其他影响量刑的情节"一般包括犯罪嫌疑人犯罪动机、赃款用途、受贿犯罪嫌疑人是否为他人谋取不正当利益、因为他人谋取不正当利益给国家、集体造成的损失大小、办案机关立案前掌握犯罪嫌疑人的犯罪事实占最终认定的犯罪事实比重大小，等等。

对于法定量刑情节和酌定量刑情节的上述各方面情况，公诉人员应当在全面审查核实的基础上，再结合被告人所犯罪行的严重程度进行综合分析，向法院提出是否从轻、减轻处罚及具体从轻、减轻处罚幅度的量刑建议。特别是在死刑案件中，这些量刑情节的审查更加重要，包括酌定量刑情节都有可能成为决定被告人生死的关键，公诉人员对量刑事实情节的审查更要认真、全面、细致，对于不能排除被告人具有从轻、减轻处罚等量刑情节的，一般不宜建议法院判处被告人死刑。

第36堂课　非法证据排除规则运用和应对

• 卢岩修*

课程提纲

一、非法证据排除的价值定位和运用现状

二、非法证据排除的理解和运用

三、非法证据排除的程序

四、非法证据排除的应对

这一堂课的主题是非法证据排除，在进入主题之前先从一个案件说起。那就是足协主席谢某某案。该案件一出便引起大家包括司法界的普遍关注，其原因不仅仅是大家对足球的关注，想揭露足球的腐败，更主要是该案涉及了当时修改后的《刑事诉讼法》有关非法证据排除的规定。

在谢某某案开庭的时候，谢某某在法庭上提出来“在检察机关受到了刑讯逼供，而且我的亲人和家属也受到了威胁”，在这种情况下，检察机关没有对证据的合法性进行证明，就会造成程序不公正。相比足球的腐败问题，整个社会更关注的是检察机关是否存在刑讯逼供行为，能否适用非法证据排除。

非法证据排除已加入《刑事诉讼法》中，但是对检察机关、侦查部门、公诉部门来说，更重要的是如何应对。现在对非法证据排除规则我从以下四个角度来探讨：

---

* 浙江省金华市人民检察院检察委员会专职委员。

一、非法证据排除的价值定位和运用现状

（一）非法证据排除的价值定位

1. 非法证据排除是落实中央司法体制改革，完善证据制度的一个重要组成部分

实际上从1996年《刑事诉讼法》修改以后到现在是第一次修改，在司法实践中还有很多问题需要解决，2008年中央司法体制改革明确的把完善证据制度和非法证据排除，作为一个重要改革内容，所以非法证据排除是落实中央司法体制改革一个重要组成部分。

2. 非法证据排除是规范司法行为，促进人权保障的重要手段

国际人权组织明确规定禁止酷刑或施以残忍的、不人道的或侮辱性的待遇或刑罚。联合国公约里面也明确这个规定，我国也已经加入这个联合国公约。当然，我们这次《刑事诉讼法》的修改，也把保障人权作为亮点之一，但在司法实践当中，刑讯逼供不是说很少而是在某种程度上带有一定的普遍性，事实上，刑讯逼供不是简单地殴打，好多刑讯逼供不可能留下痕迹，有些也不可能在羁押场所发生的。

3. 非法证据排除是检察机关加强法律监督，对侦查继纠正违法后又一有力的监督手段

对侦查的监督，有立案监督、检察建议、纠正违法，侦查活动是不是合法，取得证据后是不是应该对非法证据进行排除，现在赋予检察机关一个新的手段，就是非法证据排除。非法证据排除实际上是对非法取证一个有力的程序性制裁。也就是说，取证是非法的，那就不作为证据使用，这就是一种程序性的制裁。所以这是修改后《刑事诉讼法》赋予检察机关加强法律监督的又一个新的有效手段。

4. 非法证据排除是提高案件质量，防止错案发生的基本要求

前几年发生的这些错案，最主要的原因概括成两点：

（1）违法取证，刑讯逼供。应该说，凡是冤案，一般都有刑讯逼供。当然，刑讯逼供不一定造成冤案。也就是由于刑讯逼供不一定造成冤案，所以社会公众会给予一种宽容的心态。但是我们要考虑到，犯罪分子即便为杀人犯，他的人权还是需要保障的，他犯了罪，我们应该用正当的手段予以惩罚。不能够用非法的行为去惩罚他的犯罪行为。

（2）审查虚置，司法科学技术鉴定有时有误差。这些冤案发生，好多就是鉴定意见出问题，为什么鉴定意见会出问题？因为司法实践中，我们大家对

司法鉴定比较迷信，但是鉴定往往也会出错，所以我们这次《刑事诉讼法》修改的时候，把鉴定结论改成了鉴定意见。这不单纯是两个字改一改，而是给我们一个司法理念上的变化。也就是说，它只能够作为一个意见来对待，不能作为鉴定结论，所以该鉴定意见要进行审查。

（二）非法证据排除运用的现状

从我国非法证据排除的立法过程来看，1996 年《刑事诉讼法》已经把非法证据列进去，2010 年 5 月 30 日“两高三部”颁布了《关于办理刑事案件排除非法证据若干问题的规定》，2012 年《刑事诉讼法》终将非法证据排除纳入法律中来，对非法证据排除进行了明确规定。到如今，非法证据排除的运用情况如何？

2011 年 3 月浙江宁波章某受贿案，该案被称为全国非法证据排除第一案，被告人在法庭上提出来有刑讯逼供，由于检察机关不能够提供有力的证据，证实证据的合法性，所以这个案子一审是作为非法证据排除的，判处免刑。舆论界一片哗然，终于看见司法实践中全国第一例非法证据排除案。一审判了以后，检察机关抗诉，在二审当中，法院采纳了检察机关的抗诉观点，二审是改判，不作为非法证据排除，舆论界就说全国首个非法证据排除案惨遭失败。所以就笔者来看，实践中非法证据排除实现起来还有很多困难，原因主要有：

1. 打击犯罪与保障人权价值取向有失偏差

所以这值得我们深思，要引起我们的重视，我们习惯于把打击犯罪理解得过重，忽视了保障人权，整个社会在关注要打击犯罪的同时，要更趋于保障人权，所以执法时一定要注意打击犯罪、保障人权的价值取向，一定要同等对待。

2. 实践与规则严重背离

1997 年《刑事诉讼法》以及 2010 年的“两高三部”《关于办理刑事案件排除非法证据若干问题的规定》已明确了非法证据排除制度，应当说在司法实践中违法取证是客观存在的，但是真正作为非法证据排除的较少，客观违法取证的存在与司法实践当中得到应有的排除形成明显的反差。

3. 破案率重压下的刑讯

长时间来，公安机关承受巨大的工作压力，因此，各地公安机关将破案率作为考核公安工作的主要业务指标，公安部即明确提出了命案必破的要求，各地公安机关在命案中也不择手段想方设法企图破案，刑讯逼供就成为命案必破的捷径，直到 2012 年浙江“两张”等冤案出现以后，各地才陆续取消破案率的考核指标。

4. 非法证据查证难

被告人提出受到刑讯逼供时需承担证明责任，但被告人要提供证据证明是很困难的。按修改后的《刑事诉讼法》规定，侦查人员讯问犯罪嫌疑人时要全程录音录像，但实际情况是假如真实存在刑讯逼供行为，也不会在讯问室，录像上也不会有。而且侦查人员也不会出庭作证，证明自己实施刑讯逼供行为。所以要获得证明非法证据的证据难度相当大。

二、非法证据排除的理解和运用

（一）非法证据排除的界定

什么叫非法证据？非法证据就是指违反法律规定收集和提取的证据。那么是不是说违反法律规定收集的证据都必须排除？案件里面如果有非法证据，那么这个非法证据排除了以后，是不是整个案件就不好定罪量刑？非法证据按照证据的客观性，我们可以把它分为非法言词证据和非法实物证据。非法证据排除分两部分，一个是非法实物证据排除，另一个是非法言词证据排除。

1. 非法言词证据的排除

修改后的《刑事诉讼法》第54条规定，采用刑讯逼供等非法方法收集的犯罪嫌疑人、被告人供述和采用暴力、威胁等非法方法收集的证人证言、被害人陈述，应当予以排除。从此规定我们可以得出：

（1）只要用刑讯逼供等非法方法取得的非法证据，属于绝对排除原则。采用刑讯逼供等非法方法，“等”的含义应该就是说和刑讯逼供基本相当的手段，那么刑讯逼供是可以直接造成人体痛苦的，那么间接的可以造成人体痛苦的，譬如说采取冻的方法，热的方法，疲劳审讯的方法，这些方法都属于“等”的方法。

（2）1996年《刑事诉讼法》的规定曾经有“欺骗引诱”四个字，欺骗引诱的证据也是非法证据，修改后《刑事诉讼法》把“欺骗引诱”四个字去掉了，那是否说“欺骗引诱”就不作为非法证据了，对“欺骗引诱”如何理解？威胁、引诱、欺骗所取得的言词证据是否排除，威胁、引诱、欺骗所得的言词证据是否排除，修改后《刑事诉讼法》对此未予以明确，司法实践也难以把握。学界和实务界也有不同的理解：一种观点认为威胁、引诱、欺骗应包含在内，属非法证据应当予以排除；另一种观点认为威胁、引诱、欺骗所得言词证据不属于非法证据，不需要加以排除；还有一种观点认为威胁、引诱、欺骗所得的言词证据是否排除要根据具体的情况而定，不能“一刀切”，要结合具体情况具体分析。个人同意第三种观点，应该根据具体情况加以分析，不能一概而论。

我们先讲“威胁”是否需要排除的问题，由于“威胁”一般会引起犯罪嫌疑人恐惧，属于典型的造成精神痛苦的非法方法。因此，通过“威胁”获取的供述，一般应当作为非法证据予以排除，但情节轻微的，可作为瑕疵证据，加以补正说明。如有一个自侦案件犯罪嫌疑人，一直没有交代犯罪事实，侦查人员了解到他女儿刚好今年高三面临高考，侦查人员在讯问时就告诉他，如果他不如实交代，那只好找他女儿进行取证。犯罪嫌疑人由于怕侦查人员找他女儿，影响女儿的高考，就作了交代。侦查人员这一审讯，是否属于“威胁”，如果是“威胁”，是否要作为非法证据排除。答案是肯定的，应该作为非法证据排除。那么，“威胁”的情节轻微和严重如何鉴别，关键是要看“威胁”是否会造成犯罪嫌疑人精神痛苦，并作出违背意志的供述。前一案例侦查人员的“威胁”除了给犯罪嫌疑人造成精神痛苦外，还会造成犯罪嫌疑人为了女儿的前途，不影响女儿的高考，可能会作出违背意志的虚假供述，因此应当加以排除。

下面我们讲“欺骗”和“引诱”是否排除的问题，以一个自侦案件为例，这个犯罪嫌疑人很狡猾，也很能言善辩，讯问人员和他说政策教育，叫他实事求是，你讲一句实事求是，他也就说，“对的，要实事求是”，然后讯问人员再和他讲一通，问他怎么样，“对的，要实事求是”，他就给你来一句话。搞得侦查人员很尴尬，灵机一动，给犯罪嫌疑人一张纸，让他把“要实事求是”五个字写下来。然后侦查人员就拿了这张纸，去问他老婆，把他老婆找来问：“你看下，这张纸的字是谁写的。”他老婆一看是老公写的。侦查人员说：“你老公叫我们转告你，他自己也写了，叫你不要七瞒八瞒了，要实事求是。”他老婆一听，老公叫他实事求是，那老公在里面肯定都抖出来了，好了，她都讲出来了。这么一个案子，那这个案子采用的方法，是不是欺骗，如果是欺骗的话，这个是不是属于非法证据，要不要排除。又如，举报的只有 2 万元钱，那侦查人员去讯问的时候，说掌握了你的很多的犯罪事实，很多举报了，他可能交代了 5 万元。这个是不是欺骗？还是侦查人员要和他讲清楚，举报材料只有 2 万元，你讲 2 万元就行了。再如盗窃案件，如有些侦查人员讯问的时候可能说，“我们现场上提取了你的指纹”，如果没有偷过，他肯定说那你提取吧，你拿去验吧，和我又没关系。偷过的人他可能就承认了。事实上他没有提取指纹，那么这种情况也是欺骗，能不能做为证据使用，这种情况应该说能够作为证据使用。

侦查不是非诚勿扰，审讯不是请客吃饭，不能要求实话实说，不能禁止适度欺骗。这就是适度的欺骗。可以理解为侦查人员的侦查谋略，是一种侦查方法。那么如果说适度的欺骗可以，那么什么叫适度？举这样一个例子，也是一个自侦案件。犯罪嫌疑人被传讯，审问了好多次都不说话。侦查人员了解到这个犯罪嫌疑人很孝顺，尤其是他母亲。于是就在一次审讯时故意接听电话，说谁的母亲在找关系的路上被撞了，送进了医院。挂掉电话后就和犯罪嫌疑人说是他的母亲出事了。犯罪嫌疑人听后强烈要求去见他母亲，但侦查人员因其未交代问题而拒绝。在这种情况下，犯罪嫌疑人澄清了事实。

这个欺骗是否要作为非法证据排除，像这种情况要不要作为非法证据，答案是这种情况就要作为非法证据，理由有两点：界定适度欺骗还是不适度欺骗，标准是：

（1）这种欺骗有没有超出人们的道德底线。就一般的道德底线允许不允许你这么做。（2）这种欺骗会不会造成犯罪嫌疑人的虚假供述。如果你这个欺骗造成犯罪嫌疑人的虚假供述，那就不行。那么像刚才的情况，前面写个实事求是，不可能造成虚假供述；但像这种情况，他为了去看他的母亲，可能没受贿的，我也说受贿，可能造成虚假供述，所以这就是欺骗引诱界定，如果超出正常的道德底线，可能引起犯罪嫌疑人虚假供述的，那就要作为非法证据排除。（3）获得言词证据的程序违法的排除。获得言词证据的程序违法的话不是全部都予以排除，要分情况，如果程序违法严重的，要排除，违法轻微的或者手续性的违法，可以不排除。那么看是否排除，关键是看这个程序违法会不会造成犯罪嫌疑人的供述或证人作证的不自愿性。如按照法律规定，询问证人应该个别进行，结果今天去询问证人，三四个人一起来询问，是否程序违法。答案是肯定程序违法。如果程序违法，要不要作为非法证据排除。那就考虑程序违法是否严重，关键是看这个程序违法是不是会引起证言或犯罪嫌疑人的供述的不自愿地表白，不真实地表白。那询问证人的时候，三四个人在一起属程序违法。但是这个程序违法会不会造成他供述的不自愿性？一个人的时候，什么话都可以说，讲张三李四都可以讲，三四个人一起还敢讲吗？就不敢讲了，所以这样子容易造成陈述的不自愿性，所以这个就要作为非法证据排除。那同样的询问证人证言，按照法律规定，以前的《刑事诉讼法》规定只能够（在）3个地方进行，即证人的住所、证人的单位、侦查机关的办案单位，现在新增了2个地方，一个是现场，还有一个是指定的地方。因为有的证人到检察院来也不方便，到他家，他感觉旁边的人看到不好，到单位感觉也不好。所以他可以商量到哪个宾馆去，或者到哪个场所也可以。但是如果侦查机关选择的地点不是证人指定的，那证人的地点肯定不对，违反法律规定，那么证言是不是要作为绝对排除？程序违法肯定的，地点不对，要不要绝对排除，地点不对不一定造成他的陈述的不客观，所以作为瑕疵证言可以进行补正。所以对程序违法，鉴定的标准情节是否严重，是否可能导致言词证据的不自愿表述。

2. 非法实物证据的排除

实物证据的排除，根据《刑事诉讼法》第54条，收集物证、书证不符合法定程序，可能影响司法公正的，应当予以补正或者作出合理解释；不能补正或者作出合理解释的，对该证据应当予以排除。可见对于非法获得的物证、书证是采用有限制的排除原则。所以两个原则不一样，言词证据排除是绝对排除原则，这个是有限制的排除原则。那么有限制的排除原则，它考虑的因素有两个：（1）主观的过错，取证的过错，故意的还是过失的，以及时间长短。（2）考虑到证据的客观性。打一个比方说，我现场上提取一把作案的刀，这把刀是有血迹的，那么结果我现场提取笔录，当时没做，扣押笔录也没做过就去检验，这个程序肯定不对了，这把刀检验出来的这个实物证据要不要排除掉？这个就要排除，因为程序出问题会影响这个证据的客观性。现场勘查笔录是证实这把刀是留在现场的，提取笔录要证实这把刀是现场提取的，因为整个过程要一个完整的锁链。我这把刀现场有记载，是留在某个位置，带血的刀，而且又有提取笔录，提取的这把刀形状都有记载、有血，而且要专袋封存好，再拿去鉴定。如果这些环节没有，就拿去鉴定，谁知道这把刀是哪里来的？现场刀和其他刀本质是不一样的，有的时候保管不善，有血的刀都变成了和其他血混在一起了。所以我们鉴别物证和书证的来源是相当重要的，这个程序的问题，如果会影响它的来源的，那就要进行排除。如果一般的，譬如说提取笔录上见证人没签字的，时间忘记写了，这些都是技术性的东西，这种只要补正下就可以作为证据使用，不影响它的客观性的。

总结一下，我们说违反法律规定收集提取的证据都是非法证据，非法证据是不是一定予以排除？不一定，有的要排除，有的不要排除。案里件面有非法证据是不是说整个案件就不好定，那要看证据在这个案件当中的作用。如果证据去掉以后，它的犯罪事实就无法证明的，很重要的证据，那这个案件是不好定的，如果证据去掉以后，不影响它的定罪的，那照样是可以成立，也就是说案件有非法证据不等于案件就一律不好定罪。

（二）各类证据的非法证据的审查与认定

1. 对犯罪嫌疑人供述合法性的审查判断

犯罪嫌疑人供述，三种情况是绝对排除的：（1）刑讯逼供等非法方法获得的犯罪嫌疑人供述；（2）没有经被告人核对确认并签名按指印的讯问笔录；

（3）讯问聋哑人，不通晓当地语言的，未提供翻译的。对于第一种情况的理解，讲原则的时候曾经讲过，这是程序违法，程序违法排除是严重的排除，不严重的不排除，如果严重的，关键在它能不能自愿表白。对于第二种情况的理解，没有经被告人确认捺指印的，为什么绝对排除，一方面是程序违法，另一方面被告人没有看过，内容是真是假谁知道，那肯定排除的。对于第三种情况的理解，一方面程序违法，另一方面他是不是会不真实地表白，内容会不会不客观，聋哑人不通晓语言的，没有人给他翻译，就记下来，这个内容可能不真实，那肯定绝对排除的。

2. 对证人证言合法性的审查判断

对于证人证言，下面六种情况绝对排除：（1）以暴力、威胁等非法手段取得的证人证言；（2）意见证言；（3）处于不能正确表达的证人证言；（4）没个别进行取证而得的证言；（5）没经证人核对确认并签名捺指印的；（6）聋哑人、不通晓当地语言的等没提供翻译人员的。对于（1）、（5）、（6）这三种情况在前面被告人的供述中已作了介绍，情况基本一致，这里不再重复。第一，意见证言不能作为定案依据。所谓意见证言，就是猜测性、评认性、推断性证言，譬如这个人可能是他杀的，这个事情可能是他做的，这种就是意见证言，评认性的证言不能作为证据。但是这里面要注意，法律有两种情况是例外的：一种情况是经验性的、日常性的判断，这个是可以作为证据使用的。譬如说“我看到交通肇事的车开来的车速大概是100码”的，这个就可以作为证言使用，不是评判性，推测性了，因为这个是日常经验的。譬如说今天温度和案发那天的温度大概是30度左右，这是属于经验性判断，日常性判断，这个不属于排除；另一种情况，现在修改后的《刑事诉讼法》规定，法庭上可以聘请专门的人员对专门的问题作出技术性的专门证明，这不是鉴定人员的证明，而是专门的人员对专门的技术证言，叫专家证言，这也是例外。第二，不能正确表达的证人证言，不能作为定案依据。因为证人出于各种原因，证人难以正确表达其想表达的内容，其行为能力受到一定的限制，所以其证言不能作为证据使用。第三，没有个别进行取证的证言，不能作为定案依据。对这个问题在前面言词证据程序违法已经作了详细的分析，这里就不再赘述。

3. 对鉴定意见的合法性的审查判断

鉴定意见大家就记牢一点，鉴定意见如果出问题，不管鉴定机构、主体、程序、方法，只要其中一个出问题，这个鉴定就不能用，要重新鉴定。

我们来看看重庆查的文强这个案子，他在别墅里面收受了一张画，收受张大千的青绿山水这张画，这张画价值364万元，在法庭上律师提出来，这张画是赝品，要求重新鉴定，结果真的请故宫博物院的专家去鉴定，一鉴定这张画实际上是赝品；这里还有一个案例，山西的老师被冤枉强奸两个女学生，在这个学校集体宿舍里面，有一天晚上，两个女学生被一个人强奸了，那么在她们的被褥上留有精液，后来排查，排查结果是怀疑是李某这个老师，那天晚上他有作案时间，他到过这个女寝室，他为什么去？按照他后面交代是他家里养了几头猪，到那里去弄剩菜剩饭的。那么后来拿李某某的血液去检验，刚开始是拿来血型的检验，血型检验只能作为排除来用，也就是这个事情不是你做的，血型一排除肯定对的，如果是你做的，那也不行，血型 A 型可能好多人都是，B 型可能好多的也有，最后送去 DNA 检验，DNA 也是他的。所以最后检察机关就把他进行公诉，结果诉了以后，在法庭上这个李某不断地喊冤，公诉人也感觉这个案子总有点疑问，所以提请法院延期审理，再把这个案子拿去重新鉴定。结果一鉴定，不是他的，大家吓呆了，不相信，再鉴定一次，又不是他的，一个冤案出现了。所以大家要注意，DNA 有时也会说假话，不能够太相信。

4. 对勘验、检查笔录合法性的审查判断

在这个审查里面，大家不要记得太复杂。如果反映勘验检查里面这些物证、书证这些来源的问题，那这个是不能作为定案依据的；一般技术性的，没有见证人、勘验、检查人员、证人签字的，可以进行补正。勘验检查对办案是特别重要的，有的时候就是由于勘验检查一个问题就造成这个案子办不了。所以我们这个理念有，认定犯罪嫌疑人有罪的证据，可能要好多证据，但是认定无罪的证据，搞不好一个证据就可以推翻，不一定认定无罪的要确实充分。

5. 对物证、书证合法性的审查判断

审查下面六个内容：（1）物证的来源。这个是最重要的，来源一定要清楚。这个作案的凶器是刀，这个刀是在现场拿的，那在勘查笔录上一定要有记载，现场在哪个地方有一把刀，要有这个刀的记载。（2）提取笔录。这个刀是从现场哪两个侦查人员提来的。（3）物证封存。提取来这把刀，必须要做妥善的封存，要把它封存好，如果不封存好，这把刀的血迹和其他刀一混，一装在一起，血迹马上混掉，如果不这样个别保管，没有封存，那到时候律师就会说这把刀有被动过手脚的嫌疑。（4）审查物证、书证是否是原物。因为物证、书证一般要求的是原物，如果不是原物的，要和原物进行比较，要核对无误以后再使用。（5）物证和书证一定就是要有关系。不要一点没关系的东西弄在一起。（6）收集程序方式要合体。那这里面要求就物证、书证没有附勘验检查证明物证、书证来源的，不能作为定案依据。来源证明不了，不能作为依据。这个就是我们对物证、书证合法性的审查。

6. 视听资料合法性审查判断

审查无法确定视听资料真伪的，视听资料的制作和取得的时间、地点、方式等有异议不能合理解释的，不能作为定案依据。

三、非法证据排除的程序

（一）检察机关对非法证据进行排除的程序

根据修改后《刑事诉讼法》第54条规定，公检法都有排除的义务，那么检察机关怎么排除？检察机关的非法证据排除，发现的途径有两种：一种是侦查人员查看材料，审查案卷，提审犯罪嫌疑人；另一种是律师来反映情况，控告申诉。目前阶段检察机关的非法证据的排除是有点难的，因为：（1）程序上没有明确的规定；（2）像侦查人员批捕的非法证据排除，基本上可能性不大，因为时间有限，根本没时间进行排除；（3）在非法证据排除的时候，要进行好多取证，而且有些取证是比较难的。

检察机关如果对非法证据排除的话可以简单地分为以下两个程序：（1）告知，侦查人员提审的时候，要告知犯罪嫌疑人，如果有刑讯逼供，非法取证的，犯罪嫌疑人既可以向办案人员提出来，也可以向检察机关举报；（2）对犯罪嫌疑人申请提出的非法证据排除的，侦查人员要进行审查，那么这个审查包括犯罪嫌疑人提出的线索、理由、录像还有看守所的一些身体检验的材料，侦查人员都要进行审查，然后根据审查情况作出是否排除的决定。但这里面也要注意一点，检察机关排除该证据以后，仍移送到法院了。因为有的时候，侦查人员的着眼点可能有局限性，侦查人员认为是非法证据，但是法院认为不是非法证据，所以就是检察机关排除了，有关材料还是要送给法院。

（二）审判阶段对非法证据进行排除的启动主体及证明责任承担

审判阶段排除，启动的主体，被告人可以提出来，律师也可以提出来，提出来的形式可以书面的也可以口头的，只要有证据证明这种可能性就行。譬如在什么时候什么地方公安机关用什么方式对我进行刑讯逼供。这里面我们一定要注意，被告人在法庭上或者在检察机关提出的非法证据排除，其证明标准不是证据确实充分，一定要搞清楚。不能够要求犯罪嫌疑人提出的非法证据排除要证据确实充分，只要求存在这种可能性就行。也就是说，被告人讲刑讯逼供经过，有这种存在的可能。那检察机关就要进行非法证据排除，被告人不需要承担来举证确实、充分的证据。那么这里控方负举证的责任，证据的合法性是要检察机关公诉人来举证的，所以在审查案件的时候，每个案件在审查实体是否合法的时候，也要审查程序是否合法，如果审查有问题，一定要让侦查机关提供法庭上证明它程序合法性的有关证据。对于这个证据的证明标准，证明讯问的合法标准，如果按照法律规定，应该是确实、充分。但是事实上，可能很难达到，那一般优势证据也可以，在证明标准上，要求犯罪事实，要求确实、充分，在司法实践当中，对从重的情节，从轻的情节，要求的证据标准是不一样的。法律规定对被告人定罪的量刑的事实以及对被告人从重的事实情节要求确实、充分，那么对犯罪嫌疑人从轻的、有利的情节，要不要确实、充分？不要求确实、充分，要求是什么？存在的可能性大于不存在的可能性就行，这是在办案当中证据掌握标准，这个是有所区别的。

（三）对非法证据进行排除的法律后果

非法证据排除的法律后果，有以下三方面：（1）绝对排除，非法言词证据绝对排除；（2）物证、书证的自由排除；（3）对技术性违法的，可以补正地进行救济，相对排除。

四、非法证据排除的应对

（一）转变执法理念，充分认识排除非法证据的重要性

大家都要普遍地认识到非法证据排除对保障人权，提高办案质量、防止冤假错案发生的重大作用。凡是冤案，一般都是有刑讯逼供，当然刑讯逼供不一定造成冤案，所以社会公众会给予一种宽容的心态。但是我们要考虑到，犯罪分子不管杀人犯也好，他的人权还是需要保障的，即使是犯罪，也应该用正当的手段予以惩罚，不能够用非法的行为去惩罚他的犯罪行为。排除非法证据是司法文明的进一步体现，现在尽管社会是进步的，用的是手机、电脑，但是一办案就会想到包大人，包大人的办案就是，招与不招，不招，大刑伺候，动不动就大刑伺候，这个观念要转变。

排除非法证据是促进侦查方式转变，提高侦查水平的推进器。如果允许非法证据取证，侦查水平就永远不会提高，为什么？刑讯是最简捷的捷径，一打他，他就招了，不要动脑筋。现在不让刑讯逼供了，将非法证据排除了，刑讯逼供的证据不让用，那侦查人员就会动脑筋，就会合法取证，到时候办案人员个个成为侦查专家，所以会提高侦查水平。自侦案件我们的重点是放在初查上，有的案件初查搞了半年多。初查过程中要注意方式方法，如何在侦查水平上提高要多动脑筋。这个十分重要。

现在党中央提出来，要提高执政能力，要改善党群关系，这个确实是当务之急。我们都是共产党员，所以我们都有责任，都有义务，把检察工作做好，

把案子办好，提高执法的信任度。通过我们大家的努力，我们党的形象会提高，党群关系会恢复到我们以前那个状态。我们的司法不可辜负民众期待的目光，司法是群众、老百姓的最后信任。

（二）转变办案模式，适应《刑事诉讼法》修改的变化

灵活运用强制措施，现在强制措施里面规定指定居所监视居住以后，应该给侦查人员工作增加了灵活性，所以强制措施用得好，对自侦是很有好处的。规定的指定居所监视居住是比逮捕重还是比逮捕轻？如果单独从法律规定上，从这一个方面去理解，比逮捕轻。因为符合逮捕条件，但是羁押时间只有两天抵一天，那指定居所监视居住显然比逮捕轻。但是又同时规定，有些特别的案件，情况特别需要，可以用指定居所监视居住，从这个程度上看，有的时候像纪委双规就可以用。但是他又要防止权力滥用，所以规定三类案件，与侦查机关有关的也就是特别重大贿赂案件，因为这个指定居所监视居住是在外面的，很容易失控，就给特别重大贿赂案件使用。特大案件实施细则确定的是50万元，50万元在全国掌握的自侦案件里面是占10%～50%的比例。所以我前面讲的这个强制措施说起来也可以说比逮捕轻，也可以比逮捕重，但是用法要规范。

发挥技术侦查作用。在技术侦查这方面，民众比较担心技术侦查的滥用，秘密侦查会不会造成秘密关押，现在的证人出庭作证，找证人的单位，证人什么都要讲，那秘密证人可以不要出庭，也不要讲他是哪里的，那会不会为冤假错案又制造一个“温床”？所以就是说秘密证人也是修改后的《刑事诉讼法》一个挑战，赋予了新的侦查权，但是大家就担心会不会造成新的冤假错案。公安机关可以引诱侦查，那检察院不可以引诱侦查，反贪局的科长拿着几万元钱去行贿，看看对方收不收，这个不行的，对方没有犯罪，所以引诱这点我们要注意。

要注重程序合法性证据的收集和固定。现在更重要的要看定罪的事实和证据，这个证据的合法性能不能证明，审查人员必须要有这个意识。那我们的侦查人员自己侦查的案件，自己负责在讯问的，必须要有证据来证明讯问是合法的，如果拿不出证据来证明讯问合法，到时候在法庭上会承担败诉的后果。因为取证的合法性的证明不在犯罪嫌疑人，也不在辩护人，是在控方，控方要求侦查机关提供法庭上需要的证据，所以这方面必须引起侦查观念、审查观念的变化。要实现侦查、审查从主观性证据为主向客观性证据为主的转换。现在要求办案思路是从主观到客观。最高人民检察院就客观性审查证据必要性在浙江试点，7月进行的认证，先把客观性证据进行审查，把犯罪嫌疑人的供述放到

最后，这不是单纯的审查方式的变化，是一种理念变化。

（三）采取各种措施，保障刑事非法证据排除规则顺利实施

切实执行看守所讯问制度，讯问就在看守所进行；落实同步录音录像制度；做好羁押场所登记检查，大家要注意，这不是说单独保护犯罪嫌疑人的权益，也是证明审讯的合法性；确保辩护权利行使；相当重要的一点要注意非正规羁押场所犯罪嫌疑人合法权益的保护；现在《刑事诉讼法》的修改，对羁押场所的刑讯逼供、非法取证已经注意到了，但是疏忽了非羁押场所合法取证的问题，所以现在非羁押场所成为检察机关法律监督的一个新的重点。侦查人员特别要注意，在看守所有录音录像，被告人说刑讯逼供，那可以把录像拿出来，就证明了。而在非羁押场所的时候，在指定居所监视居住，犯罪嫌疑人说有刑讯逼供行为，那侦查人员要证明讯问合法，很可能会拿不出证据。所以侦查人员在办案的时候，要想如何证实讯问的合法性。

要正确解读刑事诉讼法修改的有关规定，要正确地理解《刑事诉讼法》修改的有关规定。原来《刑事诉讼法》规定刑拘以后，应该把羁押的原因和场所通知犯罪嫌疑人家属，但是这次修改《刑事诉讼法》，把羁押的原因和场所去掉了，单独从法条上去理解，侦查机关不需要说明为什么抓来这个人，关押在什么地方，法律上规定律师可以凭“三证”去会见，但三证会见成为一句空话。授权法是只有法律授予才能做，法律没有授予的，就不能够做，所以我们在司法实践当中去理解的时候，不能够曲解我们的法律。

（四）充分发挥检察机关在非法证据排除中的作用，切实履行法律监督职责

在全国检察机关会上，曹建明检察长讲得很清楚，要始终坚持全面客观收集审查证据与坚决依法排除非法证据并重。所以非法证据排除能不能够切实执行，检察机关是关键。(1) 作为法律监督机关，要承担监督职责。(2) 案件送到检察机关，要审查是否非法证据。(3) 犯罪嫌疑人还要到检察机关来申诉，是否存在非法行为。(4) 刑讯逼供构成渎职犯罪的，还是检察机关侦查的，所有非法证据排除是否落实到位，检察机关责无旁贷。检察机关的职责包括：接受控告举报权，调查核实权，合法性证明责任，处理权。这些处理检察建议，纠正违法，排除非法证据、渎职都是检察机关的业务范围。

以上主要从四个方面来和大家一起探讨非法证据排除，非法证据排除检察机关是责无旁贷的，法律有关规定，社会各界都已经普遍关注，所以在这种情况下，检察机关一定要严格执行，不能够让它只写在纸上，挂在嘴上，要落实到办案上，多年来积重难返的刑事非法证据和冤案问题，要得以解决。让佘祥林、赵作海这样的冤案不再发生。

第37堂课　庭审中公诉人构建证据体系的策略与技巧

● 农中校[*]　刘　缨[**]

课程提纲

一、庭审讯问的策略思维和方法
二、举证、质证的策略与技巧
三、证据辩论的基本策略与思路

证明犯罪是公诉人出席法庭支持公诉最基本、最根本的工作任务，是重中之重的工作职责。而要证明犯罪，就必须在法庭上构建完整的证据体系，最大限度地争取法院的认同和各方的理解与支持。

随着修改后刑事诉讼法明确要求公诉机关承担被告人有罪的举证责任，制度环境已经产生较大改变。在突出庭审地位和证据裁判原则的新诉讼机制中，公诉人出席法庭，如何构建证据体系，有效证明犯罪将是一个重大的挑战和课题。尤其是在重大、复杂、存有争议的案件中，如果不善于构建证据体系，争取法院认同和各方理解，公诉工作将很容易面临指控被否定、定性被改变，甚至判决无罪的诉讼结果。有时，即便法院作出有罪判决，检察机关也将面临当事人及其家属不断缠访的不利局面。

今天的课程，将以一个真实的案件为基本载体，共同分析、研讨庭审三环节构建证据体系的关键策略和一些基本的技巧。下面，我给大家简要介绍马某、叶某某滥用职权案基本案情：

---

* 广西壮族自治区防城港市人民检察院检察长。
** 广西壮族自治区检察官学院院长。

2011年5月3日晚，南宁市路政执法支队南环大队在南宁环城高速公路开展“治超”工作。其中，副大队长叶某某带领马某等3名执法队员在南环高速公路玉洞收费站对超限车辆进行查处。约22时许，司机张某甲、刘某某、曾某某、杨某、张某乙先后各自驾驶一辆重型拖挂大货车依次停在绕城高速19公里处应急车道内，对车辆的轮胎进行检查。知悉此情况后，叶某某、马某一起驾驶桂AGG×××路政执法车从玉洞收费站出发前往处置。

马某驾驶桂AGG×××路政执法车从入口上到高速公路后，发现违规车辆停靠在自己的后面，正常顺行到达停靠点需要绕行几十公里。为了赶时间，马某先是倒行了一小段，发现天黑倒行起来比较困难，在叶某某的默许下，马某掉转车头，开起双闪灯沿着应急车道向前逆行。逆行到第一辆货车处后，叶某某下车对违规车辆进行检查，马某则将车开进行车道继续向前逆行并打开警灯。这时候，并排停靠的第四辆大货车司机张某甲看到有车逆行而来，以为是交警查车，便驾驶桂A33×××想要离开。马某则开着路政执法车与张某甲驾驶的桂A33×××对向行驶，迫使张某甲在超车道内停车。此时，被害人庞某甲驾驶着小型普通客车桂AJY×××行驶至该处，当发现前面停着的大货车时已避让不及，追尾了桂A33×××后又与停靠在右侧应急车道内的一辆货车相碰刮，导致车上三人当场死亡，五人受伤。事故发生后，交警部门认定马某负事故的全部责任。

此案发生后引起社会的高度关注，多家媒体以“路政执法车逆行执法酿事故”为题进行报道。由于案件的发生涉及多重违法行为与多重法律关系，公安机关以马某涉嫌交通肇事罪移送审查起诉后，检、法两家三级院在证据、事实、定性、执法效果等方面存在重大分歧。在侦查、审查起诉过程中，在案件定性上出现了四种意见：交通肇事罪；滥用职权罪；以危险方法危害公共安全罪；过失以危险方法危害公共安全罪。经逐级请示，广西壮族自治区人民检察院检察委员会讨论决定：以滥用职权罪起诉被告人马某和叶某某。

这一决定，使出庭公诉人面临三大压力：一是案件性质争议激烈，按上级要求改变定性后，如何有效证明本案性质是滥用职权罪？二是案件社会影响巨大，按上级要求追诉叶某某后，如何有效证明叶某某已经构成犯罪？三是马某在公安机关侦查阶段故意隐瞒一些事实，审查起诉阶段辩称纯属过于大意，庭前供述矛盾较多，叶某某则认为事故与自己无关，并辩称进入高速公路的目的在于查看安全隐患，于法有据，根本不构成犯罪。面对此证据状况，如何证明本案在案证据已经“确实充分”？

一、庭审讯问的策略思维和方法

讯问是法庭调查环节的重要工作。从技巧上讲，从事公诉工作的同志对讯问的基本方法应当都有概括性、经验性的认识和做法，都知道法庭讯问要注重针对性、规范性、简洁性，要注重与法庭举证、法庭辩论环节相互配合与支持。但从实务来看，在具体案件中，公诉人在法庭讯问环节表现不尽人意的情况偶有发生。

就本案讯问、询问情况，我们先看一段庭审中公诉人讯问马某某的视频节录。

公：2011 年 5 月 3 日晚，你是否参加了南环路政大队在玉洞收费站开展的路政执法工作？

马：参加了。

公：当晚的带班领导是谁？

马：是副大队长叶某某。

公：执法活动是由谁负责指挥领导的？

马：我们平时这个执法活动一般是经过大队领导研究决定以后就部署了。

公：在玉洞收费站的执法活动，是谁负责指挥领导的？

马：是叶某某。

公：当晚路政执法工作主要内容是什么？

马：主要是针对超限车辆开展那个综合执法，如果发现有其他的那个违法行为我们也会及时查处。

公：那么当晚 22 时起你是否驾驶路政执法车，搭载叶某某从玉洞收费站进入高速公路？

马：是的。

公：当时最终是由谁决定上高速公路的？

马：决定上高速公路，是当晚带班领导叶某某决定的。

公：你们为什么要上高速公路？

马：我们因为据司机反映路上匝道口附近停有几辆大货车，一个是影响行车安全，还有一个我们考虑到这几辆大货车是不是在逃避检查，我们就打算上去一下。

公：你们上去检查什么？

马：我们主要上去看一下这几辆车当时停在那个地方的原因，然后是否有涉嫌逃避检查那个的行为。

公：根据《广西壮族自治区高速公路管理办法》第33条的规定，高速公路管理机构，可以采用固定检测和在收费站出入口、服务区进行流动检测方式，对车辆进行超限检测，你们是否有权上高速公路进行治超？

马：道路上是不允许的。

公：你们驾车进入高速公路后，采用什么方式，到达大货车的停靠点？

马：刚开始的时候，我是先倒了一下车，然后感觉晚上倒车比较吃力，然后就把车头掉过来，我就沿着那个紧急停车带我就逆行到几辆大货车停的地方。

公：开始倒车的时候是逆行吗？

马：刚开始是倒车，然后才掉头。

公：倒车逆行是吗？

马：对对对。

公：后来是直接掉转车头直接逆行到大货车停靠点，是吗？

马：哦，对。

公：对你采取这种方式进行执法，叶某某是什么态度和意见？

马：我也记不清当时到底有没有就说我们大家商量的事情，好像有说过几句话，但是具体说的内容我不记得了。

公：他反对了没有？

马：当时没有反对。

公：也就是说，作为带班领导他同意你这个做法，是吗？

马：我觉得至少他没有制止吧，应该，没有提出反对意见。

公：没有提出反对意见，是吗？

马：对。

公：路政执法活动，能不能采用逆行进入高速公路的方式进行执法？

马：不可以。

公：这种行为符合路政执法的规定吗？

马：不符合。

公：这种行为，是否违反了道路交通安全法的规定，下车前他有没有对你工作有什么指示？

马：应该没有，我记不清了。

公：你说清楚一点，有没有？

马：没有，没有，没有。

公：没有，是吗？

马：哦，对。

公：你为什么没有跟叶某某一起下车去检查呢？

马：因为我们平时工作当中，按照规定的话，就是遇到这种类似的事情要处置的话，我们一般是一个人下车，另外，司机的话就留在驾驶座上，然后观察一下下面的情况，一般都是一个人下车。

公：也就是说，你们是按照这个平时的工作规定，进行的分工配合，你是不是要把车拐到行车道上，才能看到沿行车道上往后走的叶某某，是不是这样？

马：嗯，对。

公：叶某某往后走多久，你就以这个逆行的方式，将路政执法车开到行车道上？

马：没有走多久，我看不到他以后，我就把车开出去了。

公：你在侦查阶段供述说，叶某某刚往后走，你就把车开到行车道上，这供述属实吗？

马：对，就是他往后走我看不到他以后我就把车拐出来了。

公：你是什么时候发现之前停靠的大货车从紧急停车带开出来的？

马：当我把车拐出来以后，是打算沿着行车道逆行的时候，然后就发现后面有辆车就拐出来了。

公：你刚拐出来就发现了，是吗？

马：走了应该有几米吧，10米、5米，这个我距离的话我记不太清楚了。

公：你发现对向有来车后，你做了些什么？

马：我犹豫了一下。

公：你有没有继续往前朝着停车道往前行驶，以这个大货车对向行驶？

马：有缓慢的行驶吧。

公：你对着这个大货车行驶之后，大货车有什么反应？

马：大货车就拐到那个超车道那个位置去了。

公：大货车拐到超车道之后，你又做了些什么？

马：我也把车拐到超车道了。

公：你拐的时候呢，是不是往前行驶的？

马：是的。

公：根据这个事故责任认定书鉴定意见，还有相关的证人证言以及你在法庭陈述，张某甲的大货车客观上是被你路政执法车拦停的，根据道路交通安全法及路政执法车的相关规定，你是否有权在高速公路上拦截正在行驶的车辆？

马：没有。

公：大货车被拦停下来之后呢，多长时间就发生追尾碰撞？

马：就很短的时间，应该是他刚刚拐到超车道，后面就马上有车撞过来了……

下面是公诉人讯问叶某某的节录：

公：2011 年 5 月 3 日晚，你是否参与了南环路政大队在玉洞收费站开展的路政执法活动？

叶：参与了。

公：当晚的执法活动，谁是带班领导？

叶：是我。

公：执法活动是由谁来指挥领导的？

叶：是我。

公：当晚路政执法工作的主要内容是什么？

叶：主要有查处超限车辆，打击逃脱通行费，还有纠正入口，装载不规范车辆等活动。

公：当晚 22 时起你是否乘坐马某驾驶的路政执法车，进入高速公路？

叶：是啊。

公：当时是由谁决定进入高速公路的？

叶：我。

公：你们为什么要进入高速公路？

被：因为当时我在收费站的时候接到一个出口司机跟我讲，说是在从北海方向过来匝道上面停有几辆货车，没有打什么警示灯，黑乎乎的比较危险，后面我考虑到这个是安全隐患，后面听到以后我就决定指派马某上去了。

公：采取什么样的方式，到达大货车停靠点？

被：当时上到那个环城高速的主线以后，我观察到货车是停在我们车辆的后面，后面马某就先倒车，后面就逆行到货车停靠点。

叶：你对马某的行为是什么意见？

被：当时我没有制止。

公：也就是说你表示同意，是吗？

叶：主要是还没有过去之前，马某也没有询问我能怎么过去，后面他就倒车过去了，我当时也没能够制止他，也没有制止他，看一下后面我就下车了，往前面走了。

公：马某如何做他才能看到你的情况呢？是不是需要把车开到行车道上，跟你保持同一个方向和直线，才能看到你的情况吗？

叶：这是他自己说的，我不同意这种做法。

公：从你的这个执法经验，还有生活常识，是不是这样做，居然是想当然就说出来，为什么说，你所做的虚假供述与马某所做的虚假供述是一样的，难道是这么巧合吗？

叶：不是，不是，因为是有一次，第二天嘛，我们要去交警十二大队去做笔录，应该是下午的时候，当时我也跟马某说了，不说商量或探讨沟通当晚的情况。

下面，我们结合本案公诉人在讯问环节的表现进行研讨，研讨主题为：(1) 您认为公诉人在庭审讯问环节的表现有什么优点？(2) 结合滥用职权罪的指控，您认为公诉人在庭审讯问环节存在什么不足？这些不足将产生哪些不利影响？(3) 您认为公诉人在法庭讯问环节应当注重哪些策略？

个人感觉，公诉人的表现确实可圈可点，总体上说，突出的优点有：一是目的明确，节奏紧凑，有追、迫、逼的气势。整个讯问过程，都在公诉人掌控之下，没有给两名被告人太多的展示和渲染无罪、罪轻辩解的空间。二是语言简练，控场能力较强，有效引导被告人说出了基本犯罪过程。应当说在两被告人避重就轻，在一些关键环节说法不一致的情况下，能做到这一点已经相当成功。三是有服务证明的思维，从证明犯罪的角度出发给被告人设置了一些"陷阱"。如就当晚的执法目的是不是"治超"？叶某某的作用和责任？对此，两个被告人都采取刻意回避或者模糊化回答的方式来对抗，公诉人在讯问中的设问方式，如"在玉洞收费站的执法活动是谁负责指挥领导的?""你们是否有权上高速公路进行治超?""路政执法活动，能不能采用逆行进入高速公路的方式进行执法?"都预设了相应的前提，被告人难以作出否定回答，不得不在一定程度上说出了公诉人想要的内容。而这些内容，对证明犯罪非常有帮助。

公诉是永远留有遗憾的艺术，从有效证明犯罪角度出发，一些方面也存在一定不足，在场观摩庭审的检察同仁听完讯问环节，普遍有点担心，具体的体现，我结合讯问策略问题再进行分析。

公诉人在法庭讯问环节最需要关注的策略是什么？个人认为，关键是要突出目的性与策略性。

（一）目的性

讯问要尽可能为证明犯罪提供支撑，这是毫无疑问的。讯问虽然是法定环节，但从法律上讲，并非非问不可，至于问什么，法律和制度也没有明确。既然这样，公诉人要不要讯问，要问什么，就只能做一种考虑：对证明犯罪有帮助的，我们就问，对证明犯罪不利的，就不必问。尤其是，庭前侦查机关、公诉人应当都讯问过了，所取得的笔录都是重要的证据材料，这些证据材料的证明价值我们在庭前已经认真评估过了，如果这些证据材料已经足以充分证明某些事实，那还要不要问，问到什么程度就必须深入地分析判断，以免一问，反而问出新的矛盾，冲击原有的证据体系。因此，个人主张，庭审讯问必须带有强烈的目的性，是精心设计之下的“问”，在策略层次上，必须坚持“有所为有所不为”！

本案的法庭讯问，虽然总体上目的明确，但在目的性方面还是存在一些欠缺：

一些问题本来已经做了全面的设计，公诉人原来已经计划问清的一些关键问题，但是碰到庭上被告人不配合的情况，一被搅和，显得有些乱，没有很好地贯彻原来的计划，几个对指控犯罪极其关键的问题没有问到或者问清。具体表现在：（1）两人如何商量、决定进高速公路拦车执法？从在案证据看，叶某某肯定是起主要作用，这也正是我们为什么追诉叶某某的原因，但如何通过讯问体现出来？现两被告人庭上都供认是叶某某决定进入高速公路，但商量的过程与内容，尤其是在高速公路上逆行的决策过程，未能通过讯问充分挖掘出来。（2）在主观上，从进入高速公路至发生事故，两名被告人的心态如何？这一点，对案件的定性起非常重要的作用，在高速公路上逆行执法是高危险的行为，为什么还要这样做？两个被告人的主观心态到底是怎么样的？公诉人就这一关键点的讯问，应当说不到位。（3）案发后单位领导怎么交代、如何串供？根据马某的供述，案发后他向单位领导报告，单位领导曾经交代他跟叶某某对一下口供，不要说出治超的事实。这一点，如能核实将对滥用职权的指控具有很强的印证作用，可惜公诉人在讯问时未能紧紧抓住。（4）进高速公路拦车执法的背景和频率？有在案证据显示，之所以在高速公路上采取高危的方式执法，背后存在经济利益的驱动，马某在庭前曾供述，他们曾经多次到高速路执法，事实上已经在多次执法中形成默契和配合。这些证据如能得到采信，对证明被告人构成滥用职权罪的作用是不言而喻的，可惜的是，公诉人未能“跟踪追击”。

对讯问期望过高，引导过于执着，好像非得问出某些内容不可，影响庭前笔录的采信。我们看看这一讯问过程：“问：下车前他有没有对你工作有什么指示？马：应该没有，我记不清了。公：你说清楚一点，有没有？马：没有，没有，没有。”这种一问一答非得让被告人答出某些内容的方式，显得过于执着，会让人有“诱”的心理判断。事实上，这些问题，庭前笔录都有，被告人当庭不认，我们完全可以拿一些庭前的证据出来“点一点”，或者在法庭举证的时候出示证据来说明，不一定非得逼着被告人当庭说出来。值得注意的是，随着新刑事诉讼法的实施，控辩双方在证明犯罪上的较量会更强，这种

“逼迫”式的讯问方法，容易遭到辩方的质疑，落辩方以口实，也容易影响法官最后的心理判断。

至于怎样才能突出目的性？个人的经验是：一要在讯问之前，吃透案情和证据，特别是被告人在庭前所供的具体内容、矛盾、心态及其对整个证据体系的影响。二要规划、评估讯问的目标，做到心中有数，目的明确，有的放矢，重点突出，问有实效。这其中，关键是准确把握“当与可”！当问则问，不当问则不问，问有实效则问，问无实效不问。讲目的性，并不是说为了某种目的不择手段，非得问出来不可。事实上，案件不可能仅仅依靠被告人口供来定案，讲目的性，强调的是问话要有的放矢，突出必要性与可行性。三要时刻围绕既定目的，沿着既定轨迹展开讯问。在这一点上，一些同志主张随机应变，多一些顺势追问。应当说也有道理，但个人认为，案件证据体系大多是复杂的，庭前经充分论证出来的计划与方案，往往更符合全案证据状况和证明犯罪需要，现场灵机一动的想法，往往来不及作全盘考虑与论证，局部看，确有价值，而从全案证据体系构建看，不见得都起积极作用。因此，如果没有充分把握，沿着既定轨迹展开讯问更为稳妥。

（二）策略性

庭审讯问不能简单地着眼于问出犯罪过程，因为不讲究方式、方法的讯问，效果可能恰得相反。很多案件，被告人庭前认罪态度很好，但在法庭突然翻供，有些同志归责于被告人狡猾，实际上认真分析，往往跟公诉人讯问方式、方法不科学有很大关联，正是我们在问话中帮助他们搭建了平台，他们不过是顺势而上而已。

本案公诉人在庭审讯问环节是讲求策略的，前面介绍的三大优点，归根结底，都是策略性思维的结果。但有两点，做得似乎还不够漂亮：

1. 一些讯问的内容不够贴切，技术含量不够

“你是不是要把车拐到行车道上，才能看到沿行车道上往后走的叶某某?”（问马某）这么一问，即便回答肯定，对证据体系的构建也没有什么帮助，反而搅乱自己的证明思路，事实上，公诉人后来在答辩中把这一点作为证明叶某某构成犯罪的理由，认为马某必须开车到行车道逆行，才能配合叶某某执法。这样的理由，显得有些牵强。“你们上去检查什么?”（问马某）“你们为什么要进入高速公路?”（问叶某某）这两问显然值得考究，起诉书认定被告人为了“治超”而进入高速公路拦车执法，而按照相关法律，治超只能在高速路出口和固定的点，其他地方是不允许的，违规上高速路执法是滥用执权，用逆行的方式更是滥用职权。这一认定是整个滥用职权罪指控的事实基础，一旦被

动摇，整个指控就出现问题。而公诉人这么一讯问，正好让被告人获得辩解的空间，马某立刻回答：我们主要上去看一下这几辆车当时停在那个地方的原因，然后是否有涉嫌逃避检查的行为。叶某某也顺势辩解："我考虑到这个是安全隐患，后面听到以后我就决定指派马某上去了。"而这两个回答，显然对公诉人证明犯罪努力产生不利的影响。事实上，后来叶某某的辩护人就以此来做文章，作无罪辩护。

2. 发问方式较简单

公诉人对一些问题的发问方式、方法显得有些简单，强势有余而效用不足，个别问题未能有效引导被告人讲出我方所希望得到的内容，还起到相反效果，给辩论埋下了隐患，增强了证明的压力。

公：对你采取这种方式进行执法，叶某某是什么态度和意见？

马：好像有说过几句话，但是具体说的内容我不记得了。

公：他反对了没有？

马：当时没有反对。

公：也就是说，作为带班领导他同意你这个做法，是吗？

马：我觉得至少他没有制止吧，没有提出反对意见。

这一问，应当说公诉人的意图很明确，引导也很明显，但方法似乎简单、直接了一些，效果并不理想。一旦这一环节的事实被框定在"没有制止"，就会出现两种情形：一是默认，不愿制止；二是客观上没有办法制止。而这第二种情形，要追究叶某某滥用职权罪的责任，证明的难度就要加大。

对于如何实现策略性，个人意见，重点把握三方面：一要有计划地选择讯问内容。核心是要有设计感，讯问的内容，应当经过精心的设计、分析与评估，尽可能避免没有证明价值或者影响证明价值的讯问。二要有技巧地应对辩方的反询问和质疑。核心是要有攻防意识，不仅高度重视己方的讯问内容和方式，也要特别留意辩方发问的方式和内容，必要时提出反对意见，进行拨乱反正式的反讯问，及时阻断辩方诱导被告人翻供或者说出与事实不符的内容。三要艺术性的讯问。实践中我们发现，缺乏经验的公诉新人，讯问时往往直截了当地问基本案件事实，考虑被告人因素的不多，而经验丰富的资深公诉人，讯问时考虑的角度往往要大很多，善于根据被告人的社会阅历、社会地位、个性特征、认罪态度进行发问，讯问的效果比较好。这种根据不同对象的个性特征采用不同方法的讯问方式，就是艺术性的讯问。

二、举证、质证的策略与技巧

关于举证、质证环节的工作，高检院在 2007 年出台了《公诉人出庭举证质证指导意见》，对举证的基本要求、一般方法，质证的基本要求、对辩护方质证的答辩、对辩护方证据的质证提出了一系列规范性要求。应当说，在规范层次，甚至在技巧层次，要求都已经很明确。从实践来看，公诉人大多也都是照章办事。

我个人觉得，公诉工作可分为规范、技巧、策略、艺术四个层次，仅仅照章办事、规范执法有时不一定取得预期的执法效果。而且，《公诉人出庭举证质证指导意见》本身虽然设计了分组举证、逐一举证，正叙法举证、倒叙法举证等不同的举证方法，但也明确要求，“举证顺序应以有利于证明公诉主张为目的，公诉人可以根据案件的不同种类、特点和庭审实际情况，合理安排和调整举证顺序”。说明这里面还是有许多文章可做。

本案定性存在重大争议，被告人就关键事实拒不承认，如何举证、质证，有效支持滥用职权罪指控，值得考究！我们先看一下本案举证、质证的基本情况。

（一）举证情况

1. 道路交通事故现场勘查笔录（包括现场图及照片）

证实案发现场的方位、概况、危害后果等事实。

2. 道路交通事故尸体检验报告、伤情鉴定书

证实三名死亡的被害人体表特征损伤均符合交通事故损伤特征，黄某甲、黄某乙、王某某、黄某丙的损伤鉴定为轻伤，包某某的损伤不构成轻微伤。

3. 道路交通事故认定书及道路交通事故认定复核结论书

认定：犯罪嫌疑人马某驾驶机动车在高速公路上逆向行驶拦截行驶的车辆，是造成事故的主要原因，承担事故的全部责任；张某甲、杨某、庞某甲、黄某丁、庞某乙、王某某、包某某、黄某丙、黄某甲、黄某乙不承担事故责任。

4. 司法鉴定意见书、技术检验报告

（1）广西公众司法鉴定中心司法鉴定意见书，证实案发时桂 AJY×××号小型客车的行驶速度为 97 公里/小时，桂 B33×××号重型半挂牵引车、桂 B3×××挂重型普通半挂车的行驶速度为 0 公里/小时。

（2）南宁狮山机动车检测有限公司司法鉴定检验报告书，证实桂 AJY×××小型客车完全损坏，功能未能检测，不作判断；豫 AQ9×××驻车制动及前照灯发光强度不合格，豫 QB×××制动不平衡率不合格，桂 B33×××车制动力及前照灯光发光强度不合格，桂 B3×××车制动不平衡率不合格。

5. 侦查实验笔录

南宁市公安局在案发路段实施，证实：桂 AJY×××小客车行驶的车道在

该地点白天、天气晴朗的情况下转弯视距为177.1米，根据该车行驶的速度（97公里/小时），意味着从发现货车到车辆行驶至货车车尾，时间约为6.5秒；而本案系在夜间发生，反应的时间更短。

6. 物证、书证

户口本、身份证、机动车驾驶证及行驶证、车辆信息等复印件、事业单位聘用合同书，证实：事故各方涉案人员及被害人及其家庭的身份情况，事故各方司机的准驾资格及车辆的基本情况；桂AGG×××小汽车所有人为广西壮族自治区高速公路管理局，叶某某、马某均与广西壮族自治区高速公路管理局是固定期限聘用关系，职务为路政员。

7. 被害人陈述

黄某甲、王某某证言，证实：事发前其车前方50～100米停有大货车，没看见灯光；事故发生后在事故车前方发现有一辆路执政法车停在中间行车道和右侧应急停车带之间，并看到一个穿反光衣服的路政人员站在该车右前角。

8. 证人证言

（1）张某甲证言。案发后在公安机关作过7次陈述，虽然有细节上的出入，但均证实案发时其将车跟停在距离玉洞收费站几百米处紧急停车道检查轮胎，当时其车前也停有几辆大货车；当其发现有辆车开着灯光在行车道逆行过来，其以为交警查车，就打灯把车转出到行车道行驶，那辆逆行的小车马上打开警灯与其对向行驶，其就想把车开到超车道，那辆警车就压在中间车道和超车道停下来将其逼停，其停下不到一分钟，就听到车后有撞击声，那辆警车就倒车想走，其就跑下车去，将该警车拦停，当时杨某也过来帮拦，司机下车后就往事故方向走去，后来没见到该司机。

（2）杨某、曾某某、张某乙、刘某某证言。案发后亦作过多次证言，证实案发时一辆逆行的路政执法车将张某甲驾驶的货车在行车道上拦停后不到一分钟即发生追尾，事故发生后该路政执法车倒车想掉头开走，被张某甲拦停。

9. 犯罪嫌疑人马某的供述及辩解

（1）马某陈述：案发当晚其与何某某、钟某某在叶某某的带领下在玉洞收费站开展治超工作，后听有的司机说有几辆大货车停在玉洞出口处的紧急停车带上，叶某某就叫其一起驾驶桂AGG×××路政执法车去看情况，其驾车从玉洞收费站进入高速公路，在叶某某默许下，在紧急停车带逆行几百米至第一辆大货车前，叶某某下车去检查，其就把车拐到行车道，想开到最后一辆大货车后再掉头回来，但其拐出来后，就看见有一辆大货车打灯从紧急停车带出来，往靠近隔离带的行车道行驶，同时其看到后面有车灯照过来，其知道有车过来，就想把中间车道让出来，就把车开到大货车所在的车道，突然就听见巨大的碰撞，其知道发生了事故。随后其把车往后倒，想把车道腾出来，但有一男子将其拦停；证实事故发生后其在公安机关没有把自己将车开到行车道逆行的事实说出来，是因为案发后跟高速公路管理局的领导说过，领导要求其不要提治超的事实，并叫其和叶某某对了口供，统一口径。

（2）叶某某陈述：案发后作过3次陈述，开始否认马某有驾车逆行行为，后承认当晚其系带班领导，为查看安全隐患，与马某从玉洞入口进入绕城高速，马某在紧急停靠带上的逆行行为是与其商量后而为。

（二）质证情况

马某辩护律师：事故现场停靠紧急停靠带的四辆大货车严重违章，又有超载嫌疑，公安机关出具的事故责任认定书认定马某承担全部责任，不客观、公正，不能采信。

叶某某及其辩护律师：马某庭前供述中证实，案发时进入高速公路目的在于“治超”，逆行进入行车道、超车道是为了配合叶某某执法，这两点与事实不符，这都是马某个人的认识，叶某某从未作这样的交代，进入高速公路目的在于查看安全隐患。因此，马某庭前供述不能采信。

公诉人对策：对每个质证意见都进行说明，甚至将答辩工作提到质证环节；请公安机关交通事故认定书的承办人出庭作证；就叶某某及其辩护人质证意见，作如下说明：马某多次证实，当晚进入高速路就是为了“治超”；叶某某也证实过，之所以有当晚的活动，就是为了治理超限车辆；两被告人的行为方式，与查看安全隐患的说法相矛盾。

下面，我们将结合本案公诉人在举证、质证环节的表现进行研讨，研讨主题：（1）结合滥用职权罪的指控，您认为公诉人在法庭举证、质证环节的表现有何优点？（2）结合滥用职权罪的指控，您认为公诉人在法庭举证、质证环节有哪些需要改进的地方？（3）您认为公诉人在举证、质证环节的关键策略是什么？

本案，举证、质证环节公诉人的表现总体上中规中矩，比较成功。优点是：准备相当充分；符合认识规律；整体效果较好。但也存在一些遗憾：（1）所认定的一些关键事实、情节未能通过举证得到有效支撑，如马某、叶某某多次在高速路上逆行拦车执法的事实，这不仅涉及证明两人已经形成工作上的默契，还涉及证明马某当时的主观心态，更涉及马某最后阶段的逆行拦车行为是不是正在行使职权。原供述中有这方面内容，但未能通过举证予以强化；（2）对辩方的某些质证意见，未能充分、有效进行反驳与说明，影响心证形成。如鉴定意见的科学性、公正性问题，针对辩方质疑，公诉人提请公安机关交通事故认定书的承办人出庭作证，但事前缺乏沟通，作证效果不理想；（3）对辩方证据的意图理解不透，未能及时通过质证将混淆视听的证据排除在证据体系之外。如张某甲等几个大货车司机是否违反交通法规，是否应对事故承担法律责任问题，虽有回应，但态度不够坚决，方法不够得当，让人听了确实存在疑虑。

这种情况，应当说充分体现了当前公诉人在举证、质证环节普遍存在的一些短板和问题。据个人观察，相当多的同志在这一环节存在几个值得关注的现象：一是重在提出证据，对证据的证明效果缺乏全局性、根本性考虑。二是重在让合议庭了解在案证据内容，对法官是否采纳、采信证据缺乏计划性、策略性考虑。三是重在展示控诉证据，对辩方质证意见和辩方提出的证据缺乏及时展开攻防的思维，少数同志认为双方要辩论那应当到辩论阶段再说。这种工作习惯，应当说是旧诉讼模式惯出来的，旧刑事诉讼法没有明确规定检察机关对被告人有罪的证明责任，虽然工作上公诉人理应证明犯罪，但证明到什么程度，不能证明产生什么责任，法律上是没有明确要求的。加上我国长期实行“两个基本”的政策，少数公诉人员思想上总是认为案件证据差不多就行，有证据就行，判不判是法院的事，责任在法院。于是在法庭上重在提出证据，重在展示证据，至于在案证据能否证实所指控的事实，法官会不会采信所提出的证据，关心的不多 ，或者说不到位。随着修改后刑事诉讼法的实施，这种工作方式的不利后果很快显现出来，最直接的体现就是法院判无罪的案件、检察机关撤回起诉的案件大量增多。

个人认为，在新的刑事诉讼机制下，举证、质证环节公诉人不仅需要注重规范与技巧，还必须考究策略与艺术，尤其是存在一定争议的案件。不讲究策略，指控犯罪所需要的证据体系要么难以完全建立起来，要么受到冲击而影响法官心证，最终影响诉讼的结果。

从技巧与策略上讲，举证、质证环节最需要关注的是两方面：

1. 架构性

举证、质证是公诉人全面展示指控依据和理由的环节，为了说明指控的正确性，公诉人必须树立全局观念，着力构建能够证实犯罪成立、公诉意见确实正确的证据体系。基于这样的考虑，公诉人举证要尽量不留缺口，质证要尽可能弥补漏洞。本案中主观方面的证据，两被告人相互分工配合的证据，马某最后阶段通过逆行拦车行为行使职权的证据，对犯罪指控能否成立十分关键，却又单薄，不应疏忽或者掉以轻心。

2. 有效性

举证、质证是证据采纳、事实构建过程中控辩双方短兵相接的环节。想要达到所举证据都得到采纳、采信，真正建立起指控犯罪证据体系的效果，举证就不能“举而不证”，质证也不能“质而无果”。“举而不证”是一种不负责的做法，不利于争取合议庭采纳证据。有时，即便法庭采纳，法官也会心有疑虑，这会对证据采信形成负面影响。“质而无果”则是一种不讲质量的做法，对控方证据，辩方提出质疑而公诉人没有有效应对，结果可想而知。对辩方提出的证据，如果公诉人质证而没有被合议庭采纳，则可能冲垮千辛万苦经营、建立起来的证据体系。

在这个案件中，如果在举证、质证环节能证实两名被告人在多次共同执法中已经形成默契，那对证明叶某某构成滥用职权罪会很有帮助，对排除马某构成以危险方法危害公共安全罪也有帮助，对最后按过失以危险方法危害公共安全罪，还是以滥用职权罪处罚马某，也有重大影响。如果质证环节有效排除辩方对鉴定意见的质疑，后面辩论阶段的进程，可能就没有这么艰辛。这里面需要特别说明，2012 年 8 月 27 日一审法院判决，认定马某触犯滥用职权罪与以危险方法危害公共安全罪，以“从一重罪处罚”的原则判决马某构成以危险方法危害公共安全罪，处 13 年有期徒刑。后二审判决认定，马某主观上只能是过失，一审法院认定马某存在以危险方法危害公共安全的故意是错误的，因此改判马某构成过失以危险方法危害公共安全罪，处 6 年有期徒刑。这样的结果，这不能不说，检察机关对马某的指控本来是正确的，可惜的是，在举证、质证环节公诉人的努力未完全达到预期的效果。

三、证据辩论的基本策略与思路

法庭辩论的内容通常有“证据辩”、“罪名辩”和“罪与非罪辩”，其中，“证据辩”往往是“罪名辩”和“罪与非罪辩”的基础。2011 年广西壮族自治区人民检察院公诉办公室的一个调研结果发现，全区检察机关三年来指控的走私、贩卖、运输、制造毒品罪中，近一半被改变定性为非法持有毒品罪。这些案件“证据辩”、“罪名辩”和“罪与非罪辩”相互交织，其中“证据辩”是所有辩论意见的基础。可以说，就证据展开辩论时，公诉人能否守住证据体系，对最终的诉讼结果，影响巨大。

就论辩技巧，虽然说一直是公诉人很重视的业务技能，但我发现有一现象，许多公诉人重技巧本身，看重的是能在法庭上应答如流，关注的是能否形成压倒辩护律师的气势。但对辩论的根本出发点和宗旨，往往考虑的不是太全面。

我们看一下本案证据辩论的具体情况：

马某辩护人意见：（1）本案事故直接原因有二：一是张某甲等四名大货车司机的违章停靠，二是马某、叶某某的违规执法行为。侦查机关、公诉部门不应忽视张某甲等四名司机违章的证据，将责任全部归于马某。（2）公安机关出具的事故责任认定书没有考虑张某甲等四名司机违章情况，此证据不能作为定案根据，应当重新鉴定。（3）本案是多因一果，公路主管部门、公安交警部门平时疏于管理、执法不到位也是重要原因，不能让马某承担罪责不相适应的法律责任。

叶某某的辩护人意见：（1）本案有两个逆行行为，一是马某、叶某某进入高速路后，逆行到达四辆大货车。二是叶某某下车检查时，马某将路政执法车逆行开到行车道，拦截张某甲的车。案件证据显示，这两个行为没有关系，后一个逆行行为才是本案事故的原因，这一行为是马某个人行为，与叶某某没有任何关系，叶某某当时甚至都不知情。（2）公诉部门认定马某、叶某某当晚进入高速公路执法是为了“治超”，这一指控证据不足，与事实不符。在证据上，只有马某的供述，但证据显示当晚叶某某从未向马某作过这样的交代。事实上，当晚执法活动有多重内容，治超只是其中之一。按叶某某所言，当晚进入高速公路执法是为了查看安全隐患，那这是法律和制度允许的，不存在超越职权问题。

公诉人答辩意见：（1）张某甲等四名大货车司机确实违章，但与本案的危害结果没有因果关系，马某、叶某某滥用职权行为才是本案危害结果的直接原因；（2）公安机关出具的事故责任认定书程序合法，内容客观、真实，并经过复核，应当作为本案的定案根据；（3）没有证据显示公路主管部门、公安交警部门监督管理不到位问题与本案危害结果有因果关系；（4）本案马某、叶某某的行为不能人为割裂，没有逆行进入高速公路行为，就不会有后一阶段的逆行拦截张某甲车辆的行为，虽然两人的行为有分工，但都是共同滥用职权行为的组成部分；（5）按照广西高速公路管理局路政巡查制度，在高速公路上检查停靠车辆，司机要随时注意下车检查人员情况，马某只有把车开到行车道上，伴随叶某某前进，才能观察到叶某某执法的情况，因此，马某逆行拦截张某甲车辆的行为，是为了配合叶某某执法，两人的行为是一个整体。

下面，我们将结合本案公诉人在辩论阶段的表现进行研讨，研讨主题：（1）上述法庭辩论中，公诉人的表现存在哪些不足？（2）针对本案辩护律师在证据方面的辩护意见，您认为怎么答辩更有支持公诉的成效？（3）证据方面的答辩应当注重哪些基本策略？

在现代刑事诉讼机制中，法庭辩论环节的设立，根本宗旨就是为控辩双方提供一个充分、深入论证己方观点和理由的平台，为法院正确把握证据，准确适用法律服务。基于这样的定位和功能，公诉人在法庭辩论过程中最根本的策略就是想方设法把服务性做足，把析理性做透，影响法官，甚至引导法官的证据认识。

一是要立足于服务，紧紧围绕着法庭认证做工作，为认证服务。目前，法院提出证据裁判原则和以庭审为中心的工作要求，这是根据修改刑事诉讼法精神提出的审判工作原则，不管公诉人是否认同这种做法，都必须尊重这一审判思维，多提出一些有利于法庭认证的意见。二是要把证据采纳、采信的逻辑性讲深讲透，引导法官心证。公诉人不能过于在意检法双方在证据认识上的分歧，分歧是正常的，关键是怎样引导法官认同检方对证据的分析与判断。法官、检察官都是司法人员，有共同的价值追求和司法标准，只要将证据采纳、采信的逻辑性讲深讲透，要得到法官认同应当不是难事。

本案中，就控辩双方关于事故责任认定书证据能力、在高速公路拦车执法的目的与心态、马某行为与叶某某行为的关系的争议，法庭如何看待与采信证据关系到所指控的滥用职权罪是否成立，辩论本就应当围绕这几个核心点做文章，立足指控充分论述我方的观点和理由，为犯罪指控提供强有力支撑。可惜的是，这两方面公诉人都有做得不够出彩的地方，该讲的没有大胆讲清楚，这为庭后的协调增加了很大压力。如路政管理局人员能否进高速公路拦车执法？辩方以公路法为依据，围绕“查看安全隐患”论证“可以”。如果这一观点被采纳，整个指控就地动山摇了。这方面公诉人原已准备，在质证阶段已提出证据说明当晚活动就是为了“治超”，并打算以交通安全法为依据进行应对，但现场没有出招，既弱了气势，又影响法官对证据的认知和事实的认定；马某、叶某某行为的关系如何定位，毫无疑问也严重影响定性。这个案件很特殊，如果认定两人是共同犯罪，那主观方面只能往故意靠，但这与实际情况不符，他们就是简单地“治超”，他们的工作积极性还没有达到为了上路“治超”，明知会发生交通事故，还积极追求或者放任发生的程度。而如果不是共同犯罪，那怎么让两个人的行为联系起来，让没有太多作为的叶某某也承担滥用职权的罪责，确实存在难度。公诉人虽然有应对，但方法不对，尤其是被辩护律师拖进来，费了很多时间说明“马某只有逆行到行车道，才能观察到叶某某执法情况，因此，马某逆行是为了配合叶某某执法”，这样的论证缺乏说服力，对犯罪指控没有太多支撑作用，弱化了证明犯罪的力度。最后二审没有按滥用职权罪追究马某的刑事责任，应当说与公诉人在这个问题上证明不力有很大的关联。

第 38 堂课　电子证据在检察业务中的应用

● 戴士剑 *

课程提纲

一、电子证据的概念
二、电子证据的表现形式
三、电子证据与传统证据的关系
四、法律中的"电子证据"
五、电子证据的分类
六、信息系统在案件中的地位与作用
七、信息化侦查
八、电子证据让虚假鉴定显原形

一、电子证据的概念

信息时代所带来的变革是前所未有的，它完全改变了人们传统的生活方式，尤其是传统的信息获取、沟通以及交流的方式。信息存储与感知方式的飞跃发展也使证据学研究乃至证据立法面临诸多考验。在证据信息化的大趋势下，以计算机及其网络为依托的电子证据在揭露案件事实的过程中起着越来越重要的作用。这种以新的形态出现的证据形式在证据法律实践与理论研究中被定义为电子证据，或者电子数据证据，本堂课中一律简称为电子证据，并等同于新修订的《刑事诉讼法》、《民事诉讼法》、《行政诉讼法》中的"电子数

* 中国政法大学刑事司法学院教授，曾任最高人民检察院检察技术信息研究中心声像资料室主任。

据”证据。

那么，到底什么是电子证据呢？

从逻辑学的角度来讲，电子证据概念的内涵应当是电子证据所反映的客观事物本质属性的总和；电子证据概念的外延应当是指具有电子证据内涵的客观事物的总和。与电子证据有关的名称在英文中有十多种，其中主要有三种：“computer evidence”、“digital evidence”、“electronic evidence”，与之对应的中文词汇一般称为“计算机证据”、“数字证据”和“电子证据”。

尽管从概念的内涵和外延等角度考量，这几种关于电子证据的本质属性和客观事物的描述仍有认知上的差异，我们还是能够在一定范围内达成共识：首先，电子证据的产生、存储和传输离不开现代信息技术。其次，经过现代化的计算工具和信息处理设备的加工，大部分信息经历了数字化的过程，转换为二进制的机器语言，实现了证据电子化。“电磁记录物”、“数码信息”、“计算机存储的材料”、“电子数据”等用语实际上恰好反映了电子证据的独特存在形式。最后，电子证据是“可以用以证明案件事实的材料”，这是其作为诉讼证据的必要条件，因此，不能把保存在计算机及其外围设备中的数据都看成是电子证据。

到底使用哪一种概念，国际上也未有定论，前面提到的三个主要术语，从理性的角度来考察，还是有区别的，从概念覆盖的范围上来看，“计算机证据”、“数字证据”和“电子证据”间的关系应该如图1所示。

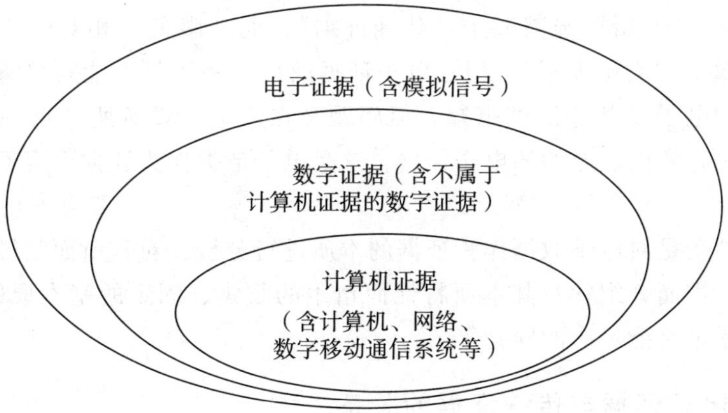

图1　三个概念的外延关系

事实上，我国使用数字证据概念的大多是在IT业界，法律学者采用的概念主要是计算机证据与电子证据，进而在这些概念基础上分析证据的性质、效力、类型等，并且很多时候并不加以严格区分。我同样倾向于把电子证据的范围划得大一些，不限于计算机证据，也不限于数字数据。“应该从信息技术（包括电子技术、磁技术及类似技术）的角度全面考虑司法实践中的各种电子证据，一揽子地提出解决方案。”

因此，我给出的电子证据的概念是：以应用现代信息技术而产生的，并以电子表现形式为主的，可以用于证明案件事实的材料。

二、电子证据的表现形式

电子信息技术的发展一日千里，从最原始的有线电报到现代光通信、网络通信、卫星通信，从光信号到电信号、磁信号等各种物理信号，有电传资料、传真资料、模拟电话、数字电话、移动电话、录音、录像、IP 电话、网络聊天、电子邮件、电子数据交换、电子资金划拨、电子公告牌记录、网络博客、电子签名、域名、网页浏览记录、电子文档、GPS 记录、电子卡使用记录、智能卡打卡记录等，不一而足，涉及广播技术、电视技术、电影技术、录音技术、录像技术、摄像技术、幻灯技术、通信技术、密码技术、计算机技术、网络技术、互联网技术、物联网技术，最终可通过文档、语音、图形、图像、动画、影像、音频、视频等各种形式表现出来，可以说，从来没有哪种证据具有这么丰富的表现形式，而且它们都有一个共同的特征，那就是我们通常既无法用肉眼看出电子证据是否属实，也不能从电子证据本身入手判断其是否属实。可以说，它颠覆了我们传统的“耳听为虚，眼见为实”的认知观，尤其是在证据表现上，“耳听”显然属于“传闻证据”，而“眼见”相对于“耳听”来说则应该属于“直接证据”，但在电子证据面前，一切都不能直接感知，必须借助相应的电子设备才能够感知，但问题又在于电子设备所“展现”的电子证据是不是真实的、原始的电子证据，这是电子证据作为证据而言不得不面对的问题。

本堂课正是对电子数据作为证据的本质进行分析，对其所面临挑战的成因进行阐述，进而介绍针对其本质特性而衍生的收集、固定的基本原则和操作，以及通过鉴定所能解决的问题。

三、电子证据与传统证据的关系

由此可见，电子证据与其他传统证据最大的区别就在于：电子证据包括依附电子设备而存在的电子信息，以及这些电子信息的附属物及派生物，是借助电子设备来展示其内容（如借助打印机打印出来、显示器显示出来、播放器播放出来等），并用其所展示的内容来证明待证事实的一类证据。如果某个电子设备只是被用作一个普通的“物”来证明某个事实，如某人使用一块硬盘砸破了另一人的脑袋，对留存在其上的血迹和手印进行分析，那么很显然，它只是一个传统的物证，而不是电子证据。当然，也可以根据该硬盘中存储的内容来寻找该硬盘的主人，这种情况下硬盘中的电子信息就成为证明“谁可能是该硬盘的所有人”这一论题的证据，这部分证据使用的是电子证据的处理方式。当然，这时的电子证据是间接证据，因为硬盘的所有人与上面的“某人”并没有特定的关系，它只是用来作为寻找“某人”的线索。由此可见，只有电子设备上的“电子数据”或者其对应的输出物，被用作证据来证明某个事实时，它才是电子证据。同样的道理，如果一个电子形式的数据，隶属于一份纸质数据，如一份传统的纸面签署的合同，经过扫描、照相或其他某种方式录入计算机中，作为计算机数据进行存储，那么，这里的电子数据，就只是传统纸面内容的一种存储形式，当这份纸质合同成为书证时，其计算机中所对应的存储件，就只是该传统书证的某种复制件（当然也有伪造的可能）或展现形式。同理，在计算机中拟定好了一份合同，通过打印机打印出来后，合同涉及方在纸质合同上签字使其生效，那么，纸质的签字合同就是传统的书证，而计算机中是否有对应的电子文件，只能是纸质合同的线索，可以说明是在该计算机上制作的该纸质合同，而生效的是签过字的纸质合同。这种定义，很好地区分了电子证据与传统物证之间的关系。如上面的电子形式的数据，如果它是隶属于纸质合同，那么它就是纸质合同的复制件，而相反，如果本身就没有纸质形式的合同，双方约定直接签署了电子合同，那么该电子合同是独立存在的，那它就是电子证据，如果将该电子合同打印出来，相应地打印件就是该电子证据所对应的输出物，是附属于该电子证据的，而且这个打印件本身不能证明自己的真伪，就如纸质合同录入计算机中进行存储时，存储的电子副本本身不能证明它自身的真伪一样。同时，这个定义还解决了其他证据利用信息技术在法庭上进行展示时的定位难题，如将证人证言通过录音（变声处理）或录像（打马赛克）的方式在法庭上进行展示，它就只是“证人证言”这一传统证据的电子表现形式，而一旦无法确定这种电子表现形式是否进行过非法编辑与修改，需要进行技术鉴定时，就需要按照电子数据证据的规则来进行鉴定分析。当然，电子证据与传统证据并不是完全割裂的，前面我们也论述了，一个电子设备既可能是物证，也可能是电子证据的载体，同时，电子证据的鉴定意见又回归到纸质形式，纸质的鉴定意见又是传统的书证形式，鉴定意见本身也有被伪造的可能。各概念之间的关系如图 2 所示。

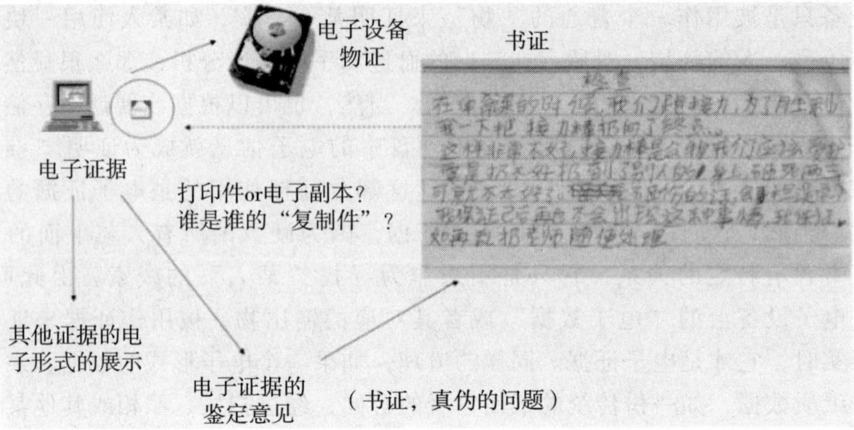

图 2　传统物证、电子证据、书证间的关系

四、法律中的“电子证据”

（一）“两个证据规定”中的电子证据

2010 年 5 月 30 日，最高人民法院、最高人民检察院、公安部、国家安全部和司法部联合发布的《关于办理死刑案件审查判断证据若干问题的规定》（以下简称《办理死刑案件证据规定》）和《关于办理刑事案件排除非法证据若干问题的规定》（以下简称《非法证据排除规定》）中，明确使用了“电子证据”这一术语，并对其审查进行了规定。

从总体内容和框架来看，这两个规定是全新的，是我国刑事证据制度的创新和突破。《办理死刑案件证据规定》不仅全面规定了刑事诉讼证据的基本原则和主要规范，还进一步具体规定了对各类证据的收集、审查判断和运用。《非法证据排除规定》对审查和排除非法证据的程序、证明责任及讯问人员出庭等问题进行了具体的规范。

《办理死刑案件证据规定》分为三个部分，共 41 条。

第一部分主要规定了证据裁判原则、程序法定原则、证据质证原则及死刑案件的证明对象、证明标准等内容，特别强调了对死刑案件应当实行最为严格的证据要求。第二部分规定了证据的分类审查与认定，除了法定的七种证据，还规定了对实践中存在的其他证据材料如电子证据、辨认笔录等的审查与认定。第三部分主要规定了对证据的综合认证，包括如何运用间接证据定案，如何补正和调查核实存疑证据以及如何严格把握死刑案件的量刑证据等。

《非法证据排除规定》主要包括两个方面的内容：一是实体性规则，主要是对非法证据特别是非法言词证据的内涵和外延进行了界定。二是程序性规则，主要是对排除非法证据问题规定了具体的操作规程。包括具体审查、排除非法证据的程序和对证据合法性的证明责任、证明标准及侦查人员出庭作证问题。

在《办理死刑案件证据规定》中，直接针对电子证据的规定是第29条："对于电子邮件、电子数据交换、网上聊天记录、网络博客、手机短信、电子签名、域名等电子证据，应当主要审查以下内容：（一）该电子证据存储磁盘、存储光盘等可移动存储介质是否与打印件一并提交；（二）是否载明该电子证据形成的时间、地点、对象、制作人、制作过程及设备情况等；（三）制作、储存、传递、获得、收集、出示等程序和环节是否合法，取证人、制作人、持有人、见证人等是否签名或者盖章；（四）内容是否真实，有无剪裁、拼凑、篡改、添加等伪造、变造情形；（五）该电子证据与案件事实有无关联性。对电子证据有疑问的，应当进行鉴定。对电子证据，应当结合案件其他证据，审查其真实性和关联性。"

除了这种直接规定，还有对鉴定意见等与电子证据有关的间接规定，内容涉及勘验、鉴定等方面以及电子证据的合法性、真实性和关联性，是合理运用电子证据的重要依据。

（二）《刑事诉讼法》中的电子证据

2012年3月15日全国人大通过了《刑事诉讼法》修正案，该法已从2013年1月1日起施行。其中，第五章关于"证据"的修改开始部分对照如下：

<table>
<tr><th colspan="2">第五章　证据</th></tr>
<tr><td>第四十二条　证明案件真实情况的一切事实，都是证据。
证据有下列七种：
（一）物证、书证；
（二）证人证言；
（三）被害人陈述；
（四）犯罪嫌疑人、被告人供述和辩解；
（五）鉴定结论；
（六）勘验、检查笔录；
（七）视听资料。
以上证据必须经过查证属实，才能作为定案的根据。</td><td>第四十八条　可以用于证明案件真实的材料，都是证据。
证据包括：
（一）物证；
（二）书证；
（三）证人证言；
（四）被害人陈述；
（五）犯罪嫌疑人、被告人供述和辩解；
（六）鉴定意见；
（七）勘验、检查、辩认、侦查实验等笔录；
（八）视听资料、电子数据。
证据必须经过查证属实，才能作为定案的根据。</td></tr>
</table>

（三）《民事诉讼法》中的电子证据

2012年8月31日第十一届全国人民代表大会常务委员会第二十八次会议修订的《民事诉讼法》，也已从2013年1月1日起施行。其中，第六章关于“证据”的修改开始部分对照如下：

第六章　证据	
第六十三条　证据有下列几种： （一）书证； （二）物证； （三）视听资料； （四）证人证言； （五）当事人的陈述； （六）鉴定结论； （七）勘验笔录； 以上证据必须查证属实，才能作为认定事实的根据。	**第六十三条**　证据包括： （一）当事人的陈述； （二）书证； （三）物证； （四）视听资料； （五）电子数据； （六）证人证言； （七）鉴定意见； （八）勘验笔录。 证据必须查证属实，才能作为认定事实的根据。

这些规定，从法律层面确立了电子数据证据的独立证据地位。

（四）《行政诉讼法》中的电子证据

根据2014年11月1日《全国人民代表大会常务委员会关于修改〈中华人民共和国行政诉讼法〉的决定》修订的《行政诉讼法》，于2015年5月1日起施行。其中，第五章第33条关于“证据”的规定如下：“证据包括：（一）书证；（二）物证；（三）视听资料；（四）电子数据；（五）证人证言；（六）当事人的陈述；（七）鉴定意见；（八）勘验笔录、现场笔录。以上证据经法庭审查属实，才能作为认定案件事实的根据。”

五、电子证据的分类

电子证据有着丰富多彩的表现形式和层出不穷的实物载体，因而从外在形式上很难对其进行分类。一般从以下四个方面进行划分：

（一）模拟信号电子证据与数字信号电子证据

从信号特征来看，可以分为模拟信号电子证据与数字信号电子证据。

模拟信号电子证据通过信息中的某些特征的具体数值或量来记录电子信息内容。如模拟信号的录音、录像等，其数据记录一般具有连续性，在技术上剪接比较困难，在复制时有一定的损耗；数字信号电子证据则通过信号的离散状态的各种可能的组合所赋予的各种数值或其他信息的方法来承载电子信息的内容，如第二代手机所录制的数字通话录音，其数据呈离散状态，删改不易被发觉，复制件与原件在信息内容上并没有任何区别。当然，数字信号从最原始的信号层次上来看，其实也是某种模拟信号量，只不过是对其进行了数字化处理。

（二）原始电子证据和传来电子证据

电子数据一般记录在计算机内，以数字化的形式存储，很难区分“原件”（original）和“副本”（copy）。联合国国际贸易法委员会运用“功能等同法”提出只要能证明数据电文是计算机储存或接受的信息就能满足证据法对原件的要求。美国立法主流观点认为电子证据在以下两种情况下属原生证据：（1）有关数据存储在计算机内时，能准确反映数据的打印物或其他输出物；（2）当电子证据表现为副本时，制作者或发行者意图使其同文书本身具有同等效力。由于电子证据可以轻易地被输出和复制，而且其原件与复印件很难区分，因此不能用传统的证据法理论来进行分类，只要电子数据能够溯源到首次生成的电子数据本身并且能够准确反映其内容即可认定为原始证据。而无法溯源的证据则应认定为传来证据。

（三）生成证据、存储证据与混合证据

许多外国学者将计算机证据分为三类：计算机生成证据（computer - generated Evidence）、计算机存储证据（computer - stored Evidence）和计算机混合证据（computer - derived Evidence）。计算机生成证据是指完全由计算机等设备自动生成的证据。它是完全基于计算机等设备内部命令运行的，其中并没有掺杂人的主观意志。计算机存储证据是计算机储存输入的信息而形成的证据，如计算机存储的输入的文本文档。计算机混合证据是计算机录入者输入信息后，再根据计算机内部指令运行而得到的证据。

（四）直接电子证据和间接电子证据

凡是能够单独直接证明案件主要事实的电子证据均可以称为直接电子证据，不能单独直接证明案件主要事实，必须与其他证据结合形成证据链才能证明案件主要事实的电子证据是间接证据。有学者提出电子证据从来都不能单独证明案件的主要事实，必须与其他证据相结合才能证明案件事实，所以电子证据是间接证据。我对此不敢苟同，审查一项证据是否是直接证据要看其是否能够单独证明案件的主要事实，而不是看其载体形式。在相当多的情况下，电子证据可以单独证明案件的主要事实，无须其他证据的辅助，在此情况下应认定电子证据是直接证据。只不过针对电子证据易修改的特点，应当借助科学手段认真予以审查判断，慎重定案。

六、信息系统在案件中的地位与作用

1965 年 10 月，美国斯坦福研究所的计算机专家康·B. 帕克（Parker）在调查与电子计算机有关的事故和犯罪时，发现一位电子工程师通过篡改程序在存款余额上做了手脚，这起案件是世界上第一例受到刑事追诉的计算机犯罪案件。

我国第一起被破获的计算机案件发生在 1986 年，作案者是中国银行深圳分行蛇口支行会计兼电脑控制机主管陈新义和中国银行深圳分行东门支行会计苏庆忠。

进入 20 世纪 90 年代后，我国的计算机犯罪以惊人的速度增长，1993～1994 年，全国发案多达 1200 例，涉及银行、证券、保险、内外贸易、工业企业以及国防、科研等各个领域，给社会造成巨大损失。

到 2008 年，美国因计算机犯罪造成的损失已在千亿美元以上，年损失达几十亿美元，甚至上百亿美元，英、德两国的年损失也分别达几十亿美元。随着社会网络化，计算机犯罪的对象从金融犯罪到个人隐私、国家安全、信用卡密码、军事机密等，无所不包，而且发展迅速。在这个过程中，人们经历了把计算机系统视为犯罪对象、犯罪工具、查找犯罪线索等阶段性认识，根据实际情况，我们提出了犯罪现场论，简述如下。

对象论：随着信息技术的飞速发展，计算机及计算机系统从专用逐步发展到民用，并得到普及。由于侵害计算机系统不同于传统的犯罪，它有着巨大的社会危害性，因此，各国法律都对侵害计算机系统犯罪作了相应规定。我国《刑法》第 285、286 条对此作了规定。2007 年肆虐网络的熊猫烧香病毒就是一个以计算机系统为对象从事犯罪活动的典型例子。

工具论：除了作为犯罪对象，在很多案件中，计算机系统是作为犯罪的工具出现的。另外，网络色情也是将计算机系统作为犯罪工具的一种犯罪活动。我国《刑法》第 287 条作出了规定。

线索论：很多案件，既不是针对信息系统的犯罪，也不是利用计算机系统的犯罪，但信息系统却在破案过程中发挥了重要作用，最典型的如马加爵杀人案的侦破。

沟通渠道论：以 2003 年清华、北大爆炸案为例，人们对电子证据的认识也有一个从陌生到熟悉的过程，就好比视听资料成为独立的证据类型一样，社会发展到今天，电子证据走进司法领域，是司法活动发展的必然。

现场论：事实上，进入信息社会后，我们无时无刻不笼罩在电子环境之中，信息世界与物理世界一起，共同构成了我们所处的真实世界，信息世界本身就是真实世界的一个不可侵害的重要组成部分，因此，我们在勘验犯罪现场时，除了传统模式下的勘验物理世界痕迹外，还必须勘验相应的信息世界，从信息世界得到物理世界所得不到的信息，共同重建犯罪现场与犯罪过程。

（一）监控网

目前城市视频监控网，除了监视交通路口外，还监视一些重要道路和区域，并形成了监控网络。

通过城市监控网侦破交通肇事逃逸案已经有很多案例，而2009年11月13日发生在北海的持枪杀人案的侦破，则是利用城市监控网破案的典型案例。

近年来，金融、交通、商场、停车场、餐饮服务、旅店宾馆等行业纷纷设立了电子监控录像系统，提高了相关部门、单位的安全防控水平。在发生刑事案件时，监控录像的优势就显现出来了，即它能够形象地再现犯罪过程，记录下犯罪分子的体貌特征，从而成为缩小摸排范围、认定嫌疑人的重要手段，如各地破获的抢劫银行金融机构案件，监控录像就发挥了重要作用。停车场的监控录像在侦办盗车案件中发挥的重要作用，也弥补了此类案件既无证人、现场有价值的痕迹物证也不多的缺陷。如2006年4月18日，广东佛山警方利用设在地下停车场的监控录像锁定疑犯，成功破获了两个流窜在广州、佛山等地的盗车团伙。该案中，停车场监控录像记录下了盗车贼在短短的15秒钟内，使用高科技解码器破解汽车防盗器，用特制的密钥暴力打开车门锁、防盗锁和电门锁，汽车被开走的完整过程。再如2005年春，辽宁沈阳连续发生数十起高档越野车被盗案件，涉案金额高达上千万元，被公安部列为督办案件，也被称为“辽沈1号车案”。此案的突破点是2005年4月9日皇姑区丰田车被盗案中地下车库的监控录像对嫌疑人盗窃过程的完整记录，最终破获以周和平、王仁来等为首的盗窃、改装、转运和销赃“一条龙”的特大盗车（共150多辆）团伙。

目前，在实际办案过程中，特别是检察系统自侦案件中，多遇到因权力作用而导致监控录像被删除、硬盘被更换等人为破坏的情况，通过数据恢复等技术手段进行恢复、还原，或者判定硬盘被更换，从而重新查获原始录像硬盘等，在破案中起到了很好的甚至是关键性的作用。

（二）无线通信网

无线通信网目前几乎已经覆盖了全部有人区，除了完成通信，根据移动设备进出无线基站的信令信息，还可以获取其轨迹图。Google 搜集了全球大部分的 GSM 基站数据，可实现定位功能，为我们的出行提供了极大的便利。

网上有人根据之前搜集的数据绘制了一张 Google 基站数据中国部分的分布图，如图 3 所示。因搜集到的数据只占 Google 基站数据库的一小部分，所以这张图并不能完整地展现基站分布情况，但是从图中可以看出很多关键信息。

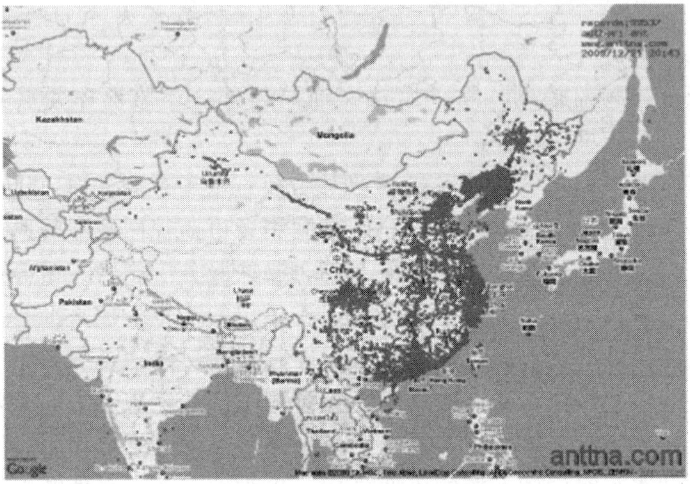

图 3　Google 收集的部分 GSM 基站

利用基站定位有着非常简单的原理，因为每个基站的地理位置是已知的，通过测量移动设备到相邻基站的信号传输时间，就可以计算出移动设备的位置，其原理如图 4 所示。

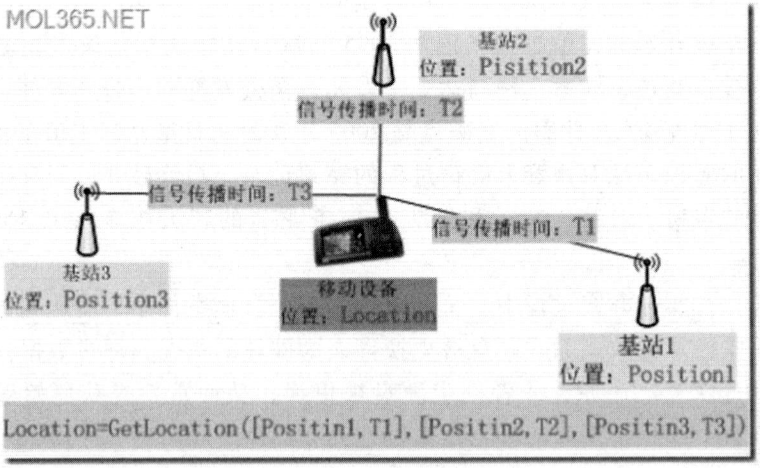

图 4　最简单的定位原理

通信网除了得到通信信息、对携机者进行定位外，还可以对话单进行分析，以及对手机在基站中的移动轨迹进行分析，包括特定时刻出现、特定时刻离开，以及特定时刻汇聚等信息。

对重大嫌疑人、被害人等涉案人员在案件发生前后的通信话单进行深入分析，有利于侦查人员摸清其人员交往范围，甄别无关与相关人员，减少摸排范围，获得重要线索。如2005年河南洛阳“7·17”杀人案，洛阳警方充分利用被害人手机、嫌疑人手机等遗留的电子痕迹开展工作，及时摸清了相关的人员关系并迅速锁定嫌疑人及其潜逃地址等重要线索，最终将犯罪嫌疑人崔某某（男，21岁，濮阳市王助乡人）抓获。

话单可以是单机话单，也可以是特定时段内通过某一通信基站的通信流量话单。如2005年江苏常州“10·27”故意伤害致死案件，由于此案的矛盾关系不明显，被害人根本讲不清为什么被人追杀，因此，工作重点放到对发案时间（凌晨三四点，这一时间段内通话流量相对白天而言，大为减少）段内现场附近基站通信痕迹的分析上。常州警方根据特定基站内某一个或某几个手机的通信频繁程度及小区号来确定嫌疑人的手机号码及其在犯罪前后的位置，从而为此案的最终侦破奠定了基础。

检察系统自侦案件，利用手机信息更为频繁，但因为手机信息的保存时间有时限，这也使得有些案件的查办难度加大。

（三）游戏网

利用网民玩游戏也可以破案。这是发生在2006年的一起案件：11月3日，在某县一处大坝的堤坡上发现一名14岁的少女被人杀害。犯罪现场的遗留证据残缺不全，凶手是谁？该县公安局刑侦大队对周边群众进行了走访、调查，了解到被害人在前一天晚上，也就是2006年11月2日晚上18点至22点30分曾在附近某网吧上网，那么这条线索有用吗？带着这样的疑问，该县公安局刑侦大队将被害人使用过的计算机硬盘送到了湖北警官学院电子取证重点实验室。

这是一块三星HD080HJ 80GB硬盘，实验室工作人员首先按照程序对这块硬盘作了证据保全，将该硬盘位对位进行备份，并进行了MD5校验。然后用硬盘只读锁将备份硬盘与取证计算机相连，初步查看硬盘情况，发现该硬盘分为3个分区，分别是C盘系统WINXP、D盘游戏GAME和E盘网络游戏NET-GAME，安装的操作系统为Microsoft Windows XP Professional。

该硬盘安装有恢复精灵。所谓恢复精灵，实际上是一种硬盘还原卡，也称硬盘保护卡，在教育、科研、设计、网吧等单位使用较多，其主要功能就是还原硬盘上的数据。每次开机时，硬盘保护卡总是让硬盘的部分或者全部分区恢复先前的内容。换句话说，任何对硬盘受保护的分区的修改都无效，起到保护硬盘数据的作用。一般恢复精灵安装后，首先修改主引导区的引导程序，把程序代码改为自己的代码。启动计算机时，恢复精灵首先控制计算机，并驻留内存，拦截所有对硬盘进行操作的命令，凡是没有经过允许的写硬盘的命令，都将被忽略，但是此时的硬盘灯闪烁，所执行操作的相关软件也在执行，只是一切都是假象，并没有真实地对硬盘操作。经过检查，该硬盘在送检之前已经被多次恢复，其上的恢复精灵对C盘和D盘的所有写入操作均进行了拦截，但是对于E盘的写操作没有进行拦截，所以C盘与D盘的内容已经无法恢复。又由于QQ是安装在D盘中的，所以要求鉴定的2006年11月2日晚18点至22点30分时段内的QQ聊天记录无法提取。

从QQ聊天记录来提取线索这条路断了，那么还有办法提取到与案件有关的线索吗？难道要就此罢手吗？

工作人员没有放弃，继续使用数据恢复手段，并且根据时间段进行排除。这时，E盘下的几个文件引起了工作人员的注意。

在硬盘E盘“E：\ netgame目录\冒险岛”目录中发现“SDDynDLL. dll”、“downloadinfo. dat”、“◆. log”等文件，它们的修改日期在2006年11月2日19点02分至2006年11月2日19点04分之间。

在硬盘E盘“E：\ netgame目录\冒险岛\ GameGuard”目录中发现“npgm. erl”、“npsc. erl”、“npgl. erl”、“npgg. erl”、“npgmup. erl”和“GameGuard. ver”等文件，它们的修改日期在2006年11月2日19点02分至2006年11月2日19点04分之间。

在硬盘E盘“E：\ netgame \劲舞团”目录中发现“◆. log”、“AudiLog. txt”和“AudiLog. txt”等文件，它们的修改日期是在2006年11月2日20点36分至2006年11月2日20点37分之间。

在硬盘E盘“E：\ netgame \劲舞团目录\ HShield”目录中发现“hshield. log”文件，它的修改日期是2006年11月2日20点37分。

在硬盘E盘“E：\ netgame \劲舞团\ RECDATA”目录中发现“2006. 1102. 2142. arp”与“2006. 1102. 2147. arp”文件，它们的修改日期分别是2006年11月2日21点42分与2006年11月2日21点47分。

从这些文件的时间信息上可以知道在2006年11月2日晚7点至8点左右，被害人在玩游戏“冒险岛”，8点后在玩“劲舞团”。可是，仅仅知道这些是不够的，我们需要的是能够破案的线索。

通过查看、分析这些文件，我们知道 REC 一般是录像的缩写，DATA 是数据，那么“2006.1102.2142.arp”与“2006.1102.2147.arp”这两个文件是什么东西呢？看它们的名字与 2006 年 11 月 2 日 21 点 42 分与 2006 年 11 月 2 日 21 点 47 分这么相近，有什么关联呢？

由于这两个文件是在网络游戏“劲舞团”的安装目录下发现的，我们从这方面入手，了解到这两个文件就是被害人自己分别在 2006 年 11 月 2 日 21 点 42 分与 2006 年 11 月 2 日 21 点 47 分录制的游戏录像。

那么，我们接下来要做的工作就是要把这两个录像提取出来，这两个录像是“劲舞团”的游戏录像，并不能直接观看。登录“劲舞团”游戏，通过游戏的播放录像功能分别将这两个录像播放出来，在这个录像里面我们可以看到有四个游戏玩家，它们的 ID 分别为“しovの沩你戀爱”、“♬. 孑．氣。Dè 夭”、“rrr☆メ少芃紓”、“じ终極ぴ想暧妳づ”，如图 5 所示。其中一个就是被害人，其他三个玩家对被害人当晚的情况可能有一定的了解，我们立即截图，同时利用屏幕录像机重新录制，最后处理成可以直接播放的视频文件，提交给公安部门。公安部门根据这一线索，最后成功破案。

图 5　案件相关的游戏截图

（四）电子卡

各种电子卡、购物卡的广泛使用，在案件查办中越来越受到办案人员的重视，有时会因此而出奇制胜，甚至成为案件的唯一突破点。

如2004年3月26日，河南省郑州市金水区大铺村103号604室发生了一起攀爬入室抢劫杀人案件。经现场勘查与走访，侦技人员没有发现任何有价值的线索，此案陷入僵局。在检查被害人损失的物品时，侦查人员发现，他的一张公交卡不见了。经查，此公交卡在案发后仍在使用，通过对该卡的使用信息进行调查，侦查人员发现了犯罪嫌疑人的行走路线，最终将其抓捕归案。公交卡的使用信息成为本案的重要线索，公交卡成为此案的侦破关键。

2011年10月，多家媒体曝出北京公交一卡通可精确追踪持卡人的具体行踪的消息。报道称，只要在一卡通官方网站输入卡号，就可以获得持卡人出行路线等多种动态信息。

此消息源自金山安全反病毒工程师李铁军10月9日晚更新的一条微博。李铁军称，想知道某个人每天去哪儿，不需要雇用私家侦探，只需要记下他的一卡通卡号，上一卡通官方网站，对方的一切动态均可查询。

该消息引发网友关注。记者照此法登录北京公交一卡通网站，发现主页右上角有“卡查询”一栏。记者输入自己的一卡通号码，单击“查询”。两秒钟后，网站列出了一份详细的出行信息清单。清单包括充值记录和消费记录。消费记录显示了近10天的出行信息，包括乘坐的公交车、地铁线路、乘坐日期、时间等。甚至连上下车站，都以编号的形式被“记录在案”。

有人戏言，“神马高科技设备、神马私家侦探，在一卡通面前全都弱爆了!”还有人分析，人们可以利用一卡通的“追踪功能”，了解老公“动态”、摸清心仪女孩的“出行规律”。

更多人质疑，一卡通公司在方便个人查询出行信息的同时，也给一些“不法分子”开了方便之门。建议提高一卡通查询的门槛，如设置密码、身份信息验证，以免个人隐私被轻易泄露。

一卡通公司工作人员表示，“信息公开就是为了方便市民查询”。由于一卡通采用非实名制，所以不会造成信息泄露等问题。记者再次试图登录一卡通官网时发现，该网站已被关闭。经过一段时间后，网站调整了查询策略与方式并重新开放。

（五）其他信息网络

除了上面介绍的信息网络外，还有广播电视网、有线电视电话网、雷达网、GPS全球定位系统、证券交易系统、期货交易系统等各种信息网络，每种信息网络都是真实世界的一个重要组成部分，而随着三网融合与物联网的发展，这些信息网络在我们的日常生活中发挥着越来越重要的作用，相应地，在司法实践中也起着越来越重要的作用。

因此，这里将电子环境视作真实世界中现场的一个重要组成部分，作为对传统意义上的现场的补充。不仅如此，在当前形势下，可以认为，电子信息系统是一个客观存在的“现场知情人”，我们要做的，就是如何让这个现场知情人告诉我们他所记录的各种各样的信息。这里再比较一下电子证据与电子取证的概念。我们总是听到计算机取证、电子取证这样的说法，甚至比计算机证据用得还要多。那么，什么是计算机取证呢？

是不是获取“计算机证据”，就是计算机取证？好像并非这么简单。

问题出在哪里？问题出在计算机证据（电子数据）是一种与传统书证、物证等证据类型对应的术语，是法定证据类型之一。而计算机取证则表示一系列的动作或行为。在《刑事诉讼法》、《民事诉讼法》和《行政诉讼法》中，都只有对证据类型的描述，而并没有表示动作或行为的取证的概念，如书证没有书证取证的说法，物证没有物证取证的说法。同样的道理，在国外，也没有与计算机证据相对应的计算机取证的说法，而是使用的“Computer Forensics”这一术语，译为“计算机法庭科学”，指“如何对计算机犯罪的证据进行获取、保存、分析和出示的法律规范和科学技术”。

传统证据是从哪里来的？传统证据很大一部分是通过现场勘查得来的，同样的道理，电子证据也要通过勘验才能得到。一旦将勘验与鉴定的关系搞清楚了，也就不再会被这些术语所蒙蔽了。

因此，电子证据也有一个现场勘验的问题，这一部分工作应当是侦查人员和电子证据调查人员来负责，完成证据搜查、初检、扣押、固定与保全等工作，而在需要进行鉴定时，委托给具有鉴定资质的鉴定机构负责鉴定，如图6所示。

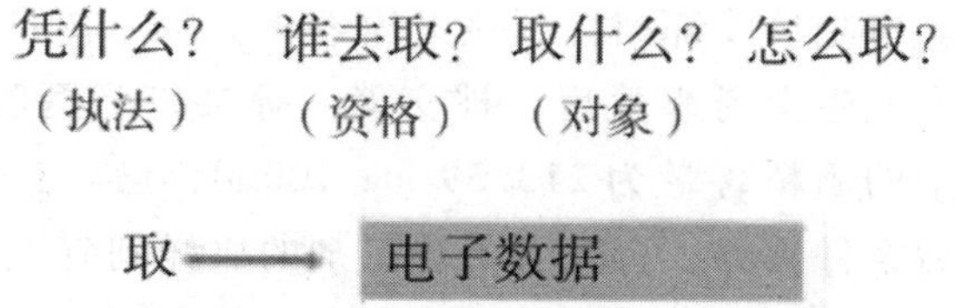

图6　勘验与鉴定

七、信息化侦查

从本质上来说，信息化侦查是传统侦查在信息时代的自然延伸，我们要以“战略上藐视，战术上重视”的态度，对待信息化侦查。而到了信息时代，除了传统的现场勘查，还需要对新出现的各种电子设备进行现场勘查。现代现场勘查是在传统现场勘查的基础上，完善对信息设备与信息系统的勘查，并将所有信息加以综合运用，特别是对于电子设备中到底有什么信息，在勘查以前是不知道的，前面所说的这个论那个论，其实都是事后论，现在统一归属到现场勘查中来，在该阶段，就是收集固定各种证据，当然也包括电子证据，所以说，对于电子证据的收集固定，在证据意义上，与传统的证据并没有本质的不同，只不过技术手段不一样而已，每种证据都有自己相应的规律，我们只要按照电子证据本身的规律去做好收集固定工作，后续的工作就简单多了。

传统的“摸访排查”，通过知情人询问获取相关信息。而现代信息技术的充分运用，在办公室就可实现多种“摸访排查”，而且这种“摸访排查”信息量更大、更客观真实。如通过住宿登记信息，查找同行人、行动情况，结合录相了解更多信息等，这是传统“摸访排查”不可能完成的任务。

信息化侦查、大数据分析、情况综合分析等，是当前的热点，公安部门很多系统已经应用的非常成熟，检察系统部分地方应用得比较成熟。

八、电子证据让虚假鉴定显原形

2012 年 4 月，阜阳市颍东区检察院公诉科在办理一危险驾驶案件中，竟然收到犯罪嫌疑人王某的两份血液酒精含量检测报告，并且两份报告血液酒精指标完全不同，结论相互矛盾。如此关键的证据竟然存在瑕疵，该案证据到底如何采信，犯罪嫌疑人王某到底是否构成犯罪，致使办案人员难以界定。这其中是否又存在犯罪嫌疑人与公安机关侦查人员或血检鉴定人相互勾结，变造证据，从而故意包庇有罪的人不受追诉的行为呢？

面对这些疑问，颍东区检察院公诉科办案人员把相关存疑材料移送到阜阳市院反渎部门。市院反渎部门接到该案线索移交后，初步侦查发现，王某在酒后驾车与他人发生交通事故后，被交警队孙某带到医院进行抽血化验，第一份血检报告中的酒精含量为 213.39 mg/100ml，已经达到醉酒驾驶的刑事立案标准。随后案件具办人孙某又带着王某的血样到省城的另一权威检测机构进行二次检测。该检测机构鉴定人陈某出具一份血液中酒精含量为 71mg/100ml 的血检报告，该报告直接证实了王某的行为未达醉驾标准，其行为不构成犯罪。

两份关键证据相互矛盾，又无其他任何相关证据证实犯罪嫌疑人王某是否构成醉酒驾驶情况下，该案的办理处在了两难阶段，侦查人员无法再进行下一步的侦查。但侦查人员随后了解到第二次的检测结论需要在该检测机构实验室的计算机上进行记录后才能形成鉴定书。因此陈某很可能会在其使用的实验室计算机上留下检验的痕迹和过程。为此，侦查人员向技术部门提出请求，能否对陈某所用实验室电脑数据进行分析和恢复，从而还原鉴定人陈某做血检的过程及真实结果。

阜阳市院技术处在得到请求后，及时安排技术人员介入案件，技术人员首先听取了侦查人员的案情介绍，了解了该检测机构的血液检测流程及血检设备情况。通过对案情的深入了解，发现鉴定人陈某所有的血液检验鉴定过程都是在实验室的电脑中完成的，因此该实验室电脑应保存此次血液检验的相关信息。但鉴定人陈某告知技术人员该电脑已被其进行了格式化操作，硬盘所有信息都没有保留，企图阻扰技术人员取证。技术人员根据对客观情况的了解及判断及时对陈某实验室所用电脑硬盘进行封存和复制，并将硬盘复制件送交给我们进行检验鉴定。

检验发现，硬盘现在为 4 个分区，系统于 2012 年 5 月 11 日重新安装过，而原来为 5 个分区，如图 7 所示。

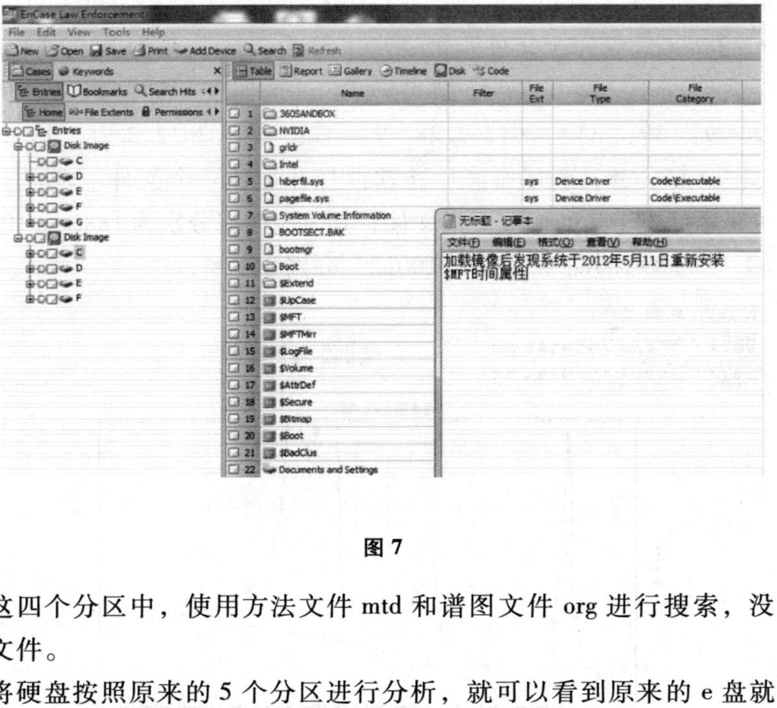

图 7

在这四个分区中，使用方法文件 mtd 和谱图文件 org 进行搜索，没有搜索到相关文件。

而将硬盘按照原来的 5 个分区进行分析，就可以看到原来的 e 盘就是其业务盘，可以看到大量的业务数据，如图 8 所示。

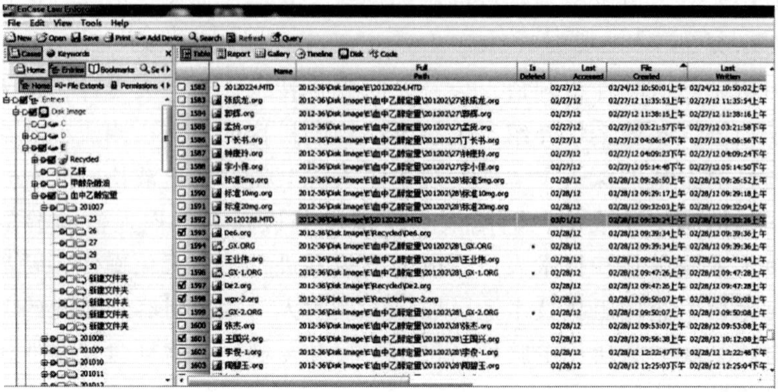

图 8

尤其是“_ GX. ORG”、“_ GX－1. ORG”、“_ GX－2. ORG”（与回收站中的 wgx－2. org 是同一个文件，第一个字符为“_ ”是因为文件被删除了，其他两个文件也是这样）、“王国兴 . ORG”这四个文件，创建时间依次为 2012. 2. 28　9：39：34、2012. 2. 28　9：47：26、2012. 2. 28　9：50：07、2012. 2. 28 9：56：38，利用血液检验软件打开上述三个文件，发现三个文件中均为犯罪嫌疑人王某的血液图谱文件，其对应数值分别为 188 mg/100ml，46 mg/100ml，57 mg/100ml 和 71 mg/100ml，分别如下所示。

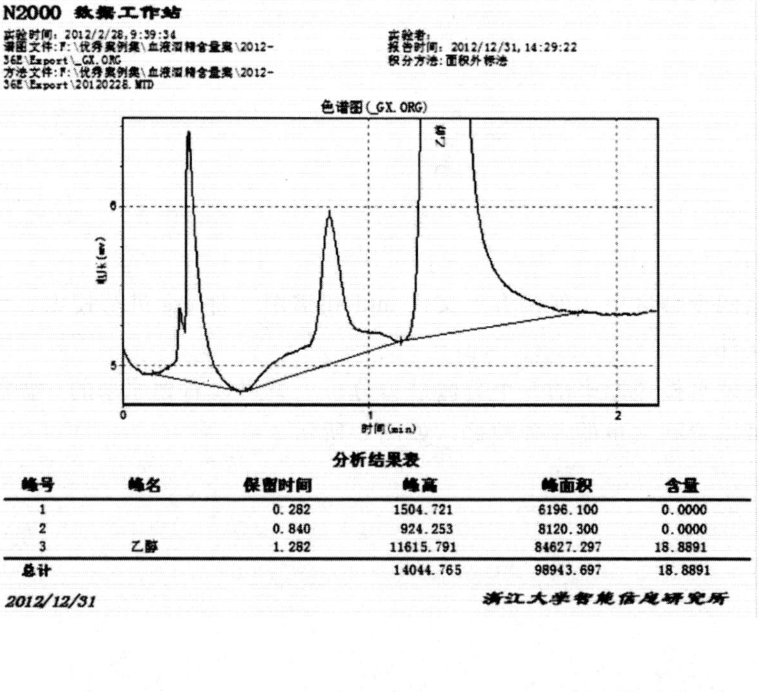

N2000 数据工作站

实验时间：2012/2/28，9:39:34
谱图文件：F:\优秀案例集\血液酒精含量案\2012-36E\Export_GX.ORG
方法文件：F:\优秀案例集\血液酒精含量案\2012-36E\Export\20120228.MTD

实验者：
报告时间：2012/12/31，14:29:22
积分方法：面积外标法

分析结果表

峰号	峰名	保留时间	峰高	峰面积	含量
1		0.282	1504.721	6196.100	0.0000
2		0.840	924.253	8120.300	0.0000
3	乙醇	1.282	11615.791	84627.297	18.8891
总计			14044.765	98943.697	18.8891

2012/12/31　　浙江大学智能信息研究所

N2000 数据工作站

实验时间：2012/2/28,9:47:26
谱图文件：F:\优秀案例集\血液酒精含量案\2012-36E\Export_GX-1.ORG
方法文件：F:\优秀案例集\血液酒精含量案\2012-36E\Export\20120228.MTD

实验者：
报告时间：2012/12/31,14:28:47
积分方法：面积外标法

色谱图(_GX-1.ORG)

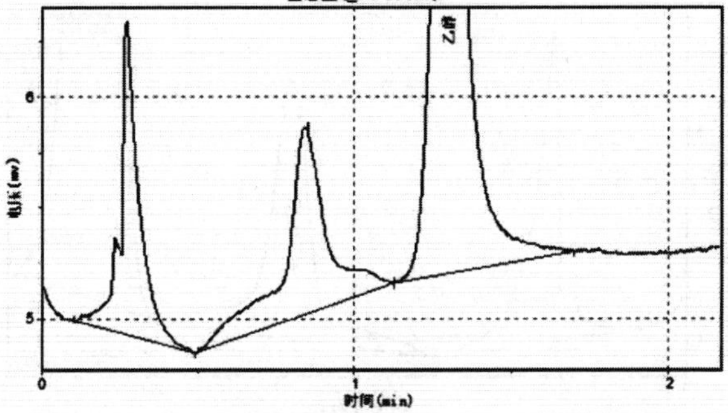

分析结果表

峰号	峰名	保留时间	峰高	峰面积	含量
1		0.273	1385.478	5825.300	0.0000
2		0.848	835.160	7784.700	0.0000
3	乙醇	1.298	2727.087	20878.350	4.6601
总计			4947.725	34488.350	4.6601

2012/12/31　　*浙江大学智能信息研究所*

N2000 数据工作站

实验时间：2012/2/28,9:50:07
谱图文件：F:\优秀案例集\血液酒精含量案\2012-36E\Export\wgx-2.org
方法文件：F:\优秀案例集\血液酒精含量案\2012-36E\Export\20120228.MTD

实验者：
报告时间：2012/12/31,14:21:01
积分方法：面积外标法

色谱图(wgx-2.org)

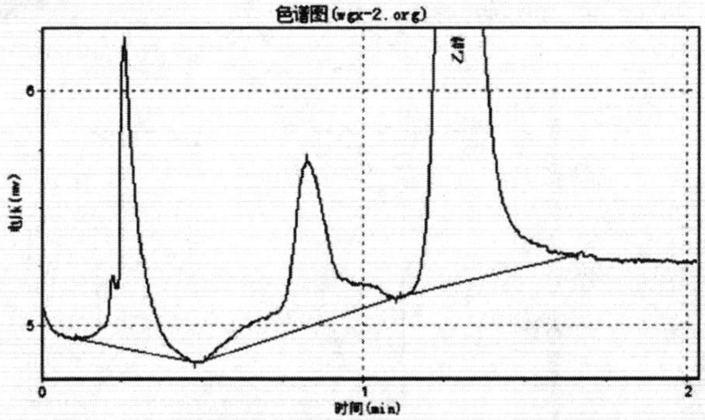

分析结果表

峰号	峰名	保留时间	峰高	峰面积	含量
1		0.257	1272.091	5263.400	0.0000
2		0.823	701.352	6635.300	0.0000
3	乙醇	1.290	3224.492	25750.801	5.7477
总计			5197.935	37649.500	5.7477

2012/12/31　　*浙江大学智能信息研究所*

N2000 数据工作站

实验时间：2012/2/28,10:12:07
谱图文件：F:\优秀案例集\血液酒精含量案\2012-36E\Export\王国兴.org
方法文件：F:\优秀案例集\血液酒精含量案\2012-36E\Export\20120228.MTD

实验者：
报告时间：2012/12/31,14:28:02
积分方法：面积外标法

色谱图(王国兴.org)

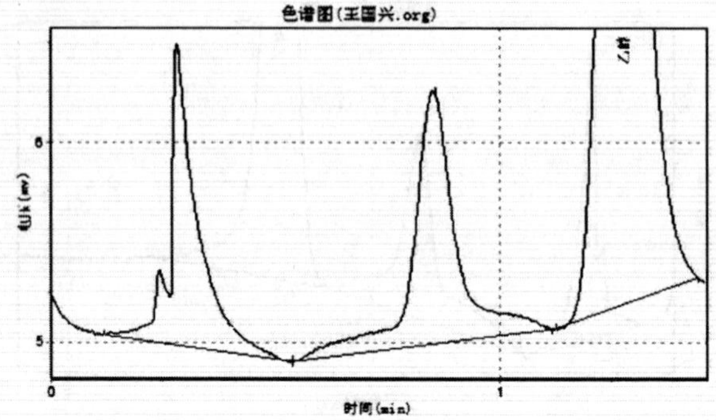

分析结果表

峰号	峰名	保留时间	峰高	峰面积	含量
1		0.290	1482.600	6364.200	0.0000
2		0.857	1252.580	8462.800	0.0000
3	乙醇	1.273	5229.947	32106.000	7.1662
总计			7965.127	46933.000	7.1662

2012/12/31 *浙江大学智能信息研究所*

分析软件运行界面如图 10 所示。

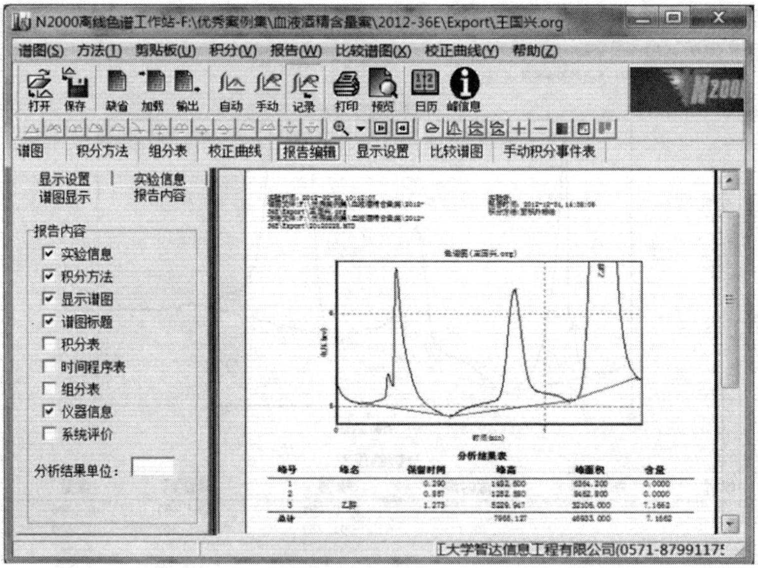

图 10

鉴定时间最晚的图谱上标注的 71 mg/100ml 的数值也就是鉴定人陈某采用的检测结果。这样鉴定人陈某做血液鉴定的整个过程被完全还原在侦查人员面前，这四份电子证据清楚地证明了：第二次检测的血液酒精含量偏低是人为因素造成的，犯罪嫌疑人陈某在这一铁证面前也不得不承认自己的犯罪行为，即鉴定人陈某在收受了犯罪嫌疑人王某的贿赂后，在检验过程中对王某血样进行四次处理，从而人为地得出四种不同的结果，并把最后一次结果作为结论在报告中使用。正是由于这四份电子证据的出现使得案件的侦破发生了突破性的转机和进展，也为案件的进一步办理提供了直接而有力的证据。目前该案已查处五名犯罪嫌疑人，并已进入法院审理阶段。

从这个鉴定可以深刻直观地看出：电子数据与传统证据是完全不同的，它不仅记录结果，且能够把过程展现出来，是一个客观的“现场知情人”，而电子数据鉴定，就是将这名沉默的现场知情人所知道的情况，客观真实地表达出来。同时，由于信息技术无处不在，电子数据鉴定还可以对传统鉴定进行监督。

第 39 堂课　电子证据现场勘验规制及实战操作

●秦志超*

课程提纲

一、电子数据与存储介质的存在形态
二、电子数据勘验的可行性论证
三、电子数据勘验的实战操作
四、证据效力抗辩

2014 年 2 月 22 日下午 4 时 20 分，江阴某小区塔吊倒塌致 3 人死亡，监理公司柯某辩称：2 月 2 日早晨 9 时已经下发了《工程暂停令》，侦查人员怀疑《工程暂停令》是补打的，为了印证这一侦查假说，需要固定其电脑中的电子文档《工程暂停令》。这份电子数据该如何固定？

一、电子数据与存储介质的存在形态

（一）电子数据的本质是代码

在我们的一般理解中，Word 文档、电子表格、数码照片这些内容是电子数据，U 盘、硬盘、手机似乎也属于电子数据范畴。但究竟什么是电子数据，其本质是什么，我们需要做一个实验。

在计算机上新建一个“记事本”，内容写“昌都检察院”五个字。运用 Winhex 读取该“记事本”文件，可以看到其 16 进制代码为“B2FDB6BCBC

* 江苏省无锡市人民检察院反贪污贿赂局检察员。

ECB2ECD4BA”，2进制代码为“101100101111110110110110101111001……”换句话说，该16进制代码和2进制代码就是我们新建的这个写有“昌都检察院”记事本的电子数据。也就是说，电子数据本质就是一段代码，而且是以不同方式固定在物理介质上的代码。

（二）存储介质通过多形式将代码固定

电子数据代码是如何进行保存的，就涉及存储介质问题。从物理层面来看，书证是记载在各种载体上的图形符号涂层或印记，如一份文件材料，则是油墨按照文字或图表的样式涂抹在纸张上。而电子数据，是在存储介质上按照一定规则排列组成的一组“点”的组合。我们以光盘为例，通过显微镜放大，光盘上出现“有坑”和“无坑”的状态，通过有坑和无坑不同的排列，翻译成为“0”和“1”的组合，形成有意义的代码。

下图就是光盘经显微镜放大后的图案。

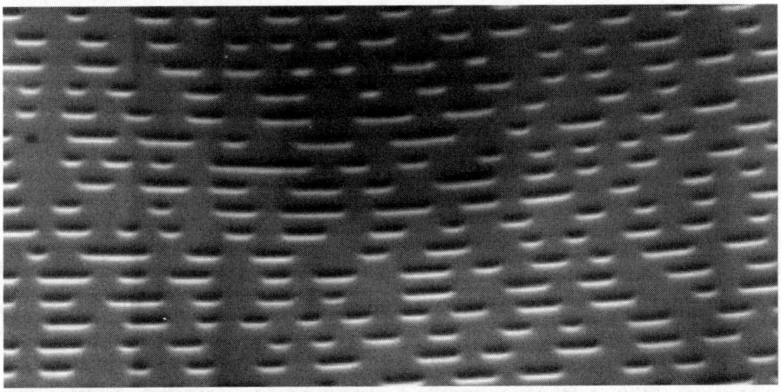

电脑硬盘就是利用盘面上的磁粒子的极性（S极和N极）来记录数据的。若干粒子根据特定规则进行不同的排列，翻译成为“0”和“1”的组合，形成有意义的代码；此外，部分存储介质还利用电信号的“正极”和“负极”，通过不同的排列，翻译成为“0”和“1”的组合，形成有意义的代码。

（三）电子数据需借助特定设备进行读取

电子数据必须借助特定的设备和程序才能够将存储介质上排列的一组组“点”转换成为可直接读取的文字、图形、符号等内容。如一份电子文档只有依托计算机这一设备，再依托Windows操作系统、Office软件才能顺利读取。否则，电子数据只是记录在特殊材质载体上特定的排列组合。以光盘为例，烧出的“坑”与未烧过的“坑”由于反射率不同，通过特定设备上的激光读取，反映出“0”与“1”的一串数据，如“001011010”，这些数据串再通过特定的程序加工分析，才反映出文字、图形、视频等不同形式的可读画面。简单地说，电子数据只有经过特定设备和程序的读取后，反映的内容才具有作为

“信息”以及“证据”的意义。

二、电子数据勘验的可行性论证

（一）对电子数据进行勘验具有明确的法律规定

《刑事诉讼法》第48条明确了电子数据的证据地位，第52条第1款、第2款又规定，人民法院、人民检察院和公安机关有权向有关单位和个人收集、调取证据。有关单位和个人应当如实提供证据。行政机关在行政执法和查办案件过程中收集的物证、书证、视听资料、电子数据等证据材料，在刑事诉讼中可以作为证据使用。由此可以得出结论，检察机关有权向有关单位和个人收集、调取电子数据。

《人民检察院刑事诉讼规则（试行）》第173条规定，在初查过程中，可以采取询问、查询、勘验、检查、鉴定、调取证据材料等不限制初查对象人身、财产权利的措施。不得对初查对象采取强制措施，不得查封、扣押、冻结初查对象的财产，不得采取技术侦查措施。由此可以得出结论，在初查过程中，也可以采取勘验措施收集电子数据。

《人民检察院刑事诉讼规则》第238条第3款规定，对于可以作为证据使用的录音、录像带、电子数据存储介质，应当记明案由、对象、内容，录取、复制的时间、地点、规格、类别、应用长度、文件格式及长度等，妥为保管，并制作清单，随案移送。由此可以得出结论，对电子数据收集、调取的范围，不仅包括电子数据本身，还包括存储介质。

《人民检察院电子证据鉴定程序规则（试行）》第3条规定，电子证据鉴定是人民检察院司法鉴定人根据相关的理论和方法，对诉讼活动中涉及的电子证据进行检验鉴定，并作出意见的一项专门性技术活动。由此可以得出结论，电子数据还可以进行鉴定，对证据效力进行补充。

综上所述，根据现有法律规定，检察机关可以在初查和侦查期间，向有关机关和个人收集、调取电子数据以及存储介质，并作为证据使用，必要时可以对电子数据进行检验鉴定。江苏省无锡市人民检察院出台的《办理职务犯罪案件收集运用电子数据实施办法（试行）》进一步细化了电子数据取证的操作流程。

（二）电子数据勘验流程可借鉴刑事犯罪现场勘查

现场勘验是勘验、检查的统称，也是公安机关办理刑事案件常用的侦查措施，但是在办理职务犯罪案件过程中并不常用。通过现场勘验，可以提取物证、书证、视听资料等证据材料。那么，电子数据作为证据的种类之一，当然能够通过勘验被提取。

《人民检察院刑事诉讼规则（试行）》第209条规定，检察人员对于与犯罪有关的场所、物品、人身、尸体应当进行勘验或者检查。在必要的时候，可以指派检察技术人员或者聘请其他具有专门知识的人，在检察人员的主持下进行勘验、检查。第210条第1款规定，进行勘验、检查，应当持有检察长签发的勘查证。因此，检察机关持《勘查证》，在侦查人员的主持下，即可以对职务犯罪有关的场所、物品（包含办公室、住宅的电子设备）通过勘验提取并固定电子数据或存储介质（电子数据的载体）。

（三）电子数据勘验中“现场”概念包括虚拟空间

既然进行现场勘查，那么这里就存在一个“现场”概念外延的扩大问题。刑事犯罪案件现场勘查是针对犯罪现场物理空间的物证、书证等证据进行勘查。如果发现与案件有关的物证和书证，一般提取物证和书证的载体，或拍照录像固定。那么，就勘验电子数据来说，提取并固定硬盘、U盘等存储介质，相当于提取记录书证内容的纸张和书籍；复制电子数据代码，相当于复印书证所反映的符号和图案。只不过电子数据的内容要比书证反映的内容大得多。正如提取书证的关键在于内容而非载体，电子数据也一样，关键也在于数据代码内容而非存储介质。因此，勘验人员在提取电子数据的过程中，对虚拟空间的勘验是现场勘验不可或缺的一个组成部分，对于电子数据可以进行复制，对于存储介质可以提取，但要经过严密的程序。当然，鉴于存储介质本身存在价值，提取存储介质要注明型号、规格，并妥善保存。

三、电子数据勘验的实战操作

在对电子数据进行勘验前期，要进行充分的准备，工具方面需要准备勘查箱；文书方面需要准备《勘查证》、《勘验笔录》、《提取电子数据清单》、《技术协助委托书》2份；其他方面需要联系同步录音录像人员1名、见证人2名；对于电子数据的检验鉴定，还可能涉及《技术协助报告》、《鉴定意见书》。

（一）工具准备

目前，市面上现有的勘查箱都无法满足检察机关办案需要，无法满足电子数据现场勘验要求，或者体积庞大，不便于携带和提高工作效率。因此，笔者根据反贪工作实践经验，以及现场勘验电子数据的需要，提出了适应职务犯罪的便携式勘查箱，可以满足基本电子数据的提取和固定工作。绝大部分装备可通过网络电商配置，具体清单如下：

序号	名称	淘宝价格（元）	数量（个）	备注
1	密封袋大	176	1	封平板或笔记本
2	密封袋中	150	1	封硬盘
3	密封袋小	138	1	封 U 盘
4	只读锁	799	2	U 盘现场勘验
5	手套	6	5	现场必备
6	硬盘（500G）	309	6	3 个电脑现场镜像
7	标签打印机	1330	1	打印 MD5 值等
8	标签条宽	120	1	耗材
9	标签条窄	80	1	耗材
10	标签条（打印）	22	1	电线标签
11	外接光盘刻录机	132.2	1	直接刻盘取证使用
12	硬盘底座	328	1	勘验镜像硬盘复制件时使用
13	螺丝刀	91	1	拆卸电脑（台式、笔记本）
14	照相机	–	1	
15	笔记本电脑	–	1	分析软件
16	封条	–	1	
17	胶水	–	1	
18	信封袋（光盘）	–	10	
19	光盘	–	10	
20	大容量移动硬盘	–	1	
21	空白 U 盘	–	1	
22	镜像设备	–	1	选择购置
23	快速取证设备	–	1	选择购置

根据清单，前 13 项全部购置齐全仅 6000 元左右，配齐前 21 条装备构成勘查箱已经可以开展电子数据提取固定工作。

密封袋主要用于密封现场提取的 U 盘、手机、硬盘、笔记本电脑等电子设备；只读锁主要用于现场在不破坏 U 盘或移动硬盘数据的情况下进行浏览、检验；标签打印机主要用于打印标签，如机箱与硬盘、MD5 值[①]等内容；外接光盘刻录机主要用于直接将对象计算机的内容刻录到光盘上；硬盘底座主要用于将硬盘通过 USB 连接到取证电脑，方便直接读取内容；螺丝刀用于拆卸机箱和硬盘；另外还要准备照相机、笔记本电脑、封条、胶水、光盘、空白 U 盘或移动硬盘，用于固定、提取电子数据和存储介质。

（二）文书准备

1.《勘查证》

根据法律规定，勘验要在侦查人员的主持下进行，并且可以委派有专业技术的人员参加，因此，建议勘查人员中既要包括侦查人员，也要包括具有相关计算机知识的技术人员。

2.《勘验笔录》

第一步要记录计算机当前时间与北京时间的差距时间，确保所固定电子数据显示的时间属性具有意义。

第二步要记录每一步操作步骤，确保每一步操作都能经得起检验。

第三步要对文件属性截图，并对截图信息予以记录，记录文件的原始内容生成时间，最后打印时间等。

第四步要统一计算所提取文件的 MD5 值（电子数据的校验值，可从网络下载 MD5 计算工具，将所提取文件导入，会自动生成校验值代码），并将所计算出的 MD5 值记录在笔录中。由于所提取内容不变，MD5 值就不会变，以此证明电子数据在保存、流转环节没有被污染。

第五步将所提取数据刻录光盘，必要时可双盘刻录，正本密封，副本随案移送，并将过程记录到笔录中（必要时可以打印并转换为书证）。

第六步要有勘验人员、技术人员、见证人、当事人签字。

3.《提取电子数据清单》

可以设计表格型清单，分别针对硬盘制作镜像、提取单个文件、转化为书证三种类型。根据固定电子数据的不同类型选择不同的表格，并将硬件情况、MD5 值（或密封手段）、提取人和见证人签字填写清楚。

4. 2 份《技术协助委托书》

其中一份委托开展同步录音录像工作，另一份委托技术人员进行现场勘验并提取物证、制作硬盘镜像。

① Message Digest Algorithm 5（中文名为消息摘要算法第五版）为计算机安全领域广泛使用的一种散列函数，用以提供消息的完整性保护。对于现场所提取的电子数据进行 MD5 值计算后所得出的值，可以在提交法庭后再次验算，确保电子数据从提取、固定到提交法庭不被篡改。

（三）其他准备

1名同步录音录像人员。根据规定，勘验过程应当进行全程同步录音录像，要将提取过程客观、真实、全面的拍摄下来。

2名见证人。根据刑事诉讼法规定，勘验见证人至少2名。

（四）检验鉴定准备

《技术协助报告》。检察机关技术部门或者有关机构可以对所提取的电子数据的恢复、提取等操作进行技术协作，反映提取过程，并出具相关报告，可以作为电子数据的辅助性说明。

《鉴定意见书》。根据法律对电子数据存在争议，可以进行鉴定。

（五）取证效果

检察机关在对江阴某小区塔吊倒塌致3人死亡事件进行勘验过程中，在监理公司柯某的计算机中找出《工程暂停令》，右键查看其属性发现如下图：

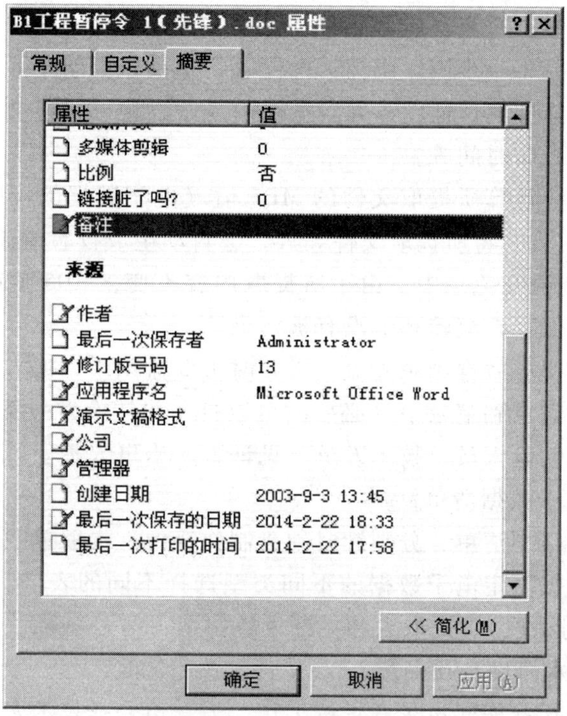

从图中可以得知，该《工程暂停令》的最后打印时间和保存时间分别是2014年2月22日17:58与18:33。据此可判断，该文件为事故发生之后生成。根据该电子数据，柯某在事故发生后后补工程暂停令的行为被重塑。

对于该文件，检察机关将该文件、属性截图复制提取，并计算MD5值，再刻正副本双盘进行保存，同时打印相关内容转换为书证由柯某签字确认。该电子数据固定后，检察机关随后又挖掘渎职案件 2 件 4 人。

四、证据效力抗辩

刑事案件中电子数据的运用还处于初级阶段，但是随着电子数据运用的普遍性，今后辩护律师对电子数据的抗辩最可能集中在取证资格、取证工具、证据污染、关联性、时间抗辩这五个方面。

（一）取证资格抗辩

律师：×××有权提取电子数据吗？

我们应对：确保在勘验过程中，包含侦查人员和具有计算机相关专业知识的人员。

庭审答辩：刑事诉讼法规定勘验过程由侦查人员主持，×××是侦查人员，因此有权勘验，也有权提取电子数据；此外，×××是邀请的技术人员，具有计算机相关专业知识，对固定电子数据有效补充。

（二）取证工具抗辩

律师：对计算机数据进行提取所使用的软件是正版授权的吗？破解密码、恢复数据使用的工具和手段是否合法？

我们应对：电子数据实验室尽量使用正版软件，如果涉及部分盗版软件，需在确保不会出现毁损核心数据的情况下，在《技术协助报告》中（或《鉴定意见书》）适当予以回避；对于恢复技术和密码破解过程，在《技术协助报告》中（或《鉴定意见书》）一句带过，经恢复（经破解密码），不解密相关技术手段。

庭审答辩：我们使用的是专业的数据提取工具，并且经过科学的方法手段，所有提取步骤均在《技术协助报告》中（或《鉴定意见书》）予以记录，完全符合相关规定和流程，能够确保恢复提取的数据真实有效；涉及恢复技术和密码破解技术属于保密范畴，具体方法不宜在庭审过程中予以公开，可在庭后向合议庭说明情况。

（三）证据污染抗辩

律师：怎么确定你们提供的电子数据没有受到污染、篡改？

我们应对：我们在勘验过程中注重现场双盘封存，或者用 MD5 值现场锁定，并记录在勘验笔录、提取清单和密封袋上，当庭可以进行再校验。

庭审答辩：（针对现场双盘封存情况）我们在现场对所提取的电子数据当场刻录了两份光盘，正本密封保存，副本随案移送，正本上还有提取人、当事人、2 名见证人的签名，可以申请启封正本，确定提交法庭的电子数据确实是勘验现场所提取的电子数据；（针对进行 MD5 值校验的情况）侦查人员和技术人员在勘验当时对所提取文件进行了 MD5 值校验，MD5 值校验值也叫电子数据的指纹，并记录在勘验笔录和提取证据清单上，在电子数据的流转和保存环节，内容不改变，MD5 值的结果就不会改变，并且可以反复校验，我们可以通过当庭进行再校验，看所得出结果是否与当时记录数值相同，以此来确保在诉讼过程中，电子数据没有受到污染。

（四）关联性抗辩

律师：你们怎么确定所提取电子数据是我当事人所制作的？

我们应对：注重收集电脑的个人密码、QQ 使用情况，以及相关人员的笔录，结合电子数据生成的时间段、U 盘插拔记录等，通过证明电脑仅是被告人使用，再证明电子数据与被告人具有关联性。

庭审答辩：所存储电子数据的电脑设置有开机密码，可得知系被告人×××单独使用电脑，根据数据提取分析，在×月×日××时××分形成电子数据前后，被告人分别进行过×××程序、本人 QQ 发送消息、制作×××文档，均为本人操作，由此得知该电子数据系被告人×××制作。

（五）时间抗辩

律师：电子数据的生成时间是根据电脑系统时间生成的，电脑系统时间又是可以更改的，如何证明确定这一份电子数据就是××时间生成的？

我们应对：勘验第一步，一定要用拍照、摄像以及在勘验笔录中记录计算机的当前时间与北京时间相差的时间；在后期制作《技术协助报告》时，还可以通过以下 4 种方式予以确定电子数据生成时，系统时间有无篡改：关联行为判断方法，查找计算机中制作电子文档在逻辑上的先后顺序，查找相关痕迹是否也符合逻辑；网络发布时间比对方法，在疑似修改系统时间的阶段看有无邮箱发信记录、上网记录，看相同阶段的网络时间与系统时间是否相同；事件管理器查看方法，在 Windows 环境下运行“Eventvwr”，调出“事件查看器”，安全日志中“4616”表示更改系统时间行为；应用程序开关时间，查找疑似修改时间结点前后的应用程序开启时间，判断有无逻辑上的错误。

庭审答辩：我们在勘验时，已经确认计算机的时间与北京时间同步，而且经过技术分析，在生成电子数据期间，计算机没有更改过系统时间，程序的开启顺序无违反逻辑之处，所分析内容均在《技术协助报告》中予以说明，因此，可以证明该份电子数据就是在××时间形成的。

第 40 堂课　证据学视角下“两抢”犯罪典型案例常见控审争议问题的解决思路

●曹　坚*

课程提纲

一、街头抢夺犯罪既未遂形态的证据认定

二、多次抢劫的证据认定

三、入户抢劫的证据认定

四、抢劫杀人的罪数证据认定

运用刑法相关基本理论指导剖析典型实证案例，从刑事证据的角度出发解决“两抢”犯罪定罪量刑争议问题，便于贯通刑法学与刑事证据学的学科界限，通过理解分析具体的证据材料来深入认识相对抽象的刑事个罪。

一、街头抢夺犯罪既未遂形态的证据认定

街头抢夺犯罪也是一种多发常发侵财犯罪。行为人往往是乘人不备夺取了挎包之后迅即逃窜，在他人见义勇为挽回被害人损失的情况下，是构成抢夺罪的犯罪既遂还是犯罪未遂，在司法实践中常有争议。

2012 年 11 月 24 日 11 时许，被告人刘某在马路路口趁被害人杨某某不备，从其手中抢走钱包一个（内有现金人民币 866 元等物）及手机一部（价值人

* 上海市人民检察院第一分院公诉处副处长。

民币 3318.66 元)，在逃离现场后被公安人员抓获。检察机关指控被告人刘某的行为构成抢夺罪（既遂)，一审判决采纳了指控意见。被告人刘某不服提出上诉，二审法院认为，可以认为被害人的财物仍处于被害人及抓捕者的目击控制范围内而未失控，应当认定刘某系抢夺未遂，改判上诉人刘某犯抢夺罪（未遂)。[①] 检察机关提出审监抗，高级法院刑事裁定认为，检察机关关于本案构成抢夺既遂的抗诉意见成立。[②]

（一）被害人对财物控制力的证据认定

全面收集审查案件被害人及事发现场目击证人的证言，有利于真实还原该案，帮助司法人员准确判断抢夺犯罪行为的客观犯罪形态。（1）被害人杨某某的陈述证实，其财物已经被被告人刘某当场夺走，是在民警和路人的帮助下夺回被抢财物。（2）本案多名证人目击案发全过程，对抢夺犯罪的形态描述客观直接。（3）被害人的陈述与证人证言相互印证，证明被告人刘某乘人不备时夺走被害人财物，被害人一路追赶，并在警察和路人的协力追击下，在距案发地相当距离处抓获被告人刘某，并取回被抢财物。被告人刘某从被害人杨某某处夺得钱包和手机后立即逃跑，抢夺行为已经使被害人失去对其财产的有效控制。被害人重新获得财物，并非因为被告人的主动放弃，也不是因为被告人的抢夺犯罪行为未实施完毕，而是依靠民警的追捕和路人的帮助，才使被夺财物失而复得。

（二）抢夺犯罪时空环境的证据认定

案发时空环境对于案件的定罪量刑具有重要意义，例如“入户”是入户盗窃的构成要件，“公共场所”是扒窃的构成要件，“入户抢劫”是抢劫罪的法定情节加重犯之一。时空环境作为酌定量刑情节时在具体案件中也具有重要的参考作用。二审改判刘某系抢夺犯罪未遂，认为被害人的财物虽然被犯罪分子夺去，但始终在喊叫追赶，民警和路人相继参与到追捕行动中，被害人的财物一直在民警和路人的目光控制之中，可以认为民警和路人的目光接替被害人的目光控制了被抢财物，因此被告人刘某并没有实际控制所抢夺的财物，也就不能成立抢夺罪的犯罪既遂。财物所有人能否以目光控制财物这一判断标准是否科学合理姑且不论，在财物所有人已经脱离对其财物的控制之后，还能借助他人的目光来帮助其控制财物，这种理解本身无疑已经极大放宽了财物所有人控制财物的判断标准，运用此标准难以合理解释类似案件。本案发生于繁华的

---

① 参见（2013）沪一中刑终字第 394 号刑事判决书。

② 参见（2013）沪高刑再终字第 6 号刑事裁定书。

街边路口，路上往来人员较多且始终处于流动的状态，被告人公然抢夺他人财物，实施抢夺犯罪，既侵害了被害人的人身财产安全，也破坏了社会秩序，对社会公共安全也有潜在危害，社会危害性较大。对街头抢夺犯罪的犯罪既遂标准理应严格掌握，不宜片面放宽既遂的标准，以致轻纵犯罪。

二、多次抢劫的证据认定

被告人高某先后于2011年5月9日、5月10日、5月11日分别实施抢劫犯罪，其中第一、三次行动均劫取到被害人相应的财物，分别构成犯罪既遂。高某在第二次抢劫时因遇到的被害人求饶，故未再继续进行抢劫，自动中止了该次犯罪。一审法院认为高某构成多次抢劫。二审法院认为高某第二次抢劫系犯罪中止且没有造成损害，依法应当免除处罚，应当免除处罚的中止犯罪不应计入多次抢劫的次数，故高某的行为不构成多次抢劫。检察机关据此提出审监抗，市高级法院终审裁定认为，高某虽有免除处罚的中止行为，但该次抢劫行为已构成犯罪，故该次应当免除处罚的抢劫犯罪亦应计入多次抢劫的次数。[①]该案引申出未完成形态的犯罪能否计入多次犯罪的问题。

犯罪客观方面的证据是指能够证明犯罪嫌疑人、刑事被告人客观犯罪行为的事实材料。犯罪主观方面的证据是指能够证明犯罪嫌疑人、刑事被告人主观故意的事实材料。运用多次抢劫犯罪的证据，既要重视收集、审查、认定证明犯罪嫌疑人、被告人实施的危害行为的各类客观方面的证据，还须重视对证明犯罪嫌疑人、被告人主观犯意的主观方面证据的收集、审查和认定。要善于从其供述与辩解中发现犯罪心理活动的改变，例如对多次实施抢劫犯罪持何种心理态度，为什么在其中一次未得逞后，仍然继续寻机实施抢劫犯罪；要善于从被害人陈述、被劫取的财物等客观证据中查明发现犯罪分子实施犯罪的侵害力度、实施犯罪过程中的行为表现等情况，以印证其多次实施抢劫犯罪时的犯罪决心。这种证明多次抢劫犯主观犯意的证据，对于帮助司法人员在认定多次抢劫案件的犯罪形态时能起到重要的作用。

评价多次犯的犯罪形态遵循的基本刑法原理和规则与单次犯是相同的，但是多次犯复数性与集合性的特点决定其犯罪形态的认定有其特殊之处。既要分析研究多次犯中某一次犯罪的犯罪形态，也要考虑该次犯罪前后关联犯罪的形态，要将多次犯中的某一次犯罪放置在“多次”犯罪的全局中予以考察。如果忽视多次犯中内部各个单次犯罪之间紧密的逻辑联系，采取就事论事的态度

---

① 参见上海市高级人民法院刑事裁定书（2012）沪高刑再终字第4号。

认定其中的某一次犯罪，得出的结论无论在法理上还是情理上可能都会欠考量。司法人员要从整体上收集、审查认定犯罪嫌疑人、被告人多次实施抢劫犯罪的主客观两方面的证据，加深对其主观犯罪恶性程度的认识。对于无彻底打消犯罪念头的多次犯，即使其中有某次主动放弃的抢劫犯罪，考虑到其之后继续实施同样性质犯罪的顽固态度，也不能将多次抢劫犯罪整体评价为犯罪中止。如果将中间一次的“中止”犯罪认定为犯罪中止，而行为人之后仍然继续实施相同性质的犯罪，无论是评价其主观恶性程度还是客观危害结果，都不适宜减轻处罚；但如果将其所谓“中止”行为评价为犯罪未遂，对其在多次犯的加重量刑档次内适当从轻处罚，则有利于达到罪刑之间的平衡。

三、入户抢劫的证据认定

在实践中争议案例的基本情况可以概括为两种，一种是行为人入户前已经具有了实施抢劫犯罪的目的，但是通过欺骗隐瞒等方式在被害人许可的情形下入户，能否认定为入户抢劫；另一种是行为人入户盗窃被发现后，对被害人实施了轻微的暴力行为，能否认定为入户抢劫。

（一）入户目的的证据认定

认定入户抢劫，必须有确实、充分的证据证明行为人“入户”目的的非法性，即证明进入他人住所是以实施抢劫等犯罪为目的。“入户”目的的证明，主要依据犯罪嫌疑人、被告人的供述与被害人的陈述。行为人持何种目的“入户”，只有其自己最清楚，因此要重视对犯罪嫌疑人、被告人供述、辩解的收集、审查与认定。被害人的陈述对证明“入户”目的亦具有非常重要的作用。

以王某、汤某某抢劫抗诉案为例。被告人王某与被害人施某某约定在施的住处进行卖淫嫖娼活动，被告人王某遂与被告人汤某某预谋利用安眠药物让被害人施某某服用熟睡后劫取财物。后被告人王某至被害人施某某住处，在被害人施某某不备时将其从私人诊所处购买的安眠药放入施的食物中，后趁被害人施某某熟睡之际，劫走人民币 350 元、价值人民币 50 元的手机一部等财物。区检察院指控两名被告人的行为构成入户抢劫，但一审法院认为被告人王某、汤某某以非法占有为目的，采用其他方式当场劫取他人财物，其行为构成抢劫罪，但不构成入户抢劫。检察机关认为一审判决适用法律错误，量刑明显不当，据此提出抗诉。二审法院审理认为，王某在入户时具有抢劫目的，据此改判认定该案系“入户抢劫”。①

---

① 参见上海市第一中级人民法院（2014）沪一中刑终字第 755 号刑事判决书。

该案一审检法分歧点在于两名被告人是否具有“入户抢劫”的犯罪目的。从两名被告人的供述情况看，二犯皆承认在王某进入施某某家中之前就商量购买安眠药，打算趁施某某不备时将安眠药放入食物中，等待施某某意识不清楚时劫取其财物。被害人施某某的证言证实，其邀约王某上其家中卖淫，并不知道王某携带安眠药，也不知道王某偷偷在其饮用的牛奶中注入了安眠药。私人诊所老板也证明被告人汤某某向其购买了安眠药，并向其询问安眠药有无效果。虽然该案未查获两名被告人使用的安眠药，但上述证据相互印证，足以证明被告人王某应被害人施某某之约去施家卖淫，在入户之前就和被告人汤某某有抢劫的共谋，商定利用安眠药劫财。现有证据足以认定被告人王某入户之前就具有抢劫他人财物的目的，结合其入户后实施的犯罪行为，应当认定为入户抢劫，汤某某同样构成入户抢劫的共犯。

（二）入户后实施抢劫行为的证据认定

在司法实践中对入户盗窃后被发现而在户内实施轻微暴力或者胁迫行为劫取财物的行为，是认定为一般抢劫还是入户抢劫存在争议。以董某某抢劫上诉案为例。被告人董某某至被害人张某某住处，拉开房门窃得被害人手提包内的人民币600元。被告人董某某欲离开时被张某某发现，即上前对被害人采用捂嘴、按住大腿等手段阻止其呼救并逃逸。一审判决认定被告人董某某以非法占有为目的，采用秘密手段，入户盗窃公民财物后为抗拒抓捕而当场使用暴力，其行为已构成抢劫罪，且系入户抢劫，判处其有期徒刑10年等刑罚。[①] 经二审法院审理后认为，董某某入户窃取少量财物，为抗拒抓捕而使用轻微暴力，其入户行为已经作为盗窃行为转化为抢劫罪的事实因素予以评价，故不宜再次作为抢劫罪的加重情节，原判认定董某某的行为构成抢劫罪定性准确，但认定为入户抢劫有误，据此改判董某某犯抢劫罪，判处有期徒刑5年等刑罚。[②]

被告人董某某的供述承认其潜入被害人张某某住处实施盗窃，在被害人察觉后，其使用强力以阻止被害人呼救，被告人的供述得到了被害人张某某陈述的印证。相关照片证实被害人张某某的伤势情况，与该被害人张某某所述受到被告人董某某按住大腿的情形相一致。综合到案证据，能够证明被告人董某某在入户盗窃后为抗拒被害人的抓捕，而当场使用捂嘴、按住大腿等暴力手段，其行为已转化为抢劫罪，由于该抢劫行为发生在户内，因此构成入户抢劫。二审法院改判理由与案件事实证据及“两抢意见”“入户抢劫”的解释不尽相

① 参见上海市浦东新区人民法院（2013）浦刑初字第3656号刑事判决书。

② 参见上海市第一中级人民法院（2013）沪一中刑终字第1536号刑事判决书。

符。要围绕“两抢意见”的规定证明其入户目的及在户内实施了劫取财物的行为，如果仅有证据证明其以实施抢劫以外的犯罪为目的的入户，且在户内非法侵占了被害人的财物，但没有相应的证据证明其系采用暴力、胁迫或者其他方法劫取被害人的财物，则不能认定为入户抢劫，侵占被害人财物的行为构成其他犯罪的以相应罪名论处。被告人刘某采用翻窗入室、持刀威逼的方法强行与被害人赵某发生性关系以后，又顺手拿走赵某放在枕边的一部手机，价值人民币1000余元。一种意见主张应当认定为抢劫罪或者入户抢劫罪，且与强奸罪实行数罪并罚。另一种意见认为，被告人刘某在本案中实施了一个暴力胁迫行为，已经作为强奸罪的手段行为予以评价，将其再行作为抢劫罪客观方面的构成要素来评判，属于重复评价，应当予以禁止。因此，对于刘某在奸淫之后另行实施的公然夺取他人财物的行为，可以认定为抢夺罪，与强奸罪实行并罚。①

笔者认为，行为人入户强奸后再抢劫被害人财物的，符合“两抢意见”关于“入户抢劫”的构成条件，并不存在所谓同一情节（入户）的重复评价问题，无论是入户盗窃后再抢劫，还是入户强奸后再抢劫，“入户”这一情节在前后两种性质的犯罪行为中出现，必然意味着产生刑事意义上的重复评价问题。前一犯罪中的“入户”是该犯罪的客观要素之一，后一犯罪（抢劫罪）中的“入户”是抢劫罪的情节加重犯。如果认为“入户”情节只能在前后两种犯罪中择一而存在，首先是对“两抢意见”的不当缩限理解，将“以实施抢劫等犯罪为目的”不当限制解释为“仅以实施抢劫犯罪为目的”。其次容易被犯罪分子利用规避承担较重的刑事责任，犯罪分子到案后均可辩解其系为实施其他行为而入户，抢劫的犯意系在户内临时产生，而犯罪分子入户前的犯罪目的往往是一种概括性质的认知，没有被人发现则盗窃，一旦被人发现则实施暴力劫财。

对刘某入户犯强奸罪之后又强拿被害人手机的行为评价，关键看证据的证明情况。如果证据能够证明刘某系在强奸被害人之后当着被害人的面拿走其手机，被害人显然慑于其淫威而不敢反抗，应认定刘某系以胁迫的方式强行劫取被害人的财物，应认定为抢劫罪，且系入户抢劫。如果证据只能证明刘某非法占有了被害人的手机，但被害人当时并不知晓其手机被刘某所侵占，则刘某系在被害人不知情的情况下秘密窃取其手机，应当认定为盗窃罪。

---

① 参见黄祥青：《刑法适用要点解析》，人民法院出版社2011年版，第272～273页。

四、抢劫杀人的罪数证据认定

被告人陈某某预谋对被害人傅某实施抢劫。陈某某事先准备了安眠药并用新手机号码联系傅某，在此期间，通过暴力、胁迫等手段将傅某控制，从傅某随身携带的挎包中劫得银行卡5张，并逼问获知银行卡密码，后担心事情败露遂采用枕头捂闷面部、扼颈等方式将傅某杀害。检察机关以抢劫罪、故意杀人罪起诉指控被告人陈某某，起诉意见被法院判决采纳。[①] 对陈某某劫财杀人的行为是认定为抢劫一罪还是抢劫罪、故意杀人罪两罪？笔者拟从证据分析的角度认识抢劫杀人犯罪的罪数问题。

（一）结合被告人的供述查证其预谋抢劫的犯意

要查明行为人劫财杀人究竟是一罪还是两罪，关键要审查各类证据，特别是重视对被告人供述的查证和使用。行为人是出于何种动机而杀害被害人，往往只有其自己最清楚，被告人供述能直接反映出其主观真实意思。以被告人供述为基础，再结合案件中收集的证人证言、物证、鉴定意见等其他证据，可以依法准确认定案件的性质。（1）收集被告人陈某某的供述、有关证人证言、相关书证，证明被告人陈某某在案发前无固定收入来源，经济拮据，现状窘迫。（2）通过被告人陈某某的供述、有关证人证言和相关书证，证明被告人陈某某预谋以傅某为抢劫对象，事先购买安眠药，设计好路线以及实施犯罪的方法。

（二）结合被告人的供述查证其抢劫后杀人灭口的罪行

本案犯罪事实得到了被告人供述的证实，同时还与一系列证人证言、书证材料、视听资料、现场勘查、物证鉴定、尸体检验报告等证据互相印证，形成较为完整的证据锁链，足以认定被告人陈某某劫取被害人傅某财物后为灭口将其杀害的犯罪事实。(1）被告人供述完整清晰交代了抢劫后杀人的犯罪过程。(2）被告人是预谋杀人劫财还是劫财后为灭口而杀人，单纯从客观行为上较难区分，关键是通过其供述了解掌握犯罪时的心理状态。根据陈某某的供述，他虽有预谋抢劫的犯意，并为此进行了周密的准备，但是并没有计划通过杀害被害人的方式劫取财物，也没有其他相关证据证明其有预谋杀人劫财的犯意。陈某某的供述谈到其在以暴力方式获得被害人的银行卡密码后，是放被害人一条生路还是将其杀害予以灭口进行了激烈的思想斗争，并且明确谈到了由抢劫发展为故意杀人的时间点，还提到当时的电视节目。检察机关为印证被告人的

① 参见上海市第一中级人民法院（2013）沪一中刑初字第85号刑事判决书。

供述，专门调取了某日凌晨时段中央电视台某套节目单，与被告人陈某某所述杀人时电视所播放的节目内容相符，证明被告人供述较为可信。

（三）综合被告人的供述等多方证据认定提取银行卡资金行为性质

被告人陈某某分别在12月3日9时许、12月4日10时许至某银行，从ATM机上取走被害人傅某2张工商银行卡内人民币共计4万余元，后将所劫得钱款用于偿还自己的债务。除了有被告人的供述外，还得到了刘某某、王某某、徐某等证人以及银行交易明细、监控录像等书证、视听资料的证实。(1)被告人陈某某的供述详细描述了其用被害人傅某的信用卡取现的过程。(2)公安机关调阅的涉案两家银行的监控录像所获信息与被告人陈某某的描述相吻合；被告人妻子及其他相关证人的证言证实被告人陈某某曾在当时汇款至自己的账户，且与相关银行转账证明等证据材料相互印证；陈某某于12月3日、12月4日前往某两地的行程与车辆卡口信息查询记录互相吻合。

综合上述证据，本案被告人陈某某采用胁迫方式获得被害人傅某的银行卡后，又逼问出银行卡的密码，已经非法占有卡内资金，抢劫犯罪已经达到既遂。陈某某杀人目的不是为制伏被害人反抗，又无证据证明其是预谋抢劫而杀人，相关证据能够认定是在抢劫之后为灭口而杀人，应当对陈某某两个阶段的犯罪行为分别作出评价，同时认定构成抢劫罪和故意杀人罪。

第六专题

其他检察业务

第41堂课　检察信息公开

——以检察信息公开法治化为视角

●尹　吉*

课程提纲

一、检察信息公开的发展
二、检察信息公开的基本价值
三、检察信息公开的基本理念
四、检察信息公开的基本原则
五、检察信息公开的难点与对策
六、检察信息公开的基本范围
七、检察信息公开基本的方式、程序与监督管理

“检务公开”①还是“检察信息公开”？我国检察机关的官方文件长期使用“检务公开”的概念，形式上是概念的表述问题，而实质上反映出不同的理念。众所周知，检察机关的“检务”与行政机关的“政务”以及公安机关的“警务”等表述，所体现的理念是公权力机关的自我为本位，而非社会大众的本位。它与公权力来源于人民的宪法精神不够契合，不足以体现“从各层次各领域扩大公民有序政治参与，充分发挥我国社会主义政治制度优越性”② 的

* 东南大学教授、江苏省检察官学院教师。

① 最高人民检察院自1998年10月25日出台的《关于在全国检察机关实行“检务公开”的决定》，至2014年12月出台的《关于全面推进检务公开工作的意见》，均使用“检务公开”的概念表述。

② 见党的十八届三中全会通过的《中共中央关于全面深化改革若干重大问题的决定》。

精神。国外、境外公共信息公开的立法和我国的行政法规，均不采取公权力机关以自我本位的立场来表述信息公开，如美国的《信息自由法》、韩国的《信息公开法》和我国台湾地区的“政府信息公开法”；又如国务院于2007年4月出台的《政府信息公开条例》，也不以“政务公开”而以“政府信息公开”为题。可见，以“检察信息公开”替代“检务公开”是检察理念的重大升华。

检察信息是国家公共信息体系的重要组成部分，它与人大、政府和审判等信息组成了国家公共信息的基本体系。检察信息包括执法办案信息和其他检察信息。检察信息公开是指检察机关依法向公众、媒体和人民代表大会等机关主动公开执法办案信息和其他检察信息，或者根据检察信息公开的相对人和利益相关人的申请依法公开相关案件信息的检察活动。推进检察信息公开“是实现国家治理体系和治理能力现代化的必然要求”①，是检察活动的基本原则。

一、检察信息公开的发展

我国的人民检察制度产生于1931年11月的“中华苏维埃共和国”，在1932年《中华苏维埃共和国裁判部暂行组织条例及裁判条例》中有设置检察机构的明确规定。② 当时，确有一些检察活动的革命性宣传，而没有检察信息公开的概念。新中国成立后，从1949年的《中央人民政府中国人民检察署试行组织条例》、1954年的《人民检察院组织法》，以及至“文化大革命”期间检察机关被彻底砸烂之前，只有适应政治需要的检察宣传，仍然没有检察信息公开的概念；在此期间，也曾有举世瞩目的“检察信息公开”，如1956年6月至8月，最高人民检察院对次要的或者表现较好的1017名日本战争犯罪分子，分三批宣布免于起诉，扩大释放。③ 从总体上看，包括检察信息在内的在公共信息公开的领域，我国与世界发展的差距很大。早在1766年，瑞典王国就制定了《出版自由法》，其第二章为“关于官方文件的公开性”，其第1条规定“为了进一步自由交换意见和启迪公众，每一瑞典国民均可按下文所规定的方式自由地接触官方文件。只有出于下列情况的需要才可对这一权利加以限制；④ 其第2条又规定“本法所说的‘官方文件’指由国家机关或市政机关保

① 见党的十八届四中全会《中共中央关于全面推进依法治国若干重大问题的决定》。

② 参见孙谦主编：《中国检察制度论纲》，人民出版社2004年12月版，第36页。

③ 参见李士英主编：《当代中国的检察制度》，中国社会科学出版社1988年12月版，第121页。

④ 根据该法的规定，其“限制”的范围为：王国的安全及对外关系；涉及政府机构的监察、控制或其他监督的活动；预防犯罪及对犯罪的诉追；保护国家、集体及个人的合法经济利益；保护个人隐私、人身安全、体面及道德。根据上述原则应予保密的官方文件，由特别法予以明确规定。

存的任何文件，不论是该机关所收到的或由其草拟的文件。本章有关文件的规定应同样适用于地图、图片及照片。即使本条第二段所说的任何记录由不属于上述任何机关的个人提供或制作，但如为某一机关所获得，即视为由该机关所保存”。20 世纪的中后期，越来越多的国家制定了信息公开法。

检察机关恢复重建至党的十八大之前，相对于行政机关、审判机关的信息公开以及村务公开、厂务公开、校务公开等有所发展，而检察信息公开的发展略显滞后。党的十五大启动司法改革以来，最高人民检察院于 1998 年 10 月出台了《关于在全国检察机关实行“检务公开”的决定》，1999 年 1 月又出台了《人民检察院“检务公开”具体实施办法》，并将其列入六项检察改革之首；[①]在党的十六大和十七大期间，出台了《关于进一步深化人民检察院“检务公开”的意见》（2006 年 6 月），《人民检察院检务公开守则》（2007 年 8 月 ）。党的十八大召开以来，检察信息公开进入转型升级的阶段，执法办案信息已成为检察信息公开的重点。最高人民检察院于 2013 年 10 月出台的《深化检务公开制度改革试点工作方案》和 2014 年 9 月出台的《人民检察院案件信息公开工作规定（试行)》（以下简称《规定（试行)》）和《人民检察院公开法律文书的板式和技术标准》等配套性文件；2015 年 1 月 6 日，又出台了《关于全面推进检务公开工作的意见》（高检发〔2015〕1 号），它标志着检察信息公开进入了新的发展阶段。随着检察信息公开的发展，公众、媒体对检察活动的了解度和参与度有所提高，对于保障检察机关正确行使检察权产生了积极的促进作用。

党的十八大召开至十八届三中全会之前，以自我本位的检察宣传与满足公民知情权之社会本位的信息公开，始终交织在一起，且仍然偏重于检察宣传的自我为本位，但是，开始出现具有现代法治意义的检察信息公开的元素。2012 年和 2013 年，中国社会科学院法学研究所法治指数创新工程项目对我国检察信息公开进行了年度测评，认为虽然取得一定成效，但一些问题仍然相当突出：一是一些领域表现出明显的“原地踏步”，如更新率低，文体活动和领导活动过多；二是专业水平较低，如无法通过检察官网获取“三大员”[②] 的信息；三是工作信息严重滞后，如缺乏刑事申诉公开审查的信息；四是公开信息中的谬误不能及时解决；五是时效性欠缺，使得公开的效果大打折扣；六是检

① 见最高人民检察院检察长韩杼滨于 1999 年 3 月 10 日在第九届全国人民代表大会第二次会议上作的人民检察院工作报告中提出“今年主要推行六项改革：（1）继续深化检务公开，使检察工作更全面、更广泛、更自觉地接受监督，以公开促公正，以对外公开促进内部建设……”

② 检察机关的“三大员”为特约检察员、人民监督员和专家咨询委员。

察官网的信息化水平不高。[①] 以解决问题为导向，是推进检察信息公开的重要方法。显然，检察机关在信息公开的价值认同、理念更新和原则确立和机制完善等方面还需要系统化的提升。

党的十八届三中全会以来，检察信息公开由单纯的检察宣传开始转向满足社会大众的知情权，出现了四个转变，即从完成检察改革任务部署向确立其为检察活动基本原则的转变，从单纯的检察宣传向发展司法民主的转变，公开执法办案信息由静态向动态的转变，单项的信息公开向与社会大众双向互动的转变。

二、检察信息公开的基本价值

多年来，从检察机关的官方文件和检察理论研究成果看，对于检察信息公开价值的认识以检察本位居多，而社会大众本位、国家发展本位偏少，论及其与经济社会发展的关系则更少，缺乏将其纳入更宏观领域的认识；同时，以总结实践经验和应用理论研究居多，基础理论研究较少；在一定程度上，影响了检察信息公开的深入发展。

（一）检察信息公开是民主政治建设的内在需求

"民主"一词最早来源于希腊文，原意是"人民的权力"或者"多数人的统治"，民主政治就是人民当家做主。全面推进检察机关和其他国家机关的信息公开，是我国社会发展到现阶段凸显出的公众的民主政治需求与法治发展的必然趋势，是实现中华民族伟大复兴的应然之义。司法民主是民主政治的重要组成部分，司法民主的内涵即司法权来源于人民，检察活动和其他司法活动应当让人民了解，受到人民的监督。扩大检察信息公开是发展司法民主的重要方面，有助于完善人民民主制度和检察制度，也是推进法治中国建设的应有之义。

美国司法前部长拉姆次·克拉克认为"没有什么比秘密更加毒害民主政治了。只有让公民拥有信息，市民自治，广泛参加国家事务才有可能"。[②] 一些美国学者把发展信息公开与知情权的价值和作用分为六个方面：第一，要有意义地参与民主进程，就要求参与者知情；第二，帮助政府保持诚实、不愧对选民的参与；第三，公开信息有助于政府把事务处理得更好；第四，政府信息是公有的；第五，获取政府信息可以帮助美国人在许多方面改善生活；第六，

① 参见栗燕杰、田禾：《检务公开的成效、问题与展望》，载《人民检察》2014 年 10 月（下半月）。

② 刘迪：《现代西方新闻法制概述》，中国法制出版社 1998 年版，第 12 页。

更多信息意味着更有效地分配资源[1]。向公众、媒体提供包括检察信息在内的公共信息产品，有助于公众扩展政治参与及司法参与，有助于保障和发展人民民主制度，有助于实现立检为公，执法为民，维护公平正义，进一步体现出党的执政合法性。党的十八届三中全会《中共中央关于全面深化改革若干重大问题的决定》将检察信息公开列为国家改革层面中的重要内容；党的十八届四中全会《中共中央关于全面推进依法治国若干重大问题的决定》（以下简称《决定》）进一步强调“保障人民群众参与司法”，“构建开放、动态、透明、便民的阳光司法机制”，“依法及时公开执法司法依据、程序、流程、结果和生效法律文书，杜绝暗箱操作。加强法律文书释法说理，建立生效法律文书统一上网和公开查询制度”等，为检察信息公开的发展提出了新的要求。

（二）检察信息公开是尊重和保障人权的重要内容

尊重和保障人权是我国宪法中的重要内容。《决定》强调“加强人权司法保障。强化诉讼过程中当事人和其他诉讼参与人的知情权、陈述权、辩护辩论权、申请权、申诉权的制度保障”。我国改革开放30余年来，不仅经济有了很大发展，而且公众的权利意识、民主意识也经历了萌动、强化和相对成熟的过程，呈现出“从相对模糊、松散和同质的状态，向明确、紧凑和异质的状态转变的过程”；[2]“让更多人获享更多的权利，已成为人类的共同理想”，“可以说，我们的时代是一个权利的时代。准确地讲，是一个权利发展显著的时代”。[3] 实现公民的民主权利和其他权利，必然要求扩大包括检察信息在内的国家公共信息的进一步公开。

检察信息公开的理论基础之一，就是因公民知情权产生的检察义务，而知情权产生于言论自由权。《世界人权宣言》指出“兹鉴于人类一家，对于人人固有尊严及其平等不移权利之承认确系世界自由、正义与和平之基础”；其第19条又规定“人人有主张及发表自由之权；此项权利包括保持主张而不受干涉之自由，及经由任何方法不分国界以寻求、接收并传播消息意见之自由”。《公民权利和政治权利国际公约》第19条规定“人人有自由发表意见的权利；此项权利包括寻求、接受和传递各种消息和思想的自由，而不论国界，也不论口头的、书写的、印刷的、采取艺术形式的或通过他所选择的任何其他媒

① 参见高一飞：《检务公开的国际准则与域外立法》，载《人民检察》2009年第15期。

② ［美］刘易斯·I. 科瑟：《社会思想名家——历史背景和社会背景下的思想》，石人译，中国社会科学出版社1990年版，第102页。

③ 夏勇：《走向权利的时代》（修订版），中国政法大学出版社2000年版，第1页、第9页。

介”。《关于推进知情权的亚特兰大宣言与行动计划》[1]（以下简称《亚特兰大知情权宣言》）提出“知情权适用于政府所有分支（包括执法、司法和立法部门，以及自治机构），所有层级（联邦、中央、区域和地方），以及上述国际组织的所有下属机构”；“知情权是人类尊严、平等和公正的和平之基础”；“知情权是一项基本人权”。在国际公约和国外、境外的相关立法实践中，知情权已经成为了一种独立的权利。我国宪法虽然没有规定知情权，但是，在其第35条、第41条确定了公民的言论自由权、批评和建议权等公民的基本权利，很显然，知情权是实现公民言论自由权、批评和建议权等基本权利的前置性权利。《亚特兰大知情权宣言》对于扩大公共信息公开与保障知情权的价值表述为“是公民参与、良好治理、行政效率、问责制和打击腐败、新闻媒体和新闻调查、人类发展、社会包容及实现其他社会经济和公民政治权利的基础”。我国《宪法》第2条规定“中华人民共和国的一切权力属于人民。人民行使国家权力的机关是全国人民代表大会和地方各级人民代表大会。人民依照法律规定，通过各种途径和形式，管理国家事务，管理经济和文化事业，管理社会事务”。可见，知情权是实现人民当家做主的基本前提。我们期待着将知情权列入我国宪法中公民的基本权利。

（三）检察信息公开是经济和社会发展的应有之义

构建透明阳光和负责任的检察机关和其他国家机关与实现中华民族的伟大复兴密不可分。推进包括检察信息在内的公共信息公开是经济和社会健康发展的必要条件。一方面，推进检察信息公开能够促进检察机关正确行使检察权，切实做到“维护社会主义法制，维护社会秩序、生产秩序、工作秩序、教学科研秩序和人民群众生活秩序……”，“教育公民忠于社会主义祖国，自觉地遵守宪法和法律，积极同违法犯罪作斗争”；[2]“保护国有财产和劳动群众集体所有的财产，保护公民私人所有的财产，保护公民的人身权利、民主权利和其他权利，维护社会秩序、经济秩序，保障社会主义建设事业的顺利进行”；[3]近年来，全国检察机关“紧紧围绕中央稳增长、调结构、促改革、惠民生等重大部署，充分发挥惩治、预防、监督、教育、保护等职能作用，为促进改革

① 2008年2月27日至29日，来自40个国家的信息公开团体的125位成员在美国佐治亚州亚特兰大市发表了《关于推进知情权的亚特兰大宣言与行动计划》，一般简称为《亚特兰大知情权宣言》。

② 《人民检察院组织法》第4条（任务）。

③ 《刑法》第2条（任务）。

发展、增进人民福祉营造良好法治环境";[1] 另一方面,通过推进检察信息公开,提高检察机关的透明度,扩大公众的司法参与,促进检察决策的科学性,有利于最大限度地避免刑事错案和其他工作失误,即使有了检察失误也有助于及时纠正。

韩国于1996年12月出台的《公共机构信息公开法》、我国台湾地区于2001年2月出台的"行政信息公开办法",[2] 向公众和企业提供了更多的包括检察信息在内的公共信息,都有力地促进了经济社会健康发展,是其成为"亚洲四小龙"不可或缺的重要基础。

(四)检察信息公开是维护公平正义的新动力

"通过司法公开,司法公信力寻找到了新的增长点。司法公开缩短了民众与司法之间的距离,增强了司法对于民众的亲和力,能够容易获得民众对司法的理解与信赖。同时它也强化了司法者对于司法的责任感以及排除干预司法诸障碍的胆识与力量。法律在司法公开的平台上显得更加伟岸和光辉;正是通过司法公开的平台,法律从冷冰冰的象牙塔走进了民众的心里,从而使冷漠的司法变成温暖的司法。日积月累,这势必使司法公信之树日益变得枝繁叶茂,最终撑起依法治国的蔚蓝天空"。[3] 首先,它有利于促进检察机关规范执法,以公开促公正,维护公平正义,也有助于人民检察制度的不断完善;其次,它有利于防止司法腐败。《决定》指出"执法司法不规范、不严格、不透明、不文明现象较为突出,群众对执法司法不公和腐败问题反映强烈"。这些问题产生与检察活动公开程度低密切相关。检察机关是国家的法律监督机关,也是重要的国家反腐败机关,承担着立案、侦查国家工作人员职务罪等职责,其自身的反腐倡廉更显重要。阳光是最好的防腐剂,通过推进检察信息公开,才能实现"坚持以公开促公正、以透明保廉洁,增强主动公开、主动接受监督的意识,让暗箱操作没有空间,让司法腐败无法藏身"。[4]

---

① 最高人民检察院检察长曹建明于2014年3月10日在第十二届全国人民代表大会第二次会议上作的人民检察院工作报告。

② 我国台湾地区官方信息的法制发展历经了"行政程序法""行政信息公开办法"(2001年2月11日)和"政府信息公开法"(2005年12月28日)三个阶段。2005年12月28日出台的"政府信息公开法"第1条"为建立政府信息公开制度,便利人民共享及公平利用政府信息,保障人民知情的权利,增进人民对公共事务之了解、信赖及监督,并促进民主参与,特制定本法";该法的"政府信息"包括检察信息。

③ 汤维建:《评〈最高人民法院关于推进司法公开三大平台建设的若干意见〉》,载《人民法院报》2014年1月4日。

④ 习近平总书记于2014年1月7日,在中央政法工作会议上的讲话。

三、检察信息公开的基本理念

理念是对事物价值理解和对事物规律把握而形成的基本观念。理念决定起点、定位、目标和未来发展。破除“检察本位”“神秘主义”“封闭主义”等陈旧理念，树立符合“实现国家治理体系和治理能力现代化的必然要求”① 的检察理念，是科学推进检察信息公开的前提。纵观国外、境外公共信息的法治发展，结合我国检察机关的性质、职权和特点，需要树立以下基本理念。

（一）树立检察信息是社会大众公共产品的理念

检察信息产生于检察活动，又由检察机关所掌控，但是，这并不妨碍检察信息是一种重要的社会资源和大众的公共产品，不是检察机关的私有财产，这是一切公共信息的社会属性和人民性。除了依法不公开的情形外，检察机关应当依法及时、主动和最大限度地向案件当事人和诉讼参与人和公众、媒体公开检察信息。

长期以来，一些地方检察机关之所以缺乏主动公开的意识，就是将检察信息视其为私有财产，能不公开的尽量不公开或者最大化地选择性公开。国外、境外的公共信息公开的立法均以官方信息为公共产品和社会资源为基本理念，不断扩大公共信息公开。第一部现代意义上的公共信息公开的立法是 1967 年 7 月美国出台的《信息自由法》，根据该立法的精神，政府信息②是社会的公共财产。

（二）树立检察信息公开是检察活动基本原则的理念

国家机关组织法的基本原则一般分为组织原则与活动原则，现行的检察组织和活动原则主要有依法独立行使检察权、客观公正、检察一体、正当程序、保障人权和接受监督，③ 而没有将检察信息公开列入其活动原则，已不符合时代的要求。首先，扩大包括检察信息在内的公共信息公开，是民主政治制度发展基本条件，将检察信息公开列入检察活动的基本原则是扩大社会公众的司法参与，发展司法民主，促进正确行使检察权的重要内容。其次，它是完善刑事诉讼等法律制度的重要内容，修改后的《刑事诉讼法》第 11 条仅仅规定了“人民法院审判案件，除本法另有规定的以外，一律公开进行……”而对检察机关和公安机关进行的刑事诉讼活动，没有规定信息公开。在国外、境外的信息公开立法文件中，审前程序的重要信息应当依法公开，如普通案件的侦捕诉

---

① 党的十八届四中全会《中共中央关于全面推进依法治国若干重大问题的决定》。

② 在欧美，政府信息包括检察信息和军事信息，司法信息仅指法院的信息。

③ 参见孙谦主编：《中国检察制度论纲》，人民出版社 2004 年版，第 193 页。

等基本程序性信息公开也已成为世界通例。最后，有利于促进检察机关的各项活动阳光透明，在执法办案以外的领域如检察队伍建设、经费开支等状况，也要向公众、媒体公开，以便更有效地接受外部监督，不断提高检察公信力。

（三）树立检察信息公开为常态，不公开是例外的理念

以往各地常常出现这样的现象：基层检察院查办了县政府某局长并且实施了逮捕的强制措施，全县各界议论纷纷，各种“消息版本”层出不穷，甚至还被媒体炒作得沸沸扬扬，而该检察院在侦查阶段却是一声不吭。为何不能发布该局长涉嫌某罪，被立案侦查和依法逮捕呢？美国底特律前市长基尔帕特里克腐败案，在侦查阶段，检察官在认为不妨碍侦查的前提下，数次发布相关新闻，介绍有关侦查情况。美国《信息自由法》明确规定各联邦政府有将其信息资料向公众公开的义务，“若无特定原因，行政部门的记录应向公众及任何个人开放”，率先确立了公开是原则，不公开是例外的理念，后成为国际社会的共识。1974 年美国对《信息自由法》的修正案，扩大了负有公开行政信息义务的行政机构的范围，“机构包括行政部门，军事部门，联邦政府的、受联邦政府控制的企业，或者联邦政府的其他机关，或者任何独立的管理机构”。[①]《亚特兰大知情权宣言》指出“信息公开应当成为准则，保密应被视为例外”。

结合我国检察机关的实际，在坚持公开为常态，不公开是例外的同时，还要变被动公开为主动公开，变内部公开为外部公开，变选择性公开为全面公开，变形式公开为实质公开，能公开的尽量公开。检察机关是其信息的主要拥有者，应当将信息公开作为检察机关对社会公众的基本义务。

（四）树立检察信息公开是检察机关自我革命的理念

推进检察信息公开是具有基础意义的、牵一发而动全身的重大检察改革，它冲击着选择性公开的传统理念和原有的检察发展方式，它为人民检察事业的发展注入了新动力和新活力；它将对《人民检察院刑事诉讼规则（试行）》和《人民检察院民事诉讼监督规则（试行）》等规范性文件作出理念与机制的调整。检察信息公开是党的十八届三中全会《中共中央关于全面深化改革若干重大问题的决定》中的重要任务，它是实现司法公正、遏制司法腐败、破解检察难题和“瓶颈”、提升检察公信力的重要路径。“司法公开本质上是对高度聚合化的司法权所进行的一种解构性努力，就是将笼罩着神秘色彩的司法权掰开了、揉碎了，让它晾晒在公开透明的阳光之下，将其通俗地、直观地、可

① 根据美国的宪政架构，其检察机关属于行政机关，检察长与司法部长为同一人，其《信息自由法》当然适用于检察机关。

视地展示在当事人面前，展示在公众面前，让人们去充分地理解、阅读、领会乃至评头论足。这里所彰显的是司法者的自信和智慧，所去除的是司法的神秘主义以及由此所导致的司法中的艰深与晦涩，乃至司法中的不公与腐败”。[①]推进检察信息公开本身，就是检察机关革除落后传统理念、自我革新、自我进化和自我完善的过程。

（五）树立检察信息公开由工作机制提升为法制化的理念

将重大的、成熟的检察工作机制逐步走向立法，是建设法治中国的应有之义。现代信息社会把检察信息公开的价值和意义前所未有的凸显出来，用以描述检察信息公开程度的“阳光检察”“透明检察”等新概念应运而生。社会发展和检察事业发展的内在需求，决定了检察信息公开工作机制需要新的提升空间，检察机关和其他国家机关信息公开的法制化已成为发展的必然趋势。国外、境外已有大量的有关公共信息公开的立法，自瑞典王国于1766年制定《出版自由法》，由此开启了世界公共信息公开立法的进程；从发展趋势看，公共信息公开的范围在逐步扩大，而例外事项进一步控制。境外有个“第19条”的非政府组织，[②]该组织于1999年提出了用“三步测试法”来衡量公共信息公开立法中的依法不公开信息的立法原则，为世界各国和地区的公共信息公开的立法中确定各自的例外事项提供了十分重要的参考蓝本，即（1）拒绝公开信息必须有法律规定的合法目的；（2）公开信息一定会对合法目的产生实质性损害；（3）公开信息对合法目的的损害一定大于不公开信息的公共利益。[③]“第19条”的非政府组织的理念已成为国际社会的重要共识，值得我们借鉴。

《决定》指出“全面推进依法治国，总目标是建设中国特色社会主义法治体系，建设社会主义法治国家”；“完善以宪法为核心的中国特色社会主义法律体系，加强宪法实施”；“贯彻中国特色社会主义法治理论，形成完备的法律规范体系、高效的法治实施体系、严密的法治监督体系、有力的法治保障体系”。首先，从完善“法律体系”而言，检察信息与其他国家机关信息的公

① 汤维建：《评〈最高人民法院关于推进司法公开三大平台建设的若干意见〉》，载《人民法院报》2014年1月4日。

② “第19条”是一个以强调保护和促进世界范围内表达自由与信息自由为己任的国际人权组织。该组织的名称来源于《世界人权宣言》第19条的规定：人人有主张及发表自由言论的权利；此项权利包括保持而不受干涉之自由及经由任何方法不分国界以寻求、接收传播消息意见之自由。

③ 参见石国亮：《国外政府信息公开探索与借鉴》，载谢伏瞻主编：《国外政府管理研究丛书》，第48页。

开，应当由全国人大来立法。[①] 目前，我国的公共信息公开的法治发展较为迟缓，仅有国务院的行政法规和最高人民法院、最高人民检察院的司法解释，以及部委规章和地方立法。为了推动我国政治、经济和社会的发展，需要从更大的范围上推动国家公共信息公开，建议我国制定《公共信息公开法》或者先分别制定《行政信息公开法》《司法信息公开法》和《国有企业、事业单位信息公开法》等。就检察机关而言，在新一轮修改人民检察院组织法中，建议将检察信息公开加入检察机关活动的基本原则。地方人民检察院在总结经验和完善机制的基础上，可以探索向同级人大常委会提请制定“关于加强检察信息公开的决定”，[②] 将检察信息公开列入人大、政协和社会各界的监督范围。在方法上，也可以与法院联动，即共同提请地方人大常委会制定“关于加强司法信息公开的决定”。条件成熟时，最高人民法院和最高人民检察院共同提请全国人大常委会制定“关于加强司法信息公开的决定”。随着民主与法制的不断发展，相信在不久的将来，我国的宪法、全国人民代表大会组织法、国务院组织法、地方人民代表大会和地方人民政府组织法也会增加信息公开原则的条款，期待着我国早日制定综合性的“公共信息公开法”。其次，从“法治体系”而言，扩大检察信息和其他国家机关信息的公开，是其应有的内容；“法治体系”一般包括理念、立法、行政执法、司法、监督和守法等，推进检察信息公开既要加强其基础理论与应用理论的研究，不断更新理念，又要认真总结实践经验；既要借鉴国外、境外的立法成果，又要结合我国检察制度的具体情况，推进立法；当前要继续全面、严格地执行《规定（试行）》，细化工作机制，强化内部监督和主动接受外部监督。

四、检察信息公开的基本原则

原则是理念的延伸，是行为的准则。检察信息公开的基本原则是该领域法治建设和工作机制建设的必须遵循的准则。

（一）合法性与规范性

合法性原则首先是指检察机关一切活动都必须以法律和司法解释为依据，

---

① 全国人大的立法中虽然有审判公开的法制内容，但是它在理念和制度设计上，还不能等同于现代法治意义上的审判信息公开。

② 江苏省沭阳县、徐州市铜山区和东海县的检察院，经过提案，人大常委会分别于2014年4～6月已出台了专门性的决议，明确规定了检察信息公开的范围、方式等，率先将检察信息公开列入人大监督的事项。虽然，县级人大常委会不具有立法权，但是其决议具有法治的意义。徐州市人大常委会已将推进检察信息公开列入地方立法计划。

在检察信息公开领域当然也不例外。其基本内涵是：检察机关依据相关规定，严格遵守对检察信息公开的范围、程序、方式、时限、互动回应、安全保密和救济等基本制度；其中，检察信息公开的范围与例外事项是重点。在国外、境外的相关立法中，合法性原则是以推进公共信息公开，而不是限制信息公开为导向的。以美国的《信息自由法》为例，它规定了各联邦政府（包含检察机关）有将其信息资料向公众公开的义务；在公共信息的种类方面规定“公共信息包括：行政机构规则、意见、命令、记录和程序”；在信息公开的范围方面规定“第一，联邦政府的记录和档案原则上向所有的人开放，但是有九类政府情报可免于公开；第二，公民可向任何一级政府机构提出查阅、索取复印件的申请；第三，政府机构则必须公布本部门的建制和本部门各级组织受理情报咨询、查找的程序、方法和项目，并提供信息分类索引”；在信息查询的方式方面，除互联网外，美国公民享有从政府的档案馆、手稿馆、图书馆、报纸杂志、电台、电视台、情报所、科研所获得信息，并利用信息的权利。这种权利不受年代的限制，无论有关信息是保存在档案馆里、文献中心的库房里，还是在政府机构的办公室里。1971 年美国联邦司法部出台《处理媒体关系指南》（1975 年修订），进一步明确了检察机关执行《信息自由法》的若干具体问题。

规范性以合法性为前提，强化对检察信息公开的组织领导、部门分工、内部流转程序、考核评价等管理机制加以系统化的规制。日本检察机关为了有效执行《日本信息公开法则》，出台了《最高检察厅情报公开审查基准》，详细地规定了“1. 开示、不开示的基本考量；2. 开示情报的范围；3. 开示的实施、方法和体系；4. 不开示情报的类型；5. 请求程序与保密事项；6. 不开示情报的该当性”。[①] 而《规定（试行）》等配套文件内容较为简单，有待充实完善。

（二）及时性

及时性是信息公开的重要价值所在，否则就会时过境迁，新闻变旧闻，妨碍当事人、诉讼参与人和社会公众的知情权。检察信息主要是执法办案的信息，它包括程序性信息和实体性信息。在实体信息方面，美国《最高法院诉讼规则》规定“最高法院裁决的任何案件宣判之后，判决书都必须在 10 分钟上传至官方网站；每天下午在官方网站公布每日的庭审书面记录”。英国最高法院规定在宣判后 48 小时之内将判决书上传至官方网站；我国香港特区法院

① 赵莉（南京师范大学副教授，在日攻读博士）于 2014 年 6 月 7 日下载于日本最高检察厅官网，并予以翻译，共计 46 页。

规定在宣判后3个工作日内上传至官方网站；我国最高人民法院规定宣判生效7日之内将判决书上传至官方网站；[①] 而《规定（试行）》第21条第1款规定“案件承办人应当在案件办结后或者在收到人民法院生效判决、裁定后十日以内，依照本规定，对需要公开的法律文书做出保密审查和技术处理，报部门负责人审核、分管副检察长或者检察长批准后，提交案件管理部门复核、发布”。案件承办人环节可以“十日”，其后续程序时限还不确定，显然效率过低，这已经超过了修改后《刑事诉讼法》第89条关于审查逮捕7天的期限；[②] 从其工作量、难度的角度来看，《规定（试行）》第21条第1款规定案件信息公开的时限，至少应当修改为“七日以内”。

在程序性信息方面，难点主要集中于侦查环节的信息，在不妨碍侦查的前提下，检察机关应当最大化地向公众、媒体发布信息。在我国台湾地区，检察官侦查贪腐案件频频向外界公开一些信息已成为常态，台湾特侦组在侦办陈水扁贪腐案中，检察官在侦查阶段频频发布信息，甚至发布了许多已查证的贪腐事实，以及查否的线索。[③] 大陆检察机关在侦查职务犯罪的过程中，以往基本不发布侦查信息，随着改革的深入，也应当适度地发布侦查信息，以正视听，满足公众的知情权。

（三）客观真实性

检察信息的真实性是保障知情权的基础，是实现其社会价值的根本保障。当事人和其他诉讼参与人、公众、媒体以及其他的官方机构往往更多地依赖公开的检察信息来了解检察机关，并且对检察机关作出评价。真实的检察信息应当具有客观性与完整性，必须以客观事实为依据，对各类检察信息不扩大，不缩小，不歪曲。对涉及他人隐私、商业秘密和国家秘密的应当依法处理。国外、境外在公共信息公开的立法中，也特别注重信息的真实性，否则要承担法律后果。检察机关既要公开对其“加分”的信息，又要公开对其可能“减分”的信息，如出现错案或者检察人员违法犯罪等信息也要依法公开。总之，有利于和不利于检察机关的信息都要依法公开，增加刚性、减少弹性。

---

① 《人民法院在互联网公布裁判文书的规定》第8条规定“承办法官或者人民法院指定的专门人员应当在裁判文书生效后七日内按照本规定第六条、第七条的要求完成技术处理，并提交本院负责互联网公布裁判文书的专门机构在中国裁判文书网公布”。

② 修改后《刑事诉讼法》第89条第1款规定“人民检察院应当自接到公安机关提请批准逮捕书后的七日以内，作出批准逮捕或者不批准逮捕的决定……”

③ 华夏经纬网2014年8月7日讯“台湾特侦组：陈水扁涉帕劳洗钱案　查无实据签结”。据我国台湾地区媒体报道，台湾地区前领导人陈水扁被指用专机载4000万美元存入帕劳的银行涉及洗钱；我国台湾地区特侦组调查后，昨天以查无实据签结。

（四）利益平衡性

平衡好两个具有宪法机制的权利：知情权与个人隐私、商业秘密和国家安全秘密等。在法国，为了保护公众的私生活，要求适用“折中”两个具有宪法价值的权利：公共安全和个人自由，并且要求法国的法官（在审理公共信息公开纠纷案件）必须在这些范畴之间需求最好的平衡，在必要时还应当优先考虑那些保护最能合法的利益的解决办法。[①] 检察信息公开实质上也是检察机关、公众、媒体和诉讼参与人的利益或者权利之间的博弈。知情权是一项宪法性权利，公众的知情权既广泛又复杂，而当事人或者诉讼参与人的因各自的诉讼角色的不同和诉讼环节的不同，其知情权的差异十分巨大。在一些情况下，检察信息公开可能会有与当事人或者其他诉讼参与人的利益或者权利的冲突，即使是必须公开的检察信息，当事人也可能会有强烈的不满。因此，要对检察信息公开所得的社会利益与不公开所保护的利益进行衡量，两害取其轻，以此来判断一些具体的检察信息是否需要公开。一方面，要从宪法层面平衡好知情权与个人隐私、商业秘密和国家秘密、安全等；另一方面，也要从诉讼活动的层面平衡好犯罪嫌疑人、被告人与被害人，附带民事诉讼原告人与被告人的利益。

（五）便民性和民意转化

便民性，即向当事人和其他诉讼参与人、公众、媒体和其他的官方机构提供获取并且利用检察信息的便利。民意转化是指通过公开检察信息，广泛吸收各类意见和建议，不断改进各项检察工作的活动。便民性和民意转化是公众政治参与，司法参与的重要内容，也是司法民主的应有之义和立检为公、执法为民的内在要求。国外、境外的公共机构依据其立法通常采取制定信息目录和先进的检索方法，如可以从文档标题、文号、制作时间、制作部门、关键词等方面，便利在官网上进行搜索，使公众的知情权得到了有效保障。

便民性还包括了无偿性的要求，它是指除法律另有规定的，对国家机构提供的信息不得收取费用。既然检察信息公开由国家财政支持，所有纳税人已经为其支付了成本，所以，原则上不收费。但是，为了防止各种不合理的或者恶意的申请，也需要适当收费。国际社会的相关理念和做法值得借鉴，一般来说，对于信息公开过程中的纸张、光盘等收取成本费用，美国的《信息自由法》对于申请人中的非商业单位、商业用途和公共利益团体申请人的收费也

① ［法］飞利浦·格雷茨亚诺：《欧洲对于私生活的法律保护：法国与德国的比较》，石友佳译，载《法学家》2006 年第 3 期。

有所区别。巴尼萨在其《2006年世界范围内的政府信息公开法的一个全球调查》报告中指出“最好的做法，是根据提供信息的实际成本，而不是判断是否使用公开之例外所花的时间来确定收取费用。对涉及公共利益的信息免除收费，以及不再申请复议和救济收费。所有国家都必须接受的原则是：收费不应该对政府信息公开产生负面影响，阻碍信息公开；政府不得将信息公开的收费机制作为自身盈利的手段”。[①]

我国法院系统在审判公开方面加大了便民措施，如各级法院在官网或者诉讼服务中心（对外窗口）向公众提供了诉讼指南，它包括诉讼常识、诉讼风险、法律文书范本、立案信息、诉讼收费标准、诉讼流程、开庭信息等内容。2013年11月27日，最高人民法院在深圳召开“全国法院司法公开工作推进会”，同时发布了修改后的《关于人民法院在互联网公布裁判文书的规定》、《关于推进司法公开三大平台建设的若干意见》“全面推进审判流程公开、裁判文书公开、执行信息公开三大平台建设”。《规定（试行）》也将便民作为基本原则之一；其第3条还规定“人民检察院应当通过互联网、电话、邮件、检察服务窗口等方式，向相关人员提供案件程序性信息查询服务，向社会公开重要案件信息和法律文书，以及办理其他案件信息公开工作”。

目前，在检察信息公开改革中，民意转化的机制在检察信息公开中发育的较为滞后，如《规定（试行）》第24条规定，虽然有“……收集、研判案件信息公开工作引发的社会舆情，并会同相关部门及时处理”的要求，但是，它是从应对负面舆情的角度来论及应对和处理的，并非是一个互动、常态的接受外部监督，不断改进检察工作的制度设计。

（六）安全保密性

安全保密的主要内容为涉及国家安全、公共安全、经济安全和社会稳定等方面的公共利益。[②] 国家秘密也包括国家机关在依法履行职责中获取的个人隐私和商业秘密。检察信息公开的安全保密是指严格遵守国家《保守国家秘密法》、《保守国家秘密法实施条例》和《检察工作中国家秘密范围的规定》，处理好推进检察信息公开与维护国家安全和其他公共利益关系。一方面，在检察信息公开中坚持安全秘密是“维护国家安全和利益，保障改革开放和社会主

① 石国亮：《国外政府信息公开探索与借鉴》，载谢伏瞻主编：《国外政府管理研究丛书》，第126页。

② 国务院办公厅《关于进一步做好政府信息公开保密审查工作的通知》（国办发〔2010〕57号）中，对“安全”的分类。

义建设事业的顺利进行”的重要内容，[①]也是依法推进检察信息公开工作的前提条件。2007年4月国务院出台的《政府信息公开条例》实施3年后，针对一些地方出现的安全保密问题，国务院办公厅下发了《关于进一步做好政府信息公开保密审查工作的通知》（国办发〔2010〕57号），要求“高度重视政府信息公开保密审查工作”“进一步规范政府信息公开保密审查程序”和“加强对政府信息公开保密审查工作的督促检查”。检察机关的执法办案信息公开处于起步阶段，而《规定（试行）》第21条有关保密审查的规定又较为原则，因此，需要增强安全保密意识，细化工作机制，明确工作责任，认真执行最高人民检察院相关规定。另一方面，也要防止以安全保密为由，阻碍检察信息公开。从国外、境外公共信息公开的发展情况看，公共信息公开始终是一个不断拓展的过程，直接动因为：国会、选民、媒体、党派、社团和行业组织与政府、司法的持续性博弈。在我国，随着理念的更新，过去属于国家秘密的一些内容，也逐步被列为公开的事项，如检察机关的内设机构的名称与基本职能，以往对外是保密的，如在新中国成立初期的最高人民检察署的内设机构对外称为“一处”“二处”……在改革开放初期，最高人民检察院内设业务机构对外称为“一厅”“二厅”……20世纪90年代后，才逐步对外公开内设部门的实际名称和基本职能。[②]

除上述六项基本原则外，在推进检察信息公开的改革过程中，还要坚持积极性与稳妥性，创新性与合法性相结合的原则。

五、检察信息公开的难点与对策

检察机关公开执法办案信息，对于部分检察人员来说并非易事，也需要有一个适应的过程。当然，在少数检察人员有抵触时，也应按照《规定（试行）》强行入轨。

（一）个案比较可能增加涉检信访

在改革实践中，某基层检察院对轻伤害案件的犯罪嫌疑人作出了相对不起诉的决定，而被害人得知邻区检察院对相近案情的案件则提起公诉，后判处有期徒刑6个月，缓刑1年。信息公开后，两个案件的被害人、被告人和被不起诉人都认为司法不公，申诉及上诉被维持后，均走上了信访申诉之路。从表象上看，上述两个案例引发了涉检信访，产生了司法风险，但是，这正是通过信

---

① 《保密法》第1条。

② 参见尹吉：《当代中国检察监督体制研究》，中国检察出版社2008年版，第93～96页。

息公开的倒逼机制，体现了促进检察机关正确适用法律的价值所在。相信通过信访申诉，能够促进检察院之间，检察院与法院之间，缩小执行宽严相济刑事政策的差异，实现司法公正。

（二）公开填充式的法律文书，可能增加公众媒体的疑问

《规定（试行）》第17条规定“人民检察院作出撤销案件、不批准逮捕等决定的法律文书，可以通过在本院设立电子触摸显示屏等方式提供查阅”。众所周知，这些法律文书是没有基本案情的填充式法律文书。在改革试点中，一批检察院向公众公开了此类法律文书，如公开了不批准逮捕决定书，引发了公众和媒体的质疑与好奇，基本案情是什么？不捕的理由是什么？检察机关与公安机关分歧点是什么？然而，公众和媒体却得不到期待的后继信息。笔者认为，应当构建附加基本案情和相关说明，以及对公众、媒体的互动答疑机制。

（三）公开和解后的不起诉决定案件，可能不利于和谐稳定

对于邻居之间因为民事纠纷引起的轻伤害案件，经过刑事和解，检察机关决定不起诉，而依据《规定（试行）》应当将不起诉决定书在互联网上公布，这将使得信息公开与化解矛盾之间失去了前文所述的利益平衡性，该案中的满足社会公众知情权的利益显然低于当事人之间和谐的利益。尽管对不起诉人等的家庭住址、通信方式、身份证号码、银行账号、健康状况等个人信息进行屏蔽，但是，仍然会对当事人产生心理阴影，不利于巩固已被修复的社会关系。最高人民法院《关于人民法院在互联网公布裁判文书的规定》第4条规定“人民法院的生效裁判文书应当在互联网公布，但有下列情形之一的除外：（一）涉及国家秘密、个人隐私的；（二）涉及未成年人违法犯罪的；（三）以调解方式结案的；（四）其他不宜在互联网公布的”。笔者认为，最高人民法院的规定更为合理；经过调解达成或者自行和解后，检察机关决定不起诉的，不宜在互联网上公开案件信息；对于达成刑事和解而依法提起公诉，检察机关建议从宽处理的案件，也不宜公开其案件信息。

（四）职务犯罪案件的处理标准与法律、司法解释差异过大，将导致公众不满

十余年来，基于“集中力量查办大案要案”① 的部署和适当考虑物价等因素，全国大中城市的检察机关立案侦查的贪污受贿案件的大案率②已超过

① 载最高人民检察院检察长贾春旺于2005年3月9日，在第十届全国人民代表大会第三次会议上所做的工作报告。

② 该大案率指立案贪污、受贿5万元以上案件的占贪污贿赂案件立案总数的比例。

70%，长三角和珠三角已超过90%，绝大多数贪污、受贿不满5万元案件不再进入刑事诉讼，而由纪检监察作党纪政纪处理，这与刑法原规定贪污受贿5千元以及《刑法修正案（九）》规定的“数额较大或者有其他较重情节的”起刑点差异过大。在立案和相对不起诉的环节有明显地表现，如举报3万元的受贿，若没有其他线索和其他严重情节的，原则上不立案；或者初查认定受贿超过5万元，而侦查终结时因证据不足只能认定2万元的，一般选择相对不起诉。执法办案信息公开已使检察执法标准与刑法规定和公众预期的差异凸显，调整检察机关反腐败的刑事政策，回归罪刑法定原则，才是正确的路径。

（五）公开终结性法律文书，可能引起公众误解

检察机关公开终结性法律文书[①]是2014年1月全国政法工作会议和全国检察长会议作出的重要工作部署。众所周知，相对于法院、公安而言，公众对检察机关的了解程度相对最低。从普通公民的角度，若分别上了法院、检察和公安的官网，将会看到：法院官网上有大量的有罪判决等裁判文书，公安官网上有大量侦破刑事案件和处置治安案件等信息，而检察机关公开的执法办案信息却以不立案、不逮捕、撤销案件等为执法办案信息的居多。这是不客观、不完整的，更是缺乏司法智慧的。

（六）公开涉及民生的案件，可能引起当地党政领导的不满

执法办案信息公开与地方保护主义时有冲突，不可避免，如某基层检察院依据《规定（试行）》第11条第1款[②]的规定，将公众、媒体高度关注的本地食品厂生产、销售有害食品的犯罪案件，在提起公诉时予以公开，县里党政主要领导以“影响发展、影响形象，影响税收、影响稳定”等为由，对于检察院提出了严厉的批评。《决定》指出“任何党政机关和领导干部都不得让司法机关做违反法定职责、有碍司法公正的事情，任何司法机关都不得执行党政机关和领导干部违法干预司法活动的要求”。上级检察机关应当根据《决定》的要求，加强与党委政府的协调，支持下级检察机关的执法办案信息公开工作。在“改革司法管理体制，推动省以下地方法院、检察院人财物统一管理”[③]之后，地方干预将会有所减少。

---

① 根据《检察机关执法工作基本规范》的规定，检察机关终结性的法律文书主要有：不立案、撤销案件、不捕中除证据不足和无逮捕必要以外的不捕、不起诉等法律文书。

② 《规定（试行）》第11条第1款规定“人民检察院应当及时向社会发布下列重要案件信息：（一）有较大社会影响的职务犯罪案件的立案侦查、决定逮捕、提起公诉等情况；（二）社会广泛关注的刑事案件的批准逮捕、提起公诉等情况；（三）已经办结的典型案例；（四）重大、专项业务工作的进展和结果信息；（五）其他重要案件信息”。

③ 党的十八届三中全会通过的《中共中央关于全面深化改革若干重大问题的决定》。

（七）公开有分歧的案件，将会增加社会聚焦

在司法实践中，法院、检察院和公安机关有重大分歧的案件时有发生，执法办案信息公开将会导致媒体聚焦，公众热议。如公安机关公布侦破了一起重大案件，而检察院或者法院则认为证据不足，又如检察机关公布查办了一起县处级领导干部的受贿案，而法院认为罪名不成立等。《宪法》第135条规定“人民法院、人民检察院和公安机关办理刑事案件，应当分工负责，互相配合，互相制约，以保证准确有效地执行法律”。三机关有分歧是正常现象，相互制约恰恰是保障司法公正的基本架构。随着推进执法办案信息的公开，媒体会将分歧极度放大，检察机关在适应新媒体时代的过程中，既要坚持以事实为根据，以法律为准绳，敢于担当，又要及时关注和正确地引导舆情，才能彰显检察品质。

（八）法律文书质量不够高，可能增加负面评价

执法办案信息公开，对法律文书的质量提出了空前的高要求。案件当事人和其他诉讼参与人会十分关注检察机关公开的法律文书，媒体也会对社会广泛关注的案件字斟句酌，挖掘新闻卖点。在实践中，也有媒体抓住法律文书中的文字错漏，拓展发挥，进而质疑整个案件质量。近几年来，检察机关在组织案件质量评查中，也发现了一些法律文书质量方面的问题。其实，案件当事人和其他诉讼参与人，公众、媒体对检察机关法律文书咬文嚼字并非坏事，它是促进我们全面提高法律文书质量的重要路径。当前，尤其要围绕法律文书的格式、语法、字词、逻辑、说理等加强系统的培训并且建立必要的考核机制。

六、检察信息公开的基本范围

检察信息分为执法办案信息与其他检察信息。在执法办案信息中，它又分为应当主动公开的信息与依申请公开的信息；从现实与发展的角度来看，它可以分为已明确的公开信息与需要拓展的公开信息。检察信息公开的基本范围主要取决于宪法和法律规定的检察权。检察信息涉及的国家、经济、社会、民生等事务的广度显著窄于政府信息，且其信息总量也显著少于政府信息。在环节上，检察信息以执法办案的程序性信息为主，而审判信息是以实体性、终局性的裁判为主；在内容上，检察信息以刑事执法案件信息居多，而审判信息以民商事案件信息居多。这些不同特点，决定了检察信息公开的范围、难点与政府、法院的信息公开有所不同。

检察信息公开的基本内容，应以执法办案信息为主，其他检察信息为辅。

公开与正义密不可分，正义不仅要实现，而且要以看得见的方式实现。[①] 多年来，检察信息公开存在的主要问题就是执法办案信息少，其他检察信息多。从最高人民检察院于1998年10月《关于在全国检察机关实行“检务公开”的决定》确立的“十公开”，到2007年8月《人民检察院检务公开守则》[②] 确立的“20项公开”中，没有一项是要求个案信息的公开；其规定的公开内容为：法律、司法解释、检察机关的工作制度和纪律等便民措施，不属于严格意义上的检察信息公开，因为相关的立法和司法解释等早已向全世界公布过了。国务院于2007年4月出台的《政府信息公开条例》，在其第二章“公开的范围”中，以行使行政权的具体内容为主，而非以公开便民的程序性事项为主，值得检察机关借鉴。从欧美日韩的审判机关和检察机关的官网看，其窗口栏目比我国最高人民法院和最高人民检察院官网的栏目相对简单，且均以案件信息为主，其他信息为辅，如英国最高法院的外网栏目有：法院简介、访问须知、诉讼程序、已决案件等，该网站的案件信息占信息总量的80%以上，而我国各级检察机关外网中的执法办案信息在2014年之前还不到检察信息总量的20%。检察机关应当以满足公众的知情权、表达权、参与权和监督权为导向，大量增加执法办案信息，控制和减少其他“活动信息”，特别是各级检察院领导成员的“调研”、“考察”、“视察”、“慰问”、“重要讲话”、“重要指示”、“重要批示”以及礼仪性的活动信息。

（一）应当主动公开的执法办案信息

1. 应当主动向公众、媒体公开执法办案信息，是设定公众、媒体知情权大小的关键

根据《规定（试行）》主要包括五类案件“（1）有较大社会影响的职务犯罪案件的立案侦查、决定逮捕、提起公诉等情况；（2）社会广泛关注的刑事案件的批准逮捕、提起公诉等情况；（3）已经办结的典型案件；（4）重大、

① 参见［英］丹宁勋爵：《法律的正当程序》，李克强、杨百揆、刘庸安译，法律出版社2011年版，第23页。

② 《人民检察院检务公开守则》规定了检务公开20项内容：（1）人民检察院性质、职能和职能部门主要职责；（2）人民检察院直接受理立案侦查案件的范围；（3）贪污罪立案标准；（4）渎职侵权犯罪立案标准；（5）举报须知及信访规定；（6）侦查、审查逮捕、审查起诉阶段办案期限；（7）侦查、起诉阶段犯罪嫌疑人的权利；（8）侦查、逮捕阶段被害人的权利、义务；（9）证人的权利和义务；（10）保障律师在刑事诉讼中依法执业的规定；（11）刑事诉讼中开展法律援助工作的规定；（12）不起诉案件公开审查规则；（13）刑事案件普通程序简化审和简易程序；（14）申诉须知及刑事申诉案件公开审查程序规定；（15）国家刑事赔偿规定；（16）民事行政抗诉案件办案规则；（17）人民监督员制度试点工作规定；（18）检察官任职资格和管理；（19）检察人员任职回避和公务回避；（20）检察工作纪律和职业道德。

专项业务工作的进展和结果信息；（5）其他重要案件信息。又规定人民检察院对正在办理的案件，不得向社会发布有关案件事实和证据认定的信息”。在公开法律文书方面，《规定（试行）》明确了四类法律文书向公众和媒体公开“（1）人民法院所做判决、裁定已生效的刑事案件起诉书、抗诉书；（2）不起诉决定书；（3）刑事申诉复查决定书；（4）最高人民检察院认为应当在该系统发布的其他法律文书”；还规定人民检察院不得在“案件信息公开系统”发布工作文书。

我认为，《规定（试行）》确立的公开范围取值较小，需要适当扩大。首先，适度扩大公开检察机关办案的程序性信息，江苏省人民检察院检察委员会于2014年10月14日通过的《江苏省检察机关案件信息公开工作实施办法》，将检察机关办案的案由、受理时间、办案期限、办案部门、办案进程、处理结果、强制措施等程序性信息的公开由特定人扩大到向公众、媒体，而在《规定（试行）》中，这些程序性信息仅仅对案件当事人及其法定代理人、近亲属、辩护人、诉讼代理人公开。其次，案件以外的检察执法信息也应当纳入《规定（试行）》，如预防犯罪和法律监督的信息。虽然，法律监督信息与案件信息有时存在交叉，如检察机关认为法院的裁判在认定事实和适用法律确有错误而依法提出的抗诉。但是，仍有许多监督活动本身并非办案，如对监狱、看守所、社区矫正机构等的违法情形，依法提出口头或者书面的违法纠正意见。最后，《规定（试行）》的诸多表述也需要进一步细化，如“有较大社会影响的职务犯罪案件”“社会广泛关注的刑事案件”“典型案件”缺乏具体标准，容易导致有些地方进行选择性公开。最后，对职务犯罪案件查封、扣押、冻结涉案财物处理结果，以及对久押不决、超期羁押问题和违法不当减刑、暂予监外执行的监督纠正情况等，也要主动公开。

2. 主动向案件当事人及诉讼参与人告知权利

检察机关依法告知权利既是履行法定义务，也是帮助他人获取法律信息的活动。人们只有知道自己有哪些权利，才能有效地行使权利，诉讼活动中的权利告知是保障人权的重要内容。联合国《公民权利和政治权利国际公约》第9条规定“任何被逮捕的人，在被逮捕时已告知逮捕他的理由，并应被迅速告知对他提出的任何指控”。我国的刑事诉讼法规定了一系列的权利告知事项，检察机关在刑事诉讼活动中，应当依法及时主动地向犯罪嫌疑人、被害人、证人等告知诉讼权利、诉讼环节、处理决定以及送达法律文书等。《规定（试行）》第7条根据刑事诉讼法，要求“人民检察院应当依法、及时履行法律规定的通知、告知、送达、公开宣布等职责……”

3. 主动向人大等机关公开的执法办案信息

国外、境外公共信息公开的立法中，因不同的对象，信息公开的范围有所不同，如国会或者州议会的议员所获取的行政和司法的信息明显多于公众和媒体，这就是信息公开范围中的梯度性原则。梯度公开是国外、境外的通行做法。我国《宪法》第1条规定“国家行政机关、审判机关、检察机关都由人民代表大会产生，对它负责，受它监督”。据此，各级人民代表大会理应获得比公众、媒体更多、更及时的检察信息。依据我国宪法、法律和政协章程，检察信息公开的梯度分为三大类：即当事人和其他诉讼参与人、公权力监督机关和公众、媒体。首先，就刑事诉讼而言，当事人（被害人、自诉人、犯罪嫌疑人、被告人、附带民事诉讼的原告人和被告人）、诉讼参与人（法定代理人、辩护人、证人、鉴定人和翻译人员）[①] 中，由于诉讼角色、诉讼权利不同，他们各自可获取的相关执法办案信息也明显不同；其次，对检察机关依法有监督功能的机关，如人大、政协、政法委、纪检监察等，以及特约检察员、人民监督员和专家咨询委员，他们获取的检察信息应当明显多于公众、媒体。在上述各类角色中，获取相关的执法办案信息最多和最早的当属辩护律师和未成年犯罪嫌疑人的监护人，获取信息最少的则是公众和媒体。

需要解决的问题是人大等机关获取的信息比公众、媒体多哪些？或者早哪些？笔者认为，可以增加公开以下信息：（1）除未成年人案件等特殊情形外，其他普通刑事案件的受理和处理信息，如受理审查批准逮捕、移送审查起诉及其处理的信息。该信息需要具体到犯罪嫌疑人的姓名、罪名、移送及处理的时间等；职务犯罪案件宜参照；发出的检察建议书、违法纠正通知书等；（2）相对于公众、媒体提前向人大等机关公开一批执法办案信息，如将起诉书由生效判决时公开，提前至提起公诉时公开，抗诉书提前至提起抗诉时公开；（3）逐月公开执法办案的数据信息，可将检察长向人民代表大会所做工作报告中的数据信息，逐月向全体人大代表和人民代表大会常务委员会等机关公开，主要包括：职务犯罪立案数、批准逮捕数、提起公诉数、诉讼监督数和犯罪预防等。这些数据信息应当包括未成年人案件、危害国家安全等信息。当然，随着检察信息公开改革的发展，该数据信息应当逐步调整为向公众、媒体公开。目前，江苏省沭阳县检察院等已将该数据信息向公众、媒体公开。向人

---

① 修改后的《刑事诉讼法》第106条规定“……（二）‘当事人’是指被害人、自诉人、犯罪嫌疑人、被告人、附带民事诉讼的原告人和被告人；（三）‘法定代理人’是指被代理人的父母、养父母、监护人和负有保护责任的机关、团体的代表；（四）‘诉讼参与人’是指当事人、法定代理人、诉讼代理人、辩护人、证人、鉴定人和翻译人员……”

大公开检察信息也可以进一步划分梯度：内务司法委员会、全体常务委员会委员和全体代表；如人大内务司法委员会转交涉检的人民来信，检察机关办结后应当回复实体与程序的具体处理结果，而该信息不宜向全体常务委员会委员和全体代表公开。随着检察信息公开的发展，逐月向人民代表大会公开的检察长年度工作报告的数据信息，也应当转为向公众和媒体公开，而向人民代表大会公开的信息应当在此基础上进一步细化和拓展。

（二）依申请公开的执法办案信息

《规定（试行）》第 7 条规定“……当事人及其法定代理人、近亲属、辩护人、诉讼代理人，可以依照规定，向办理该案件的人民检察院查询案由、受理时间、办案期限、办案部门、办案进程、处理结果、强制措施等程序性信息”。《规定（试行）》中设定当事人等获取信息的范围过于原则，需要细化，江苏省检察机关将《规定（试行）》中依申请公开的案件程序性信息作了进一步细化：涉及危害国家安全犯罪，恐怖活动犯罪，未成年人犯罪，职务犯罪案件的延长侦查羁押期限、重新计算侦查羁押期限的理由和依据，对犯罪嫌疑人变更强制措施的理由和依据，涉及财物的扣押、冻结、查封和处理情况；以及根据保密规定不应在互联网公开的其他案件程序性信息。

（三）提升与适度拓展执法办案信息的公开

1. 有效提升现有的执法办案信息公开水平

根据法律和司法解释的规定，侦查阶段应当向辩护律师公开一定的侦查信息，在审查起诉阶段，应当依法向辩护人公开“案卷材料”[①] 等，但是一些地方规定未能有效执行，最高人民法院、最高人民检察院、公安部、国家安全部、司法部、全国人大常委会法制工作委员会《关于实施刑事诉讼法若干问题的规定》要求“辩护律师在侦查期间可以向侦查机关了解犯罪嫌疑人涉嫌的罪名及当时已查明的该罪的主要事实”，而侦查机关以不利于侦查为由，普遍不公开“当时已查明的该罪的主要事实”；[②] 在实践中，常常发生公诉部门

---

① 修改后的《刑事诉讼法》第 38 条规定“辩护律师自人民检察院对案件审查起诉之日起，可以查阅、摘抄、复制本案的案卷材料。其他辩护人经人民法院、人民检察院许可，也可以查阅、摘抄、复制上述材料”；第 174 条规定“不起诉的决定，应当公开宣布，并且将不起诉决定书送达被不起诉人和他的所在单位。如果被不起诉人在押，应当立即释放”。

② 最高人民法院、最高人民检察院、公安部、国家安全部、司法部、全国人大常委会法制工作委员会《关于实施刑事诉讼法若干问题的规定》，“6. 刑事诉讼法第三十六条规定：‘辩护律师在侦查期间可以为犯罪嫌疑人提供法律帮助；代理申诉、控告；申请变更强制措施；向侦查机关了解犯罪嫌疑人涉嫌的罪名和案件有关情况，提出意见。’根据上述规定，辩护律师在侦查期间可以向侦查机关了解犯罪嫌疑人涉嫌的罪名及当时已查明的该罪的主要事实，犯罪嫌疑人被采取、变更、解除强制措施的情况，侦查机关延长侦查羁押期限等情况”。

不允许辩护律师查阅讯问犯罪嫌疑人的录音录像，《刑事诉讼法》第38条规定“辩护律师自人民检察院对案件审查起诉之日起，可以查阅、摘抄、复制本案的案卷材料……”中的“案卷材料”是否包括讯问犯罪嫌疑人的录音录像？这在刑事诉讼法学界并不是问题，学者们普遍认为讯问犯罪嫌疑人的录音录像是比讯问笔录更加客观真实的证据，查阅其是防范刑事错案的重要内容，检察机关向辩护律师公开信息，也有助于提高庭审效率。

2. 完善公开司法政策信息

司法政策是指最高司法机关依法提出的执法办案理念和制定的法律适用具体标准，是具有普遍约束力的重要司法文件，它包括司法解释和省级司法机关根据司法解释授权所制定的地方性的执法办案的实体性或者程序性的具体标准。多年来，中央和地方的司法政策的制定过程不透明，仅仅向司法系统、专家和相关党政部门征求意见，一般不向公众征求意见；也有一些地方司法机关根据授权出台的地方性司法政策不向公众、媒体公布。最高人民法院、最高人民检察院于2013年4月2日共同发布的《关于办理盗窃刑事案件适用法律若干问题的解释》规定“盗窃公私财物价值一千元至三千元以上、三万元至十万元以上、三十万元至五十万元以上的，应当分别认定为刑法第二百六十四条规定的‘数额较大’、‘数额巨大’、‘数额特别巨大’。各省、自治区、直辖市高级人民法院、人民检察院可以根据本地区经济发展状况，并考虑社会治安状况，在前款规定的数额幅度内，确定本地区执行的具体数额标准，报最高人民法院、最高人民检察院批准……”作为最常见的犯罪标准，严重缺乏公众的司法参与。首先，最高人民法院和最高人民检察院制定该司法政策的过程不公开、不透明，没有征求公众的意见；其次，各个省级司法机关根据授权“确定本地区执行的具体数额标准”也很少向公众、媒体公开。《决定》指出“拓宽公民有序参与立法途径，健全法律法规规章草案公开征求意见和公众意见采纳情况反馈机制，广泛凝聚社会共识”“加强和改进政府立法制度建设，完善行政法规、规章制定程序，完善公众参与政府立法机制”。我认为，最高司法机关制订的年度司法解释计划应当向公众、媒体公开，最高司法机关和地方司法机关制定司法政策应当参照政府立法制度建设的要求，将公众参与列入制定司法政策的必经程序，广泛征求公众的意见，建立公开的听证制度，扩大公众的司法参与，保障制定司法政策的质量。

3. 拓宽执法办案活动的信息公开

《规定（试行）》设定的信息公开的范围较小，可以适当扩大。首先，对于存在较大争议或者在当地有较大社会影响的拟作不起诉、不服检察机关处理决定的刑事申诉案件，改革探索公开审查和公开答复的机制；其次，根据案件的具体情况，在侦查、审查逮捕和审查起诉阶和抗诉案件，探索公开听取案件当事人、辩护人、代理人等意见的机制；最后，对于不立案、不逮捕、不起诉和不抗诉等案件以及重信、重访案件，改革探索的公开听证制度；最后，推进在公开的检察法律文书中释法说理工作。《决定》指出“努力让人民群众在每一个司法案件中感受到公平正义”；“加强法律文书释法说理，建立生效法律文书统一上网和公开查询制度”。从实质意义上来说，公开只是第一步，公开固然有助于规范性，但并不意味着公正的自治。只有法律文书真正不偏不倚，对结果作出了充分的说理，这个时候公开才富有意义。[①] 当前，要把公开审查、答复、听取意见等，明确适用案件的范围和具体程序，发展司法民主。

（四）依法不公开的执法办案信息

1. 依法不公开的案件

《规定（试行）》第 4 条第 1 款规定“人民检察院对涉及国家秘密、商业秘密、个人隐私和未成年人犯罪的案件信息，以及其他依照法律法规和最高人民检察院有关规定不应当公开的信息，不得公开”。该条并不符合相关的立法精神。首先，对涉及国家秘密、商业秘密、个人隐私的案件可以公开其程序性的信息，修改后的《刑事诉讼法》第 174 条规定“不起诉的决定，应当公开宣布”，第 196 条第 1 款规定“宣告判决，一律公开进行”。显然，该法条规定的案件当然包括涉及国家秘密、商业秘密、个人隐私的案件。在以往的司法实践中，在不公开国家秘密、商业秘密、个人隐私的前提下，也曾有报道以涉嫌间谍罪或者故意或者过失泄露国家秘密罪被依法逮捕、起诉或者判刑的公开报道。在国外、境外这些案件的程序性信息公开更是屡见不鲜。根据美国《信息自由法》列举的 9 项信息不公开的例外，以及日本《最高检察厅情报公开审查基准》等，虽然事项指向国家秘密和商业秘密，但是只要公开的信息本身没有国家秘密和商业秘密，都不属于“例外事项”。其次，涉及未成年人犯罪的案件，也要正确理解立法精神，修改后的《刑事诉讼法》第 274 条规定“审判的时候被告人不满十八周岁的案件，不公开审理……”据此，未成年人犯罪后而在其成年后开庭审理的，属于公开审理的范畴，公众、媒体可以依法获取案件事实证据的信息。值得注意的是该法第 275 条第 1 款又规定“犯罪的时候不满十八周岁，被判处五年有期徒刑以下刑罚的，应当对相关犯罪记

① 参见孙万才：《“公开三大平台”中的刑事裁判文书公开之局限》，载《现代法学》2014 年第 4 期。

录予以封存”。显然，两个法条之间并不协调，即未成年人犯罪后而在其成年后公开宣布不起诉决定的可以依法公开。我认为，《规定（试行）》第4条第1款规定可以修改为“对涉及国家秘密、商业秘密、个人隐私和未成年人犯罪的案件，依照法律不应当公开的信息，不得公开”。

2. 公开案件中依法不公开的内容

《规定（试行）》第19条规定“人民检察院在案件信息公开系统上发布法律文书，应当采取符号替代等方式对下列当事人及其他诉讼参与人的姓名做匿名处理：（一）刑事案件的被害人及其法定代理人、证人、鉴定人；（二）不起诉决定书中的被不起诉人；（三）被判处三年有期徒刑以下刑罚以及免予刑事处罚，且不属于累犯或者惯犯的被告人。当事人或者其他诉讼参与人要求公开本人姓名，并提出书面申请的，经承办人核实、案件办理部门负责人审核、分管副检察长批准后，可以不做相应的匿名处理”；第20条规定“人民检察院在案件信息公开系统上发布法律文书，应当屏蔽下列内容：（一）自然人的家庭住址、通信方式、身份证号码、银行账号、健康状况等个人信息；（二）未成年人的相关信息；（三）法人以及其他组织的银行账号；（四）涉及国家秘密、商业秘密、个人隐私的信息；（五）根据文书表述的内容可以直接推理或者符合逻辑地推理出属于需要屏蔽的信息的；（六）其他不宜公开的内容”。第11条第2款规定“人民检察院对正在办理的案件，不得向社会发布有关案件事实和证据认定的信息”。

我认为，基于公众的知情权与国家秘密、商业秘密、个人隐私之间的利益平衡，上述条款需要作进一步完善。首先，其中应当匿名处理的“被不起诉人”，与修改后的《刑事诉讼法》第174条规定的“不起诉的决定，应当公开宣布”不符，法条中“公开宣布”的内容中当然包括“被不起诉人”；其次，对“人民检察院对正在办理的案件，不得向社会发布有关案件事实和证据认定的信息”，应当调整为选择性公开而非禁止性公开的制度安排。因为，在不妨碍侦查的前提下，也可以适当公开案件事实，满足公众的知情权。如某银行门口发生一起重大抢劫案，公众、媒体广泛关注，检察机关依法批准逮捕犯罪嫌疑人且公安机关以实际执行逮捕后，检察机关及时向媒体公布了基本案情及逮捕适用的罪名，这样做既弘扬了法治精神，震慑了犯罪，又满足了公众的知情权。有时，公安机关在抓获重大案犯后，甚至向电视台公布了其犯罪的监控录像（基本证据）。国外、境外的检察机关和警察机关在侦查阶段，在不影响侦查的前提下，对重大刑事案件往往有选择地公开已查明的案件事实。

（五）公开其他检察信息的基本内容

执法办案以外的其他检察信息也是满足公众知情权的重要内容之一，它主要包括：（1）检察机关以及本院的基本概况，如检察机关的性质、任务、原则、职权及工作程序等；本院的简史、领导成员、检察委员会委员、主任检察官、单位地址、地图、邮政编码、人员状况及荣誉等；内设机构的名称及基本职能等；（2）公开性文件和检察新闻，如历届检察长向人民代表大会所做的工作报告、专题报告、公告及其他公开文件，检察工作重大决策部署、创新举措和其他重要检察新闻；（3）公开功能服务，如举报申诉、投诉、咨询服务、检察长信箱等；信息查询、网上预约等；法律、法规、司法解释、地方司法政策、执法工作基本规范、检察纪律及职业道德等；（4）检察业务栏目，目前最高人民检察院外网设的检察业务具体内容有："反贪污贿赂"、"反渎职侵权"、"预防职务犯罪"、"案件管理"、"侦查监督"、"公诉"、"民事行政检察"、"监所检察"、"铁路检察"、"控告申诉"、"死刑复核监督"；（5）检察队伍建设栏目，目前最高人民检察院外网设的检察队伍建设具体内容有："思想政工"、"纪检监察"、"检察文化"、"对外交流"、"先进英模"、"教育培训"、"司法改革"、"理论研究"、"检察技术"、"检务保障"，地方人民检察院可相应归并其栏目。

当前，各级检察机关还要逐步增加公开：检察机关的预算、决算，特别是"三公经费"的信息，并且逐步细化；对于举报奖励、国家赔偿和被害人救助等经费开支也要公开；作为公众人物的检察长、副检察长也应当逐步公开个人的财产信息，以便公众、媒体的监督。

执法办案以外的其他检察信息也有不公开的例外事项。美国《信息自由法》将保密文件、机关内部人事规则等列为不公开的例外事项；① 日本《日本信息公开法则》也将个人信息、法人内部信息、社会公共安全信息、审议、讨论公共事务信息、机关事务信息列为不公开的例外事项。② 就我国检察机关而言，其他检察信息不公开的例外事项主要有：一是人事规则，如竞争上岗的方案等；二是个人信息，如检察人员的个人信息；三是其他内部信息，如可能影响公正执法、国家安全、个人隐私与安全、检察安全等事项。

---

① 参见石国亮：《国外政府信息公开探索与借鉴》，载谢伏瞻主编：《国外政府管理研究丛书》，第55～56页。

② 参见石国亮：《国外政府信息公开探索与借鉴》，载谢伏瞻主编：《国外政府管理研究丛书》，第64～65页。

七、检察信息公开基本的方式、程序与监督管理

(一) 检察信息公开的基本方式

检察信息公开的方式应当以互联网为主，其他方式为辅，而不应是互联网与其他公开方式的并列关系。《人民检察院检务公开守则》规定的公开方式为：设置专栏、制作挂图、印发小册子，开展宣传日、宣传周活动，召开新闻发布会或情况通报会，通过报刊、广播、电视等新闻媒体宣传检务公开内容外，有条件的地方可以建立"检务公开"大厅、信息台、咨询台，设置电子显示大屏幕、自动触摸屏，在互联网上开通宣传页、网址等，便于社会各界和公众查询。《规定（试行）》第3条规定的信息公开的方式为"互联网、电话、邮件、检察服务窗口等"。由此可见，检察信息公开方式中的互联网与其他方式成为并列关系。信息社会的到来，对检察机关的透明公开提出了越来越多的要求，一方面，随着信息传播的速度越来越快、辐射面越来越广，公众对于在短时间内获得海量检察信息的需求也就越来越旺盛，传统上小范围、低效率的检察信息公开方式也就越来越不适应现实的需求，全新的信息传播技术最大限度地开发和利用了信息资源，跨越时空的信息在全球范围内加速流动，正在改变人们的生活方式、思维方式，对于国家、政党的传统行为模式产生了极大的冲击和挑战，也引发包括检察机关传统行为模式的改革和创新；另一方面，信息社会的到来也对检察透明的实现提供了重要的技术和物质条件，① 检察信息公开的发展已经进入了提速期。

世界进入互联网时代以来，国外、境外的行政机关和司法机关均以互联网为主要载体发布公共信息。美国《信息自由法》规定的信息公开方式有：一是在《联邦登记》上登载；② 二是通过出售信息出版物等方式主动公开；三是既不登记又不主动公开，可以依法申请公开。电子化是其信息公开的重要形式。③ 近年来，一些检察机关积极开通并打造集检察官网、微博、微信、微视、新闻客户端、手机短信、APP手机应用软件等于一体的互联网互动平台，已取得了很好的效果。

---

① 参见李林、田禾主编：《司法透明国际比较》（法治国情调研丛书），社会科学文献出版社2013年版，第15页。

② 1935年，美国国会通过了《联邦登记法》授权美国国家档案馆设立一个处，即联邦登记处，专门负责出版《联邦登记》日报，集中公布所有联邦机构的法规和公共信息。

③ 参见石国亮：《国外政府信息公开探索与借鉴》，载谢伏瞻主编：《国外政府管理研究丛书》，第97页。

当然，互联网以外的信息公开方式也需要保留和发展。首先，根据集约化理念，构建多功能的“检察服务中心”，也是检察信息公开需要加强的重要领域。在检察服务窗口也应当对公众、媒体提供电子化等服务，包括设置电子显示大屏幕、自动触摸屏、信息台、咨询台、互动答疑等；其次，继续做好新闻发言人、召开新闻发布会、提供新闻稿等方式对外发布检察信息的工作，并且及时在“人民检察院案件信息公开系统”上发布；最后，不断提升通过互联网、电话、邮件等方式向案件当事人和其他诉讼参与人提供案件程序性信息查询服务的水平，继续开展好发行检察公报、检察开放日、设置专栏、制作挂图、印发小册子，开展检察宣传日和宣传周等工作。

（二）检察信息公开的基本程序

1. 建立举证责任倒置的制度

举证责任倒置是检察信息公开程序正义的基础，而《规定（试行）》并未规定举证责任倒置，其结果必然是当事人和其他诉讼参与人、公众和媒体承担证明检察信息应当公开的依据，这将严重阻碍司法参与度的拓展。国外、境外相关的立法中早已将举证责任倒置列为信息公开的重要制度并将公开公共信息列为国家机关的法定义务，如美国《信息自由法》第1款第4项（B）规定“行政机关拒绝提供文件时，必须举证证明拒绝的正当性”；日本《信息公开法》第1条（目的）规定“本法的目的在于以国民主权理念为基础，通过规定请求公开行政文件的权利等事项，使行政机关拥有的信息进一步公开化，以此使政府就其从事的各种活动对国民承担说明责任，同时有助于推进置于国民有效的理解和批评之下的公正的民主行政”；该法第5条又规定（行政文件的公开义务）“有公开请求时，除被公开请求的行政文件中记载有不公开信息的，行政机关①的首长，应向公开请求人公开该行政文件”。美国、日本等国家的检察机关属于行政机关，而非司法机关，在检察信息公开的行政程序以及因拒绝公开信息而被提起行政诉讼时，均承担证明不公开检察信息的合法性的责任。建议《规定（试行）》增加：检察机关不公开信息的，负有证明不公开信息合法性的责任，申请人不负举证责任。

2. 当事人和其他诉讼参与人查询案件程序性信息的基本程序

向办理该案件的人民检察院案件管理部门提交身份证明、委托书等证明材料。人民检察院对查询申请人身份审核认证后，对符合条件的，应当提供查询服务，或者提供网上查询账号。查询申请人可以凭账号登录“人民检察院案

---

① 根据日本宪法，检察机关属于行政机关。

件信息公开系统”，查询相关案件程序性信息。对于其需要查询经常居住地以外的人民检察院办理的案件程序性信息的，可以到经常居住地所在的县、区级人民检察院案件管理部门请求协助办理身份认证。被请求协助的人民检察院应当及时与办理该案件的人民检察院联系，传输有关材料，办理该案件的人民检察院审核认可后，应当提供查询服务或者查询账号。辩护人、诉讼代理人因与当事人解除委托关系等原因丧失查询资格的，人民检察院应当及时注销其查询账号。

3. 向公众、媒体发布重要执法办案信息的基本程序

由办理该案件的人民检察院负责发布。对于重大、敏感案件以及上级人民检察院交办、督办的案件，在发布信息前应当报上级人民检察院批准；对于在全国范围内有重大影响的案件，在发布信息前应当层报最高人民检察院批准。上级人民检察院可以与下级人民检察院同步发布已经获得批准的重要案件信息。各级人民检察院案件办理部门负责拟制本部门应当发布的案件信息，经分管副检察长或者检察长批准后，由本院新闻宣传部门负责发布。没有设立新闻宣传部门的，由案件管理部门负责在“人民检察院案件信息公开系统”上发布，需要向其他媒体发布的，由办公室或者其他指定的部门负责发布。

4. 检察机关公开法律文书的基本程序

案件承办人应当在案件办结后或者在收到人民法院生效判决、裁定后，及时按照规定对需要公开的法律文书作出保密审查和技术处理，报部门负责人审核、分管副检察长或者检察长批准后，提交案件管理部门复核、发布。对需要报上级人民检察院备案审查的法律文书，应当在备案审查后及时依照前款规定办理法律文书发布手续。对于公开的法律文书，除按照规定的要求做技术处理以外，应当与送达当事人的法律文书内容一致。

（三）检察信息公开的监督与救济

1. 内部监督机制

国外、境外对于公共信息公开的内部监督体系为：行政首长①的监督，同级监督、下级监督和专门的内部监督。如澳大利亚的《信息自由法》规定由联邦总检察长和联邦监察专员合作，共同监督公共信息公开。《规定（试行）》第23条规定“上级人民检察院应当组织、指导下级人民检察院依法、有序开展案件信息公开工作，发现下级人民检察院在案件信息公开工作中存在不合法或者不适当情形的，应当及时纠正”，“案件当事人及其法定代理人、近亲属、

① 根据澳大利亚的体制，检察机关属于行政机关，检察长也属于行政首长。

辩护人、诉讼代理人或者其他单位、个人认为人民检察院发布案件信息不规范、不准确的，可以向人民检察院案件管理部门反映。案件管理部门应当及时协调相关部门核实、处理”。《规定（试行）》中的内部监督体系应当调整为：纵向与横向的监督，即上级检察机关的监督、各级检察长及其各内设部门负责人的监督与案件管理、保密、监察等部门的监督。

2. 外部监督机制

国外、境外对于公共信息公开的外部监督体系为：议会监督，政党监督，公众监督，媒体监督，非政府组织的监督和司法监督，如葡萄牙议会成立了行政公开的专门委员会。就我国国情而言，应当将检察信息公开列入人民代表大会、政治协商会议、人民监督员、公众和媒体的监督事项。2014 年 4 月至 8 月，江苏省沭阳县、徐州市铜山区和东海县的人大常委会，先后通过了关于加强检察信息公开的专门决议。从人大角度而言，拓宽了人大对检察工作监督的领域，有助于发挥人大的职能作用；从检察角度而言，有助于不断加强和改进检察工作，取得人大更多的支持与监督。

3. 救济程序

在检察信息公开的活动中，不排除极少数检察人员有不作为或者乱作为，侵犯当事人和其他诉讼参与人等的合法权利。《规定（试行）》缺乏外部监督和救济的机制设计。在国外、境外，解决公共信息纠纷法律程序的基本模式为：先行内部复议，仍不服复议维持的可以向法院起诉。如美国《信息自由法》规定：请求人可以申请复议，30 日内拒绝或者逾期不答复，可以向法院提起行政诉讼;《韩国信息公开法》第 16 条（异议申请）规定“1. 请求人在请求公开情报过程中，因公共机关①的作为或不作为而受到法律上的利益侵害时，在收到公共机关的决定通知之日或第九条第四项之规定可视为决定不公开情报之日起 30 日之内，可向该当地公共机关用书面方式提出异议申请。2. 公共机关应在收到异议申请之日起 7 日之内作出答复，并及时用书面方式将其结论通知给请求人。3. 公共机关作出撤销或否决异议申请的决定时，根据第 2 项之规定通知其结果的同时也应该通知请求人，有权利提起行政诉讼或裁判”。我国检察机关并非行政机关，不具有行政诉讼的可诉性，在我国尚未制定统一的公共信息公开法或者司法信息公开法的情况下，可设计过渡性的外部救济机制，以拓展司法民主，具体为：请求人认为人民检察院发布执法办案信息侵犯商业秘密或者隐私权或者应当公开而不公开的，可以申请复议，在 30

① 《韩国信息公开法》中的“公共机关”也包括检察机关；检察机关属于行政机关系列。

日内拒绝或者逾期不答复的，有权申请上一级检察院主持召开由人大代表、政协委员、人民监督员与下一级检察院、申请人及其利害关系人共同参加的听证会，后由上一级检察院作出决定。

（四）检察信息公开的管理制度

检察信息公开是一项系统工程，涉及检察机关各内设部门和全员的综合性检察改革。它是“一把手”工程，各内设部门要合理分工，相互配合，形成整体合力。第一，在管理理念上，要树立纵向管理与横向管理相结合，集约化管理与分工负责相结合，全程管理与动态监督相结合，创新发展与统一规范相结合等理念。如在纵向管理与横向管理相结合方面，公开一份法律文书，在执法办案部门的纵向管理为：案件承办检察官→执法办案部门负责人→分管副检察长或者检察长；在横向管理方面为：业务部门→案件管理部门→办公室（保密监督）→检察机关官网主管部门等，需要把这些纵向流程与横向流程有机整合，只有通过科学管理，才能实现有效的公开检察信息。第二，明确内部分工，根据《规定（试行）》的要求，人民检察院案件管理部门是执法办案信息公开工作的主管部门，负责执法办案信息公开的组织、监督、指导和有关服务窗口的查询服务等工作；案件办理部门负责本部门执法办案信息公开的密级确定、文字处理和审核；新闻宣传部门负责审核、发布重要执法办案信息和收集、处理舆情反映；保密部门负责保密检查、管理；技术信息部门负责技术保障。相关部门应当分工负责，相互配合。第三，强化职业道德建设，严禁检察人员利用执法办案信息公开工作谋取利益，防止在检察信息公开领域中的不作为和乱作为。第四，建立专项的数据统计分析机制，全面把握发展态势与实时动态；建立检察信息公开后的社会舆情收集、研判机制，积极正面回应各种批评和疑义，发现检察工作中的问题及时加以改进。第五，建立专项的教育培训和考核评价机制。围绕检察信息公开的理念、价值、原则、范围和程序等方面开展教育培训，并且将其列入新进检察人员培训的必备课程，注重检察信息公开的基础理论和应用理论的研究。

（五）责任追究

检察机关既是检察信息公开制度的适用对象，又是其具体的实施者。为了保障公共信息公开法律制度的有效执行，许多国家设定了三项责任：一是行政责任，它是指信息公开的法定主体由于其违反相关规定，不作为或者乱作为，而依法应当承担的行政法律后果，如保加利亚《公共信息获取法》第 42 条规定“（1）如果没有更为严重的惩罚，公务员没有合理理由，未能在规定的时间内对公共信息申请作出回应的，应当处以 20 ~ 50 列佛的罚款；（2）如果没有更为严重的惩罚，公务员不遵守法院有关提供公共信息的裁决的，应当处以100~200列佛的罚款；（3）未能遵守第一条第三款的义务的（指保障第三人的权利）对自然人处以50~100列佛的罚款，对法人处以100~200列佛的罚款：（4）第三条第二款规定的人（指该法规定中的国家机关和公务员以外的生产或者保存公共信息的主体）未能提供公共信息1的，应处以100~200列佛的罚款。”二是刑事责任，它是指严重违法公共信息公开的法律，造成较大社会危害性的，追究相关机关人员的刑事责任。如南非《信息公开促进法》第90条规定任何人企图否定本法规定的获取权利而实施下列行为：（1）销毁、损坏和修改记录；（2）隐藏记录；（3）使记录发生错误。这些行为均构成犯罪，可以处以罚金或者2年以下监禁。三是民事赔偿责任，它是指国家机关及其工作人员在信息公开中，因故意或者过失而对申请人造成损害的，应当承担赔偿责任；主要有两种情况：因不公开公共信息而损害了他人的知情权和因违法公开而侵犯隐私权、商业秘密。

我国立法文件中，没有相关责任的明确规定，《规定（试行）》中也没有责任追究的明确规定。目前，只能援用法律和司法解释等文件有关责任追究条款中的“其他情形”，如《公务员法》第101条规定的“其他情形”，以及检察人员纪律处分条例中的“其他情形”。《规定（试行）》有待进一步细化相关的责任。

第42堂课　来访接待常出现的问题及应对措施

● 李瑞钧*

课程提纲

一、来访接待中常出现的问题及应采取的措施
二、来访接待中沟通的一般原理
三、提高三种能力，强化一个环节，增强五个意识

今天，我们一起来梳理一下来访接待中经常遇到的问题以及我们应该采取的应对措施。在来访接待过程中，我们经常会遇到集体访、告急访、重复访、越级访、缠诉缠访等情况。来访者大都带着负面情绪，与来访者进行沟通的策略和方式，是我们每个接访者必须研究和掌握的。

一、来访接待中常出现的问题及应采取的措施

（一）天津检察机关信访工作的总体概况

多年来，在天津市院的正确领导下，我们形成了具有天津特色的大控申、大信访格局。我市的控申信访工作坚持服务大局，服务天津的经济和社会发展，为维护稳定服务，为群众排忧解难，千方百计化解矛盾，努力做好息诉罢访工作，在案结事了上下功夫，妥善处理了一批集体访和缠访缠诉案件，充分发挥了检察机关联系群众的窗口作用。

---

* 天津市人民检察院第一分院案件管理办公室主任。

在市院的统一领导下建立了首办责任制度，检察长接待制度，带案下访、寻访制度，信访联席制度，信访信息联络员制度，三级检察院联动机制，公开答复机制，跟踪反馈机制等。

天津市各级检察院控告申诉合为一体，设立控告申诉检察部门，既负责接待和受理涉检信访案件，又要办理刑事申诉、国家赔偿、上级机关和领导交办、督办案件、处理集体访、告急访非正常访案件。

1. 来访案件的主要类型

（1）拆迁纠纷；（2）劳资纠纷；（3）医疗事故纠纷；（4）农民因土地转让引发的纠纷；（5）商品房业主和开发商及建委的纠纷；（6）举报国有企业负责人贪污受贿、国有资产流失等；（7）刑事案件受害人如集资诈骗要求挽回损失、杀人案件被害人家属的上访等。

2. 来访案件的主要特点

（1）迁延时间较长。每年20件左右的非管辖信访案件时间跨度较大，短则几年，长则一二十年。当事人的要求不能从根本上及时解决、情绪难以有效疏导。

（2）涉访部门增多。在来访中有近50%的信访人因对原责任机关的调查处理结果不服，曾向上级党委、政府、人大、政协等多单位、多部门反复信访。

（3）矛盾化解困难。在信访案件处理过程中，一些当事人因长时间滞留涉访单位，甚至采取极端方式进行信访，被公安机关、人民法院采取过拘留等措施，矛盾愈加激化。

（4）年龄结构单一。在来访案件中，50～65岁的信访人员占70%以上。这一年龄段的来访者大多已下岗或退休，具有社会经验丰富、个人时间充裕、生理特征明显等特点。信访案由多为下岗就业、劳资待遇、房屋拆迁安置等与切身利益相关的问题。

（二）来访接待中出现的主要问题及其成因

1. 来访接待中出现问题的主要类型

（1）缠诉缠访处理棘手；（2）集体访、告急访时有发生；（3）重复访、越级访占有一定比例。

2. 来访接待中出现问题的主要成因

（1）从信访者的心理状态上看，一是“唯上”心理。当诉求难以满足时，信访者片面认为“唯上”才能解决问题，抱着“大闹大解决，小闹小解决，不闹不解决”的心态，希望引起上级机关和领导的关注进而满足诉求。二是

“攀比”心理。在不断缠访、闹访过程中，通过与其他信访者交流经验，信访者产生了“攀比”心理，夸大炫耀自己如何同接访单位“周旋”，对其他信访者具有强烈的暗示性和诱导性。

（2）从无理信访的缘由上看，一是被信访单位执行公务活动确实存有瑕疵。有的信访者以“瑕疵”为由头，不断缠访、闹访，所谋求的利益已超出正当范围。二是涉访单位在接访时答复口径不一，甚至出现多头答复、互相推诿，信访者的诉求被无限期拖延。

（3）从信访问题解决方式上看，相比诉讼程序，信访的成本低，程序上无终结且解决方式灵活。一些单位过分追求“息诉罢访”的效果，处理问题时无原则的让步，使信访者受到缠访缠诉可以获益的实例刺激，主动放弃诉讼走上常年信访之路。由此，国家机关的公信力受损，公务行为更易受到质疑，相继引发出新的信访问题，如此恶性循环造成党政机关深陷信访纠纷难以自拔。

（4）从检察机关制度保障上看，依据《民事诉讼法》和《信访条例》等相关规定，公安机关和人民法院对在信访接待场所滞留、滋事，将生活不能自理的人弃留在信访接待场所，对司法工作人员侮辱、诽谤等无理缠访闹访行为可以依法采取罚款、拘留等措施。

而针对上述行为检察机关没有相应制度保障。目前，对此类案件，我们主要依靠说服教育、疏导协调等方式做工作。但信访者长时间滞留，缠访缠诉，占用了接待人员大量的工作以及休息时间，影响了正常工作秩序。以我院为例，近两年来接待人员累计加班已达到700小时以上。

（三）来访接待中出现问题的应对措施

1. 处理来访接待中出现问题的措施

（1）对上访老户问题的处理，我院每月开展一次涉检信访排查工作，对排查出来的信访老户剖析其“信访史”，分析其信访的起因和要求的变化及思想变化，全面具体研究其理由是否充分，要求是否合理，并剖析以往对上访老户问题的处理过程、处理依据是什么，是否合法、合情、合理，等等，摸清症结，对症下药，并提出解决问题的有效措施。工作中坚持解决信访老户的实际问题与思想教育工作相结合，杜绝把矛盾上推下卸或久拖不决，从而达到息诉罢访。

（2）对集体上访问题的处理，由于集体上访涉及人数及规模较大，处理难度也比较大，稍有不慎会引发群体性事件。我们在处理集体上访策略上一直坚持“可散不可聚，可解不可结，可观不可激”的原则，努力缓解矛盾、化解纠纷，避免事态扩大酿成事端。

对集体上访要制订专门的应急预案，一旦发生立即启动，法警维护秩序，涉及部门负责人到位接待，院领导也亲自接待，并和上访人面对面交换意见看法，耐心疏导，对合理的要求，要做好来访集体的工作，重点要做好组织者的工作，促使他们在群众中起到好的作用，并通过他们做好随访者的思想工作，对随访者要向他们讲清法律、政策。

在处理集体访的过程中，应依法据实解决纠纷，不能为暂时缓解矛盾而做无原则的让步和迁就，更不能乱开口、瞎承诺，该批评的要敢于批评，该教育的要敢于教育，情节严重、恶劣的，根据有关规定要移送职能机关处理。

（3）对告急访的处理，由于告急访突发性较大，如不及时解决，矛盾随时可能激化，容易引发较为恶劣的暴力事件、群体事件，所以对这类上访必须及时稳妥处理。这类来访者，心理负担重，言辞偏激，作为接待人员要热情接待，语言文明，尽量消除来访人的敌对情绪，使他们相信检察机关能秉公执法，处理好事情。待他们情绪稳定后，慢慢启发来访人讲出事情的详细经过，弄清来访人的诉求，找出矛盾的症结，不管来访人反映的问题是否属于检察机关管辖，都必须做好以上工作，然后要及时向领导汇报，及时与有关部门联系，防患于未然。

2. 处理来访接待中出现问题的建议

（1）加快建立联合接访机制，设立由各级政法委负责，当地政法机关派驻的联合接待大厅，统一受理接待其属地范围内的涉法涉诉信访案件。及时根据信访者的诉求，确定化解矛盾的责任机关，这样既可以杜绝接访单位的答复口径不一、相互推诿的情况，又可以防止仅从单位利益出发而忽视案件处理的客观性和全面性的问题。

（2）尝试增设心理矫正功能，加快推进在社会矛盾易发多发的乡、镇、街道设立检察室的步伐，充分发挥基层检察室贴近群众的优势，在第一时间使信访者了解检察机关的职责，打消缠访缠诉者的唯上心理。尝试建立检察机关与医疗卫生机构合作机制，发挥各自优势，以基层检察室为平台，增加基层检察室心理矫正功能，帮助群众建立正确的法律观念与解决问题的途径，及时化解心理郁结，舒缓精神压力，降低负面情绪影响，为化解信访问题营造良好社会氛围。

（3）积极搭建联动绿色通道，由于检察机关没有行政处罚权，遇有无理缠访闹访，扰乱机关办公办案秩序的情况，无法及时有效处置。应当加强与公安机关的联系与沟通，建立“无理缠访闹访应急处置”绿色通道，确保紧急情况时公安机关及时出警、有效控制，弥补检察机关在制度保障上的不足。

（4）加强信访接待干部的培训工作，杜绝和防止个案转化为群体性事件。

湖北石首事件、贵州瓮安事件、四川的广安事件，都是由于对个案的处理不当引起的群体性事件。甘肃陇南事件是由于集体上访处理不当，导致上千人聚集，冲击市委机关。我们要从这些鲜活的案例中吸取教训。在接待过程中要把握好时机，做好与来访人的沟通。

我们每天面对各种各样的来访者，如何去面对我们的工作对象，去说服他们，化解矛盾，引导他们进行合理的诉求也是摆在我们面前的一个重要课题。通过与来访者进行思想沟通，达到说服教育，心理疏导、化解矛盾的目的。这就要求我们首先要学会沟通，掌握沟通的技巧。

二、来访接待中沟通的一般原理

（一）沟通的概念

沟通就是为了设定的目标，把信息、思想和情感在个人或群体间传递，并达成共同协议的过程。它有三个非常重要的特征，也叫沟通三要素。

（二）沟通的三要素

（1）沟通要有一个明确的目标。（2）沟通结束后，要形成一个共同的协议。（3）要有沟通的内容。沟通的内容主要包括信息、思想和情感三个方面。

在这三个方面中，信息的沟通是相对简单的，例如，几点钟开会？去哪里旅游？这样的信息交流是容易并且明确的，可以用一两句话来做答，一般不会产生歧义。与信息交流相比，思想和情感的沟通则较为复杂。

由于每个人的思维方式和关注重点各不相同，所以对同一事物的理解和接受程度也会有所不同，这就造成了思想和感情沟通的障碍。在这种情况下，就需要双方通过对方的反馈来不断进行统一和修正，从而消除分歧，达成共识。

（三）沟通的两种方式

在实际工作和生活中，人们会使用多种方式进行沟通。我们把沟通的三个内容，信息、思想、情感传递给对方达成协议，主要需采用两种不同的方式，即语言沟通和肢体语言沟通。

1. 语言沟通

语言沟通是人类特有的、非常好的、有效的沟通方式，具有使用频率最高、最直接、最快捷的特点。语言的沟通包括口头语言、书面语言、图片或者图形。口头语言，包括面对面的谈话、开会等；书面语言包括信函，广告、传真、Email。语言的沟通更擅长于传递的是信息。

肢体语言，更擅长与沟通的是我们之间的思想和情感。许多信访案件不是一次接待就能解决问题，我们要有计划，在每次接待之前要明确此次接待是传递信息还是沟通思想和情感。如果主要沟通的是信息，我们首选的将是语言，包括口头或书面语言；如果我们沟通的是思想和情感，那我们一定要选择更多的肢体语言。

2. 肢体语言沟通

美国加利福尼亚大学，洛杉矶分校心理学的退休教授阿尔波特·梅拉边，早在1972年就公布了他关于“沉默的声音”的研究成果：在我们的日常生活交流中，能直接影响到我们谈话对象的，其中只有7%是我们的说话内容，38%是我们的声音，而剩下的55%则是我们的肢体语言。由此可见，肢体语言在交流沟通中有着至关重要的地位。

肢体语言又称身体语言，是指用身体的各种动作代替语言，以达到抒情达意的沟通目的。肢体语言包含的内容非常丰富，包含我们的四肢动作、面部表情、眼神等。我们在说每一句话的时候，用什么样的语音语调，用什么样的感情色彩，都要非常恰当、准确。在信访接待的实际工作中，来访人更看中接访人的服务态度。

（四）沟通失败的原因

1. 缺乏一定的信息和知识（相应的法律知识）

2. 没有优先顺序，没有说明事情的重要性

3. 没有注意倾听，只注重了表达，没有形成双向的沟通

4. 时间不够

5. 情绪不好，影响沟通效果

三、提高三种能力，强化一个环节，增强五个意识

（一）三种能力是基础

1. 第一种能力：创造和谐的沟通氛围，提高控场的能力

信访接待工作，更多的是做来访者的思想工作，世界上最难的工作是人的工作。我们都知道，谈心要交心，交心要知心，知心要诚心。了解才能理解，理解才能信任。在接待中应该想方设法调节谈话的气氛。如果你和颜悦色地用提问的方式进行询问，并给人以公平公正、自尊。气氛就是友好而和谐的，说服也就容易成功；反之，在说服时不尊重他人，拿出一副盛气凌人的架势，那么说服多半要失败。

在沟通中要创造良好的沟通气氛、保持良好的沟通意向和认知感受性，使沟通双方在沟通中始终保持亲密、信任的关系。那么，创造氛围的基础是了解对方的心理。了解他人的心理不仅要抓住对方大致的心理活动，而且要于细微

之处下功夫，利用细小的刺激来影响特定情形下的心理，使说服既收到润物细无声的效果，又具有极强的针对性。这样，一方面可以维持沟通的进行，另一方面会使沟通朝着正确的方向发展。

举一个例子，有两个申诉案件分别是由两个不同办案人办理的，一个办案人在下结论之前与申诉人进行了多次的沟通，当驳回申诉结论告诉当事人时，尽管他非常抱怨，但并没有在此缠访、闹访。而另一个办案人却恰恰相反，从案件受理后一直就没有约见当事人，当他约见当事人时就是通知他维持原处理决定。当事人极度的不满，缠访闹访多日，检察长出面接待多次。最高人民检察院在办理刑事申诉案件中有明确的规定，即“两见面”。

2. 第二种能力：管理好自己情绪，运用情感共鸣说服上访人

情绪对沟通的影响至关重要，人的情绪状态不仅会左右传送信息的方式，还直接影响信息的接收和理解的方式。例如，如果你觉得情绪激动或紧张，沟通就有可能受阻，因为你本应更为理智的思考过程可能被这些情绪蒙蔽；如果你对与你进行沟通的人抱有强烈的反感，你对信息的解释很有可能受你看法的影响；如果你对某事特别感兴趣，你更有可能选取与自己心仪的事物有直接关系的信息，而忽视或根本不去注意其他事。

不管是对来访者也好，还是对其他人也罢，在你有任何情绪的时候，通常所说出来的话，不会对事情的发展有建设性作用，只会起到破坏作用。因此，作为接待者首要的一点是体察自己的情绪，控制好自己的情绪，不急不躁。做到：（1）付诸真诚。要有一颗真诚的心。（2）讲求艺术。①变直接表述为潜移默化；②变说服教育为思想启迪。我们在用法学知识、先进理念开导来访者的同时，更注重用身边活生生的事例甚至是自己的亲身经历来启发来访者，让他们通过别人的经验教训“悟”出其中的道理。有时，为了增强说服力，不引起对方的戒备心，可以把自己暂时与对方放在同一条水平线上，甚至用自己“走麦城”的经验教训拉近与对方的距离，再寻找突破口和切入点。例如，我们接访者经常会说：我很同情您，我很理解您，但是我们有我们的工作规定。（拉近与来访者的距离）我们在接待来访者的过程中，解决一个人的思想问题，远比解决一个法律问题难得多，它往往需要很长的时间，甚至几年的时间，才能打开他的心结。我经常说第100次的接待成功，前99次是基础。③变居高临下为平等交流。位置的差异最容易让信访人产生敌意。他会认为公检法官官相护。因此我们在与信访人沟通时要注重沟通的形式，要注意将居高临下的家长式沟通改变为促膝交流的兄长式沟通。在沟通场合的选择上，我们可以多种多样，我们可以走出办公室，走进信访人的工作生活的实际。

我们可以进行带案下访、巡访深入他们的实际生活进行沟通，因为这种沟通场合可以使对方心境轻松，容易增进感情的融合，更有利于问题的解决。我们只有放下自己，百姓才会把你看得更高，从而会接受你的建议，使沟通收到真正的实效。这是一起检察长交办存疑不捕案件，被害人之兄不服不捕决定，多次缠访，我们经过认真地调卷审查带案下访与区院一同做当事人的思想工作，取得了很好的效果。他当时表示不去北京了，但还是要去市院，当时我就跟他讲，你去，100%也是这个结论，检察院办案依据的是证据。回来后我赶紧跟市院取得联系，把我们下访的情况向市院的有关领导作了汇报。经市院接待后，当事人彻底息诉。

3. 第三种能力：充分利用肢体语言，提高积极聆听的能力

通过倾听建立良好的信任关系，从而化解矛盾。倾听可以说是一种情感活动，在倾听时，应该尽可能地给信访人充分的尊重、情感的关注和积极的回应。

那么，什么才是真正的倾听呢？倾听是一种情感的活动，它不仅是人耳朵听到相应的声音。倾听同时还需要通过口头表述、面部表情、肢体语言等来回应对方，传递给对方你很想听他讲话的感觉。要让来访者感觉到你对他的尊重，你对他进行了情感关注，你在积极回应他。

（1）听事实和情感。一方面，听事实。倾听事实意味着需要能听清楚对方说什么。要做到这一点，就要求我们必须有良好的听力。另一方面，听情感。与听事实相比，更重要的是听情感。我们在听对方说事实时，还应该考虑他的感受是什么，需不需要给予回应。例如：A 对 B 说："我昨天看中一套房子，决定把它买下来。"B 说："哦，是吗？在哪儿呢？恭喜你呀。"A 看中了房子，想买下来，这是一个事实，B 问房子在哪儿，这是对事实的关注，"恭喜你"就是对 A 的情感关注。A 把事实告诉 B，是因为他渴望 B 与他共同分享他的喜悦和欢乐，而作为 B，应对这种情感加以肯定。对于我们而言，这就是运用倾听的技巧，通过你的面部表情、肢体语言，给予对方恰当、及时的回应。我们在听来访者谈话时应该分辨出哪些是情感的部分，哪些是事实的部分。

（2）提升倾听能力的技巧。

①永远都不要打断来访者的谈话。无意识的打断是可以接受的，但也应该尽量避免。当你有意识地打断一个人说话以后，你会发现，你就好像挑起了一场战争，你的对手会以同样的方式来回应你，最后你们两个人的谈话就可能变成了吵架。因此，有意识的打断是绝对不允许的。

②清楚地听出对方的谈话重点。当你与对方谈话时，如果对方正确地理解了你谈话中的意思，你一定会很高兴。至少他知道你成功地完成了我们上边所说的“听事实”的层面。能清楚地听出对方的谈话重点，也是一种能力，因为并不是所有人都能清楚地表达自己的想法，特别是在不满、受情绪影响的时候，经常会有类似于“语无伦次”的情况出现。此外，除了排除外界的干扰，专心致志地倾听以外，你还要排除对方的说话方式给你的干扰。

③自己适时地表达意见。谈话必须有来有往，所以要在不打断对方谈话的原则下，也适时地表达自己的意见，这是正确的谈话方式。这样做还可以让对方感受到，你始终都在注意听，而且听明白了。还有一个效果就是可以避免你走神或疲惫。

④肯定对方的谈话价值。在谈话时，即使是一个小小的价值，如果能得到肯定，讲话者的内心也会很高兴的，同时对肯定他的人必然产生好感。因此，在谈话中，一定要用心地去找对方的价值，并加以积极的肯定和赞美，这是获得对方好感的一大绝招。

⑤配合表情和恰当的肢体语言。当你与人交谈时，对对方活动的关心与否直接反映在你的脸上，所以，你无异于是他的一面镜子。光用嘴说话还难以造成气势，所以必须配合恰当的表情。

⑥避免虚假的反应。在对方没有表达完自己的意见和观点之前，不要做出比如“好！我知道了”“我明白了”“我清楚了”等反应。这样空洞的答复只会阻止你认真倾听对方的讲话或阻止对方的进一步的解释。在来访者看来，这种反应等于在说“行了，你别再啰嗦了”。如果你恰好在他要表达关键意思之前打断了他，被惹恼了的来访者可能会大声反抗：“你知道什么?”“我讲的话你都没听懂!”，那就很不愉快了。

（3）注重来访接待中的非语言沟通。

非语言沟通包括：

①目光。在信访接待中要有眼神的交流。

②衣着。一般要着检察服。着便服时要做到端庄稳重，自然得体，美观大方。

③姿势。人们的一举一动，都能体现特定的态度，表达特定的含义。如果你在接待过程中，耷着脑袋、无精打采，对方会猜想自己是否不受欢迎；如果你不正视对方、左顾右盼，对方就可能怀疑你没有诚意。

我们在信访接待过程中可以把椅子拉近、靠近来访者与他交流。这个动作表示你愿意与他交流、愿意帮助他。为下一步做好工作打下基础。

一般来说，态势语由两部分组成。一是指说话双方的空间距离，二是指各种不同的身体姿势。态势语运用的总体要求是准确、适度、自然、得体、和谐、统一。

④声调。恰当、自然地运用声调，是顺利交往和事业成功的条件。一般情况下，柔和的声调表示坦率和友善，在激动时自然会有颤抖，表示同情时略为低沉。不管说什么话，阴阳怪气的，就显得冷嘲热讽；用鼻音哼声往往表现傲慢、冷漠、恼怒和鄙视，是缺乏诚意的表现，会令人不快。在信访接待中一样的话，不同的语调会产生不同的效果。因此在接待中要注意我们的有声语言的表达。

⑤时间。约定好的谈话一定准时到达接待室，如果姗姗来迟，常会引起对方的不满，从而无形之中为下一步的交谈设下了障碍；准时或提前片刻到达，体现了你的严谨和诚意。

⑥微笑。微笑来自快乐，它带来的快乐也创造快乐，在交往过程中，微微笑一笑，双方都从发自内心的微笑中获得这样的信息："我是你的朋友。"微笑虽然无声，但是它说出了如下许多意思：高兴、欢悦、同意、尊敬。要想在生活和工作中取得成功，就应时时处处把"笑意写在脸上"。对我们的信访人适时的微笑，点头，表示你欢迎他、尊重他，愿意帮助他。

（二）强化一个环节，增强五个意识

1. 强化初访接访环节是前提，就是要努力提高来访群众满意率

对控告申诉案件要依法受理、及时查处、解决到位，最终平息矛盾，提高处理首访问题的成功率。把矛盾化解在萌芽状态，防止群众重复上访和越级上访，营造和谐稳定的社会环境。

一些缠访、闹访案件大部分在初次接待中存在相互推委情况，或不了解法律而讲解错误。例如，有一民事申诉案件，该案是民诉法修订之前调解结案的案件，他曾经去过各级法院申诉，法院均让其到检察院申诉，而区检察院和市院均让其到分院申诉。按照法律规定，调解结案的案件检察院不予受理，最后我们三级院联合接访，才将矛盾化解。最终息诉罢访。

2. 增强的五种意识是保障

（1）强化大局意识，提高化解矛盾能力。矛盾纠纷的化解是社会稳定和发展的前提，化解矛盾、维护稳定、促进和谐是落实科学发展观的重要内容和保证。矛盾纠纷化解不了，社会就稳定不了，发展也就无从谈起。我们必须强化大局意识，要努力做好各项工作，为大局服务，从而提高化解矛盾能力。

（2）强化规范意识，提高依法办案能力。控申检察干警必须强化规范意

识，要严格依法办案办信，树立和维护法律的权威，不断提高自己的法律素养，公平执法，文明执法，高效执法，尤其要注重程序的规范。只有规范执法行为，提高执法能力，才能真正做到维护公平正义，促进社会和谐。

(3) 强化法律监督意识，提高法律监督能力。“强化法律监督，维护公平正义”是检察工作的主题。法律监督能力弱、监督不力，是影响检察职能充分发挥的一个重要症结。作为控申检察干警，要有监督意识，要敢于监督、善于监督，要在履行自己职责的过程中，探索新的方式方法以发挥控申的监督职能，在实践中不断提高监督能力。因此，控申干警要加强业务学习，自觉提高业务素质。

(4) 强化协调意识，提高解决问题能力。控申干警要有协调意识，要加强与院内相关部门及院外有关单位的配合与协作，特别是与上下级检察院控申部门的协调与沟通。共同做好工作，切实地解决群众的信访问题。

(5) 强化服务意识，提高群众工作能力。控申检察工作，负责处理信访、办理刑事申诉和赔偿案件，直接面向群众，天天与群众打交道，如果对群众没有感情，是绝对做不好工作的。控申干警必须提高做群众工作的能力。

第 43 堂课　行政公益诉讼制度的理论和实践

——以程序设计为视角

● 田　凯*

课程提纲

一、引言：公共利益怎么保护

二、理论：保护公益为什么需要检察机关

三、回顾：检察机关探索保护公益的实践分析

四、展望：开展行政公益诉讼的制度设计

随着改革开放的深入发展，中国社会出现了多元化变迁的趋势。在行政法领域，随着行政权力扩张、行政自由裁量权泛化，行政权力被滥用或怠于行使的情形日渐突出，由此而引发的国有资产流失、环境污染、公共卫生安全事件等国家利益、社会公共利益受损的情况不断出现，引发社会关注。在这种背景下，探讨公益诉讼具有强烈的现实意义。

公益诉讼是与私益诉讼相对的一个概念，公益诉讼一般是指针对危害社会公共利益的行为提起的诉讼。公益诉讼依据被诉对象、客体的不同，可以分为民事公益诉讼和行政公益诉讼。我们国家探索公益诉讼是从民事公益诉讼开始

---

* 国家检察官学院河南分院院长。

的，从公民丘某某提起公益诉讼第一案到河南省方城县检察院提起检察机关的公益诉讼第一案，公益诉讼在探索中曲折前进。公益诉讼开始启动，都是提起的民事公益诉讼。但是，我们应当看到“行政机关作为公权力的持有者，本身就承担着维护公共利益的职能，其他社会组织或个人危害社会公共利益的行为，在一定意义上也可以说是因为公共权力部门疏于管理或管理不力造成的”，因此可以说，在维护公共利益、促进依法治国方略贯彻落实方面，行政公益诉讼比民事公益诉讼具有更强的现实必要性和根本性。

在此，我们以程序设计为视角，和大家一起探讨行政公益诉讼制度的理论和实践。主要内容展开为四个部分：

一、引言：公共利益怎么保护

“公地悲剧”：一群牧民一同在一块公共草场放牧，一个牧民想多养一只羊增加个人收益，虽然他明知草场上羊的数量已经太多了，再增加羊的数目，将使草场的质量下降。如果每人都从自己私利出发，肯定会选择多养羊获取收益，因为草场退化的代价由大家负担。每一位牧民都如此思考时，“公地悲剧”就上演了。草场持续退化，直至无法养羊，最终导致所有牧民破产。“公地悲剧”是学者哈丁 1968 年在《科学》杂志上发表的一篇题为“公地悲剧”文章提出来的。

公地悲剧——公共利益的损失。“公地”作为一项资源或财产有许多使用者，但每一个人都倾向于过度使用，从而造成资源的枯竭；之所以叫“悲剧”，是因为每个当事人都知道资源将由于过度使用而枯竭，但每个人抱着“及时捞一把”的心态加剧事态的恶化。公地悲剧，不应照字面的意义来解释，在这里我们主要指的是公共利益的损失。“公地悲剧”这一概念，值得我们深思。下面我们来看一下公共利益损失的一些现象。

（一）公共利益损失的现象

1. 国有资产流失

过去十几年是中国国有企业改革的关键时期，也是国有资产大举流失的主要时期。各行各业的权贵们利用对国企的实际控制权，把国有资产公开转化为个人收入。国有资产流失的主要形式有：股份制改造和拍卖过程中国有资产的流失；假破产真逃债形成的国有资产流失；在产权交易过程中，评估机构恶意低估国有资产价值；假合资进行套钱；决策失误，造成巨额国有资产损失和流失；和国家工作人员乘企业关、停、转、卖等机会，利用职权进行贪污犯罪等。内地有关部门曾经统计，这十几年间，中国国有资产流失有形的损失超过十万亿元，无形的损失更是难以计数。

防止国有资产流失任务繁重。2014 年 6 月 5 日，在北京举行的重要会议——中央深改组第十三次会议，由习近平主持并讲话。会上，审议通过了 5 个重要文件。其中，前两个都和国企有关，分别是《关于在深化国有企业改革中坚持党的领导加强党的建设的若干意见》和《关于加强和改进企业国有资产监督防止国有资产流失的意见》。总结一下就是，一是“深化”，二是“加强和改进”。“深化”的是国企改革中坚持党的领导加强党的建设。“加强和改进”的是企业国有资产监督，旨在防止国有资产流失。而后者，深改组给出了“5 个要”的解决方案。

“5 个要”：防止国有资产流失，要坚持问题导向，立足机制制度创新，强化国有企业内部监督、出资人监督和审计、纪检巡视监督以及社会监督，加快形成全面覆盖、分工明确、协同配合、制约有力的国有资产监督体系；要全面覆盖、突出重点，加强对国有企业权力集中、资金密集、资源富集、资产聚集等重点部门、重点岗位和重点决策环节的监督；要权责分明、协同联合，清晰界定各类监督主体的监督职责，增强监督工作合力；要放管结合、提高效率，改进监督方式，创新监督方法，增强监督的针对性和有效性；要完善制度、严肃问责，依法依规开展监督工作，完善责任追究制度。

就目前来看，国有企业改革的焦点在于国有资产流失与否，国有资产流失造成了社会不公，损害了整个改革的声誉。所以，深改组会议强调并部署解决国有资产流失问题很有必要。

2. 环境污染

2014 年 2 月 20 ~ 27 日，覆盖中国 1/7 国土的严重雾霾正在持续肆虐。除京津冀地区外，据中国气象局数据显示，去年 12 月初的雾霾波及 25 个省份。2013 年全国平均雾霾天数为 29.9 天，较常年同期偏多 10.3 天，达到 52 年来的峰值。

3. 国有土地流失

管好用好价值在 25 万亿元以上、数倍于其他国有资产总量的国有土地资产，是一个重要的问题。由于我国人均耕地少的特殊国情，我国政府多年来采取了非常严格的土地管理制度，成就不能说不显著。但是一些地方土地市场秩序混乱，国有土地资源流失严重。

4. 公共卫生安全事件频发

“三聚氰胺”和“地沟油”事件危及人们生存。

（二）公共利益保护

1. 保护公益的主渠道——政府

2014 年 3 月 5 日，李克强总理所作的政府工作报告 18000 字，其中与能源、环保相关的内容接近1800字，8次提到“能源”、8次提到“环保”、6次提到“节能”。“对偷排偷放者出重拳”、“对姑息纵容者严问责”，为近年来罕见。

2. 保护公益的重要渠道——社会团体

社会团体这一概念主要是指“处于政府与私营企业之间的那块制度空间”。它是现代社会结构分化的产物，是社会自组织系统。

社会团体是民间社会的组织，其公开宣称的使命和价值观，可以是公益性的，或者是服务于特定的人群。现在有：中国消费者权益保护协会、中国科学技术协会、中华环保联合会、壹基金等。

中国消协2014年所做的努力包括：

一是先后与15个地方消协联动开展了空气净化、儿童用品、建筑材料和美容护肤系列产品的比较试验，促进消费者更好地享有知情权和自主选择权。

二是约谈了37家网购、银行和家用电器的重点企业。

三是参与了23项法律、法规、规章等制修订工作，提出意见435条，还参与了75项国家和行业标准的制修订工作，提出修改和审定意见307条。

四是办理了一批重大、典型和群体案件。2014年全年共受理消费者投诉61.9万件，解决54.4万件，投诉解决率87.82%，为消费者挽回经济损失9.2亿元。支持消费者起诉1462件，接待消费者来访和咨询92万人次。

社会团体还引发公益诉讼第一案：2009年6月，因江苏江阴港集装箱公司在作业过程中随意排放、冲刷铁矿石粉尘造成污染。中华环保联合会向江苏省无锡市中级人民法院提起环境民事公益诉讼，请求判令江阴集装箱公司立即停止对公共环境利益的侵害，消除对无锡市、江阴市饮用水水源地和取水口的威胁。2009年7月6日，江苏省无锡市中级人民法院下达受理案件通知书，正式对中华环保联合会和公民朱某诉江苏江阴港集装箱有限公司环境污染侵权纠纷案立案审理。这标志着我国首例由环保社团作为原告主体的环境民事公益诉讼全面启动。9月22日，中华环保联合会收到江苏省无锡市中级法院送达的民事调解书，此案最终以调解结案。

虽然首例环保公益诉讼以原告撤诉而告终，但其开拓性的意义把此案引入了公众的视野。在我国环境污染问题日益严重的今天，以法律诉讼的方式保护环境是一条可行且有效的途径，但是诉讼主体问题一直是一大难题，人们期待以公益性诉讼破解这一困局。

3. 保护公益的重要渠道——公民

《宪法》第41条第1款规定：“中华人民共和国公民对于任何国家机关和

国家工作人员，有提出批评和建议的权利；对于任何国家机关和国家工作人员的违法失职行为，有向有关国家机关提出申诉、控告或者检举的权利，但是不得捏造或者歪曲事实进行诬告陷害。”

人民是国家的主人，现实的渠道包括：信访、群体性事件、公民公益诉讼。

公民公益诉讼第一案如下：1996 年，福建龙岩人丘某某，因当地电信部门没有执行夜间长途电话半价收费的规定，将电话局告上法庭，从而打赢官司，获得“一元二”电话费返还。该案件后来被称为我国“公益诉讼第一案”。“一元二”官司已经收入教育部新版统编政治教科书。

在现实生活中，一些与人民日常生活密切相关的服务行业，如电信、邮政、铁路等，由于自身的特殊优势地位，在同普通消费者进行交易时存在侵害消费者合法权益的现象。由于这些侵害数额较小，绝大多数消费者选择了忍气吞声。该案是在通信领域，丘某某以公民个人名义提起的公益诉讼。在丘某某之后，越来越多的人加入到公益诉讼行动中，维护了老百姓的权利，对法治社会的建设进程也起到了促进作用。

二、理论：保护公益为什么需要检察机关

（一）政府、社会团体、公民保护公益的不足

1. 行政诉讼日益扩大

《行政诉讼法》施行以来，在 1990 年至 2007 年的 18 年当中，全国法院一共受理一审行政案件 1289075 件，审结 1282705 件。2007 年首次超过 10 万件，尽管和年审理案件 800 万件左右相比很少，但也反映出行政诉讼日益扩大的趋势。

2015 年 3 月 12 日，周强的报告中提到：2014 年各级法院受理一审行政案件 15.1 万件，审结 13.1 万件，同比分别上升 16.3% 和 8.3%。依法审理行政不作为案件，公布典型案例，促进行政机关依法履职。

2. 社会团体的暗叹

社会团体也有以下缺憾：（1）代表性不强。社会团体能否真正代表民意，以及在多大程序上能成为民意的代表，是很不确定的。（2）动力不足。（3）资金受限。环境公益诉讼需要付出大量的资金和时间成本，具有官方背景的中华环境联合会都表示，“18 万元（案件受理费）我们真的掏不起”，对自身运营都艰难的民间环保组织来说，难度更大。（4）《消费者权益保障法》提出的公益诉讼尚未实现。自 2014 年 3 月 15 日起实施的《消费者权益保障法》，赋予了中消协及省级消协组织公益诉讼职责，但现实中，一年下来，法律赋予的这一公益诉讼权却囿于各种困难，至今未能实现。

3. 人民的力量不总是无穷的

人民的力量也不是万能的：（1）群体性事件给社会带来问题多；（2）个人公益诉讼选择性强、代表性不足；（3）个人维护公益资金和动力不足；（4）个人力量薄弱。

（二）检察机关提起公益诉讼的必然性和可行性

1. 检察机关提起公益诉讼的必然性

一是因为检察官天然的公益性，公诉人就是代表国家维护公共利益。检察机关是天然的公益代表人，作为法律监督者在发现行政侵权时提起诉讼，是其自身公共利益代表人角色的要求，其在诉讼过程中虽然也是法律监督者，但它作为公诉人的外在角色冲突也由于其作为公诉人并不存在自身直接利益而得到化解，它作为公诉人和作为监督者的目的都在于保护国家和社会利益，无论诉讼结果如何，都与其维护的国家利益和公共利益无关 。

二是因为检察官超然的中立性，检察官客观属性、公正义务。检察机关享有法律赋予的独立检察权，具有提起行政公益诉讼的工作便利。我国《宪法》第131条规定："人民检察院依照法律规定独立行使检察权，不受行政机关、社会团体和个人的干涉。"该规定表明，检察机关具有独立于行政机关的地位，检察官的中立性便是其中应有之义。这种超脱的中立性，也确保了检察官客观、公正的参与行政公益诉讼。

2. 检察机关提起公益诉讼的可行性

诉讼理论发展为公益诉讼提供理论铺垫。行政公诉制度的产生与发展并非人为的设计，而是社会发展规律的自然体现，有着深厚的理论渊源，主要体现在以下三个面：

（1）人民主权论。在卢梭看来，国家是自由的人民缔结契约的产物，政府的一切权力都是人民授予的。这一原则在以后的资本主义宪法中都得到了体现，社会主义国家宪法一般表述为"国家的一切权力属于人民"。国家的权力既然来源于人民，它的运行自然就应当受到社会权利的全面监督和制约。在行政公诉制度中，行政公诉权虽然归属于检察官，但普通公民可以通过向检察机关检举、告发的形式要求其提起公诉，检察官再依据民意发动公益诉讼，其在行政公诉中的角色实际上只是公意和公益的代言人而已。

（2）权力制衡论。人类在追求宪政文明方面所作的努力中，最重要的是探求如何对权力实现有效的监督与制衡。因为"每个有权力的人都趋于滥用权力，而且还趋于把权力用之极限，这是一条万古不易的经验"。尤其是近现代以来，一方面，法律赋予行政行为以公定力、执行力、拘束力和不可变更力，行政行为一经作出即被推定为合法有效，行政主体及相对方均应遵守执行，不经法定程序不得轻易改变。另一方面，社会生活的日益复杂使得行政权力越来越频繁地介入社会各个领域，违法行政行为也愈加频繁地发生，控制日益膨胀的行政权成为一种必然趋势。行政公诉制度就是通过检察权这种独立于行政权之外的公权力来集中公益、代表公益，行使对行政行为的监督职能，它是检察权联手司法权对行政权进行监督的理想的、实际可行的途径，可以实现权力的异体控制。

（3）客观诉讼论。传统行政诉讼关系建立在私人利益救济的基础之上，将一个诉讼案件仅放在两个当事人之间进行考虑，对违法侵犯公民、法人或其他社会组织利益的行政行为，以当事人必须与本案有直接利害关系并遭受实际损失作为其取得原告资格的依据，缺乏将“社会公众”作为权益主体予以司法救济的相关制度设计。但客观诉讼论认为，所有的利益均需得到保护，尤其是公共利益。如果原告是基于维护社会公益或维护国家利益，而不是出于维护自身利益或与自身有直接关系的利益，其所进行的诉讼即是客观诉讼。日本行政诉讼法学将机关诉讼和民众诉讼称为客观诉讼。英国行政法学者认为，检察总长有权按照公共利益提起客观之诉。美国司法实践中客观诉讼的原告资格经历了一个从“法定损害标准”到目前“事实不利影响标准”的演变。诉讼客观利益救济理念的产生和由此带来的诉讼实践，打破了传统的诉权理论，将过去行政诉讼仅仅限制在利害关系人之间的私益诉讼的间接模式，改变为直接保护公共利益的模式，解决了行政公诉的原告资格和受案范围问题。

（三）公益诉讼的国外考察

通过对外国典型的行政公益诉讼制度考察，可以从中思考这些制度背后的发展规律。

1. 美国的“私人检察长”制度

美国是最早实行行政公益诉讼的国家之一，其行政公益诉讼脱胎于民众提起的行政诉讼，通过一系列案例把起诉条件由“权力损害”调整为“利益影响”，并且建立了公民个人、非政府组织以“私人检察长”身份起诉无利害关系的行政行为的制度后，才正式形成。受传统当事人适格理论影响，美国对于行政诉讼原告资格的限制一开始是非常严格的，当事人也只有在法定的权利受到侵害时才有起诉资格，称之为“直接利害关系”原则。直到 1940 年桑德斯兄弟无线电广播站控诉美国联邦电讯委员会一案，美国法院承认了竞争者的起诉资格，把行政诉讼的受案范围从“权利损害”逐步调整为“利益影响”之后，美国的行政公益诉讼才开始得以确立。对于那些并不属于行政行为的直接、明显当事人，其权利未受到行政行为的直接影响，但其利益受到侵犯的利害关系人的保护正式进入美国司法审查的视野。此后，法院通过一系列的具体判例，逐步肯定了竞争者、消费者以及环境消费者等非直接相对人的原告资格。

2. 法国的越权之诉

法国的行政公益诉讼表现为越权之诉。法国行政诉讼分为越权之诉与完全管辖权之诉两种，越权之诉的目的就是纠正违法的行政行为，保障良好的行政秩序，而不是限于保护起诉人的主观权利。该诉讼着眼于公共利益，力求保障行政行为的合法性，是对事不对人的客观诉讼。越权之诉的判决发生对事的效果，而不以申诉人为限。一种客观行为，无论是总统作出的，还是最下层的行政官员所为，都可以被公民以“越权行为”提起诉讼，由行政法院对其进行合法性审查。虽然法院在决定是否受理此种诉讼时要求起诉者表明他在其中的特殊利益，但这种利益可以是非常间接的，如纳税人可以主张由于其所在的地方市政委员会未按照法律订立合同致使自己利益受损。这种利益还可以是道义上，如一位具备担任某一官职的资格的公民可以阻止任命那些不具备相应资格的人。法国甚至规定了许多优惠政策，如规定越权之诉可以免去律师代理，事先不需要交纳诉讼费用等，来鼓励人们提起越权之诉。

法国的越权之诉有着自己的制度特色。（1）越权之诉体现法国司法权对于公共利益的救济与保护。越权之诉有三个特点，一是公民通过起诉来反对行政机关的某个行政行为，法官主要是对行政行为的合法性进行审查。二是越权之诉是有关公共利益的起诉，此类诉讼不需要律师，公民自己提起即可，这种诉讼对起诉人诉的利益的理解面是宽泛的。三是越权之诉的起诉人放弃起诉后还可重新提起诉讼。越权之诉主要体现出法国司法权对于行政权的牵制和约束。法国行政法院的法官在案件审理过程中可以通过某些法律标准取消被诉的政府行为，这些法律标准是分等级的，最高是宪法标准，其次是欧盟法标准，再次是普通法律标准，最低是法规标准。（2）越权之诉审查的范围宽泛，既包括形式审查也包括实质审查。对于司法权在哪些范围内可以监督行政权，这在法国有一个发展过程，但总的呈现出司法审查的范围和深度逐渐扩大的趋势。现在行政法院的法官有权对被诉行政行为的形式和实质内容的合法性都可以进行审查。法官审查行政行为的形式合法性主要指需要查明行政机关是否有权做出此行为。法律规定任何行为的做出都应有动因（动机），如果法官认为行政机关做出的行为找不到动因（动机），该行为将会被撤销。法官对被诉行政行为的实质审查主要围绕行政机关做出决定是否有充分的依据，包括审查行为人做出该行为是要追求什么目的。被诉行政行为追求的目的很明显是为谋求私人利益的话，这个行为肯定要被撤销。(3) 越权之诉中被诉行政行为如果被判决撤销，该行为自始不发生法律效力。(4) 越权之诉的启动主体和审查范围都十分广泛。这与法国发达的行政诉讼制度有很大关系，作为司法权的行政法院对于行政权的合法运行具有强大控制力。在法国，行政决定的直接相对人，因为违法行政决定而受到直接利益侵害的第三人，集体利益受到行政决定直接影响的工会、社团等团体，负有维护公益职责的行政机关，甚至行政机关自身都能提起越权之诉。当然，行政机关提起越权之诉的条件是当行政机关所代表的公共利益受到其他行政机关决定的侵害，而其本身无权撤销或改变此项决定时，可以向行政法院提起越权之诉，请求撤销这项违法的决定。越权之诉的原告要求保护的利益不仅包括物质性利益，也包括精神性的利益，例如宗教尊严、集体荣誉、环境美等，而且不限于现实利益，将来的利益如果确实存在，也可提起越权之诉。

3. 日本的公民诉讼

在日本，行政公益诉讼被称为民众诉讼。《行政事件诉讼法》第 5 条规定：本法上“民众诉讼”，指对以选举人资格及其他与自己法律利益无关之资格，请求对国家、公共团体机关违反法规行为，请求纠正的诉讼。《行政事件诉讼法》第四章第 42 条规定：“民众诉讼及机关诉讼，限于在法律规定的情况下，法律所规定者才能够提起。”民众诉讼具体包括“公职选举有关的诉讼、与直接请求有关的诉讼、居民诉讼、基于《宪法》第 95 条的居民投票的诉讼、有关最高法院法官的国民审查诉讼”。日本民众诉讼的原告可以是纳税人，也可以是利益受到普遍影响的选举人或者其他公众之一，可以准用抗告程序、当事人诉讼的程序。日本行政法学者认为，民众诉讼并不是为了保护国民个人的利益，而是为了保护客观上的法律秩序，也就是我们所说的公共利益。使国民以选举人的身份通过诉讼手段制约国家机关或公共性权力机构行使职权的行为，监督行政法规的正确适用。因此，它具有客观诉讼的性质。日本实务中比较典型的民众诉讼形式有：选举无效诉讼、当选无效诉讼以及居民诉讼等。

值得注意的是，日本的民众诉讼只能在法律所规定的场合由法律所限定的人提起。而且，日本现行《行政事件诉讼法》不存在国民对国家的行政机关、独立行政法人的职员等的违法或不当的公款开销、财产取得、管理或者处分直接要求予以监查或纠正的制度，日本的居民诉讼只有在与地方公共团体发生纷争的场合才被承认，在与国家的关系上不承认这种诉讼。

4. 国外行政公益诉讼的发展趋势

除了上述三国的行政公益诉讼制度外，私力救济的行政公益诉讼在很多国家都已经落地生根。在这些制度的构建和发展中，出现了以下的特色和共同的发展趋势：

一是诉讼主体范围不断扩张。各国对于公民、法人或其他组织基于维护公益的需要提起行政诉讼虽然作了种种限制性的规定，且宽泛不一，但是扩大参与行政过程的利害关系人的范围，其权益直接或间接受到行政行为影响的直接或间接相对人，甚至任何人，均可依法享有提起行政诉讼的权利，成为现代行政法发展的最重要的趋势之一。在法国的越权之诉中，家庭保护全国联合会、防止酒精中毒委员会、省狩猎联盟、维护著作权的作家协会等社团都享有行政公益诉讼的诉权。美国行政诉讼的主体先从明显的当事人扩大到了竞争人，再扩大到了消费者；先扩大到现有经济利益的消费者，再扩大到了受非经济损害的消费者，最后发展成非利害关系人均可提起。

二是司法审查范围不断宽泛。很多国家没有在行政行为的类型方面加以限制，只要影响到了公民利益，即可成为被诉对象，这是公民运用诉权通过司法权全面规制行政权的广泛实现。尤其是被诉行为并不仅仅指针对行政主体的具体行政行为，若是行政主体的抽象行政行为侵犯了公共利益，普通民众诉讼亦可对此抽象行政行为起诉。法国、美国等对此都有明确的判例和规定。德国行政法院规定，除了违宪案件和联邦法律明确授于其他法院管辖权的公法案件以外，行政法院受理一切公法案件。在美国，具有重大的政治、社会和经济意义的争议通常都会在美国法院提起诉讼并且通过民事诉讼程序得以最终解决。

三是寻找行政权规制与维护的平衡。尽管诉讼主体和审查范围在不断扩大，这些国家也都明确规定行政公益诉讼必须依法律有特别的规定为前提，严格诉讼受案范围，以防止原告滥用诉权，影响政府正常发挥作用。尤其是普通民众把维护公益作为义不容辞的公民义务，乐意采取诉讼行动为公益维权的背景下，仍须采取一些措施在行政权的规制和维护之间寻找一种平衡。

（四）依法治国进程中更需要开展行政公益诉讼

1. 有利于更好推动法治中国建设和依法行政

法治中国建设核心在于依法行政和公正司法，行政权受到约束和监督是法治的关键。在我国行政权力运行中，行政系统内部的监督有上级机关对下级机关、上级领导对下级的层级监督、行政监察、行政复议监督等；外部的监督有人大的权力监督、政协的民主监督、媒体和舆论监督、法院的行政诉讼监督等。

但不可否认这些监督还存在着这样或那样的不足，实践中行政机关有法不依、执法不严、违法不纠还比较严重，权责脱节、多头执法、选择性执法仍然存在。正如习近平总书记在《关于〈中共中央关于全面推进依法治国若干重大问题的决定〉的说明》中指出，“行政违法行为构成刑事犯罪的毕竟是少数，更多的是乱作为、不作为，如果对这类违法行为置之不理任其发展，一方面不可能根本扭转一些地方和部门的行政乱象，另一方面可能使一些苗头性问题演变为刑事犯罪”。

检察机关的法律监督是有宪法和法律明确授权的国家司法权，具有法定性和专门性，在法治监督体系中具有不可替代的地位和作用。建立检察机关针对行政机关的公益诉讼，立足诉讼这一平台和载体，采取多种形式，加大监督力度，使司法权能够发挥制约监督行政行为的作用。检察机关提起行政公益诉讼制度是完善法治监督体系，促进法治政府建设的有力保障。

2. 有利于更好体现检察机关法律监督定位

检察机关既然是法律监督机关，对于行政机关违法的行政行为（作为或不作为），当然就有权实施监督，也必须进行监督，这种法律监督是公权力对公权力的监督。这也是检察机关之所以成为专门法律监督机关的法理基础。检察机关提起行政公益诉讼制度是法律监督职能的应有之义。按照目前的法律规定，检察机关对行政机关的监督仅限于对其工作人员的贪污受贿、渎职侵权行为进行立案侦查、提起公诉，但是这并不意味着检察机关不应当开展对行政违法行为其他形式的法律监督。因此在行政机关滥用权力、不作为等情形下，由检察机关承担起对行政违法行为的监督职责，提出检察建议或督促起诉，必要时提起公益诉讼，是法律监督职能的内在要求和应有之义。

3. 通过对受到侵害的公共利益进行救助，有利于更好地保护公民权利

检察机关提起行政公益诉讼，是全面保护国家和社会公共利益的必然要求。近年来，随着市场经济发展和社会转轨进程的加快，一些个人、企业和组织为了个人利益最大化，导致发生多起环境污染、国有资产流失、公共卫生等严重侵害公共利益的事件，给国家、集体财产造成极大损失。

而传统诉讼理念和诉讼制度大多基于维护私益而设计，强调原告适格，法律只允许本人主观权利受到侵犯时才能提起诉讼，对于与本人特定权益无涉的国家和社会公共利益被侵犯，任何个人、组织都无权起诉。党的十八届四中全会通过的《中共中央关于全面推进依法治国若干重大问题的决定》明确提出探索建立检察机关提起公益诉讼制度，在立法政策上赋予了检察机关公益诉讼的起诉资格，改变了我国诉讼法领域长期以来存在的那种认为只有自己合法权益受到违法侵害的人才具有原告资格这一误区，从司法保障上为全面保护国家和社会公共利益提供了一条新的有效途径。有了公益诉讼制度，当侵

害公共利益的情况发生，检察机关可以名正言顺地发动救济，具有极强的可操作性。通过公益诉讼对受到侵害的公共利益进行救助，有利于更好保护公民权利。

三、回顾：检察机关探索保护公益的实践分析

1997 年开始，全国检察机关开始探索公益诉讼，至今历久而不衰，尽管有启蒙、有发展、有转折、有思考，但检察机关保护公益的心没有变，法律监督的属性没有变。

检察机关发现存在民事侵害或行政违法行为损害国家利益和社会公共利益的，与公民、法人和其他社会组织没有直接利害关系，致使其没有也无法提起诉讼的案件：检察机关提起公益诉讼前可以依职权开展调查核实工作，可以向有关机关和部门提出检察建议，督促他们纠正违法行为；对人大常委会通过授权，符合试点范围和程序要求的案件，检察机关以公益诉讼人身份向人民法院提起公益诉讼，维护国家利益、社会公共利益；试点阶段检察机关拟建立提起公益诉讼案件备案制度，公益诉讼案件一律报经最高人民检察院批准后方可启动诉讼程序。

检察机关保护公益的三种方式：

（一）直接起诉

1. 直接起诉的法律依据

（1）《民事诉讼法》第 55 条、第 119 条；

（2）最高人民法院《关于适用〈中华人民共和国民事诉讼法〉的解释》第 284 条至第 291 条；

（3）《行政诉讼法》第 25 条、第 49 条；

（4）《刑事诉讼法》第 99 条。

1997 年 5 月，方城县检察院接到群众举报，反映方城县独树镇工商所将价值 6 万余元的门面房以 2 万元的价格出卖。通过调查，南阳市检察院确认该工商所低价转让国有资产。他们决定根据宪法的规定，以原告身份向人民法院提起诉讼。1997 年 7 月 1 日，方城县人民检察院作为原告，以方城县工商管理局和门面房购买者汤某为被告，向方城县人民法院递交了民事起诉状，要求确认两被告之间的买卖协议无效。1997 年 12 月 3 日，这起全国首例由检察机关提起的公益诉讼案件拿到了胜诉判决。

判决后两被告没有上诉，判决在法定时间生效，方城检察院挽回国有资产流失的行动达到预期目的。这是全国首例检察机关以国家代表的身份作为原告提

起的公益诉讼案。这次诉讼引起最高人民检察院的重视，被评价为全国检察系统10年中八大事件之一，也为日后各地检察机关提起民事公益诉讼提供了范例。

2. 直接起诉的发展、停滞与觉醒

从1997年到2007年的10年时间，河南省民行检察部门共办理公益诉讼案件1572件，其中发出检察建议1019件，支持起诉296件，直接起诉242件，为国家挽回经济损失2.7亿元。2002年以来，南阳市共提起公益诉讼79起，其中涉及国有资产流失案件56起，环境污染案件12起，垄断案件9起。

2006年最高人民法院通知各级法院，不再受理检察机关作为原告提起的公益诉讼。这样，检察机关直接起诉进入停滞阶段。

3. 继续试验直接起诉

（1）广州番禺直接起诉第一案

广东番禺区东泰皮革厂偷排污水，将河涌染成红色。广州市番禺区检察院提起环境公益诉讼。2009年12月6日，广东省广州市海事法院对这起水域污染损害赔偿纠纷案作出一审判决，被告被判立即停止违法排放污水等一切破坏水域环境的行为，赔偿环境污染损失和费用共62500元，由原告受偿后上交国库。

（2）广州番禺直接起诉第二案

2010年6月21日番禺区检察院以原告身份向番禺区法院提起一宗诉番禺博朗五金厂违法排污导致水域污染的环境公益诉讼案件。9月15日，番禺区法院判决采信番禺区检察院提交证据材料，支持该院诉讼请求，要求被告立即停止违法排放污水等一切破坏水域环境的行为，并赔偿环境污染损失费用79500元。

（3）全国行政公益诉讼第一案

贵州省金沙县佳乐公司在修建某大厦过程中，欠缴2013年3月至2014年10月期间的噪声排污费共计12.1万余元。金沙县环保局分别在2013年11月26日、2014年8月19日向佳乐公司发出了《缴纳排污费通知书》和《限期缴纳排污费通知书》，但是佳乐公司依然没有按期缴纳。

2014年10月20日，金沙县检察院以行政公益诉讼原告身份将金沙县环保局诉至有管辖权的遵义市仁怀市法院，请求判令金沙县环保局依法履行处罚职责。2014年10月27日，仁怀市法院决定立案受理。收到法院的《应诉通知书》等应诉材料后，金沙县环保局即对佳乐公司作出了警告的行政处罚决定。金沙县检察院认为，行政公益诉讼目的已达到，遂提出撤诉。仁怀市法院审查后裁定准予撤诉。

（4）行政公益诉讼第一次判决

2015年4月22日是世界地球日，仁怀市人民法院按照贵州省高级人民法院和遵义市中级人民法院的指定和授权，由该市环保法庭组成合议庭公开开庭审理了原告贵州省黔西县人民检察院诉被告贵州省黔西县林业局、第三人黔西县协和镇爱国村砂石场不履行行政职权一案，并当庭作出判决确认被告对第三人非法占用林地未依法作出查处行为违法。

（二）支持起诉

各地实践表明，支持起诉正日益成为检察机关履行民行检察职能的有力方式，在维护国家利益和社会公益、保障和改善民生方面发挥了巨大作用。

据统计，2003 年至 2006 年，全国检察机关办理支持起诉案件 15742 件。根据最高人民检察院民事行政检察厅介绍，仅 2008 年一年，检察机关办理支持起诉和督促起诉的案件就达 4588 件。

1. 检察机关支持起诉的法律依据

依照《民事诉讼法》第 15 条规定："机关、社会团体、企业事业单位对损害国家、集体或者个人民事权益的行为，可以支持受损害的单位或者个人向人民法院起诉。"这条规定被视为检察机关支持民事诉讼的原则规定。

显而易见的是，检察机关以支持起诉的方式介入民事争议，会对纠纷处理产生影响。单就总体而言，目前法律对检察机关支持起诉的地位、具体方式、操作程序仍缺乏明确具体规定。

2001 年，最高人民检察院在《关于加强民事行政检察工作若干问题的意见》中提出：积极稳妥地开展支持起诉工作。对侵害国家利益、社会公共利益的案件，支持有起诉权的当事人向人民法院提起民事、行政诉讼。

2. 检察机关支持起诉的探索

（1）云南首例环境公益诉讼案件。2011 年 4 月 20 日，云南首例环境公益诉讼案曲折进入二审。在此之前的 1 月 26 日，污染龙潭水的两个养猪场被判赔 434 万余元。提起上诉的昆明三农农牧有限公司和昆明羊甫联合牧业有限公司一方，面前用白纸黑字标识"上诉人"，坐在法庭右侧的昆明市环保局一方，标识"环境公益诉讼人"，昆明市检察院仍延续一审，作为"支持起诉人"出席二审。

（2）泰州公益诉讼案。2012 年 12 月，江苏泰兴 6 家化工企业将废酸委托给没有处理资质的公司和个人处理，导致废酸被直接倒入当地河中。14 人因犯环境污染罪获刑。随后，泰州市环保联合会向泰州中院提起环保公益诉讼，要求涉案的 6 家化工企业赔偿 1.6 亿元，用于水环境修复。泰州市中级法院一审判决泰州市环保联合会胜诉。2014 年 12 月 30 日，江苏省高院终审维持原判。

该公益诉讼，许前飞大法官亲自担任审判长，副检察长亲自出庭，使这个案件成为环境赔偿诉讼的标杆。此案明确了环境侵权者不仅要赔偿私人利益，还应承担环境修复责任——这涉及了公共利益。

泰州的天价环境公益诉讼案，该案件成为2014年《南方周末》十大影响性案件。此案具有标杆作用，先后被最高检公布为修订后的民事诉讼法实施以来民事检察监督典型案例，并被写入2014年“两高”工作报告。由公益机构出来诉讼，并且得到检察院支持，说明我们国家对环保的重视程度已经落实到司法实践当中。

（3）辽宁第一起环境公益诉讼案。不顾公众利益和安全，偷将大量有毒有害废液直接排放至附近入海河道，导致周边土壤等地下资源、海域水体严重受污染……6月4日，经过长达3个多月的充分准备，辽宁省大连市人民检察院决定支持起诉，对大连市环保志愿者协会状告中日合资大连日牵电机有限公司涉嫌违法排放有毒物质，并向其索赔用于修复环境相关费用的公益诉讼给予支持。

（4）松江区检察院承办污染环境案。上海市松江区检察院2013年12月在承办蒋某和董某污染环境案后，进一步把法律监督工作聚焦到深层次问题：造成松江区某镇一主干河道严重污染和由此产生的88万余元巨额河道治理费的公共利益损害问题，还是未能得到彻底解决，而解决这一问题的关键是追究与本案相关的三家化工企业违法处置废酸污染环境的民事责任。最终选择依法运用检察建议督促镇政府通过司法途径维护环境公共利益，后法院开庭审理此案，当庭判决三家化工企业承担连带赔偿责任，判决生效后，这三家企业全部履行赔偿责任，88万余元的巨额河道治理费得以全部追回。

（5）围绕流浪人员的系列诉讼。2004年12月以及2005年4月，江苏省高淳县境内先后有两名流浪人员因车祸身亡。2006年3月，高淳县民政局以肇事方、保险公司为被告诉至法院。这是全国第一例民政局为流浪汉维权案。在此之后，四川自贡、福州闽侯、浙江桐庐等地相继出现了民政部门代为流浪人员起诉维权的案例。

2008年至今，河南省新郑市民政局在检察院的督促下，以原告的身份，替遭遇意外伤害的无名流浪人员打赢附带民事赔偿的官司以来，相继打赢了4起代为流浪人员起诉的案件，累计为受害者讨回民事赔偿款约20万元。

（三）督促起诉和检察建议

1. 督促起诉和检察建议的法律依据

《人民检察院民事诉讼监督规则（试行）》第112条：“有下列情形之一

的，人民检察院可以提出改进工作的检察建议：（一）人民法院对民事诉讼中同类问题适用法律不一致的；（二）人民法院在多起案件中适用法律存在同类错误的；（三）人民法院在多起案件中有相同违法行为的；（四）有关单位的工作制度、管理方法、工作程序违法或者不当，需要改正、改进的。”

2. 检察建议的优缺点

检察建议是检察院为促进法律正确实施、促进社会和谐稳定，在履行法律监督职能过程中，结合执法办案，建议有关单位完善制度，加强内部制约、监督，正确实施法律法规，完善社会管理、服务，预防和减少违法犯罪的一种重要方式。检察建议不仅仅是建议，它以法律的思维、从查办案件中嗅出潜在的危险，让隐患得以弥补，避免发生危险。

（1）优点：

第一，简便易行。最为典型的是，检察机关在办理民事行政抗诉案件时，是将检察建议作为一种法律监督权的拓展方式来定位的，即由于法律规定的提起民事抗诉的条件比较苛刻，检察机关有时难以正常启动。但是，原审判决又确实存在一定的问题需要实施法律监督，对于这样一些不便于提起民事行政抗诉或者说不完全符合民事行政抗诉条件的案件，检察机关通过检察建议的形式就可以达到实施法律监督的目的。

第二，效率较高。检察建议在履行的程序上较之其他法律监督权便利，不需要太多审查与审批，因此面对可能相同的问题时，检察建议所显示出来的是更为高效、务实、及时。例如，对于监管场所暴露出来的问题，提出检察建议就能及时地得到反映，并解决实际存在的问题。再如，对于法院判决书中的一些微小的计算错误，不需要通过抗诉的手段，就可以通过检察建议的形式得到纠正，在第一时间保障被告人的合法权益。

（2）缺点：刚性不足

检察建议的刚性不足导致其作用有限。检察建议权是检察机关行使监督职能的形式之一，法律监督职权派生的权限。虽然目前检察建议已经产生了一定的监督效果并有良好的社会基础，但明显作用有限，无法与抗诉权形成一个完整的民事行政检察监督体系。在目前的司法实践中，民事检察建议刚性不强，达不到预期的监督力度，无法起到维护司法公正的作用，严重影响了检察监督的力度与效果。

3. 督促起诉和检察建议的相关实践

通过公益诉讼的提起和进行，检察机关会发现很多涉及社会公共政策、公共管理以及公共立法等方面的问题，对于这些问题，检察机关应当本着通过一案、解决一片的原则，积极提出检察建议，以促进立法完善和行政管理机制的完善。这包含再审检察建议、检察建议。

（1）浙江省督促起诉的首创实践。浙江省检察机关从2003年开始探索的民事督促起诉工作，经过7年的实践，不断规范化、制度化，至今已成功办理督促起诉案件3700余件，有效避免40亿余元国有资产流失。

追索地王的土地出让金：2011年5月11日，浙江省青田县国土资源局正式回函县检察院，该院督促起诉的浙江省某房地产公司拖欠3.922亿元土地出让金已全部缴清。

（2）2012年7月以来，内蒙古乌达区检察院共向国土部门发出《督促起诉检察建议书》9份，协助收回土地出让金1.4亿元，取得了较好的法律效果和社会效果。

四、展望：开展行政公益诉讼的制度设计

（一）制度设计的总原则

行政公诉制度的设计要科学合理，既要充分保护国家利益和社会公共利益，又要考虑到司法资源的有限性，防止把司法手段作为解决纠纷的唯一途径而不是最后途径，以避免司法资源的耗费过度；既要使诉权监督行政权的架构得到确立，又要防止出现滥诉的后果。

1. 充分保护国家利益和公共利益与合理配置司法资源的均衡

波斯纳认为“效率既正义”，法律对正义的诉求不应以损害效率最大化和财富最大化为代价。“无论审判能够怎样完善地实现正义，如果付出的代价过于昂贵，则人们往往只能放弃通过审判来实现正义的希望。”诉讼高成本（包括时间、金钱的损耗以及内心焦虑等）会挫伤人们参与诉讼的积极性。而且，法制运行如果耗费了过多的司法资源，就会涉及资源的重新配置问题。我们要确定通过诉讼解决公益受行政权侵害无人保护的大方向；要合理利用有限的司法资源，不能动辄利用成本高昂的司法渠道解决问题；要注意过多耗费司法资源可能对民事、行政和刑事领域一般主体的利益保护产生弱化等不良作用。

2. 保护诉权与防止滥诉的均衡

诉讼民主是衡量一国诉讼制度科学与否的一个重要指标，其核心要求是程序的公开与透明，强调当事人富有成效地参与程序。赋予被侵害的国家利益和公共利益起诉权，这是诉讼民主和权利受到普遍保护的具体体现。但是，如果立法赋予公益诉讼起诉权而不加以限制的话，将必然会出现滥诉。滥诉是对公正、诚信等法律和道德价值的极大违背，它不仅损害正常的诉讼秩序、浪费国

家司法资源，而且还会扰乱正常的社会运行秩序，使其制度设计的初始保护对象得不到救济。因此，行政公诉既要使诉权监督行政权的架构得到确立，又要防止出现滥诉的后果。

（二）行政公益诉讼的提起主体

启动模式：构建多元主体（个人、社会团体、行政机关、检察院）加“检察前置”的启动模式。

法谚有云：没有原告就没有法官。没有提起诉讼的人，就不会有审判程序的开始。行政公益诉讼既要充分保护公共利益，又要防止浪费司法资源；既要充分赋予公民和非政府组织诉权，又要防止滥诉。行政公诉的启动模式涉及两个方面的问题，一是谁来起诉，谁做原告的问题，这是诉权的问题，二是原告之间诉讼权利如何分配和诉讼渠道的选择问题，这两个问题关系国家利益和社会公共利益受到侵害时能否得到充分而有效的救济。

可以考虑赋予公民、非政府组织提起行政公益诉讼的诉权，但是可以首先向检察机关提起，检察机关在法定期间内作出起诉或者不起诉的决定，如果公民和非政府组织对结果不服，可以再行向法院提起诉讼。构建多元主体加检察机关前置的启动模式是符合中国国情的一种选择。

这一制度设计是弥补公民自身诉讼能力之不足，以及公民没有兴趣诉讼的领域的保障。当然，公民对其审查不起诉意见不服或者认为在法定期限内没有履行职权时，其应当有自行起诉的救济权利，但其举证责任比其到检察机关申请提起诉讼要严格一些。英美法系国家采取前置审查起诉模式，如美国反欺骗政府法规定，公民个人提起诉讼时，需将诉状密封后送交美国司法部，该部在收到诉状后60天之内必须作出是否参与并为主要原告的决定。如果司法部决定不参与，个人原告可以自己公诉到底。如果司法部参与，个人仍是原告之一。

这一启动模式也得到了国内大多数学者的认可，检察机关可依公民、法人或者其他组织的申请、控告、举报等提起，也可依职权发动，但此项职权的行使，必须受到法律的严格限制，以免造成司法权对行政权的过分干预，而降低行政效率。

（三）行政公益诉讼的诉讼范围

确定行政公诉的诉讼范围，一要考虑到在行政程序基本法律对行政公诉范围先明确概括性规定后，对于现在达成共识的可诉行为再进行肯定式列举，检察官和法官的诉讼行为和审判行为必须以法有明文规定为限，权威稳定并防止滥诉产生和行政讼累。二要在行政诉讼基本法律肯定列举的同时设置一个兜底条款，对因公共利益发展变动而逐步达成应当进入司法审查共识的行为，通过特别法的形式分散列举，及时补充完善。基于此，我们认为，要把规章以下的抽象行政行为、授益性行政行为等列入进去。同时要有一个兜底性条款，为未来社会发展出现的新情况预留空间。

中央全面深化改革领导小组第十二次会议审议通过的《检察机关探索公益诉讼试点方案》提到，要牢牢抓住公益这个核心，重点对生态环境和资源保护、国有资产保护、国有土地使用权出让、食品药品安全等领域给国家和社会公共利益造成侵害的行为提起民事或行政公益诉讼，更好地维护国家利益和社会公共利益。目前，探索公益诉讼可以按照中央安排的范围进行。

行政公诉是以保护公共利益为目的的诉讼，诉讼范围也应以保护公共利益为限。基于公共利益的以下行政行为应当列入公诉的范围：

1. 应列入范围的抽象行政行为

随着我国行政诉讼制度的发展，将抽象行政行为纳入司法审查的范围是大势所趋，国家机关违反公共利益制定的行政法规和规范性行政文件将成为公诉的对象。可先将层次较低的规章以下的规范性文件纳入司法审查，行政立法暂不纳入司法审理范围。对规章以下抽象行政行为宜先开展合法性审查。

2. 应明确列举的具体行政行为

（1）行政机关不主动履行法定职责，损害社会公共利益而无人起诉的行为。行政不作为。行政机关对侵犯公共利益的违法行为不予处理时，由于不存在明确的利害关系人，所以应当由检察机关提起行政公诉。根据案件侵害的对象结合公益内涵的界定，行政公诉的范围应当包括国有资产被侵犯的行政性案件；行政机关违反环境保护法律产生的公害案件；行政机关违反土地管理法规产生的土地闲置和资源浪费案件；政府在公共工程的审批、招标、发包过程中的违法行为；政策性价格垄断行为等。

（2）只有受益人没有特定受害人的违法的具体行政行为。授益性行政行为。当行政主体违法设定权益或免除义务而损害了公共利益时，授益性具体行政行为的利害关系人因从中获利当然不会去起诉，因而需要建立行政公诉制度将该行为纳入救济的范围。

（3）受害人为不特定多数人的违法具体行政行为。需要强调的是，试点范围提出的内容。7 月 1 日，全国人大常委会决定授权最高人民检察院在生态环境和资源保护、国有资产保护、国有土地使用权出让、食品药品安全等领域开展提起公益诉讼试点。人民法院应当依法审理人民检察院提起的公益诉讼案件。

（四）行政公益诉讼的具体程序

行政公诉属于行政诉讼的一种，其程序原则上应遵从于行政诉讼。

1. 受理和立案

受理：一是公民、非政府组织举报。二是检察机关自行发现。

立案：一是是否存在公益受到侵害的事实，二是有明确的行政违法行为人作为被告，三是有具体的诉讼请求和事实根据，四是是否属于该检察机关法定管辖范围，五是在法定期限内能够起诉的。符合上述五个条件的方可立案。

发现案件：审议中，列席的全国人大代表张振勇认为，公益诉讼案件范围确定为检察机关在履行职责中发现的案件，这一规定不太明确，范围过窄，有大量的公众举报、媒体披露的案件占此类案件的多数，应当被包括进去。

2. 管辖

行政公诉案件一般都是事关当地公共利益的重大案件，也是与当地行政当局矛盾较为突出、易于受干扰的案件，应由县级检察院受理审查后，提请省直辖市人民检察院决定是否提起公诉，由中级人民法院直接管辖。这属于提级管辖。符合《行政诉讼法》第16条列举的中级人民法院管辖的第一审行政案件中的“本辖区内重大、复杂的案件”的规定。

同时也要适应行政案件异地管辖的改革。法院行政案件的异地管辖改革——2014年5月28日，河南省高院在总结各地改革经验基础上，出台《关于行政案件异地管辖问题的规定（试行）》。目前来看这一改革有两个明显成效，一是县级以上政府作被告的案件明显增多。半年后，河南省法院受理异地管辖行政案件3134件，其中以县级以上政府为被告的异地管辖案件2085件，比改革前的上半年同类案件总数1126件多出959件。二是行政机关败诉率上升。全省法院一审审结异地管辖案件2762起，依法判决行政机关败诉861起，败诉率为31.17%，与2013年一审案件行政机关败诉率10.18%相比，提高了近21个百分点，并拉动2014年全省法院一审行政案件行政机关败诉率提高至16.38%。

3. 调查

为了查清案件的事实，维护国家利益和社会公益，检察机关可以动用包括询问当事人、证人，搜集书证、物证和有关证据，进行鉴定、勘验等调查手段搜集证据，证明案件事实。

检察机关只有在行政公诉中享有比较广泛的权力，才能有效地规制行政权。检察机关在行政公诉中的职能应当包括调查取证权、审查起诉权和再审抗诉权。作为公诉机关的检察院同时又是国家的法律监督机关，因而应当当然地享有调查与取证的权力。它有权采用法律允许的一切方法，向所有有关单位和个人调查、收集证据，包括询问作为被告的行政机关与证人；向有关的单位与个人收集书证、物证、视听资料。

调查权一直是限制检察机关民事检察权行使的难题，没有调查权的案件审查只能停留在书面上，这显然不能满足办案的需要。修订后的《民事诉讼法》第 210 条规定了检察机关的调查权，但同时要求检察机关行使调查权必须是因“履行法律监督职责提出检察建议或者抗诉的需要”，以避免调查权行使的泛化。这是履行法律监督职责，提出检察建议、抗诉和公诉的需要。

审查起诉是行政公诉权实施阶段，是行政公诉权督促阶段的必然延伸，也是行政公诉权运行的重要阶段。经过督促程序，有关行政主体仍然拒不履行法定职责，检察机关即可启动行政公诉权。这一阶段即包括审查起诉、提起公诉、出庭支持公诉和不起诉。审查起诉，是指人民检察院在提起公诉阶段，为了确定经过证据调查是否应当提起行政公诉，而对行政主体已经或可能侵害国家或社会公共利益的行政违法行为进行全面审查和核实，从而决定是否提交人民法院审判的诉讼活动。它是实现人民检察院公诉职能的一项最基本的准备工作，也是人民检察院对证据调查活动实行法律监督的一项重要手段。因此，它对保证人民检察院正确地提起公诉，发现和纠正证据调查活动中的违法行为具有重要意义。

4. 诉前建议

行政公诉前置程序是指检察机关提起行政公诉前设置一个程序，通过提出检察建议的形式督促有关行政主体依法履行职责。也就是检察机关根据公民、法人或其他组织的控告举报，或者检察机关自行发现的行政公诉案件线索，依法立案，进行调查取证，初步查明行政主体违法事实后，要求行政主体在规定期限内作为或不作为，以维护国家和社会公益。如果行政机关在检察机关起诉前能够及时纠正违法，行政公诉目的即已达到，诉讼程序即无须启动。

它使部分社会矛盾在非诉形式下得以解决，促进社会和谐，防止滥诉，节约司法资源，还能体现对行政自治的尊重，发挥行政主体的自主性和能动性。域外建立行政公益诉讼制度的国家除少数未对前置程序作出特别规定外，大多数国家均有相关的限制性规定。我国未来构建行政公诉前置程序时，要合理设置前置期间、科学判定纠正效果并严格限制前置程序的免除。

我们可以《美国清洁水法》为制度参考，任何公民如果没有在起诉前 60 日将起诉通告联邦环保局，禁止公民根据《美国清洁水法》提起诉讼诉前建议是必经环节。

7月1日决定指出，试点工作应当稳妥有序，遵循相关诉讼制度的原则。提起公益诉讼前，人民检察院应当依法督促行政机关纠正违法行政行为、履行法定职责，或者督促、支持法律规定的机关和有关组织提起公益诉讼。

5. 出庭

公诉案件出庭的检察官职责与抗诉案件的出庭是完全不同的。在提起公诉的行政案件中，检察官出庭主要是以公诉人的身份证明案件的事实，进行辩论，说明追究被告行为非法的事实依据、法律依据和程序依据。如果对法院判决实体部分不服，可以提起抗诉。

最合适身份：公诉人。因为确立公益诉讼制度旨在将损害公共利益的案件纳入司法审查的范围，加强监督。称为公益诉讼人，这既体现出检察机关的法律定位，也是其在刑事诉讼中承担公诉角色的自然延伸，同时又按照现行诉讼法进行诉讼，没有破坏传统的诉讼结构。

6. 证明责任

检察机关作为行政公诉人，其在行政诉讼中的证明责任雷同一般行政诉讼的原告证明责任。因为行政公诉是行政诉讼的一种，应当遵循《行政诉讼法》有关举证责任的规定，即作为被告的行政机关在行政诉讼中承担主要举证责任。

但行政公诉因其性质的特殊性而在举证责任的分配方面体现出独特性。在行政公诉中，原告不存在自身利益被侵害的事实，此时是否需要原告就其所欲维护的公共利益的受损事实提出证据证明？行政公诉的原告应当承担公共利益已经受到损害或即将因行政行为受到损害的举证责任，然后由被诉行政机关就其行为的合法性承担举证责任。

我国《行政诉讼法》第34条第1款规定："被告对作出的具体行政行为负有举证责任，应当提供作出该具体行政行为的证据和所依据的规范性文件。"最高人民法院《关于行政诉讼证据若干问题的规定》第6条进一步规定："原告可以提供证明被诉具体行政行为违法的证据。原告提供的证据不成立的，不免除被告对被诉具体行政行为合法性的举证责任。"

7. 判决裁定

我国《民事诉讼法》规定了给付、确认和变更判决。我国《行政诉讼法》规定了维持判决、撤销判决、履行判决、变更判决、确认判决和驳回诉讼请求判决六种判决种类，建议增加人民法院作出禁止行政主体实施某种违法行为的禁令判决形式。

8. 二审和再审

检察机关对于二审之后的判决或者裁定，认为仍然有错误存在的，可以在判决或者裁定生效后按照审判监督程序进行抗诉，要求法院再审。

9. 诉讼费用

行政公诉案件涉及较多专业领域，前期调查取证的成本高昂，如环境污染案件和垄断案件涉及专业审计费用、环境污染鉴定费用、专家论证费用等，因此在制度设计时，可以考虑行政公诉原告在起诉时不需缴纳诉讼费用，如果败诉则按法律规定收取极低标准的费用。

法国当事人提起越权之诉时事先不缴纳诉讼费用，败诉时再按规定标准缴费，数额极为低廉。《美国清洁水法》也规定，为了鼓励公众参与公民诉讼、监督执法，法院对根据公民诉讼条款提起的任何诉讼做出最后判决时，可以裁定由任何占优势的或主要占优势的当事人承担诉讼费用（包括律师和专家证人的合理费用），只要法院认为该决定是合适的。无论公民诉讼的被告是行政机关还是环境侵权者，原告都显然不是所谓的占优势者。因而公民实际上也不承担公益诉讼的费用。

10. 撤诉、调解、和解

检察机关提起公诉以后，侵害公共利益的行政行为得到了纠正，检察机关要求撤诉、调解或者和解，人民法院应当允许。

《行政诉讼法》第60条规定人民法院审理行政案件，不适用调解。但是，行政赔偿、补偿以及行政机关行使法律、法规规定的自由裁量权的案件可以调解。调解应当遵循自愿、合法原则，不得损害国家利益、社会公共利益和他人合法权益。

（五）当前行政公益诉讼的改革路径

1. 近期路径

人大常委会授权路径。在法律修改尚不到位的情况下，可以采取司法领域“试验性立法”的方式进行授权，并且这种做法已经有了先例。2014年6月27日，第十二届全国人大常委会第九次会议表决通过《关于授权最高人民法院、最高人民检察院在部分地区开展刑事案件速裁程序试点工作的决定》，授权“两高”在部分地区开展刑事案件速裁程序试点工作。探索检察机关提起公益诉讼的制度可以采取类似这种形式，由两高提请试点，人大常委会审议决定。这也说明，只有经过全国人大常委会授权，方可在法律范围内探索公益诉讼制度。

2. 远期路径

法律修改路径。《民事诉讼法》第55条确立了公益诉讼制度。尽管修订后的消费者权益保护法和环境保护法分别规定了符合条件的消费者权益保护组织、环保组织可以提起公益诉讼，但是并没有检察机关提起公益诉讼的规定。考虑到公益诉讼工作刚开始探索，法律制定具有一定的稳定性，短期内不宜立即启动民事诉讼法、行政诉讼法的修改。在获得全国人大常委会正式授权之后，检察机关和审判机关应先行试点一段时期，总结经验，在立法条件成熟时，在和民事诉讼法相配套的其他法律中，规定检察机关可以提起行政公益诉讼的条款。

总则性规定：在《行政诉讼法》第25条现有规定“行政行为的相对人以及其他与行政行为有利害关系的公民、法人或者其他组织，有权提起诉讼。有权提起诉讼的公民死亡，其近亲属可以提起诉讼。有权提起诉讼的法人或者其他组织终止，承受其权利的法人或者其他组织可以提起诉讼。”之后增加一款，增加内容为：“行政行为侵害国家利益和社会公共利益的，检察机关可以提起诉讼”。此外，人民检察院组织法和检察官法修改时，均应规定检察机关提起公益诉讼的总则性条款。

3. 司法解释路径

制定司法解释路径。在行政诉讼法修改以及未来的民事诉讼法配套法律中规定检察机关可以提起公益诉讼后，检察机关可以考虑修订《人民检察院民事诉讼监督规则（试行）》，制定《人民检察院行政诉讼监督规则》，也可以采取与最高人民法院联合制定相关司法解释的方法，就公益诉讼具体问题加以规定。对此，我建议“两高”联合出台司法解释，内容可参考如下：

第1条（受理范围）公民、法人和其他组织对于下列侵害国家利益和社会公共利益的行政行为，可以申请人民检察院提起行政公诉，人民检察院应当受理。

1. 行政机关制定的具有普遍约束力的决定、命令，行政法规、规章除外；

2. 行政机关违法行为或者不作为导致环境和自然资源破坏的；

3. 行政机关违法行为或者不作为导致违法出让、转让国有资产或非法侵占公共财产的；

4. 行政机关违法行为或者不作为导致食品安全、公共卫生受到危害的；

5. 行政机关违法行为导致行政相对人违法受益的；

6. 其他需要提起行政公诉的情形。

人民检察院发现上述案件的，可以决定受理。

第2条（检察管辖）行政公诉案件应当由做出被诉行政行为行政机关所在地的人民检察院受理。由上一级人民检察院提出公诉。

第3条（调查取证）人民检察院受理的行政公诉案件，可以采取询问当事人、证人，搜集书证、物证等证据，采用鉴定、勘验等方法进行调查取证。

第4条（前置程序）人民检察院受理的行政公诉案件，经审查后认为行政机关作出的行政行为侵害国家利益和社会公共利益的，可以向作出该行政行为的行政机关发出要求纠正的检察建议。

接受检察建议的行政机关应当将纠正情况30日内书面回复发出检察建议的人民检察院。

第5条（前置转换）人民检察院接到行政机关纠正情况回复后，经审查认为没有必要提起公诉的，可以不提起公诉。认为仍然有必要提起公诉的，可以提起公诉。

人民检察院自收到行政机关纠正情况回复后，重新计算审查期限。

第6条（审查起诉）人民检察院受理行政公诉案件后，在60日内决定是否提起公诉，重大、复杂的案件，可以延长30日。

公民、法人和其他组织申请人民检察院提起行政公诉的案件，人民检察院决定不起诉的，公民、法人和其他组织可以向作出该决定人民检察院的上一级人民检察院申请复议。

第7条（审判管辖）人民检察院提起的行政公诉案件，应当由做出被诉行政行为行政机关所在地的人民法院管辖。

第8条（诉讼费用）人民法院审理行政公诉案件，不收诉讼费以及其他费用。

第9条（出席法庭）人民法院审理行政公诉案件，人民检察院应当派员出席法庭支持公诉。公诉人在法庭上的任务是：

1. 宣读起诉书；
2. 询问证人；
3. 出示证据；
4. 参加法庭辩论；
5. 发表出庭意见；
6. 对法庭审理情况进行监督，发现人民法院审理案件违反法律规定的诉讼程序，应当在法庭审理结束后向人民法院提出纠正意见。

第 44 堂课　构建民事检察和解路径

● 陈　宏*

课程提纲

一、分析民事检察和解制度
二、构建民事检察和解路径

近几年来，越来越多的社会矛盾纠纷向司法领域寻求解决，法院审结的民事行政诉讼和执行案件不断攀升，与此相对应，前来检察机关申请监督的民事行政案件也逐年增加。通过办理大量的民事行政诉讼监督案件，检察机关进一步加强了对民事行政诉讼活动的监督，切实维护了司法公正。但是，在办案中，民事检察部门面临一个难题，许多案件办结后，当事人仍不服法院原审裁判结果，不服检察机关的处理决定或答复意见，形成缠诉缠访，案结事未了。因此，为化解社会矛盾，彻底解决纠纷，民事检察办案中越来越多开展促成和解工作。但是我们会发现这样一种现象，同一类案件由不同的检察官实施和解工作，或者对不同的当事人做和解工作，有的案件能促成和解，有的则不能促成和解。促成和解的案件，和解结果也不尽相同。我们由此会产生困惑，促成和解工作，究竟是一个可遇不可求的事情，还是有规律可循的事情？接下来，我和各位同事就民事检察和解制度法律层面及工作方法方面进行一些探讨。

一、分析民事检察和解制度

（一）民事检察和解概述

在民事诉讼法中，并没有民事检察和解这个制度。但是在这些年民事检察

* 广东省广州市人民检察院驻广东省女子监狱检察室主任。

监督的办案实践中，悄然出现了民事检察和解这一办案方式。有必要先对民事检察和解的基本内容作一基本考究。

1. 民事检察和解的概念和特征

和解，是调解的同义词，顾名思义，就是通过和谐调处的方式来达到解决问题的目的。民事检察和解，指当事人不服人民法院已经发生法律效力的民事判决、裁定向检察机关申请监督，在抗诉条件不成熟或是促成和解效果更佳的情况下，检察机关对双方当事人都有和解意的案件，在坚持自愿、公平、公正的基础上，在当事人之间主持和解活动，使双方当事人达成和解协议，结束审查程序的特殊监督活动。由概念可知，民事检察和解具有以下特征：（1）程序特征。它发生在一方当事人向检察院提出监督申请，检察院据此进行审查确定是否实施法律监督的过程之中。（2）主体特征。检察院作为法律监督机关，介入到当事人的和解过程中，发挥主体作用。（3）客体特征。民事检察和解所针对的是生效裁判确定的权利义务关系，当事人之间原本存在的民事纠纷，虽已打上审判权的烙印，但仍未解决。（4）监督特征。它是检察机关行使法律监督权的一种特殊表现形式，具有监督属性。

2. 为什么是“民事检察和解”，而不是“民事检察调解”

我们平常听得比较多的是“调解”这个词，有人民调解、行政调解、诉讼调解等，为什么民事检察和解不叫“民事检察调解”？和解与调解有什么区别？

我们一般将人民调解、行政调解、法院调解等称为有权调解，有权调解是一种法律制度，即法律授权的调解，如《人民调解法》、《民事诉讼法》和行政法律法规等对调解制度的规定，法律设定了相应的调解程序和调解结果的保障措施。而民事检察和解不是一种法定的诉讼制度，也不是一种法定的监督方式，其实质是一种监督活动，或者说是民事检察监督过程中的一种办案方法。检察官所做的是促成和解工作，当事人达成和解协议后，和解协议本身不具有法律效力，能否履行和解协议，依赖当事人自觉或者与其他司法措施的衔接。因此，和解是一种自觉行为，调解则是一种制度措施。以上是两者的区别。

3. 民事检察和解的意义

民事检察和解到底有什么作用，是否值得我们投入一定的精力去实施。思考这个问题有助于在检察实践工作中增强检察和解的信心，提高民事检察和解的效能。我认为主要有以下五个方面的价值：

（1）有利于拓展检察监督的功能。检察监督不仅仅是对公权力进行纠错式的监督，还可以对纠纷进行化解。因此，民事检察和解已经超越了对公权力进行单纯监督的功能界域，而进入了更为广阔的纠纷解决领域和私权救济领域，进入了社会管理制度创新领域。检察监督一元化的功能模式被多元化的功能模式所取代，民事检察和解使检察监督所蕴含的巨大的社会功能被焕发出来。

(2) 有利于减轻当事人的讼累。到检察机关申请监督的当事人经历了法院的多次审判，已经付出了很多的金钱、精力和时间。经检察机关审查，认为法院生效裁判确有错误的，以市检察院为例，须提请省检察院向省法院抗诉、省法院提审或指令再审等多个程序，是一个较为漫长的过程。先不考虑实体利益，单纯从程序上说，对双方当事人都是一种讼累。而由检察机关在审查监督案件的过程中促成当事人之间达成和解，不仅简化了诉讼程序，也在最短的时间内使原生效法律文书所设定的民事权利义务归于确定的状态，这对双方当事人都是一种解脱。

(3) 有利于节约司法资源。作为民事检察抗诉职能的补充，民事检察和解制度能避免提请抗诉、抗诉、裁定再审、再审裁判、再审执行等复杂的程序带来的再次诉讼的人力和物力投入，在解决问题方面与强硬的诉讼监督方式相比具有明显的优越性。对检察机关来说，通过促成双方和解，达到了履行法律监督职能和维护司法公正的效果。对法院来说，民事检察和解使当事人服判息诉，减少了法院的抗诉再审的案件总量，在我国司法资源不足的情况下，节约了纠纷化解的成本，使司法资源得到合理利用。

(4) 有助于缓和执行难。破解执行难的途径有许多，其中一条不可忽视，就是检察和解。通过民事检察和解，当事人之间通过司法审判确定的权利义务关系得到一定程度上的调整，使当事人之间存在的对立情绪获得缓解，甚至化对立为统一，权利义务关系立即兑现，极大缓解了法院强制执行生效法律文书所面临的诸多难题。

(5) 有利于化解社会矛盾，维护社会稳定。几千年来人们对儒家学说的尊崇以及人治社会中对法治漠视的心理积淀，造成了人们"厌讼"的心理，所以在民事案件的处理中，人们更愿意接受"双赢"的和解结果，和解结案可以减轻双方当事人的心理负担，促成当事人双方之间的和谐团结，使当事人更容易达到服判息诉的心理平衡，收到良好的社会效果。尤其对一些涉案时间长，当事人对立情绪比较严重的案件，通过做检察和解工作，使当事人相互谅解，自觉履行义务，既兼顾维护当事人各自利益，又可以将纠纷解决在检察环节，有利于化解社会矛盾、维护社会稳定。

(二) 民事检察和解适用的案件范围

民事检察和解是检察机关在办理民事申请监督案件中运用和解方法解决民事纠纷的一种方式，虽然检察和解具有一定的现实意义，但不能一切为了社会效果，而忽视检察机关法律监督的职责。因此，适用民事检察和解在适用范围上应有一定的限制。

1. 适用的主要案件范围

从裁判结果来看，民事检察和解主要适用在以下案件范围：

（1）符合抗诉条件，但抗诉的社会效果不好，或者容易引发新的社会矛盾和冲突，不宜抗诉的案件。如农村土地征用补偿款分配纠纷、拆迁纠纷等涉及群体利益的案件，人数众多的共同诉讼、集团诉讼案件，影响社会稳定的案件。个案的处理会影响到社会关系的不稳定，采用和解方式有利于更好地维护已经稳定的社会关系，尽量避免引起新的社会矛盾。

（2）虽符合抗诉条件，但处理结果对当事人权利义务影响不大的案件。为了减轻诉累，当事人愿意在承办检察官见证下，在抗诉前以和解方式解决矛盾纠纷，终结诉讼程序。

（3）符合抗诉条件是因为案件证据情况出现了新变化的案件。如案件有新证据，足以推翻原裁判或有证据证明原裁判认定事实的主要证据是伪造的。当事人双方对证据的变化情况都知晓，此类案件如果检察机关抗诉，法院再审基本会改变原判。这类案件的被申诉方，在检察机关提出抗诉，抗诉理由充分，原审裁判有可能被改判的情况下，为减少讼累，处理纠纷的态度会发生从坚持执行原审裁判到主动要求与对方当事人和解及早解决纠纷的转变。当事人愿意通过和解的方式尽快平息纠纷。

（4）原审裁判确有瑕疵，但是达不到抗诉标准的案件。在实践中有的司法人员不严格遵守诉讼程序，侵犯当事人的诉讼权利，判决、裁定措辞不严密。但是裁判处理整体上说没有实质错误，程序上也无严重问题，抗诉确无必要，检察机关可以进行促成和解工作。

（5）原审裁判虽有一些错误，但是无抗诉必要的案件。这类案件争议不大或标的较小，检察机关从诉讼经济等因素考虑，对此类案件一般不会抗诉，但不抗诉并不意味着错误或瑕疵不存在，当事人因不服裁判，往往会反复申诉或上访。由于经济能力的差异，个案的差别，同样的标的额对不同的当事人而言也许具有完全不同的价值，而以此为标准不作抗诉，同样不能平息当事人的纠纷。群众利益无小事是司法机关的办案要求，因此，对于这类案件，检察机关通过搭建平台，引导、促成当事人和解，既满足了当事人的诉求，又较好地履行了监督职能，同时化解了社会不和谐因素，能起到事半功倍的效果。

（6）原审裁判正确，但法律事实与客观事实不符导致利益失衡的案件。在司法实践中因法律事实与客观事实不符引发的申诉案时有发生，该类案件虽不符合抗诉条件，但是与公众追求的事实真相不符，若检察机关消极办案，简单的释法工作很难让当事人息诉服判，也难以从根本上解决当事人之间的纷争。检察机关通过开展释法工作，引导、促成当事人达成和解，让和解协议确定的权利义务最大限度地接近事实真相，既达到了监督的目的，也有效解决了纷争。

(7) 原审审判正确，但当事人之间存在特殊关系的案件。这类案件大多纠纷产生于家庭、朋友、亲属、邻居之间，原有的情感关系产生摩擦，双方之间的矛盾并非不可调和，在此类案件处理过程中，基于双方对亲情、友情的维系，从感化情感角度出发，通过接触双方当事人，了解双方当事人对案件的想法，在双方都有和解意愿的情形下，可以开展检察和解。

(8) 当事人对法院执行裁定书不服，或者按原判执行存在困难的案件。若简单以抗诉结案，即使法院再审后改判或维持，都会面临同样的执行难或根本无法执行的难题。检察和解是最佳的处理方式。

2. 民事检察和解的适用例外

在民事检察和解工作中，要注意考量对当事人民事权利的尊重与检察机关履行法律监督职责的关系，进而作出选择。下列三类案件不属于适用检察和解的案件范围：

(1) 审判人员在审理该案件过程中有贪污、受贿、徇私舞弊、枉法裁判行为的。这类案件已经涉及审判人员的违法犯罪问题，必须提起抗诉，起到震慑作用，才能更好地维护司法公正和法律权威。不能以民事检察和解的方式结案，来掩盖审判人员的司法不廉行为。

(2) 涉及国家、集体、第三人合法权益的案件。原审生效裁判结果涉及国家、集体、第三人的合法权益，不仅仅局限于双方当事人之间的权利义务关系。如果采取民事检察和解，会影响甚至损害到国家、集体和第三人的合法权益，这类案件不适用民事检察和解。

(3) 涉及国家法律强制性、禁止性规定的案件。法律规定要求或禁止他人一定行为的，人民法院在原审裁判中明确表述要求当事人为一定行为或不为一定行为，双方当事人均应该遵守。不能以检察和解协议来逃避法律的强制性、禁止性规定。

二、构建民事检察和解路径

接下来我们进行一个案例的模拟演练，对和解的步骤进行过程分析，找出每个步骤的规律性问题，希望能够解决什么事可以和解，应该怎么做和解工作等问题。

探讨民事检察和解的技能，无外乎解决三个问题：（1）某个案件要不要开展和解；（2）和解方案怎么设计；（3）怎么做和解工作。这三个待回答的问题不是并列关系，而是递进关系，三个问题的回答就是一个民事检察监督案件的和解路径。

民事检察和解并无一个法定的程序可循，但是检察和解工作并非没有章法。通过对一些成功和解案例的总结，我认为民事检察和解路径可以分为三个阶段，一是和解空间的评估；二是和解方案的设计；三是和解工作的实施。

（一）和解空间的评估（第一阶段）

1. 和解空间评估的重要性

和解空间的评估，也即和解可行性或和解难度的评估。诚然，和解有减少讼累、化解社会矛盾、维护社会和谐稳定的特殊作用。但是，并不是什么案件都适合做和解工作，也不是什么案件受理之后就要开始做和解工作。我们认为，要做一个案件的和解工作，首先要做和解空间的评估。就像建房子一样，首先要做环境影响评价。和解空间的评估这一阶段做的是基础性的工作。在实务中，我们经常可以看到，有些办案同志，拥有高昂的和解热情，但是缺乏必要的和解准备。拿到案件稍微看看，就约当事人来谈，进行和解工作。其实这样的急于求成，和解很难成功。《礼记》：凡事预则立，不预则废。在和解工作中，只有尽可能多地占有材料，详细地分析案情，把案件矛盾看清楚了，把当事人利益关系理顺了，才能把和解空间看明白，才能有的放矢，做好下一步的和解工作。

应该说，这个环节的评价不仅影响办案人员决定是否继续对案件做和解工作，而且是接下来和解工作的基础。和解的过程实质就是一个当事人之间利益的协调过程，要进行利益的协调，那利益的发现和调查就必不可少。在这个环节，通过分析争议焦点、判断纠纷成因、分析当事人利益纠葛的背景，就可以从各种零散的案件信息中发现当事人的各种利益诉求是什么，双方利益的差距空间有多大，既为评价和解可能性提供依据，也为下一步进行利益协调，缩小利益差距奠定基础。

2. 民事检察申诉案件的特点分析

来检察机关申请监督的民事案件申请理由不同，申请人的心态各异，因此，要探讨民事检察和解方法，有必要先分析民事申请监督案件的主要特征及对和解工作的影响，以寻找民事检察和解工作的规律性方法。根据统计与分析，我们可以发现民事申请监督案件有如下一些特点：

（1）申诉人中弱势主体多，平民百姓多，利益负荷重。民事申诉案件的案件类型主要集中在劳动争议、房屋拆迁、商品房买卖、侵权损害赔偿等领域，而申诉人却以劳动者、被拆迁人、小业主、受害者占多，多是值得同情的百姓民众。普通百姓在社会生活中一般处于利益关系的弱势一方，因此，在占有证据、处理纠纷、诉讼技巧等方面均居不利的地位，值得同情。对弱者，检察官有充当正义守护神的冲动，想去帮助他们。但是，我们应当注意到，之所以是弱者，就是因为这些普通百姓对案件“输不起”，案件的结果关系他们的绝对切身利益，关系个人、家庭的幸福或者生存。他们既渴望解决纠纷，有积极参与和解的热情，又对处理结果“锱铢必较”，会影响和解的实质进展。

（2）案件涉诉审查期间长，导致当事人之间对立情绪大。绝大部分民事申诉案件经过了纠纷产生、起诉、一审、二审、再审申请被驳回等程序，案件在诉讼阶段已历经短则一两年，长达数十年的过程。在历次诉讼阶段，法院一般都会组织当事人进行调解，只是没有结果。由于涉诉审查的周期长，当事人双方均被官司拖得筋疲力尽，苦不堪言。对败诉方而言，长期的诉讼不仅没有换来自己期待的公正结果，对判决不服，甚至可能又面临法院执行，或者被低价拍卖财产，心中怨气极重，申诉决心大。而胜诉方也对纠纷解决无休止的存续苦不堪言，对申诉人的再次申诉更是深恶痛绝，加之他们手持有利于己的生效判决，常常会得理不饶人。双方对立情绪极大，和解之门轻易不愿开启。

（3）案件处理所依据的证据事实与客观事实之间存在差异的现象严重，程序公正与实体公正不协调的问题突出。近年来的审判方式改革，强调当事人的举证责任，且诉讼后果与当事人的举证责任挂钩，案件的审理普遍地运用证据规则，推崇证据事实，强调程序公正。此种审判方式较好地解决了司法效率的问题，但是另外，却牺牲了相当的司法公正，即实体公正。相当数量的民事申诉案件，通过立案审查可以发现，裁判文书上的结果符合证据事实，符合证据规则，却往往与当事人对案件的看法、认识、期望差去甚远。法院认定的证据事实与当事人甚至局外人理解的客观真实脱节，判决结果与民意不符，生效判决得不到尊重，这是造成申诉的主要原因之一。很多当事人认为，法院认定的事实，与自己亲身经历的、亲手办理的事情，根本不是一回事，自己官司输得不明不白，太冤了，思想上有疙瘩，好像有一肚子的道理憋屈在心里，想找地方说理，检察机关就是他们选择的最佳说理去处。当事人还认为，法院、检察院是讲理的地方，有理走遍天下，我有道理为什么行不通？凭什么我的道理得不到支持？因此，向检察机关申诉，希望自己的想法能够得到认可，要求检察院对判决进行审查，监督纠错，希望能给一个“心服口服”的说法。这类案件的当事人由于自己是案件事实的亲历者，自认有理，往往比较执着，案件极容易导致缠诉缠访，和解难度也大。

(4) 由于部分案件处理不公导致当事人怨气重，对司法机关抵触情绪大。一些案件确属法院处理不当，有违反司法公正，或者由于法官工作方法不当，存在审判瑕疵等问题，损害当事人的合法权益。由于问题长期得不到解决，当事人对司法制度和社会运行机制极度不满，同时也将不满情绪宣泄到申诉行为中来，将怨气撒向检察机关办案人员。且由于受到过不公正处理的对待，案件当事人“一朝遭蛇咬，十年怕井绳”，对检察机关办案人员也有不信任感，戒备心理严重。这些案件的和解工作需要检察官预先化解信任危机，营造信任氛围。

(5) 多头申诉、多次申诉、固执申诉的情形多。许多申诉人对判决偏向对方当事人，心中不服，提出申诉。而实际上，并不是判决有问题，纯属是申诉人对法律的盲然与无知，仅凭个人所能讲的常理去臆断法律的本意，或者以法律及其程序本身的局限性，去对判决的公正性提出质疑（比如公告送达案件）。我的道理你们不采纳，你们的判决我就是不服，我的道理我非要讲、天天讲、重复讲，不论你们怎么接访，怎么劝解，你讲你的，我访我的，只要你们没有站在我的立场讲话，对我的诉求不予支持，不论你们讲什么，我概不理会，就是要不断申诉。这些人固执己见，坚决要求检察机关纠正判决，有不达目的誓不罢休的这种态势。

之所以要分析这些民事申诉案件的特点，就是因为这些案件的类型特点能影响民事检察和解的启动、进程和成功率。把握住民事申诉案件的类型特点，就能找出纠纷的成因和矛盾存在的现实原因，能有的放矢，有针对性地提出和解方案。具体的和解路径，我们接下来探讨。

3. 和解空间环节应当注意的问题

(1) 审查原判是否正确，执行程序是否合法？和解必须讲事实，有依据，在明辨是非的前提下，才有和解的可能和基础。一般而言，对原审判决和执行行为合法与否没有判断清楚，就好像在算一笔糊涂账，没有一个解决纠纷的对错前提，很难在申诉阶段和解。

(2) 分析判决结果或执行结果与当事人认识的实质正义是否存在差距？很多案件，尽管原判和执行程序合法，但是如果判决、执行中的程序利益过于影响实质正义时候，一方当事人会强烈感受到不公正对待，会心生抱怨。同时，对方当事人也会胸中有数，甚至心生怜悯，从这个方面可以触摸到当事人的利益诉求，也可以发现和解的空间。

（3）纠纷产生的成因是否清晰？弄清楚纠纷产生的成因，才能分清楚双方当事人的责任；也只有弄清楚纠纷产生的原因，才能明白当事人在追求什么，各自的利益诉求是什么，从而在设计和解方案以及做和解工作中对症下药。

（4）当事人在纠纷中利益实现的差距是否悬殊？一些案件中，一方当事人在纠纷的司法解决过程中处于较有利的位置，利益的实现受司法强制力保障，步步为营，丝毫未损，为了更好地实现自己的权利，这类案件当事人不排斥和解，并且在和解中可能采取以退为进的策略，有所让步。

（5）当事人之间是否有情感渊源？一些案件当事人，曾经是亲人、朋友、生意伙伴，有情义渊源，只是由于某个事情产生矛盾，事出有因，矛盾非刀剑之仇，有可以解决的药方，双方在情感上有让步的可能，这种案件，和解空间很大。

（6）双方当事人的和解期望度？由于产生纠纷，案件处理旷日持久，当事人两败俱伤，都希望通过和解彻底解决纠纷。甚至一些案件，纠纷的后果不仅影响到当事人本人，还影响到家属；不仅影响到经济方面，还影响到人身安全、社会评价，希望花钱买平安。这些事实细节，都影响着当事人的和解期盼度，影响着和解的空间。

4. 和解空间评估阶段的案例研讨过程略。

（二）和解方案设计（第二阶段）

1. 和解方案设计环节的意义

这一阶段的目的是分析、寻找双方当事人的利益平衡点，设计初步和解方案，确定和解的努力方向。在和解的过程中，双方当事人基于各自利益诉求，会各自提出和解的方案。这时，检察官应当在前一阶段利益调查的基础上，对各方当事人的利益进行分析，筛选出双方各自最重要的、最值得考虑的利益。然后，寻找不同利益之间的共同点，基于中立者的立场，依照平衡原则，模拟设计初步的和解方案。这个过程是检察官总结归纳、厘清思路的过程。和解方案不一定很详细，但是要有大概和解方向。当事人最后达成的和解协议不一定等同检察官设计的和解方案，但是在做和解工作时候，应当沿着和解方案设计的方向发展，这样检察官才能在做具体和解实施工作中胸中有数，不打乱战，不被当事人牵着鼻子走。

2. 和解方案设计应着重考虑的问题

在这个过程，主要考虑以下三个问题：

（1）法结与心结的冲突与协调。一个民事案件包含一个或若干个民事法律关系，做和解工作就是调整民事法律关系中的当事人之间的权利义务关系，在法律规定、社会认同的基本原则下修正、确定民事法律关系中的权利义务内容，用司法确认的程序来解决纠纷。因此，民事检察和解首先是一个适用法律的活动，和解的过程和结果必须符合法律规定的要求。但是，和解与司法判断的区别在于，和解过程应当更加注重当事人内心的信服与平衡，不仅要解决法律问题，更要解决当事人的心理问题。很多时候，和解方案看似很美好，实则没有抓住当事人的内心渴求，和解方案不能对症下药，事与愿违。因此，检察官在设计和解方案时候，着重要考虑当事人在想什么，纠结于什么，追求什么，情理法，面子与内心，社会与家庭，均要设身处地地去考虑，使和解方案既解法结，又解心结。

（2）双方的利益平衡点。在民事纠纷的诉讼过程中，当事人一般各执一词，各有说理，各有所求。在上一个和解空间的评估阶段，检察官通过查阅卷宗，了解诉求，分析案情，剖析成因，已经基本了解了当事人在不同的诉讼阶段各自的利益要求是什么。显然，当事人的利益要求点是很繁杂的，利益点组合起来，就形成了一方的主要利益要求。双方的利益要求有的是背道而驰的，有的是利益方向趋同。在此阶段，检察官需要筛选出双方各自最重要的、最核心的利益要求，然后，向同一方向求同存异，寻找不同利益要求之间的共同点，即利益平衡点。以利益平衡点为圆心，再逐步发散，丰富和解内容，设计初步的和解方案。

（3）和解的主要考虑方向。和解怎么做，对当事人提到任何要求，检察官必须紧跟着不分巨细地去谋划相关和解工作吗？显然不应如此。检察官主持促成和解的过程中一定要思路清晰，抓住焦点，才能驾驭场面。检察官了解当事人主要的、核心的利益要求后，找准利益平衡点，就应当抓大放小，明确和解的努力方向。在和解的过程中，和解的内容、措施、方法等可以修正完善，但是和解的主要考虑方向不能随便改变，不人云亦云，不朝令夕改，检察官思路清晰，从而才能引导当事人也思路清晰，意思明确，有序参与和解。

3. 和解方案的设计

和解协议是当事人达成的，之所以要设计和解方案，目的是要在和解过程中发挥检察官的主持、引导作用，不让和解偏离方向，不被当事人的各种零乱诉求左右。但是和解方案不能代替和解协议，检察官不能代替当事人。因此，检察官设计和解方案并不是当事人达成的具体和解内容，和解方案不一定要很细，可以是粗线条的、方向性的方案。和解方案一定要有，它是下一步做具体和解实施工作的指引。

（三）和解工作实施（第三阶段）

1. 和解工作实施的基本方法

这一阶段是和解工作的攻坚阶段，也是一个斗智斗勇的阶段。在这个阶段，检察官应该结合民事申请案件的特点，选择一些合适的方法实施和解工作，从情、理、法的不同角度协调双方当事人的利益，以求平衡。接下来和大家交流一些和解工作的做法。

（1）热情约见，营造信任氛围。前面说了，民事申诉人中普通百姓多，他们的利益容易受到侵害，总觉得自己很弱小，对检察官的举止、语言更加敏感，更加在意。做和解工作无疑首先要约谈当事人，所以检察官在与当事人的接触中，一定要注意自己的言行举止，充分体现对当事人的尊重。要想成功促成和解一个案件，首先要得到当事人的信任，而让当事人信任来自检察官对当事人的理解和尊重，来自对当事人的一个眼神、一句问候、一杯清茶、一个让座。在与当事人交谈的时候，要保持专注，要注视着当事人，不要心不在焉，不要一会接电话，一会外出走开。在当事人无休无止地向你诉说时，一定不要打断他的话，让他一股脑地说完，通过这些让当事人明白，检察官对他的官司很重视。检察官和他们是平起平坐的，是以诚相待的。通过以诚相待就能拉近当事人与检察官的距离，以便在和解过程中让当事人与检察官零距离相处，说出自己真实的心声。

（2）辩法析理，分清责任。民事申诉案件历经多个诉讼阶段，当事人不服判决坚持提出申诉，心中怨气重。很多申诉人申请检察监督的首要目的就是“要讨个说法”。这时，作为检察官，在促成和解过程中需要公平地针对案件事实和当事人争议的焦点，将其行为纳入法律或政策的轨道进行客观剖析，分清是非对错，给当事人一个说法。只有在让当事人明白其诉求有无道理及各自应付责任的基础上，才能让当事人明白你为什么要和解及你为什么要提出如此的和解方案，从而最终促成和解协议的达成。

（3）当面引导宣泄。有些民事纠纷，一方当事人受到对方当事人在精神上或其他权益方面的侵犯，内心十分不满，深感痛苦和愤怒。在这种情况下，如果当事人的消极情绪得不到宣泄和释放，将影响其接受和解信息。所以，检察官在进行息诉和解时，可采用引导情绪宣泄的方法，使当事人的消极情绪得到宣泄和释放，然后再促成和解具体的纠纷问题。当面宣泄包括两方面，一是检察官耐心地倾听当事人倾诉自己所受到的委屈，以及内心的痛苦和不满，然后给予同情和安慰。在当事人的消极情绪得到宣泄的基础上，再进一步做心理疏导工作。二是在做好双方当事人工作的基础上，双方当事人在检察官的主持下，由权益受到侵害一方的当事人，直接向对方当事人宣泄自己的情绪。如列举对方的过错，自己所受到的委屈和痛苦等，使其对对方当事人的不满情绪得到释放。检察官表示同情并施以安慰，同时指出对方当事人的过错。对方当事人如能当面承认错误并赔礼道歉，纠纷的具体问题就容易得到解决。民事检察实践中，当面宣泄的方法多用于侵权赔偿案件中，因为这类案件中的被侵权人往往处于受害者的地位，与侵权人的对立情绪较重，需要多引导。

在采用当面引导宣泄的方法时，检察官要注意调控当事人情绪宣泄的适度性。适度的宣泄使当事人被压抑的消极情绪得到释放，有利于当事人的心理平衡。但不加任何节制地过度宣泄，会导致对对方当事人的恶性刺激，由“有理”转化为“无理”，并引起对方当事人对恶性刺激的消极反馈。这不但不利于纠纷的化解，还可能使双方当事人原有的矛盾和纠纷进一步激化、升级。同时要做好对方当事人的心理疏导工作，要使对方当事人做好倾听、接受一方当事人情绪宣泄的心理准备，并给予良性的心理反馈。这样才有利于促进当事人之间的良性心理互动，从而才有利于矛盾、纠纷的化解。

（4）背靠背调解，避免抵触情绪蔓延。对一些双方当事人对立情绪大的申诉案件，由于当事人双方本身就已存在情感冲突，一旦见面，“仇人相见格外眼红”，难免受到对方刺激后，情绪激动，双方均陷于不理智状态，使冲突进一步升级或矛盾进一步恶化。因此，在和解工作中，一般将双方当事人分开，背靠背分别做劝说工作，避免双方见面后出现相互指责、揭短、谩骂等恶性刺激，而导致情绪恶化。背靠背做和解工作最适合在和解工作实施的初期阶段，将互相对立的当事人隔离后，分别做双方当事人的心理疏导工作，使其冲动的情绪降温，再进一步做和解工作。检察官通过各个劝说的方法，使双方逐步缩小意见差距；在双方意见接近时，检察官则抓住时机，促成调解成功。

（5）提醒申诉风险，消除不切实际的诉求愿望。对一些固执申诉的当事人，检察官对当事人可以直接发出语言或行为的暗示，施加积极的心理影响，使其改变错误认识而消除不切实际的诉求愿望。如有的当事人对于合理、公正的和解建议拒不接受，检察官通过讲述与此相类似的民事申诉案件的处理情况，以及人民法院对此类纠纷的判决情况，以此向其发出暗示：这样的和解方案是公平合理的，如果无法和解，申诉理由得不到支持，法院只会依法执行，结果与他们的申诉预期可能悬殊较大；也要提醒被申诉人，如果无法和解，判决能否顺利全部执行还未可知，并且双方纠纷长期不能解决，案件还有产生其他变数的可能。总之，不厌其烦，攻心为上。当然，申诉风险提示要把握一个度，不能以此作为压制当事人意志的一种手段，也不能将对案件处理结果的个人意见随便当成最终处理意见来公布，否则会引起当事人的反感，事与愿违而适得其反。此外，能否达到对当事人施加积极心理影响的效果，与检察官自身威望的高低有关系。如果检察官的业务能力强，人品威望很高，得到当事人的信任，当事人就较容易接受提醒暗示。

（6）借用成功案例引导。就是把一些和解成功的类似案例作为向当事人宣传、讲解的资料，从而使当事人有所比较后达成和解协议。和解成功的典型案例有它具有研究的价值，也有让当事人参考的作用。如果检察官能够用它引导当事人去理解、比较和对照，当事人自然会感觉到自己的诉求是应该有所退让才能把纠纷解决，或者完全有必要听从检察官的调处使案件归于了结。

（7）角色换位法。俗话说，不当家不知柴米贵，不养儿不知父母恩。这就是说，只有一个人在扮演了某种角色以后，才能真正体验到作为该种角色的认识与情感。所以，检察官在向当事人做和解工作时，要常把“假如”二字挂嘴边，这样可以形成一个现场模拟的换位思考体系，使当事人换个角度考虑问题，思考更冷静，能够尽量避免本身情绪对思维的影响，以达到冷静思考对方要求的目的。同时，检察官用假如的措辞与当事人交谈，设身处地地为当事人思考问题，更能获得当事人的信任，更容易获得当事人对和解方案的回应。

（8）借助外界力量。外界的力量主要包括两种人，一种是德高望重的人，另一种是说情的人。古人说：“人微言轻，人贵言重。”说的是具有权威性的人所说的话可信度高，别人容易认同。因此，为了做好和解工作，检察官一方面应加强自身的修养，提高自身的素质，以提高自身在当事人心目中的权威性。同时，还应邀请当地德高望重的长者或者社会团体的负责人参加和解工作，检察官事先与这些权威人物沟通某些和解意见，由这些人协助和解，参与对当事人进行批评、规劝、说服、感化、震慑等，借助这些在场人的“权威效应”，往往收到事半功倍的调解效果。另外，在民事申诉案件审查中，当事人常常会找一些与自己关系较好又能和检察官说上话的人前来讲情。这些人往往都和委托人有着特殊的关系和交情，是委托人比较信任的人。在和解案件中利用说情人，做该当事人的思想工作，往往可以起到非常好的作用。

2. 案例模拟和解工作实施

过程略。

3. 对案例模拟演练的点评

以上是我们平常做和解工作中采取的一些做法。这三个环节其实在每个和解案件中都存在，只是办案人员不一定从理论层面将其划分。通过划分和解工作的三个环节，或者说三个步骤，我们可以发现：和解的过程实际就是利益调查——利益分析——利益协调这样一个循序渐进的过程。分析争议焦点、判断纠纷成因和利益纠葛背景，这是一个发现利益的过程。在这个阶段，诉讼资料占有越完备，接触当事人越深入，了解当事人之间的利益就越全面、客观。之后，要对当事人的利益进行分析，筛选出最重要的、最值得考虑的利益，并寻找不同利益之间的共同点，这个过程就是利益分析过程。在这个阶段，通过利益分析，寻找出当事人之间的利益平衡点，也就找到了和解工作的切入点。然后，拟订和解方案，确定和解的大致方向。最后，检察官要结合案件的具体情况，采取适当的和解方法，协调各方的利益，促成和解。

（四）民事检察和解的效力转换

当事人的和解是贯穿于民事诉讼全过程的，既有单独的当事人和解，也有转化为法院调解的当事人和解，也有演变为检察和解的当事人和解，还有表述为执行和解的当事人和解。当事人和解一旦与司法权力相交融，其性质便发生了混合性的变化。但是，当事人在不同权力作用下达成的和解，由于权力的职能属性不同，和解的效力不能等同。对于民事检察和解的法律效力，我认为应当作如下理解：(1) 民事检察和解是一种司法和解，具有司法属性，其终止了抗诉审查程序，其法律效力高于人民调解和其他民间性、社会性调解。(2) 民事检察和解调整了由法院生效裁判所确定的当事人之间的实体权利义务关系。这种和解的效力还停留在私法层面，只具有合同效力。民事检察和解不具有司法强制力保障，对原审裁判而言不具有当然的认同或改变的法律后果。因此，民事检察和解应当经过检法衔接机制，进行相应的效力转换，使其对双方当事人具有约束力，对原审裁判结果具有实质的改变效果。如何对民事检察和解进行效力转换，在检察办案实践中，我们一般这样做的：(1) 对自觉履行和解协议的，移送法院裁定终结执行。民事检察和解达成后，如果当事人能够自觉履行的，检察官将民事检察和解的有关资料和结案文书移送给执行法院，由法院裁定终结案件执行，案结事了。(2) 对不能即时履行和解协议的，协调执行法院，督促当事人到执行法院签订执行和解协议，将检察和解的内容转换为执行和解。当一方当事人拒不履行和解协议时，申请执行方可以向人民法院请求恢复按原审裁判执行。

以上就是我们今天所探讨的和解工作的若干问题，也是我在民事检察和解工作中的一些体会，和大家共享。将和解工作按照上述三个过程逐步推进，注意每个步骤要着重考虑的规律性问题，围绕双方当事人的核心利益，有序引导，求同存异，按照这些方法去做和解工作，不一定每个案件都能确保成功，但是我相信一定可以提高民事检察和解的成功率。

第45堂课 民事裁判结果监督的案例设计与教学思路

●任永鸿*

课程提纲

一、指导思想
二、课程特色
三、教学方法
四、教学形式
五、案例选编
六、技能知识点设计
七、课堂组织和引导
八、时间安排
九、心得

《民事裁判结果监督案件审查技能》（又名“民事抗诉案件审查技能演练”、“民事生效判决监督审查技能演练”）一课，我分别在全国检察机关民行检察实训基地、广东省和新疆支教等培训班共主讲过16次，积累了一些经验，现将此类课程的案例设计与教学思路的一些心得体会与同行交流。

一、指导思想

民事裁判结果监督案件的审查技能，就是作为案件承办人，审查民事生效

* 广东省中山市第一市区人民检察院民事行政检察科科长。

裁判案件，并制作出质量优良的审查报告所需要的知识与能力。对此类监督案件的审查技能培训，不能仅仅来一次案例分析，关键是让学员以典型案例分析为基础，对类型化案件的审查思维和审查方法有交流、有提升，走出课堂回到岗位后，能够运用所学方法，解决实践中不同案件的疑难问题。所谓授人以鱼不如授人以渔。

民事裁判结果的检察监督案件审查方法，因对象不同，应当有别于着眼纠纷解决的裁判方法，但基础工作仍然建立在对案件诉求和纠纷解决的分析判断基础上，主要工作与裁判方法类似，因此，训练承办人围绕当事人诉求认定事实、寻找并适用法条，得出应然结论，是第一目标。其次，发现和梳理出生效裁判的问题，得出实然结论，评判裁判的合法性，是第二目标。

承办人要完成案件审查的任务，需要有通常情形的审查方法和规律指引，再用个案实践，来验证通常情形的正误，根据个案类型修正和调整办案思路与方法，做到举一反三。因此，先建立一般审查思维和审查方法，再结合个案作出判断，就是此类实训课程采取的方式。那么，在教学方法上，采取授课人引导学员们分工合作、交流讨论、分组发言、交互点评等课程内容，利用当众表达和快速回应等课堂作业带来的临场压力，充分调动和激发学员的积极性和主动性，充分体会和呈现案件审查方法和思维的多样性，再通过多样性之间的比较分析与引导，达到提高案件审查工作质效的教学目的。

二、课程特色

民事裁判结果监督案件，采取案例分析与思维方法训练的教学模式，其课程的特色与创新点有：

一是选取“民事裁判结果监督案件审查技能”作为课程目标，需要解决疑难和勇挑重担的勇气和底气。因为案件审查工作是整个办案工作中最重要也最复杂、最耗时的日常作业，以此为题极有可能落入没有新意和就案论案的平庸结局；二是从民事诉讼监督案件办案工作中，需要创新归纳符合民事检察审查特点的思维方法。这一研究成果在民行检察系统行业中没有先例，具有独创性；二是采取案例教学法，综合运用小班教学、分组讨论、交互点评等现代培训手段，对于同类业务培训具有实验性意义，更有积极引导和借鉴作用。

与系统内外同类课程的比较：一是与采取案例教学类课程比较，具有办案思维方法指引的独创性；二是与民行检察业务课程比较，具有现代成人培训模式中“案例教学”方法的全部优点。

三、教学方法

一是课堂主要内容。（1）案例分析。从每个学员熟悉的工作入手，不至于陌生。选择在“法律适用”方面有争论价值的案例，有助于避免临场陷入事实认定和证据分析的不完全素材困境。从个案中发现类型案件审查思路、提炼抽象的审查方法和思维模式，会提高日常办案工作的质量与效率。（2）分组讨论、轮流发言、交互点评与辩论。通过相对集中的方式，有利于快速形成结论；训练每个学员临场发挥个人水平，快速组织符合逻辑的语言，也从其他人的发言与反驳中学习经验、发现缺陷、反思自我，达到共同进步的效果。（3）授课人点评。通过事先精心准备的教材，分析各种案例分析结论和办案方法，总结利弊，帮助和引导学员从具体审查到抽象方法的思维训练。

二是采用“小班教学”的模式，尽量减少每班的上课人数规模，以利于学员充分思考和讨论。难点在于：人数不理想怎么办？人多的时候，分成四个组左右为宜，组内人员可以多，每组安排不同的人担任课堂角色，发言过程，以临时指定发言人和换人发言等方式注意照顾到所有人；人少的时候，也分成四个组左右，组内人员少就恰好满足小班教学模式的要求。

三是课堂作业为主，辅以课后回访，观察教学效果。

四、教学形式

（一）课堂布置原则

1. 利于互动交流。以主讲人为中心，分组摆放。主讲人需要固定的讲台，但应当与学员课桌同一平面，利于在学员讨论中进行巡游释义与演示 PPT。每组学员的课桌布置成“圆桌”形式，以利于课堂讨论。

2. 重点与次要。有时候限于场地，不能完全满足于教学所需的硬件，比如甲场地有话筒但不能分组摆放课桌，乙场地则与之相反，那么，案例教学的重点和基础就是“以学员为中心”的教学模式，能够分组摆放课桌的意义要大于使用话筒，所以选择乙场地为宜。

（二）教学道具的运用

1. PPT。在教师点评阶段使用，结合课前准备的讲义，提纲性地直观演示点评内容。

2. 白板。在归纳总结学员代表发言内容时使用，分栏书写和展示各组观点，以便教师点评时有针对性和直观性。

3. 卡纸。在学员拟写审查报告结论时使用，并粘贴于白板上，方便点评时观察和思考。

4. 话筒。也是必要的教学工具，除了教师，每组配一支即可。

五、案例选编

(一) 案例类型

所选案例，应当典型和有一定疑难度，有助于思维培养和方法训练。要解决疑难，一次一个或者两个即可，不可求大而全。

所有审判所涉问题，均可归类为法定程序、事实认定和法律适用三部分，案例能够囊括，面面俱到，当然好，但是又恐课堂耗时过长。其中，违反法定程序的情形，通过查阅卷宗和对比程序法条，相对容易判定；事实认定中，在现有证据的基础上，运用常理，判断和还原事实，是一大难点，殊值训练，但是，容易出现对证据本身的真伪、客观性的争议，造成教学困难；法律适用，是审查案件中难度最大的环节，在固定事实的基础上，焦点明确，易于集中时间和精力完成训练，但是，要注意避免焦点单一从而占时不够的案例。

笔者曾经主持过一次实训，所选案例涉及"逾界建筑"的处理问题，但是，由于当初审查案件着眼于法律适用错误，对于证据的不完整和案情模糊表述没有给予注意，以致学员提出案情不清，判断没有基础的异议。是为教训。还有一次，笔者打算用一个侵权赔偿案例，涉及民法上著名的"挖断电缆案"(不论大陆法系或者英美法系国家，法律体系或者立法技术不同，但是基本采用相同结论，即除经济损失是因用户的人身或者财产遭受侵害而发生的以外，原则上均不予赔偿)。该案事实无争，法律适用的焦点只有一个：用户的营业损失该不该赔偿？几年来，笔者就此案询问过系统内不少的同行，都不了解民法史上这种类型案件。那么，作为研讨案例，万一出现全部学员均不了解的情形，就会出现主持人一人讲解而没有应和的单向场面，与实训主旨不符。

所以，选用的案例，应当是令人爱不释手的，起到训练事实认定和法律适用的典型案例。

(二) 案例形式

真实的审查场景，应当有经过查阅复印的全部或者大部分案件材料、随手可以翻阅的法学文献，所以，用于训练的案例，能否提供尽可能多的材料，尽量还原真实场景，也是需要考虑的一个方面。基于时间有限，采用重点选择案卷材料的方法，加上一定的编辑，相关法条指引，可以避免有限的时间内迷失于复杂的事实泥潭。

六、技能知识点设计

承办人要完成案件审查的任务，需要有通常情形的审查方法和规律指引，再用个案实践，来验证通常情形的正误，根据个案类型修正和调整办案思路与方法，做到举一反三。那么，在设计技能知识点时，就应当注意这种通常与个案的结合训练。

案件承办人独立工作内容，一般分三段：初审后的准备、艰难和漫长的实质审查、通过审查报告修正与梳理表达审查理由和结论。所以，课堂讨论就要从承办人的角度，从需要出发，模拟这些分段工作，并设计每段的知识点。当然，各段之间在实际工作并非那么没有混合和不变。

关于民事裁判结果监督案件，主要解决抗与不抗的问题，注重裁判结果，不解决过程监督、类案监督等其他监督措施的运用。可以将审查工作进行拆分训练：

第一段，准备。术有专攻。入任何行业，先有工具，再有使用说明，也就是方法，才能干活。首先，要解决民行检察这个工具到底是做什么的？要求达到什么目的或者生产什么样的产品？在民事纠纷中是什么角色？和法院审判或者再审有何不同？审查方法的原则是什么？在这个指导思想弄清楚，思想准备做好，抽象方法基本掌握后，着手办案。

第二段，审查过程。这个阶段一般是实践中难度最大、耗时较多的环节，解决疑难和提高效率的方法，就是建立和掌握科学的、符合法学方法论的办案思维和审查技巧。那么，需要通过展示学员不同的思路和方法，发现其中规律与问题，好的办案方法分享，再讲解主持人自己的思考经历，进行对比分析，取长补短。

第三段，作出结论。这环节难度大的就是采取什么样的论证方法，抗点或者论点的先后顺序排列，也涉及格式和文风，以完美表达承办人的思路与理由，说服读者。

七、课堂组织和引导

教学方法上，采取课前预习和课堂讨论相结合的方式，各阶段需要注意以下问题：

一是课前介绍。主持人应当在开课时明确交待讨论方法和具体要求，必要时可以简介案情。

二是讨论阶段。需要各组组长负责主持，掌握时间、围绕议题，并提前安排书记员、首轮发言代表。中途，主持人可以起身，巡回观察与及时答疑。

三是发言阶段。学员围绕阶段性问题发表观点，这样可以发现学员在工作的审查方式、方法和规律，发现问题和缺点。再通过主持人的引导与梳理，加上交互式的论辩，可以相互观察和学习，取长补短。难点：怎么引导才能导出案件的分歧，形成观点争议的局面，然后主讲人点评就成为课堂最大的期待。需要主讲人基于对所选案例有自信的情况下，引导学员表达异议。主持人需要在学员发言阶段用白板作好要点记录，也是相当考水平和能力的。

四是点评阶段。先总结归纳各种观点，再表明自己对问题的思考，其中要肯定可取的，指出不足的。时间允许，可以分析问题产生的原因，提出建议。难点：学员临场发问怎么办？答不上来的，可以交由学员相互讨论。

八、时间安排

根据各段的问题多少、难易程度，合理分配 150 分钟时间。课前简介，5 分钟。第一阶段，需要深入思考的问题不多，适当分配，25 分钟结束。第二阶段，所涉问题难度较大，还要展示学员与主持人的审查过程，加上讨论与点评时间，耗时最长，65 分钟。一个半小时，需要适当的休息，5 分钟放松。第三阶段，耗时比第一段长、比第二段短，考虑到审查意见的归纳整理难度，50 分钟。

难点：课堂讨论时间长短，可以视具体情况调整。如课前准备充分，就适当缩短，把时间留给学员发言和交互辩论。

九、心得

随着民行检察监督范围的扩大，程序要求日益规范，机构分设呼之欲出，那么，队伍能力应当与之相适应。人，才是持续发展最重要的因素。但是，与监督对象的人民法院办案力量相比，民行检察队伍办案经验不足，办案思维养成不够，所以，经常性的多维度的实训是为实现有效监督的不可或缺的途径之一。